毛泽东领导下的新中国十七年（上）

贾章旺◎著

中国文史出版社

图书在版编目(CIP)数据

毛泽东领导下的新中国十七年 / 贾章旺著. —北京：中国文史出版社，2019.6

ISBN 978－7－5205－1074－5

Ⅰ.①毛… Ⅱ.①贾… Ⅲ.①中国历史－现代史－研究 Ⅳ.①K270.7

中国版本图书馆 CIP 数据核字(2019)第 084069 号

责任编辑：詹红旗　戴小璇

出版发行：中国文史出版社
社　　址：北京市海淀区西八里庄 69 号院　　邮编：100142
电　　话：010—81136606　81136602　81136603(发行部)
传　　真：010—81136655
印　　装：廊坊市海涛印刷有限公司
经　　销：全国新华书店
开　　本：787 毫米×1092 毫米　1/16
印　　张：56.5
字　　数：930 千字
版　　次：2019 年 6 月北京第 1 版
印　　次：2021 年 3 月第 2 次印刷
定　　价：139.00 元(上下卷)

前　言

1949年10月1日，中华人民共和国成立。

毛泽东主席满怀信心地说："中国人民将会看见，中国的命运一经操在人民自己的手里，中国就将如太阳升起在东方那样，以自己的辉煌的光焰普照大地，迅速地荡涤反动政府留下来的污泥浊水，治好战争的创伤，建设起一个崭新的强盛的名副其实的人民共和国。"

实践证明，毛泽东和他的战友们的努力是卓有成效的。

正如中国共产党《关于建国以来党的若干历史问题的决议》中所说：

新中国成立后头三年，我们肃清了国民党反动派在大陆的残余武装力量和土匪，实现了西藏的和平解放，建立了各地各级的人民政府，没收了官僚资本企业并把它们改造成为社会主义国营企业，统一了全国财政经济工作，稳定了物价，完成了新解放区土地制度的改革，镇压了反革命，开展了反贪污、反浪费、反官僚主义的"三反"运动，开展了打退资产阶级进攻的反行贿、反偷税漏税、反盗骗国家财产、反偷工减料、反盗窃国家经济情报的"五反"运动。对旧中国的教育科学文化事业，进行了很有成效的改造。

中国人民胜利完成繁重的社会改革任务并进行伟大的抗美援朝、保家卫国战争，迅速恢复了在旧中国遭到严重破坏的国民经济，全国工农业生产1952年底已经达到历史最高水平。

1952年，党中央按照毛泽东同志的建议，提出了过渡时期的总路线：要在一个相当长的时期内，逐步实现国家的社会主义工业化，并逐步实现国家对农业、对手工业和对资本主义工商业的社会主义改造。这个总路线反映了历史的必然性。

在过渡时期中，我们党创造性地开辟了一条适合中国特点的社会主义改造的道路。对资本主义工商业，我们创造了委托加工、计划订货、统购包销、委托经销代销、公私合营、全行业公私合营等一系列从低级到高级的国家资本主义的过渡形式，最后实现了马克思和列宁曾经设想过的对资产阶级的和平赎买。对个体农业，我们遵循自愿互利、典型示范和国家帮助的原则，创造了从临时互助组和常年互助组，发展到半社会主义性质的初级农业生产合作社，再发展到社会主义性质的高级农业生产合作社的过渡形式。对于个体手工业的改造，也采取了类似的方法。在改造过程中，国家资本主义经济和合作经济表现了明显的优越性。到 1956 年，全国绝大部分地区基本上完成了对生产资料私有制的社会主义改造。这项工作中也有缺点和偏差。在 1955 年夏季以后，农业合作化以及对手工业和个体商业的改造要求过急，改变过快，形式也过于简单划一，以致遗留了一些问题。1956 年资本主义工商业改造基本完成以后，对于一部分原工商业者的使用和处理也不很适当。但整个来说，在一个几亿人口的大国中比较顺利地实现了如此复杂、困难和深刻的社会变革，促进了工农业和整个国民经济的发展，这的确是伟大的历史性胜利。

我国第一个五年计划的经济建设，依靠我们自己的努力，加上苏联和其他友好国家的支援，同样取得了重大的成就。一批为国家工业化所必需而过去又非常薄弱的基础工业建立了起来。从 1953 年到 1956 年，全国工业总产值平均每年递增 19.6%，农业总产值平均每年递增 4.8%。经济发展比较快，经济效果比较好，重要经济部门之间的比例比较协调。市场繁荣，物价稳定。人民生活显著改善。

1954 年 9 月召开了第一次全国人民代表大会，制定了中华人民共和国宪法。

1955 年 3 月召开的党的全国代表会议，增强了党的团结。

1956 年 1 月党中央召开的知识分子问题会议和随后提出的“百花齐放、百家争鸣”方针，规定了对知识分子和教育科学文化工作的正确政策，促进了这方面事业的繁荣。由于党的正确政策、优良作风和崇高威信深入人心，广大干部、群众、青年和知识分子自觉学习马克思列宁主义、毛泽东思想，在党的领导下积极参加各项革命和建设工作，在全国形成了革命的、健康的、朝气蓬勃的社会道德风尚。

1956 年 4 月，毛泽东同志发表《论十大关系》讲话，初步总结了我国社会主义建设的经验，提出了探索适合我国国情的社会主义建设道路的任务。

1956 年 9 月，中国共产党第八次全国代表大会开得很成功。大会指出：*社会主义制度在我国已经基本上建立起来；我们还必须为解放台湾、为彻底完成社会主义改造、最后消灭剥削制度和继续肃清反革命残余势力而斗争，但是国内主要矛盾已经不再是工人阶级和资产阶级的矛盾，而是人民对于经济文化迅速发展的需要同当前经济文化不能满足人民需要的状况之间的矛盾；全国人民的主要任务是集中力量发展社会生产力，实现国家工业化，逐步满足人民日益增长的物质和文化需要；虽然还有阶级斗争，还要加强人民民主专政，但其根本任务已经是在新的生产关系下面保护和发展生产力。*大会坚持了 1956 年 5 月党中央提出的既反保守又反冒进即在综合平衡中稳步前进的经济建设方针。大会着重提出了执政党的建设问题，强调要坚持民主集中制和集体领导制度，反对个人崇拜，发展党内民主和人民民主，加强党和群众的联系。“八大”的路线为新时期社会主义事业的发展和党的建设指明了方向。

社会主义改造基本完成以后，我们党领导全国各族人民开始转入全面的大规模的社会主义建设。1966 年同 1956 年相比，全国工业固定资产按原价计算，增长了 3 倍。棉纱、原煤、发电量、原油、钢和机械设备等主要工业产品的产量，都有巨大的增长。从 1965 年起实现了石油全部自给。电子工业、石油化工等一批新兴的工业部门建设了起来。工业布局有了改善。农业的基本建设和技术改造开始大规模地展开，并逐渐收到成效。全国农业用拖拉机和化肥施用量都增长 6 倍以上，农村用电量增长 70 倍。高等学校的毕业生为前七年的 4.9 倍。教育质量显著提高。科学技术工作也有比较突出的成果。

1957 年春，毛泽东同志在提出必须正确区分和处理社会主义社会两类不同性质的社会矛盾，把正确处理人民内部矛盾作为国家政治生活的主题。接着，他提出要“造成一个又有集中又有民主，又有纪律又有自由，又有统一意志又有个人心情舒畅、生动活泼，那样一种政治局面”的要求。

1958 年，毛泽东提出要把党和国家的工作重点转到技术革命和社会主义建设上来。这些都是“八大”路线的继续发展，具有长远的指导意义。毛泽东同志在领导纠正“大跃进”和人民公社化运动中的错误时提出了不能剥夺农民，不能超越阶段，反对平均主义，强调发展商品生产、遵守价值规律和做好综合平衡，主张以农轻重为序安排国民经济计划等观点；刘少奇同志提出了许多生产资料可以作为商品进行流通和社会主义社会要有两种劳动制度、两种教育制度的观点；周恩来同志提出了我国知识分子绝大多数已经是劳动人民的知识分子，科学技术在我国现代化建设中具有关键性作用等观点；陈云同志提出了计划指标必须切合实际，建设规模必须同国力相适应，人民生活和国家建设必须兼顾，制定计划必须做好物资、财政、信贷平衡等观点；邓小平同志提出了关于整顿工业企业，改善和加强企业管理，实行职工代表大会制等观点；朱德同志提出了要注意发展手工业和农业多种经营的观点；邓子恢等同志提出了农业中要实行生产责任制的观点。所有这些，在当时和以后都有重大的意义。党中央在调整国民经济过程中陆续制定的农村人民公社工作条例草案和有关工业、商业、教育、科学、文艺等方面的工作条例草案，比较系统地总结了社会主义建设的经验，分别规定了适合当时情况的各项具体政策，至今对我们仍然有重要的借鉴作用。

我们现在赖以进行现代化建设的物质技术基础，很大一部分是这个期间建设起来的。全国经济、文化、建设等方面的骨干力量和他们的工作经验，大部分也是在这个期间培养和积累起来的。

1957 年的经济工作，由于认真执行党的“八大”的正确方针，是新中国成立以来效果最好的年份之一。这一年在全党开展整风运动，发动群众向党提出批评、建议，是发扬社会主义民主的正常步骤。在整风过程中，极少数资产阶级右派分子乘机鼓吹所谓“大鸣大放”，向党和新生的社会主义制度放肆地发动进攻，妄图取代共产党的领导，对这种进攻进行坚决的反击是完全正确和必要的。但是，反右派斗争被严重地扩大化了，把一批知识分子、爱国人士和党内干部错划为“右派分子”，造成了不幸后果。

1958 年，党的“八大”二次会议通过的社会主义建设总路线及其基本点，正确的一面是反映了广大人民群众迫切要求改变我国经济文化落后状况的普遍愿望，其缺点是忽视了客观的经济规律。在这次会议前后，全党同志和全国各族人民在生产建设中发挥了高度的社会主义积极性和创造精神，并取得了一定的成果。但是，由于对社会主义建设经验不足，对经济发展规律和中国经济基本情况认识不足，中央和地方不少领导同志在胜利面前滋长了骄傲自满情绪，急于求成，夸大了主观意志和主观努力的作用，没有经过认真的调查研究和试点，就在总路线提出后轻率地发动了“大跃进”运动和农村人民公社化运动，使得以高指标、瞎指挥、浮夸风和“共产风”为主要标志的“左”倾错误严重地泛滥开来。

从 1958 年底到 1959 年 7 月中央政治局庐山会议前期，毛泽东同志和党中央努力领导全党纠正已经觉察到的错误。但是，八届八中全会关于所谓“彭德怀、黄克诚、张闻天、周小舟反党集团”的决议是错误的。

由于“大跃进”和“反右倾”，加上当时自然灾害和苏联政府背信弃义地撕毁合同，我国国民经济在 1959 年到 1961 年发生严重困难，国家和人民遭到重大损失。

1960 年冬，党中央和毛泽东同志开始纠正农村工作中的“左”倾错误，并且决定对国民经济实行“调整、巩固、充实、提高”的方针，随即在刘少奇、周恩来、陈云、邓小平等同志的主持下，制定和执行了一系列正确的政策和果断的措施，这是这个历史阶段中的重要转变。

1962 年 1 月召开的有 7000 人参加的扩大的中央工作会议，大会初步总结了“大跃进”中的经验教训，开展了批评和自我批评。会议前后又为“反右倾”运动中被错误批判的大多数同志进行了甄别平反。此外，还给被划为“右派分子”的大多数人摘掉了帽子。由于这些经济和政治的措施，从 1962 年到 1966 年国民经济得到了比较顺利的恢复和发展。

1963 年至 1965 年间，在部分农村和少数城市基层开展的社会主义教育运动，虽然对于解决干部作风和经济管理等方面的问题起了一定作用，但由于把这些不同性质的问题都认为是阶级斗争或者是阶级斗争在党内的反映，在 1964 年下半年使不少基层干部受到不应有的打击。由于全党和全国各族人民的主要注意力从 1960 年冬以后一直是在贯彻执行调整经济的正确方针，社会主义建设出现欣欣向荣的景象。党和人民团结一致，同甘共苦，对内克服了自己的困难，对外顶住了苏联领导集团的压力，还清了对苏联的全部债款（主要是抗美援朝中的军火债款），并且支援了许多国家人民的革命斗争和建设事业。

1964 年底到 1965 年初召开的第三届全国人民代表大会宣布，调整国民经济的任务已经基本完成，整个国民经济将进入一个新的发展时期，要努力把我国建设成为一个具有现代农业、现代工业、现代国防和现代科学技术的社会主义强国。

总之，以毛泽东为代表的中共第一代领导人，兢兢业业，殚精竭虑，不断地寻求、探索，经过 17 年艰苦奋斗，洗涤百年以来的战争创伤，在旧社会的废墟上建立起了社会主义大厦，为后来的社会主义建设飞速发展打下了坚实基础。

今天，在中共中央正确带领下，全国人民正沿着老一辈无产阶级革命家开创的伟大的社会主义革命和建设事业奋勇向前。

我们相信，在毛泽东及其战友们开创的思想和道路指引下，发扬愚公移山的精神，经过数代人不懈的努力，共产主义事业的伟大理想一定能够实现。

历史的车轮永远将奔腾前进！

目 录

第一章　建设人民新中国（上）

一、建立人民新政权

1948 年 9 月，在中共中央政治局会议上，毛泽东明确指出：

“我们政权的阶级性是这样：无产阶级领导的，以工农联盟为基础，但不是仅仅工农，还有资产阶级民主分子参加的人民民主专政。……我们采用民主集中制，而不采用资产阶级议会制。议会制，袁世凯、曹锟都搞过，已经臭了。在中国采取民主集中制是很合适的。我们提出开人民代表大会，……不必搞资产阶级的国会制和三权鼎立等。”①

1949 年 6 月 30 日，毛泽东在《论人民民主专政》中指出：

“资产阶级的共和国，外国有过的，中国不能有，因为中国是受帝国主义压迫的国家。唯一的路是经过工人阶级领导的人民共和国。……总结我们的经验，集中到一点，就是工人阶级（经过共产党）领导的以工农联盟为基础的人民民主专政。”②

1949 年 9 月 21 日，中国人民政治协商会议第一届全体会议在北平中南海怀仁堂开幕，共有正式代表、候补代表及特邀代表 662 名。由全国各民主党派、各人民团体、各区域、人民解放军，国内各少数民族、国外华侨及爱国民主分子的代表人物所组成。

毛泽东致开幕词：

“诸位代表先生们，我们有一个共同的感觉，这就是我们的工作将写在人类的历史上，他将表明：占人类总数四分之一的中国人从此站立起来了。中国人从来就

① 《毛泽东文集》第五卷，人民出版社，1996 年 8 月第 1 版，第 135—136 页。
② 《毛泽东选集》第四卷，人民出版社，1991 年 6 月第 1 版，第 1471—1480 页。

是一个伟大的勇敢的勤劳的民族，只是在近代是落伍了。这种落伍，完全是被外国帝国主义和本国反动政府所压迫和剥削的结果。一百多年以来，我们的先人以不屈不挠的斗争反对内外压迫者，从来没有停止过，其中包括伟大的中国革命先行者孙中山先生所领导的辛亥革命在内。我们的先人指示我们，叫我们完成他们的遗志。我们现在是这样做了。我们团结起来，以人民解放战争和人民大革命打倒了内外压迫者，宣布中华人民共和国的成立了。”①

会议选举中国人民政治协商会议第一届全国委员会委员180人，选举毛泽东为全国委员会主席。会议选举由63名委员组成的中央人民政府委员会，毛泽东当选为中华人民共和国主席。

会议经过认真热烈讨论，一致通过《中国人民政治协商会议共同纲领》（简称《共同纲领》）。

这个纲领经新政治协商会议筹备会第三小组决定由中国共产党负责起草。中共中央十分重视，周恩来具体负责领导这项工作。初稿写出后，政协代表讨论两次，起草小组讨论三次，政协筹备会常务委员会讨论两次，然后提交政协筹备委员会第二次全体会议讨论通过。而后，提交政协全体会议讨论。

在修改讨论中，毛泽东十分重视，对草案作过多次修改，写下了有关批语。《共同纲领》这个名称也是毛泽东定下的。毛泽东强调，这个《共同纲领》不是一个阶级、一个政党的纲领。1949年9月6日，毛泽东作了修改后，要求印1000册，供政协代表讨论；9月11日，毛泽东要求胡乔木修改后印100份，送周恩来，请起草小组修改；修改后，再印1000册。

《共同纲领》是起国家临时宪法作用的大法。

《共同纲领》全文约8000字，包括序言、总纲、政权机关、军事制度、经济政策、文化教育政策、民族政策、外交政策等七章60条。

《共同纲领》规定：“中华人民共和国为新民主主义即人民民主主义的国家，实行工人阶级领导的、以工农联盟为基础的、团结各民主阶级和国内各民族的人民民主专政，反对帝国主义、封建主义和官僚资本主义，为中国的独立、民主、和平、统一和富强而奋斗。”

《共同纲领》规定：“中华人民共和国的国家政权属于人民。人民行使国家政权的机关为各级人民代表大会和各级人民政府。各级人民代表大会由人民用普选方法产生之。各级人民代表大会选举各级人民政府。……国家最高政权机关为全国人民代表大会。全国人民代表大会闭会期间，中央人民政府为行使国家政权的最高机关。”各级政权机关一律实行民主集中制，即少数服从多数，下级服从上级，地方

① 《毛泽东文集》第五卷，人民出版社，1996年8月第1版，第343—344页。

服从中央。

《共同纲领》规定："中华人民共和国建立统一的军队，即人民解放军和人民公安部队，受中央人民政府人民革命军事委员会统率。"这支军队根据官兵一致、军民一致的原则建立政治工作制度，以革命精神和爱国精神教育部队指战员。

《共同纲领》规定："中华人民共和国经济建设的根本方针，是以公私兼顾、劳资两利、城乡互助、内外交流的政策，达到发展生产、繁荣经济之目的。"规定指出：国营经济为社会主义性质的经济，凡属有关国家经济命脉和足以操纵国计民生的事业，均应由国家统一经营；凡属国有的资源和企业，均为全体人民的公共财产，为人民共和国发展生产、繁荣经济的主要物质基础和整个社会经济的领导力量；凡有利于国计民生的私营经济事业，人民政府应鼓励其经营的积极性，并扶助其发展；在必要和可能的条件下，应鼓励私人资本向国家资本主义方向发展，例如为国家企业加工，或与国家合营、或用租借形式经营国家的企业，开发国家的富源等；实行土地改革，保护农民已得土地的所有权，鼓励和扶助广大劳动人民根据自愿原则发展各种合作事业。

《共同纲领》规定："中华人民共和国的文化教育为新民主主义的，即民族的、科学的、大众的文化教育。人民政府的文化教育工作，应以提高人民文化水平，培养国家建设人才，肃清封建的、买办的、法西斯主义的思想，发展为人民服务的思想为主要任务。"指出：努力发展自然科学、社会科学和文艺、体育和卫生事业，保护新闻自由；提倡爱祖国、爱人民、爱劳动、爱科学、爱护公共财物为中华人民共和国全体公民的公德。

《共同纲领》规定："提倡国民体育。推广卫生医药事业，并注意保护母亲、婴儿和儿童的健康。"

《共同纲领》规定："中华人民共和国境内各民族一律平等，实行团结互助，反对帝国主义和各民族内部的人民公敌，使中华人民共和国成为各民族友爱合作的大家庭。反对大民族主义和狭隘民族主义，禁止民族间的歧视、压迫和分裂各民族团结的行为。"各少数民族聚居地区实行民族区域自治。

《共同纲领》规定："中华人民共和国外交政策的原则，为保障本国独立、自由和领土主权的完整，拥护国际的持久和平和各国人民间的友好合作，反对帝国主义的侵略政策和战争政策。"中华人民共和国愿在平等互利互相尊重领土主权的基础上，同各国建立外交关系，并与各国政府发展经济贸易。①

1949 年 9 月 21 日，中共中央政治局委员、书记处书记刘少奇在政协全体会议上说："中国共产党要拥护人民政治协商会议并为实现它的共同纲领而奋斗，是因为这个共同纲领包括了共产党的全部最低纲领。共产党的当前政策，就是要全部实

① 《中共党史参考资料》（七），人民出版社，1980 年 1 月第 1 版，第 17—27 页。

现自己的最低纲领。”刘少奇还声明：中国共产党除开自己的最低纲领之外，还有它的最高纲领，即实现社会主义和共产主义；而这个最高纲领，是在《共同纲领》中所没有包括进去的；要实现中共党的最高纲领，还是相当长久的将来的事情；在中国采取社会主义的步骤，必须根据中国社会经济发展的实际需要和全国最大多数人民的要求。①

10 月 19 日，中央人民政府委员会举行第三次会议，讨论通过了政务院及其所属各委员会、各部、会、院、署、行的负责人，同时通过任命了人民革命军事委员会、最高人民法院、最高人民检察署和中央人民政府办公厅等负责人：

中央人民政府主席毛泽东；副主席朱德、刘少奇、宋庆龄、李济深、张澜、高岗；委员陈毅、贺龙、李立三、林伯渠、叶剑英、何香凝、林彪、彭德怀、刘伯承、吴玉章、徐向前、彭真、薄一波、聂荣臻、周恩来、董必武、赛福鼎、饶漱石、陈嘉庚、罗荣桓、邓子恢、乌兰夫、徐特立、蔡畅、刘格平、马寅初、陈云、康生、林枫、马叙伦、郭沫若、张云逸、邓小平、高崇民、沈钧儒、沈雁冰、陈叔通、司徒美堂、李锡九、黄炎培、蔡廷锴、习仲勋、彭泽民、张治中、傅作义、李烛尘、李章达、章伯钧、程潜、张奚若、陈铭枢、谭平山、张难先、柳亚子、张东逊、龙云等 56 人。

政务院总理周恩来；副总理董必武、陈云、郭沫若、黄炎培（1952 年 8 月 7 日，又任命邓小平为副总理）；秘书长李维汉；委员：谭平山、谢觉哉、罗瑞卿、薄一波、曾山、滕代远、章伯钧、李立三、马叙伦、陈劭先、王昆仑、罗隆基、章乃器、邵力子、黄绍竑等 15 人（1950 年 4 月 11 日又任命李富春为政务委员）。②

人民革命军事委员会主席毛泽东，副主席朱德、刘少奇、周恩来、彭德怀、程潜，总参谋长徐向前，委员、副总参谋长 23 人。

最高人民法院院长沈钧儒，副院长吴溉之、张志让，委员 14 人。

最高人民检察署检察长罗荣桓，副检察长李六如、蓝公武，委员 11 人。

中央人民政府政务院政治法律委员会主任董必武，副主任彭真、张奚若、陈绍禹、彭泽民，秘书长陶希晋。

中央人民政府政务院财政经济委员会主任陈云，副主任薄一波、马寅初，秘书长薛暮桥。

中央人民政府政务院文化教育委员会主任郭沫若，副主任马叙伦、陈伯达、陆定一、沈雁冰，秘书长胡乔木。

中央人民政府政务院人民监察委员会主任谭平山，副主任刘景范、潘振亚，秘

---

① 《刘少奇选集》上卷，人民出版社，1981 年 12 月第 1 版，第 434—435 页。

② 谭平山、章伯钧、马叙伦、陈劭先、王昆仑、罗隆基、章乃器、邵力子、黄绍竑等 9 人为非中共党员。

书长李世璋。

中央人民政府政务院所属各部会院署行：

内务部部长谢觉哉，副部长武新宇、陈其瑗

外交部部长周恩来，副部长王稼祥、李克农、章汉夫

公安部部长罗瑞卿，副部长杨奇清

财政部部长薄一波，副部长戎子和、王绍鏊

贸易部部长叶季壮，副部长姚依林、沙千里

重工业部部长陈云，副部长何长工、钟林、刘鼎

燃料工业部部长陈郁，副部长李范一、吴德

纺织工业部部长曾山，副部长钱之光、陈维稷、张琴秋

食品工业部部长杨立三，副部长宋裕和

轻工业部部长黄炎培，副部长杨卫玉、龚饮冰、王新元

铁道部部长滕代远，副部长吕正操、武竞天、石志仁

邮电部部长朱学范，副部长王诤

交通部部长章伯钧，副部长李运昌、季方

农业部部长李书城，副部长罗玉川、吴觉农、杨显东

林垦部部长梁希，副部长李范五、李相符

水利部部长傅作义，副部长李葆华

劳动部部长李立三，副部长施复亮（施存统）、毛齐华

文化部部长沈雁冰，副部长周扬、丁燮林

教育部部长马叙伦，副部长钱俊瑞、韦悫

卫生部部长李德全，副部长贺诚、苏井观

司法部部长史良，副部长李木庵

法制委员会主任委员陈绍禹，副主任委员张曙时、许德珩、陈瑾昆

民族事务委员会主任委员李维汉，副主任委员乌兰夫、刘格平、赛福鼎

华侨事务委员会主任委员何香凝，副主任委员李任仁、廖承志、李铁民、庄希泉

科学院院长郭沫若，副院长陈伯达、李四光、陶孟和、竺可桢

情报总署署长邹大鹏

海关总署署长孔原，副署长丁贵堂

新闻总署署长胡乔木，副署长范长江、萨空了

出版总署署长胡愈之，副署长叶圣陶、周建人

人民银行行长南汉宸，副行长胡景澐

中央人民政府办公厅主任齐燕铭

中央人民政府委员会 6 位副主席中，共产党员 3 人，民主党派和无党派民主人士 3 人；中央人民政府委员会 56 位委员中，共产党员 29 人，民主党派和无党派民主人士 27 人；政务院 4 位副总理中，共产党员 2 人，民主党派和无党派民主人士

2人；15位政务委员中，共产党员6人，民主党派和无党派民主人士9人；政务院所辖4个委员会和30个部、会、院、署、行等机构中，担任正职的共产党员20人，民主党派和无党派民主人士14人（即郭沫若、谭平山、黄炎培、朱学范、章伯钧、李书城、梁希、傅作义、沈雁冰、马叙伦、李德全、史良、何香凝、胡愈之，后来个别人恢复了中共党员党籍，有少数人加入了中共）。[①]

1949年12月2日，中央人民政府委员会举行第四次会议。会议规定了稳定物价的具体方案；通过全国财政收支概算；决定发行人民胜利折实公债；通过市、县、省各界人民代表会议的组织细则；通过政务院机关的组织通则；决议以10月1日为国庆节。

毛泽东在会上指出，我们是有困难的、有办法的、有希望的，我们的经济事业在三五年时间内就可以完全恢复。

会议任命高岗为东北人民政府主席，饶漱石为华东军政委员会主席，林彪为中南军政委员会主席，彭德怀为西北军政委员会主席，刘伯承为西南军政委员会主席。[②]

会议任命聂荣臻为北京市市长，陈毅为上海市市长，叶剑英为广东省人民政府主席兼广州市市长。

根据《共同纲领》第十四条规定："凡人民解放军初解放的地方，应一律实施军事管制，取消国民党反动政权机关，由中央人民政府或前线军政机关人员组织军事管制委员会和地方人民政府，领导人民建立革命秩序，镇压反革命活动，并在条件许可时召集人民代表会议。……在普选的地方人民代表大会召开以前，由地方各界人民代表会议逐步地代行人民代表大会的职权。"[③]

军事管制委员会，是根据战争尚在进行的情况，由当地最高军事机关对地方实行军事管制的机构，是带有强烈军事色彩和具有临时过渡性的人民民主专政政权的最初形式。任务是：①肃清反革命的一切残余势力；②接受一切公共机关、产业和物资；③恢复并维护社会秩序；④收缴一切隐藏在民间的反动分子的武器及其他违禁品；⑤解散一切反动党团组织；⑥逮捕战争罪犯和罪大恶极的反革命分子，建立系统的革命政权机关，建立临时的各界代表会；⑦建立可靠的群众组织；⑧整理、建立党的组织；⑨恢复生产。各地军事管制委员会都吸收了相当数量的民主人士和

---

① 《〈中国共产党历史〉第二卷（1949—1978）》，中共党史出版社，2011年1月第1版，第18页。

② 1952年11月15日，中央人民政府委员会第十九次会议，通过《关于改变大行政区人民政府（军政委员会）机构与任务的决定》，把军政委员会改称为行政委员会，作为代表中央人民政府领导和监督省级地方人民政府的机关。1954年4月27日，中共中央政治局扩大会议决定撤销大区一级党政机关，各大区行政委员会随同各中央局、分局一并撤销，以便于加强中央对省市的直接领导。

③ 《新华日报》，1949年创刊号。

其他爱国人士参加。在实行军事管制的同时，也通过自上而下的委任方式，建立了各级人民政府。并根据可能，权力逐步由军事管制委员会向人民政府转移。

到1951年10月，全国28个省、8个相当于省的行署、154个市和2068个县中，有27个省、8个行署、146个市和2038个县召开了人民代表会议，其中有17个省、69个市、186个县的人民代表会议代行人民代表大会的职权，通过民主选举办法产生了省、市、县人民政府的主席、副主席，市长、副市长和县长、副县长，以及委员。

到1952年底，所有的省、市、县、区、乡都召开了人民代表会议，省、市、县人民代表会议代行人民代表职权的已由乡人民代表会议选举产生。

中国的民族，除汉族外，还有壮族、蒙古族、回族、藏族、维吾尔族、苗族、彝族、布依族、朝鲜族、满族、侗族、瑶族、白族、土家族、哈尼族、哈萨克族、傣族、黎族、傈僳族、畲族、佤族、高山族、拉祜族、水族、东乡族、纳西族、景颇族、柯尔克孜族、土族、达斡尔族、仫佬族、羌族、布朗族、撒拉族、毛南族、仡佬族、锡伯族、阿昌族、普米族、塔吉克族、怒族、乌孜别克族、俄罗斯族、鄂温克族、德昂族、保安族、裕固族、京族、塔塔尔族、独龙族、鄂伦春族、赫哲族、门巴族、珞巴族、基诺族等55个民族。除汉族外，各少数民族的人口约占全国总人口的6%，居住面积约占全国的60%。

在过去的历史中，由于历代统治阶级推行民族压迫政策，中国各民族之间存在着相互隔阂和互不平等的一面。特别是近代帝国主义的入侵和国民党反动政府进一步实行民族隔离和民族歧视政策，制造民族矛盾，挑动民族仇杀，对少数民族强制同化，甚至采用武力屠杀，加深了各民族间的对立和不信任情绪。在各少数民族之间和某些少数民族的内部，也存在着一些矛盾和纠纷。

新中国成立后，中央人民政府把加强民族团结，作为一项重要任务，进行了大量工作。1950年6月，中央人民政府派出中央访问团访问各地少数民族。7月西南少数民族访问团出发。8月西北少数民族访问团出发。他们历时数月，行程数万里，走遍了西南、西北少数民族居住地区，通过各种形式，如群众大会、各种代表人物的座谈会、个别访问等，向少数民族地区宣传党和国家的民族政策，了解他们的疾苦和要求，征求他们对民族工作的意见。10月，政务院总理周恩来邀请少数民族代表159人，其中有各级军政人员、工人、农民、牧民、猎人、劳模、军烈属、教师、学生、文艺工作者、活佛、王公、阿訇、堪布、喇嘛、土司、头人等到北京参加国庆典礼和参观访问。

11月，政务院通过了培养少数民族干部试行方案和筹办中央民族学院的方案。

1951年5月，政务院发出通知，决定对带有歧视或侮辱少数民族性质的称谓、地名、碑碣、匾联分别予以禁止、更改、封存或收管。

在人民政府的公正合理的调解下，许多存在几十年甚至上百年的民族纠纷，如冤家械斗、草山争议、边界争端、部落间的矛盾等相继得到圆满的解决。在经济上通过民族贸易，促进商品交流，推动这些地区的生产事业发展和改善群众生活。

中央人民政府在少数民族地区积极推行民族区域自治政策。1952 年 8 月，中央人民政府在总结新中国成立两年来推行民族区域自治经验的基础上，制定和公布了《中华人民共和国民族区域自治实施纲要》，规定民族自治区的权利是：在中央人民政府和上级人民政府法令的规定范围内，依其自治权限，制定本自治区的单行法规；在国家统一的财政制度下，各民族自治区自治机关得依据中央人民政府和上级人民政府对民族自治区财政权限的划分，管理本自治区的财政；在国家统一的经济制度和经济建设计划之下，各民族自治区自治机关得自由发展本自治区的地方经济事业；各民族自治区机关得采取必要的和适当的办法，发展各民族的文化、教育、艺术和卫生事业；各民族自治区自治机关按照国家统一的军事制度，得组织本自治区的公安部队和民兵；各民族自治区自治机关得采用各民族自己的语言文字，以发展各民族的文化教育事业；各民族自治区机关得采用适当措施，以培养热爱祖国的、与当地人民有密切联系的民族干部。

至 1953 年 3 月，在全国范围内已建立起来的相当于县级和县级以上的民族自治区共 47 个。包括内蒙古自治区（1947 年建立），以及桂西壮族自治区、西康省藏族自治区、湘西苗族自治区、海南黎族苗族自治区、西康省凉山彝族自治区、云南省西双版纳傣族自治区、吉林省延边朝鲜族自治区、青海省玉树藏族自治区、四川省藏族自治区、绥远省伊克昭盟蒙族自治区及乌兰察布盟蒙族自治区等规模较大的民族自治区，此外还有相当数量相当于县、区、乡的自治区。各自治区的少数民族人数大约为 1000 万。正在建立筹备机构，准备成立民族自治区的有新疆维吾尔自治区，宁夏回族自治区，甘肃省的回族、藏族自治区和青海省的藏族、蒙族自治区。

二、出访苏联

早在 1947 年 3 月，美国总统杜鲁门向参、众两院联席会议宣读了国情咨文，提出了“杜鲁门主义”，成为美国进行“冷战”的正式宣言。不久，美国又提出了马歇尔计划，企图以美国的经济实力来支持反共运动。

1949 年 4 月 4 日，美国同英国、法国、荷兰、比利时、卢森堡、挪威、葡萄牙、意大利、丹麦、冰岛、加拿大 12 国在美国首都华盛顿签订军事同盟条约，主要内容是：缔结国实行“集体防御”；任何缔约国同他国发生战争时，必须给予援助，包括使用武力。1949 年 8 月条约生效，成立了北大西洋公约组织，总部设在比利时首都布鲁塞尔（随后，土耳其、希腊、德意志联邦共和国、西班牙等国陆续加入）。由于“冷战”的急剧升级，东西方集团的紧张关系已临近军事冲突。中国革命的胜利，使苏联获得了一个盟友，斯大林小心翼翼地维护着中苏两党、两国的团结，以对抗西方的威胁。在东方，美国加紧扶植日本军国主义，对新中国实行封锁禁运，不承认新生的中华人民共和国。促使中国实行“一边倒”政策。

1949年6月30日，毛泽东在《论人民民主专政》一文中指出：“一边倒，是孙中山的40年经验和共产党的28年经验教给我们的，深知欲达到胜利和巩固胜利，必须一边倒。积40年和28年的经验，中国人不是倒向帝国主义一边，就是倒向社会主义一边，绝无例外。骑墙是不行的，第三条道路是没有的。我们反对倒向帝国主义一边的蒋介石反动派，我们也反对第三条道路的幻想。……我们在国际上是属于以苏联为首的反帝国主义战线一方面的，真正的友谊的援助只能向这一方面去找，而不能向帝国主义战线一方面去找。”①

1949年10月1日，毛泽东在开国大典上庄严宣告：“本政府为代表中华人民共和国全国人民的唯一合法政府。凡愿遵守平等、互利及互相尊重领土主权等项原则的任何外国政府，本政府均愿与之建立外交关系。”②

当时，世界上有13个国家建立了社会主义的或人民民主的社会制度，约占世界人口的1/3和土地的1/4，除中国外，它们是：苏联、保加利亚、罗马尼亚、朝鲜民主主义人民共和国、匈牙利、捷克斯洛伐克、波兰、蒙古、德意志民主共和国、阿尔巴尼亚、越南、南斯拉夫。他们很快承认中华人民共和国。至1950年1月18日，除南斯拉夫外，中国与其他11个国家建立了外交关系（由于南斯拉夫被开除欧洲各国共产党和工人情报局③，中国对南斯拉夫的情况缺乏了解，至1955年1月2日两国才建交）。

新中国成立初期，把同社会主义国家建立和发展友好关系作为中国外交工作的首要任务。1949年10月20日，毛泽东致电斯大林，介绍王稼祥出任驻苏大使，同时以中共中央代表资格接洽两党事务。

1949年12月21日，是斯大林70岁寿辰。

毛泽东接受斯大林的邀请，率中共中央和中华人民共和国政府代表团前往祝寿，并就两党两国之间所关心的问题交换意见，商谈和签订有关条约、协定等。

11月25日，毛泽东主持中共中央政治局会议，作出决定：“毛泽东同志定于十二月赴苏，在毛泽东同志出国期间，中共中央委员会主席职务及中央人民政府主

---

① 《毛泽东选集》第四卷，人民出版社，1991年6月第2版，第1472—1473页、1475页。

② 《毛泽东文集》第六卷，人民出版社，1999年6月第1版，第2页。

③ 共产党和工人情报局，于1947年9月由保加利亚、罗马尼亚、匈牙利、波兰、苏联、法国、捷克斯洛伐克、意大利、南斯拉夫等9国共产党和工人党在波兰举行的情报会议上决定成立。1956年4月结束活动。

席职务由刘少奇同志代理，人民革命军事委员会主席由朱德代理，人民政协全国委员会主席由周恩来同志代理。”①

12月6日，毛泽东一行从北京出发，随行人员有陈伯达（以教授身份）、叶子龙、汪东兴、师哲（翻译）。苏联驻中国大使罗申和负责中长铁路恢复工作的柯瓦廖夫同行。罗瑞卿、李克农、毛岸英送行（火车经过天津时，发现铁路上有一颗手榴弹，罗瑞卿下去调查处理。李克农、毛岸英送到边境）。

9日，毛泽东到达满洲里，换乘苏联的宽轨火车，用上苏联领导人的专列。到边境迎接毛泽东的有苏联外交部副部长拉夫伦捷夫、赤塔州苏维埃主席乌若夫、外贝加尔军区司令部代表及外交部交际司副司长马特维耶夫。

16日，火车开进莫斯科北站（也叫雅罗斯拉夫车站），大钟正打12点，这是苏联政府精心安排的。到站迎接的有苏联部长会议副主席莫洛托夫、元帅布尔加宁、外贸部长孟希科夫、副部长葛罗米柯、莫斯科卫戍司令西尼洛夫中将等。在抵达莫斯科车站时，毛泽东向新闻界发表书面演说：我逗留时间的长短，部分地取决于解决有关中华人民共和国利益的各项问题所需的时间；在这些问题中，首先是现有的中苏友好同盟条约问题，苏联对中华人民共和国贷款问题，贵我两国贸易和贸易协定问题，以及其他问题。

由于天气寒冷，苏方担心毛泽东受不了，欢迎仪式进行得很快，匆匆检阅了仪仗队，便乘车前往莫斯科郊外的斯大林的战时住所下榻。

休息之后，警卫人员将毛泽东送到克里姆林宫斯大林的会客室。6点钟，斯大林的门打开，请客人们进去。以斯大林为首，莫洛托夫、马林科夫、贝利亚、布尔加宁、卡冈诺维奇、维辛斯基等在斯大林身后排成一字行列。斯大林双手紧握住毛泽东的手，注视端详了一阵，说：“你还很年轻嘛！很健康嘛！”回头把莫洛托夫等一一介绍给毛泽东。大家在大厅站成一圈，相互问好、祝愿。斯大林对毛泽东说：“伟大，真伟大！你对中国人民的贡献很大，你是中国人民的好儿子！我们祝愿你健康！”毛泽东回答说：“我是长期受打击、受排挤的人喔，有话无处说……”斯大林接过话茬：“胜利者是不受谴责的。谁也不能谴责胜利者，这是一般的公理。”

坐下会谈中，斯大林关心并询问毛泽东的健康，希望毛泽东多加注意，说：“中国革命的胜利。将会改变世界的天平，国际革命加重了砝码，我们全心全意祝贺你们胜利！希望你们进一步取得更多更大的胜利。”

毛泽东首先提出：目前最重要的问题是保障和平；中国需要3至5年的和平时间，把经济恢复到战前水平，并稳定全国局势。

斯大林回答：目前尚不存在对中国的直接威胁——日本还没站稳脚跟，对战争还没有准备好；美国虽然发出战争叫嚣，但它最怕打仗；欧洲被战争吓破了胆；如

① 《毛泽东传（1949—1976）》，中央文献出版社，2003年12月第1版，第31页。

果我们共同努力，不仅能够保障5至10年的和平，而且能保障20至25年，甚至更长时间的和平。

接着，毛泽东提出中苏旧约问题。斯大林说：那个条约是根据雅尔塔协定缔结的，得到了美国和英国的同意；苏联从日本手中得到的千岛群岛、南库页岛等，也是在雅尔塔达成协议的，因此目前不宜改变中苏旧约的合法性，否则会给美英两国修改有关两岛条款提供法律依据；要寻求一种可行的办法，在形式上保留，而在实际上修改现行条约，即在形式上保留苏军驻守旅顺的权利，但是按照中国政府的建议撤出那里的苏联军队；中长铁路也可以在形式上保留，而实际上修改协议的有关条款。

毛泽东表示：单独一个中国的力量不足以抵御帝国主义的侵略，我们必须按如何对共同事业有利来行事，眼下不必修改条约，正如不必匆忙由旅顺撤军一样。

斯大林说：撤军并不意味着苏联不再援助中国，如果苏联军队根据双方同意自旅顺口撤退，那么我们在国际关系中将是赢家，也是中国共产党人在同民族资产阶级的相互关系中的资本。

会谈即将结束时，毛泽东又委婉地提出，照顾雅尔塔协定的合法性是必要的，惟中国社会舆论有一种感想，认为原条款是和国民党订的，国民党既然倒了，原条约就似乎失去了存在的意义，是否需要周恩来前来莫斯科解决条约问题。斯大林答复：这个问题应由你们自己决定，可能需要周恩来解决其他一些问题。① 原条约是要修改的，大约在两年以后。

会谈中，毛泽东还提出，由于缺少海军和空军，人民解放军难以解放台湾，希望苏联以派遣志愿军飞行员等方式给予支持，以便尽快解放台湾。对此，斯大林谨慎地表示，有可能给予援助，但援助的形式需要考虑周到，主要是不能给美国人干预提供借口。

此外，双方还讨论了苏联贷款和贸易问题以及出版毛泽东著作俄文版的问题。②

1949年12月18日，毛泽东给刘少奇的电报中，讲述了他对这次会谈结果的理解，请刘少奇和周恩来商量并召集政治局讨论这一问题，提出处理意见。

12月20日，刘少奇接到毛泽东的电报，召集中央政治局会议进行讨论。次日，凌晨1时，刘少奇、朱德、周恩来联名致电毛泽东，政治局会议研究后的意见是：大家赞成如果苏联同意现在签订关于旅顺、贷款、航空以及通商协定，恩来同志即去莫斯科一次；如果苏联方面并不准备现在签订诸协定，只准备就旅顺驻兵问

---

① 《中华人民共和国专题史稿（Ⅰ）（1949—1956）》，四川出版集团、四川人民出版社，2009年8月第2版，第46页。

② 《〈中国共产党历史〉第二卷（1949—1978）》，中共党史出版社，2011年1月第1版，第30—31页。

题及对一般政治问题发表一个声明，则恩来同志去莫斯科似无必要。

1949年12月21日，在莫斯科大剧院为斯大林举行70岁寿辰庆祝大会，斯大林和各兄弟党的代表都在主席台就座。毛泽东挨着斯大林。毛泽东第一个登上讲台，他的祝词由费德林代读，高度评价了斯大林对国际共产主义运动的贡献。毛泽东的祝词受到热烈欢迎，三次全场起立，长时间鼓掌。

大会上，斯大林一再侧过脸来同毛泽东说话。会后，宴请并观看了演出。斯大林和毛泽东坐在一个包厢。演出结束，观众都回过头来欢呼："斯大林！毛泽东！""毛泽东！斯大林！"毛泽东举手向群众致意，并呼：斯大林万岁！光荣归于斯大林！全场口号声、欢呼声、鼓掌声响成一片，持续了很长时间。

毛泽东参观了莫斯科斯大林汽车制造厂。为调剂毛泽东的生活，师哲找出了几十部俄国和欧洲的历史人物传记影片给他放映，如《彼得大帝》、《拿破仑》、《库图佐夫》、《涅夫斯基》等。斯大林对师哲说："毛泽东真聪明，有空就看人物传记片，这是了解历史的最简捷的办法。"

即日，毛泽东邀请科瓦廖夫去谈话，并要求把谈话记录转给斯大林。毛泽东提出下一次会见希望安排在12月23或24日，并向斯大林提交了下一步谈判的两种方案。第一种方案是解决中苏条约、贷款协定、贸易协定、航空协定等问题，其中包括缅甸承认中国的问题。按照这个方案，需要周恩来前来莫斯科履行协定签字手续。第二种方案是对第一种方案中的各种问题从多方面进行协商，但暂不履行相应的签字手续。这样周恩来就不必马上到莫斯科。毛泽东在交谈中不止一次地强调，所有的这些问题均由斯大林定夺。

12月22日凌晨，毛泽东给中共中央电报中说："已与斯大林约好23或24日谈一次。在这次谈话后可以确定方针电告你们。"①

1949年12月24日，斯大林再次同毛泽东举行会谈。

关于这次会谈情况，12月25日，毛泽东给中共中央的电报中做了详细通报："昨日晚上11时半第二次会见斯大林于他的别墅，长谈5小时半，到今晨5时才毕；一面吃饭，一面谈话，极为酣畅；有莫洛托夫、马林科夫、贝利亚、米高扬、陈伯达、王稼祥、师哲7位同志参加，谈了很多问题。"主要商讨越南、日本和印度等亚洲兄弟党及西欧问题。尽管在会谈前毛泽东已请苏方人员转告斯大林，他感兴趣的首先是中苏条约问题，但斯大林在会谈时却只字未提；当毛泽东问起周恩来是否来莫斯科时，斯大林回答：政府主席已来此，内阁总理又来，在对外观感上可能有不利影响。研究结果，还是认为周恩来以不来莫斯科为宜。②

---

① 《建国以来毛泽东文稿》第一册，中央文献出版社，1987年11月第1版，第197页。
② 《毛泽东传（1949—1976）》，中央文献出版社，2003年12月第1版，第39页。

此后，来莫斯科祝寿的各国领导人陆续回国，毛泽东仍滞留在那里，斯大林没有再约见他。

此时，苏联驻华总顾问科瓦廖夫给斯大林写了一个《关于中共中央若干政策与实际问题的报告》。报告中不负责任地说：在中共党内，在中央委员中，有些人过去是亲美的，反苏的；中央的领导现在支持他们；中央人民政府的组成，民主人士占的比例太大，实际上变成了各党派的联合会；等等。

毛泽东感到十分失望，他忍耐不住，向苏方联络员科瓦廖夫和翻译费德林发火说：我到莫斯科来，不是单为斯大林祝寿的；你们还要保持跟国民党的条约，你们保持好了，过几天我就走；我现在的任务是三个，吃饭、拉屎、睡觉。①

斯大林得知这一情况后，即主动与毛泽东约谈，并将科瓦廖夫的报告转交给毛泽东，指出科瓦廖夫这个人不是搞政治的，却往政治里钻，这是不适当的。斯大林这一举动，增进了双方的相互谅解和信任。②

据汪东兴日记记载，12 月 25 日中午，斯大林曾来电问候毛泽东。26、27 日毛泽东与苏联其他领导人继续进行会谈。

由于毛泽东参加祝寿活动后，中苏双方都没有关于他的进一步报道，国际上出现种种猜测，英国通讯社甚至散布谣言说毛泽东被斯大林软禁起来。同时，西方国家开始调整对华政策，一个重要的动向是印度和英国准备承认新中国。斯大林只好改变不废除中苏旧约的初衷。

1950 年元旦，苏联驻华大使罗申奉外交部长维辛斯基之命拜访了毛泽东。毛泽东声明：因身体不适，准备静养一周，取消在苏联各地旅行的计划，想提前一个月，即在 1 月底离开莫斯科回国。

谈话中，毛泽东透露：最近几天收到北京报告，缅甸和印度政府愿意承认中华人民共和国，中国的立场是，他们可以到北京进行谈判；英国和其他英联邦国家也将在承认中华人民共和国问题上采取步骤。③

针对英国通讯社散布的谣言，1950 年 1 月 2 日，《真理报》在头版刊登了塔斯社记者对毛泽东主席的访问。其中特意披露，毛泽东访问苏联的目的是：解决有关中华人民共和国利益的各项问题，首先是现有的中苏友好同盟条约问题，苏联对中华人民共和国贷款问题及两国贸易和贸易协定问题等。中国《人民日报》1950 年 1

---

① 《毛泽东传（1949—1976）》，中央文献出版社，2003 年 12 月第 1 版，第 40 页。

② 庞松、林蕴晖：《毛泽东之路（1945—1956）》，中国青年出版社，1993 年 10 月第 1 版，第 206 页。

③ 实际上，早在 1949 年 12 月 16 日，周恩来主持政务会议时就透露，“英国政府倾向于承认我国”，12 月 18 日，周恩来已电复缅甸外交部长，同意缅甸政府与国民党残余势力断绝关系的基础上，建立中缅外交关系。

月 3 日第一版刊登《毛主席答塔斯社记者问》。

1950 年 1 月 2 日晚 8 时，斯大林派莫洛托夫和米高扬到毛泽东下榻的别墅，征求他对处理中苏条约的意见。毛泽东提出三个方案：第一，签订新的中苏友好同盟条约；第二，由两国通讯社发表一个简单的公报，说明两国就中苏旧约及其他问题交换了意见，并在重要问题上取得一致，这样做，周恩来需要来莫斯科；第三，签订一个声明，说明两国关系的要点，但不是条约，这样，周恩来则不需要来。

毛泽东优先考虑的是第一个方案，他强调说，把中苏关系以新条约的形式固定下来，有极大利益，中国人民将感到兴奋，我们可以有更大的政治资本去对付帝国主义国家，去审查过去中国和各帝国主义国家所订的条约。

莫洛托夫当即表示，第一项办法好。

毛泽东将以上内容报告中共中央。并提出“有无叫李富春或其他同志同来协助之必要。”[①]

随后，双方为周恩来赴莫斯科参加谈判作出安排。

其间，苏联方面进行起草条约草案工作。

毛泽东心情豁然开朗。1950 年 1 月 11 日，他在王稼祥大使陪同下，晋谒红场列宁墓，并献了花圈。同日，拜会苏联最高苏维埃主席团主席什维尔尼克。

1 月 15 日，毛泽东到达列宁格勒，参观了市内的艺术馆、基洛夫机器制造厂、卫国战争中的防御工事和十月革命时炮击冬宫的阿芙乐尔号巡洋舰，还前往基洛夫歌舞剧院观看芭蕾舞剧《巴亚捷尔卡》。还参观了冬宫，沙皇的寝宫、藏书室、客厅等。

当地领导想安排毛泽东去斯莫尔尼宫休息，毛泽东则要求去波罗的海参观。遵照毛泽东的愿望，汽车直奔芬兰湾。汽车在海面的冰层上疾驰，毛泽东遥望十月革命的策源地喀琅施达得要塞。他走下汽车，举目远眺。苏联朋友告诉他，冰层的厚度大约是 1—1.5 米。毛泽东听罢，笑着说：真是千里冰封啊！“我的愿望是要从海参崴这一太平洋的西岸到波罗的海那一大西洋的东岸，然后从黑海边走到北极圈，那时才可以说，我把苏联的东西南北都走遍了！”苏联同志为之欢腾、鼓掌。

1 月 17 日，毛泽东返回莫斯科，与周恩来通了电话。

1950 年 1 月 10 日，周恩来率领东北人民政府副主席李富春、中央人民政府贸易部部长叶季壮、外交部苏联东欧司司长伍修权、东北人民政府工业部副部长吕东，东北人民政府贸易部副部长张化东、大连市委书记欧阳钦等一行中国政府代表

① 《毛泽东传（1949—1976）》，中央文献出版社，2003 年 12 月第 1 版，第 41—42 页。

团离开北京。

1 月 20 日，周恩来一行抵达莫斯科。

1950 年 1 月 22 日，莫洛托夫、米高扬、维辛斯基将各专门委员会起草的 12 个草案呈报斯大林，包括：苏中友好同盟互助条约、苏中关于旅顺口和大连港协定的协议的议定书、苏中关于中长铁路协定的议定书、苏中关于苏联向中国提供贷款的协定、关于成立苏中航运股份有限公司的议定书、关于在新疆成立苏中有色金属和稀有金属股份公司的议定书、关于在新疆成立苏中石油股份公司的议定书、关于苏中易货和支付的议定书、关于苏联与新疆贸易的议定书、关于苏联专家的费用支付条件的协议、苏联部长会议机构和苏中合营股份公司共同管理的满洲和辽东半岛地区内不动产的决议、苏联部长会议关于派遣苏联专家和教师组到中国工作的协议。联共（布）中央立即批准了这些草案。

1950 年 1 月 22 日，中苏双方开始就签订新约和协定的问题举行第三次正式谈判。参加会谈的中方有毛泽东、周恩来、李富春、王稼祥、陈伯达、师哲（翻译）；苏方有斯大林、莫洛托夫、马林科夫、米高扬、维辛斯基、罗申、费德林（翻译）。主要讨论中苏条约、中国长春铁路、旅顺口、大连问题。会谈持续两小时。

经斯大林提议，委托维辛斯基和周恩来两位外长负责新条约文本的起草工作，毛泽东赞同。

斯大林表示，过去的《中苏友好同盟条约》基础是对日战争订立的，现在，日本已经被打败，条约已落后于时代，因此必须修订，虽然以前我们曾设想可以保留。

毛泽东说，根据目前形势，我们应当借助条约和协定把现存于中苏之间的友好关系固定下来，这无论在中国还是在国际关系方面都会有积极反应。毛泽东强调，要把新条约和原来的条约从根本上区别开来；过去说的是对日战争时的合作，现在应是防止日本侵略；过去国民党只是口头上谈友谊，现在具备了真正友谊与合作的一切条件；新条约应包括政治、经济、外交、军事和文化合作的各项问题，最重要的问题是经济合作。①

经过几轮修改，双方就文本内容达成一致。

1950 年 1 月 25 日，毛泽东致电刘少奇，通报了几天来中苏会谈进展情况。

1 月 25 日，中共中央政治局会议在刘少奇主持下，经过讨论，同意中苏友好

① 《〈中国共产党历史〉第二卷（1949—1978）》，中共党史出版社，2011 年 1 月第 1 版，第 32 页。引自俄罗斯总统档案馆保存的 1950 年 1 月 22 日《斯大林同志与中华人民共和国中央人民政府毛泽东主席会谈记录》。

条约草案，并电告毛泽东。

1月31日，毛泽东致电刘少奇，通报情况：5件文件明1日起陆续发给你们；“同过去情况不同的是，即是苏方已应我方要求，将中长路、旅顺口在三年内无条件交还给我们，大连则在一年内将产权还给我们，惟自由港地位待对日和约订立后解决，系为应付美国，实际上亦完全由我处理。”①

2月5日，毛泽东致电刘少奇，将已经定稿的关于中长铁路、旅顺口及大连的协定和议定书，贷款协定和议定书，以及关于外蒙古独立和废除1945年中苏条约的照会等文件发回，要求中共中央和中国政府进行讨论并通过。

新条约的名称是《中苏友好同盟互助条约》，共6款，有效期30年，其宗旨和条文比旧条约作了重大修改与补充。新约的宗旨是，加强中苏两国的“友好与合作，共同防止日本帝国主义之再起及日本或其他用任何形式在侵略行为上与日本相勾结的国家之重新侵略”，“依据联合国组织的目标和原则，巩固远东和世界的持久与普遍安全。”

新约规定：“一旦缔约国任何一方受到日本或与日本同盟的国家之侵袭因而处于战争状态时，缔约国另一方即尽其全力给予军事及其他援助”，“双方保证以友好合作的精神，并遵照平等、互利、互相尊重国家之主权与领土完整及不干涉对方内政的原则，发展和巩固中苏两国之间的经济与文化关系，彼此给予一切可能的经济援助，并进行必要的经济合作。”

新约增加了“双方根据巩固和平与普遍安全的利益，对有关中苏两国共同利益的一切重大国际问题，均进行彼此协商”。

条约起草工作开始后，两国代表就关系双方重大权益的三方面问题反复进行了谈判。最终双方都作出了相应的让步，达成了协议。

第一，关于中国中长铁路、旅顺口和大连问题。苏方表示愿意早日放弃从国民党政府手中获得的某些特权。中方考虑到共同防御帝国主义的需要，同意有一个过渡期。最后达成的协议是，苏方不迟于1952年末将中长路的一切权利及该路的全部财产无偿地移交中国政府；苏方不迟于1952年末从旅顺口撤回其驻军，并将该地区设施移交给中国政府，中方偿付苏联自1945年以来用于旅顺港修复和工程建设的费用；苏方保证将大连的行政管理权完全交给中国政府，中方同意大连自由港问题待签订对日和约后再作处理。

第二，关于贷款问题。根据毛泽东多借不如少借为好的想法，中方提出贷款3亿美元，拟用3年还清。斯大林表示，偿还期可延长为10年，年利率定为极优惠的1%。贷款协定谈妥后，苏方要求中方提供他们缺少的战略原料钨、锡、锑，以偿还贷款，双方为此商签了一个秘密协定书；双方还达成在中国创办石油、有色金

① 《毛泽东传（1949—1976）》，中央文献出版社，2003年12月第1版，第49页。

属、航空和造船 4 个合营公司的协议（这是新中国利用外国资本促进工业化的最初尝试）。

第三，关于空军支援问题。由于在谈判期间发生台湾国民党军飞机轰炸上海事件，中方要求苏方派遣空军保护华东。斯大林答应给予支援，但提出苏中之间要签署一个秘密的补充协定，规定在苏联的远东和中亚地区、中国的东北和新疆，不得给予第三国（主要指美英日）租让权利，也不准许第三国公民进行经济或其他活动。中方经反复考虑后予以同意。斯大林随后表示，要把苏军在东北接收的日伪财产和苏联在北京的教堂等交由中方接收。①

《公告》中关于蒙古人民共和国的地位问题，是因为 1945 年 8 月国民党政府和苏联政府互换了《关于外蒙古问题的照会》，同意外蒙古独立。刘少奇在访苏时已表明：我们承认蒙古独立。周恩来对斯大林说：关于蒙古人民共和国的独立地位，中国政府必须有个声明；因为中华人民共和国成立时，我们宣布旧中国的一切国际协定、条约一概不予承认；蒙古独立是国民党经手办的；我们国内的民主人士提出来，既然国民党签订的一切国际协定、条约都不予承认，那蒙古独立的问题，我们必须表明态度。

会谈的主要内容还有：在新疆方面要拟订几个协定，有石油的开采、有色金属的开发、稀有金属的开发，将苏联在我边境（新疆境内）储存的大量武器移交中国；旅顺口、大连驻苏联空军，在东北设苏联领事馆，在海参崴、赤塔、伯力等地设中国领事馆；苏联的侨民问题；十月革命后，许多白俄逃到中国东北，在那里办了许多企业，苏联决定将这些企业统归秋林公司并收归国有。

在工作人员拟订条约和协定时，毛泽东和周恩来一同到克里姆林宫拜访斯大林。会见中，斯大林提出，为了总结中国革命的经验，建议毛泽东把自己的文章、文件等编辑出版。毛泽东说他也有此意。毛泽东提出希望斯大林派一位理论上强的同志帮助完成这项工作。斯大林答应派尤金来华。②

1950 年 2 月 6 日，上海遭到蒋介石集团飞机轰炸，中方要求苏方提供空中保

---

① 《〈中国共产党历史〉第二卷（1949—1978）》，中共党史出版社，2011 年 1 月第 1 版，第 33—34 页。

② 尤金后来参加了《毛泽东选集》第一卷、第二卷的编辑工作。在编辑过程中，尤金十分推崇毛泽东的《实践论》和《矛盾论》等若干文章，请毛泽东把这几篇文章送给斯大林阅读，并建议把已经定稿的《实践论》拿到苏联发表。征得毛泽东同意后，尤金将《实践论》译稿经苏联大使馆转送斯大林。斯大林阅后即交给苏共中央理论刊物《布尔什维克》。此文于 1950 年 2 月在第 23 期全文刊载。此文发表，受到苏联理论界、各共产党国家和许多国际进步人士的普遍重视和高度评价。《真理报》专门发表编辑部评论文章：称赞毛泽东在这篇著作中简洁和明晰地概述了唯物论的认识论——反映论，发展了马克思列宁主义关于辩证唯物论的认识论的基本原则。根据毛泽东的意见，《人民日报》于 1950 年 12 月 29、30 日两天，先后发表了《实践论》和《真理报》编辑部的评论文章。后来，毛泽东又将《矛盾论》进行了仔细修改和补充，直到 1952 年 4 月才在《人民日报》发表。

护。斯大林同意给予支援，但是他提出要签订一个秘密协定，规定在苏联的远东边疆地区和中亚地区、中国的东北和新疆，“将不向外国人提供租让权，不许第三国或其公民以直接或间接形式参与投资的工业、金融、商业和其他企业、机关、公司和组织从事活动。”毛泽东不肯签订这个文件。但是考虑到美、英都是敌视中国的西方国家，为照顾中苏团结这一大局，作了让步，同意把它作为条约的《补充协定》。以后，斯大林表示把东北的敌伪财产和北京的苏联财产由中方接收，苏联向中国提供空中保护。[①]

1950 年 2 月 9 日，刘少奇主持召开中共中央政治局会议。

2 月 14 日，刘少奇致电毛泽东，通知说，中国政府和政协负责人联席会议同意就有关条约和协定签字。[②]

1950 年 2 月 14 日晚上，《中苏友好同盟互助条约》、《中苏关于中国长春铁路、旅顺口及大连的协定》、《中苏关于贷款给中华人民共和国的协定》3 个文件的签字仪式在莫斯科克里姆林宫隆重举行。周恩来和维辛斯基代表双方政府在文件上签字。毛泽东和斯大林出席签字仪式。

同日，中苏双方发表关于两国缔结新条约与协定的公告，并声明中（国民党政府）苏 1945 年 8 月 14 日的旧条约与协定失效。

毛泽东指出：“这次缔结的中苏条约和协定，使中苏两大国家的友谊用法律形式固定下来，使得我们有了一个可靠的同盟国，这样就便利我们放手进行国内建设工作和共同对付可能的帝国主义侵略，争取世界的和平。”[③]

中苏两国报纸刊登了有关条约和协定。双方都没有公布关于旅顺口、大连和中长铁路议定书和《补充协定》。

《中苏关于中国长春铁路、旅顺口及大连的协定》规定，苏联政府将共同管理中国长春铁路的一切权利以及属于该路的全部财产无偿地移交中华人民共和国，1952 年末移交完毕；将大连市苏联临时代管或租用的财产，苏联经济机关在东北从日本侵略者手中获得的财产，以及过去在北京兵营的全部房产，无偿地移交中国。为此，双方设立中苏联合委员会办理移交。1950 年，苏联全部移交中国的财产 302 处：工厂 47 处、电影院 11 处、宅舍 188 处、仓库 33 处、地产 23 处。[④]

签字仪式后，由王稼祥大使夫妇出面，举行了盛大的鸡尾酒会，庆祝中苏条约签订和毛泽东访苏成功。斯大林、什维尔尼克、莫洛托夫、马林科夫、伏罗希洛

---

① 《毛泽东传（1949—1976）》，中央文献出版社，2003 年 12 月第 1 版，第 49 页。

② 《刘少奇年谱》下卷，中央文献出版社，1996 年 9 月第 1 版，第 243 页。

③ 《人民日报》，1950 年 4 月 13 日第 1 版。

④ 当代中国研究所：《〈中华人民共和国史稿〉第一卷（1949—1956）》，人民出版社、当代中国出版社，2012 年 9 月第 1 版，第 47 页。

夫、米高扬、卡冈诺维奇、布尔加宁、赫鲁晓夫、布琼尼等苏联党政最高领导人及各部部长、各界代表、各国驻苏使节共500余人参加了酒会。

1950年2月16日，斯大林又在克里姆林宫盛宴招待毛泽东。中国代表团全体团员、苏联党政军领导人几乎都参加了。越南领袖胡志明①也参加了宴会。胡志明向斯大林半开玩笑地说："你们同中国同志订了个条约，趁我在这里，咱们也订个条约吧！"胡志明这次是秘密访苏。斯大林说："那人家要问你是从哪儿突然冒出来的呢？"胡志明说："那好办，你派架飞机把我送到天上转一圈，然后再找些人到机场欢迎我，在报上发个消息不就行了！"斯大林笑道："这倒是你们东方人特有的想象力。"

2月17日，毛泽东率中国代表团离开莫斯科。临上汽车时，为毛泽东和中国代表团服务的苏联所有的服务人员都哭了。除了个别尚能到车前握手送别外，全都哭得出不了门。他们觉得毛泽东比斯大林更亲。管理食堂卫生的老太太说：毛泽东关怀他们，理解他们，不浪费电，毛泽东把房子收拾得干干净净，出出进进很有规矩。莫洛托夫把毛泽东送上火车，临别，他对毛泽东说：要保护身体，在路上，到国内都要保重，这是斯大林再三要告诉的；另外，保卫工作要做好，千万不要大意。

毛泽东、周恩来、胡志明每人一个车厢，负责送行的苏联外交部副部长拉夫伦捷夫和工作人员一个车厢。

火车经斯维德洛夫斯克、鄂木斯克、新西比尔斯克、克拉斯诺雅尔斯克、伊尔库次克、乌兰乌德、赤塔等站，均受到苏联同志热烈接待。

2月26日，火车到达中国边境城市满洲里。毛泽东给斯大林发了致谢电（周恩来给维辛斯基发了致谢电），苏联外交部副部长等同志一直陪送到这里，并将给中国的礼品送达，其中有斯大林给毛泽东和周恩来的两辆小汽车。

进入中国境内，毛泽东沿途视察了哈尔滨、长春（参观了伪满洲国的新京和银

---

① 胡志明，越南人，1890年5月19日生于义安省（义静省）南坛县。1920年在法国加入共产党。1923年到苏联学习，同年底到中国广州进行革命活动直至1927年。1941年发起建立越南独立同盟，当选为主席。1946年3月在越南第一届国会上当选为越南民主共和国主席（并兼任总理到1955年）。他去苏联是寻求援助的，希望派苏联军事顾问团去越南，斯大林没有同意。在回中国的路上，胡志明希望中国能派出军事顾问团去越南。毛泽东说：我们的干部没有受过正规的训练，没有进过学校的门，只是打仗有些经验。经胡志明一再要求，毛泽东说，我个人没有意见，还要回去同中央的同志商量一下，要派，也是土顾问。回国后，经研究，中共中央一致同意派顾问团。1950年6月30日下午，毛泽东、刘少奇、周恩来、朱德接见了由韦国清为团长的赴越中国军事顾问团，毛泽东说：这是我们党和国家、军队第一次向外国派顾问团，帮助他们的，也是为了我们自己的安全着想，唇亡必齿寒；胡志明同志在中国第一次大革命时就参加了，还有许多越南同志为中国的革命流血牺牲，人家有国际主义思想，我们也应当有，中国有一句古语：受人滴水之恩，当涌泉相报；本来是让韦国清同志去联合国工作的，但是联合国在美国的操纵下不让我们进去，以后我们又想让韦国清去英国当大使，但英国对我们总是三心二意的，那里只能降格了，不派大使了，这样就叫他去越南当顾问团长；顾问实际上是给人家的领导同志当好参谋，就是出主意，想办法，协助领导，不可包办代替，更不能当太上皇，要和人家搞好团结。

行)、沈阳。

毛泽东在回国途中，每下车访问一个城市，就去参观工厂，看得认真、仔细，不断向工厂负责人询问工厂情况。他一面询问，一面思考。

3月3日，在沈阳举行的东北局高级干部会议上，毛泽东讲："我们参观了苏联一些地方，使我感兴趣的是他们的建设历史。他们现在的工厂有很大规模，我们看到这些工厂，好像小孩子看到了大人一样，因为我们的工业水平很低。但是，他们的历史鼓励了我们。我们参观了列宁格勒、莫斯科、西伯利亚的几个工厂，我们又看到了那些已经发展起来的农庄，问了这些工厂、农庄发展起来的历史。他们现有的许多大工厂在十月革命时只能搞修理，和我们现在差不多，不能造汽车，不能造飞机。过了若干年以后可以造一些，但造的数目也很少。他们那时比欧洲小国丹麦造的还少，而现在一个工厂一年能造出几万台汽车。这一历史告诉我们一些什么呢？这就是说，我们现在可以从极小的修理汽车、修理飞机的工厂，发展到制造汽车、制造飞机的大工厂。其他方面，将来我们的发展也是很大的。现在没有的，将来我们可以制造出来。苏联同志告诉我们，我们会很快地发展起来的。第一个社会主义国家发展的历史，就给我们提供了最好的经验，我们可以用他们的经验。"①

3月4日，毛泽东回到北京。②

三、国计民生

早在1927年蒋介石背叛革命后，凭借国家政权，通过发行公债、征收苛捐杂税、滥发纸币和采取其他巧取豪夺的手段，建立和发展了以蒋介石和宋子文、孔祥熙、陈立夫、陈果夫为代表的四大家族的官僚资本，集官僚、买办、封建地主于一身。

抗日战争胜利后，蒋介石以胜利者的姿态，打着国家的旗号，劫收了日伪的财产和德国法西斯在华投资，并乘机侵吞了许多私人在沦陷区的企业和财产，从而使官僚资本空前膨胀。据统计，抗日战争结束后蒋宋孔陈四大家族所拥有的财产已达到100亿到200亿美元。至中华人民共和国成立前夕，官僚资本拥有全国工矿和交通运输业固定资产的80%，垄断了钢产量的90%、电力的67%、煤炭的33%、有色金属和石油的100%、水泥的45%、硫酸的80%、织布机的60%、纱锭的38%、糖的90%，还控制了全国金融机构和铁路、公路、邮电、航空运输、对外贸易以及文化事业。

1947年10月发布的《中国人民解放军宣言》明确郑重地向全国人民提出"没

① 《毛泽东传（1949—1976）》，中央文献出版社，2003年12月第1版，第53页。
② 师哲：《毛泽东第一次访苏》。

收官僚资本”的口号。1949 年 4 月发布的《中国人民解放军布告》中指出：“凡属国民党反动政府和大官僚分子所经营的工厂、商店、银行、仓库、船舶、码头、铁路、邮政、电报、电灯、电话、自来水和农场牧场等，均由人民政府接管。”

随着各大城市的解放，人民解放军所到之处立即把官僚资本收归人民所有。人民政府要求在接收官僚资本企业的过程中，要把国民党反动统治的政治机构和它所拥有的企业的管理机构、生产机构加以严格的区分：国民党反动统治的政治机构，如军队、警察、法庭、监狱及其各级政府，完全是国民党反动派维护其对人民的血腥统治的反革命暴力机器，必须彻底粉碎，不能利用，更不能继承；对在国民党反动政治机构中服务的人员，必须经过严格的区分，对一般工作人员也只能在改造后有选择地加以使用，而不能不经改造全套人马加以任用。官僚资本主义企业在国民党反动派控制下虽然具有掠夺人民的性质，在它的内部存在着官僚机构和种种压迫工人的制度，并隐藏着一些反革命分子，但由于它的主要社会功能是从事物质生产，因此这些企业中的管理人员，与国民党反动党团、政府、军队中的人员是有根本区别的。同时，鉴于新中国缺乏管理现代化企业的经验和人才，并处在战争状态，人民政府决定在接收这些企业时采取“不要打烂旧机构”和“保持原职原薪原制度”方针，先原封不动地接管过来，立即恢复生产，然后根据条件成熟情况逐步施行必要的改革。

对企业原有人员，包括厂长、局长、经理、监工、职员及技术人员，除个别坏分子必须逮捕处分外，一律采取“包下来”的政策，凡愿继续服务者，一律按原职留用。接收初期，军事管制委员会所派代表只担负监督工作，保证上级命令的实行与生产的恢复与进行，以及防止可能发生的破坏，而不代替原有的厂长、局长、经理去直接管理和指挥生产（如原负责人逃跑，原则上从本企业职工中选拔适当的人员来代理）。对企业中原有的各种机构和管理制度，在没有经过充分调查，以及条件未成熟之前不得任意加以改革和随意宣布废除。旧的工资标准和等级，以及原有的奖励制度、劳动保险制度也应暂时维持不变，也不轻易在工人中提出增薪加资和减少工时的口号和忙于进行改善生活的斗争。但是在企业中取消反动党团组织，进行反动党团登记，逮捕反革命分子和破坏分子；对深为工人所痛恨和不满的组织与制度如搜身制、打骂、私刑、不合理的处罚等，均予以适当的改革或坚决予以废除。

同时，人民政府在接收官僚资本企业中紧密依靠工人群众。贯彻自上而下按系统接收和自下而上的工人职员审查和检举相结合的方法。人民政府责成原有企业负责人办理移交清点手续。接收小组召开企业职工大会和各种形式的职工座谈会，或走家串户地向工人群众宣传政府的有关政策，发动他们协助和支持政府对该企业的接收。清点委员会都吸收一定数额的工人代表参加，上海工人提出：“自己当家，参加清点；人人有权，提供意见；样样要查，件件要点；认真负责，追根究底；就事论事，不讲情面；找出缺点，力求改进。”

人民政府还要求正确对待官僚资本企业中的技术人员和管理人员，信任他们，团结他们，注意发挥他们的积极作用。

人民政府提出所接收的企业只有机器照常运转、人员照常工作、生产正常进行，才算完成接收任务。天津市原中纺纱厂被接管的第二天就有90%以上的职工到厂报到，立即开工生产；天津汽车配件厂、天津汽车修理厂、天津橡胶厂在电力尚未恢复的情况下，工人用人工风箱吹火开工；天津被服厂被接管15天后，就完成了近十万条军裤的生产。北京的官僚资本企业在解放前大部分处于停工状态，不少遭到战争和国民党的破坏，解放不到半年时间，先后恢复了生产，到1949年12月，石景山钢铁厂的铁产量超过了国民党统治时期最高年产量的73%、燕京造纸厂产量比解放前增加了263%、门头沟煤矿的产量比解放前增加了13%。上海解放后的第二天，市内的公共汽车70%就恢复了行驶，水电供应、市内电话一直没有中断。针对一些私营企业中隐藏着部分官僚股产的情况，1951年1月5日和2月4日，中央人民政府政务院先后发布了《企业中公股公产清理办法》和《关于战犯、汉奸、官僚资本家及反革命分子财产的指示》。

新中国成立前后，国内外的敌对势力说：共产党马上得天下，不能马上治天下。他们说："共产党军事100分，政治80分，经济是零分。"中国的一些朋友也对中国的治国能力表示怀疑说：共产党打天下容易，治天下难。针对这种说法，毛泽东乐观地回答：打天下也并不容易，治天下也不是难得没有办法。

党中央和毛泽东在指挥人民解放军继续向全国进军的同时，亦在建立经济工作的领导机构，着手统一全国的财经管理。早在1948年9月召开的中央政治局会议上，就考虑到各个解放区财经工作的分散状态将不适应夺取全国政权的需要，决定首先采取过渡性步骤：由华北财经委员会将华北、华东、西北三大区的财经工作统一起来，然后再统一东北和中原两大区的财经工作。10月成立了华北财经委员会，由中央财经工作部部长董必武任主任，薄一波和黄敬为副主任。

1949年1月1日，中央召开财经座谈会，出席会议的有朱德、董必武和各大区的负责人刘伯承、陈毅、林彪、饶漱石、高岗、罗荣桓、薄一波，大家要求建立统一的财经领导机构。毛泽东审阅了这次座谈会的纪要。

1949年5月31日，中央发出《关于建立中央财政经济机构大纲（草案）》，文件由刘少奇起草、毛泽东审定。大纲要求：①在中国人民革命军事委员会之下，立即建立中央财政经济委员会，并陆续建立若干中央财政经济部门，作为目前中央的财政经济机构；②中央财政经济委员会应陆续设立中央计划局、中央财经人事局、中央技术管理局、私营企业中央事务局、合作事业中央管理局、外资企业中央事务局等工作机构，以现在华北人民政府各财经部门为基础，陆续建立中央财政处、中国人民银行、海关总署、中央商业处、交通处、燃料处、金属处、纺织处、工业处、农业处、林业处、水利处和中央铁道部等中央财政经济部门；③在东北、西北、华中、华东等区域及各省各大中城市，均应建立财政经济委员会及各级人民政府委员会的若干财政经济部门，并在中央与上级财政经济机关的领导之下工作。

党中央和毛泽东在决定建立统一的财经领导机构的过程中，最重要的一着是从东北调回陈云主持中央财经委员会。1942 年陈云曾主持陕甘宁晋绥 5 省联防财经办事处，工作很出色。解放战争时期，陈云主持东北财经委员会的工作，顺利地实现了东北全区财经工作的统一管理，较早地把经济稳定下来。

1949 年 7 月，中央财政经济委员会组建完成，干部有 300 多人。统一领导全国的财经工作。中财委是在原中共中央财政经济工作部和华北财政经济委员会合并的基础上组建起来的。主任陈云，副主任薄一波、马寅初（以后陆续增加了李富春、曾山、贾拓夫、叶季壮为副主任）。

我国的社会主义国营经济，是在继承和发展根据地、解放区的公营经济和通过民主革命没收官僚资本，以及将某些外贸企业转归国有的基础上建立和发展起来的。1949 年统计，社会主义工业的固定资产占全国工业固定资产的 80.7%；在全国大型工业的总产值中，社会主义工业所占的比重为 41.3%；在全国生产资料生产（包括手工业）中，社会主义工业占 48%；在全国主要工业产品的产量中，社会主义工业所占的比重如下：电力产量为 58%，原煤产量为 68%，生铁产量为 92%，钢产量为 97%，机器及机器零件产量为 48%，水泥产量为 68%，棉纱产量为 49%。同时，社会主义国营经济还控制了全国的铁路和其他大部分现代化运输工具，以及绝大部分银行业务和对外贸易。还有许多重要的物资和工业原料，如粮食、棉花、煤炭、钢材、铜、钨、锡等。

从解放战争后期到国民经济恢复时期结束，人民政府接收的官僚资本企业有：四大家族所控制的“四行两局一库”（即中央银行、中国银行、交通银行、中国农民银行、中央信托局、邮政储金汇业局和中央合作金库）系统和国民党省、市地方银行系统的银行 2400 多家，以及在其他银行中的官僚资本股份；国民党政府资源委员会[①]、中国纺织建设公司、国民党兵工后勤系统、国民党政府交通部、粮食部以及其他官僚资本系统所属工业企业共计 2858 个（拥有职工 129 万人），其中发电厂 138 个、采煤采油企业 120 个、铁锰矿 15 个、有色金属矿 83 个、炼钢厂 19 个、金属加工厂 505 个、化学加工厂 107 个、造纸厂 48 个、纺织厂 241 个、食品企业

---

① 中华民国政府资源委员会，是国民党部级的唯一主办重工业的机构，它垄断了包括钢铁、有色金属、机械、电机、电力、煤矿、石油、化工、造纸、制糖等一系列工业部门。蒋介石组建此委员会主要是为了用中国的矿石、原油、煤炭等去偿还美国政府的军火债。1945 年抗战胜利后，该委员会又接管了日伪所有的企业，合并成一些总公司。遍布全国的生产单位有 1000 多个，职员 3 万多人，职工 70 万。此委员会的最后一位委员长是孙越崎。1949 年蒋介石率残部逃往台湾，孙越崎指挥资源委员会举行了全国范围内的秘密起义，全国所有的工厂、矿山、机电行业的工程技术人员，包括资源委员会的南京本部全部完整地留给了新中国。

844个等；接收的还有10多个垄断性贸易公司，以及国民党政府所控制的全部铁路、机车、客车、货车和一部分船舶，还有铁路车辆修造厂、船舶修造厂30多个；被蒋介石集团劫持到香港的原中国、中央两航空公司的12架飞机上的公司职工，响应中国人民政府的号召起义，于1949年11月9日飞回祖国；中国银行等在海外的分支行职工纷纷起义，宣布接受人民政府的领导。没收接管的官僚资本财产事后按当时固定资产原值计算，总价值人民币150亿元左右。

人民政府接管中国银行以后，机构暂时不变，作为中国人民银行领导下的经营外汇业务的专业银行；没收官股，保留私股权益，改组董事会，职工全部留用，原职原薪。将交通银行改为中国人民银行领导下经营工矿交通事业长期信用业务的专业银行。1950年1月7日，改组后的中国银行和交通银行，分别以其管理处名义向海外分支机构通电，号召员工安心工作，保护行产。

对新华信托储蓄银行、中国实业银行、四明商业储蓄银行、中国通商银行等官商合办的银行，接管后没收官股，实行公私合营。据天津、北京、上海三大城市统计，中国人民银行共接管官僚资本银行机构128家，工作人员9530名。这些银行，在国民经济恢复时期成为公、私金融业之间的桥梁和中国人民银行的业务助手。

1950年1月17日，交通银行香港分行、中国农民银行香港分行、中央信托局香港分局、邮政储金汇业局香港分局、广东省银行香港分行、广西省银行香港分行分别通电表示听候接收。中国银行伦敦分行副经理楼福卿团结职工，护产护行，接受中国银行总管理处领导。

中华人民共和国的成立，永远结束了帝国主义对我国海关的控制和霸占，凡是设有海关的地方，在人民解放军到达之时立即予以收回。随后，按照稳重审慎的方针对海关进行了全面彻底的改革。1949年10月25日，中央人民政府设立海关总署，由政务院直接领导，统一管理全国海关。1949年12月30日，政务院批准《海关总署试行组织条例》。1950年1月27日，中央人民政府政务院公布《关于关税政策和海关的决定》。1950年3月7日，政务院发布《关于关税政策和海关工作的决定》，12月14日发出了《关于设立海关原则和调整全国海关的指示》。1951年4月18日，政务院公布《中华人民共和国海关法》、《中华人民共和国海关进出口税则》。根据这些指示和法令，海关总署调整和整顿了海关机关，把全国原有的172个海关调整为70个，改变了旧中国对内关卡林立，对外门户洞开的局面。同时，把巡卫国境海岸、管理灯塔浮标和监督一般沿海运输船舶，以及港口修浚管理等与海关无关的事务，分别移交边防、公安、交通等部门。海关总署还裁减了外籍职员，对11000多名旧海关员工，除清洗少数劣迹昭彰的反革命分子、坏分子外，余均量才留用。对旧海关的业务制度、规章、条例，凡属维护帝国主义利益的半殖民地、半封建性质的东西一律予以废止；对验估、检查、统计等仍然有用的管理技术，吸收过来加以改造。海关总署还根据政务院颁布的海关法和实际需要制定了各种业务法规30余种。经过上述大量工作，旧海关得到彻底的改造，成为了人民的新海关。

第一次鸦片战争，帝国主义用武力打开了中国的门户，强迫中国政府开辟通商口岸，取得在中国开设洋行、自由贸易的权利，进而控制了我国的对外贸易。1946年，蒋介石国民党政府与美帝国主义签订了《中美友好通商航海条约》，进一步把中国出卖给帝国主义。美国商品可以自由输入中国，美国的船舶可以在中国自由航行，中国市场完全成了美国货的天下。外货的倾销，严重地打击了中国的民族工商业和农业，加剧了中国的经济危机。据国民党统治区20多个大中城市的不完全统计，1946年至1947年底工商企业倒闭达2.7万家以上，其中上海原有3400家民营厂中到1946年底倒闭了2590家，占原有厂数的76%；重庆1946年倒闭了7000多家，占原有企业的80%；国民党统治区的农业生产，1946年比战前1936年减少了8%—12%，1947年减少了33%—40%，由于美棉的经销，中国主要棉产区江苏省1948年棉花产量大幅度减少，还不到1918年的1/2。

人民政府在对外贸易管理方面，采取了以下一些措施：①在没收国民党政府和官僚资本家的进出口企业的基础上，建立新中国的对外贸易机构，并确立其在对外贸易中的统治地位；②建立和加强海关工作，根据国家的需要和利益，对进出口贸易实行监督和管理；③对外贸易由国家统制，重要进出口货物由国家统购统销；④私营进出口企业必须向国家外贸管理机构登记，服从国家管理；⑤实行进出口的货物，经许可后方可办理货物进出口手续；⑥国家禁止进出口的货物，任何人不得经营；⑦进出口业务一般采取结算方式，外汇由国家统一管理；⑧在平等互利的基础上与外国政府和人民恢复与发展贸易关系；等等。

新中国成立初期，人民政府对外国资本在华企业按照不同的情况进行了处理。大陆解放时，我国还存在着1333户外资企业，拥有职工12万余人，资产12.3亿元。这些企业大部分是帝国主义在华经济特权的产物。其中包括煤矿、石油、造船、机器、发电等重工业企业和卷烟、肥皂、纺织、制药、食品等轻工业企业，还有一些城市公用事业，以及银行、进出口贸易、码头、仓库、房地产等企业（他们的大部分属于英、美两个国家的资本）。在人民政府取消了帝国主义的特权，收回海关，控制对外贸易，实行外汇管理，以及对许多重要物资实行统购统销和计划管理以后，他们失去了往日的优势和存在的条件。特别是以美国为首的帝国主义国家对我实行封锁禁运以后，使它们在生产和经营上遇到了无法克服的困难而陷于停顿。有的申请歇业，有的自动放弃经营，有的要求转让给中国政府。如英资开滦煤矿维持不下去了，由我国代管；颐中烟草公司、中国肥皂公司、天津科顺德饭店等先后通过转让，收归我国有关部门经营。

1950年12月8日，美国政府悍然宣布冻结中国在美的一切资产，并胁迫英、法等西方国家共同制裁中国。这种敌对措施，不仅使西方私人投资者不敢再来中国投资，也使原有在中国大陆的外资企业陷入困境。我国人民政府政务院于12月28日发布命令，对在我国境内的美国政府和美国企业的一切财产实行管制，进行清查，并冻结美国在华的公私存款。12月30日，华东军事管制委员会首先军管了美资上海电力公司及美资上海电话公司，分别组织临时管理委员会对上述两个企业进行管理。1951年5月18日，美国操纵第五届联合国大会通过对中国禁运的决议。中国政府随之宣布，被实行管制的美国企业有友邦银行、美国商业银行、德士古汽油公司、美孚火油公司、海宁洋行、海京洋行、慎昌洋行、奇异安迪生电气公司、远东酒精炼气厂、赫克生汽车公司、美国X光医疗用器公司、科发药房、沙利文糖果公司等115家银行和企业。北京、天津、广州、南京、汕头等地政府也对该地区的美国企业实行了管制。

1951年4月7日，英国政府追随美国政府实行反华政策，劫夺我国在香港的15000吨“永灏号”油轮，4月30日，我中央人民政府政务院下令征用英国在我国开设的亚细亚火油公司的财产。1952年7月，英国伙同美国掠夺中国在香港飞机，中国政府征用英联船厂和马勒机器造船厂。1953年初，英国掠夺广东省水产局在香港的5艘渔轮，中国政府也征用其在广州的太古公司全部财产。

到1952年底，我国政府通过管制、征用、代管、转让等方式，使有关国计民生和带有垄断性的外资企业，如煤矿、石油、造船、机器等重工业全部转归我国所有，内河航运设备也全部收回；轻工业中最大的卷烟、肥皂等企业也转归国有；占外资70%以上的贸易、金融、运输等带掠夺性的企业，均允许停业清理。到1952年底，外资在华企业已由新中国成立时的1192个减至563个，所属职工由12.6万人减至2.3万人，拥有资产由12.1亿元减至4.5亿元。

我国政府通过收回海关、统制外贸和对外资在华企业的清理，彻底地肃清了帝国主义在我国的经济侵略势力。它有力地维护了我国的独立和主权，保护了我国的利益，壮大了社会主义国营经济，为在平等互利的基础上与世界各国建立和发展经济往来关系，促进我国国民经济的恢复和发展创造了条件。

旧中国铁路极其落后，从1872年上海筹建吴淞铁路到1949年的77年间，全国只有干支线26857公里，能够勉强维持通车的线路不过1.1万公里，主要集中在东北和东部沿海地区，年客运量1亿人次，货运量仅5000多万吨。各地解放和接管时，无一条铁路线能够全线通车。

早在1945年抗日战争结束，中国共产党和人民政府就派员接管了东北铁路大部分和华北铁路一部分。1946年7月成立东北铁路总局，陈云兼任党委书记、总局长。1946年10月30日，命名的“毛泽东号”机车，就是利用破损机车修复起来的。第一任司机长陈捷三及其继任者李永等驾驶这台机车，完成各项支前任务。

1949年1月，中国人民革命军事委员会成立铁道部，中华人民共和国成立后，军委铁道部改组为中央人民政府铁道部。广大铁路职工和铁道兵指战员，解放军打到哪里，铁路修到哪里，1949年底，全国通车的铁路达到21810公里。沟通了各大行政区、各大城市的联系，促进了全国物资交流和城市生活必需品供应，支援了人民解放军南下。特别是京广、京沪线，对于粮食调拨、北煤南运以及帮助上海等大城市克服经济困难，发挥了极其重要的作用。

1949年7月9日，毛泽东接见全国铁路临时代表会议讲话说：现在的铁路太少了，我们将来要修建几十万公里的铁路。陈云强调：要恢复和发展全国的工业，必须创造一些基本条件，第一是交通，尤其是铁路交通。西北野战军司令员彭德怀提议，先调工兵修筑天水至兰州（天兰）的路基、山洞。中财委也提议，抽调西北、西南、华中等地区部分兵力，有计划修筑某些路基、山洞。

1949年至1952年，人民政府用于交通运输方面的建设费用为17.7亿元，占基本投资总额的26.7%。从1950年开始，人民政府对原有的铁路线路进行大规模的加固和改善：整治路基、加固桥梁、整修轨道、增添设备、修缮车辆站房等。据不完全统计，1950年内，共抽换枕本571万根，增补石渣514万立方米，所有桥梁均经过复修加固成为永久性的桥梁。京汉路黄河大桥建于1902年，由于年久失修，桥身松动，路轨不平，火车通过大桥时必须进行分解，用小型机车分两次牵引通过，时速不能超过5公里，一列火车通过黄河大桥需要3个小时。经过5次加固整修，列车可用大型机车牵引一次通过，时间只需要5分钟。

1950年，在国家财政经济非常困难的条件下，中共中央和中央人民政府毅然作出决策，先后动工新建成都至重庆（成渝）、天兰和湘桂铁路来宾至镇南关（来镇）段。工程十分艰巨，其中一些线路，旧中国多次想建均未能动工。例如，国民党政府从1936年提出修建成渝铁路，14年时间，未铺一根枕木、一根铁轨。新中国从1950年6月15日到1952年7月1日，两年时间，成渝铁路建成并正式通车。筑路工作者取得了在地质地形复杂条件下建设铁路的经验，造就了数以万计的勘测设计和施工技术专家。

到1952年底，新修成的干线有成渝（成都—重庆）、天兰（天水—兰州）、来睦（来宾—睦南关）线，总长1200余公里。另外还有一些林区、矿区的专用线路。正在修建的还有：宝成（宝鸡—成都）线的南段、兰新（兰州—乌鲁木齐）线、丰沙（丰台—沙城）线。这些铁路大都穿行在崇山峻岭、深谷急流之间，工程极为艰巨。

成渝铁路的建成，更具有特殊的意义。广袤富饶的四川，解放前根本没有铁路。四川人民为了修建成渝铁路，从清末到民国整整奋斗了半个世纪，出过无数的钱，流过不少的血，但历代反动政府除借筑路之名对四川人民进行掠夺和敲诈外，没有给四川人民留下一寸铁路。1952年7月1日，火车破天荒地开进了四川盆地。天兰铁路沿线地形险要，地质复杂，需要跨越渭河数次，经过隧道数十座，最长的有2公里，还要越过深沟数十处，最深的45米，以及180公里的苦水区，修路用的石子、片石、砂子，甚至吃的水和工程用水都要从很远的地方运去。

1952 年底，全国铁路通车里程从 1949 年底的 21989 公里增加到 24518 公里。

中国最早出现汽车和公路，在清朝光绪二十七年（1901 年），1911 年清政府垮台时，全国共有汽车 200 多辆，公路 1100 公里（不包括台湾省）。国民党统治末期，全国能通车的公路 5.4 万公里，且路况极差。

新中国成立前后，人民政府抢修公路 26284 公里。1949 年年底，全国公路通车 80768 公里。

1950 年 3 月，政务院制定关于修复原有公路、实行分级管理的方针。同年，政务院决定修建以福州为中心的 12 条华东支前铁路，并决定动工兴建通向世界屋脊的康藏和青藏公路。1952 年康藏公路康定至昌都段提前通车。到 1952 年底，全国公路通车里程为 130276 公里。公路质量大为提高。

中国在 19 世纪开始建设近代港口，至 1949 年建成海港泊位 300 个，其中万吨以上泊位 60 个。但是布局杂乱，设备简陋，多数没有装卸机械。

新中国成立后，对各港口布局进行规划和调整，添设部分小型装卸机械，重点修复天津新港。天津港区分老港和新港两区。老港区是 1860 年 10 月，根据不平等《北京条约》将天津辟为通商口岸后，在市区海河两岸建成的 3000 吨以下的码头和仓库。新港区是 1939 年，日本侵略者在距市区 50 公里的塘沽修建 1 万吨级以下的码头和仓库，到 1945 年日本投降为止尚未竣工。

1951 年 8 月，政务院决定修建塘沽新港，仅一年零两个月，新港竣工开港，成为中国北方沿海外贸货运中心。年吞吐量由 1949 年的 31 万吨迅速上升到 1952 年的 74 万吨。同时，青岛、上海、黄埔等港口也进行了修复或扩建，对航道和船厂等开始恢复性整治。至 1952 年，上海、天津新港和哈尔滨等修船厂恢复了正常生产。

内河通航里程增加了 2.14 万公里，沿海除浙江和福建两省因一江山岛、大陈岛等尚未解放需要武装护航外，基本恢复航运。

直至 1950 年 4 月，国家的公务联系还主要依靠无线通信。从 1950 年起，邮电建设重心放在沟通以北京为中心的有线干线，建设北京国际电台与整顿北京电话。在此基础上，恢复水上航运通信，配合军事边防需要赶修若干线路。同时，又建成北京至莫斯科的世界最长的陆上有线直达电路。

1952 年，全国除西藏、宁夏以外，北京与各省、市间基本已经能直接或接转通话。全国约有 30％的县城可以与省所在地畅通电报、电话。邮电业务开始深入农村。

四、打击投机

在国民党统治时期的1937年6月到1948年的11年中，国民党政府的货币发行额由14.1亿元增到6636946亿元，猛增了470705倍。到1948年8月，国民党政府改法币为金圆券。到1949年5月，通货额比1937年6月增加1400多亿倍，全国物价上涨85000多亿倍。100元法币在1937年可以买两头黄牛，到1947年就只能买一个煤球，到1949年连一粒大米也买不到了。由于国民党政府的货币不断贬值，毫无信誉，黄金、银元、外币便成为市场重要的流通手段，囤积商品、倒卖金银、外币成为最赚钱的事业。社会上应运而生了一大批专门从事投机的商人和行业，他们手中握有大量投机资本，专门从事金银、棉纱、粮食等重要商品的囤积居奇和倒买倒卖，从中牟取暴利。许多工厂、商店也卷入投机的行列，以大部资金进行投机生意。

人民解放军进城之后，以负责任的态度，对人民持有的金圆券、银元券，采取短期收兑，迅速肃清的办法。北平、上海、武汉等大城市解放后，各地军事管制委员会及时宣布人民币为金融市场流通的唯一合法货币。自解放之日起，所有完粮纳税以及一切公私款项收付，物价计算，账务、债务、票据、契约等均以人民币为计算及清算本位。明令金圆券为非法货币，限期收兑。禁止以金圆券或黄金、银元及外币为计算及清算本位。

东北地区解放较早，工业基础较好，在解放战争期间就开始全面恢复经济。为使东北的经济恢复免受关内通货膨胀影响，并为全国经济恢复奠定基础，中央特意推迟统一东北币。直到1951年4月，才以1∶9.5的比价收回东北币。1959年3月，西藏在平定上层反动集团叛乱之后，使用人民币，并于当年7月29日开始收兑藏币。

新中国成立初期，由于战争还在进行，以及国家负担的公教人员的猛增和重点建设的需要，国家的财政支出急剧增加。国家的财政收入由于尚未走向正轨，数额十分有限，在收入和支出之间出现了较大的亏空。为了弥补财政赤字，国家不得不暂时采用增发通货的措施，自1948年12月中国人民银行成立到1949年11月，人民币的发行额增加约100倍。1949年11月到1950年1月，人民币发行额由2万亿元增至4.1万亿元。因此，从1949年6月至1952年2月，全国出现了4次涨价风。以上海为例，批发物价指数以解放的1949年6月为100，到1952年2月猛增为2097.9，上涨了约20倍。

新中国成立初期社会上的一批投机商人，妄图继续由他们操纵市场，浑水摸鱼，牟取不义之财。仅仅由于货币发行过多，物价上涨的速度和幅度还是可以控制的。新中国成立初期几次全国性的市场波动和物价猛烈上涨，直接原因是由于投机商人的作怪所致。1949年春，华北地区春旱，青黄不接，市场粮食比较紧张，投机商人认为有机可乘，大肆抢购粮食，引起市场粮食价格急剧上涨。4月4日北京市场每袋面粉1800元，到4月30日即上涨到2800元，并很快波及华中、山东、苏北等地。6月，由于帝国主义和台湾国民党对上海进行封锁和轰炸，江浙一带又遭水灾，上海投机商人先是哄抢和囤积粮食，随后又抢购囤积纱布等其他人民生活必需品，再次掀起涨价风。从6月20日到7月21日一个半月中，上海米价猛涨4倍、纱价上涨1倍，同时影响到整个华东和华北、中南、华南等地。10月份，由于国家货币发行过多（该月的总发行量为7月的4倍），市场物资供不应求，于是上海、北京等地投机商人串通一气，南北呼应，通过电话联系，共同行动，集中资金抢购粮食、棉纱、五金、化工等商品，造成物价每天以20%—30%的速度向上猛涨，形成了新中国成立后范围最大、来势最猛的一次涨价风。在此期间，上海市人民政府曾在1天之内抛售大米991万斤，为平日市场成交量的10倍，仍然杯水车薪，无济于事。到11月底，1担米的价格已上涨为40万元（为7月份的5倍多）。从10月上旬到11月下旬，上海棉纱的价格上涨了3.8倍，棉布上涨了3.5倍。为了打击投机资本，控制市场，稳定物价，人民政府在新中国成立初期和投机资本进行了两次较大的斗争：即“银元之战”和“米棉之战”。

解放初期，各地军管部门和人民政府颁布了金银币管理办法，禁止以金银计价、流通使用和私相买卖，统由中国人民银行收兑。同时宣布，中国人民银行发行的人民币为唯一合法的货币。社会上的投机商人对此置若罔闻，公然蔑视政府法令，金银投机活动有增无减。上海投机商人宣称：解放军进得了上海，人民币进不了上海。他们公然在大街上兜售银元，拒用人民币。充斥在大街小巷中的银元贩子，1949年6月5日这一天有2万人，6月8日发展到8万人。极为猖獗的金银投机活动，严重地冲击和动摇了人民币的地位，带动了市场物价的急剧上涨。据统计，上海从解放的1949年5月27日那一天算起，到6月9日短短的13天中黄金价格上涨2.11倍，银元价格上涨了1.98倍，市场物价随之上涨了2.7倍以上。6月6日，政府向市场抛出银元1万枚，立即被吞没，[①]银元价格继续上涨。大宗买卖用金条，普通买卖用银元，人民币的地位和信誉，受到了严重的冲击。面对严重的情况，上海市长陈毅在一次会议上警告投机商：“我们诚恳劝告你们洗手不干！……这样下去，上海人民就会要求我这个当市长的采取断然措施。人民政府反对不教而诛，但假如教而不信，一意孤行，就勿谓言之不预了。”上海市人民政府在劝告无效的情况下，在中央的统一部署下采取了断然措施。6月10日，上海市人民政府出动两营部队和400名便衣公安人员，查封了金银投机大本营——证券大

① 据说，日本人占领上海期间，市场波动，从东京一次运来5吨黄金投下去也是以失败告终。

楼，逮捕法办了首要投机分子238名（对此重大行动，毛泽东亲自予以批准）；武汉市人民政府逮捕了银元投机分子200余人，查封了两个专门从事金融投机的大钱庄；广州市人民政府取缔了从事投机的地下钱庄87家和捣毁金融市场的街头兑换所377家。同时，人民政府还加强了对私营金融机构的管理和监督，严格取缔专门从事金融投机的地下钱庄及其他非法信用机构。6月11日，上海在查封证券大楼的第二天，每块银元的价格由2000元人民币落到1200元，大米价格下跌一成左右。第三天，米价又下跌一成，食油价格下跌一成半。

银元之战以后，投机资本家不甘心认输，认为人民政府是靠政治力量取胜的，他们将目标转向粮食、棉纱、棉布、煤炭市场。在他们的哄抬下，全国物价一日三涨。以上海为例，从6月21日至7月21日，米价上涨了4倍，纱布上涨了1倍。从10月上旬至11月下旬，米价又上涨3倍，纱价上涨了3.8倍，布价上涨了3.5倍，煤油、火柴也上涨了2倍。国民党特务说：只要控制了“两白一黑”（大米、棉纱、煤炭），就能置上海于死地。

地处五省通衢的汉口，同上海息息相通，物价也剧烈地波动，出现了拒用人民币的严重情况。沪汉物价不稳，波及各地，人心难以安定。1949年7月3日，华中局电告中央建议在上海开会谋求对策。陈云受命主持中财委后，从东北入关，首先到上海调查研究财政经济情况。7月27日至8月15日，受中共中央委托，陈云在上海主持召开华东、华北、华中、东北、西北5个地区的财政经济会议，研究各大区的财政收支、物资调拨和货币发行问题，寻求支援战争与稳定沪汉经济的办法。陈云作了报告和总结。原来设想解决上海的困难，办法之一是搬迁一些工厂出去。用疏散来减轻上海的负担。中央要陈云同华东的同志研究这个意见。商量的结果，会议认为这件事要慎重，从缓解一时困难毫无疑问有利，但对于下一步恢复生产就未必有利。会议决定：各区共同努力来维持上海，承担分配的粮、棉调拨任务。上海会议提出的克服困难的办法主要有4项：①精简节约，措施是裁员不如减薪；②在新解放的乡村抓紧征粮，新解放的城市抓紧收税，上海的税收由原来的45亿，可望达到268亿；③发行公债（会议议定发行2400亿元，但由于民族资产阶级人士尚有异议，中央决定推迟执行）；④由中财委主持从各地调拨物资，首先保证上海需要的粮食、棉花和煤炭，稳住上海，恢复生产。会议还要求把财委建设成为有思想、有战略眼光的司令部。陈云在会议总结中说：现在各地区财委只有几个人，这样不行；财委要设置专管各方面工作的组织，如金融、贸易等处；有些可以设秘书或委员，负责看有关材料，动脑筋，考虑问题，这光靠下面的业务部门不行，现在工作范围很广，任务很重，没有专门的研究机构应付不了；人员从哪里来？由上面派不可能，要从业务机关抽，要抽一等的；现在我们不但要应付国内，而且要在国际经济中周旋；这样就需要党内外人士团结起来，根据地的，做地下工作的，外来的，本地的，没有哪一方面的也不行；我们今天面临的是管理一个有几亿人口大国的局面，必须吸收党内外各方面有知识的人来共同工作。会议还决定建立全国性的花纱布公司、中纺公司、土产公司，集中掌握几种重要物资。

在中财委的统一布置下，经过周密的调查研究之后，决定依靠强大的社会主义国营经济，在全国范围内调运足够的粮食、棉纱、棉布等重要物资，选择适当时机集中抛售，给投机商人以毁灭性的打击。陈云指示：目前各地贸易公司……应从各方调集主要物资于主要地点，并力争于 11 月 25 日（至迟 30 日）完成。预定 11 月底 12 月初于全国各主要城市一齐抛售。在平息投机商人掀起的第三次，也是来势最猛、规模最大的一次涨价风中，人民政府从 11 月 15 日至 30 日，每日从东北调运 1000 万至 1200 万斤粮食入关，加紧华中棉花东运，把陇海沿线积压的纱布运至西安。天津先后从东北调集粮食 6000 万斤，准备布匹 35 万匹，棉纱 5000 件；上海准备棉布 110 万匹，棉纱 28000 件；汉口准备棉布 30 万匹，棉纱 8000 件；西安准备棉布 40 万匹；经过周密的布置和充分准备之后，选择市场物价达到高峰之际，于 11 月 25 日在全国各大城市统一行动，集中抛售。大量物资涌入市场，使投机资本家措手不及，吞食不下。26 日市场物价立即下降。连续抛售十天后，粮、棉等商品价格猛跌 30%至 40%。投机商人哄抬物价的阴谋破产，竞相抛售存货，但是市场已经饱和，愈抛愈贱，愈是不易脱手。不少投机商人是借高利贷抢购囤积的，结果不仅所囤货物亏本，而且还要付出很高的利息，许多投机商人因亏累过多不得不宣告破产。许多私营钱庄因贷给投机商人的款项无法收回，宣告倒闭。投机商人从此一蹶不振，很难形成气候了。

为了制止和打击投机商人的违法活动，人民政府还依靠行政力量加强对市场的管理，严禁囤积居奇和买空卖空。各地人民政府陆续公布了一系列有关私营工商业和交易市场的管理办法和条例。规定私营工商业必须向有关部门登记，未经审查批准者一律不许开业。建立市场交易管理机构，设立交易员，实行凭证入场的制度。交易市场内一律现金交易，禁止买空卖空和场内转账。对市场价格实行核价议价制度，禁止哄抬物价。对大宗采购实行管理，无论公私均须登记。对投机倒把扰乱市场者，依法严加处理等。1949 年 11 月，北京市人民政府逮捕和严惩了 16 家投机粮商，威慑了投机商人。

为稳定物价，人民政府还采取许多办法紧缩通货，主要措施是，发行一亿份人民胜利折实公债；健全税务机关，加强税收；开展折实存款；要求资本家按时发放工资而且不准关厂；除特许外，暂时停止一切贷款，并加紧催收到期贷款；暂停支付工矿投资和收购资金（少数特许者除外）；地方经费可以迟发者一律迟发等。

从 1950 年 3 月开始，全国物价逐渐向下浮动，并日趋稳定，一举结束了我国延续 10 多年的物价猛烈上涨，市场混乱的局面。平稳物价斗争的胜利，给资产阶级以深刻的教育，他们对人民政府能在短期内稳住物价而表示折服。这样，为获得一个良好的社会环境，保证工农业生产的正常进行，促进国民经济的恢复和发展创造了条件。毛泽东高度评价这次斗争说：它的意义不下于淮海战役。并极为称道陈云的理财能力。毛泽东说：陈云同志有这样的能力，我在延安时期还没有看得出来，可称之为“能”。他顺手在纸上写了一个“能”字。[①]

1950年上半年，在中央贸易部的统一指挥下，国家从东北、中南、西南调运45亿斤以上的粮食供应上海、华北和皖北，使上海和北京有可能在将近半个月的时间每天持续向市场抛售500万斤粮食，遏制了投机资本，保证了市场物价的稳定。中央贸易部还从华北调运大批煤炭到上海、广州，从华北调运大批食盐到中南，从上海、天津、青岛调运大批纱布到内地。由于货币稳定，主要物资供应得到保证，从1950年3月以后，全国的物价基本保持平稳。全国批发物价的指数如果以3月为100，4月则为75%，5月为69%，12月为85.4%。据北京、上海、天津、广州、武汉、重庆6大城市的统计，以1949年12月32种主要商品的价格为基数，1950年全年平均指数为178.5%。7月以后，因美帝国主义发动侵朝战争，某些进口物资稍有波动，但人民生活必需品的价格基本保持稳定。由于物价基本稳定，人民群众再也不必为物价一日三涨而提心吊胆，不必有钱去抢购货物，人民银行存款激增，超过了货币发行额。存放款利率也有所下降。上海市1950年4月1日至15日的半个月时间里，银行存款余额增加了20%，并出现了半年期的长期存款。

新中国成立初期，国家财政拮据，入不敷出，主要原因在于财政管理制度的不健全、不统一。当时，国家收入的大头是公粮，而收起来的公粮都掌握在地方手里，其他税收也有一大半在地方手里。国家900万行政人员里面的500万军队的费用要靠中央支付，另外中央的负担还有建设投资、救济金等。这种主要收入在地方，主要支出在中央的情况，势必造成国家财力的分散和中央财政的亏空。

这种财政分散经营和分散管理的格局形成于抗日战争的革命根据地时期。当时各根据地处于分散的、被敌人分割状态，为适应这种情况，在中央统一政策的条件下，各根据地自成系统，自理收支的管理方法在当时是合适的。它对于支援战争、巩固革命根据地，夺取民主革命在全国的胜利都起到了积极的作用。随着大陆的完全解放，中央人民政府的成立，关内货币在1949年完全统一，电讯、汇兑、交通的恢复，如继续固守过去的格式，将分散国家有限的财力、物力，架空中央人民政府，财政赤字（通货膨胀、物价上涨）等一系列问题难以从根本上得到解决。

1950年2月，中央财经委员会召开全国财政会议。会议着重讨论了财经管理问题。会议决定对全国财政经济工作实行统一管理，把国家财政收入的主要部分集中到中央，包括公粮、税收、库存物资和公营企业的利润（包括折旧基金的一部分）一律收归国库，由中央掌握。全国的物资调动统一归中央贸易部掌握。现金的调动统一于中国人民银行，机关、企事业单位的现金除留近期使用的额度，一律存

① 毛泽东在这里用了一个典故，出自诸葛亮的《出师表》：“将军向宠，性行淑均，晓畅军事，试用于昔日，先帝称之曰能，是以众议举宠为督。”

入国家银行。会议还讨论了节约支出，整顿收入问题，决定统一编制和供给标准，不准擅自招收新人员。同时还决定整顿税收，清理仓库，增加政府的收入和可利用的物资。3月3日，中央人民政府政务院发出《关于统一国家财政经济工作的决定》。同日，中共中央向各级党委发出《关于统一国家财经工作的通知》。

全国财政会议后，各大区、各省先后都召开了专门会议，组织本地区干部贯彻、执行中央的决定。全国人民努力生产，厉行节约，农民踊跃缴纳公粮，工商业者积极完成纳税任务。

国家发行的第一期一亿份人民胜利折实公债，也很快被全国人民认购一空。

统一国家财政经济后，国家收入迅速增加，支出相对减少，收支逐渐接近平衡，财政赤字大大缩小。第二季度，各大区上解中央的财政数字上升为全年的39.9%，中央补助地方的数字则下降为全年补助数的14.7%。至年底，全年总收入超过原概算的31.7%，其中：公粮超过4%，城市税收超过62.9%，关税超过83.6%，盐税超过33%，其他收入超过41%。

由于国家财政经济状况的初步好转，有力地支持了在大陆肃清国民党残余武装和在朝鲜战场上抗美援朝战争的胜利进行。同时也使国家有可能拿出一定数量的资金和物资恢复战争破坏的工业生产和交通运输事业，以及开始有重点的经济建设。1950年用于水利、铁路和钢铁的重点建设投资为12.5亿元，占财政总支出的18.3%。

五、积极安抚

新中国成立初期，中国人民政府的面前还存在着许多问题和困难：在约有3.1亿人口的广大新解放区的农村，还没有进行土地改革。在城市，国营厂矿企业的民主改革和生产改革还没有进行，瘫痪多年的交通运输还没有修复。尤其是1950年3月以后，由于物价稳定后半殖民地、半封建的旧中国形成的社会虚假购买力骤然消失，使私人资本主义工商业固有的弊端和弱点彻底暴露出来，对新的环境一时无法适应，在生产和经营上遇到了很大的困难。一大批工厂商店因商品滞销、经营亏损、资金短缺、周转不灵而歇业倒闭。工商业的不景气，扩大了失业人群，全国失业工人的总数达到117万人。由于家长失业，学生辍学，上海的中小学因学生来源不足80%而关门停课。革命胜利后经济改组带来的困难和阵痛，导致了国内阶级关系的紧张——资产阶级以为共产党要提前实现社会主义而惶恐不安；工人、农民和知识分子或由于失业、失学，或由于负担过重对政府也有怨言。

在过去的几个月中，由于忙于追歼国民党的残余军事力量，和平息投机资本多次掀起的涨价风。中共和人民政府对新中国成立后的形势和任务尚缺乏全面的分析和明确的规定，对工作中存在的问题和缺点尚未来得及总结和纠正。因此，在全党、全国人民的思想里尚缺乏一个明确的奋斗目标，在部分干部中还存在着一定的盲目性，在政策和行动上也有不尽统一和不尽一致的地方。

1950 年 6 月 6 日至 9 日，中国共产党中央委员会在北京中南海怀仁堂召开了新中国成立后的第一次全体会议——七届三中全会。出席会议的有中央委员 36 人、候补中央委员 27 人和中央各部门负责人 42 人。毛泽东主持了会议，并在会上作了题为《为争取国家财政经济状况的基本好转而斗争》的书面报告。毛泽东的报告为全会所批准和接受，并发表在 6 月 13 日的《人民日报》上。毛泽东在报告中指出，当前全党全国人民所面临的中心任务，是争取在 3 年内实现国家财政经济状况的根本好转，为开始有计划的经济建设创造条件，其他一切工作必须服从和服务于这个中心。毛泽东指出，为实现国家财政经济状况的基本好转，这需要三个条件：一是土地改革的完成；二是现有工商业的合理调整；三是国家机构所需经费的大量节减。为了获得这三个条件，毛泽东号召全党和全国人民一致团结起来，做好以下 8 项工作：①有步骤有秩序地进行土地改革工作，尽快解放农村生产力，以促进整个国民经济的恢复和发展，并为工业化创造条件；②在坚持统一财经管理，巩固财政收支平衡和平稳物价的条件下，按照统筹兼顾的方针合理调整现有的工商业，切实而妥善地解决公私关系和劳资关系，使各种经济成分在具有社会主义性质的国营经济的领导之下，分工合作，各得其所，以促进整个社会经济的恢复和发展；③在保证有足够力量用于解放台湾、西藏和巩固国防的条件下，对人民解放军和国家机关进行整编和精简，以节省军事行政费用，加强经济事业；④有步骤地谨慎地进行旧有学校教育事业和旧有社会文化事业的改革工作，争取一切爱国知识分子为人民服务；⑤认真做好失业工人、失业知识分子和灾民的救济和安置工作；⑥认真团结各界民主人士，开好各界人民代表会议，以便团结一切可以团结的人为争取国家的财政经济状况的根本好转共同工作；⑦必须坚决肃清一切危害人民的土匪、特务、恶霸及其他反革命分子，以保证争取国家的经济建设事业；⑧坚决执行中央有关加强党的建设的指示，做好 1950 年的整风工作，克服骄傲自满情绪、官僚主义、命令主义，密切党和人民群众之间的联系。

毛泽东在报告中还总结了前一段工作中的经验。批评了在某些干部中存在的急于消灭资本主义，提前实现社会主义的主张，以及粗暴对待知识分子和在少数民族工作中不顾客观条件急于进行改革的“左”倾情绪，阐述了在各项工作中应严格遵守的方针和政策。

七届三中全会上，毛泽东还作了题为《不要四面出击》的讲话。毛泽东说，七届二中全会以来，我们党领导的新民主主义革命在全国范围内取得了胜利，成立了中华人民共和国，这是一个伟大的胜利。在伟大的胜利形势下，我们面前还有很多复杂的斗争，还有许多困难。今年秋季，我们将在 3.1 亿人口的地区开始土地改革，推翻整个地主阶级。在这场土地改革中，我们的敌人是够大、够多的：帝国主义反对我们；台湾、西藏的反动派反对我们；国民党残余、特务、土匪反对我们；地主阶级反对我们；帝国主义在我国设立的教会学校和宗教界中的反动势力，以及接收的国民党的文化、教育机构中的反动势力反对我们。同时，我们和资产阶级的关系搞得很紧张，失业的知识分子和失业的工人不满意我们，还有一批小手工业者也不满意我们，农民也有意见。这场斗争是很激烈的，是历史上没有过的。

毛泽东指出："我们要合理地调整工商业，使工厂开工，解决失业问题，并且拿出二十亿斤粮食解决失业工人的吃饭问题，使失业工人拥护我们。我们实行减租减息、剿匪反霸、土地改革，广大农民就会拥护我们。我们也要给小工业者找出路，维持他们的生活。"①

毛泽东指出，在政治方面我们当前的方针应当是认真地、谨慎地做好统一战线工作，把人民中间不满意我们的人变成拥护我们的人，集中打击和肃清国民党残余、特务、土匪，推翻地主阶级，解放台湾、西藏，跟帝国主义斗争到底。他尖锐批评了提早消灭资本主义，实现社会主义的主张。他说，民族资产阶级将来是要消灭的，但现在要把他们团结在我们身边，不要把他们推开。

毛泽东坚决反对"四面出击"的主张，指出四面出击，全国紧张，很不好。他说，我们绝不可树敌过多，必须在一个方面有所让步，有所缓和，然后才可以集中力量向另一方面进攻。为了孤立和打击国民党残余、地主阶级和帝国主义，毛泽东要求要做好工作，要使工人、农民、小手工业者都拥护我们，使民族资产阶级和知识分子中的绝大多数人不反对我们；要在工人阶级领导下，以工农联盟为基础，把小资产阶级、民族资产阶级团结起来。

为了达到上述目的，毛泽东提出：①要合理调整工商业，要调整税收，要使工厂开工，以改善与缓和同资产阶级的关系；②要解决失业问题，要拿出20亿斤粮食解决失业工人的吃饭问题；③要实行减租减息，剿匪反霸、土地改革，使广大农民拥护我们；④要给小手工业者找出路，维持他们的生活；⑤对知识分子，要办各种训练班，办军政大学、革命大学，要使用他们，改造知识分子不能性急，观念的东西不是用大炮打得进去的；⑥在少数民族地区，条件不成熟，不要进行改革，一个条件成熟了，其他条件不成熟，不要进行重大改革。毛泽东要求大家认真学习和熟记《共同纲领》，严格按《共同纲领》办事。

周恩来在全会上，也对不要四面出击的方针作了说明。他强调在新的时期，对三个敌人——帝国主义、封建主义、官僚资本主义，四个朋友——无产阶级、农民阶级、小资产阶级、民族资产阶级的界限必须划清。他说，今天的中心问题，不是推翻资产阶级，而是如何同他们合作；对资产阶级是有团结有斗争，但要以团结为主，斗争是为了团结；当前的方针是节制资本，而不是挤走资本，是改组经济，而

① 《建国以来毛泽东文稿》第一册，中央文献出版社，1987年11月第1版，第398—399页。

不是搞垮经济；节制资本，就是不要使他们获得非法的超额利润，对于投机倒把要去掉，但不要把他挤走；采取挤的办法，就可能把他们挤到香港，或者藏起来了，工人就会失业。

会上，刘少奇作《关于土改问题的报告》，陈云作《关于财经工作的报告》，聂荣臻作《关于军事工作的报告》，周恩来作《关于外交工作与统战问题的报告》，薄一波、安子文、胡乔木分别作关于税收、党的组织工作、整党工作的专题报告。

会议提出当年夏、秋、冬三季全党进行整风运动，主要任务是克服骄傲自满、贪图享受的情绪和官僚主义、命令主义作风，加强同群众的联系。

会议决定由刘少奇（负责）、彭德怀、习仲勋、王震、刘伯承、邓子恢、黄克诚、饶漱石、叶剑英、彭真、刘澜涛组成土地改革问题委员会。

会议批准在任弼时①病假期间，由陈云参加书记处工作。

新中国成立初期，私人资本主义经济在我国的国民经济中占有举足轻重的位置。人民政府在打击投机资本的同时，对有利于国计民生的正当私人工商业毫不犹豫地予以大力支持。但是进入 1950 年 3 月，国家紧缩银根以后，资本主义工商业在生产和经营上遇到了新的困难：由于市场萎缩，产品滞销，许多工厂商店因为经营亏损，资金周转不灵，被迫停工、歇业。据统计，至 1950 年 4 月，在 14 个城市中有 2945 家工厂关门，在 16 个城市中有 9347 家商店歇业，全国失业工人逾百万。严重而突然的困难，使资产阶级惶恐不安，他们认为人民政府保护私人工商业的政策变了。有的坐观等待，消极经营，有的抽逃资金，转移资产，有的解散职工，关厂歇店，有的要求把工厂“献”给国家，还有少数人弃厂潜逃，或出走香港。上海市市长陈毅 4 月初向中央反映，上海已有 300 个厂长、经理逃至香港。失业人数的剧增，使劳资关系紧张。失业工人与在业工人之间，在业工人和工会之间也发生冲突。失业工人对人民政府也产生不满情绪。

1950 年 4 月 13 日，中央人民政府举行第七次会议。毛泽东出席会议并讲话，他说：在今后几个月内，政府财经领导机关的工作重点，应当放在调整公营企业与私营企业以及公私企业各部门的相互关系方面；《共同纲领》规定的公私兼顾的原则，必须充分实现，在这方面发生的混乱思想必须澄清。这次会议还通过了《中华人民共和国婚姻法》。

1950 年 5 月 8 日至 26 日，政务院财经委员会召开七大城市工商局长会议。参加会议的有上海、天津、北京、武汉、重庆、西安、广州的工商局长，天津市副市长、上海市副市长，中央财经委员会委员，以及中央贸易、银行、劳动、税务、轻

① 1950 年 10 月 27 日，中共中央政治局委员、中央书记处书记任弼时在北京逝世，终年 46 岁。

纺、私营企业管理局等有关部门的负责同志。会议分两个阶段进行：第一阶段由各地代表报告各地工商业的情况，并倾听参加会议的资本主义工商业界代表人士的意见；第二阶段研究了全国工商业的状况与问题，主要是研究了资本主义工商业发生困难的原因和解决办法。

会议认为，资本主义工商业发生困难的直接原因是由于市场物价稳定后，社会虚假购买力的消失。因为在旧中国，人民的购买力实际很有限，由于反动政府实行的通货膨胀政策，人民惧怕纸币贬值，物价上涨，有钱后立即换回实物，形成一种虚假的购买力和畸形的繁荣。新中国统一财经、稳定物价后，群众有钱也不急于购买货物。软弱的资本主义工商业也有一个适应问题。同时，在国营企业的一部分干部中存在着“左”的思想，在经营范围、价格政策、原料供给、银行贷款等方面对资本主义工商业兼顾不够，在税收上也有不尽合理之处。

会议认为，资本主义工商业的困难是暂时的，是经济改组中的阵痛。为了帮助资本主义工商业渡过困难，会议经过讨论，提出了一些办法：①通过加工订货，收购产品，有重点地维持生产；②开导工业品的销路，鼓励出口滞销物资；③联合公私力量，组织资金周转；④帮助私营工厂改善经营管理；⑤调整国营商业经营范围和批零差价；⑥重点举办失业救济。

七大城市工商局长会议以后，有关部门根据中央调整工商业的精神，召开了一系列专业会议，并吸收私营工商业代表参加，着重研究本行业内的公私产销协调问题，以及私营企业的税收和贷款问题。这些专业性会议有：纱布染织加工会议，盐业运销会议，粮食加工会议，进出口贸易会议，百货产销会议，煤炭产销会议，火柴工业会议，橡胶工业会议，毛麻纺织工业会议，卷烟工业会议，全国税务会议，金融业联席会议等。

中共七届三中全会之后，调整工商业的工作全面展开。调整工商业，包括三项内容：第一项调整公私关系；第二项调整劳资关系；第三项调整产销关系。调整公私关系，包括两个基本方面：第一是调整公私工商业关系，一方面要确定国营经济的领导地位，另一方面要在国营经济与私人资本主义经济之间有合理的分工，国家要从经营范围、原料供应、产品销售、价格政策等方面给私人资本主义经济以应有的照顾和扶持，使其在国营经济的领导下有所发展；第二是调整负担，在保证国家财政需要的前提下，从税收方面适当减轻私营工商业的负担，帮助他们渡过困难。调整公私关系是调整工商业的中心。

调整劳资关系的要求是，一方面要保护工人的民主权利和合法利益；一方面要防止工人的过高的要求。劳资间的纠纷，必须按照有利生产的原则通过民主协商的方式解决。

调整产销关系的要求是，在国营经济领导下通过各行业内部以及各行业之间的协调，逐步克服资本主义工商业在生产和经营中的盲目性，按行按业实行有计划的生产，以求达到产销平衡。

为了维持私营工业的生产，国家在向他们加工订货、收购产品时承担了巨大的牺牲：如为了维持私营棉纺业的生产，国家不惜以很高的代价去掌握棉花，仅外棉进口和棉纺加工一项，1950 年，国家亏损小米 8 亿斤；对机械行业的订货，有 70％以上的并非市场所需产品。这实际上是由国家承担了私营企业的损失。

为了给私营商业以出路，国家在保证市场稳定的条件下适当地收缩了一些国营商业机构及其经营范围，把国家零售商品经营的品种由过去的几十种改为主要经营粮食、煤炭、纱布、食盐、食油、石油等 6 种人民日用必需品。

国家在保证财政需要和合理负担的原则下，适当地调整和减轻工商业的税收：间接方面是减轻农业税负，以提高农民的购买力，为城市的工业品打开销路；直接方面是调整工商业税，对食盐、棉纱、棉织品和毛织品降低税率，对一些确有困难的欠税户，酌情予以减免或缓征；为了减轻私人工商业的困难，国家还实事求是地停止发行第二期公债。

人民政府还降低放款利率，扩大了对私营工商业的贷款，以缓解他们在资金周转方面的困难。

人民政府还通过各种专业会议、产销会议、发布生产情况等项措施，指导私营工业的生产，逐步把它们纳入国家计划的轨道，尽量缩小其生产盲目性所带来的损失。按照确保工人民主权利、有利发展生产、劳资问题通过民主协商解决的三条原则，调整劳资间的关系，在重点保护工人的合法权益的条件下，纠正工人的过高要求，以保护和维持私人工商业的生产和经营。

私营企业内部的工人响应中国共产党和人民政府的号召，发扬识大体顾大局的风格，忍受暂时的困难。不少工人主动减低工资和伙食标准，轮流回家生产，减轻企业的困难。

到 1951 年，由于越来越多的农村完成了土地改革和农业的丰收，农民的购买力不断提高，加上国家基本建设的投资增加和抗美援朝对某些工业品的需要，市场上出现了淡季不淡，旺季更旺的局面，资本主义工商业获得空前的发展。资产阶级说：前途的光明已在望，对此我们不能等待，我们必须振作起来，这就盼望我们工商业者自己努力了。他们积极向人民政府靠拢，他们又高呼“毛主席万岁”了。

六、新解放区土地改革

根据中共中央七届三中全会的部署，从 1950 年开始，新解放区的土地改革逐步展开。旧中国的土地占有情况极不合理：占农村人口不到 10％的地主、富农占有土地的 70％—80％，而占农村人口 90％以上的贫农、雇农、中农和其他劳动人民却只占农村土地的 20％—30％。地主阶级凭借着大量土地，通过名目繁多的地租（有定租、包租、预租、分租、平分等）对广大无地少地的农民进行残酷的剥削。一般情况下，农民要向地主交纳的地租要占到租种土地产量的50%，有的高达70%—80%。地主阶级还控制了农村的借贷关系，一般利息均在20%以上，高者可达30%—50%，最高者可达100%或200%。

在地主阶级野蛮和残酷的剥削下，农民辛劳终年，食不果腹，衣不遮体。若遇到灾年，大批农民就会倾家荡产，流离失所。地主不关心生产，农民没有力量，也没有兴趣去扩大生产。中国社会长期陷于停滞状态，经济不能发展，政治不能进步。孙中山在中国共产党的帮助下，提出过“耕者有其田”的主张，主张由政府收买地主阶级的土地转卖给农民，通过和平的手段来达到平均地权和耕者有其田。蒋介石集团虽然也口口声声要实行孙中山的土地主张，并于1930年6月通过了一部《土地法》，在抗日战争时期和抗战胜利后颁布了一些土地法令，但由于他们同地主阶级有着密切的联系，不愿触动地主阶级的利益，因而他们统治中国大陆22年，只是在浙江、江苏、湖北等地搞过短期的减租。不解决农民的土地问题，失掉农民的支持，是国民党在大陆失败的重要原因之一。①

中华人民共和国成立时，中国共产党已在华北、东北等老解放区和半老解放区（约占全国面积的1/3）完成了土地改革。新解放区，主要是华东、中南、西南、西北等地土地改革还没有进行。② 中共七届三中全会要求在三年内必须有计划有秩序地完成新区土地改革工作。

毛泽东访苏期间，就土改中的富农问题同斯大林交换过意见。

1950年2月17日，毛泽东、周恩来曾致电刘少奇：“斯大林同志曾在我向其报告土改政策时，提议将分配地主土地与分配富农土地分成两个较长的阶段来做，即使目前农民要求分配富农多余的土地，我们固不禁止，但也不要在法令上预作肯定。我们虽对中国半封建富农作了解释，并说明对资本主义富农并不没收，他仍举十月革命后的苏联为例，要我们把反富农看成是严重斗争。他的中心思想是在打倒地主阶级时，中立富农并使生产不受影响。去年十一月政治局会议时关于江南土改应慎重对待富农的问题亦提到过，因此事不但关系富农而且关系民族资产阶级，江南土改的法令必须和北方土改有些不同，对于一九三三年文件及一九四七年土地法等，亦必须有所修改。”③

3月12日，毛泽东致电新解放区各中央局、分局负责人，提出：“在今冬开始的南方几省及西北某些地区的土地改革运动，不但不动资本主义富农，而且不动半

① 国民党逃到台湾后，逐步实行了减租减息、平均地权和耕者有其田（这时，因他们与台湾的地主阶级没有直接经济联系）。这种改革尽管是不彻底的，但仍然促进了台湾经济的发展。

② 据统计，至1950年6月，全国完成土地改革的农业人口约1.45亿人，尚未完成土改的农业人口约2.64亿人。

③ 《毛泽东传（1949—1976）》，中央文献出版社，2003年12月第1版，第86页。

封建富农，待到几年之后再去解决半封建富农问题。请你们考虑这样做是否有利些。”

毛泽东阐述理由：“第一是土改规模空前伟大，容易发生过左偏向，如果我们只动地主不动富农，则更能孤立地主，保护中农，并防止乱打乱杀，否则很难防止；第二是过去北方土改是在战争中进行的，战争空气掩盖了土改空气，现在基本上已无战争，土改就显得特别突出，给予社会的震动特别显得重大，地主叫唤的声音将显得尖锐，如果我们暂时不动半封建富农，待到几年之后再去动他们，则将显得我们更加有理由，即是说更加有政治上的主动权；第三是我们和民族资产阶级统一战线，现在已经在政治上、经济上和组织上都形成了，而民族资产阶级是与土地问题密切联系的，为了稳定民族资产阶级起见，暂时不动半封建富农似较妥当的。”

电报还说：“关于暂时不动富农的问题，去年十一月有饶漱石、邓子恢、李富春三同志参加的政治局会议中，我曾提出过，惟未作详细的分析和未作出决定，现在已到需要作决定的时机了。”[①]

各地回电中，对中立富农的政策都表示同意，但在具体做法上有两种不同意见：一种是完全不动富农的土地财产，包括其出租的土地在内；另一种意见则主张没收分配富农的出租土地，保留其余土地财产。

毛泽东对这两种意见都很重视，选择有代表性的电报，转发各中央局继续研究。

中南局第三书记邓子恢接连三次来电，主张富农的出租土地应该拿出来分配。

毛泽东的本意是主张暂时不动富农出租土地的。但是他没有立刻否定邓子恢的意见。再次提出，要中南局和赞成暂时不动富农出租土地的华东局各起草一个土地法令草案，在中央会议上对照讨论。

两个草案，经毛泽东修改，提交七届三中全会讨论的《中华人民共和国土地改革法》草案，关于富农政策的规定是：“不动富农的土地财产。”

6月6日，刘少奇在七届三中全会上作土改工作报告，谈到不动富农问题时，刘少奇举例说：有一个人有40亩土地，全部出租，这个人就是地主，他的土地就应该没收；可是另一个人，有90亩土地，40亩出租，50亩自耕和雇人耕种；如果他出租的这40亩不动，同前一个人比较起来，就有些不公平，这个问题需要大家考虑。

刘少奇又说：不动富农，但有些“尾巴”又要调整；这样，不动富农的规定就站不住了，这个问题也值得考虑一下。

与会者对富农政策以及土地改革的其他政策展开了讨论。

邓子恢发言说：这次，他理解了中央的精神，拥护这个方针；但是在中南的部

---

① 《毛泽东传（1949—1976）》，中央文献出版社，2003年12月第1版，第87页。

分地区，如果富农出租的土地完全不动，则不能满足贫雇农的土地要求；他希望，不要规定死，要有个机动，留一个“尾巴”，就是，富农的出租部分可以有条件地动。

饶漱石代表华东局发言：华东的情况，不动富农出租的土地，贫雇农所得土地占全村平均数的60%到70%；动富农的出租土地，也不过占到70%到75%；不动富农的出租土地比较好，因为有利于生产。

6月9日，毛泽东在总结报告里，再次对不动富农的政策做了说明。

毛泽东回顾了解放战争土地改革的历史后指出：那时候情况很紧张，应该团结大多数人；现在战争停了，我们决定不动富农；苏联搞军事共产主义，对富农不准备搞的，后来因为敌人进攻得很厉害，资本家态度也不好，才对富农从各方面直接没收；苏联搞新经济政策，废除军事共产主义，是在战争停了以后；我们是在战争停了以后，才不动富农；北方战争早已停了，土改缓和得多了，现在除了台湾、西藏尚待战争，战争都停了，因此给了我们一个可能，对富农可以现在不去搞他。[①]

七届三中全会闭幕后，土地改革法草案又在党内外继续征求意见，不断修改。

6月12日，经毛泽东修改、准备提交给全国政协一届二次会议的土地改革法草案，这样规定：“保存富农经济，不动富农的土地财产。但在某些特殊地区，经省以上人民政府批准，对于富农出租部分的土地，得征求其一部或全部。富农自耕和雇人耕种的土地及其他财产，均不得侵犯。”

6月21日，经毛泽东审定的土地改革法草案又作了修改，提交全国政协一届二次会议讨论通过：“保护富农所有自耕和雇人耕种的土地及其他财产，不得侵犯。富农所有之出租的小量土地，亦保留不动；但在某些地区，经省以上人民政府的批准，得征求其出租土地的一部或全部。半地主式的富农出租大量土地，超过其自耕和雇人耕种的土地数量者，应征收其出租的土地。富农租入的土地应与其出租的土地相抵计算。”

会议上，毛泽东提出请各阶层的代表人物来开会，请出许多老先生来讨论土地改革法草案。

1950年6月28日，中央人民政府委员会第八次会议讨论和通过了《中华人民共和国土地改革法》，并于6月30日由毛泽东主席发布命令公布执行。

土地改革法明确规定，没收地主的土地、耕畜、农具、多余的粮食及其在农村多余的房屋，统一地、公平合理地分配给无地少地及缺乏其他生产资料的贫苦农民所有，借以解放农村生产力，发展生产，为新中国的工业化开辟道路。

7、8月间，政务院还先后颁布《农民协会组织通则》、《人民法庭组织通则》和《关于划分农村阶级成分的决定》。

① 《毛泽东传（1949—1976）》，中央文献出版社，2003年12月第1版，第90—91页。

从1950年冬天开始，新解放区的土地改革分批分期的陆续展开。在总结老解放区土地改革经验的基础上，根据新中国成立后的新情况，中央人民政府对新区土地改革作了一些新的规定：

1. 将消灭富农经济的政策改为保护富农经济。毛泽东在《土改法》颁布前对刘少奇《关于土地改革问题的报告草稿》修改说："我们现在是处在完全新的情况下，我们建议的土地改革法，采取了消灭封建制度保存富农经济的方针，也是完全必要的。"① 意义在于，富农经济是农村中的资本主义经济，具有较强的生产能力；可以更好地保护中农，去掉中农在发展生产上的顾虑，使他们放心大胆地去发展生产；有利于稳定和团结资产阶级；可以缩小打击面，更好地孤立和打击地主阶级，把土地改革的打击面自8%缩小到3%左右。由于不去征收富农的多余土地和财产而不能满足农民对土地的要求，以及他们在生产方面的困难，通过国家贷款和其他扶助办法予以解决。

2. 把没收地主全部财产的政策改为没收地主的土地、耕畜、农具、多余的粮食及其在农村中多余的房屋，其他财产不予没收。毛泽东说："除对极少数犯了重大罪行的地主，即罪大恶极的土豪劣绅及坚决反抗土地改革的犯罪分子，应由法庭判处死刑或徒刑外，对于一般地主只是废除他们的封建的土地所有制，废除他们这一社会阶级，而不是要消灭他们的肉体。"②

3. 规定小土地出租者的土地在不超过当地每人平均土地数的200%者均保留不动。小土地出租者指革命军人、烈士家属、工人、职员、自由职业者、小贩以及因从事其他职业或缺乏劳动力而出租少量的土地者，这种小块的出租土地总数不超过耕地总数的3%—5%。鉴于我国对失业和丧失劳动力的人员还没有社会保险，而这些土地很多又是土地所有者依靠个人劳动所购置的，人民政府因此制定此项政策，允许其继续出租或自耕。

4. 规定必须注意团结中农和保护中农。这是中共和人民政府的一贯政策，是保证农村土地改革顺利进行的一个关键。土地改革法规定中农（包括富裕中农）的土地及其他财产不受侵犯，对少数中农附带出租的土地，亦不加没收或征收；在土地分配办法上，改变了过去以乡为单位把地主的土地、公地和其他土地按人口统一平均分配的办法，而是仅仅把没收地主的土地，以乡或等于乡的行政村为单位统一按照公平合理的原则，用抽补调整的办法分配给无地少地的农民；农会组织要吸收中农积极分子参加农会的领导工作，在各级农会领导成分中中农不得少于1/3；在农会召集贫农、雇农或手工业工人的会议或代表会议时，要吸收中农的代表参加。

5. 在土改中，团结一切可以团结的力量，组成广泛的反封建主义的统一战线。农村土地改革，是一场深刻的社会变革，牵涉到社会上各个阶级和阶层，可能会遇

---

① 《建国以来毛泽东文稿》第一册，中央文献出版社，1987年11月第1版，第387页。
② 《建国以来毛泽东文稿》第一册，中央文献出版社，1987年11月第1版，第386页。

到各种阻力。为了动员和争取社会上一切进步力量拥护和支持土改，彻底孤立地主阶级，还要注意团结农村中贫苦的革命知识分子和其他劳动人民，及时吸收他们参加农会；对地主阶级中的开明士绅，也要采取争取和团结的政策，教育和鼓励他们以身作则，服从和执行人民政府有关土改的法令，在他们交出土地和其他应交的财产后，应予以适当的照顾；在城市要加强对工人、学生、职员、工商业者、解放军指战员，及其他各阶层人民的教育，使他们同情人民，帮助农民；欢迎吸收民主党派的干部、城市中的教职员及其他民主分子参加土改。

6. 规定对使用机器或其他进步设备的农场、牧场，由原经营者继续经营，不得分散。但土地所有权属于地主者，经省以上人民政府批准，得收归国有。县以上人民政府可根据当地土地情况，酌量划出一部分土地收归国有，作为一县或数县范围内的农事试验场或国营示范农场。1950 年 10 月政务院第五十八次政务会议通过的《城市郊区土地改革条例》规定，为了适应城市建设和工商业的发展需要，城市郊区所有没收和征收得来的土地，一律归国家所有，由人民政府管理。

7. 解放后首先发动群众剿匪反霸、减租减息、生产救灾、建立农会和改造乡政权，在社会秩序安定、农民觉悟提高、干部条件成熟后再进行土地改革。在大规模土地改革以前，各地还进行了农村社会调查和土改的试点。各地土改，大体分三个阶段——发动群众、划分阶级、没收和分配土地。新解放区的土地改革，大体分三批完成：第一批在 1950 年冬至 1951 年春，在大约包括 1.2 亿农业人口的地区进行；第二批在 1951 年冬至 1952 年春，在大约 1.1 亿农业人口的地区进行；剩下的 3000 万农业人口的地区，在 1952 年冬天至 1953 年春天完成。

8. 土改是一场推翻和消灭封建剥削制度的深刻斗争，只有发动群众才能完成这一伟大的变革，也才能树立农民在乡村中的优势。人民政府批评只要政府发布命令、不要放手发动群众的做法，依靠农民自己的组织和力量，打倒地主，取得土地。

中国共产党在土改中制定了保护众多阶级、阶层土地利益的政策措施，使土改的阻力减少到最低限度，保证了土改顺利进行。

侨乡也存在着封建剥削。侨乡，即出国华侨较多、华侨眷属比较集中的地区，多在广东、福建两省。缺地、少地和无地的侨眷也迫切要求实行土地改革。国家针对侨乡特殊情况，制定特殊政策。《土地改革法》规定："华侨所有的土地和房屋，应本照顾侨胞利益的原则。"另定适当办法处理。中共中央针对侨乡土改中发生的任意提高侨眷成分和侵犯侨汇的偏差，及时作出"不得侵犯侨汇"的指示，提出"土改以国内封建财产为限，不追至国外，侨汇不是封建剥削"。1950 年 11 月 6 日，政务院颁布《关于土地改革中对华侨土地财产的处理办法》：对华侨地主适当照顾，本人出国前家庭原系地主者的房屋，只没收原由农民居住部分，其他房屋不动；对于本人原系劳动人民，出国后上升为地主者，其耕畜、农具、多余粮食等同其他财产，一律保留不动；对于居住在国内农村中的华侨家属，无地少地及缺乏其他生产资料，一般应分给与农民同样一份土地及其他生产资料。

按照《土地改革法》规定，地主占有之山林，应予没收，富农出租之山林得予没收。根据政务院1951年4月21日，颁布《关于适当的处理林权、明确管理保护责任的指示》：西北、西南、中南等少数民族地区的森林，一般仍按旧有管理习惯不变。

毛泽东曾经在七届三中全会上强调："少数民族地区的社会改革，是一件重大的事情，必须谨慎对待。我们无论如何不能急躁，急了会出毛病。条件不成熟，不能进行改革。一个条件成熟了，其他条件不成熟，也不要进行重大的改革。"具体实践中，国家采取"稳、宽、长"的方针。对待汉族地区以外的民族地区，改革的措施和步骤更为慎重稳妥；对待少数民族中的剥削阶级分子，特别是民族、宗教上层人士，政策更宽一些；改革的过程更长一些。

毛泽东在指导这次规模空前的土改运动中，强调要充分发动群众、依靠群众，更强调要谨慎。毛泽东要各级领导机关随时了解情况，纠正偏差。对于尚不具备土地改革条件的少数民族地区，则充分照顾到特殊的社会历史条件，采取更慎重、更稳妥、更和缓的政策和步骤。在运动中，提出宁慢勿快，唯恐重犯1947年土改中"左"的错误。

土地改革后，原来无地少地的贫雇农大体上相当于当地平均土地占有量；地主的土地相当或低于平均数；富农和中农的土地略高于平均数。如华东区，贫雇农的土地由土改前人均土地0.6亩到土改后人均2.4亩；中农由土改前的人均2.01亩到土改后的人均3亩；土改后地主人均土地2.12亩；土改后富农人均土地3.82亩。中国世世代代贫苦农民和无数志士仁人梦寐以求的"耕者有其田"的夙愿，终于通过中国共产党领导的土地改革运动变为现实。

土地改革中涌现出大批积极分子，经过考验选拔，充实到乡、村基层政权领导岗位。如浙江省土改中涌现出的300多万积极分子，有41.1万人成为乡、村级政权的领导干部。①

完成土改后，群众反映："贫雇农得地开心，中农有利称心，富农不动定心，地主劳动回心。"②

经过3年努力，到1952年底，新解放区的土改，除新疆、西藏和某些边远少数民族地区外基本完成。连同老解放区在内，经过伟大的土地改革运动，约有3亿无地少地的农民分得了7亿亩土地和大量生产资料，免除了每年向地主交纳700亿斤粮食的沉重地租负担。这场土改运动，铲除了封建主义的根基，在中国土地上发生了一场规模广大、内容相当深刻的社会大变动，使古老的中国农村空前焕发出青

① 当代中国研究所：《〈中华人民共和国史稿〉第一卷（1949—1956）》，人民出版社、当代中国出版社，2012年9月第1版，第61—62页。

② 薄一波：《若干重大决策与事件的回顾》上卷，第134页。

春活力。①

新疆的土地改革是从1952年秋开始的。新疆的地主人均占有耕地41亩、富农为12.4亩、中农为7.11亩、贫农为3.06亩、雇农为0.98亩。新疆的土地集中情况虽然不如内地，但地主的剥削仍是十分残酷的，并带有浓厚的农奴制色彩。租种地主土地的农民常被迫聚居在地主的高宅大院的周围，形成许多封建地主庄园。在封建地主庄园中，农民没有完全的人身自由，他们不仅要为地主承担许多繁重的劳役，甚至可以被地主随土地任意买卖、赠送和转让；有的地方，农民婚配时地主还享有野蛮的“初夜权”。

1953年底，新疆地区的土改胜利结束。在土改中共没收地主多余土地735万亩，耕畜7万多头，农具46万件，房屋20万间，粮食1400万斤。全疆有322万无地少地的农民分到了土地。

土地改革极大地解放了农村生产力，亿万翻身农民第一次有了属于自己的土地，发展生产，改善生活的劲头空前高涨。农民说：“一想到脚底下是自己的田，就精神百倍，前几天出了气，今后要出力。”② 他们积肥打井，修堤挖塘，添牛买马，精耕细作。1949年全国粮食产量是1132万吨，1951年达到14363万吨，1952年达到16290万吨；棉花产量1949年44万吨，1952年120万吨；大牲畜1949年6002万头，1952年达到7645万头。1952年的农林牧副渔比1949年分别增长14.2%、19.6%、11.3%、14.7%、29.5%。耕地面积由1亿公顷增长到1.1亿公顷。

七、军队整编

1949年全国军事费用支出占全年财政收入的一半。随着全国各级政权的建立和对文化教育事业的接管，以及对国民党遗留和起义人员实行“包下来”的政策，国家负担的公教人员由1949年的700万人猛增到1950年的900万人。据1950年全国财政收支概算，当年的行政费用支出占国家总支出的21.4%，加上军事费用的支出38.8%，共占当年财政总支出的60.2%。为大量节减行政军事经费，中共中央七届三中全会提出，在保证有足够的力量用于解放台湾、西藏，巩固国防和镇压反革命的条件下，人民解放军在1950年整编复员一部分，同时对国家行政系统进行必要的精简。

---

① 《毛泽东传（1949—1976）》，中央文献出版社，2003年12月第1版，第92—93页。

② 《中国土地改革史料选编》，国防大学出版社，1988年第1版，第734页。

中央人民政府成立了以薄一波为主任、聂荣臻为副主任的全国编制委员会。各大行政区、省、大市均分设编制委员会。任务是根据中央人民政府的有关规定，制定并颁布各级军政机关人员、马匹、车辆等编制，领导、检查和督促精简整编工作的进行。中央人民政府要求，在整编工作中，各机关首长必须亲自负责，核实现有人员、马匹；立即停止各级机关不经批准自行添招人员及招人开训练班的现象；政府及企业编余人员，不得擅自遣散，均由全国各地编制委员会统一调配使用；对旧军政人员不应采取消极包饭态度，要有步骤地加以改造和合理使用。

在国家行政机构的精简整编过程中，各级领导机关都充分注意到：①在精简机构的同时狠抓提高工作效率，使各级政府成为机构精干、有作为、有效率的人民政权机构，反对胜利后在干部队伍中滋长的以功臣自居、铺张浪费、享乐腐化等不良风气。②在精简中各级政府都要注意加强财经部门和基层。③在整编中，各省（市）从长远观点出发，有计划地建立一批工农速成中学、工农速成小学和各种训练班，把一些文化程度较低的同志调离工作岗位送入学校、训练班进行培养，为日后的经济建设培养和贮备人才。④中央和各级地方政府根据实际情况，并考虑到将来的发展，按照人物的繁简与缓急，对于重复机构予以合并或撤销，尽量减少机构层次。

至 1950 年 10 月，国家机关精简整编工作基本告一段落。据同月统计，全国各级政府机关行政人员比 2 月份减少了 1/4 左右。1950 年的行政费用的实际支出比概算减少了 4.5%。

1950 年 5 月，人民解放军在北京召开了全军参谋会议，研究了人民解放军的整编问题。6 月，中央人民政府人民革命军事委员会和政务院联合发出《关于人民解放军一九五〇年复员工作的决定》，决定指出：中国人民解放战争已经基本结束，除台湾和西藏尚待解放仍有严重的战斗外，全国已开始进入经济建设的新阶段；人民解放军也将随之从战争状态转入正规建军的新时期；在国家生产建设开始时，人民解放军必须复员一部分，去参加经济建设工作，以帮助国家经济的恢复和发展。

中央人民政府革命军事委员会与政务院共同组成了中央复员委员会，由周恩来负责。各大行政区、省、专署、县、区、乡和人民解放军团以上单位都相应建立了复员委员会。中国人民解放军进行大规模的整编和复员，这在历史上还是第一次。在编的 500 余万人民解放军，复员了 140 多万。在整编过程中，人民解放军缩小了步兵部队，开始和加强建设空军、海军[①]和其他兵种，并建立了一批培养军队各方面的指挥人员、政治工作干部和技术人员的军事院校。新中国成立时，人民解放军

① 1949 年 11 月 11 日，成立中国人民解放军空军部队，刘亚楼任司令部，萧华任政治委员；1949 年 4 月 23 日，华东军区海军成立，1950 年 4 月 14 日中国人民解放军海军领导机关在北京成立，萧劲光任司令员。

已有4个炮兵师、70个炮兵团，1950年8月1日，陈锡联任炮兵司令员。1950年9月1日，装甲兵领导机关成立，许光达任司令员。1950年11月8日成立公安部队领导机关，罗瑞卿任司令员兼政治委员。1950年12月16日成立防空军领导机关，周士第任司令员、钟赤兵任政治委员。

中国人民解放军还开展了大生产运动。1949年12月，中央人民政府人民革命委员会发布《关于一九五〇年军队参加生产建设工作的指示》，要求中国人民解放军除继续作战和服勤者外，应当负担一部分生产任务，使人民解放军不仅是一支国防军，而且是一支生产军，借以协同全国人民克服长期战争所遗留下来的困难，加速国家的经济建设。指示还强调，人民解放军参加生产，不是临时的，应从长期建设的观点出发。1950年全军掀起了生产热潮，全年开垦耕地达330万亩。西北、西南军区还派遣了10多万指战员参加天宝、天兰、成渝等铁路线的修筑工程。

八、镇压反革命

国民党反动派在统治中国的20余年间，建立了庞大的政治、军事、党团、特务等反革命机构，培植了大批反革命分子，社会上还滋生了一大批恶霸、土匪和反动会道门头子。其中许多人作恶多端、血债累累。全国解放后，国民党反动派在大陆上还遗留下一大批反革命分子。据粗略估计，有政治土匪200万，反动党团骨干分子约60万，各种特务分子约60万，总计300余万。另外，国民党反动派还不断自台湾派遣间谍、特务潜入大陆进行破坏活动。

他们的主要活动是：

1. 网罗各种反革命力量。组织各种反革命组织和反革命武装，在贵州遵义地区就有“反共革命委员会”、“国民党后方救国委员会”、“反共救国军”、“反共保产委员会”等几十种。

2. 组织暴乱，袭击围攻县、区、乡人民政府，残杀政府工作人员和人民群众。仅广西一地，自1950年底到1951年5月，土匪特务组织暴乱达52次，袭击区、乡政府247次，围攻县城52次，杀害农会会员、民兵、村干部3703人。到1951年6月，贵州仁怀县，除县城及附近村寨外，其余乡镇全为土匪所占。

3. 据统计，1950年春至1951年秋，有近4万名干部和群众遭到反革命分子的杀害。1950年秋，在北京破获了帝国主义间谍秘密测绘地图、准备武器，预谋在国庆节用迫击炮轰击天安门，杀害党和国家领导人的重大反革命案件。

4. 1951年上半年，国民党土匪、特务在湖南、广西、湖北等地纵火焚烧民房，抢劫财物，使数万群众无家可归，财产损失严重。广西在匪患严重时期，交通阻塞，行旅不通。

5. 反革命分子还制造事故，破坏生产，恐吓农民，破坏土改，腐蚀收买干部，刺探收集情报等。特别是抗美援朝战争爆发后，反革命分子叫嚷："第三次世界大战马上爆发"、"蒋介石要反攻了"、"美军即将登陆"，有的制作了星条旗和青天白日旗，准备迎接美蒋卷土重来。东北地区从 1950 年 7 月 12 日至 8 月 11 日，铁路上发生了大小政治事故 154 起。在土改已经完成的半老区，不断发生地主向农民反攻倒算的事件。

1950 年 7 月 23 日，政务院和最高人民法院发布了《关于镇压反革命活动的指示》。

10 月 10 日，中共中央向各级党委发出《关于镇压反革命活动的指示》。10 月 16 日，公安部召开了第二次全国公安高级干部会议，揭发和纠正了镇压反革命工作中的右倾情绪，研究和部署了镇压反革命工作。

12 月 19 日，毛泽东致电中共湖南省委书记黄克诚并告中共中央中南局第三书记邓子恢："对镇压反革命分子，请注意打得稳，打得准，打得狠，使社会各界没有话说。"①

1951 年 1 月 17 日，毛泽东看了中共中央中南局转报的湘西第四十七军关于镇反压的报告，立即转发各中央局、华南分局负责人，充分肯定第四十七军的做法，对镇压反革命运动作出指示："在湘西二十一个县中杀了一批匪首、恶霸、特务，准备在今年由地方再杀一批。我以为这个处置是很必要的。只有如此，才能使敌焰下降，民气大伸。如果我们优柔寡断，姑息养奸，则将遗祸人民，脱离群众。

"所谓打得稳，就是要注意策略。打得准，就是不要杀错。打得狠，就是要坚决地杀掉一切应杀的反动分子（不应杀者，当然不杀）。只要我们不杀错，资产阶级虽有叫唤，也就不怕他们叫唤。"②

2 月 20 日，中央人民政府委员会第十一次会议举行，通过了《中华人民共和国惩治反革命条例》，21 日，毛泽东主席命令公布施行。《人民日报》连续发表了《为什么必须镇压反革命？》、《镇压反革命必须大张旗鼓》（3 月 31 日）、《再论镇压反革命必须大张旗鼓》（4 月 28 日）等社论。

镇压反革命运动大体经历了四个阶段：发动阶段，1950 年 10 月至 1951 年 2 月；大张旗鼓镇压反革命阶段，1951 年 2 月至 5 月；清理积案阶段，1951 年 6 月至 10 月；扫尾和建设阶段，1951 年 11 月至 1953 年秋。

1951 年 3 月 2 日，《人民日报》载：石家庄等地公安机关破获特务阴谋武装暴乱案，匪首孙鹏飞等被处决。

随着镇反运动的开展，在党政军系统内部也发现了一些暗藏的反革命分子。1951 年 3 月 24 日，毛泽东提出，镇压反革命要分三个层次：（一）社会上的反革

---

① 《建国以来毛泽东文稿》第一册，中央文献出版社，1987 年 11 月第 1 版，第 729 页。

② 《毛泽东文集》第六卷，人民出版社，1999 年 6 月第 1 版，第 117 页。

命，即“外层”；（二）隐藏在军政系统内的反革命，即“中层”；（三）隐藏在共产党内的反革命，即“内层”。镇压这三个方面的反革命，要有步骤，不能同时并举。

3月24日，北京市政府召开5000多人的市、区人民代表联席会议，讨论惩治反革命罪犯问题。25日，将199名反革命首犯执行枪决。

3月，美国情报机关陆军战略情报处的潜伏组织，在天津被破获。29日，天津市召开1万多人参加的市、区人民代表扩大会议、控诉反革命分子罪行。31日，枪决一批反革命罪犯。

3月30日，毛泽东针对山东省在镇反中出现的劲头不足，草率从事的偏向，指出：“我们一定要镇压一切反革命，但是一定不可捕错杀错。”①

4月2日，毛泽东在他写的一个批语里强调：“镇压反革命必须严格限制在匪首、惯匪、恶霸、特务、反动会道门头子等项范围之内，不能将小偷、吸毒犯、普通地主、普通国民党党团员、普通国民党军官也包括在内。判死刑者，必须是罪重者，重罪轻判是错误的，轻罪重判也是错误的。”②

4月11日，重庆、广州枪决一批反革命罪犯。

4月13日至14日，南京市连续处决了一批特务、惯匪、恶霸。29日，又将376名美蒋特务、恶霸、惯匪处决。

4月29日，杀害毛泽民、陈潭秋、林基路等人的凶手李英奇等被枪决，同时美国间谍乌斯满在新疆伏法。

4月30日，上海市枪决了285名反革命罪犯。

至1951年5月，全国共逮捕了反革命约150万人，处决了其中罪大恶极的反革命约50万人。

镇反前一阶段，逮捕并迅速处理了一大批犯有死罪、民愤极大的反革命分子，群众拍手称快。但是杀人多了，即使都是犯有死罪的反革命分子，也总会在社会一部分阶层中引起不安，甚至丧失社会同情。

5月7日，毛泽东为中共中央起草一个批语，指示全党：“兹定于六月一日起全国除现行犯外捕人批准权一律收回到地专一级，杀人批准权一律收回到省级，离省远者派代表前往办理。各地一律照此执行。”同时规定，清理积案时间，亦即停止捕人时间，有少数要犯须逮捕者报中央局批准。③

5月8日，毛泽东修改第三次全国公安会议决议时，对镇压反革命运动作了重要指示：“凡应杀分子，只杀有血债者。”④

同日，毛泽东亲自起草《中共中央关于对犯有死罪的反革命分子应大部采取判

① 《毛泽东文集》第六卷，人民出版社，1999年6月第1版，第120页。
② 《毛泽东文集》第六卷，人民出版社，1999年6月第1版，第120页。
③ 《毛泽东传（1949—1976）》，中央文献出版社，2003年12月第1版，第198页。
④ 《毛泽东文集》第六卷，人民出版社，1999年6月第1版，第121页。

处死刑缓期执行[1]政策的决定》，指出："这个政策是一个慎重的政策，可以避免犯错误。这个政策可以获得广大社会人士的同情。这个政策可以分化反革命势力，利于彻底消灭反革命。这个政策又保存了大批的劳动力，利于国家的建设事业。因此，这是一个正确的政策。估计在上述党、政、军、教、经、团各界清出来应杀的反革命分子中，有血债或有其他引起群众愤恨的罪行或最严重地损害国家利益的人只占极少数，大约不过十分之一二，而判处死刑缓期执行的人可能占十分之八九，即可保全十分之八九的死罪分子不杀。他们和农村中的匪首、惯匪、恶霸不同，也和城市的恶霸、匪首、惯匪、大流氓头子及会道门大首领不同，也和某些最严重地损害国家利益的特务不同，即没有引起群众痛恨的血债或其他重大罪行。他们损害国家利益的程度是严重的，但还不是最严重的。他们犯有死罪，但群众未直接受害。如果我们把这些杀了，群众是不容易了解的，社会人士是不会十分同情的，又损失了大批的劳动力，又不能起分化敌人的作用，而且我们可能在这个问题上犯错误。因此，中央决定对于这样的一些人，采取判处死刑、缓期执行、强制劳动、以观后效的政策。如果这些人中有若干人不能改造，继续为恶，将来仍可以杀，主动权操在我们手里。各地党、政、军、教、经、团清出来的反革命分子，请各地均照上述原则处理。其应执行死刑的极少数人（大约占死罪分子的十分之一二），为慎重起见，一律要报请大行政区或大军区批准。有关统一战线的重要分子，须报请中央批准。此外，对于农村中的反革命亦只杀那些非杀不能平民愤者，凡人民不要杀的人一律不要杀。"[2]

5月10日至16日，中共中央召开第三次全国公安会议，决议规定：自现在起，镇反工作采取谨慎收缩的方针，并集中精力处理积案。

5月15日，为了准确掌握运动发展情况，毛泽东要求全国2000多个县委和市委书记都向他写一个报告，与他直接通信一次。

5月21日，《人民日报》发表社论：《放手发动群众控诉与检举反革命分子》。

在镇反工作进入谨慎收缩阶段，有的区、村干部群众对死缓政策产生了误解。他们认为，"缓期执行"，就是完全宽大，"以观后效"，就是一笔勾销。毛泽东发现这个情况，立即于6月15日给各中央局并转分局、省市区党委、地委及县委发出电报，指示："缓期二年执行的政策，决不应解释为对于负有血债或有其他重大罪行人民要求处死的罪犯而不处死，如果这样做，那就是错误的。我们必须向区村干部和人民群众解释清楚，对于罪大恶极民愤甚深非杀不足以平民愤者必须处死，以平民愤。只对那些民愤不深、人民并不要求处死但又犯有死罪者，方可判处死刑、缓期二年执行、强迫劳动、以观后效。"[3]

---

① "死缓"刑名，是毛泽东的一个创造。

② 《毛泽东文集》第六卷，人民出版社，1999年6月第1版，第122—123页。

③ 《毛泽东文集》第六卷，人民出版社，1999年6月第1版，第123页。

6 月 24 日，杀害刘胡兰的凶手张全宝、侯雨寅在山西省文水县伏法。

7 月 16 日，全国铁路工会和武汉人民代表公审了“二七”惨案的主要凶犯，反革命分子赵继贤在林祥谦烈士被害处执行枪决。

8 月 17 日，图谋在 1950 年国庆节炮击天安门检阅台的主犯意大利人李安东、日本人山口隆在北京被处决。

1951 年 10 月，历时 1 年的镇反运动结束，转入经常地对暗藏反革命分子作斗争的工作。同月，毛泽东在审阅公安部部长罗瑞卿向全国政协一届三次会议的报告中，加写了一段文字：“反革命势力已经受到了我们一个极其严重的打击。但是他们还有残余力量没有肃清，外面还在不断派遣进来，里面的残余分子还可能发酵扩大，并且他们还在作疯狂的活动，危害人民的事业。如果我们丧失警惕性，如果我们就此住手，不再向反革命作斗争了，那我们就会要上反革命的老当。因此我们必须继续提高警惕性，必须继续打击反革命，只要还有反革命分子存在，我们就要彻底消灭他。”①

1953 年 4 月 26 日，杀害李大钊的主要凶手雷恒成在上海伏法。1927 年时任张作霖奉军总司令部督察处督察长的雷恒成带领警探包围了俄国大使馆兵营，逮捕了李大钊等人，抗日战争中，充任汉奸县长等职，中华人民共和国成立后，化名赵志安，潜逃上海，卖卜为生。

镇反运动中，共杀、关、管各类反革命分子 300 万。在大陆上基本上消灭了土匪、特务分子、恶霸分子，以及反动党团和反动会道门中的坚决反革命分子。彻底摧毁了旧社会遗留下来的残余反动势力。在全国范围内出现了历史上从未有过的安定局面。

1951 年 10 月 23 日，毛泽东在全国政协第一届第三次会议上，致开幕词中说：“一切事实都证明：我们的人民民主专政的制度，较之资本主义国家的政治制度具有极大的优越性。在这种制度的基础上，我国人民能够发挥其无穷无尽的力量。这种力量，是任何敌人所不能战胜的。”②

九、移风易俗的社会改造

旧社会历代统治阶级，为了保障糜烂的生活和经济利益，用强权和金钱逼迫妇女卖淫为生。娼妓制度是旧中国历史上一个严重的社会问题。1911 年卖淫许可证

---

① 《毛泽东文集》第六卷，人民出版社，1999 年 6 月第 1 版，第 123—124 页。

② 《毛泽东文集》第六卷，人民出版社，1999 年 6 月第 1 版，第 184 页。

制度由袁世凯首先推行。同年3月对妓女和妓院开始征税。国民党统治时期，把征收妓女的“花捐”作为一项财政收入，从而使娼妓制度合法化、商业化。旧中国全国有近万家妓院，还有为数不少的暗娼，卖淫嫖娼活动猖獗。1912年北京有妓院353家，注册妓女2996人，到1917年妓院上升到406家，注册妓女3887人。1947年上海以卖淫为生者不下10万人。

新中国成立，中央人民政府把取缔娼妓制度作为改造社会的一项重要内容。具体做法：封闭妓院，惩治老板，取缔嫖娼，改造妓女。首都北京最先采取措施废除娼妓。1949年11月21日下午，北京市第二届各界人民代表大会通过《关于封闭妓院的决议》。聂荣臻市长当即宣布，根据大会决定，成立“封闭妓院总指挥部”，并立即采取行动。自下午5时半开始，北京市公安局和民政局、妇联等单位动员干警2400余人，分成27个行动小组包围全市224家妓院，一夜之间全部封闭。400多个老板、领家被收审法办。1300多名妓女获得解放，被送到教养院检查身体，医治性病，学习政治、文化和生产技能，并帮助她们就业和成家，使之成为自食其力的劳动妇女。1950年2月24日，《人民日报》报道，北京市取缔、封闭妓院后，集中在生产教养中的妓女经过3个多月的政治思想和文化学习，出院参加生产。北京市政府共支出1亿多元（折合小米12万斤）医药费为她们医治性病，大部分已不具有传染性。昔日妓女获得做人的尊严和人身自由。

接着，上海、天津、哈尔滨、沈阳、大连、武汉、西安等地也陆续取缔当地所有妓院。

中华人民共和国人民政府经过一年整治，根除了娼妓制度。

妇女解放是人类文明和社会进步的重要标志。中国共产党一向主张妇女解放事业是中国革命事业和社会主义事业的一部分，也是全人类解放事业的一部分。在民主革命时期，中国共产党就致力于妇女解放事业，为实现男女平等、提高妇女的社会地位进行不懈努力。新中国成立，为实现这个目标创造了根本条件。

1950年5月1日，中央人民政府颁布《中华人民共和国婚姻法》，这是新中国颁布的第一部法律。明确规定：废除包办婚姻、男尊女卑、漠视子女利益的封建主义婚姻制度；实行男女婚姻自由、一夫一妻、男女权利平等、保护妇女和子女合法利益的新民主主义婚姻制度；禁止重婚、纳妾，禁止童养媳；禁止干涉寡妇婚姻自由；禁止任何人借婚姻关系索取财物。

广大人民群众，特别是妇女群众，对宣传、贯彻《婚姻法》表现出极大热情。评剧《刘巧儿》（新凤霞主演）反映抗日战争时期陕甘宁边区争取婚姻自由，小说《小二黑结婚》（赵树理写于1943年）反映抗日民主根据地青年男女在民主政权支持下争取婚姻自由，受到群众欢迎。《婚姻法》为社会稳定奠定了基础，为妇女参加政治、经济和其他社会活动创造了条件，有效推动妇女解放事业。

在农村，妇女享有“平分土地”权利。在城市，越来越多的妇女走出家门，步入社会。1950 年 3 月 8 日，东北铁路局大连机务段女司机田桂英、王宝鸿、毕桂英 3 人驾驶着“三八”号机车行驶在大连到旅顺的铁路线上；6 月 3 日，黑龙江德都萌芽乡村师范学校成立全国第一支由 10 位妇女组成的女拖拉机队，中国第一个女拖拉机手梁军任队长。1949 年全国女职工 60 万人，1952 年达到 184.8 万人。

在抗美援朝战争中，女医务工作者在战场奋不顾身抢救伤员，80%的人都立下战功。国内各条战线妇女积极投入轰轰烈烈的各项运动。

1950 年上半年，国家开展禁赌运动，妇女自发组成监督男人赌博的团体，妻劝夫、女劝父。很短时间，赌博现象在中国大地上几乎绝迹。

吸毒、贩毒、制毒，是旧中国危害社会的最大公害之一。

新中国刚成立时，据统计，吸毒者约 2000 万人，占全国总人数 4.4%。西南地区吸毒者多达 600 万人，仅贵州省就有 300 万人。城乡烟馆林立，重庆 3000 多家，昆明 1100 多家，贵阳 1000 多家。上海发现制毒场所 33 处，参与者 3 万人。衡阳铁路局辖内贩毒人员达 2000 人以上。

1950 年 2 月 24 日，政务院向全国下达《关于严禁鸦片烟毒的通令》。各级政府，根据《通令》精神，一方面强制封闭烟馆，勒令制毒、贩毒者投案自首，追缴毒品，并动员群众揭发检举，对首犯、惯犯严加惩处；同时帮助一般吸毒者戒毒，对于贫困者给予“免费或减价医治”。设立戒毒所。引导罂粟种植者铲除罂粟，发放专款解决他们暂时的生活困难和帮助他们从事农业生产。

1952 年 4 月 15 日，中共中央发布《关于肃清毒品流行的指示》；7 月，中共中央宣传部、公安部联合发出《关于禁毒的宣传指示》。

这一期间，各地检举毒犯 22 万人。天津毒犯庞辅臣勾结市禁烟局干部套购毒品，并勾结警察掩护装船，运往上海销售；昆明毒犯刘云阁拼凑贩毒集团，两年内贩卖鸦片 11.3 万两；福建毒犯张子月等人，竟以武装押运毒品，案发时被缴各种枪械 60 余支。

全国逮捕情节严重毒犯 82056 人，其中罪恶深重和民愤极大者 880 人被枪毙。

新中国人民政府，领导全国人民，两年内将延续一百多年的吸毒贩毒彻底根除，在世界禁毒史上是一个奇迹。

改善生活环境，培养卫生习惯，是新中国革除陋习、树立新风又一项重要工作。上海市解放后 5 个月，集中清理垃圾、修整地下水道，进行疏浚苏州河工程；太原市用 3 个月，全市清理垃圾 6 万多车，修复市内排水沟 4700 米，市容大为改观；昆明市，6 天内清除垃圾 1200 多吨；沈阳市在 1949 年春秋两季及 1950 年春季清除伪满以来积存的垃圾 55 万多吨。1950 年，全国各城市共清除垃圾 175 万吨。

全国各地利用水道清淤及垃圾，适时开展积肥运动，既清洁了环境，又促进了农业生产。

自1952年始，全国开展全民性的爱国卫生运动，从中央到地方，从军队到学校，先后建立了爱国卫生委员会，宣传卫生科学知识，破除封建迷信，人人动手，讲究卫生，改善环境，创造了中外公共卫生史上的奇迹。

1949—1952年，修建排水管沟1037千米，清除垃圾约2000万吨。例如，北京市的龙须沟是天坛附近一条排水明沟，汇集了天桥、天坛、金鱼池等地300多公顷的雨水和污水，卫生条件极为恶劣。这是贫苦民众聚居的地方。1950年，北京市人民政府领导群众，仅用半年时间就清理了沟内的污泥和垃圾，修建了排水暗沟和沥青路面，安装了自来水管和电灯，通了有轨电车，使这一地区面貌焕然一新。老舍写了剧本《龙须沟》，予以记叙。①

旧中国把人分成三六九等，很多职业被看成是下贱和卑微的。如剃头匠、修脚匠、服务员，甚至艺人被称为“下九流”，备受歧视和凌辱。

新中国提倡，只有从事的职业不同，没有尊卑贵贱之分。无论哪个社会阶层，无论从事什么职业，无论男女，人与人之间一律平等。旧社会带有封建等级色彩的称呼，如“大人”、“老爷”、“老妈子”、“下人”，已被新型的称呼“同志”所代替。侯宝林等从旧社会走过来的艺术家，被尊称为“人民文艺工作者”。

1956年4月27日，在中央工作会议上参加会议的党和国家高级干部签名倡导身后实行火葬：只留骨灰，不保留遗体，并且不建坟墓。这一签名，为冲破几千年土葬习俗，实行殡葬改革拉开序幕。有利于节约土地和木材，保护生态环境，减轻人民群众负担，利国利民，泽及子孙。

1950年开始，中华人民共和国各级人民政府，逐步建立宗教事务管理机构，严厉查处违反宗教政策事件，支持和帮助修缮寺院、出版宗教刊物、办学和出国朝觐等活动。1951年、1953年、1955年召开了3次全国宗教工作会议，研究和指导宗教工作。

在佛教、道教和伊斯兰教中先后开展了宗教制度的民主改革，主要任务是在新解放区土地改革中，将寺庙、道观的土地收归国有，废除其中的封建特权和压迫制度。僧尼、道士也和农民一样，分得了一份土地，开始参加生产劳动，自食其力。在西北地区，因土地问题和民族、宗教问题相互交织，采取更加稳妥的方针，放宽政策，放长时间，逐步对清真寺的土地进行改革，隔断宗教与封建制度的联系。对少数有血债、民愤以及在寺院内欺压下层僧侣的主持，进行不同程度的制裁。在镇

---

① 当代中国研究所：《〈中华人民共和国史稿〉第一卷（1949—1956）》，人民出版社、当代中国出版社，2012年9月第1版，第150页。

反和肃反中，又将混在宗教界的反革命坏分子清理出来，进一步净化宗教队伍。

1953年5月，中国佛教协会在北京召开，汉、蒙古、藏、傣、满等民族的活佛、喇嘛、法师、居士代表120人出席会议。会议通过《中国佛教协会章程》，推举达赖喇嘛、班禅额尔德尼、虚云徐云、查干葛根为名誉会长，选举圆瑛为会长。

同月，中国伊斯兰教第一次会议在北京召开，会议通过《伊斯兰教协会章程》，选举包尔汉为中国伊斯兰教协会会长。

1957年4月，道教各派代表92人参加，通过《中国道教协会章程》，选举岳崇贤为会长。

天主教和基督教一直被西方帝国主义势力所操纵和利用。新中国成立时，两教仍被罗马教廷和外国在华传教机构所控制。天主教中，广大爱国群众取缔反动组织“圣母军”，自选主教。1950年7月，辅仁大学师生为抗议天主教会干涉学校教育进行反帝斗争。11月，四川广元王良佐神父等500多名教徒，发表自立革新运动宣言，提出与帝国主义割断联系，建立爱国教会主张，受到党和政府及广大人民的热烈欢迎。1951年1月，政务院教育委员会邀请华北地区天主教界人士举办茶话会。4月，天津市成立中国天主教第一个爱国组织，到1955年底全国先后建立这类组织200多个。1957年8月，“中国天主教友爱国会”正式成立，皮漱石当选为主席。

基督教先进分子吴耀宗等人在1949年被邀请参加全国政治协商筹备和正式会议时，多次表示要根除与帝国主义联系，实现他早年提出的“自治、自养、自传”原则。1950年5月，周恩来连续三次邀请部分中国基督教领袖座谈，强调“基督教最大的问题，是它同帝国主义的关系问题”。1950年9月22日，吴耀宗等人发表宣言——《中国基督教在新中国建设中努力的途径》，明确提出“中国基督教会及团体彻底拥护共同纲领，在政府的领导下，反对帝国主义、封建主义及官僚资本主义，为建设一个独立、民主、和平和富强的新中国而奋斗”。1951年4月，中国基督教抗美援朝“三自”革新运动委员会成立。在它的组织下，教徒们一方面抗议美国冻结中国在美公私财产行径，自动断绝一切外国津贴；一方面积极为志愿军捐款，表达爱国之心。到1952年6月止，共捐款27亿元。1954年7月，中国基督教在北京公理会教堂召开，决定成立“中国基督教三自爱国运动委员会”，推选1939人任委员，推举吴耀宗为主席。①

第一章主要参考书目和文章

《中共党史参考资料》（七），人民出版社，1980年1月第1版。

① 当代中国研究所：《〈中华人民共和国史稿〉第一卷（1949—1956）》，人民出版社、当代中国出版社，2012年9月第1版，第114—124页。

《刘少奇选集》上卷 ，人民出版社，1981 年 12 月第 1 版。

林蕴晖、范守信、张弓：《1949 年至 1989 年的中国　凯歌行进的时期》，河南人民出版社，1989 年 12 月第 1 版。

薄一波：《若干重大决策与事件的回顾》上卷，中共中央党校出版社，1991 年 5 月第 1 版。

《毛泽东选集》第四卷，人民出版社，1991 年 6 月第 2 版。

《建国以来重要文献选编》（三），中央文献出版社，1992 年 5 月第 1 版。

《毛泽东文集》第五卷，人民出版社，1996 年 8 月第 1 版。

《毛泽东文集》第六卷，人民出版社，1999 年 6 月第 1 版。

《毛泽东传（1949—1976）》，中央文献出版社，2003 年 12 月第 1 版。

《中华人民共和国专题史稿（Ⅰ）（1949—1956）》，四川出版集团、四川人民出版社，2009 年 8 月第 2 版。

《〈中国共产党历史〉第二卷（1949—1978）》，中共党史出版社，2011 年 1 月第 1 版。

当代中国研究所：《〈中华人民共和国史稿〉第一卷（1949—1956）》，人民出版社、当代中国出版社，2012 年 9 月第 1 版。

强运淦：《新中国经济战线的第一个伟大胜利》，《党史研究》，1983 年第 1 期。

包汉中：《建国初期毛泽东对国民经济恢复的杰出贡献》，《华东师范大学学报》（哲社版），1983 年第 6 期。

伍修权：《我的外交生涯》，《春秋》，1987 年第 3 期。

张福岭：《建国初期国家机构的创立和特点》，《山东医科大学学报》，1989 年第 3 期。

齐彪、高化民：《国民经济恢复时期的廉政建设》，《国防大学学报》，1989 年第 6 期。

师哲：《在中苏友好同盟互助条约的会谈桌上》，《党的文献》，1992 年第 1 期。

王晋源：《杀害李大钊的凶犯雷恒成伏法记》，《党史文汇》，1992 年第 3 期。

张涛：《建国以来民主党派任政府领导职务状况的历史考察》，载《党史研究与教学》，1992 年第 6 期。

江红英：《新区土地改革与开辟工业化道路》，《中共党史研究》，2004 年第 1 期。

沈志华：《中苏友好互助条约谈判中的利益冲突及其解决》，《中华人民共和国专题史稿（Ⅰ）（1949—1956）》，四川出版集团、四川人民出版社，2009 年 8 月第 2 版。

第二章　抗美援朝

一、朝鲜

早在1910年，日本军国主义即以武力吞并了朝鲜，把朝鲜变成日本的殖民地和对亚洲大陆侵略的军事基地。

第二次世界大战中的1943年12月1日，中、美、英发表的《开罗宣言》中说道："我们三大盟国轸念朝鲜人民所受的奴隶待遇，决定在适当时间，使朝鲜自由独立。"

1945年2月，美、苏、英三国在签订雅尔塔会议期间，当斯大林同罗斯福谈到朝鲜问题时，罗斯福认为，朝鲜要具备完全独立国家的自治能力，根据美国统治菲律宾的经验，需要二三十年的训练时期。罗斯福还提出包括美国、苏联在内共同托管朝鲜的设想。

1945年7月17日至8月2日，苏、美、英三国在波茨坦会议期间，当苏联总参谋长安东诺夫向美国参谋长联席会议主席马歇尔探询美军有无同苏军在朝鲜半岛实施联合登陆作战的意向时，马歇尔表示美军地面部队尚未准备近期在朝鲜半岛实施登陆作战，同时立即指示美陆军作战部长赫尔中将拟制美军进入朝鲜半岛的作战计划。

1945年8月9日，苏联红军在中国东北的抗日联军的配合下，在歼灭日本关东军的同时，向朝鲜北部和库页岛进军。23日，苏空降部队占领千岛群岛。

1945年8月10日，美国得知日本将接受波茨坦公告的消息后，开始草拟盟军总司令关于受降的第一号一般命令：确定以"三八线"为界，命令侵占朝鲜的日军在"三八线"以北的向苏军投降，在"三八线"以南的向美军投降。

此项命令于8月15日经杜鲁门批准，立即转交中、苏、英等国征求意见。

8月16日，斯大林的答复未提出异议。

这样，分裂朝鲜这条线，便被肯定下来。

苏联武装部队在朝鲜的雄基、罗津、清津登陆。金日成①领导的朝鲜人民革命军除一部分伴随苏军登陆外，主力已先渡过图门江向庆兴、庆源一带进攻。

8 月 22 日，苏军与朝鲜人民革命军解放平壤，23 日南下进而解放“三八线”以北的全部地区。

1945 年 8 月 28 日至 30 日，美国太平洋陆军总司令麦克阿瑟率领美军自菲律宾首都马尼拉进军，占领日本，以驻日盟军总司令名义在东京建立驻日盟军总部。

9 月 4 日，美军的一支先遣队乘飞机到达朝鲜金浦机场，并于 8 日、9 日分别在仁川、釜山登陆，9 日进驻汉城，对韩国实行军事管制。原占领“三八线”以南的日军，在此后的很长时期，未被解除武装。

10 月 16 日，居住在美国几十年的李承晚抵达汉城。

李承晚，1875 年 4 月 26 日出生于朝鲜黄海道平山一个富有的家庭，曾获美国普林斯顿大学哲学博士学位，1919 年任大朝民国临时政府总统。不久被赶下台，流亡美国。

1947 年 9 月 26 日，苏美联合委员会苏联首席代表史蒂科夫发表声明：“苏联代表团认为在美苏两国军队撤出朝鲜的条件下，可以给予朝鲜人民以自己组织政府的机会，而无须盟国的协助和参与。苏联代表团兹声明，如果美国代表团同意所有外国军队应于 1948 年初撤出的建议，苏联军队准备与美国军队同时撤离朝鲜。”美国代表团拒绝答复这一建议。

1948 年 1 月 1 日，金日成在新年贺词中指出：为防止朝鲜的分裂，实现统一，提出关于使一切外国军队撤出朝鲜，用朝鲜人民自己的双手来建立统一的自主独立的国家。

1948 年 7 月 12 日，韩国“国民议会”通过《大韩民国宪法》，接着“选举”

---

① 金日成，1912 年 4 月 15 日诞生于朝鲜平壤市万景台。他于 1926 年建立了朝鲜第一个真正的共产主义革命组织——打倒帝国主义同盟。1927 年 8 月组织朝鲜共产主义青年同盟，组织和动员革命青年学生进行反日斗争。1929 年秋被反动警察逮捕，直至 1930 年春一直被关押在吉林监狱。1930 年 6 月，金日成在卡伦会议上提出抗日武装斗争等有关朝鲜革命的主体革命路线。1932 年 4 月 25 日，金日成创建了朝鲜人民革命军。1936 年他创建了祖国光复会，并被推举为会长。1945 年，他创建了朝鲜劳动党，并当选为委员长。1948 年 9 月，他创建了朝鲜人民共和国，并被推举为首脑。1950 年 6 月至 1953 年 7 月，金日成作为朝鲜民主主义共和国国家元首、军事委员会委员长和朝鲜人民军最高司令官，领导朝鲜人民和朝鲜人民军官兵战胜了美帝国主义，取得了解放战争的胜利。1953 年 2 月，被授予朝鲜民主主义共和国元帅称号。1953 年至 1958 年，他胜利地组织和领导了对生产关系进行社会主义改造的斗争。1957 年至 1970 年，把朝鲜建成了社会主义工业国。1966 年 10 月当选为朝鲜劳动党中央委员会总书记。1972 年 12 月，在朝鲜民主主义共和国第五届最高人民会议第一次会议上，被推举为国家主席。

李承晚为“总统”。8月15日，“大韩民国政府”在远东美军司令麦克阿瑟亲自监督下举行成立典礼。麦克阿瑟在成立典礼致辞中说：“隔绝韩国南北部的‘人为障碍’必须亦必将撤除。”不久，李承晚提出“北进统一”的口号。24日，李承晚与美国占领军当局签订《美韩临时军事协定》，允许美国顾问完全控制韩国军队、警察及一切重要地区和设施。

1948年9月9日，朝鲜民主主义人民共和国正式宣告成立，并成立了中央政府（9月2日任命金日成为朝鲜人民共和国内阁首相）。10日，朝鲜最高人民议会致函苏美两国政府，要求立即撤退苏美两国在朝鲜的军队。苏联外交部于20日发表声明：苏联部长会议已决定至迟于本年10月后半月内开始从北朝鲜撤退苏联军队，并限于1949年1月1日撤退完毕。

美国国务院在9月20日发表声明，完全不理会朝鲜最高人民会议提出的要求，决定将撤军问题推到第3届联合国大会去考虑。11月，韩国“国民议会”通过“承认美军长期驻军”决议案。

12月9日，苏联在第3届联合国大会提出提案，要求结束非法的“联合国朝鲜临时委员会”。该提案于12日被美国操纵的联合国大会否决。

10日，李承晚政府与美国缔结《美韩经济援助协定》，协定规定由美国控制韩国的对外贸易，并鼓励美国私人资本在韩国的投资。12日，第3届联合国大会在美国的操纵下再次做出关于朝鲜问题的非法决议：承认“大韩民国政府”为“合法政府”，并且是“朝鲜境内唯一的这种政府”；决议规定设立“联合国朝鲜委员会”以继续“联合国朝鲜临时委员会”的工作，负责实现朝鲜的统一，进行朝鲜全部军队的整编。

1948年12月25日，驻朝鲜的苏联军队全部撤退完毕。

1949年1月1日，美国政府宣布承认“大韩民国”政府。中国国民党政府、法国、菲律宾、英国等亦先后承认。

1949年12月30日，李承晚举行记者招待会，说：“我们在新的一年中，将万众一心，恢复失地……我们必须牢记在新的一年中，由于国际情况的变化，我们必须通过我们自己的努力来把南北朝鲜重新统一起来。”

1950年6月7日，朝鲜祖国统一民主主义战线中央委员会向南北朝鲜全体政党、社会组织及全体朝鲜人民发出关于实现祖国和平统一的号召文。10日，朝鲜祖国统一民主主义战线派遣李寅奎等3人前往“三八线”上的砺岘，向韩国各政党、社会组织的代表和人士以及“联合国朝鲜委员会”的代表传达关于实现祖国和平统一的号召文，在约定地点遭到李承晚军队的射击。李寅奎等3人越过“三八线”后即被捕，并被施以酷刑。

6月16日，朝鲜人民民主共和国最高人民会议常任委员会决定于19日向韩国

“国民议会”建议：以朝鲜民主主义人民共和国最高人民会议与韩国“国民议会”联合组织单一的全朝鲜立法机关；由该机关制定宪法、组织政府；以通过的宪法为基础，实施对全朝鲜立法机关的普选；为此必须逮捕李承晚等民族叛徒，保障人民自由，停止对民主政党、社会组织的迫害；南北朝鲜现存的军队、警察或保安队须在民主的基础上加以改编；立即将“联合国朝鲜委员会”逐出朝鲜；有关和平统一的对策于 8 月 15 日以前完成。

1950 年 6 月 17 日，美国国务院顾问杜勒斯抵达汉城，他视察集中在“三八线”附近的韩国军队和阵地，发表演说：“没有任何敌人能够挡得住你们，不论它多么强大。可是我希望你们将作进一步的努力，因为你们显示出巨大的力量的时候已经不远了。”

19 日，杜勒斯在韩国“国民议会”发表演说：“自由世界的眼睛在注视着你们。如果与共产主义妥协，那就等于选择导致灾难的道路。……美国准备给予正在如此英勇地与共产主义作斗争的韩国以一切必要的精神上和物质上的援助。”

据不完全统计，从 1945 年 9 月美军进驻韩国起，截至 1950 年 6 月，美国给予李承晚政府的军事和经济援助达 7.3 亿美元。李承晚军警在“三八线”附近向朝鲜人民军进行多次严重挑衅：计武装进攻 432 次，并伴有 71 次飞机轰炸和 42 次舰队袭击。李承晚一再要进行北伐；用战争来解决北韩问题；三天内占领平壤等。

1950 年 6 月 25 日拂晓，朝鲜内战爆发。

朝鲜人民军于 28 日攻占汉城，解放了南半部 90%以上的土地和 92%的人口，将美伪军压缩到东南角洛东江 1 万平方公里的狭小地域。

二、中国宝岛台湾省

随着海南、舟山诸岛的解放，中国人民解放军的下一步即是进攻、解放台湾。

此时，解放军已有飞机 400 架；被国民党逃跑前炸毁的上海大龙华机场，也借助苏联的帮助，修复可供使用；长江以南的约 30 个空军基地，亦已恢复到可供使用程度；在面对台湾的厦门、福州、汕头及其他港口，大量的登陆舰与种种形式的船舶皆在准备中。

一般估计，人民解放军进攻台湾的时期是在 6、7、8 这 3 个月（因 9 月开始，台湾海峡将进入台风季节，不利作战）。

5 月 17 日，台湾《中央日报》社论说，“台湾是进入战时了”。国民党在台湾沿海建堡防御工事，夜以继日，并训练民众备战，进行防空演习。但民众心里明白，150 海里的台湾海峡，300 年前尚抵挡不住郑成功的海师，溃不成军的国民党军队，怎能挡住排山倒海般的百万解放军，台湾解放只是个时间问题了。

5月18日，宋美龄到基隆劳军。

1950年6月1日，蒋经国派李次白回大陆商议合作。

蒋介石逃到台湾后，美国政府出于对腐败的国民党政权的强烈不满和对台湾即将失守的深深忧虑，采取了低限度、有条件的援蒋政策。1948年11月3日，美国驻台总领事麦克唐纳会见蒋介石，向他宣布：已批准的对台方案仍继续进行，新的援助视台湾当局的表现而定；国民党政府应限制大陆人员大量流入台湾；并在台实行政治、经济改革，否则不会得到新的援助。麦克唐纳还说明，美国无意以武力保卫台湾。

1949年1月20日，迪安·艾奇逊出任美国国务卿。1月24日，艾奇逊指令驻华军事顾问团团长巴大维将军就是否颁发对蒋介石政权的“1948年援华法案”项下剩余军需品出口许可证发表意见。两天后，巴大维复电：建议暂停启运，待中国军事形势进一步明朗化以后再作决定。时隔一个月，艾奇逊在与国会议员的一次谈话中指出：不管有没有军事指导，再多的援助，也不能拯救国民党政权；在灾难的烟尘落尽以前，美国不能决定下一步怎么办。次日报界登载了艾奇逊的谈话。①

2月初，美国国家安全委员会讨论要否继续“1948年援华法案”。艾奇逊在会上坚决主张停止向蒋介石政权运送该法案项下的剩余军需品。因遭到国会方面的反对，杜鲁门指示：不停止对中国的军援，但要尽可能采取非正式行动拖延启运。艾奇逊认真地执行了“拖延启运”的政策。1949年3月和4月，美国运抵中国的援助国民党军队的物资，比1948年最后两个月每月平均减少了4/5。

2月下旬，美国参议员麦卡伦向国会提出了一个法案：向蒋介石政权提供15亿美元的新援助。艾奇逊称之为“离奇的意见”。

3月15日，艾奇逊致函参院外委会康纳利，批评麦卡伦的法案：无论在规模或性质上都不合宜。他再次强调军援不能拯救蒋介石政权。

4月14日，美国国会主要参照艾奇逊的意见，否决了“麦卡伦案”。

中国人民解放军围攻上海之际，国民党驻美大使顾维钧曾往访艾奇逊，要求提供美援，艾奇逊拒绝作答。私下里艾奇逊告诉访问华盛顿的英国官员说：一旦援华法案项下的几千万美元到期，美国将放弃支蒋政策。为说服美国舆论，艾奇逊指示有关人员编辑对华政策的白皮书。

8月5日，白皮书问世。核心内容是：蒋介石政权的失败咎由自取，并非缺少美援，美国不负任何责任。白皮书的最后一个文件是艾奇逊写给康纳利的那封信。

① 林利民：《新中国成立前后艾奇逊的对华政策主张》，《华中师范大学学报》，1989年第2期。

一位美国历史学家评论说：白皮书给蒋介石政权钉上了最后一颗棺材钉。司徒雷登后来说：1949 年 10 月，美蒋关系降到最低点，这种状况持续了 8 个月。

关于对中共的政策。

新中国成立前夕，美国驻上海领事卡波特向艾奇逊提出了中共与苏联势必要分道扬镳的 8 条依据。艾奇逊亦相信，中共夺取政权后，将碰到全国性的管理和经济问题，美国可以利用经济优势，影响中共的政策。美国国务院详细分析了中国的政策状况及其发展前景，他们认为：中国经济不发达，需要外部提供大量援助，而苏联不能充分提供这种援助，因此中国不得不求助于西方；中国共产党人的胜利不会给美国利益带来严重损失。

1949 年 6 月，蒋介石政权宣布封锁中共区域海港，禁止新中国与外界贸易，要求美国政府阻止美国商船去大陆，遭致艾奇逊的拒绝。美国船只设法冲击蒋军封锁线，向大陆运送货物。

10 月，蒋军曾击伤美船“飞云号”及迫使其他两艘美国船返航。艾奇逊为此专门提出抗议。

新中国成立不久，艾奇逊向报界公开宣布了关于承认新中国的三准则，这一政策基本为美国决策层接受。1949 年 11 月，亲蒋议员史密斯几次逼迫艾奇逊保证不承认新中国，均遭拒绝。当谈及新中国在联合国的代表权时，艾奇逊表示：美国将不投票反对新中国进入联合国；应把赞成一个国家进入联合国与承认一个政权区别开来。

艾奇逊曾一度打算扶植台湾“自治运动”，把台湾从中国分割出去。为此他亲自选派驻南京领事麦钱特到台湾活动了几个月。失败后，艾奇逊又倾向于国务院政策设计室凯南的主张：由美国和其他国家联合出兵，在联合国旗号下，武力驱逐蒋介石出台，在台湾建立“临时的国际或美国体制”，然后实行公民投票，决定最后归属。由于美国军方认为既无必要，又无余力对台湾用兵，这一主张也被放弃。

1949 年 10 月，美国中央情报局报告说：台湾可能在 1950 年底为中共攻占。

艾奇逊将这一报告转交给杜鲁门，劝他不要阻止这一变故。艾奇逊这时认为：如果美国一定要阻止中共夺取台湾，就只能采取与盘踞该岛的蒋介石结盟（这是他极不情愿的）；如果中苏分手或对立，中共解放台湾就不会构成对美国的威胁。

1949 年 12 月 18 日，艾奇逊指示驻亚洲各国使团：台湾的重要性应尽可能不强调，因为普遍都预料它会陷落。

12 月 23 日，艾奇逊授意国务院对美国的宣传机构下达内部指示，让他们统一对台的宣传口径：台湾在军事上并不重要，它被中共所占领并不会对美国及其盟国产生严重损害，也不会给中共提供特殊的战略利益；国民党在台湾同样治理不善，保住台湾并不能挽救国民党政府；台湾历来是中国的一部分，美国对它没有企图，也不对它承担责任。

美国军方认为：台湾有重要的战略地位，让台湾国民党维持的时间尽量长一些对美国部署亚洲的防务有利。还有人认为台湾可以作为秘密支持大陆反共游击活动的基地。主张美国除对国民党政府进行政治、经济和心理的支持以外，还应给国民党政府以少量的军事援助，并可派去军事顾问。

军方和国务院双方各持己见，上交给总统杜鲁门裁决。1949 年 12 月 29 日，杜鲁门召集军政各方举行国家安全委员会会议。杜鲁门认为，军事应当服从政治，同意国务院的意见。

12 月 30 日，美国亚洲政策指导性文件的国家安全委员会第 48—2 号文件中说明：台湾很可能在 1950 年陷落，届时美国将退而以菲律宾、琉球群岛和日本一线为基地而与台湾诀别。国务院的内部指示很快被军方亲蒋派透露出去，引起了在野的共和党的指责。为了公开说明美国政府的对台政策，杜鲁门总统便于 1950 年 1 月 5 日发表了《关于台湾的声明》(由艾奇逊负责起草)：台湾是中国的领土，美国现在无意在台湾攫取特权、建立军事基地、派兵干预或对台湾的中国军队提供援助。当日下午，艾奇逊举行记者招待会，重申上述精神。

基于这个声明，美国宣布从台湾撤走侨民。美国在台湾只留有一个领事级的代表，最高武官仅仅是一名中校。

1950 年 1 月 12 日，艾奇逊在全国新闻俱乐部发表关于美国对亚洲政策基本立场的演说。在讲话中他划出了北起阿留申群岛，经日本、琉球到菲律宾的岛屿链防线（其中不包括台湾）。他说：凡在这条防线上的国家和地区，美国必须全力来保卫；而在这条防线以外的地方，则主要靠当地人民自己负责其安全。他说，蒋介石政权是自己的腐败而被中国人民所抛弃的，美国的援助非但不能挽救它的失败，反而会导致中国的仇美亲苏。

1950 年 2 月《中苏友好互助同盟条约》签订后，美国一些人认为苏联已经控制中国，因而必须采取防范措施。军方也未善罢甘休，参谋长联席会议和国防部多次建议提供军事和经济援助以保住台湾，其中叫嚷得最凶的是美国远东战区司令、著名的共和党亲蒋人物麦克阿瑟。国务院内部也有不同意见，国务院顾问杜勒斯和助理国务卿腊斯克提出建议书，建议美国在台湾问题上采取措施，派第七舰队保护台湾；同时设法排除蒋介石，并通过联合国使台湾独立。美国国会中的一些共和党人也积极主张援蒋或制造台湾独立。

美国当局原来认为，未来美苏间的战争将是一场动用核武器的全面战争，主要战场在欧洲。朝鲜战争的突然爆发，在美国国内麦卡锡反共浪潮和国际上美苏冷战加剧的气氛下，对杜鲁门等人震动很大。杜鲁门等人认为，朝鲜战争是苏联“侵略”的第一步，如果任其发展，终将导致第三次世界大战。他们认为，在用主要军事力量保卫西欧的同时，必须在朝鲜迎接挑战。只有这样，才能给共产主义以威慑。

据此，杜鲁门等人当即决定用一定的兵力对朝鲜进行干涉。他们认为，在大战有可能爆发的情况下，为确保朝鲜美军的安全和远东防线的稳定，必须占据战略要地台湾。朝鲜战争爆发当天，杜鲁门由密苏里家乡赶返华盛顿白宫召集国家安全会议。杜鲁门等人做出决定：派第七舰队（由史枢波亲领）进入台湾海峡，阻止大陆进攻台湾；为避免冲突扩大，必要时也劝阻台湾进攻大陆。

三、“联合国军”

1950 年 6 月 25 日，联合国安理会应美国的请求，在苏联[①]和中华人民共和国两个常任理事国代表缺席（中华人民共和国席位由蒋介石集团窃据）的情况下，以 9∶0，1 票弃权非法通过美国关于朝鲜局势的提案（安理会成员除 5 个常任理事国外，另有印度、南斯拉夫、埃及、挪威、古巴、厄瓜多尔，其中南斯拉夫投了弃权票）。指控朝鲜民主主义共和国部队进攻韩国，要求立即停止敌对行动，要求朝鲜民主主义人民共和国的武装力量撤回到“三八线”以北。

6 月 27 日，美国政府在没有征询宣战国的意见、甚至没有同有关军事指挥官磋商的情况下，决定发动侵朝战争，并为进一步干涉亚洲事务作了全面的部署。27 日上午，杜鲁门发表声明说：“对朝鲜的攻击已无可怀疑地说明，共产主义已不限于使用颠覆手段来征服独立国家，现在要使用武装的侵犯与战争。……在这种情况下，共产党部队的占领台湾，将直接威胁太平洋地区的安全，及在该地区执行合法与必要职务的美国部队。”“我已命令美国的空海部队给予朝鲜政府部队以掩护及支持……我已命令第七舰队阻止对台湾的任何攻击……台湾未来地位的决定，必须等太平洋安全的恢复、对日本的和平解决、或联合国的审议。我并已指示加强美国在菲律宾的部队，及加速对菲季里诺政府的军事援助。我同样也已指示加速以军事援助供给在印度支那的法国及其联邦成员国家的部队，并派遣军事使团，以便与这些部队建立密切的工作关系”。[②]

6 月 27 日下午，联合国安全理事会在苏联和中华人民共和国代表缺席的情况下，根据美国的提案，非法决议“必须用紧急的军事措施恢复国际和平与安全”，要求各会员国给予李承晚政府以援助。针对此案，南斯拉夫代表提出的要求冲突双方停火，邀请南北朝鲜代表进行调解谈判遭否决。美案以 7∶1 票通过（南斯拉夫投反对票，埃及、印度弃权）。

1950 年 6 月 28 日，毛泽东在中央人民政府委员会第八次会议上庄严宣告：“全

① 美国拒绝中华人民共和国进入联合国，苏联抗议安理会没有参加那一天的会议。
② 《杜鲁门回忆录》第二卷，世界知识出版社，1965 年第 1 版。

国和全世界人民团结起来，进行充分的准备，打败美帝国主义的任何挑衅。……杜鲁门今年1月5日还声明说美国不干涉台湾，现在他自己证明了那是假的，并且同时撕毁了美国关于不干涉中国内政的一切国际协议。”①

6月29日，麦克阿瑟同他的7名高级参谋由东京飞抵水原到汉江南岸观察战场情况后，向美参谋长联席会议报告说：“韩国部队正处于混乱之中，没有认真的抵抗，缺乏指挥……他们无力夺取主动权。”

同日，英国、加拿大、澳大利亚、新西兰等国宣布支持杜鲁门的军事干涉行动。

30日，杜鲁门命令美国陆军参加朝鲜战争，授予麦克阿瑟使用其所属地面部队的全权。

1950年7月7日，联合国安理会在苏联和中华人民共和国代表缺席的情况下，通过非法决议：授权由美国组成司令部，统一指挥参加干涉朝鲜的各国部队，由美国指派该项部队的司令官，并授权该司令部使用联合国旗帜。

同日，杜鲁门下令征兵。

8日，杜鲁门任命麦克阿瑟为“联合国军总司令”（实则麦克阿瑟只听命于华盛顿）。②

除韩国和美国外，先后参加“联合国军”的有：澳大利亚、英国、荷兰、新西兰、加拿大、法国、菲律宾、土耳其、泰王国、南非、希腊、比利时、卢森堡、哥伦比亚、阿比西尼亚（埃塞俄比亚），另有瑞典、印度、丹麦、挪威、意大利派出战地医疗队。

1950年6月25日，蒋介石接到驻韩国大使邵毓麟的报告，获悉朝鲜南北发生战争。邵毓麟报告中说：“韩战对于台湾，更是只有百利而无一弊。我们面临的中共军事威胁，以及友邦美国遗弃我国，与承认匪伪的外交危机，已因韩战爆发而局势大变，露出一线转机。中韩休戚与共，今后韩战发展如果有利南韩，亦必有利我国，如果韩战演成美俄世界大战，不仅南北韩必然统一，我们还可能会由鸭绿江、由东北而重返中国大陆。如果韩战进展不幸而不利南韩，也势必因此而提高美国及自由国家的警觉，加紧援韩，决不致任令共党渡海进攻台湾了。”

如前所述，朝鲜战争以前，杜鲁门政府认为蒋介石已不可救药，决定遗弃蒋介石，美国认为失去一个台湾岛对美国在亚洲的地位无足轻重。朝鲜战争的爆发，他们认为失去韩国这个缓冲区，日本将受到威胁，苏联的势力将大为扩张，美国将无法立足。为了整个东南亚的防御体系，美国又把蒋介石“拣”了回来，台湾成了美

① 《人民日报》，1950年6月29日。

② 麦克阿瑟后来说：“我的一切行动听命于美国三军参谋长联席会议，完全受他们指挥。甚至以我的名义呈交联合国的报告也都经过国务院和国防部审核。”

国的军事基地——不沉的航空母舰。

6月29日，蒋介石的“外交部”向美国政府提出申请，愿派3.3万名陆军精锐部队参加美国组成的干涉军，向北朝鲜进攻（蒋介石想借此机会重返大陆）。

1950年7月31日，美国太平洋陆军总司令麦克阿瑟（道格拉斯·麦克阿瑟，1880年1月16日生，美国陆军五星上将。第一次世界大战结束时曾任美国西点军校校长、1930年任陆军参谋长）以“联合国军总司令”名义访问台湾，蒋介石又一再请求。由于英国已宣布承认中华人民共和国建立代办级外交关系，提出英国不能和台湾军队并肩作战，使蒋介石收复失地的打算化为乌有。但蒋介石借美国的保护，总算避免了灭顶之灾。

杜鲁门恢复了对台湾的援助，并开始把台湾纳入美国的远东防线。但在具体政策上，杜鲁门、艾奇逊同军方尤其是与麦克阿瑟之间，仍存在着意见上的分歧。1950年7月27日，军方决策机构——美军参谋长联席会议建议立即向台湾提供军援、增派美军、允许国民党空军对大陆空袭并在大陆港口布雷。7月29日，联席会议又致电麦克阿瑟：中共已集结20万军队和4万艘海船，宣布要夺取台湾，台湾形势非常危险，联席会议已批准国民党采取行动。

麦克阿瑟早就反对美国政府的“欧洲第一”的立场，主张“亚洲第一”。他认为蒋介石是亚洲抵御“共产主义扩张”的代表，美国必须给他以有力的支持。

麦克阿瑟接到电报后，迫不及待地访问了台湾。

国民党人把他看做是救世主和患难朋友，给他以隆重的欢迎。麦克阿瑟甚为得意。他擅自决定派小批战斗飞机到台湾作适应性飞行，并准备在情况紧急时把3个中队的战斗机调往台湾。这一系列的行动引起了杜鲁门、艾奇逊等人的不满。

四、中国人民志愿军

1950年6月6日至9日，中共七届三中全会在北京进行。

毛泽东作《为争取国家财政经济状况的基本好转而斗争》的报告，刘少奇作关于土地问题的报告，周恩来作关于外交工作和统战工作的报告，陈云作关于财政经济工作的报告，聂荣臻（中国人民解放军代总参谋长）作关于军事问题的报告。会议要求，全国各大行政区尽快拟订恢复和发展国民经济的3年计划。

鉴于朝鲜半岛的局势，毛泽东于1950年6月28日，在中央人民政府委员会第八次会议上，发表讲话，严斥美国对朝鲜和我国领土台湾的侵略，指出：“中国人民早已声明，全世界各国的事务应由各国人民自己来管，亚洲的事务应由亚洲人民自己来管，而不应由美国来管。美国对亚洲的侵略，只能引起亚洲人民广泛的和坚决的反抗。杜鲁门在今年一月五日还声明说美国不干涉台湾，现在他自己证明了那是假的，并且同时撕毁了美国关于不干涉中国内政的一切国际协议。美国这样地暴露了自己的帝国主义面目，对于中国和亚洲人民很有利益。美国对朝鲜、菲律宾、越南等国内政的干涉，是完全没有道理的，全中国人民的同情和全世界广大人民的同情都将站在被侵略方面，而决不会站在美帝国主义方面。他们将既不受帝国主义的利诱，也不怕帝国主义的威胁。帝国主义是外强中干的，因为他没有人民的支持。全国和全世界的人民团结起来，进行充分的准备，打败美帝国主义的任何挑衅。”①

根据毛泽东的提议，7 月 7 日和 10 日，由中央军委副主席周恩来两次主持召开中共中央军委扩大会议，专门讨论保卫国防的问题。参加会议的有中国人民解放军总司令朱德、代总参谋长聂荣臻以及各军种、兵种和东北军区的负责人。会议决定立即组建一支边防军，尽快开往与朝鲜相邻的鸭绿江以北地区待命（目前东北地区只有一个四十二军在那里搞生产）。会议决定将战略预备队派去——战略预备队的公开番号是第十三兵团，是在解放海南岛后，由第四野战军的第三十八、三十九、四十军组成，兵团司令员黄永胜，兵团司令部设在河南的郑州。部队在中原集结，就是为了便于机动。林彪、罗荣桓在会上提议，由邓华②接替黄永胜出任第十三兵团司令员。

7 月 13 日，第十三兵团和驻黑龙江地区的第四十二军组成“东北边防军”。此外，又抽调炮兵第一、二、八师和 4 个高炮团，一个工兵团，一个战车团，一个汽车团，以上共 26 万人的兵力，于 7 月底至 8 月初全部车运到鸭绿江北岸待命。③

为加强领导和保证备战的顺利进行，东北边防军所属部队统由东北军区司令员兼政治委员高岗领导。第十三兵团由赖传珠任政治委员（后赖传珠因病不能视事，政治委员一职由邓华兼任），调洪学智、韩先楚为副司令员，解方（解沛然）为参谋长，杜平为政治部主任。8 月中旬，部队到达鸭绿江北岸特定地区，进行政治动员，充实人员，改换装备，加紧训练。

8 月 4 日，中共中央政治局召开会议，毛泽东在会上指出：如美帝得胜，就会得意，就会威胁我；对朝鲜不能不帮，必须帮助，用志愿军形式，时机当然还要适

---

① 《建国以来毛泽东军事文稿》上卷，军事科学出版社、中央文献出版社，2010 年 1 月第 1 版，第 154 页。

② 邓华，湖南郴县人，1910 年生。1927 年加入中国共产党。1928 年 1 月参加湘南起义，4 月到井冈山。历任红军组织干事、宣传中队长、连党代表、纵队组织科长，团、师政委，参加长征。抗日战争时期历任支队、军分区司令员和政委、旅政委；解放战争时期，历任东北保安副司令兼沈阳市卫戍司令、七纵司令员、军长、第十三兵团司令员等职。抗美援朝回国后，任中国人民解放军副总参谋长、沈阳军区司令员，四川省副省长。1977 年任军事科学院副院长。1980 年 7 月 3 日去世。

③ 1956 年 9 月 23 日，毛泽东同苏共中央代表团谈话时说：“战争开始后，我们先调去 3 个军，后来又增加了两个军，总共 5 个军，摆在鸭绿江边。所以，到后来当帝国主义过‘三八’线后，我们才有可能出兵。否则，毫无准备，敌人很快就过来了。”

1970 年 10 月 10 日，毛泽东同金日成谈话说：“可惜那时候只有 5 个军，那 5 个军火力也不强，应有 7 个军就好了。”

当选择，我们不能不有所准备。

同日，毛泽东审阅了代参谋长聂荣臻的一个报告。报告指出，准备派出部分高炮部队进入朝方一侧，以确保鸭绿江大桥的安全。毛泽东当即批示“同意”。这对日后确保中国人民志愿军顺利出兵来说，是一个重要决定。

8 月 5 日，毛泽东拟电给东北军区司令员兼政治委员高岗，指示东北边防军：“八月内可能没有作战任务，但应准备于 9 月上旬能作战。……叫各部于本月内完成一切准备工作，待命出动作战。”[①]

8 月中旬，中共中央军委作出《保卫东北边防的决定》。

8 月 11 日，东北边防军召开了师以上干部动员大会，传达并讨论了毛泽东的指示电。会议上各部普遍反映，部队刚刚集结在北满不久，各项准备工作尚未就绪，难以在 8 月底完成出国作战的准备工作。会议结束后，高岗于 8 月 15 日将部队反映的情况电告毛泽东，并建议推迟出国作战时间。

这时，朝鲜战场上人民军的形势已经恶化。根据这些，毛泽东于 8 月 18 日又电示高岗：“（一）八月十五日送来你在边防军干部会议上的报告收到了，这个报告是正确的。（二）萧劲光[②]同志告有关边防军的各项问题，这些问题都可以解决。（三）边防军完成训练及其他准备工作的时间可延长至九月底，请你加紧督促，务在九月三十日以前完成一切准备工作。”[③]

1950 年 7 月，朝鲜民主主义人民共和国人民军，经过多次激烈战斗，前进到朝鲜半岛的大田、大邱等地，歼灭了韩国军队的大部和美军第二十四师一部，7 月 20 日，美第二十四师师长失踪，后被俘。但当人民军前进到洛东江边时，李承晚军队为阻止人民军继续前进，将洛东江上的重要桥梁全部炸毁。李承晚 7 个师的残部和先后到达的美军几个师，都收缩在以釜山为中心的狭小地区。由于敌兵高度集中，后方供应迅速及时，武器装备又占绝对优势，使朝鲜人民军进攻受阻，双方形成胶着状态的对峙局面。美军自空中和海上继续增加兵力，准备反攻，同时又出动数百架飞机轰炸朝鲜北部城镇和交通要道，严重破坏了朝鲜人民军的后方供应线，使人民军的攻势受到极大的影响和挫折。

8 月 25 日，美国公布朝鲜战争 60 天来，美机出动 2.05 万次，投弹 1.52 万吨。同日，美国海军部长马休斯在波士顿发表演说：“为了和平我们应该甘愿偿付任何代价——甚至发动战争的代价，而且我们应该公开宣布这种意图。……虽然我

---

① 《建国以来毛泽东军事文稿》上卷，军事科学出版社、中央文献出版社，2010 年 1 月第 1 版，第 179 页。

② 萧劲光时任中国人民解放军海军司令员。1950 年 7 月，被任命为中国人民解放军东北边防军副司令员。

③ 《建国以来毛泽东军事文稿》上卷，军事科学出版社、中央文献出版社，2010 年 1 月第 1 版，第 184 页。

们将因此得到侵略战争发动者的称号，……我们可以心安理得地接受。”

8月27日，美国飞机侵入鸭绿江以北中国领空进行侦察和轰炸、扫射。此后，美国飞机与军舰不断侵入中国的领空与领海进行挑衅。

毛泽东预见到朝鲜战局将会发生重大的曲折变化，他认为有必要事先给远在西安的中央军委副主席、中国人民解放军副总司令、西北军政委员会主席彭德怀通个气。8月27日，毛泽东给彭德怀发去一电：“德怀同志：为了应付时局，现须集中十二个军以便机动（已经集中了四个军），但此事可于九月底再作决定，那时请你来京面商。”①

8月下旬，中共中央军委决定将驻扎在上海地区由宋时轮指挥的第九兵团调至津浦铁路沿线；将驻扎在西北地区由杨得志指挥的第十九兵团调至陇海铁路沿线，集结待命，以做到随时机动。同时还做出加速特种兵建设的决定。

为保证大城市和工业基地的安全，中央军委还做出防空计划，将部分航空部队置于东北及关内一些大城市附近，将东北地区南部的部分工业设备和战略物资向北部迁移。在福建和广东沿海方向也分别布置了4个军，以防美国使用海军或指使蒋介石军队攻击我沿海地带。

8月29日，联合国安理会接受苏联驻联合国代表马立克的提议，以多数票通过邀请中华人民共和国代表出席参加讨论控诉美国武装侵略台湾案。中国政府特派伍修权代表出席了联合国安理会，理直气壮地揭露美国的侵略行径。

1950年9月5日，毛泽东在中央人民政府委员会第九次会议上指出：“就目前的情况来看，朝鲜战争持久化的可能性正在逐渐增大。”

毛泽东分析了美国在军事上的长处和短处：“它在军事上只有一个长处，就是铁多，另外却有三个弱点，合起来是一长三短。三个弱点是：第一，战线太长，从德国柏林到朝鲜；第二，运输路线太远，隔着两个大洋，大西洋和太平洋；第三，战斗力太弱。”

毛泽东说：“无非是打第三次世界大战，而且打原子弹，长期地打，要比第一、第二次世界大战打得长。我们中国人民是打惯了仗的，我们的愿望是不要打仗，但你一定要打，就只好让你打。你打你的，我打我的，你打原子弹，我打手榴弹，抓住你的弱点，跟着你打，最后打败你。”②

中国是否出兵，毛泽东有一个底，就是美军是否过“三八线”，不过“三八线”，我们不管；如果过“三八线”，我们一定过去打。

1950年9月15日凌晨，“联合国军”总司令麦克阿瑟秘密从日本和太平洋地

① 《建国以来毛泽东军事文稿》上卷，军事科学出版社、中央文献出版社，2010年1月第1版，第195页。

② 《毛泽东文集》第六卷，人民出版社，1999年6月版，第92—94页。

区调遣了强大的陆、海、空军兵力，乘朝鲜人民军主力南进到洛东江边受阻，后方交通供应断绝之际，由他亲自指挥的陆、海、空军共约 7.5 万余兵力，在 261 艘舰艇和 500 多架飞机的支援下，在朝鲜的西海岸仁川港登陆。随后，登陆部队在美国第八集团军司令沃克中将指挥下，急速向汉城水源方向进攻，将朝鲜人民军的后方交通线拦腰截断。正在洛东江对岸布防的美军和韩国军队约 10 个师，也配合在北面的登陆部队开始向北进攻，对朝鲜人民军形成南北夹击之势，人民军腹背受敌，加之后方供应断绝，遭受到严重伤亡，被迫沿山间隘路向北撤退。致使已取得的胜利前功尽弃，形势日趋恶化。但人民军的后退工作组织得比较出色。麦克阿瑟制订的在元山登陆计划也帮了人民军的忙——美军陆一师由仁川拉出去、步七师经公路和铁路运至釜山，这既影响了追击部队的补给又未能完全切断人民军的退路。

美国参谋长联席会议，在经过近 2 周紧张的内外磋商后，经杜鲁门批准，于 9 月 27 日向麦克阿瑟下达了“九二七”训令，规定：在“苏联或中共主力部队未进入北朝鲜作战，没有决心参战的声明，也没有发出威胁要在朝鲜与我们进行军事较量”的情况下，授权麦克阿瑟可以越过“三八线”进入北朝鲜作战。训令还规定了一旦中、苏介入时应采取的措施：①假如苏军对“三八线”以北公开地或在“三八线”以南公开或不公开地介入，“联合国军”应转入防御，不得采取导致事态恶化的任何行动，并立即报告；②假如中国军队在“三八线”以南公开或不公开介入，“联合国军”在存在能够成功地对付它的正当条件下，可以继续行动；③在苏、中任何一方事先表明有占领朝鲜北半部的意图并警告不要对它采取敌对行动时，“联合国军”不应对之采取敌对行动，并立即报告。

10 月 1 日，李承晚军第三师越过“三八线”北上。同日，美国国防部长乔治·马歇尔向麦克阿瑟发出一份“纯属私人意见”的电报，称：“我们要让你感到，在向‘三八线’以北前进时，无论在战术上还是在战略上你都不会受到妨碍。”麦克阿瑟回答：“除非战到敌人停止抵抗，我将把整个朝鲜都视为对我们的军事行动是开放的。”同日，朝鲜人民军主动撤离汉城。麦克阿瑟指挥高度机械化的“联合国军”向“三八线”逼近。

1950 年 9 月 30 日，中华人民共和国政府总理周恩来在庆祝新中国成立 1 周年大会上发表讲话：中国人民密切关心着朝鲜被美国侵略后的形势；中国人民热爱和平，但是为了保卫和平，从不也永不害怕反抗侵略战争；中国人民绝不能容忍外国的侵略，也不能听任帝国主义者对自己的邻人肆意侵略而置之不理。

同日，周恩来召见印度驻中国大使潘尼迦，请印度政府转达中国对美国的警告：“如果美军越过‘三八线’，中国将出兵援助朝鲜民主主义人民共和国。”

麦克阿瑟认为中国政府的严重警告不过是“虚声恫吓”和“外交上的讹诈”，他认为中国的内战刚刚结束，战争创伤尚未恢复，不可能出兵援朝与美军作战。他说：“如果中国在战争开始后的两个月内进行干预的话，那就可能有决定性的意义，而现在我们再也不怕他们的干预了。”

1950年9月28日，朝鲜劳动党中央政治局召开紧急会议，经过激烈争论后，朝鲜领导人一致认为汉城陷落后已无法阻挡联合国部队越过“三八线”，而一旦敌人越过“三八线”，朝鲜人民军也无法进行任何有效的抵抗。因此，政治局一致同意要求苏联和中国立即提供直接的军事援助，并通过了给斯大林和毛泽东的两封正式求救信。

朝鲜领导人恳求斯大林“给予特别的援助”，即“当敌军跨过‘三八线’以北的时刻，我们非常需要得到苏联方面的直接军事援助”。同时，信中还要求斯大林在苏联无法提供援助的情况下“帮助我们建立一支由中国和其他人民民主国家组成的国际志愿部队，为我们的斗争提供军事援助”。

斯大林在接到此信的当天，给平壤回信说：“不要低估了朝鲜在组织防御方面的实力和能力，……北朝鲜不能在‘三八线’及以北地区进行抵抗的观点是错误的，朝鲜政府有足够的力量，所需要的只是把所有的力量组织起来并尽其所能地进行战斗。”至于提供直接军事援助的责任，斯大林毫不犹豫地推给了毛泽东：关于“要求武装援助的问题，我们认为更可以接受的形式是组织人民志愿军。关于这一点，我们必须首先与中国同志商量”。

同日，斯大林也给毛泽东发来电报，十分客气但又非常坚决地直接要求中国派军队到朝鲜作战。电报说：“如果您认为在紧急情况下有可能派部队支援朝鲜人，那么您应该立即派出至少五六个师到‘三八线’，以便让我们的朝鲜同志有机会在你们的部队的掩护下组织起保卫‘三八线’以北地区的战斗。中国军队可以考虑作为志愿军，当然是由中国人指挥。”

1950年9月30日晚，我国驻朝鲜大使馆在使馆地下室举行国庆招待会，朝鲜党和国家领导人应邀出席。会后，金日成首相召见中国驻朝大使倪志亮和参赞柴军武（柴成文），提出：“希望中国尽快派集结在鸭绿江边的第十三兵团迅速过江，支援朝鲜人民军作战，反击敌人。”

9月30日，周恩来在全国政协举行的新中国成立1周年庆祝大会上向全世界宣告：“中国人民热爱和平，但是为了保卫和平，从不也不用害怕反抗侵略战争。中国人民绝不能容忍外国的侵略，也不能听任帝国主义者对自己邻人肆行侵略而置之不理。”①

10月1日，麦克阿瑟又向朝鲜民主主义人民共和国发出“最后通牒”，要求朝鲜人民军“放下武器停止战斗，无条件投降”。

同日，朝鲜首相金日成和外相朴宪永联名给毛泽东发来急电：“……在目前，

---

① 《人民日报》，1950年10月1日。

敌人趁着我们严重的危机，不给我们时间，如果继续进攻‘三八线’以北地区，则只靠我们自己的力量是难以克服此危机的。因此，我们不得不请求您给予我们以特别的援助。在敌人进攻‘三八线’以北地区的情况下，急盼中国人民解放军直接出动援助我军作战。我们谨向您提出以上意见，请予以指教。”

1950年10月1日，是新中国成立1周年纪念日。北京的街头巷尾，到处是一片欢乐的节日气氛，一派和平的景象。从清晨起，穿上节日服装的工人、市民和学生就已经聚集在天安门广场上。上午10时，毛泽东和中国的其他领导人登上天安门城楼，和几十万群众一起观看了盛大的阅兵式，接着就是群众游行。入夜，五彩的焰火腾空而起，广场上的人民载歌载舞，欢乐的场面持续到深夜。

然而，就在北京的国庆焰火尚未熄灭，欢乐的人群还未完全离开天安门广场时，中南海颐年堂的会议厅，在一派紧张严肃的气氛中召开着中共中央政治局常委会。会议由毛泽东主持，常委们讨论了金日成的来电和我国驻朝鲜大使馆发来的急电以及朝鲜面临的严重局势，一直到天亮才休会。

1950年10月1日夜间，韩国陆军第三师开始越过“三八线”向朝鲜北部进攻时，在“三八线”两侧，展开了一场激烈的攻防战斗。但朝鲜人民军因火力、人力大大逊于“联合国军”而陷入劣势，被迫向北撤退。顷刻之间，装备有大量飞机、大炮和坦克的“联合国军”猖狂北犯，将侵略战火迅速烧向中朝边境。

鉴于此种严重局势，毛泽东主席彻夜未眠，他在十分焦急的情况下，经过左思右想，于10月2日凌晨2时，给高岗、邓华发出紧急电报：“（一）请高岗同志接电后即行动身来京开会；（二）请邓华同志令边防军提前结束准备工作，随时待命出动，按原定计划与新的敌人作战；（三）请邓将准备情况及是否可以立即出动即行电告。”①

10月2日午后，毛泽东、朱德、刘少奇、周恩来、高岗及代总长聂荣臻在颐年堂开会。毛泽东说：“朝鲜的形势已如此严重，现在不是出兵不出兵的问题，而是马上就要出兵，早一天和晚一天出兵对整个战局极为重要。今天先讨论两个迫切的问题，一是出兵时间，二是谁来挂帅。”毛泽东说，挂帅人选原先考虑派粟裕同志，但粟裕有病，正在青岛休养；由于美军和其他帮凶国家的军队大批进入韩国，飞机、大炮、坦克大量增加，形势越来越严重，我们认为出兵援朝已不是几个军就能解决问题的，可能各个野战军将来都要参加援朝作战，根据这一变化，常委几个同志又考虑派林彪同志来挂帅②；谁知林彪认为我们的国内战争刚刚结束，各方面

① 《建国以来毛泽东军事文稿》上卷，军事科学出版社、中央文献出版社，2010年1月第1版，第225页。

② 中共中央考虑到第十三兵团是第四野战军的部队，同时林彪对东北、朝鲜、苏联的情况都比较了解。

都未就绪，他强调美国是最大的工业强国，军队装备高度现代化，一个军就有各种火炮 1500 门，而我们一个军只有 36 门，美军有强大的空军和海军舰艇，而我们海、空军才刚刚组建；林彪认为在敌我装备极为悬殊的情况下，如若贸然出兵，必然是引火烧身，后果不堪设想。

毛泽东接着说："前些日子我找林彪谈了一次话，说明我们为什么冒险出兵，不出兵将来会有什么结果，出兵有哪些有利条件，对美帝国主义应该采取什么对策。可是林彪表示说他每日失眠，身体虚弱多病，怕风、怕光、怕声音，哎呀呀，他有'三怕'，怎么率兵打仗呢！"

毛泽东说："出兵援朝已是万分火急。既然林彪说他有病不能去，我的意见还是彭老总最合适了。"他话音刚落，朱德也脱口而出："对！还是老彭靠得住噢！"于是，常委作出了一致同意彭德怀出任志愿军司令员的重要决定。会议根据朝鲜战争的形势，初步把出兵入朝的时间定在 10 月 15 日。

会议临结束时，毛泽东提议，将今天开会的情况以他的名义择要电告斯大林（未发出）："（一）我们决定用志愿军名义派一部分军队至朝鲜境内和美国及其走狗李承晚的军队作战，援助朝鲜同志，我们认为这样做是必要的。因为如果让整个朝鲜被美国人占去了，朝鲜革命力量受到根本的失败，则美国侵略者将更为猖獗，于整个东方都是不利的。（二）我们认为既然决定出动中国军队到朝鲜和美国人作战，第一，就要能解决问题，即要准备在朝鲜境内歼灭和驱逐美国及其他国家的侵略军；第二，既然中国军队在朝鲜境内和美国军队打起来（虽然我们用的是志愿军名义），就要准备美国宣布和中国进入战争状态，就要准备美国至少可能使用其空军轰炸中国许多大城市及工业基地，使用其海军攻击沿海地带。（三）这两个问题中，首先的问题是中国的军队能否在朝鲜境内歼灭美国军队，有效地解决朝鲜问题。只要我军能在朝境内歼灭美国军队，主要的是歼灭其第八军（美国的一个有战斗力的老军），则第二个问题（美国和中国宣战）的严重性虽然依然存在，但是，那时的形势就变为于革命阵线和中国都是有利的了。……我们认为最不利的情况是中国军队在朝鲜境内不能大量歼灭美国军队，两军相持成为僵局，而美国又已和中国公开进入战争状态，使中国现在已经开始的经济建设计划归于破坏，并引起民族资产阶级及其他一部分人民对我们不满（他们很怕战争）。（四）在目前的情况下，我们决定将预先调至南满洲的 12 个师于 10 月 15 日开始出动，位于北朝鲜的适当地区（不一定到'三八线'），一面和敢于进攻'三八线'以北的敌人作战，第一个时期只打防御战，歼灭小股敌人，弄清各方面情况；一面等候苏联武器到达，并将我军装备起来，然后配合朝鲜同志举行反攻，歼灭美国侵略军。……"①

10 月 3 日凌晨 1 时，周恩来紧急约见印度驻华大使潘尼迦，请印度政府向美

① 《建国以来毛泽东军事文稿》上卷，军事科学出版社、中央文献出版社，2010 年 1 月第 1 版，第 226—227 页。

国转达中国政府的严正警告，并表明中国政府的严正立场：第一，“美国军队正企图越过‘三八线’，扩大战争。美国军队果真如此做的话，我们不能坐视不管，我们要管”。① 这是美国政府造成的严重情况。第二，我们主张朝鲜事件应该和平解决，不但朝鲜战事必须即刻停止，侵朝军队必须撤退，而且有关国家必须在联合国内会商和平解决的办法。

10月4日，专机接彭德怀到北京，在颐年堂门口，周恩来说：“彭总，政治局扩大会议在下午3点就开始了，来不及等你，昨天就准备派飞机接你，因为天气不好，只好推迟到今天。”他们进入会议厅，毛泽东主席和政治局委员们都起来和彭德怀握手。毛泽东说：“老彭，辛苦了，你来得正好！美帝国主义军队已越过‘三八线’了，现在政治局正在讨论我国准备出兵援朝的有关问题，大家正在发表意见，请你谈谈你的观点。”彭德怀感到这是一次不寻常的政治局会议，由于他来京以前，满脑子装的是经济问题，对中央召开这样的紧急会议，思想并无准备。从几个同志的发言中，他听出有的主张不出兵，有的主张暂不出兵，理由是：①我国经过了几十年战争的摧残，战争的创伤亟待恢复，而财政又十分困难；②国内还有部分边远地区和沿海岛屿尚未解放，约有100万国民党残余部队和土匪尚亟待肃清；③广大新解放区尚未进行土地改革，新建的政权也还不巩固；④我们面临的对手是世界上工业最发达、武器装备最精良的国家，我军的武器装备远远落后于美军的装备，一个野战军仅有几十门大炮更无制空权和制海权；⑤由于长期战争的艰苦生活，有些干部和战士产生了和平厌战情绪等。大多数同志认为目前我国的情况是困难重重，出兵问题应慎重从事。毛泽东听完讨论说：“你们说的都有理由，但是别人处于国家危急时刻，我们站在旁边看，不论怎么说心里也难过。”

第二天上午，毛泽东特派邓小平接彭德怀到中南海个别交换意见。彭德怀说：“我昨天晚上几乎没有睡觉，我把你讲的四句话，反复思考了几十遍，我体会到这是一个国际主义和爱国主义相结合的问题，如果我们只强调困难的一面，不同美军正向鸭绿江进犯的危急后果联系起来考虑，不仅朝鲜民主主义人民共和国难保，就连我国东北的边防也直接受到威胁，经过反复考虑，我拥护毛主席出兵援朝的英明决策。”毛泽东说：“我们有些同志，只看眼前，看不到将来，更有人被美国的飞机、大炮吓破了胆！我们过去经历了几十年的战争，不都是以劣势装备战胜了优势装备的敌人吗?”彭德怀说：“我们确实有许多困难，大家摆的情况也是事实，但是，敌人也有困难，他们兵力不足，补给线长，从美国本土离朝鲜大约5000多海里。但如果让敌人占领了全部朝鲜半岛，这对我国威胁很大，过去日本人进攻中国就是以朝鲜为跳板，首先进攻我国东三省，然后又以东三省为跳板，大举向关内进攻的，这段历史不能忽视。这次我们作战的对象，虽然是在武器装备方面占绝对优

---

① 《毛泽东传（1949—1976）》，中央文献出版社，2003年12月第1版，第112页。

势的美国侵略军，我们既不能轻视敌人，但也不能过低估计自己。1947 年胡宗南进攻延安，他的兵力是 24 万人，有空军支援，武器装备几乎都是美式的，比我军装备不知要好多少倍。我军只有 2.5 万人，只占敌军的 1/10，武器落后，每支枪平均不过几十发子弹，陕甘宁边区地瘠民贫，人口才 100 万。为什么我们能打败了胡宗南？一是我们是正义战争，二是边区群众的大力支援，三是靠灵活机动的战略战术。现在我们已取得全国政权，有几百万军队，有全国人民的支援，我们有对付优势装备敌人的经验，只要我们在战略上不犯重大的错误，我们就有信心打败美国侵略军。”

毛泽东说：“前些天，我和恩来、少奇、朱老总商量的一致意见是派林彪去，因为他是整个解放战争时期东北地区的领导人，现在集结在南满的 4 个军都是原东北地区的部队，一旦打起仗来，首先也要靠东北地区支援；朝鲜与我国长白山地区的地形大体相似，从各方面考虑，派他去率军援朝是很合适的；可是我前些天去征求他的意见时，他精神有些紧张，强调身体不好，每晚失眠，怕光、怕风、怕声音，硬是不接受任务；现在很明显，这场战火很快就会烧到我国的大门口，情况紧急，我们必须当机立断，马上出兵，既然林彪说他有病不能去，常委几个同志商量，这副重担还是请你彭老总来挂帅，这是一场比保卫延安更艰苦复杂的战争，不知你的身体情况如何？”彭德怀果断地说：“我服从中央的决定。”

10 月 5 日下午，中共中央政治局继续在颐年堂开会，对是否出兵援朝再次进行讨论。政治局各同志畅所欲言充分发表各种意见，其中仍有一种观点，强调国内困难很多，主张不出兵或暂不出兵。毛泽东认为：大家的担忧是有道理的；我们现在确实有许多困难，这是实情，但我们毕竟是个大国，人口众多，应该发扬国际主义精神，无私援助朝鲜；帮助朝鲜也有利于我们——我们的重工业都集中在东北：鞍山的钢铁、沈阳的机械工业、抚顺和本溪的煤，还有鸭绿江上的大型火力发电站，我们不能让敌人推进到鸭绿江威胁我们东北的安全。

毛泽东分析美国方面的不利因素：第一，美国战线太长，从北冰洋、里海、波罗的海、地中海、印度洋、太平洋一直搞到东方，战线从西欧扯到东亚，比希特勒和日本的战线都长；美国在全世界搞军事基地，好比十个指头按跳蚤，动弹不得；第二，后方太远——必须横渡大西洋与太平洋；第三，不义之战，侵略别国，士气不高，而且美国在朝鲜的部队大都是驻日本的占领军，过惯了舒服日子，称为“榻榻米”部队；第四，美国依仗的原子弹也非一国独有，苏联也有原子弹，这就打破了它的核讹诈，决定战争胜负的因素是人而不是一两件新式武器。政治局经过全盘反复慎重的考虑，达成一致意见：决定出兵，抗美援朝。[①]

---

① 《剑桥中华人民共和国史（1949—1965）》，上海人民出版社，1990 年 6 月第 1 版，第 63 页中载，美国和英国著名中国学专家费正清、罗德里克·麦克法夸尔评述说：“关于中国对向北朝鲜推进的美军作出反应的问题。当时，党内绝大多数人因担心代价和风险太大而持保留态度。……中华人民共和国在朝鲜冒险付出的代价确实很高。但由于安全得到保障和中国国际威望提高所带来的益处超过了代价。”

彭德怀发言说："出兵援朝是必要的，打烂了，等于解放战争晚胜利几年。如美军摆在鸭绿江岸和台湾，它要发动侵略战争，随时都可以找到借口[①]；如等美国占领了朝鲜半岛，将来的问题更复杂，所以迟打不如早打，这样对国内外的反动气焰和亲美派也是个沉重的打击。"

毛泽东说："我们国内当前存在着一些困难，这是事实；现在美国人逼着我们打这一仗，犹豫退缩、担心害怕都没有用，这些心理和情绪正是敌人所希望的；现在我们只有一条路，就是在敌人进占平壤之前，不管冒多大风险，有多大困难，必须立刻出兵朝鲜；我提议由彭德怀同志率志愿军入朝，协助朝鲜人民军抗击敌人，至于志愿军入朝具体部署和细节，会后我们再和彭德怀同志研究。"

会议一致同意由彭德怀挂帅率军援助朝鲜民主主义人民共和国。当晚，毛泽东留下彭德怀、高岗以及周恩来共进晚餐。饭后，毛泽东对彭德怀说："现在情况紧急，我们必须马上出兵，否则将贻误战机，你和高岗8日先到沈阳去召开东北边防军高干会议，迅速传达中央政治局的决定，督促部队立即作好入朝准备。同时我把党中央出兵援朝的决定通知金日成。关于部队入朝的时间，给你10天作准备。关于部队更换苏联武器装备和空军支援问题，恩来同志即刻去莫斯科与斯大林商谈，尽快解决。"

彭德怀虽感到时间太紧张，但仍表示，"主席，你放心，那我就一天按10天甚至20天的工作量来干。"毛泽东高兴地说："抗美援朝我是积极分子，你100%支持我，看来这一场是非打不可。将来全国人民都要积极支持抗美援朝战争。"

毛泽东同彭德怀商谈中提出：为了使你到朝鲜后工作上的方便，你先把岸英带去，他既会俄文，又懂点英文。我让他去的目的，为的是在你身边有个可靠的翻译，将来与苏联方面联系比较保密，让他担任翻译工作，另一方面也让他作为第一批志愿军战士在战争中去锻炼，这也叫做送子参军吧！"彭德怀婉言劝阻说："你让岸英跟我到朝鲜去，我懂得你的意思，给全党带个头。但是自开慧同志牺牲后，岸英从小受苦，到处流浪，后来又送到苏联学习很长时间，他已长期不在你身边生活，你们难得团聚在一起，我看还是别让岸英跟我去，就留在主席身边照料吧！"

彭德怀虽然一再表示不同意见，但最后毛泽东仍坚持让毛岸英随彭德怀一起入朝。

关于志愿军入朝作战初期的物资供应，毛泽东当面指示高岗应首先依靠东北地区的供应，然后全国都要支援。紧张的抗美援朝的临战准备工作，是在绝对保密的情况下进行的。关于志愿军出国作战前后的宣传报道问题，彭德怀向主席提议："在战斗打响之前，应绝对保密。打响之后，新华社在报道和广播方面也应注意分寸。要设法转移敌人的视线，使其产生判断上的错觉，以便我军各路部队迅速隐蔽

① 《彭德怀自述》，人民出版社，1981年12月第1版，第258页。

过江投入战斗，取得战斗的主动权和有利战机，力争初战的胜利，以提高士气，稳定人心，扭转被动局面。”

关于彭德怀指挥所设立的位置，毛泽东的意见为保证安全，免遭敌机轰炸，可设在鸭绿江北岸一个隐蔽位置。彭德怀不同意，他主张过江入朝与金日成在一起，以便协调两军统一指挥作战。

1950年10月7日，联合国大会以47票同意5票反对和7票弃权的表决结果，通过了由英国、澳大利亚、菲律宾、荷兰、挪威、巴西、古巴、巴基斯坦8国联合署名的提案，主要内容为：①联合国为确保安全采取一定的适当措施；②为建立统一的民主政府，在联合国的管理下实施普选；③实现韩国的迅速复兴；④除完成第二项工作外，联合国军不得在韩国驻扎；⑤为了韩国的统一复兴任命新的韩国首领。

麦克阿瑟立即向金日成发出敦促投降的“最后通牒”。由美军骑兵第一师和第二十五师、英军第二十七旅、韩国第一师所组成的部队在开城地区越过“三八线”，向北朝鲜进攻。

同时，美国将战火从朝鲜烧到中国的东北，派出B-29重型轰炸机和其他作战飞机，对中国东北边境城市安东、辑安等地进行频繁轰炸和扫射，炸毁建筑物、工厂及车辆，炸死炸伤中国平民，袭击正常行驶商轮。

10月起，美国还派飞机袭扰山东半岛的青岛、烟台等地，大有将战火从中国边境进一步扩大之势。

1950年10月8日，中国人民革命军事委员会主席毛泽东以特急电报的形式发布命令：

彭、高、贺、邓、洪、解[①]及中国人民志愿军各级领导同志们：

（一）为了援助朝鲜人民解放战争，反对美帝国主义及其走狗们的进攻，借以保卫朝鲜人民、中国人民及东方各国人民的利益，着将东北边防军改为中国人民志愿军，迅即向朝鲜境内出动，协同朝鲜同志向侵略者作战并争取光荣的胜利。

（二）中国人民志愿军辖十三兵团及所属之三十八军、三十九军、四十军、四十二军，及边防炮兵司令部与所属之炮兵一师、二师、八师。上述各部须立即准备完毕，待命出动。

（三）任命彭德怀同志为中国人民志愿军司令员兼政治委员。

（四）中国人民志愿军以东北行政区为总后方基地，所有一切后方工作供应事宜，以及有关援助朝鲜同志的事务，统由东北军区司令员兼政治委员高岗同志调度

① 指彭德怀、高岗、贺晋年、邓华、洪学智、解方。

指挥并负责保证之。

（五）我中国人民志愿军进入朝鲜境内，必须对朝鲜人民、朝鲜人民军、朝鲜民主政府、朝鲜劳动党（即共产党）、其他民主党派及朝鲜人民的领袖金日成同志表示友爱和尊重，严格地遵守军事纪律和政治纪律，这是保证完成军事任务的一个极重要的政治基础。

（六）必须深刻地估计到各种可能遇到和必然会遇到的困难情况，并准备用高度的热情、勇气、细心和刻苦耐劳的精神去克服这些困难。目前总的国际形势和国内形势于我们有利，于侵略者不利，只要同志们坚决勇敢，善于团结当地人民，善于和侵略者作战，最后胜利就是我们的。

中国人民革命军事委员会主席　毛泽东

一九五〇年十月八日于北京①

同日，毛泽东将出兵援朝的部署通过我国驻朝鲜民主主义人民共和国大使倪志亮转达金日成同志：根据目前形势，我们决定派遣志愿军到朝鲜境内帮助你们反对侵略者；并请金日成即派朴一禹同志（朝鲜劳动党中央常委委员朝鲜政府内务相）到沈阳与彭德怀、高岗二同志会商与中国人民志愿军进入朝鲜境内作战有关的诸项问题（彭、高二同志本日由北京去沈阳）。

当晚，当倪大使和参赞柴军武驱车到金日成办公地点——设在牡丹峰脚下的一个地下指挥所，将此电报面交金首相，金日成一再对中共中央毛泽东主席和中国人民的大力支援表示深深的感谢，并称赞中朝两国人民的战斗友谊永垂青史。

1950 年 10 月 8 日上午 7 时，彭德怀与中共东北局第一书记、东北军区司令员兼政治委员高岗，以及彭德怀指挥所负责人成普，参谋徐亩亢、龚杰，秘书张养吾，翻译毛岸英一行乘飞机直飞沈阳。这次航行是绝密的，个人亲属包括彭德怀的夫人均不知他们前赴何地。

同日，周恩来带翻译师哲和一名机要员乘飞机前往莫斯科会见苏联部长会议主席斯大林，商谈购买苏方武器装备和苏联派出空军支援中国人民志愿军入朝作战问题。双方谈得不很顺利。

10 月 9 日上午，彭德怀和高岗在沈阳召集志愿军军以上干部开会，说明目前形势及中央的意图，同时了解部队的情况。在会议上，各军干部最担心的是在出国作战上有无空军支援。会议进行当中的上午 10 时，彭德怀、高岗联名致电毛泽东："我军出动作战时，军委能派出多少战斗机和轰炸机配合，何时能出动并由何人负责指挥？盼速示。"傍晚，彭德怀乘火车赴安东（丹东）。

10 日早饭后，彭德怀到鸭绿江边察看渡江地点，了解战备情况。

---

① 《毛泽东文集》第六卷，人民出版社，1999 年 6 月第 1 版，第 100—101 页。

自10月1日夜，麦克阿瑟命令韩国陆军第三师首先越过“三八线”后，到10月9日美国及英、加、土等军也全部越过“三八线”。

10月9日，麦克阿瑟向朝鲜领导人发出最后通牒：“最后一次要求你和你指挥下的军队，立即放下武器并停止作战。”

10日下午，印度驻中国大使潘尼迦到我国外交部转交了英国外交大臣贝文致中国外交部长周恩来的电报：“如果北朝鲜不愿放下武器，那么‘联合国军’统帅将无他途可循。”至10月中旬，以美军为首的“联合国军”和韩国军队总兵力已达42万人，各型飞机1100多架（海军飞机除外），各型军舰300多艘。其中第一线兵力有4个军共10个师，另一个旅、一个空降团，共约十几万人，正分兵多路向中朝边境疯狂进犯。

本来按照联合国军司令部第二号作战命令，在西线侵占平壤，东线在元山登陆后，两支部队沿东西轴线实行向心突击，即在平壤—元山蜂腰部会合后，向北进犯。

10月10日，彭德怀急电请示毛泽东：“原拟先出动两个军、两个炮师，恐鸭绿江铁桥被炸毁时，不易集中优势兵力，失去战机，故决定将4个军、3个炮师，全部集结江南待机歼敌，改变原定计划，妥否盼示。”

10月11日，斯大林和周恩来自莫斯科联合急电毛泽东，其中说道：苏联可以完全满足中国提出的飞机、坦克、大炮等项设备，但是苏联空军尚未准备好，在两个月或两个半月后才能出动空军，目前暂时无法支援中国志愿军作战，请中共中央对出兵问题再作考虑。

关于出兵援朝，中苏早已商定：中国负责地面兵力，苏联负责空军掩护。因此中共中央于1950年10月2日决定出兵援朝后，毛泽东即于当日深夜电告斯大林，以使苏联空军做出准备。10月8日晚周恩来飞抵莫斯科后，被告知斯大林正在苏联南方的黑海之滨克里米亚附近的阿布哈季亚别墅休假。9日上午周恩来和翻译师哲在苏联元帅布尔加宁陪同下，飞抵克里米亚。当晚与斯大林会谈，苏方参加者有马林科夫、冈卡诺维奇、贝利亚、米高扬、布尔加宁和莫洛托夫。会谈主要协商中国志愿军入朝后，苏联能出动多少战斗机和轰炸机支援，并由谁担任指挥，以及中国地面部队更换苏联武器装备等问题。

周恩来说：新中国成立不久，财力不足，武器弹药、运输工具都有困难，空军也刚刚组建，这些方面需要苏联支援。斯大林判断美国已不惜代价和风险，决心向鸭绿江边中苏边境进攻，他担心如苏联空军在中、苏、朝边境与美国飞机和地面部队作战，可能会引起苏、美之间的直接军事冲突，有诱发第三次世界大战的危险。

出乎中国意料，斯大林从出动空军支援中国志愿军作战的立场上犹豫后退了，他表示，苏联可以先给中国20个师的武器装备并尽快运到满洲里；但是空军目前尚未准备好，暂时无法出动。

毛泽东于1950年10月10日下午收到周恩来发自莫斯科的电报，未曾料到的突然情况立即使他陷入焦虑之中。当夜他又收到彭德怀准备11日晨入朝与金日成会谈的电报，这两封电报使他翻来覆去决心难定。经与聂荣臻代总长商谈后，他决定立即通知彭德怀先不要入朝，而是和高岗一起进京开会。

10月10日，金日成首相紧急召见柴军武，明确表示："我们决不会放下武器，决不会投降，我们要抵抗到底。"11日，金日成向朝鲜发表广播："今天，我们最重要的任务是，用鲜血保卫祖国的每一寸土地。为了给敌人以新的决定性的打击，要准备好一切力量。……如果不得已必须后退的时候，要把一切物资和运输工具全部运走，哪怕是一台机床、一个车皮、一粒米也不要留给敌人。……要在敌占区积极开展游击斗争。"

1950年10月13日下午，中共中央主席毛泽东再次在中南海颐年堂主持召开中央政治局紧急会议。会议听取了彭德怀的汇报。会议针对苏联的情况变化，对出兵、不出兵的利害关系进行了认真的讨论，反复考虑、反复比较。经彻夜会议后，政治局同志一致认为：即使没有苏联空军的支援，也必须出兵援朝。会议号召要自力更生，发扬我军历史上以劣势装备战胜优势装备敌人的丰富经验，克服各种困难，即刻入朝迎击向北冒犯之敌。

会议结束的当晚，毛泽东给在莫斯科的周恩来发电："（一）与高岗、彭德怀二同志及其他政治局同志商量结果，一致认为我军还是出动到朝鲜为有利。在第一时期可以专打伪军，我军对付伪军是有把握的，可以在元山、平壤线以北大块山区打开朝鲜的根据地，可以振奋朝鲜人民重组人民军。两个月后，苏联志愿军就可以到达。6个月后可以收到苏联给我们的炮火及坦克装备，训练完毕即可攻击美军。在第一时期，只要能歼灭几个伪军的师团，朝鲜局势即可起一个对我们有利的变化。（二）我们采取上述积极政策，对中国、对朝鲜、对东方、对世界都极为有利；而我们不出兵让敌人压至鸭绿江边，国内国际反动气焰增高，则对各方都不利，首先是对东北更不利，整个东北边防军将被吸住，南满电力将被控制。（三）真日菲利波夫①和你联名电上说，苏可以完全满足我们的飞机、大炮、坦克等项装备，不知它是用租借的办法，还是要用钱买，只要能用租借办法，保持20万万美元预算用于经济、文化等项建设及一般军政费用，则我军可以放心进入朝鲜进行长期战争，并能保持国内大多数人的团结。（四）只要苏联能于两个月或两个半月内除出动志愿空军帮助我们在朝鲜作战外，又能出动掩护空军到京、津、沈、沪、宁、青等地，则我们也不怕整个的空袭，只是在两个月或两个半月内如遇美军空袭则要忍受

① 菲利波夫，即斯大林。

一些损失。（五）总之，我们认为应当参战，必须参战。参战利益极大，不参战损害极大。”①

毛泽东还让周恩来与苏方交涉中国人民志愿军入朝参战后的军火供应问题。

周恩来在苏联接毛泽东电后，立即派员转告斯大林，并约定时间举行新的会谈。当晚，周恩来与莫洛托夫紧急会晤。周恩来向莫洛托夫说明了中国人民志愿军入朝参战后所需援助的项目与规模。接着双方仔细商讨了援助物资的运输、接管与集中的一系列办法等问题。

10 月 14 日，周恩来根据毛泽东的指示，致电斯大林：苏联志愿空军在出动 16 个团的喷气式飞机之后，可否继续出动轰炸机至朝鲜配合中国军队作战？并附上第一批所需各种炮类及其附属器材的订货单。②

斯大林回答说：苏联将只派空军到中国境内，两个月或两个半月后也不准备进入朝鲜境内作战。斯大林这个决定，对中国出兵作战十分不利。但，毛泽东的决心没有动摇。③

政治局紧急会议结束后，毛泽东与高岗、彭德怀进一步研究了志愿军出国的时间、渡江方案，以及东北对志愿军后方供应保障问题。

14 日清晨，天气不好，飞机飞行有困难。根据毛泽东的指示，高岗先乘火车返回沈阳召集志愿军、东北军区和东北局的负责人开会，传达政治局的最后决定，宣布立即入朝作战的各项准备，并决定准备召开参战部队师以上干部动员大会。

14 日全天，毛泽东与彭德怀又详细研究了志愿军的出兵和作战方案，最后确定志愿军各部于 10 月 18 日或 19 日分批渡江，先在平壤以北适当山岳地区组织防御，待机歼敌。

10 月 14 日 21 时，毛泽东将中共中央政治局 10 月 13 日的决定和第一步作战方案电告周恩来：“我已告彭，在他到德川研究情况后，在平壤、元山铁路线以北，德川、宁远公路以南地区，构筑两道至三道防御阵线。如敌来攻，则在阵地前面分割歼灭之；如平壤美军、元山伪军两路来攻，则打孤立较薄之一路。现在的决心是打伪军，也可以打某些孤立的美军。如时间许可，则将工事继续增强。在六个月内，如敌人固守平壤、元山不出，则我军亦不去打平壤、元山。在我军装备训练完毕，空中和地上均对敌军具有压倒的优势条件之后，再去攻击平壤、元山等处，即

① 《建国以来毛泽东军事文稿》上卷，军事科学出版社、中央文献出版社，2010 年 1 月第 1 版，第 252—253 页。

② 斯大林在抗美援朝问题上，曾设想由中国出动一定数量的兵力，由苏联供应武器装备，在作战时苏联可以出动一定数量的空军作掩护。因而中国对苏联的军火援助，是作为他们所履行的国际主义义务而接受的。所以，中苏当时在谈判时，只谈及抗美援朝所需军火的数目，没有涉及价格问题。斯大林在世时从未要求中国偿还。可是后来中苏关系发展变化，赫鲁晓夫趁中国经济遇到暂时困难之机，向中国索取抗美援朝的军火费用，借以向中国施加压力。此是后话。

③ 《毛泽东传（1949—1976）》，中央文献出版社，2003 年 12 月第 1 版，第 123 页。

在六个月以后再谈攻击问题。我们这样做是有把握的和很有利益的。”[①]

毛泽东还说：我军决于1950年10月19日开动，全军26万人渡过鸭绿江需要10天时间；为着准备在11月内在敌进攻德川区域时打一个胜仗，我们决定还是出发26万人（12个步兵师、3个炮兵师）均开进为好；在我军开进半数修筑工事期间，朝鲜人民军方面继续抵抗，尽可能迟滞美伪两军前进为有利。

10月15日凌晨，毛泽东以周恩来名义起草了一份电报，要倪志亮大使转交金日成：“请即派一位熟悉道路的同志于10月16日到安东接引彭德怀同志和金日成同志会面。如倪大使找不到金日成同志，则请倪大使派人去安东接引。”[②]

10月15日清晨，彭德怀乘飞机自北京飞回沈阳。这一天他一面部署志愿军出兵援朝的各项准备工作，一面又利用短暂的时间视察了鞍山钢铁厂和沈阳兵工厂。

15日，由于敌军已全面开始围攻平壤，金日成特派副首相兼外务相朴宪永前来沈阳会见彭德怀，说明金首相要求中国尽快出兵，并希望与彭德怀早日见面。

16日上午，彭德怀和高岗赶到鸭绿江边的安东，在安东召开志愿军师以上干部大会宣布中央的决定。他指出，敌人在装备方面是占绝对优势，但我们在战术方面就比他强，坚决勇敢，敢于近战，送炸药、拼刺刀、投手榴弹等，这些是敌人所害怕的。他指出：过去我们在国内战争中所采取的大踏步前进和大踏步后退的运动作战方式在今天的朝鲜战场上不一定适用。为此他提出：志愿军在战术上要采取阵地战与运动战相结合的形式，如敌人来攻，我们要把敌人顶住，一旦发现敌人的弱点，即迅速出击，插入敌后，坚决包围歼灭之；我们的战术是灵活的，不是死守某一阵地，但在必要时，又必须坚守阵地。他特别强调：“我们是共产党员，是国际主义者，这次出兵援助朝鲜人民，援助兄弟党，是我们应尽的义务。援助朝鲜也就是巩固我们的国防，因此，我们进入朝鲜后，千万不要骄傲，不要以大国援助者的身份自居。对朝鲜的党、人民政府、人民军队和广大人民群众要切实尊重他们。”

美国五角大楼的官员们认为苏联和中国出兵干涉的时机已过，所以他们判断美军在向鸭绿江边前进时，不会受到阻碍。麦克阿瑟猖狂扬言：要在感恩节[③]（11月23日）前占领北朝鲜，直达鸭绿江边。美方要员们没料到经过长期战乱、百废待兴的新中国竟敢与美国抗衡。

彭德怀说：“麦克阿瑟越猖狂，对我们越有利，我们可以利用敌人的错误判断，隐蔽渡江，对敌人进行突然反击。”

---

① 《建国以来毛泽东军事文稿》上卷，军事科学出版社、中央文献出版社，2010年1月第1版，第258页。

② 《毛泽东传（1949—1976）》，中央文献出版社，2003年12月第1版，第123页。

③ 感恩节，起源于北美洲的英属殖民地普利茅斯，该地居民1621年获得丰收后举行了盛大的庆祝活动以“感谢上帝”，之后逐渐形成了固定的节日，名为感恩节。节日的时间是每年11月的第四个星期日。

毛泽东也来电指示："我各部派遣的援朝志愿军侦察队，均要扮装成朝鲜人民军，而不要称中国人民志愿军，借以迷惑敌人。……稳定战局的关键，在于能不能利用突然袭击。"

美国总统杜鲁门自10月以来不断收到来自各方面判断中国可能要出兵的情报。

1950年10月15日，杜鲁门由华盛顿经过30个小时的飞行，在太平洋上的威克岛与麦克阿瑟会谈。当杜鲁门问及中国进行干涉的可能性怎样时，麦克阿瑟毫不含糊地回答："可能性极为微小。中国在满洲约有30万军队，其中不超过10万至12.5万人部署在鸭绿江边，但只有5万至6万人能够渡江作战，他们没有空军，如果中国人试图前进到平壤，那将会伤亡惨重。"杜鲁门说："我们总不能用这么大的兵力长期待在朝鲜。"没等总统话音落下，布莱德雷将军提出了参谋长联席会议最关注的问题：到明年1月份第二师或者第三师是否可能抽出调往欧洲。麦克阿瑟断言："朝鲜战局是赢定了，中国共产党人不会进攻。我认为到感恩节，正规抵抗在整个南北朝鲜就会终止。我希望到圣诞节能将第八集团军调回日本。调哪个师到欧洲，就看你们的了。"

杜鲁门在授予麦克阿瑟一枚橡叶勋章后，于10月16日返回旧金山。

17日杜鲁门向美国全国发表广播演说：朝鲜共产党进行有效抵抗的力量不久就要结束了；"我们在美国国内的人们对我们自己的陆、海、空军和陆战队战士们的卓越成就感到特别自豪。联合国要求我国为联合国提供第一位司令官也是我们的莫大的光荣。我们有这么一位合适的人选来完成这个历史使命，真是全世界的幸运。这个人就是道格拉斯·麦克阿瑟将军——一个非常伟大的战士"。

1950年10月17日上午，彭德怀指示参谋长解方带作战参谋龚杰随朴宪永过鸭绿江到达新义州与人民军商谈志愿军渡江后进一步展开行动的具体安排。下午，彭德怀与高岗乘飞机回沈阳，与东北局、东北军区等领导进一步研究志愿军的装备器材、被服和医院保障问题。

此时，彭德怀、高岗突接邓华、洪学智的来电："昨日渡江部署会议结束后，经过讨论许多同志表示，现在部队高射炮太少，又无空军支援，敌人可集中大量飞机、大炮、坦克，毫无顾忌地向我阵地进行大规模攻击。而朝鲜多为山地水田，天寒地冻，工事更不好挖，如敌大举进攻则阵地很难坚持。大家意见认为各项准备工作也不充分，政治思想未普遍深入动员，建议度过冬季明春再出动为宜……"

正好此时彭德怀、高岗接到毛泽东17日下午5时发来的急电，令他俩于18日乘机火速回京。因为周恩来于18日自莫斯科回到北京。

18日清晨，彭德怀、高岗返回北京，当面向毛泽东汇报了渡江部队的情况和邓、洪的来电内容。

在当晚的中央会议上，周恩来和彭德怀各自汇报后，毛泽东最终决断："现在敌人已经围攻平壤，再过几天就进到鸭绿江了。我们不论有天大的困难，志愿军渡江援朝不能改变，时间也不能再推迟，仍按原计划渡江。”

随后，毛泽东指示彭德怀先以电话通知邓华、洪学智等，要求志愿军各部队严格保密，严密伪装，立即进行政治动员，补足食品弹药，召开誓师大会。立即准备出国作战。

接着，彭德怀奉毛泽东指示，以毛泽东名义，10 月 18 日 21 时给邓、洪、韩、解及东北军区副司令贺晋年发出了绝密电报：“邓洪韩解并告贺副司令：4 个军及 3 个炮师决按预定计划进入朝北作战，自明 19 日晚从安东和辑安线开始渡鸭绿江。为严格保守秘密，渡河部队每日黄昏开始至翌日 4 时即停止，5 时以前隐蔽完毕并须切实检查。为取得经验，第一晚（19 日晚）准备渡两个至 3 个师，第二晚再增加或减少，再行斟酌情形，余由高岗、德怀面告。”①

同日，中央军委发布命令，决定：彭德怀的临时指挥所与十三兵团总部（即原东北边防司令部）合并，组成中国人民志愿军总部，彭德怀为司令员兼政治委员，邓华、洪学智、韩先楚为副司令员，解方为参谋长。

10 月 19 日，毛泽东在给中南、华东、西南、西北等中央局的电报中指出：“为了保卫中国支援朝鲜，志愿军决于本日出动，先在朝鲜北部尚未丧失的一部分地方站稳脚，寻机打些运动战，支援朝鲜人民继续奋斗。在目前几个月内，只做不说，不将此事在报纸上做任何公开宣传，仅使党内高级干部知道此事，以便在工作布置上有所准备，此点请各中央局加以注意。”②

自 10 月 19 日，中国人民志愿军分别由安东长甸河口、辑安（集安）等处秘密渡江。

10 月 19 日下午，彭德怀、高岗飞抵安东。当天黄昏，彭德怀带一名参谋、两名警卫员和一部电台乘一辆吉普车在渡江部队的先头跨过鸭绿江大桥。

从中国人民志愿军过江的那一天起，毛泽东的全副精力都集中在朝鲜战场了。③

1950 年 10 月 20 日晨，彭德怀抵达平安北道昌城郡北镇附近一条山沟内的小村庄——大榆洞。上午 9 时，彭德怀会晤金日成首相。彭德怀向金日成汇报了中共中央关于出兵援朝的决定和志愿军各部渡江后的作战方案。金日成向彭德怀介绍了当前敌军的兵力和动向。而后，他们共同研究了对敌作战部署。

自 10 月 19 日晚开始，中国人民志愿军 4 个军、3 个炮兵师、1 个高射炮兵团，身着没有帽徽、胸章和任何中文标志的军装，严密伪装，夜行昼伏，分从三个方向

---

① 《建国以来毛泽东军事文稿》上卷，军事科学出版社、中央文献出版社，2010 年 1 月第 1 版，第 266 页。

② 《建国以来毛泽东军事文稿》上卷，军事科学出版社、中央文献出版社，2010 年 1 月第 1 版，第 267 页。

③ 《毛泽东传（1949—1976）》，中央文献出版社，2003 年 12 月第 1 版，第 125 页。

渡过鸭绿江，向预定作战地区开进。

中国人民志愿军秘密入朝后，为防过早被敌人发觉，避开定州、博川、军隅里一线及其以北约 20 公里的地区。各部队派遣远出的侦察部队，也伪装成人民军，借以迷惑敌人。志愿军 4 个军隐蔽集结在长津湖附近，麦克阿瑟完全被蒙在鼓里，对此一无所知。

彭德怀对金日成说：第一批入朝参战的部队是 4 个军（12 个步兵师）、3 个炮兵师，大约 26 万人，作为预备队随后还有 2 个军约 8 万人近日也将入朝；为了防止意外，中共中央计划再抽调 20 多个师作为第二、第三批入朝参战的部队，总计可达 60 余万人。

彭德怀说：我们准备先在平壤、元山一线以北，德川、宁远一线以南的地区构筑防御线；构起两三道防御线，求得保持一块根据地，作为今后消灭敌人的基地；半年之内如敌人来攻，则在阵地前面予以分割歼灭；如平壤、元山同时来攻，则打孤立薄弱一部；如果敌不来攻，我们也暂不去攻他；等我们换装、训练完毕，空中和地面都具有压倒优势的条件以后，再去攻击平壤和元山。

1950 年 10 月 19 日，美国侵略军攻占了平壤，并继续分东西两路大举北犯。10 月 22 日，敌先头部队已进到距中朝边境 30 公里左右，最近的已距边境 5 公里。敌军分东西两线向北进犯时，中间敞着一个约 83 公里的缺口［10 月 17 日，麦克阿瑟发布的“联合国军第四号作战命令”中取消了原定美第八集团军和第十军在平壤—元山之间会合（北进）的计划］；两线兵力相当分散，仅西线就分了 5 路，每路约为一个师或一个旅，前出态势先后不一；且清川江以北山高林密，地形复杂，不便敌机械化部队展开。

彭德怀趁敌军尚未发现我志愿军入朝，正分兵冒进之时，果断地改变了原定志愿军入朝后首先抢占新安州以北的龟城、德川、宁远一线，控制要点，构筑工事，而后相机歼敌的方案；又电请中央再增调两个军入朝参战，决心集中优势兵力，以运动战歼敌。彭德怀电令各军避开主要道路隐蔽开进，部署两个师阻击东线之敌，集中 5 个军另一个师于西线，以军师为单位大胆穿插迂回，分头歼敌。

1950 年 10 月 21 日凌晨 2 时 30 分，毛泽东致电彭德怀等，正式下达第一次战役的部署。毛泽东看到麦克阿瑟在战略判断上犯了一个大的错误，就是“美伪均未料到我志愿军会参战，故敢于分散为东西两路，放胆前进”。毛泽东断定：“此次是歼灭伪军三几个师争取出国第一个大胜仗，开始转变朝鲜战局的极好机会。”一个小时后，毛泽东又电告邓华等：“现在是争取战机问题，是在几天之内完成战役部署以便几天之后开始作战的问题，而不是先有一个时期部署防御然后再谈攻击的问题。”①

① 《建国以来毛泽东军事文稿》上卷，军事科学出版社、中央文献出版社，2010 年 1 月第 1 版，第 270 页。

同日，毛泽东致电中央人民政府新闻总署署长胡乔木，请其注意在四五天内不要在《参考消息》上登载外国通讯社对志愿军的反映。

10月下旬，中共中央军委增调第五十、六十六军入朝，使志愿军总兵力达到30万人。

10月23日，毛泽东给彭德怀等同志的电报中指出，朝鲜战局，就军事方面来说，决定于三点：第一，目前正在部署的战役是否能利用敌人完全没有料到的突然性全歼两个、三个甚至四个伪军师；此战如果是一个大胜仗，则敌人将被迫作重新部署，立即处于被动地位；如果这次突然性的作战胜利不大，使我不得不于阵前撤退，则形势将改为于敌有利；第二，敌人飞机杀伤我之人员、妨碍我之活动究竟有多大，如果我能利用夜间行军作战做到很熟练的程度，则我军可以继续进行野战及打许多孤立据点，如此便有迫使美国和我进行外交谈判之可能；如果敌人飞机对我的伤亡和妨碍大得使我无法进行有利的作战，则在我飞机条件尚未具备的半年至一年内，我军将处于很困难的地位；第三，如果美国再调5个至10个师来朝鲜，而在这以前我军又未能在运动战中及打孤立据点的作战中歼灭几个美军师及几个伪军师，则形势也将于我不利；如果相反，则与我有利，以上几点，均可于此次战役即尔后几个月内获得经验和证明。

毛泽东指出："我认为我们应当力争此次战役的完满胜利，力争在敌机炸扰下仍能保持旺盛的士气进行有力的作战，力争在敌人从美国或他处增调兵力到朝鲜以前多歼灭几部分敌人的兵力，使其增补赶不上损失。总之，我们应在稳当可靠的基础上争取一切可能的胜利。"①

10月23日，毛泽东电令邓华等第十三兵团领导人迅速与彭德怀会合，在彭德怀领导下决定战役计划，并嘱咐："敌进甚急，捕捉战机最关紧要。两三天内敌即可能发觉是我军而有所处置，此时如我尚无统一全军动作的处置，即将丧失战机。"②

10月25日，中共中央决定以第十三兵团领导机关改组成中国人民志愿军领导机关，彭德怀为志愿军司令员兼政治委员（前已通知），邓华、朴一禹为副司令员兼副政治委员，邓华、朴一禹、洪学智、韩先楚为副司令员，解方为参谋长，政治部、后勤部及其他机构照旧负责。党委组织彭德怀为书记，邓华、朴一禹为副书记。

各军领导人为：第三十八军，军长梁兴初，政治委员刘西元；第三十九军，军长吴信泉，政治委员徐斌；第四十军，军长温玉成，政治委员袁升平；第四十二军，军长吴瑞林，政治委员周彪；第五十军，军长曾泽生，政治委员徐文烈；第六十六军，军长肖新槐，政治委员王紫峰。

---

① 《毛泽东文集》第六卷，人民出版社，1999年6月第1版，第108页。

② 《毛泽东传（1949—1976）》，中央文献出版社，2003年12月第1版，第128页。

以彭德怀为首的志愿军领导的具体部署是：以第四十二军的2个师位于长津以南的黄草岭、赴战岭地区防御，阻击和钳制东线之敌；以第三十九军和第四十军进抵云山、温井等地相机从正面伏击冒进中的敌军；以第三十八军及第四十二军的第一二五师首先歼灭熙川之敌，占领德川，然后沿清川江向新安州方向迂回，阻敌增援和断敌退路；以第五十军和第六十六军开赴安东、新义州、辑安等地，作为战役预备队。

五、第一次战役

彭德怀研究了敌情，感到在敌人以师、团、营为单位分兵冒进的情况下，要想采取集中兵力聚而歼之的办法有一定困难。到25日，西线南朝鲜军已进至北纬40度线以北的博川、龙山洞、云山、温井、松木洞、熙川一线，逼近中国人民志愿军第四十军。

1950年10月25日晨，蹿入温井的南朝鲜伪军第六师的一个加强步兵营向北镇进犯。当该敌进至两水洞地区时，我军第四十军第一一八师一个团突然发起攻击，经1小时激战，采取拦头、截尾、斩腰战术，大部歼灭敌人（同时消灭敌人一个炮兵中队），并乘胜攻占温井。打响了抗美援朝的第一仗。[①]

10月26日，各路敌军继续冒进，伪军第六师的第七团已迁出离中朝边境几公里的楚山地区，向中国境内炮击。我志愿军司令部令第四十军第一一八师向其逼近，在第五十军第一四八师的配合下歼击该敌；我第三十八军迅速向熙川前进，歼击熙川伪军；我第三十九军阻击云山伪军第一师向熙川增援；我第六十六军急速过江进至龟城，阻击美军第二十四师及英军第二十七旅；我第五十军主力进入新义州地区防敌北进。

10月27日，伪军第六师的2个营在温井以东的龟头洞地区与我军第四十军的第一二〇师进行战斗。我军遵照毛泽东的“吸引敌主力增援”的电示，决心以攻击龟头洞的敌人为饵，引诱熙川、云山之敌来援，然后集中第三十八、三十九、四十军主力予以歼灭。但打了1天，仅伪军第八师2个营来援。我军第四十军主力将龟头洞地区的敌4个营歼灭。

10月29日，我第四十军第一一八师将由楚山蹿回古场洞及其以南地区的伪军第六师第七团击溃，歼敌一部；随后第四十军主力继续向南突击。第三十八军占领熙川，敌南逃，第四十军向球场方向突击。第三十九军对云山之敌构成了三面包围。第六十六军也进至龟城以西阻敌前进。

---

① 10月25日，后来即成为中国人民抗美援朝纪念日。

麦克阿瑟虽已发现我军入朝，但对我志愿军兵力估计不足，认为是“象征性的出兵”，仍一面调整部署，一面继续冒进，英军第二十七旅、美军第二十四师已分别进至郭山、龟城地区；伪军第八师退守球场地区；伪军第七师东调球场、德川，加强其翼侧；号称“王牌军”的美军骑一师一个团，冒进北渡清川江到达云山、龙山洞地区；伪军第一师主力撤至宁边及其以东地区；美军第二师也已开始由朝鲜南部北调安州地区，作为预备队。

1950 年 10 月 30 日 9 时，彭德怀等发电中央军委，上报了作战部署。20 时毛泽东指示：“你们三十日九时的部署是很好的。我方对敌人数量、位置、战斗力和士气等项均已明了，我军已全部到齐展开，士气高涨，而敌人对我方情况则至今不明了。……只要我三十八军全军及四十二军一个师，能确实切断敌人清川江后路，其他各军师能勇敢穿插至各部分敌人的侧后，实行分割敌人而各个歼灭之，则胜利必能取得。”①

11 月 2 日，毛泽东连续三电致彭德怀等同志：“请注意使用三十八军全军控制安州、军隅里、球场区域，构筑强固工事，置重点于军隅里，确实切断清川江南北敌之联系，歼灭美二师北援兵力及伪六、七、八师余部，并尽可能向南伸出直到平壤附近。只要此招成功，即是战略上的胜利。……全局关键在于我三十八军全军以猛速动作攻占军隅里、价川、安州、新安州一带，隔断南北敌人联系，并坚决歼灭北进的美军第二师，此是第一紧要事，其余都是第二位。”②

彭德怀果断地命令第三十八军歼灭球场之敌，迅速从敌人右翼沿清川江左岸向院里、军隅里、新安州方向实施战役迂回，控制上述地区，切断清川江南北敌人的联系；令第四十二军第一二五师向德川突击，并占领该地，阻敌增援；令第四十军迅速突破当面之敌，相机歼灭宁边之伪军第一师；令第三十九军歼灭云山之敌，得手后协同第四十军歼灭美军骑兵第一师；令六十六军以一部兵力于龟城以西钳制美军第二十四师，主力视情从侧后突击该敌。

11 月 2 日，第三十九军攻克云山，将美军骑兵第一师和伪军第一师各一个团大部歼灭；第四十军攻击受阻，未能包围宁边敌军；第三十八军前出到隅里地区。

美军骑第一师在云山遭到重创，使美军第八集团军司令沃克震动。

麦克阿瑟遭到我军出其不意的严重打击，认识到战局的严重，不得不下达撤退的命令。1950 年 11 月 3 日凌晨，敌人在飞机、大炮和坦克的掩护下，全线撤退。我军继续发展进攻，至 4 日先后到达博川、龙登里、飞虎山等地区，并占领了德

① 《建国以来毛泽东军事文稿》上卷，军事科学出版社、中央文献出版社，2010 年 1 月第 1 版，第 320 页。

② 《建国以来毛泽东军事文稿》上卷，军事科学出版社、中央文献出版社，2010 年 1 月第 1 版，第 330、332 页。

川。此时，敌主力全部撤至清川江以南。鉴于歼敌机会已失，我军所携粮弹消耗将尽，于11月5日结束战斗。

我东线第四十二军的第一二四师和第一二六师与朝鲜人民军一部在黄草岭、赴占岭以南地区与敌激战旬日以上，有力地保证了主力在西线作战。

战役期间，留在敌后方的朝鲜人民军，从10月下旬在“三八线”南北地区展开了积极战斗。特别是在“三八线”以北，人民军收复了阳德、谷山、平康等地，切断了敌东部和中部前后方的交通，钳制了大量敌军，有力地配合了志愿军正面作战。

第一次战役，志愿军在朝鲜人民军协同下，经过13昼夜的艰苦作战，共歼灭“联合国军”1.58万人。把敌人从鸭绿江边赶到了清川江，粉碎了其占领朝鲜的企图，初步稳定了战局。

第一次战役刚结束，中央军委和毛泽东决定增调第九兵团入朝参战，于1950年11月5日电示彭德怀、邓华并告宋时轮：“江界、长津方面应确定由宋兵团全力担任，以诱敌深入寻机各个歼敌为方针。”

11月9日又发电指出：“争取在本月内至十二月初的一个月内东西两线各打一二个仗，共歼敌七八个团，将战线推进至平壤、元山间铁路线区域，我军就在根本上胜利了。”

11月5日后，我军以一部分兵力与敌保持接触，将主力后撤30公里左右休整，调整部署，占领有利地形。

11月6日，敌人以部分兵力向我发起试探性进攻。我与敌保持接触的部队，为掩护主力进行战役准备，一面抗击敌人，一面有计划地后撤，有意示弱于敌。

11月10日至20日，志愿军第九兵团由辑安、临江迅速入朝，担任东线作战任务。第九兵团司令员兼政治委员宋时轮，副司令员陶勇，参谋长覃键，政治部主任谢有法，下辖：第二十军，军长张翼翔；第二十六军，军长张仁初，政治委员李耀文；第二十七军，军长彭德清，政治委员刘浩天。每军辖4个师。此时，志愿军总兵力已达38万余人，为敌人地面兵力的1.73倍。

11月14日，中央军委电告志愿军，建议：在编制上每个连增设副连长、副政指各1人，每个排增设副排长1人，专管生活保障，不参加作战。

中国人民志愿军突然出现在朝鲜战场，给侵略者当头一棒，使麦克阿瑟大吃一惊，也引起了全世界的震动。美国军方估计，中国入朝参战的目的有三个：第一，为了边境安全和拆除鸭绿江水电设备；第二，为了从战略上牵制美国，打一场有限规模的持久战；第三，为了把“联合国军”赶出朝鲜半岛。由于这一仗只是痛打了李承晚的部队，没有打痛美帝，骄横跋扈的麦克阿瑟不甘失败，仍对我力量估计不足。尽管麦克阿瑟的顶头上司、美国的情报部门和他的前线指挥官向他提示：遇到了组织严密、训练有素的中国部队。但麦克阿瑟认为：中国军队最多不过六七万人，而且正在怯战退走。麦克阿瑟又集中了五个军、一个旅、一个空降团的武装，向我发动了所谓“圣诞节攻势”，分东西两线（主力仍在西线）于11月24日再次向北进犯，叫嚣要在12月25日前结束朝鲜战争，企图将中国人民志愿军赶过鸭绿江，占领全朝鲜。

麦克阿瑟的作战计划是：先以空军摧毁鸭绿江上的所有桥梁和渡口，再发动地面攻势。由美国第十军经长津湖西进，沃克的美国第八集团军指挥美国第一军、第九军、韩国第二军团、英国第二十九步兵旅和美国第一八七空降团再由清川江北上，在西线向朔州、碧潼方向实施主要突击；阿尔蒙德的美国第十军和韩国第一军团在东线分别向江界、惠山镇和图们江实施辅助突击。它们计划在江界以南会合后，围歼志愿军和朝鲜人民军，然后向鸭绿江推进。

从1950年11月6日起，西线之敌开始试探性进攻，以摸清志愿军兵力和意图。彭德怀要各部队从清川江边节节后退，故意向敌人示弱，还故意丢弃一些破旧枪械。麦克阿瑟果然中计，认为志愿军“装备低劣，怯战败走”，命令部队向北冒进。

1950年11月21日，志愿军首长致电军委：“我对来犯敌决采诱敌深入，集中优势兵力，各个歼灭之方针。”并报告了预定作战特别方案。

志愿军首长决心集中6个军于西线，首先从敌右翼打开战役缺口，而后以两个军向敌右翼侧后实施战役迂回，断敌后路，并配合正面各军从运动中分割围歼敌；第九兵团于东线首先歼灭美海军陆战队第一师主力于长津湖地区，而后继续在运动中歼灭敌人。整个战役求得在东西两线歼敌至少6—7个团，将战役推进到平壤、元山地区。

1950年11月24日，“联合国军”在东西两线同时发起全面进攻，目标直指鸭绿江边的朔州、碧潼和朝鲜最高首脑机关所在地的江界，宣布要在圣诞节前结束朝鲜战争。

我军按照“节节抗击，诱敌深入，集中优势兵力，各个歼灭之”的方针，首先继续引诱敌人向我预定作战地区行动。当西线和东线之敌分别进至纳清亭、安心洞、延兴洞、五峰山、新兴洞、牛岘洞、丰田里、直上地区和社仓里、柳潭里、新兴里等地区后，作战条件已经成熟，志愿军司令部适时令西线我军于25日、东线我军于27日发起强大攻势。

六、毛岸英烈士

1950年11月25日，第二次战役打响的第一天，毛泽东的长子毛岸英牺牲。

新中国成立后不久，毛岸英在北京机器总厂任中共总支副书记，他悉心钻研工厂管理和高等数学中的微积分，想在厂里干出一番事业来。

1950年9月，毛岸英在给他的朋友蔡博（蔡和森之子）的信中写道："如果党不调动我的话，我准备在这个工厂连续不断地做10年工作，随着它的进步而进步，发展而发展，搞出一套完整的工厂中党的工作的经验来……"他下决心并开始学习技术——从工具机、动力机、技工理化、工艺数学、机械制图学起。他给自己订下了一个漫长而艰巨的学习计划。

朝鲜战争爆发后，毛岸英向毛泽东、中共中央递交了要求参加志愿军的申请书。在彭德怀组建志愿军总部时，毛泽东把毛岸英交给了彭德怀。出国前夕，他随彭德怀自东北回北京，向毛泽东和党中央汇报结束后，他骑车赶到工厂，向领导和工友告别，然后赶到医院看望因手术住院、新婚一年的爱人刘思齐。出国作战是军事秘密，他对她说：要到一个很远的地方出差去。

在志愿军总部，毛岸英充当俄语翻译，在没有翻译任务时，就当机要秘书，分管发电报。

1950年11月24日晚饭后，12架敌轰炸机在轰炸鸭绿江小丰满发电厂后返航时，从志愿军司令部驻地——大榆洞上空经过。敌机发现了志司驻地，掉转头来飞回一架，盘旋侦察1小时之久。敌机的行动，引起了邓华、洪学智的警觉，他们向彭德怀建议召开会议布置一下防空问题，搞不好，明天敌机会来轰炸的。彭德怀不在意地说，哪一天断了敌人的飞机轰炸？制空权是敌人的，他要来轰炸你也不能不让他来，要开会你们去开，谁怕死谁开会。尽管彭德怀反对，还是被洪学智拉去开会，会上主要是洪学智讲话，决定第二天凌晨疏散，并划分了疏散区域。在后山沟里，连夜为彭德怀挖了一个能蹲三四个人的小洞。临散会，邓华还特别提醒彭德怀说：毛主席专门来过电报，让注意总部和你的安全问题，不然，总司令被炸了，这盘棋就没法下了。

25日凌晨，当所有的战斗命令下达以后，彭德怀躺在床上不起来，但被大家连拉带拖地送进了防空洞。

果然，上午11点钟左右，那些敌轰炸机飞了来，投下几十颗凝固汽油弹，志司顿时变成一片火海，彭德怀的办公室和作战室首先燃烧。作战室里还有毛岸英和作战处副处长成普、参谋高瑞欣。成普喊，快跑！一步蹿了出去，毛岸英和高瑞欣钻在桌子底下躲炸弹。成普浑身带着火，跑出来后，一边脱衣服，一边喊，"快来救火，救毛岸英和高瑞欣！"彭德怀急了眼，要亲自跑去救人，被警卫员死命抱住。彭德怀气得大骂，你不放开老子，我就毙了你。警卫员哭着说：你毙了我，我也不松手。彭德怀急得向作战室方向大叫："岸英！你快跑出来！听见没有，快跑出来——"机关人员去救火，但火势太大了，老远的空气都烫人。等火势渐渐熄灭的时候，找到的已是毛岸英和高瑞欣的遗体。毛岸英浑身都被烧焦了，他时年仅28岁。

彭德怀急得在洞里团团转，说："毛主席把岸英交给我，我太大意了！"洪学智听说毛岸英牺牲了，半天没说话。当晚，彭德怀就给毛泽东发去电报[①]，短短几行电文他写了1个多小时。

军委并高（岗）、贺（晋年）：

我们今日7时已进入防空洞，毛岸英同3个参谋在房子里。11时敌机4架经过时，他们4人已出来。敌机过后，他们4人返回房子内，忽又来敌机4架，投下近百枚燃烧弹，命中房子，当时有两名参谋跑出，毛岸英及高瑞欣未及跑出被烧死。其他无损失。

志司

25日16时[②]

发完电报，彭德怀望着天上的寒星，默默无言，许久，发出长叹："毛主席把他的儿子托付给我，我怎么向他交代哟！"在星光闪烁下，他眼里含着泪花。

几个小时之后，战士们用木板钉了个棺材，把毛岸英埋在了山上。

七、第二、三、四、五次战役

1950年11月25日黄昏。

当晚，是中国农历庚寅年十月十六，恰逢月圆之夜，这是志愿军夜战最理想的天候。

我志愿军西线第三十八军和第四十二军分别向德川、宁远两薄弱地区的敌人实施突击。经激战后占领了上述两地区，以迂回包围战术，将韩国军第七步兵师、八师主力大部歼灭，为整个战役打开了缺口；第四十军迅速攻占鱼龙浦，将球场之敌与新兴洞之敌隔离；第三十九军、五十军、六十六军向正面之敌发起进攻后歼敌小部。

26日，志愿军第三十八军、四十二军迅速向价川及顺川、肃川方向实施战役

---

① 机要室主任叶子龙收到电报后，经请示周恩来：暂不告诉毛泽东。

② 毛新宇：《我的伯父毛岸英》，长城出版社，2001年1月第2版，第484—485页。

迂回；第五十军向博川、安州方向进攻；第六十六军主力向宁边、价川方向进攻，以一部兵力向博川方向进攻；第三十九军向宁边、价川方向进攻；第四十军向球场洞、价川方向进攻，分割围歼已被打乱之敌。

此时，清川江以北之敌，纷纷向南退缩。美国骑兵第一师和土耳其旅，为保护韩国第二军因主力被歼而暴露的翼侧，制止我军迂回，阻止我军进攻，分别向新仓里及德川方向机动。

27 日黄昏，第三十八军主力沿公路向价川进攻，于 28 日拂晓抢占戛日岭及其以西地区，粉碎了土耳其旅一部兵力的阻击，并与美军一部在瓦院展开激战。第三十八军第一一三师克服一切困难，14 小时前进 70 公里，于 28 日 8 时前出到三所里地区，随后，又主动抢占龙源里，截断了价川之敌的退路。

11 月 29 日，“联合国军”开始全线撤退。美第一军迅速由清川江北岸撤至安州地区；美第九军收缩至价川地区。敌人向安州、平壤方向退却的同时，以一部分兵力在大量航空兵及坦克的支援下，向我第一一三师阵地猛烈冲击，并以美军骑兵第一师、英军第二十九步兵旅各一部北上接应，企图打通美国第九军南逃的通路。

三十八军主力迅速向一一三师靠拢，四十二军抢占顺川，正面各军迅速向安州、价川方向抓住敌人不使其南逃。

我志愿军三十八军一一三师三三七团兵分两路，以三营八连为右路前卫，一营一连为左路前卫直扑龙源里。一营进到龙源里以东的葛岘岭与敌先头部队遭遇。一营一连当即令两个排在火力掩护下向敌勇猛冲击，敌弃车溃逃。一营令一连配置在葛岘岭地区构筑工事，抗击南逃和北援之敌。一连将尖刀班的重任交给了二排。葛岘岭主峰是制高点，北侧有一个小山包，公路在此有一个拐弯。尖刀二排排长郭忠田下达了一道令所有战士不解的命令：“将主阵地设置在小山包上!”随即，部队在小山包上构筑阻击阵地。接着，郭忠田又让部队在葛岘岭主峰上构筑了一个假阵地。工事刚筑完，美军先头部队 1 辆吉普车、3 辆 10 轮大卡车和黑压压的车队就来了。郭忠田一声令下，全排集中火力射击。几分钟，歼灭了这股美军先头部队。不等我军稍事休整，美军的坦克车又压了过来。郭忠田命令：放过坦克，打击步兵！50 辆坦克过完了，美军车队接踵而至。郭忠田组织部队专拣头车和弹药车打。美军车队彻底瘫痪在葛岘岭旁。美军调集了 100 架飞机对志愿军阵地狂轰滥炸。有意思的是，美机统统把葛岘岭主峰当成了主阵地。在二排的顽强阻击下，美军车队始终未能跨过阻击线一步。我军打扫战场时，发现二排阵地前面有 215 具美军尸体，二排无一人伤亡。战后，志愿军总部授予二排为“郭忠田英雄排”称号。

30 日，志愿军第三十八军主力进至龙源里、价川、三所里地区，给予美国第二步兵师、土耳其旅以歼灭性打击，重创美国第一骑兵师和第二十五步兵师。

12 月 1 日，美国第九军见突围无望，被迫遗弃大批辎重装备，装向靠近西海岸的安州方面退却。

12 月 1 日，敌人开始向“三八线”以南总退却。由于敌人拥有现代化装备，撤退迅速。我军徒步追击难以收效，加之我军连续战斗，急需补给，遂于12月2日停止追击，主力于安州、博川、顺川等地休整。以一部兵力尾敌南进。

志愿军东线九兵团冒着零下30摄氏度的严寒，于11月27日黄昏发起进攻，第二十七军向新兴里、柳潭里实施突击，一度攻入新兴里，歼敌一部；第二十军迅速占领死鹰岭，将柳潭里与下碣隅里的敌人隔离，切断了敌人北援的公路。经激战，又将敌人分割包围。被围之敌在大量航空兵和坦克的支援下，连续反扑，均被击退。但我军因火力较弱，加之气候严寒，补给困难，部队非战斗减员较多，进攻未能奏效。

29日，我军决心集中兵力首先歼灭新兴里之敌，对柳潭里、下碣隅里围而不攻。30日晚向新兴里进攻。12月1日，新兴里的美国第七步兵师第三十一团和第三十二团一个营以及师属炮兵营大部被歼。同日，被围于柳潭里的美国第一陆战师主力在飞机和坦克支援下突围，与我军激战死鹰岭，战至12月3日，一部被歼，在大量航空兵和两辆坦克支援下，大部逃向下碣隅里。

12月2日，我军决心以预备队第二十六军接替第二十军围歼下碣隅里之敌，由于距敌较远，加地形道路不熟等原因，攻击时间推延。

敌人为打开南逃的通路，分别向我二十军第五十八师、第六十师阵地连续猛攻，并全力抢夺咽喉阵地。在一个叫做小高岭的高地上，第五十八师第一七二团三连连长杨根思率领一个排连续击退数倍于我的敌人8次进攻。

杨根思，1922年生，江苏省泰兴县人。在子弹打光的情况下，杨根思命令阵地上剩下的一个排长和一个重伤员马上撤走。杨根思说："只要我杨根思在，阵地绝不能丢。"当弹药已尽，我增援部队还在中途的时候，敌人又发动了第九次进攻。阵地上只剩杨根思一个人，当五六十个敌人冲上小高岭的时候，杨根思抱起炸药包，拉响导火索，冲向敌群，壮烈牺牲（后被授予朝鲜民主主义共和国金星奖章和一级勋章）。敌人大部被我军聚歼。

1950年12月3日，曾经骄横的麦克阿瑟向美国参谋长会议报告："这支小小的军队，在目前情况下，事实上是在不宣而战的战争中面对整个中国。除非积极地、迅速地采取行动，胜利的希望是渺茫的。而实力不断地消耗，以致最后全军覆没，那是可以预期的。"① 他命令东西两线军队于12月3日开始向"三八线"总退却。

12月3日，毛泽东会见金日成时说："敌人有可能要求停战，我们认为必须敌人承认撤出朝鲜而首先撤至'三八线'以南，方能谈判停战。最好我们不仅拿下平

① 《毛泽东传（1949—1976）》，中央文献出版社，2003年12月第1版，第132页。

壤，而且拿下汉城，主要是消灭敌人首先是全歼伪军，对促进美帝撤兵会更有力量。”①

12月6日，美国第一陆战师主力和第七步兵师一部在飞机和坦克的掩护下突围。12月12日，在美国第三步兵师接援下，逃至五老里。我即以第二十六军和第二十七军尾追攻击。17日，敌人撤至连浦、兴南港地区，在海空军的火力掩护下从海上撤退。我军虽层层阻击，予以大量杀伤，但未能全歼。24日，我军收复元山港、兴南地区及沿海港口。第九兵团在咸兴、元山地区休整。

面对联合国军向“三八线”总退却的大势，12月4日23时半，毛泽东致彭邓朴洪并告高贺：“大体上可以确定平壤敌人正在撤退，其主力似已撤退到平壤至‘三八线’之间，其后卫似尚在平壤以北及东北地区。你们应于明（五）日派一个师或一个师的主力，向平壤前进，相机占领平壤。”②

彭德怀命令以三个师的兵力威胁平壤，并明确由第三十九军一一六师占领平壤。

12月5日早，毛泽东为国内的广播电台写了一则新闻中说：“东西两线敌军，恐慌万状，急于逃命。平壤城内之敌，正在罪恶地屠杀人民，焚毁物资及该城发电设备，大火弥漫平壤城。朝鲜人民军和我国人民志愿军正向平壤方向攻进中。”③

12月6日上午，中国人民志愿军进占平壤市区。中国军队严格执行志愿军总部颁发的《入城规定》。同日，毛泽东为中央人民广播电台写了新闻：“朝鲜人民军和我国人民志愿军本日解放平壤。美国和其他国家的侵略军以及李承晚匪军残部，向平壤以南溃退。朝鲜人民军和我国人民志愿军的正规部队，于12月6日下午2时进入平壤城。”④

12月17日，毛泽东给彭德怀等电报：“九兵团此次在东线作战，在极困难条件之下，完成了巨大的战略任务。由于气候寒冷、给养缺乏及战斗激烈，减员达4万人之多，中央对此极为怀念。为了恢复元气，养精蓄锐，以利再战，提议该兵团在当前作战完全结束后整个开回东北，补充新兵，休整2个月至3个月，然后再开朝鲜作战。”⑤

第二次战役共歼灭敌人3.6万余人，其中美军2.4万人。收复了“三八线”以北的广大地区，迫使“联合国军”转入防御，志愿军和人民军取得了由防御转入进

---

① 《毛泽东传（1949—1976）》，中央文献出版社，2003年12月第1版，第135页。

② 《建国以来毛泽东军事文稿》上卷，军事科学出版社、中央文献出版社，2010年1月第1版，第392页。

③ 《建国以来毛泽东军事文稿》上卷，军事科学出版社、中央文献出版社，2010年1月第1版，第395页。

④ 《建国以来毛泽东军事文稿》上卷，军事科学出版社、中央文献出版社，2010年1月第1版，第396页。

⑤ 《建国以来毛泽东军事文稿》上卷，军事科学出版社、中央文献出版社，2010年1月第1版，第410页。

攻的主动权，基本扭转了朝鲜战局。麦克阿瑟的圣诞节总攻势彻底破产。美国共和党首领塔夫脱哀叹说："这是美国历史上从未遭受的最完全的失败。"①

时值隆冬，此役志愿军在零下 30 摄氏度的严寒中行军作战，加之冬装不齐，粮弹缺乏，甚至有时断炊 4—6 天，战斗减员 4 万余人，加上大量非战斗减员，部队减员严重。由于一切物资都靠祖国供给，运输线较长，又因部队行动仓促，准备不足，加上敌人对我后方运输线和仓库的狂轰滥炸，主要依靠部队本身携带粮弹作战，战役攻势只能持续 7—10 天，影响了战役的发展。

第二次战役结束之后，毛泽东根据两次战役的经验，并听取彭德怀等人意见，对朝鲜战役的发展前途作出判断："战争仍然要做长期打算，要估计到今后许多困难情况。要懂得不经过严重的斗争，不歼灭伪军全部至少是其大部，不再歼灭美英军至少四五万人，朝鲜问题是不能解决的，速胜的观点是有害的。"②

周恩来接到彭德怀报告毛岸英牺牲的电报，愣住了。他默然许久后，再三斟酌，在来电上写道："刘（少奇）朱（德），因主席这两天身体不好，故未给他看。"

1951 年 1 月 2 日，周恩来才向毛泽东转去彭德怀 11 月 25 日代表志愿军司令部给军委的电报。周恩来并附了一封信给毛泽东和江青，信中说："毛岸英同志的牺牲是光荣的。当时我因你们都在感冒中，未将此电送阅。"③

彭德怀的电报和周恩来的信由江青和毛泽东的机要秘书叶子龙送给毛泽东。当时，毛泽东正坐在沙发上，听到这一消息他先是一愣，盯着江青和叶子龙一声不响。江青和叶子龙不约而同地低下了头。毛泽东眨了一下眼，目光开始慢慢地移动，望着茶几上的烟盒。卫士长李银桥帮助毛泽东抽出一支烟，帮他点燃。屋里静了很长时间，谁也没说一句话。毛泽东的眼睛湿润了。又静默了很久。毛泽东在吸完第二支烟，把烟头压灭在烟灰缸里，发出一声沙哑的叹息："唉，战争嘛，总要有伤亡。"毛泽东抬头凝望着窗外已经萧条的柳枝，轻轻叨念着："昔年种柳，依依江南。今看摇落，凄怆江潭。树犹如此，人何以堪！"④

---

① 后来，美国的海军陆战队史中写道："虽然中国红军只是一支由农民组成的军队，但从自身具备的战略战术水平来看，仍不失为一支第一流的军队。不妨说，由于武器装备的某些不足，它在军需方面是贫乏的。然而，它的半游击式的战术正是建立在一种没有重武器和大量运输负担的机动性的基础上。在同一件事上，穿棉制服的中国苦力可以比世界上其他任何士兵都高出一筹，他能够神不知鬼不觉地接近任何一个敌方阵地。只有经过这样遭遇的美国人才能理解，在半夜，那些精灵一般地从地底下钻出来的进攻者的手榴弹爆炸和冲锋枪扫射是何等令人胆战心惊。……中国人进攻的单位很少大于一个团。甚至这样的兵力也往往被分散，化为一种似乎是无穷无尽的排规模的穿插运动。中国红军之所以可怕，并不是因为人众，而是因为其骗术和奇袭。"

② 《毛泽东传（1949—1976）》，中央文献出版社，2003 年 12 月第 1 版，第 133 页。

③ 《毛泽东传（1949—1976）》，中央文献出版社，2003 年 12 月第 1 版，第 148 页。

④ 北周文学家庾信（513—581）的《枯树赋》。

李银桥忍不住哭着说：主席，你就哭一场吧！毛泽东只交代一句话：这个先不要急着告诉思齐。[①]

1950年12月23日，美国前第八集团军司令沃克中将在第三次战役之前，视察前线途中在涟川地区被朝鲜人民军游击队打死，美方说是因车祸身亡。12月26日，美国陆军负责行政的副参谋长马修·邦克·李奇微上将接其任。

李奇微以美国第一军、第九军和韩国第一军团、第二军团、第三军团利用“三八线”设阵地组织防御，企图再度北犯。

1950年11月28日下午，中国特派联合国代表在联合国安理会上讨论美国武装侵略台湾案的会议上，向安理会提出三项建议：一、严厉制裁美国侵略中国领土台湾和武装干涉朝鲜的罪行；二、使美国政府自台湾完全撤出它的武装力量；三、使美国及其外国军队一律撤出朝鲜。

12月13日，毛泽东给彭德怀电报：“目前美英各国正要求我军停止于‘三八线’以北，以利其整军再战。因此，我军必须越过‘三八线’。如到‘三八线’以北即停止，将给政治上以很大不利。”[②]

12月14日，在没有中国代表参加讨论的情况下，美国操纵联合国非法通过成立“朝鲜停战三人委员会”的决议，要求立即停火。22日，周恩来就此发表声明，揭露美国政府在其侵略遭到失败的今天，提出先停战后谈判，这显然是为着美国可以取得喘息时间，准备再战，至少可以保持现有侵略阵地，准备再战；因此，在没有一切外国军队撤出朝鲜及朝鲜内政由朝鲜人民自己解决作基础，来讨论停战谈判，都将是虚伪的，都将适合美国政府的意图，而不可能达到世界爱好和平人民的善良愿望。

为了不给敌人以喘息和整顿待援的机会，为扩大国际上的政治影响，在毛泽东的指示下，志愿军决定趁敌退“三八线”一带立足未稳之际，对敌人发起第三次攻势。

中国人民志愿军和朝鲜人民军计划，以第三十八、三十九、四十、五十4个军并加强炮兵第一师和炮兵第二师各一部组成右翼突击集团，向东豆川里、汉城方向实施主要突击；以第四十二、六十六两个军组成左翼突击集团，分别向济宁里、加平及春川方向实施突击；以人民军第二、五两个军团自隐里、洪川方向实施突击。

1950年12月31日17时，在金日成首相和彭德怀的指挥下，中国人民志愿军和朝鲜人民军用9个军30余万人，组成东西两个集团，向在“三八线”一带，约

① 毛新宇：《我的伯父毛岸英》，长城出版社，2001年1月第2版，第485—486页。
② 《毛泽东传（1949—1976）》，中央文献出版社，2003年12月第1版，第135页。

200 公里的正面上，向敌人发起全线进攻，迅速突破敌军的阵地，向纵深进攻 15 公里至 20 公里，并穿插迂回，切断敌人的退路。

我军右翼突击集团在高浪浦里至永平地段突破临津江防线，前出至议政府以北的汶山、仙岩里、场巨里地区，将韩国第一步兵师和第六步兵师分割开来。该敌害怕遭到围歼而南逃。

左翼突击集团在永平至马坪里地段实现突破，在修德山、上下南淙地区歼灭韩国第二步兵师两个团和第五步兵师 1 个团大部，占领加平、春川。

人民军两个军团先以一部在战役发起前越过“三八线”向洪川、横城方向渗透迂回，前出至新堡里地区，迫使韩国第三步兵师南逃；军团主力则在战役发起后向洪川、横城、原州方向发展。

1 月 2 日，“联合国军”怕中朝部队从右翼迂回包围，使其十余万兵力在汉江北岸陷入绝境，开始放弃议政府、加平、春川防线。志愿军和人民军乘胜追击：我第五十军在高阳地区全歼英国第二十九步兵旅皇家奥斯特来复枪团第一营和英国第八皇家爱尔兰轻骑兵团直属连，第三十九军于上谷里地区歼灭英国第二十九步兵旅两个连。

1951 年 1 月 4 日，中国人民志愿军第三十九、五十两个军及朝鲜人民军第一军团攻占汉城。志愿军总部立即颁布《入汉城纪律守则》，主要内容为：①迅速肃清残敌；②维护城市治安，严禁乱捕乱杀；③保护工厂、商店、仓库等一切公共建筑；④保护学校、医院、文化机关、名胜古迹等一切公共场所；⑤对守法的教堂、寺院、宗教团体一律不加干涉；⑥不干涉守法的外侨、不侵入外国使馆，为防止意外，外国使馆可以派军队进行保卫；⑦向市民宣传胜利，宣传防空、防特、防火，严格遵守群众纪律，不得随便进入民房；⑧凡入城部队必须自带三至五天的粮食，蔬菜，严禁抢购物资、乱买东西；⑨切实执行三大纪律八项注意，注意军容风纪和清洁卫生。

第三十八军、第四十军在议政府及水落山地区歼灭美军一部，第四十二军一二四师在横城地区歼灭美国第二步兵师一个连。

1 月 5 日，中国人民志愿军渡过汉江。顺利前进到三七线附近的水原、利川、骊州、忠原一线。敌人退到三七线一带后，立即停止撤退，加紧布防，企图引诱我军南下，重演仁川登陆的故技。

彭德怀及时识破了敌人的阴谋。1 月 7 日，他果断地命令部队立即停止向南追击，并指示各军迅速转入积极防御作战。

此役，中朝军队并肩作战 7 昼夜，前进了 100 公里左右，歼敌 1.98 万余人，解放了汉城。加剧了“联合国军”的内部矛盾和失败情绪，扩大了中国人民志愿军的国际影响。

1951 年 1 月，中国人民志愿军和朝鲜人民军取得了第三次战役的胜利，“联合国军”被赶回“三八线”以南，朝鲜大局定了下来，毛泽东松了一口气，2 月底、3 月初，毛泽东以休息的名义向中央请了假，集中一段精力编辑《毛泽东选集》。毛泽东对汪东兴说：搞《毛选》，在北京事情太多，要找个地方，集中精力搞出来；《毛选》现在中国需要，苏联也催着要，要集中突击一下；找个地方，离北京不要太远，不准占老百姓的房子，也不要住招待所。汪东兴选中了石家庄西郊一所保育院。陪同毛泽东到石家庄的有中共中央办公厅主任杨尚昆、公安部部长罗瑞卿等。随同毛泽东在此居住的有秘书叶子龙。《毛选》的编辑工作是毛泽东从头到尾亲自做的。协助他编写的主要是他的三位秘书：陈伯达、胡乔木、田家英。4 月底，第一卷编辑工作完成。毛泽东乘火车回到北京。

第一卷，于 1951 年 10 月出版，成为全国政治生活中的一件大事，第一次印行 106.6 万册。①

收入《毛选》的著作，绝大部分是毛泽东自己写的，有少数几篇讲话是别人根据他的讲话记录整理后又经他本人修改定稿的。毛泽东说：“我的文件都是自己写。只是有病的时候，我口讲，别人给我写。1947 年写《目前形势和我们的任务》，就是我讲，江青写。她写后，我修改。我修改后，又找恩来、弼时他们来谈，再改。大家看了以后，广播。文章要别人写是很危险的。那时批判国民党的许多文章，新华社发的，都是我自己写的。”②

中国人民志愿军总部早已暴露，从大榆洞转移到成川以西的君子里。1951 年 1 月 10 日，金日成来这里和彭德怀等会见。就第三次战役后的敌我形势、下一步作战事宜等统一意见。

在三战三胜的情况下，朝鲜方面和苏联顾问都要求志愿军乘胜追击，把美帝国主义侵略军全部驱逐出朝鲜领土。中国国内报纸也发表社论，号召志愿军再接再厉，把敌人赶下大海。但在这一片热潮中，彭德怀的头脑十分冷静，他觉得这仗不能这样打下去了。中国人民志愿军是在时间紧迫、准备不充分的情况下入朝参战的。在经过三次战役后，部队战斗伤亡和非战斗减员日益严重，严重地影响了作战行动。彭德怀深深感到，出国作战和在国内作战情况大为不同，当前面临的许多从来没有的亟待解决的问题，如：兵员、物资、粮食、弹药均不能就地补充，要完全依靠国内的长途调运，朝鲜三面环海，地形狭长，主要运输线在大批敌机昼夜的轰击下，数十万志愿军战士冒着零下 30 摄氏度的严寒，在一把炒面一把雪的生活条件下与敌浴血作战。

---

① 《毛泽东选集》第二卷于 1952 年 4 月出版，第三卷于 1953 年 4 月出版，第四卷于 1960 年 9 月出版。

《毛泽东选集》第一卷俄文版 1952 年在苏联出版，引起了苏联和东欧各国的广泛注意。随后，苏联又翻译了《毛泽东选集》第二卷（俄文版第二、三卷）。1953 年，《毛泽东选集》第三卷（俄文版第四卷）在苏联出版。

② 《毛泽东传（1949—1976）》，中央文献出版社，2003 年 12 月第 1 版，第 144 页。

彭德怀认为：敌伪军20多万人，已在平泽、安城、堤川、宁越一线布防，在这一线歼灭敌人比把敌人压到釜山狭小地区有利，我应做充分准备求得在这一线更多歼灭敌人，这点甚为重要；从各方面的情况看，不再歼灭敌人七八万人，如无重大政治情况的变化，敌人是不会退出朝鲜半岛的。

毛泽东赞同彭德怀的意见，即志愿军在仁川及汉江以北先休整两至三个月。但他又认为，必须尊重朝鲜同志的意见，特别是要注意同他们搞好团结。

在君子里，中朝双方对下一步作战问题进行了深入讨论，取得了基本一致意见。

1951年1月19日，毛泽东在修改彭德怀准备在中朝军队高级干部联席会议上作的报告时，特意加上一段话，指示中国人民志愿军："一切在朝鲜的中国志愿军同志必须认真地向朝鲜同志学习，全心全意地拥护朝鲜人民，拥护朝鲜民主主义人民共和国政府，拥护朝鲜人民军，拥护朝鲜劳动党，拥护朝鲜人民领袖金日成同志。中朝两国同志要亲如兄弟般地团结在一起，休戚与共，生死相依，为战胜共同敌人而奋斗到底。中国同志必须将朝鲜的事情看做自己的事情一样，教育指挥员战斗员爱护朝鲜的一山一水一草一木，不拿朝鲜人民的一针一线，如同我们在国内的看法和做法一样，这就是胜利的政治基础。只要我们能够这样做，最后胜利就一定会得到。"①

1月20日，彭德怀立即在志愿军党委会上作了传达。

1月25日至29日，中国人民志愿军和朝鲜人民军高级干部会议在君子里联合召开。志愿军政治部文工团首次为金日成和中朝将领演出节目。彭德怀司令员作《三个战役总结和今后任务》的报告，传达了毛泽东的"中国人民志愿军要爱护朝鲜的一山一水一草一木"的指示。彭德怀决定部队休整两个月，3月份发动春季攻势。

会议期间，敌人于1951年1月27日发动进攻。于是，部队停止休整，将会议改为进行第四次战役动员会。

敌人退到"三七线"后，企图诱我未成，"联合国军"乘志愿军和人民军尚未得到充分休整之机，集中16个师（旅）的兵力，在第八集团军司令李奇微的统一指挥下，分东西两路在大量飞机、坦克和重炮的支援下，在本原、平昌一线140公里正面全线反攻。西线以美国第一军和第九军向汉城方向实施主要突击；东线以美国第十军向横城、清平川方向实施突击，韩国第三军团向下珍富里、县里方向实施突击，韩国第一军团则沿东海岸配合进攻。

---

① 《毛泽东传（1949—1976）》，中央文献出版社，2003年12月第1版，第136页；《毛泽东文集》第六卷，人民出版社，1999年6月第1版，第130页。

中朝人民军队被迫与敌人展开艰苦的第四次战役。

我军在极度疲劳，兵员、装备、粮弹、物资极端缺乏的情况下被迫转入防御作战。彭德怀电告毛泽东，决定采取“西顶东放”的作战方针。即在西面汉江两岸顶住敌人，东面将有计划地放进来，在运动中寻机歼灭敌人。

战役打响以后，1 月 28 日，毛泽东在给彭德怀的电报中分析说：“第四次战役后敌人可能和我们进行解决朝鲜问题的和平谈判，那时谈判将于中朝两国都有利。而敌人则想于现时恢复仁川及汉城两岸桥头堡垒，封锁汉江使汉江处于敌人威胁之下，即和我们停战议和，使中朝两国处于不利地位，而这是我们决不允许的。”[①]

彭德怀根据敌强我弱的具体情况，决定我军的战术原则是“兵力前轻后重，火力前重后轻”，以减少部队的伤亡，尽量杀伤敌人。

为制止“联合国军”进攻并掩护后续兵团集结，志愿军和人民军决定西线以第三十八、五十军和人民军第一兵团，组成韩先楚集团，在汉江南北地区组织防御，钳制其主要突击集团；东线以第三十九、四十、四十二、六十六军组成邓华集团，待机实施反突击以歼灭“联合国军”一部，进而向纵深发展突击，从侧翼威胁其主要突击集团；以人民军第二、三、五 3 个军团组成金雄集团，掩护邓华集团集结并协同实施反突击。

韩先楚集团依托临时构筑的野战工事顽强抗击，激战至 2 月 7 日，仍将“联合国军”阻止在汉江南岸。鉴于汉江开始解冻，韩先楚集团将第五十军和第一兵团主力撤至汉江北岸设防，第三十八军继续坚守汉江南岸阵地，抗击西线“联合国军”的猛烈进攻。

邓华集团按预定计划歼灭态势突出的韩国第八步兵师，在横城方向打开缺口，然后向原州、牧溪洞方向发展突击。第四十、四十二军迅猛突击，打乱了韩国第八步兵师和美国第二步兵师第九团主力队形，次日形成对韩国第八步兵师的严密合围，第六十六军动作较慢，未能及时进抵预定目标，致使韩国第八步兵师师部、第三步兵师一部及美国第二步兵师第九团一部得以逃脱。邓华集团歼灭韩国第八步兵师 3 个团、美国第二步兵师 1 个营，以及 4 个炮兵营。

金雄集团歼灭韩国第三步兵师、第五步兵师各一部。

2 月 13 日夜晚，邓华集团以第三十九、四十、四十二军等 8 个团攻击砥平里的“联合国军”，因情况判断失误，进攻准备仓促，协同动作缺乏，战至次日夜晚未能歼灭敌军。

鉴于美国第一骑兵师第五团突入增援，原州“联合国军”业已集中，歼敌时机已错过，2 月 15 日，邓华集团决定停止进攻砥平里。

2 月 17 日，志愿军全线转入运动防御，实施宽正面、大纵深的逐次抗击。

---

① 《毛泽东传（1949—1976）》，中央文献出版社，2003 年 12 月第 1 版，第 146 页。

2月20日，“联合国军”开始“屠夫行动”。

3月7日，“联合国军”继而发起“撕裂者行动”。

3月14日，志愿军主动放弃汉城，随后转移至“三八线”以北组织防御。至4月21日，“联合国军”被阻止在开城、杆城一线。

中国人民志愿军司令部在一个火车隧道的临时指挥所里，彭德怀召开了志愿军党委会。他决定亲自回国一趟，向毛泽东陈词，免得用电报说不清楚。副司令们一致同意彭德怀的意见。2月20日彭德怀带着两名参谋连夜登车北上了。彭德怀来到北京，毛泽东不在中南海。彭德怀追到西郊玉泉山静明园。毛泽东正在休息，警卫人员劝他等主席起来再说，彭德怀觉得不能再等，他拨开警卫人员，闯门而入。毛泽东坐起来，微笑着说：只有你彭德怀敢做这种事。彭德怀申述了自己的看法，突出地提出兵员不足和后勤保障问题。

毛泽东经过认真思考，向彭德怀提出：“朝鲜战争能速胜则速胜，不能速胜则缓胜，不要急于求成。”① 毛泽东提出一个方案：志愿军部队的补充，不能采取国内的常规办法，而要采取一种特殊办法，即全国所有的部队，都可以当志愿军，轮番出国作战。② 这样，既顺应了全军将士参战的愿望，又可以锻炼各个部队的作战能力。毛泽东说，新的志愿军部队出国，把在朝鲜的部队换回来，需要一定的准备时间，还要同其他中央领导同志商量。

彭德怀谈完工作后，说：“主席，我向你汇报一下毛岸英同志牺牲的经过……”汇报后，彭德怀以内疚的心情检讨说：“主席，你让岸英随我到朝鲜前线后，他工作积极。可我对你和恩来几次督促志司注意防空的指示不重视，致岸英和高参谋不幸牺牲，我应当承担责任，我和志司的同志们至今还很悲痛。”③

毛泽东听罢，一时沉默不语。少顷，他望着内心不安的彭德怀说：革命战争，总是要付出代价的！为了国际共产主义事业，反抗侵略者，中国人民志愿军的英雄儿女，前仆后继，牺牲了成千上万的优秀战士，岸英就是属于他们中的一员，一个普通的战士；不要因为是我的儿子，就当成大事，不能因为是我的、党的主席的儿子，就不应该为中朝两国人民的共同事业而牺牲。哪有这样的道理呀！哪个战士的血肉之躯不是父母所生？

毛泽东叮嘱彭德怀：现在美国在朝鲜战场上使用各种飞机约1000多架，你们千万不能疏忽大意，要采取一切措施保证司令部的安全。

24日，彭德怀专门找苏联驻中国的军事总顾问沙哈诺夫，希望苏联出动空军

---

① 《彭德怀自述》，人民出版社，1981年12月第1版，第261页。

② 1950年11月13日，负责志愿军后方保障工作的东北军区副政治委员李富春，在给毛泽东的报告中建议：“考虑用兵团、或军、或师轮番作战的办法，……在必要时或整个兵团，或抽军、师代替打疲劳了的前线部队，使前线部队抽到后方休整。”

③ 《毛泽东传（1949—1976）》，中央文献出版社，2003年12月第1版，第147页。

掩护后方交通线以及支援防空武器的问题。沙哈诺夫依旧重复"苏联不宜介入朝鲜战争"的老调。

25日，根据毛泽东的指示，中央军委副主席周恩来和彭德怀共同召集军委各总部负责人开会，主要讨论各大军区部队轮番参战和如何保障志愿军物资供应问题。彭德怀介绍了朝鲜前线的情况：志愿军伤亡4.5万人，另外，生病、冻伤、冻死、逃亡的约4万人。

26日，彭德怀再见毛泽东，决定给斯大林发求助电报，要求苏联派出两个空军师参战，同时要高射武器和车辆；决定动员号召国内青年参军，增加前线兵力；再购买可以装备60个师的苏联武器。3月3日，斯大林复电：同意派苏联空军两个驱逐机师进入朝鲜境内作战，掩护中国军队的后方。

3月1日，彭德怀离开北京，经沈阳抵安东，对后勤供应问题作了指示。9日晨，回到上甘岭志愿军司令部。

朝鲜战争爆发，美国为把日本作为在亚洲进行侵略扩张的基地，加快了对其单独媾合和重新武装的步伐。这种做法明显违背第二次世界大战期间同盟国共同签署的一系列文件。1951年2月2日，中共中央发出《关于进一步开展抗美援朝爱国运动的指示》，将"反对美国重新武装日本，争取全面的公正的对日合约"，作为开展抗美援朝爱国运动三件中心任务的第一件。1951年"五一国际劳动节"前后，全国近2.3亿人民群众参加了抗美援朝、反对武装日本、保卫世界和平的示威游行。近3.4亿人投票反对美国武装日本，3.44亿人签名支持世界和平理事会决议，要求美、苏、中、英、法5国缔结和平公约。①

1951年2月19日，敌人继续进攻。中朝部队11个军（军团）在汉江至下珍里（江陵西）150公里正面进行顽强防御。3月7日，"联合国军"集中20多万兵力，在几百架飞机支援下，向中朝军队阵地发起全线进攻。中朝军队节节抗击，从3月9日实行运动防御。13日，志愿军主动放弃汉城。

1951年2月25日，中国志愿军第十九兵团开始入朝。杨得志为司令员，李志民为政治委员，葛宴春、郑维山为副司令员，陈先瑞为政治部主任，下辖：第六十三军，军长傅崇碧，政治委员龙道权；第六十四军，军长曾思玉，政治委员王昭；第六十五军，军长萧应棠，政治委员王道邦。每军辖3个师。

3月18日，志愿军第三兵团开始入朝，由陈赓任司令员，王近山任副司令员，王蕴瑞任参谋长，刘有光任政治部主任，下辖：第十二军，军长曾绍山；第十五

① 《〈中国共产党历史〉第二卷（1949—1978）》，2011年1月第1版，第81页。

军，军长秦基伟，政治委员谷景生；第六十军，军长韦杰，政治委员袁子钦。每军辖 3 个师。刚成立的中国空军立即派人去朝鲜修建机场。

至 4 月初，中朝军队逐步撤到“三八线”以北地区。

中国人民志愿军在朝鲜的兵力已经达到 70 多万人。

“联合国军”在朝鲜战场上的接连失利，美国总统杜鲁门与总司令麦克阿瑟发生矛盾。

1951 年 4 月 11 日，麦克阿瑟被杜鲁门撤掉了职务，从而结束了他 52 年的军事生涯。

接替“联合国军”总司令职务的是美国第八集团军司令李奇微。

1951 年 4 月中旬，志愿军第六十六、五十军回国。第四十七军入朝，该军军长曹里怀，政治委员李人林，辖 3 个师。敌人发现志愿军两个兵团入朝，便停止了进攻。至 4 月 21 日，中朝军队坚守开城、涟川、金化、麟蹄一线，战役结束。

第四次战役，历时 87 天，歼敌 7.8 万余人。敌人每天只能前进 1.5 公里。掩护了志愿军后续兵团的集结，为以后作战创造了有利条件。

经过头三次的战略进攻后，又经历了第四次的积极防御，在两军的反复较量中，毛泽东对朝鲜战争的规律认识逐渐深化，概括为：“战争准备长期，尽量争取短期。”

在第四次战役后期，李奇微在日本组织两栖作战部队，企图在我军侧后海岸登陆，对中朝人民军队实施南北夹击。此时，从国内调来的志愿军两个兵团共 6 个军，已先敌到达朝鲜前线。彭德怀根据敌我兵力情况的变化，于 1951 年 4 月 14 日致电中央军委，原定于 5 月上旬开始的第五次战役，为了推迟敌之登陆，避免同时两面作战，决定提前于 4 月 22 日开始。

4 月 22 日 17 时 30 分，由 100 万人组成的中朝人民军队向敌人发起了猛烈突击。“联合国军”也在百万左右，在装备方面占有优势，不仅有技术精良的装甲兵、炮兵，而且有制空权，机动性很强。志愿军对美军一个团左右的兵力曾经多次进行合围，却始终不能消灭它，至多消灭一个营。

在西线实施主要突击，我志愿军第十九兵团指挥第六十三、六十四、六十五军及人民军第一兵团并配属炮兵第八师一部为右翼突击集团；第九兵团指挥第二十、二十六、二十七、三十九、四十军，并配属炮兵第一、二师及反坦克炮兵师各一部为左翼突击兵团，突破之后实施战役迂回；第三兵团指挥第十二、十五、六十军并配属炮兵第二师大部、反坦克炮兵师一部为中央突击集团。西线由正面突击，首先歼灭韩国第一步兵师、英国第二十九步兵旅、美国第三步兵师（欠 1 个团）、韩国第六步兵师，而后会歼美国第二十四、二十五步兵师。人民军第三、五兵团在东线钳制美国第二、七步兵师。

4 月 24 日，左翼突击集团前出至云山里、坡洞村、国望峰、沐洞里地区。沿途歼灭美国第二十四步兵师、韩国第六步兵师各一部，完成战役割裂任务。由于右翼突击集团第六十四军未能适时迂回到议政府断敌退路，中央突击集团未能大胆实施战术分割包围，战役发展成平推，未能大量歼敌。

4 月 25 日，西线“联合国军”退守锦屏山、县里、加平、春川防线。战至 28 日，右翼突击集团占领国祀峰、梧琴里、白云台地区。第六十三军在道乐山包围美国第三步兵师一一团，但在飞机和坦克掩护下南逃；人民军第一军团在梧琴里歼灭韩国第一步兵师 1 个营大部。中央突击集团进至逸里、富坪里地区，逼近汉城。第四十军击退美国第一骑兵师第七团、英国第二十七步兵旅，乘胜攻占加平。第三十九主力进至春川地区。

东线人民军在西湖里地区歼灭韩国第五步兵师一个团大部。

“联合国军”主力于 4 月 28 日撤至汉江及北汉江、昭阳江以南继续防御。中朝军队的西线反突击于 4 月 29 日结束。

“联合国军”于 4 月 30 日开始反攻。5 月 8 日，进占高阳、水落山、禾也山、大龙山、于论里、龙浦里地区。

5 月 16 日 18 时，我第九兵团第二十、二十七军开始进攻，17 日进至砧桥、后坪里、坊内里、美山里地区，与人民军第五兵团对县里地区的韩国第三、九步兵师构成合围，并在上南里地区歼灭韩国第五、七、九步兵师的 5 个营，将韩国第五、七步兵师击溃。

5 月 18 日，志愿军第二十军和人民军第五兵团与县里之敌激战，至 20 日将其大部消灭。

东线“联合国军”被迫于 5 月 20 日撤至九城浦里、丰岩里、苍洞里、下珍富里、铁甲山、仁丘里地区设防。西线美军迅速东调支援，韩国援军急速北上。

此时，由于我一个军突入敌纵深过远（接近“三七线”），又因连续作战，携带粮弹已尽，后方供应和伤员后运也十分困难。5 月 21 日，彭德怀命令部队停止前进，北撤休整。

5 月 23 日，志愿军和人民军开始向北转移，“联合国军”组织多路特遣部队实施反扑。

1951 年 5 月 27 日，我军北撤时，我志愿军第六十军第一八〇师在转移中，因部署和指挥不周，被敌人切断退路。敌方飞机和机械化兵团将我军包围袭击，致使我志愿军 3000 人，大部被俘，遭受极大损失。

我军展开 8 个军组织防御，至 1951 年 6 月上旬，迫使“联合国军”在“三八线”地区转入防御。

至6月10日，第五次战役结束，共歼敌8.2万人，消耗与缴获了敌人大量的物资装备，锻炼了新入朝参战部队。志愿军伤亡7.5万人。

五次战役，朝中两国部队共歼敌23万余人，其中包括美军8.8万余人（相当于它在第二次世界大战期间全部损失的近1/3），使战线始终稳定在“三八线”附近。

从1951年6月11日起，敌我双方都在“三八线”附近转为防御。这时，中朝部队为112万人，为敌人69万的1.62倍。但敌人在飞机、火炮、坦克等技术装备方面占有优势。

李奇微根据志愿军没有制空权的弱点，并了解到中国军队发动战役的供给，只靠战士自己背着（炒米加步枪），一般只够六七天使用（而后就要停下来整顿补充）。李奇微发明了“磁性战术”：在志愿军发起强大攻势时，联合国军后退；志愿军后退休整时，联合国军就集中力量黏住志愿军，并以火力杀伤之。敌军在白天以步兵和坦克协同实行有力的冲击，到夜间就收缩部队，并占领一些有利地形（防止中国军队的夜袭）。

1951年5月26日，毛泽东致电彭德怀说：“历次战役证明我军实行战略或战役性的大迂回，一次包围美军几个师，或一个整师，甚至一个整团，都难达到歼灭任务。这是因为美军在现时还有顽强的战斗意志和自信心。为了打落敌人的这种自信心以达最后大围歼的目的，似宜每次作战野心不要太大，只要求我军每一个军在一次作战中，歼灭美、英、土军一个整营，至多两个整营，也就够了。”①

27日，毛泽东召见志愿军参谋长解方和第三兵团司令员陈赓（6月1日，被任命为志愿军第二副司令员），在听取他们关于朝鲜战场情况汇报后，对志愿军下一步作战方针作出指示。

毛泽东说：志愿军总的政治任务是轮番作战，消灭美英军9个师（包括几个杂牌旅营全计），则可解决朝鲜问题，打法上同意彭总提出的不断轮番各个歼灭敌人的方针，即“零敲牛皮糖”的办法，每军一次以彻底干脆歼灭敌一个营为目标，一次使用三四个军，有机会就打；如此轮番作战，如能提前于夏秋两季达到削弱敌人的目的，即可于冬季打大仗，求得一次大量歼灭敌人；兵团最好取消，每军建制增加1个师，减掉三至四个军直，以加强新兵训练，军后勤机构则可抽出一部充实后勤；入朝部队6个月左右换班，调到朝鲜北部或我国东北、华北休整3个月左右，再参加作战；除注意建设与加速空军出动外，目前重点是加强反战车武器与防空武

① 《毛泽东传（1949—1976）》，中央文献出版社，2003年12月第1版，第150页。

器，部队则应大力提倡打战车、打飞机。[①]

6月3日，毛泽东在给斯大林的电报中说得更明确："我军每次进攻时，只能由战斗员自己携带7天的粮食和弹药。用完了，停下来，等候补给。如果没有解决敌人，只好撤回来。这是因为敌人用大量空军封锁我军战线的近后方，我们的车辆大部被击毁，粮弹送不上。敌人已经完全明了了我军的这种情况。当我军前进时，它就全线后撤。等候我军粮弹用完，它就举行反攻。"[②]

志愿军根据毛泽东的指示：对美军作战胃口不能太大，必须采取敲牛皮糖的办法，一点一点地敲。我军在"三八线"附近的汶山、金化、杨口、高城一线利用有利地形，构筑了坚固的防御工事。敌人惧我进攻也构筑了三道防线转入阵地防御。于是在朝鲜战场上形成了史无前例的两年零一个月的长期对峙作战。

6月19日，志愿军第二十兵团入朝，杨成武任司令员，张南生任副政治委员，萧文玖任参谋长，下辖：第六十七军，李湘为代军长，旷伏兆任政治委员；第六十八军，军长陈仿仁，政治委员李呈瑞。每军辖3个师。

6月，陈赓、宋时轮任志愿军副司令员。8月，甘泗淇任志愿军副政治委员兼政治部主任，张文舟任志愿军代参谋长。

7月，第五十军再次入朝。

7月10日，敌人被迫在开城（10月10日移至板门店）与我军进行停战谈判。

八、边打边谈（一）

早在1950年11月30日，杜鲁门发表关于朝鲜局势的声明："我们可能又像以前一样，遭到失败。然而联合国部队不打算放弃他们在朝鲜的使命。"并威胁说："不排除用原子弹的可能。"这一威胁吓坏了英国首相艾德礼。12月4日，艾德礼飞抵美国。杜鲁门向艾德礼保证：美国不打算使用原子弹。

1950年12月29日，美国参谋长联席会议认为："中共部队现在十分强大，如果他们全力以赴，完全可以迫使联合国军撤出朝鲜。"向麦克阿瑟发出训令：要求以保存联合国军力量为主，进行逐次防御；要预为从朝鲜半岛进行有秩序的撤退创造条件。同时，亦要麦克阿瑟"尽可能在半岛某一线确保防线，从政治上、军事上打击中共军的威望，这对于美国国家利益至为重要"。1951年1月10日，麦克阿瑟电告美国参谋长联席会议：如果美国决心不变（即不派增援部队，不对中国实施

① 《建国以来毛泽东军事文稿》上卷，军事科学出版社、中央文献出版社，2010年1月第1版，第492—493页。

② 《毛泽东传（1949—1976）》，中央文献出版社，2003年12月第1版，第151—152页。

海上封锁、不许轰炸满洲、不利用蒋军反攻大陆），如无极其重大的政治原因，则联合国军应以作战情况允许的速度尽快撤离朝鲜半岛。

1951 年 1 月 11 日，联合国政治委员会强行通过有关解决朝鲜及其他远东问题的 5 项原则意见报告。其主要内容为：在朝鲜立即安排停火；停火实现以后，一切非朝鲜军队将分适当的阶段撤出朝鲜，并以各种措施实现“联合国”在朝鲜建立统一的“政府”的决议；由英、美、苏、中 4 国代表讨论解决远东问题，其中包括台湾问题和中国在联合国的代表权问题。1 月 13 日，第 5 届联大政委会主席致电中华人民共和国外交部长周恩来，转送政委会通过的五项原则。

12 日，美国国家安全委员会开会决定：除非“联合国军”在朝鲜半岛由于军事原因被驱逐，决不自动撤军；并且认为，这对联合国和北约组织的将来极为重要。当时，美国杜鲁门政府曾明确地认为：最大的危险仍在欧洲；美国必须在那里部署大量军事力量，并鼓励北约盟国也采取同样的做法；至关重要的是，美国决不可陷入亚洲一场持久战，消耗掉原应部署在欧洲的军事力量，这很可能正是克里姆林宫所希望的。在此分析的基础上，杜鲁门政府制定了大致如下政策：把战争限制在朝鲜；保持对空海力量的限制；不再派任何增援部队，尽可能稳住“三八线”附近的战线，然后寻求停火，达成停火协议，使朝鲜恢复到 1950 年 6 月 25 日前的状况；如果顶不住就撤出第八集团军去保卫日本。

13 日，杜鲁门给麦克阿瑟写信说：“朝鲜战争应在美苏对抗中朝着美国所主张的加强联合国大多数国家团结的方向进行，……因此，决不可因为采取对朝鲜战争起一点作用的措施而惹起在日本或西欧地区大规模冲突。……即使在最坏的情况下，联合国军还可以撤到济州岛等朝鲜沿海岛屿继续打下去，就是说全面撤军，那也只不过是作战上不得已而采取的措施而已。我们应向全世界阐明：直到侵略行为被纠正，美国在政治上、军事上决不承认其侵略后果。”

1951 年 1 月 14 日，我国政府致电金日成：我拟拒绝先停后谈的方案。主张在撤退外国军队、朝鲜人民自己解决问题的基础上举行谈判，结束朝鲜战争；谈判内容包括美国从台湾海峡撤退和远东有关问题，参与谈判的国家包括中、苏、美、英、法、印度、埃及 7 国，举行会议之日即应确定中国在联合国的席位；会议地点在中国。16 日，金日成复电：完全同意上述方案。

1951 年 1 月 16 日，中苏公布 1950 年内根据中苏两国 1950 年 2 月 14 日换文的规定，已将中国长春铁路、旅顺口及大连市苏联方面临时代管或租用之财产，苏联经济机关在东北自日本所有者手中获得的财产以及过去北京兵营的全部房产，无偿地移交给中国。

1951 年 2 月 1 日，第 5 届联合国大会全体会议在美国操纵下，以 44 票对 7 票，9 票弃权，通过诬蔑中华人民共和国为“侵略者”的非法决议案。

2 月 2 日，中国外交部长周恩来发表声明：这一决议案最露骨地证明，美国政府及其帮凶们是要战争不要和平的，而且堵塞了和平解决的途径；联合国大会在没有中华人民共和国代表参加，而且侵越安全理事会权限的情况下通过美国的这一提案，显然是非法的、诽谤的、无效的；中国人民坚决表示反对。

12 日，印度尼赫鲁在议会上演说："正在为求得谈判解决而作各种努力的时候，通过这一决议，似乎是不智的，当你打算与一个国家打交道以便由谈判达成解决的时候，你却把它叫做侵略者，这样做显然是无济于事的。这两种处理的办法是彼此相反的。因此，印度反对这个决议。"

16 日，斯大林就国际形势答《真理报》记者提出的问题时说："如果英国和美国终于拒绝了中国人民政府的和平建议，那么朝鲜战争便只能以干涉者的失败而告终。"斯大林针对联合国决定宣布中华人民共和国为"侵略者"一事说："我认为这是一个可耻的决定。确实，如果一个人断言侵占了中国领土台湾岛并侵入朝鲜直到中国边境的美国是自卫的一方，而保卫它的边境并力谋光复被美国侵占的台湾岛的中华人民共和国倒是侵略者，那他必定是丧尽天良的了。"

1951 年 3 月 9 日，美国国会通过《军事人力法案》规定征兵年龄从 19 岁扩大到 18 岁；将国民警卫师编入现役。

3 月 20 日，美国参谋长联席会议，把国务院起草的呼吁谈判的杜鲁门的声明，通知麦克阿瑟：侵略者已被赶回它发动侵略的"三八线"，联合国军欲击退北韩及中共对韩国侵略的主要任务已经达到；联合国关于韩国统一和建立自由政府的目标，应该且已可能不用流更多的血予以实现；为解决朝鲜停战及有关主要问题，呼吁中共进行谈判；如中共拒绝谈判，联合国便不得不将目前的军事行动继续下去。

同日，麦克阿瑟给众议院马丁一封私人信件，在信中批评美国的对外政策，重申他的：亚洲同欧洲一样重要、美国应把亚洲战争进行到最后胜利的观点。

3 月 24 日，麦克阿瑟发表声明说："我以军事指挥官的权限，准备随时同敌军司令官在战场会晤，寻求不再继续流血而实现联合国在朝鲜的政治的军事途径。"同时，他又说："如果联合国改变它力图把战争局限在朝鲜境内的容忍决定，而把我们的军事行动扩展到它们的沿海区域与内地基地的话，那么，赤色中国就注定有立即发生军事崩溃的危险。"

28 日，美国第七舰队司令宣称：美国海军将阻挠中国人民解放台湾（4 月 14 日，美国第七舰队在台湾海峡举行军事演习）。

4 月 5 日，美国参谋长联席会议向国防部长马歇尔提出的报告中，对朝鲜问题得出结论："朝鲜问题只凭军事手段是不能按美国条件得到解决的。朝鲜问题是世界紧张局势派生出来的一个环节，因此只有等世界紧张局势全面得到解除，才能按美国满意的条件得以解决。"

4 月 5 日，美国众议员马丁公开了麦克阿瑟给他的信的内容。

6 日，杜鲁门对麦克阿瑟此信做出强烈的反应。他立即召集巡回大使艾夫里尔・哈里曼、国务卿艾奇逊、国防部长乔治・马歇尔和参谋长联席会议主席布莱德雷开会，讨论处理麦克阿瑟的职务。

9日，杜鲁门作出免除麦克阿瑟职务的决定，任命李奇微继任其职，任命范佛里特继任为第八集团军司令。

10日，美国总统杜鲁门责成布莱德雷给麦克阿瑟发去照会："我以总统和美军最高统帅的名义，非常遗憾地免去阁下的驻日盟军总司令、联合国军总司令，远东美军总司令、远东美国陆军司令的职务，请阁下将指挥权立即移交给李奇微将军。"

25日，李奇微向范佛里特发出指示信和备忘录："你随时有可能奉上级之命主动撤退，以便及早撤离朝鲜半岛。……在任何情况下，你所属任何部队，无论规模大小，均不得越过韩满边界或韩苏边界。"①

4月30日，李奇微分别给远东空军司令和海军司令发出指示信："我部若在朝鲜以外地区遭受空袭或海上攻击时，应采取迅速而勇猛的行动实行自卫。但是，对中国大陆、满洲和苏联境内的目标采取的首次报复行动，只有接到我的命令方可实施。事先未经我之明确许可，您部任何单位不得越过韩满或韩苏边界。"

本来美国全球战略的重点在欧洲，冷战的最终战略目标是对付苏联。但在侵朝战争中动用了陆军总兵力的1/3，空军总兵力的1/5，海军总兵力的1/2，美国的战略预备队，只剩下国内的6个半师和在日本的两个师；并动员了英、法等欧洲国家的部分兵力，仍感兵力不足。

美国总统杜鲁门说："美国的主要敌人正端坐在克里姆林宫里；……只要这一敌人还没有卷入战场而只在幕后拉线，我们就决不能将我们再度动员起来的力量浪费掉。"②

5月2日至16日，美国国家安全委员会对美国在朝鲜所追求的政治和军事目标进行了反复研究，向杜鲁门提议：在恢复战争前状态的"三八线"上通过停战谈判，结束敌对行动；寻求光荣的停战。

17日，杜鲁门批准了这项提议。

5月31日，美国国务院顾问凯南拜会苏联驻联合国代表马立克，谈道："美国准备在联合国或在任何一个委员会，或是以其他任何方式与中国共产党人会面，讨论结束朝鲜战争问题。"6月初，美国通过联合国秘书长赖伊多次透露愿意通过停战谈判结束敌对行动。6月中旬，又通过中立国向中国政府放出试探气球。

1951年6月3日，毛泽东会见从朝鲜前线专程到北京的金日成，同他商谈如何应对可能到来的停战谈判问题。

鉴于政治、军事形势的变化，中共中央军委和毛泽东主席于1951年6月中旬，

① 李奇微回忆他受命之初，亟待完成的两项任务是：1. 保卫日本，对付苏联可能发动的（虽可能性不大）进攻；2. 贯彻杜鲁门坚定而明确的方针——防止将朝鲜战争扩大成为一场全面战争。

② 《杜鲁门回忆录》第二卷，世界知识出版社，1965年第1版，第534页。

及时提出了"充分准备持久作战和争取和谈达到结束战争"的指示方针。即：作为两手准备，军事斗争和政治斗争双管齐下，谈打结合，争取在公平合理的基础上解决朝鲜问题。

1951年6月23日，苏联驻安理会代表马立克在联合国新闻部举办的"和平的代价"广播节目中发表讲话，提出解决朝鲜的武装冲突的第一步骤是交战双方应该谈判停火与休战，把军队撤离"三八线"。

6月25日，中国《人民日报》发表纪念朝鲜战争一周年的社论，支持马立克的建议。

6月25日，杜鲁门在田纳西州发表政策演说，一方面说要继续进行侵朝战争，同时又表示："愿意参加朝鲜问题的和平解决。"

29日，美国国家安全委员会向李奇微发出指示："奉总统指示，你应在30日、星期六，东京时间上午8时经广播电台将下述文件向朝鲜共军司令发出，同时向新闻界发布。"文件内容为："本人以联合国军总司令的资格，奉命与贵军谈判下列事项：因为我得知贵方可能希望举行停战会议，以停止朝鲜的一切敌对行动及武装行动，并愿适当保证此停战协议的实施。我在贵方对本文的答复以后，将派出我方代表并提出一会议的日期，以便与贵方代表会晤。我更提议此会议可在元山港一只丹麦伤兵船上举行。"

30日，李奇微发出愿意谈判电报的同时，向联合国军全体下达了两点特别指示：①注意苏联的两面性和欺骗性；②注意"像安理会这样的国际机构要采取决定性措施需要相当长的时间。希望全体将士在战场上务必继续保持斗志，严防松懈"。同日，美国参谋长联席会议经杜鲁门批准，向李奇微传达美国政府关于谈判的指示方针和基本立场——防止战争重新爆发，在保证联合国军安全的条件下，停止敌对行动；谈判应限定在朝鲜的军事问题，不牵扯台湾问题、中共在联合国的代表权等政治问题。

自1951年6月起，"联合国军"在"三八线"附近地区沿堪萨斯线、犹他线和怀俄明线构筑3道防御地带，其工事在1952年秋季战事以后得到普遍加强，布防23个师。

1951年7月1日，朝鲜人民最高司令官金日成、中国人民志愿军司令员彭德怀发表声明，赞成与李奇微举行停战谈判。并建议：会晤谈判地点定在"三八线"上的开城地区，"若你同意，我们的代表准备于1951年7月10日至15日和你的代表会晤"。

2日，毛泽东致电彭德怀、高岗并金日成："极力提高警惕。我第一线各军，必须准备对付在谈判前及谈判期内敌军可能对我来一次大的攻击，在后方，则举行大规模的空炸，以期迫我订立城下之盟。如遇敌军大举进攻时，我军必须大举反攻，将其打败。”为此，毛泽东指示杨成武两个军及五十军，迅速开到指定地点，防止敌人乘机在元山登陆，我三十八、三十九及四十二军则应准备对付敌人可能在西边登陆。[①]

5 日，毛泽东在征得金日成同意后，组成以李克农率领的谈判工作班子到达安东。成员有乔冠华、浦山、毕季龙、沈建图、丁明等。6 日晨，到达平壤金日成住地附近的中国大使驻地。

6 日，金日成接见李克农、乔冠华。

同日，接到毛泽东的电报：指派柴军武为志愿军联络官。金日成指定人民军最高司令部动员局局长金昌满少将以上校的名义为中朝方的首席联络官（金一波为联络官）。金昌满改名为张春山，柴军武改名为柴成文。

7 日凌晨，志愿军参谋长解方和张春山、柴成文等先后到达开城，会同当地朝鲜党政组织选择会谈地址、各方代表国住地和休息位置，布置警戒和对方代表团前来赴会途中的安全警卫。当天下午，李克农、乔冠华和南日（朝鲜人民军大将）、邓华、李相朝、张平山等相继到达开城。

7 月 9 日，毛泽东在对总政关于纪念建军 24 周年指示稿的批语中指出：“我前方部队，必须鼓励士气，继续英勇作战，千万不可有丝毫的松懈，不要作此次可以和下来的打算，而应作此次和不下来、还须继续打、还须给敌人以大量的消耗和歼灭，然后才能和下来的打算。只有我们作了此种打算，才于争取最后胜利有益处，否则是没有益处的。”[②]

停战谈判就要开始了，毛泽东几乎投入全部精力，来指导谈判准备工作。毛泽东亲自起草朝中方面致“联合国军”总司令李奇微的多次复函，亲自审阅、修改有关谈判接洽准备情况的新闻稿，亲自草拟朝中方面关于停战协定的草案，并征询金日成、彭德怀及斯大林的意见。许多具体而细微的准备工作，诸如谈判会议场所、对方代表团宿舍以及我方代表团宿舍的布置，各种用具、设备和食品的准备，以及李克农、乔冠华和我方代表团到达谈判地点开城的具体时间等，毛泽东样样关照到位。

开城，位于“三八线”以南，属中朝军队控制区，是个新解放区，战争中双方都在这里埋设了不少地雷。毛泽东特别关注安全问题。7 月 2 日凌晨，毛泽东致电彭德怀等前方同志：“务必保障会议的安全，不许出乱子。”4 日凌晨 4 时，毛泽东又专门给彭德怀发电：“开城地区如埋有地雷，须加撤除，特别是李奇微代表的飞

---

① 《建国以来毛泽东军事文稿》上卷，军事科学出版社、中央文献出版社，2010 年 1 月第 1 版，第 520 页。

② 《建国以来毛泽东军事文稿》上卷，军事科学出版社、中央文献出版社，2010 年 1 月第 1 版，第 530 页。

机降落、汽车通道及会场附近，必须撤除干净，保障安全，不出乱子为要。”

在停战谈判开始前，有关方面曾经考虑将部分空军部队进驻朝鲜各机场。毛泽东没有同意，他批示说：“为了不给敌人以口实，不要去。”

7月9日，停战谈判开始的前一天，毛泽东还在仔细审阅南日、邓华准备在首次会议上的发言稿。毛泽东在给李克农并告金日成、彭德怀的电报中说：“南日、邓华两个发言稿均可用。惟南日稿内称‘愿意接受苏联驻联合国代表马立克先生的提议并准备举行停战谈判’改为‘愿意举行停战谈判’，将‘接受苏联’以下21个字删去，因为李奇微的声明在文字上并无愿意接受马立克提议的表示，如果南日这样说，可能引起对方的无谓的批评。邓华发言稿中所说马立克提议一段则是好的，不会引起批评的。如果你们认为南日发言稿中应有提到马立克的话，应在另外的地方去说。”①

1951年7月10日，朝鲜停战谈判在开城来凤庄开始。

中国人民志愿军和朝鲜人民军方面出席代表是南日、邓华、李相朝、解方、张平山，对方代表是特纳·乔埃（美国远东海军司令、中将）、劳伦斯·克雷奇（美国远东空军副司令、少将）、亨利·霍治（美第八集团军副参谋长、少将）、奥尔林·勃克（美国远东海军副参谋长、少将）、白善烨（韩国第一军军团长、少将）。双方均有参谋人员和工作人员列席。

7月中下旬，中朝方在谈判工作中健全了组织：代表团分两部分，即人民军代表团和志愿军代表团，外以人民军为主，实际谈判工作由李克农主持；志愿军代表团成立了党委，李克农任书记，邓华、解方、乔冠华等为委员，代表团设秘书处、参谋处、新闻处、行政处和通信机要等机构。

具体谈判的形式主要有全体大会、小组会议、参谋会议、联络官会议等。

1951年7月26日，停战谈判会议通过议程：作为在朝鲜停止敌对行为的基本条件，确定双方军事分界线以建立非军事地区；在朝鲜境内实现停火与休战的具体安排，包括监督停火休战实施机构的组成、权力与职司；关于战俘的安排；向双方有关各国政府建议事项。

停战谈判开始后，朝中方面首席代表，提出了关于停战谈判的三项建议：①在互相协议的基础上双方停止一切敌对军事行动；②确定“三八线”为双方军事分界线，双方部队应同时撤离“三八线”10公里；③在尽可能短的时间撤退一切外国军队。

“联合国军”代表借口其海军和空军优势要在陆地分界线上得到“补偿”，拒绝

---

① 《毛泽东传（1949—1976）》，中央文献出版社，2003年12月第1版，第160—161页。

朝中方面提出的以“三八线”为军事分界线的建议，蛮横地要获得开城和“三八线”以北 1.2 万平方公里的地区，企图把军事分界线划在实际接触线以北深入朝中方面地区 20—60 公里不等的地方。

朝中方面的首席代表坚决驳斥了美方这一提案。美国代表团说：让炸弹、大炮和机关枪去辩论吧！于是，美方进行了一系列的军事挑衅活动。“联合国军”攻占大愚山，以约 3 个师的兵力在大量航空兵和炮兵支援下于 8 月 18 日向北海岸发动“夏季攻势”。为配合停战谈判，人民军顽强抵抗，至 31 日粉碎了敌人的进攻。

自 9 月 9 日起，“联合国军”向人民军实施重点进攻，遭到人民军殊死抵抗，尤其以“伤心岭”战事最为惨烈。志愿军为配合东线人民军作战，以第二十六、四十二、四十七、六十四军各一部向德寺里、338.1 高地、中马山、西方山、斗流峰等地发起战术性反击，基本达到预定歼敌目的，改善了防御态势。

至 1951 年 9 月 18 日，中朝部队歼敌 7.8 万人（其中美军 2.2 万余人）。美军突入我阵地 2—8 公里，占领土地 179 平方公里。

九、边打边谈（二）

自 1951 年 8 月中旬起，敌人为配合秋季攻势，乘朝鲜境内 40 年不遇的特大水灾之机，以 1600 多架飞机进行狂轰滥炸，实行“绞杀战”（亦称“空中封锁战役”），企图完全切断志愿军的运输补给线。仅以铁路的破坏计算，至 1952 年 6 月，平均每 7 米铁路就落 1 枚炸弹（重要地段平均每 2 米落 1 枚炸弹），铁路、桥梁经常不能通车，后方粮弹和其他物资运不上。志愿军和朝鲜军民采取的措施：①积极组织对空作战，至 1952 年 6 月航空兵 11 个师、高射炮兵 4 个师和各军高射兵器击落敌机 2337 架，击伤 4528 架；②严密设置防空哨，以 8 个团 1.6 万人在 2500 公里的公路线上，设哨 1300 多个，夜间发现敌机就鸣枪报警，汽车司机闻警后即闭灯行驶，从而减少了明亮目标和损失（汽车的损失由开始的 40%降低到百分之零点几）；③及时组织抢修，铁道兵 4 个师、工程兵 10 个团和附近部队、朝鲜群众大力随炸随修，保障通车；④加紧组织强运，志愿军后勤部 6 个分部、24 个大队、11 个汽车团和部队、铁路员工紧密配合，铁路修通就进行铁路运输，铁路被炸断，就以汽车进行运转，同时大力组织人力运输，并且快装快卸，加强仓库的防空和警卫工作。经过各方面的努力，终于建成了“打不烂、炸不断的钢铁运输线”，将大量物资源源不断地运到前方。①

美军在“绞杀战”的同时，竟然违反国际公约，于 1952 年春在朝鲜北部进行

① 在反“绞杀战”中涌现了许多可歌可泣的英雄模范人物。铁道兵登高英雄杨连第为抢修东清川江桥而英勇献身，被朝鲜最高人民会议常任委员会授予“朝鲜民主主义人民共和国英雄”的称号。

细菌战。敌人将鼠疫杆菌、霍乱杆菌、伤寒杆菌、痢疾杆菌、脑膜炎双球菌、脑炎滤过性病毒等10余种病菌，通过人工培植附在苍蝇、蚊子、跳蚤、蚂蚁、蜘蛛、鼠、兔、鸟等身上，或附在树叶、棉花、食品、宣传品等杂物上，制成细菌弹，由飞机投掷布撒或由火炮发射散布，用以污染水源，交通孔道和以居民集中点为目标，危害对象除我军人员及居民外，还包括家禽、牲畜、农作物，敌人称之为“不爆炸的炸弹”。仅2至3个月使中朝军队和朝鲜人民死81人，患霍乱、鼠疫等烈性传染病85人。在我国东北地区和青岛等地亦发现带菌昆虫、鼠类及其他小动物。中国政府和朝鲜政府一方面发表公开声明，谴责美国这一行径，另一方面在军民中大力组织和进行防疫、卫生工作。至1952年冬，终于战胜了美国军队的细菌战。

9月7日，志愿军第二十三兵团入朝，担负修建飞机场的任务。该兵团司令员董其武，政治委员高克林，副司令员边章伍、姚喆，政治部主任裴周玉，下辖三十六军，军长张迈春（王建业代），政治委员康健民；第三十七军，军长张世珍，政治委员帅荣。各军辖3个师。（11月30日，该兵团回国）

9月29日，敌人9个师发动“秋季攻势”，进攻的重点是北汉江以西我志愿军的防守阵地。中朝军队与敌激战24天，至10月22日歼敌7.9万人。敌占我土地467平方公里。10月25日敌人又提出恢复谈判。

美国参谋长联席会议主席布莱德雷在给杜鲁门的报告中指出：李奇微“所施行的占领个别高地的战术，不符合美国远东的全盘战略，……用这种战法，李奇微至少用20年的光景才能到达鸭绿江”。

10月24日，朝鲜政府于中国人民志愿军出国作战一周年纪念日前夕，举行隆重授勋典礼，授予中国人民志愿军司令员彭德怀将军以朝鲜民主主义人民共和国最高勋章——一级国旗勋章，并分别授予志愿军17位战斗英雄和人民功臣以勋章和奖章。

“联合国军”方面提出的军事分界线方案，仍无理要求朝中方面退出1500平方公里土地。对此，朝中方面代表团进行了坚决驳斥。

自1951年8月26日，我年轻的人民空军奉命担负保护平壤以北主要交通线和掩护安州地区机场修建的任务。

9月12日，中国人民志愿军空军开始参战。不断与美国空军激战，很快迫使敌战斗轰炸机活动空域撤到清川江以南。

到12月底，中国人民志愿军空军出动飞机3526架次，击落敌机70架，击伤25架。

“联合国军”为威胁开城侧翼以便随后夺取开城，于1951年9月29日在西线向志愿军阵地发起秋季攻势，分别以高旺山、朔宁和天德山、安峡为突击方向。敌人在飞机、大炮、坦克的配合下，与志愿军第四十七、六十四军在夜月山、天德山、高旺山、马良山等地反复争夺。激战到10月18日，“联合国军”损失2.2万余人，西线进攻被粉碎。

10月8日，“联合国军”向东线志愿军阵地发起进攻，志愿军第六十八军第二〇四师以及第二〇二师1个团激战10个昼夜，歼敌7000余人。粉碎了敌人以“坦克楔入战”进占文登里的企图。

10月13日，敌军在飞机、大炮和坦克支援下进攻志愿军第六十七军防线，激战三昼夜，志愿军歼敌1.7万余人。随后与第六十八军第二〇四师、第二〇二师共同抗击。

10月22日，“联合国军”被迫停止进攻。其秋季攻势以伤亡7.9万人的代价突入西线3—4公里，突入东线6—9公里。

中朝部队利用敌人夏、秋季攻势疲惫之机，以每个军次歼敌1个连至1个营为目标，进行局部反击。10—11月底，我军对26个目标进行34次反击，歼敌2个营、13个连、5个排全部和6个连大部，共毙、伤、俘敌1万余人，攻占31个阵地。

1951年11月11日晚，中国人民志愿军某部九连九班在坚守十一号阵地中，战士杨国良腰部重伤仍坚持战斗，最后只剩下了一只爆破筒。杨国良将爆破筒压在身下躺在坑里诱集敌人。当百余名敌人围在他身边时，他猛地站立起来，拉动导火线，与大批敌人同归于尽。

杨国良，1928年生，四川省重庆市大足县人。1949年8月被国民党军队强拉当兵，同年12月在成都参加中国人民解放军。1950年参加中国人民志愿军，在出征前的备战中荣立甲等功。入朝后，因作战勇敢，顽强，被评为甲等模范，并加入了中国共产党。牺牲后，志愿军总部授予他特等功臣、二级战斗英雄称号。

1951年秋季攻势后，敌军有17个师（旅），共74万人；中朝部队有23个军（军团），共150万人，双方兵为1∶2。

敌人为打破僵持局面，取得谈判的有利地位，在进行“绞杀战”和“细菌战”的同时，对我一线部队进行连以下兵力的小规模袭扰和飞机轰炸、炮兵射击。

志愿军为巩固阵地，坚持“持久作战，积极防御”的方针，加修工事。战士们创造性地将相邻的两个防炮洞从内部挖通，呈“马蹄形”坑道工事。彭德怀在深入前线时发现后，命令在全军推广。1951年10月到1952年8月，志愿军整个战线逐步形成以坑道工事为骨干的支撑点式的防御体系。经过全军艰苦持续的努力，我军战士在250公里宽的阵地上，至1953年7月建筑了1250公里的坑道。坑道工事节约了守备兵力，减少了部队伤亡。我军依托坑道工事实施攻防战斗和狙击活动，增加了“联合国军”的伤亡达11.8万人，使我方阵地日益巩固。

1952年1月2日，中国人民志愿军战士罗盛教，为抢救朝鲜落水儿童而光荣牺牲。志愿军领导机关为他追认特等功，授予“中国人民志愿军一级模范”称号；并荣获朝鲜民主主义人民共和国一级国旗勋章、一级战士荣誉勋章。

1952年4月28日，“北大西洋公约组织”总司令艾森豪威尔准备回美国参加总统竞选，由李奇微接替艾森豪威尔。马克·克拉克接替李奇微，继任“联合国军”总司令。

彭德怀在志愿军司令部的住房分别在1950年11月25日和1951年4月10日两次遭轰炸，而他都是在敌机投弹前一两分钟才被身边的同志从室内推拉出来而幸免于难。他长期在恶劣的条件下紧张地指挥作战，肠胃病和痔疮经常发作。1951年8月，他的额上又长了一个瘤，剧痛不已。医生怀疑是癌，多次劝他回国割除。因他坚决不肯回国治疗，志愿军党委只得向党中央报告他的病情。3月20日，周恩来派卫生部保健局副局长专程到朝鲜前线接彭德怀回国割治。4月7日彭德怀回国，经北京医院一个多月的精心治疗，于5月5日出院。这时，朝鲜战场相对稳定，中央决定留他在北京主持中央军委的日常工作。彭德怀的志愿军司令员兼政委的职务由陈赓代理。

6月5日，志愿军第二十六军回国。

6月11日，陈赓回国，其职务由邓华代理。

7月11日，杨得志任志愿军副司令员，韩先楚任第十九兵团司令员，郑维山任第二十兵团代司令员。

8月21日，王建安任第九兵团司令员。

9月5日，第二十三军（辖3个师，军长钟国楚，政治委员卢胜）、第二十四军（辖3个师，军长皮定均）、第四十六军（辖3个师，军长肖全未，政治委员吴保山）开始入朝。

10月，第二十七、二十、四十二军回国。

参加朝鲜停战谈判的志愿军代表团李克农、邓华等，对军事分界线问题的谈判形势进行了分析，指出美方拒绝以“三八线”为军事分界线，其政治原因大于军事原因；我方提出或坚持以“三八线”为军事分界线，也主要是出于政治上的考虑。双方互不相让，谈判不会有所进展。李克农、邓华等建议，为使双方面子上都过得去，使谈判能有所进展，在军事分界线问题上，我方似可做些策略上的让步，即：放弃以三八为界或以“三八线”为基础进行局部调整划分军事分界线的方案，而提出以现有实际接触线为军事分界线的方案，并以此为我方最后方案。这一建议得到了毛泽东主席和金日成首相的批准。

1951年8月17日，停战谈判第二项议程的小组会议开始，至11月27日达成协议：以双方现有实际接触线为军事分界线，双方各由此线后退2公里以建立军事停战期间的非军事区；如军事停战协议在本协议批准的30天之后签字，则应按将来双方实际接触线的变化修正上述军事分界线与非军事区。

1951年11月7日，朝中方面代表团在停战谈判第二项议程小组委员会第二十二次会议上，提出了“确定以现有实际接触线为军事分界线”的方案。11月27日，双方确认：①确定以现有实际接触线为军事分界线，双方各向后撤2公里以建立非军事区；②如停战协议在本协议批准30天内已经签字，则不论双方实际接触线有何变化，该军事分界线及非军事区应不再予以变更；③如30天内停战协议尚未签字，则按将来双方实际接触线修正军事分界线及非军事区。

当日，谈判在进入第三项议程讨论关于停战的安排问题时，美方以保持停战稳定为名，提出限期朝中方面修建和改善机场的无理要求，还企图让停战监督机构得以自由出入朝鲜的一切地方。

1951年12月11日，谈判进入第四项议程——朝中方面为了打破战俘遣返问题的僵局，向美方提出新的建议：双方所俘获的外国武装人员，即联合军和中国人民志愿军被俘人员，全部遣返回家；双方所得朝鲜籍战俘，其家在收容一方地区者，可允许其就地还家，不必遣返；其家在原属一方地区者，全部遣返回家。

“联合国军”代表团坚持战俘“一对一交换”，“自愿遣返”主张，因此第四项议程成为停战谈判中持续最长的谈判议程。

1952年2月6日，停战谈判第五项议程的讨论开始，自17日达成协议：确定在停战以后3个月内，由双方有关各国政府召开高一级的政治会议，协商从朝鲜撤退一切外国军队及和平解决朝鲜问题。

1951年底，我国工农业总产值比上年增长19%。其中，工业增长38.2%，农业增长9.4%。在战争费用大幅度增加的情况下，出现了新中国成立以后第一次收支平衡略有节余。

鉴于停战谈判获得显著进展，英国和美国的态度已有好转，志愿军决定改为以打击韩国军为主、适当打击美军、暂时不打英军。仍然以第二十兵团方向为重点，1952年5月27日至6月23日，以第二十兵团的六十军、六十七军两个军对韩国第五、八步兵师两个营以上阵地进攻为主，其他各军积极配合，共歼敌4.1万人，突入敌防御纵深6公里。

1952年6月中旬，在停战谈判协议业已达成之际，韩国方面以“就地释放”为名，扣留人民军被俘人员2.7万余人，叫喊“向北进攻”，企图破坏停战实现。为了打击韩军，保证朝鲜停战实现，志愿军决定实施第三次进攻作战，以第二十军、第九兵团第二十四军以及全军的主要炮兵部队，于金城以南的北汉江至上所里地段实施进攻，7月13日21时，经过猛烈炮火准备后，进攻开始，第六十八军大部和第五十四军第一三〇师组成的西集团，一面迅速歼灭 522.1 高地和 552.8 高地之敌，一面以一个营和侦察班向纵深渗透迂回，歼灭韩国师第一团——白虎团团部、美国第五五五炮兵营大部及多管火箭炮兵连，随后歼灭首都师机甲团一个营并俘获首都师副师长。以第六十七军、第五十四军第一三五师和第六十八军第二〇二师大部组成的中央集团，经过激烈作战，于次日先后攻占轿岩山等地。以第二十军、第六十军、第一〇五团组成的东集团，于次日占领 551.6、585.2 高地等地区。金城川以北之敌被肃清。第二十四军向 432.8 高地等方向发展。“联合国军”急调美国第三步兵师阻止志愿军向纵深发展，并以第一八七空降团实施反突击。志愿军击退“联合国军”反击 1000 余次，大量杀伤敌人后巩固既占阵地。金城战役歼灭“联合国军”5.2 万余人。

1952 年 8 月，美国在军事上屡遭失败，政治上理屈词穷，道义上孤立的情况下，被迫与我方就朝鲜停战草案（除战俘问题外）达成了协议。

在战俘问题上，美国提出意在扣留我方战俘的所谓“自愿遣返”的主张，并对我被俘官兵进行了残害、屠杀，以胁迫其叛国。敌人的罪恶行径，遭到我方揭露和严厉谴责后，于 1952 年 10 月 8 日再次中断谈判，以图迫使我接受美方提出的关于遣返战俘的方案。

中国人民志愿军自 1952 年 9 月 18 日起，发起全线性战术反击作战，至 10 月 31 日结束，历时 44 天，歼敌 2.5 万人，志愿军伤亡 1.05 万人。

敌人为了摆脱被动，迫使志愿军由攻势转为守势，并谋求在停战谈判上的有利地位，于 1952 年 10 月 14 日发起为夺取五圣山以改善其金化地区的防御态势，破坏志愿军进攻计划，以上甘岭为主要目标的“金化攻势”。上甘岭地区位于金化以北背靠五圣山，不足 2 平方公里，其中 597.9 高地和 537.7 高地是第十五军的两个前沿阵地。

为打击盘踞在上甘岭地区的美国和韩国军队，我军某部奉命消灭位于平康以南、金化以西的三九一高地守敌。三九一高地是韩国第九师右翼前哨阵地的主要支撑点，布有几道铁丝网，埋设了大量地雷，工事坚固、火力密集。我军阵地与敌三九一高地之间有 3000 余米的开阔地。为缩短冲击距离，减少伤亡，增强战斗的突袭性，上级决定：利用三九一高地前的大片蒿草作掩护，在正式攻击的前一天晚上，将数倍于敌的部队（500 人）潜伏到敌人阵地前沿。潜伏部队处于敌人的三面包围之中，背后又远离自己的阵地，只要有一个人暴露目标，几百名战士都将处于敌人的火力攻击之下。且隐蔽时间长达 20 多个小时。这个任务是很艰巨的。

1952 年 10 月 11 日傍晚，潜伏部队出发，午夜 24 时，秘密潜伏就绪。12 日上午 10 日左右，守敌一个班向山下走来，突然发现两个潜伏的志愿军战士，扭转身就往山上拼命跑去。我军炮火立即在山坡上筑起一道火墙全歼了这股敌人。敌军指挥官怀疑上下草丛中可能有我军潜伏部队，立即呼叫敌机向潜伏区低空扫射，并投掷燃烧弹。其中一枚落在离一个叫邱少云的战士潜伏点 2 米远的草地上。飞迸的燃烧液溅到邱少云的左腿上烧了起来，继而熊熊烈火引燃全身。他只要翻身或退几步即可滚灭烈火，但是他一动也没有动。战友们听到他呼呼的喘气声，听到他的头发、皮肤被烧着的响声。但不能暴露目标去救助，只有攥着拳头不住地向他示意快想法灭火。为了战斗的胜利，为了战友们的安全，邱少云以极大的毅力强忍着剧痛，严守潜伏战斗纪律，他坚持一丝不动。在他生命的最后时刻，尽最大努力把随身携带的爆破筒推给了离他 3 米远的战友。为防爆炸，他把子弹夹埋进了防咳嗽的土坑。他的双手深深地插进泥土里，身体紧紧地贴着地面，为了保卫祖国和人民，为了朝鲜人民的解放事业，直至化为灰烬，时年 26 岁。

1952 年 10 月 12 日 17 时 30 分，我军发起了猛攻，仅用了 23 分钟就将敌军全部消灭，把红旗插上了三九一高地。战友们在三九一高地的崖壁上刻写道："为整体、为胜利而自我牺牲的伟大战士邱少云同志永垂不朽！"

邱少云，四川省重庆市铜梁县人，贫农出身，自幼父母惨死，他 13 岁就被迫为地主放牛、推磨，并在面店当过学徒，劳累成疾后被赶出，当修路工人。后被国民党军队抓去当壮丁。1949 年 12 月，他参加了中国人民解放军，参加了剿匪战斗。1951 年参加了中国人民志愿军，同年 3 月 25 日赴朝作战。在朝鲜，曾跳入洪水为朝鲜老大爷抢回农具，曾冲入烈火救出朝鲜儿童，曾在敌机的俯冲扫射中用身体掩护朝鲜老大爷。在这次潜伏任务中，他被选中，并担任发起冲击后扫除障碍的爆破任务。在部队出发前，他郑重地向连队党支部递交了入党申请书："有了毛主席和伟大的中国共产党，才有受剥削、受压迫人民的翻身解放；我要求参加中国共产党，希望党在反击三九一高地的战斗中，把最艰苦的任务交给我，考验我；潜伏的时候，就是被敌打中，也不动一下。"

为了表彰邱少云的英雄事迹，部队党委追认他为中共正式党员；中国人民志愿军为他追记特等功，授予"中国人民志愿军一级英雄"称号；朝鲜民主主义人民共和国最高会议常任委员会授予他"朝鲜民主主义人民共和国英雄"的称号，同时授予他金星勋章、一级国旗勋章。

10 月 14—20 日，"联合国军"先后投入 17 个步兵营，在大量飞机和大炮的支援下实施多路持续攻击。志愿军先后投入 21 个步兵连，在纵深炮火和部队的支援下依托坑道工事实施狙击和攻击，反复争夺上甘岭表面阵地。最后，表面阵地被敌军占领。志愿军转入坑道作战。

10 月 21 日至 29 日，志愿军防守部队克服极大困难，与坑道外的纵深部队密切协同，坚守坑道并大量杀伤"联合国军"。10 月 30 日至 11 月 25 日，坑道内外的志愿军步炮协同，以决定性反击恢复两高地北山的表面阵地，全歼守敌并击退了敌军的反扑。上甘岭战役歼灭敌人 2.5 万余人。

1952年10月20日志愿军某营在夺取某高地的战斗中，被敌人一个集团火力点所阻，志愿军战士黄继光挺身而出，勇敢地承担了爆破敌人地堡的任务，在他身负重伤后，不顾剧痛，以胸膛堵住敌人正在扫射的机枪，保证部队完成战斗任务，壮烈牺牲。黄继光（黄际广），四川中江人，1930年生，1951年参加中国人民志愿军，1952年加入中国新民主主义青年团。根据他生前申请，部队党委追认他为中国共产党党员。中国人民志愿军领导机关为他追记特等功，授予他“中国人民志愿军特级英雄”的称号。

同时，还出现了孙占元、伍光华、胡修道等一级战斗英雄。

为粉碎敌人的可能局部进攻，主动打击和大量杀伤敌人，锻炼部队，取得经验，志愿军以第一线即将交防的3个军各选3—5个有利目标，其他各军各选一两个目标，对敌人进行战术性的连续反击。这次反击，自1952年9月18日开始，到10月30日结束，历时44天，以营连为单位，在炮火的支援下，对敌60个连排防御阵地攻击77次，歼敌2.72万余人，攻占敌连排支撑点17个，使敌人完全处于被动挨打的地位。

1952年10月21日至29日，在敌人占领上甘岭表面阵地后，志愿军5个连和一些单位的零星人员退守坑道。敌人用炸弹、燃烧弹、毒气弹、喷火器等破坏坑道。志愿军战士以顽强的毅力克服缺粮、缺氧的严重困难，一面坚守坑道，一面不断地以小分队出击，打击敌人。9天中，出击158次，歼敌2000余人，收复7处阵地。纵深部队以5个连的兵力反击12次，向坑道运送人员和物资。

10月30日以后，志愿军第十五、十二军部队和炮兵向上甘岭进行猛烈反击，经过多次反复激烈争夺，到11月25日，敌人停止进攻，志愿军收复上甘岭，战役结束。此役，敌人发射炮弹190万发，投掷炸弹5000余枚，将两个高地一两米深土炸成焦土。志愿军歼敌25498人，击落敌机270架，缴获各种炮41门、各种枪2753支。此役，志愿军伤亡1.15万余人。

1952年秋季战术反击和长达43天的上甘岭防御战役中，志愿军共歼敌11万余人，使敌人更加被动，不敢再发动像“金化攻势”那样的大规模进攻。志愿军则更加主动，不但能进行有效的防御，而且可以主动进攻。

1952年10月24日，毛泽东为中央及中央军委起草的致彭德怀、邓华、杨得志、甘泗淇及志愿军各级领导同志电中，指出：“此种作战，在若干个被选定的战术要点上，集中我军优势的兵力火力，采取突然动作，对成排成连成营的敌军，给以全部或大部歼灭的打击；然后在敌人向我军举行反击的时机，又在反复作战中给以敌人以大量的杀伤；然后依情况，对于被我攻克的据点，凡可以守住者守之，不能守住者放弃之，保持自己的主动，准备以后的反击。此种作战方法，继续实行下去，必能制敌死命，必能迫使敌人采取妥协办法结束朝鲜战争。自从去年7月我军采取坚强的阵地作战以来，给予敌军损失的数量，远远地超过去年7月以前在各次运动战中给予敌军的损失数量。而我军的损失则大为减少，其中损失，单就志愿军来说，从去年7月以来的15个月中，比较以前的8个月，平均每月减少2/3以上（前8个月平均每月为2.5万人，后15个月平均每月为8000人），这种情况，就是依靠阵地实行上述作战方法的结果。而在9月18日开始的这一段期间内，则此种作战方法表现为更有组织性和更带有全线性，所以特别值得重视。”①

1952年12月，敌军人数87.4万人，中朝部队人数为143.7万人，敌我力量之比是1∶1.7。

1952年12月28日至1953年3月14日，第十六军（军长尹先炳、政治委员陈云开，辖3个师）、第一军（军长黄新廷、政治委员梁仁芥，辖3个师）、第五十四军（军长丁盛、政治委员谢明，辖3个师）、第二十一军（军长吴咏湘、政治委员谢福林，辖3个师）入朝。使志愿军兵力达4个兵团20个军，共62个步兵师、11个炮兵师、11个航空兵师、10个铁道兵师、4个坦克团、11个工兵营、5个后勤分部，约130万人。

1952年12月3日，第七届联合国大会通过了所谓“不强迫遣返战俘”的决议。遭到中朝两国政府的一致反对，指出：这一决议是违反日内瓦国际公约、袒护美国扣留我战俘的非法决议。

1952年值美国总统大选。共和党人候选人艾森豪威尔适时地利用了美国国内的情绪。他许诺，上台后要集中精力结束朝鲜战争，并对“国际共产主义阴谋”进行更积极的斗争。

1953年1月20日，艾森豪威尔接替杜鲁门就任美国总统。他同出兵朝鲜的16国代表协商，提出要用台湾蒋介石的武装进攻中国大陆，并对中国进行军事封锁。这一方针遭到英国等国的坚决反对，并激怒很多中间国家，美国国内许多民主党参议员也激烈指责艾森豪威尔此项政策。

1953年2月7日，毛泽东在中国人民政治协商会议第一届全国委员会第四次会议的发言中，郑重宣布：“由于美帝国主义坚持扣留中朝战俘，破坏停战谈判，并且妄图扩大侵朝战争，所以，抗美援朝的斗争必须继续加强。我们是要和平的，但是，只要美帝国主义一天不放弃它那种蛮横无理的要求和扩大侵略的阴谋，中国人民的决心就是只有同朝鲜人民一起，一直战斗下去。这不是因为我们好战，我们

① 《毛泽东传（1949—1976）》，中央文献出版社，2003年12月第1版，第174—175页。

愿意立即停战，剩下的问题待将来去解决。但美帝国主义不愿意这样做，那么好罢，就打下去，美帝国主义愿意打多少年，我们也就准备跟它打多少年，一直打到美帝国主义愿意罢手的时候为止，一直打到中朝人民完全胜利的时候为止。”①

1953年2月22日，美军总司令克拉克致函朝中方面，提议双方先交换病伤战俘。

3月28日，朝中方面复函克拉克：同意先行交换病伤战俘；通过这一问题的合理解决引导到全部战俘问题的顺利解决；建议双方应立即恢复在板门店的谈判。

3月30日、31日，周恩来和金日成先后发表声明，提出解决战俘问题的新建议：谈判双方应保证在停战后立即遣返其所收容的一切坚持遣返的战俘，而将其余的战俘转交中立国，以保证对他们的遣返问题的公正解决。

1952年12月5日和18日，中国人民解放军总参谋部和总政治部遵照毛泽东关于使国内部队机关干部取得朝鲜战场实践锻炼的指示，分别制订了轮换志愿军兵团以上机关干部的计划。1953年上半年开始轮换：以总参谋部、总政治部和东北军区政治部组织轮换志愿军司令部、政治部；以西南军区司令部、政治部组织轮换第三兵团司令部、政治部；以华东军区司令部、政治部组织轮换第九兵团司令部、政治部；以中南军区司令部、政治部和西北军区政治部组织轮换第十九兵团司令部、政治部；以华北军区司令部、政治部组织轮换第二十兵团司令部、政治部。

1953年1月，李志民任志愿军政治部主任。

1953年4月18日，中央军委毛泽东签署命令：为普及全军抗美援朝战争经验，将国内与志愿军部分高级干部实行轮换，调李达轮换解方任志愿军参谋长、调许世友轮换王近山任第三兵团司令员、调黄永胜轮换韩先楚任第十九兵团司令员、调杨勇轮换郑维山任第二十兵团司令员、调王平任第二十兵团政治委员。（除第二十兵团因组织金城战役于6月底进行交接外，其余均于5月份完成了交接）5月7日，志愿军第三十九军回国。

1953年4月21日上午，中国人民志愿军第六十三军第一八七师后勤担架三连战士吕玉久、张明禄看见美国飞机向朝鲜北部黄海道平泉郡金刚山扔下燃烧弹，引起了大火。他俩与军民一道两次扑灭金刚山南山头的大火，并救出朝鲜姑娘吉时子等4人。下午2时，吕玉久与张明禄又发现金刚山南山头北边的小山沟里冒起黑烟，守卫防守洞军用物资的朝鲜姑娘李护士等被浓烟烈火包围。他俩冒着大火冲入洞内，救出李护士、崔春凤、金成玉、郑玉男等人之后，又冲向火中抢救他人，不幸被烈火吞没，壮烈牺牲。当地军民十分悲痛，为他俩举行了追悼会。被救出的吉

① 《建国以来毛泽东军事文稿》中卷，军事科学出版社、中央文献出版社，2010年1月第1版，第121页。

时子等8名妇女为纪念他们，组织了“吕玉久、张明禄生产突击队”，并在金刚山上竖立了纪念碑。同年6月，中国人民志愿军领导机关追认他们为中共党员，授予“特等功臣”和“二级爱民模范”称号。①

1952年12月中旬至1953年5月上旬，敌军在正面攻不动的情况下，进行一连串的活动和准备，企图利用其海空军优势，从中朝部队侧后海岸实施登陆。中朝部队进行一系列的准备，包括拟制作战计划，调整部队部署，进行战场建设和临战训练、储备物资等，同时在正面以积极作战的行动予以配合。仅1—4月，就歼敌5万余人。由于中朝部队准备充分，迫使敌人放弃其登陆计划。

1953年4月11日，谈判双方达成《遣返病伤被俘人员的协定》，于4月20日开始在板门店遣返和交换病伤战俘。

4月26日，美方反对把不直接遣返的战俘送往中立国，坚持“就地释放”。朝中方面为顾全大局，又建议将这些战俘由5个中立国所组成的遣返委员会于一定期限内在朝鲜境内予以看管，以便其行使被遣返的权利。

为促成停战早日实现，改善阵地，锻炼新入朝的部队，中朝部队从1953年5月13日开始，进行反击。

1953年5月13日至26日，志愿军以13个连排为支撑点发起反击，歼敌4100余人，占领两个阵地，将战线向前推动2平方公里；5月26日至6月23日，志愿军向敌人51个团以下阵地发起65次进攻，歼敌4.1万人，突破敌正面12公里，纵深6公里，占领阵地27处，面积达58平方公里。

志愿军两次夏季攻势，使谈判有了显著的进展。

1953年6月6日，艾森豪威尔致信李承晚，敦促他接受停战协议，并提醒他：武力统一朝鲜，只是一个梦想。②

6月8日，停战谈判第四项议程——关于战俘遣返达成协议：在停战协定生效后60天内，各方应将其收容下的一切坚持遣返的战俘分批直接遣返；未予直接遣返的战俘统交由波兰、捷克斯洛伐克、瑞典、瑞士、印度代表组成的中立国遣返委员会看管；自中立国遣返委员会接管之日起90天内，双方派代表向一切依附于该所属国家的战俘解释他们的权利；90天期满后，未行使被遣返权利的战俘交由政治会议在30天内设法解决；30天后如尚留有战俘，则由中立国遣返委员会宣布解

---

① 吕玉久的家乡——四川省重庆市荣昌县的人民，将他的村子凉风村改名为“玉久村”。

② 资中筠主编：《战后美国外交史——从杜鲁门到里根》上册，世界知识出版社，1994年5月第1版，第233、234页。

除他们的战俘身份，使之成为平民，并协助他们前往他们申请要去的地方。

6月15日，停战谈判的各项议程达成协议。按照双方实际控制线划定军事分界线的工作即将完成。中朝军队发布命令："从六月十六日起，各部队一律停止主动向敌人攻击，但对敌人向我发动的任何进攻，则坚决地给以打击。"6月19日，彭德怀根据中央的决定自北京奔赴朝鲜准备参加停战协议的签字仪式。

1953年6月16日，签署停战协议在即之时，李承晚复函艾森豪威尔，拒绝接受协议，要"单独干"。自6月17日深夜起，李承晚以"就地释放"为名，用武力胁迫将朝鲜人民军被俘人员2.7万余名编入李承晚军队训练中心，企图破坏停战的实现。

毛泽东得知此情况，果断地作出再给南朝鲜军队以沉重打击的决策。

6月19日，毛泽东指出：我们必须在行动上有重大表示方能配合形势，给敌方以充分压力，使类似事件不致再度发生，并便于我方掌握主动。

6月20日晚，彭德怀根据毛泽东的指示精神，提出推迟停战协定签字的建议，决心再给李伪军以严重打击，再消灭伪军15000人。

6月21日，毛泽东紧急复电彭德怀，同意彭德怀的建议，指出："停战签字必须推迟，推迟至何时为适宜，要看情况发展方能作决定。再歼灭伪军万余人，极为必要。"①

7月10日，志愿军第三十八军回国。

7月13日21时，阴云密布，大雨欲来。中朝军队5个军24万人，在1000门火炮的支援下，对敌人4个师的阵地开始了猛烈攻击。经1小时的激战，全线突破敌人22公里宽的正面阵地。一昼夜之内，消灭伪军4个师大部、美军1个重炮团，计7.8万余人，收复失地167平方公里。拉平了金城以南战线。

敌人惊恐万状，深怕我军再继续进攻，7月19日，美方发表声明，保证实施停战，并向南朝鲜施压。随后，南朝鲜政府被迫发表声明，接受停战协议。"联合国军"总司令、美国上将克拉克请求双方马上在"停战协议"上签字。

十、战争结束

1953年7月27日，朝鲜战场双方代表团在板门店签署《朝鲜停战协定》。此时，双方战场上的实际接触线比1951年11月达成的"以现有实际接触线为军事分界线"协议时，向南推进了330余平方公里。

---

① 《建国以来毛泽东军事文稿》中卷，军事科学出版社、中央文献出版社，2010年1月第1版，第148页。

双方首席代表南日和哈里森签字后，经朝鲜人民军最高司令官金日成、中国人民志愿军司令员彭德怀（7月28日在开城签字）分别代表朝中方面签字，“联合国军”总司令克拉克上将代表另方签字。《朝鲜停战协定》正式生效。朝鲜战争战火终于停息。

克拉克签字后，对他的同僚说：“我是美国第一个在没有胜利的停战协定上签字的将军，这在美国历史上是第一次。”①

美国参谋长联席会议主席奥尔马·布莱德雷说：“我们是在错误的时间和错误的地点，同错误的对手打了一场错误的战争。”②

在朝鲜停战协议签字的两天前，毛泽东向中国人民志愿军全体指战员发布指示：“希望全军指战员防止骄傲，在停战协定签字并生效以后，仍应提高警惕，一面自己严格遵守协定，一面防止敌人可能作出破坏的挑衅。”③

美国侵略者在朝鲜战争期间，动用了陆军的1/3、空军的1/5、海军的近半数。除原子弹之外，当时的一切新式武器和军事技术全部都用上了。运输到朝鲜的作战物资在7300万吨以上，直接战费消耗在200亿美元以上。据美方公布，“联合国”军伤亡人数达147.4269万人，这是一次流血最多、代价最高的战争，是美国历史上第一次真正的失败。《芝加哥论坛报》发表社论说：“美国在这次战争中，除去获得这次试验所能提供的教训外，什么也没有赢得。”

在抗美援朝中，中朝军队共毙、伤、俘敌军109.38万人（美军39.75万余人）；击落、击伤、缴获敌机12224架；击毁、击伤、缴获坦克3064辆；击毁、击伤、缴获各种炮7695门；击沉敌军舰257艘。其中，中国人民志愿军毙、伤、俘敌70余万人（美军28.5618万人）；击落、击伤敌机10629架；击毁、击伤敌坦克2000余辆。

在这次战争期间，中国人民志愿军先后投入兵力130余万人，伤亡和失踪的志愿军人数达36.6万余人（其中，牺牲的团以上干部200多人）。

1953年9月12日，毛泽东在中央人民政府委员会第二十四次会议上，总结了抗美援朝的胜利和意义。毛泽东说：“作战的双方，都把自己的战线称为铜墙铁壁。

---

① 1958年10月30日，杨勇《在人大和政协常委会上关于志愿军抗美援朝工作的报告》。后来，克拉克在他的回忆录（《从多瑙河到鸭绿江》，英国哈拉普公司1954年版）中说道：“在执行我政府的训令中，我获得了一项不值得羡慕的荣誉：那就是我成了历史上签订没有胜利的停战条约的第一位美国陆军司令官。我感到一种失望的痛苦，我想，我的前任，麦克阿瑟与李奇微两位将军一定具有同感。”

② 胡光正：《英明的决策 伟大的成果——论抗美援朝战争的出兵参战决策》，《党史研究》，1983年第1期。

③ 《建国以来毛泽东军事文稿》中卷，军事科学出版社、中央文献出版社，2010年1月第1版，第161页。

在我们这方面，确实是铜墙铁壁。我们的战士和干部机智，勇敢，不怕死。而美国侵略军却怕死，他们的军官也比较呆板，不那么灵活。他们战线不巩固，并不是铜墙铁壁。我们方面发生的问题，最初是能不能打，后来是能不能守，再后来是能不能保证给养，最后是能不能打破细菌战。这四个问题，一个接着一个，都解决了。我们的军队是越战越强。今年夏天，我们已经能够在一小时内打破敌人正面21公里的阵地，能够集中发射几十万发炮弹，能够打进去18公里。如果照这样打下去，再打它两次、三次、四次，敌人的整个战线就会被打破。"

毛泽东说："我们的经验是：依靠人民，再加上一个比较正确的领导，就可以用我们的劣势装备战胜优势装备的敌人。"

毛泽东说："我们中国人民志愿军的陆军、空军、海军、步兵、炮兵、工兵、坦克兵、铁道兵、防空兵、通信兵，还有卫生部队、后勤部队等，取得了对美国侵略军队实际作战的经验。这一次，我们摸了一下美国军队的底。对美国军队，如果不接触它，就会怕它。我们跟它打了33个月，把它的底摸熟了。美帝国主义并不可怕，就是那么一回事。我们取得了这一条经验，这是一条了不起的经验。"

毛泽东说："帝国主义侵略者应当懂得：现在中国人民已经组织起来了，是惹不得的。如果惹翻了，是不好办的。"

毛泽东说："我们现在的情况，同1950年冬季的情况不同了。那时候，美国侵略者是不是在'三八线'那边呢？不是，他们是在鸭绿江、图们江那边。我们有没有对美国侵略者作战的经验呢？没有。对于美国军队熟悉不熟悉呢？不熟悉。现在这些情况都变了。"①

抗美援朝开始不久，中国共产党即在国内领导广大人民掀起轰轰烈烈的"抗美援朝，保家卫国"运动的热潮。人民解放军战士，人人上书请求上朝鲜前线杀敌立功，广大青年踊跃报名参加志愿军。到处出现了母亲送儿子，妻子送丈夫，兄弟争先入伍的感人事迹。

成千上万的铁路员工、司机和民工组织运输队、担架队随军赴朝，担负前线的各种运输和战勤服务。医务工作者组织大批医疗队上前线为中朝部队服务。

工人响应毛泽东的"增加生产，厉行节约，以支持中国人民志愿军"的号召，开展了增产节约竞赛，保证了国民经济的恢复和发展，及时而充分地供应前线军事物资的需求。

农民开展爱国增产运动，使全国农业生产得以迅速恢复和超过历史最高水平，对朝鲜前线的粮、棉供应提供了保证。

当志愿军取得五大战役胜利后，全国人民掀起了制定爱国公约、捐献飞机大炮

---

① 《建国以来毛泽东军事文稿》中卷，军事科学出版社、中央文献出版社，2010年1月第1版，第173—175页。

和优待烈军属的群众性运动。至 1952 年 5 月，全国人民共捐献了价值相当 3710 架战斗机的捐款。从而加强了中国人民志愿军急需的装备。全国人民还捐献了 126 万多件慰问品和 77 万多个慰问袋。祖国人民不断组织慰问团前往朝鲜。

抗美援朝期间，中国军队消耗各种物资 560 多万吨，开支战费合人民币 60 万亿元（旧币）。①

1953 年 10 月 30 日，新华社报道，志愿军涌现出了 30 多万名功臣和 6100 多个集体立功单位。

毛岸英牺牲后，毛泽东忍着老年丧子的悲痛，把心血倾注在国家大事上。然而，儿媳刘思齐每周必到的看望，对他来说无疑是一场感情上的折磨。思齐每次来，都要问：岸英为何不来信，爸爸收到岸英的信没有？毛泽东总是装作若无其事地宽慰她。毛泽东不能也不愿一直扮演这世上最难堪的角色。两年后，毛泽东终于向刘思齐诉说了。他先谈到了为革命牺牲的杨开慧、毛泽民、毛泽覃、毛泽建、毛楚雄……刘思齐越听越不对劲：朝鲜停战协定都签了，为什么岸英还没有寄来片言只字？难道他……她不敢想下去了，反而安慰起年迈的爸爸。这天，她离开中南海时心慌意乱。刘思齐再一次去中南海，毛泽东亲自告诉了她毛岸英牺牲的消息。她痛不欲生，哭呀哭。毛泽东木然地坐着，脸色苍白。毛泽东没有用一般的话去安慰刘思齐，他抄录了李白的诗句送给她："登高壮观天地间，大江茫茫去不还。黄云万里动风色，白波九道流雪山。"刘思齐请求将毛岸英的遗体迁回国来安葬。毛泽东摇头说："青山处处埋忠骨，何必马革裹尸还。不是还有千千万万志愿军烈士安葬在朝鲜吗？"

关于毛岸英的遗骨安葬问题，志愿军总部曾给军委总干部部发过一份询问电报，军委干部部赖传珠起草了复电，要求将毛岸英的尸骨送回北京安葬，送交彭德怀审批。彭德怀建议将毛岸英的遗骨埋在朝鲜，并得到周恩来、刘少奇、邓小平的同意。

坐落在朝鲜平安南道桧仓群山山丘之中的"中国人民志愿军烈士陵园"里，有 100 多位中华优秀儿女安息在这里。前排中间的"毛岸英同志之墓"，墓碑的背面刻着：

毛岸英同志原籍湖南省湘潭县韶山冲，是中国人民领袖毛泽东同志的长子。一九五〇年他坚决请求参加中国人民志愿军，于一九五〇年十一月二十五日在抗美援朝战争中英勇牺牲。

毛岸英同志的爱国主义和国际主义的精神将永远教育和鼓舞着青年的一代。

---

① 1955 年 2 月 21 日，国务院发布《关于发行新的人民币和收回现行的人民币的命令》，责成中国人民银行自 1955 年 3 月 1 日起发行新的人民币，以新币 1 元等于旧币 1 万元的折合收回旧的人民币。至同年 1955 年 6 月 10 日，新人民币已全部取代旧人民币在市场上流通。

毛岸英烈士永垂不朽![1]

中华人民共和国政府在新中国成立之初，原准备于1950年夏季以武力解放台湾。朝鲜战争的发生打断了这一行动。美国对中国的围堵政策和美台《共同防御条约》的酝酿，使中国政府认为必须在世界舆论面前强调台湾的地位问题，以防止美国利用条约使台湾的现状固定化。

朝鲜战争结束后，由于冷战的不断升级，麦卡锡主义反共浪潮的冲击，院外援蒋集团的推波助澜，美国国内的反共反华空气十分浓厚。在对华政策上，艾森豪威尔政府奉行敌视中国的三项原则：承认台湾当局为中国合法政府；不承认中华人民共和国；反对中国进入联合国。

艾森豪威尔执政期间，美台关系进入了“蜜月”时期。朝鲜战争结束，美国虽已失去驻军台湾的借口，但美国仍坚持继续控制台湾，作为遏制中国战线上重要的一环。在大使一职空缺了近4年以后，兰金被任命为驻台大使，于1953年4月2日向蒋介石递交了国书。此后，美国军政要员接连访台。美国同台湾举行联合军事演习，增派军事顾问并不断增加军事和经济援助。但是美国又不愿支持台湾当局进攻大陆。美国只是想把台湾与大陆分开，作为美国在西太平洋上的一个前哨阵地。

艾森豪威尔着力组建孤立和遏制中国的包围圈：1953年8月，美国与韩国签订了《美韩共同防御条约》；1954年9月，美国推动东南亚各国签订了《东南亚集体安全防御条约》。1954年12月2日，美国同台湾国民党政府签订了《共同防御条约》，规定美国得以在台湾、澎湖列岛驻军。通过条约使美国驻军合法化，以便长期控制台湾，使台湾同大陆永久分离。并组成完整无缺的对华半月形包围圈。美台的《共同防御条约》签订以后，美国在私下里不断制造“两个中国”的机会（但是由于台湾海峡两岸中国人民的强烈反对，美国官方始终没能公开提出和实施“两个中国”的方案）。

1954年8月22日，中国各民主党派、各人民团体发表《联合宣言》：“台湾是中国的领土，中国人民一定要解放台湾。”9月3日，中国人民解放军奉命开始炮击金门。1955年1月，中国军队又解放了浙江沿海由国民党军队控制的一江山岛。

中国的行动引起了美国的恐慌。艾森豪威尔专门为此发表国情咨文称：“美国必须使人毫不怀疑我们准备在必要时进行战斗，来维护自由世界在保持一个自由台湾方面的重大利益。”他还威胁说美国有可能在台湾海峡使用核武器。美国的行动使中国内部事务变成了国际争端，引起了亚洲国家的担忧，加剧了国际紧张局势。

为了缓和亚洲地区的紧张局势，1955年4月周恩来在万隆会议上声明：“中国人民不要同美国打仗，中国政府愿意同美国政府坐下来谈判，讨论远东紧张局势的问题，特别是缓和台湾地区的紧张局势问题。”同年5月，周恩来在全国人民代表

---

① 金振林：《巨人之子毛岸英》，河北少年儿童出版社，1995年12月第1版。

大会会议上提出："中国人民愿意在可能的条件下，争取用和平的方式解放台湾。"①

1954年6月中美代表在日内瓦会议上首次单独接触。自1955年8月起，两国开始了长达15年之久的大使级谈判。美国一再要求中国放弃对台湾使用武力，以便使台湾的现状固定化。中国政府一方面努力创造条件争取和平解决台湾问题，一方面严正声明如何解决台湾问题是中国的内政，不容他人干涉。

1955年3月31日，志愿军6个师的首批部队回到辽宁省安东市。

1958年2月20日，中国人民志愿军总部发表声明，决定于1958年底以前分批全部撤出朝鲜。

1958年10月20日，中国人民志愿军总部官兵在志愿军司令员杨勇、政委王平等率领下起程返国。

1958年10月26日，新华社报道，中国人民志愿军总部发布撤军公报说：志愿军已全部撤离朝鲜。

第二章主要参考书籍和文章

《中共党史参考资料》（八），人民出版社，1980年1月第1版。

《彭德怀自述》，人民出版社，1981年12月第1版。

柴成文、赵勇田：《抗美援朝纪实》，中共党史资料出版社，1987年2月第1版。

《建国以来毛泽东文稿》第一册，中央文献出版社，1987年11月第1版。

[美] 费正清、[英] 德里克·麦克法夸尔：《剑桥中华人民共和国史（1949—1965）》，上海人民出版社，1990年6月第1版。

《建国以来毛泽东文稿》第四册，中央文献出版社，1990年9月第1版。

金振林：《巨人之子毛岸英》，河北少年儿童出版社，1995年1月第1版。

《毛泽东文集》第六卷，人民出版社，1999年6月第1版。

毛新宇：《我的伯父毛岸英》，长城出版社，2001年1月第2版。

《毛泽东传（1949—1976）》，中央文献出版社，2003年12月第1版。

柴成文、赵勇田：《志愿军紧急出动（板门店谈判）》。

《建国以来毛泽东军事文稿》（上卷、中卷），军事科学出版社、中央文献出版社，2010年1月第1版。

胡光正：《英明的决策　伟大的成果——论抗美援朝战争的出兵参战决策》，《党史研究》，1983年第1期。

刘松林：《父亲》，《学习与实践》，1984年第5期。

① 《中共党史参考资料》（八），人民出版社，1980年1月第1版，第139页。

张希：《抗美援朝战争中的彭德怀——纪念抗美援朝战争三十五周年》，载《星火燎原》，1986 年第 6 期。

齐德学：《关于抗美援朝战争战略目标的探讨》，《中共党史研究》，1986 年第 6 期。

齐德学：《关于中国人民志愿军轮番作战问题的粗浅认识》，《军事史林》，1988 年第 1 期。

张廷贵：《抗美援朝战争概述》，《党史研究与教学》，1988 年第 6 期。

林利民：《新中国成立前后艾奇逊的对华政策主张》，《华中师范大学学报》，1989 年第 2 期。

张希：《彭德怀受命率师抗美援朝的前前后后》，《中共党史资料》，1989 年 10 月，第 31 期。

肖健宁：《建国初期中美关系中的台湾问题》，《中共党史资料》，第 31 期。

宫力：《抗美援朝的战略决策》，《党史文汇》，1992 年第 10 期。

沈志华：《毛泽东派兵入朝作战的决心——就 10 月 2 日电报答俄国学者的质疑》，《国外中共党史研究动态》，1996 年第 2 期。

萧石忠：《抗美援朝战争》，《中华人民共和国专题史稿》（1）（1949—1956），四川出版集团、四川人民出版社，2009 年 8 月第 2 版。

第三章　建设人民新中国（下）

一、帝国主义对新中国禁运

1947 年，美国宣布对社会主义国家实行战略物资禁运。

第二次世界大战后，美国亚洲新秩序的规划中，力图把中国培植为一个“强大、统一、亲美”的国家。美国认为，中国可以成为抵抗来自太平洋威胁的第一道防线，维护美国安全的一个重要环节。因此，美国把国民党政府扶植为实现这一蓝图的伙伴。

1949 年 10 月 1 日，中华人民共和国成立。美国政府在国内一片反共的氛围中最终放弃一切试探，采取强硬态度，对新中国不承认、不接触、不通商；对蒋介石继续支持。

中国革命的胜利发展，美国的“中国蓝图”成了泡影。美国转而扶植日本，推行以建筑太平洋岛防御圈为中心内容的亚洲遏制政策。

美国国务院设计室主任凯南认为，美国应“尽快撤销在中国的不安全的承诺，对这个国家恢复超脱的立场和行动的自由”。

11 月，美国纠集 15 个北大西洋公约成员国成立输出管制统筹委员会，总部设在巴黎，统称“巴统”。这是对社会主义国家实行战略封锁、禁运的组织，以破坏社会主义国家的经济建设，控制帝国主义阵营各国的原料与市场。

12 月，杜鲁门总统批准国家安全委员会第 48/2 号文件建议：美国应利用中共同苏联以及中国国内的斯大林分子与其他力量之间的一切分歧。为达到这一战略目标，美国曾考虑实行两项战略：一项是把共产党中国当作国际贱民，使它脱离与非共产主义世界的联系，以期促进推翻那里的共产党政府；另一项是允许它与日本和西方世界开展有限度的贸易，以此向中共提供经济诱饵，保持它对莫斯科的独立，并暗含，如果它不这样做，贸易将终止。杜鲁门赞成后一种选择。1949 年至 1950 年间，中国与资本主义世界各国之间的贸易曾一度恢复和发展。

1950 年 4 月，美国通过的国家安全委员会第 68 号文件把美国的冷战战略全球化，将世界各地的共产党不加区别地说成是对美国的威胁，转而采取对新中国更加敌视的行动。1950 年 6 月 25 日爆发的朝鲜战争，美国开始对新中国进行部分物资禁运；10 月 25 日，中国人民志愿军赴朝作战，11 月 7 日，华盛顿终止了美国与中国的商务往来，全面对中国实行禁运。12 月 16 日，美国宣布管制我国在美国辖区的公私财产，并禁止一切在美注册的船只在另有通知以前前往中国港口。不仅我国原有的存款、物资被冻结，来华货物遭到美控口岸拦扣，而且我国近海航轮也时常遭到炮击。

从 1951 年起，美国极力鼓动其盟国与其他国家共同参加对新中国的禁运。5 月 18 日，联合国大会在美国的操纵下，通过了《实施对中国禁运的决议》，参照美国对华禁运清单，强迫与会各国对新中国实行禁运武器、弹药、战争用品、原子能材料、石油、具有战略价值的运输器材，包括了一切生产和生活必需的消费物资，达 1700 余种。为了保持禁运国家行动上的协调一致，对于那些放松贸易控制与我往来的盟国，美国则表示要给予严厉惩罚。据 1953 年美国国务院统计，参加对中国禁运的国家共有 45 个。“巴统”委员会下设“中国委员会”，专门负责管制对中国的贸易，并制定了更加严格的“中国禁单”。中英贸易减少了 90%，中法贸易减少了 95%，日本、西德完全停止了与中国的贸易。

当时，中国正在进行抗美援朝，军费开支庞大，加上海外资金被冻结，中国财政处于困难之中。新中国经济处于恢复阶段，经济形势没有彻底好转。进口商品的减少还引起这些商品价格的上涨，推动物价总水平的上升。

解放战争时期，帝国主义纷纷撤走资金，剩下了为数不多、不便搬迁的一些工矿设备和房地产等，其中大部分为英法垄断资本。至 1950 年底，全国还有外资企业 135 家，连同分支机构共 200 多个单位。帝国主义对我国实行禁运之前，中国政府对守法的外资企业是尊重其财产所有权和经营自主权的。

为了防止禁运国家，尤其是美国在我境内从事经济破坏活动，更为了表示我国不可欺辱、坚决反禁运立场，1950 年 12 月 28 日，中国政务院颁发了《关于管制美国财产冻结美国存款的命令》，宣布“中华人民共和国境内美国政府和美国企业的一切财产，应即由当地人民政府管制，并进行清查……中华人民共和国境内所有银行的一切美国公私存款，应即行冻结”。[①] 12 月 30 日，我国政府对上海美资德士古石油公司、上海电力公司、美国商业银行等 115 家美资企业实行了军管。

1951 年 5 月 18 日，美国操纵第五届联大通过对中国禁运案，进一步损害我国权益。1952 年，中国对西方国家的进出口值比 1950 年减少近 90%。其中，美国由 1950 年的 23812 万美元下降到 1952 年的 5 万美元。

---

① 《人民日报》，1950 年 12 月 29 日。

我国遂将处理外资工作更推进一步，改管制为征用。1950 年 7 月 11 日，我国宣布征用已被管制的美资德士古、中美三家美资石油公司除其总公司和分支机构之办公处以外的全部财产，并征购其所有存料。鉴于英国政府追随美国向我禁运，我国也征用了英国的英联船厂与马勒机器造船厂的全部财产。

新中国成立后的第二个月，周恩来指出："我们需要的物资绝大部分可自己解决……决不要依靠敌人。"1950 年 8 月 11 日，政务院颁布了《关于奖励有关生产发明、技术改进及合理化建议的决定》和《保护发明权和专利权暂行条例》两个文件，提倡工人、技术人员、职工和从事有关生产的科学研究工作者进行发明创造。对禁运前那些能够自产、却需进口才可满足供求的原料、器材，增加了生产以便自给。提倡节约，带领人民创造和使用代用品。对于农业上的化肥不足，以养猪积肥代替；面对油料紧缺，供不应求，则推广代用燃料，把部分过于陈旧的载重汽车改装成木炭、木柴、煤气的代用车，用动力苯和酒精作汽车代用燃料；在清理仓库库存的基础上，对石油原料实行了高价限售和管制配给措施；对橡胶、铜、钢等重要的工业原料，禁止在市场上出售；对棉花粮食实行重点掌握；1951 年和 1952 年，对棉纱进行统购，又把生铁、钢材、新闻纸、钨等 12 种物资的调拨与平衡计划收归中央；本着发展生产、保证供给的原则，还在全国范围内对物资原料进行调剂。

1950 年 7 月 4 日，中财委发出《关于适当限制某些已经过剩或饱和状态的生产的公告》，指示："过去依赖外销市场、目前生产能力已超过需要的工业，应按销售情况适当限制产量。"1951 年 6 月 15 日在上海举行的华东区土产会议上，又确定："个别因外销困难而滞销的土产，可酌情考虑停产或减产。"我国把开展城乡交流当作全国经济生活中的一件大事来抓，充分发动国营商业和小商小贩的积极性，广开渠道举办各种形式、各种规模的物资交流会、展览会和订货会，开辟了外销产品的国内市场。

毛泽东说："在帝国主义存在的时代，任何国家的真正的人民革命，如果没有国际革命力量在各种方式上的援助，要取得自己的胜利是不可能的，胜利了要巩固，也是不可能的。……人民中国的现在和将来也是这样的。"1951 年 1 月 15 日，在全国对外贸易管理会议上，我国明确指出："在尽可能扩大内销、争取国内自给自足的基础上，扩大与苏联及东欧国家的贸易。"

1950 年 2 月 28 日，中华人民共和国同波兰签订 1950 年易货与付款协定书；1950 年 4 月 19 日，中苏两国签署中华人民共和国中央人民政府、苏维埃社会主义共和国联盟政府之间的贸易协定；1950 年 6 月 14 日，中捷签订 1950 年贸易协定；1950 年 8 月 18 日，中朝签订 1950 年易货协定。

为方便货物运输，中苏两国签订了《中苏铁路联运协定》。1950 年 6 月 2 日，中财委决定，凡由苏联、德意志民主共和国、捷克斯洛伐克、波兰、匈牙利、朝鲜等国进口的货物，按最低税率征税。中国还与罗马尼亚、蒙古签订贸易协定。

1951 年对苏联进出口总额比 1950 年增长 138.9％，1952 年比 1951 年增长 23.1％，占中国进出口总额 62.6％。

中国还努力开展同非社会主义国家的贸易。1951 年与印度签订以大米换麻袋的贸易协议，1952 年与锡兰（斯里兰卡）签订“米胶贸易协定”。继与英国民间签订总额达 2000 万英镑的贸易协定后，又与法国、比利时、荷兰、瑞士、芬兰、意大利等国进出口商签订了贸易协定。还与缅甸、印度尼西亚、巴西、智利等国建立了外贸关系。1951 年，中国参加了莱比锡国际博览会、布拉格国际博览会。1952 年，参加了在印度孟买举办的国际工业博览会。

中国积极发展内地对香港、澳门的直接贸易和转口贸易，努力开拓对日本、西欧、北美的民间贸易和政府贸易。

1950 年到 1952 年，中国对外贸易总额年均增长 30.8％。1951 年及 1952 年，中国进出口总额均超过旧中国对外贸易的最高额，将旧中国长达 70 年之久的对外贸易入超局面转变为进出口大概平衡。

英国人实际上长期以来一直反对限制与苏联和东欧的贸易，认为这种限制将使他们的国家活力受到损害，将使他们对美国的经济依赖增加，英国人还害怕中国对香港进行报复，还害怕由于印度、锡兰和巴基斯坦可能不与他们合作使英联邦内部发生严重分裂。因此，英国人以及一般的欧洲人想要一种最低程度的限制制度，仅仅禁止出售明显可以用于战争目的的商品。随着朝鲜战争结束，欧洲人对于贸易的管制热情便骤然下降。

日本的经济健康问题使日本的政界和商界领袖们感到忧虑，几乎所有的人都认为，恢复与中国大陆的经济联系对于保持日本的持久繁荣是必不可少的。

对于以上的矛盾，中国政府及时指出：本着在平等互利的基础上与各国和人民恢复发展通商贸易关系原则，对于欧洲其他各国不论有无外交关系完全可以建立平等互利的国际关系；中国人民愿意看到日本能够健康发展和平经济，并恢复和发展中日两国间正常的贸易关系。

因此，中国在贸易上，不放过与任何一个参与禁运的资本主义国家做生意的机会。将出口物资分为甲、乙、丙三类，严禁甲类战略物资向资本主义国家输出，用国外短缺的次要战略物资，采用“先进后出”的方式，换回我国急需的汽油、钢铁、药品等重要物资。

20 世纪 50 年代中期，禁运逐渐走向土崩瓦解，英国与日本相继通过“例外程序”与我国进行贸易。50 年代末，除美国以外，其他参与禁运的国家对华贸易都放宽到与苏联、东欧国家的贸易限制水平上。

二、新中国经济建设

从1949年至1952年，粮食作物的优良品种已经推广到2亿亩，棉花的优良品种占棉田总面积的一半以上，推广新式农具25万余件。人民政府还帮助农民改进耕种和栽培技术，实行合理密植和深耕，并在整地、施肥、育种、播种、中耕、灌溉、防止病虫害等方面创造了不少先进经验。黑龙江肇源县通过推广“等距宽播、间苗保苗、分期追肥”的先进做法，使全县粮食作物的单位面积产量普遍提高了一倍。

为了推动农业生产，国家实行鼓励垦荒政策。农民在3年中开垦了大量荒地，使耕地面积从1949年的14.68亿亩增加到1952年的16.19亿亩。粮食、棉花、油料播种面积增加2.69亿亩。

新中国成立初期，中央军委决定人民解放军15个师在新疆、甘肃、宁夏、江苏、山东等地建立第一批农场，另有2个师和1个独立团开赴华南地区建设橡胶农场。其他一些省市，也在沿海、沿江、滨湖、滨河、荒山及荒漠地区开荒建立农场。到1952年底，全国建立农场562个，共有职工35.9万人，耕地565万亩，天然橡胶90万亩。国营农场从国外引进拖拉机1176台、联合收割机276台、载重汽车2030辆。

1949年粮食产量为11318万吨，1950年为13213万吨，1951年为14369万吨，1952年为16392万吨。1949年棉花产量为44.4万吨，1950年为69.2万吨，1951年为103.1万吨，1952年为130.4万吨。1952年饲养大小牲畜98万头。

1949年到1952年，全国水稻亩产从252斤提高到321斤，玉米亩产由100斤左右提高到179斤，棉花亩产皮棉由21.39斤增加到31.2斤。

按不变价格计算，1949年农业总产值为326亿元，1952年为484亿元。

这种发展速度，历史上是罕见的。

1952年，每个农村居民消费粮食192公斤，食用植物油1.7公斤，食糖0.6公斤，猪肉5.5公斤，棉布4.6米。多数农业地区，农民口粮由过去以糠菜为主变成了以玉米和高粱等粗粮为主；在农业生产发达地区，农民口粮已经以稻米、面粉为主。有些农民开始翻盖旧房或另建新房，开始购置过去买不起的搪瓷面盆、暖水瓶、细布、胶鞋等商品。①

---

① 当代中国研究所：《〈中华人民共和国史稿〉第一卷（1949—1956）》，人民出版社、当代中国出版社，2012年9月第1版，第147—148页。

国营工矿企业的固定资产占全国固定资产的80%。1950年至1951年，人民政府在国营工矿企业开展了民主改革（第一阶段）和生产改革（第二阶段）。

民主改革的第一项内容是，废除和改变旧的腐朽的官僚管理制度，建立新的工厂管理委员会和职工代表会议，吸收工人参加管理，实行企业管理民主化。民主改革的第二项内容是，清除隐藏在企业内部的反革命分子和封建残余势力，废除各种官僚资本统治时期遗留下来压迫工人的制度，如包工制、把头制、侮辱工人人格的搜身制。民主改革的第三项内容是，加强工人阶级内部的团结：对少数被威胁引诱参加过反动党团的工人、职员，教育他们以忠诚老实的态度坦白自己的问题，对反动派的罪恶进行揭发和控诉，放下包袱，轻装上阵；对过去曾欺侮过工人的职员和技术人员，教育他们进行自我批评，向工人承认错误，并保证今后改正，以取得工人的谅解。

国营企业的生产改革，主要是进行了两项工作，一是在经营管理工作中建立严格的经济核算制，二是在生产管理工作中大力推广和使用新技术。围绕建立和实行经济核算制度，各企业进行的工作是：①认真地严格地登记和核实本企业的财产，划清企业的流动资金和固定资金；②在开展增产节约，创造生产新纪录运动的基础上制定合理的生产新定额，实行定额管理；③建立和实行生产责任制和质量检查制；④改革不合理的工资制度；⑤建立严格的预算制度和精确的成本核算制度；⑥建立和加强企业的计划和统计工作。

1950年，燃料工业部作出《在国营煤矿全面推行新的生产办法的决定》，废除过去长期采用的高落式与方柱式的采煤方法，采取和推广三段长壁、矸石充填等新的采煤方法，从而使回采率在薄煤层由过去的70%提高到90%，在中煤层由过去的15%—30%提高到66%—85%，并为机械化采煤和铲运创造了条件。

在纺织部门，普遍推广了郝建秀工作法和1951年织布工作法，使棉纱产量得到大幅度的增长。

在钢铁工业中推行了平炉快速炼钢法。

在机械工业中推广了高速切削和翻砂造型的先进经验。

在铁路运输中推广了满载超轴500公里运行经验。

在建筑业中推广了苏长有瓦工小组的先进砌砖法等。

1949年至1952年，人民政府用于基本建设的费用为66.27亿元，占财政收入的17%，折合黄金4639两。新中国成立初期有重点的经济建设侧重在三个方面：水利建设、交通运输建设和以电力、煤炭、钢铁为主的工业建设。

从1950年到1952年，国家用于工业建设方面的投资为26.98亿元，新建3300个企业，其中大中型企业占4%，比较重要的有阜新海州露天煤矿、阜新发电厂、抚顺发电厂、西安第二发电厂、鞍山钢铁公司的无缝钢管厂、鞍山大型轧钢厂和第七号炼铁炉、山西重型机械厂、太原纺织机械厂、武汉国棉一厂、郑州纺织厂、西北国棉一厂、邯郸棉纺织厂、新疆七一棉纺织厂、哈尔滨亚麻厂。

1949年10月1日，中央人民政府组建了贸易部。随后，又在各大行政区、省、市、自治区设立了贸易部和商业厅（局）。从1950年到1951年，中央贸易部相继组建了粮食、土产、花纱布、百货、盐业、茶叶、油脂、工业器材、石油、煤建等20多个专业公司，并根据业务需要在全国各地建立了分支机构。1952年，中央人民政府把贸易部划分为对外贸易部和商业部。

到1952年底，全国有28个国营专业公司、33282个国营商店，拥有53万名职工。国营商业批发额在全国商品总批发额中占60%，商品零售额在全国商品总零售额中占34.4%，并掌握了粮食、棉花、纱布、煤炭、食油、食盐等重要商品的供应。

1952年，全国钢产量134.9万吨（解放前最高年产量90多万吨，1949年10多万吨），生铁产量192.9万吨，原煤产量6649万吨（解放前最高年产量6000万吨，1949年3243万吨），发电量72.6亿度，棉纱产量362万件，棉布产量38.3亿米，工业固定资产158亿元。并能制造优质钢材、钢板、钢轨、无缝钢管、新式刨床、铣床、矿山机械、成套纺织机械、3000千瓦发电机组、1000千瓦电动机、300马力空气压缩机，拖拉机和汽车也试制成功。

1952年，粮食产量3088亿斤（解放前最高年产量1936年为2774亿斤，1949年为2162亿斤），棉花产量2600万担（解放前最高年产量1698万担，1949年为889万担），大牲畜7646万头，生猪存栏8977万头。

1952年，工农业总产值810亿元（农业461亿元，工业349亿元——重工业124亿元、轻工业225亿元），国民收入589亿元（来自农业的340亿元，来自工业、建筑业、运输业的161亿元，来自商业的88亿元）。

1952年财政总收入183.7亿元，总支出176亿元。其中，来自国营企业的收入部分和经济文化教育建设费用的支出有了很大的增长。

1949年，全国职工809万人，1952年达到1603万人。1952年实行第一次工资改革，工资总额67亿元，全民所有制职工年人均货币工资446元。

1952年，全国居民人均消费水平76元，其中农业居民62元，城镇居民148元。1952年，城镇居民储蓄存款余额8.8亿元，人均储蓄12元。

1949年至1952年，全国城市维修房屋2000万平方米，新建住宅1462万平方米。

从1952年起，在党政机关和事业单位中实行公费医疗制度。到1952年，享受劳动保险的职工330万人，享受公费医疗的人数400万人。企业中的职工福利事业，如托儿所、疗养院、休养所均有发展。①

人民政府对国营和私营商业采取了统筹兼顾的方针，在确保国营经济的领导和稳定市场的条件下，对有利于国计民生的私营商业采取了扶持和发展的政策，在经营范围、批零差价、税收政策、银行贷款、市场管理、劳动条件等方面均给以照顾，并帮助他们端正方向，改进经营作风，积极下乡推销工业品和收购农副土特产品。1951 年，全国私营商业增加到 450 万户，从业人员由 662 万人增加到 740 万人，资本额由 19.9 亿元增加到 22 亿元，商品销售额增加到 238.19 亿元。1951 年私商从农村收购土特产品价值为 24.6 亿元，占全国农村土特产品收购总价值 44 亿元的 55.4%。

中央人民政府非常关注民生事业。1951 年 2 月 18 日，毛泽东批转各中央局，并转分局各大市委、省委及区党委："北京市委所提组织公私合营的房产公司，修建房屋解决房荒的计划，各大城市凡严重缺乏房屋者均可仿行。现在大城市房屋缺乏，已引起人民很大不满，必须有计划地建筑新房、修理旧房，满足人民的需要。"②

到 1951 年，我国先后同苏联、波兰、匈牙利、罗马尼亚、保加利亚、民主德国、捷克斯洛伐克、阿尔巴尼亚、朝鲜、锡兰、缅甸、印度、巴基斯坦、英国、法国、瑞士、西德、芬兰、荷兰、智利、日本等国建立或发生贸易关系。1950 年，我国进出口总额为 41.6 亿元（超过了 1931 年以来的任何一年），1951 年为 59.5 亿元，1952 年为 64.6 亿元。并改变了历史上长期存在的进口大于出口的入超情况，实现了进出口贸易的基本平衡。进口货物主要是我国建设所需要的工业设备、交通器材、农业机械、化肥、农药等生产资料，奢侈品几乎绝迹。对外贸易的迅速发展，有力地支持了国内工农业生产的恢复和发展。

我国河流众多，这些丰富的资源在旧中国没有得到很好的利用，反给人民带来了灾难：江河泛滥、旱涝灾害频繁，是旧中国的一大特点。近代以来，中国的老百姓饱受两个祸患之苦，一个是战乱，另一个是水患。新中国成立，结束了战乱。从新中国一成立起，毛泽东始终关注江河湖泊的治理及全国的水利建设事业。

从 1949 年到 1952 年，新中国在财政经济十分困难的情况下，仍然拿出大批资金从事农田水利建设。3 年中，对全国 4.2 万余里堤防的绝大部分进行培修和加

---

① 当代中国研究所：《〈中华人民共和国史稿〉第一卷（1949—1956）》，人民出版社、当代中国出版社，2012 年 9 月第 1 版，第 149 页。

② 《建国以来毛泽东文稿》第二册，中央文献出版社，1988 年 11 月第 1 版，第 131 页。

固，对一些水灾比较严重的河流，如淮河、沂河、沭河、永定河、大清河、潮白河进行了全流域的治理，还修建了荆江分洪工程。这些工程的浩大，是历史上少见的，如治理淮河，就要修建13处水库、17处控制工程，还要疏浚旧河，开挖新河、修建船闸等。3年来在水利工程上所完成的土方有17亿立方以上，等于10条巴拿巴运河或23条苏伊士运河所完成的土方。

3年中还修建现代化的灌溉工程358处，新建和整修小型渠道河、蓄水塘堰336处，新凿和修复水井66.8万眼。

3年来，人民政府用于水利建设的经费约7亿元，占预算内基本建设投资的10％。

著名的有治淮工程、荆江分洪工程和官厅水库建设工程。

淮河发源于河南省桐柏山，流经河南省的东部、安徽省和江苏省的北部，大小支流200多条。在1194年以前，淮河是独流入海，含沙量极小，水路畅通。700多年来，由于上游山区滥伐森林，滥开山荒以及黄河几次决口，夹带大量流沙夺淮入海，淮河水系遭到严重的破坏，上壅下塞，成为有名的害河。从14世纪到20世纪，严重的灾害平均每十年一次，其中清康熙年间，平均每两年发生一次大的水灾。1931年淮河洪水泛滥，淹没农田7800万亩，灾民2000万人。1950年淮河又一次发大水，被淹农田4000余亩，灾民1300万人。

1950年夏天，安徽、河南交界连降大雨，淮北地区受灾程度为百年未有。毛泽东在批阅淮北灾情的报告里，看到一份电报："由于水势凶猛，来不及逃走，或攀登树上，失足坠水（有在树上被毒蛇咬死者），或船小浪大，翻船而死者，统计489人。"

看到这里，毛泽东流了泪。①

7月20日，毛泽东批示给周恩来："除目前防救外，须考虑根治办法，现在开始准备，秋起即组织大规模导淮工程，期以一年完成导淮，免去明年水患。请邀集有关人员讨论（一）目前防救、（二）根本导淮两问题。如何请酌办。"

8月5日，毛泽东批示给周恩来："请令水利部限日作出导淮计划，送我一阅。此计划8月份务须作好，由政务院通过，秋初即开始动工。如何，望酌办。"

8月31日，毛泽东批示给周恩来："导淮必苏、皖、豫三省同时动手，三省党委的工作计划，均须以此为中心，并早日告诉它们。"

8月25日至9月12日，在周恩来直接指导下，水利部召开治淮会议，具体落实毛泽东关于治理淮河的批示，确定蓄泄兼筹的治淮方针。

9月16日，安徽省委书记曾希圣向华东局和中央报告皖北地区灾民积极拥护

① 《毛泽东传（1949—1976）》，中央文献出版社，2003年12月第1版，第94页。

治淮决定情况，并提出调配粮食建议。9月21日，毛泽东将这份报告批给周恩来：“现已九月底，治淮开工期不宜久拖，请督促早日勘测，早日作好计划，早日开工。”①

1950年10月14日，在经过仔细调查和研讨的基础上，中央人民政府政务院发布了《关于治理淮河的决定》。治淮的工程目标是：①蓄水，在淮河上游各个支流上兴建13处蓄水库，并在沿淮的湖泊和洼地修建17处控制工程，蓄水200亿立方米，以控制和调节淮河的水量，使它在洪水时不泛滥成灾，在枯水季节能给以灌溉；②治理河道——疏浚旧河、开挖新河、修堤和河展宽堤距等；③利用水库湖泊拦蓄，举办灌溉、河水力发电工程，以及修建船闸、整理航道，发展淮河的航运事业。

人民政府关于治理淮河的决定，受到淮河流域几千万人民的欢迎，绵延数千里的淮河流域出现了一片欢腾的景象。11月，在蚌埠市成立了治淮委员会及下属的三个工程局。在抗美援朝战争紧张进行、国家财政十分吃紧的情况下，当年11月，国家拨出治淮工程原粮4.5亿斤、小麦2000万斤，保证治淮工程按时开工。年底，治淮工程全面展开。这年冬季，淮河上、中、下游共有80万民工参加治淮，奋战80天，建成了一条长达168公里的苏北灌溉总渠。

1951年5月，中央组成由邵力子率领的治淮视察团，赴治淮工地检查工作。毛泽东亲笔题词：“一定要把淮河修好。”毛泽东题词制成四面锦旗，分送治淮委员会和河南、皖北、苏北治淮指挥部。

经过数百万劳动大军的艰苦奋斗，到1952年底，已建成水库3处、湖泊洼地蓄水工程15处，可以控制洪水100亿立方米；修复干流堤防2190余公里，完成疏浚工程2880公里；建成灌溉总渠170公里，涵闸138座。

到1957年冬天，国家治理淮河共投入资金12.4亿元，治理大小河道175条，修建水库9座，库容量达到316亿立方米，修建堤防4600余公里。

淮河经过治理，使淮河流域6000万人和22万平方公里的土地在很大的程度上避免了水患，使5000万亩土地可以引淮河水灌溉。

长江是中国最长的河流，自三峡奔腾而出，到湖北宜昌以下豁然开阔，在长江中游地区形成了辽阔的水网地带，滋润着湘鄂两省广袤肥沃的土地。但是一到夏天，暴雨连绵，江河横溢，严重威胁人民生命财产。长江中游荆江段（湖北省境内的枝江——湖南省岳阳城陵矶）由于河道狭窄淤垫，下游弯曲，不能承泄大量的洪水。江北的荆江大坝已高出地面12—16米，每当汛期，洪峰汹涌，险象迭出。一旦决口，将危及湖北、湖南两省千百万人民的生命财产的安全，威胁整个长江的航

① 《毛泽东传（1949—1976）》，中央文献出版社，2003年12月第1版，第94页。

运和南北交通。

1950 年 10 月，毛泽东和刘少奇、周恩来听取中南局代理书记邓子恢汇报，认真研究荆江分洪工程方案，不久，此工程获得批准。

1952 年 3 月 31 日，中央人民政府政务院发布《关于荆江分洪工程的规定》。4 月 5 日，全面开工。5 月，中央人民政府委派水利部部长傅作义到工地慰问。临行前，毛泽东为工程题词："为广大人民的利益，争取荆江分洪工程的胜利！"

这项工程包括两项内容：①加固长江北岸 114 公里的荆江大堤；②在长江南岸太平口虎渡河以东、藕池口安乡河以北、荆江南堤的西南约 921 平方公里的洼地内修筑分洪区，用于在特大洪水时可将洪水暂排蓄在蓄洪区内，减少洪水对大堤的威胁。

经过 30 万工人、农民和解放军指战员的两个半月的艰辛劳动，于洪水到来之前完成了工程的建设。总计完成了 13 万余立方米的混凝土工程和 800 余万立方米的土方工程，并顺利地将 20 万人口从分洪区迁移到安全地区。

分洪区每秒钟可分洪 8000—15000 立方米，可蓄洪 60 亿立方米。可以有效地降低长江的水位，确保荆江大堤和两岸人民生命财产的安全。

海河并不长，却汇合北运河、永定河、大清河、子牙河、南运河以及大大小小的众多支流，构成华北平原的一个重要水系。由于海河流域雨量集中，地势平缓，特别是夏季，一遇暴雨，便泛滥成灾，直接威胁华北平原主要产粮区和北京、天津两大城市的安全。

治理海河工程，是和治理淮河工程几乎同时开始。

永定河，原名无定河，是华北地区水患灾害最严重的一条河流。1917 年和 1931 年的两次大水直冲天津市，淹没了天津的大部分地区，京津交通断绝，海河航道被泥沙淤塞。

1951 年 10 月，治理永定河工程的官厅水库建设正式开始。经过数万工人、农民的施工，于 1953 年发挥了拦洪作用。1954 年 4 月 12 日，在水库竣工前夕，毛泽东视察了工地。水库于 1954 年 5 月全部建成。坝高 45 米，长 290 米，容积为 22.7 亿立方米。水库的建成，基本上解除了永定河的水患，确保了京津的安全，并可供给首都的工业和生活用水、用电。水库建成后，毛泽东题词："庆祝官厅水库工程胜利完成。"

1952 年 10 月 26 日至 11 月 1 日，毛泽东利用中央批准他的休假时间，顺着山东、河南、平原[①]三省，沿着黄河沿岸，专程考察黄河。

10 月 25 日，毛泽东离开北京的第一站是济南。27 日，他视察了济南附近的黄河地段，站在堤坝上凝望着黄河水，问这里的黄河底比济南城内地面要高出多少？陪同的人说高出 6 到 7 米，毛泽东嘱咐说：要把大堤、大坝修牢，千万不要出事；雨季大水，要发动群众上堤防守，必要时军队要上去坚决死守；我深知黄河洪水为害，侧渗也会给人民造成灾害。

28 日，毛泽东乘专列到徐州，听徐州负责人汇报工作。他们说，事先不知道主席来，没有准备。毛泽东说，我就爱听没有准备的汇报。毛泽东登上云龙山顶，远眺清咸丰五年铜瓦厢决口改道前的黄河故道，说：黄河流经这里 700 余年，泥沙淤积很多，夏秋常常决口，泛滥成灾，乾隆皇帝 4 次到这里视察，研究治理黄河，由于各种原因，他治不好黄河；现在解放了，人民当家作主了，我们应当领导人民，把黄河故道治理好，变害为利；山上山下，城市道路两旁，都要多栽树，防风固沙，改善人民生活环境，治理战争创伤，建设好我们的国家。

29 日，毛泽东在罗瑞卿、滕代远及李烛尘先生陪同下，乘专列来到河南省兰封县（1954 年与考城合并，为兰考县）。询问土改以后河南农村的变化、生产建设、农民负担等情况。为了不给地方增加接待负担，毛泽东提出当晚住在专列上。第二天，毛泽东乘专列前往黄河东坝头，徒步登上大堤，来到铜瓦厢黄河决口改道（清朝咸丰五年）的地方。中午，专列驶往开封，毛泽东请陪同的河南省委负责人等共进午餐。饭后，毛泽东很有兴致地向黄河水利委员会主任王化云询问黄河规划。毛泽东说：长远打算好，南方水多，北方水少，如有可能，借点水来也是可以的。毛泽东还关切地了解黄土高原水土保持工作情况。

专列快到开封，毛泽东提出看一下“悬河”。一行人到达柳园口大堤上。毛泽东说：真是悬河！黄河水比堤内村里的树梢还高；要把大堤、大坝切实修牢固，发大水时，有危险，党政军民一齐上，万万不能再出事！

当晚，大家都休息了。毛泽东在灯下兴致勃勃地翻阅《河南通志》、《汴京志》、《龙门二十品》碑帖等。

31 日清晨，毛泽东要到新乡看引黄灌溉工程。毛泽东坚持不要河南省委负责人陪同前往。毛泽东嘱咐说：“要把黄河的事情办好。”

专列途经郑州，毛泽东下车到邙山考察。毛泽东提议到新建成的引黄灌溉渠看看。到了引黄灌溉大闸管理处，听完介绍，毛泽东问：把闸门打开引进水看看行吗？陪同人告诉说：这里还没有电，开闸是人摇。毛泽东脱去大衣，和大家一起将闸摇开。

闸开了，黄河水滚滚涌进。毛泽东深思片刻说：沿着黄河每个县都建一座引黄

---

① 1949 年 8 月 1 日，华北人民政府通令调整华北行政区划，成立了平原省（辖原鲁西南、豫北、冀南衔接地区）。1952 年平原省建制撤销，辖地分别划归山东、河南两省。

闸就好了。

车到新乡，毛泽东看完引黄入卫新渠，感慨地说：从黄河到卫河，这条人民开发的新渠，改变了黄河下游过去只决口成灾、不受益的情况，起到了造福人民的作用。

11 月 1 日，毛泽东到安阳。3 日，回到北京。[①]

新中国成立以来，首先进行了引黄灌溉济卫工程，它和治理海河、荆江分洪、官厅水库建设被称为新中国初期的 4 大水利工程。

1950 年至 1952 年 3 年间，全国各地因地制宜兴办群众性小型渠道和蓄水塘堰 336 万余处，新凿和修复水井 66.8 万眼，扩大灌溉面积 4950 万余亩，另有 1.84 亿亩农田因为增加和改善了水的供应而免于旱灾的威胁。

由于兴修水利，防止水患和改善灌溉面积而增产的粮食以数百万吨计，同时在发电、航运等方面也收到了明显的效益。

人民政府还修建了 3846 公里的公路。有沟通西藏和内地的交通干线康藏公路、新藏公路，有沟通新疆和内地的新兰公路，还有昆洛公路、沈丹公路等。这些公路大都建筑在海拔三四千米的荒僻的高原上，有的高达 5000 米以上。空气稀薄、气候寒冷，人迹罕至，工程的艰巨和困难是世界上少见的。

在水运方面，人民政府整治和疏浚了长江、珠江、松花江、南北大运河、湘江、赣江、嘉陵江、沙河、小清河，设立了航标，修缮了港口。3 年中，人民政府还开通了沿海航线 36 条，总长 1 万余海里。并建筑了一些新海港，天津塘沽新港经过 15 个月的努力，于 1952 年 10 月建成，大大改善了天津海港的吞吐能力，万吨巨轮可以直接停泊码头装卸货物。

1950 年成立了中国民航局，并与苏联政府合办了中苏民航公司。开辟了十多条国内航线和三条国际航线。

三、新中国文化教育事业

1949 年 7 月 2 日至 19 日，第一次中华全国文学艺术工作者代表大会在北平（北京）召开。

毛泽东代表中共中央起草了给大会的贺电：革命胜利以后，我们的任务主要地就是发展生产和发展文化教育，党号召一切爱国的文艺工作者进一步团结起来，广

---

① 《毛泽东传（1949—1976）》，中央文献出版社，2003 年 12 月第 1 版，第 98—101 页。

泛地发展为人民服务的文艺工作，使人民的文艺运动发展起来，借以配合人民的其他文化和人民教育工作，借以配合人民的经济建设工作。

第一届文代会使解放区与原国民党统治区长期分离的两支文艺队伍会合一起，实现了大会师。五四运动以来处于长期分散形态的“新文艺运动”由此进入“新的人民的文艺”时代。与会的文艺界人士将毛泽东的《在延安文艺座谈会上的讲话》提出的“文艺为人民服务，首先是为工农兵服务”的方针确定为今后文艺运动的总方向。提出，面向人民革命胜利的新的现实，为建设新中国的人民的文艺而奋斗的任务。大会成立了“中华全国文学艺术界联合会全国委员会”（简称“全国文联”）及美术、舞蹈、曲艺、文学、音乐、戏剧、电影等专业文艺工作者协会，担负起指导和推进人民文艺事业发展的任务。

中华人民共和国成立之前，进步文艺界受到反动势力的压制，只能通过迂回隐喻的方法表现民族、科学、大众的文化主题。新中国成立，党和人民政府倡导继承和发扬民族文化中的优良传统，重点发展人民的文学、艺术、戏剧、电影等文化事业。

1949 年年内，汇集延安文艺座谈会以来解放区优秀文艺作品，如歌剧《白毛女》，小说《太阳照在桑干河上》、《暴风骤雨》等 53 种《中国人民文艺丛书》全部出版。广大文艺工作者积极投身现实斗争，深入社会生活，创作出一大批以革命战争、民主改革为题材，启发人民政治觉悟、鼓励人民劳动热情的优秀作品，如《龙须沟》（话剧）、《长征》（歌剧）、《铜墙铁壁》（小说）、《谁是最可爱的人》（通讯）、《歌唱祖国》（歌曲）、《钢铁战士》（电影）等，极大丰富了人民群众的精神文化生活。

《共同纲领》规定：“发展人民出版事业，并注重出版有益于人民的通俗书报。”党和人民政府实行出版、印刷、发行企业的分工专业化，统一全国新华书店为国营的书刊发行机构，成立人民出版社等 10 余家规模较大的国营专业出版社及新华印刷厂。生活、读书、新知等书店，合并成立三联书店。商务印书馆、中华书局、开明书店等私营出版机构实行联合经营，进而有步骤实行公私合营。按照专业分工的方向，划分国营与私营出版出书的范围和重点。

中央人民政府政务院下设的中国科学院，是在接受旧中国“中央研究院”、“国立北平研究院”及其所属研究所基础上组建起来的。主要任务是：“有计划地利用近现代科学成就以服务于工业、农业和国防的建设，组织并指导全国的科学研究，以提高中国的科学研究水平。”

根据国家学术研究与实际需要密切配合的方针，中国科学院合理分配科学人才，调整与充实院属科研机构，指导建立地方科研组织，加强科学队伍建设，并配合高等学校、产业部门、国防部门的科研单位，逐步建立比较完整的科研体系，为中国科学事业由近代以来落伍逐渐走向振兴打基础。

1950年8月，成立了“中华全国自然科学专门学会联合会”和“中华全国科学技术普及协会”。主要工作方向是团结科技工作者、推动学术研究和学术交流、普及科学知识、提高人民科学技术水平等。

新中国成立初，我国有几十万戏曲艺人，影响着几千万观众、听众。党和政府十分重视这支队伍，强调应当尊重一切受群众喜爱的从旧社会过来的这部分人，他们是劳动人民的一部分。

1951年春天，毛泽东为中国戏曲研究院题词“百花齐放，推陈出新”。5月5日，政务院发布《关于戏曲改革工作的指示》，提出“改戏、改人、改制”的任务，要求净化戏曲舞台，整理传统剧目，剔除旧戏曲中的封建糟粕。改革旧戏班、旧戏社中不合理的制度。鼓励各种戏曲形式自由竞赛。要求艺人加强政治、文化和业务学习。改革中，既反对对待艺术遗产采取粗暴的态度，又反对墨守成规、不求改进的保守思想。许多戏剧工作者，在参加各种社会政治活动中思想受到教育和得到锤炼，提高了爱国热情和创作积极性，主动清除旧戏中消极的内容和丑化劳动人民形象的粗俗表演，从而产生出一批优秀剧目，适合于人民文化需求和欣赏趣味的提高。

按照《共同纲领》，关于发展民族的、科学的、大众的文化教育的要求，中共党和政府有步骤地对旧有教育文化事业进行改革，使学校教育制度与思想文化建设适应新旧社会的转换，争取和鼓励知识分子为人民服务，推进新中国各项事业发展。

中华人民共和国成立以前，旧中国的教育基础很落后，文盲众多。城市学龄儿童入学率是20%，工人与贫民子弟一般读不起书；在乡村，有相当多的旧式教育，农民子弟大多无钱入学。旧式教育虽然有着传播民族文化的功能，但是其中渗透着大量封建的东西。近代以来的新式教育，尤其是高等教育为科学发展、技术进步培养了有用人才，但是主办权多为帝国主义所控制。

1949年11月，中华人民共和国教育部成立，马叙伦任首任教育部部长，下设办公厅、高等教育司、中等教育司、初等教育司、社会教育司和视导司、参事室。

12月23日至31日，中央人民政府教育部在北京召开第一次全国教育工作会议，确定逐步改革旧教育的方针、步骤和发展新教育的方向。会议强调：中华人民共和国教育的主要任务是提高人民文化水平，培养国家建设人才，肃清封建的、买办的、法西斯的思想，发展为人民服务的思想，首先为工农兵服务，为当前的革命斗争与建设服务；建设新教育要以老解放区教育经验为基础，吸收旧教育某些有用的经验，特别要借助苏联教育建设的先进经验；教育必须为国家建设服务，学校必须为工农开门；普及与提高正确结合，在相当长的时期内以普及为主。新中国在全国有步骤地、谨慎地改革旧教育制度。改革的一个重要方面，是改变旧社会劳动人民没有受教育的机会的状况，解决教育为工农大众开门的问题。

新中国对旧有教育制度主要从两方面进行改造：一是使教育事业从过去掌握在少数人手里，转向为广大劳动人民服务；二是使教育事业从过去脱离实际、脱离生产，转向为恢复和发展国家的生产事业服务。中共强调，对于旧有的教育事业，不能采取像摧毁反动政权机构那样的做法，而是采取先妥善接受再逐步改造的谨慎政策。

对原国民党政府办的各类公立学校，建立学校接管委员会，解散国民党、三青团等反动组织；各学校的教职员除极为反动的个别分子听候处理之外，按照原职原薪继续工作；对私立学校，一律维持原状。这一政策，既维护了学校的教学秩序和一大批知识分子的思想稳定，又尊重了教育的传承性，因而受到学校教职员和社会各界的拥护和支持。

接管学校后，新中国人民政府首先废除原有法西斯式的训导制度、特务统治和反动的政治教育，废止国民党政府颁布的“党义”、“公民”、“童子军”、“军事训练”等带有反动性的课程；增设政治经济学、新民主主义论、社会发展史等革命政治教育新课，使马克思列宁主义、毛泽东思想的教育进入学校。原有的教育事业完整地回到人民手中，为建设新中国的教育事业创造了基础条件。

1950年8月，中央人民政府政务院公布《关于实施高等学校课程改革的决定》，批准教育部制定的《高等学校暂行规程》、《专科学校暂行规程》。10月，政务院发出《关于举办工农速成中学和工农干部文化补习学校的指示》。中央人民政府通过大力发展小学和中学，吸收工农子弟入学，兴办多种多样的工农速成中学、工农干部文化补习学校（班）和技术专修班，使一批工农干部、产业工人和解放军指战员达到中等文化程度。各高等学校附设先修班和补习班，以便利工农干部、少数民族干部及华侨子女入学，一些学习成绩好的，直接进入大学或高等专科学校学习。逐步创办函授大学和夜大学，从各方面为大量吸收工农分子进入高等学校创造条件。

国家选派留学生和实习生去苏联和东欧人民民主国家学习，以培养国家建设需要的高级领导骨干和新技术专家。1951年8月，中国派遣了第一批375名赴苏联留学生。

所有高等学校、中等技术学校、师范学校和工农速成学校学生的学习生活费均由国家供给。各中等学校对有困难的学生发放人民助学金并减免学费，使广大劳动人民及其子女享有教育（特别是高等教育）的权利。

在广大农村，采取办冬学、识字班、学习小组和农民业余学校的形式，大力开展扫盲运动。

新中国成立之初，有许多接受外国津贴的教会学校分布在全国各地，中央人民政府允许这些学校在遵守政府政策法令的原则下，继续接受外国津贴。某些外国教会却藐视这个原则，无理干涉学校的行政，阻挠学校改革，或以断绝经费相要挟，或暗中进行反动宣传和敌对活动。最突出的是辅仁大学，它是罗马教廷天主教会主办。1949 年，教会将学校补助费自 22 万美元降为 16 万美元，并提出四项无理要求，8 月提出停拨所有经费。中国教育部部长召见教会驻校代表芮歌尼并发表书面谈话，提出我国教育主权的五项原则，指出“宗教与学校教育是两回事”。10 月 12 日，中华人民共和国政务院明令接受辅仁大学自办。

朝鲜战争爆发，美国政府利用各种途径反对新中国，各地教会学校师生员工游行示威，要求人民政府自办教会学校。1950 年 12 月底，针对美国冻结中国在美资产的挑衅行为，政务院发布《关于处理受美国津贴的文化教育救济机关及宗教团体的方针的决定》，继辅仁大学之后，人民政府自 1951 年开始，对接受外国津贴的 20 所高等学校（其中燕京大学、金陵大学等 11 所改为公办学校；沪江大学、东吴大学等 9 所改为中国人自办的私立学校，政府予以补助）、544 所中学、1133 所初等学校实行接办，分别改为公立或由中国人民自办维持私立，政府补助。[①]

1950 年 8 月 30 日，教育部统计，1946 年至 1948 年出国留学尚在国外的 5541 人，其中美国 3500 人、日本 1200 人、英国 443 人。中共中央、政务院通过亲属关系和外交途径，争取回国。从 1949 年 8 月到 1955 年 11 月，由西方国家归来的高级知识分子 1536 人，其中从美国回来 1041 人，如李四光、华罗庚、钱学森、吴阶平、邓稼先、汪德昭等。

1952 年 9 月 10 日，教育部发出《关于接办私立学校的通知》，共接办私立中学 1413 所，教职员工 3.4 万人，学生 53.3 万人；接办私立小学 8925 所，教职员工 5.5 万人，学生 160 万人。

中华人民共和国成立时，不包括各地人民大学类型的学校和各地军政大学，除台湾外，全国共有高等学校 227 所，学生 10.4 万人，其中公立学校 138 所，约占大学总数的 61%；私立学校 65 所，约占总数的 29%；教会学校 24 所，约占总数的 10%。全国高等学校中大学 65 所，占高等学校总数的 29%；专门学院 92 所，占高等学校总数的 40%；专科学校 76 所，占高等学校总数的 31%。华东区有高等院校 85 所，占全国高等院校总数的 37.4%，仅上海一地高等院校有 43 所，几乎占全国高等院校的 1/5。

旧中国高等学校在院校分布和系科设置上存在着严重的无政府主义状态和脱离实际的问题，有的学校某些系教师人数超过学生人数，有的系只有一两个学生。人民政府决定以华北、东北、华东为重点对全国高等学校的院系设置进行大规模调

① 当代中国研究所：《〈中华人民共和国史稿〉第一卷（1949—1956）》，人民出版社、当代中国出版社，2012 年 9 月第 1 版，第 246 页。

整。调整的方针是“以培养工业建设人才和师资为重点，发展专门学院和专科学校，整顿和加强综合性大学”。调整时间从1951年开始，1953年基本结束。

各地高校分期分批进行院系调整和专业设置，许多大学的文、理、法学院或系实行合并，组建多科性工学院，或独立成专门的工学院。例如，天津北洋大学与河北工学院合并成新校——天津大学，成为专门培养燃料工业、重工业、轻工业、纺织工业及水利工程方面人才的多科性工科大学。又如，以光华、大夏两所大学为基础，加上东亚体育专科学校、同济大学植物系、复旦大学教育系、沪江大学音乐系，合并成立华东师范大学。到1952年10月，以华北、华东为重点的院系调整基本完成。1952年统计，高等工业学校由原来的31所扩充到47所，新设了钢铁、地质、矿冶、水利等国家急需的12所专门工业学院。工学院的学生占全部高等院校的比例由1949年的18%上升到1952年的35.4%，占各科学生的第一位。基本形成机械、电机、土木、化工等主要专业比较齐全的学科体系。师范学院由原来的30所扩充到34所，农林院校由原来的18所扩充到34所，医药学院由原来的29所扩充到32所。其余为财经、政法、少数民族院校等。北京大学、南开大学、复旦大学、南京大学、中山大学等被改为综合性大学。大多数省份拥有了一所综合性大学和工、农、医、师等专门学院。

1952年10月，教育部发出《关于高等学校马克思列宁主义、毛泽东思想的课程的指示》，规定各高等学校试行政治工作制度，设立政治辅导处。

1952年，政务院决定高等院校统一招生和毕业生统一分配。原有79所私立高等学校全部改为公办。

1952年统计，全国初等学校学生中，工农成分的达80%以上，中等学校学生中，工农成分的学生达60%左右；高等学校学生中，工农成分的达20%。这是中国历史上前所未有的现象。

1953年5月，高等教育部党组就全国高等教育的基本情况和今后方针向中共中央提交报告：培养干部应与国家建设特别是工业建设的需要相适应，首先要保证重工业、国防工业及与此密切相联系的地质、建筑等方面技术干部的供应；高等教育应兼顾目前需要与长期建设需要；高等工业学校应以本科为主，专科为辅；综合大学是高等教育的基础，着重发展理科，政法、财经高等学校的社会科学、哲学、文史等科系，应适当集中，进行改造，为以后发展准备条件。同年9月，中央批准这个报告。经过调整，原有的高等学校分别成为综合性大学、专门学院与专科学校，一些院校新增了原子能、半导体、电子学、自动化等新技术专业。

院校调整，加快了对国家急需建设人才的培养，改变了高校布局不合理的状况。缺点是：照搬苏联模式，未能吸收中国教育遗产中的优良部分，对一些著名大学多年形成学科专长未予照顾，学科机构出现“理工分割、文理分家”现象，对文、法、财经院校撤并过多，不适当取消了社会学、政治学等学科。

为了鼓励和帮助少数民族青年接受高等教育和专业教育，1951 年 8 月，教育部召开第一次全国民族教育会议。人民政府规定，一般高等学校招生中给少数民族考生以适当的照顾，保证他们优先入学。人民政府在北京设立中央民族学院，为少数民族干部的政治、经济、文化建设培养干部。在西北、西南、中南等地设立了 8 个中央民族学院分院，并普遍开办了各种民族干部训练班和民族干部学校。

各类高等学校对少数民族考生实行优先录取政策。国家在经费、师资等方面对少数民族教育予以特殊照顾。凡有通用文字的民族，均采用本民族语言教学。

四、对电影《武训传》的讨论

电影《武训传》是由孙瑜编导、赵丹主演的一部历史故事片。

1944 年秋开始提出拍这部电影。当时，国民党的中央电影制片厂（抗战开始时国共合作创办），要把厂里的主要演员都拉去拍一部名叫《奥尔斯特克斯》的反共影片。为了打破国民党这个反动阴谋，厂里的许多进步演员，如赵丹、白杨、秦怡等同志经与我党南方局负责同志商量，决定我们也拍一部电影，把全部演员都排上去，使国民党无计可施。为此，孙瑜提出拍《武训传》的建议，大家都同意他的想法。于是他就根据陶行知送给他的一本《武训传》改编为电影剧本，主题是歌颂武训怎样“为穷孩子们争取受教育权利的一生和兴学的成功”。不久，抗战胜利，国民党中央电影制片厂的大员们忙于“劫收”，那部《奥尔斯特克斯》不拍了，《武训传》也只写了剧情大纲就搁置下来。1947 年秋天，孙瑜到国民党办的中国电影制片厂工作时，又参考了有关武训的其他材料，把《武训传》的剧情大纲写成了分场的电影文学剧本，1948 年秋天开拍，11 月因经济困难停拍。1949 年 1 月，昆仑影业公司购买了《武训传》的摄制权和已拍成的 1/3 的胶片，继续摄制。

上海解放后，经过第一次文代会，孙瑜觉得武训那种“韧性的斗争方式”不够积极，一度放弃摄制。1949 年 11 月底，昆仑公司急需剧本，而当时又没有适当的剧本可拍，于是又决定将《武训传》修改重拍。经过讨论，把原来歌颂的主题改为“歌颂与批判并行”，主题中心放在武训的悲剧性的反抗和“服务牺牲的精神上”。

开拍前，孙瑜、赵丹等找上海军管会文艺处的同志们商量，夏衍曾指出：武训不足为训，剧本是否可拍，要送中宣部审查。于伶也认为，要拍农村教育片，不如歌颂老解放区模范教师陶端予。但一些同志仍然认为《武训传》有摄制价值。于是，他们又到北京，见到周恩来总理。周总理因工作忙，没有时间看剧本，只给他们提了两个建议：一、要到武训家乡去实地调查，究竟人民群众对武训是怎么看的；二、要把电影剧本和人民群众中流行的关于武训的传说对照一下，哪些符合，哪些不符合。具体问题让他们去找有关同志商量。后来剧本经中宣部审查同意。1950 年 2 月开拍，到 12 月完成，又送华东局宣传部、上海市文化局等单位审查。

华东局书记饶漱石参加了审片，看完后他第一个起来鼓掌，并和导演孙瑜、主要演员赵丹握手，表示祝贺。这样，电影《武训传》几经曲折，终于问世了。

1950年底到1951年初，电影《武训传》先后在上海、北京、天津等大城市上映。这写的是一个真人故事，以一个小学教师给学生讲故事为引子，描写和赞扬了武训行乞兴学的事迹：清朝末年，山东省堂邑县武庄有一个叫武七（1838—1896）的孩子，长得聪明伶俐，非常愿意上学，但由于家境贫寒，未能实现上学的愿望。他长大后给地主张老辫扛活，张老辫欺他不识字，伪造假账赖掉了他三年的工钱。武七只说了“一个人要凭良心”一句话，就被地主毒打一顿，赶出门外。武七病倒在一座破庙中，三天三夜不省人事。在梦幻中，武七游历了地狱和天堂。他看到穷人之所以受地主的欺压和凌辱，陷入黑暗的地狱，就是因为被剥夺了受教育的权利，两眼不识字，辨别不出方向；在天堂，由于人人都读书识字，才和睦相处，生活幸福。经过一番梦幻，武七大彻大悟，懂得了一个道理：穷人之所以受穷受苦，没有好日子过，就是由于不识字；穷人读了书，就会有好日子过，就不再受地主的欺压。武七经过冥思苦想，想出了行乞兴义学的办法。为了博得人们的怜悯和施舍，他把自己打扮成一副可怜和滑稽的样子，穿着一身破衣服，头上留着一个小辫子，到处向人下跪磕头乞讨。为了乞讨到几个钱，他当众吞食砖头、瓦块、蛇蝎粪便，喝脏水，爬在地上学驴作马让人骑，任人拳打脚踢。为了乞求有权有势的地主豪绅帮他办学，他采用下跪磕头的办法，跪在他们的门前三天三夜，直到答应为止。经过30年的乞讨，武七终于在他50岁的时候办起了一所义学。他用下跪乞求的办法请来了教师和学生，他看到穷人的孩子都高高兴兴来上学时，激动得泪流满面。武七不以此为满足，他为兴办第二、第三所义学继续乞讨流浪。

从武训在世，到新中国成立前，他曾经受到清朝皇帝、北洋军阀、蒋介石、汪精卫直至日本帝国主义等历代统治者的嘉奖和吹捧，而且也受到资产阶级改良主义者康有为、梁启超以及进步教育家陶行知先生的赞扬和推崇。反动统治者吹捧他，是利用他的奴隶性格的一面来愚弄和麻痹人民群众，巩固他们的统治，原国民党山东省主席韩复榘说：“鲁西一带民性强悍，‘土匪’如毛，历代都没有肃清。若是穷人个个都像武训，治鲁西就不难。”陶行知先生推崇武训，是因为他毕生从事平民教育事业。陶行知把武训的精神归纳为“三无四有”，即无钱，无靠山，无学校教育；有合于大众需要的宏愿，有合于自己能力的办法，有公私分明的廉洁，有尽其在我的决心。陶行知每当办学遇到困难的时候，就以这种精神激励自己。

武训一生，无私财，无不良嗜好，伶仃一人，生活困苦，以行乞兴学为他唯一的大事。出名以后生活虽有所改善，但没有变质，其财产都是学产，由代理人管理，代理人可能有问题，但武训本人未取分文。也没有发现有依仗官府欺压老百姓的劣迹。当地群众没有把他当作圣人（称他“武豆沫”，意即糊涂），也没有把他当作坏蛋。

当地群众对于武训的行乞兴学活动，并没有表现出很大的热情，但也没有反感，有点同情甚至赞扬，因为义学办起来毕竟对社会有些好处。群众并没有把武训当成圣人或恩人，是因为办义学的事情在当时各地都有，相当普遍，而且更重要的是，义学对于广大受压迫受剥削的劳动人民来说，并不能解除他们的痛苦。

电影即将结束时，电影编导借讲故事的小学教师之口，对武训作了评价：武训这样的人的反抗精神是不够的，单凭念书也是解放不了穷人的，中国的劳苦大众只有在为人民服务的组织之下才能打倒帝国主义和国民党政权，才能得到解放；要求大家以武训为榜样，学习他刻苦耐劳的作风，学习他全心全意为人民服务的精神。同时还响起了主题歌："大哉武训，至勇至仁。行乞兴学，苦操奇行。一囊一钵，仆仆风尘；一砖一瓦，累积成金。街头卖艺，市上售歌；为牛为马，舍命舍身。世风何薄，大陆日沉。谁启我愚？谁济我贫？大哉武训，至仁至勇。行乞兴学，千古一人。"①

电影编导还在一篇谈电影《武训传》的文章中说：武训"典型地表现了我们中华民族的劳动、勇敢、智慧的崇高品质。热爱他可以热爱我们的民族，提高民族的自豪和自信"。

电影《武训传》上映后，先是获得一片赞扬声。同时还出版了电影小说《武训传》，章回小说《千古奇乞》和《武训画传》。上海、北京、天津三个城市的一些报刊在短短的两三个月内连续发表了 40 多篇评论文章，其中除个别文章提出过某些批评外，整个说来都是赞扬和歌颂的。如说电影《武训传》"是一部具有思想性的影片"，"说明了在凶恶的封建地主阶级统治下，被压迫与被损害者的奋斗史"；说"武训是中国历史上劳动人民文化翻身的一面旗帜"，他的"勤劳、勇敢和智慧，辉耀着中华民族的崇高品质"，"热爱他也可以热爱我们的民族，提高了民族的自信和自豪"，等等。一直到这年 3 月底，《文艺报》发表了贾霁同志的文章《不足为训的武训》，才开始出现了表示怀疑和反对的意见。

毛泽东看了这部电影，也看到了文艺界、教育界关于电影《武训传》和武训的讨论中两种不同意见。他很不满意文艺界、教育界对电影和武训的颂扬，他更不满意一些党员，主要是文艺界一些负责干部在这个问题上的表现。毛泽东毫不犹豫地支持对电影《武训传》的批评，并决心干预这件事情，开展对电影《武训传》的批判。毛泽东执笔为《人民日报》写了一篇题为《应当重视电影〈武训传〉的讨论》的社论，刊登在 1951 年 5 月 20 日的《人民日报》头版的显著地位。

毛泽东在社论中说："《武训传》所提出的问题带有根本的性质，像武训那样的人，处在清朝末年中国人民反对外国侵略者和反对国内的反动封建统治者的伟大斗争的时代，武训根本不去触动封建经济基础及其上层建筑的一根毫毛，反而狂热地

---

① 陈晋：《文人毛泽东》，上海人民出版社，1997 年 12 月第 1 版，第 308 页。

宣传封建文化，并为了取得自己所没有的宣传封建文化的地位，就对反动的封建统治者竭尽奴颜婢膝的能事，这种丑恶的行为，难道是我们所应当歌颂的吗？向着人民群众歌颂这种丑恶的行为，甚至打出‘为人民服务’的革命旗号来歌颂，甚至用革命的农民斗争的失败作为反衬来歌颂，这难道是我们所能够容忍的吗？承认或者容忍这种歌颂，就是承认或者容忍诬蔑农民革命斗争，诬蔑中国历史，诬蔑中国民族的反动宣传，就是把反动宣传认为正当的宣传。

电影《武训传》的出现，特别是对于武训和电影《武训传》的歌颂竟至如此之多，说明了我国文化界的思想混乱达到了何等的程度！”

在社论中，毛泽东列举了一大批在报刊上发表赞扬电影《武训传》和武训的文章及其作者，严厉地指出：“特别值得注意的，是一些号称学得了马克思主义的共产党员……丧失了批判的能力，有些人则竟至向这种反动思想投降。资产阶级的反动思想侵入了战斗的共产党，这难道不是事实吗？”[①]

毛泽东要求，应当重视和开展对电影《武训传》及其他有关武训著作和论文的讨论，以求澄清在这个问题上的混乱思想。

同日，《人民日报》党的生活专栏发表了《共产党员应当参加关于〈武训传〉的批判》的评论，指出：对电影《武训传》的批判，是一场原则性的思想斗争，要求每个看过这部电影或看过歌颂武训的论文的共产党员都不应当保持沉默，都应当自觉地同错误思想进行斗争。如果自己犯过歌颂武训的错误，就应当作严肃的公开的自我批评。评论要求从事文艺工作、教育工作、宣传工作的党员干部，特别是与武训、《武训传》及其评论有关的北京、上海、天津、山东、平原等省市文化界的干部，尤其应自觉地、热烈地参加这一场原则性的思想斗争，并按照具体情况做出适当的结论。要求凡是放映过《武训传》的各城市，都要有计划地领导对《武训传》的讨论。

5 月，中宣部、教育部、华东局先后发出指示和通知，指出：开展对电影《武训传》的批判，是重要的政治任务，是一种全国性的思想运动，武训精神已经成为人民教育事业前进的严重的思想障碍，要求把电影《武训传》的批判普及到每一个学校、每一个教育工作者和文艺工作者，并且要联系实际检查自己。接着，全国各地文艺界、教育界召开各种会议，有讨论会、座谈会、学习会、批判会，对电影《武训传》和武训进行声讨和批判。从中央到地方的报纸、刊物，发表了大量批判电影《武训传》和武训的文章。持不同意见的人已无法表达自己的意见。

6 月 16 日，《学习》杂志第 5 期发表署名杨耳的文章《评武训和关于武训的宣传》。毛泽东事先审阅了这篇文章，有针对性地加写了几段文字：“武训的中心事业是所谓行乞和办‘义’学。这件事，迷惑了很多天真的孩子般的不用脑筋的老好

① 《毛泽东文集》第六卷，人民出版社，1999 年 6 月版，第 166、167 页。

人，其实是一个骗局。武训也许想过要为穷孩子办学堂，但事实只能为有钱人的子弟办学堂，不可能有真正的穷孩子进他那样的学堂。……我们说，武训自己想是一件事，武训的后人替他宣传又是一件事。武训自己一个人想得不对，是极小的事，没有什么影响。后人替他宣传就不同了，这是借武训来宣传自己的主张，而且要拍成电影，写成著作或论文，向中国人民大肆宣传，这就引起了根本问题了。”[①]

电影《武训传》的编导和主要演员，与此事有关的领导干部以及发表过赞扬电影《武训传》和武训文章的同志都被迫作了检查。在一些学校还搞人人过关，批判所谓的“小武训”、“活武训”。山东省堂邑县县委宣传部的一个干部，由于不同意对武训的批判，竟被开除了党籍和公职。

批判开始后，按照毛泽东的指示，1951 年 6 月组织了一个由人民日报社、中央文化部、中共中央山东分局宣传部、中共平原省委宣传部等单位 13 人组成的武训历史调查团。调查团的实际负责人是江青。专程到山东省的堂邑、临清、馆陶等县对武训的历史进行了 20 多天调查。调查组回到北京写出了《武训历史调查记》。经过毛泽东审阅修改，连载在 8 月 23 日至 28 日的《人民日报》上。认为武训是“被当时反动政府赋予特权而为整个地方阶级和反动政府服务的大流氓、大债主和大地主”，他“以‘兴学’为手段，对农民进行十分残酷的剥削”。说武训办的是“不义之学”，是依靠封建统治势力，剥削、敲诈劳动人民的财富，替地主和商人办学校。调查记宣称，电影《武训传》的编导和其他有关武训的著作的作者，都是站在反动的立场上，指鹿为马，颠倒黑白，欺骗中国人民。

毛泽东在《武训历史调查记》里面加写了一段话：在封建社会，“只有地主阶级能够垄断文化，办学校。被剥削被压迫的农民阶级是不可能有受教育学文化的机会的。在封建地主阶级看来，使用简单工具从事农业劳动的农民，也没有要使他们受教育学文化的必要。这是几千年封建制度的规律，是唯物史观所指示的法则。被剥削被压迫的农民阶级要在文化教育方面翻身，要自己办学校，学文化，受教育，只有在工人阶级领导之下，推翻地主阶级的政权……才有这种可能。”

电影《武训传》的编导孙瑜和主要演员赵丹在运动中受到很大的政治压力，但没有因此而停止他们的工作，他们还可以继续参加一些影片的执导和演出。

1951 年 11 月，中宣部和政务院文教委党组在考虑机构设置和人员调配的时候，提议江青担任中宣部电影处处长（那时中宣部下面不设局，处长即相当局长）。报告送到毛泽东那里，毛泽东还是迟疑了，批道：“江青是否宜做处长也值得再考虑一下。”

① 《毛泽东传（1949—1976）》，中央文献出版社，2003 年 12 月第 1 版，第 103—104 页。

1957年3月8日，毛泽东同文艺界代表谈话时问赵丹："孙瑜没有安排好吧？你是和他合作过的。有了安排那就很好。你们两个合作搞的电影《武训传》，曾受到批评，那没有什么，一个作品写得不好，就再写嘛，总该写好它。"[①]

五、知识分子思想改造运动

粗略估计，新中国成立初期全国约有各类知识分子200万人，占全国总人口5.4亿人口的0.37%。[②] 人员构成大体分三部分：投身革命或在革命战争中培养的知识分子，是队伍的核心和骨干，但人数不多，大部分从事党政军或其他行政组织工作；从旧社会过来的各类专家、学者、教授、文艺工作者、医生、工程师、记者、教员等，是这支队伍的主要部分，知识分子问题主要是针对他们的；旧社会培养的青年学生。后两部分人中有一定数量的人在中共领导下参加过人民革命运动。

中国知识分子的大部分，在民主革命时期没有直接参加革命，但由于深受帝国主义、封建主义、官僚资本主义的压迫，亲眼目睹自己祖国饱受苦难，蒙受屈辱，因而具有强烈的爱国主义和不同程度的革命性。随着人民革命的胜利，他们纷纷站到革命一边。中国的知识分子中，死心塌地为帝国主义、封建地主和买办阶级效劳，坚决与人民为敌的是极少数。

毛泽东在中共七届三中全会上明确指出："要争取一切爱国知识分子为人民服务"，并批评了一部分干部企图用简单粗暴方法对待知识分子的错误。

中国共产党进城之初，党和政府对从旧社会过来的知识分子采取全部"包下来"的政策，使他们绝大多数继续从事教育、文化、科学技术等工作，以用其长。其中一部分还分配了负责工作。对失业的努力帮助就业，或先安排学习。在政治上给许多知识分子的代表人物以应有的地位。

党积极争取留居国外的学者和留学生回国，共同建设新国家。1949年12月6日，政务院文化教育委员会成立办理统一办理留学生及学者回国事宜的留学生回国事务委员会。1950年前后，李四光、华罗庚、叶笃正、程开甲、谢希德、赵忠尧、王淦昌等一批科学家和学者，毅然放弃在国外的优裕条件，返回祖国参加建设。到1952年底，留学生回国事务委员会已经接待了2000多名回国留学生和专家学者。

从旧社会过来的知识分子中，有的人以清高超脱自居，有所谓的超阶级、超政

① 《毛泽东文集》第七卷，人民出版社，1999年6月第1版，第257页。

② 当代中国研究所：《〈中华人民共和国史稿〉第一卷（1949—1956）》，人民出版社、当代中国出版社，2012年9月第1版，第250页。

治的观点；有的人为学术而学术、为研究而研究，脱离实际、脱离群众；有的人盲目崇拜西方，崇美、亲美、恐美；有的存有正统观念，在敌我问题上认识模糊；有的存有严重的个人主义；有的对中共、人民政府存有某些偏见和疑虑。这些观念，显然不适合新社会的需要，不仅阻碍个人进步，而且影响着在他们新中国经济文化建设中发挥更大的作用。

按照党对知识分子团结、教育的方针，各地先后举办军政大学、革命大学及各种短期训练班，组织知识分子学习时事政策，开设社会发展史、历史唯物主义、新民主主义论等课程。新解放区大批青年学生，以及许多接受旧式教育或西方教育的知识分子，通过这种学习和教育，了解劳动创造人类世界等基本道理，开始认识中国革命和中国共产党，为逐渐树立革命的人生观打下初步基础。

中国共产党和人民政府在争取、团结、信任和使用知识分子的同时，也向他们提出学习和改造的任务。从 1949 年下半年开始，北京大学等高校开始出现批判胡适实证主义等旧的治学方式的文章。1950 年，北京学术界结合对唯心主义学术思想的批判，冯友兰、费孝通等学者在报上发表自我批评的文章，产生了很大影响。

1950 年 6 月 23 日，毛泽东在政协一届二次会议上，向各界，特别是知识界人士提出以批评、自我批评方法进行自我教育和自我改造的建议。随后，人民政府广泛组织知识分子学习马克思主义基础知识和中国共产党的方针政策，组织他们参加抗美援朝、土地改革和镇压反革命运动，让他们在实践中接受教育。《毛泽东选集》第一卷出版后，全国掀起了学习马克思主义普遍原理同中国革命具体实践相结合的毛泽东思想热潮，推动了知识分子自我教育和自我改造。

1951 年 6 月 1 日，马寅初就任北京大学校长，发现学校内存在着崇尚欧式或崇尚美式教育，对把教育同中国实际相结合缺乏了解或不以为然。马寅初愿意把一所旧型的大学改造成为新型的人民的大学，利用暑期，组织教职员进行了 40 天的政治学习，人们的精神面貌和工作效率都有所改善，效果明显。

9 月 3 日，中央人民政府召开政府委员会议。会后，马寅初向周恩来总理汇报了北京大学政治学习情况。马寅初谈到可以以北大为试点，学习运动可以普遍推广时。周恩来予以肯定，并嘱咐马寅初将意见写成书面材料上报。会议就餐时，周恩来还将马寅初带到毛泽东面前作了汇报。9 月 7 日，马寅初向周恩来写出了书面报告，热诚邀请毛泽东等中央领导人任北京大学政治学习运动的教师。9 月 11 日，毛泽东在马寅初的信上批示："这种学习很好，可请几个同志去讲演。我不能去。"① 中共中央赞赏和支持这种主动学习的要求，决定把学习运动扩大到北京和天津两市的北京大学、清华大学、北京师范大学、燕京大学、北京农业大学、辅仁

① 《建国以来毛泽东文稿》第二册，中央文献出版社，1988 年 11 月第 1 版，第 448 页。

大学、北方交通大学、华北大学工学院、协和医学院、北京大学医学院、天津大学、南开大学、津沽大学、中国矿业大学、河北师范大学、河北医学院、河北水产专科学校、外国语学校、中央美术学院、中央音乐学院等 20 所高校。中央指定由彭真、胡乔木负责领导，由钱俊瑞、蒋南翔、杨奇清、金城、宋硕等成立一个小组负责组织这场运动。行政上在中央教育部成立“京津高等学校教师学习委员会”。马叙伦部长任总学委主任，钱俊瑞、曾昭抡副部长任副主任，委员由各高校的主要领导组成，有马寅初、林砺儒、陈垣、叶企逊、陆志韦、孙晓村、茅以升、杨石先、刘锡瑛、张国藩、曾毅、胡传揆、李宗恩、蒋南翔、刘仁、黄松龄、刘子久、胡耐秋、张宗麟、张勃川、郝仁初等 21 人。

9 月 24 日，周恩来召集彭真、胡乔木、阳翰笙、齐燕铭、蒋南翔，详细研究了运动的目的、内容、方法。时间为 4 个月。学习目的是清除帝国主义、封建主义、官僚资本主义的影响，划清革命与反革命的界限，批判资产阶级思想，树立为人民服务的思想，确立工人阶级思想在政治思想上的领导地位；内容是学习马列主义、毛泽东思想；方法是听报告、阅读文件，联系本人思想和学校状况，开展批评和自我批评。

9 月 29 日下午，周恩来受党中央委派，向参加北京、天津两市高校教师学习会的 3000 余人作了《关于知识分子的改造问题》的报告。周恩来结合自己的经历，阐明知识分子进行思想改造的必要性，勉励知识分子努力站到人民的立场，再争取进一步站到工人阶级的立场。周恩来强调，立场问题不是一下子就能解决的，一定要有一个过程，但是要促进这个过程，推动知识分子的进步，同时要防止可能发生的各种偏差。

周恩来说他参加革命 30 多年了，就是不断进步、不断改造的过程。他说犯过许多错误，栽过跟头，碰过钉子。原因一方面是对理论和原则认识的不清楚，另一方面是自己相信的那一点道理跟实际相矛盾。周恩来说：我现在虽然担负了政府的领导，还要学习和改造，自己不知道的事情还很多，没有明白的道理也很多，要不断学习，不断认识，才能进步。周恩来恳切希望教师们认真学习，开展批评和自我批评，努力使自己成为文化战线上的革命战士。周恩来要求大家建立一个信心，只要决心改造自己，不论是怎样从旧社会过来的，都可以改造好。周恩来讲了 7 个问题。

周恩来特别强调思想改造要靠自觉。他专门举了他的老师张伯苓为例。

彭真、胡乔木也先后作了报告。

马寅初、陆志韦、周培源、陈垣、梁思成、白寿彝等许多著名学者纷纷在报上撰文做自我检讨。

1951 年 10 月 23 日，毛泽东在政协第一届三次会议上指出：“思想改造，首先是各种知识分子的思想改造，是我国在各方面彻底实现民主政治和逐步实现工业化的重要条件之一。”

11月25日，教育部发出通报，向全国教育系统介绍了京津高等教师的学习情况和初步经验。11月30日，中共中央发出《关于在学校进行思想改造和组织清理工作的指示》，要求有计划、有领导、有步骤地在大中小学的教职员和高中以上的学生中，普遍进行初步的思想改造工作，主要解决革命与反革命、树立为人民服务的观点问题；并允许发表不同意见或保留自己的意见。全国高等教职员的91%、大学生的80%、中等学校教职员的75%参加了学习运动。

人民政府分期、分批组织高校教师和学生参加土改运动，了解社会，在实际中学习运用马列主义、毛泽东思想，树立为人民服务的世界观。1951年初的“三反”、“五反”运动，进一步推动了全国范围内的知识分子学习运动，使知识分子受到了一次生动的教育。

1951年11月中旬，中宣部就文艺界整风问题向毛泽东和中央作了报告，指出文艺界存在3个缺陷：(1) 迁就资产阶级、小资产阶级，放弃思想斗争和思想改造工作，缺少对思想工作的严肃性；(2) 脱离政治，脱离群众；(3) 严重的自由主义，缺乏批评与自我批评，缺乏学习。

11月24日，北京市文艺界召开整风学习动员大会。胡乔木、周扬、丁玲分别作题为《文艺工作者为什么要改造思想?》、《整顿文艺思想、改进领导工作》、《为提高我们刊物的思想性、战斗性而斗争》的讲话，还有一些同志发言。大会后，北京文艺界整风学习正式开始，参加整风学习的有文化部所属的文艺部门、文艺组织、文艺学校、文艺报刊等单位1200余名文艺工作者。并对文艺刊物、文艺团体、文艺机构进行了整顿。中央于11月26日发出《关于在文学艺术界开展整风的指示》，要求各地“仿照北京的办法在当地文学艺术界开展一个有准备的有目的的整风学习运动”。

1951年11月下旬到1952年夏天，各地结合纪念毛泽东《在延安文艺座谈会上的讲话》发表10周年，全面展开文艺界整风学习，澄清文艺工作者工作上的资产阶级、小资产阶级思想的影响，明确文艺为工农兵服务的方向问题。

1952年1月，全国政协决定成立学习委员会，负责组织和领导各民主党派、无党派人士、工商宗教界人士开展学习运动，结合全国正在开展的“三反”运动，进行批评和自我批评，以求纠正违反国家利益、人民利益的错误思想和行为。不少专家、学者、教授在报刊上发表文章，畅谈学习收获。

《人民日报》、《光明日报》、《天津日报》、《进步日报》开辟专栏，陆续刊登一些知名学者的检讨文章。一贯爱面子的知识分子在讨论会或报刊上大胆披露心迹，自我揭短亮丑，表现出前所未有的勇气和热情。例如，北京大学法学院院长钱端升检讨自己自以为是，对工作忽冷忽热，一曝十寒；中国科学院植物病研究所所长戴芳澜检讨了自己轻视实践、轻视劳动人民的思想，觉得清理自己的思想，好像洗了一个澡，去掉了很多障碍，精神上很痛快，坚定了为人民服务的思想。清华大学教授葛庭燧发表《批判我的崇美思想》、清华大学营建系主任梁思成发表《我为谁服务了二十年》（《人民日报》，1951 年 12 月 27 日）、清华大学教务长周培源发表《批判我的资产阶级腐朽思想》、清华大学副教授钱伟长发表《我跳出了帝国主义的陷阱》、燕京大学教授赵承信发表《批判我的“国际学者”思想》、津沽大学副校长李宝震发表《我的反动思想危害了人民教育事业》等。

1952 年六七月间，科技界开展学习运动。

这样，由全国教育文化、新闻出版、科学技术、医药卫生等社会各界的知识分子改造思想为主要内容的运动，通过学习有关文件，了解国内外形势和党的各项政策，举办各种报告会，组织参观土地改革、抗美援朝、镇压反革命展览会，或参观工厂、农村等方式，帮助各界知识分子提高觉悟，站稳革命的立场，分清大是大非、划清敌我界限，树立爱国主义和为人民服务思想，在学习提高的基础上，进行批评和自我批评。

对于个人政治历史上确有问题或污点的知识分子，在组织清理阶段要求他们忠诚老实地写出材料，由组织上作出适当结论，使之放下包袱，获得谅解，轻装上阵。

在运动中，出现过人人检讨，群众斗争过关的错误，实际做法简单、粗暴，伤害了一些人。曾受到中央关注的“米嘉瑞事件”就是典型。米嘉瑞是热河凌源中学的老师，平时表现尚好，只是同事认为他有些骄傲，运动中被扣上“特务”帽子，在连续批斗 3 天后，得了精神病。校长将他作为反革命分子报告上级，予以逮捕，不久死在狱中。10 余天后省委知道此事，马上作了严肃处理并报东北局。为了提醒各地注意，中央批转了这一事件的报告。

有的单位盲目崇拜苏联，要求承认某种生物学学说是无产阶级的，批判西方科学家的生物学说是资产阶级的。总体来说，在新旧社会转换时期，这种自我教育和自我改造的效果是积极的，清除了思想上残存的帝国主义、封建买办阶级影响，并在清理资产阶级思想和唯心主义观念方面取得了初步成绩。大多数知识分子通过思想改造，抛弃过去不同程度存在的轻视劳动人民的旧思想，进一步站到人民的立场上，开始学习和掌握唯物史观和唯物辩证法，初步接受马克思主义世界观，为发展新中国的教育、科学、文化事业贡献自己的知识和才智。党对运动中发生的缺点及时作了纠正。

全国规模的知识分子改造运动于 1952 年秋天基本结束。

六、整顿党的作风

1949 年 11 月，中共中央决定成立中央及各级党的纪律检查委员会，职责是：检查中央直属各部门及各级党的组织、党的干部及党员违反党的纪律的行为；受理、审查并决定中央直属各部门、各级党的组织及党员违反纪律的处分，或取消其处分；在党内加强纪律教育，使党员干部严格遵守党纪，实行党的决议与政府法令，以实现全党的统一与集中。

1950 年 3 月，中共中央发出通知："共产党员必须是遵守国家法令的模范。如共产党员在财政经济工作中，有虚报人数、贪污腐化、破坏制度等违法行为，则除公开受到国家法律的严重处罚外，同时还将受到党的纪律的严重制裁。"①

1950 年 4 月，中共中央作出《关于在报纸刊物上展开批评和自我批评的决定》，要求通过在报纸刊物上公开的认真的批评与自我批评，吸引广大人民群众对党的工作的监督，及时揭露和纠正党的工作中可能发生的缺点与错误，克服官僚主义，加强党与人民群众的联系，促进党和国家的民主化，保证新中国建设任务的完成。

1950 年 5 月，中共中央发出关于发展和巩固党的组织的指示，指出由于革命战争的胜利发展，一年来党的组织也有很大的发展，据 1949 年年终统计，当年发展新党员 140 万人，全国党员总数已达 450 万人以上。党组织的发展工作总的说来是健康的，但也存在严重的缺点，将一些不够党员条件或不完全具备党员条件的人吸收到党内来。

鉴于党已经成为全国人民所公认的领导的党。近几年的组织大发展已使党增加 330 万新党员，其中许多人思想作风不纯，还没有来得及给以有计划的教育等情况。中共中央决定在党的发展工作中必须采取严格审查的方针和稳步前进的办法——今后发展重点应放在城市中，首先是工人阶级上；对农村党员的发展应加以限制，在老区要着重加强党的教育和调整党的组织。

新中国成立前后，中共中央虽然对党组织的发展和巩固、对防止党内出现腐化堕落和思想组织不纯等现象采取了若干防范性的措施，但还是出现了一些值得注意的问题：①在组织大发展中，相当多的党组织忽视和放松了必要的审查，事后又缺乏及时的、有计划的教育和训练，致使数以百万计的新党员中有许多人思想作风极为不纯，也使少数投机分子和坏分子混入党内；②在老党员、老干部中，由于革命的胜利，很多人滋长了严重的骄傲自满情绪和官僚主义、命令主义作风，或高高在

① 《中共中央向各级党委发出关于统一国家财政经济工作的通知》，1950 年 3 月 3 日。

上做老爷，或把完成任务与执行政策对立起来，采取蛮横的态度去完成工作任务，严重地破坏了党与人民的关系，损坏了党和人民政府的威信，引起群众的强烈不满，如西北军政委员会农林部在关中地区发放260万斤棉种中疏于检查，致使因棉种不纯和霉变，17万亩棉田出苗不好，最坏的只有一成苗，必须补种或翻种，国家损失投资30多万元，群众损失更大，但陕西省华阴县1户农民因为没有种政府发的棉种，竟被干部强迫铲掉棉苗，并处罚1年以内不许种棉花；③少数党员经不起胜利和执政的考验，经不起剥削阶级的思想的腐蚀，发生了贪污腐化，政治上堕落的现象，据北京市政府的报告，进城1年来，已发现88名干部有贪污舞弊行为，济南市1年多因违法乱纪受到处分的干部有58人，其中属于贪污腐化原因的占3/4。

因此，1950年5月，中共中央决定在1950年夏、秋、冬三季，结合各项工作任务，在全党全军中开展一次大规模的整风运动：目的和内容是提高干部和一般党员的思想水平和政治水平，克服以功臣自居的骄傲自满情绪，克服官僚主义和命令主义，改善党和人民的关系；重点是整顿各级领导机关干部的作风；方法是阅读文件，总结工作，分析情况，开展批评和自我批评。中共中央还要求各中央局、各省市委负责人，在该地整风运动开始时，都应对本区领导机关与下级工作人员工作作风中的主要缺点做出分析，并举出典型事例公开发表，作为本地区整党的主要教材，以便学习者用来做学习一般文件和反省自己工作的材料。

各地党组织按照中央的布置，从6月份开始分批分期地在本地区开展了整风运动。各地收到一定的成效。这次整风由于时间短，重点是解决各级领导机关干部的工作作风问题，近几年党的组织大发展所带来的党的基层组织中的思想不纯和组织不纯等问题没有得到很好的解决。

1951年2月中旬，中共中央在北京召开政治局扩大会议（有各中央局负责人参加），会议决定从1951年下半年起，用三年时间有计划、有准备、有领导地进行一次整党运动。决定以1951年的一年时间普遍进行关于怎样做一个共产党员的教育，并训练工作人员，同时进行典型试验。在整党时，首先将各种坏分子清除出党，然后对经过教育确实不合党员条件者劝其退党。18日，毛泽东为中共中央起草了关于这次会议决议要点的党内通报，提出了“三年准备，十年计划经济建设”的思想。

1951年3月28日至4月9日，第一次全国组织工作会议在北京召开。刘少奇作了报告和总结。会议通过《中国共产党第一次全国组织工作会议关于整顿党的基层组织的决议》、《中国共产党第一次全国组织工作会议关于发展新党员的决议》。会议指出，这次整党是一件严肃的工作，各级党委必须采取严肃而又谨慎的态度去进行。对于被派遣到基层组织去进行整党工作的人员，特别是负责人员，必须经过慎重的选择，必须把这件工作委托给那些经过考验、对党完全忠实、作风正派、又有整党建党知识和能力的人员去进行。

会议经过讨论，制定和通过了中国共产党员的 8 项标准：①一切党员必须了解中国共产党是中国工人阶级的党，是工人阶级的先进的有组织的部队；②一切共产党员必须有为彻底实现党的最终目的，为在中国实现共产主义制度而坚决奋斗的决心；③一切共产党员必须下定决心，终身英勇地坚持革命斗争，在任何环境下，不退缩，不叛变党，不投降敌人；④一切共产党员的斗争和工作，必须在党的统一领导下进行，必须执行党的政策和决议，严格遵守党的纪律，积极参加党所领导的革命运动和建设工作，并在人民群众中起模范作用；⑤一切党员必须把人民群众的公共利益，即党的利益，摆在自己的私人的利益之上；⑥每个共产党员应该经常地用批评与自我批评的方法，检讨工作中的错误和缺点，并及时地加以纠正；⑦党员是人民的勤务员，不是人民的“老爷”，一切党员必须全心全意为人民服务，虚心听取人民群众的要求和意见，及时向党反映，并把党的政策向人民群众作宣传解释，使党与人民群众保持密切的联系，领导群众前进；⑧一切党员必须努力学习，使自己懂得更多的马克思列宁主义、毛泽东思想，使自己的觉悟更加提高。

上述 8 项及其他一些条件（如历史清楚、对党忠诚等），是每个共产党员所应该和必须具有的条件。

鉴于老区党的组织已经发展很大，新区的党组织还很小；农村党员数量很大，产业工人党员数量很小。会议决定：老区党组织以整党为重点，停止发展；在土地改革已经完成的新区和城市工厂、矿山、企业、机关和专科以上的学校中，应有领导有计划地本着慎重的方针接受一部分新党员。

1951 年 5 月 5 日，中共中央将第一次组织工作会议通过的两个决议连同刘少奇在组织工作会议上的报告，批发全党，要求立即传达并组织贯彻执行。

1951 年 5 月，整党工作在全党有计划、有步骤地展开。

七、开展“三反”、“五反”运动

由于抗美援朝，据 1951 年秋的匡算，本年财政支出将增加 75%，其中军事费用为 55%。1951 年 10 月，中共中央召开政治局扩大会议决定：在全国各条战线开展一个精兵简政、增产节约运动。主要内容是：整编部队，加强国防力量；精简机构，提高工作效率；增产节约，准备国家大规模建设；平衡收支，继续稳定物价。

1951 年 10 月 23 日，毛泽东在政协一届三次会议开幕词中向全国人民提出：“增加生产，厉行节约，以支持中国人民志愿军。这是中国人民今天的中心任务。”①

① 《毛泽东文集》第六卷，人民出版社，1999 年 6 月第 1 版，第 184 页。

随着增产节约运动的深入发展，各地暴露和发现了大量的惊人的浪费、贪污现象和官僚主义问题。

1951 年 11 月 1 日，东北局书记高岗向中央报告说：自 9 月份以来，反贪污蜕化、反官僚主义的运动已先后在东北一级机关和各省市开展起来，在斗争中揭发、批判和打击了各种贪污蜕化的行为；沈阳市在部分单位中揭发出 3629 人有贪污行为，东北贸易部仅检举和坦白的金额就达 5 亿元人民币（旧币，1954 年币制改革，旧币 1 万元等于新币 1 元），东北系统积压了价值上千亿元（旧币）的材料而不作处理。

这个报告引起了毛泽东的重视。

11 月 20 日，中共中央转发了高岗的报告，毛泽东加批语："在此次全国规模的增产节约运动中进行坚决的反贪污、反浪费、反官僚主义的斗争。"同时要求各地、各部门将有关情况及时向上级和中央报告。①

11 月 23 日，《人民日报》发表社论：《向贪污行为作坚决的斗争》。

12 月 1 日，中共中央正式作出《关于精兵简政、增产节约、反对贪污、反对浪费、反对官僚主义的决定》，指出：进城两年至三年以来，严重的贪污案件不断发生，证明 1949 年中共七届二中全会严重的指出资产阶级对党的侵蚀的必然性和防止及克服此种巨大危险的必然性是完全正确的；现在是全党动员切实执行这项决议的时候了，否则就会犯大错误。

《决定》警告说："一切从事国家工作、党务工作和人民团体工作的党员，利用职权实行贪污和实行浪费，都是严重的犯罪行为。中央人民政府不久将颁布惩治贪污和惩治浪费的条例，各级领导机关必须仿照实行惩治反革命条例那样，大张旗鼓地发动一切工作人员和有关的群众进行学习，号召坦白和检举，并由主要负责同志亲自督促和检查。一切贪污行为必须揭发，按其情节轻重，给以程度不等的处理，从警告、调职、撤职、开除党籍、判处各种徒刑，直至枪决。典型的贪污犯，必须动员群众进行公审，依法治罪。"②

中央决定，为有系统进行反贪污、反浪费、反官僚主义的斗争，全国从中央到地方，应在党的领导下，分党派团体、政府、军三个系统，成立各级节约检查委员会，由首长负责，亲自动手，采取自上而下和自下而上按级相互检查的方法，检查贪污和浪费现象，开展这场斗争。

12 月 8 日，毛泽东为中共中央起草《关于三反斗争必须大张旗鼓进行的电报》指示："应把反贪污、反浪费、反官僚主义的斗争看作如同镇压反革命的斗争一样的重要，一样的发动广大群众包括民主党派及社会各界人士去进行，一样的大张旗鼓去进行，一样的首长负责，亲自动手，号召坦白和检举，轻者批评教育，重者撤

---

① 《毛泽东传（1949—1976）》，中央文献出版社，2003 年 12 月第 1 版，第 205 页。

② 《建国以来重要文献选编》第二册，中央文献出版社，2011 年 6 月第 1 版，第 424 页。

职、惩办、判处徒刑（劳动改造），直至枪毙一批最严重的贪污犯，才能解决问题。”①

12月13日，中共中央华北局等机关团体联合举行开展“三反”运动动员大会。华北局第一书记薄一波作动员报告，号召必须肃清党内的腐朽的自由资产阶级作风和国民党作风。他列举到：其中有的竟挪用和克扣了人民的救济粮和修飞机场民工的工资粮进行非法生产活动。

1951年12月7日、14日中央人民政府政务院在北京召开了第一一四次会议和一一五次会议，通过了关于调整机构紧缩编制的决定，成立中央人民政府节约检查委员会：主任薄一波，副主任彭真、沈钧儒、李富春、谭平山，秘书长刘景范。周恩来指示在全国范围内展开精兵简政、增加生产、反对贪污、反对浪费、反对官僚主义运动。

12月31日，中央直属总党委会召开党政军团群机关部长至处长级的数百人的扩大党委会，由中央人民政府节约检查委员会主任薄一波、委员安子文宣布中央决定，限期1952年1月1日至10日，各院、部、会、院、署、行、局、处及其所属一切单位。务须发动群众开展“三反”斗争，实行坦白检举，于1月11日作出报告，违者一律撤职查办。会上点名批评了运动进展缓慢的部门及其负责人，当场宣布撤职查办几个单位的领导干部。

其间，中共中央相继发布指示，强调：（一）“三反”运动是一个更加现实与深刻有力的整党运动，在运动基础上，进行党员八项标准的教育，进行登记、审查和处理；（二）“三反”运动是了解、教育干部的一种最好的办法，各级党委、政府、群众团体和部队领导机关，对所属干部进行一次深刻考察，毫不迟疑地开除一批丧失无产阶级立场的贪污蜕化分子，撤销一批严重的官僚主义分子和那些居功自傲、不求上进、消极疲沓、毫不称职分子的领导职务，其中一些应开除出党，同时必须大胆地坚决提拔一批德才兼备的优秀分子到各种工作领导岗位上来；（三）工矿企业的“三反”运动要同民主改革、生产改革以及增产节约、生产竞赛等运动结合进行，必须坚决贯彻依靠工人阶级的根本方针，并注意领导生产，不与生产相脱节；（四）在学校中进行“三反”运动，应深入发动群众，批判在学校中仍普遍和严重存在着的各种资产阶级思想，在师生觉悟程度普遍提高的基础上，继续深入反贪污浪费的斗争；（五）对科学研究单位的“三反”运动，首先确定对科学人才“保护不伤”的原则，科学家、学者中有贪污行为者，应该以思想改造为主，帮助其检讨过关，需处理者必须先经市委，以至省委、中央局批准，以免造成偏向。

1952年1月1日，中央人民政府举行元旦团拜。毛泽东致祝词：“号召我国全体人民和一切工作人员一致起来，大张旗鼓地、雷厉风行地，开展一个大规模的反

① 《毛泽东文集》第六卷，人民出版社，1999年6月第1版，第191页。

对贪污、反对浪费、反对官僚主义的斗争，将这些旧社会遗留下来的污毒洗干净！”① 自此，“三反”运动在全国开展起来。

在整个“三反”运动中，毛泽东统揽全局，夜以继日地批阅各地的报告，代中央起草、修改有关决定、指示、批语、电报、信件达230余件，全神贯注指导运动深入进行。

据1951年底和1952年初不完全统计，中央人民政府系统的27个单位中有贪污行为的人数达1670人。

据华北地区的报告，1950年共发现和处理贪污受贿腐化干部303人，1951年上半年增至531人。北京市重点检查市供销合作社系统，发现九区联合消费合作社132名工作人员中，有贪污行为者39名，六区联合消费合作社132名工作人员中，有贪污行为者26名。贪污分子涉及财经企业部分、公安部门中的共产党员和老干部。天津市的一个公安分局因受贿而将674个反革命分子释放或取消管制，其中有19名特务分子，这个分局的干部、警士收受过3514户的贿赂。

西北局检察院、法院、纪委三单位已查出和受理的贪污案件共损失国家财产80余亿元（旧币）。一年半的时间，纪委共处理犯贪污蜕化错误的党员1400余人。

西南区从1950年1月至1951年7月的不完全统计，贪污渎职案2042件，案犯3317名。共计盗窃国家财产110亿元（旧币）以上，粮食744万斤。

江西省有个区的区长、区委书记、派出所长集体嫖娼，甚至有的党员干部勾结土匪，杀人放火，群众反映，比国民党还厉害！南昌市税务局60人集体贪污。一个粮食局长贪污20万斤米，从其老婆的鞋底查出12两黄金。一个区长在2000人的庙会上举行结婚典礼，请客15桌，这是经县委宣传部部长批准的。在这里，艰苦朴素者被讥笑为“牛列主义”。

在华东区的6600多名司法干部中，旧人员有1700多人，其中大部分利用法院职权进行各种贪赃枉法活动；在30140名警察中，旧警察占了10378名，其中许多人作恶多端，上海的旧警察中有贪污行为的占86%。华东区直接处理的179件贪污案及615名罪犯中，老干部126人，共产党员116人。

1951年11月，河北省揭发出了天津地委书记、石家庄市委副书记刘青山，原天津专区专员、天津地委书记张子善的巨大贪污案。

刘青山，男，河北省安国县人，1916年生，雇工出身。1931年加入中国共产党，曾参加高（阳）蠡（县）农民起义，被国民党反动政府逮捕入狱。在刑场上，因年龄小，误被敌人放出，他得以死里逃生。历任冀中区任河县委书记、八地委组织部长、地委书记，1949年任天津地委书记，1951年5月13日调任石家庄市委副

---

① 《毛泽东文集》第六卷，人民出版社，1999年6月第1版，第221页。

书记。

张子善，男，河北省深县人，1914 年生。家境贫寒，父亲去世早，母亲身体不好，他有两个哥哥，在弟兄们当中他是最聪明的，大哥和二哥勒紧裤带，发誓要供张子善上学。大哥到东北靠出卖劳力为生；二哥在家当雇工。张子善高小毕业后，又考入新建的县乡村师范。他的口才很好，1931 年“九一八”事变后，他经常走上街头演讲，宣传抗日救亡，同学们都很佩服他。他于 1933 年加入中国共产党，1934 年冬他被叛徒出卖，被国民党反动派逮捕入狱，虽被敌人严刑拷打，但他一直没有动摇屈服，曾作绝食斗争。1937 年“七七事变”后犯人砸了监狱，逃了出来。一边教书，一边找到中共党的关系，历任献县县委书记、八地委组织部长、十地委书记、天津地委副书记兼专员、天津地委书记。由于他有工作才能，在短时间内被连提三级。

1949 年 8 月，天津地委和天津专署在杨柳青成立。刘青山和张子善分别从冀中八分区和十分区调来，担任了地委书记和专员。由于他们经不起胜利和执政的考验，发展成严重的个人主义，居功自傲，贪图享受，革命意志消沉，腐化堕落。他们扬言：“天下是老子打下来的，享受一点还不应当吗？”两人于 1950 年春至 1951 年 11 月，假借经营机关生产的名义，勾结私商进行非法经营。他们利用职权，先后盗窃国家救灾粮、治河专款、干部家属救济粮、地方粮，克扣民工粮、机场建筑款，骗取国家银行贷款等，总计达 171.6272 亿元（旧币）。刘青山吸毒成瘾，借口有病，长期不工作。他们把自己负责的地区视为他们个人的天下，宣扬天津地区的党内只能有“一个领袖”、“一个头”。在工作中他们欺上瞒下，独断专行，打击和排斥对他们提意见的人，实行封建性的家长统治。

刘、张的问题在 1949 年底有所暴露。刘青山住在原来一个大汉奸的别墅里，天津地委副专员李克才找他谈工作，发现他正抽大烟。李克才很吃惊，说这是党纪国法所不允许的。刘青山满不在乎地说：“老子从小就干革命，现在革命成功了，也应该享受享受了。”他毒瘾发作时，就将海洛因卷进纸烟里，在开会时也吸。

1950 年初，李克才向省委反映了刘青山吸毒和挪用公款问题，没能引起领导的重视，省委一名主要领导说：你们来自不同的地区，要注意搞好关系。

1950 年天津连降暴雨，洪涝成灾。河北省政府为此拨下了救灾款、救灾粮。按规定由供销社负责组织运输救灾物资。刘、张把运输任务交给了机关生产处，并指使生产处从中牟利，侵吞灾民 40 万斤粮食，激起了民愤。

1950 年下半年，刘青山用公款从香港购进两辆小汽车。与不法资本家串通一气，盗用公款盗卖钢材，中饱私囊，使国家蒙受了很大的经济损失。

1951 年六七月间，《人民日报》披露了天津地委非法倒卖木材的事件。刘青山说：“这是老子和张子善商量搞的，谁敢处理！老子一人做事一人当！”

李克才又两次向省委反映了刘、张的问题。

1951 年 11 月 21 日至 12 月 1 日，中共河北省委在省会保定市召开第三次代表会议。会上，李克才把刘、张的问题公开揭露出来，天津地区的代表纷纷上台表示支持李克才，进而揭发出刘、张大量的问题。这样，震动很大，引起了省委的重视。省委组织部长、省纪律检查委员会副书记薛迅代表省委在会上表态，要将此事当做一个大问题严肃查处。省委组织了工作组，赴天津调查刘、张的问题。通过调查，查明了刘、张的大量铁的事实：刘青山、张子善严重地触犯了党纪国法。

11 月 29 日下午 5 时，河北省公安厅依法逮捕了赴会的天津地区代表负责人张子善。12 月 2 日，刘青山在出国访问（刘青山作为农民青年代表，随中国青年友好代表团出席在维也纳召开的世界和平友好理事会大会）回国途中的天津火车站被逮捕。12 月 4 日，河北省委通过了关于开除刘青山、张子善党籍的决定，并经中共中央华北局批准。[①]

1951 年 11 月 29 日，华北局第一书记薄一波、第二书记刘澜涛向毛泽东、党中央报告了天津地委严重贪污浪费情况的报告。毛泽东异常注意刘、张这一典型案件，11 月 30 日，他在为转发这一报告的批语中指出：“华北天津地委前书记刘青山及现书记张子善均是大贪污犯，已经华北局发现，并着手处理，我们认为华北局的方针是正确的。这件事给中央、中央局、分局、省市区党委提出了警告。必须严重地注意干部被资产阶级腐蚀发生严重贪污行为这一事实，注意发现、揭露和惩处，并须当作一场大斗争来处理。”[②]

同日，毛泽东又为中央起草给西南局第一书记邓小平的复电说：“反贪污、反浪费一事实是全党一件大事……我们认为需要来一次全党的大清理，彻底揭露一切大中小贪污事件，而着重打击大贪污犯，对中小贪污犯则取教育改造不使重犯的方针，才能停止很多党员被资产阶级所腐蚀的极大危险现象，才能克服二中全会所早已料到的这种情况，并实现二中全会防止腐蚀的方针，务请你们加以注意。”[③]

12 月 17 日，河北省委发出《关于开展反对贪污、反对浪费、反对官僚主义运动的指示》。《人民日报》发表《共产党员要自觉地积极地参加“三反”斗争》和《毛泽东同志论反对贪污浪费》。

12 月 20 日，华北局向中央提出了对刘、张的处理意见：“为了维护国家法纪，教育党和人民，我们原则上同意，将刘青山、张子善二贪污犯处以死刑（或缓期二年执行），由省人民政府请示政务院批准后执行。”

12 月下旬，华北局通过河北省委征求天津地委及所属部门对刘、张两人的量刑意见：地委在家的 8 个委员一致意见是处以死刑；地委参加讨论的 552 名党员，有 535 人同意判处刘青山死刑，有 536 人同意判处张子善死刑。中共中央和毛泽东看到这些材料，在请党外民主人士传阅并听取他们对量刑的意见后，决定同意河北

---

① 《人民日报》，1951 年 12 月 30 日。

② 《毛泽东文集》第六卷，人民出版社，1999 年 6 月第 1 版，第 190—191 页。

③ 《建国以来毛泽东文稿》第二册，中央文献出版社，1988 年 11 月第 1 版，第 524 页。

省委的建议，由河北人民法院宣判，经最高人民法院核准，判处大贪污犯刘青山、张子善死刑，立即执行。

1952年1月5日，河北省委副书记马国瑞代表河北省委在《人民日报》上发表题为《坚决反对官僚主义——刘青山、张子善巨大贪污案给予我们的教训》。

1月8日，河北省政府主席杨秀峰在《人民日报》上发表《沉重的责任，惨重的教训》一文。

《河北日报》连续登载河北省财政厅厅长、省生产救灾委员会秘书长、省水利厅厅长、中国人民银行河北省分行行长、省劳动人事厅的文章，检查在刘青山、张子善问题上的责任。

1月15日，河北省直机关干部6000余人举行反贪污坦白检举大会，当场坦白者得到减免罪，拒不坦白的重大贪污分子被依法逮捕，予以严惩。

1月19日，中支总党委召开有1000余人参加的高级干部会议，宣布运动进入集中力量打"老虎"阶段。[①]

1月31日，省直机关、团体近万人举行反贪污斗争大会，号召集中全力坚决围剿大小贪污分子，当场逮捕拒不坦白的大贪污分子，依法予以严惩。

1952年2月10日，农历正月十五，星期天。河北省在保定市体育场召开2.18万人（同时全省近20万人在各地组织收听）的"河北省人民公审大贪污犯刘青山、张子善大会"。当日，将两犯处决于东关大校场。并没收其个人全部财产。华北局对于在刘、张罪行上犯有包庇袒护、自由主义、同流合污的领导干部，分别给予开除党籍、留党察看、撤职的处分，其中有的送政府法办。

在公审大会召开之前，曾在冀中担任过区党委书记，看着刘、张两人成长，时任天津市委书记的黄敬向薄一波建议，刘、张错误严重，罪有应得，当判重刑，但考虑到他们在战争年代出生入死，有过功劳，是否给毛泽东说说，不要枪毙，给他们一个改造的机会。薄一波推辞不过，找到毛泽东，毛泽东说：正因为他们两人的地位高，功劳大，影响大，所以才下决心处决他们；只有处决他们，才能挽救20个、200个、2000个、20000个犯有各种不同程度错误的干部，黄敬同志应该懂得这个道理。

枪声一响，举世震惊。西方的一家通讯社报道："在中共建立北平大陆政权第16个月的今天，毛泽东和他的同伴们不得不面对这样一个现实，他们曾经一起出生入死的革命战友，正面临着一场法律的考验。"香港的一家右派报纸惊呼："共产党杀了共产党！"

中国的老百姓说："过去担心共产党胜利了也和国民党一样贪污腐化，现在放

---

① 当时称贪污1000元以上的叫"老虎"，贪污1亿元（旧币）以上的叫"大老虎"，1亿元以下的叫"小老虎"。

心了。毛主席英明，共产党伟大，了不起！”[①]

中共中央要求中央各部门直至各地县委，均须在一个月内向中央作一次关于检查和惩治贪污人员的报告，要求中央一级、大行政区一级和省市一级的一切工作部门，均应分别向中央主席和军委主席作“三反”的报告，在1952年的头四个月内须每月作一次报告，不作报告者以违纪论处。从1951年11月20日至12月31日的42天内，毛泽东批转了许多报告，撰写了大量的指示、批语和书信，其中比较重要的达50余件：他肯定公安部部长罗瑞卿的“凡是搞得好的，都是领导者有决心”的看法；他表扬西南军区司令员贺龙亲自上前线指挥“三反”斗争；他推广习仲勋采取开座谈会的方式；他肯定空军党委在“三反”紧张期间每天反映情况的做法；他肯定了江西省委的报告。

“三反”运动大体经历了三个阶段：

第一阶段检举揭发，同时各地都召开公审大贪污犯大会。1952年1月4日，西安市举行宣判贪污罪犯大会，贪污首犯张怀武被判决；1月13日，交通部办公厅主任张文昂阻碍反贪污浪费运动被撤职查办；1月18日，中共武汉市委决定开除武汉市副市长、堕落蜕化分子易吉光党籍；1月29日，长沙大奸商周西波、杨印凯被逮捕；2月1日，江西省人民政府某些领导人员官僚主义作风严重，省政府主席邵式平，副主席范式人、方志纯在《人民日报》上公开检讨；同日，北京市公审、处决了大贪污犯薛昆山[②]、宋德贵[③]，没收其全部财产，对大贪污犯雷亚卿、孙建国、王丕业等分别判处15年、10年和5年徒刑；2月2日，广东省政府撤销敌我不分、违法乱纪的省政府副秘书长兼办公厅主任左洪涛职务；2月26日，中共中央中南局、中南军政委员会决定，全面处理武汉市副市长周季云、市卫生局副局长宋瑛等阴谋陷害罪，武汉市委副书记、市长吴德峰，副书记谢邦治等庇护不法分子，被撤销党内外职务；2月27日，上海市委撤销恶劣分子、市委秘书长黎玉等4人的职务，开除坏分子曹漫之的党籍。

第二阶段为处理阶段。1952年3月11日，中央人民政府公布了《关于处理贪污、浪费及克服官僚主义错误的若干规定》。3月28日，政务院通过了《中华人民共和国惩治贪污条例》。

第三阶段为建设阶段。主要包括思想建设和组织建设，从思想上、作风上、组织上、制度上巩固“三反”运动的成果，树立和发扬廉洁朴素，为人民服务的工作作风。

---

① 浮白：《刘青山、张子善案件始末》，《纵横》，1991年第4—5期。

② 薛昆山，曾任中国畜产公司业务处副处长，利用职权盗窃国家经济情报，为其私人经营的毛皮商品服务，挪用与侵占公款，投机倒把，谋取私利，非法所得23亿元。

③ 宋德贵，曾任公安部行政处处长，利用职权，谋取私利，违法乱纪，勾结私商，大量盗窃国家资财9亿元以上，个人贪污6.4亿元，并拒不坦白。

8月，中共中央发出《关于财经部门增设专司政治工作的副职的决定》，任务是管理所属系统或本单位的政治工作、政策教育及人事工作。据不完全统计，通过定案处理，全国共有贪污分子和犯有贪污错误的120万人，其中共产党员20万人。贪污旧币1000万元以上全国为10.5万人，贪污总金额为6万亿元（旧币）。判处有期徒刑的9942人，判处无期徒刑的67人，判处死刑的42人。①

1952年10月，中共中央批转中央人民政府节约委员会委员、总党委第二书记安子文关于结束"三反"运动的报告，"三反"斗争至此结束。

"三反"运动阻止和打击了党员干部中滋长的贪污、浪费、官僚主义，使党经受住了胜利和执政的考验，保证了国民经济恢复工作的进行。但是运动开始之后的一个时期内未能掌握实事求是的精神，对存在于党员、干部中的贪污现象和贪污分子估计过重、过多，按地区、按部门主观地层层下达打"老虎"的任务。不少地方为了完成任务，发生了逼、供、信的偏向，有的地方错误地伤害了一些同志，打出了一批假"老虎"。在运动高潮中，全国共打出"大老虎"29万余个。

1952年2月26日，毛泽东在转发中直党委关于"打虎"工作报告的批语中，强调："要证据，算大账，普遍推行算细账追赃款追赃物的方法，严禁逼供信的方法，是目前'打虎'作战是否能取得完全胜利的关键所在。"②

5月9日，毛泽东在中央批转《罗瑞卿关于华南军区纠正三反定案中右倾思想的报告》中强调："必须将一切真正的贪污犯，贪污嫌疑分子和弄错了的人按照中央历次指示和政府法令认真地如实地加以判处和审查清楚，不得放纵一个坏人，不得冤枉一个好人。"③

10日，毛泽东在中央批转重工业部《关于三反追赃定案经验报告》上加写了一段批语："现当'三反'运动进至法庭审判、追赃定案的阶段，必须认真负责，实事求是，不怕麻烦，坚持到底，是者定之，错者改之，应降者降之，应升者升之，嫌疑难定者暂不处理，总之，必须做到如实地解决问题，主观主义的思想和怕麻烦的情绪，必须克服。这是共产党人统治国家的一次很好的学习，对全党和全国人民都具有很大的意义。"④

到定案时，落实下来10.5万个。

---

① 据《党的学说文件汇编（1949—1957）》载：仅1951年查处违反党纪的党员干部中，省军级以上干部32人，地师级干部407人，县团级干部2711人，其他干部42310人；被开除党籍的14123人，留党察看的6186人，给以其他处分的7880人。在整个"三反"运动中，全国仅地方县委以上干部受到行政撤职、撤职查办、逮捕法办处分者有4029人，其中省委级干部25人，地委级干部576人，县委级干部3428人。

② 《建国以来毛泽东文稿》第二册，中央文献出版社，1989年11月第1版，第263页。

③ 《建国以来毛泽东文稿》第二册，中央文献出版社，1989年11月第1版，第437页。

④ 《建国以来毛泽东文稿》第二册，中央文献出版社，1989年11月第1版，第445页。

当反贪污、反浪费、反官僚主义运动开始后，中共中央又接连发出了《关于“三反”运动应和整党运动结合进行的指示》和《中共中央关于在“三反”运动的基础上进行整党建党工作的指示》，使整党和“三反”运动结合起来进行。

到 1953 年 6 月止，中国共产党中共有 32.8 万人离开了党的组织，其中有 23.8 万人是完全丧失党员条件的堕落蜕化分子和混入党内的各种坏分子而被开除党籍的。

这次整党运动到 1954 年春基本结束。

据 1955 年统计，整党中共有 65 万人离开党的组织。其中，有被开除党籍的完全丧失党员条件的堕落蜕化分子和混入党内的各种坏分子，也有经过劝告退出党组织的不够党员条件、经过教育确实无效的消极落后分子。

整党的同时，各级党的组织本着慎重的方针，在完成土改的新区农村和城市的公矿企业机关学校，发展了 107 万名新党员，新建立了 82000 个支部，使全国职工人数在 50 人以上的厂矿企业、高等院校一般都有了党组织，初步改变了党的基层组织和党员分布不平衡的状态。

1950 年，国家税务局在缴纳第一期营业税后的典型调查提供的资料显示，上海 3510 户纳税户中，有逃税行为的占 99%，天津 807 户中逃税的占 82%。1952 年，北京市的调查，13087 户工商户中，26%有不同程度的行贿行为。

在国家治淮工程中，承包商用旧料充新料，次料充好料，大量盗窃国家资财。河南省治淮总部在上海招商代办工程和采购工程器材，所花费用 500 亿元，被奸商侵吞、讹诈和盗窃达一百数十亿元。在运往抗美援朝前线的军需物资中，不法厂商用废烂棉制造急救包，用坏牛肉、臭鸡蛋制造食品罐头，致使一些战士致病、致残，甚至断送了生命；用次铁充好铁制造铁锹等军需用品卖给志愿军。不少志愿军战士没有牺牲在敌人的枪口之下，而在后方送来的物资中丢掉了生命，引起了全国人民的公愤。不少资本家拉拢、收买党和国家机关的工作人员，少数被收买干部从资本家那里领取干薪、干股，或者拿回扣、佣金，充当坐探、代理，合伙进行违法犯罪活动。

毛泽东在一次谈话中指出：刚进城时，大家对资产阶级都很警惕，1950 年上半年，党内曾经有过一个自发、半自发的反对资产阶级的斗争，这个斗争是不妥当的，也是错误的；但是，在后来的一年多时间内，大家对资产阶级不够警惕了；资产阶级过去虽然挨过一板子，但并不痛，在调整工商业中又嚣张起来了，特别是在抗美援朝加工订货中赚了一大笔钱，政治上也有了一定地位，因而盛气凌人；现在到时候了，要抓住资产阶级的小辫子，把它的气焰整下去，这是一场恶战。

1951 年 12 月 31 日，薄一波在向毛泽东汇报“三反”运动情况时，讲到资本家往往用回扣的办法收买拉拢政府采购人员。毛泽东说：这件事不仅要在机关检查，而且应在商人中进行工作，过去土地改革中，我们是保护工商业的，现在应该有区别，对于不法商人要斗争。

1952 年 1 月 5 日，毛泽东在中央转发北京市委《关于三反斗争的报告》批语中指出：全国各大、中、小城市“一律仿照办理，一定要使一切与公家发生关系而有贪污、行贿、偷税、盗窃等犯法行为的私人工商业者，坦白或检举其一切违法行为，特别注意在天津、青岛、上海、南京、广州、武汉、重庆、沈阳及各省省城用大力发动这一斗争，借此给资产阶级三年以来在此问题上对于我党的猖狂进攻（这种进攻比战争还要危险和严重）以一个坚决的反攻，给以重大的打击，争取在两个月至三个月内基本上完成此项任务。请各级党委对此事进行严密的部署，将此项斗争当作一场大规模的阶级斗争看待。”①

1952 年 1 月 9 日，政务院召集中央、华北和京、津两市高级干部等举行报告大会。周恩来讲话，指示继续发动群众展开“三反”斗争。中央节约检查委员会主任薄一波在报告中提出：在工商界中开展一个反对行贿、反对偷税漏税、反对盗窃国家资财、反对偷工减料和反对盗窃国家经济情报的斗争。

1 月 26 日，中共中央发出由毛泽东起草的《关于首先在大中城市开展“五反”斗争的指示》，要求全国各大城市（包括各省城）在 2 月上旬均应进入“五反”战斗，向不法资本家开展“五反”斗争。

2 月上旬，“五反”运动首先在各大城市展开，并很快进入高潮。

3 月 23 日，毛泽东在批转《中南局关于加强私营厂店的工人店员工作的指示》中，把“五反”斗争的任务及其必须达到的目的具体概括为 8 条。

中央强调，在对资产阶级的斗争中，对于工商业家，应集中打击少数大的不法者；罪恶不大的，争取他们自动坦白，悔过自新；对于作正当经营的，必须加以保护，并团结他们向不法者作斗争。

当时，理论界一些党内同志没有很好地体会中央意图，中宣部主办的《学习》杂志在 1952 年第 1、2、3 期连续发表文章，否定民族资产阶级在现阶段还存在两面性，认为只有反动腐朽的一面，其中还写了“给资本主义敲了丧钟”这样的话。

毛泽东发现后，立即给予严肃的批评和纠正，中宣部为此作了检讨。

“五反”运动大体经历了检举揭发、坦白交代阶段和定案处理阶段。

在“五反”中，中共和人民政府一方面注意发动群众，特别是注意发动私营企业中的工人店员揭发不法资本家的违法行为，同时勒令一切不法资本家向政府坦白交代“五毒”行为，并派出检查组到私营工厂、商店进行检查；注意调查研究，实事求是和区别对待，注意组织广泛的“五反”统一战线，维持经济生活的正常

① 《建国以来毛泽东文稿》第三册，中央文献出版社，1989 年 11 月第 1 版，第 21 页。

进行。

各大城市首先通过大量揭露不法资本家严重违法的事实，使他们陷于孤立。人民政府抽调大批干部、产业工人和店员积极分子组成工作队或检查组分批进驻私营厂店，以企业的工人店员为骨干，形成以工人阶级为主体的“五反”统一战线，对重点户采取重点检查，进行面对面的说理斗争。对犯有一般违法行为的资本家则摆明政策，申明利害，使他们选择坦白立功的道路。政务院决定，凡工商户违法案件较多的城市，得在人民政府领导下设立人民法庭进行审判。审判时，吸收人民团体的代表，特别是工人、店员和守法工商户代表陪审。对上层资本家，人民政府十分注意工作方法。上海市在对他们进行审查时，普遍采用开小组会，通过资本家互助互评、自动坦白的办法解决问题，或采用检查队与资方和平谈判的方法解决问题。对他们的问题，一不登报，二不在大会上斗争；工人对他们的检举揭发，采取背靠背的方式进行。这样，整个运动进行得比较平稳，迅速形成了包括守法资本家及其他市民在内的“五反”统一战线，使少数罪大恶极的反动资本家完全陷于孤立。

3月以后，运动逐步转入定案处理阶段。3月8日，中央人民政府政务院批准和公布了《北京市委建议在“五反”运动中关于工商户分类处理标准和办法》，将工商户分为5类：守法户、基本守法户、半守法半违法户、严重违法户、完全违法户。

毛泽东在为中央起草的批语中，就若干政策问题作了新的补充规定，指出：对工商户的处理，要掌握过去从宽，今后从严；多数从宽，少数从严；坦白从宽，抗拒从严；工业从宽，商业从严；普通商业从宽，投机商人从严的5条基本原则，对各类工商户制定了处理办法。对前4类户处理均轻（对第4类令退出违法所得，并按情节酌处罚金），第5类中的对于国家建设事业（特别是国防军事设施）或人民安全有极严重危害作用的盗窃犯、集体盗窃案的组织者和大盗窃犯、盗窃国家经济情报牟利使国家人民遭受极严重的损失或有其他特别恶劣的犯罪行为者、有严重违法行为拒不坦白或抗拒运动者，应予法办，令其退出违法所得外，并按情节从重处以罚金，或判处徒刑；最重者可判死刑，并没收其财产的一部或全部。据此，北京市的5万私人工商户中，守法户约5000，基本守法户约3万，半守法半违法户约1.25万，严重违法户约2000，完全违法户约500。

关于违法行为的追算期限，北京市人民政府规定：偷税漏税、偷工减料两项违法所得，一般只补退1951年的，1951年前的免退；拒不坦白及情节特别严重者，酌情令其补退一年半或两年、两年半或三年；其他各项违法行为和违法所得，一般自中华人民共和国成立之日算起。

“五反”运动后引起的新问题主要是，工人失业，成品积压，物价下跌，生产经营无人负责。资本家普遍惶惶不安，感到退补的负担过重，工人中的多数希望公私合营，又担心资本家大量退补后，生产不能维持，工人生活发生困难。而多数干部的思想还没有转变过来，仍在考虑多算、多退、多补、多搞公私合营。谭震林建议要妥善处理好资本家当前最关心的几个问题。党中央、毛泽东综合上述意见，于5月9日发出《中央关于“五反”定案、补退工作等指示》，确定补退工作要合乎经济情况的实际，规定了一系列合理从宽的政策。中央指出，这样结束斗争，我们就能在政治上和经济上完全取得主动，使经济迅速恢复和发展，使资本家重新靠拢我们，恢复经营积极性，使工人不致失业。我们的“五反”是为了改造社会，不是为了搞几个钱。

在着手准备结束“五反”运动阶段，党的重心工作已经转到在新的基础上同资本家讲团结。毛泽东说：打击要适可而止，不能走得太远；走得太远，就要发生问题。

6月13日，政务院发出《关于结束“五反”运动的几个问题的指示》，要求各地在结束阶段，按照宽大与严肃相结合的精神，实事求是地做好定案处理工作，务求做到合情合理，使既有利于清除工商业的“五毒”，又有利于团结工商业者发展生产和营业。

至1952年6月，“五反”运动告一阶段。主要收获为：彻底查明了私人工商业的情况；明确划分了工人阶级和资产阶级的界限，肃清了工会中的贪污现象和脱离群众的官僚主义现象；帮助同业工会、工商联合会、民主建国会整顿了组织，特别是整顿了这些团体的领导机关，使之成为能够代表资产阶级的合法利益，并以《共同纲领》教育资产阶级的团体；打击和制止了不法资本家的“五毒”行为，使整个资产阶级服从国家的法令，经营有益于国计民生的工商业；逐步建立了工人店员监督生产和经营的制度；追回大部分经济损失；在一切大的和中等的私营企业工人、店员中建立了党的支部；使资产阶级认识到在新中国，在人民民主制度下，只有服从工人阶级的领导，才有光明的前途。

“五反”运动初期触动和打击面过宽，各机关自由派人到私营工商户检查，随便传讯资本家，干扰了正常经济生活的进行；不受法制限制的群众运动，助长了一种“左”的思想，只看到资产阶级落后的一面，没有看到私人资产阶级经济对国计民生仍然具有积极作用的一面，不了解资产阶级在新民主主义社会仍然是一支不可缺少的力量，不了解团结资产阶级是国家一项长期的政策，影响到许多在工商管理、贸易税收、银行等部门的干部不愿意和不敢与资产阶级打交道，或在工商管理、税收信贷、加工订货等方面对私营工商业限制过多，条件过于苛刻。在私营企业中，有的把监督变成管理，要资本家同样劳动，按劳评资等。这样，加剧了一些资本家的动摇观望、消极经营的思想，一些资本家对前途失望，躺倒不干。在全国各地程度不同地出现了城乡内外交流不畅，市场萧条、工业生产下降，公私、劳资关系紧张，同时造成大批工人失业，一部分劳动人民生活水平下降。

1952年2月中下旬，物价继续下落，财政情况愈趋好转，国家银行存款继续增加，对资本主义国家贸易入超和外汇不足情况已有转变；同时，贸易开始缩小，国营和私营工业减产，税收减少，失业增加，人民生活受到影响，一些财经机构瘫痪。出现这些问题的原因，很多管理部门只顾自己“打虎”，忘了本身业务，加上工作人员有宁“左”勿右的情绪，对资本家过苛，结果加工订货、收购产品和发放贷款业务陷于停顿，基本建设普遍延缓；城市公私关系不协调，资本家有的等着“五反”，有的等着定案，有的心里不服，有的抽逃资金关厂关店进行抵抗；一些国营企业和农村贸易公司、合作社没有处理好运动和业务的关系，忙于“打老虎”、清积案，生产和经营不正常；机关社会消费大大下降；适逢春天淡季，产销减少。针对这些原因，党中央迅速采取有力措施。首先，加强了对运动的宏观控制。

2 月 15 日，周恩来给毛泽东写信，提出要解决“‘三反’斗争中业务停顿的问题”。

16 日凌晨 2 时，毛泽东复信表示完全同意。

3 月 5 日，中共中央决定县区乡一律不进行“三反”、“五反”，中等城市的“五反”要分期分批、严格控制，不得妨碍春耕和经济活动。16 日，又重申工矿企业的“三反”运动要由点到面、分批进行。4 月 8 日，中央提出：鉴于面对面斗争太伤感情，对今后继续团结资本家不利，因而要普遍采用以“不战而胜”为主要特征的新策略。这些调整很快见效：经济业务有人管了，绝大多数资本家情绪安定了，局面得到控制。

中央在经济上采取了强有力的调控措施。

1952 年 2 月 15 日，中央要求中财委迅速解决公营部门恢复业务、发放贷款、增加加工订货任务、拨款进行市政建设、保证城乡交流等恢复或维持正常经济生活的有关问题。

3 月开始，国家银行大量投放货币，经济情况开始好转，逐步恢复。同时，还制定实行了调整公私、劳资关系的一系列政策：国家合理地确定了加工订货的规格、工缴费和收购价格，重新划定了私资的利润额，降低了银行贷款的利息并合理地调整了税收，使资本家既有利可图，又无法攫取暴利。资本家的财产所有权、经营管理权和用人权得到保障，利润也比预期的多，他们很满意。加上国家建设规模扩大、公营经济恢复正常、农村生产发展，很快就出现了社会经济稳定繁荣的新局面。

运动前，许多干部对资产阶级思想的腐蚀缺乏警惕；运动开始后揭露出大量的问题，在批判资产阶级腐朽思想的过程中，在一些干部和群众中又出现了一种“左”的情绪。在 1952 年第 1 期、第 2 期、第 3 期《学习》杂志上，连续发表了一系列有严重错误的文章，实质上否定了民族资产阶级还存在着两面性，认为它只有反动的腐朽的一面，从而作出了根本否定民族资产阶级和小资产阶级在现阶段仍有其一定积极性的结论，这样就公开地违反了党的路线和政策。

3月27日，毛泽东在修改统战部的一个文件时写道：在新民主主义时期，即“在允许资产阶级和小资产阶级存在的时期内，不允许资产阶级和小资产阶级有自己的立场和思想，这种想法是脱离马克思主义的，是一种幼稚可笑的思想。在‘三反’和‘五反’中，我党已有些党员产生了这种错误思想，应予纠正”。①

4月4日，中共中央批转中宣部关于《学习》杂志错误的检讨，要求各级党委组织宣传文教工作人员进行讨论。党中央指出：我们必须用《共同纲领》去改造资产阶级的不合于《共同纲领》的思想即“五毒”思想，不要他们再搞“五毒”，而要他们在工人阶级领导下合理合法地去经营业务，不能拿共产党的尺度去要求他们。及时纠正了批判资产阶级思想过程中“左”的错误。

新中国成立后，毛泽东陆续接待了一些来自家乡的亲友。来的时候，他都热情款待；走的时候，常常给一些钱，接济他们的生活，解决他们的困难。这些招待和接济亲友的钱，照例都从他的工资和稿费里支付，从不用公家一分钱。他时常收到家乡亲友的一些来信，有的是要求安排工作的，有的是要求来北京学习的。毛泽东一概婉言回绝。

毛泽东夫人杨开慧之兄杨开智要求到北京工作，毛泽东给他复信说：“希望你在湘听候中共湖南省委分配合乎你能力的工作，不要有任何奢望，不要来京。湖南省委派你什么工作就做什么工作，一切按正常规矩办理，不要使政府为难。”

毛泽东青少年时期的一位同学毛森品几次致信毛泽东，请求推荐工作，毛泽东也复信婉拒了。信中说：“吾兄出任工作极为赞成，其步骤似宜就群众利益方面有所赞助表现，为人所重，自然而然参加进去，不宜由弟推荐，反而有累清德，不知以为然否?”

郭士逵，是韶山的一位农民。1925年毛泽东在家乡组织农民运动时，湖南军阀赵恒惕来捉他，郭士逵曾经帮助他脱险。可以说对他有过救命之恩。1949年10月，郭士逵写信给毛泽东，反映他生活困难，希望在省外给他安排一份工作。1950年3月14日，毛泽东复信给他，说：“先生处境困难，深为系念。工作问题，仍以就近设法等候机会为宜，不宜远处省外，徒劳往返。”

新中国成立初期，当地政府曾计划为毛泽东在家乡建一所房屋，并修一条公路直通韶山。毛泽东闻讯，当即写信给湖南省委书记黄克诚、省人民政府主席王首道并告中南局第三书记邓子恢。信中说：“据说长沙地委和湘潭县委现正进行在我家乡为我建筑一所房屋，并修一条公路通我的家乡。如果属实，请令他们立即停止，一概不要修建，以免在人民中引起不良影响。是为至要。”

毛泽东对家乡和亲友严格要求，不许他们有任何特殊，但他并不是一个绝情的

① 《建国以来毛泽东文稿》第三册，中央文献出版社，1989年11月第1版，第361—362页。

人。在他的内心深处，是深深地惦念着他们的。1954 年 4 月 29 日，毛泽东写信给外祖父的家乡石城乡党支部和乡政府说："文家任何人，都要同乡里众人一样，服从党与政府的领导，勤耕守法，不应特殊。请你们不要因为文家是我的亲戚，觉得不好放手管理。我的态度是：第一，因为他们是劳动人民，又是我的亲戚，我是爱他们的。第二，因为我爱他们，我就希望他们进步，勤耕守法，参加互助合作组织，完全和众人一样，不能有任何特殊。如有落后行为，应受批评，不应因为他们是我的亲戚就不批评他们的缺点错误。"

在毛泽东的严格要求和教育下，他的许多亲属都安心在家乡工作或务农，过着普通劳动人民的生活。①

沈阳市各界人民代表会议决定在市中心修建开国纪念塔，塔上铸毛泽东铜像，毛泽东批示道："铸铜像影响不好，故不应铸。"

毛泽东坚决反对高级干部的子女搞特殊化，1952 年 6 月 14 日，毛泽东致信周恩来说："干部子弟学校，第一步应划一待遇，不得再分等级；第二步，废除这种贵族学校，与人民子弟合一。"②

同年 10 月，毛泽东对在天安门前建立毛泽东大铜像的建议给周恩来写了批语，"不要这样做"。

八、建立经济互助组织

我国农村地少人多，自然灾害频繁，新翻身的农民在生产中存在着资金、耕畜、农具不足的困难，许多农户无法形成独立的生产能力。为了帮助农民克服这些困难，抵御自然灾害，进行农田水利建设，发展农业生产，人民政府在坚持自愿互利、典型示范和国家援助的原则下积极教育和帮助农民组织起来。自 1951 年至 1952 年，全国农民组织了 8 万多个互助组、3644 个农业生产合作社，共有 4542 万户农民参加了农业生产互助组或生产合作社，约占全国总户数的 39.9%。实践证明，组织起来的农户都增加了产量和收入，而常年互助组的增产幅度比临时互助组高，合作社的增产幅度又高于互助组。

中华人民共和国成立后，中共中央和人民政府多次发出指示，强调：手工业在国民经济中占有相当大的比重，它们在支持工农业生产，满足人民生活需要等方面具有非常重要的作用，要求各级党委和政府必须重视对手工业生产的保护和扶植，严防破坏手工业行为的发生。中共中央和人民政府强调指出，破坏手工业的行为，

① 《毛泽东传（1949—1976）》，中央文献出版社，2003 年 12 月第 1 版，第 219—220 页。

② 《毛泽东文集》第六卷，人民出版社，1999 年 6 月第 1 版，第 232 页。

就是破坏了中国共产党和人民政府恢复和发展生产的根本方针，是一种自杀政策。同时，中共中央和人民政府也指出：个体手工业由于生产规模狭小，势单力薄，在生产中，特别是在原料采购、产品销售中存在着许多困难，严重地妨碍手工业的发展。因此，在保护和扶植手工业生产的同时，必须通过说服教育，典型示范，在自愿的基础上引导个体手工业者逐步组织起来，通过互助合作，克服困难，扩大和发展生产。

1951 年 6 月，在中共中央和政务院的指导下，召开了第一次手工业生产合作会议，明确了手工业合作社的性质、目的和任务，讨论和通过了手工业合作社的社章。

1952 年 8 月至 9 月，又召开了第二次手工业生产合作会议。根据几年试办手工业生产合作社的经验，对手工业生产合作社的组织对象作了明确的规定，制定了发展手工业生产合作社的发展计划。

到 1952 年底，全国已有 22 万个个体手工业者（占个体手工业者总人数的 3.1％），参加了手工业生产合作社（组）。共组织了 1000 多个手工业生产合作社，产值为 2.55 亿元（占手工业总产值的 3.5％），还有一批手工业供销合作社（组）。

在 1951 年，由于人民政府对棉纱实行统购，私营棉纺行业全部纳入为国家加工的轨道。到 1952 年底，私人资本主义工业接受国家加工订货的产值已达到其总产值的 56％。同时，有 1000 多个私人资本主义企业实行了公私合营。其中工业企业为 997 个，资本总额为 5.37 亿元，占公私合营工业和私营工业资本总额的 24.5％，其产值约占全国工业总产值的 5％。全国的私营银行、钱庄也全部实行了公私合营。公私合营企业，属于高级形式的国家资本主义。在公私合营企业中，公方代表居领导地位，其生产经营已基本纳入国家的计划。

1952 年，社会主义工业总产值增加为 151.2 亿元（1949 年为 37.3 亿元）；国家资本主义工业的总产值为 72.65 亿元（1949 年为 10.31 亿元），其中公私合营工业产值为 13.67 亿元，资本主义工业接受加工订货的产值为 58.98 亿元。

1950 年至 1952 年，农业生产以每年平均 13.8％的速度发展。但因缺乏其他生产资料在生产中还存在着许多困难，据对 23 个省的 15432 户调查，土改后的贫农每户占有耕畜 0.47 头、犁 0.41 部、水车 0.07 部，每年可拿出 3.5 元的资金购买生产工具。不少农户由于缺乏资金、耕牛和农具无法进行独立的生产。遇到天灾人祸，处境更加困难。中国共产党和人民政府十分注意提倡和鼓励农民在保持生产资料私有的基础上，根据自愿互利的原则实行各种形式的生产互助合作。1951 年 9 月，中共中央召开了第一次农业生产互助合作会议，会议根据我国的经济条件指出，农民个体经济在一个相当长的时期内还将大量存在，决不可忽视和粗暴地挫伤农民这种个体经济的积极性；会议指出，即便对富农经济，也还是让它发展的；会议分析了个体农民在一家一户分散经营中存在的许多困难，要求必须提倡和帮助农民组织起来，按照自愿的原则，发展农民劳动互助的积极性。对农村互助合作的发展，会议指出应根据可能的条件，采取稳步的方针，采取消极或急躁的态度都是不对的，是有害于互助合作的。会议在总结各地开展农业生产互助合作经验的基础上，指出目前的互助合作形式大体有三种：临时互助组、常年互助组、生产合作社。临时互助组和常年互助组，是在保持土地、耕牛和其他生产资料私有和各家各户独立经营的基础上，参加互助组成员之间按照等价交换的原则在劳力、耕畜、农具等方面实行互助合作。两者的区别是：临时互助组是季节性的，农忙互助，农闲分散；常年互助组有一定的稳定性，常年互助，农副业结合，并有简单的生产计划和某些公共财产。合作社是互助组的进一步发展，它的特点是社员的土地统一作股入社，在土地保持私有的基础上由合作社统一经营，入社的土地和劳动力按照一定的比例分红。社员入社自愿，退社自由。优点是：在土地使用上可以统一规划，因地种植；在劳动力的使用上可以实行合理分工，充分发挥每个劳动者的特长；可以更多地采用先进耕作技术和进行较大规模的农田基本建设。

会议要求，在新解放区和互助合作基础比较薄弱的地区，要有领导地大量发展临时互助组；在有初步互助合作的地区要着重发展常年互助组；在群众有比较丰富互助合作经验而又有比较坚强领导骨干的地区，要有重点地发展农业生产合作社。

会议经过讨论，起草和通过了《中共中央关于农业生产互助合作的决议（草案）》。同年 12 月，中共中央将该文下达到县、区党委试行，要求各级党委把互助合作当做一件大事去做。至 1952 年底，全国有 4542 万农户（占全国总农户的 39.9%）参加了合作互助组织。组织了 800 多万个互助组（临时互助组 627 万个、常年互助组 175 万个)，组织了 1092 个农业生产合作社（初级社 1082 个、高级社 10 个）。至此，全国已有 40%的农户走上了互助合作道路。加上供销社、信用合作社的建立，合作经济在农村已经有了相当的发展。

新中国成立初的 3 年中，人民政府共发放农业贷款累计为 133905 万元；并实行相对合理的价格政策和收购政策；通过在农村大量发展供销合作组织，及时供给农民所需要的生产资料和生活资料，以及帮助农民推销土特产品；对善于经营，勤劳耕作和改良技术而增加产量者，增产部分免征公粮；对因兴修水利而增加产量者，增产部分在 3 至 5 年内免征公粮；人民政府还通过培养和奖励劳动模范，鼓励和支持农民发展生产。

1950 年 7 月，中央人民政府专门设立了合作事业管理局，随后陆续在各级人民政府设立了合作事业管理局和成立了各级合作社联社。同时国家成立了中华全国合作社联合总社，为全国的供销合作、消费合作、信用合作和手工业合作的最高联合组织。在人民政府的倡导和扶植下，1952 年底，全国共有基层供销合作社 35096

个，社员 14796 万人，拥有职工 100 万人，股金 23900 万元，零售网点 7900 余个。1952 年，合作社的商品零售额为 49 亿元，约占社会总零售额的 19.4%；收购农副产品 37 亿元，约占国家对农副产品收购总额的 60%。

据 1950 年统计，全国共有私营商业 402 万户，占全国总户数的 98.4%；商品销售额为 182 亿元，分别占全国商业机构批发总额的 76.1%和全国商业机构零售总额的 85%。

为沟通城乡经济，刺激农业生产，各级人民政府广泛利用民间固有的集市、庙会、骡马大会，因地制宜地把它们发展为物资交流大会。一些省市和大区还组织了更高一级的物资交流会，以推动工业品下乡，推销农副土特产品。

1952 年，农民每人每年平均消费粮食 383 斤、食油 3.4 斤、肉 11 斤、棉布 13.7 尺，不少农户开始盖新房、拴车买马、添置生产资料，自行车、暖水瓶、搪瓷脸盆、胶鞋、雨靴等日用品也进入了农民的家庭。农村普遍出现了中农化的趋势，即贫雇农减少，中农增加，农民经济地位大有改善。

一些偏僻的农村开始有了邮局和电话。城乡市场购销两旺。全国物价批发指数 1950 年 3 月为 100，1950 年 12 月为 85.4，1951 年 12 月为 92.4，1952 年 12 月为 92.6。

九、卫生防疫

旧中国只有少数人能够享受医疗保健，广大劳动人民得病无钱就医。据 1947 年统计，全国仅有县医院 1437 所，平均每个医院病床只有十几张，且条件十分简陋。至于村镇卫生医疗机构，更是少得可怜。

1949 年，全国中西医药卫生技术人员共有 50 万人，其中高级人员不足 4 万人，且大部分在城市里。人民群众卫生状况十分恶劣，传染病大肆流行，寄生虫病分布广泛，危害严重。药品供应短缺，最简单的医疗器械要依靠进口。

1949 年 9 月 21 日，中国人民政治协商会议第一届全体会议通过的《共同纲领》中规定："提倡国民体育。推广卫生医药事业，并注意保护母亲、婴儿和儿童的健康。"

1949 年 10 月，中央军委卫生部在北京召开第一届全国卫生行政会议，研究新中国成立后政府和军队卫生建设的方针任务等重要事项。会议讨论通过了卫生工作总方针："卫生工作的重点应放在保证生产建设和国防建设方面，要面向农村、工矿，要依靠群众，要预防为主。"

当年 10 月，察哈尔省察北专区鼠疫的发生和蔓延引起了毛泽东的高度重视。为此，毛泽东特别指示周恩来召集国务院紧急会议，迅速成立了中央防疫委员会。10 月 28 日，毛泽东亲自致电斯大林，请求苏联政府空运生菌疫苗 400 万人份、血清10万人份至北京应用，并请苏联政府考虑派遣防疫队帮助进行鼠疫防治工作。斯大林接到毛泽东的电报后，立即决定派遣医疗队和支援药品。在各方共同努力和苏联防疫队的协助下，察北鼠疫得以控制，11月4日即无新病例发生。

1949年11月，中央人民政府卫生部成立后，经过认真研究，认为新中国卫生事业的首要大事是要制定正确的卫生工作方针，集中力量预防严重危害人民健康的流行性疾病。毛泽东指示卫生部必须大力加强卫生防疫工作的组织和领导。经过疫情调查和研究，自1950年1月，卫生部首先展开了对结核病的预防工作，自当年起在全国各城市大力推广卡介菌苗接种工作。所需费用由各级人民政府承担。

1950年8月，卫生部召开了第一届全国卫生会议。毛泽东为大会题词："团结新老中西各部分医药卫生人员，组成巩固的统一战线，为开展伟大的人民卫生工作而奋斗。"① 卫生部党组书记、副部长贺诚在总结报告中提出新中国急需解决的三个问题：第一是卫生工作者的立场问题，即为人民大众服务首先是为工农兵服务的问题；第二是卫生工作的业务方针与工作方法问题，即以预防为主的方针；第三是卫生工作力量的组织与使用问题，其中特别是新老卫生干部的团结和中西医的团结。

1950年9月，卫生部部长李德全在第四十九次政务会议上报告说："我国全人口发病数累计每年月一亿四千万人，死亡率在千分之三十以上，如鼠疫、霍乱、麻疹、天花、伤寒、痢疾、斑疹伤寒、回归热等危害最大的疾病，而黑热病、日本血吸虫病、疟疾、麻风、性病等，也大大侵害着人民的健康。"

1950年10月，卫生部颁布《种痘暂行办法》，规定全国民众必须普种牛痘。

1951年4月11日至23日，卫生部在北京召开全国防疫专业会议，制定了鼠疫、霍乱、天花、白喉、斑疹伤寒、日本血吸虫病等19种传染病的防治方案和《法定传染病管理条例草案》以及若干防疫具体办法，这些方案、条例为卫生防疫工作打下了基础。

早在革命战争时期，毛泽东就曾多次倡导过："开展群众性的卫生运动。"

新中国成立以后，为了尽快改善卫生状况，控制疫病流行，从1950年2月开始，全国军民联合开展了春季防疫运动，并取得很大成绩。1952年3月16日，由于反细菌战争的需要，毛泽东在阅读新华社中国人民志愿军（参见第二章）总分社报送新华总社报送的防疫工作资料后，批给周恩来、聂荣臻、粟裕："应通令东北军区、华北军区、华东军区及华南军区仿志愿军办法组织防疫机构，进行清洁卫生工作。"② 于是，一场规模宏大的、全民性的爱国运动迅速掀起。当时，有关细菌战的国际科学委员会正在中国调查，它们评价说："今天中国正在进行着一个伟大

① 《建国以来毛泽东文稿》第一册，中央文献出版社，1987年11月第1版，第493页。
② 《建国以来毛泽东文稿》第三册，中央文献出版社，1989年11月第1版，第330页。

的运动，在促进个人和社会卫生。这个运动是受五万万人民全心全意支持的，这样规模的卫生运动是人类有史以来从未有过的。”

1951年9月7日，贺诚给党中央写了《二十一个月来全国防疫工作的综合报告》。报告总结了新中国成立以来卫生工作遵循的“面向工农兵、预防为主、团结中西医”三项原则取得的成绩和工作中还存在的缺点。报告指出：不少省县以下党政领导干部，只把不饿死人认为是政府的责任，对因不卫生而病死人则重视不够，认为是难以避免的天灾；实际上因疫病而死的人数远超过饿死的，其中大多是可以预防的。报告提出“要使防疫工作收到应有的效果，必需各级党、政领导同志给予适当的重视”。

1951年9月9日，贺诚报告上报的第三天，毛泽东即批示各中央局，并转分局、省市区党委、地委县委：“贺诚同志这个报告很好，你们收到后，可在党内刊物上发表，引起各级领导同志注意。中央认为各级党委对于卫生、防疫和一般医疗工作的缺乏注意是党的工作中的一项重大缺点，必须加以改正。今后必须把卫生、防疫工作和一般医疗工作看作一项重大的政治任务，极力发展这项工作。对卫生工作人员必须加以领导和帮助，对卫生工作必须及时加以检查。在经费方面，除中央预算所列者外，应尽其可能在地方上筹出经费。必须教育干部，使他们懂得，就现状来说，每年全国人民因为缺乏卫生知识和卫生工作引起疾病和死亡所受人力、畜力和经济上的损失，可能超过每年全国人民所受水、旱、风、虫各项灾荒所受的损失，因此至少要将卫生工作和救灾防灾工作同等看待，而决不应该轻视卫生工作。”①

基于中国实际，毛泽东特别强调要注意农村医疗卫生工作。新中国成立后，广大农村缺医少药的状况十分严重，疾病的预防和治疗面临诸多困难，农民看病难、买药难的问题十分突出。1952年1月28日《政务院关于加强老根据地工作的指示》，提出了具体措施：“卫生机关应协同有关部门在老根据地以大力开展卫生防疫运动，宣传卫生保育知识，设立卫生站与医院，派遣医疗队巡回治疗，开办卫生医疗人员训练班、新法接生训练班，帮助中医学习，设立中药铺。并注意供应海盐、海带等以避免粗脖子、柳拐子等病症，保护群众健康。”②

1952年8月3日，毛泽东在对《一九五一年度国家预算执行情况及一九五二年度国家预算草案的报告稿》的批示中说：“在实施增产节约的同时，必须注意职工的安全、健康和必不可少的福利。如果只注意前一方面，忘记后一方面，那是不

① 《毛泽东文集》第六卷，人民出版社，1999年第1版，第176页。

② 中央人民政府法制委员会编：《中央人民政府法令汇编》（1952），人民出版社1954年版，第47页。

对的。”[①]

1952年12月，第二届全国卫生会议召开。毛泽东为大会题词：“动员起来，讲究卫生，减少疾病，提高健康水平，粉碎敌人的细菌战争。”[②] 根据毛泽东的号召，这次会议把“卫生工作与群众运动相结合”定为卫生工作方针之一。确立了新中国卫生工作的四大方针。

1952年底，全国县卫生院达到2123所，医院病床比新中国成立前增加4倍。新培养6万多名高、中级卫生人员，60多万名初级卫生人员。

在卫生防疫、疾病防治工作中，毛泽东非常重视新中国血吸虫病防治。江西省余江县是全国血吸虫病流行最为严重的地区之一，该县流行区内“有屋无人住，有田无人种，蒿草遍地，荒冢累累”。1951年3月，毛泽东即派血防人员到余江县调查，首次将该县确认为血吸虫病流行县。1953年4月，毛泽东又派医生驻余江县马岗乡进行防治血吸虫病的重点实验研究。9月16日，中央人民政府最高人民法院院长、政协全国委员会副主席沈钧儒将无锡血吸虫病防治所沈瑜撰写的有关南方血吸虫病的汇报材料附函寄毛泽东。同月27日，毛泽东致信沈钧儒：“沈院长：9月16日给我的信及附件，已收到阅悉。血吸虫病危害甚大，必须着重防治。大函及附件已交习仲勋同志负责办理。”毛泽东将汇报材料转交政务院秘书长兼文化教育委员会副主任习仲勋处理。毛泽东将血吸虫病防治作为一件大事，始终放在心上。

1953年12月，第三届全国卫生会议召开。会议根据党中央和毛泽东提出的过渡时期总路线的精神，结合卫生工作面向工农兵、预防为主、团结中西医、卫生工作与群众运动相结合的方针落实情况，总结新中国成立以来卫生工作的成绩、经验和教训，要求更加努力地培养卫生工作干部，坚持不懈地把爱国卫生运动和预防流行性疾病的工作开展下去。

美国学者费正清在《伟大的中国革命》一书中写道：“新中国是一个人人感觉自豪的国家——控制了通货膨胀，废除了外国人的特权，铲除了腐化，公民们都参加各种有益的社会活动，如修理公共设施，开展扫盲活动，防止疾病……，等等。”[③]

第三章主要参考书目和文章

《中共党史参考资料》（七），人民出版社，1980年1月第1版。

《刘少奇选集》上卷，人民出版社，1981年12月第1版。

---

① 《建国以来毛泽东文稿》第三册，1989年11月第1版，第505页。

② 《毛泽东手书选集》第二册，中央档案馆、北京出版社，1993年12月第1版，第167页。

③ 费正清：《伟大的中国革命》，世界知识出版社2000年版，第346页。

林蕴晖、范守信、张弓：《1949年至1989年的中国　凯歌行进的时期》，河南人民出版社，1989年12月第1版。

薄一波：《若干重大决策与事件的回顾》上卷，中共中央党校出版社，1991年5月第1版。

《毛泽东选集》第四卷，人民出版社，1991年6月第2版。

《建国以来重要文献选编》（三），中央文献出版社，1992年5月第1版。

《毛泽东文集》第五卷，人民出版社，1996年8月第1版。

《毛泽东文集》第六卷，人民出版社，1999年6月第1版。

《毛泽东传（1949—1976）》，中央文献出版社，2003年12月第1版。

《中国共产党历史第二卷（1949—1978）》，中共党史出版社，2011年1月第1版。

当代中国研究所：《〈中华人民共和国史稿〉第一卷（1949—1956）》，人民出版社、当代中国出版社，2012年9月第1版。

范守信：《建国初期的整党运动》，《党史研究》，1983年第5期。

戴鹿鸣、陈世英：《对电影〈武训传〉的批判的再认识》，《党史通讯》，1983年第14期。

沈郑荣：《反腐倡廉　移风易俗——追踪毛泽东发动和指导“三反”运动的轨迹》，《南京政治学院学报》，1989年第6期。

华世俊、叶维昌：《建国初期的反腐蚀斗争》，《党政论坛》（上海），1990年第1期。

李新：《中国的农民问题与土地改革》，《中共党史研究》，1990年第2期。

《难忘的接见》，《文汇报》，1990年9月9日第3版。

岑燕坤：《建国初反对帝国主义禁运的斗争》，《贵州民族学院学报》（社会科学版）1993年第3期。

程大方：《从“三反”运动看新中国建立初期反腐败斗争的历史特点和深远影响》，《中共党史研究》，1995年第1期。

庞松：《“三反”、“五反”运动》，《中华人民共和国专题史稿（Ⅰ）（1949—1956）》，四川出版集团、四川人民出版社，2009年8月第2版。

王文：《建国初期知识分子思想改造运动》，《中华人民共和国专题史稿（Ⅰ）（1949—1956）》，四川出版集团、四川人民出版社，2009年8月第2版。

汪开国：《新中国教育体制的形成》，《中华人民共和国专题史稿（Ⅰ）（1949—1956）》，四川出版集团、四川人民出版社，2009年8月第2版。

李洪河：《毛泽东与新中国的卫生防疫事业》，《党的文献》，2011年第2期。

郑云天：《1949—1956年毛泽东关于民生问题的思想和实践》，《党的文献》，2012年第3期。

凡石：《李克才同志谈刘青山、张子善案件》。

第四章　建设社会主义（上）

一、探索前进

早在1948年9月8日至13日中共中央西柏坡政治局扩大会议上，刘少奇作《关于新民主主义的建设问题》的报告。同年12月25日，刘少奇又在华北财经委员会的会议上作题为《新中国经济建设的方针与问题》的报告。这两篇报告的中心思想是，民主革命胜利后，还不能马上直接采取社会主义的实际步骤。他说："过早地采取社会主义的政策是要不得的。……过早地消灭资本主义的办法，则要犯'左'倾的错误。"

毛泽东表示赞同刘少奇的观点。

北平、天津解放初，由于工厂不开工，天津有上百万人口生活无着落，北平更多。1949年4月，主持中共华北局工作的薄一波给中共中央、毛泽东报告中详细列举了两市工业生产中的问题，除了城乡交通阻隔、外贸断绝、原料匮乏、产品滞销、通货膨胀外，在工作中没有处理好公私、劳资关系是存在的突出问题，他说：天津解放一个月内，曾发生53次清算斗争，资本家的脑子里有三怕：一怕清算；二怕共产党只管工人利益；三怕以后工人管不住而无法生产。[①] 因此他们抱着消极等待、观望的态度，甚至跑到香港。

1949年4月10日，刘少奇受中共中央和毛泽东的委派抵达天津。他调查了工交、财贸、外事、文教、市政机关5个口的17个问题，听取了14次汇报，同干部、工人、职员、资本家等各方面人士座谈，了解到公私企业复工、劳资关系、市场斗争、外资企业、外贸、工农关系以及干部、工人、资本家的思想状况等方面大量迫切需要解决的问题。并作了多次报告。

① 薄一波：《回忆刘少奇同志建国初期的一些经济建设思想》，《人民日报》，1989年11月13日第5版。

刘少奇说：民族资产阶级还不是我们今天的斗争对象，资本家在生产方面占很高的地位，保护他们就是保护生产；在新民主主义的经济下，在劳资两利的条件下，还让资本家存在和发展几十年，这样做，对工人阶级的好处多、坏处少；对有益于国计民生的私营工商业要加以保护，对危害国计民生的投机、垄断行为一定要制止，要把商业投机资本引向生产型的工业企业。刘少奇设想，经过一段新民主主义时期，工业逐步发展起来了，就非走社会主义的道路不可，过渡的方式，中国可不采取苏联、东欧推翻资产阶级的流血方式，而采取同民族资本家一起走入社会主义的方式。

刘少奇还说："现在有好些人怕说剥削，但剥削是一个事实。……今天资本主义的剥削不但没有罪恶，而且有功劳。封建剥削除去以后，资本主义剥削是有进步性的。今天不是工厂开得太多，工人剥削太多，而是太少了。工人、农民的痛苦在于没有人剥削他们，你们有本事多剥削，对国家人民都有利，大家赞成。你们当前与工人有很多共同利益。资产阶级在历史上是有功劳的。马克思在《共产党宣言》里就说过：100 年中，资本主义将生产力空前提高，比有史以来几千年生产的总和还多。资本家剥削是有其历史功绩的，没有一个共产党员会抹杀资本家的功劳。骂是骂，功劳还是有的。当然罪恶也有一点，但功大罪小。今天中国资本主义是在年青时代，正是发展它的历史作用、积极作用，建立功劳的时候，应赶紧努力，不要错过。今天资本主义剥削是合法的，愈多愈好，股息应该提高，如果工资过高，你们自己可以提出来。"①

薄一波将刘少奇在天津的讲话向毛泽东作了汇报。毛泽东对刘少奇的讲话总的是肯定的。只是觉得"剥削越多越好"的话不一定这么讲。

1949 年 5 月 7 日，刘少奇和王光美等一行离开天津。

刘少奇去唐山，王光美回北平。

当晚，毛泽东在香山听取了王光美的汇报。毛泽东听后很高兴，说："我们派他去天津，就是让他去做资本家的工作的。"②

5 月 12 日，刘少奇回到北平。

1949 年 5 月 31 日，刘少奇为中央起草了《关于对民族资本家政策问题给东北局电》，批评东北局在这个问题上的错误，指出：立即消灭资产阶级的倾向，是实际工作中的"左"倾冒险主义和错误路线，是和党的方针政策在根本上相违反的。

在中央把这个电报转发给各中央局、市委和各野战军前委时，毛泽东起草了按

① 《中共党史资料》（七）国民经济恢复时期，人民出版社，1980 年 1 月第 1 版，第 9—10 页。
② 张凯：《〈天津讲话〉始末》，《党史研究》，1980 年第 2 期。

语：如果不克服此种错误，就是犯了路线错误；各级党委据以检查自己的工作，认真克服对待民族资产阶级的“左”倾机会主义错误。

东北大部分农村于1948年完成土改。据高岗1949年12月10日在东北农村工作座谈会的发言中谈及：土地改革以后农民的经济生活大部分上升，有一小部分添了车马，有的雇了长工、买进或租进了土地；另有一部分人因缺乏劳动力或疾病灾害，或因缺乏生产资料或好吃懒做，经济生活下降，他们中的一小部分已开始向前一小部分人出卖出租土地，或借粮借款；有些农村党员开始雇长工；许多党员不了解许不许群众雇工，许不许党员雇工；有些党员听了党员不应剥削雇工的党课后，出卖牲口，解雇长工；有些村干部不让上升户买车买马，怕他们单干；有点认为组织起来是“国策”，单干不合法；有的强迫农民参加互助组，而且认为参加3马不算组织起来，只有参加6马、8马才算组织起来；不少区县干部提出：新民主主义的农村究竟是什么样子？农民应该经由什么样的道路走向富裕？什么叫提高一步？除了组织起来，农村还要干什么？

高岗的回答是：“我们农村经济的发展方向是使绝大多数农民上升为丰衣足食的农民。而要做到这一点则又必须使绝大多数农民‘由个体逐步地向集体方面发展’。组织起来发展生产，乃是我们农村生产领导的基本方向。”

高岗虽然也批评了农业社会主义思想，但重点是批评各种各样的要求单干，对单干、对旧式富农感兴趣，对组织起来感苦恼的思想。

高岗虽然允许单干，允许拴独犁，允许雇工、借贷，原则上允许土地买卖、出租，但重点是强调限制，强调加强领导，组织起来。

高岗还提出，现时的互助合作，在获得生产工具的改进之后，还可以进一步提高与发展；以小型为主的变工互助组，根据当地农业与副业生产的需要，根据群众要求与干部强弱等条件，逐步地提高为联组。

会后，《东北日报》宣传报道把高岗的这些思想概括为“把互助合作组织提高一步”。

高岗宣布了5条奖励互助合作，实际也是歧视单干的具体经济政策。

关于党员雇工、单干问题，高岗说：从原则上讲，党员是不允许剥削人的，党员要雇工时，要说服他不雇工，党员不参加变工组是不对的，但这些问题主要是采用教育的方法解决，非在必要时，不采用组织手段。

高岗的发言发表在1950年1月4日的《东北日报》上。

东北局就有关党员雇工问题写报告向中央请示。

1949年秋天，刘少奇访苏回来，途经哈尔滨，曾对东北农村的新情况作过调查了解。

1950年1月23日，刘少奇签发了中央组织部答复东北局的信。中组部的复信指出："党员雇工与否、参加变工与否，应有完全的自由，党组织不得强制，其党籍亦不得因此停止或开除。……在今天农村个体经济基础上，农村资本主义的一定限度的发展是不可避免的，一部分党员向富农发展，并不是可怕的事情，党员变成富农怎么办的提法，是过早的，因而也是错误的。"

刘少奇并于中组部复信的当晚，与安子文谈了他对东北农村土改后出现新富农问题的意见：今天东北的变工互助是建筑在破产、贫苦的个体经济基础上的，这是一个不好的基础；农民参加变工互助之所以能有这样多，因为个体经济的破产，农民不得不变工；将来的发展，个体经济都能独立生产，变工互助，势必要缩小，这是好现象，证明经济发展了，农民成为中农的更多了，他能够单干了，这是应有的现象；有三匹马、一副犁、一挂大车的农民，不是富农，而是中农；现在东北这种农户不超过10％，真正富农更少；应该使这种有三马一犁一车的富裕户，在几年之后发展到80％，其中10％的富农；有了这样的基础，将来才好搞集体农庄；现在必须有富农剥削，要欢迎剥削，不剥削就不能生活，剥削是救人，今年关里大批难民到东北去，关外的富农能剥削他，他就会谢天谢地；因此，富农雇人多买了马不要限制他雇人，这不是自流；将来我们对富农有办法，现在要让他发展，没坏处。

刘少奇说：现在对富农雇人买马不要限制，三五年之后再限制，用国家颁布劳动法，把雇农组织起来，提高雇农的待遇，征土地税，多累进一些，多加公粮等办法予以限制；党员成为富农党籍怎么办？这个问题提得过早了；有剥削也还是做社会主义者的，圣西门是一个资本家，但他也是一个社会主义者，虽然当时是空想的；现在是私有制社会；党员生产发家了，要将财产交公也交不出去，将来再实行集体化时，将自己的财产交公，这种富农党员也是好党员；即使东北将来有1万富农党员也不可怕，因为过几年，东北可能会有100万党员，这1万都不好，被开除也不要紧；认为当党员便不能有剥削，是一种教条主义。

刘少奇的谈话，只有很少高级干部知道。

高岗收到刘少奇的谈话记录，面交毛泽东。毛泽东批给陈伯达看。毛泽东对刘少奇的谈话不满，形于颜色。

1950年11月14日，中共山西省长治地委在《人民日报》上发表《组织起来的情况与问题的报告》一文，指出：土改后的农村出现两极分化趋势，有些互助组涣散解体。引起了华北局政策研究室的注意，随即派调查组去长治。调查组到长治时，适逢地委召开10个互助组转为合作社的会议。地委认为，为了防止两极分化，必须提高互助组，试办土地入股的农业生产合作社；合作社实行按劳分配为主，社员退社不能带走公积金。调查组对地委的观点和某些做法有不同的意见，写成了报告，经长治地委的负责同志审阅修改后，报告了华北局。调查组并回太原向省委作了汇报。省委支持地委的意见，认为适当动摇和否定私有制没有什么不可以。

1951年2月，山西省召开全省党代会。23日，省委书记赖若愚向党代会报告和阐述了省委的意见。3 月，赖若愚就山西省党代会的情况向华北局报告，重申了省委的观点，提出，为进一步扭转互助组的涣散现象，省委计划在长治专区各县，每县试办几个农业生产合作社。

1951 年 3 月 17 日，《人民日报》发表社论《华北春耕中应当注意的八件事》，其中阐明了华北局关于互助合作运动的观点：要求在尚无互助组的地区，应广泛发展各种形式的互助组；在已有互助基础的地区，则应在农副业结合的基础上，进而与采用新农具、大农具及其他提高农业生产技术的工作相结合，充实新的生产内容；至于在互助组中伙买公共农具等现象，只可在农民觉悟程度与组织程度较高的地区适当提倡，但不能普遍提倡，更不可强迫一般互助组照办。

因此，华北局表示不同意山西省委的意见，而支持调查组的意见。

1951 年 3 月，刘少奇在为中国共产党第一次全国组织工作会议准备的报告提纲中的《共产党员标准的八项条件》，在第二条中写道："中国共产党的最终目的，是要在中国实现共产主义制度。它现在为巩固新民主主义制度而斗争，在将来要为转变到社会主义制度而斗争，最后要为实现共产主义制度而斗争。（新民主主义、社会主义与共产主义制度的要点另外说明。新民主主义革命一般地不破坏私有财产的制度，但社会主义就首先要在工业中然后要在农业中破坏私有制。在农业中组织集体农场，这时，只能依靠工人及贫雇农，不能依靠一般农民，只是团结农民。）一切党员必须具有为党的这些目的而坚持奋斗的决心。"①

1950 年 7 月初，中共山西省委组织考察组，到武乡县进行了一个半月的农村考察后，于 10 月 9 日在《人民日报》公开发表了《山西武乡农村考察报告》，反映互助组涣散问题。11 月 14 日，长治地委在《人民日报》发表了同样观点的《关于组织起来的情况与问题的报告》。

1951 年三四月间，华北局政策研究室组织调查组到长治地区的平顺县进行调查。调查组到长治，正赶上地委召开 10 个常年互助组转入以土地入股为特点的农业生产合作社会议。长治地委试办初级社，是因为它们发现，互助组能够坚持不涣散是因为它们都有公共财产，建立了公积金制度，产生了"按劳分配"的因素。而这些新因素是与提高农业技术、推广新式农具分不开的。

华北局调查组对试办初级社过程中的公积金性质，土地分红应占多大比例，没有拖拉机合作起来有何作用等，提出了一些不同看法。长治地委不同意华北局调查组的意见。

调查组将双方的分歧报告给华北局。还向省委报告。山西省省委书记赖若愚支

① 《刘少奇选集》下卷，人民出版社，1985 年 12 月第 1 版，第 62 页。

持地委的意见，并认为这个分歧的实质是如何对待私有制基础问题。

调查组回到北京向华北局作了汇报。华北局决定召开5省互助合作会议，讨论山西试办初级社问题。

山西省委接到通知，于1951年4月1日召开省委常委扩大会议，讨论通过了赖若愚起草的中共山西省委向华北局写的《把老区互助组织提高一步》的报告。

4月17日，山西省委报华北局和中央，报告分三部分：问题的提出；省委的主张；须注意解决的几个比较具体的问题。报告中说："山西老区的互助组织，基础较大，历史较长，由于农村经济的恢复和发展，战争时期劳、畜力困难，已不再是严重的问题，一部分农民已达到富裕中农的程度，加以战争转向和平，就使某些互助组织中发生了涣散的情形。……实践证明：随着农村经济的恢复与发展，农民自发力量是发展了的，它不是向着我们所要求的现代化和集体化的方向发展，而是向着富农的方向发展。这就是互助组发生涣散现象的最根本原因。当然这也不是说，目前已发展了多少富农，而是说富农方向已经是农民自发的一个趋势，这一问题，我们是很注意的，如搞不好，会有两个结果：一个是使互助组涣散解体；一个是使互助组变为富农的'庄园'。……老区互助组的发展，已经达到了一个转折点，使得互助组必须提高，否则就要后退。"

山西省委的主张是：扶植与增强互助组内的"公共积累"和"按劳分配"两个新的因素，以逐步战胜农民的自发趋势，积极地稳健地提高农业生产互助组，引导它走向更高一级的形式，以彻底扭转涣散的趋势；对于私有基础，不应该是巩固的方针，而是逐步地动摇它、削弱它、直至否定它；农业生产合作社按土地分配的比例不能大于按劳力分配的比例，并要随着生产的发展，逐步地加大按劳分配的比例；两个进步因素的逐步增强，将使老区的互助合作组织大大地前进一步。①

1951年4月下旬，华北局召开五省互助合作会议，讨论山西省委的意见。

会议由华北局书记刘澜涛领导，华北局政策研究室主任李哲人主持。会议就山西省委于4月17日向华北局所写的《把老区互助组织提高一步》的专题报告中提出的农村土地改革后出现两极分化、有些互助组发生涣散解体的现象进行了研究。

会议召开之前，华北局传达了刘少奇的意见：在现有基础上组织农业生产合作社是空想社会主义；目前应当巩固和确保私有，逐步动摇、削弱直至否定私有基础的意见是错误的。

华北局政策研究室的一些同志，根据刘少奇的指示精神，以个人名义在会上发表了意见。

会议一开始就展开了激烈的争论。山西省的王谦、黄志刚（兴县地委书记）坚

---

① 《建国以来重要文献选编》第二册，中央文献出版社，2011年6月第1版，第315—317页。

持认为，应当防止农村两极分化，克服农民自发势力，积极试办和发展农业生产合作社。会议开了四五天，意见没有统一。最后，华北局按照刘少奇的意见作了结论。山西省委的同志保留了自己的意见。会后，刘澜涛找山西省的王谦、黄志刚等同志做解释工作，力图说服他们改变自己的意见。王、黄二同志未作改变意见的表示。

5月4日，华北局根据刘少奇的指示和五省互助合作会议多数同志的意见，正式批复山西省委并报告中央。批语指出：山西省委抓紧对互助组领导，注意研究新发生的问题是对的；但“用积累公积金和按劳分配办法来逐渐动摇、削弱私有基础直至否定私有基础是和党的新民主主义时期的政策及共同纲领的精神不相符合的，因而是错误的。新民主主义革命时期，革命任务只动摇封建私有，帝国主义在华特权和官僚资本主义私有；一般地动摇私有财产是社会主义革命时期的任务。目前你省有相当数量地区的互助组需要提高和巩固，但提高与巩固互助组的主要问题，是如何充实互助组的生产内容，以满足农民进一步发展生产的要求，而不是逐渐动摇私有的问题。这一点必须从原则上彻底搞清楚。……农业生产合作社全省只能试办几个作为研究，展览和教育农民之用。即使试办，要出于群众自愿，不能强行试办，更不宜推广”。[①]

刘少奇在不同场合，均对山西省委提出严肃批评。

5月7日，刘少奇在中国共产党第一次全国宣传工作会议的报告中，认为：山西省委在农村里边要组织农业生产合作社（苏联叫共耕社），这种合作社也是初步的；这种合作社是有社会主义性质的，可是单用这一种农业合作社、互助组的办法，使我们中国的农业直接走到社会主义化是不可能的；那是一种空想的农业社会主义，是实现不了的；我们中国党内有很大的一部分同志存有农业社会主义思想，这种思想要纠正；农业社会化要依靠工业，有了国家工业化，才能供给农民大量的机器，然后实行土地国有化、农业集体化才有可能；以为目前组织合作社就可以改造中国的农业，使个体的小农经济走上社会主义的农业去，那是幻想。[②]

6月3日，刘少奇在同薄一波、刘澜涛、陶鲁笳等人谈话中，提出：在农业生产上，不能发动农民搞生产合作社，只能搞互助组；现在农村阶级分化，正是将来搞社会主义的基础，将来我们依靠政权，下个命令就能剥夺它；农业集体化要等机器，不要机器不妥当，农业集体化必须以国家工业化使农业能用机器耕种和土地国有为条件。[③]

7月3日，刘少奇批阅山西省委的报告：“在土地改革以后的农村中，在经济发展中，农民的自发势力和阶级分化已开始表现出来了。党内已经有一些同志对这

---

① 《建国以来重要文献选编》第二册，中央文献出版社，2011年6月第1版，第314页。

② 《农业集体化重要文件汇编（1949—1957）》，中共中央党校出版社，1981年10月第1版，第31页。

③ 陶鲁笳：《毛主席教我们当省委书记》，中央文献出版社，1996年8月第1版，第141、142页。

种自发势力和阶级分化表示害怕，并且企图去加以阻止和避免。他们幻想用劳动互助组和供销合作社的办法去达到阻止和避免此种趋势的目的。已有人提出了这样的意见：应该逐步地动摇、削弱直至否定私有基础，把农业生产互助组织提高到农业生产合作社，以此作为新因素，去'战胜农民的自发因素'。这是一种错误的、危险的、空想的农业社会主义思想。山西省委的这个文件，就是表现这种思想的一个例子，特印发给各负责同志一阅。”①

7月5日下午，刘少奇在中南海春藕斋对马列学院一班学员作报告，题为《中国共产党今后的历史任务》。讲稿中写道：山西省委对农民自发力量表示害怕，用“提高农业生产互助组织，引导它走向更高级一些的形式，以彻底扭转涣散趋势”，这完全是空想；农业生产互助组织提得更高，数量就会更少；它完全不能阻止，还要增加农民自发趋势；企图在互助组内逐步动摇削弱、直至否定私有制，走上农业集体化，这是完全的空想；这种想法，在目前是冒险的、“左”的、带破坏性的，在将来是右的、改良主义的；目前的互助组或供销合作社都不能逐渐提高到集体农场；集体农庄是另外一回事，另外来组织，而不能由互助组发展到，也不能由供销合作社发展到。②

1951年6月29日，薄一波在《人民日报》上发表《加强党在农村中的政治工作——纪念中国共产党三十周年》，提出：没有强大的国营工业，就不能有全体规模的集体化；在互助组内逐步动摇、削弱直至否定私有财产，来达到农业集体化，这样的农业集体化道路，是一种完全的空想；此外，在目前的互助组内逐步动摇、削弱直至否定私有财产也是错误的，这要直接破坏互助组，这是一种空想的农业社会主义思想；今天的互助组是建立在私有财产基础上的自愿和等价交换的一种组织，一般地保护私有财产而不是削弱和否定它。

与刘少奇、华北局主张相一致的有中南军政委员会提出的允许农村有“四大自由”和政务院财经委员会颁布的“新税制”：

12月，开始宣传《中共中央关于农业生产互助合作的决议（草案）》，使小地主出租者不敢出租土地，富农不敢雇长工，有余钱不敢放债，中农不敢发展生产。华东军政委员会和中南军政委员会为消除农民的疑虑，稳定生产情绪，继1951年颁布春耕生产十大政策的布告以后，于1952年3月22日，中南军政委员会再次发布《关于1952年农业生产政策的布告》。规定：农民在土地改革中所分得的土地、房屋、农具、粮食等斗争果实，一律归新得户所得，产权财权已定，不再变动，并允许各人自由经营，自由处理，政府坚决保护农民这种土地财产所有权，任何人不得侵犯，侵犯者定予严惩；提倡劳动互助，又允许自由雇工，对未参加互助组而单

---

① 《中共党史参考资料》（七），人民出版社，1980年1月第1版，第131页。

② 《建国以来重要文献选编》第二册，中央文献出版社，2011年6月第1版，第334页。

独劳动的农民，不得有所歧视；提倡信用合作，保证借贷自愿，利息面议的政策。

“新税制”是1952年12月26日经政务院第一百六十四次会议批准的。12月31日政务院财经委员会发布关于税制若干修正及实行日期的通告，并公布商品流通税试行办法。同日中央财政部命令公布商品流通税试行办法施行细则，决定于1953年1月1日起实行。

新税制的特点是，保证税收、简化纳税手续。内容是，加工收益税率统一调整为5%，代购、代销或包销一律按进销货计税；工业的总分支机构从生产、批发到零售，交纳三道营业税；商业的总分支机构，从批发到零售只交纳两道营业税。

新税制将使国营商业和合作社增加税收负担，同时取消今后合作社成立1年免纳所得税及对合作社减征营业税20%的优待。

《人民日报》发表社论说：这种由生产到消费过程只征收单一的商品流通税的办法，使纳税手续简化，将便利公私企业实行经济核算制，便利城乡物资交流。①

由中共中央宣传部主办的理论刊物《学习》杂志于1952年第1、2、3期连续发表《只有马克思列宁主义才能领导资产阶级思想改造》、《论资产阶级的“积极性”》、《认清资产阶级思想的反动性》、《明确对资产阶级思想的认识，彻底批判资产阶级思想》等文章，否定了民族资产阶级的两面性，认为只有反动腐朽的一面，根本否定民族资产阶级在现阶段仍有一定的积极性。

毛泽东明确批评这几篇文章：这些同志的文章，在关于资产阶级的问题上，犯有片面性错误。

《学习》杂志第4期发表《关于掌握中国资产阶级的性格并和中国资产阶级的错误思想进行斗争的问题》一文，历史地分析了资产阶级的两面性，指出：反击资产阶级的进攻并非在现在就要消灭资产阶级。毛泽东肯定这篇文章的观点基本上是正确的。

毛泽东对城乡资本主义的发展是十分注意的。他关注着农民中的自发势力，担心农民走向资本主义。因此，毛泽东肯定了山西省委关于把互助组提高为合作社以动摇私有基础的意见。毛泽东找刘少奇、薄一波、刘澜涛谈话：明确表示不支持他们，而支持山西省委。

毛泽东说：既然西方资本主义在其发展过程中有一个工场手工业阶段，即尚未采用蒸汽动力机械，而依靠工场分工以形成新生产力的阶段，则中国的合作社，依靠统一经营形成新生产力，去动摇私有基础，也是可行的。

---

① 《人民日报》社论原稿为“国营企业和私营企业都按照修改的税制纳税”。发表时薄一波改为，强调“公私一律平等纳税”。参见《中华人民共和国史通鉴·第一卷（1949—1956）》，红旗出版社1993年12月第1版，第158页。同时参考薄一波：《关于重大决策与事件的回顾》，中共中央党校出版社，1991年5月第1版，第237页。

这样，刘少奇修改的华北局报告没有发出（但原件已事先刊登在华北局内部刊物《建设》上），刘少奇并通过范若愚向马列学院一班学员收回了他7月5日发给他们的材料。

华北局召开会议之后不久，陈伯达到华北局刘澜涛的办公处传达毛泽东的意见：起草一个互助合作决议，准备召开一次互助合作会议。陈伯达提出委托华北局政策研究室具体筹备这次会议，并要求华北局政策研究室的同志为他起草决议提供资料和具体意见。为此，华北局政策研究室派出几个组下乡调查。

陈伯达在起草决议期间，连续召开了三四次座谈会。

1951年9月，根据毛泽东的提议，召开全国第一次互助合作会议，会议由陈伯达主持。会议开得很简单。传达了毛泽东的指示精神以后，讨论陈伯达起草的决议。陈伯达读一段，让大家讨论一段。开始，大家很不习惯这种会议开法，要求汇报一下各地互助合作运动的情况和问题。陈伯达坚持他的开法，但讨论仍然很热烈。有些同志在发言中还是坚持了自己的一些观点，提出了一些问题。有些同志对土地入股的农业生产合作社的性质提出很多疑问，个别同志还不同意陈伯达所起草的决议的写法，说："决议怎么一开头就写农民有两个积极性呢?"主张先对形势作个分析。会议每天只开六小时，每天都要写一个几百字的简报，当晚即报送给毛泽东。讨论的结果，对陈伯达起草的决议修改不多，一致同意决议草案精神。在会议上，中南地区有的同志提出土改后进入合作化阶段，农村阶级路线如何提法，不少贫农已上升为中农，是否仍可依靠，对富农又如何对待。陈伯达对这些问题，未作明确的倾向性表态。

这个决议草案，就是《中国共产党中央委员会关于农业生产互相合作的决议草案》。

决议草案提出土改后的农民有两种积极性：个体经济的积极性及劳动互助的积极性。一方面，不能忽视和粗暴地挫伤农民个体经济积极性，要在政策上巩固地联合中农，允许富农经济发展；另一方面，党中央从来认为要克服很多农民在分散经营中所发生的困难，要使国家得到比现在多得多的商品及其工业原料。劳动互助是建立在个体经济基础上的集体劳动，其发展前途就是农业集体化或社会主义化。

决议草案在总结战争年代和新中国成立初期互助合作经验的基础上，肯定了以土地入股为特点的初级社，提出了农业合作化的三种主要形式：互助组（分临时性初级互助组和常年互助组）、初级社（以土地入股为特点的农业生产合作社，或称为土地合作社）、高级社（社会主义性质的高级农庄）。

决议草案分析了农业互助合作问题上的两种倾向：一种是消极态度，看不出这是党引导农民从个体经济逐渐走向大规模的使用机器的集体经济的必经道路，否认现在业已出现的各种农业生产合作社是走向社会主义化的过渡形式，是右倾的错误思想，片面地提出“发家致富”的口号是错误的；另一种是急躁态度，不顾农民自愿和经济准备的各种必需条件，过早地不适当地企图现在就否定或限制参加合作社农民的私有财产，认为现在可以一蹴而就在农村中完全达到社会主义。党批评了这两种错误倾向，要求根据生产发展需要和可能，按照稳步前进的方针和自愿互利的原则，采取典型示范、逐步推广的方法，由低级到高级的组织形式，把农业互助合作当作一件大事去做。

决议草案提出了检验互助合作组织的标准：提高生产率，增加一般成员收入。

12月15日，毛泽东起草中共中央关于印发9月会议草拟的《关于农业生产互助合作的决议（草案）》的通知。要求各地照此草案在党内外进行解释，并组织实施，把农业互助合作当作一件大事去做。

年底，组织起来的农户，老区占65%以上，新区占25%左右，全国各地成立了400个农业生产合作社，创办了十几个集体农庄（高级社）。

1952年6月6日，毛泽东在中共中央统战部的一个文件上批示道：“在打倒地主阶级和官僚资产阶级以后，中国内部的主要矛盾即是工人阶级与民族资产阶级的矛盾，故不应再将民族资产阶级称为中间阶级。”①

为推动互助合作运动进一步发展，中共中央委托中央政策研究室召开农业生产互助合作会议（第二次互助合作会议）。

毛泽东提议向熟悉农民的作家们征求意见。赵树理认为，现在的农民没有互助合作的积极性，只有个体生产的积极性。毛泽东听陈伯达汇报后，认为赵树理的意见很好。提出：既要有常年的农业生产合作社，也要有临时的互助组和单干户；既要保护互助合作的积极性，又要保护个体农民单干的积极性；既要防“右”，又要防“左”。

1952年8月30日，中共中央通知各中央局这次会议的议题为：（一）根据各地近一年来实际执行的经验与发现的问题，讨论修改去年10月中央关于农业生产互助合作的决议草案，作为正式决议稿，交中央审核；（二）讨论各地互助合作运动的发展计划。

9月，毛泽东在中共中央书记处会议上讲到：10年到15年基本上完成社会主义，不是10年以后才过渡到社会主义。

9月20日，第二次互助合作会议在北京召开。参加会议的有各中央局政策研究室（或农村工作委员会）的主任（或副主任），及部分熟悉互助合作运动情况的干部。会上，中央政策研究室副主任廖鲁言作了题为《关于农业生产互助合作运动

---

① 《毛泽东文集》第六卷，人民出版社，1999年6月第1版，第231页。

的介绍》的讲话。讲话的要点是：土地改革以后，农村中滋长着自发的资本主义倾向。在中央《关于农业生产互助合作的决议（草案）》下达前，许多地方干部对农村发展的前途认识不清，有的干部、党员成了自发资本主义倾向的俘虏；有的彷徨无策；有的则积极斗争，但其中也带有"左"倾冒险情绪。决议草案下达试行以后，干部、党员明确了农村发展的方向，知道了要按照毛主席早已作出的指示，组织起来，搞互助合作；他们与自发的资本主义倾向作斗争的信心也提高了，若干老区的农民也懂得了自己经济发展所必须经过的道路。由于干部和群众的努力，互助合作运动获得了较大的发展。

关于当时互助合作运动发展中的问题，讲话以黑龙江省一些县、区干部在农村有剥削行为，以及一些互助组、合作社中存在变相雇工、变相商业投机和放债现象为例，强调自发的资本主义倾向已经侵蚀到若干互助组和合作社内部来了，因而提出与自发资本主义倾向的斗争必须加强。另外，讲话还提出应对土地分红、畜力分红的比例及工价等问题进行研究，作出适当的原则规定。

会议结合各地运动发展的情况，讨论了 1951 年下发试行的《关于农业生产互助合作的决议（草案）》，提出一些补充修改意见交中央审议。毛泽东对这次会议提出的修改意见和原决议草案作了最后审定修改。在中央审议这个决议期间，中央政策研究室为中央起草了关于农业生产互助合作的第二个决议，起草当中比较强调互助合作的发展过程是自发的资本主义倾向同推动农民群众走向社会主义的两条道路的斗争过程，于 1952 年内形成一个初稿。

10 月 17 日，毛泽东起草了中央关于转发高岗 10 月 14 日关于东北农村互助合作的通报。高岗报告认为：随着中农已成为农村中的多数和农民自发倾向的发展，指导互助合作工作中，反对和防止的主要偏向是农民的自发倾向，而不是侵犯中农利益；农民的主要顾虑不是怕发展，怕归"大堆"，而是要求迅速扩大再生产。毛泽东认为高岗报告中所提的方针是正确的，根据毛泽东提议，中央办公厅将中央通报、高岗报告及 3 个附件，印成小册子，作为党内文件发给各地学习。①

11 月 21 日，毛泽东起草中央批语，批转河北省委向华北局的综合报告。河北报告称：今年互助组已由 60 万个发展到 100 万个，并有 22 个土地入股的农业生产合作社；合作社已成为生产运动中的中坚力量。毛泽东认为河北的经验可在各地广泛施行。

朝鲜战争爆发后，中国组织志愿军渡江作战，实际上避免了苏美两国"冷战"的升级和直接冲突，保卫了苏联。斯大林曾十分感动地说：还是中国同志好。这样，造成了中苏两党关系进一步改善和加强的契机。两国继 1950 年 2 月 14 日签订

① 《共和国走过的路（1953—1956）》，中央文献出版社，1991 年 5 月第 1 版，第 39 页。

《中苏友好互助同盟条约》后，从1950年到1955年间，先后签订了一系列双边协定与公告等，解决了一些历史遗留的问题：苏联先后交还了供苏军使用的旅顺军事基地、大连商港、中苏共管的中长铁路的苏方股权，交还了苏联原在新疆地区取得的中苏民用航空公司、中苏石油股份公司、中苏有色稀有金属股份公司和设在大连的中苏造船股份公司中的苏联股份，还交还了原俄国在北京的兵营的全部房产。

同期中苏两国领导人频繁互访，各方面交往十分密切。

中国建立了以刘少奇为主席、宋庆龄等为副主席的中苏友好协会，人人以加入为荣，参加人数最多、最广。1951年，中国作家丁玲（作品《太阳照在桑干河上》）、周立波（作品《暴风骤雨》）、贺敬之和丁毅（作品《白毛女》）获得1951年斯大林奖。1951年和1952年，宋庆龄、郭沫若先后获得斯大林国际和平奖。

1952年，由苏联贷款在中国开办橡胶园，产品的70%以优惠的价格售于苏联，斯大林曾为此向周恩来表示感谢。苏方认为：中国向苏联提供了发展经济所必需的珍贵原料和其他商品，同中国的合作有助于苏联顺利地解决一系列国民经济任务。

1952年10月2日，刘少奇率领中共中央代表团抵达莫斯科出席苏共第十九次代表大会。10月20日，刘少奇受毛泽东的委托写信给斯大林，阐述了中国从现在过渡到社会主义的设想，信中说：中国现在的工业生产总值（不包括手工业）国营企业已占67.3%，私人企业占32.7%；我们估计，再过5年我们执行了第一个五年经济计划之后，工业中国营经济的比重将会有更大的增加，私人资本主义经济的比重则会缩小到20%以下；再过10年，私人工业会缩小到10%以下（但私人工业的绝对数则会有些发展，因此多数资本家还会觉得满意并和政府合作）；而这些私人工业大体上都要依赖国家供给原料、收购和推销它们的成品及银行贷款等（还有工人的监督）；到那时我们将不费力地将私人工业收归国家经营；至于将来所要采取的具体方式以及国有化的时机，还要看将来的情形来决定；在土改后的农业中已在发展互助合作运动，现在全国参加到互助合作组织的农民已有40%，在老解放区则有70%到80%，并已有几千个组织得较好的以土地入股的农业生产合作社和几个集体农场；我们准备在今后大力稳步地发展这个运动，准备在今后10年至15年内将中国多数农民组织在农业生产合作社和集体农庄内，基本上实现中国农业经济集体化；在完成农村经济集体化的最后时期应该采取怎样的办法来消灭虽然不很多的富农，要看那时的情形来决定；对手工业我们准备用力帮助小手工业者组织生产合作社，并鼓励手工业作坊主联合起来采用机器生产，由于在手工业中一般没有党的组织，我们在改造中所需时间可能更长些。以上就是我们所设想的怎样过渡到社会主义去的大体方法。

10月24日，斯大林收到刘少奇的信后，会见了中共代表团，说：我觉得你们的想法是对的，当我们掌握政权以后，过渡到社会主义去是应该采取逐步的办法，你们对中国资产阶级所采取的态度是正确的。

二、全国财经会议

根据中共中央关于抽调各中央局书记到北京加强中央工作的决定，1952 年底和 1953 年初，高岗、饶漱石先后从东北、华东最高负责人上调中央工作。高岗任新组建的国家计划委员会主席，饶漱石任中央组织部部长。

1952 年 11 月 15 日，中央人民政府委员会第十九次会议为加强国家工作的统一和集中领导，适应国家大规模建设的需要，决定增设国家计划委员会，任命高岗为国家计划委员会主席，邓子恢为副主席，陈云、彭德怀、林彪、邓小平、饶漱石、薄一波、彭真、李富春、习仲勋、黄克诚、刘澜涛、张玺、安志文、马洪、薛暮桥为委员；秘书长为马洪、副秘书长王光伟。①

1953 年 1 月 9 日，中共中央山东分局第二书记向明等三人联名写信给中央，反映执行新税制引起物价波动、抢购商品、私商观望、思想混乱等情况。

1 月 11 日，北京市委也写信给中央反映了类似情况。

各大区、各省市财委也纷纷写信、打电报给中财委，反映在执行过程中遇到的困难和问题。这件事引起毛泽东的重视。

1 月 15 日，毛泽东写信给周恩来、邓小平、陈云、薄一波等人："新税制事，中央既未讨论，对各中央局、分局、省市委亦未下达通知，匆促发表，毫无准备。此事似已在全国引起波动，不但上海、北京两处而已，究应如何处理，请你们研究告我。此事我看报始知，我看了亦不大懂，无怪向明等人不大懂。究竟新税制与旧税制比较利害各如何？何以因税制而引起物价如此波动？请令主管机关条举告我。"②

2 月 10 日，财政部、商业部、粮食部联名写信给毛泽东和党中央，就修正税制的目的、新税制对物价的影响和在执行过程中发生的问题等作了说明。

接着财政部又向毛泽东、政治局作了一次汇报。

毛泽东尖锐地批评说："'公私一律平等纳税'的口号违背了七届二中全会的决议；修正税制事先没有报告中央，可是找资本家商量了，把资本家看得比党中央还重；这个新税制得到资本家叫好，是'右倾机会主义'的错误。"③

---

① 1953 年 9 月 29 日，中央人民政府委员会第二十八次会议任命李富春、贾拓夫为国家计委副主席。

② 《毛泽东传（1949—1976）》，中央文献出版社，2003 年 12 月第 1 版，第 250—251 页。

③ 《毛泽东传（1949—1976）》，中央文献出版社，2003 年 12 月第 1 版，第 251 页。

1953年2月15日，农历癸巳年正月初二，毛泽东离开北京。这是他进京后第二次外出视察。乘专列沿京汉线南下。上午，专列路过河北省。毛泽东想找一位县委书记了解农村互助合作情况。邢台县委第二书记、女县长张玉美被邀请到专列上。毛泽东向张玉美详细询问邢台县的农业互助合作发展情况。当了解到全县入社、入组的农户已占总农户的87%时，毛泽东既高兴又惊讶，问原因是什么？张玉美回答说：第一，邢台县是老解放区，互助合作已经有十多年的历史；第二，党中央关于互助合作的方针、原则和办法符合民意，得到了广大农民的拥护。接着，张玉美介绍了两个村办合作社的情况，其中一个叫东川口，有70户，一个多月时间，全村实现了合作化，1952年建社当年，粮食增产12%。毛泽东听了十分兴奋，说："是啊，多数农民是愿意走社会主义道路的，因为这是一条由穷变富的道路，关键是我们领导采取什么态度。这两个村群众办社的热情很高，思想发动工作搞得也不错。"毛泽东又问办社中有哪些困难和问题，要求张玉美一个一个地具体回答。晚饭后，专列快到郑州站。毛泽东说："看来，农业不先搞机械化，也能实现合作化，中国不一定仿照苏联的作法。邢台是个老区，合作化可以提前。在合作化问题上，一定本着积极、稳妥、典型引路的方法去办。"①

2月16日深夜，毛泽东乘专列到达武汉（他已阔别25年）。

17日晚，毛泽东请中南局、湖北省省委、武汉市市委少数领导人一起吃饭。饭中和饭后，毛泽东向武汉市市委书记王任重询问武汉市工业、手工业和公私合营情况。毛泽东说：

"一、有人说'要巩固新民主主义秩序'，还有人主张'四大自由'，我看都是不对的，新民主主义是向社会主义过渡的阶段。在这个过渡阶段，要对私人工商业、手工业、农业进行社会主义改造。过渡要有办法。像从汉口到武昌，要坐船一样。国家实现对农业、手工业和私营工商业的社会主义改造，从现在起大约需要三个五年计划的时间，这是和逐步实现国家工业化同时进行的。二、全国解放后，富农不敢雇工了，即使还没有搞完土地改革的地方，富农实际上也变成富裕中农了。斯大林建议我们在土改中要保留富农，为的是不要影响农业生产。我们发展农业生产并不依靠富农，而是依靠农民的互助合作。三、我们现在家底子很薄弱，钢很少，汽车不能造，飞机一架也造不出来；面粉、棉布的生产，还是私营为主。四、要团结民主人士，使他们的生活好一点，争取他们和我们一起搞建设。经济基础不强，政治基础也就不强。五、私人工商业如何转？资本家转什么？他们如何生活？其中有些人会和我们一起进到社会主义的。只要不当反革命，就要给工作，给饭吃。"②

2月18日，毛泽东向武汉市和武昌区有关负责人调查手工业状况。

2月19日，毛泽东找中南局几位负责人谈话。讲到社会主义改造时，毛泽东

---

① 《毛泽东传（1949—1976）》，中央文献出版社，2003年12月第1版，第253页。

② 《毛泽东在湖北》，中共党史出版社，1993年9月第1版。

说：我爱进步的中国，不爱落后的中国；中国有三个敌人，帝国主义、封建主义、官僚资本主义，已经被打倒了，还有民族资产阶级，个体农业、手工业和文盲三个问题，当然对待这些人不能用对待前三个敌人的办法；个体农业、要用合作社和国营农场去代替，手工业要用现代工业去代替；手工业目前还要依靠、还要提倡，没有它不行；对民族资产阶级，可以采取赎买的办法。

当天中午，毛泽东离开武汉，乘“长江号”军舰顺流而下，在九江换乘“洛阳号”军舰，2 月 20 日到达安庆。晚 9 时许，军舰停泊于安庆江面上。21 日上午，安庆地委书记傅大章、市委书记赵瑾山一起来到军舰上。11 时，他们随毛泽东到岸边散步。毛泽东走到群众菜地，询问群众生活情况。然后，他们共同登上军舰到南京去。

毛泽东讲：要搞好革命的转变问题，假如说，新民主主义革命有 10 项任务，现在已经完成了七八项，那么要不要等到把这 10 项任务都做完了，再去搞社会主义呢？不是的，只要基本条件成熟了，就可以开始进行社会主义革命工作；我们是革命阶段论者，但两个阶段不能截然分开。①

2 月 22 日，毛泽东乘“洛阳号”军舰来到南京。听取华东军区和江苏省主要负责人陈毅、谭震林汇报。毛泽东对陈毅说：我倒听到这么一首诗：“唐宋元明清，匪盗未肃清；国民党当道，特务大横行。有了共产党，镇压反革命。社会大安定，人民享太平。”

在凭吊中山陵时，毛泽东细读了孙中山《建国大纲》的碑文，然后登上紫金山天文台，举目远望，自言自语说：“是虎踞龙盘今胜昔啊！”

23 日晚，毛泽东乘专列北上，途经徐州凭吊了淮海战役战场，在济南游览了趵突泉等名胜古迹。经天津，于 2 月 26 日回到北京。

回到北京的第二天，1953 年 2 月 27 日晚 8 时，毛泽东在颐年堂召开中央政治局会议。会议开到次日凌晨 1 时。毛泽东说：什么叫过渡时期？过渡时期的步骤是走向社会主义；我给孝感地委用扳指头的办法解释，比如过桥，走一步算过渡了 1 年，2 步 2 年，3 步 3 年，4 步 4 年，……10 年到 15 年走完了；我让他们传到县委书记、县长；在 10 年到 15 年或者还多一些的时间内，基本上完成国家工业化及对农业、手工业、资本主义工商业的社会主义改造；要水到渠成，防止急躁情绪。②

《关于农业生产互助合作的决议（草案）》，经中共中央和毛泽东作了一些修改，去掉了“草案”二字，作为正式决议发全党。3 月 26 日，在《人民日报》发表时，将“有机器条件”改为“有适当经济条件”。

三四月间，中共中央统战部组织包括国家计委和工商管理局参加的调查组，由

---

① 《毛泽东传（1949—1976）》，中央文献出版社，2003 年 12 月第 1 版，第 248—249 页。

② 《党的文献》，2001 年第 4 期，第 50—51 页。

中央统战部部长李维汉带领到武汉、上海、南京、无锡、常州、济南等地调查研究。研究在新的形势下的公私关系和如何加强对资本主义工业的改造等问题。事后，给中央写了报告，主要是《关于资本主义工业中的公私关系问题的调查报告》。李维汉就此报告给中共中央和毛泽东写了信。信中说：经验似已证明，国家资本主义的主要形式，是我们将资本主义工业逐步纳入国家计划轨道的主要形式，是我们改造资本主义工业使它逐步过渡到社会主义的主要形式，是我们利用资本主义工业来训练干部、改造资本主义的主要环节，也是我们同资产阶级进行统一战线工作的主要环节；抓住这个主要形式和主要环节，在经济和政治上都有利于领导和改造资本主义和资产阶级分子的其他部分；建议我们目前集中地或者着重地来解决我们同这一主要部分的资本主义工业的关系问题。

1953 年 3 月 10 日，中共中央做出《关于加强中央人民政府系统各部门向中央请示报告制度及加强对于政府工作领导的决定（草案）》。指出：为了使政府工作避免脱离党中央领导的危险，今后政府工作中一切主要的和重要的方针、政策、计划和重大事项，必须经过党中央的讨论和决定或批准。为此，决定：①政府各部门于中央的决议和指示执行情况及工作中的重大问题，须定期地和及时地向中央报告或请示，以便取得中央经常的、直接的领导；②为了加强中央对于政府的领导，今后加强政府各部门的党组工作，并接受中央的直接领导，因此决定撤销中央人民政府党组干事会；③今后政务院各委和不属于各委的其他政府部门一切主要的和重要的工作应分别向中央直接请示报告，如属两个部门以上而又不同隶于一委的事项，则由政务院负责同志向中央请示报告；如系主席直接交办的事项，应直接向主席请示报告；如应向中央请示报告的事项未向中央提出，则最后经手负责同志应负主要责任。

为了更好地做到政府各领导直接向中央负责，特决定明确的分工：

国家计划工作由高岗负责；政法工作（包括公安、检察和法院）由董必武、彭真、罗瑞卿负责；财经工作由陈云、薄一波、邓子恢、李富春、曾山、贾拓夫、叶季壮负责；文教工作由习仲勋负责；外交工作（包括对外贸易、对外经济、文化联络和侨务）由周恩来负责；其他工作（包括监察、民族、人事）由邓小平负责。

5 月 15 日，根据中共中央的决定，政务院发出《关于中央人民政府所属各财政经济部门的工作领导的通知》。决定：①所属的重工业部、一机部、二机部、燃料工业部、建筑工程部、地质部、轻工部和纺织部划归国家计委主席高岗领导；②所属的铁道、交通和邮电部划归政务院副总理邓小平领导；③所属的农业、林业和水利部划归财委副主任邓子恢领导；④所属的劳动部划归计委委员饶漱石领导；⑤所属的财政、粮食、商业、对外贸易和人民银行仍属财委主任陈云领导，在陈云养病期间由副主任薄一波代理。

6 月 5 日，毛泽东要杨尚昆将有关新税制的 5 个文件（向明等关于在执行新税制过程中物价调整草率造成市场混乱的电报、北京市委关于新税制施行的反映、毛泽东关于新税制给周恩来等人的信、政务院财经委员会副主任兼财政部部长薄一波的回信、财政部副部长吴波等关于新旧税制的利弊及此次物价波动的原因的报告）印发参加中央政治局扩大会议的同志，还给这 5 个文件加了一个总题目：“一九五三年一月至二月间关于新税制问题的几个文件”。

1953 年 6 月 13 日至 8 月 13 日，中共中央全国财经会议（原定半个月）在中南海西楼会议室召开。参加会议的有中央各部门负责同志，各大区、省市委和财委的负责同志（各大区、省市委的财委主任都由第一书记兼），还有北京、天津、上海、沈阳、重庆、武汉、广州等 10 大城市的党委书记。共 163 人。会议由周恩来、高岗、邓小平主持。在毛泽东直接指导下进行。为了准备会议，毛泽东连续召开中央政治局会议，吸收财经工作部门参加，对一个部门一个部门的工作汇报进行讨论。①

会初，是按照中财委的例会进行准备，主要是讨论关于五年计划、财政、民族资产阶级三个方面的问题，以及财经方面其他一些具体问题。后来实际成了中央召开的全党性质的重要会议。高岗作《关于编制五年计划几个问题的意见》、李富春作《在苏联商谈我国五年计划问题的几点体会》、李维汉作《关于利用、限制、改造资本主义工商业的若干问题》（开始题目是《关于资本主义工业中的公私关系问题》）的报告。薄一波在大会上作了检讨。

15 日，毛泽东的“讲话提纲”写在李维汉报告稿的封面上：“总路线是照耀一切工作的灯塔。有所不同和一视同仁，公私兼顾、劳资两利和发展生产、繁荣经济，前者管着后者。几点错误观点：（一）确立新民主主义的社会秩序；（二）由新民主主义走向社会主义；（三）确保私有财产。党的任务是在 10 年至 15 年或者更多一些时间内，基本上完成国家工业化和社会主义的改造。所谓社会主义改造的部分：（一）农业；（二）手工业；（三）资本主义企业。逐步对于将资本主义逐步过渡到社会主义的认识——社会主义成分是可以逐年增长的，资产阶级的基本部分是可教育的。”②

6 月 15 日，毛泽东在中南海西楼会议室主持召开政治局会议，听取李维汉《关于利用、限制和改造资本主义工商业的若干问题》的报告。

毛泽东讲话说：“从中华人民共和国成立，到社会主义改造基本完成，这是一个过渡时期。党在过渡时期的总路线和总任务，是要在 10 年到 15 年或者更多一些时间内，基本上完成国家工业化和对农业、手工业、资本主义工商业的社会主义改造。”③

毛泽东讲话说：“党在过渡时期的总路线是照耀我们各项工作的灯塔。不要脱离这条总路线，脱离了就要发生‘左’倾或右倾的错误。有人认为过渡时期太长了，发生急躁情绪。这就要犯‘左’的错误。”

---

① 《毛泽东传（1949—1976）》，中央文献出版社，2003 年 12 月第 1 版，第 252 页。
② 《毛泽东传（1949—1976）》，中央文献出版社，2003 年 12 月第 1 版，第 253 页。
③ 《毛泽东传（1949—1976）》，中央文献出版社，2003 年 12 月第 1 版，第 253—254 页。

毛泽东批评了“左”的倾向。指出：对基建、农业、手工业、资本主义都发生了急躁现象；“五反”后对资本家进攻没有停止，无止境无目标地进攻，工人阶级自己处于进退两难的地位。

毛泽东还说：“有人在民主革命成功以后，仍然停留在原来的地方。他们没有懂得革命性质的转变，还在继续搞他们的‘新民主主义’，不去搞社会主义改造。这就要犯右倾的错误。就农业来说，社会主义道路是我国农业唯一的道路。发展互助合作运动，不断地提高农业生产力，这是党在农村中工作的中心。右倾的表现有这样三句话：‘确立新民主主义社会秩序’[①]，这种提法是有害的。过渡时期每天都在变动，每天都在发生社会主义因素，所谓‘新民主主义社会秩序’怎样‘确立’？要‘确立’是很难的哩！……‘确立新民主主义新秩序’的想法，是不符合实际斗争情况的，是妨碍社会主义事业的发展的。‘由新民主主义走向社会主义’。这种提法不明确。走向而已，年年走向，一直到15年还叫走向？走向就是没有达到。这种提法，看起来可以，过细分析，是不妥当的。‘确保私有财产’。因为中农怕‘冒尖’、怕‘共产’，就有人提出这一口号去安定他们。其实，这是不对的。我们提出逐步过渡到社会主义，这比较好。基本上完成社会主义改造，是用逐步过渡的方法。”[②]

中央政治局会议，确定了经过国家资本主义改造资本主义工业的方针。会上，有人对李维汉的报告中“要把资产阶级分子改造成社会主义社会的公民”一说提出异议。毛泽东说，改造成什么呢？变农民、手工业者？不分土地，农民也当不成，前途只有改造成工人阶级的一部分。

讨论和批评新税制，实际成为会议的中心。

第一个月大家就税制的业务问题发表意见，讨论比较正常。

在分组讨论中，高岗等人看到对新税制的意见较多，就鼓动一些同志放炮，进行不适当的责难。

高岗，字崇炎，陕西省横山县人，1905年生，1926年加入中国共产党。1927年起在国民党西北地方部队从事兵运工作。1933年被派往陕甘边革命根据地，历任中国工农红军第二十六军第四十二师政治委员、西北革命委员会副主席、第十五军团政治部主任。抗日战争时期任中共陕甘宁边区委员会书记和边区保安司令部司令、中共中央西北局书记、陕甘宁晋绥联防军副政治委员、北满军区司令员、东北军区第一副司令员兼副政委。1949年后历任中共中央东北局书记、东北人民政府

---

① 这是对刘少奇的批评。参见聂家华、刘兴豪、杨树标：《对“高饶事件”中几个问题的考察》，载《中共党史研究》2004年第2期。1953年2月初，周恩来、邓小平主持起草的全国政协四次会议上的政治报告修改稿中也使用过：“以上这些成就，说明我国的新民主主义社会秩序已经确立……”毛泽东在审改这份报告稿中，对这个提法十分注意，进行了反复的思考、修改，最后将这一组词删去。因此，周恩来在正式报告中，不再有这个提法。

② 沈雁昕：《社会主义改造与新民主主义社会的过渡——对毛泽东批评“确立新民主主义秩序”的思考》，《党的文献》，2013年第3期，第51页。

主席、东北军区司令员兼政治委员、中央人民政府副主席、人民革命委员会副主席。1952年底，调中央任国家计划委员会主任。

在长期的革命斗争中，高岗为革命做过一些有益的工作。但他却有极端个人主义和浓厚的宗派主义倾向。革命胜利后，从原来的既革命又做官，发展到官越做越大，瘾头也越来越大。在他担任东北局书记期间，就有计划地散布反对中央领导的流言飞语，用“东北特殊”、“东北先进”、“东北一贯正确”争夺中央领导地位。他个人凌驾组织之上，实行家长制统治。道德上也极端蜕化、堕落。毛泽东对党中央领导人之间意见不同所作的批评，及在组织上采取的一些措施，使高岗认为，刘少奇、周恩来在政治上犯了错误，失去了毛泽东的信任。加上他本人在政府地位的加强。他的头脑膨胀了，认为打倒刘、周，自己取而代之的时机已经成熟。

刘少奇1949年5月为中央起草的《关于对民族资本家政策问题给东北局电》，批评了东北局的“左”倾错误，引起高岗的怀恨和反对，他公然在担任东北铁路系统（后来还担任过财经总顾问）的苏联总顾问科瓦廖夫面前中伤刘少奇是中共党内的亲美派。

1953年2月，中共中央为加强集体领导，拟将中央书记处下属的办公机构加以调整，委托刘少奇找人商拟调整方案。刘少奇考虑，可以试行中央各部部长集体办公的制度，征询高岗的意见。高岗以为这是刘少奇想把握书记处的权力，不予合作。3月初，高岗向中央组织部副部长安子文转达毛泽东同他谈话的内容说：政治局成员要改组，要加强中央各部机构。安子文未经中央授权，草拟了一份中央政治局委员名单和中央各部主要负责人的名单。政治局委员的名单分两组：一组有毛泽东、刘少奇、周恩来、朱德、陈云（此5人为书记处成员）、高岗、林彪、彭德怀、邓小平、饶漱石、薄一波、邓子恢（以上为各中央局书记）；另一组写有董必武、林伯渠、彭真、张闻天、康生、李富春、习仲勋、刘澜涛。中央各部列有组织部、宣传部、政法统战部、农村工作部、财经工作部，还列有中央正副秘书长名单。安子文分别给高岗、饶漱石出示过这一名单。在高岗看来，安子文是刘少奇的人，他因此认为这一名单是刘少奇授意搞出来，向他试探的。高岗抓住这件事在高级干部中大做文章，到处散布政治局委员名单中有薄一波，没有林彪；并说，刘少奇不赞成陈正人担任建委副主任或中组部副部长，不支持陶铸在广西的工作等。

高岗经常在他的住地用请客、组织舞会等方式，散布流言，制造党内不和。他说：毛泽东现在不满意某人了；对某人进行批评了。时而吹嘘毛泽东对他如何器重，依靠他做经济工作，如果他离开北京，毛泽东休假就不放心了。

高岗利用中央批评财经工作中的缺点错误的机会，硬说财经工作中的错误是路线错误，与中央书记处书记刘少奇、周恩来有关。他们以批薄一波为名，引用刘少奇的一些讲话，明批薄，暗攻刘。在会外，高岗指名道姓地攻击刘少奇、周恩来。把刘少奇1945年关于和平民主新阶段的讲话、1947年全国土地会议上的讲话、1949年的天津讲话、1950年对安子文等人的谈话、1951年对山西省委的批语编在一起，攻击刘少奇犯有对资产阶级、富农投降的原则错误，是路线错误。高岗说，中央有宗派，刘少奇有圈圈，周恩来有摊摊，并在党内制造不和。

会议每天的情况，都由周恩来向毛泽东汇报。7月12日，毛泽东指示领导小组应该召开扩大会议，让薄一波在会上作公开检讨，好让大家把话摆在桌面上来说。周恩来传达毛泽东的意见说：解决问题不要采取庸俗态度，当面不说背后说，不直说而绕弯子说，不指名说而暗示说，都是不对的。

1953年7月29日，毛泽东在中央政治局扩大会上就国家资本主义问题作长篇讲话：通过国家资本主义逐步过渡到社会主义，使独立的私人资本主义企业变为受限制的国家资本主义，这是一个大的进攻；以25%的红利，以换得国家资本主义，这种资本主义，已经不是普遍意义上的资本主义，而是特殊的、新式的资本主义，即在工人阶级领导下的资本主义，它带有若干社会主义性质；这是头一步，把独立的、不受限制的、有自由市场的资本主义，变为不独立、受限制、没有自由市场的资本主义，即国家资本主义；第二步由国家资本主义变为社会主义，消灭阶级，变私人资本主义为国家资本主义，要有计划、有步骤、有准备地进行，大体上要用三年到五年的时间完成。

毛泽东希望早点结束会议，要周恩来尽快作结论。但是，会上批薄的调子一直居高不下。薄一波已意识到高岗的用意，为了不使事态扩大到中央的领导核心，他决定再不多说一句话。此时，周恩来很难作会议结论，说轻了，不好通过；说重了，就会被高岗等人利用。最后，毛泽东对周恩来说，结论作不下来，就搬兵嘛！把陈云（正在养病）、邓小平请回来参加会议。

1953年8月6日，陈云在召开的第二十九次扩大会议上发言，批评了薄一波的错误，又说："同志们在会议上提出中财委内部是否有两条路线的问题。我以为在工作中间个别的意见是不会没有的，在一起做了四年工作，如果说没有一点不同的意见，当然不行；这些意见，也不能说他的都是错误的，我的都是对的，也不能说他的都是对的，我的都是错的。总的说起来，我在今天这样的会议上不能说中财委有两条路线。"①

邓小平在会上说：大家批评薄一波同志的错误，我赞成；每个人都会犯错误，我自己就有不少错误，在座的其他同志也不能说没有错误；薄一波同志的错误是很多的，可能不是一斤两斤，而是一吨两吨；但是他犯的错误再多，也不能说成是路线错误；把他这几年工作中这样那样的过错说成是路线错误是不对的，我不赞成。

8月7日，高岗作了一个发言。他的发言很特别。把刘少奇说过的一些话、发表过的一些意见，例如，1947年土地改革时的一些话，1949年天津讲话中的一些

---

① 《陈云文选》第二卷，人民出版社，1995年5月第1版。

提法，1950年关于对待东北富农党员问题的意见，1951年关于山西农业合作社问题的观点，都安到了薄一波头上。[①]

8月9日，中共中央召开政治局会议，讨论周恩来的结论讲话稿。毛泽东通知薄一波一定要参加。会上，毛泽东征求大家的意见，也问到薄一波。薄一波说我有错误，但有些具体事情还要说清楚。高岗站起来批评薄一波态度不好。毛泽东打断高岗的话说："你为什么不准上书的人写信给中央？[②] 东北的工作为什么就不能检查？[③]

---

① 《毛泽东传（1949—1976）》，中央文献出版社，2003年12月第1版，第258—259页。

② 东北全境解放后，各级党政军领导机关都先后迁入城市。在此期间，东北局党校教育处长萧一平发现，有一部分党员领导干部迅速滋长起了讲究排场、贪图享乐的铺张浪费之风，个别人则走上了严重贪污腐化的犯罪道路。他们利用手中的权力，强占或修建豪华住宅，购置高级轿车，收藏稀世珍宝、古玩和古今名人字画等贵重饰物，在干群中造成甚为恶劣的影响。他在东北局党校工作期间，沈阳地区中下层干部关于高岗的腐化堕落、铺张浪费和官僚主义作风传闻颇多，反映最强烈的是四方面问题：道德败坏，生活糜烂，迷恋女色，影响极为恶劣；宗派主义的干部政策；高傲、狂妄、家长制、一言堂的领导作风，发展到登峰造极的地步；贪图享乐、铺张浪费。萧一平在马列学院学习期间，1952年1月27日，联合鞍山市委书记杨春茂写了《东北一党员信》：

"一波同志转亲爱的毛主席：

今将我所知东北贪污、浪费及官僚主义的点滴情况报告于你。

东北地区如与全国比较起来，贪污浪费及官僚主义现象可能最为严重。这是因为东北进城最早，东北又是全国最富庶之区；同时领导上又长期未注意解决干部进入东北后享乐思想及资本主义思想之发展。东北干部生活的苦乐不均是从一进入东北即发生而一直存在到如今的。严格而清苦的供给制度仅仅为一部分老老实实的干部所遵守。"

"东北干部中发生贪污腐化、铺张浪费可分为三个阶段：

第一个阶段：是1945年冬至1946年春，我们的许多干部（大至省委委员、小至区级干部），一进入财物丰富惊人的东北城市，便心迷眼花起来。他们大批的抓东西，把没收敌伪（他们敲诈东北人民财富之多真是惊人）财产中的皮衣、毛毯、鹅毛被、毛呢、黄金、伪钞、贵重照相机、珍贵古玩等窃为己有。有的贪污公物竟多至数箱及一二车之巨……

第二个阶段：是土改时期。这时在干部中发生了廉价收买斗争果实（以微不足道的钱买大批贵重物品）和贪污斗争果实的事情（有不少的集体贪污，如县委、区委大家分一批东西），这在县区干部中是普遍现象……

第三个阶段：是二次大进城（从1948年至今）。这次进城同样又发生了大抓公家东西的问题……"

"由于东北地区干部生活过去苦乐不均，许多干部生活作风很不正派，领导上对这些问题未及时处理，有功不赏，有过不罚，或者赏罚不当，在干部使用上存在不少问题（东北有些地区、有些部门、系统，在干部问题上有宗派主义倾向），致使党内干部关系（上、下、左、右）很不正常，党内政治空气淡薄，民主作风极差，党群关系也受到不少影响，东北党、政务级干部上、下、左、右是不够通气的，各级领导多安于高高在上，习惯于书面领导或会议领导，习惯于找熟人。因此，下情不能上达，中央和东北局的方针政策，也就不易贯彻下去。东北有不少漂亮的决议、正确的方案，是停留在书面上的，东北工作往往以点的突破为满足，但不善于面的推广，这与层层的官僚主义是有关的。在东北这样的情况是常常碰到的：谁会写好文章（有时往往是假报告和空洞无物的官样文章），谁就是好干部；有不少埋头苦干、不出风头而工作蛮不错的被称为'老疙瘩'、'无能力'、'不开展'的干部而被埋没了。"

此信邮寄给了薄一波，2月7日转给了毛泽东。薄一波并附了一封短信："主席：这份检举信是叙述东北三个阶段的贪污浪费情形。写信的人是响应主席的号召，衷心爱护党的；而对贪污腐化则表示愤慨。在信中检举出来的人……均值得本人注意反省。末尾几条建议亦正确。"毛泽东见信后十分重视，决定将此信和薄一波给他的信，一并印发给中央书记处书记和一些大区中央局第一书记传阅，并派人去东北调查。毛泽东把这封信批在很小的范围内进行传阅。

高岗对此事大为不满，认为是故意给他抹黑。

③ 鞍钢无缝钢管厂发生了8号高炉铜管瓦斯部分爆炸事故，造成死11人，伤15人。1952年8月，由中监委、中财委联合组织了一个检查组去调查事故发生的原因，认为是鞍钢没有按基本建设程序办事。高岗大为不满，认为是薄一波专挑东北的毛病。

东北各省出了错误，你东北局还不是要进行批评、检查!”① 高岗看毛泽东的态度十分严厉，没有辩解。

8月11日晚上，在怀仁堂召开大会，陈云主持，周恩来做总结报告。毛泽东对周恩来的报告作了多次修改。② 在周恩来的报告中，毛泽东加了一段话：“这条总路线的许多方针政策，在1949年3月的党的二中全会的决议里，就已提出，并已作了原则性的解决。可是许多同志，却不愿意遵照二中全会的规定去工作，喜欢在某些问题上另闹一套不符合二中全会规定的东西，甚至公然违反二中全会的原则。”③

毛泽东在修改结论稿中，凡把新税制错误上升到“带路线性的右倾机会主义错误”时，都把“带路线性”4字删去。

8月12日，毛泽东在怀仁堂向出席、列席会议的全体人员作了一次重要讲话。

毛泽东说：二中全会决议就是中国的新经济政策，现在要具体化；对于财经工作中的错误，从去年12月薄一波同志提出“公私一律平等”的新税制开始，到这次会议都给了严肃的批评；新税制发展下去，势必离开马克思列宁主义，离开党在过渡时期的总路线，向资本主义发展；新税制的问题与张子善的问题不同，是思想问题，是离开了党的总路线问题；薄一波的错误，是资产阶级思想的反映，它有利于资本主义，不利于社会主义和半社会主义，违背了七届二中全会的决议；薄一波写了《加强党在农村中的政治工作》的文章说，个体农民经过互助合作到集体化的道路是一种完全的空想，这是违背党的决议的；为了保证社会主义事业的成功，必须在全党，首先在中央、大区和省市这三级党政军民领导机关中，反对右倾机会主义倾向，即反对党内的资产阶级思想，为了保证社会主义事业的成功，必须实行集体领导，反对分散主义，反对主观主义；在会上，刘少奇说有那么一点错误，小平同志也说有那么一点错误，无论任何人，犯了错误都要检讨，都要受党的监督，受各级党委的领导。

毛泽东说：“在批判薄一波的错误中间，周、陈都说要负责任，我说我也要负责任，各有各的账。我的错误在于：(1) 抓得少，抓得迟，这是第一条，也是主要的一条，过去忙于土改、抗美援朝，‘三反’后应抓财经，抓了一些，但没有钻。我对财经工作生疏，是吃老资格的饭，过去一凭老资格，二凭过去的革命工作较丰富的经验，现在是建设时期，缺乏知识，未钻进去，要亡羊补牢。(2) 统得死了，我也有份。我说过要统收统支，对统收我抓了，统支我没有抓紧，不注意。这一次会议提醒了我，要统一集中，但分级管理也是很必要的。(3) 预算问题。去年11月搞起，经过今年1月财经会议，中央也讨论了。预算中16万亿是虚假数字，我

① 杨尚昆：《回忆高饶事件》，《党的文献》，2001年第1期，第19页。

② 1954年2月10日，中共中央四中全会通过决议，正式批准中央政治局确认的这条总路线。将过渡时期总路线载入党的正式文件，是全国财经会议的重大成果。

③ 《毛泽东传（1949—1976）》，中央文献出版社，2003年12月第1版，第259页。

现在才知道。利润打的太多，支出的太多了。我虽然说了‘三道防线’——增产、节约、发行，但错误是报纸上公布得早了，应该慢慢来（苏联今年预算现在才公布），我也有急躁冒进。（4）查田定产，我支持过。到武汉、南京后，听到对此问题有反映，我说做个五年计划吧。回到北京，邓子恢同志看我口气松了，说查田定产否定了土改成果，根本行不通。我说，听你的吧。（5）扫盲，我开始是支持过，后来不行了，接受了大家的意见，修改了原来的意见。（6）失业人员登记，是我的意见，失业的160万人，加上半失业的人数很多。原因是我接到800封信都是这个问题，劳动部当时又说这样做没有问题，有些失业救济经费还花不出去。我让恩来同志召集了会议，宣布了劳动就业办法，给地方增加了麻烦，但也给失业者些希望。……我是中央主席，都有我的份。这些错误，中央政治局在逐步的纠正中。”

毛泽东说：“最后一点，要提倡谦虚、学习和坚忍的精神。要坚忍。如抗美援朝，我们打痛了美帝国主义，打得它相当怕。这对我们建设有利，是我们建设的重要条件。最重要的是，我们的军队受到了锻炼，兵勇、干智。当然，我们牺牲了人，用了钱，付出了代价。但是我们就是不怕牺牲，不干则已，一干就干到底。胡宗南进攻陕甘宁边区，我们的县城只剩下一个，但我们并没有退出边区，吃树叶就吃树叶，就是要有一股狠劲。要学习，不要骄傲，不能看不起人。鹅蛋看不起鸡蛋，黑色金属看不起稀有金属，这种看不起人的态度是不科学的。中国是大国，党是大党，也没有理由看不起小国小党。对兄弟国家人民要永远保持学习的态度，要有真正的国际主义精神。在对外贸易方面，有些人骄傲，妄自尊大，这是不对的。要在全党特别要在出国人员中进行教育。要苦学苦干，在15年或者更长的时间内，基本上完成社会主义工业和社会主义改造，那时，我国强大了，也要谦虚，永远保持学习的态度。七届二中全会有几条规定没有写在决议里面。一曰不做寿。做寿不会使人长寿。主要是要把工作做好。二曰不送礼。至少党内不要送。三曰少敬酒。一定场合可以。四曰少拍掌。不要禁止，出于群众热情，也不要泼冷水。五曰不以人名作地名。六曰不要把中国同志和马、恩、列、斯平列。这是学生和先生的关系，应当如此。遵守这些规定，就是谦虚态度。总之，要坚持谦虚、学习和坚忍精神，坚持集体领导制度，完成社会主义的改造，达到社会主义的胜利。”①

1953年9月7日，毛泽东邀请陈叔通、黄炎培、李济深、李烛尘、章伯钧、盛丕华、程潜、张治中、傅作义、章乃器在颐年堂开会，向他们说明中国共产党在过渡时期，经过国家资本主义，完成对资本主义工商业进行社会主义改造的方针。

毛泽东说：

（1）过去3年多，做了一些工作，但忙别的去了，用力不多，现在起要多做些

① 《毛泽东传（1949—1976）》，中央文献出版社，2003年12月第1版，第260—263页。

工作。

（2）有了3年多的经验，已经可以肯定：经过国家资本主义完成对私营工商业的社会主义改造，是较健全的方针和办法。

（3）《共同纲领》第三十一条的方针，现在应明确起来和逐步地具体化。所谓“明确起来”，是说在中央及地方的领导人物的头脑中，首先肯定国家资本主义是改造资本主义工商业和逐步完成社会主义过渡的必经之路。这一点无论在共产党和民主人士方面，都还没做到，此次会议的目的，应当做到这一点。

（4）稳步前进，不能太急。将全国私营工商业基本上（不是一切）引上国家资本主义轨道，至少需要3年至5年的时间，因此不应该发生震动和不安。

（5）公私合营、全部出原料收产品的加工订货和只收大部产品，是国家资本主义在私营工业方面的3种形式。

（6）私营商业亦可以实行国家资本主义，不可能以“排除”二字了之。这方面经验较少，尚须研究。

（7）占有大约380万工人、店员的私营工商业，是国家的一项大财富，在国计民生中有很大的作用。私营工商业不仅对国家供给产品，而且可以为国家积累资金，可以为国家训练干部。

（8）有些资本家对国家保持一个很大的距离，他们仍没有改变唯利是图的思想；有些工人前进得太快了，他们不允许资本家有利可得。我们应向这两方面的人们进行教育，使他们逐步地（争取尽可能快些）适合国家的方针政策，即使中国的私营工商业基本上是为国计民生服务的、部分地是为资本家谋利的——这样就走上国家资本主义的轨道了。

关于国家资本主义企业的利润分配情况，所得税34.5％、福利费15％、公积金30％、资方红利20.5％。

（9）需要继续在资本家中间进行爱国主义教育，为此需要有计划地培养一部分眼光远大的、愿意和共产党和人民政府靠近的、先进的资本家，以便经过他们去说服大部分资本家。

（10）实行国家资本主义，不但要根据需要和可能（《共同纲领》），而且要出于资本家自愿，因为这是合作的事业，既是合作就不能强迫，这和对地主不同。

（11）全国各民族、各民主阶级、各民主党派、各人民团体在过去几年中已有很大的进步，相信再有3年至5年，这种进步将更大，所以3年至5年内基本上完成将私营工商业引上国家资本主义轨道是有可能的。国营企业的优胜，则是完成这一任务在物质方面的保证。

（12）没有所谓“小五反”，也没有所谓“突然”，这点应当说清楚。

（13）至于完成整个过渡时期，即包括基本上完成国家工业化，基本上完成对农业、对手工业和对资本主义工商业的社会主义改造，则不是三五年所能办到的，而需要几个五年计划的时间。在这个问题上，既要反对遥遥无期的思想，又要反对急躁冒进的思想。

（14）一个是领导者，一个是被领导者，一个是不谋私利者，一个是还要谋一部分私利者，等等，这些是不相同的。但私营工商业基本上是为国计民生服务的（就利润分配上说，约占四分之三），因此可以和应当说服工人，和国营企业一样，实行增产节约、劳动竞赛，提高劳动生产率，降低成本，提高数量质量，这样对公私、劳资都有利。

（15）现在多数公私合营厂的缺点（主要是资方无权和不发红利）必须改正，否则将阻塞国家资本主义的道路。要学民生公司的榜样。①

9月8日至11日，全国政协常委会举行第四十九次扩大会议，周恩来在会上作过渡时期总路线的报告和总结。

9月25日，中国人民政协全国委员会在庆祝中华人民共和国成立四周年的口号里，向全国人民正式公布了中国共产党在过渡时期的总路线。

三、农业生产合作化

1952年4月底至8月中旬，由农业劳动模范为主组成的中国农民代表团去苏联参观，并于11月（中苏友好月）对苏联的集体化农业的好处作了广泛的宣传。全国著名的农业丰产模范李顺达说：苏联经过集体化后，把土地集中起来，能够充分地使用劳动力和机器；苏联的经验是，要把土地联成大块，要制造大机器，要把劳动力组织起来；我们的农业生产合作社再进一步发展就是集体农场；我们要在广大农民中树立集体化思想；我们的农业要保证给工业足够的原料，而工业将供给农业以机器。全国全面丰产模范耿长锁说：苏联集体化的好处说不完；我们那里常受旱涝的威胁，但在苏联，坡地不旱，洼地不涝，都长好庄稼；伟大的斯大林改造自然计划，改变着气候；防风护田林带、水渠和人造雨，使土壤保有水分，这是我们亲眼见到的；我们到过乌克兰，那里的集体农场有一二十万亩很平常；我们看到了拖拉机和联合收割机，做着比人工效率高得不可比拟的工作；集体农民的生活真是令人羡慕，他们吃的是面包、肉、牛奶，星期天穿的不是哔叽就是绸子，睡的是钢丝床，房子里有自来水、电灯、收音机，柜橱桌椅齐备；每个集体农场都有俱乐部、图书馆、无线电转播站、电影场；集体农民一面工作一面唱歌，那里没有人剥削人的现象，看了之后，真使人羡慕；我们一定要努力争取这种生活在中国实现。吉林韩恩农业生产合作社领导人韩恩说：苏联今天的道路，就是我们明天的道路；苏联集体化的经验告诉我们，由分散的个体的小农经济到集体经营的农业，需要许

① 《毛泽东文集》第六卷，人民出版社，1999年6月第1版，第291—293页。

多条件，第一是党的正确政策；第二是国家工业化，由工业供应集体化所需要的机器；第三是国家的指导和帮助，如通过国家农场和拖拉机站在大规模生产、使用机器和先进科学耕作方法方面给农民示范。全国全面丰产模范吕鸿实说：我们所看到的 21 个集体农场，都是从无到有，从小到大的；我们看到苏联农场不吃“大锅饭”多劳多得，工作有定额，超额有奖励；中国农业必须走集体化的道路。农民参观团团长张林池说：“在参观学习中，我们深深地体会到了：农业必须走集体化的道路。只有集体化才能使农民不走痛苦的资本主义道路，而走幸福的社会主义道路。”

在农村整党和大力宣传苏联集体化带来的好处的背景下，1952 年冬互助合作运动出现了一股热潮。有的地区发生过多地搞公共财产，以至于发生强迫命令等偏向。如山西省长治专区新建的 1000 余个农业生产合作社中，有 76%将牲口、农具等全部归社公有，有的连棺木寿材、老羊皮袄也归了社。因而，不少地方一冬无人拾粪，副业生产无人搞，牲口无人喂，有的地方已发生卖牲口、砍树、杀猪、大吃大喝等现象。

河北省大名县五区文集村村干部在群众大会上讲：谁要是不参加社就是想走地主、富农、资产阶级、美国的道路，为了建大社，把该村所有的磨粉家具和大车全部控制在文福庆社里，以不入社不叫使用的办法强迫群众入社，该村文东有不愿入社，村干部借口文东有以前赌过钱，要捆到村政府去，最后文东有答应入社，问题才解决。强迫群众入社的结果，引起群众生产情绪低落。

大名县在 1953 年春共发展 427 个农业合作社，其中的 345 个社，是在短短一个多月里搞起来的，不但数量发展过快、过多，而且社都搞得很大，其中 300 户以上的 1 个，50 户以上的 32 个（不少是超过 100 户）。在建社或由小社并大社时，都未严格执行请求和审查批准手续。据当时对有的社的调查，最少有半数社员不是自愿入社。由于在建社中严重脱离实际，造成群众思想混乱、生产情绪低落。经过检查整顿，不具备条件的 359 个社（其中包括本来就有名无实的 48 个假社）转为互助组，全县共留下 68 个社。从表面上看，留下的所占比例很小，但由于经过去粗取精、去伪存真的筛选，最后留下的就更能真正显示出优越性。在受到毛泽东批评后的 1954 年初，中共河北省邯郸地委又专门到大名县作了调查，在其最后给上级党委的报告中，仍坚持认为 1953 年春的反冒进工作“确实是必要”，通过这项工作，“端正了政策，提高了农村干部和群众的生产情绪”。

与此同时，区乡基层组织任务多、会议和集训多、公文报告表册多、组织机构多、积极分子兼职多的现象相当严重，压得区乡干部喘不过气来。即连县以上卫生院、人民银行、新华书店、水利管理处、合作社联合社等事业单位也直接给乡上下命令、发通知、召开乡村干部会，布置任务，要统计材料等。致使乡村工作经常处于忙乱被动状态，工作质量差、效果低，强迫命令与形式主义相当严重。

中央决定，自 1953 年起，全国将要开始进行大规模的有计划的经济建设。

为了不减弱对农村的领导，在毛泽东的建议下，1952 年 11 月 12 日，中共中央做出决定：在省委以上的党委领导下，一律建立农村工作部，作为各级党委在领导农村工作方面的助手。中心任务是组织与领导广大农民的互助合作运动，以便配合国家工业化的发展，逐步引导农民走向集体化的道路。农村的各项具体业务由政府的农业、林业、水利等部门及合作社分别负责，农村工作部则与这些部门的党组建立经常的联系，并代表党委对他们的工作加以指导。

1953 年 1 月 17 日晚 7 时，毛泽东在住所接见了从武汉赶到北京的邓子恢和杜润生。毛泽东对他们说：关于农村工作，中央已经有了一个文件，要求把开展互助合作当作新时期一项历史任务；其中提出农民的两个积极性，一个是个体经济的积极性，另一个是互助合作的积极性；你们农村工作部，要发挥互助合作的积极性，又必须保护个体经济积极性，而不要挫伤它；就农村来说，土改已经结束了民主革命这篇文章，现在要做社会主义这篇文章了；中央农村工作部的任务，是在 10 到 15 年或者更长时间内，完成农业社会化，配合国家工业化，实现农业集体化，即把农民组织起来，经过互助合作，过渡到集体农庄；完成这个任务，要有一个过程，现在就应开始。[①]

1953 年 2 月，中共中央农村工作部成立，由毛泽东亲自点将，中央任命对农村工作有丰富经验的邓子恢担任部长，陈伯达、廖鲁言任副部长，杜润生任秘书长。

2 月 28 日，胡乔木向毛泽东请示：将中央正式通过的《关于农业生产互助合作的决议》在报纸上公布，并请中央农村工作部准备一篇报道和一篇社论，说明这个决议已在一年多的实践中证明是完全正确的，并已有了很多新的发展；同时，可以把已形成初稿的第二个决议草案中的内容大致讲一讲。他说，对这两个决议的内容作公开的通俗的正确解释对党内外都有重大的意义。

3 月 8 日，邓子恢等中央农村工作部负责人在向中央汇报工作时，根据调查研究的大量材料提出：去冬今春的互助合作运动虽然有些地方存在着放任自流的现象，但比较普遍发展着的是急躁冒进倾向，并已直接影响了农村的春耕生产和备耕工作。形势的发展，明显不同于第二次互助合作会议及中央第二个决议草案初稿中的估计。中共中央对邓子恢等反映的情况和意见十分重视，当月下达了一连串的指示：3 月 8 日《中央关于缩减农业增产和互助合作发展的五年计划数字给各大区的指示》；16 日《中国共产党中央委员会关于春耕生产给各级党委的指示》；17 日《中央关于布置农村工作应照顾小农经济特点的指示》；19 日由毛泽东亲自起草的《中央关于解放区乡工作中“五多”问题的指示》。

---

① 《邓子恢传》，人民出版社，1996 年 7 月第 1 版，第 452、453 页。

同时，中共中央采纳胡乔木关于对中央的决议和方针政策应作公开的正确解释的建议。3月26日《人民日报》第一版公布了《中共中央关于农业生产互助合作的决议》；并公开发表了中共中央《关于春耕生产给各级党委的指示》；同时还发表了由中共中央农村工作部起草的、经毛泽东修改的《人民日报》社论《领导农业生产的关键所在》的社论。毛泽东强调："农业生产是农村中压倒一切的工作，农村中的其他工作都是围绕着农业生产而为它服务的。凡足以妨碍农民进行生产的所谓工作任务和工作方法，都必须避免。"①

毛泽东说：目前我国的农业，基本上还是使用旧式工具的分散的小农经济，这和苏联使用机器的集体化的农业大不相同；因此我国在目前的过渡时期，除国营农场外，还不可能施行统一的有计划的生产，不能对农民施以过多的干涉；还只能用价格政策以及必要和可行的经济工作和政治工作去指导农业生产，并使之和工业相协调而纳入国家经济计划之中；使我党脱离占全国人口80%以上的群众，这是非常危险的。

由于对形势估计不同，社论未涉及中央第二个决议草案中的内容，而是着重强调各级领导机关要"切实将生产任务当做当前农村中压倒一切的中心工作，反对工作上的平均主义和分散主义"；要"'从小农经济的生产现状出发'改进对农业生产运动的领导方法，使之符合于现在农村经济的现实状况，反对工作上的主观主义和命令主义"。

为更广泛地宣传解释党关于互助合作的基本方针和政策，4月1日，中共中央将《关于农业生产互助合作的决议》、《关于春耕生产给各级党委的指示》和《领导农业生产的关键所在》等三个文件汇编成《当前农村工作指南》一书，由人民出版社出版。毛泽东亲自为该书写了按语，指出这三个文件"提出了党在当前阶段指导农村工作时所必须掌握的理论认识和重要政策原则，以及群众路线工作方法，各级党委务必指定一定时间，组织一切从事农村工作人员来一次认真学习。中央希望通过这次学习，能将上述各种工作人员的思想水平在全体规模上提高一步，以保证党在农村战线工作中的不断胜利。"

1953年4月3日至23日，受中共中央委托，中央农村工作部召开第一次全国农村工作会议。邓子恢在会上作了总结报告。邓子恢全面阐述了中共的农村政策。他的主要思想是：

1. 要改变生产资料个体所有制又要保护私有权。他强调，在发展互助合作运动的同时，要照顾个体农民的积极性；限制富农剥削，允许富农存在，所谓"确保私有制"是不对的；农民的土地财产所有权必须尊重，农民的私有财产必须受到保

① 《毛泽东文集》第六卷，人民出版社，1999年6月第1版，第273页。

护；雇用自由的口号可以提，对雇工的工资待遇等问题，不是允许像资本主义国家那样自由；要搞信贷合作，低利借贷，用经济手段战胜高利贷，最后消灭它，单靠行政命令是禁止不了的；对土地买卖，应尽量缩小这个自由，要尽可能帮助贫困农民克服困难；商业买卖自由是不禁止的，但要在国营贸易领导和节制下，不让其泛滥发展；总之，既要向社会主义集体所有制转变，又要保护农民的财产私有权，以有利于发展生产。

2. 要按部就班、慎重稳进。他认为，在中国这样多的农业人口中完成小农经济的社会主义改造，需要一个很长的时期。他强调，互助合作必须根据需要和可能的条件去建立，这就是生产有需要，群众有要求，干部有领导能力。互助合作必须是由临时的季节性的互助组提高到常年互助组，再提高到农业生产合作社。要按群众运动的规律办事，由小到大，由少到多，由点到面，由低级到高级，发展一步巩固一步，有阵地地前进，绝不能一步迈进，一哄而起，一哄而起者必将一哄而散。

3. 互助合作是改造经济，不是阶级斗争。要分清今天搞互助合作同过去搞战争动员不同，这是改造经济的斗争，不能采用“一切服从战争”的办法；互助合作和土改不同，互助合作是对农民的教育问题，这不是阶级斗争，绝不能采取阶级斗争的方式，有些地方强迫命令，用威胁、限制、戴大帽子等办法强迫农民入组入社是完全错误的，必须采取教育说服的方式，根据自愿互利的原则来对待互助合作运动。

4. 兼顾贫农和中农的利益。要克服贫农向中农揩油的思想，也要防止有的中农、富裕中农企图把牲口、大农具估价过高，分红过多，使贫农吃亏。

5. 反对吃“大锅饭”。他说，农村中有三种活，一种是一定要互助的，靠集体劳动才搞得好；另一种是可互助可不互助的；还有一种是单干较互助好的，如喂鸡、喂猪、种点蔬菜及其他家庭副业劳动。农民的劳动时间不要通通集体支配了，如果他自己连冬闲和农事间隙时间也没有一点活动的自由，那是不行的，会使农民生活上极不方便，生产上也有妨碍。

6. 主要危险是急躁冒进。急躁冒进和放任自流两种偏向今天都存在，就全国范围来说，急躁冒进是主要的偏向。

7. “关于农业增产和互助合作的发展速度，中央已有指示，要从各方面加以约束。首先在数量上，原计划五年组织起来的数目达到总农户 80%，可能还多了一点，最好再约束一下，老区发展到 70%—80%左右，新区发展到 50%—60%左右……合作社社员户数，也要稍加约束，大概是 15 户到 25 户，以不超过 30 户为宜。”

1953 年春天，在纠正互助合作运动中出现的急躁冒进问题上，党中央内部的认识是一致的，并突出强调了农村工作要照顾小农经济的特点。6 月，急躁冒进倾向基本得到纠正。

随着国家大规模的有计划建设的开始，农业生产特别是粮食生产不能适应工业建设需求的矛盾，开始显露出来。7月以后，全国粮食问题更趋严重：东北的灾情严重，减少了收成；北京、天津的面粉已出现不够供应的情况；全国的收购计划将完不成，而销售计划将被突破；在受灾地区和粮食脱销地区，粮贩子大肆活动，数量达几十万人，反过来助长了农民不肯卖粮的情绪，地区之间的互相封锁造成了粮食的抢购和抬价。

10月10日，陈云在全国粮食会议上概述了粮食问题的严峻形势。指出在粮食问题上必须处理四种关系：国家跟农民的关系；国家跟消费者的关系；国家跟商人的关系；中央跟地方、地方跟地方的关系。他说：这四种关系中难处理的是头两种，而最难的又是第一种，只要收到粮食，分配是容易的。他说："根据现在的情况，处理这些关系所要采取的基本办法是：在农村实行征购，在城市实行定量配给，严格管制私商，以及调整内部关系。"① 重点是征购，他说这种办法的名称可以叫做"计划收购"、"计划供应"，简称"统购统销"。②

10月16日，中共中央做出《关于实行粮食的计划收购与计划供应的决议》，确定在11月底以前完成各级的动员和准备，12月初开始在全国范围内实行粮食的统购统销。决议强调：必须指出，现在全国商品粮食产量的增长速度，虽落后于粮食需要的增长速度，但是只要调度得法和措施得当，还是够吃够用，且略有积余的；现在供销方面所表现的紧张性，其本质是反映了国家计划经济与小农经济和自由市场之间的矛盾，反映了工人阶级领导与农民自发势力和资产阶级反限制的市场之间的矛盾，归根结底，是反映了社会主义因素与资本主义因素之间的矛盾；为了从根本上解决粮食问题，须努力促进农业生产的互助合作化和技术改良。

决议认为，实行统购统销，不但在现在的条件下可以妥善地解决粮食供求矛盾，而且是把分散的小农经济纳入国家计划的轨道之内，引导农民走向互助合作的社会主义道路和对农业实行社会主义改造所必须采取的一个重要步骤，它是党在过渡时期的总路线的一个不可缺少的组成部分。

1953年10月26日至11月5日，中共中央委托中央农村工作部召开第三次互助合作会议。邓子恢因公外出，会议由副部长陈伯达、廖鲁言主持。

会前的10月15日，毛泽东同陈伯达、廖鲁言谈了话。

毛泽东说：办好农业生产合作社，即可带动互助组大发展。

在新区，无论大、中、小县，要在今冬明春，经过充分准备，办好一个到两个合作社，至少一个，一般一个到两个，至多三个，根据工作好坏而定。要分派数字，摊派。多了冒进，少了右倾。有也可以，没有也可以，那就是自流了。可否超

① 《陈云文选》第二卷，人民出版社，1995年5月第2版，第207—208页。

② 《陈云文选》第二卷，人民出版社，1995年5月第2版，第217页。

过三个？只要合乎条件，合乎章程、决议，是自愿的，有强的领导骨干（主要是两条：公道，能干），办得好，那是“韩信将兵，多多益善”。

责成地委、县委用大力去搞，一定要搞好。中央局、省市委农村工作部就要抓紧这件事，工作重点要放在这个问题上。

要有控制数字，摊派下去。摊派而不强迫，不是命令主义。10月开会后，11月、12月，明年1月、2月，北方还有3月，有四五个月可搞。明年初，开会检查，这次就交代清楚。明年初是要检查的，看看完成的情形怎样。

个别地方是少数民族区，又未完成土改，可以不搞。个别县，工作很坏的县，比如说落后乡占30%至40%，县委书记很弱，一搞就要出乱子，可以暂缺，不派数字，但是省委、地委要负责帮助整顿工作，准备条件，明年秋收以后，冬季要搞起来。

一般规律是经过互助组再到合作社，但是直接搞社，也可允许试一试。走直路，走得好，可以较快地搞起来，为什么不可以？可以的。

各级农村工作部要把互助合作这件事看作极为重要的事。个体农民，增产有限，必须发展互助合作。对于农村的阵地，社会主义如果不去占领，资本主义就必然会去占领。难道可以说既不走资本主义的道路，又不走社会主义的道路吗？资本主义道路，也可增产，但时间要长，而且是痛苦的道路。我们不搞资本主义，这是定了的，如果又不搞社会主义，那就要两头落空。

总路线，总纲领，工业化，社会主义改造，10月开会，要讲一下。

“确保私有财产”，“四大自由”，都是有利于富农和富裕中农的。为什么法律上又要写呢？法律是说保护私有财产，无“确保”字样。现在农民卖地，这不好。法律不禁止，但我们要做工作，阻止农民卖地。办法就是合作社。互助组还不能阻止农民卖地，要合作社，要大合作社才行。大合作社也可使得农民不必出租土地了，一二百户的大合作社带几户鳏寡孤独，问题就解决了。小合作社是否也能带一点，应加研究。互助组也要帮助鳏寡孤独。合作社不能搞大的，搞中的；不能搞中的，搞小的。但能搞中的就应当搞中的，能搞大的就应当搞大的，不要看见大的就不高兴。一二百户的社算大的了，甚至也可以是三四百户。在大社之下设几个分社，这也是一种创造，不一定去解散大社。所谓办好，也不是完全都好。各种经验，都要汲取，不要用一个规格到处套。

老区应当多发展一些。有些新区可能比有些老区发展得快，例如，关中可能比陕北发展得快，成都坝子可能比阜平那些地方发展得快。要打破新区一定慢的观念。东北其实不是老区，南满与关内的后解放的地方也差不多。可能江苏、杭嘉湖一带赶过山东、华北的山地老区，而且应当赶过。新区慢慢来，一般可以这样讲，但有些地方干部强，人口集中，地势平坦，搞好了几个典型，可能一下子较快地发展起来。

华北现有6000个合作社，翻一番——摊派，翻两番——商量。合理摊派，控制数字，不然工作时心中无数。东北一番、一番半或两番，华北也是这样。控制数字不必太大，地方可以超过，超额完成，情绪很高。

发展合作社，也要做到数多、质高、成本低。所谓成本低，就是不出废品；出了废品，浪费农民的精力，落个影响很坏，政治上蚀了本，少打了粮食。最后的结果是要多产粮食、棉花、甘蔗、蔬菜等等。不能多打粮食，是没有出路的，于国于民都不利。

在城市郊区，要多产蔬菜，不能多产蔬菜，也是没有出路的，于国于民也都不利。城市郊区土地肥沃，土地平坦，又是公有的，可以首先搞大社。当然要搞得细致，种菜不像种粮，粗糙更不行。要典型试办，不能冒进。

城市蔬菜供应，依靠个体农民进城卖菜来供应，这是不行的，生产上要想办法，供销合作社也要想办法。大城市蔬菜的供求，现在有极大的矛盾。

粮食、棉花的供求也都有极大的矛盾，肉类、油脂不久也会出现极大的矛盾。需求大大增加，供应不上。

从解决这种供求矛盾出发，就要解决所有制与生产力的矛盾问题。是个体所有制，还是集体所有制？是资本主义所有制，还是社会主义所有制？个体所有制的生产关系与大量供应是完全冲突的。个体所有制必须过渡到集体所有制，过渡到社会主义。合作社有低的，土地入股；有高的，土地归公，归合作社之公。

总路线也可以说就是解决所有制的问题。国有制扩大——国营企业的新建、改建、扩建。私人所有制有两种，劳动人民的和资产阶级的，改变为集体所有制和国营（经过公私合营，统一于社会主义），这才能提高生产力，完成国家工业化。生产力发展了，才能解决供求的矛盾。①

第三次互助合作会议开始，廖鲁言首先在大会上传达了毛泽东的谈话精神，然后以大区为单位，分头开会讨论，准备大会发言；其次进行大会讨论，由各大区负责同志汇报互助合作运动的情况并提出今冬明春及5年的发展计划；最后分组讨论了第二个互助合作决议草案，提出了修改意见。

各大区在讨论和大会发言中，一致认为：毛泽东对这一次会议的指示是切合时宜的，完全拥护；今春农村工作会议纠正了各地互助合作运动中当时存在着的程度不同的急躁冒进倾向，是有成绩的；各地在纠正急躁冒进倾向之后，都轻重不同地产生了小心拘谨与稳步而不前进的现象；毛泽东的指示，恰切而及时地纠正了这种现象，把今后运动引向积极发展；毛泽东关于总路线的指示大大提高了与会同志的思想水平，更加强全党同志今后在实际工作中对农业生产合作社工作的重视，使同志们今后再遇到各种错误观点时，有了批判的武器。

11月4日，根据会议反映的情况，毛泽东再次同陈伯达、廖鲁言谈话，批评

① 《毛泽东文集》第六卷，人民出版社，1996年6月第1版，第298—301页。

了当年春天的反冒进，并明确提出一切工作都要围绕解决社会主义和资本主义的矛盾这个主题，要以这个为纲。

毛泽东说：

做一切工作，必须切合实际，不合实际就错了。切合实际就是要看需要与可能，可能就是包括政治条件、经济条件和干部条件。发展农业生产合作社，现在是既需要，又可能，潜在力很大。如果不去发掘，那就是稳步而不前进。脚本来是走路的，老是站着不动那就错了。有条件成立的合作社，强迫解散，那就不对了，不管哪一年，都是错的。“纠正急躁冒进”，总是一股风吧，吹下去了，也吹倒了一些不应当吹倒的农业生产合作社。倒错了的，应当查出来讲清楚，承认是错误，不然，那里的乡干部、积极分子，就憋着一肚子气了。

要搞社会主义。“确保私有”是受了资产阶级的影响。“群居终日，言不及义，好行小惠，难矣哉。”“言不及义”就是言不及社会主义，不搞社会主义。搞农贷，发救济粮，依率计征，依法减免，兴修小型水利，打井开渠，深耕密植，合理施肥，推广新式步犁、水车、喷雾器、农药，反对“五多”等等，这些都是好事。但是不靠社会主义，只在小农经济基础上搞这一套，那就是对农民行小惠。这些好事跟总路线、社会主义联系起来，那就不同了，就不是小惠了。必须搞社会主义，使这些好事与社会主义联系起来。至于“确保私有”、“四大自由”，那更是小惠了，而且是惠及富农和富裕中农。不靠社会主义，想从小农经济做文章，靠在个体经济基础上行小惠，而希望大增产粮食，解决粮食问题，解决国计民生的大计，那真是难矣哉！

有句古语，“纲举目张”。拿起纲，目才能张，纲就是主题。社会主义和资本主义的矛盾，并且逐步解决这个矛盾，这就是主题，就是纲。提起了这个纲，克服“五多”以及各项帮助农民的政治工作、经济工作，一切都有统属了。

农业生产合作社，社内社外都有矛盾。现在的农业生产合作社还是半社会主义的，社外的个体农民是完全的私有制（个体农民在供销社入了股，他这一部分股金的所有制也有了变化，他也有一点社会主义），这两者之间是有矛盾的。互助组跟农业生产合作社不同，互助组只是集体劳动，并没有触及所有制。现在的农业生产合作社还是建立在私有制基础之上的，个人所有的土地、大牲口、大农具入了股，在社内社会主义因素和私有制也是有矛盾的，这个矛盾要逐步解决。到将来，由现在这种半公半私进到集体所有制，这个矛盾就解决了。我们所采取的步骤是稳的，由社会主义萌芽的互助组，进到半社会主义的合作社，再进到完全社会主义的合作社（将来也叫农业生产合作社，不要叫集体农庄）。一般讲，互助组还是农业生产合作社的基础。

有一个时候，曾经有几个文件没有提到互助合作，我都加上发展互助合作或者进行必要的和可行的政治工作、经济工作这样一类的话。有些人想从小农经济做文章，因而就特别反对对农民干涉过多，那个时候，也确是有些干涉过多，上面“五多”，条条往下插，插得下面很乱。“五多”哪一年也不行，不仅农村不行，工厂也不行，军队也不行。中央发了几个文件，反对干涉过多，这有好处。什么是干涉过多呢？不顾需要和可能、不切实际、主观主义的计划，或者计划倒合实际，但用命令主义的方法去做，那就是干涉过多。主观主义、命令主义，一万年也是要不得的。不仅是对于分散的小农经济要不得，就是对于合作社也是要不得的。但是，不能把需要做、可能做的事，做法又不是命令主义的，也叫做干涉过多。检查工作，应当用这个标准。凡是主观主义的，不合实际的，都是错误的。凡是用命令主义去办事，都是错误的。稳步不前，右了，超过实际可能办到的程度勉强去办，“左”了，这都是主观主义。冒进是错误的，可办的不办也是错误的，强迫解散更是错误的。

“农村苦”、“不大妙”、“措施不适合于小农经济”，党内党外都有这种议论。农村是有一些苦，但是要有恰当的分析。其实，农村并不是那样苦，也不过10%左右的缺粮户，其中有一半是很困难的，鳏寡孤独，没有劳动力，但是互助组、合作社可以给他们帮点忙。他们的生活比起国民党时代总是好得多了，总是分了田。灾民是苦，但是也发了救济粮。一般农民的生活是好的，向上的，所以有80%至90%的农民欢欣鼓舞，拥护政府。农村人口中间，有7%左右的地主富农对政府不满。说“农村苦，不得了了”，我历来就不是这样看的。有些人讲到农村苦，也讲到农村散，就是小农经济的分散性；但是他们讲分散性的时候，没有同时讲搞合作社。对于个体经济实行社会主义改造，搞互助合作，办合作社，这不仅是个方向，而且是当前的任务。

总路线的问题，没有七八月间的财经会议，许多同志是没有解决的。七八月的财经会议，主要就是解决这个问题。总路线，概括的一句话就是：逐步实现国家的社会主义工业化和对农业、手工业、资本主义工商业的社会主义改造。这次实行粮食的计划收购和计划供应，对于社会主义也是很大的推动。接着又开了这次互助合作会议，又是一次很大的推动。鉴于今年大半年互助合作运动缩了一下，所以这次会议要积极一些。但是，政策要交代清楚。交代政策这件事很重要。

“积极领导，稳步发展”，这句话很好。这大半年，缩了一下，稳步而不前进，这不大妥当。但是，也有好处。比如打仗，打了一仗，休整一下，再展开第二个战役。问题是有些阵地退多了一些，有一些不是退多了，而是本来可以发展的没有发展，不让发展，不批准，成了非法的。世界上有许多新生的正确的东西，常常是非法的。我们过去就是“非法”的呀，国民党是“合法”的呀。可是这些非法的社，坚持下来了，办好了，你还能不承认吗？还得承认它是合法的，它还是胜利了。

会上讲了积极领导，稳步发展，但是也要估计到还会有些乱子出来。你说积极、稳步，做起来也会是不积极领导，或者不稳步发展。积极、稳步就是要有控制数字，派任务，尔后再检查完成没有。有可能完成而不去完成，那是不行的，那就是对社会主义不热心。据检查，现在有5%到10%的社减了产，办得不大好，这就是没有积极领导的结果。当然有少数社没有办好，减了产，也是难免的。但是如果有20%甚至有更多的社减了产，那就是问题。

总路线就是逐步改变生产关系。斯大林说，生产关系的基础就是所有制。这一点同志们必须弄清楚。现在，私有制和社会主义公有制都是合法的，但是私有制要逐步变为不合法。在3亩地上“确保私有”，搞“四大自由”，结果就是发展少数富农，走资本主义的路。

县干部、区干部的工作要逐步转到农业生产互助合作这方面来，转到搞社会主义这方面来。县委书记、区委书记要把办社会主义之事当作大事看。一定要书记负责，我就是中央的书记，中央局书记、省委书记、地委书记、县委书记、区委书记，各级书记，都要负责，亲自动手。中央现在百分之七八十的精力，都集中在办农业社会主义改造之事上。改造资本主义工商业，也是办社会主义。各级农村工作部的同志，到会的人，要成为农业社会主义改造的专家，要成为懂得理论、懂得路线、懂得政策、懂得方法的专家。

城市蔬菜的生产和供应，都要有计划性。大城市和新发展起来的城市，人口很集中，没有蔬菜吃，哪能行呢？要解决这个问题。在城市郊区，蔬菜生产搞互助组，供应不好解决，可以不经互助组，就搞半社会主义的合作社，甚至搞完全社会主义的合作社。这个问题，可以研究一下。

生产合作社的发展计划提出来了，今冬明春，到明年秋收前，发展32000多个，1957年可以发展到70万个。但是要估计到有时候可能突然发展一下，可能发展到100万个，也许不止100万个。总之，既要办多，又要办好，积极领导，稳步发展。

这次会开得有成绩。现在不开，明年1月再开，就迟了，今年冬天就错过去了。明年3月26日再开会，要检查这次计划执行得怎样。这次会决定下一次会议的日期，并且决定下次会检查这次会决议的执行情形，这个办法很好。明年秋天还要开一次会，讨论规定明冬的任务。①

毛泽东的这个讲话，在11月5日会议结束时廖鲁言向大家作了传达，实际上也就是第三次互助合作会议的任务。

第三次互助合作会议对反“冒进”后留下和发展的14000多个农业合作社作过一个评价，认为多数农业社经营不错，比互助组增了产。办得不好的社，据华北、华东两区统计，均不足10%。还值得特别指出的是，经过检查整顿，农业合作化的规模都得到有效控制，到1953年底，我国农业合作社平均每社18.1户。这样的

---

① 《毛泽东文集》第六卷，人民出版社，1999年6月第1版，第301—306页。

规模，基本上与当时我国农村生产力的发展水平相适宜，把它看成衡量整顿后农业合作社的质量标准，肯定是重要的。

从效果上分析。在老解放区，经过对农业合作社的检查整顿，农民生产情绪已趋安定，原部分地区卖土地、卖耕畜、杀猪、宰羊、伐树等现象很快得到制止。许多农村基层干部认识了盲目冒进对互助合作工作的危害，开始转变了重社轻组的错误思想，曾消沉一时的劳动互助组又开始活跃并有所发展。在新解放区，经过广泛宣传党的互助合作政策和生产政策，打击单干农民和侵犯中农利益的。许多农民在消除了怕“归公”、怕“扯平”的思想顾虑之后，增加了发展生产的积极性。在中南和西南的一些农村中，出现了农民积极添置耕畜、农具，增施肥料和兴修水利的新气象。据统计，当年全国有90%以上的农业合作社增产。

1953年12月16日，中共中央通过了《关于发展农业生产合作社的决议》，并注明这个决议不适用于某些少数民族地区。强调指出：根据党在过渡时期的总路线，我国的国民经济建设不但要求工业经济的高涨，而且要求农业经济要有一定的相应的高涨；孤立的、分散的、守旧的、落后的个体经济限制着农业生产力的发展；为着进一步地提高农业生产力，党在农村工作的最根本的任务，善于用明白易懂而为农民所能够接受的道理和办法去教育和促进农民群众逐步联合组织起来，逐步实行农业的社会主义改造，使农业能够由落后的小规模生产的个体经济变为先进的大规模生产的合作经济；农民（主要是中农）本身具有既是劳动者又是私有者的两重性质，这就不可避免地在农村中产生了社会主义和资本主义这两条发展道路的斗争，而由于农业经济的恢复和逐步上升，这两条发展道路的斗争，就越来越带有明显的、不能忽视的性质；党对于改造个体的小农经济，发展农业的互助合作，必须采取积极领导的态度，而不能采取消极放任的态度；盲目急躁的冒险主义是根本要不得的，必须采用说服、示范和国家援助的方法来使农民自愿联合起来。①

1953年12月，由中共中央宣传部起草，经毛泽东修改和中共中央批准的《为动员一切力量把我国建设成为一个强大的社会主义国家而斗争——关于党在过渡时期总路线的学习和宣传提纲》发表。宣传提纲中说：资本主义国家从发展轻工业开始，一般是花了50年到100年的时间才能实现工业化，而苏联采用了社会主义工业化的方针，从重工业建设开始，在10多年中就实现了国家的工业化；苏联过去所走的道路正是我们今天要学习的榜样；现在中国革命第二阶段的任务，就是要在中国建立社会主义的社会，完全消灭城乡资本主义的成分。

宣传提纲中说：要实现国家社会主义工业化，大约需要经过3个五年计划，就是大约15年的时间（至1967年），那时中国就可以基本上建设成为一个伟大的社

① 《中共党史参考资料》（八），人民出版社，1980年1月第1版，第11—27页。

会主义国家。[①]

毛泽东多次强调，总路线是根据列宁关于过渡时期的学说提出来的。宣传提纲中引用列宁、斯大林的有关论述共达21处（列宁11处、斯大林10处）。[②]

12月7日，毛泽东在宣传提纲中还加写说："集体领导是我们这一类型的党组织的最高原则，它能防止分散主义，它能防止党内个人野心家的非法活动，因此必须特别强调和认真实行党组织的集体领导制度，而决不可以不适当地过分地去强调任何个人的英雄作用，决不可以使共产党员由满腔热情地勤勤恳恳地为人民服务的高贵品质堕落到资产阶级的卑鄙的个人主义。"[③]

1953年12月16日，中共中央通过《关于发展农业生产合作社的决议》，并注明这个决议不适用于某些少数民族地区。

强调指出：根据党在过渡时期的总路线，我国的国民经济建设不但要求工业经济的高涨，而且要求农业经济要有一定的相应的高涨；孤立的、分散的、守旧的、落后的个体经济限制着农业生产力的发展；为着进一步地提高农业生产力，党在农村工作的最根本的任务，善于用明白易懂而为农民所能够接受的道理和办法去教育和促进农民群众逐步联合组织起来，逐步实行农业的社会主义改造，使农业能够由落后的小规模生产的个体经济变为先进的大规模生产的合作经济；农民（主要是中农）本身具有既是劳动者又是私有者的两重性质，这就不可避免地在农村中产生了社会主义和资本主义这两条发展道路的斗争，而由于农业经济的恢复和逐步上升，这两条发展道路的斗争，就越来越带有明显的、不能忽视的性质；党对于改造个体的小农经济，发展农业的互助合作，必须采取积极领导的态度，而不能采取消极放

---

① 《中共党史参考资料》（八），人民出版社，1980年1月第1版，第38—70页。

② 引用列宁的话都集中在1918年至1919年间的几篇文章中。此时，年轻的苏俄共和国处于国内战争和14国的武装干涉下，列宁提出实行战时共产主义政策，强调：过渡时期是死亡着的资本主义与生长着的共产主义彼此的斗争的时期，在这个过渡时期中，多种经济形式并存和多个阶级并存的现象都是不允许的，过渡时期的目标是消灭多种经济形式，消灭任何人剥削人制度的基础。到了1920年，列宁对战时共产主义政策及其实施过程中提出的关于过渡时期的观点进行了纠正和反省，苏俄政府实行新经济政策。列宁认为：直接通过国家法令来调整生产和分配，并进而实现"共产主义"是错误的、行不通的；在小生产的基础上不应实行集体化；私人资本主义和国家资本主义不能急于消灭，退却（由战时共产主义退回到私人资本主义和国家资本主义）是必要的。

斯大林认为新经济政策是一种权宜之计，因而继承了列宁的战时共产主义政策，背离了列宁在新经济政策上的新认识。斯大林提出了自己的系统主张并强行付诸实施：工业的全盘国有化；计划经济取代任何形式的市场调节；片面强调发展重工业而忽略农业和轻工业；片面强调扩大建设积累而忽略人民生活的同步改善；社会主义工业化和个体农业不能长期共存，实行强制性政策推行集体农庄制度，以便同国有化的工业相适应等。这些政策在苏联的工业化建设方面是有成效的，但是却使苏联人民付出了惨重的牺牲和代价。有些弊端在20世纪50年代还未充分暴露出来，毛泽东和中国共产党人把斯大林的道路和模式当做成功的经验和唯一可资借鉴的榜样接受了下来。

这是新中国成立以来中共中央文件中所仅有的和罕见的现象。

③ 中央文献研究室：《毛泽东关于领导方法和工作方法的论述》，《党的文献》，2013年第5期，第18页。

任的态度；盲目急躁的冒险主义是根本要不得的，必须采用说服、示范和国家援助的方法来使农民自愿联合起来。①

1954年6月30日，陈云关于第一个五年计划编制情况向中共中央汇报中说："农业增产有三个办法：开荒，修水利，合作化。这些办法都要采用，但见效最快的，在目前，还是合作化。……搞合作化，根据以往的经验，平均产量可以提高15%到30%。增产30%，就有1000亿斤粮食。并且只有在农业合作化以后，各种增产措施才更容易见效。所以合作化是花钱少、收效快的增产办法。国家在财力上应该给予更多的支持。"②

1954年，国家对棉花实行统购，此后，又陆续对生猪、茶叶等上百种重要的农副产品实行了派购。这样，伴随对主要农产品实行国家垄断、限制城乡贸易，对农业控制生产的内容和领域等系列措施的实施，国家真正掌握了农村生产。

"一五"期间，全国农产品收购价格提高了22.4%，而供应农村的工业品销售价格提高了1.6%，两者比价缩小了17%，工农业产品"剪刀差"呈缩小态势。

四、高岗、饶漱石

1953年3月2日夜间，苏联部长会议主席、苏联共产党中央委员会书记约瑟夫·维萨里昂诺维奇·斯大林在莫斯科他的办公室里突发脑溢血，溢血区包括大脑中对生命十分重要部分，从而失去知觉，右臂、右腿瘫痪，失去说话能力，心脏和呼吸系统出现了严重障碍。3月5日21时50分，不幸逝世，时年74岁（1879年出生）。3月9日，在莫斯科红场举行了隆重的追悼大会和葬礼。马林科夫和贝利亚为之抬灵柩头，马林科夫、莫洛托夫在追悼大会上讲话。周恩来率中共代表团出席了斯大林的葬礼。中共中央主席毛泽东下令：于3月7—9日中国在全国下半旗志哀（这是中国对一个外国领导人去世给予的唯一的一次最崇高礼遇）。

为了适应大规模经济建设和全面开展社会主义改造的需要，1953年中共中央开始酝酿召开第八次全国党代表大会和全国人民代表大会。全国财经会议以后，并具体考虑中共中央是否增设副主席和总书记，政府体制是否采用苏联的部长会议体制。

斯大林去世后，马林科夫继位，实际上他并不成熟。有鉴于此，毛泽东认为，这都是因为死前马林科夫没有掌权。毛泽东一是接受了苏联的教训，二是考虑到年龄、身体因素，提出中央分一、二线，他本人退到二线去，在生前搞大权旁落，有

① 《中共党史参考资料》（八），人民出版社，1980年1月第1版，第11—27页。

② 《陈云文选》（第二卷），人民出版社，1995年5月第2版，第238、239页。

意识地锻炼接班人。1953年底，毛泽东向党中央提出，把中央的工作分一线和二线，以减轻自己的繁重事务，并打算让刘少奇、周恩来、邓小平等人到一线工作，自己处在二线。[①]

高岗、饶漱石以为他们在财经会议期间的活动已经初步成功。1953年10月，高岗以休假为名，到华东、中南地区周游，在高级干部中游说。他大量散布：枪杆子出党，党是军队创造的，所谓“军党论”；中国人对党史有“二元论”，毛泽东代表红区，刘少奇代表白区；中国共产党的骨干是军队锻炼出来的，“军队的党”是党的主体，现在党和国家领导机关的权力掌握在“白区的党”的人手里，应当彻底改组，由他来掌权；“白区的党”现在要篡党。高岗提出编党史，要对党内若干历史问题的决议加以修改，重下结论；说决议中关于刘少奇是党的正确路线在白区工作中的代表的提法不对头。他要按照“军党论”准备八大代表团。他和饶漱石私拟中央委员和候补中央委员的补充人选名单，在一些高级干部中封官许愿，鼓吹他的改组党中央和国家领导机关的计划。高岗在杭州与林彪共同议论过高岗、饶漱石提出的所谓“中央人选”名单。

高岗南下期间，饶漱石在北京以中央组织部和全国组织工作会议为中心进行阴谋活动。饶漱石，江西省临川县人，1903年出生。1925年加入中国共产党。1928年以前在赣东北及浙江做青年工作。1929年任北满青年团省委书记，曾代理东北地区党的书记。1935年赴苏联，任中国赤色职工国际代表。回国后，历任新四军代政治委员、新四军兼山东军区政治委员、中共中央华东局书记。1943年秋，饶漱石为了打击陈毅，以实现夺取新四军领导权的目的，竟违背中央的意旨，运用旧社会剥削阶级挑拨离间的手腕，发动突然袭击，对陈毅代军长进行了完全错误的斗争。1949年，采用欺上瞒下的手段，博得了华东军政委员会主席之职。1953年初调任中共中央组织部部长。

饶漱石在中央组织部内向中央组织部副部长安子文发动“斗争”。九十月间，中共中央第二次全国组织工作会议在北京举行，以动员全党从组织上保证过渡时期总路线的贯彻执行，保证国家第一个五年计划的顺利实现。会议期间，饶漱石以批评安子文为名，把锋芒指向刘少奇。原东北局组织部部长把高岗等人早已准备好的材料，在会上发言，夸大了1953年以前的中央组织部工作中的缺点，说中组部敌我不分，对坏人没有足够的警惕，领导上有右倾思想，没有很好的保证正确路线的执行。饶漱石对这个发言极为满意。他们在会内会外活动，并预谋点出刘少奇的名字，实行公开摊牌。

中央发觉饶漱石的非正常活动后，提议会议暂停。由刘少奇、朱德、李富春、

---

① 陈明显：《晚年毛泽东》，江西人民出版社，1988年第1版，第32页。

胡乔木、习仲勋、杨尚昆、钱瑛、饶漱石、安子文以及6个中央局的组织部长组成第二次全国组织工作会议领导小组，为解决饶、安的矛盾，召开了专门会议。刘少奇说：毛主席指示我们把中组部的争论拿到桌面上来解决；中央组织部过去的工作是有成绩的，在工作中是执行了中央的正确路线的。刘少奇并主动承担了中组部工作中的某些缺点、错误。

10月27日，全国第二次组织工作会议举行闭幕大会。中央明确肯定过去中组部贯彻执行了党的正确路线的同时，再次强调党的团结。高岗听说毛泽东生病的消息后，对他的秘书说：你要注意，一接到毛泽东病重的消息，我们就要立即返回北京，因为现在党内没有一个人能够撑得起来。

中共中央从1953年12月开始，对高、饶的问题进行了紧张的调查、核实工作。

1953年12月，毛泽东决定外出休息。依照前例，毛泽东提出在他休假期间委托刘少奇代理中央领导的工作。刘少奇提出，还是由书记处的同志来轮流负责为好，书记处的其他人都同意由刘少奇主持工作。高岗自南方活动回到北京后，出面反对刘少奇，主张书记处同志轮流负责。并私自活动，要求由他来担任党中央的总书记或第一副主席；要求改换政务院总理的人选，要由他来同时担任政务院总理。

邓小平说："这个事情，我知道得很清楚。毛泽东同志在1953年底提出中央分一线、二线之后，高岗活动得非常积极。他首先得到林彪的支持，才敢于放手这么搞。那时东北是他自己，中南是林彪，华东是饶漱石。对西南，他用拉拢的办法，正式和我谈判，说刘少奇同志不成熟，要争取我和他一起拱倒刘少奇同志。我明确表示态度，说刘少奇同志在党内的地位是历史形成的，从总的方面讲，刘少奇同志是好的，改变这样一种历史形成的地位不适当。高岗也找陈云同志谈判，他说：搞几个副主席，你一个，我一个。这样一来，陈云同志和我才感到问题严重，立即向毛泽东同志反映，引起他的注意。"①

许多听到过高岗宣传的同志陆续向中央揭发。毛泽东掌握情况后，进行了调查，找一些同志了解情况。毛泽东同罗瑞卿说：睡觉有两种情况，一种是睡在床上，一种是睡在鼓里，若不是其他同志向我反映高、饶的问题，我还蒙在鼓里哩！

饶漱石找到高岗，通报了组织工作会议上的情况，说：你离开北京以后，按照和你商量的意见，在会议上印发了那份政治局委员的名单，不料传得很远，南方的一些省市都有了反映，毛泽东把他找去，狠狠地批评了一顿，说这是非组织活动；准备在会议上点刘少奇的名，也被毛泽东给顶了回来，毛泽东说这是搞阴谋。

高岗说，搞"阴谋"这两个字很厉害，如果毛泽东这样批你，将来势必会牵连

① 《邓小平文选》第二卷，人民出版社，1994年10月第2版，第293页。

到我；因为毛泽东在财经会议上已经点了我一次。高岗又说：我不信他毛泽东有三头六臂，他能把我高岗怎么样？不要忘记，当年是我们陕北救了中央，就凭你我过去的功劳，谅他们也不敢奈何！饶漱石要高岗去找毛泽东给他说几句话。高岗说，我的话在毛泽东面前还是有分量的！

高岗步入毛泽东的办公室，毛泽东正伏案批阅文件，他抬头看了一眼高岗说：不出所料，你高岗是非来不可的，听说你到中南和华东去，忙得不亦乐乎？高岗避开毛泽东的目光说，今天我匆匆赶来见你，是为饶漱石的事，听说他在组织工作会上闹出点乱子来，我想对他还应该给予谅解和保护嘛！他革命这么多年，出生入死，没有功劳也有苦劳呀！毛泽东神情严峻地说：你为什么要代表饶漱石来说话？我毛泽东就在北京，饶漱石也在北京，他为什么要你来代表?！毛泽东继续质问：饶漱石为什么不直接来找我呢？他就是在西藏还可以打电报嘛！他就在北京，他有脚嘛！高岗无言以对。

1953年12月，毛泽东在审阅总路线学习和宣传提纲时，加写了一段话："集体领导是我们这一类型的党组织的最高原则，它能防止分散主义，他能防止党内个人野心家的非法活动（如像中国的张国焘，苏联的贝利亚），因此必须特别强调和认真实行党组织的集体领导制度，而决不可以不适当地过分地去强调任何个人的英雄作用，决不可以使共产党员由满腔热情地勤勤恳恳地为人民服务的高贵品质堕落到资产阶级的卑鄙的个人主义。"①

12月17日，毛泽东与陈云、邓小平谈话。谈话后加周恩来。

18日、19日，毛泽东与周恩来、陈云、邓小平继续谈话。

19日，陈云"受毛泽东委托，离开北京到上海、杭州、广州、武汉等地，向当地大区、中央局、中央分局负责同志通报高岗的问题"。②

20日，毛泽东与彭德怀、刘伯承、陈毅、贺龙、叶剑英5人谈话；与刘少奇谈话；与周恩来谈话。

21日，毛泽东与朱德谈话；再次与陈毅谈话。

22日，毛泽东再次与彭德怀谈话。

23日，毛泽东与高岗谈话，对高岗进行批评。当天晚上，毛泽东召集刘少奇、周恩来、彭德怀、邓小平开会。

24日，毛泽东主持中央政治局扩大会议。29人参加，包括高岗和饶漱石。毛泽东在会上指出："北京有两个司令部：一个是以我为首的司令部，就是刮阳风，烧阳火；另一个是以别人为司令的司令部，叫做刮阴风，烧阴火，一股地下水。"③

---

① 《毛泽东传（1949—1976）》，中央文献出版社，2003年12月第1版，第280页。

② 《陈云年谱》中卷，中共中央文献出版社，2000年第1版，第191页。

③ 《毛泽东传（1949—1976）》，中央文献出版社，2003年12月第1版，第281页。

毛泽东说：其目的就是要刮倒阳风，灭掉阳火，打倒一批人；究竟是政出一门，还是政出多门？从上面许多事情看来，他们是有一个反党联盟的！不是两个互不相关的独立王国和单干户。

“高饶事件”被揭露后，毛泽东让陈毅把“东北一党员”和薄一波的信，以及东北局各委员的批语，印发给有关中央领导同志，作为揭发高、饶的参考材料。

毛泽东提出关于增强党的团结的建议。中央政治局一致同意这个建议，决定起草《关于增强党的团结的决议（草案）》，提交七届四中全会讨论。党中央同时向高岗指出他的错误的严重性，要他沉痛反省，停止一切坏的想法和做法，以免错上加错。

会议结束的当天，毛泽东离开北京，前往杭州，主持起草《中华人民共和国宪法》。

会议决定，毛泽东休息期间，由刘少奇代理主持中央工作。

毛泽东对即将召开的七届四中全会寄予了很大期望，为了保证会议能够妥善解决高、饶问题，他提出了许多指导性意见。他建议会前要找高岗谈话，认为：“高之目的在于‘过关’。先打招呼是可以达到‘和平会议’的”。会议对高岗、饶漱石的方针是坚持正面批评，加强教育，“只作正面说明，说话的人不要太多，开两天”。①

1954年1月7日，毛泽东从杭州写信给刘少奇和书记处各同志：四中全会“议程可有三个：（一）批准三中全会以来中央政治局的工作；（二）决定于本年内召开党的全国代表会议讨论第一个五年计划纲要；（三）通过关于加强党的团结的决议。报告请刘少奇同志做。……关于第三个议程，应尽可能做到只作正面说明，不对任何同志展开批评”。②

同时，毛泽东又单独给刘少奇写了一信：“如各位同意开全会，于你的报告稿宣读完毕后，似宜接着宣读你已有准备的自我批评稿，两稿各有一小时左右即够。自我批评稿宜扼要，有三四千字即可，内容宜适当，不可承认并非错误者为错误。如可能，请一并电告我一阅。”③

1月22日，毛泽东给刘少奇电报说：“杨尚昆同志到此，收到所需文件，并收到高岗同志一信。高岗同志在信里说完全拥护和赞成关于增强党的团结的决议草案，并说他犯了错误，拟在四中全会上作自我批评，想于会前来这里和我商量这件事。我认为全会开会在即，高岗同志不宜来此，他所要商量的问题，请你和恩来同志或再加小平同志和他商量就可以了。关于四中全会开会的方针，除文件表示者

① 《杨尚昆日记》，中央文献出版社，2001年10月第1版，第101页。
② 《毛泽东文集》第六卷，人民出版社，1999年6月第1版，第318—319页。
③ 《毛泽东传（1949—1976）》，中央文献出版社，2003年12月第1版，第282页。

外，对任何同志的自我批评均表欢迎。但应尽可能避免对任何同志展开批评，以便等候犯错误同志的觉悟。这后一点我在1月7日致你和书记处各同志的信中已说到了。如你们同意这个方针，就请你们据此和到会同志事先商谈，并和高岗同志商谈他所要商谈的问题。尚昆留此几天即回北京。此电请送高岗同志一阅，我就不另复信了。”①

1月25日和2月5日，刘少奇、周恩来、邓小平两次找高岗谈话；2月5日，刘少奇、周恩来、朱德、陈云、邓小平找饶漱石谈话，点出了他们的问题。②

根据毛泽东的建议，1954年2月6日至10日，中共七届四中全会在北京召开，出席会议的有中央委员、候补中央委员和中央有关部门负责人113人。毛泽东因在杭州休假没有出席全会。刘少奇受中央政治局委托作了《中央政治局向第七届第四次中央全会的报告》。朱德、周恩来、陈云、邓小平等44人发言。

刘少奇不点名地说：“只要这种人的个人主义情绪不受到党的坚决的制止，他们就会一步一步地在党内计较地位，争权夺利，拉拉扯扯，发展小集团的活动，直至走上帮助敌人来破坏党分裂党的罪恶道路。”③

朱德、周恩来、陈云、邓小平等人对破坏党的团结的行为进行了严肃的批评，进一步揭露和批判了高、饶分裂党的活动。四中全会仍是挽救和教育高饶，而不是把他们打倒，或一棍子打死，也没有作为敌我矛盾对待。

高岗在会上作了表面检讨，饶漱石作了一般检查。

七届四中全会没有批评高岗在政治上对刘少奇的诬蔑，并要求刘少奇在会上就农业生产合作社问题、1947年的老区土改工作问题、所谓的“和平民主新阶段”提法以及“天津讲话”四个方面作了自我批评。

会议经过讨论，通过了《关于增强党的团结的决议》，通过了批准三中全会以来中央政治局的工作和在1954年年内召开党的全国代表会议的决议。

高、饶在四中全会上没有作出严肃认真的自我批评，更没有如实交代他们在暗地里进行的分裂党的阴谋活动，完全没有表示出认识错误和改正错误的态度和决心。因此，中央决定，为了彻底弄清高岗、饶漱石的问题，从1954年2月15日至25日每天用半天时间，由周恩来主持高岗问题座谈会，邓小平、陈毅、谭震林等人主持饶漱石问题座谈会，进一步来对证和核实他们的罪行。参加两个座谈会的有中央委员、候补委员37人，重要工作人员40人。

在这两个座谈会上，对证了高岗、饶漱石阴谋活动的各项事实。周恩来在高岗问题上作了总结发言。邓小平、陈毅、谭震林根据饶漱石问题座谈会揭发的材料向

---

① 《建国以来毛泽东文稿》第四册，中央文献出版社，1990年9月第1版，第440—441页。

② 杨尚昆：《回忆高饶事件》，《党的文献》，2001年第2期，第17页。

③ 《刘少奇选集》下卷，人民出版社，1985年12月第1版，第127页。

中央政治局作了报告。周恩来的发言和邓、陈、谭的报告均经中央政治局审查和批准。

2月25日，周恩来发言说："在他身上，资产阶级的个人野心完全压倒了共产党员所必须具有的为人民服务的始终不渝的耿耿忠心。"

毛泽东总结说："在长期的革命斗争中，高岗虽有其正确的有功于革命的方面，因而博得了党的信任，但他的个人主义思想（突出地表现于当顺利时骄傲自满、狂妄跋扈，而在不如意时，则患得患失，泄气动摇）和私生活的腐化欲长期没有得到纠正和制止，并且在全国胜利后更大大发展了。……高岗在最近时期的反党行为，就是他的黑暗面发展的必然结果。"①

毛泽东说：在高岗检讨完之后，对他的工作还要给予适当安排。

在座谈会上，高岗在无可抵赖的事实面前没有认罪，触电自杀未遂。②

饶漱石在座谈会上作了初步的检讨。会后，饶漱石作了书面检讨，承认了一些别人已经揭露的事实，但对许多重要的关键避而不提。

1954年3月26日，毛泽东与苏联驻中国大使尤金谈话时说："很长一段时间以来，我老觉得党内外有什么地方出了点问题。就像一场大地震即将来临一样，觉察到这儿震动一下，那儿震动一下，但就是不知道震中在哪里。在去年的六七月间中共中央召开的关于经济和财政问题的会议上，这种感觉尤其明显。不久，在1953年7月到9月间，我强烈地感觉到党内存在两个中心，一个是党的中央委员会，但是另一个却隐而不现。震动开始变得越来越剧烈。12月24日在政治局对这一问题进行讨论之后，事情变得明晰起来。"③

6月29日，陈毅说："（一）'东北一党员'来信的立场是正确的，所揭露的问题大体上是合乎事实的。（二）薄一波同志的批语也是正确的。（三）东北各同志的批语值得一看，每个人均有自己的看法，但拒绝揭露东北的缺点是一致的意见；林枫同志是只打圈未表示意见。这些均富有意味。（四）高岗利用这封信在去年全国财经会议上大肆宣传说这封信不好，并说薄批得不对，并借此作反党活动。毛主席则因此发现高岗在东北领导工作中的错误极为严重，加以追查，而最后发展到发现高、饶反党联盟。毛主席解决问题追查问题的方法，可作为我们学习的范例。（五）原信作者后来的两封信，证实信是他们写的。这证明看匿名信有好处。在习惯于歌颂的地方，差不多只有匿名信能反映真情，这便是最好的教训。最后还可以提出一点意见，今后凡是人民来信也好，党员来信也好，匿名信也好，有名信也好，不管涉

---

① 杨尚昆：《回忆高饶事件》，《党的文献》，2001年第1期，第14—15页。

② 同年8月17日，高岗再次服安眠药自杀，身死。

③ 摘自尤金1954年3月31日的日记，由社会科学文献出版社2002年8月出版的《苏联历史档案选编》执行总主编沈志华教授提供。

及自己或不涉及自己，均应加以重视。特别是涉及了自己，更应重视。不要发火，不要置之不理，而应虚心研究，找出其积极的方面以帮助改正自己的缺点。这个方法实际是毛主席的方法，值得我们学习。我认为凡是过不得‘自我批评关’的人，如不纠正，其发展前途将与高、饶一道，这是可以断言的。另外，入城后的思想混乱，生活沾染上资产阶级的习惯，自由处理公物，违反入城纪律等严重倾向，各地均有，不仅东北为然。这封信实际是一面镜子，每人照照，均有好处，有则改之，无则加勉。”

1954 年 4 月，中共中央政治局扩大会议决定撤销大区一级党政机构。6 月，中央人民政府下达决定，撤销了东北、华东、中南、西北、西南 5 个大区行政委员会。与此同时，中共中央的派出机构，即东北、华北、华东、中南、西南、西北 6 个中央局即行撤销。随之撤销的还有山东分局、华南分局、新疆分局和内蒙古分局。1954 年 11 月，中共中央政治局根据需要，决定成立上海局，重点加强对华东沿海上海市即江苏、浙江两省的领导。

1954 年 4 月，中央政治局扩大会议还决定任命邓小平为中央秘书长。9 月，中央政治局决定在中央书记处下设立一个经常的秘书长工作会议，负责协助中央政治局和中央书记处研究和处理有关方面的日常事务。根据中央秘书长会议的建议，1955 年初，成立中央第一、第二、第三、第四办公室，作为中央政治局和中央书记处的工作机构，分别负责政策性综合、地方、工业、群众团体工作。第二、第三办公室还设若干巡视员，经常到各地和各工矿企业检查工作，并加强对它们的监督。

1955 年 3 月 21 日至 31 日，在北京召开中国共产党全国代表会议（这是中共第一次召开全国代表会议）。出席会议的中央委员、候补中央委员 62 人和全国党组织选出的代表 257 人。毛泽东主持会议并作开幕词和结论。

3 月 21 日，毛泽东在开幕词中说：“中央委员会根据列宁关于过渡时期的学说，总结了中华人民共和国成立以来的经验，在我国国民经济恢复阶段将要结束的时候，即 1952 年，提出了党在过渡时期的总路线。”

毛泽东说：“在我们这样一个大国里面，情况是复杂的，国民经济原来又很落后，要建成社会主义社会，并不是轻而易举的事。我们可能经过 3 个五年计划建成社会主义社会，但要建成为一个强大的高度社会主义工业化的国家，就需要有几十年的艰苦努力，比如说，要有 50 年的时间，即 20 世纪的整个下半世纪。我们的任务要求我们必须很好地处理我国人民内部的关系——特别是工人阶级和农民之间的关系，很好地处理我国各民族之间的关系；……也要发展同资本主义世界一切爱好和平的国家和人民的合作。”

毛泽东说：“我们经常说，不要因为我们的工作有成绩就骄傲自满起来，应该保持谦虚态度，向先进国家学习，向群众学习，在同志间也要互相学习，以求少犯错误。在这次党代表会议上，我感觉仍然需要重复地将这些话说一遍。鉴于高岗、饶漱石的反党事件，骄傲自满情绪在我们党内确实是存在着，在有些同志的身上这种情绪还是严重的，不克服这种情绪，就会妨碍我们建设社会主义这个伟大任务的完成。”

毛泽东说：“马克思、恩格斯在《共产党宣言》上说过：‘共产党人认为隐秘自己的观点与意图是可耻的事。’我们是共产党人，更不待说是党的高级干部，在政治上都要光明磊落，应该随时公开说出自己的政治见解，对于每一个重大的政治问题表示自己或者赞成或者反对的态度，而绝对不可以学高岗、饶漱石那样玩弄阴谋手段。”

毛泽东说：“同志们！我们现在是处在新的历史时期。一个六万万人口的东方国家举行社会主义革命，要在这个国家里改变历史方向和国家面貌，要在大约三个五年计划期间内使国家基本上工业化，并且要对农业、手工业和资本主义工商业完成社会主义改造，要在几十年内追上或赶过世界上最强大的资本主义国家，这是决不会不遇到困难的，如同我们在民主革命时期所曾经遇到过的许多困难那样，也许还会要遇到比过去更大的困难。但是，同志们，我们共产党人是以不怕困难著名的。我们在战术上必须重视一切困难。对于每一个具体的困难，我们都要采取认真对待的态度，创造必要的条件，讲究对付的方法，一个一个地、一批一批地将它们克服下去。根据我们几十年的经验，我们遇到的每一个困难，果然都被克服下去了。种种困难，遇到共产党人，它们就只好退却，真是‘高山也要低头，河水也要让路’。这里就得出一条经验，它叫我们可以藐视困难。这说的是在战略方面，是在总的方面。不管任何巨大的困难，我们一眼就看透了它的底子。所谓困难，无非是社会的敌人和自然界给予我们的。我们知道，帝国主义、国内反革命分子以及他们在我们党内的代理人，等等，都不过是垂死的力量，而我们则是新生的力量，真理是在我们方面。对于他们，我们从来就是不可战胜的。只要想一想我们自己的历史，就会懂得这个道理。我们在 1921 年刚刚建党的时候，只有几十个人，那样渺小，后来发展起来，居然把国内的强大敌人给打倒了。自然界这个敌人也是有办法制服它的。不论在自然界和在社会上，一切新生力量，就其性质来说，从来就是不可战胜的。而一切旧势力，不管它们的数量如何庞大，总是要被消灭的。因此，我们可以藐视而且必须藐视人世遭逢的任何巨大的困难，把它们放在‘不在话下’的位置。这就是我们的乐观主义。这种乐观主义是有科学根据的。只要我们更多地懂得马克思列宁主义，更多地懂得自然科学，一句话，更多地懂得客观世界的规律，少犯主观主义错误，我们的革命工作和建设工作，是一定能够达到目的的。”

31 日，毛泽东为大会作结论，他说：“我们进入了这样一个时期，就是我们现在所从事的、所思考的、所钻研的，是钻社会主义工业化，钻社会主义改造，钻现代化的国防，并且开始要钻原子能这样的历史的新时期。全党同志钻得有深有浅，在座的同志也是这样。像医生一样，有的能够开刀，有的不行。有的打针能够打静脉，有的就不能，只能打皮下。有一些医生连皮下都不敢动手，就在那个皮上面。虽然有些同志没有钻进去，但大多数同志是在钻，看样子有许多人是钻进去了，就是有一点内行的味道了。在这一次会议上，我们也可以看到这样的情况。这是极大的好事。因为现在我们面临的是新问题：社会主义工业化、社会主义改造、新的国防、其他各方面的新的工作。适合这种新的情况钻进去，成为内行，这是我们的任务。所以必须对那些钻不进去的人、浮在皮面上的人进行教育，使他们都成为内行。”

毛泽东说：“我们要作出计划，组成这么一支强大的理论队伍，有几百万人读马克思主义的理论基础，即辩证唯物论和历史唯物论，反对各种唯心论和机械唯物论。我们现在有许多做理论工作的干部，但还没有组成理论队伍，尤其是还没有强大的理论队伍。而没有这支队伍，对我们全党的事业，对我国的社会主义工业化、社会主义改造、现代化国防、原子能的研究，是不行的，是不能解决问题的。因此，我劝同志们要学哲学。有相当多的人，对哲学没有兴趣，他们没有学哲学的习惯。可以先看小册子、短篇文章，从那里引起兴趣，然后再看七八万字的，然后再看那个几十万字一本的书。马克思主义有几门学问：马克思主义的哲学，马克思主义的经济学，马克思主义的社会主义——阶级斗争学说，但基础的东西是马克思主义哲学。这个东西没有学通，我们就没有共同的语言、没有共同的方法，扯了许多皮，还扯不清楚。有了辩证唯物论的思想，就省得许多事，也少犯许多错误。”

毛泽东说：“同志们认为，在讨论五年计划的时候，大多数同志的发言很好，大家是满意的。其中有一部分发言特别好，他们讲透了问题，有点专家的味道了。但是，中央各部门的发言中间，有一部分内容较差，分析和批判不够；地方同志发言中间，也有一部分是较差的，分析和批判是不够的。另有一种情况，就是在有些同志发言中间，对严重的浪费问题以及别的错误，只是揭露了现状，没有说明如何处理。对于这些发言，有些同志不满意。我以为这些不满意是有理由的。

我希望，所有的省委书记、市委书记、地委书记以及中央各部门的负责同志，都要奋发努力，在提高马克思列宁主义水平的基础上，使自己成为精通政治工作和经济工作的专家。一方面要搞好政治思想工作，另一方面要搞好经济建设。对于经济建设，我们要真正学懂。”

毛泽东说：“人是要有帮助的。荷花虽好，也要绿叶扶持。一个篱笆要打三个桩，一个好汉要有三个帮。单干是不好的，总是要有人帮，在这样的问题上尤其要有人帮。看是要看的，看他们改不改，但单是看是消极的，还要帮助他们。对受了影响的人，不管有深有浅，我们一律欢迎他们改正，不但要看，而且要帮。这就是对待犯错误同志的积极态度。”

毛泽东说：“有两种人：一种是老资格，在座的不少，资格很老；另一种是新生力量，这是年轻的人。这两种人中间哪一种人更有希望呢？恩来同志今天也讲了这个问题，当然是新生力量更有希望。有些同志，因为自己是老革命，就骄傲起来，这是很不应当的。比较起来，如果说允许骄傲的话，倒是青年人值得骄傲一下。四五十岁以上的人，年纪越大，经验越多，就应当更谦虚。让青年人看到我们确实是有经验的：'这些前辈，确是有点经验，不要看轻他们，你看他们那么谦虚。'四五十岁的人了，因为得了许多经验，反倒骄傲起来，那岂不是不像样子？青年人就要发议论：'你们那些经验就等于没有，还不是跟小孩子一样。'小孩子有点骄傲情绪，那是比较合理的。上了年纪的人，有了这么多经验，还骄傲，把尾巴翘得那样高，可以不必。俗语说：'夹紧尾巴做人。'人本来是没有尾巴的，为什么要夹紧尾巴呢？好比那个狗，有翘尾巴的时候，有夹尾巴的时候。大概是打了几棍子的时候它就夹紧尾巴，大概是有了几批成绩的时候它的尾巴就翘起来了。我希望，我们所有的同志，首先是老同志，不要翘尾巴，而要夹紧尾巴，戒骄戒躁，永远保持谦虚进取的精神。"

毛泽东说："我顺便讲一讲少数民族工作的问题。要反对大汉族主义。不要以为只是汉族帮助了少数民族，而少数民族也很大地帮助了汉族。有些同志总是在那里吹，我们可帮助了你们，就没有看到没有少数民族是不行的。我国50%到60%的地方，是什么人住的？是汉族住的，还是什么人住的？50%到60%的地方是少数民族居住的。那里物产丰富，有很多宝贝。现在，我们帮助少数民族很少，有些地方还没有帮助，而少数民族倒是帮助了汉族。有些少数民族，需要我们先去帮助他们，然后他们才能帮助我们。少数民族在政治上很大地帮助了汉族，他们加入了中华民族这个大家庭，就是在政治上帮助了汉族。少数民族和汉族团结在一起了，全国人民都高兴。所以，少数民族在政治上、经济上、国防上，都对整个国家、整个中华民族有很大的帮助。那种以为只有汉族帮助了少数民族，少数民族没有帮助汉族，以及那种帮助了一点少数民族，就自以为了不起的观点，是错误的。"①

陈云作《关于发展国民经济第一个五年计划的报告》。邓小平作《关于高岗、饶漱石反党联盟的报告》。刘少奇、周恩来、朱德等100人在会上发言。会议充满了批评与自我批评精神。会议通过了《关于中华人民共和国发展国民经济的第一个五年计划草案的决议》；《中国共产党全国代表会议关于高岗、饶漱石反党联盟的决议》，鉴于高岗死不改悔，饶漱石②亦无悔改之意，决定开除高岗、饶漱石党籍；鉴于高、饶事件的教训，会议通过了《关于成立党的中央和地方监察委员会的决议》，决定成立党的中央和地方各级监察委员会，代替党的中央和地方各级党的纪律检查委员会，借以加强党的纪律，反对党员中各种违法乱纪的现象，特别是防止

① 《毛泽东文集》第六卷，人民出版社，1999年6月第1版，第389—405页。

② 饶漱石在被开除党籍的同时，又发现他有包庇反革命等政治问题，1955年4月1日，公安部按法律程序将他逮捕审查。1965年8月30日，最高人民法院宣判他有期徒刑14年，剥夺政治权利10年。1965年10月23日予以假释。1967年重新收监。1975年3月2日患中毒性肺炎死亡。

像高岗、饶漱石分裂党、篡夺党和国家权力这类严重危害党的利益的事件重复发生。根据这一决议，会议选举产生了以董必武为书记，刘澜涛、谭政、王从吾、钱瑛、刘锡五为副书记的中央监察委员会。

对受高、饶影响而犯有错误的同志，毛泽东强调：对他们不但要看，而且要帮，要采取积极的态度帮助他们改正错误。中央的处理比较宽，并有意识地保护了一批干部。

1955 年 4 月 4 日，中共七届五中全会在北京举行，批准中共全国代表会议通过的三项决议和所选出的中央监察委员会的人选。会议补选林彪、邓小平为政治局委员。

五、中华人民共和国第一部宪法

全国政协组织法规定：中国人民政协全体会议，每 3 年开会一次。1952 年，一届政协即已期满。经过中共党内的酝酿，中共中央决定向全国政协常委会提出召开全国人大的建议。

1953 年 1 月 13 日，中央人民政府委员会第二十次会议，通过了《关于召开全国人民代表大会及地方各级人民代表大会的决议》，决定成立中华人民共和国宪法起草委员会，以毛泽东为主席，委员 32 人。

2 月 11 日，选举法起草委员会将拟定的《中华人民共和国全国人民代表大会及地方各级人民代表选举法》草案，提交中央人民政府委员会第二十二次会议审查、批准。3 月 1 日，毛泽东以中央人民政府命令，将《选举法》公布施行。

在基层选举工作中，各地首先进行了人口调查登记工作。

根据中央人口调查登记办公室的初步统计，1953 年 6 月 30 日 24 时的全国人口总数是 6.01938035 亿人（其中 700 余万人为台湾的估计数字，同时包括国外华侨）。这是中国有史以来第一次经过全面的普查得到的准确人口数字。登记选民总数为 3.23809684 亿人，占选举地区 18 周岁以上人口总数的 97.18%。[①]

因 1953 年一些省份灾情严重，为集中力量战胜自然灾害，发展农业生产，中央人民政府委员会第二十八次会议作出决议：推迟到 1954 年召开全国人民代表大会及地方各级人民代表大会。[②]

---

① 参加选举投票的 2.78 亿人，占选民登记人数的 85.88%。妇女参加投票的占登记妇女选民总数的 84.01%。

② 当代中国研究所：《〈中华人民共和国史稿〉第一卷（1949—1956）》，人民出版社、当代中国出版社，2012 年 9 月第 1 版，第 212 页。

1953年12月24日，毛泽东带领宪法起草小组的几个成员陈伯达、胡乔木、田家英乘专列离开北京，27日夜来到杭州西湖畔一处僻静地点刘庄住了下来，集中精力起草宪法草案。

1954年1月15日，毛泽东发电报给北京：

少奇同志并中央各同志：

宪法小组的宪法起草工作已于1月9日开始，计划如下：

（一）争取在1月31日完成宪法草案初稿，并随将此项初稿送中央各同志阅看。

（二）准备在2月上半月将初稿复议一次，请邓小平、李维汉两同志参加。然后提交政治局（及在京各中央委员）讨论作初步通过。

（三）3月初提交宪法起草委员会讨论，在3月内讨论完毕并初步通过。

（四）4月内再由宪法小组审议修正，再提政治局讨论，再交宪法起草委员会通过。

（五）5月1日由宪法起草委员会将宪法草案公布，交全国人民讨论四个月，以便9月间根据人民意见作必要修正后提交全国人民代表大会作最后通过。

为了在2月间政治局便于讨论计，望各政治局委员及在京各中央委员从现在起即抽暇阅看下列各主要参考文件：

（一）1936年苏联宪法及斯大林报告（有单行本）；

（二）1918年苏俄宪法（见政府办公厅编宪法及选举法资料汇编一）；

（三）罗马尼亚、波兰、德国、捷克等国宪法（见人民出版社《人民民主国家宪法汇编》，该书所辑各国宪法大同小异，罗、波取其较新，德、捷取其较详并有特异之点，其余有时间亦可多看）；

（四）1913年天坛宪法草案，1923年曹锟宪法，1946年蒋介石宪法（见宪法选举法资料汇编三，可代表内阁制、联省自治制、总统独裁制三型）；

（五）法国1946年宪法（见宪法选举法资料汇编四，可代表较进步较完整的资产阶级内阁制宪法）。

有何意见望告。[①]

经过一个月的努力，宪法起草小组把初稿写了出来。

1954年2月17日，毛泽东把初稿送给了刘少奇，同时附了一信：“现将宪法初稿（五份）派人送上，请加印分送政治局及在京中委各同志，于2月20日以后的一星期内开会讨论几次，将修改意见交小平、维汉二同志带来这里，再行讨论修改（约七天即够）。然后再交中央讨论，作初步决定（仍是初稿），即可提交宪法修

① 《毛泽东文集》第六卷，人民出版社，1999年6月第1版，第320—321页。

改委员会讨论。”[①] 于是讨论修改工作在南北两地分头进行。北京讨论一次，杭州修改一次，然后又将修改稿传回北京，如此循环了三四个回合。北京还专门成立了由董必武、彭真、张际春等组成的研究小组，请周鲠生、钱端升作法律顾问，叶圣陶、吕叔湘作语文顾问。一个月后，《中华人民共和国宪法草案（初稿）》正式完稿。

2 月 28 日和 3 月 1 日，刘少奇在北京主持召开中央政治局扩大会议，讨论并基本通过了宪法草案的三读稿。请周鲠生和钱端升为法律顾问，叶圣陶和吕叔湘为语文顾问。

3 月 9 日，杭州宪法起草小组提交了四读稿。中央政治局分别于 3 月 12 日、13 日、15 日连续召开三次扩大会议，对四读稿进行修改。决定以陈伯达、胡乔木、董必武、彭真、邓小平、李维汉、张际春、田家英组成宪法小组，负责初稿最后修改。3 月 16 日，将四读稿提交政协一届全国委员会常委会第五十三次会议讨论。

刘庄附近有座不大的丁家山。初到杭州，毛泽东就乘兴登上了这座山，并对随行人员说，每天都要坚持爬山。果然，他每天 12 时起床，吃点东西就去爬山，坚持不懈，风雨无阻。他还宣布一条，共产党员上山坐滑竿，开除党籍。两个多月，他们爬了西湖附近的玉皇顶、南高峰、北高峰、六和塔、凤凰山、宝石山、梯云岭、葛岭、栖霞岭、炮台山、狮峰、天竺山、五云山等名胜，下雨带上雨伞，路滑拄竹棍。坚持下来。他体重减轻了将近 10 斤。

1954 年初，杭州下了几十年未见的大雪。美丽的西子湖畔和远近的群山，披上了银装。太阳一出，红妆素裹，分外妖娆。[②]

1954 年 3 月 17 日，毛泽东率宪法起草小组回到北京。

3 月 23 日下午 3 时，宪法起草委员会的 26 位委员聚集在中南海勤政殿讨论宪法草案初稿。毛泽东主持会议。刘少奇、周恩来、陈云、董必武、邓小平、宋庆龄、李济深、何香凝、沈钧儒、马寅初、马叙伦、陈叔通、张澜、黄炎培、程潜等人参加。会上作出一项重要决定：在两个月内，北京和全国各大城市组织各民主党派、各人民团体和社会各方面代表人士 8000 多人，对这个初稿进行讨论提意见。会议决定，李维汉为宪法起草委员会秘书长，齐燕铭、田家英、屈武、胡愈之、孙起孟、许广平、辛志超为副秘书长，负责成立工作办公室。

3 月 25 日，中共中央发出通知，要求各地党委认真组织讨论，设立有各方面人士参加的专门机构，配备得力人员，及时将讨论意见进行综合整理，在每次会后的一天内报宪法起草委员会办公室。

这样，修改工作在北京和全国各地齐头并进。8000 人的讨论意见不断汇总上

---

① 《刘少奇一生》（修订本），中央文献出版社，2003 年 1 月第 1 版，第 307 页。

② 《毛泽东传（1949—1976）》，中央文献出版社，2003 年 12 月第 1 版，第 327—330 页。

报，宪法起草委员会在北京开了6次会议，吸收各地报来的意见，逐章逐条地对初稿进行修改。两个月后，这一阶段工作告一段落。

1954年6月11日，宪法起草委员会召开第七次会议，对宪法草案的全部条文作最后的审查。会议由刘少奇主持，除宪法起草委员会委员全部到会外，中央人民政府委员会委员和起草委员会的几位正副秘书长、法律顾问、语文顾问也列席了会议。

毛泽东讲话说："前后总算出来，恐怕有一二十个稿子了。大家尽了很多力量，全国有8000多人讨论，提出了五千几百条意见，采纳了百八十条，最后到今天还依靠在座的各位讨论修改。总之，是反复研究，不厌其详。"① 会议决定将宪法草案提交中央人民政府委员会。3天以后，中央人民政府委员会也开会通过了这个草案，决定向全国人民公布，组织各阶层群众广泛讨论，提出修改意见。

毛泽东说："这个宪法草案，看样子是得人心的。……这个宪法草案所以得人心，是什么理由呢？我看理由之一，就是起草宪法采取了领导机关的意见和广大群众的意见相结合的方法。这个宪法草案，结合了少数领导者的意见和8000多人的意见，公布以后，还要由全国人民讨论，使中央的意见和全国人民的意见相结合。这就是领导和群众相结合，领导和广大积极分子相结合的方法。过去我们采用了这个方法，今后也要如此。一切重要的立法都要采用这个方法。这次我们采用了这个方法，就得到了比较好的、比较完全的宪法草案。"

毛泽东说："我们的宪法草案公布以后，将会得到全国人民的一致拥护，提高全国人民的积极性。一个团体要有一个章程，一个国家也要有一个章程，宪法就是一个总章程，是根本大法。用宪法这样一个根本大法的形式，把人民民主和社会主义原则固定下来，使全国人民有一条清楚的轨道，使全国人民感到有一条清楚的明确的和正确的道路可走，就可以提高全国人民的积极性。"

毛泽东说："我们的总目标，是为建设一个伟大的社会主义国家而奋斗。我们是一个6亿人口的大国，要实现社会主义工业化，要实现农业的社会主义化、机械化，要建成一个伟大的社会主义国家，究竟需要多少时间？现在不讲死，大概是3个五年计划，即15年左右，可以打下一个基础。到那时，是不是就很伟大了呢？不一定。我看，我们要建成一个伟大的社会主义国家，大概经过50年即10个五年计划，就差不多了，就像个样子了，就同现在大不一样了。现在我们能造什么？能造桌子椅子，能造茶碗茶壶，能种粮食，还能磨成面粉，还能造纸，但是，一辆汽车、一架飞机、一辆坦克、一辆拖拉机都不能造。牛皮不要吹得太大，尾巴不要翘起来。当然，我不是讲，能造一辆，尾巴就可以翘一点，能造10辆，尾巴就可以翘得高一点，随着辆数的增加，尾巴就翘得更高一些。那是不行的。就是到50年后像个样子了，也要和现在一样谦虚。如果到那时候骄傲了，看人家不起了，那就

① 《刘少奇一生》（修订本），中央文献出版社，2003年1月第1版，第308页。

不好。100 年也不要骄傲。永远也不要翘尾巴。”

毛泽东最后说：“有人说，宪法草案中删掉个别条文是由于有些人特别谦虚。不能这样解释。这不是谦虚，而是因为那样写不适当、不合理、不科学。在我们这样的人民民主国家里，不应当写那样不适当的条文。不是本来应当写而因为谦虚才不写。科学没有什么谦虚不谦虚的问题。搞宪法是搞科学。我们除了科学以外，什么都不要相信，就是说，不要迷信。中国人也好，外国人也好，死人也好，活人也好，对的就是对的，不对的就是不对的，不然就叫做迷信。要破除迷信。不论古代的也好，现代的也好，正确的就信，不正确的就不信，不仅不信而且还要批评。这才是科学的态度。”①

在宪法较早的稿子中有一条“中华人民共和国主席为国家之元首”，被毛泽东抹去。

6 月 16 日，《人民日报》刊登了宪法草案全文，并发表社论《在全国人民中广泛地展开讨论中华人民共和国宪法草案》。一场大讨论很快遍及全国城乡。这场讨论持续了将近 3 个月，参加人数达 1.5 亿人。

全民讨论中，有人提议把这部宪法命名为“毛泽东宪法”，被毛泽东拒绝。

1954 年六七月间，全国 150 个省辖市，2064 个县、自治县及县一级的单位和 170 个中央直辖市的区，全部召开了人民代表大会。规定，各省 80 万人选举代表 1 人；各中央直辖市和 50 万人以上人口的省辖工业市，每 10 万人选举代表 1 人。各地均按照《选举法》的规定，以不记名投票的方式，分别选出省、直辖市和自治区的人民代表大会代表。7 月底至 8 月初，全国 25 个省、内蒙古自治区、西藏地区（9 人）、昌都地区（3 人）和 14 个直辖市先后召开人民代表大会，选出全国人大代表 1136 人，军队选出代表 60 人，华侨代表 30 人。全国共产生 1226 人（台湾暂缺）。其中，妇女代表 147 人，少数民族代表 177 人。②

1954 年 9 月 8 日，毛泽东主持召开宪法起草委员会第八次会议，对草案进行最后一次讨论修改。

9 月 12 日，刘少奇主持宪法起草委员会第九次会议，他向委员们报告说：“对宪法草案的意见有 52 万件。这些所提意见中，一部分是关于修改内容的意见，另一部分是关于修改文字的意见。对这些意见，有些是作了修改的，有些是作了解释的。”③ 会议最后决定，由刘少奇代表宪法修改起草委员会向第一届全国人民代表大会作《关于中华人民共和国宪法草案的报告》。

9 月 14 日，毛泽东主持召开中央人民政府委员会临时会议，对第二天将提交

---

① 《毛泽东文集》第六卷，人民出版社，1999 年 6 月第 1 版，第 325—330 页。

② 当代中国研究所：《〈中华人民共和国史稿〉第一卷（1949—1956）》，人民出版社、当代中国出版社，2012 年 9 月第 1 版，第 222 页。

③ 《刘少奇一生》（修订本），中央文献出版社，2003 年 1 月第 1 版，第 310 页。

全国人民代表大会讨论的宪法草案，作最后的审议。

表决之后，毛泽东说："这是一个比较完整的宪法了。最先是中共中央起草，然后是北京500多高级干部讨论，全国8000多人讨论，然后是3个月的全国人民讨论，这一次全国人民代表大会1000多人又讨论。宪法的起草是慎重的，每一条、每一字都是认真搞了的。但也不必讲是毫无缺点，天衣无缝。这个宪法是适合我们目前的实际情况的。它坚持了原则性，但是又有灵活性。……宪法不是天衣无缝，总是会有缺点的。'天衣无缝'，书上这样说过，但天衣我没有看见过，也没有从天上取下来看过。我看过的衣服都是有缝的，比如我穿的这件衣服是有缝的。宪法，以及别的法律，都是有缺点的，什么时候发现就及时修改。反正全国人民代表大会会议一年一次，随时可以修改。"①

1954年9月15日下午3时，中华人民共和国第一届全国人民代表大会第一次会议在北京召开，到会代表1241人，因病、事请假，没有报到的代表15人。大会任务：制定宪法；制定几个重要的法律；通过政府工作报告；选举新的国家领导工作人员。

毛泽东致开幕词，毛泽东讲话中最后说："我们的事业是正义的，正义的事业是任何敌人也攻不破的。领导我们事业的核心力量是中国共产党，指导我们思想的理论基础是马克思列宁主义。我们有充分的信心，克服一切艰难困苦，将我国建设成为一个伟大的社会主义共和国。我们正在前进。我们正在做我们的前人从来没有做过的极其光荣伟大的事业。我们的目的一定要达到。我们的目的一定能够达到。全中国六万万人团结起来，为我们的共同事业而努力奋斗！我们伟大的祖国万岁！"②

刘少奇向大会作《关于中华人民共和国宪法草案的报告》，他特别指出："中国共产党是我们国家的领导核心。党的这种地位，决不应当使党员在国家生活中享有任何特殊的权利，只是使他们必须担负更大的责任。中国共产党的党员必须在遵守宪法和一切其他法律中起模范作用。"③

经过充分讨论，9月20日，大会通过《中华人民共和国宪法》（同日，大会主席团发表公告，予以公布）。大会相继通过其他法律。9月23日，周恩来向大会作《政府工作报告》，针对此报告，至26日有75位代表发言。

9月27日，大会对国家领导工作人员进行选举，同日公布结果：

中华人民共和国主席：毛泽东，副主席：朱德。

第一届全国人民代表大会常务委员会委员长：刘少奇，副委员长：宋庆龄、林

---

① 《毛泽东传（1949—1976）》，中央文献出版社，2003年12月第1版，第338页。

② 水静：《特殊的交往》，江苏文艺出版社，1992年9月第1版：贺子珍在广播中听到毛泽东的声音，引爆了心中积抑多年的思念、痛苦与悲伤，严重损坏了神经系统，导致了精神分裂症。毛泽东得知这一消息，落了泪。

③ 《刘少奇选集》下卷，人民出版社，1985年12月第1版，第168页。

伯渠、李济深、张澜、罗荣桓、沈钧儒、郭沫若、黄炎培、彭真、李维汉、陈叔通、达赖喇嘛·丹增嘉措、赛福鼎，秘书长：彭真，委员：王昆仑等65人。

最高人民法院院长：董必武。

最高人民检察院检察长：张鼎承。

大会根据中华人民共和国主席的提名，决定周恩来为中华人民共和国国务院总理。

9月28日，根据国务院总理的提名，大会通过了国务院组成人员人选的决定；根据国家主席的提名，通过了中华人民共和国国防委员会副主席、委员的人选的决定。

根据大会主席团的提名，28日还通过了第一届全国人大民族委员会、法制委员会、预算委员会的主任委员和委员人选。

28日下午3时50分，毛泽东宣布大会闭幕。

29日，毛泽东根据大会决定，予以任命：

国务院副总理：陈云、林彪、彭德怀、邓小平、邓子恢、贺龙、陈毅、乌兰夫、李富春、李先念

内务部部长：谢觉哉

外交部部长：周恩来

国防部部长：彭德怀

公安部部长：罗瑞卿

司法部部长：史　良

监察部部长：钱　瑛

国家计划委员会主任：李富春

国家建设委员会主任：薄一波

财政部部长：李先念

粮食部部长：章乃器

商业部部长：曾　山

对外贸易部部长：叶季壮

重工业部部长：王鹤寿

第一机械工业部部长：黄　敬

第二机械工业部部长：赵尔陆

燃料工业部部长：陈　郁

地质部部长：李四光

建筑工业部部长：刘秀峰

纺织工业部部长：蒋光鼐

轻工业部部长：贾拓夫

地方工业部部长：沙千里

铁道部部长：滕代远

交通部部长：章伯钧

邮电部部长：朱学范

农业部部长：廖鲁言

林业部部长：梁　希

水利部部长：傅作义

劳动部部长：马文瑞

文化部部长：沈雁冰

高等教育部部长：杨秀峰

教育部部长：张奚若

卫生部部长：李德全

体育运动委员会主任：贺　龙

民族事务委员会主任：乌兰夫

华侨事务委员会主任：何香凝

国务院秘书长：习仲勋

国防委员会副主席：朱德、彭德怀、林彪、刘伯承、贺龙、陈毅、邓小平、罗荣桓、徐向前、聂荣臻、叶剑英、程潜、张治中、傅作义、龙云。

国防委员会委员 81 人。

1954 年 12 月 21 日，全国政协举行第二届一次会议。会议明确政协的性质是，团结全国各民族、各民主党派、各人民团体、国外华侨和其他爱国民主人士的人民民主统一战线的组织。任务是：协商国际问题；协商全国人大代表和地方同级人大代表的候选人名单、政协各级组成人员的人选；协助国家机关，推动社会力量，解决社会生活中各阶级间的相互关系问题，联系人民群众，向国家有关机关反映群众的意见和提出建议；协商和处理政协内部和党派之间的合作问题；在自愿的基础上学习马克思列宁主义和努力进行思想改造。

会议推举毛泽东为第二届全国政协名誉主席。选举周恩来为主席，宋庆龄等 16 人为副主席。常务委员 65 人。

1955 年 1 月 17 日，中共中央发出《关于统一战线工作的指示》，其中规定：①现在国务院各部、委正职中非党人士占 37.2%，各省、市厅局长正职和副职中，非党员的比例一般以 1/4 或 1/5 左右为宜；②政协全国委员会委员中党员约占 27%，常委中党员约占 1/3，在政协地方委员会中，党员同党外人士的比例应大体与此相近。

1951 年 1 月 15 日，中国人民解放军军事学院在南京成立，刘伯承任院长兼政治委员。

1952 年 5 月，中国人民解放军后勤学院在北京成立，李聚奎任院长。

1953 年 1 月，总高级步兵学校在南京成立，宋时轮任校长兼政治委员。

1953 年 9 月，军事工程学院在哈尔滨成立，陈赓任院长。

1952 年和 1953 年，毛泽东代表中央军委分别给这 4 所院校颁发了训词。

到 1953 年底，全军共创办各级各类院校 107 所。

1953 年 12 月 7 日至 1954 年 1 月 26 日，中共中央在北京召开了全国军事系统党的高级干部会议。朱德致会议开幕词、闭幕词，彭德怀作报告和总结。会议上讨论了关于实行义务兵役制、薪金制、军衔制等重大问题。

1954 年 9 月 28 日，中共中央政治局做出关于成立党的军事委员会的决议。决定在中央政治局和书记处之下，成立一个党的军事委员会，担负整个军事工作的领导。中共中央军事委员会由毛泽东、朱德、彭德怀、林彪、刘伯承、贺龙、陈毅、邓小平、罗荣桓、徐向前、聂荣臻、叶剑英等 12 人组成，毛泽东任主席，彭德怀主持日常工作。

10 月 3 日，根据中央政治局决定，由黄克诚任中央军委秘书长。

12 月 12 日，中共中央军委召开扩大会议，讨论了战备工作，通过了全国各大军区的划分方案。

1955 年 2 月 21 日，国务院决定，将全国东北、华北、西北、华东、中南、西南 6 个大军区改划为 12 个小军区：沈阳、北京、济南、南京、广州、武汉、成都、昆明、兰州、新疆、内蒙古、西藏（1956 年又增设福州）。

1955 年 2 月 8 日，经全国人大常委会第六次会议审议通过，中华人民共和国主席毛泽东发布命令，公布《中国人民解放军军官服役条例》。

2 月 12 日，经全国人大常委会第七次会议审议通过，公布了《中华人民共和国授予中国人民解放军在中国人民革命战争时期有功人员的勋章奖章条例》。

7 月 30 日，经全国人大一届二次会议审议通过，公布了《中华人民共和国兵役法》，9 月 23 日，全国人大常委会举行第二十二次会议，审议了国务院总理周恩来建议授予中华人民共和国元帅军衔的名单和提请授予勋章的第一批名单，通过了《关于授予中华人民共和国元帅军衔的决议》、《关于授予在中国人民革命战争时期有功人员一级八一勋章、一级独立自由勋章、一级解放勋章的决议》。

决定授予对创建和领导人民武装、领导军团作战、立有卓越功勋的高级将领：朱德、彭德怀、林彪、刘伯承、贺龙、陈毅、罗荣桓、徐向前、聂荣臻、叶剑英 10 人以中华人民共和国元帅军衔。① 决定授予朱德等 131 人以一级八一勋章，授予

---

① 板门店谈判之后，毛泽东就在着手我军现代化、正规化建设，指出将给我军官兵授予军衔。在酝酿建立军衔制的过程中，有很多人建议，毛泽东应授予大元帅衔，周恩来应授予元帅衔。有关部门在筹备中提出：斯大林是苏联的大元帅，按照这一经验，我军也将设一名大元帅军衔，这独一无二的军衔获得者，只有三军统帅毛泽东当之无愧。全国人民代表大会初步拟定，将这一至高无上的军衔授予毛泽东。人民解放军总后勤部迅速设计出大元帅军衔标志，并就制作任务交给某军工厂。不久，大元帅的礼服和军衔样品制作完成。元帅军衔是银地金星，而大元帅的军衔又在金星旁边多了两支金色的麦穗。可是，毛泽东自始至终不同意给自己授衔。他和周恩来他们表示：现在是和平时期，他们都已担任党和政府的工作，不要再授军衔了。

朱德等 117 人一级独立自由勋章，授予朱德等 570 人一级解放勋章。毛泽东于同日发布此两项命令。

9 月 27 日，授勋典礼在北京怀仁堂隆重举行。

毛泽东主席授元帅军衔。

同日，周恩来总理分别把授予大将、上将、中将、少将军衔的命令状一一授予在京将官。被授予大将军衔的是：粟裕、徐海东、黄克诚、陈赓、谭政、萧劲光、张云逸、罗瑞卿、王树声、许光达。被授予上将军衔的 55 名、被授予中将军衔的 175 名、被授予少将军衔的 792 名。①

随后，解放军各总部和各大军区分别举行了给各级军官的授衔、授勋典礼。

1955 年 10 月 1 日，全国开始佩带军衔肩章、符号。

六、关于合作化的争论

中共中央《关于发展农业生产合作社的决议》提出，1954 年农业社发展到 3.58 万个，1957 年争取发展到 80 万个的要求。

1954 年 2 月 12 日，中共中央农村工作部向中央报告，指出目前各地在建立农业生产合作社中存在两方面的问题：一是对群众的热情缺乏冷静的分析，轻易地批准办社；二是过分地强调原计划的控制数字，对某些合乎办社条件的也不予批准。因而在建社工作中出现了夹生情况。

报告为此提出了一些改进办法。

3 月 12 日，中共中央向各地党委批转了这个报告。

4 月，第二次全国农村工作会议在北京举行。会议认为，在发展工业的同时，必须相应地按比例发展农业。据各地材料，现有的农业生产合作社在初建的一二年，一般可增产 20%到 30%，往后还可每年保持一定的增产比例，比互助组高，比小农经济的增产率更高出很多。所以，合作化运动，不仅应该当做农村工作的中心，也应该当做生产运动的中心。

据此，会议修订了发展农业生产合作化决议中的原定计划，确定 1955 年发展到 30 万个或 35 万个，1957 年发展到 130 万个或 150 万个，参加的农户由原定的占全国总农户的 20%提高到 35%左右，合作化的耕地占全国总耕地的 40%以上，其中东北和晋、冀、鲁、豫 4 省及其他老解放区合作化的程度都达到 50%以上，

---

① 1964 年夏，贺龙请示毛泽东是不是要取消军衔时，毛泽东当即同意取消掉这块牌牌。1965 年 5 月 22 日，第三届全国人大常委会第九次会议决定取消人民解放军军衔制度。军官改成干部，并且“减薪定职”，按国家行政干部级别定酬。至此，全国共授予元帅 10 名、大将 10 名、上将 57 名、中将 177 名、少将 1356 名。少将以上军官共计 1610 名。

并争取在平原及高产地区、经济作物区和城市郊区取得先一步合作化。在第二个五年计划中（大约在1960年），在全国基本地区争取实现合作化。

会上，邓子恢第一次明确提出在农业合作社建立生产责任制的主张。

6月3日，中共中央批转了中央农村工作部关于第二次全国农村工作会议的报告。指出：这个报告经5月13日中央会议批准；望各地积极努力把现有的9万多个社切实办好，为迎接行将到来的合作社大发展的新形势做好准备工作。

1954年夏，农业生产合作社又新建了12万个（连同原有的9万个达到22万个）。

10月，中共中央农村工作部召开第四次互助合作会议。会议又一次修订了农业社的发展计划，将4月间提出的1955年发展到30万个或35万个的数字提高到在1955年春耕之前发展到60万个。

会议总结了发展互助合作的成功经验，肯定了半社会主义的初级社是发展互助合作的主要环节。会议提出，我国农业的社会主义改造事业发展的大体步骤是：第一步于1957年前后基本上完成初级合作化，第二个五年计划期间再先后转入高级化，在此时期内只实施初步的技术改良和部分的机械耕作；第二步约在第三、四个五年计划时期，将依靠发展起来的工业装备农业，实现大规模的农业机械化。

中共中央批准了第四次互助合作会议提出的关于农业社的发展计划，要求：除地委、县委须以主要的力量来进行互助合作运动这一中心任务外，省委也应指定一个书记或副书记负责掌握有关农业生产互助合作的具体业务，第一书记则应负责统筹指导，借以保证运动迅速健康地发展，使工农联盟更趋巩固。

在迎接农业生产合作社大发展的思想指导下，不少地区出现盲目地订大计划，追求百分比，要求建大社，多建高级社，以致用简单粗暴的手段强迫农民入社。如浙江省吴兴县善连区召开全区斗争富农大会，宣传部长在会上说：走社会主义道路就办社，不入社，跟他们一样！农民怕与地主、富农划到一起，不好过日子，有的痛哭哀求入社。

1954年12月底，全国农业社发展到48万个。

11月至12月间，全国农村首次展开了粮食统购工作。当年夏季，因长江、淮河地区和河北省都遭到了几十年罕见的水灾，全年的粮食生产计划没有完成，但粮食收购却完成原计划的110%，收购了1036亿斤。在粮食收购中出现了严重的强迫命令现象。

发展农业社中的方法简单粗暴，粮食收购中的强迫命令，引起了农民的极大不安，生产力开始遭到破坏，农村各方面的关系紧张起来，农民大量出卖与宰杀牲畜；春耕的生产资料准备的很差，农具添修的不多，出勤率大大降低（吃不饱）。农民同党、政府、乡村干部之间，乡村干部与上级干部之间，乡村同城市之间的关系一时都很紧张。

1955年1月4日，邓子恢以国务院第七办公室工作第一号简报的形式向国务院总理和中共中央报告了农村运动的情况，并提出了两条建议：①需要制订一个全国性的章程，明确合作社的半社会主义性质，使干部不致乱立法，群众不致乱猜疑，现已拟好一个草案；②当前合作社的发展已离 60 万个的计划不远了，整个运动须向控制发展，着重做巩固工作阶段，现已拟好指示，送中央审批。

中共中央接受了邓子恢的建议。1 月 10 日，发布《关于整顿和巩固农业生产合作社的通知》；15 日，发布《关于大力保护耕畜的紧急指示》；2 月 25 日，发布《关于在少数民族地区进行农业社会主义改造问题的指示》。

3 月 3 日，中共中央和国务院发出《关于迅速布置粮食购销工作安定农民生产情绪的紧急指示》。毛泽东亲自签发。

中央决定：当前的合作社运动，基本上转入控制发展，着重巩固阶段，按不同地区分别执行——停止发展，全力巩固，适当收缩，在巩固中继续发展。东北、华北、华东各省基本上已完成或已超过原定发展计划的地方，应该停止，全力转向巩固；山东、河南、河北、浙江等省原定计划过高，或准备不足仓促铺开的地方，应适当收缩；中南、西南、西北各省离完成原定计划尚远的地方，应该认真巩固已建立的社，有准备地在巩固中发展。

关于农村粮食的购销工作，中央决定：国家对于粮食的统购数字和统销的规定，必须切合实际，必须进一步采取定产、定购、定销的措施，在每年春耕之前以乡为单位将计划产量大体确定下来，并将国家对于本乡的购销数字向农民宣布，使农民知道自己生产多少、国家收购多少、留用多少、缺粮户供应多少，使农民有可能订定自己的生产计划和安排自己的家务。中央确定：1955 年至 1956 年这一年度，粮食征购指标为 900 亿斤。

中央指出：粮食的紧张情况，在一个相当长的时间内是不能避免的，粮食紧张的根本原因在于生产不足，而发展生产则是解决粮食问题的根本环节；粮食生产增长一分，粮食紧张的情况就可以缓和一分；因此，农村工作的一切措施，都必须围绕这一环节，都必须有利于生产，有利于发挥农民的积极性，都必须避免对于这种积极性的任何损害。

中共中央的指示迅速下达到各省区，但合作化运动势头并未降下来。2 月中旬全国合作社达到 58 万个，4 月达到 67 万个（另有许多“自发社”存在）。

毛泽东的卫士带回一封群众来信，反映河北省安平县一个村在实现农业合作化过程中，简单化地用“跟共产党走，还是跟老蒋走”一类的大帽子压群众入社，造成农民生产积极性下降问题。1955 年 3 月 5 日，毛泽东写信给中共河北省委书记、省长林铁：“林铁同志：此事请你予以处理。这是我的卫士回他的家乡安平县从那里带回的一封信。这种情况恐怕不止安平县一个乡里有，很值得注意。”①

---

① 《建国以来毛泽东文稿》第五册，中央文献出版社，1991 年 2 月第 1 版，第 47 页。

3月上旬，毛泽东找中央农村工作部负责人邓子恢、陈伯达、廖鲁言、杜润生，听取工作汇报。毛泽东说："生产关系要适应生产力发展的要求，否则生产力就会起来暴动。当前农民杀猪、宰牛，就是生产力起来暴动。"①

"合作社问题，也是乱子不少，大体是好的。不强调大体好，那就会犯错误。在合作化的问题上，有种消极情绪，我看必须改变。再不改变，就会犯大错误。对于合作化，一曰停，二曰缩，三曰发。缩有全缩，有半缩，有多缩，有少缩。社员一定要退让，那有什么办法。缩必须按实际情况。片面地缩，势必损伤干部和群众的积极性。后解放区就是要发，不是停，不是缩，基本是发；有的地方也要停，但一般是发。华北、东北等老解放区里面，也有要发的。譬如山东百分之三十的村子没有社，那里就不是停、不是缩，那里社都没有，停什么？那里就是要发。该停者停，该缩者缩，该发者发。"②

毛泽东说："发展合作社，河南七万、湖北四万五、湖南四万五、广东四万五、广西三万五、江西三万五、江苏六万五，也是自愿互利。发展合作社对国家是有利的，对你们各个地区也有利，如果你们自愿，那就拍板，把这个数字定下来。东北、西北、西南、华北，由林枫、马明方、宋任穷、刘澜涛去召开一个会，把精神传达一下，讨论解决。今天在会上已经认定了的，就照这样办，大体不会错。但是，发展起来的合作社，要保证百分之九十是可靠的。"③

6月8日，毛泽东离开北京去杭州。

毛泽东在浙江省及杭州市赋诗三首：

三上北高峰，杭州一望空。飞凤亭边树，桃花岭上风。热来寻扇子，冷去对佳人。一片飘飘下，欢迎有晚鹰。

翻身复进七人房，回首峰峦入莽苍。四十八盘才走过，风驰又已到钱塘。

五云山上五云飞，远接群峰近拂堤。若问杭州何处好，此中听得野莺啼。

1955年6月14日，中共中央政治局听取了农村工作部的汇报，批准了1956年在现有65万个社的基础上发展100万个社的计划。刘少奇说："明春发展到一百万个，关一下门，办好了，让中农自愿前来敲门。关键是保证中农自愿。"④

6月23日晚，毛泽东回到北京。

---

① 顾龙生：《毛泽东经济年谱》，中共中央党校出版社，1993年版，第346页。
② 《毛泽东传（1949—1976）》，中央文献出版社，2003年12月第1版，第376页。
③ 《共和国走过的路》（1953—1956），中央文献出版社，1991年5月第1版，第69—70页。
④ 《毛泽东传（1949—1976）》，中央文献出版社，2003年12月第1版，第379页。

6月25日，胡志明率越南政府代表团到达北京。至7月7日，毛泽东主要忙于外事活动，无暇过问合作化的事情。

7月9日，刘少奇给毛泽东的值班秘书打电话，说邓子恢对农业合作化的事情有意见，跟自己说了，自己准备向毛泽东谈谈，并建议召开中央书记处会议，让邓子恢参加。

7月10日，毛泽东与刘少奇谈话一小时。

7月11日，毛泽东又一次约见邓子恢，参加约见的有陈伯达、廖鲁言、刘建勋（农村工作部副部长）、杜润生、陈正人、谭震林。从中午12时谈到下午5时40分。先是邓子恢汇报，介绍全国农业合作化情况。毛泽东听完汇报，严厉批评邓子恢，说他自以为了解农民，还很固执。邓子恢作了检讨。毛泽东说：我没有别的意思，话说得挖苦一些，就是希望你们以后注意。

但是，邓子恢对毛泽东1956年合作社要翻一番的意见，始终放心不下。7月15日，又向刘少奇反映，说130万不行，还是100万为好。刘少奇说："邓老，你们是专家，这个意见我们考虑。"

毛泽东闻讯，对邓小平说："邓子恢的思想很顽固，要用大炮轰。"[①]

毛泽东提出要召开全国地委书记会议。邓小平提出，是不是先开省、市委书记会议。毛泽东接受了邓小平的建议。

毛泽东为会议作了充分准备。

7月18日，毛泽东致信杜润生，将第三次全国农村工作会议的各项材料（报告、个人发言、结论），要来一阅。着手撰写《关于农业合作化问题》一文。

为了摸清农村情况，毛泽东派他身边的几位警卫战士回到自己的家乡作调查。他们分别是河南、广东、广西、湖南人。7月19日，毛泽东看了他们的报告：（一）河南省兰考县一个村由于连年水灾，该村缺粮户达50%，今春没有东西吃，只好吃树叶；原因主要是发放的购粮证太少，定产过高，实际产量达不到，农民不满。毛泽东批示："此乡缺粮，农民不满，值得注意。"（二）河南省延津县的一个村，农民对粮食统购统销政策反映不一，有好有坏，实际上没有吃的是少数；开始建社时，由于速度快，又没有采取自愿互利原则，使部分人想不通，准备退社；村里牲口死了一些，社员不断吵架，生产情绪不高。毛泽东批示："此乡粮食有些问题，不大。合作社问题较大。"（三）河南省新蔡县一个乡反映，该乡连年受灾，粮食收成不好，缺粮户增多，私商从中牟利，粮价上涨。毛泽东批示："据说，这个乡有些问题。乡主席邹明发（较富裕的中农）有320斤余粮，只出卖70斤，春季又向政府购进20斤，人民有意见。"以上三个报告都送河南省委书记吴芝圃阅后退他。（四）广东省南雄县一个村合作社成立一年来，战胜了自然灾害，完成了增产

---

① 《毛泽东传（1949—1976）》，中央文献出版社，2003年12月第1版，第380、381页。

任务，产量比单干户和互助组增加30%，许多有顾虑的农民今年纷纷要求入社；农民踊跃卖粮，但也有极少数人家不愿卖，一户中农、一户贫农拒卖余粮，被工作干部扣留起来，造成不好影响。毛泽东批示："扣留了两户不愿卖粮的。合作社很好。"（五）广西壮族自治区防城县一个村，反映的粮食问题主要是叫苦，而这些叫苦的绝大多数是单干的中农；据了解，10户叫苦的中农中没有一户是真正的苦；与防城县相邻的钦县，遭受大旱灾，粮食恐慌，每人每天只能吃到一两米，完全靠山上挖野生植物度日。毛泽东批示："中农叫苦是假的。钦县大旱灾。"（六）毛泽东表扬了一个关于湖南省宁乡县的调查报告说："此份报告写得不错。有分析、有例证。"①

7月19、20、22日，毛泽东连续3天，分三批听取身边警卫战士回乡探亲的汇报，每次汇报均在3小时以上。汇报集中在3个问题上：粮食、合作社、基层干部作风。毛泽东说：通过你们，我与农民建立了联系，间接见到了农民，我想的这个办法实在好。②

7月26日，毛泽东在中南海单独召见中共山西省委第一书记陶鲁笳，听取关于山西农业合作化的汇报。陶鲁笳说：山西初级社的发展是渐进的，基本实现了省委办一个成功一个的要求，目前全省入初级社农户已占全省总户数的40%，克服了互助组涣散解体状态，遏制了农村富农经济的发展，并为1954年的飞跃创造了条件。汇报中，毛泽东问陶鲁笳你们初级社有没有减产、死牛情况？陶鲁笳汇报：1954年全省减产4.8%，而初级社占60%以上的平顺、武乡等20个县粮食比上年增产3.8%；全省大牲畜由1951年的184万头发展到1954年的213万头，为进一步过渡到高级社创造了条件。

毛泽东听了汇报，很高兴，指出合作社一定要注意防止减产和死牛。毛泽东说，苏联在农业集体化过程中粮食大幅度减产，牛大量死亡的教训是深刻的，导致了农业生产长期停滞不前，直到现在他们还没有达到十月革命前的最高水平。汇报结束，毛泽东一再叮嘱，一定要使中国的合作社比苏联的集体农庄搞得更好。

7月26日，毛泽东在同柯庆施、舒同等人谈话中说：个人决定好，还是集体领导好？有不同意见就要辩论，没有取得多数同意就不要发指示，开会、发电报，要有纪律。③

同一天，中央农村工作部二处向毛泽东和其他中央领导报送了一份农业合作化运动最近情况的简报，其中提到，1955年至1956年度合作社的发展计划是103万余个，而不是毛泽东所要求的130万个。29日，毛泽东将此简报的背后写了许多

① 《毛泽东传（1949—1976）》，中央文献出版社，2003年12月第1版，第381—382页。

② 《毛泽东传（1949—1976）》，中央文献出版社，2003年12月第1版，第382—383页。

③ 中央文献研究室：《毛泽东关于领导方法和工作方法的论述》，《党的文献》，2013年第5期，第18页。

批语印发参加中央召开的各省、市、自治区党委书记会议的同志。毛泽东的主张是：应当利用农民由于土地不足、生活贫苦或者生活还不富裕的状况而希望变革的心态，从速引导他们向社会主义过渡；要有坚定的方向，不要动摇，要别人不动摇，就要自己首先不动摇；要看问题的本质方面、主导和主流方面。

为了讨论农业合作化问题，毛泽东和中共中央决定召开一次各省、市、自治区党委书记会议及中央各部长、副部长都参加的会议。会前，中共中央书记处召集农村工作部负责人开会，邓小平传达了毛泽东的原话："邓老的思想很顽固，得用大炮轰！"

1955 年 7 月 31 日下午 1 时，毛泽东来到中南海怀仁堂东侧的游泳池。1 时 40 分，毛泽东找陶铸、江华、周小舟三位省委书记谈话，约半个多小时，进入会场。

下午 3 时，会议开始。毛泽东作《关于农业合作化问题》的报告。

毛泽东说：

"在全国农村中，新的社会主义群众运动的高潮就要到来。我们的某些同志却像一个'小脚女人'，东摇西摆地在那里走路，老是埋怨旁人说：走快了，走快了。过多的评头品足，不适当的埋怨，无穷的忧虑，数不尽的清规和戒律……这不是正确的方针，这是错误的方针。……目前农村中合作化的社会改革的高潮，有些地方已经到来，全国也即将到来。这是 5 亿多农村人口的大规模的社会主义的革命运动，带有极其伟大的世界意义。我们应当积极地热情地有计划地去领导这个运动，而不是用各种办法去拉它向后退。"①

毛泽东在提到"小脚女人"时，是连说带笑的。②

毛泽东在报告中说："浙江由于采取所谓'坚决收缩'的方针（不是浙江省委决定的），一下子就从 53000 个合作社中解散了 15000 个包括 40 万农户的合作社，引起群众和干部的很大不满，这是很不妥当的。这种'坚决收缩'的方针，是在一种惊慌失措的情绪支配下定出来的。这样一件大事不得中央同意就去做，也是不妥当的。"③

毛泽东作完报告，由邓子恢发言。邓子恢承认，前一段时间对情况的分析不全面，对"停、缩、发"的方针消极对待，采取的是小发展而不是大发展的态度；主要是对占农村人口百分之六十以上的老贫农和下中农积极性估计不足，对党在农民中的领导作用估计不足，对几年来互助合作运动的发展和示范作用估计不足，对运动产生的缺点估计过分；经过主席的帮助，我今天才了解这一点，今后应力求避免再犯。

---

① 《毛泽东传（1949—1976）》，中央文献出版社，2003 年 12 月第 1 版，第 386—387 页。

② 《毛泽东传（1949—1976）》，中央文献出版社，2003 年 12 月第 1 版，第 386 页。

③ 《毛泽东文集》第六卷，人民出版社，1996 年 6 月第 1 版，第 424 页。

8月1日，会议结束时，毛泽东说：和子恢同志的争论已经结束了；现在证明新区能发展，今冬明春可大发展。

8月3日，毛泽东约邓子恢谈话，从下午2时30分谈到4时45分，毛泽东说：你土地改革时那样坚决，不担心中农害怕，为什么这一次就不坚决了？

邓子恢回答说：农业合作化和土地改革不一样，土地改革在土地分配时实行“中间不动两头平”，中农的土地一般不动，涉及不到经济利益问题；农业合作化关系到中农的土地、牲口、农具，也关系到他们的生产水平和收入水平；农业生产合作社是贫农、中农的经济联盟，没有中农参加不行；合则两利，不合则两伤，中农有看大势、算利害的特点，所以要半妥协，急了不行，急了他们不来；合作化的问题很重要的是要解决中农入社的问题。

8月7日，毛泽东去北戴河，一面休息，一面修改《关于农业合作化问题》的报告稿。他每天下午到海水浴场三四个小时，晚上工作，直至次日凌晨两三点钟，甚至到六七点钟。8月23日，毛泽东将修改本送刘少奇、周恩来、陈云、邓小平、彭真、董必武、彭德怀、陈伯达、陆定一、陈毅、谭震林、邓子恢、李富春13人征求意见。

8月26日，毛泽东为中共中央起草通知，将报告修正本发给上海局、各省、市、自治区党委，要他们印发各级党委直到村党支部。[①]

中央会议之后，各省相继在1955年8月举行省委扩大会议或地、市委书记会议，传达毛泽东的报告，检查“右倾”思想，修订本省农业合作化的发展规划。会后，纷纷向中共中央报告。

毛泽东在北戴河每天阅读省、市、自治区党委送来的报告，他读得非常认真、仔细，圈、点、批、画，还修改文字。从中选出一些，以中共中央名义加批语，转发各地。[②]

湖北省委报告：

“省委常委会学习和讨论了主席指示。与会同志一致表示完全拥护党中央和主席的指示，每个同志都感到十分兴奋，并认真地作了自我批评，检查了半年多以来省委的工作和指导思想”。

“省委认为，在农业的社会主义改造问题上，我们是有右倾思想的，表现在有些怕多、怕乱。……所以产生这些错误想法的原因是由于我们不善于以工人阶级的立场观点，运用阶级分析的方法来观察问题”。

“省委认为，主席关于‘农业生产合作社问题’的指示，是过渡时期各项工作的指针，一切工作都应充分发挥潜力，克服困难，尽一切可能加速社会主义建设的

① 《毛泽东传（1949—1976）》，中央文献出版社，2003年12月第1版，第391页。
② 《毛泽东传（1949—1976）》，中央文献出版社，2003年12月第1版，第392页。

进度，必须反对在困难面前消极动摇的右倾思想。……在批判右倾思想，分析各种条件的基础上，我们确定了我省发展农业生产合作社的规划为，到明年秋前发展到7万个社，占全省农业人口的25%左右，到1957年冬发展到12万个社，占全省农业人口的50%左右。”

毛泽东批示：“关于用大力、分几次、认真地而不是走马观花地整顿现有合作社的问题，是一个很重要的问题，湖北报告中没有提到，中央希望你们严重地加以注意。”①

辽宁省委报告：

大家听了传达后，“一致感到又受到一次深刻的总路线教育。主席的指示帮助我们澄清了在农业社会主义改造和工农业关系问题上的若干模糊认识，对检查过去工作给了一面明亮的镜子，并增强了继续前进的信心，农业社会主义改造的基本方针明确了，就必然会大大缩小工农业之间的矛盾，对发展我国国民经济，胜利完成我国社会主义工业化有极重大的意义。大家一致对主席的指示表示衷心的拥护，并保证坚决贯彻到实际工作中去”。

辽宁省委研究修订了明后两年合作化运动的大体发展规划，计划今冬明春新建15000个社，占总农户的15%，1956年春前新老社共达45000个，参加合作社的农户将达总农户的55%左右。在此基础上，1957年春耕以前再发展农户30%左右。则合作化比重即可达总农户的80%—85%。

安徽省委报告：

传达讨论了主席指示，并作了初步检查。“一致认为主席指示是千真万确的。‘新的社会主义群众运动的高潮就要到来’，‘地方性的高潮，已经有了’，这可从以下几方面的事实得到充分的说明……另一方面，证明了小脚女人‘过多的评头品足，不适当的埋怨，无穷的忧虑，数不尽的清规和戒律’，是损害了我们社会主义积极性的。会议中揭发这方面的材料是不少的，……以上材料充分证明：主席以‘小脚女人’这个名词来形容这个情况真是淋漓尽致，无比深刻和正确的。”“会议认为：安徽地区有‘小脚女人’，有‘改组派’，也有大脚。为了使小脚放大，‘改组派’变成大足，必须在结合学习主席的指示当中继续深入检查，进一步揭发和批判‘小脚女人’的丑态，才能正确贯彻主席的指示。大家一致认为，有信心完成并争取超额完成中央给我们‘翻一番’的任务。我们打算今冬明春再办36000多个社，连同老社共计80000多个，入社农户达到总农户的33%—35%。”

山西省委报告：

“我们在会议上作了自我检讨。大家认为，毛主席的话说得很对。我们之所以会产生右倾保守情绪，主要是由于‘看问题的方法不对’。我们只是片面地看到了

---

① 《毛泽东传（1949—1976）》，中央文献出版社，2003年12月第1版，第393页。

不仅落后社的问题很多，而且许多先进的老社问题也不少。因而相信了‘发展容易巩固难’的错误论调。同时，总觉得干部力量和干部经验都赶不上运动的发展，不懂得‘干部和农民在自己的斗争中将改造自己’的道理，因而就产生了许多不必要的顾虑。在讨论中，地委书记也都同样地作了自我检讨。……会议确定1955年至1957年全省合作社发展的速度如下：1955年社数由31786个增至42000至44000个，入社农户由占全省农户总数的41％增至51％至55％；1956年社数增至52000至54000个，入社农户达全省农户总数的67％至70％，1957年社数达56000至58000个（即达饱和状态），入社农户达全省农户总数的75％至80％。1957年全省农村基本上完成了半社会主义的改造后，将消灭富农，农村阶级面貌将发生根本性的变化。”

河南省委报告：

“大家听到毛主席对农业合作化问题的指示的传达后，一致热烈拥护，欢欣鼓舞，并作了认真的学习和讨论，开展了批评与自我批评，批判了错误的思想，着重检查了去年秋季以来，省委和各地委对合作化运动的指导思想，进一步明确了阶级立场和群众观点，大大提高了社会主义革命勇气和信心。……通过了全省在1957年底以前农业生产合作社发展到18万个，入社农户达到占总农户的60％以上，在今冬明春发展到10万个社，入社农户达到总农户的30％的指标。”

浙江省委报告：

“到会同志一致认为受到深刻的教育和极大的鼓舞，表示衷心拥护主席的指示，并保证坚决贯彻到实际工作中去。在这些会议上，以主席的指示为武器，检查了浙江农业合作化工作，初步研究了今后发展和巩固的规划。……1955年4月我们采取‘坚决收缩’的方针是错误的。正如毛主席指出的：‘是在一种惊慌失措的情绪支配下定出来的’，‘胜利吓昏了头脑’。”“解散15000多个社的后果是严重的。它使农村社会主义阵地缩小，反革命分子乘机进行各种破坏活动；农民自发倾向一度有所发展；大大地挫折了广大干部和农民群众的社会主义积极性，并一度迷失了前进方向，滋长了相当严重的消极情绪和自流倾向。”“主席的指示，给了我们解决困难的信心和力量。大家普遍反映：‘眼睛亮了，方向明确了’。……我们的初步规划是：在1955年秋季到1956年秋季以前，发展到65000个社左右（现有的37500个社在内），组织总户数的40％左右（现有的17.8％在内）；到1957年秋季之前，发展到10万个社左右，组织总户数的70％左右；到1958年秋季之前，采取以扩社为主，新建社为辅的原则，组织总户数的85％，到1960年秋季以前，组织总户数的90％以上，基本上完成对农业的半社会主义改造。”

甘肃省委报告：

“会上经过对上述错误思想的批判，修正了发展计划。确定1956年春播前，全省新建11101个新社，加原有老社共18252个社，入社农户占总农户23％左右。1957年冬季前，社数发展到35000个，入社农户达到45％以上。”

福建省委报告：

“我们完全同意主席的指示，目前农村中社会主义高潮有些地方已经到来，全国也即将到来。根据我省农业生产合作社运动的情况，我们认为主席的指示贯彻下去以后，并逐级做好思想发动，克服、批判右倾思想，广大干部和群众的热情和积极性就会大大地发挥起来，经过今秋至明春的工作，我省社会主义群众运动的高潮就会到来。……我们计划今年秋至明年春耕前发展 1.9 万个社，社员将由现在的占总农户 15%发展到占总农户 35%以上。”

云南省委报告：

“大家一致拥护主席的指示并表示坚决贯彻执行。我们过去对农业的社会主义改造，在思想上和工作上都发生过摇摆。主席对这一战略问题的明确指示，将使我们停止这个摇摆并大大地鼓励全党和广大群众的积极性创造性。……经过大家讨论商定的全省发展农业生产合作社的规划是：今年秋收前完成由原有 7100 个社发展到 3 万个的计划，明年春耕前再发展 0.5 万—1 万，则全省入社农户占总农户 23%左右。明年秋冬发展 21000 个，占农户 40%。到 1957 年发展至 73000 多个社，连同老社扩大、并社，全省 348 万多农户中，入社农户 194 万多，占总农户 55%左右。”①

以上 9 省的报告中，除安徽、福建、甘肃 3 省未提及外，其他 6 省都表示，对于毛泽东在 7 月提出的 1958 年春季参加合作社的农户占总农户 50%的要求，要在 1957 年冬提前实现并大大超过。

毛泽东在北戴河期间，除了每天批阅各地送来的报告，主要为召开中共七届六中全会作准备，同时编辑《怎样办农业生产合作社》这部书。

1955 年 8 月 21 日，毛泽东通知陈伯达到北戴河，研究为七届六中全会准备的关于农业合作化决议起草问题；同时，要廖鲁言负责修改农业生产合作社示范章程试行草案。

8 月 27 日，毛泽东起草了《中央关于召开有省市区党委书记和地委书记参加的中央会议的通知》，发给上海局，各省市委、自治区党委。这次通知写得别具特色，要求：上海局，各省委、市委、自治区党委和区党委、地委的书记的发言，都要写成发言稿，并且根据各省地域的大小和各省、各地区化经验的多少，规定了各省委书记和地委书记发言稿的字数。通知中说：“发言内容主要讲合作化，应占字数十分之七至八左右，可以连带说一点粮食三定、社会镇反和建党等项工作的意见，连同召开八大问题，总共占字数十分之二到三左右。发言内容应尽可能有较深刻的思想性，而以具体经验和计划数字充实和证明之。”②

---

① 林蕴晖、范守信、张弓：《凯歌行进的时期》，河南人民出版社，1989 年 12 月第 1 版。
② 《毛泽东传（1949—1976）》，中央文献出版社，2003 年 12 月第 1 版，第 396 页。

9月4日，毛泽东与周恩来、陈伯达、廖鲁言最后审定合作化问题的两个文件。6日印发在京的中央委员、候补中央委员、中央各副秘书长、农村工作部各副部长和秘书长，征询修改意见。

9月5日，毛泽东回到北京。为中共中央起草关于在10月间召开七届六中全会的正式通知，经中央政治局讨论通过后，于9月7日发出。

9月14日，毛泽东离开北京，再到北戴河，一直住到25日。主要是编辑《怎样办农业生产合作化》。毛泽东说："我用11天的功夫。关了门，看了一百二十几篇报告、文章。先是请廖鲁言同志同农村工作部的同志他们看了一千几百篇，选了一百二十几篇，然后我对这一百二十几篇搞了11天，包括改文章写按语在内。我就是周游列国，比孔夫子走得快，所有云南、新疆一概走到了。"①

9月20日，中央工作部写出一个关于农业合作社发展问题，向中央并毛泽东主席的检讨报告。毛泽东看后，送刘少奇、周恩来、陈云、朱德、彭真、邓小平、陈伯达、廖鲁言即阅，退邓子恢。毛泽东批示说："你们脑子里藏着相当严重的资本主义思想，……实际上你们有一条路线，有一个方针，而这是和中央的路线和方针相抵触的，所以在长时间内中央总是不能说服你们，即使经过严重的批评还是说不通，还是要坚持你们自己的东西。直到8月1号的会议才开始认真地转变过来，是否彻底也还是问题。"②

1955年10月4日至11日，中共中央在北京中南海怀仁堂举行七届六中（扩大）全会。出席的有中央委员38人、候补中央委员25人，中央地方有关负责人388人列席。

会议第一天，毛泽东宣布开会以后，陈伯达代表政治局作《关于农业合作化问题的决议草案的说明》，邓小平代表政治局作《关于召开党的第八次全国代表大会决议草案的说明》。而后，会议进行大会发言和讨论。在全体会议上发言的有80人，另有167人由会议印发了发言稿。政治局委员刘少奇、周恩来、朱德、陈云、彭德怀、彭真、邓小平等在大会上发言。

朱德发言中说："我听到同志们的讲话都很有信心，叫我这个素来乐观的人更加乐观了。我估计在全国农村中基本上完成合作化，可能会比中央预定的速度要快些。"

刘少奇发言中说："根据各省委地委同志们对农业合作化所作的规划的报告，大约将在今后三年至四年内基本上完成全国半社会主义的农业合作化，……运动发展的速度，可能大大超过我国五年计划中规定的合作化的速度，也可能超过毛泽东

① 《毛泽东传（1949—1976）》，中央文献出版社，2003年12月第1版，第397页。
② 《毛泽东传（1949—1976）》，中央文献出版社，2003年12月第1版，第393页。

同志在7月31日报告中提出的速度。”[①]

中央农村工作部领导邓子恢、廖鲁言、杜润生检讨了自己的右倾错误。

10月11日，是会议最后一天，毛泽东以《农业合作化的一场辩论和当前的阶级斗争》为题作结论。毛泽东共讲了5个问题。

毛泽东第一次阐明了要使各方面的工作加快和要使资本主义绝种、小生产也绝种的战略意图，对农业实行社会主义改造的目的，就是要在农村这个最广阔的土地上根绝资本主义的来源。毛泽东说：“我们这次会议，是一场很大的辩论。这是在由资本主义到社会主义过渡时期，关于我们党的总路线是不是完全正确这样一个问题的大辩论。这场全党性的大辩论，是从农业合作化的方针问题上引起的，同志们的讨论也集中在这个问题上。但是，这场辩论牵涉的面很广，牵涉到农业、工业、交通、运输、财政、金融、贸易、文化、教育、科学、卫生等部门的工作，牵涉到手工业和资本主义工商业的改造，牵涉到镇压反革命，还牵涉到军队，牵涉到外交，总之，牵涉到党政军民各方面的工作。应当有这么一次大辩论，因为从总路线发布以来，我们的党还没有这样一次辩论。这个辩论，要在农村中间展开，也要在城市中间展开，使各方面的工作，工作的速度和质量，都能够和总路线规定的任务相适应，都要有全面规划。”[②]

毛泽东说：我们现在搞一个同资产阶级的联盟，暂时不没收资本主义企业，对它采取利用、限制、改造的方针，也就是为了搞到更多的工业品去满足农民的需要，以便改变农民对于粮食甚至一些别的工业原料的惜售行为；同时我们依靠同农民的联盟，取得粮食和工业原料去制资产阶级；这是两个联盟的相互作用。

毛泽东说：1950年，我在三中全会上讲过，不要四面出击；那时，全国大片地方还没有实行土地改革，农民还没有完全到我们这边来，如果向资产阶级开火，这是不行的；等到实行土地改革之后，农民完全到我们这边来了，我们就有可能和必要来一个“三反”、“五反”；农业合作化使我们在无产阶级社会主义的基础上，而不是在资产阶级民主主义的基础上巩固了同农民的联盟；这就会使资产阶级最后地孤立起来，便于最后地消灭资本主义；在这件事情上，我们是很没有良心哩！马克思主义是有那么凶哩，良心是不多哩，就是要使帝国主义绝种，封建主义绝种，资本主义绝种，小生产也绝种；在这方面，良心少一点好；我们有些同志太仁慈，不厉害，就是说，不那么马克思主义；使资产阶级、资本主义在6亿人口的中国绝种，这是一个很好的事，很有意义的好事；我们的目的就是要使资本主义绝种，要使它在地球上绝种，变成历史的东西。

毛泽东说：在阶级斗争中，我们已经取得了许多的胜利，并且继续取得胜利；去年我们主要做了四件事，一个是进行反唯心论的斗争，一个是镇压反革命，一个

① 《毛泽东传（1949—1976）》，中央文献出版社，2003年12月第1版，第400页。
② 《毛泽东传（1949—1976）》，中央文献出版社，2003年12月第1版，第400页。

是解决粮食的问题，一个是解决农业合作社的问题；这四件事都带着对资产阶级作斗争的性质，给了资产阶级严重的打击，并且在继续给他们以粉碎性的打击。

毛泽东说：1955 年春季，我党中央决定农业生产合作社发展到 100 万个，我觉得似乎少了一点，可能需要比原有的 65 万个社增加到一倍左右，即增加到 130 万个左右，使全国二十几万个乡，除某些边疆地区外，每乡都有一个至几个小型的半社会主义性质的农业生产合作社，以作榜样；由现在到 1956 年 10 月秋收以前，14 个月的时间，完成这样一个建社计划应当是可能的；必须看到，农村中不久就将出现一个全国性的社会主义改造的高潮，这是不可避免的；到第一个五年计划最后一年的末尾和第二个五年计划第一年的开头，即在 1958 年的春季，全国将约有 2.5 亿人口（约 0.55 亿户）加入半社会主义性质的合作社，这就是全体农村人口的一半；并且将有一小部分的合作社，由半社会主义变为全社会主义；在第二个五年计划的前半期，即在 1960 年对于包括其余一半人口的农业经济，基本上完成半社会主义的改造；那时，由半社会主义的合作社改变为全社会主义的合作社的数目将会更多；在第一、第二两个五年计划时期内，农村中的改革将还是以社会改革为主，技术改革为辅；在第三个五年计划时期内，农村中的改革将是社会改革和技术改革同时并进，社会改革则将在 1960 年以后，逐步分批分期地由半社会主义发展到全社会主义；由于我国的经济条件，技术改革的时间，比较社会改革的时间，会更长一些；估计在全国范围内基本上完成农业方面的技术改革，大概需要 4 个至 5 个五年计划，即 20 年至 25 年的时间，全党必须为了这个伟大任务的实现而奋斗。

在这次七届六中（扩大）会议上，有 248 篇发言，都一致拥护毛泽东关于农业合作化问题的报告，批评了合作化运动中的“右倾机会主义”。有些人用特意收集的个别事例，或把传闻和推想当作事实，加以渲染，说明各地农民群众的社会主义积极性如何迅速不断高涨，对上半年的“停”、“缩”如何不满以至痛恨，只有富农、富裕中农听说“坚决收缩”后如何“兴高采烈”等等，以这些“事实”，对邓子恢进行了猛烈批判。

为了顾全大局，与中央保持团结一致，邓子恢作了自我批评，承认思想上的右倾。事后，他的秘书问他“四大自由”是怎么回事，邓子恢回答说，我没有提倡过四大自由，当时叫四个自由（即土地租佃、雇工、借贷和贸易自由），是原河南省委第一书记潘复生搞的，当然我也同意。新中国成立初期 1950 年至 1952 年，中南军政委员会以《发展农业十大政策》的形式发过布告，有保护四个自由的内容，当时这对活跃窒息的农村商品经济起过积极作用。而且那时东北、华北、华东、西北等各大区军政委员会先后都发过不同内容允许“四大自由”的布告，对恢复当时农村生产是有益的。邓子恢不愿在会上辩解，更不愿把责任推给他人。

会议通过《关于农业合作化问题的决议》和《关于召开党的第八次全国代表大会的决议》、《关于党的第八次全国代表大会名额和选举办法的规定》。

会议通过的决议，把邓子恢对农业合作化问题的意见升格为犯了“右倾机会主义”的错误。

1955年11月1日晚9时25分，毛泽东离开北京，乘专列南下，5日到达杭州。一路调查了解农业合作化和农业生产等情况。

11月1日11时50分，毛泽东到天津，停车1小时，与天津市委书记黄火青、副市长万晓塘谈话。

11月2日早晨6时58分，到德州车站，停车1小时，与德州地委书记谈话。上午10时43分到济南，与谭震林、山东省委书记舒同谈话，下午1时结束。晚9时10分，与济南市委书记、副书记、市长谈话，9时55分结束。11时56分到达泰安，在火车行进中，继续与泰安地委书记、副书记谈话。

11月3日凌晨1时54分到达兖州，2时与泰安地委书记谈话结束。2时25分与兖州地委书记、副专员谈话。6时45分，到徐州，停车1小时，与徐州地委书记、专员谈话。9时40分到达符离集，45分与地委书记和专员谈话，10时55分结束。11时45分到蚌埠，11时50分与安徽省委书记曾希圣、副省长张恺帆谈话，下午1时30分结束。

11月4日，凌晨1时45分到滁州，1时54分，与两位地委副书记谈话，2时50分结束。3时到浦口，3时25分与江苏省委书记江渭清、省长惠浴宇，南京市委书记、市长谈话，5时28分结束。7时21分到镇江，7时25分与镇江地委书记、专员谈话，8时18分结束。10时54分到无锡，与市委书记、市长谈话，11时55分结束。12时47分到苏州，与上海局书记柯庆施、上海市副市长许建国，苏州地委书记、副书记，苏州市委书记、市长谈话，下午2时30分结束。柯庆施、许建国与毛泽东同行，4时25分到上海。毛泽东在上海下车，到游泳池游1小时后上车继续行进。

11月5日，早6时与柯庆施、许建国及上海市其他领导人谈话，谈到9时40分，吃早餐。中午，再一次下车游泳1小时。下午2时45分到松江，与松江地委书记、专员谈话，3时37分结束。下午7时到杭州。

11月7日，毛泽东向警卫一中队江苏、浙江籍的7名战士了解农村情况。

11月10日，毛泽东又向探家归队的几名战士了解家乡情况。

毛泽东在杭州期间，召集了华东、中南地区的几位省委书记开会。参加会议的有柯庆施、王任重、吴芝圃、刘顺元、陶铸、邵式平、舒同、曾希圣、周小舟、江华，研究农业发展规划，搞出了15条。

11月18日，毛泽东离杭州北上。20日到达天津，召集北方几个省的省委书记和内蒙古自治区党委书记开会。参加会议的有吴德、乌兰夫、白坚、吴砚农、马文瑞、陶鲁笳、黄欧东、欧阳钦。当天晚上回到北京。

毛泽东这次视察南方的主要成果，就是同14个省、自治区党委书记共同商定了《农业十七条》。这是新中国第一个全面规划我国农业发展远景的蓝图，内容包括农业合作化、农业生产、卫生教育、文化设施以及道路建设等。[①]

农业生产合作化运动，在你追我赶的形势下，1955 年底，实际运动的发展，已经超过了各省拟订的规划，全国建社达到 190.4 万多个（其中 1.7 万多个是高级社），入社农户达 0.75 亿多户，占全国总数的 63.3%。

形势发展之快，使毛泽东已于 9 月 25 日为《怎样办农业生产合作社》一书写好的序言不得不于 12 月 27 日予以重写，毛泽东还为书中的 104 篇文章写了按语，并将书名改为《中国农村的社会主义高潮》。

文章中有几篇是讲办高级社的，毛泽东看了分外高兴，特加按语，大力推荐。

毛泽东在一篇按语中还写道："遵化县的合作化运动中，有一个王国藩合作社，23 户贫农只有 3 条驴腿，被人称为'穷棒子社'[②]。他们用自己的努力，在 3 年时间内，'从山上取来'了大批的生产资料，使得有些参观的人感动得下泪。我看这就是我们整个国家的形象。难道六万万穷棒子不能在几十年内，由于自己的努力，变成一个社会主义的又富又强的国家吗？"

毛泽东在按语中写道："勤俭经营应当是全国一切农业生产合作社的方针，不，应当是一切经济事业的方针。勤俭办工厂，勤俭办商店，勤俭办一切国营事业和合作事业，勤俭办一切其他事业，什么事情都应当执行勤俭的原则。这就是节约的原则，节约是社会主义经济的基本原则之一。"

毛泽东在按语中写道："一切合作社，都要以是否增产和节约的程度，作为检验自己是否健全的主要的标准。"

毛泽东在按语中写道："曲阜县是孔夫子的故乡，他老人家在这里办过多少年的学校，教出了许多有才干的学生，这件事是很出名的。可是他不大注意人民的经济生活。他的学生樊迟问起他如何从事农业的话，他不但推开不理，还在背后骂樊迟做'小人'。现在他的故乡的人民办起社会主义的合作社来了。经过了两千多年仍然是那样贫困的人民，办了 3 年合作社，经济生活和文化生活都开始改变了面貌。这就证明，现在的社会主义确实是前无古人的。社会主义比起孔夫子的'经书'来，不知道要好过多少倍。有兴趣去看孔庙孔林的人们，我劝他们不妨顺道去看看这个合作社。"

---

① 《毛泽东传（1949—1976）》，中央文献出版社，2003 年 12 月第 1 版，第 404—406 页。

② 当代中国研究所：《〈中华人民共和国史稿〉第一卷（1949—1956）》，人民出版社、当代中国出版社，2012 年 9 月第 1 版，第 198 页记载："河北省遵化县西四十里铺村，1952 年以前，尽管国家每年都要发给 5 万多斤救济粮、一百几十套寒衣，但有些人家仍被迫卖掉土改分到的房和地，外出当长工或讨饭。1952 年秋天，23 户贫农组成了建明农林牧生产合作社。当时，全社只有 19 个男劳力，230 亩地，还有若干个驴股凑起来的"三条驴腿"。可以说基本上没有农具、车辆、种子，也没有资金，春天许多家断粮、断草。但他们没有再向国家申请救济款，而是自力更生、艰苦奋斗、勤俭办社，依靠集体、团结互助，派出一半男劳动力到深山打柴，卖钱换取生产资料，帮助社员度荒。经过 3 年努力，由穷变富，不但具备了必需的生产资料、积累了大量公共财产，而且带动全村实现合作化。"

毛泽东在按语中写道："政治工作是一切经济工作的生命线。"

毛泽东在按语中写道："必须根据农民的生活经验，很具体地很细致地去做，不能采用粗暴的态度和简单的方法。它是要结合着经济工作一道去做的，不能孤立地去做。"①

毛泽东的按语，还包括兴修水利、水土保持、绿化荒山荒地、发展副业、提倡养猪、提高农民文化科学技术水平等等。

编书工作一结束，毛泽东就南下杭州。12 月 27 日，毛泽东在杭州为此书写的序言。

毛泽东在"序言"中说："1955 年的下半年，中国的情况起了一个根本的变化。中国的一亿一千万农户中，到现在——1955 年 12 月下旬——已有 60%以上的农户加入了半社会主义的农业生产合作社。我在 1955 年 7 月 31 日所作的报告中，提到加入合作社的农户数字是 1690 万户，几个月的时间，就有五千几百万农户加入了合作社。这是一件了不起的大事。"②

毛泽东说：这件事告诉我们，只需要 1956 年一个年头就可以基本上完成农业方面的半社会主义的合作化；再有 3 年到 4 年，即到 1959 年或者 1960 年，就可以基本上完成合作社由半社会主义到全社会主义的转变；这件事告诉我们，中国的手工业和资本主义工商业的社会主义改造，也应当争取提前一些时间去完成，才能适应农业发展的需要；这件事告诉我们，中国的工业化的规模和速度，科学、文化、教育、卫生等项事业的发展的规模和速度，已经不能完全按照原来所想的那个样子去做了，这些都应当适当地扩大和加快。

毛泽东提出，要反对右倾保守主义，加快社会主义改造、工业化和各项事业的发展速度。随后，毛泽东又根据周恩来、李富春的建议，把这些思想概括为"又多、又快、又好、又省"。

但事情的实际发展，又超出了毛泽东的估计：1956 年 5 月底，全国加入农业合作社的农户达到 11013 万户，占全国总农户的 91.2%，其中加入高级社的农户达 7472 万户，占总农户的 61.9%。

1956 年 11 月底，入社农户达到 11674 万多户，占全国总农户的 96.1%，其中加入高级社的农户达到 1 亿户，占全国总农户数 83%。③

---

① 《毛泽东传（1949—1976）》，中央文献出版社，2003 年 12 月第 1 版，第 411—413 页。

② 《毛泽东传（1949—1976）》，中央文献出版社，2003 年 12 月第 1 版，第 414 页。

③ 苏联当年推行全盘集体化，从 1929 年开始到 1936 年全面完成，用了 7 年时间，引起了农民的强烈反抗。国家不得不使用暴力镇压，甚至动用了飞机、大炮，将近 200 万户富农被剥夺或驱逐到边远地区，死者近千万。南斯拉夫在 20 世纪 40 年代末强行推动集体化，也导致农民的全面反抗，后来不得不解散合作社。如何将分散的、汪洋大海般的个体农民平稳地引导到合作化的道路上，确实让中共领导人感到心中无数。令人惊奇的是，中国的合作化速度不仅比苏联快，而且农业生产连年增长，社会秩序稳定。

在中共七届六中全会“反右倾”的直接影响下，全国第五次手工业生产合作会议于1955年12月21日在北京召开。会议要求手工业必须同农业和资本主义工商业一道完成社会主义改造。会议制定的规划是，1956年组织起来的社组达到全国手工业人员总数的70%，1957年达到90%，1959年至1960年全部组织起来。1956年1月7日，中共中央批转了这次会议的报告。

实际的发展速度又大大超过了规划的要求。1956年3月4日，国务院有关部门汇报手工业工作情况，毛泽东说：“个体手工业社会主义改造的速度，我觉得慢了一点。今年1月省市委书记会议的时候，我就说过有点慢。1955年底以前只组织了200万人。今年头两个月就发展了300万人，今年基本上可以搞完，这很好。”①

1955年6月至12月，全国手工业合作组织从4.98万多个发展到6.46万多个，社（组）员从143.9万多人发展到220.6万人。

农业合作化迅速发展，手工业也动了起来，对资本家产生了震动。

为此，于1955年10月27日，毛泽东与工商界代表谈话说：

“中国的统一战线有很久的历史，从新民主主义革命反帝反封建，到现在的社会主义革命。无产阶级是经过共产党领导统一战线的。我看统一战线有好处，又反帝反封建，又赞成社会主义，为什么要把人家赶走呢？是人多好些，还是把许多积极因素赶走好些呢？还是把积极因素团结起来好。要把民族资产阶级、小资产阶级（农村的、城市的）、宗教家等等都团结起来。团结了更多的人，阻碍就少些，事情就容易办得通。至于选举，不选民主人士不好，要说服选民，使他们了解这样做对劳动人民没有害处而有益处，是可以说服他们的。当然也还有‘左’派，门关得紧点，对他们也可以说服。

关于私营工商业改造的时间问题，有人说，现在锣鼓点子打得紧，胡琴也拉得紧，担心搞得太快。我们说，社会主义改造是3个五年计划基本完成，还有个尾巴要拖到15年以后，总之是要瓜熟蒂落、水到渠成。苹果不熟摘下来吃就是酸的。现在是协商办事，这样大的事情，与全国人民有关的大事，当然要协商办理。如果大家不赞成，那就没有办法做好。有些事缓点比急要好，但是否现在锣鼓点子就不要打紧了，戏就不唱了？不是的，现在还是要劝大家走社会主义道路。

中国的民族资产阶级，总的说来，基本上是做了好事，有益于国计民生。有些人偷税漏税当然不好，但是因为现在还有资本主义制度，存在这个制度，就有这些问题。要是说私营工商业者百分之百的偷税漏税，我不相信，有些只有百把万元（相当于现在百把元）的就算了，不要尽搞。共产党员中也有贪污百把块钱的，也

① 《毛泽东文集》第七卷，人民出版社，1999年6月第1版，第11页。

算了，还算好人。共产党也不是那样干净，政府中管钱的也有少数人还有贪污。

从社会上说，总是做好事的多，有益于国计民生的多，错误只是部分的。要有这个估计，不要总是抬不起头。但不要出去吹没有问题，你们可多说些缺点。中国的民族资产阶级同其他国家的不同，从孙中山起就为建立民主共和国而奋斗。后来我们接手，还是资产阶级民主革命性质。中外的资产阶级在历史上都有过积极的作用，曾经革命的力量对生产发展都有作用。资产阶级在革命时期也有唯物论，不是历来都是唯心论。

因此，我想劝一些人，每个大中城市有那么几十个、百把两百个觉悟比较高的核心人物，经过他们去说服大多数人，这样比我们去说更好。要有一些人早些下决心拥护共产，因为迟早是要共产的。

农民搞合作化，对于私有制总有些恋恋不舍。《打渔杀家》中的萧桂英临离家时还爱惜家具是有理由的。旧的东西要一下子去掉很不容易，新的东西要一下子接受也不容易。一种新的社会制度，一种新的思想，要慢慢地才能在人们的头脑里占领阵地，才能使旧的东西的影响逐步缩小。一个城市有少数核心人物思想先搞通，对我们的事业是有好处的。民建中央和全国工商联委员有300人左右，各省各市还有一批会员，合起来就有好几万人。在这些人中间争取一批人，早点建立决心，不是立即共产，而是作思想准备，接受社会主义、共产主义的宣传教育。现在先搞半共产。农民在1960年以前也只搞半社会主义的农业生产合作社。总之是要逐步地做，不使人们感到突然。生产关系、生活方式都要逐步改变，不要突然改变，最后是要改变的，但是要安排好，要使这些人过得去。一个工作岗位，一个政治地位，都要安排好。民族资产阶级同官僚资产阶级、地主阶级不同。对地主，在一定时期要剥夺他们的政治权利，改变成分后才可恢复公民权，加入合作社，那时就不叫地主而叫农民。对地主来说，这事实上是解放了他们。他们在全国总共3000万人，以后要同大家一起共同富裕起来。将来农民的生活要超过现在的富农。资本家如果将来饿肚子，这个制度就不好。如果大家生活不提高，革命就没有必要，因此生活福利都要逐步提高。总之，要逐行逐业安排好。社会主义改造完成了，大家都领薪水，资产阶级不见了，都成了工人阶级，我看这是好事。我总劝人赞成共产，也许一时感觉不好，但将来会说好的。社会主义会有缺点的，将来还要发展到共产主义，共产主义也要分阶段。旧的制度不行了，新的制度就要起来代替。生产力总要向前发展，同生产关系发生矛盾，这就推动着社会不断前进。几千年以后看马克思，就像现在看孔夫子。

现在中国正处在大变革时代，社会动荡不安，农民的个体所有制要变成集体所有制，资本家也要改变其私人所有制，许多人掌握不住自己的命运。其实要掌握是可以掌握的，即要了解社会发展趋势，站在社会主义方面，有觉悟地逐渐转变到新制度去。人们考虑的，不外是一个饭碗，一张选票，有饭吃不会死人，有选票可以当家做主，说文明点就是一个工作岗位和一个政治地位。地主只给饭碗，暂时不给选票，这对地主来说是突然转变，没有思想准备的。对资产阶级则不同。马克思说：无产阶级要解放自己，就要解放整个人类。如果地主、资产阶级、小资产阶级不解放，无产阶级本身就不能解放，必须全人类都解放，变成一个新制度，无产阶级才能最后解放自己。

中心的目的是要经过一批先知先觉作思想准备，要大家掌握自己的命运。在旧社会连蒋委员长自己也不能掌握自己的命运，十五个吊桶打水，七上八下。现在要大家逐渐减少吊桶，改用抽水机，不用吊桶。我是宣传共产主义的，要走向共产主义，就要经过几十年的努力把我们的国家建设成为真正富强的国家。

刚才胡子昂副主任说，公私合营企业中有把女老板当家属不安排工作的事。我看，妇女解放、男女平等现在还只是开始，真正平等要到社会主义，几十年以后。妇女中有极大的潜在劳动力还没有发挥，在建设社会主义过程中才有发挥的机会。歧视妇女、不重视妇女的事，要在建设社会主义过程中改掉。在中国，妇女有3亿人口，妇女问题一定要安排好，要同男子同工同酬，在合作社、工厂都要一样。妇女要争取到正当地位好困难，因此要一有机会就说，要统筹安排，同工同酬。"①

1955年10月29日，毛泽东邀请全国工商业联合会执行委员会委员来到中南海。毛泽东对他们说：现在我知道，你们思想上有顾虑；农业合作化了，手工业合作化了；共产党和资本家这些年合作得不错；现在大家都搞社会主义，你们不搞，你们心中是十五个吊桶，七上八下；你们要认清社会发展规律，走社会主义道路，自己掌握自己的命运，进一步接受社会主义改造。

1955年11月1日至21日，全国工商业联合会执行委员会举行一届二次会议。全国工商联主任委员陈叔通作题为《适应国家的社会主义经济建设发展的形势，为进一步推动全国工商业者积极接受社会主义改造而斗争》的开幕词。会议传达了毛泽东的讲话，听取了陈云、陈毅关于资本主义工商业改造问题的报告。21日，会议通过决议和告全国工商业界书。要求各级工商联组织在当地中共党和政府的领导下，组织学习和讨论，为推动私营工商业者进一步接受社会主义的改造而努力。

毛泽东对这次会议极为满意，11月17日，毛泽东曾写信给黄炎培说："工商界改造工作有进步，令人欣慰。惟须加强教育，使之普及到大中小城市的各行各业。看来在工商界是可以采用自我批评这个方法的，这次工商联合会讨论的经验可以推广。"②

11月，上海轻工业中有棉纺、毛纺、卷烟、搪瓷、面粉等8个行业整个行业实行公私合营，重工业中的船舶、轧钢、机器、电器等13个行业，正在或亦已经

① 《毛泽东文集》第六卷，人民出版社，1999年6月第1版，第488—491页。

② 《毛泽东传（1949—1976）》，中央文献出版社，2003年12月第1版，第451页。

实行整个行业的公私合营。天津的造纸业，北京的面粉、电机、制药等9个行业，广州的缝纫业、油漆业，杭州的丝绸业等整个行业都先后实行了全行业的公私合营。

12月5日，刘少奇在中央座谈会上传达毛泽东的讲话说，到1957年，对资本主义工商业的改造，公私合营达到90%，手工业合作化也要求达到70%—80%。[①]

12月上旬，据上海、天津、北京、武汉、广州、重庆等城市和江苏、安徽、浙江等3省的不完全统计，私营工业中有30多个行业、2000多个工厂，商业中有10多个行业、3000多家商店，经政府批准实行了全行业的公私合营。

12月14日，薄一波在全国农具工作者会议上作《改善企业管理，掌握新技术，为又多、又快、又好、又省地提高我国重工业的生产而奋斗》的报告。这是第一次提出“多、快、好、省”的口号。

《人民日报》1956年“元旦社论”明确地把反右倾保守的口号和“又多、又快、又好、又省”的要求并列提出。毛泽东亲自审阅了“社论”，并肯定“写得很好”。[②]

1956年1月10日，北京市的资本主义工商业全部过渡到国家资本主义的高级形式，成为全国第一个全市资本主义工商业实行公私合营的城市。

资本主义工商业改造的热潮来得如此之快，使毛泽东在喜悦的同时也感到搞得太快、太急了。1956年1月25日，毛泽东在最高国务会议第六次会议上说：要瓜熟蒂落、水到渠成，要有秩序、有步骤地来，不要搞乱了。

1956年1月15日，北京市各界20多万人在天安门广场举行庆祝社会主义改造胜利联欢大会。市郊全体农民、手工业合作社的社员、工商业者都向毛泽东写了报喜信。北京市市长彭真在会上宣布：“我们庆祝郊区农业的完全社会主义合作化的胜利。庆祝资本主义工商业全部公私合营的胜利。庆祝手工业全部合作化的胜利。庆祝我们已经挖掉了穷根，打下了依靠大家共同劳动、使国家富强、使大家生活共同富裕的基础，我们的首都已经进入了社会主义社会。”

1月21日，上海市各界人民举行庆祝社会主义改造胜利大会。大会宣告：“上海市的资本主义工商业，今天已经公私合营了；上海全市的手工业，今天已经合作化了；上海郊区农业，今天已经转为社会主义的高级社了；上海已经进入社会主义社会了！”

此后，其他各大城市纷纷宣告进入了社会主义。[③]

毛泽东多次说：1949年那样大的胜利，并没有使我高兴，到1955年，当我看

① 《党的文献》，2000年第6期，第9页。

② 《建国以来毛泽东文稿》第五册，中央文献出版社，1991年2月第1版，第576页。

③ 至1956年1月31日，全国大城市以及50多个中等城市先后实现了全部资本主义工商业的公私合营。各行业都组织了专业公司进行领导管理，利润分配从“四马分肥”到定股定息，资本家以企业工作人员的身份工作。我国领定息的私股股东有114万人，定股的私股资本共24亿元。自1956年1月起，每年付出定息1.2亿元。原定7年为期，后又延长3年，至1966年9月国家停止支付。从1949年至1966年，付给资本家的定息、红利和高薪不到30亿元。毛泽东指出，花这么点钱就买下个阶级，这是完全符合工人阶级和全国人民利益的。

到那么多的农民参加了合作社，接着是私营工商业的改造，我开始高兴了。①

为了适应从1953年开始的大规模建设的需要，中财委于1952年10月10日颁发了从1953年起对电力、原油、石油炼成品、生铁、钢材、动力设备、电器设备等35种重要物资实行全国统一分配办法试行草案。22日，中财委讨论1953年的基本建设问题，陈云在会上讲话指出，1953年将是大规模经济建设的一年，基本建设工作将在整个国家建设中占头等重要的位置；但国家目前的经济力量还十分薄弱，无论地质勘探、设计和施工力量都不能满足大规模建设的需要。

尽管在主观安排上作了努力，原材料和交通运输等不敷需要的紧张状况还是很快就表现了出来。1954年8月，国家计委的报告说，从煤炭、钢材、化肥等约50种主要工业品来看，国内生产不足者约有23种，其中5种产品即使加上进口仍不能平衡，粮食和城市副食品的供应也很紧张。随着建设项目的不断上马，资金不足的矛盾也日见突出。

经过各方面的努力，1953年、1954年，重工业部的基本建设任务完成了五年计划规定任务的26%，还有74%的任务要在后3年完成。因而，国家计委党组提出的1955年度国民经济计划草案，将原计划投资的88.79亿元提高到98亿元，比1954年增长了31.5%，占五年计划总投资额的22.9%。当年施工限额以上的建设项目有1079个，其中苏联为我国设计的有91个。国家计委党组的报告强调，为保证1955年计划的完成，要求国家工作人员和国营企业部门如同对待法律一样来执行国家的计划。1955年4月，中共中央批准了国家计委的报告。

1955年9月，鉴于有些经济部门预计完不成当年的主要计划指标，中共中央10月4日下达指示，要求各部门、各地方要切实加强第四季度的工作，争取完成和超额完成1955年度的计划。中共中央要求在编制1956年度计划草案时，要分析具体情况，利用各种有利因素，发掘潜力，克服困难，在全国平衡的基础上，尽可能地提高计划指标，努力争取实现。

以农业合作化为先导的社会主义改造的急速发展，引起了毛泽东对中国经济发展战略的新构想。1955年11月，毛泽东在杭州同14个省、市、自治区的党委书记商定《农业十七条》，提出到1967年粮食产量达到1万亿斤，确定以此作为农业发展的战略目标。

随后，毛泽东在中共中央政治局会议上提出在各项工作中继续反对右倾保守思想，提前实现社会主义工业化，迅速建成社会主义社会。毛泽东指出，中共党的"八大"会议的准备工作应以这一内容为中心。

1956年1月14日，周恩来在中共中央召开的关于知识分子问题会议上的报告

---

① 石仲泉：《毛泽东的艰辛开拓》，中共中央党校出版社，1992年版，第242页。

中说："党中央决定，把反对右倾保守思想作为党的第八次全国代表大会的中心问题，要求全党在一切工作部门中展开这个斗争。"①

1月20日，周恩来在知识分子问题会议作结论时说：在经济建设中，不要做那些不切实际的事情，要"使我们的计划成为切实可行的、实事求是的，不是盲目冒进的计划。……这一次我们在国务院召集的计划和财政会议，主要解决这个问题。"②

毛泽东在当天会议的讲话中，也谈到了实事求是问题。他承认现在有些人"头脑不那么清醒了"。同时，毛泽东又指出，在全党，在目前，这"恐怕也还不是一个主要的倾向"，而主要倾向是右倾保守。毛泽东尖锐地提出了领导方法问题："有两种领导方法：一种使得我们的事业进行得比较慢一些，比较差一些；另外一种使得我们的事业进行得快一些，好一些。"毛泽东要求政府和党的各工作部门都"应该是使事业促进"，否则"就丧失了它这个职能"。讲到最后，毛泽东说，中国人口多，地方大，现在又有了社会主义新制度，"应该搞成世界上第一个文化、科学、技术、工业各方面更好的一个国家"；什么美国，那么一点东西，一万万吨钢，几百个氢弹，不大算数，中国要超过它。③

1956年1月，中共中央召集各省、市自治区党委书记会议。毛泽东同与会者商量之后，将17条扩充为40条，拟出了《一九五六年到一九六七年全国农业发展纲要》的草案初稿。

中共中央还请了在北京的工业、农业、医药卫生、社会科学等各方面的科学家、各民主党派、各人民团体的负责人和文化界、教育界的人士1375人，分组讨论，做了一些修改。

1月23日，经中共中央政治局讨论通过，正式形成了《一九五六年到一九六七年全国农业发展纲要（草案）》。

1月25日，中共中央将"纲要"提交最高国务会议第六次会议讨论。

毛泽东在会上讲话，社会主义革命的目的是为了解放生产力；目前我们国家的政治形势已经起了根本的变化；许多曾经被认为办不到的事情现在也可以办了；美国那点东西，1亿吨钢，几百个氢弹，不大算数，中国要超过它，第一步是接近它；我国的第一个五年计划有可能提前完成或者超额完成；农业以外的各项工作，也都必须迅速赶上，以适应社会主义革命高潮的新形势。④

廖鲁言在会上对纲要草案的内容作了说明，纲要的中心是要求在农业合作化的

① 《周恩来选集》下卷，人民出版社，1984年11月第1版，第159页。

② 金冲及主编：《周恩来传》，中央文献出版社，1998年2月第1版，第1219—1220页。

③ 沈志华：《周恩来与1956年的反冒进——记中共中央关于经济建设方针的一场争论》，《史林》，2009年第8期。

④ 《毛泽东文集》第七卷，人民出版社，1999年6月第1版，第1—2页。

基础上，迅速地、大量地增加农作物的产量，发展农、林、牧、副、渔等生产事业；特别是要求在 12 年内把粮食的平均亩产量按照三种不同的地区，分别由 1955 年的 150 斤提高到 400 斤、208 斤提高到 500 斤、400 斤提高到 800 斤；把棉花的平均亩产量由 1955 年的全国平均 35 斤皮棉按照各地的情况分别提高到 60 斤、80 斤和 100 斤皮棉。照此计算，1967 年的全国粮食总产量将比 1955 年的产量（3678.8 亿斤）增加 1 倍半，全国棉花总产量将比 1955 年的产量（30.36 亿斤）增加 2 倍。

1 月 26 日，中共中央向全国人民公布了纲要。号召全国人民（特别是 5 亿农民）为使粮食达到 1 万亿斤（每年增长 8%）、棉花达到 1 亿担（每年增长 10%）的目标而奋斗。

1956 年 1 月 10 日至 2 月 7 日，全国第三次计划会议在北京举行。会议讨论了 1956 年计划草案，座谈了第二个五年计划和 15 年远景计划轮廓，还讨论了工业与农业、生产与分配、基建与资金、国家建设与地方建设的关系与安排等问题。主要内容是：①工业总产值 535.7 亿元，比原控制数字提高了 52.7 亿元，比上年增长 19.7%，已达到五年计划中的 1957 年的水平，在 46 种主要工业产品中，27 种在 4 年完成五年计划；②农业总产值 606.8 亿元，比上年增长 9.3%；③基本建设投资总额 147.35 亿元，比原控制数字提高 34.76 亿元，比上年增长 70.6%，即 1 年要完成计划总投资额的 35% 左右；④铁路运输比上年增长 9.9%，内河航运增长 36.2%，海上运输增长 24.2%，汽车运输增长 35.4%；⑤社会商品零售总额 477 亿元，比原控制数字提高 26 亿元，较上年增长 17.4%；⑥高等学校招生 18.3 万人，比原控制数字提高 57000 人，中等专业学校招生 44.4 万人，比原控制数字提高 22.5 万人。

3 月 25 日，国务院批准下达了以上计划。

1956 年 1 月 13 日，国家计委给各部委和各省、市、自治区的简报指出：1956 年国家统一分配的 8 类 235 种产品，除煤炭、木材、碱等少数产品基本平衡或有少量的多余外，大部分是紧张或不足的；主要原因是基本建设规模过大。这样，由于突击生产和赶任务，使有些企业不重视安全生产，以致不断发生严重的设备事故和人身事故。

农业由于增产计划过大，合作社规模过大，对社员的干涉过多，要求过高，企图使 12 年规划中的种种好事在两三年内办完，从而使社员负担过重。加上计划订得过死，方法上强迫命令，引起农民的不满。上述情况，引起了国务院和有关业务部门的高度重视。

七、《论十大关系》

从 1953 年开始，在苏联的帮助下，我国开展了大规模的经济建设，成绩显著，举世瞩目。我国当时没有管理现代经济的经验，以美国为首的资本主义国家又对我国进行了全面的封锁和禁运，苏联有 20 年管理社会主义经济的经验，同时他们的态度也是真诚的：他们动员了全苏的计划和管理机构，帮助我国搞出了有计划、按比例建设的轮廓；承担了第一个五年计划中 156 项（1953 年 2 月确定 141 项，1954 年赫鲁晓夫访华时又增加了 15 项）骨干工程的设计、设备供应和技术指导的任务。

苏联援建的工厂，绝大部分属生产资料生产部门的，包括 7 个钢铁厂、24 个电站和 63 个机械厂。其中最大、最重要的项目有：在湖北武汉和内蒙古的包头新建了两个钢铁厂，经过重建的东北鞍山钢铁厂，长春汽车制造厂，洛阳和哈尔滨的拖拉机厂和轴承厂，兰州炼油厂。苏联派出了约有 1 万名专家在中国工作，勘测地质条件，选择厂址，提供技术资料，培训中国工人。此外，苏联国内的规划设计机构在可行性研究，在规划设计和方案图纸的准备上也做了大量工作。

其间，有 28000 名中国技术人员和熟练工人到莫斯科接受培训。苏联援建中国的 156 个工厂中，每个厂的厂长、总工程师以及许多工人都在苏联接受了专业培训。如，长春汽车制造厂有 500 人在莫斯科李哈乔夫汽车制造厂接受培训，洛阳拖拉机厂的 173 名行政管理人员和技术人员在莫斯科的哈伊科夫拖拉机厂接受培训。

斯大林去世后，由他生前培养的接班人马林科夫接任部长会议主席，马林科夫、贝利亚和莫洛托夫 3 人主持苏联部长会议工作，赫鲁晓夫作为中央主席团委员主持中央书记处的工作。

1953 年 3 月 27 日，苏联释放了一部分斯大林时期关押的政治犯，随后，苏联全国进行了大赦；4 月 4 日，苏联对斯大林生前亲自部署的“克里姆林宫医生间谍集团案”予以平反；6 月 10 日，苏联《真理报》发表文章，指出：“我们党和国家的领导力量在于它的集体制”，提出个人崇拜问题；7 月，苏共中央对制造了大批冤假错案的贝林亚予以逮捕（接着苏共中央举行全会将他开除出党，成立了最高法院特别法庭予以侦查、审判，12 月 23 日贝里亚及其他 6 人被执行枪决），并陆续为屈死者恢复名誉。

8 月，马林科夫作报告指出：要大力发展轻工业、食品工业，以不断提高人民的物质文化生活水平。苏联有一些经济学家接受这种说法，并论证和宣传这种新方针。

9 月，在苏共中央全会上，赫鲁晓夫当选为苏共中央第一书记。

1954 年 9 月 29 日，赫鲁晓夫率苏联政府代表团到达北京，参加中华人民共和国国庆 5 周年庆典活动。10 月 3 日开始与中国领导人会谈，中国参加会谈的有毛泽东主席、朱德副主席、刘少奇委员长、周恩来总理及陈云、邓小平、邓子恢、李富春 5 位副总理。苏方有赫鲁晓夫、布尔加宁（部长会议第一副主席）、米高扬（部长会议副主席）。

双方还介绍了自己国内的一般形势，中心工作及其进展、成绩、缺点和生产发展、各项建设等情况。苏方介绍说，他们的工作比较顺利，但没有达到预期的指标和要求。

赫鲁晓夫还问：你们对我方还有什么要求？毛泽东说：我们对原子能、核武器感兴趣，今天想同你们协商，希望你们在这方面对我们有所帮助，使我们有所建树。赫鲁晓夫毫无准备，稍停一下说：搞那个东西太费钱了，我们这个大家庭有了核保护伞就行了，无须大家都搞它；提高人民生活比搞原子弹好；我们可以先建设一个小型原子堆，比较好办，花钱也不多。毛泽东说：也好，让我们考虑考虑。

会谈中，服务员端上湖南腊肉、松烟熏制的香肠、烤面包和茶水。客人们觉得这些食品味道既独特又十分鲜美，不一会儿便将它们一扫而光。宾主愉快而满意地度过了一个上午。

10 月 12 日会谈结束，发表了《中华人民共和国和苏联政府关于中苏关系和国际形势各项问题的联合宣言》，同时签署 7 个文件：（一）苏军从旅顺口海军基地撤退，1955 年 5 月 31 日之前将该基地交由中国完全支配；（二）将 1950 年、1951 年创办的 4 个中苏股份（分别是在新疆境内开采有色及稀有和贵重金属的公司、在新疆境内开采和提炼石油的公司、在大连建造和修理轮船的公司和民航公司）自 1955 年 1 月交给中国，这些股份中的苏联股份用中国的出口货物在数年内还清；（三）签订中苏科学技术合作协定，规定双方将互相供应技术资料、交换有关情况和派遣专家，苏联还帮助中国建立第一座试验性的原子反应堆和回旋加速器；（四）中苏修建兰州—乌鲁木齐—阿拉木图铁路并组织联运的协定；（五）中苏蒙修建集宁到乌兰巴托铁路并组织联运的协定；（六）苏联为中国提供 5.2 亿元卢布长期贷款的协定；（七）帮助中国新建 15 个工业企业和扩大原有的 141 项企业的供应范围的议定书。

赫鲁晓夫谈到他想邀请中国参加东欧经互组织，说这是沟通欧亚经济合作，互相协助、互相配合、互相发展和加速经济繁荣的渠道之一。毛泽东不容置疑地回答说：没有这个必要，这对中国的发展建设没有多大实际意义；相反，可能麻烦很多，纠缠不清，还会妨碍建设的进展。赫鲁晓夫听后，立即改变了意见，否定了自己的想法。

1955 年 1 月底，赫鲁晓夫在苏共中央全会上不指名地对马林科夫和一些经济学家进行批评说：党认为发展重工业是首要的任务，党坚定不移地执行这条路线。

1955年2月8日，马林科夫在最高苏维埃会议上申请提出解除他部长会议主席的职务，被批准。继任部长会议主席布尔加宁发表讲话说：政府在经济方面今后仍要坚决实行共产党规定的尽力发展重工业的总路线（苏联以重工业为中心的路线，不但使自己的轻工业和农业生产落后，也对东欧国家的经济产生消极的影响）。

1955年6月，赫鲁晓夫同布尔加宁率代表团访问南斯拉夫，承认苏共过去对南共的态度是错误的，表示坚决消除这个时期的一切芥蒂。①

在经济建设上，中国已积累了一些经验。同时陆续发现苏联的某些经验不适合中国的国情。1955年底，毛泽东提出“以苏联为鉴”。

1955年12月5日，主持中央一线工作的刘少奇在中央政治局召开的省市负责人会议。到会的有在京的中共中央委员、中央党政军各部门负责人、各省、市、自治区负责人100多人。刘少奇传达毛泽东关于准备召开党的第八次全国代表大会的意见，即：“八大”的中心思想是要反对右倾思想，反对保守主义；不是15年左右基本上完成社会主义工业化和社会主义改造，而是提前完成；不是基本上完成，而是完全完成。

刘少奇传达了毛泽东关于批判右倾保守思想的指示精神之后，宣布：为起草中央向八大的报告，我准备最近找各部门的同志个别谈话，请各部同志预作准备。

周恩来在座谈会上表示：最近政府在各方面的工作，或多或少都存在着保守；反对盲目冒进是对的，但又带来了副作用，必须打破这个副作用；我对毛主席指示的体会可以用一副对联来反映，“上联：客观的可能超过了主观的认识；下联：主观的努力落后于客观的需要。”新大陆早就存在，而我们发现得太晚了。②

12月21日，周恩来和陈云主持召开国务院第二十一次全体会议，周恩来说：农业合作化运动以来，特别是毛主席提出发展农业的“十七条”办法以后，政府的各项工作都受到了推动，变化很大，影响了私营工商业的改造，并且改变了五年计划和远景计划中的一些指标。周恩来要求，各部门都要考虑，需要扩大多少，于1956年1月15日前提出来，文教、卫生、政法也要提出计划；我们原来设想用三个五年计划的时间基本上完成工业化，现在有可能加快这个速度，提前完成。③

刘少奇的谈话自1955年12月7日开始，到1956年3月8日告一段落，共谈了32个部委和国务院直属局。5月之后他又约新华社、高级党校和检察院等单位

---

① 南斯拉夫共产党及其领袖铁托不愿意接受苏联控制，要走自己的建设社会主义道路，被斯大林视为异己的力量，1948年将南斯拉夫开除欧洲9国情报局组织，并把南斯拉夫逐出社会主义阵营。随后，斯大林又在波兰、保加利亚、匈牙利、捷克斯洛伐克等国，对一些具有独立思想性和要走自己建设道路的领导人，进行预防性的清洗。甚至对中国共产党领袖毛泽东，也一度怀疑是第二个铁托。

② 金冲及主编：《周恩来传》，中央文献出版社，1998年2月第1版，第1217页。

③ 《周恩来年谱》上卷，中央文献出版社，1997年5月第1版，第529页。

谈话。

1955 年 12 月 21 日至 1956 年 1 月 12 日，毛泽东乘火车由京汉、粤汉铁路线南下杭州，经沪杭、沪宁、津浦线回京。沿途找地方干部谈话，进行调查研究。

毛泽东回京后，听说刘少奇正在找一些部委谈话。毛泽东很感兴趣，他也想听一听。经安排，从 1956 年 2 月 14 日开始到 4 月 24 日结束，毛泽东连续听取了工业、运输业、农业、商业、财政等 34 个部门的汇报，边听汇报边议论。毛泽东同刘少奇听取汇报不同的是，只限于政府财经各部门。

具体日程是：

2 月 14 日下午国务院第三办公室（主管重工业），15 日上午和晚上电力工业部，16 日下午与 17 日下午第一、第二、第三机械工业部，19 日晚上国家建设委员会，20 日晚上建筑工业部，21 日下午城市建设总局、第二机械工业部，22 日晚上第二机械工业部，25 日下午重工业部，26 日下午石油工业部，27 日下午地质部，2 月 28 日晚上电力工业部，29 日晚上煤炭工业部；

3 月 1 日下午国务院第四办公室（主管轻工业）、纺织工业部，2 日下午 5 时地方工业部，3 日晚上轻工业部，4 日下午手工业管理局；

5 日下午国务院第六办公室（主管交通、邮电），6 日下午铁道部，8 日下午交通部，9 日下午邮电部、民航局；

13 日晚上国务院第七办公室（主管农林水利），15 日下午农业部，16 日下午水利部，18 日晚上林业部、气象局；

19 日下午及 20 日、21 日晚上国务院第五办公室（主管财政贸易），26 日下午商业部，27 日下午对外贸易部，4 月 2 日下午全国合作总社，4 月 5 日粮食部，4 月 8 日下午农产品采购部，4 月 9 日下午财政部，4 月 10 日下午财政部、中国人民银行，4 月 11 日下午中国人民银行。

至此，毛泽东将 34 个部门的汇报全部听完。

毛泽东与刘少奇、周恩来、朱德、陈云（只参加了 18 日的汇报）、彭真、彭德怀、邓小平等，于 4 月 18、19、20、21、23、24 日 6 个下午，听取李富春关于第二个五年计划的汇报。

7 月 7 日，劳动部向毛泽东作了书面报告。

毛泽东听汇报不喜欢照本宣科，有的部长按照写好的材料念，毛泽东就批评说，你们要请我的客，又不给我肉吃。要他们讲具体的例子和得出结论的依据；毛泽东一边听，一边不断插话，提出问题，发表意见，加以评论。部长们为随时回答毛泽东的疑问，不得不做非常细致的深入准备。

听取汇报，还有周恩来（参加次数较多）和陈云、邓小平以及书记处其他同志。

第一阶段汇报结束，毛泽东归纳出沿海与内地、轻工业与重工业、个人与集体三大关系；第二阶段，毛泽东又归纳出国防建设与经济建设、地方与中央、少数民族与汉族三大关系；不久，又提出党和非党、革命和反革命、是非、中国和外国四大关系。成为十大关系。

1956年3月中旬，毛泽东指示，要准备组织各省、市、自治区党委的汇报。3月30日，毛泽东起草中央通知，发给中共中央上海局和各省、市、自治区的党委，请他们准备材料等候中央通知，按指定时间来中央汇报。这个汇报自4月下旬开始，至5月2日，毛泽东邀湖北、广东两省委和武汉、广州两市委开了4天汇报会。前后中央还收到广东、河北、湖北、江西、广西、四川、贵州省委，天津市委及一些省辖市委给毛泽东的书面汇报。

同时，毛泽东还听取李富春的建议，让全国工交部门二三百个重要工厂、建设工地向中央和毛泽东本人写一个书面汇报。不久，毛泽东陆续收到了这几百件汇报材料。

在听取汇报的日子里，毛泽东十分疲劳。起床就听汇报，穿插着处理日常工作，听完汇报就上床休息。毛泽东自喻为：床上地下、地下床上。

例如，2月15日早晨9时40分开始，刘澜涛向毛泽东汇报电力工业部的工作，13时左右结束；17时20分，毛泽东去勤政殿，会见以西哈努克为首的柬埔寨王国政府代表团，19时10分会见结束；回到颐年堂，继续听汇报，一直到22时10分结束。

有些材料准备的不理想，只有干巴巴的数字或条条，毛泽东说：听这样的汇报，是使我强迫受训，比坐牢还厉害；坐牢脑子还有自由，现在脑子也不自由，由你们指挥；要请我的客，又不给肉吃。

毛泽东开始听取34个部委汇报的日子——1956年2月14日，正是苏联共产党第二十次代表大会召开的日子。

赫鲁晓夫在“二十大”的报告中宣称：苏联人民已经建成了社会主义，苏联已进入从社会主义过渡到共产主义的时候；我们已经登上了这样的山巅，达到了这样的高度，从这里已经能够看得见最终目标——共产主义社会的广阔前景。

赫鲁晓夫要求苏联人民要在尽可能短的时间内，加速为共产主义创立强大的物质和生产基础。并严厉斥责在向共产主义过渡的问题上搞怀疑态度的人。大会一致通过了赫鲁晓夫的报告，称之为：苏联建设共产主义社会的进一步行为的纲领。

苏共“二十大”召开前，苏联中央已决定在会上不点名地批评斯大林的错误。在事先拟定的中央报告中，写上了反对个人崇拜，要求纠正错误的内容。

赫鲁晓夫在报告中提出，在党的工作中，最重要的是重新建立和尽力加强列宁主义的集体领导原则。苏共中央严厉地谴责个人崇拜，因为它不符合马克思列宁主义精神，个人崇拜的危害在于使得某一个领袖变成英雄和创造奇迹的人，同时却缩小党和群众的作用，贬低他们的创造性的努力，并曾使党的工作发生严重缺点。不过，这个问题没有在大会上占有突出地位。尽管全体代表通过的决议指出，中央委员会反对个人崇拜是完全正确的。据统计，大会发言共 126 人，直接提到“个人崇拜”问题的只有 8 人，其中 6 人是苏共中央主席团成员，即阿里斯托夫、苏斯洛夫、米高扬、马林科夫、莫洛托夫和卡冈诺维奇，另外两人是，达吉斯坦州委第一书记达尼亚托夫和历史学家潘克兰托娃。在公开发言中，点名批评斯大林的只有米高扬一人。米高扬认为，斯大林的得意之作《苏联社会主义经济问题》中对资本主义经济状况的分析未必能对我们有所帮助，未必是正确的；实际上由斯大林授意主持编写的《联共（布）党史简明教程》则没有全面、正确地反映党的历史。

会上，一些代表要求中央具体揭发个人崇拜的后果。但是，有不同意见，且争论得很激烈。

1956 年 2 月 19 日，赫鲁晓夫对报告的补充提纲中，强调指出，关于个人崇拜问题不能超出党的代表大会的范围。但是，在会议闭幕的头一天——2 月 24 日深夜到 25 日凌晨，由赫鲁晓夫避开应邀出席大会的各兄弟党代表团，向出席“二十大”的全体代表作了四个半小时《关于个人崇拜及其后果》的秘密报告。

报告分 14 个段落，每个段落前面有一个分标题：即个人崇拜与马克思主义创始人、列宁论斯大林、人民的敌人、列宁与党内反对派、集体领导、捏造案件、对恐怖负有责任、斯大林与战争、危害种族罪与恐怖、与南斯拉夫的冲突、恐怖、贝利亚、传略、个人崇拜及其危害。

当赫鲁晓夫作为中央第一书记宣读关于斯大林的秘密报告时，所有在场的人都感到了从未经历过的意外和震惊，会场的气氛异常压抑和紧张，甚至有人当场晕倒。

2 月 25 日的秘密会议上，赫鲁晓夫说：“这个问题我们不能泄露到党外，更不能上报纸。”主持人布尔加宁在大会上通过了决议后强调，目前还不能公布报告和决议，但“这些材料将寄发给各级党的组织。”这个建议被一致通过。

3 月 5 日，主席团决议“让全体共产党员和共青团员，以及工人、职员和集体农庄庄园中无党派积极分子”了解报告的内容，并决定取消下发材料上的“绝密”标志。到 3 月 20 日左右，普遍传达到了基层组织，各种流言传播得更快。

3 月 7—8 日，斯大林的故乡格鲁吉亚第比利斯市发生大规模流血事件，对批判斯大林强烈不满的人群与军警发生冲突，造成数百人伤亡，大批人被判 1—10 年徒刑。由于事发突然，3 月 7 日到达第比利斯访问的中国领导人朱德不得不取消原定计划，提前离开。[①]

① 刘晓：《出使苏联八年》，中共党史出版社，1995 年 1 月第 1 版，第 18—19 页。

3月24日，苏共中央联络部建议，在各民主国家，可以向党团中央及各地区和部门主管干部介绍秘密报告。

3月28日，联络部又建议：向在苏联学习和工作的各民主国家兄弟党的党员和预备党员介绍和宣讲秘密报告。

同日，《真理报》发表编辑部文章《为什么个人崇拜与马克思列宁主义的精神实质格格不入?》。于是，秘密报告不再秘密。

赫鲁晓夫的报告对中共亦是严格保密的，2月27日，会后才将报告和决议文本交给了参加大会，但未被邀请出席秘密会议的13个共产党代表团团长（中共代表团朱德为团长），27日和28日，苏共中央邀请中共代表团举行会谈，主要内容就是通报反对个人崇拜问题。赫鲁晓夫反复强调，不批判斯大林的个人崇拜，党的生活准则和社会主义法制就不能恢复，社会主义事业就不能发展。3月1日，苏共中央主席团决定专门印制150份报告文本，通过苏联驻外使馆寄给各国共产党中央委员会。中共中央在广大党员中传达了赫鲁晓夫报告内容。同时，《参考消息》大量刊登各国对“二十大”和斯大林问题的反应。

1956年3月11—12日，中共中央召开政治局扩大会议，认为，苏共“二十大”破除了对斯大林的个人崇拜、揭露其错误的严重性方面，具有积极意义；但赫鲁晓夫在秘密报告中全盘否定斯大林是不对的。

3月17日，在中央书记处会议上，毛泽东首先破题定了调子：赫鲁晓夫的秘密报告不是揭了盖子，而是捅了娄子。毛泽东还提到对和平过渡问题有不同意见。

3月19日和24日的政治局扩大会议上，中共领导人主要谈论斯大林在各个时期所犯的错误，毛泽东和刘少奇详细讲述了斯大林在对待中国和中国革命问题上的一系列错误。邓小平主要谈批判个人崇拜问题。毛泽东还提出，对待斯大林应该三七开，成绩是主要的，走社会主义道路前无古人；错误总是难免的。会议决定，面对国际风浪，中共应该表态，以支持“二十大”的姿态，分析斯大林的错误，表明对共产主义前景的信心。

3月31日，毛泽东与苏联驻中国大使尤金进行了3个小时的谈话。毛泽东说：在列宁逝世后，斯大林成为共产国际实际上的领导人，他通过共产国际向中共中央发出大量不正确的指示，1926年斯大林指示中国共产党人要依靠国民党，服从国民党，后来斯大林只相信王明的话，给中国革命造成重大损失；在抗日战争中，王明总是以共产国际和斯大林的名义为掩护，搞投降主义活动，共产国际只是在最后一段不长的工作时期才转变了看法，这是季米特洛夫的功劳；共产国际解散后，斯大林仍然错误地估计中国的形势和革命发展的可能性，他坚持主张中共与国民党建立统一战线，在中国建立“民主共和国”，斯大林以“俄共（布）”名义发来秘密电报，坚决要求毛泽东前往重庆与蒋介石谈判；在国共决战的关键时刻，斯大林却怀疑中国的革命力量，坚决主张同蒋介石讲和；中国革命已经胜利以后，斯大林对中共仍然持不信任的态度，更有甚者，当时有许多议论，说什么中国共产党走上了南斯拉夫道路，什么毛泽东是“中国的铁托”。毛泽东谈他在莫斯科的遭遇，强烈批评斯大林对中国所犯的大国主义错误。

毛泽东在总体上认为，斯大林是伟大的马克思主义者和优秀的、忠实的革命家，但对于赫鲁晓夫在秘密报告中指出的斯大林的错误没有否定意见，并对其总结、归纳了7个问题。毛泽东说，苏共“二十大”给他留下了深刻印象，正是由于苏共主动提出了所有这些问题，中共和他本人才有可能更加自由地思考许多问题。

4月4日，毛泽东主持书记处会议，讨论即将发表的文章《关于无产阶级专政的历史经验》(《人民日报》4月5日发表)。毛泽东强调：从苏共反斯大林中得出的最重要的教训是“独立自主，调查研究，摸清本国国情，把马克思列宁主义的基本原理同我国革命和建设的具体实际结合起来，制定我们的路线，方针和政策。”

4月6日，毛泽东、刘少奇会见来访的米高扬。苏联代表团此行的主要任务是签订苏联援助中国再建55项重点工程的协定。会见中，米高扬通报了赫鲁晓夫作秘密报告的有关情况。毛泽东感谢苏联的援助，并表示也将一如既往地尽力支持苏联。谈到斯大林，毛泽东说，中苏之间有些不同看法，我们认为斯大林功大于过，对他要作具体分析，要有全面的估计。但我们一致的地方超过分歧，有必要也有可能团结对敌。

5月2日，毛泽东同尤金谈话。毛泽东首先表示欢迎和完全赞同苏联对英国采取的缓和立场，说：过去错误地把英国同美国一样看待，把英国也看成了社会主义阵营的主要敌人。毛泽东指出了斯大林在中国和印度问题上的错误政策。毛泽东认为，斯大林的严重错误，在于没有采取任何接近社会民主党的措施，由于这个过错，共产党同社会民主党的隔阂越来越深。毛泽东指出，评价斯大林的作用，应采取辩证的态度，抛弃斯大林所有消极和错误的东西，捍卫他所有积极和正确的东西。

对于苏共“二十大”及赫鲁晓夫的秘密报告，社会主义阵营中的反应十分强烈：刚刚被纳入阵营的南斯拉夫可以听到一派赞扬声；西欧和美国共产党却出现严重分裂局面；民主德国领导人乌布利希迫不及待发表文章赞扬苏共新精神；阿尔巴尼亚表面上赞同“二十大”，而在私下则表示了不满和否定的倾向；波兰、匈牙利的改革派受到鼓舞，保守派垂头丧气；其他几个国家一片茫然，不知所措；亚洲国家各党采取了比较保守的做法，朝鲜、越南和印尼共产党内，严格限制关于个人崇拜问题的传达和讨论。

赫鲁晓夫的“秘密报告”被美国公开发表，掀起了反共大浪潮。1956年5月，美国中央情报局的特工人员从华沙搞到了这个报告的一份副本，经过国务院有关专家鉴定并冠以《赫鲁晓夫的秘密报告》这一引人注目的标题，全文公布在6月4日出版的《纽约时报》上。接着西方各国报刊、大学出版社都争先恐后地予以转载，使它的内容在全世界极为广泛地传播开来。而这些问题的揭露，世界各国共产党、工人党却都没有思想准备，在国际共产主义中造成极大的被动，一些资本主义国家的共产党员纷纷退党。

新华社驻莫斯科记者观察分析，苏共在没有充分做好思想和组织准备的情况下，贸然抛出斯大林问题，而且传达的范围太广，速度太快，事后又缺乏解释和教育工作，是造成混乱局面的主要根源。7月8日，周恩来接见南斯拉夫大使波波维奇时表示，中国共产党认为，从世界各国共产党的利益考虑，把这个问题放在党内解决更为有利。

苏共的做法确实造成了苏联社会和社会主义阵营极大的思想混乱，其结果给继续推行的改革政策和非斯大林化带来了诸多困难和阻力。

舆论压力和党内本来就存在的意见分歧，苏共在召开“二十大”以后不久，采取了相对保守的方针，放慢甚至停止了解冻的步伐。

6月30日，苏共中央作出《关于克服个人崇拜及其后果的决议》。虽然保留赫鲁晓夫秘密报告的主要观点，但是口气已经缓和了许多。并特意强调，“如果从过去存在个人崇拜的事实中做出苏联的社会制度有了什么改变的结论，或是从苏维埃社会制度的本质中寻找这种崇拜的根源，那就是严重的错误”。苏共中央的决议中特意引证了中共《关于无产阶级专政的历史经验》一文中的内容，并将这篇文章进行准确校对后，印发20万册。

接着，苏联很多人因发表超出“二十大”规定讨论范围的言论而被扣上反苏反共的罪名关进监狱。

“二十大”召开后，《人民日报》全文刊登了包括米高扬发言在内的苏共公开发表的所有重要文件。新华社的《内部参考》详细报道了西方报纸对和平共处方针和米高扬发言的评论，以及苏联大批30年代政治镇压受害者平反的消息。在中国社会引起了十分强烈的反响，各地干部、知识分子、民主党派、工商界人士都感到吃惊和迷惑，甚至有人怀疑翻译时出现了错误。普遍希望中共中央给予明确解释和指导。这种状况一直持续到4月上旬。

苏共“二十大”后，中共召开了政治局扩大会议。毛泽东等中共领导对苏联局势给以密切注意，以“苏联为鉴戒”的思想更加明确。在听取重工业口各部汇报中，毛泽东指出：一切国家的先进经验都要学，要派人到资本主义国家去学技术，不论英国、法国、瑞士、挪威，只要他要我们的学生，我们就去嘛！学习苏联也不要迷信，对的就学，不对的就不学，苏联内务部不受党领导，军队和企业实行“一长制”，我们就不学，苏联原来男女分校，讲起来利益之多不得了，可是现在又要男女同校；我们搞土改和工商业政造，也不学苏联那一套；陈云同志管财经，苏联的有些东西他也不学；总之要打破迷信，不管是中国迷信还是外国迷信；我们的后代也要打破对我们的迷信。

1956 年 4 月 25 日至 28 日，中共中央政治局召开扩大会议。毛泽东在 25 日第一次讲《论十大关系》。

讲话一开始，毛泽东说：“最近苏联方面暴露了他们在建设社会主义过程中的一些缺点和错误，他们走过的弯路，你还想走？过去我们就是鉴于他们的经验教训，少走了一些弯路，现在当然更要引以为戒。”①

毛泽东这篇讲话的重点是讨论经济问题，同时包括了经济建设密切相关的国家政治生活中的一些重大问题。毛泽东概括说，这十大关系不是平列的，而是有重点的（后来，毛泽东说，重点是工业和农业、沿海和内地、中央和地方、国家集体和个人、国防建设和经济建设前五大关系）。

《论十大关系》从中国的社会主义建设的实际出发，提出了一系列不同于苏联模式的新的指导方针：在坚持优先发展重工业的前提下，强调更多地发展轻工业和农业；在沿海工业和内地工业的关系上，在合理安排工业布局的前提下，强调更多地利用和发展沿海工业；在国家、生产单位和个人关系上，强调要兼顾国家集体个人利益，特别要照顾农民利益，还要给工厂一定的独立性；在中央和地方关系上，强调要发挥好中央和地方两个积极性。毛泽东说：“前八年照抄外国的经验。但从 1956 年提出十大关系起，开始找到自己的一条适合中国的路线。”

毛泽东在政治局扩大会议上讲完后，中央政治局扩大会议对“讲话”进行了 3 天讨论。随后，毛泽东又听取了 4 省市党委书记的汇报。②

28 日，毛泽东在会上指出，艺术问题上的“百花齐放”，学术问题上的“百家争鸣”，应成为我国发展科学、繁荣文学艺术的方针。

5 月 2 日上午，毛泽东在最高国务会议上第二次讲《论十大关系》，下午讨论。讨论结束，毛泽东作了结论。

在结论中，毛泽东宣布：在艺术方面的百花齐放的方针，学术方面的百家争鸣的方针是必要的；百花齐放是文艺界提出来的，后来有人要我写几个字，我就写了“百花齐放，推陈出新”（指 1951 年 4 月 3 日，中国戏曲研究院成立，毛泽东为之题词）；现在春天来了嘛，一百种花都让它开放，不要只让几种花开放，还有几种花不让它开放，这就叫百花齐放；百家争鸣是诸子百家，春秋战国时代，二千年以前那个时候，有许多学说，大家自由讨论，现在我们也需要这个；在中华人民共和国宪法范围之内，各种学术思想，正确的，错误的，让他们去说，不干涉他们；有那么多的自然科学，就是社会科学，也是这一派，那一派，让他们去谈，在刊物

---

① 《毛泽东文集》第七卷，人民出版社，1999 年 6 月第 1 版，第 23 页。

② 《中国道路十章——马克思主义中国化经典文献回眸》，《党的文献》，2011 年第 2 期，第 18—19 页。

上、报纸上可以说各种意见。

5月3日，周恩来根据自己的记录在国务院司局长以上干部会议上对《论十大关系》作了详细传达。随后，各地纷纷要求印发周恩来的传达记录稿。[①]

1956年1月13日，国家计委提出，1956年物资供需不平衡状况可能会比以前更加严重。国家统一分配的8类235种产品，除煤炭、木材、碱等少数产品基本平衡或有少量多余外，大部分是紧张或不足的。其中突出的缺口有：钢材75万吨、镀锌钢板5.5万吨、大口径无缝钢管4万吨、金属切削机床3569台、钻探机1509台。形成这种状况的主要原因，是1956年基本建设规模安排过大，对生产资料需求的增长超过了生产的增长。

1月30日，周恩来在政协二届二次会议作《政治报告》中，未提"提早完成社会主义工业化"。在闭幕会上周恩来解释说：讲提早完成工业化应慎重；工业化比三大改造困难得多，要实事求是，不要没有根据地提，要区别提，不要混同提。因此，《政治报告》中只说加快速度，而不说提前完成工业化；大家要认识到，工业化是需要时间和知识的。[②]

2月6日，周恩来在出席政协常委第十七次会议时谈到：我们不要随便提出提前完成工业化的口号，可能还需要大约三个五年计划的时间；谨慎一点好，因为我们现在还没有把握。同一天，周恩来约李富春、李先念一起研究正在举行的计划会议和财政会议中提出的计划问题。周恩来提出，现在有冒进急躁现象，计委、财政部对计划要压一压。[③]

2月8日，周恩来在召开的国务院第二十四次全体会议上发言说："商业部、手工业合作总社、供销合作总社等单位应重视私营工商业和手工业的改造工作。不要光看到热火朝天的一面。热火朝天很好，但应小心谨慎。要多和快，还要好和省，要有利于提高劳动效率。现在有点急躁的苗头，这需要注意。社会主义积极性不可损害，但超过现实可能和没有根据的事，不要乱提，不要乱加快，否则就很危险。毛主席说：'大约再有三年的时间，社会主义革命就可以在全国范围内基本上完成。'这只是讲大体上完成，如少数民族地区，农业、手工业、私营工商业的改造都可能拖长一些。所以不论从地区或从部门看，都会有不少尾巴，彻底实行民主改革的工作也还很多，条件不成熟的等一下不要紧，因为政权在我们手中，这是很大的保证。我们要使条件成熟，做到'瓜熟蒂落，水到渠成'。绝对不要提出提早完成工业化的口号。冷静地算一算，确实不能提。工业建设可以加快，但不能说工

① 陈晋：《毛泽东的三篇口头讲话是怎样成为经典文献的》，《党的文献》，2013年第1期，第115页。

② 《周恩来年谱》上卷，中央文献出版社，1997年5月第1版，第542页。

③ 《周恩来年谱》上卷，中央文献出版社，1997年5月第1版，第544—545页。

业化提早完成。晚一点宣布建成社会主义社会有什么不好，这还能鞭策我们更好地努力。要真正巩固农业、手工业和资本主义工商业改造的成果，必须实现工业化才行。如果没有工业化，农业即使合作化了，也不巩固。手工业也是如此。各部门定计划，不管是 12 年远景计划，还是今明两年的年度计划，都要实事求是。当然反对右倾保守是主要的，对群众的积极性不能泼冷水，但领导者的头脑发热了的，用冷水洗洗，可能会清醒些。各部门专业会议提的数字都很大，请大家注意实事求是。”①

2 月 10 日，周恩来主持召开国务院常务会议，讨论实施“压一压”的方针，其中基本建设投资由 170 多亿元压到 147 亿元。

4 月 10 日，周恩来主持国务院常务会议，讨论国家计委《关于一九五六年基本建设计划安排和要求增加部分投资的补充报告》。薄一波说：年度计划不能和长远计划分开，现在各部门总想把长远计划完成的期限尽量往前赶，而没有考虑到实际的可能性，应该使大家头脑冷下来。陈云说：生产与基建的关系，首先决定于生产、材料，不是决定于财力；材料的来源首先决定于国内的生产，而不是进口；计划应该按比例发展，如基建超过了生产就不行；以后订计划应首先进行物资平衡，然后再进行财力平衡。周恩来赞成他们的意见，说：搞计划必须注意实事求是，搞生产要联系到平衡。周恩来提出了“一定要为平衡而奋斗”的口号。②

4 月 14 日，国务院下达“通知”指出：1956 年度物资供应情况是很紧张的，钢材和水泥的供应情况尤为严重。“通知”要求，全国投资总额仍维持 147.3 亿元的规模，并告诫各地区、各部门必须使群众的社会主义建设高潮同计划的全面平衡相结合，特别是同物资供应计划结合，否则就可能而且一定会发生停工、窝工现象，并且会使我们的计划有部分招致落空的危险。国务院还要求：“从现在开始，各部门、各地方应该迅速组织力量深入实地检查，进一步摸清生产和基本建设情况，并作好准备工作，在今年 5 月下旬再把 1956 年度计划中需要修正的某些重要指标修正一次，使 1956 年度计划放在更积极和更可靠的基础上，以争取完成和超额完成国家所规定的建设和生产任务。”③

4 月下旬，在中共中央政治局会议上，毛泽东提出再追加 20 亿元的基本建设投资。周恩来再三说明这样做会带来一系列困难，与会大多数人也不赞成追加投资。最后，毛泽东仍坚持自己的意见，就宣布散会。会后，周恩来去找毛主席，说，我作为总理，从良心上不能同意这个决定。使毛主席很生气。④

4 月 14 日，周恩来乘火车到鞍山、抚顺、天津视察钢铁工业，18 日飞回北京。

---

① 《周恩来选集》下卷，人民出版社，1984 年 11 月第 1 版，第 190—191 页。

② 《周恩来年谱》上卷，中央文献出版社，1997 年 5 月第 1 版，第 563—564 页。

③ 《党的文献》1990 年第 2 期，第 3—4 页。

④ 金冲及主编：《周恩来传》，中央文献出版社，1998 年 2 月第 1 版，第 1227 页。

19 日，约重工业部副部长吕东同上海钢铁厂和重庆大渡口钢铁厂厂长商谈增产事宜。5 月 6 日，周恩来飞往太原视察全国唯一能生产矽钢的太原钢铁厂，次日飞抵唐山，视察钢铁厂。

5 月 11 日，周恩来在国务院全体会议上提出："反保守、右倾从去年 8 月开始，已经反了八九个月，不能一直反下去了!"

6 月 1 日，周恩来在国务院常务会议上说：首先得承认今年的计划搞得不十分妥帖，国务院有责任；3 月份下达的基本建设投资指标太高，不可能完成，生产方面冒进少点，但也肯定完不成，因此要好好计算一下。刘少奇和陈云、李富春、薄一波、李先念等都赞成周恩来的意见。[①]

6 月 3 日，财政部向中央提交"1956 年国家预算报告（初稿）"。报告写道："在当前的生产领导工作中，必须着重全面地执行多、快、好、省和安全的方针，克服片面地强调多和快的缺点。生产的发展和其他一切事业的发展都必须放在稳妥可靠的基础上。在反对保守主义的时候，必须同时反对急躁冒进。"[②]

6 月 4 日，根据周恩来、陈云的建议，刘少奇主持召开中共中央会议。周恩来代表国务院提出继续削减开支、压缩基本建设经费的意见。会议提出了既反保守又反冒进，议定制止冒进、压缩高指标和过大建设规模，在综合平衡的基础上稳步前进。[③]

1956 年 5 月 2 日，毛泽东到南方视察工作。在广州召开了华中地区书记会议。

5 月 30 日到长沙，召集省委书记座谈，下午游湘江。

5 月 31 日，毛泽东到武汉。听取省委书记汇报、视察了武汉国棉一厂和参观了湖北省工农业展览。6 月 1 日下午游长江，时间 2 小时 4 分钟，游程 20 余华里。6 月 2 日、3 日，毛泽东又连续两天畅游长江。

6 月 4 日下午 6 时，毛泽东返回北京。

1956 年 6 月 10 日，刘少奇主持召开政治局会议，确认了 6 月 4 日会议提出的方针，并做出相应的决定。会议明显增强了反对冒进的分量。

6 月 12 日下午，毛泽东召集刘少奇、周恩来、陈云、邓小平等人开会，讨论第八次最高国务会议的有关问题。

同日，周恩来、陈云共同主持召开国务院全体会议，讨论 1955 年决算草案和 1956 年预算。陈云说：今年预算不但没有结余，还要动用上年 10 亿元结余；预算不平衡造成现金不平衡，现金不平衡就要多发钞票，估计发行量是解放以来最高的；如果消费品生产跟不上，物价就要上涨。会议通过了《一九五五年国家决算草案和一九五六年国家预算草案》。

6 月 15 日至 20 日，第一届全国人大三次会议在北京举行。毛泽东出席会议开

---

① 《党的文献》，1988 年第 2 期，第 6 页。

② 《党的文献》，1992 年第 4 期，第 88—89 页。

③ 金冲及主编：《周恩来传》，中央文献出版社，1998 年 2 月第 1 版，第 1227 页。

幕式，会议由刘少奇主持。副总理兼财政部长李先念在会上作《关于一九五五年国家决算和一九五六年国家预算的报告》，向大会提出纠正急躁冒进的意见，其中又将基本建设投资由147亿元削减到140亿元。

为配合中共中央、国务院开展反冒进，刘少奇指示中央宣传部为《人民日报》起草社论进行宣传——6月20日《人民日报》头版头条发表题为《要反对保守主义，也要反对急躁情绪》的社论，把问题提到了思想路线的高度。社论引用了毛泽东《中国农村的社会主义高潮》序言的话“人们的思想必须适应已经变化了的情况。当然，任何人不可以无根据地胡思乱想，不可以超越客观情况所许可的条件去计划自己的行动，不要勉强地去做那些实在做不到的事情。”“现在的情况正是有些同志违背了毛主席的这一指示，超越了客观情况所允许的条件去计划自己的行动，去硬办一些一时还办不到的事情。……急躁情绪所以成为严重的问题，是因为它不但是存在在下面的干部中，而且首先存在在上面各系统的领导干部中，下面的急躁冒进有很多就是上面逼出来的。”①

除李先念外，其他财经领导人在会上的发言，也都贯穿着反冒进思想。如，薄一波在分析重工业生产和基本建设计划方面的缺点时说，上述问题的产生，是由于在计划工作中，当反对了右倾保守思想之后又产生了急躁冒进的情绪。薄一波强调说，从这里得到的教训是：今后在编制计划时，必须对于我国现有的生产能力及其可能的增长程度进行认真的研究，同时经过反复的平衡计算，从而恰当确定各部门的比例关系。邓子恢指出，在农业合作化和农业工作中也存在着急躁冒进倾向的种种表现，李富春谈到，在农业的社会主义高潮中，特别是在组织农业生产的发展上曾经发生过某些急躁冒进的偏向。交通部长章伯钧的发言进一步指出：“必须通过法律、法令、规章、制度和计划，来体现既要反对保守思想，又要防止急躁冒进的方针，这才不会使下面感觉到今天一阵风，明天另外一阵风，有些无所适从”。陈云的发言没有直接谈到反冒进问题，他提出了对资改造过程中出现的新问题，事实上也涉及指导思想。

最后，大会关于预算报告的决议指出：“在执行1956年国家预算过程中，必须在反对保守主义的时候，同时反对急躁冒进的倾向；必须全面地注意多、快、好、省和安全，不仅要做到多和快，而且要做到好和省，要做到安全生产。”

1956年6月，刘少奇会见东欧一个国家代表团时说：没有一种绝对好的制度，十全十美是没有的，只有一种比较好的制度，对一个国家或某种情况来说比较合适的制度；历史上也是这样，奴隶制比氏族制度好，农奴制比奴隶制好，资本主义又比农奴制好，社会主义制度也只是比资本主义制度好；但是社会主义制度也有它的

---

① 文章先后经陆定一、刘少奇、胡乔木修改。文章发表前，刘少奇批示：“主席审阅后乔木办”，毛泽东接到稿后，批了“不看了”3个字。毛泽东后来说：社论是庸俗的辩证法，庸俗的马克思主义，是尖锐反对我，是用毛泽东反对毛泽东。（见熊亮华《五十年代党内关于建设速度的一场分歧和争论》）

缺点，必须不断改正和完善，使它更适合于各民族经济和社会的情况，把任何一个制度绝对化是不妥当的。

1956年7月3日至5日，周恩来主持召开国务院常务会议，他不主张粮食生产指标以每年的6%以上的速度递增。在工业生产指标上，周恩来、陈云、薄一波等明确表示不同意把钢产量看做是衡量国家工业化的唯一尺度，主张把钢的高指标减下来。

1956年7月4日、5日两个晚上，毛泽东连续召集中央政治局会议，研究关于"二五"计划的基本数字和方针问题。会后，毛泽东把刘少奇、周恩来、陈云、邓小平等人留下谈话，直到凌晨1点。

1956年7月，中东发生了苏伊士河事件。反映了民族主义国家为保卫国家利益，不惜同帝国主义国家发生直接对抗。

毛泽东分析说："从这个事件可以看出当前世界斗争的重点。当然，帝国主义国家跟社会主义国家的矛盾是很厉害的矛盾，但是，他们现在是假借反共产主义之名来争地盘。争什么地盘呢？争亚洲非洲10亿人口的地盘。"

毛泽东说："在那里冲突的，有两类矛盾和三种力量。两类矛盾，一类是帝国主义跟帝国主义之间的矛盾，即美国跟英国、美国跟法国之间的矛盾，一类是帝国主义跟被压迫民族之间的矛盾。三种力量，第一种是最大的帝国主义美国，第二种是二等帝国主义英、法，第三种就是被压迫民族。"

毛泽东说："帝国主义之间闹，互相争夺殖民地，这个矛盾大些。他们是假借跟我们的矛盾来掩盖他们之间的矛盾。我们可以利用他们的矛盾，这里很有文章可做。这是关系我们对外方针的一件大事。"①

7月14日，毛泽东会见拉美客人时说：美国到处侵略，全世界，包括英国在内，都不喜欢美国，广大人民都不喜欢美国。②

1956年8月，全国手工业改造工作座谈会召开，根据陈云多次的讲话精神——允许在计划经济许可范围内发展自由市场，会议决定：除一部分手工业可以适当集中生产，实行统一核算，大多数应该分散为小社或小组，实行分别核算，个别的也可以单独经营。

9月12日，中共中央、国务院发布《关于加强农业生产合作社的生产领导和组织建设的指示》，规定：逐步建立在社会主义经济领导下的自由市场，凡是国家

---

① 《毛泽东文集》第七卷，人民出版社，1999年6月第1版，第188—189页。

② 《毛泽东文集》第七卷，人民出版社，1999年6月第1版，第71页。

统购和委托供销社收购的范围以外的农副业产品，以及完成统购任务和履行收购合同义务以外的多余产品，都可以通过这个市场自由买卖。

八、中共第八次全国代表大会

1956年4月21日，邓小平给毛泽东送来两个名单：“八大”政治报告起草委员会，修改党章和修改党章报告起草委员会。

名单共9人：邓小平、胡乔木、李雪峰、谭震林、马明方、安子文、刘澜涛、宋任穷、杨尚昆。

毛泽东很快批示：“如政治局同意，即照此办理，交邓小平处理。”①

4月22日下午，毛泽东在中南海颐年堂主持召开中共中央政治局扩大会议，讨论修改中国共产党章程的问题。

4月28日，毛泽东在中央政治局扩大会议的总结讲话中，专门就修改党章问题讲了两段话：“现在党章草案已经发给省委、市委和区党委去讨论了，请你们在这上面多提意见。我认为，党章确实应当充分体现纪律性和创造性，体现群众路线。没有纪律是不行的。但是纪律太死了也不行，妨碍创造性的发挥，这样的纪律是不好的，应当不要。”

“中央究竟是设一个副主席还是设几个副主席，也请你们讨论。少奇同志提出设几个副主席，现在的这个党章草案上是说设一个副主席。还有，是否可以仿照人民代表大会的办法，设党的常任代表。我们有人民的国会，有党的国会，党的国会就是党的代表大会。设常任代表有什么好处呢？就是可以一年开一次代表大会。我们已经有10年没有开党的代表大会了，有了常任代表制度，每年就非开会不可。是不是可以考虑采用这个办法，比如5年一任。这还没有写到党章草案上去，提出来请大家考虑，看是否可以。”②

毛泽东的这些意见很快被吸收到党章修改稿里。

5月12日，中央政治局会议通过了这两个名单。政治报告起草委员会由刘少奇、陈云、邓小平、王稼祥、陆定一、胡乔木、陈伯达7人组成；修改党章报告和起草委员会由邓小平、杨尚昆、安子文、刘澜涛、宋任穷、李雪峰、马明方、谭震林、胡乔木9人组成。

“八大”准备工作，修改党章及两个报告都是在毛泽东领导下进行的。

7月6日至14日，毛泽东先后6次召集政治报告起草委员会会议，讨论初稿。

15日和19日，毛泽东又主持召开中央政治局扩大会议，继续讨论。

---

① 《〈毛泽东年谱（1949—1976）〉选载之二》，《党的文献》，2013年第1期，第11页。

② 《毛泽东文集》第七卷，人民出版社，1999年6月第1版，第54页。

自1956年7月23日起，毛泽东、刘少奇、邓小平等先后移往北戴河海滨，继续商谈"八大"主要文件的修改及其重要事项。

为了参加定于8月22日召开的中共七届七中全会，毛泽东于8月20日晚11时半回到北京。

8月21日凌晨0时10分，毛泽东在中南海游泳池住处召集刘少奇、周恩来、陈云、邓小平开会，谈八大政治报告问题。从8月上旬到9月14日，毛泽东对政治报告起草，逐字逐句推敲和修改，80多份修改稿中，经过毛泽东修改的有21份。政治报告虽经多次修改，毛泽东对其中的建设、国际和党的部分仍不很满意。

8月21日晚上，毛泽东在中南海颐年堂主持召开中共中央书记处会议，讨论中共八大主席团名单、七届七中全会决议草案、七届七中全会关于八届中委选举工作的建议、八大代表资格审查委员会名单、八大日程和八大预备会议安排。

8月22日下午5时，毛泽东主持下，在中南海勤政殿召开中共七届七中全会第一次会议。

邓小平对提交全会讨论的八大议程等6个文件作了说明。

毛泽东多次插话说：政治局准备公推少奇同志作政治报告，现在的报告稿子9万字，能够缩减1/3就好，请大家首先对大势提一些意见，看大局部分是完全要不得，还是勉勉强强，还是大体可以，还是有些要修改。

刘少奇说：毛主席讲至少要缩减三万字，我看很有必要。

当邓小平讲到大会发言准备时，毛泽东说：原则上是不要太长，内容要精彩一些；可以组织一些短稿子，比较生动；对工作要有批评，要有分析，5分钟发言也可以有分析；如果我们开一次会没有批评，净讲一套歌功颂德，那就没有生气，那无非只有一个"好"就行了，还要多讲干什么？但不是说，每一个稿子一定要批评什么东西，如果没有批评根本就不许讲，那也不好；这一次重点是建设，有人民民主专政，有党，报告里面有这么几个大题目，都可以讲；但是重点是两个：一个是社会主义改造，一个是经济建设；这两个重点主要的还是在建设。

当邓小平讲到选举问题时，毛泽东提出：将李立三、王明选入中央委员会比较有利；因为问题不是他们个人的问题，而是涉及党内许多人，有同他们相同的思想；还有党外的观感，觉得我们不轻易抛弃人，犯了这么大的错误，我们还要他们。

邓小平作了说明后，毛泽东又讲了三个问题：第一，关于常任代表制，过去11年没有开会，战争那么忙是难开的，现在情况变了，完全可以经常开，有常任代表，这样，可以经常展开批评，民主生活可以发展；第二，关于中央的组织，主要为了国家的安全，为了工作的有利，准备设几层屏障，有总书记，中央政治局准备向新的中央委员会建议，推举邓小平当总书记，想组织一个书记处管日常工作，政治局还设一个常委，相当于过去的书记处，还有主席、副主席，过去的几位书记都当副主席，此外，必要时设名誉主席；第三，关于过去两次代表大会之间的中央委员会的政治路线，应该肯定是对的，不是机会主义路线，中央是执行七次大会的路线，而七次大会的路线是正确的。

24日，毛泽东在对八大政治报告稿的批语和修改中指出："我国的社会性质，目前还是一种过渡性质的社会。一方面，它已经基本上摆脱了资本主义的各种因素的影响，另一方面，还有一些资本主义因素存在着，社会主义社会还需要几年才能完全建成。它正处于迅速变化的过程中。"①

8月29日，毛泽东审阅修改八大政治报告稿"党的部分"8月28日修改稿，批示："退陆定一同志：此件改得很好。我只作了一些小的修改，增加了两个小段，请加斟酌。"

毛泽东加的两段话是：（一）"中国革命和中国的建设，都是依靠发挥中国人民自己的力量为主，以争取外国援助为辅，这一点也要弄清楚。那种丧失信心，以为自己什么也不行，决定中国命运的不是中国人自己，因而一切依赖外国的援助，这种思想是完全错误的。但是我们在肯定这一点之后，又必须肯定另一点，即应当继续努力同苏联和一切兄弟国家团结一致，继续努力同世界上一切兄弟党、人民革命政党和广大人民群众团结一致，取得他们的同情和援助。如果我们不肯定这一点，那也是完全错误的。"（二）"我国的外交政策是以和平共处五项原则为基础的。为了缓和国际紧张局势和支援反殖民主义的民族解放运动，我国政府和人民已经做了许多有益的工作。今后还应当做更多的工作，争取世界上一切和平力量使它们更加发展，以有利于世界的持久和平，也就有利于我国的建设。为了和平和建设的利益，我们愿意和世界上一切国家，包括美国在内，建立友好关系。我们相信，这一点，总有一天会要做到的。"②

8月30日晚8时半，"八大"预备会议在中南海怀仁堂举行第一次会议。毛泽东主持会议。会议讨论并通过八大日程、会议规则、七届七中全会对八届中央委员会选举工作的建议、各代表团正副团长名单、代表资格审查委员会名单等。

毛泽东作题为《增强党的团结，继承党的传统》的讲话。毛泽东说：这次大会的目的和宗旨，总的说来，就是总结七大以来的经验，团结全党，团结国内外一切可以团结的力量，为建设伟大的社会主义中国而奋斗；这次大会应当继续发扬我们党在思想方面和作风方面的优良传统，把主观主义、宗派主义这两个东西切实反一下，此外，还要反对官僚主义；马克思主义的普遍真理一定要同中国革命的具体实践相结合，就是说，理论与实践要统一；理论与实践的统一，是马克思主义的一个最基本的原则。

在谈到选举问题时，毛泽东强调要坚持七大的正确方针，为团结和教育全党，在选举新的中央委员时，要选有代表性的犯过错误的同志为中央委员。

---

① 《建国以来毛泽东文稿》第六册，中央文献出版社，1992年1月第1版，第146页。

② 《〈毛泽东年谱（1949—1976）〉选载之二》，中央文献研究室，《党的文献》，2013年第1期，第14页。

8月31日凌晨5时，毛泽东在审阅修改八大政治报告8月22日稿中“社会主义建设”部分的修改稿后，批示：“即退胡乔木同志阅后，即送少奇同志阅。此件修改得很好。我只作了一些文字上的修改。第7页上有一个问题，请乔木注意。”

讲到国家工业化的任务，在对外方面可以在社会主义阵营之间发展充分有效的国际协作的地方，毛泽东加写道：“并且只要有可能，就发展同世界上任何愿意和我们往来的国家的通商贸易关系。”①

9月10日下午，“八大”预备会议第二次全体会议，讨论八届中央委员会候选人名单。毛泽东在会上说：“我在第五次代表大会上只有发言权，没有选举权。我这个人也是犯错误不少，但是当时他们又不讲我的错误在哪个地方，只让当个候补代表。第一次代表大会我到了。第二次代表大会我没有到。第三次代表大会（是在广州开的）又到了，被选为中央委员。第四次代表大会又没有到，丢了中央委员。大概我这个人逢双不吉利。第五次代表大会到了，当候补代表，也很好。被选为中央委员。”

毛泽东还讲：肃反时我犯了错误，第一次肃反肃错了人。②

毛泽东回顾了民主革命时期的历史经验后，讲建设不要像革命中犯那么多错误，并希望中央委员会成为科学中央委员会，旧社会留下来的高级知识分子只有10万人，计划在三个五年计划内造就100万到150万高级知识分子（包括大学毕业生和专科毕业生）。

9月13日晚上，毛泽东在中南海怀仁堂主持召开七届七中全会第三次会议。他在会上讲：政治报告，原来是10万字，一砍就是4万多，现在不到5万字了；文章可以这样写，也可以那样写，可以有第三种写法，也可以有第四种写法；我们每个重要法律，比如《共同纲领》和后来的宪法、土地改革法、农业合作社章程，都是经过了长期酝酿的，根据大家的意见，改过去，改过来；土地改革法，刘文辉都举了手，这不是偶然的；讲通了，这样办事办得快，步伐比较整齐，就团结统一了。

毛泽东说：“我在这里还要谈一下关于设副主席和总书记的问题。上一次也谈过，中央准备设4位副主席，就是少奇同志，恩来同志，朱德同志，陈云同志。另外，还准备设一个书记处，书记处的名单还没有定，但总书记准备推举邓小平同志。4位副主席和总书记的人选是不是恰当？当然，这是中央委员会的责任，由中央委员会去选举。但是要使代表们与闻，请你们去征求征求意见，好不好？对于我们这样的大党，这样的大国，为了国家的安全、党的安全，恐怕还是多几个人好。

党章上现在准备修改，叫做‘设副主席若干人’。首先倡议设4位副主席的是

① 《〈毛泽东年谱（1949—1976）〉选载之二》，《党的文献》，2013年第1期，第15页。

② 指1930年11月打“AB团”。

少奇同志。一个主席、一个副主席，少奇同志感到孤单，我也感到孤单。一个主席，又有4个副主席，还有一个总书记，我这个‘防风林’就有几道。‘天有不测风云，人有旦夕祸福’，这样就比较好办。除非一个原子弹下来，我们几个恰恰在一堆，那就要另外选举了。如果只是个别受损害，或者因病，或者因故，要提前见马克思，那末总还有人顶着，我们这个国家也不会受影响，不像苏联那样斯大林一死就不得下地了。我们就是要预备那一手。同时，多几个人，工作上也有好处。设总书记完全有必要。我说我们这些人，包括我一个，总司令一个，少奇同志半个（不包括恩来同志、陈云同志跟邓小平同志，他们是少壮派），就是做跑龙套工作的。我们不能登台演主角，没有那个资格了，只能维持维持，帮助帮助，起这么一个作用。你们不要以为我现在在打退堂鼓，想不干事了，的确是身体、年龄、精力各方面都不如别人了。我是属于现状维持派，靠老资格吃饭。老资格也有好处，因为他资格老。但是能力就不行了，比如写文章，登台演说，就不行了。同志们也很关心我们这些人，说工作堆多了恐怕不好，这种舆论是正确的。那末，什么人当主席、副主席呢？就是原来书记处的几个同志。这并不是说别的同志不可以当主席、副主席，同志们也可以另外提名，但是按照习惯，暂时就是一个主席、4个副主席。我是准备了的，就是到适当的时候就不当主席了，请求同志们委我一个名誉主席。名誉主席是不是不干事呢？照样干事，只要能够干的都干。

请同志们酝酿酝酿，看这样是否妥当。中心的目的就是为了国家的安全，多几个人，大家都负一点责任。至于秘书长改为总书记，那只是中国话变成外国话。（邓小平：我还是比较安于担任秘书长这个职务。）他愿意当中国的秘书长，不愿意当外国的总书记。其实，外国的总书记就相当于中国的秘书长，中国的秘书长就相当于外国的总书记。他说不顺，我可以宣传宣传，大家如果都赞成，就顺了。我看邓小平这个人比较公道，他跟我一样，不是没有缺点，但是比较公道。他比较有才干，比较能办事。你说他样样事情都办得好呀？不是，他跟我一样，有许多事情办错了，也有的话说错了；但比较起来，他会办事。他比较周到，比较公道，是个厚道人，使人不那么怕。我今天给他宣传几句。他说他不行，我看行。顺不顺要看大家的舆论如何，我观察是比较顺的。不满意他的人也会有的，像有人不满意我一样。有些人是不满意我的，我是得罪过许多人的，今天这些人选我，是为了顾全大局。你说邓小平没有得罪过人？我不相信，但大体说来，这个人比较顾全大局，比较厚道，处理问题比较公正，他犯了错误对自己很严格。他说他有点诚惶诚恐，他是在党内经过斗争的。

至于陈云同志，他也无非是说不行、不顺。我看他这个人是个好人，他比较公道、能干，比较稳当，他看问题有眼光。我过去还有些不了解他，进北京以后这几年，我跟他共事，我更加了解他了。不要看他和平得很，但他看问题尖锐，能抓住要点。所以，我看陈云同志行。至于顺不顺，你们大家评论，他是工人阶级出身，不是说我们中央委员会里工人阶级成分少吗？我看不少，我们主席、副主席5个人里头就有一个。请你们在代表里头酝酿一下，因为政治局委员、书记处书记、主席、副主席要一道提出一个整个的名单，要一道选。至于常委，准备就由主席、副主席和总书记组成。这不是说别的人不可以当常委，别人也可以，因为要提一个就可以有第二个，还可以有第三个，所以暂时用这么一种办法。这就是把过去的书记处变成常委，只是比过去多了一个总书记。还要设一个书记处，书记处的人数可能要多几个，书记、候补书记可以有十几个人。很多事情要在那里处理，在那里提出议案。政治局委员的名额也要扩大，不是13个，要扩大到20人左右。因为我们的中央委员会是170人，也许一百七十几。看是不是可以这样安排？今天不作决定。”①

1956年9月15日下午2时，中共第八次代表大会在北京新落成的全国政协礼堂隆重开幕。出席会议的代表1021人、候补代表86人，代表1073万名党员（是中共“七大”的9倍）。苏联、南斯拉夫、法国、意大利等50多个国家的共产党、工人党等代表应邀参加。各民主党派等代表应邀列席。在“八大”会场上，除“中国共产党第八次全国代表大会”这一横幅外，没有挂像，没有照相，也没有安排游览。所有的文件和报告（包括预备会上的报告）全都公开发表。

毛泽东致开幕词②，开幕词不到3000字，赢得掌声32次（见2011年6月23日，文献纪录片《旗帜》解说词第四集）。

刘少奇作政治报告，邓小平作《关于修改党的章程的报告》，周恩来作《关于发展国民经济的第二个五年计划的建议的报告》，朱德、陈云、董必武等在大会上作重要发言。

大会通过的中共党章，第一次写入实现“四个现代化”的内容，写了“各尽所能，按劳分配”的原则，第一次明确规定共青团是党的助手。根据毛泽东的建议，八大通过的党章，增加了一条规定：“中央委员会认为有必要的时候，可以设立中央委员会名誉主席一人。”③

大会提出：社会主义制度在我国已经基本建立起来；国内主要矛盾已经不再是工人阶级和资产阶级的矛盾，而是人民对于经济文化迅速发展的需要同当前经济文化不能满足人民需要的状况之间的矛盾，全国人民的主要任务是集中力量发展社会主义生产力。

---

① 《毛泽东文集》第七卷，人民出版社，1999年6月第1版，第110—113页。

② “八大”的开幕词，毛泽东曾起草过两个稿子，都没有写完。后来毛泽东让陈伯达起草。毛泽东认为陈伯达的稿子写得太长，扯得太远。毛泽东对他的秘书田家英说：“不要写得太长，有个稿子带在口袋里，我就放心了。”于是，田家英花了一个通宵赶写出了初稿，毛泽东看后比较满意，送刘少奇、周恩来、朱德、陈云等人征求意见，经过多次讨论，最后定稿。毛泽东致开幕词后，来到休息室，许多人称赞写得好，毛泽东对大家说：“开幕词是个年轻秀才写的，此人是田家英。”其中“虚心使人进步，骄傲使人落后”日后成为了脍炙人口的格言、毛泽东很满意的一句话。见逄先知《毛泽东和他的秘书田家英》，载《光明日报》1989年11月—1990年2月。

③ 《毛泽东传（1949—1976）》，中央文献出版社，2003年12月第1版，第521页。

大会坚持了既反保守又反冒进，即在综合平衡中稳步前进的经济建设方针。

大会强调要坚持民主集中制和集体领导制度，反对个人崇拜，发扬党内民主和人民民主，加强党和群众的联系。大会的文件中没有使用“毛泽东思想”这一提法①。

9 月 17 日，苏共代表团米高扬致贺词。他用了较多的篇幅颂扬苏联共产党的成绩、十月革命、反法西斯战争胜利的作用；他认为西欧革命的原动力来自俄国，革命中心在俄国等；他在讲话中认为，中国共产党的每一项成就、每一个进步都是根据苏联经验来的。

9 月 18 日下午 6 时，毛泽东和刘少奇、周恩来、彭德怀、邓小平、王稼祥，在中南海颐年堂会见参加中共八大的苏联共产党代表团米高扬、波诺廖夫、尤金等。

毛泽东说：对党内犯错误的人，应该采取什么态度呢？我们说，犯了错误，还是要给工作做，还是要给他饭吃，不能一棒子打倒，要给他改正错误的机会。

米高扬说：您讲的对待犯错误的人应该采取的这种正确的态度，我在 1949 年来中国时，就曾听您说过，当时给我的印象很深刻；我回到苏联后，曾经一字不掉

---

① 早在延安整风时，中央党校的学员曾就什么叫毛泽东同志的思想开展讨论时，毛泽东发表意见说：这不是我个人的思想，是千百万先烈用鲜血换来的，是党和人民集体的智慧；我个人的思想是发展的，我也会犯错误。

1943 年，毛泽东 50 岁生日，党内一些同志准备为他祝寿，并提出宣传毛泽东思想。为此，毛泽东于 1943 年 4 月 22 日在给中宣部副部长凯丰的复信中说：“生日决定不做。做生日的多了，会生出不良影响。目前是内外困难的时候，时机也不好。我的思想（马列）自觉没有成熟，还是学习的时候，不是鼓吹的时候；要鼓吹只宜某些片断去鼓吹（例如整风文件中的几件），因我的体系还没有成熟。”

新中国成立初期，面临着执政后的各种复杂和严峻的形势，毛泽东强调：“只有靠集体的政治经验和集体的智慧，才能保证党和国家的正确领导。”

1952 年 9 月 25 日，毛泽东对《人民日报》送审的国庆社论提纲草稿作了两处修改：将“这证明马克思列宁主义、毛泽东思想的无限力量”一句中的“毛泽东思想”删去；将“毛泽东思想使中国人民充满着无限胜利的信心”改为“中国共产党及其领袖毛泽东同志使中国人民充满着无限胜利的信心”。同时批示：不要将“毛泽东思想”这一名词与马列主义并提，并在宣传上尽可能不用这个名词。

1953 年 4 月 10 日，毛泽东在董必武的一封信（致彭真等）上批示：凡有“毛泽东思想”字样的地方，均应将这些字删去。同年 5 月 24 日，毛泽东在萧克报送的材料上批示：凡有“毛泽东思想”字样的地方均改为“毛泽东同志的著作”字样。同年 8 月 14 日，中共中央给中国驻越南顾问团总顾问罗贵波、副团长邓一凡的电报中原有一句话：劳动党的党章规定“以马克思、恩格斯、列宁、斯大林主义及毛泽东思想与越南革命实践的结合作为党的一切行动的思想基础和指南针”。毛泽东阅时将文中的“恩格斯”、“斯大林”、“及毛泽东思想”等字删去，批示说，应改为：以马克思列宁主义与越南革命实际相结合。”

1954 年起草中华人民共和国宪法时，毛泽东亲自删去了过分称颂他的条文，并说明：“这不是谦虚，而是因为那样写不适当、不合理、不科学”。他一再提出，不要在马列之外，再单独提毛泽东思想。

1954 年 12 月 5 日，中共中央宣传部专门发出《关于毛泽东思想如何解释》的通知，指出：“‘毛泽东思想’即是马克思列宁主义的理论与中国革命的实践之统一的思想，它的内容和马克思列宁主义是同一的。毛泽东同志指示，今后不要再用‘毛泽东思想’这个提法，再写文章做讲演需要提到毛泽东同志的时候，可用‘毛泽东的著作’等字样。”

在筹备“八大”时，毛泽东再次建议党的正式文件中，不要再用“毛泽东思想”的提法。据此，经党中央集体研究，并考虑到国际的影响，同意在“八大”主要文件中不再使用“毛泽东思想”这一提法，改为“中国共产党以马克思列宁主义作为自己的行动指南”。

地对斯大林讲过；可是当我说完了以后，斯大林并不作声，他的办法同您相反；我知道他是不以为然的。

毛泽东说：当国内只有一个党的时候，更应注意听取反面的意见。[①]

9月21日晚7时，毛泽东同刘少奇、周恩来、朱德、陈云、邓小平等，在北京饭店出席中共八大主席团招待55个国家的兄弟党代表团、代表和观察员宴会。八大主席团全体人员，七届中央委员和候补中央委员，中央各部门负责工作人员以及各省、市、自治区党委负责人作陪。

9月24日下午3时，毛泽东在政协礼堂休息室，会见参加中共八大的南斯拉夫共产主义者联盟代表团，王稼祥在座。毛泽东首先对中国共产党在1948年支持共产党和工人党情报局通过的《关于南斯拉夫共产党状况的决议》和同年11月7日《人民日报》发表《论国际主义与民族主义》一文批评南共这两件事，作自我批评。

毛泽东说：对斯大林批评是好的，它打破了神秘主义，揭开了盖子，这是一种解放，一场解放战争，大家都敢讲话了，使人能想问题、可以自由思考、独立思考了。

大会期间，周恩来对澳大利亚和新西兰代表团说：过去斯大林的观点压倒一切，现在打倒了偏见，大家的思想都解放了。

毛泽东说：在报纸上批评外国的党，成功的例子很少。

1956年9月26日下午2时，毛泽东出席中共八大全体会议。会议选举中央委员，通过《中国共产党章程》。

9月27日下午2时，中国共产党第八次代表大会召开闭幕会议。会议选举中央候补委员；通过《中国共产党第八次代表会议关于政治报告的决议》，批准刘少奇代表中共第七届中央委员会所作的政治报告；通过《中国共产党第八次全国代表大会关于发展国民经济第二个五年计划的建议》。

大会以无记名投票的方式选举出党的第八届中央委员97名、候补中央委员73名。

陈云致闭幕词。

1956年9月28日下午4时至11时，中共八届委员会举行一中全会，毛泽东主持会议。选举：

中央委员会主席毛泽东，副主席刘少奇、周恩来、朱德、陈云；政治局常委毛泽东、刘少奇、周恩来、朱德、陈云、邓小平；政治局委员毛泽东、刘少奇、周恩来、朱德、陈云、邓小平、林彪、林伯渠、董必武、彭真、罗荣桓、陈毅、李富春、彭德怀、刘伯承、贺龙、李先念，候补委员乌兰夫、张闻天、陆定一、陈伯达、康生、薄一波；中央书记处总书记邓小平，书记：邓小平、彭真、王稼祥、谭

---

① 《〈毛泽东年谱（1949—1976）〉选载之二》，《党的文献》，2013年第1期，第18页。

震林、谭政、黄克诚、李雪峰，候补书记刘澜涛、杨尚昆、胡乔木；中央监察委员会书记董必武，副书记刘澜涛、萧华、王从吾、钱瑛（女）、刘锡五。

10月1日晚上，毛泽东在中南海颐年堂会见参加中共八大的法国共产党代表团杜克洛等人，邓小平、王稼祥在座。

毛泽东说：中国是未被开垦的处女地，中国的前途是好的，但有艰苦的任务；在落后的经济基础上建设工业化国家并不容易。

毛泽东问杜克洛：你看法国政府能否摆脱美国干涉，同中国建立外交关系，在贸易上能把成套设备卖给我们，要很久还是不很久？技术和装备出口的可能性怎样？不是指一般地做生意，是说替中国设计工厂供应装备、安装装备并教会中国工人开动机器。

杜克洛说：我们在这方面可能做些推动工作。

毛泽东说：关于未取得政权国家，和平过渡到社会主义问题，共产党人总的说法有两条：第一条，我们愿意和平过渡，只要资产阶级也愿意这样，那很好；第二条，如果他们不干呢？不是要打吗？他们要打，没有办法，只有被迫回击，用暴力斗争；看样子世界上资产阶级心甘情愿走上交出政权的路是不会有的，非得在群众逼迫之下才有可能；我们提出两条，两方面都有充分理由；第一条表示我们要和平，不要战争，我们要他们和平地把政权交出来，如果光有这一条就危险，当他们不肯移交政权时怎么办？如果他还利用国家机器来镇压人民时又怎么办？所以势必要有第二条，只要人家用战争来压迫我们的时候，那就得有武装斗争。①

10月8日晚上，毛泽东在中南海颐年堂主持召开中共八届政治局常委第一次扩大会议。会议讨论书记处成员分工问题。

1956年11月10日至15日，中共八届二中全会在北京召开，出席会议的有中央委员84人、候补中央委员65人，中央地方、军队的负责人147人列席。11月10日刘少奇作《目前时局的报告》，谈到埃及、波兰、匈牙利问题和党对这些问题所采取的政策和应得的教训，提出要重视农业和轻工业，关心人民生活，扩大社会主义民主，反对干部中的官僚主义和特权思想，限制领导人的权力，加强对领导人的监督。

刘少奇在会上说："华盛顿做过总统，他也是劳苦功高吧，比我们在座的同志怎么样？他当了8年总统，又退为平民。这样的办法，我们是不是可以参考一下，也可以退为平民？"

周恩来作《关于一九五七年度国民经济发展计划和财政预算控制数字的报告》，批评了1956年的冒进倾向，明确提出了1957年的经济计划是"保证重点，

① 《〈毛泽东年谱（1949—1976）〉选载之二》，《党的文献》，2013年第1期，第21页。

适当收缩”。

陈云作《关于粮食和主要副食品问题的报告》。

毛泽东作总结性发言，讲了经济、国际关系、中苏关系、大民主与小民主四个问题。

毛泽东指出：我国发展国民经济的第一个五年计划是根本正确的，而错误则是难免的，因为我们缺少经验；成绩能够鼓励人，同时会使人骄傲；错误使人倒霉，使人着急，是个敌人，同时也是我们很好的教员。

毛泽东说：世界上，上马和下马，进和退，总是有的，哪有上马走一天不下马的道理？

毛泽东说：“要勤俭建国，反对铺张浪费，提倡艰苦朴素、同甘共苦。同志们提出，厂长、校长可以住棚子，我看这个法子好，特别是在困难的时候。我们长征路上过草地，根本没有房子，就那么睡，朱总司令走了40天草地，也是那么睡，都过来了。我们的部队，没有粮食，就吃树皮、树叶。同人民有福共享，有祸同当，这是我们过去干过的，为什么现在不能干呢？只要我们这样干了，就不会脱离群众。”

“要抓报纸。中央，各级党委，凡是出版报纸的地方，都要把办报看成大事。今年这一年，报纸上片面地、不合实际地宣传要改善人民生活，而对勤俭建国，反对铺张浪费，提倡艰苦朴素、同甘共苦这些东西，很少宣传，以后报纸的宣传重点要放到这方面来。广播电台讲的那些东西，恐怕也是从报纸上来的。所以，要把新闻记者、报纸工作人员和广播工作人员召集起来开会，跟他们交换意见，告诉他们宣传的方针。”

“有一些同志就是不讲辩证法，不分析，凡是苏联的东西都说是好的，硬搬苏联的一切东西。其实，中国的东西也好，外国的东西也好，都是可以分析的，有好的，有不好的。每个省的工作也是一样，有成绩，有缺点。我们每个人也是如此，总是有两点，有优点，有缺点，不是只有一点。一点论是从古以来就有的，两点论也是从古以来就有的。这就是形而上学跟辩证法。中国古人讲，‘一阴一阳之谓道’。不能只有阴没有阳，或者只有阳没有阴。这是古代的两点论。形而上学是一点论。现在，一点论在相当一些同志中间还不能改。他们片面地看问题，认为苏联的东西都好，一切照搬，不应当搬的也搬来了不少。那些搬得不对的，不适合我们这块土地的东西，必须改过来。”

“现在再搞大民主，我也赞成。你们怕群众上街，我不怕，来他几十万也不怕。‘舍得一身剐，敢把皇帝拉下马’。这是古人有言，其人叫王熙凤，又名凤姐儿，就是她说的。无产阶级发动的大民主是对付阶级敌人的。民族敌人（无非是帝国主义，外国垄断资产阶级）也是阶级敌人。大民主也可以用来对付官僚主义者。我刚才讲，一万年以后还有革命，那时搞大民主还是可能的。有些人如果活得不耐烦了，搞官僚主义，见了群众一句好话没有，就是骂人，群众有问题不去解决，那就一定要被打倒。现在，这个危险是存在的。如果脱离群众，不去解决群众的问题，农民就要打扁担，工人就要上街示威，学生就要闹事。凡是出了这类事，第一要说是好事，我就是这样看的。”

毛泽东说：“早几年，在河南省一个地方要修飞机场，事先不给农民安排好，没有说清道理，就强迫人家搬家。那个庄的农民说，你拿根长棍子去拨树上雀儿的巢，把它搞下来，雀儿也要叫几声。邓小平你也有一个巢，我把你的巢搞烂了，你要不要叫几声？于是乎那个地方的群众布置了三道防线：第一道是小孩子，第二道是妇女，第三道是男的青壮年。到那里去测量的人都被赶走了，结果农民还是胜利了。后来，向农民好好说清楚，给他们作了安排，他们的家还是搬了，飞机场还是修了。这样的事情不少。现在，有这样一些人，好像得了天下，就高枕无忧，可以横行霸道了。这样的人，群众反对他，打石头，打锄头，我看是该当，我最欢迎。而且有些时候，只有打才能解决问题。共产党是要得到教训的。学生上街，工人上街，凡是有那样的事情，同志们要看作好事。成都有一百多学生要到北京请愿，一个列车上的学生在四川省广元车站就被阻止了，另外一个列车上的学生到了洛阳，没有能到北京来。我的意见，周总理的意见，是应当放到北京来，到有关部门去拜访。要允许工人罢工，允许群众示威。游行示威在宪法上是有根据的。以后修改宪法，我主张加一个罢工自由，要允许工人罢工。这样，有利于解决国家、厂长同群众的矛盾。无非是矛盾。世界充满着矛盾。民主革命解决了同帝国主义、封建主义、官僚资本主义这一套矛盾。现在，在所有制方面同民族资本主义和小生产的矛盾也基本上解决了，别的方面的矛盾又突出出来了，新的矛盾又发生了。县委以上的干部有几十万，国家的命运就掌握在他们手里。如果不搞好，脱离群众，不是艰苦奋斗，那末，工人、农民、学生就有理由不赞成他们。我们一定要警惕，不要滋长官僚主义作风，不要形成一个脱离人民的贵族阶层。谁犯了官僚主义，不去解决群众的问题，骂群众，压群众，总是不改，群众就有理由把他革掉。我说革掉很好，应当革掉。”

毛泽东说：“这里再讲个达赖的问题。佛菩萨死了 2500 年，现在达赖他们想去印度朝佛。让他去，还是不让他去？中央认为，还是让他去好，不让他去不好。过几天他就要动身了。劝他坐飞机，他不坐，要坐汽车，通过噶伦堡，而噶伦堡有各国的侦探，有国民党的特务。要估计到达赖可能不回来，不仅不回来，而且天天骂娘，说‘共产党侵略西藏’等等，甚至在印度宣布‘西藏独立’；他也可能指使西藏上层反动分子来一个号召，大闹起事，要把我们轰走，而他自己却说他不在那里，不负责任。这种可能，是从坏的方面着想。出现这种坏的情况，我也高兴。我们的西藏工委和军队要准备着，把堡垒修起来，把粮食、水多搞一点。我们就是那几个兵，横直各有各的自由，你要打，我就防，你要攻，我就守。我们总是不要先攻，先让他们攻，然后来它一个反攻，把那些进攻者狠狠打垮。跑掉一个达赖，我就伤心？再加 9 个，跑掉 10 个，我也不伤心。我们有经验一条，就是张国焘跑了并不坏。捆绑不成夫妻。他不爱你这个地方了，他想跑，就让他跑。跑出去对我们有什么坏处呢？没有什么坏处，无非是骂人。我们共产党是被人家骂了35年的，无非是骂共产党'穷凶极恶'、'共产共妻'、'惨无人道'那一套。加一个达赖，再加一个什么人，有什么要紧。再骂35年，还只有70年。一个人怕挨骂，我看不好。有人怕泄露机密，张国焘还不是有那么多机密，但是没有听见因为张国焘泄露机密，我们的事情办坏了。"

毛泽东说："我赞成在和平时期逐步缩小军队干部跟军队以外干部的薪水差额，但不是完全平均主义。我是历来主张军队要艰苦奋斗，要成为模范的。1949年在这个地方开会的时候，我们有一位将军主张军队要增加薪水，有许多同志赞成，我就反对。他举的例子是资本家吃饭5个碗，解放军吃饭是盐水加一点酸菜，他说这不行。我说这恰恰是好事。你是5个碗，我们吃酸菜，这个酸菜里面就出政治，就出模范。解放军得人心就是这个酸菜，当然，还有别的。现在部队的伙食改善了，已经比专吃酸菜有所不同了。但根本的是我们要提倡艰苦奋斗，艰苦奋斗是我们的政治本色。锦州那个地方出苹果，辽西战役的时候，正是秋天，老百姓家里很多苹果，我们战士一个都不去拿。我看了那个消息很感动。在这个问题上，战士们自觉地认为：不吃是很高尚的，而吃了是很卑鄙的，因为这是人民的苹果。我们的纪律就建筑在这个自觉性上边。这是我们党的领导和教育的结果。人是要有一点精神的，无产阶级的革命精神就是由这里头出来的。一个苹果不吃，饿死人没有呢？没有饿死，还有小米加酸菜。在必要的时候，在座的同志们要住棚子。在过草地的时候，没有棚子都可以住，现在有棚子为什么不可以住？军队这几天开会，他们慷慨激昂，愿意克己节省。军队这样，其他的人更要艰苦奋斗。不然，军队就将你的军了。在座的有文有武，我们拿武来将文。解放军是一个好军队，我是很喜欢这个军队的。"①

毛泽东说：全党明年要采取整风的方法，同主观主义、宗派主义、官僚主义的倾向作斗争；我们一定要警惕，不要滋长官僚主义作风，不要形成一个脱离人民的贵族阶层；整风是在我们历史上行之有效的方法，以后凡是人民内部的事情，党内的事情，都要用整风的方法，用批评和自我批评的方法来解决，而不是用武力来解决；在人民内部，对犯错误的人，都用保护他又批评他的方法，这样就很得人心，就能够团结全国人民，调动6亿人口中的一切积极因素，来建设社会主义。

全会根据毛泽东的提议，宣布1957年下半年起全党将要开展整风运动：一整主观主义，二整宗派主义，三整官僚主义。会议还决定在全国范围内开展增产节约运动。会后，中央调整了1957年的基建投资，比1956年减少了20%。

---

① 《毛泽东文集》第七卷，人民出版社，1999年6月第1版，第162—163页。

九、文艺界

1953年9月23日至10月6日，全国文艺工作者第二次代表大会在北京举行。会前，毛泽东就大会的议程、任务、指导思想作了指示，还主持中央政治局会议讨论决定全国文联和各协会的机构人选。

会议通过了若干决议和《中国文学艺术界联合会章程》。会议根据过渡时期总路线的精神，提出：作为思想战线上重要一翼的文学艺术，在过渡时期中的基本任务，是要以文学艺术的方法促进人民生活中社会主义因素的发展，反对一切阻碍历史前进的力量，帮助社会主义基础的逐步增强和巩固，帮助社会主义改造事业的逐步完成；大会认为应将社会主义现实主义确定为过渡时期我国文艺创作和批评的最高准则。

李希凡、蓝翎，他们两位作为同班同学刚从山东大学中文系毕业，李希凡在人民大学哲学班读研究生，蓝翎在北京师范大学工农速成中学当老师。两位青年作者写信给《文艺报》，问是否可以批评俞平伯，没有答复。他们又写信给母校山东大学的教师，获得了支持。于1954年9月间，在山东大学学报《文史哲》九月号发表《关于〈红楼梦简论〉及其他》的文章，对“红学家”俞平伯的红学观点和研究方法提出批评。

俞平伯，原名俞铭衡，1900年生，1919年在北京大学毕业后先后在上海、北京等地大学任教。1922年同朱自清、郑振铎、叶圣陶、刘延陵等创办《诗》月刊。稍后以写散文、小品而闻名文坛，是一位进步的爱国学者。俞平伯自1921年开始研究《红楼梦》，1922年写成《〈红楼梦〉辨》（1923年由上海亚东图书馆出版），此书与胡适的《〈红楼梦〉考证改定稿》并称为“新红学”的代表作。解放后，他将此书删改、增订后，易名为《红楼梦研究》于1952年出版。1954年3月，俞平伯在《新建设》上发表他研究《红楼梦》成果的总结性文章《〈红楼梦〉简论》。1954年，他在香港《大公报》上连载发表了近10万字的《读〈红楼梦〉随笔》。

俞平伯研究《红楼梦》，从对各种版本的校勘、考订、追根溯源到对作品的艺术鉴赏、思想倾向评论，涉猎甚广且颇有建树，但相比较之下，对《红楼梦》思想性和社会性的研究却非其所长。

李、蓝对俞作的基本意见是：①认为俞平伯先生未能从现实生活中的发展规律去探讨《红楼梦》中反封建的鲜明倾向；②认为俞离开了现实主义的批评原则，离开了明确的阶级观点，从抽象的艺术观点出发，减低了《红楼梦》反封建的现实意义；③ 指出俞否认《红楼梦》是一部现实主义作品，因俞很明白地确认：“《红楼梦》的主要观念是色空。”

1954年9月中旬，时任中共中央宣传部电影处副处长、中央人民政府文化部电影指导委员会委员的江青到人民日报社提出，《人民日报》是否可以转载《文史哲》批评俞平伯的文章。经中央宣传部、人民日报社负责人研究，认为由党中央的机关报刊登这样的学术争论文章不太适宜。他们商定由中国文联主办的《文艺报》转载。

《文艺报》主编冯雪峰在转载时加“编者按”指出：文章作者是两个开始研究中国古典文学的青年，他们试着以科学的观点对俞平伯先生的观点提出批评，希望引起大家讨论。同时指出，作者的意见显然还有不够周密和不够全面的地方。①

毛泽东认为，李希凡、蓝翎批评俞平伯的文章，提出了一个大问题，就是在思想领域，用马克思主义观点还是资产阶级观点来指导社会科学研究，而不单单是一个纯学术问题。

1954年10月16日，毛泽东写了一封《关于〈红楼梦〉研究问题的信》：

“驳俞平伯的两篇文章付上，请一阅。这是30多年以来向所谓《红楼梦》研究权威作家的错误观点第一次认真的开火。作者是两个青年团员。他们起初写信给《文艺报》请问可不可以批评俞平伯，被置之不理。他们不得已写信给他们的母校——山东大学的老师，获得了支持，并在该校刊物《文史哲》上登出了他们的文章驳《红楼梦简论》。问题又回到北京，有人要求将此文在《人民日报》上转载，以期引起争论，展开批评，又被某些人以种种理由（主要是‘小人物的文章’，‘党报不是自由辩论的场所’）给以反对，不能实现；结果成立妥协，被允许在《文艺报》转载此文。嗣后，《光明日报》的《文学遗产》栏又发表了这两个青年的驳俞平伯《红楼梦研究》一书的文章。看样子，这个反对在古典文学领域毒害青年30余年的胡适派资产阶级唯心论的斗争，也许可以开展起来了。事情是两个‘小人物’做起来的，而‘大人物’往往不注意，并往往加以阻拦，他们同资产阶级作家在唯心论方面讲统一战线，甘心作资产阶级的俘虏，这同影片《清宫秘史》和《武训传》放映时候的情形几乎是相同的。被人称为爱国主义影片而实际上是卖国主义影片的《清宫秘史》，在全国放映之后，至今没有被批判。《武训传》虽然批判了，却至今没有引出教训，又出现了容忍俞平伯唯心论和阻拦‘小人物’的很有生气的批判文章的奇怪事情，这是值得我们注意的。

俞平伯这一类资产阶级知识分子，当然是应当对他们采取团结态度的，但应当批判他们的毒害青年的错误思想，不应当对他们投降。”②

毛泽东在信封上写下要求读这封信的人名28个：有刘少奇、周恩来、陈云、朱德、邓小平、彭真和政治局其他成员，还有中宣部、国务院有关部委负责人，文

---

① 引自《〈中国共产党历史〉第二卷（1949—1978）》，中共党史出版社，2011年1月第1版，第286页。

② 《毛泽东文集》第六卷，人民出版社，1999年6月第1版，第352—353页。

艺界、思想理论界负责人陆定一、习仲勋、胡乔木、凯丰、张际春、郭沫若、沈雁冰、周扬、丁玲、冯雪峰、何其芳、林默涵等。

毛泽东随信还附有李希凡、蓝翎的两篇文章。

10 月 18 日，中国作家协会党组召开会议，传达和学习毛泽东上述信件，与会者作初步检查。

10 月 24 日，中国作家协会古典文学部召开《红楼梦》研究座谈会，周扬、郑振铎、茅盾、冯雪峰、邵荃麟等 60 余人参加，俞平伯、王佩璋、何其芳、蓝翎、周扬等 20 余人发言。会议认为，李、蓝二人的批评具有重要意义，消除胡适派资产阶级唯心主义观点在古典文学研究界的影响，是一场严重斗争；经过斗争，将使古典文学研究工作进入一个新的阶段。会上有人为俞平伯的考据成绩辩护，担心批判俞平伯会导致忽视考据工作。此次会议之后，中宣部副部长陆定一向毛泽东和中共中央提交了《关于展开〈红楼梦〉研究问题的批判和报告》，指出此次讨论的目的，提出了讨论范围：这次讨论不应该仅停止在《红楼梦》一书和俞平伯一人身上，也不应该限于古典文学研究的范围内，而应该发展到其他部门去，从哲学、历史学、教育学、语言学等方面彻底批判胡适的资产阶级唯心论的影响。

10 月 27 日，陆定一的报告得到毛泽东和中共中央其他领导人批准并开始实施。

10 月 31 日至 12 月 8 日期间，中国文联主席团和中国作家协会主席团联合举行 8 次扩大联席会议，就反对《红楼梦》研究中胡适派资产阶级唯心论倾向和《文艺报》的问题展开讨论，认为《文艺报》的主要错误是“对于文艺上的资产阶级错误思想的容忍和投降；对于马克思主义新生力量的轻视和压制，决定改组《文艺报》编辑机构，重新成立编委会。”传达学习讨论了毛泽东这封信，作出了相应的决议。

11 月 8 日，《光明日报》登载郭沫若《关于文化学术界应开展反对资产阶级错误思想的斗争对光明日报记者的谈话》。

12 月 8 日，在文联和作协两主席团扩大联席会议上，全国文联主席郭沫若作《三点建议》和周扬《我们必须战斗》的发言。

1955 年 1 月，中共中央发出通知，宣布对俞平伯《红楼梦》研究的错误思想的批判告一段落；同时宣布开展对胡适思想的批判，此后运动转向以批判胡适和胡风为主。1955 年，作家出版社编辑、出版了《红楼梦讨论集》，共 4 集，选收了 129 篇文章。①

胡适，安徽绩溪人，出身于封建士大夫、官僚兼商人家庭。1910—1917 年官

① 1986 年 1 月，中国社会科学院举办庆贺俞平伯先生从事学术活动 65 周年大会。院长胡绳讲话说：“1954 年下半年因《红楼梦》研究而对他进行政治性的围攻，是不正确的。这种做法不符合党对文学艺术所采取的双百方针……那种做法既在精神上伤害了俞平伯先生，也不利于学术和艺术的发展。”

费留学美国，笃信实用主义、自由主义、世界主义以及美国民主政治。回国后，发展新文化运动，倡导文学革命和白话文运动。他竭力抵制马克思主义在中国的传播，与中国共产党早期领导人陈独秀、李大钊、瞿秋白等都有过论战。抗日时期，出任过北京大学校长。曾出任国民党驻美国大使。

1949 年，吴玉章等在《人民日报》发表纪念五四运动 30 周年的文章中，连带批判了胡适，这是新中国成立后大规模批判胡适的先声。1951 年 8 月，北京大学中文系、历史系召开“控诉会”，胡适昔日的同事或学生俞平伯、杨振声、顾颉刚、朱光潜等作了批判发言。国内批判胡适的文章或会议日渐增多。

1954 年 12 月 2 日，中国科学院和中国作家协会主席团联席扩大会议上，决定联合召开批判胡适的讨论会，讨论的题目分九项，每项成立一个小组分别进行批判。第一小组批判胡适哲学思想，召集人艾思奇；第二小组批判胡适政治思想，召集人侯外庐；第三小组批判胡适历史观点，召集人范文澜；第四小组批判胡适文学思想，召集人黄药眠；第五小组批判胡适哲学史观点，召集人冯友兰；第六小组批判胡适文学史观点，召集人何其芳；第七小组考据在历史和古典文学研究中的地位和作用，召集人尹达；第八小组《红楼梦》的人民性和艺术性成就及其产生的社会背景，召集人张天翼；第九小组对历来《红楼梦》研究的批判，召集人聂绀弩。联席会议成立了以郭沫若院长为主任的“胡适思想和批判讨论工作委员会”。讨论会延续到 1955 年 3 月，共举行了 21 次会议。

郭沫若同《光明日报》记者谈话说：“胡适的资产阶级唯心论学术观点在中国学术界是根深蒂固的，在不少的一部分高等知识分子中还有着很大的潜在势力。我们在政治上已经宣布胡适为战犯，但在某些人心目中胡适还是学术界的‘孔子’。这个‘孔子’我们还没有把他打倒，甚至可以说我们还很少去碰他。”[①]

12 月 8 日，联席会议的讨论会上，郭沫若发言说：“中国近三十年来，资产阶级唯心论的代表人物就是胡适，这是一般公认的。胡适在解放前被人称为‘圣人’，称为‘当今孔子’。他受美帝国主义的扶植，成为买办资产阶级第一号代言人。他由学术界、教育界而政界，他和蒋介石两人一文一武，难兄难弟，倒有点像‘两峰对峙，双水分流’。胡适根本不懂科学……他跟着他的老师美国的实用主义者杜威一道，把最基本的科学方法也作了唯心论的歪曲。”

1955 年 1 月到 3 月，中共中央先后发出《关于在干部和知识分子中组织宣传唯物主义思想批判资产阶级唯心主义思想演讲工作的通知》和《进一步在全国人民中宣传唯物主义思想和批判唯心主义思想的指示》，强调“党在思想工作中最根本的任务，就是宣传唯物主义思想，反对唯心主义思想。”为此，从 1954 年 12 月起，全国各地有组织、有计划地开展对胡适思想的批判。各高等院校纷纷举行各种讨论

---

① 《光明日报》，1954 年 11 月 8 日。

会、座谈会和批判会，各地报刊纷纷发表数以千计的批判文章，其中一小部分文章由三联书社于1955年以《胡适思想批判论文汇编》的书名出版，共8册，收入文章150篇。

李达、侯外庐、王若水、汪子嵩、孙思白等批判胡适的政治思想和立场，认为他在新文化运动中是一个改良主义者；他抗拒无产阶级领导的反帝反封建反官僚资本主义的人民革命；他不仅是共产党和马克思列宁主义的最凶恶敌人，也是和帝国主义一个鼻孔出气的出卖祖国的最无耻卖国贼。

艾思奇、胡绳、孙定国、金岳霖、任继愈等批判了胡适的哲学思想，即他实用主义的世界观、真理观、历史观及实用主义的美学、教育学和心理学，认为他用实用主义对抗辩证唯物主义，用唯心史观对抗唯物史论，用改良主义对抗阶级斗争学说和社会革命论，用个人主义对抗集体主义，否认真理的客观性，否认自然和社会发展规律的可知性，他的全部思想的哲学基础就是主观唯心主义。

何其芳、游国恩、蔡仪、王瑶等批判了胡适的文学思想和文学史观点，认为胡适的文艺理论是反现实主义的极端形式主义；歪曲中国文学史，在古典文学研究中制造混乱；抹杀祖国优秀文化遗产，宣传民族文化虚无主义，一味崇拜西方文化，竭力鼓吹“全盘西化”，是十足的文化买办。

范文澜、黎澍、嵇文甫、周一良等批判了胡适的历史观点和研究方法，认为胡适多元的唯心史观根本否认历史发展规律，根本看不到人民群众在历史发展中的决定作用；抹杀阶级斗争，其治学方法是反历史的、反科学的。

一些过去与胡适过从甚密或深受其思想和治学影响的著名学者，如罗尔纲、周汝昌、冯友兰、贺麟等纷纷撰文，既批判胡适，又检讨了自己。

胡风，原名张光人，又名张光莹，湖北省蕲春县人，1902年出生，20年代初即接触新文学运动，1927年加入共青团。1929年在日本留学期间参加反战同盟并加入日本共产党。30年代中期结识鲁迅、冯雪峰等人，先后担任左翼作家联盟宣传部长，书记。1937年抗日战争爆发后，他先后创办和主编《海燕》、《七月》、《希望》等文艺刊物，发表了大量进步作家包括延安革命根据地作家的作品，在大后方的进步青年中有相当的影响。胡风的主要成就是文艺理论批评，共出版了8本文艺理论批评集。他通过编刊物和文艺批评，培养和扶植了一批作家，形成了自己的文学流派和创作理论。他的著名观点是：“到处有生活”、“写真实”和“主观战斗精神”。

胡风与周扬、夏衍等中共左翼文化领导人在20世纪30年代就积有矛盾，争论由来已久。在抗战时期的重庆，中共南方局领导下的一些文化界的中共党员和进步作家也对胡风提倡的“主观战斗精神”的文艺思想提出过批评。但是胡风一直坚持自己的意见。1946年全面内战爆发，一批在南京、上海等地从事文化宣传工作的共产党员和进步人士转移到了香港，在检讨国统区文艺工作时，对胡风文艺思想进行了批评，胡风对此很反感。

新中国成立后，胡风任中国文学艺术界联合会委员、中国作协常委，著有抒情长诗《时间开始了》、特写集《和新任务在一起》、杂文短记《从源头到洪流》、长诗《为了朝鲜·为了人类》。他的文艺思想继续与周扬等人相左。周扬是主管宣传文艺的领导人，对新中国充满热情的胡风感觉自己被压抑、被边缘化了。1951 年起，一些人给《文艺报》写信，要求再次批评胡风的文艺思想。

关于对胡风文艺思想的不同认识，1951 年底，周恩来曾约胡风谈过一次话，批评他也有点宗派主义。并提出，要合作，不合作不好，工作得大家一起做；关于30 年代文艺问题，可找周扬好好谈谈，可能的话，开个小型座谈会；现在中央很忙，主要抓大事，抓经济，抗美援朝，来不及抓文艺；中央非常需要了解文艺情况，你可以写个材料给中央，谈你对文艺的看法。此后，胡风一直考虑上书中央，系统反映文艺问题，解释自己的思想。

1952 年 7 月，周扬通知胡风到北京参加关于讨论胡风文艺思想的会议。9 月 6 日至 12 月 16 日，这个讨论会先后召开 4 次，实际上开成了对胡风思想的批判会，周扬在会上指出，胡风在文艺理论上是反党的“路线”。

1953 年 1 月 29 日，由中宣部文艺处副处长林默涵向北京各文艺团体负责人作报告，介绍批评胡风文艺思想的经过情形。1 月 30 日，《文艺报》第二期发表林默涵题为《胡风的反马克思主义的文艺思想》文章，指出胡风文艺思想的主要错误是：非阶级观点，否认思想改造；否定民族文化。文章结论指出：胡风的文艺思想“是一种实质上属于资产阶级、小资产阶级个人主义的文艺思想，它和马克思主义的文艺思想、和毛泽东同志的文艺方针没有任何的相同点；相反地，是反马克思主义的、反社会主义现实主义的。”1 月 31 日，《人民日报》加编者按转发了这篇文章。

2 月 15 日，中宣部向周恩来和中共中央报送了《关于批判胡风文艺思想经过情况的报告》，称胡风文艺思想完全是反马克思主义文艺思想。

《文艺报》第三期发表北京大学研究所副所长何其芳的长文——《现实主义的路，还是反现实主义的路?》，公开批评胡风文艺思想。

1953 年 2 月 25 日，有一位参加听取林默涵报告的人，写信向毛泽东反映情况，说批评胡风文艺思想使他不理解，感到压抑和苦恼。3 月 4 日，毛泽东当即将这封信批给中宣部副秘书长熊复调查核实。4 月 8 日，熊复报告毛泽东说：林默涵和何其芳批评胡风文艺思想的文章发表后，文艺界一般反映这个批评是正确的、中肯的。

1953 年 9 月，召开第二届文代会，胡风应邀参加会议，并继续当选中国作协理事和文联委员，但挨批的处境没有改变。胡风认为，这主要是由于他与处于领导地位的周扬等人有历史纠葛，现在周扬等人在整他。胡风认为周扬等人的所作所为正如中共七届四中公报（《人民日报》1954 年 2 月 18 日发表）所批评的那样，在中国新民主主义革命胜利后，党内一部分干部滋长着一种极端危险的骄傲情绪，忘记了共产党员必须具有的谦虚态度和自我批评精神，夸大个人作用，强调个人的威信，自以为天下第一，只能听人奉承赞扬，不能受人批评监督，对批评者实行压制和报复，甚至把自己所领导的地区和部门看做个人的资本和独立王国。

1954 年 3 月至 7 月，在路翎、徐放、谢韬、绿源的积极参与下，胡风完成了 30 万字的《关于几年来文艺实践情况的报告》。7 月 22 日，胡风通过当时负责文教工作的习仲勋向中共中央及毛泽东、刘少奇、周恩来呈送了他的报告和一封信。

胡风的报告分 4 部分：①详细陈述了自 1949 年以来他受到的种种打击，指责周扬等将他视为文艺界的“唯一的罪人或敌人”；②集中反驳林默涵、何其芳的两篇文章，并阐明自己的观点；③对几年来涉及自己的一些重要问题作了解释和说明；④参考建议，草拟出作家协会的组成、工作程序、刊物存在的方式、戏剧的组织等业务上的安排办法。

1955 年 1 月，中国作家协会主席团公开印发胡风给中央报告的部分内容，并由此写了一个文字说明送毛泽东审阅。经毛泽东修改后的内容是：胡风在 1954 年 7 月向中共中央提出一个关于文艺问题的意见的报告，经中共中央交本会主席团处理；本会主席团认为该报告中关于文艺思想部分和组织领导部分，涉及当前文艺运动的重要问题，主要是针对着 1953 年《文艺报》刊载的林默涵、何其芳批判胡风资产阶级文艺思想的两篇文章而作的反批判，因此应在文艺界和《文艺报》读者群众中公开讨论，然后根据讨论结果作出结论；现在决定将胡风报告的上述两部分印成专册，随《文艺报》附发，供读者研究，以便展开讨论；为便于读者研究，将林默涵、何其芳的两篇文章也重印附发。

1 月 15 日，毛泽东在周扬关于胡风谈话情况的报告上又写了：应对胡风的资产阶级唯心论，反党反人民的文艺思想，进行彻底批判，不要让他逃到小资产阶级观点里面躲藏起来。

中央宣传部经过研究，于 1 月 20 日向中共中央报送了《关于开展批判胡风思想的报告》。指出：胡风披着马克思主义的外衣，长时期内进行着反党反人民的斗争，必须加以彻底批判。要求各级党委把它作为工人阶级与资产阶级之间的一个重要斗争来对待。

报告指责胡风认为提倡共产主义世界观，提倡作家到工农兵生活中去，提倡思想改造，提倡民族形式，提倡写革命斗争的重要题材，是插在读者和作家头上的“五把刀子”。

认为胡风报告的其他部分，主要是对宣传、文艺工作方面许多党员负责同志，特别是对周扬同志的恶毒攻击，所讲的许多事实是捏造，不符合事实的，以污蔑和挑拨离间为目的。

报告提出，在批判胡适、俞平伯的资产阶级唯心论的同时，对胡风的资产阶级文艺思想进行彻底的批判，是十分必要的。

对胡风文艺思想的批判，自1955年2月1日在报纸上全面展开。

1955年4月，作家舒芜将胡风1943年至1950年写给他的信交给前来约稿的编辑。周扬和林默涵决定将这批信由舒芜整理分类，配合胡风上送的检讨准备一并在《文艺报》上发表。

5月初，中共中央宣传部和公安部组成胡风问题专案组，集中在全国调查胡风等人的历史，收集他们的信件。

5月9日，有关方面将舒芜整理出的信和胡风的检讨《我的自我批判》，送毛泽东审阅。毛泽东改写了编者按语，并把题目由《关于胡风小集团的一些材料》改为《关于胡风反党集团的一些材料》于11日退还周扬，指示在《人民日报》发表，然后由《文艺报》转载。

5月13日，《人民日报》发表由舒芜整理的1943年至1950年给他的信件材料，并冠以《关于胡风反革命集团的一些材料》的标题。5月24日、6月10日《人民日报》又接连发表了第二批、第三批材料。毛泽东为这三批材料写了编者按语。6月15日，《人民日报》编辑部将这三部材料汇集成单行本，定名为《关于胡风反革命集团的材料》，毛泽东写了序言。

5月17日凌晨，胡风及其夫人梅志被捕。

5月18日，全国人大常委会批准将胡风逮捕。

在胡风被捕前后相继被捕的，北京有路翎、牛汉、徐放、绿原（中宣部）、谢韬（人大马列主义教研室副主任）、刘雪苇（前上海市文教局长）、鲁煤等；天津有阿垅、鲁黎、芦甸等人；上海有贾植芳、任敏、张中晓、耿庸、王戎、何满子、罗洛、王元化、彭柏山（前上海市委宣传部长）、李正廉、顾正南、许思华、罗飞、张禹、梅林、满涛等人；南京有化铁、欧阳庄等人；杭州有方然等人；湖南有彭燕郊等人；湖北有曾卓、郑思等人。

在全国的清查中，共触及2100余人，逮捕92人，隔离62人，停职反省73人，1956年底正式定为胡风集团分子78人（其中，共产党员32人），其中划为骨干分子23人。78人中给予撤销职务、劳动教养、下放劳动等处理的61人。①

---

① 经中共中央批准，1965年判处胡风有期徒刑14年，剥夺政治权利6年；1966年判处阿垅、贾植芳有期徒刑12年；1人另案处理；其余人员免于起诉，给予撤职、降级、另行安置工作的处理。1965年底，胡风假释出狱。1969年，胡风被加判无期徒刑，收监关押。1978年底，撤销对胡风的无期徒刑的判决，宣布释放。胡风对1965年的判决不服，于1979年4月向中共中央申诉。最高人民法院、最高人民检察院、公安部对胡风一案进行了复查。

1980年7月21日，三单位党组向中共中央作了“胡风不是反革命分子；也不存在一个以胡风为首的反革命集团。胡风反革命集团一案属错案错判”，建议对此案予以平反。9月19日，中共中央批准了这个复查报告。中央决定：凡定为胡风反革命分子的一律改正，恢复名誉；凡因此受到株连的要彻底纠正。指出，造成所谓“胡风反革命集团”这件错案的责任在中央。

1985年6月5日，胡风病逝，1986年1月15日举行追悼会，文化部部长朱穆之作悼词，称他是“我国现代革命文艺战士、著名文艺理论家、诗人、翻译家”。1988年6月，经中共中央政治局常委会讨论决定，6月18日中央办公厅发出《关于为胡风同志进一步平反的通知》。

中共七届四中全会揭露了高岗、饶漱石分裂党的非组织活动以后，对他们的问题作了进一步的审查。在揭发饶漱石主持华东地区工作中的错误时，提出他在镇压反革命问题上，片面地强调宽大，片面地强调依靠公安机关的搜捕和“以特制特”，不认真执行党的依靠和发动群众镇压反革命的方针，犯有右倾错误。1954 年 12 月 31 日，上海市公安局长杨帆被扣押受审，1955 年 4 月 12 日被正式逮捕。1955 年 4 月 3 日，上海市副市长兼市人民政府中共党组书记（主持日常市政工作）潘汉年被逮捕关押审查。1955 年 7 月 17 日，上海市各大报纸及北京的《光明日报》在头版用大号铅字登载：原上海市副市长潘汉年、上海市公安局长杨帆因犯反革命罪被逮捕。

杨帆，原名石蕴华，又名殷杨、扬帆，江苏省常熟县人，1912 年出生在一个破落的书香门第（他的曾祖父是个画家，祖父是个数学家，父亲是个诗人）。1932 年考入北京大学文学院，在大学读书时就经常在报纸上发表诗词、散文、杂文，以资学费。大学期间，他结识了同学中的共产党员唐守愚，并参加了“左联”。“一二·九”运动中，杨帆是北大同学会的执委和纠察队长，又是学生剧团的演员和导演。1936 年 7 月自北大毕业后，杨帆到南京国立戏剧专科学校工作，此时，与上海、南京的中共党组织联系密切。1937 年初，杨帆因受到国民党特务的监视，被迫出走去上海（改名为殷杨），由唐守愚（唐负责上海中共文化部门的地下工作）介绍他参加上海文化界救国会的工作，并加入中国共产党。1937 年冬共产党军队撤离上海后，杨帆兼做调查日伪活动情况的情报工作，一再受到表扬。1939 年初，新四军皖南军部要求上海地下党动员一批进步青年去皖南参加新四军。经副军长项英和政治部袁国平的要求，杨帆留在了新四军军部做秘书工作（改名为杨帆）。此间，项英向杨帆间接问及蓝苹（江青）在上海的情况，杨帆把他所知道的蓝苹在上海时的政治思想上和生活上的表现都如实地讲了。项英叫杨帆给中央写了报告。项英还专门为此事打了电报给中央，但落在了康生手里。1940 年夏天，杨帆调到新四军军法处任科长。1941 年 1 月，国民党制造“皖南事变”，杨帆从敌人的重重包围中，和胡立教一起从石井坑突围了出去，第一批到达苏北盐城新四军新军部，任军部军法处副处长兼盐阜区行政公署的保安处长。还负责为华中局和军部的一些高级领导人曾山、赖传珠等补习文化课。1943 年 10 月，在康生搞“抢救失足者运动”中，延安有个南京国立戏剧专科学校的学生，被“抢救”成“特务”后，说是杨帆介绍他加入特务组织的。康生以中央保卫部的名义，打电报给华东局，让立即逮捕、审查杨帆。华中局书记兼新四军政委饶漱石向全军宣布，抓了一个埋藏很深的内奸——杨帆，将他戴上脚镣和手铐。杨帆清楚，那位青年是清白的，是自己介绍他加入中共领导的救国会和读书会。杨帆被关押期间，华中局情报部长潘汉年回到淮南根据地参加审查此案。后来延安那位青年推翻了原供。杨帆向潘汉年吐露，这次冤狱可能和自己向中央反映蓝苹的情况有关。延安被冤屈的同志被陆续平反后，杨帆也在被关押、审讯 10 个月后得到平反昭雪。出狱后仍恢复在保卫部门的工作。1949 年 5

月，上海解放后，杨帆担任了上海市公安局副局长，1950年任局长。1953年，杨帆被组织上安排去苏联治病。在莫斯科应蔡畅之约，去探望正在苏联休养的江青。通过谈话，使江青证实了杨帆就是知道她底细的殷杨。

潘汉年，江苏省宜兴县人，1906年1月18日出生于一个破落的书香门第家庭，1923年参加进步文艺运动，1925年加入中国共产党。第一次国内革命战争中，先后任《革命军日报》总编辑、国民革命军总政治部宣传科长。1927年以后在上海坚持革命文化活动，1929年、1930年期间，任中共中央宣传部文化工作委员会书记、左翼文化总同盟中共党组书记。1931年后，任中共中央保卫部门的领导人之一。1933年夏，到中央革命根据地，先后任中央苏区中央局宣传部部长、赣南省委宣传部部长。1933年秋后至1934年5月间，他先后被中央委派为中央苏维埃和中国工农红军的代表与福建省蔡廷锴、蒋光鼐的第十九路军、广东省的陈济棠进行谈判，为和国民党地方实力派建立反蒋的抗日统一战线做出了贡献。1934年10月，调任中国工农红军政治部宣传部长兼地方工作部部长，参加长征。1935年1月，遵义会议结束后，被中共中央派往国外做联络工作，他经上海、香港，到达莫斯科，作为共产国际的中共代表同国民党驻苏武官邓文仪进行秘密谈判。同年7月代表中国共产党出席了在苏联召开的共产国际第七次代表大会。1936年4月，潘汉年奉命回国，到南京同国民党谈判，停止内战，合作抗日。8月到陕北向党中央汇报。9月任中共上海办事处主任，遵毛泽东之嘱，将毛泽东9月18日给宋庆龄的信，面交宋庆龄，代表中共中央与宋庆龄建立了联系。10月，潘汉年受周恩来之托，代表中共与陈立夫、张冲等国民党要员谈判第二次国共合作。“西安事变”后，潘汉年又受中央指示到南京会见宋子文、宋美龄，陈述中共的建议和抗日主张。1937年初，潘汉年随周恩来去杭州与蒋介石就红军改编、联合抗日等问题进行秘密谈判。1937年9月，潘汉年任八路军驻上海办事处主任，利用合法地位，在上海进行广泛的抗日统一战线工作。1937年12月，上海沦陷后，他又奉命转移到香港参加南方工作委员会工作，此间他代表中央领导对敌隐蔽斗争和开展统战工作，多次为党取得重要战略情报。1941年12月，“太平洋事变”后，中央决定调潘汉年到华中局工作，同时把江苏省委机关也全部迁入淮南抗日根据地。1942年秋冬间把省委领导干部陆续撤退了出去，为了确保路上的安全，潘汉年利用了一些特殊关系（伪装的两面派人物），从未发生过问题。1943年时任中共华东局情报（社会）部长。1949年夏到1955年春历任中共中央华东局和上海市委社会部长、统战部部长，中共上海市委常委、副书记、第三书记，上海市副市长兼市人民政府中共党组书记。当选为第一届全国人民代表大会代表、政协全国委员会委员、上海市政协主席和华东军政委员会委员。

1954年，华东地区批判“高饶反党联盟”问题，在华东局的揭批会议上，就有人提出潘汉年和杨帆同饶漱石有“密切关系”，把矛头直接指向潘汉年、杨帆两人。

1954年9月，中共上海市公安局党组根据华东局和上海市委的指示，集中全局科以上干部开会，揭发杨帆在市公安局工作期间犯的错误。10月，上海市公安局党组根据会议揭发的材料，向公安部报告杨帆的主要错误是：①在反特斗争、镇压反革命方面，一贯阳奉阴违、割裂歪曲党中央和毛主席历次有关镇反的方针政策及各个时期的重要指示，甚至狂妄到公开抵制和抗拒，使镇反斗争无法贯彻，拖延了社会改革、改造工作的顺利进展。②在对待组织干部和干部政策方面，千方百计地将一大批敌特反革命重要骨干分子用于内部，授予大权；并与饶漱石相互利用，抵制中央和华东局，培植个人势力，搞独立王国。

1942年潘汉年在建立交通站时，曾利用过一个弃暗投明的汪（精卫）伪人员作掩护。此人对中共党、政人员进出根据地是立了功的。1949年南京解放后，这人找到杨帆，想让安排工作。提出给以立功赎罪的机会，请求在上海解放后，能在公安局帮助肃反工作。杨帆向饶漱石请示，饶漱石两次电告中共中央社会部。经中央批示，这人随军到了上海，帮助肃反，为清除潜伏敌特，提供了许多破案的线索和情报，破获了许多历史反革命分子、现行特务，缴获了不少武器、电台等；后来，此人被任命了一个重要的职务（但没有给逮捕人的权力）。揭发中说杨帆把3300个特务放进了公安机关——事情缘由是，一次有个干部对杨帆开玩笑说杨帆能利用各种社会关系，像孟尝君门下有食客3000一样多，有人说，杨帆比孟尝君还多300人。这样，经引申，给了杨帆一个很大的罪名。预审10年后，1965年8月，杨帆以"反革命"罪被判处有期徒刑16年。1975年8月，杨帆被押送到湖北荆门县沙洋劳改农场"安置"[①]。

1963年1月9日，最高人民法院对潘汉年的判决是：1936年潘汉年在国共谈判中投降国民党；1940年前后投靠日本特务机关和秘密会见汪精卫；在上海解放后，掩护大批反革命分子并向台湾供给情报，引起1950年2月6日台湾国民党飞机对上海杨树浦电厂的轰炸。根据这三条罪名，认定潘汉年是"长期暗藏在中国共产党和国家机关内部的内奸分子"，判处有期徒刑15年，剥夺政治权利终身，随即假释，与妻子董慧一起安置在北京团河农场。1967年5月22日又被收监。1970年中央专案室报经中共中央批准，决定将潘汉年永远开除出党。改判无期徒刑。1977

① 1980年4月，杨帆冤案初步平反：原判认定的事实失实，定性不准，判处不当，撤销1965年的判决书，宣告杨帆无罪释放。1983年8月，有关部门作出结论，杨帆同志长期从事革命保卫工作，对党是忠诚的，对革命事业卓有贡献；解放后，在上海市公安局任职期间，出色地完成了党赋予的各项保卫任务，在打击敌人和保卫人民方面做出了显著成绩，过去认定杨帆同志是内奸、反革命分子问题，均不是事实，应予否定；1955年对杨帆同志的隔离、逮捕、判决都是错误的；杨帆蒙冤20多年，应予平反，恢复名誉和消除影响。

年 4 月 14 日蒙冤病故①。

此案株连极广，如浙江省省长沙文汉被宣布是“浙江第二潘汉年”，上海市委秘书长王尧山被开除党籍，作家关露、新闻界人士恽逸群被关押摧残致死。

1955 年 7 月 1 日，中共中央发出《关于展开斗争肃清暗藏的反革命分子的指示》，指出：“高饶集团、潘杨集团、胡风集团的揭露，仅仅是我们肃清暗藏的反革命分子的斗争的开始，而不是这个斗争的终结。正确的估计应当是，在很多部门，在很多地方，大量的暗藏的反革命分子是还没有被揭露和肃清的。”中共中央决定，在全国大张旗鼓地进行一个广大的肃清暗藏的反革命分子的运动，目的是：①教育全党和全国人民，首先是教育 500 万知识分子和干部，提高对反革命分子的警惕性；②利用胡风事件，在全国各个工作部门和各条战线上，经过坦白检举，查出一批暗藏的反革命分子，并取得线索，为今后镇反和干部审查、清理作好准备。

这次内部肃反分两批进行，1955 年 7 月，中央机关、各省、市、自治区和军队共有 570 多万人参加，1956 年 7 月结束；1956 年主要在县区干部，工厂、矿山中的职员，中小学教职员，医疗卫生机关的医务人员中进行，共有 860 万人参加，1957 年底结束。

通过运动，从党和国家机关、军队内部清查了一批反革命分子，同时弄清了一些干部的政治历史问题。但由于对敌情估计严重，有些问题的政策界限不清，发生了斗争面过宽和“逼、供、信”的偏向。运动后期进行了复查和甄别。

---

① 对于把潘汉年定为“内奸”，中共党内一直有人表示怀疑。1980 年，廖承志在党内的一次会议上发言，我认为潘汉年的问题可能是个冤案；他的对敌斗争经历，党中央和中央主要领导人都是知道的；我敢肯定他不是叛徒，因为他对上海、广东、香港地下党的情况很清楚，这些地方的地下党没有任何一个机构因为他而遭到破坏；我正式严肃地建议中央对此案要重新审查。1981 年 3 月，中共中央责成中央纪律检查委员会复查潘案。中央纪委详细研究了公安部、最高人民检察院、最高人民法院以及原中央专案办公室关于此案的全部材料，查阅了中央档案馆、中央主管部门的有关历史档案，调查了几十位过去与潘汉年一起工作过的同志。1982 年 8 月 23 日，中共中央发出《关于为潘汉年同志平反昭雪、恢复名誉的通知》，对潘汉年的一生作出了实事求是的高度评价。通知全面否定了 1963 年加给潘汉年的 3 条罪名：1. 在 1936 年、1937 年间，潘汉年是我党同国民党谈判的正式代表，在整个谈判过程中，他是坚决地按党中央的方针行事的，无任何事实证明，潘汉年有勾结国民党给我党造成危害的行为。2. 潘汉年根据中央和主管部门的指示，在敌占区利用各种社会关系，打入敌伪组织内部开展工作，他执行特殊任务所采用的一些特殊手段，都是组织上允许的，而且很有成效，多次受到中央的表扬。至于“秘密会见汪精卫”问题，查明是在执行任务中，被伪江苏省长、特务头子李士群突然挟持下发生的，当时已不可能向组织请示，潘与汪见面后，我党在政治上未受到任何损害。3. 上海解放后，敌人的“二六”轰炸，经复查，事实上不存在所谓“掩护反革命分子”问题，当时破获的国民党“军统”特务潜伏的电台，与潘汉年毫无关系。

为此，中共中央郑重宣布：“把潘汉年同志定为‘内奸’，将其逮捕、判刑、开除党籍，都是错误的。这是建国以来的一大错案，应予彻底纠正……撤销党内对潘汉年同志的原审查结论，并提请最高人民法院依法撤销原判，为潘汉年同志平反昭雪，恢复党籍；追认潘汉年同志的历史功绩，公开为他恢复名誉。”

十、知识分子会议

1955年11月23日，毛泽东召集中央书记处全体成员刘少奇、周恩来、朱德、陈云和中央有关方面负责人会议，进行商讨，决定采纳周恩来的意见，不失时机地在全面社会主义建设即将到来的历史转折关头，召开全面解决知识分子问题的会议。并决定成立由周恩来负总责，彭真、陈毅、李维汉、徐冰、张际春、安子文、周扬、胡乔木、钱俊瑞参加的中共中央研究知识分子问题10人小组，下设强有力的办公室进行会议的筹备工作。

11月24日，在中共中央政治局召集的有各省委、自治区党委负责人参加的关于资本主义工商业改造座谈会上，周恩来专门布置了各地开展调查研究知识分子问题的工作，要求各地在12月下半月先召开一次知识分子问题会议，并要求各地也成立一个领导小组。

为了知识分子会议的召开，周恩来首先抓了调查研究。1955年11月下旬，他邀请中国科学院、建筑工程设计院、北京大学、清华大学、北京医学院、中国戏剧学院等具有代表性的一些单位有关人员座谈，并对统战部、北京市送的调查材料加以分析研究，写出了解决知识分子工作条件、社会活动过多与兼职过多、待遇问题、发展党员问题等11个专题报告。

11月30日，周恩来起草《知识分子问题》提纲，审定了《关于收集知识分子问题材料的题目单》。在此基础上，周恩来要求有关部门将苏联、美国、英国、法国、日本等国科技发展状况，同我国科技比较，研究改变这一落后面貌的方针和方法。

12月5日，在中共中央召开的各省市负责人会议座谈会上，周恩来说，自己正在考虑三个问题，一是政府的组织形式，二是工资问题，三是知识分子问题。这三个问题中，他最重视的是知识分子问题。

1956年1月14日下午3时，中共中央关于知识分子问题会议在中南海怀仁堂开幕。出席会议1279人。有：在京的57位中央委员、候补委员，各省市委、自治区党委和27个省辖市市委书记或副书记，以及这些省市委、自治区党委所属组织部、宣传部、统战部的负责人，全国重要高等院校、科研机关、设计院、厂矿、医院、文艺团体和军事机关党组织的负责人。会议主席刘少奇宣布大会正式开幕。周恩来代表党中央作报告。周恩来指出：我国知识分子中间的绝大部分已经成为国家工作人员，已经为社会主义服务，已经是工人阶级的一部分；应该在知识分子中大量吸收党员，争取在1962年做到党员占高级知识分子的三分之一左右。

1月20日，会议结束那天，毛泽东到会讲话说：知识分子中间的落后分子也是可以改变的，党要加强领导；现在我们革什么的命，革没有文化、愚昧无知的命，没有知识分子是不行的，单靠老粗是不行的；所以叫技术革命、文化革命；搞技术革命，没有科技人员不行，这一点，要向全体党员进行深入的教育；我们国家大，人口多，资源丰富，地理位置好，应该建设成为世界上一个科学、文化、技术、工业各方面更好的国家；中国要培养大批知识分子，要有计划地在科学技术上赶超世界先进水平，先接近，后超过，把中国建设得更好。

1 月 25 日，毛泽东在最高国务会议第六次会议上说："我国人民应该有一个远大的规划，要在几十年内，努力改变我国在经济上和科学文化上的落后状况，迅速达到世界上的先进水平。为了实现这个伟大的目标，决定一切的是要有干部，要有数量足够的、优秀的科学技术专家。"

为更好地了解这个科技发展现状与世界先进水平之间的差距，毛泽东、刘少奇、周恩来、陈云等党和国家领导人在中南海怀仁堂集体听了中国科学院吴有训、竺可桢、严济慈、潘梓年等科学家的学术报告。

2 月 24 日，中央政治局举行会议，依据周恩来的报告和毛泽东的讲话，做出了《中共中央关于知识分子问题的指示》；正式批准将 10 人科学规划小组改组为科学规划委员会。3 月 14 日，国务院科学规划委员会成立。

1956 年 2 月 22 日，周恩来审阅批准了争取留学生回国工作组《关于争取尚在资本主义国家留学生回国问题的报告》，中共中央为转发这个报告写了批示。报告指出："根据总理关于大量争取留学生回国参加建设、今年内至少争取一千人回国的指示，我们认为对在资本主义国家的留学生应采取普遍争取的方针，但重点应放在美国。"

1956 年四五月间，中共中央先后转发了中央组织部《关于在知识分子中发展党员计划的报告》、《关于高级知识分子入党情况的报告》和中央统战部《关于解决高级知识分子中一部分人社会活动过多和兼职过多的意见》等文件。

5 月 26 日，周恩来在中南海怀仁堂举行盛大酒会，招待参加全国科学规划工作的 300 多位科学家，勉励他们努力开展科学研究，学习苏联其他一切先进国家的科学技术，争取在 12 年内使我国重要和急需的科学技术部门接近和赶上世界先进水平。周恩来对留学西方国家的科学家说，我们反对资本主义国家的政治和社会制度，但对资本主义国家的先进科学应该虚心学习。

7 月 20 日，国务院转发了由研究和改善高级知识分子工作条件小组提出的《关于高级知识分子工作条件问题的情况和意见》，以及关于这个文件的通知。在周恩来总理过问下，高级知识分子（教授、研究员）的最高工资由每月 253 元，提高到 364 元，增幅为 43.9%。

1956 年 12 月，经过全国 23 个单位 787 位科学家半年多积极工作，还邀请 16 名苏联各学科的科学家协助规划的拟定和审议，《中华人民共和国 1956—1967 年科学技术发展远景规划纲要（修正草案）》诞生。《纲要》共确定 57 项国家重要科学技术任务和 616 个中心问题。对于某些重要而又紧迫的任务，采取了特殊的紧急措施。主要是，发展计算机、半导体、无线电、自动化和远距离操纵技术及原子能、喷气与火箭，共 6 项。还部署了两个最重大项目：原子能与导弹。

1958 年 11 月 23 日，全国人大常委会批准国务院报告，决定将国务院科学规划委员会与国家技术委员会合并，成立国家科学技术委员会，中央任命聂荣臻任主任。

12 年科技发展远景规划的主要任务，于 1962 年完成。提前了 5 年。

十一、百花齐放、百家争鸣

1950 年 11 月，新中国召开第一届戏曲工作会议，会上有人提出戏曲应该“百花齐放”。周扬认为这个提法很好，向毛泽东作了汇报。1951 年 4 月 3 日，中国戏曲研究院成立，毛泽东应梅兰芳之请，为建院题词，写了“百花齐放，推陈出新”。

1953 年，中宣部约请史学家翦伯赞、邵循正、胡华撰写《中国历史概要》，请示毛泽东如何解决一些有争议的问题。毛泽东回答说：“把稿子印发全国历史学家讨论，实行百家争鸣。”

1953 年，中央决定要中宣部就中国历史问题、中国文字改革问题、语言教学问题 3 个委员会加以研究。中央批准了中宣部提出的委员会名单。要毛泽东批示，由中宣部副部长兼中国社会科学院副院长陈伯达任委员会主任。陈伯达向毛泽东请示历史研究所工作的方针，毛泽东说要“百家争鸣”。随后，陈伯达在讨论增设历史研究所、出版《历史研究》杂志和加强历史研究等有关事项的会议上，对刘大年和尹达说，办刊物必须“百家争鸣”，以前有军阀、财阀、学阀，你们办刊物不要当“杂志阀”；什么叫“杂志阀”？就是只发表与自己观点相同的文章，不发表观点不同的文化，那不好，要“百家争鸣”，这是一个方针问题，刊物要照这个方针去办。

1955 年九十月间，陆定一向毛泽东请示中共党史编写问题的意见，毛泽东又回答说：百家争鸣。有个单位的同志要中宣部对某个学术问题先作一个结论，再进行学术批评。为此，陆定一向毛泽东请示。毛泽东说，让马克思来当中宣部部长，让恩格斯当中宣部副部长，再加一个列宁当副部长，也解决不了那么多的学术问题；学术问题就是要百家争鸣。

1956 年 1 月，知识分子会议上，陆定一在发言中说：在学术、艺术、技术发展上，我们不要做盖子；学术、艺术和技术问题，应该放手发动党内外知识分子进行讨论，放手让知识分子发表自己的意见，发挥个人的才能，采取自己的风格，应该容许不同学派的存在和新的学派的树立（和纵容资产阶级思想自由发展严格区分开来），他们之间可以互相批评，但批评时决不要戴大帽子；因为只有这样，才能有利于提高我国学术、艺术、技术的水平，并且使新的一代也能得益；为了发展自由讨论，又必须与党内、党外各种各样的宗派主义门户之见进行适当的斗争。

1956 年 2 月，毛泽东在他的寓所颐年堂召开会议，在讨论怎样领导科学工作时，陆定一指出和批评苏联在领导科学、文化工作上的教条主义，以及对我们的不良影响，提出应该破除对苏联的迷信。陆定一讲了三件事：第一，在遗传学界，贬摩尔根学派，说其是资产阶级的、唯心主义学派；褒米丘林学派，说其是社会主义的、唯物主义学派，苏联以米丘林学派为权威，不允许摩尔根学派的存在和发展，我们不要这样做；第二，在医学界，有人认为“中医是封建医，西医是资本主义医，巴甫洛夫是社会主义医”，照这样认识，就应该反对西医和中医，用巴甫洛夫的医来包治百病；第三，郭沫若与范文澜两位历史学家对于中国历史的分期有不同看法，我们认为这是学术问题，要凭考古发掘出来的实物，由历史学家自己去讨论决定。陆定一认为，各门学科，不论是自然科学还是社会科学，都是可以有学派的，学术与政治不同，只能自由讨论，不应该用戴“政治帽子”和“哲学帽子”的办法，打倒一个学派，抬高另一个学派。毛泽东同意陆定一的意见。

1956 年 3 月 8 日，刘少奇在听取文化部党组汇报时指出，我们的方针是百花齐放，推陈出新；百花齐放，就允许并存，各搞各的，比如洋的土的都可以搞嘛。

1956 年 4 月 27 日的政治局扩大会议上，讨论毛泽东的《论十大关系》时，陆定一发言说，对于学术、艺术、技术性质的问题，要让它自由，要把政治思想问题同学术、艺术、技术性质的问题分开来，把那些资本主义和封建主义的帽子套到自然科学上去是错误的。

28 日，陈伯达发言说，当时请问过主席，说到学术界的路线和方针问题，主席提了一个“百家争鸣”，我在历史委员会上传达了这个口号，这是一个方针，即是说，要我们中国容许很多的学派，大家争论，不要马上统一一尊毛主席给文学艺术界提出的“百花齐放”这个口号，现在看来，起了很大作用；在文化科学问题上，恐怕基本上要提出这样两个口号去贯彻，就是“百花齐放、百家争鸣”，一个在艺术上，一个在科学上。

同日，毛泽东作总结发言说，陈伯达同志提出的“百花齐放、百家争鸣”，我看这应该成为我们的方针，艺术问题上百花齐放，学术问题上百家争鸣；百花齐放是群众中间提出来的，不晓得是谁提出来的（有人插话说，是周扬提出来的）；百家争鸣，这是两千多年前的事实，春秋战国时代，百家争鸣，讲学术，这种学术可以，那种学术也可以，不要拿一种学术压倒一切，你如果是真理，信的人势必就会越多。

刘少奇后来说：“百家争鸣”早在春秋战国时期就出现了，它作为口号是首先由陈伯达提出来的，后来毛主席改进了它，并把它作为“百家争鸣，百花齐放”。①

① ［英］麦克法夸尔：《文化大革命的起源》第 1 卷，河北人民出版社，1989 年版，第 74 页。

5月2日，在最高国务会议第七次会议上，毛泽东作《论十大关系》报告。他在总结讲话中专门谈了“双百”方针：在中华人民共和国宪法范围之内，各种学术思想，正确的，错误的，让他们去说，不去干涉他们；有那么多的学说，那么多的自然科学学派；就是社会科学，也有这一派，那一派，让他们去谈；在刊物上、报纸上可以说各种意见。①

5月26日，中宣部部长陆定一应中国科学院院长、中国文学艺术界联合会主席郭沫若的邀请，在中南海怀仁堂对1000余名自然科学家、社会科学家、医学家、文学家和艺术家作《百花齐放，百家争鸣》的报告。对“双百”方针作了系统、详尽的阐述，引起热烈讨论。陆定一吸收了一些意见，修改后，送毛泽东审阅。6月8日，毛泽东批示：“此件很好，可以发表。”6月13日，《人民日报》予以发表。

1956年5月到7月间，以北京为中心在全国开展了关于“双百”方针的讨论。哲学社会科学、自然科学、文学艺术、教育、学术刊物、图书出版等领域的部分知识分子参加了讨论。民盟、民革、九三等民主党派也都召开了座谈会讨论。并提出了几个问题：第一，要不要有所限制？北京政法学院院长钱端升教授说：“对所有限制性的意见，我是一概反对，我们要充分信任争鸣之士，不要有任何限制。”第二，“百家争鸣”要不要以马克思主义为指导？多数意见认为争鸣不一定要以马克思主义作为指导思想，应该自由发表各家学说的主张，1956年7月21日《人民日报》刊登评论员文章《略论“百家争鸣”》明确表示：“马克思主义是我们国家活动和文化科学的指导思想，这是已经确定的。但是，在学术问题上，在科学研究中，如果有人不采取辩证唯物主义的方法，或达到了和马克思主义不一致的结论，他仍然可以有权发表自己的见解。因此，是不是要以马克思主义为基础或评判是非的标准，那也要看个人自愿。”第三，唯心主义是否有自由争鸣的权利？陆定一报告中已经回答说：“在人民内部，不但有宣传唯物主义的自由，也有宣传唯心主义的自由。”第四，外部条件，主要集中在随意把学术问题上升为政治问题而粗暴批评、崇拜权威、学习苏联的教条主义、出版不自由、领导无度量等问题上。

1956年7月1日，《人民日报》改版。称：“它是人民的公共武器，公共财产，人民群众是它的主人。”8月1日，中共中央向各省、市、自治区党委转发《人民日报》编委会报告并批语：党的报纸应该发表党的指示，同时尽量反映人民群众的声音；可以允许一些作者在《人民日报》上发表同我们共产党人的见解相反的文章，使思想界更加活跃，马克思主义的真理愈辩愈明。

8月10日，遗传学座谈会在青岛召开。童第周在开幕词上说明目的是发扬百家争鸣精神，打破片面狭隘见解，使遗传学健康发展。中宣部科学处处长于光远发言中，明确表示不赞成把摩尔根观点说成是唯心论，宣布全部摘掉过去强加给摩尔

① 《党的文献》，1990年第3期，第20—21页。

根遗传学的各种政治帽子，强调学术工作要尊重科学事实，学术上不同见解要通过自由讨论和科学实践去解决。130 人参加会议，其中 56 人作了发言。

10 月 20 日，中共中央宣传部邀请党内外科学家和学术、艺术工作者 60 人举行座谈会。陆定一根据中央意图，提出：除继续进行对马克思主义课程的教学，要有准备地、有步骤地在高等学校逐步开设资产阶级学说课程；凡是重要的学说，有人教，又有书的，都可以逐步地、有准备地开课；康德、黑格尔、罗素哲学学说已在北京大学开课，凯因斯经济学说也将在北京大学开课；请各国第一流学者来中国讲课，自然科学和社会科学可以讲，马克思学者当然要讲，唯心主义的或反动的也可以讲；我国要在 12 年左右赶上世界先进水平；尽可能出席国际学术会议（只有在政治上搞两个中国的国家学术会议不参加）；请科学院考虑中国也召集一些国际会议等。

1957 年 1 月 7 日，《人民日报》发表了陈其通、陈亚丁、马寒冰、鲁勒等人不同意见的文章《我们对目前文艺工作的几点意见》，反映了“双百”方针以来的消极现象：真正反映当前重大政治斗争的主题有些不敢写了，大量的家务事、儿女情、惊险故事代替了翻天覆地的社会变革、惊天动地的解放斗争，社会主义建设的光辉在文学艺术方面的镜子里光彩暗淡了等。这篇文章引起了毛泽东的注意，当天，毛泽东指示将此文“印发政治局、书记处及月中到会各同志”。以后，毛泽东在几次会议上批评这篇文章。1 月 18 日，毛泽东在省、市、自治区党委书记会议上说，陈其通等四同志是好心，忠心耿耿，为党为国，但对文艺工作的意见是不对的；百花齐放，我看还是要放；有些同志认为，只能放香花，不能放毒草，这种看法，表明他们对百花齐放、百家争鸣的方针很不理解；你说只要放香花，不要放毒草，那就等于要田里只能长粮食，不能长一个草。

1 月 27 日，毛泽东又在会上讲话：百花齐放、百家争鸣，我看还是对的，是合乎辩证法的。

毛泽东还通过肯定王蒙的小说《组织部新来的青年人》，来鼓励各种类型的文艺作品创作。

十二、尝试第三次国共合作

1949 年初，参加过北平和谈的国民党南京政府代表团代表章士钊，在谈判破裂后，留下来参与新政协工作。

新中国成立，章士钊被任命为中央文史馆馆长。

1956 年，章士钊主动找周恩来请缨去香港，找滞留在当地的一些国民党故旧，去向蒋介石做工作，沟通与台湾的关系，争取实现新一轮国共谈判。

毛泽东、周恩来为尽早打通与台湾的关系，同意了章士钊的请求。中共中央专门给蒋介石写了一封信，交章士钊带到香港，通过关系转交给在台湾的蒋介石。

中共中央在给蒋介石的信中：倡导国共谈判，实现第三次国共合作；并提出台湾回归祖国，完成统一大业的办法：除外交统一中央外，其他台湾人事安排、军政大权，由蒋介石管理；如台湾经济建设资金不足，中央政府可以拨款予以补助；台湾社会改革从缓，待条件成熟，亦尊重蒋介石意见和台湾各界人民代表进行协商；国共双方要保证不做破坏对方之事，以利两党重新合作。信的结尾写道："奉化之墓庐依然，溪口之花草无恙。"希望蒋介石能在统一后回故乡看看。

章士钊到了香港，会见了台湾派在香港负责国民党文宣工作、主持《香港时报》的许孝炎。许孝炎到了台北，亲手将中共中央的信交给了蒋介石，并将章士钊与他会谈的情况作了报告。

蒋介石展开信件，反复看了几遍，默默无语。

蒋介石时年 69 岁。中国的老人，至死难忘的是乡情。多少学有所成的学子、功高盖世的将军、位居显赫的大吏、海外发达的华侨，无不把回家返乡当成晚年的头等大事。[①] 当夜，蒋介石失眠了。

1956 年 5 月 22 日，菲律宾提出对南沙群岛的主权要求。29 日，北京、台湾不约而同地发表声明，指出南沙群岛历来是中国领土，抗议菲律宾的无理要求。6 月 6 日，国民党海军舰队开始到南沙群岛巡弋。6 月 12 日，台湾当局宣布派往南沙群岛游弋的舰队在南沙群岛竖碑、升旗，不久又派去驻守部队。中华人民共和国人民政府予以默认。

1956 年 6 月 28 日，周恩来总理在第一届全国人民代表大会第三次会议上发表讲话。

周恩来说："我国政府曾经再三指出：中国人民解放台湾有两种可能的方式，即战争的方式和和平的方式；中国人民愿意在可能的条件下，争取用和平的方式解放台湾。毫无疑问，如果台湾能够和平解放，那么，对于我们的国家，对于我们全体中国人民，对于亚洲和世界的和平，都将是最为有利的。"

周恩来说："现在，和平解放台湾的可能性正在增长。这首先是因为目前国际形势肯定地趋向和缓，美国使用武力侵占台湾和干涉中国内政的行为，遭到了越来越多的爱好和平的国家和人民的反对。从国内形势说，我们伟大的祖国是更加壮大和巩固了，它比任何时候都更加使所有的中国人感到自豪。现在，不但具有革命传统的台湾同胞，已经不愿意继续过那痛苦的奴隶生活，而希望早日回到祖国的怀抱；就是在那些从大陆上跑到台湾的国民党军政人员当中，也有越来越多的人看

① 刘丕林：《国共对话秘录（1949—1979）》，湖北人民出版社，2006 年 2 月第 1 版，第 130 页。

到，只有实现祖国的和平统一，才是他们的唯一出路。自从我们发出争取和平解放台湾的号召以后，在台湾和海外的国民党军政人员中，已经有不少人表示了他们的爱国愿望。我们相信，愿意促成台湾和平解放和祖国完全统一的人，必然会一天比一天增加，这将是不可抗拒的趋势。"

周恩来说："尽管这些年来，由于美国的干涉，我们和台湾的国民党军政人员走上了不同的道路，但是，只要大家以民族和祖国的利益为重，我们仍然可以重新携手团结起来。我们相信，我们久经忧患的伟大民族，一定能够依靠我们自己的努力，实现祖国的完全统一。"

周恩来说："现在，我代表政府正式表示：我们愿意同台湾当局协商和平解放台湾的具体步骤和条件，并且希望台湾当局在他们认为适当的时机，派遣代表到北京或者其他适当的地点，同我们开始这种商谈。"

周恩来说："我们希望台湾的国民党军政负责人员，在和平解放台湾的事业中，发挥重要的作用。只要朝着这个方向努力，他们将来的地位就会得到肯定的保证。如果他们还有疑问的话，他们可以通过大陆上的亲友得到解释，或者派人来大陆考查，我们保证他们来去自由。"①

1956 年 7 月 1 日，香港报人曹聚仁来到北京。曹聚仁，集作家、教授、记者于一身，是鲁迅的朋友，著有《鲁迅评传》、《鲁迅年谱》等书。抗战时期是国民党中央通讯社记者，常到新四军战地采访，成为叶挺的上宾，与陈毅结为至交。后来，在赣南担任《正气日报》主笔、总编辑，与蒋经国是无话不谈的莫逆之交。

曹聚仁回到大陆，受到中共领导人的热情接待。7 月 16 日下午，周恩来在颐和园宴请曹聚仁，陈毅、邵力子、张治中出席作陪。曹聚仁询问周恩来：你许诺的"和平解放"票面里面有多少实际价值？周恩来说：实际价值和票面完全相符；国民党和共产党合作过两次，第一次合作有国民革命北伐成功，第二次合作有抗战胜利，这都是事实，为什么不可以第三次合作呢？我们对台湾不是招降，而是彼此商谈，只要政权统一，其他都可以坐下来商量。曹聚仁深受鼓舞，表示：身为炎黄子孙，当为国共重开谈判尽力奔走，多做工作，决不推辞。

10 月 3 日下午，中共党和国家领导人出席欢迎印度尼西亚总统苏加诺访华的大会。但是中共中央主席毛泽东没有出席，而是在中南海居仁堂静候着曹聚仁。毛泽东对曹聚仁十分诚恳地接待。他们两人无拘无束地长谈，谈古典文学，现代文学，毛泽东诗词，鲁迅作品，曹聚仁的著作。后来进入主题，谈国共合作，谈蒋介石、蒋经国。曹聚仁回忆了蒋经国在赣南的一些旧事，对蒋经国予以肯定，并说他于 1948 年写过一本《蒋经国论》，由香港创垦出版社出版。毛泽东很感兴趣，要他

---

① 《周恩来选集》下卷，人民出版社，1984 年 11 月第 1 版，第 200—203 页。

回香港后，寄一本来。毛泽东说，他想看这本书。

谈到国共合作，谈到蒋介石，毛泽东对蒋介石某些历史时期的作用还是肯定的。并表示了再次同他握手的想法。

曹聚仁回到香港，很快将他在北京与中共领导人接触的情况详细转告台湾方面，并静等台湾的消息。

台湾政局很不平静：

1956 年 10 月 31 日，以“宣扬民主、自由、反共”为宗旨，深受胡适资产阶级自由主义思想影响的当时台湾“总统府”的“国策顾问”雷震为发行人的《自由中国》刊出为蒋介石祝寿专号，发表了胡适、蒋匀田、陈启天、陶百川、徐道邻、雷震、夏道天等人的 15 篇文章和社论：要蒋介石不要连任“总统”，要确立一个“无智、无能、无为”的元首，并强烈要求保证言论自由，实行民主宪政，改革台湾经济与国防制度。在台湾引起轰动。该期刊连印 9 版，发行数月。

蒋介石闻讯勃然大怒，亲自下令开除雷震国民党党籍。

这时，被台湾民进党人尊为“台独之父”的台湾人廖文毅、廖文奎在美国及日本政府庇护下，在日本成立了“台湾共和国临时政府”，国旗是一个大太阳旁边附加一弯新月，年号采用日本昭和纪年，每逢集会讲日本话，唱日本歌。

北京注视着台湾政局。不久，周恩来在政协会议上发表讲话说：美国千方百计地破坏解放台湾，策动一批所谓“自由中国”分子和“台独”分子进行推翻台湾当局的活动，企图把中国的台湾变成像檀香山一样的美国属地，其实美国政府的这种手段只能使一切爱国的中国人民更加认清美国政府企图奴役中国的真面目；今天美国政府既然可以发动推翻台湾当局的运动，明天美国政府何尝不可以抛弃那些标榜所谓的“自由中国”和“台独分子”呢？卖国求荣不仅无荣可得，而且还将遗臭万年，一切有血性的中国人民都应本着爱国一家的精神团结起来一致对外，粉碎美帝国主义的阴谋！

周恩来出于民族大义，声援蒋介石的讲话很快传到了台湾。

1957 年初，蒋介石经过思考，在周恩来讲话稍后不几天，突然召回许孝炎，进行了长时间的密谈。蒋介石说：“知己知彼，百战不殆”，针对中共发动的和平统一攻势，决定派人往北平一行，实际了解一下中共的真实意图，至于人选，不拟从台湾派出，而在海外选择。让许孝炎推荐人选。

许孝炎考虑再三，推出了 3 个人选：曾任立法院院长的童冠贤、秘书长陈克文、现任立法委员宋宜山。蒋介石反复权衡，选中了宋宜山。宋宜山，蒋介石的学生，湖南人（考虑与毛泽东、刘少奇、章士钊、统战部长李维汉同乡），宋希濂的胞兄（宋希濂是战犯，关在大陆，探亲的理由），“立法委员”的身份亦比较灵活。

1957 年 4 月，宋宜山自香港经广州到达北京。章士钊、唐生明（唐生智的弟弟）到车站去接。

宋宜山到北京的第三天，周恩来宴请了他。周恩来介绍说：唐生明是国民党人，也为共产党做过好事，在南昌起义和秋收起义时，为共产党提供过枪支弹药，营救和掩护过伤员，共产党始终不会忘记自己的朋友。周恩来还说：宋希濂是抗日名将，他在滇西通惠桥指挥的战役重创日军，人民永远不会忘记，今年是宋希濂50岁生日，让宋宜山去看他。这些，令宋宜山很感动。

话题转到国共和谈方面，宋宜山告诉周恩来，台湾派他来的目的是了解中共关于和谈的意向。周恩来听后，意味深长地说：总的说来，在中华民族的大家庭里，我们都是一家人嘛；抗战胜利在重庆谈判时，蒋先生就说，大革命时代，国共两党的同志们曾在一个屋里开会，共一个大锅吃饭，希望我们还会在一起合作，具体问题，路文化先生跟你商谈。

会议结束时，周恩来还深情地提到了童冠贤，并回忆了他与童冠贤的友谊，说早年在国外念书时很苦，曾得到过童冠贤的帮助。周恩来对宋宜山说，你与童先生共过事，回香港后，请一定转告童先生，欢迎他回国定居。周恩来还表示，中国共产党欢迎滞留在海外的国民党人和爱国人士回祖国考察、观光、探亲、访友，更欢迎他们回国工作，来往自由。

不久，中共中央统战部部长李维汉出面与宋宜山商谈。就第三次国共合作，祖国统一的一些具体问题进行协商。李维汉提出了中共关于合作的具体条件：（一）两党可以通过对等谈判，实现和平统一；（二）台湾可以作为中央政府统辖下的自治区，享有高度自治权；（三）台湾地区的政权仍归蒋介石领导，中共不派人参与，而国民党可派人到北京参加中央政权的领导；（四）美国军事力量撤离台湾海峡。

李维汉表示，国共两党可以先在香港进行谈判，如能实现，他将率团前往。

宋宜山在北京期间，在章士钊、唐生明陪同下，参观了工厂、农村，游览了故宫、颐和园，还到北京功德林战犯管理所探望了他的胞弟宋希濂。宋宜山见胞弟学习、改造、生活很不错，也十分放心。

5月，宋宜山回香港。章士钊、唐生明等人到车站送行。他们握着宋宜山的手说：希望再见到你，是陪着同国民党更高的官员前来谈判。

宋宜山回香港后，蒋介石让他先写书面报告。宋宜山写了一篇15000字的报告，交许孝炎传蒋介石。报告叙述了与周恩来、李维汉商谈的情况，还描写了沿途及北京的各种见闻，包括农村的平畴绿野，丰收在望，工厂生机盎然，蓬勃发展，市场物品丰富，供应良好等情况。还说："我以为中共意图尚属诚恳，应当响应。大陆从工厂到农村，所到之处，但见政通人和，各业俱兴，民众安居乐业，犹如鱼水相依，以前提的'反共复国'似已无望。"

蒋介石看后大为不悦，认为宋宜山被赤化了。他命许孝炎转告宋宜山，不必回台湾见他了，立法委员的薪金可以按月汇给。

不久，在香港静等的曹聚仁接到台湾的指令，要他回大陆一趟，主要任务是委托他到浙江奉化，去看蒋氏祖坟是否完好。

曹聚仁第二次返回大陆，在北京待了几天，便匆匆赶到浙江，在奉化溪口镇，住进了当年蒋介石回溪口时常住的妙高台。在溪口，曹聚仁游览了武岭、雪窦寺，并且在蒋介石寓居过的丰镐房仔细看了许久；同时，曹聚仁还代蒋氏父子到蒋母的墓园扫墓，敬香烧纸，行民族传统的孝仪。所到之处，曹聚仁都一一拍摄了照片。

曹聚仁回到香港，即给蒋经国和台湾方面写信，报告他的大陆之行，并寄去了他在溪口拍的照片。

信中详细介绍了蒋氏故里情况：溪口比过去还繁荣一点，尊府院落庭园，整洁如旧，足证当局维护促使之至意；聚仁曾经谒蒋母毛夫人墓地，如照片所见，足慰老人之心；聚仁往访溪口，原非地方当局所知，所以溪口政府也没有准备；政治上相反相成之理甚明，一切恩仇可付脑后；聚仁知老人谋国惠民，此等处自必坦然置之也。

曹聚仁还另有一信：目前，国际形势如此复杂，聚仁不愿做任何方面的政治工作，我个人只是道义上替台湾奔走其事；最高方面如无意走向解决国是的途径，似乎也不必聚仁再来多事了；以聚仁在大陆所见，一般情况，比去年秋冬间更有进步，秩序更安些；聚仁所可奉告台座者，我和朋友同在汉口，晚间在武昌看川剧演出，社会秩序一点也没有混乱过；海外谣传，万不可信；聚仁期待台座早日派员和聚仁到大陆广泛游历一番，看看实情如何？千万勿轻信香港马路政客的欺世浮辞；周氏再三嘱聚仁转告台座，尊处千万勿因有什么风吹草动，就意志动摇，改变了原计划；以聚仁了解最高方面，千万勿以为时间因素对台有利；这一因素，对双方同样有利，或许对大陆比台更有利些；聚仁为了国家、民族，才来奔走拉拢，既非替中共作缓兵之计，也不想替台方延长政治生命；说老实话，中共当局不独以诚恳态度对我，也耐着性子，等待你们的决定；希望最高方面，不必玩弄计谋玩权术，要看得远一点才是。

蒋介石托人转告曹聚仁，请他多到大陆巡游，增加彼此了解。

此后，曹聚仁又多次回大陆，为国共重开和谈而奔走。

这段时间，曹聚仁与陈毅谈得最多。陈毅早在抗战时期就在南昌认识了蒋经国，关系很好；陈毅对蒋经国在江西推行的新政给予好评，曹聚仁极力促成陈毅和蒋经国见面，为此做了很多工作。但是，后来一直没有如愿。

蒋介石总认为：中共提出的和谈是战争的另一种形式，是中共想以政治颠覆台湾和外岛基地的统战阴谋，是混乱国际间对台湾反攻复国决心的认识。这时，大陆的反右已经开始。蒋介石认为：从大陆的反右斗争，可以看出，大陆的抗暴斗争日益增长，铁幕后的人民已经开始觉醒；现在不是与中共和谈的时候，而是“反共复国”大好时机。

随蒋介石到台湾的人员，思乡心切，要求回大陆，因而要求蒋介石采取有力措施反攻大陆，以踏上返乡之路。但是，他们也对军事反攻抱有疑问，又无法促使蒋介石同意和平解决统一问题。岛内民众心情矛盾，人心不稳。

蒋介石面对这种形势，从巩固自身权势考虑：加紧进行反攻准备，以转移岛内民众的注意力。

美国国务卿杜勒斯趁蒋介石拒和之机，发表了对华三原则：（一）支持台湾；（二）不承认大陆政权；（三）反对大陆政权进入联合国。

接着，美国副总统尼克松访问台湾，向蒋介石转交了美国总统艾森豪威尔的信件：赞扬蒋介石的反共精神。

美国不断增加驻台兵力，军事顾问达到了2600名；其海军在台湾海峡设立了永久性的海上基地。

1957年5月24日，因美国军事法庭宣布无故开枪杀害国民党军少尉刘自然的驻台士兵雷诺无罪，激起了台湾人民的极大愤怒，爆发了反美怒潮。

蒋经国利用民怨，发泄对美国逼蒋换马的不满，暗地里怂恿愤怒的人群近万人捣毁了美国驻台湾的“大使馆”，砸了保险柜，拿到了一些美国政府弃蒋的文件，接着又冲击美国在台的其他机构。

不知内幕的台北当局派出警察、装甲车到现场，仍不能制止。斗争迅速扩展到基隆、台中、台南等地。

此事迅速传到北京。《人民日报》发表社论《台湾人民不可屈》，支援台湾人民的正义斗争。

蒋介石约见美驻台“大使”兰钦，表示，是民众对处理美国士兵不满，不是反美运动。

5月29日，杜勒斯发表声明，称“五二四”事件不会影响美台关系。

同日，北京中华全国总工会、全国青联、侨联、妇联等人民团体负责人发表谈话再次支持台湾人民的反美斗争。

6月1日，蒋介石发表文告：要在反共的进程中辨明是非敌友，勿自毁长城，“反共抗俄”只有和美国站在一起。6月18日，台湾当局审判“五二四”事件中的被捕人员，台北地方法院对被捕的28人，以扰乱社会治安罪判处有期徒刑。

6月22日，中国人民解放军再次炮击金门，以示惩戒。

同日，台湾“外交部”和美国“大使馆”联合宣布：美国“斗牛士”战术导弹部队进驻台湾，部署了以中国大陆腹地为目标的、可携带核弹头的地对地导弹。接着，蒋介石向西方记者发表谈话：反攻复国的基本国策决不会改变，如果怕打局部战争不敢攻击就正好中了中共的奸计。

10月10日，为庆祝“双十节”，蒋介石发表文告，提出反攻大陆的“六项自由”：（一）劳动就业自由，废除工奴与集中营；（二）温饱康乐自由，废除合作社、国营农场、粮食配给暴政；（三）思想研究自由，根绝洗脑筋；（四）经济自由，取消统购统派与公司合营；（五）生命安全自由，取消阶级斗争，禁止制造仇恨清算；（六）选择生活方式，发扬民族精神，保证言论、集会、结社、出版之自由。提出“三大保证”：（一）凡脱离共军来归官兵一律一视同仁，论功行赏；（二）凡参加中共团体既往不咎；（三）除元凶外一律平等对待。并号召“大陆的右派分子参加反共阵营”。

11 月 11 日，美军第七舰队在台湾南部海域举行以中国大陆为目标的大规模军事演习。

12 月 6 日，蒋介石身穿戎装检阅“昆阳”大演习部队。从 12 月 28 日开始，出动国民党军队 11 万人，范围在整个台湾岛，为国民党败退到台湾后规模最大的演习。

同时，蒋介石下令，向金门、马祖诸岛增兵。

十三、《关于正确处理人民内部矛盾问题》

1956 年 6 月 28 日，波兰西部的波兹南市斯大林工厂的数千名工人，由于对提高生产定额和出现的停工而造成的工资下降、对多年的高税收以及祸患的社会条件、住宅条件严重不满，走上街头。斯大林广场上演变成骚动和流血事件。在冲突中，53 人死亡，270 人受伤。

7 月 18 日，波兰统一工人党举行七中全会，研究了波兹南事件的起因，认为：极大部分的责任要归于中央和地方领导者的官僚主义和愚昧无知，证明在党同人民各阶层之间的关系存在着重大的错误。决定采取措施，克服缺点，改善人民生活，合理管理经济和实行政治生活民主化。10 月华沙学生上街游行。10 月 19 日，波党举行八中全会，重新选举中央政治局，哥穆尔卡出任第一书记。苏共中央领导人赫鲁晓夫等到华沙进行干预，被波党中央顶住。

1956 年 3 月 17 日，匈牙利一批党员干部和知识分子组成裴多菲俱乐部，进行了一系列的会议讨论和宣传活动。匈牙利劳动人民党第一书记拉科西加以镇压，但控制不了局势。7 月，苏共中央派米高扬赴匈要求拉科西辞职，由格罗接任第一书记职务。匈党中央 7 月做出决议，试图克服面临的政治、经济困难，但未能解决问题。10 月 23 日，在首都布达佩斯发生大规模的群众性动乱，演变成武装战斗，军事仓库、电话交换台、报社被占领。当晚，匈党中央决定由纳吉·伊姆雷出任部长会议主席。动乱未制止，各种人都加入到动乱的浪潮中来。匈内阁会议决定退出华沙条约，宣布中立，并向联合国呼吁要求四大国帮助维护中立。11 月 4 日，由卡达尔·亚诺什为总理新组成的工农革命政府宣告成立。应卡塔尔的要求，同日，苏军到达布达佩斯。6 日，匈牙利党宣布更改党名为社会主义工人党，成立了以卡达尔为首的临时中央，调整和着手重建党的组织。匈牙利事件平息。

中国1956年进入社会主义建设高潮后，由于社会大变动、经济建设有冒进等原因，也出现了一些新的社会矛盾。

据《内部参考》1956年5月至9月各期，陆续披露党内工作作风问题。湖北省襄阳专区在夏收中发现农业社干部有严重贪污行为；长春市企业领导机关存在严重的官僚主义、命令主义作风；内蒙古昭蒙地区干部严重违法乱纪，一年来发生非法逮捕拘留事件152起，预审及监管所违法乱纪事件32起，非法搜查与捆打公民70起，因工作方法不当造成严重事件13起；浙江省宁波地区连续发生群众自杀事件，慈溪县就有91起，宁海县78起，涉及乡镇达60％—85％。

自1956年9月起至1957年春，一些城市和农村中发生了1万余名工人罢工、30起共万余名学生罢课请愿，从1956年10月起，广东、河南、安徽、浙江、江西、山西、河北、辽宁等省发生了部分农民闹退社、分社，以及进京上访告状等事情。

毛泽东于1956年下半年开始系统地研究社会主义社会中的人民内部矛盾问题。

1956年12月4日，毛泽东致信全国人大常委会副委员长、中国民主建国会主任委员黄炎培：

“社会总是充满着矛盾。即使社会主义和共产主义社会也是如此，不过矛盾的性质和阶级社会有所不同罢了。既有矛盾就要求揭露和解决。有两种揭露和解决的办法：一种是对敌（这说的是特务破坏分子）我之间的，一种是对人民内部的（包括党派内部的，党派与党派之间的）。前者是用镇压的方法，后者是用说服的方法，即批评的方法。我们国家内部的阶级矛盾已经基本上解决了（即是说还没完全解决，表现在意识形态方面的，还将在一个长时期内存在。另外，还有少数特务分子也将在一个长时间内存在），所有人民应当团结起来。但是人民内部的问题仍将层出不穷，解决的方法，就是从团结出发，经过批评与自我批评，达到团结这样一种方法。我高兴地听到民建会这样开会法，我希望凡有问题的地方都用这种方法。

国际间麻烦问题不少，但是总有办法解决的。我是乐观主义者，我想先生也会是这样的。”①

12月7日，毛泽东约见民建、工商联负责人座谈。毛泽东说：现在自由市场还有资本主义，虽然没有资本家；上海地下工厂也是对立物，因为社会有需要，就发展起来，要使之成为地上，合法化，可以雇工；现在做衣服3个月，最好开私营工厂，同它作对；现在合作工厂做衣服一长一短，扣子没眼，质量差；可以开夫妻

① 《毛泽东文集》第七卷，人民出版社，1999年6月第1版，第164—165页。

店，请工也可以，叫新经济政策；我怀疑俄国新经济政策结束过早，到现在社会物资还不足；只要社会需要，地下工厂还可以增加；可以开私营大厂，订条约，20年不没收；华侨投资工厂，100年不没收；开投资公司，还本付息，可以搞国营，可以搞私营；可以消灭资本主义，又搞资本主义；现在国营、合营企业不能满足社会需要，只要有原料、有销路，私人可以开厂；急于国有化，不利于生产。[①]

12月底，人大召开第五十二次会议，刘少奇在会上说：如果资本家要盖工厂，是否可以准许他盖呢？可以的；我们国家有百分之九十几的社会主义，有百分之几的资本主义，我看也不怕；有这么一点资本主义，一条是它可以作补充，另一条是它可以和社会主义经济比较。

12月29日，《人民日报》发表中共中央政治局扩大会议关于苏共“二十大”以来国际共运问题的讨论而写成的文章——《再论无产阶级专政的历史经验》。第一次从国际共产主义运动的范围上公开提出了两类矛盾的问题。文章指出：在造成匈牙利事件的内部和外部，国际帝国主义起了主要的决定作用；为加强无产阶级的国际团结，击退帝国主义的猖狂进攻，在坚决反对教条主义的时候，必须同时坚决反对修正主义；对斯大林的错误应该批评，但必须在肯定和维护他正确方面的前提下进行。毛泽东指出：斯大林的严重错误之一，就是“混淆敌我矛盾和人民内部矛盾，拿对付敌人的方法来对待人民。”毛泽东看来，苏共二十大全盘否定斯大林的做法，也是混淆了人民内部矛盾和敌我矛盾，用对付敌人的方法来对待斯大林，这就引发了世界性反共高潮以及波匈事件。毛泽东认为，波匈一方面已经出现否定苏联的一切以至否定十月革命的倾向；另一方面官僚主义、脱离群众、照搬苏联经验、阶级斗争不彻底等方面错误的恶果也逐渐暴露出来，社会主义制度下仍然存在着各种矛盾。在共产党执政的情况下，正确处理人民内部矛盾极为重要。

1957年1月8日至10日，毛泽东连续三个晚上召开小范围会议，座谈1956年的经济工作。陈云、李富春、李先念、薄一波4人发言，一致认为这年的经济建设冒了。陈云还在发言中，着重谈了防止建设规模超过国力的问题。

1月18日至27日，中共中央在北京召开省、市、自治区党委书记会议，主要讨论了思想动向、农村和经济问题。

毛泽东于18日、27日两次在会上讲话，主要内容是：批评党内有些干部争名争利、唯利是图；批评“反冒进”；关于闹事问题；中美、中苏关系问题；百花齐放、百家争鸣问题；法制问题；农业问题等。

毛泽东说：前年反右倾，去年“反冒进”，结果又出了右倾，主要是在农村社会主义改造问题上的右倾。

他说：好多地方学生闹事，一些教授中出现了“不要共产党”、“社会主义不

---

① 《共和国走过的路（1953—1956）》，中央文献出版社，1991年5月第1版，第308页。

好”等怪议论；苏共“二十大”的大风一刮，中国也有那么一些蚂蚁出洞，要从最坏的可能设想，准备出“匈牙利事件”，要注意继续暴露出来的各种思想。

他说：要按辩证法办事，要运用马克思主义的对立统一学说，观察和处理社会主义社会阶级矛盾和阶级斗争的新问题，观察和处理国际斗争中的新问题。

陈云将自己这一时期的思考作了系统整理和完善，在1957年1月18日的会议上作了《建设规模要和国力相适应》的讲话，他总结了“一五”建设，特别是1956年财政经济工作的主要情况和经验教训，认为制订计划必须切合我国的实际情况，提出了建设规模必须同国力相适应。

陈云说：建设规模的大小必须和国家的财力物力相适应，适应还是不适应，这是经济稳定或不稳定的界限；像我们这样一个有6亿人口的大国，经济稳定极为重要；建设的规模超过国家财力物力的可能，就是冒了，就会出现经济混乱；两者合适，经济就稳定。

陈云提出防止建设规模超过国力的一些制约方法，主要是：（一）财政收支和银行信贷必须平衡，而且略有结余；（二）物资要合理分配，排队使用，在原材料供应紧张的时候，首先要保证生活必需的生产部门最低需要，其次保证必要的生产资料生产的需要，剩余部分用于基本建设；（三）人民购买力的提高必须同能够供应的消费物资相适应；（四）基本建设规模和财力之间的平衡，不单要看当年，还必须瞻前顾后；（五）要注意农业对经济建设的规模有很大的约束力。

陈云提出了财政收支、银行信贷、物资供需三大平衡。他说：必须认真研究各种经济之间的比例关系；例如重工业、轻工业、农业的投资比例关系，钢铁工业和机械工业的关系，民用工业和军需工业的关系，建设中“骨头”和“肉”的关系等；如果不计算各种经济之间的比例关系，必然造成不平衡和混乱状态；研究合理的比例关系，决不能只靠书本，生搬硬套，必须从我国的经济现状和过去的经验中去寻找。

为了解决财政经济方面所有的问题，陈云提出了三条措施：开展增产节约运动，适当压缩基本建设的投资额，有计划地控制社会购买力增长的速度。

1957年2月16日，毛泽东召集中央报刊、作家协会、科学院和青年团的37位负责人开会。毛泽东讲话的主题是如何在思想领域正确处理人民内部矛盾。

2月27日下午，毛泽东在最高国务会议第十一次扩大会议上向1800多名与会代表发表了近4个小时的讲话。讲话之前，毛泽东自己撰写了一个讲话提纲，题目是“如何处理人民内部的矛盾”。毛泽东认为，处理好人民内部矛盾，是指导全局工作，解决国内政治、经济、文化、思想等领域的一切问题的总方针。毛泽东要让更多的人懂得和接受他提出的这个理论。

毛泽东讲了12个问题：两类性质的矛盾；肃反问题；农业合作化；资本主义

工商业改造；知识分子和青年学生；增产节约，反对铺张浪费；统筹兼顾，适当安排；百花齐放，百家争鸣，长期共存，互相监督；如何处理罢工、罢课、游行示威等问题；人民闹事出乱子是坏事还是好事；少数民族与大汉民族的关系问题；中国有可能在三四个五年计划内根本改变面貌。

毛泽东开宗明义地指出："在我们的面前有两类社会矛盾，这就是敌我之间的矛盾和人民内部的矛盾，这是性质完全不同的两类矛盾。"① 因而处理这两类矛盾的方法也不同。用专政的方法解决敌我矛盾，而对人民内部矛盾只能用民主的方法去解决，用讨论的方法、批评的方法，说服教育的方法去解决。

3 月 1 日下午，毛泽东又听取了李济深、章伯钧、黄炎培等 16 人大会发言，随后毛泽东又作了 45 分钟总结讲话。内容有的是对大家所提问题的答复，有的是对《正确处理人民内部矛盾》的补充和发挥。

在最高国务会议讲话之后，毛泽东并不满足。他觉得还应该继续充实和完善如何处理人民内部矛盾。3 月 6 日至 13 日，中共中央召开全国有 700 多人的宣传工作会议，还破例邀请了约 160 位党外文化人士参加，请他们对如何处理人民内部矛盾问题发表意见。会议期间，毛泽东用了 5 天时间分别就宣传、教育、文艺、新闻、出版、高等院校和自然科学等方面的人士举行了 6 次座谈，征求意见。10 日，毛泽东同新闻出版界代表谈话说，他在最高国务会议上所讲的 12 个问题，在心里已经积累了很久。

3 月 12 日，毛泽东在会上发表讲话，他讲了 8 点：社会的大变动；关于我国知识分子的情况；知识分子的改造问题；知识分子同工农群众结合的问题；关于整风；片面性问题；"放"还是"收"？是个方针问题；各个省、市、自治区党委应该把思想问题抓起来。

关于知识分子的状况，毛泽东说：我国 500 万知识分子中，90%以上都是爱国主义者和拥护社会主义的；对我们社会主义制度的国家抱着敌对情绪的，是极少数，可能是 1%到 2%或者更少一点；对知识分子要好好团结他们，知识分子要改造自己的世界观；国家机关工作人员、文学家、艺术家、教员和科学研究人员，都应该尽可能地利用各种机会去接近工人农民。

毛泽东不赞同再提以阶级斗争为主，但提出了思想战线上批判修正主义的任务。

毛泽东说：中共中央现在决定，准备党内在今年开始整风；党外人士可以自由参加，不愿意的就不参加；中国共产党是一个伟大的党，光荣的党，正确的党；在我们的工作间成绩是主要的，但是缺点、错误也还不少；中国的改革和建设靠我们来领导，如果我们把作风整顿好了，我们在工作中间就会更加主动，我们的本事就

① 《毛泽东文集》第七卷，人民出版社，1999 年 6 月第 1 版，第 204—205 页。

会更大，工作就会做得更好；通过整风，不断地把我们身上的错误东西整掉，使我们能够更好地担负起迅速发展经济和文化，改革和建设我们社会主义社会的任务。

毛泽东说，这次会议邀请党外人士参加是有益处的，开得很好。毛泽东说：我们有两种会，一种是党内会议，一种是民主党派民主人士的会议，这次会议党员和党外人士一起开，是第三种会，是好的形式。

听到毛泽东讲话，知识界和民主人士反应热烈。

徐铸成回忆他在政协礼堂听到毛泽东的讲话录音，不时引起哄堂大笑，真是轻松愉快，谈笑风生，感到兴奋、舒畅。章伯钧听了讲话，兴奋异常，立即在民盟以个人名义进行了传达，民盟还印发了讲话记录稿。储安平看到讲话传达稿后异常兴奋，立即建议九三学社中央转发。

翻译家傅雷听到了毛泽东在全国宣传工作会议上的讲话。他在家书中写道：“毛主席的讲话，那种口吻，音调，特别亲切平易，极富于幽默感；而且没有教训口气，速度恰当，间以适当的 pause（停顿），笔记无法传达。他的马克思主义是到了化境的，随手拈来，都成妙谛，出之以极自然的态度，无形中渗透听众的心。讲话的逻辑都是隐而不露，真是艺术高手，毛主席是真正把古今中外的哲理融会贯通了的人。”①

1957 年 3 月 15 日，中共中央发出《关于民主办社几个事项的通知》，要求农业合作社按时公开财政收支，解决问题要同群众商量，干部要参加生产。3 月 16 日，中共中央发出《关于传达全国宣传工作会议的指示》，要求充分发扬民主，特别是要让党外人士讲出心里话。

中共中央连续发出《关于处理罢工、罢课问题的指示》、《关于研究有关工人阶级的几个重要问题的通知》。中央认为：“这类事件的发生，首先是由于我们工作没有做好，特别是由于领导的官僚主义。”中央决定在年内召开的工作会议上，专门讨论工人阶级的几个有关问题，包括职工参加企业管理问题，职工生活问题，工人阶级内部的团结和教育问题，企业中党、工会、青年团组织的工作问题。

1957 年 3 月 25 日，北京市委召开宣传工作会议，很多干部对毛泽东的讲话表现出忧虑和怀疑。讲到“双百”方针，大家都赞成，但仔细研究一下，有些人仍然有种种顾虑，他们怕天下大乱，怕以后工作不好做，不好领导，怕放了毒草，群众会中毒。不少人直截了当地说：“毛主席说陈其通等 4 人的文章不好，但是我看了这篇文章，却看不出有什么不好。”

湖北省委报告说，毛泽东的讲话传达以后，有些党的干部（包括一部分领导干

---

① 中央文献研究室：《中国道路十章——马克思主义中国化经典回眸（三、四）》，《党的文献》，2011 年第 2 期，第 21 页。

部）大吃一惊，他们认为，人民内部是否存在矛盾，认为人民群众闹事要领导上的官僚主义负主要责任，是不公平的，对于在基层单位放手发扬民主和执行“双百”方针，顾虑重重，怕放出错误的东西难以收场；说放也可以的，但是要首先解决马列主义的立场、观点和方法问题。

甘肃省委报告，对中央的方针，党外比党内接受得快，情绪高，党内则受到很大震动，部分干部，特别是党员干部，在思想上还有程度不同的怀疑和顾虑，甚至抵触情绪，在高级干部中，思想基本搞通的只是少数人，大多数人是原则上通了，也认为中央的方针、政策完全正确，表示拥护，但遇到具体问题，特别是与本单位和自己有直接关系的具体问题时，就不通了；还有极少数人，抱有极大的抵触情绪，认为革命几十年都没叫人监督，现在革命胜利了，反倒叫人监督了，真想不通；甚至有人说，党外人士、知识分子现在更嚣张了，不把他们整下去总不甘心。

山西省委报告更加具体：毛主席的讲话在各级干部中传达后，争辩之多，是空前的，多数人表示拥护，但对若干原则问题抱有怀疑和抵触情绪，他们提出如此强调扩大民主是否会助长极端民主化，现在已经有极端民主化的倾向，再要扩大民主，事情就更不好了；又认为，闹事没好人，好人不闹事，不承认闹事的主要原因是由于领导上的官僚主义；也有个别人公开表示怀疑和反对，他们提出，这次毛主席的报告精神是否右倾了，认为毛主席的报告替民主人士、知识分子、资本家和过去的地主、富农说话多了，而替劳动人民说的话太少了，大学生中有80%的人出身于剥削家庭，他们毕业后都将当干部，难道毛主席就不怕重复匈牙利事件的教训吗？究竟还要不要专政？谁专谁的政呢？这真是长他人的志气，灭自己的威风。

黑龙江、广西、四川、广东、浙江等的报告中，普遍都有这样的反映。

在农村基层干部中，怀疑、抵触和反对的情绪更加激烈。大多数基层干部不同意把这个报告再向下传达。关于两类矛盾，有的支部书记说，合理提意见是内部矛盾，骂共产党和人民政府的就是敌我矛盾；有人认为，成分好的人闹事是内部矛盾，富农和政治上有问题的人闹事就是敌我矛盾；对于团结—批评—团结的公式，普遍反映是：对农民能用，对富农、反革命不能用；至于“双百”方针，认为城市可以实行，但农村不能贯彻。

毛泽东决定到南方巡视，亲自进行说服工作。临行前，他审阅并批准《中央关于传达全国宣传工作会议的指示》，特别讲道：“这次宣传工作会议的一个重要经验，是党员和党外人士一起开会，这不但对于密切党员与非党员的团结有好处，对于了解情况，听取意见，讨论和研究问题，贯彻党的方针、政策，也是很有好处的”。指示要求各地：“应该同样召开宣传工作会议，并且像中央召开的这次宣传工作会议一样，吸收党外的教育、文艺、科学、技术、新闻、出版界人士参加……应当充分发扬民主，特别要让党外人士讲出内心的话。”

1957年3月17日至20日，毛泽东一路南下，4天时间先后在天津、济南、南京、上海做了4场报告。

3月17日，毛泽东在天津党员干部大会上说：现在阶级斗争，这件工作基本结束，大规模的群众性的阶级斗争基本结束；现在全党要学会率领整个社会跟自然界作斗争，要把中国这个面貌大体上改变一下；社会上各种不同的意见，因为阶级斗争基本结束而暴露出来，有许多错误议论，我们采取什么方针，在讨论中去解决，我们只有这样一种方法，别的方法都不要。

3月18日，毛泽东在济南党员干部会议上讲话中说："我们党现在准备开展一次整风运动。整风是用批评和自我批评解决党内矛盾的一种方法，也是解决党同人民之间的矛盾的一种方法。这次整风，就是整顿三风，整顿官僚主义、宗派主义和主观主义。要经过整风，把我们党艰苦奋斗的传统好好发扬起来。因为革命胜利了，有一部分同志，革命意志有些衰退，革命热情有些不足，全心全意为人民服务的精神少了，过去跟敌人打仗时的那种拼命精神少了，而闹地位，闹名誉，讲究吃，讲究穿，比薪水高低，争名夺利，这些东西多起来了。听说去年评级的时候，就有些人闹得不像样子，痛哭流涕。人不是长着两只眼睛吗？两只眼睛里面有水，叫眼泪。评级评得跟他不对头的时候，就双泪长流。在打蒋介石的时候，抗美援朝的时候，土地改革的时候，镇压反革命的时候，他一滴眼泪也不出，搞社会主义他一滴眼泪也不出，一触动到他个人的利益，就双泪长流。听说还有三天不吃饭的事情。我说，三天不吃饭，没有什么要紧，一个星期不吃饭就有点危险了。总而言之，争名誉，争地位，比较薪水，比较吃穿，比较享受，这么一种思想出来了。为个人的利益而绝食，而流泪，这也算是一种人民内部的矛盾。有一出戏，叫《林冲夜奔》，唱词里说'男儿有泪不轻弹，只因未到伤心处。'我们现在有些同志，他们也是男儿（也许还有女儿），他们是男儿有泪不轻弹，只因未到评级时。这个风也要整一下吧。有泪不轻弹是对的，伤心处是什么？就是工人阶级、广大劳动人民危急存亡的时候，那个时候可以弹几滴眼泪。至于你那个什么级，就是评得不对，你也要吞下去，眼泪不要往外头流，要往里头流。世界上是有许多不公道的事情，那个级可能评得不对，那也无须闹，无关大局，只要有饭吃就行。革命党嘛，以饿不死人为原则。人没有饿死，就要做革命工作，就要奋斗。一万年以后，也要奋斗。共产党就是要奋斗，就是要全心全意为人民服务，不要半心半意或者三分之二的心三分之二的意为人民服务。革命意志衰退的人，要经过整风重新振作起来。"①

3月19日，毛泽东在南京部队和江苏、安徽两省党员干部会议上讲话中说："我们要保持过去革命战争时期的那么一股劲，那么一股革命热情，那么一种拼命精神，把革命工作做到底。什么叫拼命？《水浒传》上有那么一位，叫拼命三郎石

① 《建国以来重要文献选编》第十册，中央文献出版社，2011年6月第1版，第120—121页。

秀，就是那个‘拼命’。我们从前干革命，就是有一种拼命精神。每一个人有一条生命，或者六十岁，或者七十岁，或者八十岁、九十岁，看你有多长的命。只要你还能工作就多多少少应当工作。而工作的时候就要有一股革命热情，就要有一种拼命精神。有些同志缺乏这种热情，缺乏这种精神，停滞下来了。这种现象不好，应当对这些同志进行教育。

全党都要加强政治思想工作。今天军队的同志到会的很多。军队里头怎么样？平时的政治工作跟战时的政治工作是不是有些不同？在战时，要密切联系群众，要官兵打成一片，军民打成一片。这时候，我们有一些缺点，人民还谅解我们。现在是平时，又不打仗，就是训练，如果不坚持密切联系群众，人民对我们的缺点很自然地就难于原谅了。现在实行了军衔制度和其他一些制度，但是，上级跟下级还是要打成一片，干部跟士兵还是要打成一片，还是要准许下级批评上级，士兵批评干部。比如开个党代表大会，给他们一个批评的机会。陈毅同志在‘三反’的时候讲得好，他说，我们发号施令多少年都可以，现在让下级批评我们一下，批评一个星期，可不可以？他的意思是说，应当是可以的。我赞成这个话，就是让下级批评我们一个星期。在大家批评之前，先准备一下，作一点报告，讲一讲自己有什么缺点，无非是一二三四，有那么几条。然后同志们发言，补充一些，批评一下。群众是公道的，他们不会把我们的历史丢掉。连排长也要给战士们一个批评的机会，最好一年有这么一回，开这么几天的批评会。军队里头的这种民主，我们曾经搞过，结果是有益的。不要因为有了军衔制度和其他一些制度，而使上下级、官兵、军民、军队同地方的密切关系受到损害。毫无疑义，上下级的关系应当密切，应当是一种同志的关系。干部跟战士的关系应当密切，应当打成一片。军队跟人民、跟地方党政组织的关系，也应当是密切的。

我们的同志应当注意，不要靠官，不要靠职位高，不要靠老资格吃饭。说资格老，多少年革命，这个资格也是可靠的，但同时我们不要靠它。你资格老，几十年，那是真的。可是，你有一天办了一些糊涂事，讲了一篇混账话，人民还是不谅解你。尽管你过去做过多少好事，职位有多么高，你今天的事情办得不好，解决得不对，对人民有损害，这一点人民就不能原谅。因此，我们的同志不要靠老资格吃饭，要靠解决问题正确吃饭。靠正确，不靠资格。靠资格吃不了饭，索性不靠它，等于还是什么官都没有做，就是不摆老爷架子，不摆官僚架子，把架子收起来，跟人民见面，跟下级见面。这一条，我们的干部要注意，特别是老干部要注意。一般来说，新干部没有这种包袱，比较自由。老干部对新干部要处在平等的地位。有很多东西，老干部不如新干部，要向他们学习。”①

3 月 19 日，毛泽东在上海讲话时草拟了一个提纲，提纲开始写道：“（一）现

① 《建国以来重要文献选编》第十册，中央文献出版社，2011 年 6 月第 1 版，第 120—121 页。

在处在转变时期：由阶级斗争到向自然界斗争，由革命到建设，由过去的革命到技术革命和文化革命。许多人还不认识，还企图用过去的方法对待新问题。分清两类矛盾：不能用解决第一类矛盾的方法去解决第二类矛盾。公开承认矛盾，列宁认为社会主义社会存在矛盾。斯大林不承认，混淆两类问题，直到死前才在理论上承认，但实际做又是一件事。”

提纲最后一段话写道：“采取现在的方针，文学艺术、科学技术会繁荣发达，党会经常保持活力，人民事业会欣欣向荣，中国会变成一个大强国而又使人可亲。”① 这段话是毛泽东提出正确处理人民内部矛盾思想的根本出发点和点睛之笔。《论十大关系》着重阐述了怎样使中国更强大，《关于正确处理人民内部矛盾的问题》着重阐述如何使强大的中国更加可亲。建设一个强大而又可亲的社会主义中国，是毛泽东毕生的理想和愿望。

4月4日至6日，毛泽东到杭州后，连续三天召开会议。听取来自上海、江苏、浙江、安徽和福建负责宣传工作的同志汇报讲话传达后地方上的反映，继续就如何处理人民内部矛盾问题进行思考、探索和调查研究。

4月9日，毛泽东审阅和修改了关于整风运动的决定（草案），主要内容是：中央决定在全党开展一次反对主观主义、官僚主义和宗派主义为内容的政府整风运动。1957年进行准备，1958年全面开展，在2年至3年时间内完成。

4月17日至19日，毛泽东连续三次召集刘少奇、周恩来、朱德、邓小平开会。

4月19日，毛泽东拟写了一个党内指示，要求各地党委和中央各部委党组检查正确处理人民内部矛盾问题的讨论和执行情况，并把讨论中党内党外赞成和反对两方面的意见，各级领导同志及对整个形势的估计写成报告，15天内用电报（外地）和书面报告送（北京——中央）。

4月25日，毛泽东会见保加利亚新任驻华大使。客人说：“主席的报告十分重要，我们国内都在等着看这个报告。”毛泽东说：“全文我正在修改。讲起来很容易，几小时就够了，写成文字就困难了。”②

从4月24日开始，毛泽东对2月27日的讲话稿进行修改、补充，除了理论上的提升、逻辑上的完善、结构上的调整外，内容上又将一系列的调查获得的新成果补充了进去，到6月17日最后改定。历时55天，改出了13稿。

与毛泽东沿东线南下的同时，刘少奇也沿西线南下，1957年2月24日在河北、3月4日在河南、3月24日在湖南、4月27日在上海等地视察、讲话。

在河南新乡，刘少奇听取地委负责人汇报农业生产合作社情况，对该地区实行

---

① 《毛泽东文集》第七卷，人民出版社，1999年6月第1版，第289、291页。

② 陈晋：《毛泽东三篇口头讲话是怎样成为经典文献的》，《党的文献》，2013年第1期，第116页。

包工包产到队、固定三年不变、超产奖励的办法十分赞赏，肯定这是农村生产关系的一种调整。刘少奇说：生产力只是那么一个水平，就适宜于生产单位小一点，特别是分配单位小一点好，太大了则生产关系超过了生产力。

在河北、河南等地，刘少奇明确提出，农业社要放弃集体喂养牲畜的方式，指出，分散喂养并不是倒退，只是经营管理方式改变一下。

在长沙，刘少奇提出，市政建设大项目，如自来水、电站、下水道等，需要由国家投资；那些零零星星的项目，如市民住宅、理发馆、商店、电影院等，应该发动群众，可以由群众自己办。

刘少奇在湖南说：我们现在有一种迷信思想——“我是社会主义，都比私人资本主义先进”，这种迷信思想要不得，一定要去掉；只要我们去掉这种迷信思想，我们有人有钱，社会主义名声又好，有这样优越条件，只要再加上学习私人资本主义的先进经验，跟着它们搞，就一定会赢它们，否则就是资本主义优越于社会主义。

刘少奇视察株洲湘江机器厂时谈到职工住房问题，国家只能有计划有步骤地加以解决，凡是青年职工要结婚的，都要他们参加房屋合作社，自己盖房子；工人自己盖的房子，一辈子不用出房租，房子属于自己所有，将来如果调动的话，还可以出卖、出典、出租，本钱可以捞回来。

在上海市党员干部大会上，刘少奇说：资产阶级与无产阶级的主要矛盾已经基本上解决了，人民内部矛盾已成为主要矛盾；人民内部的矛盾，大量的表现在人民群众与领导者之间的矛盾；对于人民内部矛盾，处理方法可以着重它的统一性；处理敌我矛盾是强调斗争性，使矛盾紧张起来，使斗争激化起来，以致把矛盾的对方压倒、消灭；如果我们处理人民内部矛盾不是强调同一性，使人民内部的矛盾没有必要地紧张、激化起来，造成紧张局势，那就是错误的，那就是处理人民内部矛盾的方针错了；人民内部的矛盾本来是非对抗性矛盾，可以不用对抗的办法，可以不用一棍子打死的办法，可以用小民主的办法，和风细雨的办法来解决矛盾；我们共产党人不是斗争的嗜好者，我们没有必要去强调斗争，故意的、人为的使斗争激化，使斗争紧张起来，似乎非要斗一下我们才舒服。[①]

1957年4月27日，中共中央发出《关于整风运动的指示》。[②]

同日，毛泽东代表中央给各省（市）委、自治区党委、中央一级部委及党组发出《关于整风和干部参加劳动》的指示：

“现在正在全国范围内进行关于正确处理人民内部矛盾这个重大问题的公开讨论中，这个讨论可能延长几个月。党的整风指示，日内即可发出，即以正确处理人

① 《刘少奇选集》下卷，人民出版社，1985年12月第1版，第295—302页。
② 1957年4月27日，陈云主持召开中央政治局会议，讨论并原则通过了这一文件。

民内部矛盾为主题，发扬正确的思想作风，纠正主观主义、官僚主义、宗派主义的错误的思想作风。党的另一通知日内也可发出，这个通知提倡县、区、乡三级党政主要干部，凡能劳动的，每年抽一部分时间下田参加生产，从事一小部分体力劳动。县以上各级党政军主要干部（不是一般干部），凡能劳动的，也要这样做，每年以一部分时间，分别下田、下工厂、下矿山、下工地或者到其他场所，和工人农民一道从事可能胜任的一小部分体力劳动（哪怕是很少一点）。这样一来，党和群众就打成一片了，主观主义、官僚主义、老爷作风，就可以大为减少，面目一新。此外，请你们注意，对党与（一）工人、（二）农民、（三）学生、（四）解放军战士、（五）知识分子、（六）民主党派、（七）少数民族等七个方面之间所存在的各项具体矛盾，分别召集会议，加以分析研究，使自己心中有数，由盲目到自觉，以便有根据地说服干部和群众。”①

中央文件下发的当天，毛泽东在中南海颐年堂召开最高国务会议第十二次（扩大）会议，议题就是整风动员。出席会议的有中共主要领导人和26位各民主党派的负责人、无党派民主人士。毛泽东讲话说：几年来都想整风，但找不到机会，现在找到了；凡是涉及许多人的事情，不搞运动，搞不起来；需要造成空气，没有一种空气是不行的；现在已造成批评的空气，这种空气应继续下去；整风方法，我攻你，你攻我，有意见就说，党内外打成一片，此即整风，已经整了两个月。

4月30日，毛泽东邀请各民主党派负责人和无党派民主人士在天安门城楼举行座谈。

毛泽东讲话说：几年来都想整风，但找不到机会，现在找到了；整风的总题目是处理人民内部矛盾，反对三个主义；整风会影响到党外；规定非党员自愿参加，自由退出；有意见就说，党内外打成一片。

毛泽东还讲到高等学校实行党委制问题，说教授治校恐怕有道理，由邓小平同志负责找党外人士和中国民主同盟、九三学社等开座谈会，对学校党委制问题征求意见。

毛泽东还说：过去做的是阶级斗争，民主革命与社会主义革命时期都是如此，是人与人开战，人打人，花了几十年的精力，从共产党成立起，已有36年，精力都轧在这上面；现在进入另一种战争，就是向自然界开战，要懂得自然科学，不懂怎么办，要老老实实学；可能要同过去学习阶级斗争一样，需要花几十年的时间；要求以处理人民内部矛盾为题目，分析各个方面的矛盾，对高等教育、普通教育、文艺、科学、卫生等方面，切实攻一下，在报上发表，可以引起大家注意，不然官僚主义永远不得解决。

毛泽东并提到党外人士有职无权，以及好大喜功等问题。毛泽东在讲话中表示

① 《毛泽东文集》第七卷，人民出版社，1999年6月第1版，第294页。

到二届全国人大一定辞去国家主席。他说：瑞士有 7 人委员会，总统是轮流当的，我们几年轮一次总可以，逐步采取脱身政策。①

1957 年 5 月 2 日，《人民日报》发表《为什么要整风?》的社论。

5 月 4 日，中共中央发出《关于继续组织党外人士对党政所犯错误展开批评的指示》。

1957 年 2 月，长沙第 10 中学的语文教员李淑一女士给毛泽东写信，寄上她 1933 年所写的一首怀念柳直荀的《菩萨蛮》词，并提出请毛泽东把杨开慧曾和她说过的一首诗书赠。

李淑一的词是：

兰闺索寞翻身早，夜来触动离愁了。底事太难堪，惊侬晓梦残。征人何处觅？六载无消息。醒忆别伊时，满衫清泪滋。

5 月 11 日，毛泽东给李淑一回信说：

淑一同志：

惠书收到。过于谦让了。我们是一辈的人，不是前辈后辈关系，你所取的态度不适当，要改。已指出“巫峡”，读者已知所指何处，似不必再出现“三峡”字面。② 大作读毕，感慨系之。开慧所述那一首不好，不要写了吧。有《游仙》一首为赠。这种游仙，作者自己不在内，别于古之游仙诗。但词里有之，如咏七夕之类。

我失骄杨君失柳，杨柳轻飏直上重霄九。问讯吴刚何所有，吴刚捧出桂花酒。寂寞嫦娥舒广袖，万里长空且为忠魂舞。忽报人间曾伏虎，泪飞顿作倾盆雨。

暑假或寒假你如有可能，请到板仓代我看一看开慧的墓。此外，你如去看直荀的墓的时候，请为我代致悼意。你如见到柳午亭先生时，请为我代致问候。午亭先生③和你有何困难，请告。

为国珍摄！

1957 年 6 月 19 日，《关于正确处理人民内部矛盾》一文在《人民日报》全文

---

① 《毛泽东传（1949—1976）》，中央文献出版社，2003 年 12 月第 1 版，第 672 页。

② 1956 年 6 月，毛泽东由武昌游泳横渡长江，到达汉口。这是毛泽东第一次畅游长江，回到北京，他风趣地对保健医生朱仲丽说：“人不可逞能啊！我这次在长江游的时间太长了，已经感到全身疲乏，还要逞能，继续游，要不是叶子龙叫我上船，我只怕淹死了！”

此次游泳，毛泽东做《水调歌头・游泳》词一首：

才饮长沙水，又食武昌鱼。万里长江横渡，极目楚天舒。不管风吹浪打，胜似闲庭信步，今日得宽余。子在川上曰：逝者如斯夫！风樯动，龟蛇静，起宏图。一桥飞架南北，天堑变通途。更立西江石壁，截断巫山云雨，高峡出平湖。神女应无恙，当惊世界殊。

③ 柳午亭为柳直荀烈士的父亲，柳直荀 1932 年 9 月在湖北洪湖地区被张国焘错杀。

发表，全国其他主要报纸也都全文登载。

在《人民日报》发表毛泽东讲话的同一天，苏联的《真理报》全文登载了这篇文章。其他社会主义国家也相继翻译发表了这篇讲话。美国《纽约时报》全文登载并发表社论。美国和欧洲许多主流报纸如《纽约先驱论坛报》、《纽约世界电讯与太阳报》、《华盛顿邮报》、《观察家报》等都刊载了关于这篇讲演的消息。

《关于正确处理人民内部矛盾》理论贡献：第一次提出社会主义社会还存在矛盾，矛盾是社会主义发展的动力；第一次阐述社会主义社会存在两种不同性质的矛盾以及严格区分和正确处理两类不同性质的矛盾；提出了哪些是人民内部矛盾以及正确处理人民内部矛盾是国家政治生活的主题。

1957 年 7 月，毛泽东写了《一九五七年夏季的形势》一文，他写道："我们的目标，是想造成一个又有集中又有民主，又有纪律又有自由，又有统一意志，又有个人心情舒畅、生动活泼，那样一种政治局面，以利于社会主义革命和社会主义建设，较易于克服困难，较快地建设我国的现代工业和现代农业，党和国家较为巩固，较为能够经受风险。"

毛泽东说：必须坚定地信任群众的多数，首先是工农基本群众的多数，这是我们的基本出发点。

8 月 4 日，周恩来讲道："政治上的制度要适合社会主义的经济基础，也要改革，要改革成为民主集中制。又有民主，又有集中；又有自由，又有纪律；又有个性的发展，又有统一意志。"

十四、整风反右

1957 年 5 月 8 日至 6 月 3 日，中共中央统战部邀集民主党派和无党派人士举行座谈会 13 次，有 70 多人发了言。座谈会上，发言者对党提出了大量的批评意见和建议，中间也有不同意见的讨论和争论，这些座谈都整理见报。①

5 月下旬至 6 月初，中央有关部门及文化、教育、科研单位的党组织和各省市党委，除直接组织召开各种座谈会外，还动员民主党派和教育、文艺、新闻、科技、法律、工商各界开会。

1957 年 5 月 8 日，会议第一天，中国农工民主党主席、中国民主同盟副主席章伯钧、九三学社主席许德珩、中国国民党革命委员会中央常委陈铭枢、民主建国

① 《新华半月刊》，1957 年第 12 号。

会副主席章乃器等先后发言。

章伯钧对国家机关的党组领导制度提出责难："在非党人士担任领导的地方，实际上是党组决定一切，都要党组负责。既然要党组负责，就不能不要权，这就是形成非党人士有职无权的根本原因。"章乃器说："现在有一部分党员，党内一个是非，党外一个是非，把'党党相护'当作党性。"第二天，上海《文汇报》分别以《行政领导和党组应该划分清楚》和《解决有职无权问题必须克服宗派主义》为题，刊登了他们的发言。

5 月 9 日，意见尖锐，但很中肯，与人为善。

5 月 10 日，意见是建设性的。

5 月 11 日，意见主要集中在对党员干部提拔任用方面作一些改进；致公党和台盟对统战部提出批评，认为对这两个党派重视不够。

5 月 12 日，《人民日报》刊登两篇文章，一篇是读者来信《不能强迫非党同志参加整风》，另一篇是《解放日报》5 月 9 日的社论《好得很，还是糟得很?》批评党内干部对大鸣大放的错误认识。13 日，《人民日报》发表社论《谈职工闹事》，指出："凡是闹事的地方，大都是官僚主义比较严重的地方；职工不能通过'团结—批评—团结'的正常方法去解决问题的时候，才被迫走闹事这条路。"

5 月 13 日，各种批评意见急剧升温，言辞越来越激烈，一些意见越来越偏激。

13 日，陈云为中共中央起草一份电报：在经济建设和文化建设方面各种不合理现象普遍存在，要求各地各部门应在整风运动中发动群众予以揭露，组织力量，抓住重点，进行系统的检查、纠正。

5 月 14 日，毛泽东要刘少奇、周恩来、陈云、邓小平、彭真阅读 5 月 10 日《解放日报》，该报第二版以《大胆揭露矛盾，帮助党内整风》为题，整版刊登了 22 位中、小学教师座谈会的发言摘要。毛泽东写了批语："这一整版值得过细一看，不整风党就会毁了。"又批示："请你们注意看上海《解放日报》，南京《新华日报》，上海《文汇报》、《北京日报》、《光明日报》，集中看人民内部矛盾和我党整风消息，这是天下第一大事。"毛泽东认为，执政党本身官僚作风和腐败堕落是危及政权的重要因素。

5 月 14 日晚上 9 时至次日凌晨 1 时，毛泽东在中南海颐年堂召开中共中央政治局常委扩大会议。会议通过了《关于报道党外人士对党政各方面工作的批评的指示》，内容是："最近各地党外人士正在展开对于党、政各方面工作的批评，这是很好的现象，这不但会大大帮助我党的整风，消除同党外人士的隔阂，而且可以在群众中暴露右倾分子的面貌。我们党员对于党外人士的错误批评，特别是对于右倾分子的言论，目前不要反驳，以便使他们畅所欲言。我们各地的报纸应该继续充分报道党外人士的言论，特别是对于右倾分子、反共分子的言论，必须原样地、不加粉饰地报道出来，使群众明了他们的面目，这对于教育群众、教育中间分子，有很大的好处。近来我们许多党报，对于一些反共的言论加以删节，是不妥当的，这实际上是帮助了右倾分子，并且使人感到是我们惧怕这些言论。这种现象，请你们立即加以纠正。但是，在报道中，有三类言论必须加以领导和控制：（一）对于市场物价容易发生影响的消息和言论；（二）违背国家外交政策，易为帝国主义挑拨和利用的消息和言论，其中包括对苏联和人民民主国家的消息和言论；（三）涉及个别肃反案件具体事实的消息和言论。

以上各点，请即召集党报负责同志加以布置，至要。①

5月15日，是第六次座谈会。无党派人士张奚若最后一个发言，他批评中国共产党有四种偏差：①好大喜功，把社会主义等于集体主义，集体主义等于集中；②急功近利，强调速成；③鄙视既往，一切都搬用洋教条，把历史遗留下来的许多东西看作封建，都要打倒；④迷信将来，否定过去。给毛泽东留下深刻印象。

对于公开鸣放中出现这样一种局面，毛泽东是没有料到的。这使他震惊，从而对形势作出和原来不同的严重估计。②

1957年5月16日晚9时至次日凌晨1时20分，毛泽东再次召集政治局常委扩大会议。当天，毛泽东又亲笔起草了一个党内指示——《中央关于对待当前党外人士批评的指示》：

各省委、直属市委、自治区党委，各中央直属部委首长，各国家机关和人民团体的负责同志：

自从展开人民内部矛盾的党内外公开讨论以来，异常迅速地揭露了各方面的矛盾。这些矛盾的详细情况，我们过去几乎完全不知道。现在如实地揭露出来，很好。党外人士对我们的批评，不管如何尖锐，包括北京大学傅鹰化学教授在内，基本上是诚恳的、正确的。这类批评占90%以上，对于我党整风，改正缺点错误，大有利益。从揭露出来的事实看来，不正确地甚至是完全不合理地对党外人士发号施令，完全不信任和不尊重党外人士，以致造成深沟、高墙，不讲真话，没有友情，隔阂得很。党员评级评薪和提拔等事均有特权，党员高一等，党外低一等。党员盛气凌人，非党员做“小媳妇”。学校我党干部教员助教讲师教授资历低，学问少，不向资历高学问多的教员教授诚恳学习，反而向他们摆架子。以上情况，虽非全部，但甚普遍。这种错误方向，必须完全搬〈扳〉过来，而且越快越好。无论文教界和其他方面，凡态度十分恶劣，已为多数群众所不信任的同志应当迅速调动工作，以党外资历深信誉好的人员充任，或以胜任的党员充任，以利团结党内外，改进工作。最近一些天以来，社会上有少数带有反共情绪的人跃跃欲试，发表一些带有煽动性的言论，企图将正确解决人民内部矛盾、巩固人民民主专政、以利社会主

① 《中共党史教学参考资料》第二十二册，国防大学出版社，1986年第1版，第18页。

② 《毛泽东传（1949—1976）》，中央文献出版社，2003年12月第1版，第690页。

义建设的正确方向，引导到错误方向去，此点请你们注意，放手让他们发表，并且暂时（几个星期内）不要批驳，使右翼分子在人民面前暴露其反动面目，过一个时期再研究反驳的问题。这一点，5 月 14 日我们已告诉你们了。为了研究问题，请你们多看几种报纸。有些地方例如上海党外批评相当紧张，应当好好掌握形势，设法团结多数中间力量，逐步孤立右派，争取胜利。

中　　央

1957 年 5 月 16 日[①]

1957 年 5 月 19 日，北京大学有的学生在大饭厅贴出了第一张大字报。到了 22 日，北京大学校园里的大字报由几十张激增到几百张。大字报的内容，很多是要求取消党委负责制，要求言论、集会、结社绝对自由，彻底开放一切禁书，反对必修的政治课等。这些举动，被一些人称为“五一九运动”。《光明日报》和上海的《文汇报》还在报道中用“北京大学民主墙”来称呼。5 月 23 日晚上，中国人民大学的一名学生来到北京大学，发表演讲说：现在是“封建的社会主义”。毛泽东密切关注整风鸣放的动态，通过各种渠道及时了解各方面反映。在最紧张的几天里，毛泽东几乎天天派人到北京大学、清华大学、北京师范大学、中国人民大学等高校看大字报，他问身边的工作人员：“你看共产党的江山能不能坐得稳？”[②]

1957 年 5 月 19 日和 20 日，连续两个夜晚，毛泽东召集刘少奇、周恩来、邓小平、陈云等人开会。会议讨论通过中共中央指示。

5 月 20 日，中共中央发出《关于加强对当前运动的领导的指示》，规定各地党报报道的方针是：1. 继续刊登右翼分子的反动言论，最好是刊登那些能够充分暴露他们的反动面目的言论（越反动越好），但右翼分子在报上所占比重应逐步缩小，特别是那种一般性批评和谩骂的东西，更应少或不登；2. 特别注意刊登中间分子那些比较公道的批评右翼分子的言论，并应该逐步增多，占到报纸的主要篇幅；3. 应该增加一些左翼分子的言论，但暂时不宜过多，特别注意登他们一些有说服力的东西，不要登载他们那些没有说服力和火气太大的，特别是乱扣帽子的东西；4. 应该登载改进工作的事实报道；5. 在一个短期内，党员仍以不发言为好，但要立即着手分类研究右翼的反动言论和其他资产阶级论点，准备在适当时机予以反驳和批判；6. 在各种会议上，应该有计划地组织一部分左派分子和中间分子的发言，并给予报道。指示还要求跟党的基层干部和党外可靠的左派分子打个招呼。

前面所说的毛泽东及中共中央的文章和指示，当时都没有公布，并且传达的范

---

① 《建国以来毛泽东文稿》第六册，中央文献出版社，1992 年 1 月第 1 版，第 477—478 页。
② 《毛泽东传（1949—1976）》，中央文献出版社，2003 年 12 月第 1 版，第 696 页。

围非常小，社会上一般都不知道。[①]

1957年5月16日至6月3日，中央统战部召开的各民主党派负责人座谈会仍在继续举行。

5月21日，第八次座谈会，章伯钧发言，提出“政治设计院”的主张。他说：“现在工业方面有许多设计院，可是政治上的许多设施，就没有一个设计院。我看政协、人大、民主党派、人民团体，应该是政治上的四个设计院。应该多发挥这些设计院的作用。一些政治上的基本建设，要事先交给他们讨论，三个臭皮匠，合成一个诸葛亮。现在大学里对党委制很不满，应该展开广泛的讨论，制度是可以补充的，因为大家都是走社会主义的路。这样搞，民主生活的内容就会丰富起来。”[②]

5月22日，第九次座谈会。中国民主同盟副主席罗隆基发言，提出在党的领导之外设立一个负责平反的领导机构，解决防止打击报复的问题；有人提出要党提出保证，在他们对党进行批评以后，不致将来受到打击报复；要毛主席出来讲话保证，那是笑话；由人民代表大会和政治协商委员会成立一个委员会，这个委员会不但要检查过去“三反”、“五反”、肃反运动中的偏差，它还将公开声明，鼓励打击有什么委屈都来申诉；这个委员会包括领导党，也包括民主党派和各方面人士；地方人代会和政协也应该成立这样性质的委员会，使它成为一个系统。[③]

6月1日，第十二次座谈会。

各民主党派中央机关报《光明日报》编辑部分别在上海等9大城市邀集部分民主人士和高级知识分子提意见，并报道了发言内容。

无党派人士、中华全国工商业联合会主任委员陈叔通说：检查一下，8年以来，由于保守所造成的损失和由于冒进所造成的损失，究竟哪一方面大？

中国民主促进会（民促）副主席、鲁迅夫人许广平和中国国民党革命委员会（民革）副主席龙云认为1956年的冒进是：求治心切，企图百废待举。

民盟中央常委杨明轩谈到了党政不分问题，说：有些地方已经违背了社会主义民主和社会主义法制的原则。杨明轩举例说，有的地方重大工作没有经过人民代表大会或人民委员会讨论通过，而由党的组织或干部决定实施；建议加强对党员对全体人民法制思想的教育，并且注意这方面工作的领导，严格执行已有的法律、规章、制度，逐步完备我国的社会主义法制。

民革中央常委刘斐也谈到党政不分问题，党和政是两个性质不同的系统，党是领导国家的核心，但是党的领导要通过国家机器去实现，党不应该代政，就像开机器的人不能代替机器一样。

---

① 《毛泽东传（1949—1976）》，中央文献出版社，2003年12月第1版，第694页。
② 《毛泽东传（1949—1976）》，中央文献出版社，2003年12月第1版，第694页。
③ 《人民日报》，1957年5月23日。

九三学社中央常委茅以升指出了业务计划高度集中问题。他认为，全盘计划化和全国统一化，是社会主义制度的优越性，但是中国人口众多，各地情况非常复杂，经济和教育都很薄弱，很难做得尽善尽美；因此订计划的时候，应当分轻重缓急，预留伸缩，尽量把权力下放，并且对集中和分散的比例加以调节。

民革中央常委刘文辉谈到了保护公民权利的问题：宪法规定对公民权利提出了有效保证，也可以说是赋予公民一种保护权利的权利，但是普通公民处在有些基层干部强迫命令的作风之下，是否都能有效地行使宪法赋予的控告权呢？国家机关对于公民权利因干部违法侵犯而受到的损失，是否都依照宪法给予了赔偿呢？如果能从多方面想办法保护公民权利，将大大有助于人民内部矛盾的解决。

民促副主席王绍鏊、中国致公党常委黄鼎臣、民革中央常委龚梅彬、民革中央常委黄绍竑等，对党政不分、以党代政提出了意见看法。

民革中央副主席熊克武、刘斐、黄绍竑等提出必须加强法制建设的意见。

民革中央常委王昆仑、朱蕴山等提出了对几次运动后遗症的处理问题。王昆仑说，一方面坚持有反必肃的原则，另一方面坚持有错必纠的原则。朱蕴山说，肃反运动是有成绩的，执行方面发生偏差，要根据不同的情况进行整理，但不应对领导肃反的干部泼冷水；对肃反运动的遗留问题，成立一个临时检查机构，认真检查，分别不同情况处理。

民革中央常委邓初民提出应对去世的陶行知先生重新评价，不能因为他谈“生活教育”和在国民党时期曾经用武训做挡箭牌办教育，把陶一棍子打死。

同时，有些人还提出：应重视发挥党外人士、工商界和知识分子作用；办大学要依靠专家学者；健全人事制度，在提拔奖惩上党内外干部要一视同仁；要为民主党派创造长期共存、互相监督的条件等。

《光明日报》（各民主党派的机关报）总编辑储安平以“向毛主席和周总理提些意见”为题发言说：“最近大家对小和尚提了不少意见，但对老和尚没有人提意见。”

储安平说：有一个问题要向毛主席和周总理请教，解放以前，听毛主席倡议和党外人士组织联合政府，1949 年开国后，中央人民政府六个副主席中有三个党外人士，四个副总理中有两个党外人士，也还像个联合政府的样子；后来政府改组，中华人民共和国副主席只有一位，原来中央人民政府的几个非党副主席的椅子，都搬到人大常委会去了；现在国务院副总理有 12 位之多，其中没有一个党外人士；从团结党外人士、团结全国的愿望出发，考虑到国内和国际上的观感，这样的安排是不是还可以研究？

储安平说：“这几年党群关系不好，而且成为目前我国政治生活中急需调整的一个问题，这个问题的关键究竟何在？据我看来，关键在‘党天下’的这个思想问题上。”

储安平说：党领导国家并不等于这个国家即为党所有；为了保证政策的贯彻，巩固已得的政权，党需要使自己经常保持强大，需要掌握国家机关中的某些枢纽，这一切都是很自然的；但在全国范围内，不论大小单位，甚至一个村一个组，都需要安排一个党员做头儿，都要党员点了头才算数，这样的做法是不是太过分了一点，党这样做，是不是"莫非王土"那样的思想，从而形成了现在这样一个一家天下清一色局面；这个"党天下"的思想问题是一切宗派主义思想的最终根源，是党和非党之间矛盾的基本所在。

储安平说："我认为，这个'党天下'的思想问题是一切宗派主义现象的最终根源，是党和非党之间矛盾的基本所在。今天宗派主义突出，党群关系不好，是一个全国性的现象。共产党是一个有高度组织纪律的党，对于这样一些全国性的现象，和党中央的领导有没有关系？"①

从 1957 年 5 月 15 日到 6 月 8 日，中央统战部第八办公室联合召开工商界座谈会。举行座谈会 25 次，有 108 位工商界人士发言。一些人提出"民族资产阶级还有没有两面性"，"公私合营企业中的公方代表要不要撤走"，"工商联中的党员秘书长是不是应当留下"等问题。座谈会上引起了热烈的争论。

在座谈会上和社会上，有的说社会主义制度不如资本主义制度；有的攻击历次政治运动；有的反对合作化、资本主义工商业的社会主义改造和粮食统购统销政策；有的要求根本改变社会制度。

右派分子把党外各界人士和人民群众批评共产党和政府工作中的缺点错误，看成天下即将大乱，说什么"现在学生上街、市民跟上去，形势非常严重"，"共产党已经进退失措"，局势已是"一触即发"，"毛主席他们混不下去了，该下台了"。他们叫嚷"中国再也不能让许多小斯大林统治下去"。他们妄图取代共产党的领导和执政地位，公然提出共产党退出机关、学校，公方代表退出公私合营企业；要求"轮流坐庄"，说什么"一党执政有害处"，"如果不要共产党一党执政，而要共产党和各民主党派通过竞选轮流执政，由各党各派提出不同的政纲来，由群众自由选择，这就好得多"。他们攻击社会主义制度，全盘否定社会主义事业的成就，诬蔑国内情况"一团糟"，"政治黑暗，道德败坏，各级机关都是官僚机构，比国民党还坏，人民生活降低，处于半饥饿状态"，"根本办法是改变社会主义制度，让共产党下台"。他们还把矛头直接指向党中央和毛泽东，说什么"三害"（指官僚主义、宗派主义和主观主义）"应向党中央和毛主席那里挖"。在右派分子的煽动蛊惑下，在一个时间内，中间派动摇彷徨，分不清大是大非；一些地方甚至发生了少数工人罢

① 储安平的讲话以《给毛主席和周总理提些意见》为题全文刊登在 6 月 2 日的《文汇报》头版上。

工、学生罢课和闹事的事件，且有蔓延之势。这种情势，不能不引起毛泽东和中共中央的高度重视和警觉。

但是，有些与会者对他们的发言提出了直接和间接的批评意见。民革一位老同志说：如果过分发展了分庭抗礼的思想，甚至动摇了以共产党为领导核心的认识，绝非国家之福；王昆仑说：我们对共产党提出许多意见，提出许多缺点，目的在于要求扩大社会主义民主，但是我们是以共产党为领导的多党联合政府，民主党派不是在野的反对派，国家工作有缺点，我们也有一部分责任，只有这样的立场观点，才能充分参与国家事务，才能够向领导党进行监督和批评。

两个座谈会反映出来的意见，都由会议主持人、中央统战部部长李维汉向中央常委作了汇报。5月中旬，汇报到“轮流坐庄”、“海德公园”等论调时，毛泽东警觉性很高，说他们这样搞，将来会整到他们自己头上，决定把放出来的言论在《人民日报》上发表，并且指示：要硬着头皮听，不要反驳，让他们放。当李维汉汇报到有位高级民主人士说党外有些人对共产党的尖锐批评是“姑嫂吵架”时，毛泽东说：不对，这不是姑嫂吵架，是敌我。

李维汉汇报到罗隆基说：现在是马列主义的小知识分子领导小资产阶级的大知识分子、外行领导内行。

1957年5月21日，中共中央书记处开会，讨论报纸的宣传报道问题：斗争的目的，是同党外人士的斗争，孤立右派，争取中间派，教育左派，改进作风，克服官僚主义。

5月22日，刘少奇主持中共中央政治局会议，讨论召开全国人大四次会议问题。并传达毛泽东的指示。刘少奇说：我们党实行整风，很有必要，现在党外有很多的意见，党内也有意见；相当严重地脱离群众，不整风，我们党就会慢慢地毁灭掉；我们国内各条战线现在都发生重新改组的问题，各个阶级都有左中右三派，我们考虑做中派工作，使右派孤立起来，办法就是充分暴露右派。

5月23日下午，刘少奇主持召开政治局扩大会议。邓小平作《关于如何领导当前整风运动的报告》，对运动的目的及达到运动目的的方针策略做了说明。中共中央认为，运动的目的，一个是整自己，改正缺点，改进工作；另一个是团结党外中间派，孤立右派；归结起来一个目的，就是加强党的领导；为了达到这个目的，必须继续采取“放”的方针。

邓小平说：“现在的问题是：这个运动可不可怕？现在我们确实有些担心，比如我们党校有相当的高级干部，都是省委、地委的同志，他们在那里很担心。这个担心是有理由的，你说共产党看到那个骂娘的事情心里不着急呀，我看也难设想，我就有点着急。开始几天，人心里有点急。后来看到那反动的东西愈多，心里就安定了，舒服了。有些人担心是不是会出乱子，总的估计出不了乱子。”[①]

刘少奇说：小平同志的报告很好，这是在主席那里中央常委确定的，要根据这样的方针、步骤来领导当前的运动。[②]

周恩来、朱德、陈云、陆定一、康生也通报了一些情况。

5月24日，中共中央政治局委员、书记处书记彭真在北京传达政治局扩大会议的具体内容。彭真说：有些人的批评是从右的观点出发的，是从资产阶级观点出发的，但是右的方面的意见也可以起积极的作用，毒草也可以作肥料，起好的作用，事物总是在矛盾的斗争中发展的；整风已经开展起来了，但总的还是放手得不够，对党外人士发动得不够，有些大专院校还没有开展起来，中央有些部还没有展开，市里有好些单位还没有展开，由于有些同志还不了解发动党外人士对党展开批评的好处，特别是当着有些右翼分子、极少数对党愤恨的分子，对党实行恶意攻击的时候，就更没有勇气下这样的决心；党外人士对我们的批评，当然不会都是正确的，但是为了鼓励和开展这种批评，对于一切意见，应该耐心地冷静地倾听，这是很难的，但是必须这样做；就是对于错误的，甚至反动的意见，目前也还不要忙着进行批驳，以免堵塞言路；现在的批评已不是和风细雨了，的确是狂风暴雨了，因为发动党外人士、民主人士、高级知识分子给你提意见，人家有话就要讲，讲了以后就要登报，有党的报也有不是党的报，这样大家集中起来批评不就成了狂风暴雨了吗？

毛泽东没有参加近两次的政治局会议。这几天，毛泽东不断派他的秘书陈伯达、胡乔木、林克去北京大学了解情况，每天向他汇报。

5月24日，毛泽东修改了他在国务会议上的讲话稿，增加了关于知识分子必须完成世界观根本转变的一大段论述：“在我国，虽然社会主义改造已经基本结束，大规模的群众性的阶级斗争已经基本结束，但是资产阶级还存在，小资产阶级刚刚在改造。无产阶级和资产阶级思想之间的斗争，还是很尖锐的、长期的，有时甚至是很激烈的。”增加了批判修正主义的内容。

当晚，毛泽东召集中共中央政治局常委会。

5月25日，毛泽东和中央政治局常委、在京的政治局成员接见参加中国新民主主义青年团第三次代表大会的全体代表，毛泽东讲话说：“你们的会议开得很好。希望你们团结起来，作为全国青年的领导核心。中国共产党是全中国人民的领导核心。没有这样一个核心，社会主义事业就不能胜利。你们这个会议是一个团结的会议，对全中国青年会有很大的影响。我对你们表示祝贺。同志们，团结起来，坚决地勇敢地为社会主义的伟大事业而奋斗。一切离开社会主义的言论行动是完全错误

---

① 《毛泽东传（1949—1976）》，中央文献出版社，2003年12月第1版，第696—697页。

② 《毛泽东传（1949—1976）》，中央文献出版社，2003年12月第1版，第697页。

的。”次日《人民日报》发表了毛泽东的讲话。[1]

25 日，刘少奇主持人大常委会七十次会议讨论人大四次会议的会期问题。决定从原定的 6 月 3 日推迟到 20 日召开。

25 日，毛泽东改出了他讲话的第三稿，在批语中特别注明：我对百花齐放部分有一些重要修改，其中最重要的是关于讲到意识形态的阶级斗争问题时，增加了“阶级斗争还没有结束”，以及“在这一方面，社会主义与资本主义谁胜谁负的问题还没有解决”的说法；增加了辨别香花和毒草的六条政治标准，并说：“各民主党派对共产党提意见、作批评，要看那些意见、批评是否合乎上述六个政治标准。如果不合，那就会丧失监督的资格。”

5 月 26 日晚上，毛泽东召集刘少奇、周恩来、朱德、邓小平、陈云等人开会。听取各省、市、自治区党委负责人汇报。

第二天，召开各省、市、自治区书记会议。上海市委书记柯庆施汇报说：上海文化、出版、发行界暴露得很厉害，放的过程中，最坏的是民盟，它们的方针是一放到基层，二撤换干部，三算政治旧账，它们企图瓦解我们党，动员党员坦白秘密，还把手伸向了工会，在民盟内部则是要改选，起用那些我们伤害过的人；知识分子也有很大暴露，过去没有讲话的人，如巴金，都出来讲了；王造时、陈铭枢提出搞私法问题，影响很深；更严重的是，这种气氛已经感染了社会，工厂闹事增多了，墙报很热闹，机关、银行、税局也在闹；贸易公司批发站、剧团、影界、广播、大学都在闹；最令人担忧的就是党内的问题，有的党员把党外作家当做后台，有的党员提出脱党，还有的把党内事情告诉党外人士；王若望就同右派站在一起，说出现纳吉也不为怪；干部对主席报告开始拥护，第二步有不同意见，第三步抵触，认为对右派现在不整心不甘。

邓小平报告说：整风运动开始的目的是搞党内三大主义，因为问题严重最初用的是内外夹攻的办法，运动开展以后，绝大多数的意见是正确的，有益的，90%对我们有帮助；但很显然有部分右派跟我们争领导权，这个斗争不只是在思想领域，已经扩及政治范围，有人提出纲领很谨慎的，不是打倒共产党，而是要我们退出阵地；各地都看得出，以上海、北京为典型，因此中央不能不做斗争，他们已经这样做了；党内外归结起来一个目的，加强党的领导；关键是能不能团结中间派，右派在争取中间势力，左派、我们也要争取中间势力；我们争取中间势力有两条，一是改正自己的错误，二是孤立右派，用右派教育中间派，使中间派知道需要同右派划清界限；现在右派大体都出来了，如章伯钧、章乃器、龙云等；右派活动有两种倾向，一是向基层发展，二是暗地里组织活动的迹象明显了；还可以继续鸣放，主要在机关、大专院校，让右派进一步暴露出来；党团队伍也要考虑整顿，但工厂、中

---

① 《建国以来毛泽东文稿》第六册，中央文献出版社，1992 年 1 月第 1 版，第 488 页。“一切离开社会主义的言论行动是完全错误的”一句，是登报时加上的。

小学不要触动，关键是不能出大乱子；中央有个设想，运动下一步我们要建议党外整风，党外几百万知识分子的改造不能放松，还是采取说理的方法。

彭真结合北京的情况说：开始只是整风，现在又加上一个阶级斗争，斗争主要针对资产阶级知识分子，是思想问题也是政治问题；主要在机关和大专院校，工厂和中小学不要搞，不停课，不上街，不下厂，就不会出大问题。

此时，中共对国内事态发展的严重性有了明确认识：现在的问题不在于民主党派和知识界的言论，他们的话大体已经说完，阵线已基本清楚，右派只是极少数；也不在于学生运动本身，那里不会发生重大问题，因为右派也是少数；最危险的就是民主党派和知识界的煽动性言论，与波及全国的学生运动风潮汇合起来，再同时涌向社会，影响到工厂、农村和中小学，其结果是天下大乱，将会真正危及共产党的领导。如毛泽东担心的那样：中国有出“匈牙利事件”的某些危险了！

根据《人民日报》1957 年 5 月下半月报道，各部委、各地区、各大学、各学会都纷纷邀请民主党派和无党派民主人士举行座谈。所有这些座谈会，就是鼓动非党知识分子站出来讲话，给共产党提意见。1957 年 5 月 28 日，北京市委再次布置：市府各局、市委各部机关必须立即开始大放大鸣，党外普遍征求群众意见，党内讨论目前报纸上发表的文章，发挥自由思想；对于知识分子多的几个部门要大放特放。

思维敏捷而感情冲动的青年学生，言论尖锐和大胆，远远超出民主党派和教授们的意见。其中特别激烈的观点：

“新中国成立八年至今，民主空有其名，……宪法上赋予人民的一切民主权利，概无保障。党独揽一切，专断一切，党即全体人民，党即国家，党即法律”，“天下是人民打的，不是共产党打的，不能由共产党一党独裁和垄断，必须各政党竞选”，“党对‘人大’与‘政协’说来，成了超政府、超宪法的太上皇。……要改变这种独裁误国的现象，必须把党从人民代表与政府之上拿下来，把政府置于人民代表大会之下，使人民代表大会成为真正的权力机关”，“马克思主义好比圣经，各地党委书记好比教区主教”，“文王杀四人而定天下，毛主席杀了 70 万人！简直胜过了秦始皇的‘焚书坑儒’”，“共产党和过去封建王朝一样，整个党就是封建王朝的味道”，“整风主要应整老和尚：整风的根本问题在于党中央，关键要整党中央”。

学生鸣放时出现的停课、请愿、自发组织小团体等行为影响到社会，且与社会动乱融为一体化的趋势，已经构成对共产党执政和社会安定的威胁。

早在 4 月 19 日，北京市就提出，“去年以来到现在，北京市共发生罢工、罢课 7 起，参加人数 400 多人。发生推派小型代表团请愿、包围领导者等类似事件有六七十起”。1957 年北京市中小学毕业生约有 3 万人不能升学，问题重大，不能忽视，如果处理不好，就容易闹事。

4月28日，北京市委向中央报告："今年以来，许多商品价格上涨，或者变相上涨，许多商品又供应不足，引起广大群众的忧虑和不满，现在，群众心理普遍紧张，不少人怀疑'共产党稳定物价的政策是否保险'。"

5月下旬，学校面临毕业，很多学生因毕业后不能升学或留在城市而闹事。5月22日，《内部参考》刊载内蒙古丰镇中学应届初中毕业生700多人集体罢课，还有一部分人，整队到大街上游行、演说、呼口号，企图取得群众的同情和支持。

1957年5月20日至25日，湖北医学院要求改善校舍、设备等条件，发生全校性的停课风潮，矛头直指中共湖北省委。5月27日，武汉水运工程学院学生连续给国务院总理和交通部发电报，闹事情况有继续发展的趋势。5月28日到30日，湖北城市建设工程学校的学生因对校方领导的官僚主义罢课3天。6月1日，武汉大学的学生到汉口繁华商业区一带张贴大字标语，要求"派记者到我们那里去"，"反对新闻封锁"等，贴到湖北日报社和长江日报社门口的标语被撕掉后，引起学生不满。3日，学生代表41人到报社质问、抗议，双方进行了长时间谈判，无果而终。

6月1日，沈阳俄专部分学生因对毕业分配方案不满而罢课。

6月1日，南京大学学生把大字报贴到新华日报社门前，质问为什么不发表南京大学大鸣放的消息，围观者达2000多人。学生与围观群众发生争执，并展开激烈辩论，直到次日凌晨才散。由于大字报被撕，南京大学的学生派出代表两次到省委请愿，受到省委书记接见后，事态才平息。

6月2日，广州师范专科学校1200名学生因一名学生被公安局无理拘留而自动集会，表示抗议。

陕西地区高等学校在鸣放过程中不断发生各种风波和闹事事件，学校领导处于紧张被动状态，四面作战，招架不住，情况严重的有西安航空学院、西安建筑学院、西安动力学院、交通大学、陕西师范学院等。

城市工人闹事最有代表性，也最有影响力的当属上海。

从1957年4月初到5月24日，上海共发生大大小小的闹事事件20多起，涉及工厂企业单位约有240个，参加闹事的群众有1万人左右。4月份一般只是工业系统，5月份逐渐向其他行业蔓延，内容也比以前复杂，较多的是经济上、政治上算老账。

值得注意的是，在有些厂里，群众自己组织起来闹事，把共产党干部撇在一边。5月23日中共上海市委书记马天水在全市工厂企业党员干部大会上讲话说："这种情况值得所有的厂警惕，如果任其继续发展下去，上海要大乱。"两天后，新的罢工、集会、准备游行示威等事件突然增多，且事件有向更大规模、更有组织的方面发展的趋势。

6月上旬，几乎每天都发生职工闹事事件，少则七八起，多则一二十起，市人民委员会接待室每天要接待好几十批人民来访，职工要求大部分集中在工资、福利方面，闹事形式一般是罢工、怠工、集会、贴标语、代表或集体请愿，甚至有打骂或恐吓杀人的现象。前一时期，主要是新公私合营工厂的职工闹，后来延及一部分老合营厂、国营厂、交通运输工人、搬运工人、机关干部，甚至要求就业的家庭妇女等。1月到4月，发生闹事的约44个工厂，参加闹事的职工3200人；5月至6月，闹事风潮陡然扩大，涉及548个企业，参加闹事的职工达31000人。

浙江省的一个农村调查报告引起中共中央的高度重视：从1957年4月中旬到5月下旬，全县33个乡镇中有29个先后发生了闹事事件，主要是闹退社、分社，干部不许，就殴打干部，哄闹政府或自动解散。全县302个合作社中完全解体116个，部分垮台55个。入社农户由91%降至19%。被打干部107人，社干部家庭被搜查304户。农民反映："初级社有优越性，高级社没有优越性。"①

山西省自1956年入冬以来，发生闹社事件147起，参加人数5520多人。其中闹分社的81起，反对领导干部官僚主义作风的48起，闹粮荒的18起。

江苏省从4月中旬到5月中旬，先后在江都、泰县境内发生农民殴打社干部、要求退社等哄闹事件，范围遍及12个区、47个乡、436个农业社，参加闹事的群众近5万人。闹事的大部分是富裕农民，目的主要是退社。

广东省陆丰县5月间突然爆发了散伙退社的暴乱事件，全县几乎半数农民退社，共有4万多户离开了农业社，合作化程度由85%下降到46%，其中6个乡、366个社全部散伙，全县剩下26个社基本保持完整。

中共党内大部分党员干部存在不同程度的抵触和不满情绪，有的公开抵制鸣放，有的态度消极。也有少数人参与鸣放运动，甚至同右派站在了一起。广州市有些基层领导对少数敢于发表意见的党外人士施加压力，甚至追查、质问和讽刺。重庆市不少干部态度蛮横。《广西日报》总编辑破口大骂提意见的人。云南省一些不坚定的党团员，相继思想动摇不定。

1957年5月29日晚上，中国人民大学党委召集党内会议，各系主任和党总支书记汇报情况。教务部部长李培之拍桌子说：我实在受不住，你看看这些大字报，什么乱七八糟、乌烟瘴气的东西，党给糟蹋得像什么样子。老党员何干之、经济系主任宋涛担心这样发展下去，很可能要推广到工人、农民、市民中去，这种情绪带到全国要出大乱子。经济系总支书记方志西说：现在党员坚持立场的就要受到排斥，失掉立场的似乎说成是积极的，这很值得注意。

在辽宁鞍山，市委书记说：我们不知道应该大胆的放，还是按照我们的规定来放，市委处于完全被动状态。

---

① 《农业集体化重要文件汇编（1949—1957）》，中共中央党校出版社，1981年版，第691—697页。

广东省直属机关和广州市级机关的领导干部也感到左右为难。

进入6月，党内压力更大。北京外语学院的党员说：有些群众逼我们发言，如不发言，有些群众就把纸条贴在我们背上，有的把字条硬塞进党员的口袋里，有的写大字报贴在党员的宿舍门上，党组织在运动中已不起作用；党员像失掉母亲的孤儿，像被击溃了分散活动的游击队员。在中央国家机关中出现了两个极端现象：一方面，有的党员干部撕掉了大字报，有的干脆以牙还牙，也用大字报反驳；另一方面，一些党员立场动摇，公开迎合对肃反运动的批评。

6月8日，一匿名者给毛泽东写信说："前天工业干校有一党员老干部，自己先买了棺材，然后上吊自杀身死，他留给你的遗书，不知你见到了没有？为什么在艰苦的战争岁月里，共产党老干部舍不得自杀，而入城后却发生这样可怜的事件呢？难道你们能对此无动于衷吗？……这样下去，他们会认为共产党太软弱可欺了，他们会得寸进尺，就会请你毛主席下台。"①

1957年5月29日，民革中央委员会发出关于积极帮助中共进行整风运动的指示，要求各级组织和全体成员热烈响应中共号召："消除一切顾虑，实事求是，诚恳坦率，提出批评和建议；各级组织应将所提出的意见反映给中共党委参考。"

5月30日，《人民日报》刊登了中央国家机关党委要求"更加放手地让大家畅所欲言"的报道，明确提出："各单位要拿出具体措施，广开言路，继续贯彻大放大鸣的方针"，同时强调要加强党对运动的领导。

6月5日，《人民日报》第一版以《人民内部需要经常开展批评，百花齐放百家争鸣永不收兵》为题，转载南京《新华日报》6月1日的社论《把整风运动深入开展下去》。

根据中共中央部署，自1957年6月1日起，刊登反驳右派的报道和数量明显增加。毛泽东本人也挑选文章。

6月1日，民革中央副主席、廖仲恺夫人何香凝在座谈会书面发言：如果有人想入非非，那就和长期共存、互相监督的原意背道而驰了。何香凝用了很大的篇幅，讲国民党的右派历史，然后联系现实：难道在这个时代，也就一切都是清一色，再也不会有左、中、右了吗？不会的；有极少数人对社会主义是口是心非，心里向往的其实是资本主义，脑子里憧憬的是欧美式的政治，这些人我认为显然是右派了。自开展整风以来，"右派"这个概念第一次出现在报纸上。

6月2日，中共中央批转了江苏省委关于正确处理农村人民闹事问题的指示，要求各地党委认真学习江苏的经验，并按照同样办法，认真地分析一下农村人民闹

① 陕西省档案馆123—43—466卷，第58—59页。

事的原因，主动地去解决农村中存在的各种问题，以防止人民闹事事件的发生。

6月3日，李维汉在民主党派作了总结发言。发言说：大家的批评意见有很多是正确的，大多数是正确的、是善意的，但有相当一部分是错误的，其中一部分错误性质是严重的。李维汉的发言稿事先经过毛泽东、刘少奇、周恩来看过，“有相当一部分是错误的”一语是毛泽东加的。周恩来说，关于反右问题，柯庆施在上海已经有所表示，你可以讲。

同一天，彭真在北京市部分党员干部会上发表讲话，向基层干部传达中共中央新方针：当前有两个斗争，一个是党内的思想整风，另一个是阶级斗争，这一时期主要是搞阶级斗争；虽然这种阶级斗争归属于人民内部矛盾，问题的严重性在于，右派正在煽动农民、工人和学生，在如此激烈的斗争面前，工人们不要闹事，而应该“停止内战，一致对外”。

6月4日，中共中央发出通知：各学校、机关出大字报和学生举办辩论会、控诉会等新闻，一律不要在报纸上发表，以免影响到中等学校和工厂；凡出大字报的学校和机关应宣布一律不准贴到门外和街上，以免妨碍社会秩序。

6月4日夜晚，毛泽东紧急召见黄炎培和陈叔通。席间，毛泽东谈到，在鸣放中，章乃器是和我们走两条路的，章伯钧已经同章乃器勾结起来。毛泽东希望黄炎培回到民盟去主事。

6月4日，《高等学校整风情况简报》说：北京大学有一名学生写了一篇《我的忧虑和呼吁》的文章，说党中央已开始分裂，毛主席的鸣放方针遭到了党内90%的人反对和党内保守势力的反击，有人逼迫毛主席下台。这篇文章油印后在校内外散发，震动很大。陆定一认为事情十分严重，于6月5日将简报报送毛泽东，并附信说，右派正在进行大阴谋，值得注意；此次人大可能出现一种激烈斗争，包括我们现在还估计不到的东西，例如提出“胡风案”，对某些同志的人身攻击等。毛泽东对此非常重视。6月5日毛泽东批示：“尚昆印发在京各中委一阅。完全造谣，但值得注意。”[①]

同日晚上，毛泽东召集周恩来、彭真和罗瑞卿谈整风问题。

6月5日，《内部参考》报道，5月19日王造时曾约人座谈，讨论恢复抗战时期的民间组织“救国会”事宜。王造时在会上说，毛主席、周总理都关心救国会的恢复问题。在北京征求“七君子”的意见时，史良、沈钧儒不赞成，沙千里赞成，章乃器不热心。商谈结果，认为救国会有恢复组织的必要，对于解放台湾、联系华侨都有益处。会议决定，积极调查原救国会的干部、群众，分别收集名单。

6月6日，《内部参考》披露，在手工业管理局工作的农工民主党党员宋子荣积极做发展党员工作，他发展的都是我们斗过的人。他们公开说：我是这个单位民

---

① 《毛泽东传（1949—1976）》，中央文献出版社，2003年12月第1版，第703页。

主人士的代表，为了“长期共存，互相监督”，手工业管理局要给我地位，给我机会。

侨委中国新闻社的民盟组织也积极展开工作。他们说：中国新闻社的党组织已脱离群众，不能居于领导地位，我们民盟组织应该起来团结群众，领导新闻社的工作。

6月6日上午，已被毛泽东列入黑名单的民盟副主席章伯钧、史良在北京南河沿文化俱乐部邀集教育部副部长曾昭抡，中国人民大学教授吴景超，北京师范大学教授黄药眠、陶大镛，中央民族学院教授费孝通，清华大学教授钱伟长6位教授讨论时局问题。章伯钧等认为：今天学生的问题很多，一触即发，他们上街，市民就结合起来，问题就闹大了；目前情况很有点像波兰统一工人党八中全会前夕，没估计到党会犯这样多的错误，现在出的问题大大超过了估计，弄得进退失措，收不好，放也不好，现在我们有责任要帮助党。[①] 从而为民盟和其他民主党派争得更大的权力、更高的地位。——这就是著名的“六六六事件”。

当时，有人公开提出，要共产党退出机关、学校，公方代表退出合营企业，说“根本的办法是改变社会制度”。

在6月2日招待法国总理的酒会上，章伯钧就向周恩来表示：武汉交通学校的学生们要到北京请愿，请把这件事交给他来处理。周恩来笑了笑没有说话。6月6日，章伯钧提议，要史良利用当晚参加国务院会议的机会，向周恩来反映他们的想法——由民盟出面做学生工作，使各校局势稳定下来；并希望周恩来能够接见六位教授，当面请示事宜。第二天，国务院开会时，史良告诉章伯钧：前一天我和总理谈了，总理未置可否，你是否利用今天这个机会，再和总理谈一谈。章伯钧在会上给周恩来写了一个条子：眼下情况严重，民盟同志反映问题的态度很诚恳。周恩来看了条子，仍然不置可否。

1957年6月6日，在国务院秘书长习仲勋召集的党外人士座谈会上，民革中央委员、国务院秘书长助理卢郁文当众宣读了他收到的一封匿名信。因为5月25日，卢郁文在民革中央扩大会议上发言批评现在一些人提意见有片面性，只许自己提意见，不许人家说明。会下，他就收到了这封匿名信。信中，攻击他为虎作伥，辱骂他无耻之尤，恫吓他及早回头，否则是不会饶恕你的；信中还说：共产党如果只认你这班人的话，总有一天会走向灭亡。

卢郁文说：“我不理解有人为什么只许说反面话不许说正面话，对讲了正面话的人就这样仇视，有的人辱骂我，有的人威胁我，有的装出‘公正’的态度来钳制我的发言，难道我们不应该站在社会主义的立场上吗？”我们应当深思，我们对共

---

① 《人民日报》，1957年7月14日。

产党的批评究竟是从什么地方出发？要到什么地方去呢？

卢郁文表示，不怕威胁，不怕辱骂，还要讲真话。

国务院参事李仲公在会上说，他因为批评了对中共提意见的人，也收到了一封对他进行威胁的匿名信。

1957年6月7日，毛泽东在报纸上看到了这则消息。

同日上午，毛泽东对应邀而去的胡乔木和吴冷西谈话说：今天报纸上（《人民日报》）登了卢郁文在座谈会上的发言，这封匿名信攻击的是党外人士、民革成员；这样的恫吓信在旧社会也为人所不齿；现在我们邀请党外人士帮助共产党整风，这样的恫吓信就显得很不寻常；几天来我一直考虑什么时候抓住机会发动反击，现在机会来了，用《人民日报》社论的形式反击右派的斗争，社论的题目是《这是为什么?》，在读者面前提出这样的问题，让大家来思考。①

1957年6月6日，毛泽东起草《中央关于加紧进行整风的指示》。

全文如下：

上海局，各省委、市委，内蒙古自治区党委：

毛泽东同志2月27日在最高国务会议及3月间在宣传会议的两次讲话，准备于6月15日左右在报上发表。各省市一级机关、高等学校及地市一级机关用大放大鸣方法的整风，请即加紧进行。根据北京的经验，在机关及高等学校内部出大字报，一可以揭露官僚主义等错误缺点，二可以暴露一部分有反动思想和错误思想的人的面貌，三可以锻炼党团员及中间派群众（他们应当在大字报上批评错误思想和反动思想），故利多害少，毫不足怕。大字报是延安整风时期的传统，并非现在才有。如果阻止出大字报，就会陷于被动。但机关学校出大字报的消息，报纸不应登载，以免影响中等学校及工厂（个别党外报纸刊登此项消息，可以听之）。将来中等学校及工厂整风时是否允许出大字报，那时再考虑。至于各民主党派及社会人士大放大鸣，使建设性的批评与牛鬼蛇神（破坏性批评）都放出来，以便分别处理，大有好处。必须注意争取中间派，团结左派，以便时机一成熟，即动员他们反击右派和反动分子。这是一场大规模的思想战争和政治战争，我们必须打胜仗，也完全有条件打胜仗。党内团内一部分右倾分子叛变出去，是极好的事，切记不要可惜。对于工厂和中等学校，目前不要整风，但要主动下楼，改善作风，广交朋友，深入群众。不可乱许愿，乱答应，又要避免出乱子，以便上层中层整好，腾出手来，再整好下层。北京的情况证明，各民主党派、高等学校和许多机关中暴露出一大批反

① 吴冷西：《忆毛主席——我亲自经历的若干重大历史事件片段》，新华出版社，1995年版，第39—40页。

动思想和错误思想，反动分子乘机活跃，但是他们只占各单位人数的百分之几，最反动的分子不过百分之一，百分之九十几是中间派和左派。请你们注意将你们的单位人数，在运动中，按左中右标准，排一下队，使自己心中有数。暑假将届，京沪及各地大学生将回家，其中有些人将到处活动，你们应争取主动，并准备适当应付。最后请你们注意一点，在各高等学校和各机关，凡不合理的事而又现在能解决的，应当尽快解决一批，以利争取中间派，孤立右派。

中　　央

1957年6月6日①

1957年6月8日，《人民日报》发表社论《这是为什么?》。社论从卢郁文收到匿名信的事件说起，指出在整风运动中发生这样的事情，意义十分严重。中共中央和毛泽东早已准备反击右派，一直在选择时机，匿名信事件正好是个由头。社论说："在'帮助共产党整风'的名义之下，少数的右派分子正在向共产党和工人阶级的领导权挑战，甚至公然叫嚣要共产党'下台'，他们企图乘此时机把共产党和工人阶级打翻，把社会主义的伟大事业打翻，拉着历史向后倒退，退到资产阶级专政，实际上退到革命胜利以前的半殖民地地位，把中国人民重新放在帝国主义及其走狗的反动统治之下。可是他们忘记了，今天的中国已经不是以前的中国，要想使历史倒退，最广大的人民是决不许可的。"

同日，中共中央发出由毛泽东起草的党内指示《组织力量反击右倾分子的猖狂进攻》。

全文如下：

上海局，各省委、市委，内蒙古自治区党委：

省市级机关和高等学校大放大鸣的时间，15天左右即足。反动分子猖狂进攻。党团动摇分子或者叛变出去，或者动摇思叛。广大党团积极分子及中间群众起而对抗。以大字报为战斗武器，双方在斗争中取得经验，锻炼人才。反动分子人数不过百分之几，最积极疯狂分子不过1%，故不足怕。不要为一时好似天昏地暗而被吓倒。反动分子将到本机关本学校以外的工厂学校去活动，要预作布置，实行挡驾。要召集工厂主要干部及老工人开会，说明有一些不好的资本家、不好的知识分子及社会上的反动分子正在向工人阶级及共产党猖狂进攻，要推倒工人阶级领导的政权，切记不要上他们的当。有人煽动，实行挡驾。街上贴反动标语，动员群众撕毁。工人要看清大局，不要闹事情。在此期间，不要提出福利工资等问题，一致对付反动派。请你们注意各民主党派中反动分子的猖狂进攻。要组织每个党派自己开

① 《建国以来毛泽东文稿》第六册，中央文献出版社，1992年1月第1版，第491—492页。

座谈会，左中右的人都参加，正反两面意见都让其暴露，派记者予以报道。我们巧妙地推动左中分子发言，反击右派。此事很有效。每个党报均要准备几十篇文章，从当地高潮开始跌落时起，即陆续发表。注意组织中、左派写文章。但在高潮未落前，党报正面文章少登（可以登些中间派文章）。大字报必须要让群众反驳。高等学校组织教授座谈，向党提意见，尽量使右派吐出一切毒素来，登在报上。可以让他们向学生讲演，让学生自由表示态度。最好让反动的教授、讲师、助教及学生大吐毒素，畅所欲言。他们是最好的教员。到了适当时机，则立即要组织党团员分组开会，分别哪些是建设性的批评，加以接受，并改正自己的错误缺点。哪些是破坏性的批评，予以反驳。同时组织一些党外人士讲演，讲正面话。然后由较有威信的党的负责人做一个有分析有说服力的总结性演说，将空气完全转变过来。整个过程，做得好，有一个月左右就够了，然后转入和风细雨的党内整风。这是一个伟大的政治斗争和思想斗争。只有这样做，我党才能掌握主动，锻炼人才，教育群众，孤立反动派，使反动派陷入被动。过去七年，我们形式上有主动，实际上至少有一半是假主动。反动派是假投降，中间派的许多人也不心悦诚服。现在形势开始改变，我们形式上处于被动，实际上开始有了主动，因为我们认真整风。反动派头脑发胀，极为猖狂，好似极主动，但因他们做得过分，开始丧失人心，开始处于被动。各地情况不同，你们可以灵活运用策略，灵活做出部署。总之，这是一场大战（战场既在党内，又在党外），不打胜这一仗，社会主义是建不成的，并且有出“匈牙利事件”的某些危险。现在我们主动的整风，将可能的“匈牙利事件”主动引出来，使之分割在各个机关各个学校去演习，去处理，分割为许多小“匈牙利”，而且党政基本上不溃乱，只溃乱一小部分（这部分溃乱正好，挤出了脓疱），利益极大。这是不可避免的，社会上既有反动派存在，中间分子又未受到现在这样的教训，党又未受到现在这样的锻炼，乱子总有一天要发生。现在国内形势很好，我们能够巩固地掌握工农党政军及大多数学生。国际形势很好，美国处在困难地位。

中　　央

1957 年 6 月 8 日[①]

1957 年 6 月 9 日，《人民日报》发表社论《要有积极的批评，也要有正确的反批评》。

6 月 10 日，毛泽东起草《中央关于反击右派分子斗争的步骤、策略问题的指示》。要求即送刘少奇、周恩来、陈云、朱德阅，要求中央办公厅主任杨尚昆用电报发出，并告“印如前示”，不发新疆和西藏地区。

全文如下：

---

① 《建国以来毛泽东文稿》第六册，中央文献出版社，1992 年 1 月第 1 版，第 496—498 页。

上海局、各省委、市委，内蒙古自治区党委：

（一）北京条件已成熟，《人民日报》已于6月8日开始反击反动派。但建设性的批评将永远继续登载。也将继续登载一些突出的反动言论，使人民得到警惕，以利批判。各地情况不同，何时开始反击，要看当地情况决定。目前应着重组织各民主党派和高等学校开座谈会，推动左中右三派人物展开争论，最为重要。北京正在广泛开座谈会，极有效益。（二）一个月后，学校将放暑假，许多学生将回家乡。你们应当立即通知地县区乡4级，特别是乡级，预作准备。原则是：（1）善意欢迎。（2）向回乡学生解释合作化的优越性，解释二类社、三类社现在所以还没有办好的理由，过几年就会办好的。回乡学生可能有许多地富子弟，你们要对地富做好工作，要他们善于教育子弟。学生如果煽动农民反对政府，就要批评他们的错误，给以坚决的教训，但不可骂人打人，讲理为上，以理服人。此点甚重要，请即办。城市也要注意。（三）在此次浪潮中，资产阶级大多数人表现很好，没有起哄。你们要注意召集公方代表、党委书记、工会主席等人开会，迅即改善与私方的关系，有鼓励，有批评，拆墙，交朋友。现在工商联、民建会正在向章乃器、李康年等作批判，所以我们不要大搞，以便团结资产阶级大多数，孤立民主党派中知识分子中和学生中的右派和反动分子。（四）无论民主党派、大学教授、大学生，均有一部分右派和反动分子，在此次运动中闹得最凶的就是他们，他们历史复杂，或是叛徒，或是在过去“三反”肃反中被整的人，或是地富资本家子弟，或是有家属亲戚被镇压的。但他们人数不多，一时可以把空气闹得天昏地暗，日月无光，但是急风暴雨，不崇朝而息。就北京而论，闹了几个星期，现在劲头已不大了，有些动摇恐慌了。各党派中，民革、民建、九三、民进等颇好，民盟、农工最坏。章伯钧、罗隆基拼命做颠覆活动，野心很大，党要扩大，政要平权，积极夺取教育权，说半年或一年，天下就将大乱。毛泽东混不下去了，所以想辞职。共产党内部分裂，不久将被推翻。他们的野心极大。完全是资本主义路线，承认社会主义是假的。民盟右派和反动派的比例较大，大约有10%，霸占许多领导职位。我们任务是揭露和孤立他们。他们的臭屁越放得多，对我们越有利。但民盟的多数仍然是好的，或者有希望改造好的。你们也要作具体的人物分析，实事求是，看得准，打得准。在这次运动中，一定要使反动分子在公众面前扫脸出丑。我们一定要团结大多数，孤立极少数，给扫脸的更是极少数。

中　　央

1957年6月10日①

6月10日，《人民日报》发表社论《工人说话了》。

---

① 《建国以来毛泽东文稿》第六册，中央文献出版社，1992年1月第1版，第502—504页。

6月11日，《人民日报》发表社论《全国人民在社会主义基础上团结起来》。

6月12日，《人民日报》发表社论《正确地对待善意的批评》。

1957年6月12日，毛泽东的《事情正在起变化》一文印发党内。①

全文如下：

对立面的统一和斗争，是社会生活中普遍存在的。斗争的结果，走向自己的反面，建立新的统一，社会生活就前进了一步。

共产党整风，是一个统一体两种作风之间的斗争。在共产党内部如此，在整个人民的内部也是如此。

在共产党内部，有各种人。有马克思主义者，这是大多数。他们也有缺点，但不严重。有一部分人有教条主义错误思想。这些人大都是忠心耿耿，为党为国的，就是看问题的方法有“左”的片面性。克服了这种片面性，他们就会大进一步。又有一部分人有修正主义或右倾机会主义错误思想。这些人比较危险，因为他们的思想是资产阶级思想在党内的反映，他们向往资产阶级自由主义，否定一切，他们与社会上资产阶级知识分子有千丝万缕的联系。几个月以来，人们都在批判教条主义，却放过了修正主义。教条主义应当受到批判，不批判教条主义，许多错事不能改正。现在应当开始注意批判修正主义。教条主义走向反面，或者是马克思主义，或者是修正主义。就我党的经验说来，前者为多，后者只是个别的，因为他们是无产阶级的一个思想派别，沾染了小资产阶级的狂热观点。有些被攻击的“教条主义”，实际上是一些工作上的错误。有些被攻击的“教条主义”，实际上是马克思主义，被一些人误认作“教条主义”而加以攻击。真正的教条主义分子觉得“左”比右好是有原因的，因为他们要革命。但是对于革命事业的损失说来，“左”比右并没有什么好，因此应当坚决改正。有些错误，是因为执行中央方针而犯的，不应当过多地责备下级。我党有大批的知识分子新党员（青年团员就更多），其中有一部分确实具有相当严重的修正主义思想。他们否认报纸的党性和阶级性，他们混同无产阶级新闻事业与资产阶级新闻事业的原则区别，他们混同反映社会主义国家集体经济的新闻事业与反映资本主义国家无政府状态和集团竞争的经济的新闻事业。他们欣赏资产阶级自由主义，反对党的领导。他们赞成民主，反对集中。他们反对为了实现计划经济所必需的对于文化教育事业（包括新闻事业在内的）必要的但不是过分集中的领导、计划和控制。他们跟社会上的右翼知识分子互相呼应，联成一起，亲如弟兄。批判教条主义的有各种人。有共产党人——马克思主义者。有括弧里面的“共产党人”，即共产党的右派——修正主义者。有社会上的左派、中间派和右派。社会上的中间派是大量的，他们占全体党外知识分子的70%左右，而左派占20%左右，右派大约占1%、3%、5%到10%，依情况而不同。

---

① 1957年5月15日，毛泽东写题为《走向反面》的文章。后来他把题目改为《事情正在起变化》，开始署名“本报评论员”，后改为内部文件，署名“中央政治研究室”。

最近这个时期，在民主党派中和高等学校中，右派表现得最坚决最猖狂。他们以为中间派是他们的人，不会跟共产党走了，其实是做梦。中间派中有一些人是动摇的，是可左可右的，现在在右派猖狂进攻的声势下，不想说话，他们要等一下。现在右派的进攻还没有达到顶点，他们正在兴高采烈。党内党外的右派都不懂辩证法：物极必反。我们还要让他们猖狂一个时期，让他们走到顶点。他们越猖狂，对于我们越有利益。人们说：怕钓鱼，或者说：诱敌深入、聚而歼之。现在大批的鱼自己浮到水面上来了，并不要钓。这种鱼不是普通的鱼，大概是鲨鱼吧，具有利牙，欢喜吃人。人们吃的鱼翅，就是这种鱼的浮游工具。我们和右派的斗争集中在争夺中间派，中间派是可以争取过来的。什么拥护人民民主专政，拥护人民政府，拥护社会主义，拥护共产党的领导，对于右派说来都是假的，切记不要相信。不论是民主党派内的右派、教育界的右派、文学艺术界的右派、新闻界的右派、科技界的右派、工商界的右派，都是如此。有两派最坚决：左派和右派。他们互争中间派，互争对中间派的领导权。右派的企图，先争局部，后争全部。先争新闻界、教育界、文艺界、科技界的领导权。他们知道，共产党在这些方面不如他们，情况也正是如此。他们是“国宝”，是惹不得的。过去的“三反”，肃反，思想改造，岂有此理！太岁头上动土！他们又知道许多大学生属于地主、富农、资产阶级的儿女，认为这些人是可以听右派号召起来的群众。有一部分有右倾思想的学生，有此可能。对大多数学生这样设想，则是做梦。新闻界右派还有号召工农群众反对政府的迹象。

人们反对扣帽子，这只是反对共产党扣他们的帽子。他们扣共产党的帽子，扣民主党派左派中派和社会各界左派中派的帽子则是可以的。几个月以来，报纸上从右派手上飞出了多少帽子呢！中间派反对扣帽子是真实的。我们对中间派过去所扣一切不适当的帽子都要取掉，以后也不要乱扣。在“三反”中，在肃反中，在思想改造中，某些真正做错了的事，都要公开改正，不论对什么人的。只有扣帽子一事，对右派当别论。但是也要扣得对，确是右派才给他扣上右派这顶帽子。除个别例外，不必具体指名，给他们留一个回旋余地，以利在适当条件下妥协下来。所谓1%、3%、5%到10%的右派是一种估计，可能多些，可能少些。在各个单位内情况又互相区别，必须确有证据，实事求是，不可过分，过分就是错误。

资产阶级和曾经为旧社会服务过的知识分子的许多人总是要顽强地表现他们自己，总是留恋他们的旧世界，对于新世界总有些格格不入。要改造他们，需要很长的时间，而且不可用粗暴方法。但是必须估计到他们的大多数，较之解放初期是大为进步了，他们对我们提出的批评，大多数是对的，必须接受。只有一部分不对，应当解释。他们要求信任，要求有职有权，是对的，必须信用他们，必须给以权责。右派的批评也有一些是对的，不能一概抹杀。凡对的就应采纳。右派的特征是他们的政治态度右。他们同我们有一种形式上的合作，实际上不合作。有些事合作，有些事不合作。平时合作，一遇有空子可钻，如像现在这样时机，就在实际上不想合作了。他们违背愿意接受共产党领导的诺言，他们企图摆脱这种领导。而只要没有这种领导，社会主义就不能建成，我们民族就要受到绝大的灾难。

全国有几百万资产阶级和曾为旧社会服务的知识分子，我们需要这些人为我们工作，我们必须进一步改善和他们的关系，以便使他们更有效率地为社会主义事业服务，以便进一步改造他们，使他们逐步地工人阶级化，走向现状的反面。大多数人一定可以达到这个目的。改造就是又团结、又斗争，以斗争之手段，达团结之目的。斗争是互相斗争，现在是许多人向我们进行斗争的时候了。多数人的批评合理，或者基本上合理，包括北京大学傅鹰教授那种尖锐的没有在报纸上发表的批评在内。这些人的批评目的，就是希望改善相互关系，他们的批评是善意的。右派的批评往往是恶意的，他们怀着敌对情绪。善意，恶意，不是猜想的，是可以看得出来的。

这一次批评运动和整风运动是共产党发动的。毒草共香花同生，牛鬼蛇神与麟凤龟龙并长，这是我们所料到的，也是我们所希望的。毕竟好的是多数，坏的是少数。人们说钓大鱼，我们说锄毒草，事情一样，说法不同。有反共情绪的右派分子为了达到他们的企图，他们不顾一切，想要在中国这块土地上刮起一阵害禾稼、毁房屋的7级以上的台风。他们越做得不合理，就会越快地把他们抛到过去假装合作、假装接受共产党领导的反面，让人民认识他们不过是一小撮反共反人民的牛鬼蛇神而已。那时他们就会把自己埋葬起来。这有什么不好呢？

右派有两条出路。一条，夹紧尾巴，改邪归正。另一条，继续胡闹，自取灭亡。右派先生们，何去何从，主动权（一个短期内）在你们手里。

在我们的国家里，鉴别资产阶级及资产阶级知识分子在政治上的真假善恶，有几个标准。主要是看人们是否真正要社会主义和真正接受共产党的领导。这两条，他们早就承认了，现在有些人想翻案，那不行。只要他们翻这两条案，中华人民共和国就没有他们的位置。那是西方世界（一名自由国家）的理想，还是请你们到那里去吧！

大量的反动的乌烟瘴气的言论为什么允许登在报上？这是为了让人民见识这些毒草、毒气，以便锄掉它，灭掉它。

“你们这一篇话为什么不早讲？”为什么没有早讲？我们不是早已讲了一切毒草必须锄掉吗？

“你们把人们划分为左、中、右，未免不合情况吧？”除了沙漠，凡有人群的地方，都有左、中、右，一万年以后还会是这样。为什么不合情况？划分了，使群众有一个观察人们的方向，便于争取中间，孤立右派。

“为什么不争取右派？”要争取的。只有在他们感到孤立的时候，才有争取的可能。现在，他们的尾巴翘到天上去了，他们妄图灭掉共产党，哪肯就范？孤立就会起分化，我们必须分化右派。我们从来就是把人群分为左、中、右，或叫进步、中间、落后，不自今日始，一些人健忘罢了。

是不是要大“整”？要看右派先生们今后行为作决定。毒草是要锄的，这是意识形态上的锄毒草。“整”人是又一件事。不到某人“严重违法乱纪”是不会受“整”的。什么叫“严重违法乱纪”？就是国家的利益和人民的利益受到严重的损害，而这种损害，是在屡戒不听一意孤行的情况下引起的。其他普通犯错误的人，更是治病救人。这是一个恰当的限度，党内党外一律如此。“整”也是治病救人。

要多少时间才可以把党的整风任务完成？现在情况进展甚快，党群关系将迅速改善。看样子，有的几星期，有的几个月，有的一年左右（例如农村），就可完成。至于学习马克思主义，提高思想水平，那就时间要长些。

我们同资产阶级和知识分子的又团结又斗争，将是长期的。共产党整风告一段落之后，我们将建议各民主党派和社会各界实行整风，这样将加速他们的进步，更易孤立少数右翼分子。现在是党外人士帮助我们整风。过一会儿我们帮助党外人士整风。这就是互相帮助，使歪风整掉，走向反面，变为正风。人民正是这样希望于我们的，我们应当满足人民的希望。①

“右派鸣放，意在攻击社会主义制度、推翻无产阶级和共产党的领导。既然如此，工人阶级、劳动人民和革命知识分子就不能不坚决地进行反攻。有人说，党不是在请别人帮助自己整风吗，怎么整到别人头上来了呢？不错，党还将继续请广大群众帮助自己整风，这是毫无疑义，必须坚持到底，也必然会坚持到底的。但是难道反社会主义的资产阶级右派分子的反动言行，也可以受到保护，不受批判吗？如果各界革命领导人物对于反社会主义的言论行动（不管它们借什么神圣的名义）不知道警惕和识别，不知道迎头痛击，这样的革命者对于人民的事业还有什么责任心？”

“现在已经有了许多事实证明，某些人老早就是另有企图的，他们不但是不赞成社会主义革命，而且也早就不赞成反帝反封建的彻底的民主革命。因此，无论如何，一场争论是不可避免的。本来有争论，而且是根本性质的、不容含混的争论，掩掩藏藏暗地进行好呢，摊开在桌面上好呢？显然，前者不好，后者好。表面上躲开这场争论，决不会帮助我们平稳地建成社会主义社会。相反，经过这场争论，弄清了人们的真面目，就将教育广大群众。这样，就将使政治界、知识界以及社会各界对于社会主义的认识大大得到提高，人民内部的团结将比以前更为加强，而社会主义制度也将比以前更为巩固。”②

6月26日，中共中央发出《关于打击、孤立资产阶级右派分子的指示》。

在反右派斗争开展起来后，党中央、毛泽东积极做党外进步知识分子的工作。6月28日，中共中央发出《关于在一两个月后吸收一批高级知识分子入党的通知》，要求必须继续在高级知识分子中发展党员，必须唤起各级党委充分地认识到

① 《建国以来毛泽东文稿》第六册，中央文献出版社，1992年1月第1版，第469—476页。
② 《建国以来毛泽东文稿》第六册，中央文献出版社，1992年1月第1版，第519—520页。

党的组织工作应该同党的团结知识分子的政治方针相符合，应该是向知识分子开门，而不是向他们关门；经过大鸣大放，在高级知识分子中大致分清左中右的基础上，积极发展在运动中表现好的高级知识分子入党。①

1957 年 6 月 26 日至 7 月 15 日，第一届全国人民代表大会第四次会议在北京召开。周恩来的《政府工作报告》中有许多内容是针对右派言论的。章伯钧、罗隆基、黄绍竑、陈铭枢、谭惕吾等一批被认定右派分子的民主党派代表在大会上纷纷作了检讨。小组讨论，几乎全部都是批判右派。

民主党派的反右派斗争，民盟和农工民主党是重点，而民盟和农工党的右派代表人物是章伯钧、罗隆基。这个主攻对象，是毛泽东定下来的。

1957 年 6 月 29 日，中共中央发出经毛泽东审阅的《关于争取、团结中间分子的指示》，要求"对于那些仅有右派言论，但并无右派行动的那些人，应把他们和既有言论又有行动（许多人还有历史上劣迹）的那些极右派加以区别，在对前者进行批评的时候，要完全采取说理和与人为善的态度，不要轻率地扣以右派的帽子。这样做，对于安定和争取、团结中间分子，对于打击、孤立和分化极右派，都是十分必要的。"②

6 月 29 日，《人民日报》发表社论《再论立场问题》。

7 月 1 日，《人民日报》发表毛泽东写的社论《〈文汇报〉的资产阶级方向应当批判》。

全文如下：

自本报编辑部 6 月 14 日发表《〈文汇报〉在一个时间内的资产阶级方向》以来，《文汇报》、《光明日报》对于这个问题均有所检讨。

光明日报工作人员开了几次会议，严肃地批判了社长章伯钧、总编辑储安平的方向错误，这种批判态度明朗，立场根本转过来了，由章伯钧、储安平的反共反人民反社会主义的资产阶级路线转到了革命的社会主义的路线。由此恢复了读者的信任，像一张社会主义的报纸了。略嫌不足的是编排技巧方面。编排的技巧性和编排的政治性是两回事，就《光明日报》说来，前者不足，后者有余。技巧性问题是完全可以改的。在编排技巧方面改一改，面目一新，读者是会高兴的。这件事也难，本报有志于此久矣，略有进展，尚未尽如人意。

《文汇报》写了检讨文章，方向似乎改了，又写了许多反映正面路线的新闻和文章，这些当然是好的。但是还觉不足。好像唱戏一样，有些演员演反派人物很像，演正派人物老是不大像，装腔作势，不大自然。这也很难。不是东风压倒西

① 《〈中国共产党历史〉第二卷（1949—1978）》，中共党史出版社，2011 年 1 月第 1 版，第 452 页。
② 《建国以来毛泽东文稿》第六册，中央文献出版社，1992 年 1 月第 1 版，第 528 页。

风，就是西风压倒东风，在路线问题上没有调和的余地。编辑和记者中有许多人原在旧轨道上生活惯了的，一下子改变，大不容易。大势所趋，不改也得改，是勉强的，不愉快的。说是轻松愉快，这句话具有人们常有的礼貌性质。这是人之常情，应予原谅。严重的是《文汇报》编辑部，这个编辑部是该报闹资产阶级方向期间挂帅印的，包袱沉重，不易解脱。帅上有帅，攻之者说有，辩之者说无；并且指名道姓，说是章罗同盟中的罗隆基。两帅之间还有一帅，就是《文汇报》驻京办事处负责人浦熙修，是一位能干的女将。人们说：罗隆基——浦熙修——文汇报编辑部，就是《文汇报》的这样一个民盟右派系统。

民盟在百家争鸣过程和整风过程中所起的作用特别恶劣。有组织、有计划、有纲领、有路线，都是自外于人民的，是反共反社会主义的。还有农工民主党，一模一样。这两个党在这次惊涛骇浪中特别突出。风浪就是章罗同盟造起来的。别的党派也在造，有些人也很恶劣。但人数较少，系统性不明显。就民盟、农工的成员说来，不是全体，也不是多数。呼风唤雨，推涛作浪，或策划于密室，或点火于基层，上下串联，八方呼应，以天下大乱、取而代之、逐步实行、终成大业为时局估计和最终目的者，到底只有较少人数，就是所谓资产阶级右派人物。一些人清醒，多数被蒙蔽，少数是右翼骨干。因为他们是右翼骨干，人数虽少，神通却是相当大的。整个春季，中国天空上突然黑云乱翻，其源盖出于章罗同盟。

新闻记者协会开了两次会，一次否定，一次否定之否定，时间不过一个多月，反映了中国时局变化之速。会是开得好的，第一次黑云压城城欲摧，摆出了反动的资产阶级新闻路线。近日开的第二次会，空气变了，右派仍然顽抗，多数人算是有了正确方向。

《文汇报》在6月14日作了自我批评，承认自己犯了一些错误。作自我批评是好的，我们表示欢迎。但是我们认为《文汇报》的批评是不够的。这个不够，带着根本性质。就是说《文汇报》根本上没有作自我批评。相反，它在14日社论中替自己的错误作了辩护。“我们片面地错误地理解了党的鸣放政策，以为只要无条件地鼓励鸣放，就是帮助党进行整风；多登正面的意见或者对错误的意见进行反批评，就会影响鸣放。”是这样的吗？不是的。《文汇报》在春季里执行民盟中央反共反人民反社会主义的方针，向无产阶级举行了猖狂的进攻，和共产党的方针背道而驰。其方针是整垮共产党，造成天下大乱，以便取而代之，真是“帮助整风”吗？假的，真正是一场欺骗。在一个期间内不登或少登正面意见，对错误意见不作反批评，是错吗？本报及一切党报，在5月8日至6月7日这个期间，执行了中共中央的指示，正是这样做的。其目的是让魑魅魍魉、牛鬼蛇神“大鸣大放”，让毒草大长特长，使人民看见，大吃一惊，原来世界上还有这些东西，以便动手歼灭这些丑类。就是说，共产党看出了资产阶级与无产阶级这一场阶级斗争是不可避免的。让资产阶级及资产阶级知识分子发动这一场战争，报纸在一个期间内，不登或少登正面意见，对资产阶级反动右派的猖狂进攻不予回击，一切整风的机关学校的党组织，对于这种猖狂进攻在一个时期内也一概不予回击，使群众看得清清楚楚，什么人的批评是善意的，什么人的所谓批评是恶意的，从而聚集力量，等待时机成熟，实行反击。有人说，这是阴谋。我们说，这是阳谋。因为事先告诉了敌人：牛鬼蛇神只有让它们出笼，才好歼灭它们，毒草只有让它们出土，才便于锄掉。农民不是每年要锄几次草吗？草锄过来还可作肥料。阶级敌人是一定要寻找机会表现他们自己的。他们对于亡国、共产是不甘心的。不管共产党怎样事先警告，把根本战略方针公开告诉自己的敌人，敌人还要进攻的。阶级斗争是客观存在，不依人的意志为转移的。就是说，不可避免的。人的意志想要避免，也不可能。只能因势利导，夺取胜利。反动的阶级敌人为什么自投罗网呢？他们是反动的社会集团，利令智昏，把无产阶级的绝对优势，看成了绝对劣势。到处点火可以煽动工农，学生的大字报便于接管学校，大鸣大放，一触即发，天下顷刻大乱，共产党马上完蛋，这就是6月6日章伯钧向北京六教授所作目前形势的估计。这不是利令智昏吗？“利”者，夺取权力也。他们的报纸不少，其中一个叫文汇报。文汇报是按照上述反动方针行事的，它在6月14日却向人民进行欺骗，好像它是从善意出发的。文汇报说：“而所以发生这些错误认识，是因为我们头脑中还残存着的资产阶级办报思想”。错了，应改为“充满着”。替反动派做了几个月向无产阶级猖狂进攻的喉舌，报纸的方向改成反共反人民反社会主义的方向，即资产阶级的方向，残存着一点资产阶级思想，够用吗？这里是一种什么逻辑呢？个别性的前提得到了一个普遍性的结论，这就是文汇报的逻辑。文汇报至今不准备批判自己大量报道过的违反事实的反动新闻，大量刊发的反动言论，大量采用过的当作向无产阶级进攻的工具的反动编排。新民报不同，它已经作了许多比较认真的自我批判。新民报犯的错误比文汇报小，它一发现自己犯了错误，就认真更正，表示了这张报纸的负责人和记者们对于人民事业的责任心，这个报纸在读者面前就开始有了主动。文汇报的责任心跑到哪里去了呢？你们几时开始，照新民报那样做呢？欠债是要还的，文汇报何时开始还这笔债呢？看来新民报的自我批判给文汇报出了一大堆难题，读者要问文汇报哪一天赶上新民报呢？文汇报现在处在一个完全被动的地位。在新民报没有作自我批判以前，文汇报似乎还可以温过一些日子，有了新民报的自我批判，文汇报的日子就难过了。被动是可以转化为主动的，那就是以新民报为师，认真地照它那样办。

现在又回到“资产阶级右派”这个名称。资产阶级右派就是前面说的反共反人民反社会主义的资产阶级反动派，这是科学的合乎实际情况的说明。这是一小撮人，民主党派、知识分子、资本家、青年学生里都有，共产党、青年团里面也有，在这次大风浪中表现出来了。他们人数极少，在民主党派中，特别在某几个民主党派中却有力量，不可轻视。这种人不但有言论，而且有行动，他们是有罪的，“言者无罪”对他们不适用。他们不但是言者，而且是行者。是不是要办罪呢？现在看来，可以不必。因为人民的国家很巩固，他们中许多又是一些头面人物。可以宽大为怀，不予办罪。一般称呼“右派分子”也就可以了，不必称为反动派。只在一种情况下除外，就是累戒不改，继续进行破坏活动，触犯刑律，那就要办罪。惩前毖后，治病救人，化消极因素为积极因素，这些原则，对他们还是适用。另有一种右派，有言论，无行动。言论同上述那种右派相仿，但无破坏性行动。对这种人，那就更要宽大些了。错误的言论一定要批判干净，这是不能留情的，但应允许他们保留自己的意见。所有上述各种人，仍然允许有言论自由。一个伟大的巩固的国家，保存这样一小批人，在广大群众了解了他们的错误以后，不会有什么害处。要知道，右派是从反面教导我们的人。在这点上，毒草有功劳。毒草的功劳就是它们有毒，并且散发出来害过人民。

共产党继续整风，各民主党派也已开始整风。在猖狂进攻的右派被人民打退以后，整风就可以顺利进行了。[1]

1957年7月1日清晨，毛泽东乘专机飞往杭州。6日到上海。8日晚，出席上海市干部会议。

7月9日，毛泽东在上海干部会议上发表重要讲话《打退资产阶级右派的进攻》。

为了总结前一段反右派斗争的经验，部署下一步工作，毛泽东决定召开一次省市委书记会议。开会地点选在了青岛。

1957年7月17日至21日，中共中央在青岛召开省市委书记会议。参加会议的有：刘少奇、周恩来、朱德、邓小平、彭真、陆定一、谭震林、陈伯达、胡乔木、李维汉、徐冰、田家英、李井泉、张仲良、张德生、陶鲁笳、周惠、王任重、张平化、马国瑞、潘复生、舒同。着重讨论了反右派斗争问题，对整风和反右派斗争做出了规划和部署。

会议期间，毛泽东写了《一九五七年的夏季形势》一文。

全文如下：

在我国社会主义革命时期，反共反人民反社会主义的资产阶级右派和人民的矛盾是敌我矛盾，是对抗性的不可调和的你死我活的矛盾。

向工人阶级和共产党举行猖狂进攻的资产阶级右派是反动派、反革命派。不这样叫，而叫右派，一是为了便于争取中间派；二是为了便于分化右派，使一部分右派分子有可能转变过来。

最后不能转变的那一部分资产阶级右派分子是死硬派，只要他们不当特务，不再进行破坏活动，也给他们一点事做，也不剥夺他们的公民权。这是鉴于许多历史

① 《建国以来毛泽东文稿》第六册，中央文献出版社，1992年1月第1版，第529—534页。

事件采取了极端政策的后果，并不良好。我们应当看得远一些，在几十年后看这个事件，将会看到我们这样对待资产阶级右派分子，对于无产阶级革命事业，会有深远影响和巨大利益的。

我们的目标，是想造成一个又有集中又有民主，又有纪律又有自由，又有统一意志又有个人心情舒畅、生动活泼，那样一种政治局面，以利于社会主义革命和社会主义建设，较易于克服困难，较快地建设我国的现代工业和现代农业，党和国家较为巩固，较为能够经受风险。总题目是正确地处理人民内部的矛盾和正确地处理敌我矛盾。方法是实事求是，群众路线。派生的方法是党内党外在一起开一些有关大政方针的会议，公开整风，党和政府的许多错误缺点登报批评。民主党派，教育界，新闻界，科技界，文艺界，卫生界，工商界，工人阶级，农民阶级各阶层、手工业工人和其他城乡劳动者，都应当进行整风和社会主义教育，分期分批逐步推行。其中，资产阶级和资产阶级知识分子是使他们接受社会主义改造的问题；小资产阶级（农民和城乡独立劳动者），特别是富裕中农，也是使他们接受社会主义改造的问题；工人阶级和共产党的基本队伍，则是整顿作风的问题。这是性质不同的两个社会范畴的问题。既然有这样的不同，为什么通用整风这个口号呢？这是因为整风的口号较易为多数人所接受。我们向人们说：共产党和工人阶级尚且进行整风，难道你们不应当整风吗？这就十分主动了。整风的方法是批评和自我批评，摆事实，讲道理。整风的目的是把斗争方向引导到端正政治方向，提高思想水平，改正工作缺点，团结广大群众，孤立和分化资产阶级右派和一切反对社会主义的分子。这里所说的资产阶级右派，包括混入共产党内和青年团内的一些同党外团外右派分子政治面貌完全相同的人，他们背叛无产阶级革命事业，向党猖狂进攻，因此必须充分揭露，并把他们开除出去，借以纯洁党团组织。

必须坚定地信任群众的多数，首先是工农基本群众的多数，这是我们的基本出发点。即就商、学两界而论，在右派猖狂进攻时期，多数人可以一时被蒙蔽，发生动摇。几个星期以后，反击右派展开，多数人也都清醒了，都过来了。所以，这两界的多数人，最后也是可以信任的，他们是可以接受改造的。对无产阶级力量估计过低，对资产阶级右派力量估计过高，不少同志曾经犯过这种错误。现在地县区乡及工厂干部中还有许多人是这样，应当好好说服他们，不要低估了自己方面的力量，不要夸大敌人方面的力量。农村中，地主、富农正在被改造；其中，一部分人还在捣乱，必须对他们提高警惕。富裕中农，多数愿意留在合作社，少数闹退社，想走资本主义道路。我们应分别对待。在农村中，必须注意阶级路线，必须使原来的贫雇农在领导机关占优势，同时注意联合中农。我赞成迅即由中央发一个指示，向全体农村人口进行一次大规模的社会主义教育，批判党内的右倾机会主义思想，批判某些干部的本位主义思想，批判富裕中农的资本主义思想和个人主义思想，打击地富的反革命行为。其中的主要锋芒是向着动摇的富裕中农，对他们的资本主义思想进行一次说理斗争。以后一年一次，进行坚定的说理斗争，配合区乡干部的整风，配合第三类社整社，使合作社逐步巩固起来。农村中也要先让农民"鸣放"，即提意见，发议论。然后择其善者而从之，其不善者批判之。这应当在上级派有工作组协助当地干部主持农村整风的条件下，逐步推行。和城市一样，在农村中，仍然有或者是社会主义或者是资本主义，这样两条道路的斗争。这个斗争，需要很长时间，才能取得彻底胜利。这是整个过渡时期的任务。农村中，勤俭持家应当和勤俭办社并提，爱国、爱社应当和爱家并提。为了解决勤俭持家问题，特别要依靠妇女团体去做工作。最近几年，350 亿斤征粮和 500 亿斤购粮，必须坚决收到，不能短少。按照年成丰歉，可以有所调节。农村中，因为逐年增产，缺粮户逐年减少，因此销粮应当逐年减少。城市销粮过多之处，也应酌量减少。这样，国家的粮食库存才有可能逐年增加，以备可能发生的紧急之需。如果 850 亿斤左右的粮食收不到手，则将牵动市场物价，牵动整个国民经济计划的顺利进行，并且无法应付紧急情况，这是很危险的。今年秋收以前，必须在农村中进行一次反对不顾国家利益和集体利益的个人主义和本位主义的斗争。

有反必肃。杀人要少，但是决不废除死刑，决不大赦。对刑满释放再犯罪者，再捉再判。社会上流氓、阿飞、盗窃、凶杀、强奸犯、贪污犯、破坏公共秩序、严重违法乱纪等严重罪犯以及公众公认为坏人的人，必须惩办。现在政法部门有些工作人员，对于本来应当捕处的人，也放弃职守，不予捕处，这是不对的。轻罪重判不对，重罪轻判也不对，目前时期的危险是在后者。禁止赌博。认真贯彻取缔会道门。右派学生首领应予彻底批判，但一般宜留在原地管教，并当"教员"。以上各点，适用于过渡时期，都由省市委、自治区党委负责。在不违背中央政策法令的条件下，地方政法文教部门受命于省市委、自治区党委和省、市、自治区人民委员会，不得违反。

正确处理人民内部矛盾是一个总题目。大谈特谈，习以为常，也就见怪不怪了。把人民内部矛盾想通，说开，正确处理一批问题，收了效果，得了经验，再也不怕了。

再说一遍，所谓正确处理人民内部矛盾问题，就是我党从来经常说的走群众路线的问题。共产党员要善于同群众商量办事，任何时候也不要离开群众。党群关系好比鱼水关系。如果党群关系搞不好，社会主义制度就不可能建成；社会主义制度建成了，也不可能巩固。

军队多次整风，实行三大纪律八项注意，实行军事、政治、经济三大民主，战时班上建立互助组，实行官兵、军民打成一片，禁止打人骂人，禁止枪毙逃兵。因此士气高涨，战无不胜。手执武器的军队能够这样做，为什么工厂、农村、机关、学校不能够发扬民主，用说服的方法而不是用压服的方法去解决自己的问题（矛盾）呢？

帝国主义都不怕，为什么反而怕老百姓呢？怕老百姓，认为人民群众不讲道理，只能压服，不能说服，这样的人不是真正的共产主义者。

除了叛徒和严重违法乱纪分子这两种人，在整风中保护一切党团员，用大力用诚心帮助他们改正错误缺点，改善工作方法，提高工作能力，提高政治水平，提高思想水平。共产党员一定要有朝气，一定要有坚强的革命意志，一定要有不怕困难和用百折不挠的意志去克服任何困难的精神，一定要克服个人主义、本位主义、绝对平均主义和自由主义，否则就不是一个名副其实的共产党员。有一些丧失朝气、丧失革命意志和坚持错误的人，在累戒不改的情况下，党委应当予以正当处理，重者绳之以纪律。

省市委、自治区党委的第一书记（其他书记也是一样），在半年到一年内，要求亲身研究一个合作社、一个工厂、一个商店、一个学校，取得知识，取得发言权，以利指导全般工作。地、县、区的党委书记也应这样做。

这一次批判资产阶级右派的意义，不要估计小了。这是一个在政治战线上和思想战线上的伟大的社会主义革命。单有 1956 年在经济战线上（在生产资料所有制上）的社会主义革命，是不够的，并且是不巩固的。“匈牙利事件”就是证明。必须还有一个政治战线上和一个思想战线上的彻底的社会主义革命。共产党在民主党派、知识界和工商界的一部分人（右派）中当然不可能有领导权，因为他们是敌人；在多数人（中间派）中的领导权不巩固；有些文教单位还根本没有建立党的领导。必须建立对中间派的巩固的领导权，并且尽可能早日巩固起来。资产阶级和资产阶级知识分子对共产党不心服，他们中的右派分子决心要同我们较量一下。较量了，他们失败了，他们才懂得他们的大势已去，没有希望了。只有在这时，他们中的多数人（中间派及一部分右派）才会逐渐老实起来，把自己的资产阶级立场逐渐抛弃，站到无产阶级方面来，下决心依靠无产阶级吃饭。少数人至死不改，只好让他们把他们的反动观点带到棺材里去。但是我们应当提高警惕。要知道，他们一遇机会，又会要兴风作浪的。这个斗争，从现在起，可能还要延长 10 年至 15 年之久。做得好，可能缩短时间。当然不是说，10 年至 15 年之后，阶级斗争就熄灭了。只要世界上还存在着帝国主义和资产阶级，我国的反革命分子和资产阶级右派分子的活动，不但总是带着阶级斗争的性质，并且总是同国际上的反动派互相呼应的。目前的斗争，在一段必要时间之后，应当由急风暴雨的形式转变为和风细雨的形式，以便从思想上搞得更深更透。第一个决定性的战斗，在过去几个月，主要是最近两个月内，我们已经胜利了。但是还需要几个月深入挖掘的时间，取得全胜，决不可以草率收兵。要知道，如果这一仗不打胜，社会主义是没有希望的。

大辩论，全民性的，解决了和正在解决着革命和建设工作是否正确（革命和建设的成绩是不是主要的）、是否应走社会主义道路、要不要共产党领导、要不要无产阶级专政、要不要民主集中制，以及我国的外交政策是否正确等项重大问题。很自然地要发生这样一次全民性的大辩论。苏联在 20 世纪 20 年代曾经发生过（同托洛茨基等人辩论一国能否建成社会主义），我国在 50 年代的第七年发生了。我们如果不能在这次辩论中取得完全胜利，我们就不能继续前进。只要我们在辩论中胜利了，就将大大促进我国的社会主义改造与社会主义建设。这是一个伟大的带有世界意义的事件。

必须懂得，在我国建立一个现代化的工业基础和现代化的农业基础，从现在起，还要10年至15年。只有经过10年至15年的社会生产力的比较充分的发展，我们的社会主义的经济制度和政治制度，才算获得了自己的比较充分的物质基础（现在，这个物质基础还很不充分），我们的国家（上层建筑）才算充分巩固，社会主义社会才算从根本上建成了。现在还未建成，还差10年至15年时间。为了建成社会主义，工人阶级必须有自己的技术干部的队伍，必须有自己的教授、教员、科学家、新闻记者、文学家、艺术家和马克思主义理论家的队伍。这是一个宏大的队伍，人少了是不成的。这个任务，应当在今后10年至15年内基本上解决。10年至15年以后的任务，则是进一步发展生产力，进一步扩大工人阶级知识分子的队伍，准备着逐步地由社会主义过渡到共产主义的必要条件，准备以八个至十个五年计划在经济上赶上并超过美国。共产党员、青年团员和全体人民，人人都要懂得这个任务，人人都要努力学习。有条件的，要努力学技术、学业务、学理论，造成工人阶级知识分子的新部队（这个新部队，包含从旧社会过来的真正经过改造站稳了工人阶级立场的一切知识分子）。这是历史向我们提出的伟大任务。在这个工人阶级知识分子宏大新部队没有造成以前，工人阶级的革命事业是不会充分巩固的。

中央、省市两级，在整风、批判右派和争取中间群众这三个任务方面，取得了经验，是一件大事。有了这个经验，事情就好办了。今后几个月内的任务是教会地县两级取得经验。从现在起，到今冬明春，是逐步教会区乡两级取得经验。城市是教会区级、工矿基层和街道居民委员会取得经验。这样一来，豁然开朗，群众路线对于许多人说来就不是一句假话了，人民内部矛盾就比较容易解决了。

省市委、自治区党委的第一书记和整个党委，必须把这个伟大斗争完全掌握起来。必须把民主党派（政治界）、教育界、新闻界（包括一切报纸和刊物）、科技界、文艺界、卫生界、工商界的政治改造工作和思想改造工作完全掌握在自己手中。各省、市、自治区要有自己的马克思主义理论家，自己的科学家和技术人才，自己的文学家、艺术家和文艺理论家，要有自己的出色的报纸和刊物的编辑和记者。第一书记（其他书记也是一样）要特别注意报纸和刊物，不要躲懒，每人至少要看5份报纸，5份刊物，以资比较，才好改进自己的报纸和刊物。

批判右派这件事，整个民主党派、知识界、工商界，震动极大。应当看到他们中的多数人（中间派）是倾向于接受社会主义道路和无产阶级领导的。这种倾向，各类人程度深浅不同。应当看到，现在他们对于真正接受社会主义道路和真正接受无产阶级领导这些基本点虽然还只是一种倾向，但是，只要有了这种倾向，他们就从资产阶级立场到工人阶级立场的长距离路程中开动了第一步。如果有一年整风时间（从今年5月到明年5月）就可以跨进一大步。这些人在过去，并没有参加社会主义革命的精神准备。这个革命，对于他们，是突然发生的。共产党员中，也有一些人是这样。批判右派和整风，对于这些人，对于广大人群，将是一个深刻的社会主义教育。

大字报，除商店的门市部、农村（区乡）、小学、军队的营和连队以外，都可以用。在我国条件下，这是一个有利于无产阶级而不利于资产阶级的斗争形式。怕大字报，是没有根据的。在高等学校，在中央、省市、地、县的机关和城市的大企业，大字报、座谈会和辩论会，是揭露和克服矛盾、推动人们进步的三种很好的形式。

在整风中，任何时候都不应当耽误生产和工作。各地整风，不应当在所属一切单位同时并举，而应当分期分批地推行。

不要怕惊涛骇浪，硬着头皮顶住。就一个单位来讲，大约两三个星期，洪峰就过去了，就可以转到反击右派的新阶段。在两三个星期内，各单位的领导者对于右派的猖狂进攻，硬着头皮，只听不驳，聚精会神，分析研究，聚集力量，准备反攻，团结左派，争取中间派，孤立右派，这是一套很好的马克思主义的策略。

大鸣大放阶段（边整边改），反击右派阶段（边整边改），着重整改阶段（继续鸣放），每人研究文件、批判反省、提高自己阶段，这是中央、省市、地、县 4 级整风的 4 个必经阶段。还有城乡基层整风。这样整一次，全党和全国人民的面目必将焕然一新。

8 月，请省市委、自治区党委一级和地委一级的第一书记，抽出一段时间，摸一下农村中整社、生产、粮食等项问题，以备 9 月中央全会之用。40 条农业纲要，请你们逐条研究一下是否需要修改。①

1957 年 7 月 26 日至 30 日，毛泽东主持召开另一部分省市委书记参加的会议，讨论《一九五七年夏季的形势》、农业发展纲要 40 条等。出席会议的有：陈云、李先念、邓子恢、张鼎丞、陈伯达、陈正人、田家英、柯庆施、江华、江渭清、曾希圣、舒同、欧阳钦、黄欧东、吴德、乌兰夫。

《一九五七年夏季的形势》于 1957 年 8 月 3 日印发县委及其他相当于县委一级党组织和干部阅读。毛泽东对这篇文章改了 11 遍。②

1957 年 8 月 1 日，中共中央发出《关于继续深入反对右派分子的指示》。由毛泽东起草，全文如下：

各省、市委、自治区党委：

（一）在深入揭发右派分子的斗争中，现在一方面正向地县两级（在城市是向

① 《建国以来毛泽东文稿》第六册，中央文献出版社，1992 年 1 月第 1 版，第 543—552 页。
② 《毛泽东传（1949—1976）》，中央文献出版社，2003 年 12 月第 1 版，第 714 页。

区级和大工矿基层）展开，另一方面又必须在中央一级和省、市、自治区一级各单位深入地加以挖掘。这样，右派分子将继续发现和挖掘出来，人数将逐步增多。右派中的极右分子，即骨干分子，登报的人数，也应适当增加。不是百分之几，也不是10%，而是要按情况达到极右派的百分之二十、三十、四十或五十。他们既是极右派，既是实事求是地鉴定了的极右派（不是普通右派分子），多一些人在报上揭露他们的反共反人民反社会主义的反动言行，使他们在公众面前出丑，就会越有利于教育广大群众，争取中间派，也有利于分化右派。这一点必须坚持，不要犹豫。（二）深入挖掘期间，必须实事求是，有些单位右派少，或者确无右派，就不要主观主义地勉强去找右派。（三）要准确地鉴定极右派、普通右派和中间偏右分子这三种人的界限，以免泛滥无归，陷入被动，丧失同情。此点必须注意。（四）反右斗争，必须坚持辩论方式，摆事实，讲道理。而且事实要是准确的事实，不是虚构的"事实"，讲理要讲得使大多数人心服，切不可以强词夺理。（五）地县两级、城市区级及工厂基层的领导人经验较少，有些人鉴别水平不高，你们必须谆谆给以教育，随时检查，使他们站得稳、打得准。这是要十分注意的。（六）党内团内右派分子，只要是同党外团外右派分子政治面貌相同，即反共反人民反社会主义，向党猖狂进攻的，必须一视同仁，一律批判。该登报的，即应登报。（七）深入挖掘时期，党和政府工作中错误缺点，边整边改，取信于人，十分重要。这点请你们同样加以注意。

中　　央

1957年8月1日①

1956年农业合作化运动急速发展，3月底入社农户达到全国总农户的90%，年底参加高级社的农户达到87.8%（1957年上升到96%）。高级社的一小部分是在初级社的基础上办起来的；很大一部分是刚办初级社立足未稳，便转成了高级社；也有些是未经初级社阶段，直接办起高级社的。

中国的农业合作社基本上避免了苏联和东欧一些国家实行集体化时造成的农业生产下降情况。但由于各地生产力发展水平不同，合作化发展历史不同，干部的管理经验水平也不相同，在很短时间内都办起了高级社，对于许多社来说：公有程度高了，存在严重的平均主义。1956年秋收分配前后，有些社的内部矛盾开始突出起来。

据中共中央农村工作部对辽宁、安徽、浙江、江西、四川、陕西、河南、河北等8省了解后向中央汇报：在一部分农业社内出现了社员退社和要求退社的情况，这些一般占社员户数的1%，多的达5%；闹退社的主要是富裕中农，其次是劳力

---

① 《建国以来毛泽东文稿》第六册，中央文献出版社，1992年1月第1版，第556—557页。

少、人口多的户和手工业者，小商贩等。

对于这些情况，群众、干部认识不一：有的认为是合作化发展速度太快，规模太大；有的怀疑农业合作社制度是否有优越性；有的认为是上中农的自发势力，资本主义思想或坏人的挑拨、破坏。

毛泽东认为，这些富裕中农少数闹退社，是想走资本主义道路。他在《一九五七年夏季的形势》中提出：我赞成迅即由中央发一个指示，向全体农村人口进行一次大规模的社会主义教育，批判党内的右倾机会主义思想，批判某些干部的本位主义思想，批判富裕中农的资本主义思想和个人主义思想，打击地富的反革命行为；其中主要锋芒是向着动摇的富裕中农，对他们的资本主义思想进行一次说理的斗争。

毛泽东要求，先让农民鸣放，提意见，发议论，然后择其善而从之，其不善者批评之，在上级派有工作组协助当地干部主持农村整风的条件下，逐步推行。

1957 年 8 月 8 日，中共中央发出《关于向全体农村人口进行一次大规模的社会主义教育的指示》，要求就合作社的优越性、粮食和其他农产品统购统销、工农关系、肃反、遵守法制为中心题目，在农村举行一次以“社会主义道路还是资本主义道路”为实质的大辩论，目的是“进一步弄清农村中的大是大非”，“有力地批判富裕中农的资本主义思想”。

1957 年 7 月 26 日，国务院做出《关于机关工作人员参加整风运动和反对资产阶级右派斗争的决定》。

8 月 2 日，中共中央批发《关于帮助各民主党派整风的意见》。

8 月 28 日，中共中央转发中央统战部《关于在工商界全面开展整风运动的意见》。

据中共中央 1957 年 9 月 2 日的一个指示，已经发现党内右派分子 3000 余人，这些右派分子多数是解放后入党。指示要求，对党内右派，不能有温情主义，不能宽容，不应该漏掉真正的党内右派。9 月 11 日，《人民日报》发表社论《严肃对待党内的右派分子》。

9 月 12 日，发出《关于在企业中进行整风和社会主义教育运动的指示》。

10 月 15 日，发出《关于在少数民族地区进行整风和社会主义教育的指示》和《关于在中等学校的教职员中开展整风和反右派斗争的通知》。

整风运动推向各界、各部门和地区。

全民整风的共同特点是：以反右派斗争和批判某些思想、言论为主要内容；以大鸣、大放、大辩论和大字报为主要方法。

1957 年 8 月 11 日，毛泽东从青岛回到北京。

8 月 18 日至 28 日，在北戴河召集陈伯达、田家英等人研究修改农业发展四十条。为即将召开的中共八届三中全会作准备。18 日、21 日，由刘少奇主持召开政治局常委会，讨论并基本通过《一九五六到一九六七年全国农业发展纲要（草案）》修改稿。

9 月 3 日至 18 日，毛泽东先后到河北、湖北、浙江、江苏、上海，了解农村整社和农业生产情况。

9 月 11 日（农历八月十八）上午 10 时许，毛泽东从杭州驱车来到浙江海宁七星庙，观赏了著名的钱塘江大潮。赋诗《七绝·观潮》一首：

千里波涛滚滚来，雪花飞向钓鱼台。人山纷赞阵容阔，铁马从容杀敌回。

毛泽东在返回的路上，畅游了钱塘江。

1957 年 9 月 20 日至 10 月 9 日，中共扩大的八届三中全会在北京中南海怀仁堂举行。除中央部委和省市区党委主要负责人外，各省的地委书记和直辖市的区委书记也列席会议，与会人数 416 人。

会议听取了三个报告。

邓小平作《关于整风运动的报告》，对 5 月份以来整风运动和反右派斗争作了总结，对今后的任务作了部署。

陈云作关于改进国家行政管理体制问题和关于农业增产问题的报告。

9 月 24 日，陈云作《关于改进国家行政管理问题和关于农业增产问题的报告》，强调：中央某些职权下放以后，必须加强对各个地方的平衡工作，各地基本建设项目必须经过全国计划机关的审核平衡；地方要切实掌握资金的投放方向，应重点投向化肥、兴修水利、开垦荒地等与农业生产有关的方面；中央与省市分权以后，省市还要与专县分权。

财政体制一经改变，就必须建立相应的财务管理制度，如会计制度 、报告制度、检查制度等；中央与地方各种分成制度及本省分成制度基本上三年不变。

会议经过讨论，基本上通过陈云根据毛泽东的建议、代国务院起草的《关于改进工业管理体制的规定（草案）》、《关于改进商业管理体制的规定（草案）》和《关于改进财政和划分中央与地方对财政管理权限的规定（草案）》。1957 年 11 月 14 日，第一届全国人大常委会第八十四次会议原则批准这 3 个文件，由国务院发布并实施。

周恩来作关于劳动工资和劳保福利问题的报告。

会议着重讨论了整风运动和反右派斗争的方针政策和具体部署等。

会议总结了前段整风、反右的经验，肯定了中央、毛泽东关于我国政治形势的估计，确定把整风扩大到全民的整风运动，明确反右派斗争主要是在资产阶级和知识分子的范围内进行。肯定了“四大”（大鸣、大放、大字报、大辩论）是进行政治战线、思想战线上的社会主义革命很适合的形式。

会议决定整风运动按照四个阶段进行：大鸣大放（同时整改），反击右派（同时整改），着重整改（同时继续鸣放），每人研究文件、批评反省、提高自己。

会议一开始，毛泽东把国内主要矛盾问题提了出来。

华北组反映说：过渡时期国内的主要矛盾是人民内部矛盾还是敌我矛盾？许多同志觉得毛主席讲的7个问题又把中共七届二中全会的提法提了出来，这是和八大决议和一些整风文件的提法不一样，希望中央负责同志再解释一下。会议就过渡时期的主要矛盾展开了激烈的讨论。一种看法认为，应该是资产阶级与无产阶级的矛盾是主要矛盾，薄一波、杨士杰说：“七届二中全会决议指出，革命胜利后国内的基本矛盾是无产阶级与资产阶级的矛盾。但这一点有时被忽视了。1956年三大改造胜利，使我们产生了错觉，以致强调人民内部矛盾多。对无产阶级与资产阶级的矛盾是基本矛盾强调不足。这一点在八大也讲得不够。只提出大规模的阶级斗争已经基本结束，没有更明确地指出所有制虽已解决，但人的改造、意识形态上的斗争却没有解决。因此在今后15年到20年内，资本主义与社会主义的矛盾仍将是国内的基本矛盾。”

张劲夫、张凯等人也持这种观点。

另一种看法是坚持“八大”结论的基本观点，河南、湖北、江西分组有人认为，1956年三大改造以前是资产阶级和无产阶级矛盾为主要矛盾，三大改造以后是人民内部矛盾为主要矛盾。

中南组的大多数人持这种观点，杨放之也持这种观点。会议前期，持这种意见的人数较多一些。

10月7日下午，毛泽东在会议上表明了自己的见解。

他说：三年半以来，给资产阶级以严重打击，对个体经济也给了打击，因此反映到八大决议上说资产阶级与无产阶级的矛盾基本上解决了；基本解决不等于完全解决，政治问题解决了，所有制问题基本上解决了，但经济上和政治上没有完全解决；资产阶级及资产阶级知识分子、民主党派中的右派、一部分富裕中农，站在人民中反对人民，那时不是完全看得那么清楚，但也不是完全没有看到；当时他们服服帖帖，所以说基本解决了；今天强调这个矛盾，是因为他们要造反，到今年青岛会议时就看得清楚了，提出了城市和农村还有两条道路的斗争，这种阶级斗争并没有熄灭，这次右派分子猖狂进攻，就应该说资产阶级与无产阶级的矛盾是主要的；但策略上还是按青岛文件上那样讲好，暂时只讲城市和农村仍然有两条道路斗争，不马上公开重提两个阶级是主要矛盾，到会的人晓得就行了；很长时间不讲了，如果现在加上去，闹得天翻地覆，这不好；现在再按青岛的讲话说它3个月；两条道路——资产阶级和无产阶级、社会主义与资本主义是过渡时期的主要矛盾，暂不在报上讲，讲了有可能把大量人民内部矛盾冲淡了；劳动人民内部的矛盾，目前正在大鸣大放、大辩论中解决，一提起阶级矛盾是主要的，将影响整改；总之，第一条，在过渡时期肯定主要矛盾是资产阶级与无产阶级的矛盾；第二条，在一定时期内在报纸上不讲，继续宣传两条道路的斗争不加阶级这两个字，免得引起许多麻烦。

毛泽东在会上还说：去年这一年扫掉了几个东西，一个是扫掉了多、快、好、省，不要多了，不要快了，至于好、省也附带扫掉了；还扫掉了农业发展纲要 40 条，扫掉了促进委员会。

10 月 9 日下午，八届三中全会举行闭幕式。

邓小平就整风运动、体制、农业问题和减少脱离生产人员等问题作总结发言。

最后，毛泽东作大会结束讲话：

这次会议的评价，明确方针，交流经验，统一意志；我们的革命如此丰富，工作进展异常迅速，不论革命工作、建设工作都是如此，最好每年开一次这样的会议；整风，大胆的放，彻底的放，坚决的放，大胆的改，彻底的改，坚决的改；1957 年中国革命创造了一个最革命最生动最民主的群众斗争形式，就是大鸣大放大辩论和大字报。革命的内容找到了适合自己发展的形式；从此无论大是大非、小是小非的问题，无论是革命的问题、建设的问题，都可以用辩论的形式去迅速地解决；发挥群众的主动性、责任心，克服领导者的主观主义、官僚主义和命令主义，领导与群众就容易打成一片了；从此形成传统，充分发挥社会主义民主，在此基础上建立巩固的集中制，建立巩固的对反动派和坏人的专政；农业发展纲要 40 条几天之后即可改好发出，请你们在农村中组织一次很好的鸣放辩论，发扬正气，驳倒歪风；省、地、县、区、乡、社都要搞农业规划。“全面规划，加强领导，书记动手，全党办社”；整风生产两不误，又要领导整风，又要领〔导〕生产，生产就要有规划；何时可以做好一个长远规划？已有几年经验了，今冬明春是否可以做好？明年五一以前做好？或者明年做好？只有 10 年了，要完成“四百斤、五百斤、八百斤”计划指标，六级规划都要在农村中鸣放辩论，是否要分期分批，不然恐农民吃不消；粮食有了底了，以后将好办得多，准备对付大荒年；国家积累外，合作社积累和家庭积累，均很重要。湖南办法，总产值（30 亿元）扣 20%为生产费（6 亿元），其中以 20%为基建费（1.2 亿元），按照社章抽 5%的公积金、公益金和管理费在外。管理费必须缩小到 1%；积累丰歉不同，以丰补歉；全国每个人都要有大志，远大理想目标；要将大吃大喝、不善持家的风气转变过来，经过大鸣大辩的方法；红白喜事中的陋习和浪费，也要经过鸣辩逐步解决，10 年改革完毕，是否可能？振起精神，一定要灭掉四害，乐昌县岐乐社的经验立即推广到全国；两年试点，五年突击，三年扫尾，全国基本上变成四无（老鼠、麻雀、苍蝇、蚊子）国；人口计划生育问题，3 年试点，3 年推广，4 年普做，达到计划生育，是否可能？工农商学的综合计划完全必要，浙江文件值得一阅；红安县的经验值得注意，各级领导办试验田。我们不但政治要摸底，技术必须摸底，业务必须摸底；也是十年计划，十年内必须精通工业、农业各种技术业务，将自己和许多人都变得“又红又专”，基本上完成建立无产阶级知识分子队伍的伟大任务，对此，各级均要有计划；“十年树人”极为必要，非此不能建立社会主义，加上过去 8 年、18 年树人，估计可以基本造成马克思主义的工人阶级的专家队伍；往后是扩大加深，再有十年，到第五个五年计划，形势就更不同了；争取以 28 年基本上达到苏联 40 年的水平，是否可能？在以重工业为中心任务的条件下，实行工业与农业同时并举，逐步建立现代化的工业与现代化的农业；两种方法：都可达到目的，一种慢一点、差一点，一种快一点、好一点；实事求是的合乎实际的多快好省，反对主观主义，所谓多快好省；党委还是促进委员会，不是促退委员会，有些暂时的局部的促退正是为了促进；无产阶级与资产阶级、社会主义道路与资本主义道路的矛盾是主要矛盾；千方百计，想尽一切办法，厉家寨，每一社；省、县、地的规划；每年开一次三级干部会；黄敬、彭真（只改一个字）、韶关三发言；军队要整风；将来农业粮食生产要亩产 800 斤、1000 斤、2000 斤；21 世纪初；苏联、东欧、中国，主要矛盾；振作精神，下苦功学习，十年学会马列、技术科学、哲学、文学、艺术学、新闻学、教育学；打纸牌、下棋、看电影、跳舞也要一点，但不可着迷，把主要精力放在工作、学习二件上，玩是需要的，但是第三位，人的脑力能够有很大的发展；肖楚女、齐白石、高尔基、玄奘、惠能、梁鸿、富兰克林为例。①

全会的看法统一到毛泽东的论点上。

1957 年，中共中央、国务院就精简机构问题进行研究讨论，提出改革方案，并从 1958 年开始实施。国务院机关进行了较大幅度的精简、撤销、合并了一批职能部门和办事机构。到 1960 年底，国务院的机关比 1957 年减少了 18 个单位，部委机构由 48 个减至 40 个，直属机构由 23 个减至 15 个，办事机构由 9 个减至 6 个。同时，地方各级政府机关也进行了一定精简。对党的领导体制、干部人事制度等积极改革影响不可低估。②

1957 年 10 月 15 日，中共中央发出《关于划分右派分子的标准》的通知，并指出，一些单位多划了一部分右派，要求引起注意，但此通知实际上没有得到贯彻执行。

经过群众运动，把很大一批人定性为“反动派”、“阶级敌人”，行政上给以劳动教养、监督劳动、留用察看、降职降级降薪等处理，并且株连亲友和家属、子女。

---

① 《建国以来毛泽东文稿》第六卷，中共中央文献出版社，1992 年 1 月第 1 版，第 592—595 页。

② 《〈中国共产党历史〉第二卷（1949—1978）》，中共党史出版社，2011 年第 1 版，第 408 页。

监察部挖出了以副部长、党组副书记王翰为首领的“反党集团”。

最高人民法院揭发批判了该院审判庭庭长、中共党员贾潜等 4 人“反党反社会主义”的言行。

最高人民检察院揭露和批判了该院党组成员、运输检察院副检察长刘惠之等人“反党、反社会主义和破坏人民民主法制”的言行。

一些省、自治区的领导干部被扣上了右派、个人主义、地方主义、民族主义、右倾机会主义、修正主义活动等帽子，如浙江省委常委沙文汉（省长）、杨思一（副省长）、彭瑞林（省人民检察院检察长）、孙章录（财贸部长）；河北省委常委、省委统战部部长刘洪涛被定为“右派分子”；甘肃省委常委孙殿才（副省长）、省委委员梁大均（银川地委第一书记）、副省长陈成义等被定为“右派反党集团”；安徽省委书记处书记李世农等、广西省委常委陈再励等被定为“右派集团”；云南省委常委、省委组织部长郑敦等被定为“反党集团”；青海省委常委、省长孙作宾被定为“反党分子”；广东省委书记处书记古大存、冯白驹被指责为进行“地方主义活动”；新疆自治区党委书记处书记赛甫拉也夫、常委伊敏诺夫、艾斯海提等被指责为进行“民族主义活动”；河南省委第一书记潘复生被指责为“右倾机会主义”；辽宁省揭发批判了省委书记王铮，省委书记兼省长杜者蘅，省委书记、副省长李涛，省总工会主席张烈，省委常委、省委秘书长吴铎，省委委员、旅大市委书记兼市长宋黎；山东惠民地委第一书记李峰、泰安地委代理第一书记曹礼琴被指责为“反对党的路线，进行反党活动”。

解放军总政治部揭发批判了总政治部文化部长陈沂。

在科学界，由于民盟“中央科学规划问题”临时研究负责人曾昭抡、千家驹、华罗庚、童第周、钱伟长于 1957 年 6 月向国务院科学规划委员会提出了《对于有关我国科学体制问题的几点意见》，内容涉及保护科学家问题，科学院、高等院校、业务部门研究机构之间的分工协作问题，社会科学问题，科学研究的领导问题和培养新生力量问题，被批为“反社会主义的科学纲领”。

在文艺界批判了“丁玲、陈企霞反党集团”。

在社会科学界，批判了“资产阶级社会学”、“资产阶级新闻学”等。

全国的整风和反右派斗争于 1958 年六七月宣告结束。

1957 年 6 月 26 日，中央估计：全国暴露出的企图复辟的右派分子，已经是数以千计。6 月 29 日，中央根据北京 34 所高校和几十个机关中需要在各种范围点名批判的极右派约有 400 人，估计在全国约有 4000 人。

7 月 7 日，中央转发吉林省委关于高校斗争的情况报告，说高校讲师中右派分子占 7%至 15%不等。7 月 9 日，中央通报说：准确的右派骨干全国大约是 8000 人。

8 月 17 日，中央转发北京市的报告，说到 8 月 7 日全市已发现右派分子 7511

人，其中高校4230人。

11月10日，中央批转有关报告说：中央国家机关中共有右派分子4837名，占参加运动总人数的2.75％。

1958年1月2日，中央批转北京市的报告说：到1957年10月25日，全市已经由领导机关审查批准的右派分子共6927人。

1957年12月9日中共浙江省委第一书记江华在浙江省党代表会上作《坚持党的正确路线，争取整风运动在各个战线上全胜》的报告，1957年12月25日中共上海市委第一书记柯庆施在上海市党代会上作《乘风破浪，加速建设社会主义的新上海》的报告，两个报告使用了中共八届三中全会结论的提法。1958年2月，《人民日报》全文转载并加编者按语，指出他们是根据党中央和毛泽东的指示论述的，从而公开了中共八届三中全会的论点。

1958年1月，各民主党派中央分别举行会议，对本党的右派分子作出处理，其头面人物如下：

民革中央撤销了龙云的中央副主席，陈铭枢的中央常委兼理论政策研究委员会主任，谭惕吾的中央常委、中央委员、中央妇女委员会主任，李俊龙的中央常委、中央组织部部长。

民盟中央撤销了章伯钧、罗隆基的中央副主席，叶笃义的中央常委、中央委员、中央秘书长兼办公厅主任，沈志远的中央常委，马哲民、郭翘然、潘大逵、钱端升、韩兆鹗的中央常委，曾昭抡的中央常委、中央高教研究委员会主任，费孝通的中央常委、中央文教部部长，黄药眠的中央常委、中央宣传部部长，潘光旦的中央常委、中央联络委员会副主任，李伯球、陈仁炳、彭文应、黄琪翔、钱伟长的中央委员。

民建撤销了章乃器的中央副主任委员、全国工商联副主任委员和执行委员，毕鸣岐的中央常委和全国工商联副主任委员，钱孙卿的中央委员、全国工商联常务委员。

民进中央撤销了林汉达的中央副主席。

农工党中央撤销了章伯钧的中央主席、中央执行局委员、中央执行局秘书长，李伯球的中央执行局委员、中央委员、中央执行局副秘书长，杨逸棠的中央执行局委员、中央委员、中央组织部第一副部长，王一帆的中央执行局委员、中央委员，张云川、李士豪的中央执行局委员、中央委员。

九三学社中央撤销了顾执中的社内一切职务，陆侃如的中央常委、中央委员，董渭川的中央常委、中央委员、中央科学文教委员会副主任，袁翰青的中央常委、中央文教科学委员会副主任委员和委员，薛愚的中央常委、中央宣传部副部长。

台盟撤销了谢雪红的台盟主席。

1958年1月，全国人大常委会决定撤销章乃器的粮食部部长、章伯钧的交通部部长、罗隆基的森林工业部部长。

学术界开展拔“白旗”运动，如清华大学梁思成的“资产阶级建筑学”、北京大学马寅初的“团团转”理论和“新人口论”等。

许多知识分子投入到向党交心运动，用大字报的形式作了措辞极为严厉的自我批判。不少地方在交心运动中又把一些人打成右派分子。

1958年4月6日，毛泽东在汉口会议上说：全国共有右派30万人（后来，又说有40余万人）。[①]

被划为右派分子的人，凡是共产党员的全部被开除党籍，共青团员开除团籍；半数以上的人失去了公职，相当多的人被撤职、降职、降薪，或被送劳动教养，或被监督劳动；有些人甚至流离失所，家破人亡。少数在原单位留用，也大都用非所长。

1958年6月18日，中共中央发出《关于整风运动第四阶段的通知》，要求全国党政军机关工作人员在7月底前结束运动。

十五、“一五”成就

1955年底，农业合作化运动已达预期目的后，毛泽东就把农业发展的全面规划这个大问题提到议事日程。1955年11月，毛泽东在杭州、天津等地，分别同14

---

① 1957年5月中旬，毛泽东在《事情正在起变化》中设想是：除个别外，不必具体点名，给他们留一个回旋余地，以利于在适当条件下妥协下来。6月29日，中共中央改变了这个设想，指示需要在各种范围点名批判的右派和极右派人数，北京大约400人，全国大约4000人。这表明斗争重点已不是批判政治思潮，而是侧重具体点名了，不过在人数上还有所控制。过了10天，中共中央又指示，把准备点名批判的人数扩大了一倍。8月1日，中共中央要求把反右派斗争进一步向地县、市区、大厂矿（后来又提到向中小学教职工）深入展开，并提出要“深入挖掘”右派。到9月中共八届三中全会时统计，全国已划右派6万余人。10月15日，中共中央发出《关于划分右派分子标准的通知》。《通知》原意要控制范围，防止多划右派，但其中一些提法不尽科学，加上许多地方已划了右派，为了不挫伤这些地方和单位的积极性，这个通知并没有普遍传达，更谈不到贯彻执行。这样，反右派斗争已经出现的扩大化错误不可能得到纠正。后来，在1958年党外人士整风交心中，一些地方和单位把党外人士在自我检查中交出的“黑心”作为制定右派的依据，又错划了一批右派。到1958年秋，整个运动结束时，全国共划了右派分子55万多人。由于严重扩大化，把一大批知识分子、爱国人士、党的干部和政治上热情而不成熟的青年学生错划为“右派分子”。从1959年到1964年，中央先后分5批为30余万人摘掉右派帽子。在“四清”和“文化大革命”中有些人被重新戴上右派的帽子。1978年12月后复查时核实，全国实际上共定了右派分子552877人。至1980年改正了54万余人。

个省委书记和内蒙古自治区党委书记共同商定了“农业十七条”。这是第一个全面规划我国农业发展远景的蓝图，内容包括农业合作化、农业生产、卫生教育、文化设施以及道路建设等。

1956 年 1 月，第二次杭州会议将“十七条”扩展为“四十条”，定名《一九五六年到一九六七年全国农业发展纲要（草案）》（简称“四十条”）。1957 年 7 月，青岛会议提出修改意见；9 月，八届三中全会加以修改。1957 年 10 月 25 日，中共中央将“四十条”正式下发，要求全民展开讨论，再作修改。

为农业和农村的发展制定中长期发展规划，这在中国历史上是第一次。“四十条”开宗明义：农业用粮食和原料供应工业，同时农村为工业提供了巨大的国内市场；农业合作化为农业生产力发展开辟了广阔道路，在个体经济条件下，农业难以实现较大发展。

“四十条”要求大力提高粮食和其他农作物产量：从 1956 年开始，在 12 年内，按照我国不同地区的自然条件和经济状况，粮食每亩产量，在黄河、秦岭、白龙江、黄河（青海境内）以北地区，由 1955 年的 150 斤增加到 400 斤；黄河以南、淮河以北地区，由 1955 年的 208 斤增加到 500 斤；淮河、秦岭、白龙江以南地区，由 1955 年的 400 斤增加到 800 斤。棉花每亩平均年产量，按各地情况，由 1955 年的每亩 35 斤（皮棉）分别提高到 40 斤、60 斤、80 斤和 100 斤。

“四十条”要求，在第二个五年计划内，大多数合作社的生产和收入赶上或者超过当地富裕中农在单干时的水平。

1957 年 10 月 27 日，《人民日报》发表《建设社会主义农村的伟大纲领》的社论。

“四十条”，是党从抓农业社会主义改造开始向抓经济建设工作转变的一个标志。它反映了全党急切改变中国农村面貌，加快发展农业生产，积极改善人民生活的愿望。

在大力发展农业中，中共中央把农田水利基本建设摆放在突出位置。毛泽东在为《中国农村的社会主义高潮》写的按语中提出：兴修水利是保证农业增产的大事，十分需要制定一个若干年内实行的保证“遇旱有水，遇涝排水”的规划；在合作化的基础上，群众有很大的力量，几千年不能解决的普通水灾、旱灾问题，可能在几年之内获得解决。

山东省莒南县厉家寨原是个穷山村，1955 年冬天，这里的农民把 1000 多块零星地块平整成 70 多块梯田，修建小型水库 11 座，1 万余亩荒山上全部植树。1956 年粮食每亩增产 4 倍多。得到这个消息，1957 年 10 月 9 日，毛泽东批语：“愚公移山，改造中国，厉家寨是一个好例。”

1956 年 1 月，毛泽东在审阅《一九五六年到一九六七年全国农业发展纲要（草稿）》时，修改并加写了一段文字：“兴修水利，保持水土。一切大型水利工程，由国家负责兴修，治理为害严重的河流。一切小型水利工程，例如打井、开渠、挖塘、筑坝和各种水土保持工作，均由农业生产合作社有计划地大量地负责兴修，必要的时候由国家予以协助。通过上述这些工作，要求在7年内（从1956年开始）基本上消灭普通的水灾和旱灾，在12年内基本上消灭特别大的水灾和旱灾。”①

在党中央部署下，1956年各地一些大型水利工程相继开工。主要是：山东省第一期虹吸引黄灌溉、安徽省响洪甸水库、云南省以礼河水电站水槽子电站、浙江省新安江水力发电、广东省溪河水库、淮河流域磨子潭电站等工程。1957年4月13日，黄河三门峡枢纽工程开工。8月20日，在国务院第十一次常务会议上，周恩来总理发言说，水利工作要有综合计划，要有全面设想和安排，要和防洪、水土保持、排涝等结合起来。

1957年9月24日，中共中央、国务院发出《关于今冬明春大规模地开展兴修农田水利和积肥运动的决定》。当年11月至12月间，各省、市自治区相继召开会议贯彻中央精神，部署农田水利建设和积肥运动。至1958年4月，全国可扩大灌溉面积3.5亿亩，治理低洼涝田2亿亩，改造贫瘠耕地1亿亩，植树造林2.9亿亩，控制水土流失面积16万平方公里，积肥3100亿担。

1957年底，全国农田排灌机械及农业机械化会议召开。会议决定，1958年将向农村供应50万匹马力的动力排灌机械，强化农村排涝和灌溉，以提高单位面积产量，会议并对1958年推广双轮双铧犁和其他新式农具作了初步安排。

第一个五年计划，合理利用东北地区、上海和其他城市的工业基础，并支援新工业基地的建设，在西南开始部分建设。“一五”计划156个项目中的106个民用工业企业，部署在东北地区50个、中部地区32个；44个国防企业，部署在中、西部地区35个，其中有21个安排在四川和陕西两省。电力工业布局，除东北地区布置7个企业外，其余遍及北京、河北、山东、山西、内蒙古、甘肃、河南、湖北、湖南、四川、云南、新疆等电力工业比较落后地区。

作为“156项”之一的长春第一家现代化汽车制造厂，1953年7月15日开工，毛泽东为开工写了奠基题词。经过建设者的3年奋斗，1956年7月12日，从总装配线上开出了国产第一辆解放牌汽车，结束了中国不能制造汽车的历史。

洛阳拖拉机厂，经过建设者的4年奋斗，于1959年11月1日建成投产，结束了我国不能生产拖拉机的历史。

1954年我国最大的医药联合企业石家庄华北制药厂开始施工，1958年建成投产，从根本上改变了过去青霉素主要依靠进口的状况，基本上满足了国内对青霉素的需要。

① 《建国以来毛泽东文稿》第六册，中央文献出版社，1992年1月第1版，1997年1月第2次印刷，第4页。

佳木斯造纸厂于1954年8月开工，1957年投产，产品填补了我国造纸工业的空白，供应28个省、市、自治区近千家工商企业。

1955年8月，武汉钢铁公司开始施工，先后有18个省（自治区）、48个城市、1000多家工厂为武钢制造设备和配件。

1956年是中国航空工业发展的重要一年，中国成为少数几个能够制造喷气式飞机的国家之一。同年9月，中国兵器工业生产出中型坦克发动机，结束了不能制造坦克发动机的历史。

“一五”时期，一大批旧中国没有的现代工业骨干部门，如发电设备、重型机器、新式机床、精密仪表、电解铝、无缝钢管、合金钢、塑料、无线电和有线电的制造工厂等，开始一个个建立起来。1957年与1952年相比，自行车增长9倍，缝纫机增长3.2倍，收音机增长19.7倍。1958年，我国成功研制第一台电子管计算机。

“一五”末期，中国土法冶炼重铀酸铵150余吨，为中国的原子弹研制赢得了时间。1958年4月，中国人民解放军某兵团领导机关和工程兵某部奉命开赴大西北，建设我国第一座导弹、火箭发射试验场。

至1957年底，全国铁路营业里程达到2.67万公里，穿越高山峻岭的宝鸡到成都铁路及同样艰巨复杂的鹰潭至厦门铁路、武汉长江大桥先后建成。公路里程达到25.46万公里，两条通向世界屋脊的青藏、新藏公路建成通车。全国内河航道里程达14.4万公里。邮路总长222万公里，大约70%的乡可通电话。“一五”期间的工业成就，远远超过旧中国100年。

第一个五年计划完成时，国家共支出教育事业费76.64亿元（占国家财政支出5.7%），教育基建投资16.22亿元（占国家财政支出6.9%）。

1955年底，全国有干部业余学校3546所，在校学生130.89万人；干部离职文化补习学校256所，学员8.47万人。有17万人脱离文盲，26万人小学毕业，6万人初中毕业，升入大学特别班的工农老干部5.1万人。

1957年，全国普通高等院校发展到229所，在校学生44.1万人，专任教师7万人。“一五”期间，高等院校毕业生27万人（1912年至1947年，毕业生总和只有21万人）。

中等专业学校在第一个五年计划进入空前发展阶段。1957年，全国共有中等专业技术学校（划归教育部领导）728所，在校学生近48.2万人，专任教师4.3万人；技工学校（由劳动部门主管）144所，在校学生6.65万人，专任教师4400人。这些中等专业技术学校和技术学校培养出大批工业生产第一线技术、管理干部和熟练工人。

1957年，全国有小学54.73万所，在校学生6428.3万人，专任教师188.4万人；初中8900所，在校学生537.7万人，专任教师19.4万人；高中2100所，在校学生90.43万人，专任教师4万人；学龄儿童入学率达到61.7%。

1957年，全国参加业余学校学习的职工763.2万人，其中，扫除文盲78.4万人、小学毕业50.5万人、初中毕业9.3万人。

1957年，全国少数民族普通小学在校生319.43万人，少数民族教师8.11万人；普通中学在校生27.69万人，少数民族教师9100人；少数民族高等学校在校生1.61万人，中等技术、师范学校在校生3.74万人，少数民族教师1900人。

国家专门成立北京、广州、集美等华侨学生补习学校。1956年创办厦门大学函授部，鼓励华侨捐资在国内办学。1959年，归侨学生大部分进入各地普通中学，约有20%华侨学生考入高等学校，有400余名华侨学生从大中专学校毕业。[①]

1956年，农村联合诊所由1950年的803个发展到5.1万个，公立医院病床增加到32.8万张。在少数民族聚居地区，建立了350个卫生院和30多个医院，培养了200多名民族卫生干部。

“一五”期间，基本建立起了公费医疗制度和医疗劳动保护制度，绝大多数国家公职人员、高等学校学生和工矿企业职工能享受到有病就医的保证。在农村建立起了“五保户”制度。

全国人口预期寿命由1949年的35岁提高到1957年的57岁。1953年至1958年，出现新中国成立后第一次出生和人口增长高潮，年增长率2.3%。[②]

1952年，毛泽东为中华全国体育总会代表大会题词：“发展体育运动，增强人民体质。”当年11月，中央人民政府任命贺龙兼任国家体育运动委员会主任。各级政府先后建立体委。教育部、全国总工会、共青团中央、军队系统也都相继建立了体育工作机构，铁路等产业系统也建立起了体育协会。

游泳运动员吴传玉1953年在罗马尼亚布加勒斯特举行的第一届国际青年友谊运动会比赛中，以1分8秒4的优异成绩夺得男子仰泳冠军，这是中国运动员在国际比赛中夺得的第一枚金质奖章。

1952年9月，经过中国努力和世界舆论及国际奥委会中主持正义人士的支持，中国被邀请参加第15届奥运会。

1954年7月，贺龙率中国体育代表团赴苏联考察。

1954年，政务院发出了《关于在政府机关中开展工间操和其他体育运动的

---

① 当代中国研究所：《〈中华人民共和国史稿〉第一卷（1949—1956）》，人民出版社、当代中国出版社，2012年9月第1版，第253—255页。

② 当代中国研究所：《〈中华人民共和国史稿〉第一卷（1949—1956）》，人民出版社、当代中国出版社，2012年9月第1版，第262—263页。

通知》。

1954年和1955年，国家有关部门编制了两套少年儿童广播体操，在青少年中掀起体育锻炼热潮，有上亿人参加体育活动。

1953年到1956年，举办了6000次县级以上运动会，其中全国性竞赛57次。1955年，全国开展第一届工人体育运动大会，国家和各省、市、自治区代表队有近2000名运动员，打破全国纪录400多次。

1956年6月7日，在上海举行的“中苏举重友谊赛”中，中国举重运动员陈镜开以133公斤的成绩打破56公斤挺举世界纪录，这是中国运动员创造的第一个世界纪录。

十六、批评“反冒进”

在中共八届三中全会上还有一个重要内容，毛泽东对1956年的反冒进提出了批评。他说：1956年的经济、文化有了一个很大的跃进，可是有些同志低估了成绩，夸大了缺点，说冒进了，吹起了一股风，把多快好省、农业纲要四十条等几个东西都吹掉了，影响了今年经济的建设特别是农业的进展，给群众泼了冷水；多快好省、四十条必须恢复。毛泽东说：“我们是不是可以把苏联走过的弯路避开，比苏联搞的速度更要快一点，比苏联的质量更好一点？应当争取这个可能。”

八届三中全会基本通过了《一九五六年到一九六七年全国农业发展纲要（修正草案）》。

1957年10月27日，《人民日报》发表社论《建设社会主义农村的伟大纲领》，要求有关农业和农村的各方面工作，在12年内都按照必要和可能，实现一个巨大的跃进。

1957年11月2日清晨，毛泽东乘专机率中国党政代表团访问苏联，参加十月革命40周年庆祝大会。代表团副团长宋庆龄，成员有邓小平、彭德怀、郭沫若、李先念、乌兰夫、陆定一、陈伯达、沈雁冰、王稼祥、杨尚昆、胡乔木、刘晓、赛福鼎等。事前，毛泽东得知苏联方面准备200万人迎接，他谢绝了。毛泽东向苏方表示：能省的节目最后都省去，最多只能让300人欢迎我，再加上仪仗队。苏联方面尊重毛泽东的意愿，迎接的礼遇规格很高，但仪式很简朴。苏联党政主要负责人赫鲁晓夫、布尔加宁、伏罗希洛夫等到机场迎接。

毛泽东在机场发表简短讲话说：“40年前，苏联人民在伟大的列宁和伟大的苏联共产党的领导下所取得的这个胜利，创始了人类历史的新纪元。在40年的建设过程中，苏联异常迅速地获得了辉煌的成就，许多方面都站在世界各国的最前列，为追求进步和幸福的人民树立了卓越的榜样。苏联发射第一颗人造地球卫星[①]不是一个简单的事件，人类进一步征服自然界的新纪元从此开始了。……以伟大苏联为首的社会主义阵营是保证世界和平的坚强堡垒，是一切不愿意受帝国主义压迫和奴役的人民的忠实朋友。”[②]

此次，各国共产党和工人党领导人云集莫斯科，于14日至16日举行了12个社会主义国家党的代表会议，16日至19日举行64个国家共产党和工人党的代表会议。

毛泽东住在克里姆林宫沙皇过去住的房间。但是，毛泽东郑重地说：“我不是皇帝，我是国家主席，是人民公仆。”[③]

11月5日，毛泽东率中国代表团拜谒坐落在莫斯科红场上的列宁和斯大林墓。

6日，毛泽东出席纪念俄国十月革命40周年大会。毛泽东出现在纪念会上，全体代表起立致敬。

上午，赫鲁晓夫在报告中提出通过和平竞赛，在今后15年内不仅赶上并且超过美国。

赫鲁晓夫报告说：苏联党和苏联政府的主要活动方向，是领导苏联全体人民实现向共产主义的过渡；我们有一切根据宣布，共产主义已经不是遥远的未来的事情，共产主义的光辉宏伟的大厦正日益清晰地在各族人民眼前显现出来，我国人民正在解决向共产主义过渡的历史任务；在各种最重要的产品产量方面，苏维埃国家在今后15年内不仅能赶上，并且能超过目前的美国。

下午，毛泽东在大会上第一个讲话，此时全场起立，毛泽东讲话中不断鼓掌，讲完了又起立。其余兄弟党代表讲话时，都是鼓掌没有起立。[④]

毛泽东说：“苏联的道路，十月革命的道路，从根本上说来，是全人类发展的共同的光明大道。……中国共产党所领导的人民革命，从来就是十月革命所开始的世界无产阶级社会主义革命中的一个组成部分。中国革命有自己民族的特点，估计到这些特点是完全必要的。但是不论在革命事业中和社会主义建设事业中，我们都充分地利用了苏联共产党和苏联人民的丰富经验。……事情很明显，在十月革命以后，各国无产阶级的革命家如果忽视或者不认真研究俄国的经验，不认真研究苏联无产阶级专政和社会主义建设的经验，并且按照本国的具体条件，有分析地、创造性地利用这些经验，那么，他就不能通晓作为马克思主义发展新阶段的列宁主义，就不能正确地解决本国的革命和建设的问题。那么，他就会或者陷入教条主义的错

---

① 1957年10月4日，苏联成功发射世界上第一颗人造地球卫星，标志着苏联的尖端技术和国防科技领域居于领先地位，对提高苏联的威信，增强社会主义阵营力量，显示社会主义制度的优越性，都有重要意义。

② 《毛泽东传（1949—1976）》，中央文献出版社，2003年12月第1版，第727页。

③ 李银桥：《在毛泽东身边十五年》，河北人民出版社，1991年12月第1版，第227页。

④ 《杨尚昆日记》（上），中央文献出版社，2001年9月版，第287页。

误，或者陷入修正主义的错误。我们需要同时反对这两种错误倾向，而在目前，反对修正主义的倾向尤其是迫切的任务。……在我们胜利前进的时候，我们时刻也不能忘记，继续努力，保护和增强社会主义各国的团结，保护和增强全世界劳动人民和被压迫民族的团结。①

毛泽东说：美帝国主义顽固地要干涉别国内部事务，除干涉属于中国内部事务的台湾和匈牙利制造反革命叛乱外，还特别放肆地干涉那些位于美国和社会主义阵营之间的中间地带各国的内部事务。②

11月6日，毛泽东利用纪念大会休息的半个小时，同波兰统一工人党中央第一书记哥穆尔卡会谈。双方交换了对宣言草案的意见，主要涉及国际形势、社会主义阵营各国的相互关系问题。

随后，毛泽东接连同意大利共产党、法国共产党和英国共产党领导人谈话，而且不止一次。

11月10日，中国代表团向苏共中央提交了《关于和平过渡问题的意见提纲》备忘录，提出了五条意见：（一）要同时提出和平和非和平的两种可能性；（二）当前从策略观点出发，提出和平过渡的愿望是有益的，但不宜过多地强调和平过渡的可能；（三）取得议会的多数，不等于摧毁了旧国家机器，建立起新的国家机器；（四）社会主义的和平过渡的含义，不应该解释成为通过议会的多数，不能利用旧的国家机器来实现和平过渡；（五）争取同社会党的左派和中间派建立统一战线，是很重要的，但是不能模糊我们同社会党在社会主义革命问题上的原则界限。

1957年11月14日，社会主义国家共产党和工人党代表会议开幕。阿尔巴尼亚、保加利亚、匈牙利、越南、民主德国、中国、朝鲜、蒙古、波兰、罗马尼亚、苏联、捷克斯洛伐克等12国代表。

毛泽东在会上发言说：“我们这里这么多人，这么多党，总要有一个首。就我们阵营的内部事务说，互相调节，合作互助，召集会议，需要一个首。就我们阵营的外部情况说，更需要一个首。我们面前有相当强大的帝国主义阵营，它们是有一个首的。如果我们是散的，我们就没有力量。……我们面前摆着强大的敌人。世界范围内的谁胜谁负的问题没有解决。还有严重的斗争，还有战争的危险。要防备疯子。当然，世界上常人多，疯子少，但是有疯子。偶然出那么一个疯子，他用原子弹打来了你怎么办？所以，我们必须有那么一个国家，有那么一个党，它随时可以召集会议。为首同召集会议差不多是一回事。……谁为首呢？苏联不为首哪一个为首？……我们中国是为不了首的，没有这个资格。我们经验少。我们有革命的经验，没有建设的经验。我们在人口上是个大国，在经济上是个小国。我们半个卫星

① 《毛泽东传（1949—1976）》，中央文献出版社，2003年12月第1版，第730页。
② 《毛泽东文集》第七卷，人民出版社，1999年版，第316页。

都没有抛上去。这样为首就很困难，召集会议人家不听。苏联共产党是一个有40年经验的党，它的经验最完全。……苏联共产党在几十年来，总的来说，是正确的，这甚至敌人也不能不承认。……有些同志因为苏联在斯大林时期犯了一些错误，对苏联同志的印象就不好。我看这恐怕不妥。这些错误现在没有害处了。从前是有害处的，但现在它的性质转变了，转变得有益于我们了。它使我们引以为戒。……各国共产党过去相互关系中间闹过有些不愉快的事，不仅别的国家有，中国也有，但是我建议我们要看大局。……要讲心里话，我也有一肚子气，主要是要对斯大林。但是我没有讲过，我今天也只是讲有气就是了，什么气我也不准备讲。实际上现在我也没有气了，至少是气不多了，时间过去了，斯大林死了。应该承认，现在苏联同志的作风有很大的改变，并且还会改变、还会进步，苏联的发展是一个曲线，它是按照辩证法走路的。列宁的辩证法，斯大林的形而上学（若干部分，相当大一部分），现在又回到辩证法。我很高兴，看见苏联同志们的一些辩证法的文章，讨论社会主义社会的矛盾，社会主义国家相互间的矛盾。斯大林时代就不敢讲。我到莫斯科来了两次，头一次使人不愉快。'兄弟党'，那是一句话，讲得好听，实际上不平等。现在我感觉到有一种平等气氛。不知同志们有这么一种感觉没有？譬如我们讨论文件，征求过意见，现在还要征求意见。刚才赫鲁晓夫同志不是提出组织起草委员会吗？没有采纳的意见可以提出第二次、第三次。最后如果大多数认为不能采纳，还可以保留，在实践中间来看究竟那个对。如果实践证明提意见的对，而我们错了，比如讲，苏联、中国两党共同提出的这个草案错了，那么，我们就承认错误。这就是一种平等的关系。"①

会议中间，毛泽东还就宣言的起草与持不同意见的波兰共产党领导人哥穆尔卡协商、谈话3个半小时，为宣言取得一致意见作出了努力。

11月16日，社会主义国家共产党和工人党代表会议继续举行。赫鲁晓夫宣布开会。毛泽东第一个发言。苏联有意安排，因为毛泽东的发言，具有很大影响力。

1957年11月17日，毛泽东同法国共产党总书记杜克洛谈话，就法国政治局势、英法等西欧国家同美国的关系等问题，深入交换意见。

1957年11月17日，星期日。下午6时，毛泽东与邓小平、彭德怀、乌兰夫、陈伯达、杨尚昆、胡乔木、刘晓等来到莫斯科大学礼堂，受到等候在这里的3500多名中国留学生的热烈欢迎。

毛泽东首先介绍了代表团全体成员，而后亲切地说：

同志们！我问你们好！世界是你们的，也是我们的，但是归根结底是你们的；我们这些人老了，也有我们的长处，那就是富有经验；你们青年人朝气蓬勃，正在

① 《毛泽东传（1949—1976）》，中央文献出版社，2003年12月第1版，第736—737页。

兴旺时期，好像早晨八九点钟的太阳，希望寄托在你们身上；你们有朝气，我们有暮气，这叫各有长短；这次会开得很好，苏联同志很能够和各国同志商量问题，会议开得生动活泼，和八年前我那次来时很不相同，既有集中，又有民主，这就是列宁的民主集中制；现在世界上的风向变了，去年的气候对我们很不利，今年的气候好了；一个社会主义阵营，一个资本主义阵营，当中还有一个中间地带；据联合国的统计，全世界共有 27 亿人口，我们社会主义阵营约有 10 亿，帝国主义阵营约有 4 亿，剩下还有 13 亿，基本分布在亚洲、非洲和拉丁美洲；13 亿中有 7 亿多取得了民族独立；像印度、印尼、巴基斯坦、缅甸、埃及、突尼斯、摩洛哥，还有那个黄金海岸等等；剩下还有 6 亿，像日本、伊朗、南朝鲜、南越、土耳其等；帝国主义中间，德、意不想打仗，也打不起来，英、美、法不合作；中间地带这 13 亿人口，两个阵营都在争夺，现在看起来，他们大多数是倾向我们的，我们的影响比帝国主义的影响还要大一些；因为英法有老殖民主义，美国有新殖民主义，我们却什么殖民主义没有；我们中国现在是六亿四千万人口，我们中国是个大国，又是个小国，在政治上是大国，在经济上是小国，和比利时一比较，我们还比不上呢！同志们！这次庆祝十月革命 40 周年，一共有 64 个国家的共产党和工人党派代表来参加；这是自马克思恩格斯以来的共产主义运动中最盛大的一次集会；商量了很多事情，决定了很多事情；在人类历史上，十月革命是一个伟大的转折点，此外还有很多转折点，像斯大林格勒战役是第二次世界大战的转折点；现在苏联有两个人造卫星上天，64 个国家的共产党开会，又是一个大的转折点；你们年轻人应该具备两点，一是朝气勃勃，二是谦虚谨慎；今年在我们国内 5 月到 6 月间是乌云满天，右派分子骂我们共产党不行，什么都搞糟了；那时我们有一招，叫做“硬起头皮顶住”；右派的进攻被我们打垮了，但是我们工作中的缺点还是存在的；8 年来我们工作中的缺点和错误是有的；这次整风就是要改正这些错误和缺点，所以一件大事，我们要认真地改；同志们，世界上怕就怕“认真”二字，共产党就最讲“认真”；我们的目的就是让全国六亿四千万人一起动手，人人振奋，移风易俗，改造我们的国家；要做到这一点，当然不是很轻易的，问题很复杂；我们要在第二个五年计划内使全部合作社在生产和消费上都超过富裕中农；我曾和不少的省委书记、地委书记谈过话，问他们能否做得到？他们都说完全可能，有的还说能超过；我们现在生产力还很低，钢只有 520 万吨，过了第二个五年计划后，将有 1200 万吨，再过一个五年计划，钢的产量可以达到 2200 万到 2400 万吨，到第五个五年计划完成时，就会有 4000 多万吨；我问过波立特同志，再过 15 年英国的钢产量可以有多少？他说现在是 2000 万吨，再过 15 年顶多达到 3000 万吨；那么，再过 15 年，苏联超过美国，中国超过英国，那时候世界的面貌就要大大改变了；要完成这个任务还需要超过 15 年，或者为了保险起见，再加一个小尾巴：再经过 3 个五年计划或者再多一点的时间，我们要在钢产量上超过英国；这个责任就落在你们肩上了，你们要好好地完成五年计划；我也有个五年计划，再工作 5 年，如果能再活 15 年那我就心满意足了。

毛泽东还问大家：你们是怎样锻炼身体的，我今年登过黄山，还有别的山，一共 5 次；我去年在湘江游泳三次，还横渡过长江两次；你们一定要和苏联同志结成亲密的朋友！①

1957 年 11 月 16 日，社会主义国家共产党和工人党代表会议结束那天，召开了各国共产党和工人党代表会议。64 个国家的共产党和工人党代表团出席了会议。这是自第二次世界大战结束以来，国际共产主义运动的一次空前盛会。会议一致通过了《和平宣言》。宣言中说："战争不是不可以避免的，战争是可以制止的，和平是可以保卫住和巩固起来的。……无论哪一个共产党或是哪一个社会主义国家，都没有发动战争和对别国进行军事攻击的动机，都没有掠夺别国土地的动机。……社会主义各国并不想用暴力把自己的社会和政治制度强加于任何一国人民。它们坚信，社会主义必然胜利，但是它们也知道，社会主义不能从外边移植，它应该首先是每个国家的工人阶级和一切进步力量进行国内斗争的结果。"② 宣言率先提出立即停止核试验、无条件禁止生产和使用核武器的建议，提出"给世界以和平"口号。

11 月 18 日，毛泽东受赫鲁晓夫启发，并事先征得在北京的中央领导人的同意，在各国共产党、工人党的代表会议发表长篇讲话，集中论述国际形势和团结问题。

毛泽东在会上说：

"现在我感觉到国际形势到了一个新的转折点。世界上现在有两股风：东风，西风。中国有句成语：不是东风压倒西风，就是西风压倒东风。我认为目前形势的特点是东风压倒西风，也就是说，社会主义的力量对于帝国主义的力量占了压倒的优势。

40 年前的十月革命是整个人类历史的转折点，怎么现在又有转折点呢？还是有的。打希特勒，在一个时期，有一二年时间，希特勒占了上风。那时，希特勒不但占领大半个欧洲，而且打进苏联，苏联让出了一大块土地，可见希特勒一时占了上风。斯大林格勒一战成为转折点，从此希特勒就走下坡路，苏联就势如破竹一直打到柏林。这不是一个转折点吗？据我看来，斯大林格勒一仗，是整个第二次世界大战的转折点。

去年，最近这几年，西方世界非常猖狂，利用我们阵营中的一些问题，特别是匈牙利事件，在我们阵营的脸上擦黑，我们的天上飞起许多乌云。但是匈牙利反革命被镇压下去了。在苏伊士运河事件中，苏联的警告也起了制止侵略战争的作用。

---

① 《毛泽东传（1949—1976）》，中央文献出版社，2003 年 12 月第 1 版，第 752—759 页。

② 《毛泽东传（1949—1976）》，中央文献出版社，2003 年 12 月第 1 版，第 744—745 页。

西方擦黑我们的脸的目的，依我看，主要是想‘整’各国共产党。在这一方面，他们也达到了一部分目的。例如美国的法斯特，共产主义的可耻的叛徒，就跑出党去了。还有一些共产党也跑出去了一些人。帝国主义对此大为高兴。我想我们也应该高兴。叛徒跑出去了，有什么不好？

今年，1957年，形势大为不同了。我们的天上是一片光明，西方的天上是一片乌云。我们很乐观，而他们呢，却是惶惶不安。两个卫星上天，使他们睡不着觉。六十几国共产党在莫斯科开会是从来没有过的事，从来也没有这样大的规模。但是在社会主义阵营各国中，在各国共产党中，特别是在各国人民中，还有相当多的人总是相信美国了不起。你看，他们还有那么多钢，有那么多飞机大炮。我们的比他们的少。西方国家无数的报纸、广播电台天天吹，美国之音、自由欧洲电台等等吹得神乎其神，于是乎造成一种假象，欺骗了相当多的一部分人。我们就要揭穿这种欺骗。我有10件证据来说明这个问题：究竟是他们行还是我们行，究竟是东风压倒西风，还是西风压倒东风？

第一件，打希特勒的时候，罗斯福和丘吉尔的手里有多少钢呢？大约有7000万吨。可是吃不下希特勒，毫无办法。总要想个办法吧，于是采用了旅行的办法，一走就走到雅尔塔，请求苏联帮助。那时，斯大林手中有多少钢呢？在战前有1800万吨。因为在战争中损失了许多地方，据赫鲁晓夫同志告诉我，钢产量打了个对折，剩下900万吨。有7000万吨钢的人，来请求有900万吨钢的人。条件是什么呢？易北河以东划为红军的进攻区，就是说，他们忍痛下决心让这一大块区域脱离他们的体系，让这一大块区域有可能转变为社会主义体系。这件事很有说服力，说明物质力量多少不完全决定问题，人是主要的，制度是主要的。在雅尔塔又谈到打日本。又是美国人吃不下日本，又是要请共产主义帮助。中国的满洲、朝鲜的一部分，作为红军的攻击区，并且决定让日本退还半个库页岛、一个千岛群岛。这也是忍痛让步啊！为了吃掉他们的同伴——日本帝国主义。

第二件，中国革命。1949年初国民党被我们打得呜呼哀哉的时候，向杜鲁门大喊救命，说：美国老爷呀，你出几个兵吧！杜鲁门说：我一个兵也不能出！于是国民党又说：你可以不可以讲几句话呢？说长江以南这块地方，如果共产党到了那里的时候，美国就不能坐视。杜鲁门说：这个不行，讲不得的，共产党很厉害。于是乎蒋介石只好开跑。他现在在台湾。

第三件，朝鲜战争。在开始的时候，美国一个师有800门炮，中国志愿军3个师才有50多门炮。但是一打就像赶鸭子一样，几个星期就把美国人赶了几百公里，从鸭绿江赶到三八线以南去了。后来美国人集中了力量进行反攻，我们和金日成同志商量，退到了三八线相持，构筑阵地。一打，整个朝鲜战争差不多打了3年。美国的飞机就像黄蜂一样，我们在第一线一架飞机也没有。双方同意讲和。在什么地点？他们说在一条丹麦的船上，我们说在开城，在我们的地方。他们说：好。因为会址在我们的地方，他们每天开会得打着白旗子来，开完会打着白旗子回去。后来，他们感到不好意思了——天天打白旗子。说改一个地方吧，改到双方战线的中间，地名叫板门店。我们说也可以。但是又谈了年把，美国总是不甘心签字，拖。最后，在 1953 年，我们在三八线上突破了 21 公里的防线，美国人吓倒了，马上签字。那么厉害、有那么多钢的美国人，也只得如此。这个战争，实际上是三国打的，朝鲜、中国、苏联，苏联出了武器。但是敌人方面呢，有 16 个国家。

第四件，越南战争。法国人被胡志明打得呜呼哀哉，屁滚尿流。有人可以作证，胡志明同志在座。法国人不想干了，美国人一定要干，因为他的钢多。但是美国人也只是出武器，维持紧张局势，出兵就不来。于是乎有日内瓦会议，把大半个越南划给越南民主共和国。

第五件，苏伊士运河事件。两个帝国主义进攻，打了几天，苏联人讲了几句话，就缩回去了。当然还有第二个因素，就是全世界在讲话，反对英法侵略。

第六件事是叙利亚。美国作好了计划要打，又是苏联人讲了几句话，还任命了一个将军，叫做罗科索夫斯基。做了这两件事，他们说不好打了。这件事还没有完结，还要警惕，可能将来还闹乱子。但是现在总算没有打。

第七件是苏联抛上了两个卫星。抛卫星的国家有多少钢？5100 万吨。不是讲美国非常厉害吗？你为什么到现在连一个山药蛋还没有抛上去？你有一万万吨钢，牛皮吹得那么大呀，做出了先锋计划。先锋计划要改名了，得改成落后计划。

由这 7 件事，我想可以得出一个概念：西方世界被抛到我们后面去了。抛得很近还是抛得很远？照我讲——也许我这个人有些冒险主义，我说，永远地抛下去了。在苏联发射人造卫星以前，社会主义国家在人心归向、人口众多方面已经对于帝国主义国家占了压倒的优势；而在苏联发射人造卫星以后，就在最重要的科学技术部门方面也占了压倒的优势。人们说，美国也会赶上来的，它也会抛卫星的。这是真的。赫鲁晓夫同志的报告就讲了美国会抛卫星的。但是他们现在正在争论究竟是 1 年、2 年还是 5 年才能赶上苏联。我不管你是 1 年、2 年还是 5 年，你总是被抛到后面去了。我们的苏联同志，赫鲁晓夫同志，大概只是晚上睡觉，白天不会睡觉。所有苏联人不会白天晚上，1 年、2 年、5 年总是睡觉吧？你 1 年、2 年、5 年赶上苏联，但是苏联又前进啦。

同志们，我讲讲我们国家的事情吧。我国今年有了 520 万吨钢，再过五年，可以有 1000 万到 1500 万吨钢；再过 5 年，可以有 2000 万到 2500 万吨钢；再过 5 年，可以有 3500 万到 4000 万吨钢。当然，也许我在这里说了大话，将来国际会议再开会的时候，你们可能批评我是主观主义。但是我是有相当根据的。我们有很多苏联专家帮助我们。中国人是想努力的。中国从政治上、人口上说是个大国，从经济上说现在还是个小国。他们想努力，他们非常热心工作，要把中国变成一个真正的大国。赫鲁晓夫同志告诉我们，15 年后，苏联可以超过美国。我也可以讲，15 年后我们可能赶上或者超过英国。因为我和波立特、高兰同志谈过两次话，我问过他们国家的情况，他们说现在英国年产 2000 万吨钢，再过 15 年，可能爬到年产

3000 万吨钢。中国呢，再过 15 年可能是 4000 万吨，岂不超过了英国吗？那末，在 15 年后，在我们阵营中间，苏联超过美国，中国超过英国。

归根结底，我们要争取 15 年和平。到那个时候，我们就无敌于天下了，没有人敢同我们打了，世界也就可以得到持久和平了。

现在还要估计一种情况，就是想发动战争的疯子，他们可能把原子弹、氢弹到处摔。他们摔，我们也摔，这就打得一塌糊涂，这就要损失人。问题要放在最坏的基点上来考虑。我们党的政治局开过几次会，讲过这个问题。现在要打，中国只有手榴弹，没有原子弹，但是苏联有。要设想一下，如果爆发战争要死多少人。全世界 27 亿人口，可能损失三分之一；再多一点，可能损失一半。不是我们要打，是他们要打，一打就要摔原子弹、氢弹。我和一位外国政治家辩论过这个问题。他认为如果打原子战争，人会死绝的。我说，极而言之，死掉一半人，还有一半人，帝国主义打平了，全世界社会主义化了，再过多少年，又会有 27 亿，一定还要多。我们中国还没有建设好，我们希望和平。但是如果帝国主义硬要打仗，我们也只好横下一条心，打了仗再建设。每天怕战争，战争来了你有什么办法呢？我先是说东风压倒西风，战争打不起来，现在再就如果发生了战争的情况，作了这些补充的说明，这样两种可能性都估计到了。

我讲十件证据，刚才讲了 7 件，下面再讲 3 件。

第八件是英国退出亚洲、非洲很大一片土地。

第九件是荷兰退出印尼。

第十件是法国退出叙利亚、黎巴嫩、摩洛哥、突尼斯，在阿尔及利亚没有办法。

落后国家强些，还是先进国家强些？印度强些，还是英国强些？印尼强些，还是荷兰强些？阿尔及利亚强些，还是法国强些？我看所有帝国主义国家都是下午 6 点钟的太阳，而我们呢，是早上 6 点钟的太阳。于是乎转折点就来了。就是说，西方国家抛到后边了，我们大大占了上风了。一定不是西风压倒东风，因为西风是那么微弱。一定是东风压倒西风，因为我们强大。

问题是不能用钢铁数量多少来作决定，而是首先由人心的向背来作决定的。历史上从来就是如此。历史上从来就是弱者战胜强者，没有枪的人战胜全副武装的人。布尔什维克曾经一支枪也没有。苏联同志告诉我，二月革命的时候，只有 4 万党员；十月革命的时候，也只有 24 万党员。《联共（布）党史简明教程》那本书上的第一页第一段写了一个辩证法：从小组到全国。开头是稀稀拉拉的几十个人的小组，后来变成整个国家的领导者。苏联同志，你们修改《联共党史》的时候，我希望不要把这几句话修改掉了。我们中国也是如此，开头是稀稀拉拉几十个人的共产主义者的小组，现在也是领导着整个国家，领导着六亿四千万人口的大党。几十个共产主义者的小组，现在发展成 1200 万党员。我这话是特别想同资本主义国家共产党同志们交换意见的，因为他们现在还处在困难中，有些党很小，有些党有成批党员退出党。我说这不足为怪，也许是好事。我们的道路是曲折的，是按照螺旋形上升的。

还要讲个纸老虎问题。1946 年蒋介石开始向我们进攻的时候，我们许多同志，全国人民，都很忧虑：战争是不是能够打赢？我本人也忧虑这件事。但是我们有一条信心。那时有一个美国记者到了延安，名字叫安娜·路易斯·斯特朗。这个人就是在苏联住了二三十年，后来被斯大林赶走，以后又被赫鲁晓夫同志恢复了名誉的那位女作家。我同她谈话的时候谈了许多问题，蒋介石、希特勒、日本、美国、原子弹等等。我说一切所有号称强大的反动派统统不过是纸老虎，原因是他们脱离人民。你看，希特勒是不是纸老虎？希特勒不是被打倒了吗？我也谈到沙皇是纸老虎，中国皇帝是纸老虎，日本帝国主义是纸老虎，你看，都倒了。美帝国主义没有倒，还有原子弹，我看也是要倒的，也是纸老虎。蒋介石很强大，有 400 多万正规军。那时我们在延安。延安这个地方有多少人？有 7000 人。我们有多少军队呢？我们有 90 万游击队，统统被蒋介石分割成几十个根据地。但是我们说，蒋介石不过是一个纸老虎，我们一定会打赢他。为了同敌人作斗争，我们在一个长时间内形成了一个概念，就是说，在战略上我们要藐视一切敌人，在战术上我们要重视一切敌人。也就是说在整体上我们一定要藐视他，在一个一个的具体问题上我们一定要重视他。如果不是在整体上藐视敌人，我们就要犯机会主义的错误。马克思、恩格斯只有两个人，那时他们就说全世界资本主义要被打倒。但是在具体问题上，在一个一个敌人的问题上，如果我们不重视他，我们就要犯冒险主义的错误。打仗只能一仗一仗地打，敌人只能一部分一部分地消灭。工厂只能一个一个地盖，农民犁田只能一块一块地犁。就是吃饭也是如此。我们在战略上藐视吃饭：这顿饭我们能够吃下去。但是具体地吃，却是一口口地吃的，你不可能把一桌酒席一口吞下去。这叫做各个解决，军事书上叫做各个击破。

第一个问题讲完了。现在就第二个问题，团结问题，讲几句。

我非常高兴，非常庆幸我们的会议开得很团结。这次大会反映了全世界无产阶级和人民的上升的朝气、东风压倒西风这么一种形势。我们有很多缺点和错误，但是我们的成绩是主要的，是年年见成效的。于是乎反映在我们六十几国共产党大会上一股朝气，并且一致承认要有一个头，这个头就是苏联，就是苏共中央。中国有句俗话，蛇无头而不行。你看，我们每个人都有一个头。每个国家的党也有一个头，有集体的头和个人的头。中央委员会、政治局是集体，第一书记是个人，两者都要，不然就是无政府主义。

我高兴哥穆尔卡同志昨天的演说，他说，承认苏联为首是一个真理，不是人为的，是历史上自然形成的。不过他那个国家的有些人在感情上还有问题，暂时不想讲这个话，要换一个形式讲，比如讲第一个和最强大的社会主义国家。他那个国家存在这样一个矛盾，先进分子同相当多的其他人之间还不调和。因此，他们还要做工作。我相信哥穆尔卡同志是好人。赫鲁晓夫同志两次向我表示：哥穆尔卡同志是可以信任的。我希望波兰、苏联、中国、其他国家完全团结起来，逐步地改进我们之间的关系。

我又高兴南斯拉夫的同志们在第二个宣言上准备签字。他们在六十几个党的和平宣言上签字表示一件什么事情呢？就是表示团结。他们没有在12国宣言上签字，使13国缺少了一国。他们说有困难，我们想也可以，我们不能强加于人，南斯拉夫不愿意签字就不签字好了。将来若干年后，我想他们是可以在另外一个宣言上签字的。

在团结问题上我想讲一点方法问题。我说对同志不管他是什么人，只要不是敌对分子、破坏分子，那就要采取团结的态度。对他们要采取辩证的方法，而不应采取形而上学的方法。什么叫辩证的方法？就是对一切加以分析，承认人总是要犯错误的，不因为一个人犯了错误就否定他的一切。列宁曾讲过，不犯错误的人全世界一个也没有。我就是犯过许多错误的，这些错误对我很有益处，这些错误教育了我。任何一个人都要人支持。一个好汉也要三个帮，一个篱笆也要三个桩。这是中国的成语。中国还有一句成语，红花虽好，也要绿叶扶持。你赫鲁晓夫同志这朵红花虽好，也要绿叶扶持。我毛泽东这朵红花不好，更要绿叶扶持。我们中国还有一句成语，三个臭皮匠，合成一个诸葛亮。这合乎我们赫鲁晓夫同志的口号——集体领导。单独的一个诸葛亮总是不完全的，总是有缺陷的。你看我们这12国宣言，已有第一、第二、第三、第四次草稿，现在文字上的修正还没有完结。我看要是自称全智全能，像上帝一样，那种思想是不妥当的。因此，对犯错误的同志应该采取什么态度呢？应该有分析，采取辩证的方法，而不采取形而上学的方法。我们党曾经陷入形而上学——教条主义，对自己不喜欢的人就全部毁灭他。后来我们批判了教条主义，逐步地多学会了一点辩证法。辩证法的基本观点就是对立面的统一。承认这个观点，对犯错误的同志怎么办呢？对犯错误的同志第一是要斗争，要把错误思想彻底肃清；第二，还要帮助他。一曰斗，二曰帮。从善意出发帮助他改正错误，使他有一条出路。

对待另一种人就不同了。像托洛茨基那种人，像中国的陈独秀、张国焘、高岗那种人，对他们无法采取帮助态度，因为他们不可救药。还有像希特勒、蒋介石、沙皇，也都是无可救药，只能打倒，因为他们对于我们说来，是绝对地互相排斥的。在这个意义上来说，他们没有两重性，只有一重性。对于帝国主义制度、资本主义制度在最后说来也是如此，它们最后必然要被社会主义制度所代替。意识形态也是一样，要用唯物论代替唯心论，用无神论代替有神论。这是在战略目的上说的。在策略阶段上就不同了，就有妥协了。在朝鲜三八线上我们不是同美国人妥协了吗？在越南不是同法国人妥协了吗？在各个策略阶段上，要善于斗争，又善于妥协。

现在回到同志关系。我提议同志之间有隔阂要开谈判。有些人似乎以为，一进了共产党都是圣人，没有分歧，没有误会，不能分析，就是说铁板一块，整齐划一，就不需要讲谈判了。好像一进了共产党，就要百分之百的马克思主义才行。其实有各种各样的马克思主义者：有百分之百的马克思主义者，有90%的马克思主义者，有80%的马克思主义者，有70%的马克思主义者，有60%的马克思主义者，有50%的马克思主义者，有的人只有10%、20%的马克思主义。我们可不可以在小房间里头两个人或者几个人谈谈呢？可不可以从团结出发，用帮助的精神开谈判呢？这当然不是同帝国主义开谈判（对于帝国主义，我们也是要同他们开谈判的），这是共产主义内部的谈判。举一个例子。我们这回12国是不是开谈判？六十几个党是不是开谈判？实际上是在开谈判。也就是说，在不损伤马克思列宁主义的原则下，接受人家一些可以接受的意见，放弃自己一些可以放弃的意见。这样我们就有两只手，对犯错误的同志，一只手跟他作斗争，一只手跟他讲团结。斗争的目的是坚持马克思主义原则，这叫原则性，这是一只手。另一只手讲团结，团结的目的是给他一条出路，跟他讲妥协，这叫做灵活性。原则性和灵活性的统一，是马克思列宁主义的原则，这是一种对立面的统一。

无论什么世界，当然特别是阶级社会，都是充满着矛盾的。有些人说社会主义社会可以'找到'矛盾，我看这个提法不对。不是什么找到或者找不到矛盾，而是充满着矛盾。没有一处不存在矛盾，没有一个人是不可以加以分析的。如果承认一个人是不可以加以分析的，就是形而上学。你看在原子里头，就充满矛盾的统一。有原子核和电子两个对立面的统一。原子核里头又有质子和中子的对立统一。质子里又有质子、反质子，中子里又有中子、反中子。总之，对立面的统一是无往不在的。关于对立面的统一的观念，关于辩证法，需要作广泛的宣传。我说辩证法应该从哲学家的圈子走到广大人民群众中间去。我建议，要在各国党的政治局会议和中央全会上谈这个问题，要在党的各级地方委员会上谈这个问题。其实我们的支部书记是懂得辩证法的，当他准备在支部大会上作报告的时候，往往在小本子上写上两点，第一点是优点，第二点是缺点。一分为二，这是个普遍的现象，这就是辩证法。

斯大林领导苏联党做了伟大的工作，他的成绩是主要的，缺点错误是第二位的。但是他在一个长时间内发展了形而上学，损害了辩证法。个人崇拜就是形而上学，任何人不能批评他。我看苏联的40年是一个辩证法的过程。列宁的辩证法，斯大林有许多形而上学观点，这些观点见之行动，达于极点，势必走到它的反面，再来一个辩证法。我很高兴赫鲁晓夫同志在十月革命40周年纪念会上讲了社会主义社会存在着矛盾。我很高兴苏联哲学界产生了许多篇文章谈社会主义社会的内部矛盾问题。有些文章还谈到了社会主义和资本主义的矛盾问题。这是两类性质不同的矛盾问题。

我的讲话就此结束吧。最后，再讲一句：我赞成两个宣言。"①

① 《毛泽东文集》第七卷，人民出版社，1999年6月第1版，第321—333页。

毛泽东没有照稿子念，即席讲了一个多钟头。会后，毛泽东与哥穆尔卡谈话时说："坐着吹牛可以吹几个小时，站着就要倒了，尤其不能念稿子，那就要死了。"哥穆尔卡说："我们就是照稿子念，这是缺陷。"毛泽东说："我在国内也是这样，紧张得要命，人是死的。这次来莫斯科不读稿子了，这才活起来。今后我不愿读稿子了。"①

18日晚上，毛泽东在住地与意大利共产党领导人陶里亚蒂会见。毛泽东详细询问了意大利的社会、政治、经济状况、意大利各阶级、各政党及其力量对比状况。

19日，除南斯拉夫外，12个社会主义国家代表团在宣言（《莫斯科宣言》）签字。毛泽东十分看重宣言关于共同规律的9条："以马克思列宁主义政党为核心的工人阶级，领导劳动群众进行这种形式或那种形式的无产阶级革命，建立这种形式或那种形式的无产阶级专政；建立工人阶级同农民基本群众和其他劳动阶层的联盟；消灭基本生产资料资本主义所有制和建立基本生产资料公有制；逐步实现农业的社会主义改造；有计划地发展国民经济，以便建成社会主义和共产主义，提高劳动人民的生活水平；进行思想文化领域的社会主义革命，造成忠于工人阶级、劳动人民和社会主义事业的强大的知识分子队伍；消灭民族压迫，建立各民族间的平等和兄弟的友谊；保卫社会主义果实，不让它受到国内外敌人的侵犯；实行无产阶级的国际主义，同各国工人阶级团结一致。"

11月20日，波兰代表团来看毛泽东，这是他们的第三次会见。双方在友好气氛中结束了谈话。

毛泽东离开苏联前，苏共中央主席团为毛泽东和中国代表团举行了隆重的送别宴会。还在克里姆林宫的叶卡捷琳娜大厅，安排毛泽东和苏联各界著名人士见面。

11月21日，毛泽东率中国代表团乘专机回到北京。

1957年12月2日至12日，中国工会第八次全国代表大会在北京召开。

刘少奇代表中共中央致祝词：我国工人阶级和我国人民在今后10年、15年内的基本任务，就是要在优先发展重工业的基础上，实行工农业同时并举的方针，把我国建设成为一个具有现代工业、现代农业和现代科学文化的社会主义强国；在15年后，苏联的工农业在最重要的产品的产量方面可能赶上或者超过美国，我们应当争取在同一期间，在钢铁和其他重要工业产品的产量方面赶上或者超过英国；② 那样，社会主义世界就将把帝国主义国家远远抛在后面。从而，促进大跃进

① 《毛泽东传（1949—1976）》，中央文献出版社，2003年12月第1版，第747—748页。

② 《毛泽东传（1949—1976）》，中央文献出版社，2003年12月第1版，第761页。

运动迅速兴起。[①]

12月7日，李富春在《关于我国第一个五年计划的成就和今后社会主义建设的任务、方针的报告》中说："根据大体计算，我国到1972年，钢的产量有可能达到4000万吨左右，即比1957年的产量增长6.6倍左右。英国在1956年钢的产量已经达到2100万吨左右，但是英国工业发展速度慢、资源有限和市场难以扩大甚至日益缩小的情况，即使抛开他必然要发生的经济萧条和经济危机不说，他在1972年钢的产量也不易达到我国同年的水平。而在煤炭、机床、水泥、化学肥料等工业品的产量方面，15年后我国肯定能够超过英国的水平。"

12月8日，毛泽东在中南海颐年堂召集各民主党派负责人和无党派人士座谈，介绍莫斯科会议情况，同时向他们通报了关于在15年内赶超英国的设想。

1957年11月13日，《人民日报》发表了《发动全民，讨论四十条纲要，掀起农业生产的新高潮》的社论。这篇社论中第一次使用了"大跃进"一词。毛泽东非常欣赏。他说：这是个伟大的发明，这个口号剥夺了反冒进的口号。他对社论的批语是："建议把一号博士头衔赠给发明'跃进'伟大口号的那一位（或者几位）科学家。"[②]

12月12日，《人民日报》发表毛泽东在莫斯科期间审定、修改的社论《必须坚持多快好省的建设方针》：1956年我国国民经济的跃进发展，证明了这个方针是完全正确的，但是还有少数有保守思想的人实际上在反对这个方针；"在去年秋天以后的一段时间里，在某些部门、某些单位、某些干部中间刮起来一股风。居然把多快好省的方针刮掉了。有的人说，农业发展纲要四十条订得冒进了，行不通；有的人说，1956年的国民经济发展计划全部冒进了，甚至第一个五年计划也冒进了，搞错了；于是，本应该和可以多办、快办的事情，也少办、慢办甚至不办了。这种做法，对社会主义建设事业当然不能起积极的促进的作用，相反地起了消极的'促退'作用。"[③] 社论要求把1958年的各项计划指标订得尽可能先进些。

1958年的元旦社论《乘风破浪》，提出"鼓足干劲，力争上游"，进一步宣传了在钢铁和其他工业产品产量方面，15年左右赶上和超过英国的口号。毛泽东极为赞赏这篇社论。[④]

1958年春，毛泽东主持召开了杭州会议、南宁会议、成都会议和武汉会议。

---

① 当代中国研究所：《〈中华人民共和国史稿〉第二卷（1956—1966）》，人民出版社、当代中国出版社，2012年9月第1版。

② 1957年6月26日，在一届人大四次会议上，周恩来在《政府工作报告》中，肯定1956年的成绩时，使用了"采取了跃进的步骤"、"有了一个跃进的发展"的说法，这是"跃进"一词的最初使用。毛泽东对此深为赞赏，说应该颁发奖章。

③ 《毛泽东传（1949—1976）》，中央文献出版社，2003年12月第1版，第766页。

④ 《毛泽东传（1949—1976）》，中央文献出版社，2003年12月第1版，第766页。

杭州会议开了两次，一次是1957年12月16日至18日，3天；一次是1958年1月3日、4日两天。毛泽东说：第一次无结果而散，没有议出什么名堂，第二次才积累一点意见。[①]

1958年1月3日至4日，中共中央在杭州召开部分中央领导人和部分省市委书记会议，主要讨论经济建设上的领导方法问题。两天中，毛泽东作了两次讲话，着重讲了领导经济建设的方法问题，政治与业务的关系问题，敌我与人民内部两类矛盾问题，以及不断革命、技术革命问题等。毛泽东再次批评了党中央1956年反“冒进”的决定。毛泽东说：我们不断革命的步骤是，夺取政权、土地改革，生产资料所有制的社会主义革命；这三件事是紧跟着的，两个三年当中解决了，趁热打铁，这是策略性的，不能隔得太久，不能断气，不能去“建立新民主主义秩序”，如果建立了，就得花力气去破坏。毛泽东提出今后要把党的工作重点放到技术革命上去，指出政治是统帅，是业务的保证；同时也要反对空头政治家。毛泽东第一次点名批评了周恩来等人。[②]

杭州会议一结束，毛泽东乘专机经长沙，于1月6日到南宁。毛泽东亲自写了会议通知，要求参加会议的除刘少奇、周恩来、陈云、邓小平、彭真及分管计划、财政、经济的几位副总理李富春、李先念、薄一波外，还有国家技术委员会主任、第一机械工业部部长黄敬，国家建设委员会主任、冶金工业部部长王鹤寿，新华通讯社社长、《人民日报》总编辑吴冷西。要求参加会议的还有黑龙江、陕西、四川、河南、湖北、江西、湖南、广东、广西9省的省委第一书记欧阳钦、张德生、李井泉、潘复生、王任重、杨尚奎、周小舟、陶铸、刘建勋，以及北京市委第二书记刘仁、河南省委书记处书记史向生、广西省委书记韦国清，以及中央政治局的三位秘书陈伯达、胡乔木、田家英。陈云、邓小平、潘复生因故没有到会。[③]

1958年1月11日至22日，南宁中央工作会议召开。参加会议的有九省两市党委书记。会议总结第一个五年计划，讨论1958年和第二个五年计划及长远规划。

1月11日晚上，毛泽东在会上第一次讲话，着重讲反对分散主义和关于反冒进两个问题。毛泽东讲：国务院向全国人大的报告，我有两年没看了，只给成品，不给原料，不行；“为了反对分散主义，我编了一个口诀：‘大权独揽，小权分散；党委决定，各方去办；办也有决，不离原则；工作检查，党委有责。’……集中，只能集中于党委、政治局、书记处、常委，只能有一个核心。……管‘实业’的人当了大官、中官、小官，自以为早已红了，钻到里面出不来。1956年冒进，1957年反冒进，1958年又冒进。看是冒进好，还是非冒进好？”

① 《毛泽东传（1949—1976）》，中央文献出版社，2003年12月第1版，第767页。
② 《毛泽东传（1949—1976）》，中央文献出版社，2003年12月第1版，第767页。
③ 《毛泽东传（1949—1976）》，中央文献出版社，2003年12月第1版，第767—768页。

毛泽东带着警告的口气说："不要提反冒进这个名词，这是政治问题。首先没有把指头认清楚，十个指头，只有一个长了疮，多用了一些人（工人、学生），多花了一些钱，这些东西要反。当时不提反冒进，就不会搞成一股风。吹掉了三条，一为多快好省，二为四十条纲要，三为'促进委员会'。这是属于政治，不属于业务。一个指头有毛病，整一下就好了。……没有搞清楚六亿人口的问题，成绩是主要的，还是错误是主要的？是保护热情、鼓励干劲、乘风破浪，还是泼冷水泄气？……破破烂烂的一个中国，蒋委员长20年只搞了4万吨钢，理应失败。"①

1月12日上午，继续开会。毛泽东第二次讲话，新中国成立8年来一直为工作方法而奋斗。工作方法，就是指多快好省。毛泽东详细讲了战国时代楚国一位文学家宋玉攻击登徒子的手法——攻其一点，不及其余。

登徒子大夫在楚襄王面前说，宋玉体貌娴丽，口多微词，又性好色，希望楚襄王不让宋玉出入后宫；宋玉听说后，向楚襄王解释说，一个绝代佳丽勾引他3年，他都没有上钩。接着，宋玉攻击登徒子说：登徒子老婆头发蓬蓬松松，额头前突，耳朵也不好使，不张嘴牙齿就外露，驼背，走路不成样子，身上长疥疮，还有痔疮；而登徒子却十分喜欢她，同她生了5个孩子；请大王想想，究竟谁好色呢?!结果，宋玉打赢了这场官司。宋玉采取的就是"攻其一点，尽量扩大，不及其余"的方法；整个故事见宋玉写的《登徒子好色赋》，昭明太子将其选入文选；从此，登徒子成了好色之徒的代名词，至今不得翻身。

毛泽东说，我们不能搞这种方法。第二天，会议印发了宋玉的《登徒子好色赋》这篇文章。

毛泽东说：1955年12月我写了农村社会主义高潮一书的序言，对全国发生了影响，我就成了冒进的罪魁祸首了；1956年一篇反冒进社论，既要反右倾保守，又要反急躁冒进，好像有理三扁担，无理扁担三，实际重点是反冒进的；三中全会我讲，去年砍了三条，没有人反对，我得彩了，又复辟了；这三年有个曲折，右派一攻，把我们有些同志抛到距右派只有50米了，右派来个全面的反"冒进"，什么今不如昔，冒进比保守损失大，研究一下，究竟哪个大。

毛泽东说：反"冒进"是非马克思主义的，冒进是马克思主义的，反"冒进"没有摆对一个指头与九个指头的关系；不弄清这个比例关系就是资产阶级的方法；今后不要再提反"冒进"这个名词好不好？这是政治问题，一反就泄了气，6亿人民一泄气，不得了；基本建设多花了几个亿，农业贷款多了一点，招收工人多了一点，可以批评，调整一下就是了，但不应该反"冒进"。

毛泽东再次批评分散主义："我对付分散主义的办法是消极抵抗，还要小会批评，当着众人批评。事先要通一点情报，总是说没有搞好，实际上是封锁。开会前

① 《毛泽东传（1949—1976）》，中央文献出版社，2003年12月第1版，第768—769页。

10分钟把文件拿出来，要人家通过，不考虑别人的心理状态。……我不是攻击所有人，是攻击部长以上的干部，攻击下倾盆大雨的人。”①

这之前，周恩来因为工作关系，留在了北京，没有参加会议，没有直接听到毛泽东上面的那些讲话。1月13日，周恩来乘飞机到达南宁。当天晚上，毛泽东同刘少奇、周恩来谈话，直到深夜。

1月14日，继续开会。毛泽东第三次讲话，讲工作方法问题，共24条。批评反冒进和国务院的工作仍很尖锐。这次他用平衡与不平衡的哲学观点来批评反冒进。平衡是相对的，不平衡是绝对的。反冒进就是讲平衡，“却不知道反冒进伤了许多人的心，兴修水利、办社、扫盲、除四害都没劲了。”②

从1月15日起，各省市党委第一书记和国务院分管经济工作的负责人在会上作1958年工作安排的汇报，毛泽东每天都出席会议，并不断插话，有时讲得很长。

1月16日，上海市委书记柯庆施汇报。毛泽东夸奖柯庆施1957年12月25日写的《乘风破浪，加速建设社会主义的新上海》的报告（毛泽东曾作过修改，并要《人民日报》全文刊登）。说：“这一篇文章把我们都压下去了，上海的总产值占全国的五分之一，有100万无产阶级，又是资产阶级最集中的地方，资本主义首先在上海产生，历史最久，阶级斗争最尖锐，这样的地方才能产生这样一篇文章。这样的文章，北京不是没有也，是不多也。”

毛泽东问周恩来：“恩来同志，你是总理，你看，这篇文章你写得出来写不出来？”周恩来回答：“我写不出来。”毛泽东说：“你不是反冒进吗？我是反反冒进的。”

毛泽东又说：“周恩来的报告，是一篇马克思主义的文章。……问题是如何说成绩与缺点。省委书记要研究理论，培养秀才，都要研究文法、考据、词章，一人每年搞个把篇文章，事情就好办了。”③

毛泽东批评许多省委、部委整天忙于事务性工作，昼夜奔忙，考据之学、词章之学、义理之学不搞，也不下去跑一跑，思想僵化。毛泽东提出，领导干部要学理论，读点书，还有要学习一点外文。他说：没有理论，凭什么做领导工作？领导干部要动手，集体创作，开动脑筋，不搞点理论问题不行。

毛泽东提出，要破暮气，讲朝气。毛泽东说，暮气，就是官气，我们都相当地有一些；世界大发明家，往往不是大知识分子，都是青年；王弼22岁死，颜回活了32岁，后生可畏；周瑜二十几岁、李世民十几岁当“总司令”；现在我们这一班人，容易压制新生力量；要讲革命朝气，保持旺盛的斗志；多读书，多研究理论，以增加共同语言。

① 《毛泽东传（1949—1976）》，中央文献出版社，2003年12月第1版，第770页。
② 《毛泽东传（1949—1976）》，中央文献出版社，2003年12月第1版，第770页。
③ 《毛泽东传（1949—1976）》，中央文献出版社，2003年12月第1版，第771页。

刘少奇解释说，主席的批评是针对管经济工作的几个人的。当时负责领导全国经济工作的是陈云、李富春、李先念、薄一波、黄克诚组成的中央经济工作 5 人小组。

1 月 17 日，李先念汇报。毛泽东又一次批评反冒进。

17 日晚上，毛泽东约李富春、李先念和薄一波谈话，明确讲到批评主要是针对陈云的。[①]

1 月 19 日晚，毛泽东与周恩来单独谈话。接着开全体大会，次日凌晨 1 时结束。周恩来和刘少奇都在会上发言，对反冒进承担了责任。

周恩来说："反冒进是一个问题、一段时间（1956 年夏季到冬季）带方针性的动摇和错误。反冒进由于不认识或者不完全认识生产关系改变后生产力将有跃进的发展，因而在放手发动群众进行社会主义革命和建设中表示畏缩，常常只看见物不看见人，尤其是把许多个别现象夸大成为一般现象或者主要现象，这是一种右倾保守主义思想。……反冒进结果损害了三个东西：促进、四十条、多快好省，使 1957 年的工农业生产受到了一些影响，基本建设减少了一些项目。……而且最重要的损失在于方针一偏，群众和干部的劲头就得不到支持，反而受到束缚，使我们建设走群众路线这一方针受到某些损害。……因此，这个方针是与主席的促进方针相反的促退方针。实行这个方针，不管你主观想法如何，事实上总是违背主席的方针的。……这一反冒进的错误，我要负主要责任。"[②]

刘少奇说：《人民日报》反冒进的社论，基本方针上是错误的，经过我发表的，我负主要责任；对于当时社会主义建设方针有所动摇，没有感到是方针问题；有这个错误感到沉重，对主席的意图体会不深，感到很难过；沉重又高兴，看到群众高潮高兴了，解放以来，我们党所领导革命领导建设，右倾是我们的主要危险。[③]

有一位工业部门的领导同志声言：反冒进的保守主义思想代表就是陈云。

1 月 21 日，毛泽东作总结讲话，主要讲工作方法六十条。形成正式文件时，题名《工作方法六十条（草案）》。这个文件着重强调了"不断革命"思想。

会议印发了 22 个参考文件。其中 3 个是：周恩来 1956 年 11 月八届二中全会上《关于一九五七年度国民经济发展计划和财政预算控制数字的报告》（节录）、1956 年 6 月 20 日《人民日报》社论（《要反对保守主义，也要反对急躁情绪》）、李先念在 1956 年 6 月第一届人大三次会议上代表国务院所作的《关于一九五五年国家决算和一九五六年国家预算的报告》中的一段话，作为有错误的材料印发。

会议结束前夕，中央讨论了长江流域的综合开发问题，就是否兴建三峡水库听取了两种不同的意见。会议经毛泽东提议，为加强这项工作的统一领导，由周恩来

---

① 《毛泽东传（1949—1976）》，中央文献出版社，2003 年 12 月第 1 版，第 772 页。

② 引自《毛泽东传（1949—1976）》，中央文献出版社，2003 年 12 月第 1 版，第 773—774 页。

③ 《毛泽东传（1949—1976）》，中央文献出版社，2003 年 12 月第 1 版，第 774 页。

主持治理长江工作。

1958 年 1 月 31 日，毛泽东起草的《工作方法六十条》（草案）。

第二十六条：

“以真正平等的态度对待干部和群众。必须使人感到人们互相间的关系确实是平等的，使人感到你的心是交给他的。学习鲁迅。鲁迅的思想是和他的读者交流的，是和他的读者共鸣的。人们的工作有所不同，职务有所不同，但是任何人不论官有多大，在人民中间都要以一个普通劳动者的姿态出现。决不许可摆架子。一定要打掉官风。

对于下级所提出的不同意见，要能够耐心听完，并且加以考虑，不要一听到和自己不同的意见就生气，认为是不尊重自己。这是以平等态度待人的条件之一。”

第六十条：

“今年 9 月以前，要酝酿一下我不做中华人民共和国主席的问题，先在各级干部中间，然后在工厂和合作社中间，组织一次鸣放辩论，征求干部和群众的意见，取得多数人的同意。这是因为去掉共和国主席这个职务，专做党中央主席，可以节省许多时间做一些党所要求我做的事情。这样，对我的身体状况也较为适宜。如果在辩论中群众发生抵触情绪，不赞成这个建议，可以向他们说明，在将来国家有紧急需要的时候，只要党有决定，我还是可以出任这种国家领导职务的。现在和平时期，以去掉一个主席职务较为有利。关于这个请求，已经得到中央政治局以及中央和地方许多同志的同意，认为这是一个好主意。所有这些，请向干部和群众解释清楚，免除误会。”①

2 月 3 日，《人民日报》发表《鼓起干劲，力争上游!》的社论。

南宁会议后，浙江、广东、江苏、山东、安徽、江西等省委提出在 5 年或者稍长一点时间内，使粮食产量达到农业发展纲要的规定指标。河南省委要求全省，在 1958 年当年完成农业发展纲要规定在 12 年内达到的粮食亩产目标。辽宁省粮食历来不足，是需从外省调粮的工业省份，省委却提出在 1958 年实现规定 12 年内达到的粮食亩产目标，从而达到粮食、猪肉、蔬菜三个自给。

南宁会议结束的第二天，1958 年 1 月 23 日，毛泽东乘专机飞往广州，在那里休息两天。26 日离开广州返回北京。

1 月 28 日，毛泽东在中南海颐年堂召集最高国务会议第十四次会议，讨论 1958 年的预算和经济计划，为第一届全国人大五次会议作准备。

---

① 《毛泽东文集》第七卷，人民出版社，1999 年 6 月第 1 版，第 354—355、362 页。

毛泽东主持会议，首先讲话说："七八年来，都看出我们这个民族有希望，特别是在去年一年，使得广大群众感觉到光明的前途。几亿人口，精神发扬起来。经过大鸣、大放、大辩论，把一些问题搞清楚，任务也提得适当了，比如15年赶上英国，又多、又快、又好、又省之类。40条农业纲要重新发布，给群众很大的鼓励。许多认为做不到的事情，现在群众觉得做得到。……我们这个民族在觉醒起来，好像我们大家今天早晨醒来一样，在逐步觉醒。因为觉醒了，才把帝国主义、封建主义打掉；因为觉醒了，才把私有财产制度废除；因为觉醒了，才进行整风，批评右派。现在还要革掉一个东西：我们是又穷又白。白纸好写字，穷就要革命，要干，就有一股干劲。现在的生产节约，各种社会风气的改革，就是希望我们的国家成为一个大国，一个强国。现在的情况完全不相称，还比不上比利时，比利时有700万吨钢，我们只有500多万吨，粮食水平很低，不识字的人很多。因此，现在这个觉醒，群众这个热潮，我们要好好注意。我看，我们这个民族现在好比打破原子核释放出热能来。"①

毛泽东特别赞成元旦社论的两句话："鼓足干劲，力争上游。"

毛泽东说，我很欣赏教育部长张奚若批评的四句话，"好大喜功，急功近利，轻视过去，迷信将来"，这几句话是好人说的，说这个话的人并非右派，我很喜欢这一位，这个人是有正义感的人；革命派的好大喜功，要合乎实际的好大喜功；不急功近利也不行，《易经》上讲，"君子终日乾乾，夕惕若厉"，曾子也说，"夏禹惜寸阴，吾辈但惜分阴"，这都是圣人之言；过去的东西不轻视不能活下去；人类总是希望有个将来，希望也总是寄托在将来；现在我们是进行一场新的战争，向地球开战，工作重心转到技术革命；十五年赶上英国，这个事情要变成一个主要的事情。②

2月1日至11日，第一届全国代表大会五次会议在北京召开。这次会议，实际上是实现国民经济新跃进的动员大会。会议期间，《人民日报》连续发表《我们的行动口号——反对浪费，勤俭建国》、《鼓起干劲，力争上游!》、《高产区能再跃进，低产区也能跃进》、《发动群众打破陈规》等社论。

会议通过的《关于一九五八年国民经济计划（草案）》的报告："1958年粮食的指标为3920亿斤，比上一年增加220亿斤，增长5.9%；棉花的指标为3500万担，比上一年增加220万担，增长6.7%。"报告说，由于全国5亿多农民的增产积极性空前高涨，这些指标是可以达到的，并且大有超过的可能。

河南省长葛县把土地全部深翻一遍，深翻1.5尺，被全国号召学习，有的地方就越深越好，甚至深到1.5丈；国家提倡合理密植，有的地方就越密越好，甚至一亩地种几百斤种子。

---

① 《毛泽东传（1949—1976）》，中央文献出版社，2003年12月第1版，第781页。

② 《毛泽东传（1949—1976）》，中央文献出版社，2003年12月第1版，第782页。

利用开会间隙，1958 年 2 月 5 日上午 10 时，毛泽东的专列到达济南。毛泽东在住地召集山东省省委书记、省委农村工作部部长、莱阳和聊城地委书记、泰安市委书记、历城县一个农业合作社社长、寿张县一个农业合作社驻社干部谈话。第二天上午，又在住地同省委、莱阳地委和济南市委的负责人谈了一次话。

人大会议闭幕后，毛泽东开始了他的东北之行。他是想更多更快地了解一些实际情况，增加一些感性认识。为了节省时间，这次出行是乘飞机。2 月 12 日下午到达沈阳，顾不上休息，立即去东塔飞机发动机制造厂参观；晚上，与辽宁省委书记、鞍山市委书记等人谈话；13 日上午，参观沈阳飞机制造厂总装配车间、沈阳地方国营小型开关厂，看了沈阳高坎农业社的打井情况；接着，不顾疲劳乘汽车到抚顺参观露天煤矿；然后，又到电解铝厂参观；中午，接见抚顺市委负责人；13 日下午，从沈阳飞抵长春，到长春汽车厂参观，然后在住地与吉林省委书记等人谈话；14 日上午，再次与吉林省委、长春市委负责人谈话，并参观长春电影制片厂；下午，返回北京。[①]

1958 年 2 月 18 日，中共中央政治局扩大会议在北京中南海颐年堂召开。参加会议的有在京的中央委员，党员部长或副部长，共 119 人。会议传达了南宁会议精神，讨论《工作方法六十条（草案）》。毛泽东认为，这次会议是中央内部的整风。

2 月 18 日，是农历春节。毛泽东说，今天的政治局扩大会议就叫“团拜会”。

毛泽东说：“下一次我们准备到成都，大概是 3 月上旬，去谈一谈。因为《六十条》里有一条，一年要抓四次。东北我没有去过，就是有一年路过，那不算去。华北的山西也没有去过，绥远也没有去过，河北的事情我也过问不多，西北根本没有去过，西南没有去过。所以我这几天又到了济南，又到了沈阳，又到了抚顺，又到了长春，这就多了一点了。等几天我还要跑。”[②]

毛泽东说：“今年是一个很大的生产高潮。以前没有解放，一部分上层建筑，一些环节，有错误、缺点，生产关系上不完善。因为整风，就改善了，攻破了，破坏了不好的，建立了比较好的，人与人之间的关系比较平等了，能讲话了，可以贴大字报了，老爷气少了，这样，群众就高兴了，就来了一个生产高潮。现在这个高涨的群众情绪，自从盘古开天地，三皇五帝到如今，没有见过。1956 年春季是有一个高涨，但是没有现在这一次高涨。”[③]

毛泽东说，反冒进反得那么厉害，把群众的气泄下去了，加上右派的猖狂进

---

① 《毛泽东传（1949—1976）》，中央文献出版社，2003 年 12 月第 1 版，第 783—785 页。

② 《毛泽东传（1949—1976）》，中央文献出版社，2003 年 12 月第 1 版，第 785 页。

③ 《毛泽东传（1949—1976）》，中央文献出版社，2003 年 12 月第 1 版，第 786 页。

攻，群众的气就不高，我们也倒霉；我们这些中央委员，你就那么舒服吗？我是不舒服的，我不赞成反冒进叫马克思主义，赞成冒进才是马克思主义。

毛泽东着重讲了打掉官气，以平等态度待人、改进领导方法问题，他说："要以普通劳动者的姿态出现，不论你官多大，无非是当主席，当总理，当部长，当省长，那么大的官，但是你只能以一个劳动者的姿态出现。这样，你的官更好做，更多得到人们拥护。……在北京做官，官气比较重，下去的时候，很要注意，不要学'巡按出朝，地动山摇'那一套。"①

毛泽东认为，所有制问题解决了，现在就要解决人与人在生产中的相互关系问题。他说：要消灭官僚主义，消除资产阶级作风，要使大家感到，现在是真正地解放了，建立起真正平等的关系。

毛泽东认为，人与人的平等关系一旦建立起来，蕴藏在人民群众中的劳动热情、生产积极性就会解放出来，成为无穷无尽的力量。

陈云在会上检讨了反冒进的错误，表示对反冒进负主要责任；在财经工作中，材料数字一大堆，是对毛主席和政治局搞倾盆大雨、本本主义，不让中央参与对经济工作设计的分散主义。

毛泽东插话说：政治设计院究竟在哪里？章伯钧说国务院都是拿成品，他不满意，他要有权参与设计，我们政治局委员可不可以有权参与设计呢？过去这个五年计划实际上无权参与设计；我是主席，也没有参与设计每年的年度计划，总是请你签字，叫做强迫签字；我有个办法，不看，你强迫我嘛！老是在国务院讨论，总是拿不出来，千呼万唤不出来，为什么不出来呢？说没有搞好，等到梳妆打扮一跑出来的时候，我们说不行，时间迟了！这事实上是一种封锁。

周恩来、陈云为反冒进承担责任，作了检讨。

毛泽东虽然严厉批评了反冒进，但仍然提出要被批评的人继续工作。毛泽东说：南宁会议还是要放一炮的，我看不过是小炮而已，害得一些同志紧张，先念同志现在还睡不着觉，吃安眠药，何必那么紧张；今后还是靠你们这些人办事，此外没有人。

毛泽东说："1956 年反冒进，这是个什么事情呢？这是大家都在正确路线之下，在个别问题上意见不一致，这么一种性质。"②

3 月 3 日，中共中央发布《关于开展反浪费反保守运动的指示》，号召全国普遍地开展反浪费、反保守、比先进、比多快好省建设社会主义的运动，强调："这是一个社会主义的生产大跃进和文化大跃进的运动，是在全民整风运动中改进整个国家工作和促进全民大干劲的一个带有决定性的运动。"

---

① 《毛泽东传（1949—1976）》，中央文献出版社，2003 年 12 月第 1 版，第 787 页。

② 《毛泽东传（1949—1976）》，中央文献出版社，2003 年 12 月第 1 版，第 789 页。

1958年3月4日，毛泽东乘专机离开北京，经西安，当天下午到达成都。

3月9日至26日，中共中央在成都（会址在成都市西郊金牛坝大楼）召开会议，参加会议的有：大部分政治局常委、部分政治局委员、候补委员、书记处个别书记、候补书记，部分省、市自治区党委第一书记，共39人。

有刘少奇、周恩来、陈云、邓小平、彭真、李富春、罗荣桓、陈伯达、薄一波、谭震林、胡乔木、田家英、黄欧东、吴德、欧阳钦、张德生、张仲良、汪锋、王恩茂、林铁、陶鲁笳、乌兰夫、刘仁、黄火青、李井泉、周林、谢富治、柯庆施、王任重、陶铸，后来又增加王鹤寿、彭涛、滕代远。

会议主要讨论社会主义建设问题。会议讨论和通过了《关于一九五八年计划和预算第二本账的意见》、《关于发展地方工业问题的意见》、《关于把小型的农业合作社适当地合并为大社的意见》、《关于农业机械化问题的意见》等39个文件。

毛泽东于3月9日、10日、20日、22日、25日、26日6次讲了话，并在与会人员发言时插了许多话。刘少奇、周恩来、邓小平等也都在会上发了言。

由于出席会议的政治局委员人数没有超过政治局成员的半数。毛泽东说，会议通过的所有这些文件，都为政治局会议作了准备，要在那里通过（4月上旬，政治局会议分别批准上述文件并把大部分先后转发给全国）。

会议重新印发了《中国农村的社会主义高潮》一书的部分按语，3月19日，毛泽东并为此写了一个声明："我们没有预料到一九五六年国际方面会发生那样大的风浪，也没有预料到一九五六年国内方面会发生打击群众积极性的'反冒进'事件。这两件事，都给右派猖狂进攻以相当的影响。由此得到教训：社会主义革命和社会主义建设都不是一帆风顺的，我们应当准备对付国际国内可能发生的许多重大困难。"①

3月9日的发言中，毛泽东说："反冒进是个方针性的错误问题。南宁会议提出的这个问题，有许多同志紧张，现在好了。谈清楚的目的是使大家有共同的语言，做好工作，而不是不好混，我绝无要哪个同志不好混之意。"一种是马克思主义的冒进，一种是非马克思主义的反冒进，究竟采取哪一种？我看应该采取冒进；以后反冒进的口号不要提，反右倾保守的口号要提；反冒进这个口号不好，吃亏，打击群众；反右倾这个口号为什么不会打击群众呢？反右倾所打击的就是一部分人的官气、暮气、骄气，一些人的主观主义、官僚主义、宗派主义，这些东西应该加以打击。

毛泽东尖锐地批评了经济工作中的教条主义："少奇同志在南宁会议谈了规章制度问题。规章制度从苏联搬来了一大批，如搬苏联的警卫制度，害死人，限制了负责同志的活动，前呼后拥，不许参观，不许上馆子，不许上街买鞋。陈云同志让

① 《建国以来毛泽东文稿》第七册，中央文献出版社，1992年8月第1版，第139页。

他亲戚煮饭，警卫部门认为不得了。……搬苏联的很多，害人不浅。那些规章制度束缚生产力，制造浪费，制造官僚主义。……搬，要有分析，不要硬搬，硬搬就是不独立思考，忘记了历史上的教条主义教训。……苏联的经验只能择其善者而从之，其不善者不从之。把苏联的经验孤立起来，不看中国实际，就是不择其善者而为之。”①

3月10日，毛泽东讲坚持原则与独创精神，进一步批评教条主义。

毛泽东说：赫鲁晓夫一棍子打死斯大林也是一种压力，中国党多数人是不同意的，还有一些人屈服于这种压力，要打倒个人崇拜；有些人对反对个人崇拜很感兴趣；个人崇拜有两种，一种是正确的，如对马克思、恩格斯、列宁、斯大林，正确的东西，我们必须崇拜，永远崇拜，不崇拜不得了，真理在他们手里，为什么不崇拜呢？另一种是不正确的崇拜，不加分析，盲目崇拜，这就不对了；反对个人崇拜的目的也有两种，一种是反对不正确的崇拜，一种是反对崇拜别人，要求崇拜自己；问题不在于个人崇拜，而在于是否是真理；是真理就要崇拜，不是真理就是集体领导也不成；我们党在历史上就是强调个人作用和集体领导相结合的；打死斯大林有些人共鸣，有个人目的；就是为了想让别人崇拜自己；有人反对列宁，说列宁独裁，列宁回答得很干脆：与其让你独裁，不如我独裁好。

毛泽东说：“学习有两种方法：一种是专门模仿；一种是有独创精神，学习与独创相结合。硬搬苏联的规章制度，就是缺乏独创精神。……全国解放后，1950年至1957年，在经济工作和文教工作中产生了教条主义，军事工作中搬了一部分教条，但基本原则坚持了，还不能说是教条主义。经济工作中的教条主义，主要表现在重工业、计划工作、银行工作和统计工作方面，特别是重工业和计划方面，因为我们不懂，完全没有经验，横竖自己不晓得，只好搬。……商业搬得少些，因中央接触较多，批转文件较多。轻工业工作中的教条主义也少些。社会主义革命和农业合作化未受教条主义的影响。”②

从3月10日起，到19日，会议听取各省、市、自治区党委负责人的汇报。毛泽东作了许多插话：过去8年顾不上也抽不出手来抓建设。现在才有可能抽出时间来研究建设，开始摸工业，现在建设路线还没有完全形成，科学、文教、商业还没有摸；我们一定要苦干3年，切实去摸，形成一套完整的、我们中国的建设社会主义的路线。

对于一些地方提出的太离谱的高指标，毛泽东有所顾虑。比如，辽宁提出两年实现亩产400斤。毛泽东说：“不要吹得太大，还是五年计划争取三年完成，这么个快法，我有点发愁。可以提得活动一点，留有余地，再看一看，以免被动。”③

---

① 《毛泽东传（1949—1976）》，中央文献出版社，2003年12月第1版，第790—791页。
② 《毛泽东传（1949—1976）》，中央文献出版社，2003年12月第1版，第790页。
③ 《毛泽东传（1949—1976）》，中央文献出版社，2003年12月第1版，第794页。

在社员家庭副业方面，毛泽东采取慎重保护的政策。他说：苦战三年，不要减少自留地和个人的养猪；三年内增加合作社积累，分得少了，应该使农民发展一些副业，增加一些收入；自留地减少，又不要多养猪，两头堵死不好。

在农业生产中，为了水利的综合利用，提高水的使用效益，1957 年冬和 1958 年春兴起了大搞水利运动，许多地方，已经冲破现有合作社的规模，要求并社。经过毛泽东首肯和倡导，并社和扩社以不可阻挡之势发展起来，这就是人民公社运动的出现。

听了几天汇报，3 月 20 日毛泽东第三次讲话，他说：河南省提出，一年实现“四、五、八”[①]，水利化，除四害，消灭文盲，可能有些能做到了，即使是全部做到，也不要登报。各省不要一阵风，说河南一年，大家都一年；可以让河南试验一年；如果河南灵了，明年各省再来一个运动，大跃进；如果一年实现‘四、五、八’，消灭文盲，也可能缺点很大，起码是工作粗糙，群众过分紧张；建设的速度，是个客观存在的东西，凡是根据主观条件和客观条件能办到的，就应当多快好省，鼓足干劲，力争上游，但办不到的不要勉强；现在有股风，十级台风，要把空气压缩一下，压缩空气不是泼冷水，而是把事情办得扎实一点；要去掉虚报、浮夸，不要争名，而要务实；有些高指标，没有措施，那就不好。[②]

3 月 22 日，毛泽东第四次讲话：我们的同志有精神不振的现象，是奴隶状态的表现，像京剧《法门寺》里的贾桂一样，站惯了不敢坐；对于马克思主义经典著作要尊重，但不要迷信，马克思主义本身就是创造出来的，不能抄书照搬，一有迷信就把我们的脑子镇压住了，不敢跳出圈子想问题；进城以来相当地怕教授，看人家一大堆学问，自己好像什么都不行；自古以来创新思想、新学派的人，都是学问不足的青年人，孔子不是二三十岁的时候就搞起来？耶稣开始有什么学问？释迦牟尼十九岁创佛教，学问是后来慢慢学来的；孙中山年轻时有什么学问，不过高中程度，马克思开始著书的时候，只有二十岁，写《共产党宣言》时，不过三十岁左右，学派已经形成了，那时马克思所批判的人，都是一些当时资产阶级博学家，如李嘉图、亚当·斯密、黑格尔等；历史上总是学问少的人，推翻学问多的人；章太炎青年时代写的东西，是比较生动活泼的，充满民主革命精神，以反清为目的，康有为亦如此；刘师培成名时不过 20 岁，死时也才 30 岁；王弼注《老子》的时候，不过十几岁，死时才 22 岁；颜渊死时只 32 岁；青年人抓住一个真理，就所向披靡，所以老年人是比不过他们的，梁启超青年时也是所向披靡。

毛泽东还提出“六不怕”：“不敢讲话无非是：一怕封为机会主义，二怕撤职，三怕开除党籍，四怕老婆离婚，五怕坐班房，六怕杀头。”毛泽东说：我看只要准

---

① 指《一九五六年到一九六七年全国农业发展纲要》规定的粮食平均亩产，黄河、秦岭地区以北达到 400 斤，黄河以南、淮河以北地区达到 800 斤，淮河、秦岭以南地区达到 800 斤。

② 《毛泽东传（1949—1976）》，中央文献出版社，2003 年 12 月第 1 版，第 795—796 页。

备好这几条，看破红尘，什么都不怕了；难道可以牺牲真理，封住我们的嘴巴吗？我们应当造成一种环境，使人敢于说话；我的企图是要人们敢说，精神振作，势如破竹，把顾虑解除，把沉闷的空气打破。

为了活跃党内思想，在领导干部中形成带头学理论、想大事、抓大事的风气，毛泽东提议创办党的理论刊物，中央办一个，各省都办一个。

会议期间，毛泽东在空闲的时候，选了一些有关四川的古诗词，印发给大家，其中，有李白的《蜀道难》、杜甫的《咏怀古迹五首》、王勃的《杜少府之任蜀州》、李商隐的《马嵬》等。毛泽东并从古诗词谈到民歌。他要各地负责同志回去收集一点民歌，限期十天收集，下次会议印一些出来。在毛泽东号召下，兴起了一个写作和收集民歌的群众运动。

毛泽东讲话后，欧阳钦、陶铸、李先念、林铁先后发言。有人提出，破除对斯大林的迷信，也要破除对经典著作的迷信，提倡大胆怀疑与独立思考；有的说，对于领袖应当无条件地信任，特别是经过几十年实践证明，中国不存在个人崇拜问题，要更加强调学习毛泽东思想和毛主席的著作。①

3 月 25 日，毛泽东第五次讲话，主要讲了思想方法问题。

毛泽东称赞了冶金部党组的一个做法。他们吸收部分大企业的十几个人开会，谈了几天解决了许多重要问题。毛泽东说，两种因素加在一起就起变化，空气就不同了；中央开会，有地方同志参加，除省委书记外，再加若干地、县委书记，就有了新的因素；中央下去的同志，同省委书记谈还不够，还有找地、县委书记，学校，合作社的人谈谈，一竿子到底；为什么要提出这个问题呢？就是要打掉官气；当了“老爷”不愿向人请教，这种自以为是的态度，各级都有；越是向人请教的多，提出来的东西，就比较有把握些，但还不能说是正确的，因为没有证明；许多事情，我自己就半信半疑；“多快好省、鼓足干劲、力争上游”的建设路线，究竟对不对，还要看 5 年。

毛泽东说，1956 年发生的几件事没有料到，就是国际上批判斯大林和波匈事件，国内是反冒进；今后还要准备发生预料不到的事情；我看要把过高的指标压缩一下，要确实可靠；过高的指标不要登报。

“今年这一年，群众出现很高的热潮。我很担心我们一些同志在这种热潮下面被冲昏了头脑，提出一些办不到的口号。”河南今年四件事都想完成，也许能做到，做是一件事，讲又是一件事；即使能做到，讲也谨慎些，给群众留点余地，也要给下级和自己留有余地；“总而言之，支票开得太多，后头难于兑现。”②

毛泽东说，我并不是想消灭空气，而只是要求压缩空气，把膨胀的脑筋压缩一

① 《毛泽东传（1949—1976）》，中央文献出版社，2003 年 12 月第 1 版，第 797—799 页。

② 王香平：《对毛泽东“大跃进”时期提倡“留有余地”的几点分析》，《党的文献》，2012 年第 3 期，第 30 页。

下，冷静一些，不是想下马，而是要搞措施。

毛泽东说：关于反冒进，我看以后不需要谈了，如果从经验上、方法上把它作为例子，那倒是可以的，这个问题不是什么责任问题，重点是唯物论、辩证法来深入分析反冒进问题；反冒进是“寻寻觅觅，冷冷清清，凄凄惨惨戚戚”，冒进则是“轰轰烈烈，高高兴兴，不尽长江滚滚来”，就是要和反冒进对起来，反对慢的路线；显然，批评反冒进，就是要统一思想，扫清障碍，实行冒进。

在反复批判反冒进的基础上，毛泽东在会上提出了“鼓足干劲，力争上游，多快好省地建设社会主义”的总路线。毛泽东说：中国的社会主义建设路线，是在8年内逐步形成起来的，时间不算很长，究竟对不对？还要看几年；现在还不能说已经形成，至少还有5年，苦战3年再加2年，如果不出大乱子，路线就差不多了，就可以说形成了。

毛泽东讲话后，张德生、胡乔木、柯庆施、邓小平、陶鲁笳、周恩来、薄一波、滕代远、刘少奇、彭德怀先后发言。发言的基调是反对右倾保守思想。

有的说，教条主义在内战时期主要表现为“左”，在建设时期主要表现为右；有的说，南宁会议、成都会议的思想斗争具有深远的原则性意义，这场斗争，是在建设路线、方针方面的斗争，不是两条道路的斗争，是用什么方法建设社会主义的问题，一种是轰轰烈烈，一种是慢慢吞吞、冷冷清清，两种方法关系到我国社会主义建设的兴衰问题，反冒进和其他错误的根源是主观主义，或者教条主义，或者经验主义，克服主观主义就是思想解放运动，我们有雄心，但心要热头要冷；有的说，慢性病所造成的损失不亚于急性病，从当前来讲，右倾保守主义还是主要的；集体所有制将来要转化为全民所有制，但目前不要搞集体变国营的群众运动。

在发言中，一些中央领导，都对毛泽东说了一些赞扬的话。有人说，主席比我们高明得多，我们的任务是学习，主席的许多优点是可以学得到的，但是主席有些地方我们是难以赶上的，像他那样丰富的历史知识、那样丰富的理论知识、那样丰富的革命实践，记忆力那样强，这些不是什么人都可以学到的；有的说，毛主席的思想具有国际普遍真理的意义。

中共中央中南局第一书记陶铸在会上表示：“对主席就是要迷信。”

中共中央上海局第一书记柯庆施说：“我们相信主席要相信到迷信的程度。服从主席要服从到盲目的程度。”

陈伯达在会上作了长篇发言，他说：所谓社会主义建设问题的分歧，主要是关于速度问题的分歧；社会主义改造的速度问题解决以后，毛主席提出了四十条纲要，多快好省，十大关系这一连串的问题，社会主义高潮的序言，我感到在社会主义建设问题上，我们有了新的独立的语言了；不管是社会主义改造问题的分歧，不管是社会主义建设问题的分歧，实际上，最根本的问题是对于群众的积极性和创造性的估计；对群众估计不足，很多毛病就产生出来了；我很赞成、很欣赏上海报告中的那句话——“现在是跟帝国主义争时间、争速度问题”（毛泽东插话说：我们的文件是要加上这一部分，假如帝国主义都平掉了，也存在两个办法——一个是在干劲十足、群众路线、轰轰烈烈的热潮中前进；另一个是“寻寻觅觅，冷冷清清，凄凄惨惨戚戚”，这是宋朝诗人李清照的一首词，她是个寡妇，是从一个寡妇面孔、寡妇心情来建设社会主义，还是以另外的心情来建设社会主义！）；在全世界有这样最大劳动人口的国家里面，生产力睡了几千年，现在一下把它叫醒过来，它的力量是不可估量的（毛泽东插话：左舜生他们叫“醒狮派”，因为他们出一个刊物叫《醒狮》，我们才是真正的醒狮派；狮子一醒来，它就要发泄了）；毛主席关于几个“并举”的思想是对马克思主义社会主义建设问题上的重大贡献，如果解决得好，中国生产力发展的速度在世界上是空前的，要超过任何一个资本主义国家，也超过所有社会主义国家（毛泽东插话：正是在这个基础上，提出一个形象的口号，就是跟英国比；怎么叫多快好省呢？15 年赶上英国）。①

陈伯达受命把“鼓足干劲，力争上游，多快好省地建设社会主义”的总路线的基本点作了文字表达，即：“调动一切积极因素，正确处理人民内部矛盾，巩固和扩大社会主义公有制（包括全民所有制和集体所有制），在重工业优先发展的条件下，发展农业和发展轻工业同时并举；在中央重点工业的领导下，发展中央工业必须和发展地方工业同时并举；在继续完成政治战线上和思想战线上的社会主义革命的同时，逐步实现技术革命和文化革命。所有这些目的都是在于力求促进我国尽快地建成一个具有现代工业，现代农业，现代科学、技术、文化的伟大的社会主义国家。”

毛泽东认定：我国存在两个剥削阶级，一个是帝国主义、封建主义、资本主义的残余，一个是民族资产阶级及其知识分子；两个劳动阶级，一个是工人，一个是农民。

3 月 26 日，毛泽东第六次讲话中说：“现在有些问题，还是不摸底，农业比较清楚，工业、商业、文教不清楚。……煤、电、油、机械、建筑、地质、交通、邮电、轻工业、商业没有接触，财贸还有文教历来没有摸过。林业没有摸过。今年这些要摸一摸。政治局、书记处都摸一摸。”②

会议期间，山西省委第一书记陶鲁笳汇报说：山西已经同北京商量，为了解决工农业缺水问题，有一个共同的雄心壮志，想从内蒙古的清水河县岔河口引黄河水 200 个流量，100 个流量经桑干河流入官厅水库、100 个流量流入汾河，科技人员经过勘察，已经提出了初步设想。

毛泽东表示同意。他说：我们不能骂黄河百害，要改造它，利用它，其实黄河很有用，是一条天生的引水渠；你们的设想，算什么雄心壮志，不过是继承古人的

① 裴棣：《一九五八年成都会议述评》，《中共党史研究》，1988 年第 5 期，第 37—38 页。
② 《毛泽东传（1949—1976）》，中央文献出版社，2003 年 12 月第 1 版，第 802—803 页。

遗志而已；你们查班固《后汉书》《沟洫志》，汉武帝时就有一个人建议从包头附近引黄河水经过北京，东注之海。①

北京市委书记刘仁也汇报说，官厅水库的水源问题还没有解决，北京市随着城市的发展，缺水问题将越来越突出，我们想和山西合作，引黄河的水，这是一个可靠的水源。

毛泽东说：可以设想，引用黄河之水，把桑干河修成一条运河，使轮船可以开到北京；也可以设想，把山西的汾河也变成一条运河；还可以设想，用黄河的水在内蒙古改造沙漠，那才叫雄心壮志。

陶鲁笳说：山西十年九旱，金木水火土，就是缺水；如果解决了缺水问题，旱涝都不怕；山西也和四川一样就成为“天府之国”了；我们也设想过，引黄入汾，使汾河不但可以保证太原的用水，而且可以有灌溉之利，舟楫之便。

毛泽东问陶鲁笳：你们山西有个闻喜县，你知道为什么叫闻喜？汉武帝乘楼船到了这里，正好传来在越南打了大胜仗的捷报，汉武帝就给这地方起名为闻喜；②汉武帝那时就能坐楼船在汾河上行驶，可见当时汾河水量很大；现在汾河干了，我们愧对晋民呀！山西出煤，开煤矿发电也都得用水；山西现在缺水，黄河流经山西1000多里，应该有所贡献，引黄入汾是理所当然的。③

成都会议讨论通过了国家计委提出的《关于一九五八年计划和预算第二本账的意见》。同本年2月，一届全国人大五次会议通过的1958年计划指标相比，作了大幅度的调整。钢产量指标从624.8万吨提高到700万吨，粮食指标从3920亿斤提高到4316亿斤，基建投资从145.7亿元增加到175亿元。

会议通过了40多个文件，主要是经济建设方面的。这在中国共产党历史上是第一次。

成都会议结束的当晚，毛泽东正式决定，乘船从长江顺流而下到汉口，在那里召开华东和中南各省市委书记会议。华北地区和东北地区的一些省委书记同他一道去。毛泽东还告诉田家英通知吴冷西一同游三峡，到武汉。

---

① 《后汉书》记载，汉武帝时，“齐人延年上书言：河出昆仑，经中国，注渤海，是其地势西北高而东南下也。可按图书，观地形，令水工准高下，开大河上岭，出之胡中，东注之海。如此，关东长无水灾，北边不忧匈奴，可以省堤防备塞，士卒传输，胡寇侵盗，覆军杀将，暴骨原野之患。天下常备匈奴而不忧百越者，以其水绝壤断也，此功一成，万世大利。”

② 《汉书》载：汉武帝元鼎六年，行东，将幸緱氏，至左邑桐乡，闻南越破，以为闻喜县。

③ 1958年6月，陶鲁笳在北京主持三省市区负责人会议，初步确定在山西偏关修建万家寨水库方案，并由山西、内蒙古成立了万家寨水电站工程指挥部，着手施工准备。1958年7月，北京市派去一个小组，为引黄济京到内蒙古清水河、浑河及山西右玉、左云两县勘察。1958年10月，山西省成立了引黄领导小组，组建了引黄入晋勘察队。至1959年1月，初步选定浑河引水线即在万家寨水库库区岔河口引水，引水规模初步定为100流量左右，解决工农业用水，结合区间通航。但如何给北京分水，经过查勘和研讨未定下来。1959年此项工程停了下来。

1958 年 3 月 28 日，《人民日报》发表社论《打破旧的平衡，建设新的平衡》：采取积极的态度解决不平衡，不断地提高落后的指标和定额，使它适应于先进的指标。

3 月 27 日上午，毛泽东乘专列离开成都，次日凌晨 1 时 50 分到达重庆。28 日上午，参观重庆钢铁厂，下午参观二六九工厂。29 日清晨上船，先后与涪陵地委书记、万县地委书记谈话。

早在 1953 年初，毛泽东曾经乘军舰考察过长江中下游，从武汉出发，到南京登岸。在那次视察中，毛泽东向长江水利委员会主任林一山谈了综合长江的远景设想，首次提出搞三峡工程。

在南宁和成都会议上，毛泽东又听取关于兴建三峡工程的汇报，对赞成和反对的意见都作了认真考虑。成都会议期间，毛泽东认真审阅了关于三峡水利枢纽和长江流域规划“意见稿”。“意见稿”指出：“从国家长远的经济发展和技术条件两个方面考虑，三峡水利枢纽是需要修建而且可能修建的。”毛泽东加了一句话：“但是最后下决心确定修建及何时开始修建，要待各个重要方面的准备工作基本完成之后，才能作出决定。”

29 日，毛泽东和吴冷西（《人民日报》总编辑）、田家英（包括警卫和服务人员）乘江峡轮从重庆出发，晚泊白帝城。30 日早饭后，江峡轮起航开入三峡。毛泽东穿着睡衣来到驾驶室，欣赏三峡风光，从瞿塘峡到巫峡到西陵峡，特别留意从几个侧面观看了神女峰，直到快过完西陵峡，才回到舱内客厅同田家英、吴冷西一起闲谈。

毛泽东说，他在成都会议时收集了一些明朝人写的有关四川的诗，选了十几首印发给与会的同志。毛泽东特别称赞杨慎的诗，说他是明朝一位很有才学的人，因议论朝政被流放云南 30 年以至老死，很可惜。

毛泽东说，写《革命军》的邹容也是四川人，他的日文很好，而且是在四川学的。毛泽东讲起了清朝末年有名的《苏报》案：这起案件是由邹容写的《革命军》而引起的，他写这本小册子时只有 18 岁（署名“革命军马前卒邹容”），《革命军》一出，上海的《苏报》为之介绍宣传，章太炎为之作序，影响极大；《苏报》是当时资产阶级革命派在上海的主要舆论机关，蔡元培、章太炎、邹容、章士钊、柳亚子等都在该报发表文章，抨击封建君主专制，鼓吹资产阶级民主共和国，并同康有为、梁启超等保皇派进行论战；清政府大为恐慌，下令抓人并查封《苏报》；当警察拿着黑名单来抓人时章太炎挺身而出说：“别人都不在，要抓章太炎，我就是”；邹容本未被抓，待知道章太炎已被捕后，不忍老师（章比邹大 15 岁）单独承担责任，毅然自行投案。后病死狱中，时年仅 20 岁；《苏报》主编章士钊倒未被捕。

毛泽东说：邹容是青年革命家，他的文章秉笔直书，热情洋溢，而且用的是浅近通俗的文言文，《革命军》就很好读，可惜英年早逝；章太炎活了 60 多岁，前半生革命正气凛然，主笔《民报》时期所写的文章锋芒锐利，所向披靡，令人神往，虽一度涉足北洋官场，但心在治经、治史；鲁迅先生纵观其一生，评价甚高，但对他文笔古奥，索解尤难，颇有微词。

谈到章士钊，毛泽东说这位老先生是他的同乡，湖南长沙人，清末民初的著名政治家，除担任《苏报》主笔外，还给其他许多反清报刊写文章，后赴欧洲游学，回国后在北洋政府任过教育总长等职；他的文章比章太炎的好读，没有那古奥、怪僻，也较梁启超谨严而有条理，抗战中一直同我党保持联系，新中国成立后同我党合作，他自己说他“反动而不反共”。

3 月 31 日，毛泽东乘船过荆江，他把宜昌、沙市的领导人叫到船上，问了一些情况。4 月 1 日凌晨 2 时到达武汉。

1958 年 4 月 1 日至 9 日，中共中央召集华东和中南一些省委书记（没有参加成都会议的）到武汉召开工作会议。这次会议是成都会议的补充。毛泽东出席会议。会议每天只开半天，连续 9 天没有间断。

4 月 1 日，毛泽东在听取河南省委第一书记吴芝圃汇报一年实现绿化时，毛泽东不同意，问：你们怎么能一年实现绿化？毛泽东劝吴芝圃把指标修改一下，规划调整一下。吴芝圃同意不提一年实现绿化、消灭四害，但还是坚持一年实现“四五八”。

4 月 2 日，安徽省委第一书记曾希圣汇报水利问题时，毛泽东说：“你们能三年改变面貌很好，但是我表示怀疑，多搞几年也不要紧，你讲得有道理，我不能完全不信。河南人多，你们恐怕赶不上，不要蛮干。不要过早宣布水利化，要留有余地。宣布完成水利化、绿化，‘四无’是危险的，只能宣布基本完成。”①

4 月 3 日，毛泽东听取山东省委第一书记舒同汇报。舒同讲了一些数字、一些材料，没有讲自己的观点。毛泽东说：“只谈情况，不谈观点，是开材料仓库。人的头脑是加工厂，没有材料不行，有了材料要经过加工，要产生观点，用观点统率材料。”毛泽东说：“说苦干三年就水利化了，我是怀疑的。三年基本改变面貌，我看只能初步改变。《人民日报》不要随便轻易宣布什么‘化’。”毛泽东严肃地说：“粮食到手，树木到眼（看得见），才能算数。要比措施，比实绩。”②

晚上 7 时半，毛泽东和与会人员一同到武汉老通城餐馆就餐。调剂一下生活，并亲眼看看武汉市民的生活。③

4 月 4 日下午，江苏省委第一书记江渭清讲了江苏省的一些做法。毛泽东说：“报纸宣传，不要尽是规划，宣传工作要深入、细致、踏实。现在宣传注意了多、

① 《毛泽东传（1949—1976）》，中央文献出版社，2003 年 12 月第 1 版，第 808 页。
② 《毛泽东传（1949—1976）》，中央文献出版社，2003 年 12 月第 1 版，第 808—809 页。
③ 《毛泽东传（1949—1976）》，中央文献出版社，2003 年 12 月第 1 版，第 809 页。

快，但对好、省注意不够。大话不需讲。好大喜功需要，但华而不实不好。”①

4月5日下午，湖南省委第一书记周小舟讲了湖南一些情况。毛泽东说：一年要实现几“化”，不要说是“过火”了，只是某些口号要调节，登报时要小心；空气还是那么多，一点不少，不过是压缩一下；反冒进把空气砍掉了一半，我们不要砍，只是把空气压缩一下；现在担心会不会再来一个反冒进；如果今年得不到丰收，群众会泄气，到那时又要刮台风的；此事要向地、县委书记讲清楚，要有精神准备；要看结果，吹牛不算；不要浮而不深，粗而不细，华而不实。②

4月8日下午，毛泽东听福建省委第一书记叶飞汇报时，插话说：“大鸣大放，是全世界社会主义国家都不敢做的事，只有我国才敢实行，不怕发动群众是真正的列宁主义态度。”有些人可能是“观潮派”、“秋后算账派”，如果今年得不到丰收，还会有人出来说，我早就有先见之名，还是我的对，到那时又要刮台风的，党内中间偏右的人是观潮派，他们是“楼观沧海月，门对浙江潮”（宋之问《灵隐寺》）。

毛泽东批评“稳妥派”和“观潮派”说，所谓稳妥派可靠，结果是又不稳妥，又不可靠；我们这样大的国家，这样稳，会出大祸；对稳妥派，有个办法，到了一定时候就提出新口号，使他无法稳，这一派人数可能比较多，想看一看，如果一来个灾荒，他们还是要喊“看你跃进吧”，“冒进”是稳妥派反对跃进的口号。

4月9日，毛泽东听取江西省委第一书记杨尚奎汇报时，严肃批评造假现象：“我们对各项工作、各种典型，要好好检查，核对清楚，有的是假博士、假教授、假交心、假高产、假跃进、假报告。”

毛泽东还听取了广西壮族自治区区委第一书记刘建勋、浙江省委第一书记江华的汇报。参加会议的有李先念、谭震林、柯庆施、李井泉、王任重、吴冷西、田家英等。

毛泽东在会上提出，生产要务实，不要搞得不实在；整风挂帅，生产是当前的中心工作；政治是统帅，用政治带动业务；对科学家要破除迷信。

毛泽东还号召各省搞民歌，大、中、小学生要写，军队也要写。

毛泽东还从理论上提出了生产资料私有制的社会主义改造完成以后，剥削阶级作为阶级依然存在。

9日，会议结束。

1958年4月11日上午，毛泽东与田家英（中央办公厅政策研究室副主任）、吴冷西（新华社社长兼《人民日报》总编辑）专门谈了宣传问题：近来报纸的宣传反映实际不够，有不实之处，如指标、计划讲得过头了；要调整一下，压缩空气；报纸宣传要慎重，一个“化”，一个“无”，不要随便宣传已经实现了；即使是讲订

---

① 《毛泽东传（1949—1976）》，中央文献出版社，2003年12月第1版，第809页。

② 《毛泽东传（1949—1976）》，中央文献出版社，2003年12月第1版，第809页。

规划、提口号，也要留有余地，在时间和空间上说得活一点。

毛泽东谈话中，提到梁启超，毛泽东说：梁启超一生有点像虎头蛇尾，他最辉煌的时期是办《时务报》和《清议报》的几年，同康有为力主维新变法；他写的《变法通议》在《时务报》上连载，立论锋利，条理分明，感情奔放，痛快淋漓；加上他的文章一反骈体、桐城、八股之弊，清新平易，传诵一时，他是当时最有号召力的政论家；但，梁启超写政论往往态度不严肃，讲究文章气势，但过于铺陈排比；他好纵论中外古今，但往往是似是而非，他自己也承认有时信口开河；梁启超创办《时务报》，开始确实很辛苦，他自己写评论，又要修改别人来稿，全部编排、校对都由他一人承担，后来才增加到七八个人，其中三位是广东人；现在我们办报社，动辄百人、上千人，是不是太多了？

12 日，毛泽东乘专机飞抵长沙。13 日，毛泽东乘专机到广州。到广州第三天，毛泽东写了一篇短文《介绍一个合作社》。①

4 月 22 日，刘少奇、邓小平、陈伯达、康生、陆定一、胡乔木、田家英、胡绳、邓力群一行到达广州。晚上，参加毛泽东主持召开的会议，讨论刘少奇主持起草的中共八大二次会议报告稿。25 日，毛泽东写信给周恩来、陈云、彭德怀、李富春、薄一波："想在这几天内谈一下工业问题，除富春已答应来此以外，你们几位是否有时间，是否愿意来此谈一下。如果可以来的话，请于 25 日或 26 日南来。又想邀王鹤寿、彭涛、滕代远、张霖之、刘澜涛、余秋里，地质部刘景范，水利部李葆华来此一谈，并请带李锐同志一道来。"② 从 27 日到 29 日，会议开了 3 天，讨论工业问题。

1958 年 5 月 1 日，毛泽东离开广州，乘专机，经武汉，次日回到北京。

5 月 2 日晚上，毛泽东在颐年堂召集刘少奇、周恩来、陈云、邓小平、董必武、彭真、陈伯达、胡乔木、杨尚昆开会，商量八大二次会议问题。

5 月 3 日，中共中央八届四中全会在北京举行，出席会议的有中央委员、候补中央委员。各省、市、自治区的党委第一书记列席了会议。会议为召开八大二次会议做准备，讨论了八大二次会议的议程，审定了中央工作报告等文件。

毛泽东没有出席这次会议。

---

① 3 月 20 日，中共河南省封丘县委给毛泽东写了一个报告，介绍该县应举农业合作社依靠集体力量，战胜自然灾害，改变落后面貌的事迹。毛泽东看后，非常兴奋，欣然命笔。短文同时在《红旗》杂志和《人民日报》发表，轰动全国。文中说："六亿人口是一个决定的因素。人多议论多，热气高，干劲大。……中国六亿人口的显著特点是一穷二白。这些看起来是坏事，其实是好事。穷则思变，要干，要革命。一张白纸，没有负担，好写最新最美的文字，好画最新最美的画图。"

② 《毛泽东传（1949—1976）》，中央文献出版社，2003 年 12 月第 1 版，第 813 页。

十七、大跃进

1958年5月5日，中共第八届全国代表大会第二次会议在中南海怀仁堂开幕。出席会议的正式代表977人，列席389人。（其中有各省、市、自治区选派的部分县委书记、大城市区委书记、省辖市委书记、企业党委或基层党委书记、军队负责干部）。会议议程：（一）关于中央委员会的工作报告；（二）关于莫斯科会议的报告；（三）通过全国农业发展纲要草案。

会议第一天，刘少奇作《中国共产党中央委员会向第八届全国代表大会第二次会议的工作报告》，正式通过“鼓足干劲、力争上游、多快好省的建设社会主义的总路线”。刘少奇在报告中说：“虽然这条路线还需要在今后的实践中继续考验，并且使它继续发展和完备起来，但是我们认为，它的基本方向和主要原则是可以确定下来了。”

刘少奇在报告中说：“整风运动和反右派斗争的经验再一次表明，在整个过渡时期，也就是说，在社会主义社会建成以前，无产阶级同资产阶级的斗争，社会主义道路同资本主义道路的斗争，始终是我国内部的主要矛盾。这个矛盾，在某些范围内表现为激烈的、你死我活的敌我矛盾。”

报告提出，反右派斗争是我们在思想战线上和政治战线上的社会主义革命，今后还要继续完成经济战线、政治战线和思想战线上的社会主义革命；革命的任务是要灭资产阶级思想，兴无产阶级思想；革命的方法是大鸣、大放、大辩论、大字报。

报告指出：“我国现在有两个剥削阶级和两个劳动阶级。两个剥削阶级：一个是反对社会主义的资产阶级右派，被打倒了的地主买办阶级和其他反动派；资产阶级右派实质上是帝国主义、封建买办残余势力和蒋介石国民党的代理人。另一个是正在逐步接受社会主义改造的民族资产阶级和它的知识分子，他们中的大多数人在社会主义和资产阶级两条道路之间处于动摇的过渡状态。两个劳动阶级，一个是农民和其他原先的个体劳动者，这些劳动者的绝大部分已经加入合作社，愈来愈成为社会主义的热烈拥护者。一个是工人阶级，这是全国人民中的最先进的队伍，是我们国家政权和社会主义事业的领导力量。”

报告把“民族资产阶级和它的知识分子”一起称为第二个“剥削阶级”。基于这种估计，会议对知识和知识分子作用的认识，处于一种自相矛盾的状态：一方面提出了“逐步实现技术革命和文化革命”的任务，另一方面又提出“卑贱者最聪明，高贵者最愚蠢”，号召“学问少的人打倒学问多的人”；一方面号召党领导干部“必须懂得建设业务，懂得必要的科学技术知识”、“又红又专”，另一方面又提出——外行领导内行是一般规律，差不多可以说，只有外行才能领导内行。

报告又一次批评了1956年反冒进：当时有一些同志不适当地夸大了工作中的缺点，对于当时所取得的伟大成绩却估计不足，因而认为1956年的跃进是一种“冒进”，其结果是损害了群众的积极性，影响了1957年生产建设战线特别是农业战线的进展，造成了一个马鞍形。

1956年时反“冒进”的主要责任者周恩来、陈云和薄一波、李先念在大会上的发言中作了公开检讨。

周恩来说：“这次会议是一个思想解放的大会，也是一个充满共产主义风格的大会。大会的发言丰富多彩，生动地反映了人民在生产大跃进、思想大解放中的建设奇迹和革命气概。真正是1天等于20年，半年超过几千年。处在这个伟大的时代，只要是一个真正的革命者，就不能不为这种共产主义的豪情壮举所激动，也就不能不衷心地承认党中央和毛主席的建设路线的正确，同时，也就会更加认识反‘冒进’错误的严重。我是这个错误的主要负责人，应该从这个错误中得到更多的教训。”

周恩来在发言中还专门谈了“向毛主席学习”的问题：“中国几十年革命和建设的历史经验证明，毛主席是真理的代表。离开或者违背他的领导和指示，就常常迷失方向，发生错误，损害党和人民的利益，我所犯的错误就足以证明这一点；反过来，做对了的时候或者做对了的事情，又都是同毛主席的正确领导和思想分不开的。因此，我们必须下苦功夫，认真地研究毛主席的著作和指示，学习他把马克思主义的普遍真理同中国革命的具体实践相结合的光辉典范，学习他的群众路线的工作方法，学习他的思想和作风以及他所具有的伟大的共产主义风格。”

陈云说：我在考虑和提出问题的时候，一般的从财贸系统的情况出发，而对于中央工业、交通多数部门的情况，对于全国各地党的各方面工作，则注意的不够；1956年11月召开的二中全会上，我虽然只作了粮食、养猪、油料、副食等问题的报告，没有涉及当时全盘财经问题，但是因为我是财贸工作的主要负责人，对于当时财政和市场紧张的错误看法，首先而且主要是我的看法；因此对于当时反“冒进”的那个方针性的错误，我负有主要的责任，首先在思想影响上负有主要的责任；如果不是得到毛主席的及时纠正，听任这个错误发展下去，必将使我们的事业受到很严重的损失。

薄一波说：最近我重温了毛主席近年来的著作和讲话记录，使我深深认识到毛主席关于社会主义建设的总方针、总路线是老早就提出来，并且是不断地完善着的；我们有了毛主席这样的舵手，有了这样英明的领导，我们只要老老实实地向他学习，老老实实地按照他的指示办事，就可以避免犯反“冒进”那样的错误，在经济建设上我们就可以取得更大的成就。

李先念说：在工作中往往考虑平衡和稳定多，考虑建设速度少，往往一怕发生赤字，二怕市场波动，看到这些一时的现象，我们就表现异常敏感，盲目叫喊紧张；把1956年跃进说成是一种“冒进”，反“冒进”的错误给工作带来了相当大的损失，这里我是有责任的；幸而中央及时地作了纠正，否则，损失不知道会有多大。

会议还通过了邓小平作的《关于在莫斯科举行的各国共产党和工人党代表会议的决议》，决议引用莫斯科会议《宣言》的话说：在目前条件下，主要的危险是修正主义，或者说右倾机会主义；资产阶级影响的存在，是修正主义的国内根源；全党要同兄弟党一起，同国际共产主义运动中出现的现代修正主义进行坚决的斗争。

大会上，各工业部门党组都向中央并毛泽东写了贯彻成都会议精神、赶超英国和美国的工作报告：

冶金等部门提出：在今后 5 年或稍长一些时间内，我国工业建设的生产水平赶上或超过英国，15 年稍多一点时间赶上和超过美国，到 1972 年钢的水平达到 1.2 亿吨。

轻工业部提出：造纸在 1962 年超过英国，1972 年赶上美国。

纺织工业部提出：1962 年在棉纱、棉布上超过产量最高的美国。

化学工业部表示：化肥产量 5 年超美，居世界第一位。

煤炭部提出：煤年产量 2 年超英，10 年赶上美国。

毛泽东在大会期间，作了 4 次讲话，号召解放思想，破除迷信，发扬敢想敢说敢做的创造精神；要以普通劳动者的姿态出现，扫掉官气，反对靠老资格吃饭，靠做大官吃饭；要插红旗，把白旗拔掉。

他四次讲话的提纲如下：

一、1958 年 5 月 8 日全体会议上的讲话提纲

一

题：破除迷信

怕教授

破除迷信，无法无天

破马克思

妄信〈自〉菲薄

天体、神仙、洋人、细菌

从古以来，发明家都是年轻人，卑贱者，被压迫者，文化缺少者，学问不行

名家是最无学问的，落后的，很少创造的

敢想、敢讲、敢做

劳动人民中蕴藏了丰富的积累〈极〉性

工业没有什〔么〕了不得，迷信不对的

十五〔年〕赶上美国，可能的

龚定庵的诗

高山低头，河水让路

不是狂妄的，实事求是的

革命精神与实际精神的统〔一〕

世界第一大国，不是大国沙文主义——丑、低级趣味

甘罗、贾谊、刘项、韩信、释迦、颜子、红娘、荀灌娘、白袍小将、岳飞、王勃、李贺、李世民、罗士信、杜伏威、马克思、列宁、周瑜、孔明、孙策、王弼、安眠药〔发〕明者、青霉素〔发〕明者、达尔文、杨振宁、李政道、郝建秀、聂耳、哪吒、兰陵王。

原因：方向对，而名人学问多保守落后了

世界是青年的，长江后浪催前浪，譬如积薪，后来居上

反对贾桂

庸信〈俗〉的谦虚，谦虚＝实际

这是意识形态问题，上层建筑问题

不揭盖子，没有希望

盖子一揭，大有希望

插红旗、标新立异

学列宁

先进的东方，落后的欧洲

15 年后走向反面，尾巴一定挠〈翘〉起来，如果不注意的话。不要紧，再来一个否定，又生动活泼了。

你看：希腊的辩证法——中世纪的形而上学——文艺复兴

你看：战国时代的百家争鸣——〔封〕建筑〔时〕代的上形而上学——现代的辩证法

客观存在的，不是吗？

设置对立面，十分必要

如何设置？客对〈观〉存在的

下回再讲，再见！Thank you Very much，十分［感］感谢！

二

破除迷信

现在迷信还多得很

怕教授，怕马克思

科学是高不可攀的

工业是很难的

军事也有神秘色彩

原子弹，尤其可以吓人

拿苏联吓人

我军有很多有头脑的同志，不要妄自菲薄，应将一切东西拿过来，并且有所独创。

插红旗，辨风向，要用嗅觉嗅一嗅风向气味，不用被野心家吓住了，一万人〈年〉还会有野心家

风向能辨，才能插红旗

不止××一处，可能还有些小××

要有分析：××同志与××不一类的

要研究我们自己的历史——军事史及其他

我所总结的只有很少一点，要把范围扩大，不要把自己束缚在我所讲的那一个小天地内

要学马克思主义，才有方法，才有共同语言

要学苏联，不是硬搬，而是有选择的学，一定要将一切有用的东西都学来，无用的东西则反面学，以我为主，不是盲从。

还一定要学日本和美国，这是我们的敌人。

马克思、列宁都反对将他们的主义当教条

这次会议的意义

二、1958 年 5 月 17 日全体会议上的讲话提纲

除四害的伟大意义

印度的响应

我们不提“技术决定一切”，“干部决定一切”之类的口号，也不提列宁的“苏维埃加电气化＝共产主义”的〔口〕号，而提我们现在的一些口号，反而快些好些，为什么？

我们的口号高明些，干部、技术、共产主义可能提前到来。

20 年来，1800 万吨钢，我们 13 年就可做到，为什么？六亿人口，群众路线，以一个普通劳〔动〕者的〔姿态〕出现，我们发展了列宁的民主集中制，又紧张又松弛，又团结又斗争，一句话，我们发展了辩证法。

是不是，请大家想一想。

昨天有一位同志讲得不对：“跟了某人走就是不错的”，又跟不〈又〉不跟，要有独立思考，“跟”字不对。

以一个普通劳动者的姿态出现在人们之前。高级干部，中央委员

10 个指头

位置要摆得对

劳动人民内部的矛盾，一般是九个、一个的问题。资产阶级中间派，其中中部分是一半对一半

往往到具体问题就忘记了，有搬石头打自己脚的危险，如高岗

1956年错误的性质

秘书室

训练部

准备对付大灾难

(1) 战争

(2) 分裂　谁不照顾大局谁将跌斤斗

资产阶级思想、习惯的长期性

可能还有30万右派（党内外）

可能有成百万有左倾观点的人

十几〔年〕内反复整风

反右是纠正过去倡右错误

百花、长期之必要

修正主义

社会主义阵营的密切合作

学习，辞去主席

四海之内皆兄弟

人人是外行，外行才能领导内行

东风、西风、南斯拉夫，亚非拉，

原子大战，乐观主义

准备挨骂，党内分裂

请同志们准备下次大会

准备冬耕

1958年5月18日，毛泽东提议将关于安东机器厂试制成功30马力拖拉机的报告印发大会。安东机器厂是一个小修理厂，生产能力和技术水平都很低。工人们土法上马，失败一次再试一次，终于研制成功30马力单缸轮胎式拖拉机。毛泽东为报告写了一段批语，题目是《卑贱者最聪明，高贵者最愚蠢》。

三、1958年5月20日全体会议上的讲话提纲

一

再讲破除迷信

一机部的材料

应加农、林、水、卫

再讲以普通劳动者姿态出现

“老子第一”，看不起人，就会在大部〔分〕人中一扫而空，剩下的人也就难于作怪了。

再有再扫荡

这是一种低级趣味。

大国沙文主义，也就受到致命打击

讲外行领导内行，是一般规律

人人是内行，人人是外行

内行少，外行多，例如一万行

略熟几门别行，是必要的，业余转化为专业，专业专〈转〉化为业余

右派提起这个问题，答复得不系统。

插红旗，辨风向

不是无产阶级插红旗，就是资产阶级插白旗，或者其他人插灰旗

提高嗅觉，辨别风向

才、学、识，这里讲的是识，刘知几，识的极端重要性

斯大林论预见：站在看台上，什么也不见

易曰：知几其神乎？可见不容易

不要大老实

庸俗的，低级趣味的谦虚，不插红旗，闭口道士，是从儒林外史那里学来的。

再讲灾难：

坏事是好事

红白喜事

大、中、小灾难

原子战，党分裂，大讲特讲，破除迷信。

讲死讲鬼，就能不怕死了，就不怕鬼了。

突变（生死都是突变）是宇宙最根本的规律

突变优于量变

平衡的破坏优于平衡，但不要走向冒险主义

平衡、量变、团结是暂时的，相对的；不平衡、质变、分裂是永远的绝对的

应防止、也可能防止不利于人民的大分裂。

南斯拉夫、法斯特、陈独秀、张国焘、丁玲、李峰、李世农、沙文汉、古大存、陈再励、赛甫拉也夫、孙殿才、孙作宾、潘复生分裂是好事

以后年年有分裂，月月有分裂，如同细胞的不断死灭

年年有团结，月月有团结，如同细胞的不断产生

第一国际、第二国际、第三国际、情绪〈报〉局的发生、发展与消灭
有灭亡，才有生长，还归自然，再造生物
如孔子至今存在，岂非一大灾难？
鼓盆而歌是正确的
人死应开庆祝会
开庆祝会之所以不可避免，是为了团结起来进行生产斗争、阶级斗争
遗传性与变异性，习惯性与创造性，旧条件反射与新条件反射，设置对立面（自然的，人为的）
怕死是一种条件反射的结果
我也有这种反射
愁忧与快乐的对立统一
——后者的主导方面，乐观主义
一个人的思想也经常有建立与破坏
党的分裂的艺术领导，预见，搞得好一点。
治病救人
允许革命
在这次讲的意义：
自觉起来，有精神准备，乐观主义

民歌
民歌与古典诗的统一，以外国诗作参考

立即布置冬耕，1959 年计划、预算八月五上旬开省委书记会议
思、工、农、商、学、兵，两个月内，都要抓一下，重点在工（交通在内）
明年五月开三届大会，请作准备
这次大会，开得很好

二

你们中有好些能想、能分析、能综合，聪明，有才分；我很高兴；前途是你们的；但不知道你们的品德如何？品德就是忠实为人民服务，鞠躬尽瘁，死而后民〈已〉；顾大局，不个人伸手；辨风向，敢于插红旗，拔黑旗、灰旗；以一个普通劳动者姿态出现，同群众打成一片。

以一个普通劳动者姿态出现。

从思想上政治上随时解部〈剖〉自己，学鲁迅；看鲁迅全集；看报看书。

学习：看书看报。

制试〈式〉教练要学，其余都可自学。华罗庚、齐奥尔科夫斯基。

破除迷信

人有各种迷信：狗肉，游水，学英文。

妄自菲薄，奴隶尾巴

自力更生，有些人不如合作社

待文王而后兴者凡民也……

待马克思……

没有苏联就不能活（工业、军事），此论不通

苏联之前无苏联

马克思之前无马思想

必须认真学马、学苏。不学，少学，不认真学，都是错误的。好的，坏的，不好不坏的都要学。不是搬，而是分析，研究，理解。资产阶级的东西也要认真学，非学不可。

自己长了一个脑筋，为什么不独立思考

马、列是指导，不是教条，教条论是最无出息的，最可丑的

要产生自己的理论

我虽不行，总算分析的一点我们的经验

你们应当超过我

教条诸公对我没有发言资格

有一个同志讲得对，我的东西，他说有些能用，有些不能用，这就作了分析

教条说："批叛〈判〉的学习"，不对，因他们是教条，无资格；又不平等待遇。

与教条平等，与外国平等。

真理：批判学习一切东西，党中央的，马列的，外国的，我的，你们的。

四海之内皆兄弟

几个经济文件，看了没有？

军事工作的缺点

1958年5月20日，毛泽东在讲话中说：

讲一讲以普通劳动者的姿态出现的问题。这个问题所以要特别提出来，是因为我们有些干部是老子天下第一，看不起人，靠资格吃饭，做了官，特别是做了大官，就不愿意以普通劳动者的姿态出现。这是一种很恶劣的现象。如果大多数干部能够以普通劳动者的姿态出现，那么这少数干部就会被孤立，就可以改变官僚主义的习气。靠做大官吃饭，靠资格吃饭，妨碍了创造性的发挥。因此，要破除官气，要扫掉官气，要在干部当中扫掉这种官气。谁有真理就服从谁，不管是挑大粪的也好，挖煤炭的也好，扫街的也好，贫苦的农民也好，只要真理在他们手里，就要服从他们。如果你的官很大，可是真理不在你手里，也不能服从你。再说一遍，要是

大多数干部扫掉了官气，剩下来的人就是有官气，也容易扫掉了，因为他们孤立了。官气是一种低级趣味，摆架子、摆资格、不平等待人、看不起人，这是最低级的趣味，这不是高尚的共产主义精神。以普通劳动者的姿态出现，则是一种高级趣味，是高尚的共产主义精神。能够做到这一点，防止大国沙文主义，就有可能了。如果我们大多数干部特别是领导干部，以科学的态度，以谦虚的态度，是正确的谦虚态度而不是虚伪的谦虚态度待人，以普通劳动者的姿态出现，大国沙文主义就可以防止，即使出现了也不可怕。①

四、1958年5月23日全体会议上的讲话提纲

真正的集体领导与个人负责相结合，这个制度必须认真执行。

例如：

（1）农村社会主义高潮序言，是中央常委会通过的

（2）“促进委员会”，是在政治局扩大会（知识分子会议，1000多人），在一篇演说中提出，而为全体所默认的，以鼓掌欢迎出之

（3）四十条，是政治局扩大会（有全体省委书记参加）〔通过的〕

（4）十大关系，是在上述同一会议上通过的

（5）多快好省，是在中央常委会上通过的

有些同志，当时同意（无一人反对），五个月、或者一个月以后，即表示反对，或者不同意，或者怀疑，而不经合法手续，即经同样性的会议加以改变，即进行反对活动，提反冒进。

在1956年11月八届二中全会上突然暴发，提出反冒进，事实上推翻四十条，多快好省，促进委员会，序言（反右倾保守），而改为反左倾冒进，十人小组无疾而终，但八届二中全会并未做出明确决议（这个会议一切无决议），相反，有一个公认的七条意见，我又在结论中说成绩是主要的，缺点是部分的，总的方向是向前促进的，“飞鸟之影未尝动的”，鸟在前进。可是“反冒进”一阵风仍然吹遍全国大多数地方。

为什么？

党内除右派外，有一个观潮派，又一个促退派，一股狂热的运动。

这些同志，大都是好同志，他们的错误，是可能改的，我们应当帮助他们

他们的错误与潘复生、古大存、李世农、沙文汉、孙殿才、孙作宾、赛甫拉也夫等人有原则性的不同，必须加以区别这次大会开得很好。

党依靠这样的大会制定路线，监督中央。②

---

① 《毛泽东文集》第七卷，人民出版社，1999年6月第1版，第378—379页。

② 《建国以来毛泽东文稿》第七册，中央文献出版社，1992年8月第1版，第194—206页。

毛泽东在当天的大会上讲了辨别风向问题："大风好辨别，小风就难辨别，领导干部要特别注意这种小风。宋玉写了一篇《风赋》，有阶级斗争的意义。他说，风就是一种风，对贫民一种态度，对贵族又是一种态度。'夫风生于地，起于青蘋之末，侵淫谿谷，盛怒于土囊之口。'这里写了一个辩证法。风有小风、中风、大风。'起于青蘋之末'，他说风就是从那个浅水中小草的尖端起的。'侵淫'，就是慢慢地，逐步地。'谿'就是河川；'谷'就是河谷。'谿谷'就是在那两个高山中间的山谷。'盛怒'就是生了大气了。'土囊之口'，大概是三峡那个地方。从四川刮起了一股风，通过三峡，叫'土囊之口'。有书为证，你们去翻那个《昭明文选》第四十五卷，我昨天还翻了一下。问题是这个风'起于青蘋之末'的时候最不容易辨别，我们这些人在一个时候也很难免。'起于青蘋之末'，大概是成都的那个地方。'侵淫谿谷'，大概是隆昌、重庆那个地方。然后到三峡这么一吹，就生了大气。这次我从那里过了一下，我想大概是那个地方。他说的那个'谿谷'究竟在哪里？可能就是那个三峡。"①

中央和基层117人在大会上发言，145人作了书面发言。

陆定一在大会发言中说："毛主席和刘少奇同志谈到几十年后我国情景时，曾经这样说，那时我国的乡村中将是许多共产主义的公社，每个公社有自己的农业、工业，有大学、中学、小学，有医院，有科学研究机关，有商店和服务行业，有交通事业，有托儿所和公共食堂，有俱乐部，也有维持治安的警察等。"② 若干乡村公社围绕着城市，又成为更大的共产主义公社。前人的乌托邦的梦想将被实现，并将被超过。

会议还批准了谭震林作的《关于一九五六年到一九六七年全国农业发展纲要（第二次修正案）的说明》。

1958年5月25日，中共八届五中全会在北京中南海举行，增选林彪为中共中央委员会副主席、政治局常委；增选柯庆施、李井泉、谭震林为政治局委员；增选李富春、李先念为中央书记处书记；决定出版中共中央理论刊物《红旗》杂志（6月1日创刊），陈伯达任总编辑。

5月29日，《人民日报》发表社论《把总路线的红旗插遍全国》，社论中说："我们党深信，只要鼓足六亿人民的干劲，动员六亿多人民力争上游，我们就一定能够高速度地进行建设，一定能够在一个比较短的时间内赶上一切资本主义国家，成为世界上最先进、最富强的国家之一。"

6月9日的政治局会议上，周恩来委婉提出，自己不适合再当总理。会议挽留了他。

① 《毛泽东传（1949—1976）》，中央文献出版社，2003年12月第1版，第819页。

② 王成志：《毛泽东人民公社思想简论》，《黄淮学刊》（商丘师专），1990年第3期。

6月，中共中央明确规定：大政方针在政治局，具体部署在书记处。

6月21日，《人民日报》发表社论《力争高速度》，文中说：速度是总路线的灵魂；速度问题是建设路线问题；快，是多快好省的中心环节。

“八大”二次会议后，毛泽东的主要精力投入到工农业生产方面，特别是工业，又特别是钢铁和机械。从1958年5月31日到6月19日，毛泽东先后同冶金部部长王鹤寿、第一机械工业部部长赵尔陆、第二机械工业部部长宋任穷，中共中央书记处书记谭震林（分管农业）等负责人单独谈话共9次。

6月6日，王鹤寿报告说：他与华北协作区主任林铁商谈，认为华北地区钢的生产能力，1959年底达到800万吨是可能的。毛泽东将此报告批给了邓小平：“1962年，可产6000万吨钢。”

6月16日，国务院副总理兼国家计委主任李富春向中共中央政治局报告第二个五年计划要点：提前实现农业发展纲要；建成基本上完整的工业体系，5年超过英国，10年赶上美国；大大推进技术革命和文化革命。毛泽东将这个报告批给军委扩大会议：“很好一个文件，值得认真一读，可以大开眼界。这是你们自己的事情。没有现代化工业，哪有现代化国防？自力更生为主，争取外援为辅，破除迷信，独立自主地干工业、干农业、干技术革命和文化革命，打倒奴隶思想，埋葬教条主义，认真学习外国的好经验，也一定研究外国的坏经验——引以为戒，这就是我们的路线。经济战线如此，军事战线也完全应当如此。”

6月16日，国务院副总理兼财政部部长李先念向中共中央政治局报送第二个五年财政计划要点，其中谈到粮食：“今年麦季增产已经达到350多亿斤，比1957年全年粮食增产的数字150亿斤还要多200亿斤。”毛泽东批给军委扩大会议：“此件很好。”

6月17日，国务院副总理兼国家经济委员会主任薄一波向中共中央政治局报送的报告说：1959年我国主要工业产品产量，除电力外，都将超过英国的生产水平。毛泽东将此件批给军委扩大会议，且改题目为“两年超过英国”：“超过英国，不是15年，只需两年到三年，两年是可能的。这里主要是钢。只要1959年达到2500万吨，我们就钢的产量超过英国了。”①

6月21日，冶金部党组送来一个报告：华东协作区规划1959年华东地区（不包括山东省），钢的生产能力为800万吨，从各大协作区会议情况看，明年钢产量可以超过3000万吨，1962年生产能力可能达到八九千万吨以上。毛泽东极为重视这个报告，更加坚定了钢产量翻番的决心，他很快将此报告批给各大协作区，各省、市、自治区党委，各中央委员，中央各部委，中央国家机关各党组及军委扩大

① 《毛泽东传（1949—1976）》，中央文献出版社，2003年12月第1版，第823—824页。

会议各同志。

6 月 25 日，谭震林将在合肥召开的华东四省一市第一次农业协作会议上的总结，报告给毛泽东：华东闽、浙、苏、皖、上海，今年粮食总产量可能达到 1200 余亿斤，比去年增加 500 多亿斤。原先设想平均每人 1000 斤粮食的任务，提前了四到五年完成。全国的粮食产量，估计可能达到 5000 亿斤以上。毛泽东很高兴，将此报告推荐给了《红旗》杂志发表了。

1957 年下半年，中共中央发出若干关于整顿农业生产合作社的指示：合作社和生产队的组织大小，应该照顾地区条件、经济条件、居住条件，容许有各种差别，而不应该千篇一律；有一部分合作社的组织规模是过大的，不适当的，应该根据群众的要求，进行合理的调整，或者把社划小，生产队一般以 20 户为宜；几年来各地实践的结果，证明大社、大队一般是不适合于当前生产条件的，现在规模仍然过大而又没有办好的社，均应根据社员的要求，适当分小；村和生产队的组织规模确定了之后，应该宣布在今后 10 年不予变动。

1958 年 2 月，邓子恢进一步强调："一年来全国经验证明：社过大是不适合于农业生产分散性这个特点，也与我们目前农业生产的技术水平和干部的管理水平不相称的，从而对生产管理，对社内团结都是不利的。"

1958 年春，中国农村开展大规模的农田水利建设等"大跃进"活动，需要土地连片和人员集中组织管理。

1958 年 3 月的成都会议上，毛泽东提出了小社并大社问题，20 日会议通过、4 月 8 日政治局会议批准，制定了《中共中央关于把小型的农业合作社适当地合并为大社的意见》，提出："我国农业正在迅速地实现农田水利化，并将在几年内逐步实现耕作机械化，在这种情况下，农业生产合作社如果规模过小，在生产的组织和发展方面势将发生许多不便。为了适应农业生产和文化革命的需要，在有条件的地方，把小型的农业合作社有计划地适当地合为大型的合作社是必要的。"会议还通过《中共中央关于农业机械化问题的意见》，规定："在 7 年内（争取 5 年内做到）基本上实现农业机械化和半机械化：实现农业生产力的大发展。"

1958 年 4 月 20 日，河南省遂平嵖岈山卫星集体农庄（1958 年 7 月改名为卫星人民公社）成立，这是我国最早建立的农村人民公社；同月，河南省平舆县也办了一个大社。两社的规模达 6000 至 7000 户。5 月至 6 月，两县的农业社全部并成了大社。

6 月 1 日，《红旗》创刊，毛泽东在创刊号上撰文《介绍一个合作社》。文中断言："我国在工农业生产方面赶上资本主义大国，可能不需要从前所想的那样长时间了。"

6 月初，中共中央决定在全国正式建立华北、东北、西北、华东、华中、华南、西南7个协作区。要求各协作区根据自己的资源条件，逐步形成若干个具有比较完整的工业体系的经济区域。

6月14日，刘少奇在全国妇联党组负责人谈话中说：中宣部印了一本有关空想社会主义的资料，其中有一段是康有为《大同书》写的，康有为要破除九界，即国家界限、男女界限、家庭、私有财产等；可以搞很多事业，像空想社会主义者所说，小孩子多大年龄就到什么地方去，到处有花园，老人有养老院，还有戏院、小学、图书馆、电影院，搞得好可以达到这种境地；我们到共产主义不要多远，15年可以赶上美国，再有40年、50年中国可以进入共产主义。

6月18日晚，毛泽东在中南海召集中共中央全体常委、北京市和部分部委的领导同志谈话。其间，毛泽东对薄一波说：现在农业有了办法了，叫做“以粮为纲，全面发展”，工业怎么办？薄一波答：工业就“以钢为纲，带动一切”吧！7月1日，《人民日报》发表了《以钢为纲》的文章。

7月1日，《红旗》第三期发表陈伯达的文章《全新的社会，全新的人》，在介绍一个合作社办工业的情况后说：“把一个合作社变成一个既有农业合作又有工业合作的基层组织单位，实际上是农业和工业相结合的人民公社。”陈伯达写道：“中国正在现实生活中，具体地、逐步地实现科学共产主义创始人在《共产主义原理》著作中提出的理想；中国已经找到为从社会主义过渡到共产主义创造出胜利条件的一种正确道路。”

7月16日，《红旗》第四期发表陈伯达的文章《在毛泽东的旗帜下》（在北京大学庆祝党成立37周年大会上的讲演稿），文章说：“毛泽东同志说，我们方向，应该逐步地有次序地把‘工（工业）、农（农业）、商（交换）、学（文化教育）、兵（民兵，即全民武装）’组成为一个大公社，从而构成为我国社会的基本单位。在这样的公社里面，工业、农业和交换是人们的物质生活；文化教育是反映这种物质生活的人们的精神生活；全民武装是为着保卫这种物质生活和精神生活。在全世界上人剥削人的制度还没有彻底消灭以前，这种全民武装是完全必要的。”

7月中旬，河南省信阳专区形成了并大社的热潮。信阳地区原来只是为了把社并大一点，好建设。在省里汇报时，谭震林向他们讲了毛泽东和党中央关于“工农商学兵”的大公社一番道理，回来他们就叫“公社”。

据《光明日报》1958年8月4日报道：7月14日到18日，刘少奇到山东寿张县视察，“少奇同志还非常关心共产主义生活方式萌芽的出现。他说，现在有的地方组织了公共食堂、托儿所、缝纫社等，使家务劳动社会化”。

实现农业合作化后，为改变贫穷落后面貌，徐水县委领导全县向大自然宣战。“白天赶太阳，晚上赶月亮”。在兴修水利运动中，徐水县委对全县10多万劳力统一调度，实行了军事化管理。为适应大跃进形势，全县普遍办起了公共食堂、幼儿园、敬老院、缝纫厂，使家务活动集体化和社会化。

1958 年 2 月，中央书记处分管农业的书记谭震林到保定视察，对大兵团作战修水利的做法很感兴趣。他到徐水实地考察后，在河北省三级干部会上作报告，大力表彰徐水。回京后，他一方面向新闻界推荐徐水典型，一方面指示中央农村工作副部长陈正人赶赴徐水，系统总结经验。3 月 14 日，陈正人在给中央的报告中肯定了徐水经验。毛泽东读了报告后，批示："徐水县的经验普遍推广。"

8 月 6 日，刘少奇派中共中央农村工作部副部长陈正人带着康有为的《大同书》到河北省徐水县搞共产主义公社试点，陈正人传达了刘少奇关于搞试点的指示。①

1958 年 8 月 8 日，中共中央农村工作部副部长陈正人向河北省委和县委领导传达说：第二个五年计划，社会主义差不多了，第三个五年计划就向共产主义过渡了；过去没有想到这么快，今年钢的产量可搞到 1200 万吨，炼钢设备可搞到 2000 万吨，明年钢产量达 3000 万吨，超过英国，这样就逼得我们想问题了，就要搞向共产主义过渡的试点；刘少奇同志指示在徐水搞一下试点，搞共产主义，搞工、农、兵、学、商结成一体，在农村、机关、学校都搞。陈正人指出：在目前形势下，建立农林牧副渔全面发展，工农商学兵互相结合的人民公社是指导农民加速社会主义建设，提前建成社会主义并逐步过渡到共产主义所必须采取的基本方针。他把康有为的《大同书》与马克思的《哥达纲领批判》一同送给徐水县的干部。

1958 年 1 月 3 日，汕头报出晚稻亩产 3000 斤的消息。

2 月 23 日，贵州金沙报出晚稻亩产 3025 斤的纪录。

6 月 8 日，河南遂平卫星人民公社报出小麦亩产 2105 斤的纪录（小面积）。

6 月 9 日，湖北襄阳大面积亩产 1500 至 2000 斤。

6 月 11 日，河北魏县亩产 2394 斤。

6 月 16 日，湖北谷城 4353 斤，河北临漳 3650 斤，湖北光化 3664 斤。

6 月 16 日，物理学家钱学森在《中国青年报》发表文章《粮食亩产会有多少?》

6 月 18 日，河南商丘 4412 斤。

6 月 21 日，河南辉县 4535 斤。

6 月 23 日，湖北谷城 4689 斤。

6 月 30 日，河北安国 5103 斤。

7 月 12 日，河南西平 7320 斤。

7 月 22 日，福建闽侯报出早稻亩产 7275 斤。

---

① 《徐水共产主义试点始末》，《党史通讯》，1987 年第 6 期。

7月，农业部汇总各省上报的粮食估计产量，竟高达1万亿斤以上。中共中央感到其中有很大的水分，压去1/3，宣布估产全年产量将达到6000亿至7000亿斤（后来核实为4000亿斤）。

8月1日，湖北孝感15000斤（地委第一书记和中国农业科学院、中国科学院的专家亲临验收）。

8月13日报道：湖北省麻城县麻溪河乡和福建省南安县胜利乡的早稻亩产达到了36956斤，花生亩产达到1万多斤。同日，《人民日报》以“祝早稻花生双星高照”的题目评论说：“这又一次生动地证明，‘人有多大胆，地有多大产’，解放了的人民可以创造出史无前例的事迹来。”

8月22日，安徽繁昌43075.9斤。

8月22日，安徽第一个宣布自己是早稻平均亩产达千斤的省。

9月13日，河南宣布是千斤省。

9月18日，四川郫县82525斤，广西壮族自治区环江县红旗农业社130434.93斤。

这些离奇的农作物高产典型，是采用“并田”办法，将多块地里成熟的或基本成熟的农作物移栽到一块地里假造的；也有的是找一两株长势特别好的农作物，用它们的收获量乘以大田的密植株数，推算出来的。

10月20日，四川宣布是千斤省。

广东省宣布粮食比上年增长60%，省委第一书记陶铸撰文批判“粮食增长有限论”，说亩产达到1万斤也是可能的。

山西省洪赵县委向中央写了《就实论虚》的报告，提出小麦亩产究竟可以达到多少？他们以社员的口气说：“我们可以改良小麦的习性，比如使它和谷子嫁接，让每个麦穗有8寸到1尺长，每穗结籽500粒，每亩如果是250万株，还可以产到89000斤，再如果把小麦改良一株多穗，或麦粒像石榴籽那样的大，产量就无法计算。”洪赵县委报告说：“充满了革命的浪漫主义精神的农民，有了这种海阔天空的想象现加上冲天的干劲，这些理想是可以变成现实的。”中央在转发这个报告时说：“山西省洪赵县委关于就实论虚的报告很好，特转发各地参考，希望运用这一方法总结各项作物的经验，原报告可以在报上发表。”[1]

1958年8月初，毛泽东以极其兴奋的心情对来访的苏共中央第一书记赫鲁晓夫说：1949年中国的解放我是高兴的，但是觉得中国问题没有完全解决，因为中国很落后，很穷，一穷二白；以后对工商业的改造、抗美援朝的胜利，又愉快又不愉快；只有这次大跃进，我才完全愉快了！按照这个速度发展下去，中国人民的幸

---

① 《农业集体化重要文件汇编》（下），第50—54页。

福生活完全有指望了！

1958年8月4日至13日，毛泽东用一个星期时间视察了河北、河南和山东的农村和天津市，同省、地、县以至合作社的干部，一拨接着一拨地进行座谈。他走进试验田、高产田，亲眼看一看。他所听到的几乎是粮食年产翻一番的声音。毛泽东总是盯着问：有把握吗？有保证没有？怎么实现？有什么措施？得到的回答都是肯定的，而且是毫不含糊的。毛泽东看到大片大片的农田里，庄稼长得格外好，心里很高兴。他问干部们：群众对大跃进，愿意不愿意干？高兴不高兴？大家异口同声地说：愿意，高兴。①

8月4日和5日，毛泽东视察河北的徐水、定县和安国。毛泽东视察河北省徐水县南梨园乡大寺各庄农业社，肯定了徐水“组织军事化、行动战斗化、生活集体化”的做法。他听县委第一书记张国忠汇报说，夏季小麦获得了亩产754斤的大丰收，毛泽东由衷地喜悦。毛泽东听说，全县秋季粮食要收11亿斤时，他很高兴地问道：你们全县31万人口怎么吃得完这么多粮食？应该考虑到生产了这么多粮食怎么办问题。毛泽东提出搞人民公社，大寺各庄连夜行动。毛泽东没有谈共产主义试点问题。5日，张国忠在徐水县“共产主义思想文化跃进大会”上，作“向共产主义进军”的讲话：根据毛主席的号召，要求全县成立人民公社，向共产主义过渡。几天之内，全县248个农业社宣布转为人民公社。

在安国，毛泽东提出：粮食多了，每人每年可吃六七百斤，土地实行轮作。

在从安国回保定的路上，毛泽东与陪同视察的保定地委书记李悦农说：是不是一乡一社，是不是搞万人公社？在平原地区8000人搞一个公社不要紧，社里工农商学兵都有；要搞全民武装，给民兵发枪；县也要并大一点，并到几十万的大县，头少了好领导。毛泽东还称赞河北省委提出的大地园林化的口号。②

6日到8日，毛泽东视察河南的新乡、襄城、长葛、商丘，看了棉田、粮田、社办工业、托儿所、幸福院和食堂。6日下午4时20分，毛泽东到达河南省新乡县七里营，毛泽东看到人民公社的牌子，他与河南省委第一书记吴芝圃等谈话说：看来人民公社是一个好名字，包括工农商学兵，管理生产，管理生活，管理政权；人民公社前面可以加上群众喜欢的名字。

9日，到山东视察，省委书记处书记谭启龙汇报说，历城县北园乡准备大办农场时，毛泽东说：“不要搞农场，还是办人民公社好，和政府合一了，它的好处是，可以把工、农、商、学、兵合在一起，便于领导。”8月13日，毛泽东的讲话见报，“人民公社好”传遍全国，各地开始办人民公社。河南省动作最快，到8月底，全

① 《毛泽东传（1949—1976）》，中央文献出版社，2003年12月第1版，第828页。

② 薄一波：《若干重大决策与事件的回顾》下卷，中共中央党校出版社，1993年6月第1版，第739页。

省已经人民公社化了，办起了1378个公社，参加农户达99.8%。

8月13日，毛泽东到天津新立村参观稻田，社负责人说，这块地亩产10万斤。毛泽东说："你在吹牛。这不可能，你在放大炮，我是种过地的，你没种过地吧，这靠不住，10万斤，我不信，堆都堆不出来么！"①

13日，毛泽东在天津正阳春饭店就餐，被人民群众认出，引起群众热烈欢迎。当天，现场捡到7筐半丢失的钢笔、手表、鞋帽等物。

1958年8月，北戴河会议之前，毛泽东专门找几个省市的负责人和冶金部负责人开会。从上海市副市长马天水、鞍山市委书记赵敏，到武汉市和太原市市委书记，再到北京、天津、唐山、重庆、马鞍山等主要钢铁基地负责人，毛泽东一个一个地询问他们"1070"吨钢到底可靠不可靠。大家都说行。②

1958年8月16日上午，毛泽东在北京中南海游泳池会见柬埔寨王国首相西哈努克，中午12时20分结束，12时50分登上专机飞往北戴河，下午2时到达。3时召集中央政治局常委和各大协作区主任开会。

8月17日至30日，中共中央政治局在北戴河举行扩大会议，出席会议的有中央政治局委员和各省、市、自治区党委第一书记，以及政府各有关部门党组负责人。会议的中心议题是讨论当年的钢铁生产和建立人民公社问题。会议讨论了1959年的国民经济计划以及当前的工业生产、农业生产和农村工作等问题。会议讨论通过了关于计划和体制方面的8个文件、农村方面的9个文件、财贸方面的10个文件、教育方面的1个文件，其他方面的9个文件。

8月17日，中央政治局扩大会议在中直疗养院礼堂开第一次会议。毛泽东讲话。他提出会议准备讨论的17个问题。毛泽东说：这次会议的性质是工业会议，农业也有，商业也有，工业是主题；工业问题，就是今年要搞1100万吨钢；今年粮食产量可能达到6500亿斤，即每人1000斤，明年人均1500斤，后年2000斤。毛泽东问谭震林："明年你们安排怎样？"谭震林说："有的地区是人均2500斤，口径不一。"毛泽东还对农业深耕特别有兴趣，认为可以密植，可以多施肥，可以多蓄水。③

---

① 王香平：《对毛泽东"大跃进"时期提倡"留有余地"的几点分析》，《党的文献》，2012年第3期，第32页。

② 时任冶金部副部长的袁宝华参加了这一次座谈会，并在《缅怀毛泽东》一书（中央文献出版社，1993年版）中，袁宝华回忆："主席的思想是留有余地，这是他一贯的主张。他提出这个问题，有些不放心，才专门开了这个会，结果大家都说行，而且报的数字超过'1070'，所以他相信了，并在报纸上发表了。……这一次毛主席的谈话给我的印象是，他对于重大问题抓得很细，一个人一个人地问，在场的一个不落。实际上汇报假情况的责任在我们，分明不行，却拍着胸脯说行。"

③ 《毛泽东传（1949—1976）》，中央文献出版社，2003年12月第1版，第830页。

8月19日上午，毛泽东在一号楼住所召开协作区[①]主任会议，要求第一书记要亲自抓工业。他提出“统一计划，分级管理，重点建设，枝叶扶持”的方针，各县、社都发挥“钢铁积极性”，那不得了，必须有控制，不能专讲民主；“全党办工业，各级办工业，一定要在统一计划下，必须要有重点有枝叶。……每个合作社不一定都办钢铁。合作社主要搞粮食加工、土化肥、农具修理和制造、挖小煤窑。要有所不为才能有所为。各协作区要有一套，但各省要适当分工，不要样样都搞。”[②]

关于人民公社，毛泽东说：“名称怎么叫法？可以叫人民公社，也可以不叫人民公社，我的意见是叫人民公社。这仍然是社会主义性质的，不要过分强调共产主义。人民公社，一曰大二曰公。人多，地大，生产规模大，各种事业大。政社是合一的。搞公共食堂，取消自留地，鸡、鸭、屋前屋后的小树还是自己的，这些到将来也不存在了。粮食多了，可以搞供给制，还是按劳付酬。工资按各尽所能发给个人，不交给家长，青年、妇女都高兴，这对个性解放有很大好处。……不论城乡，应当是社会主义制度加共产主义思想。我们现在搞社会主义，也有共产主义的萌芽。学校、工厂、街道都可以搞人民公社。”[③]

毛泽东最后又回到工业、钢铁问题上来。他说：“钢铁检查小组，每10天要检查一次。你们回去后，什么事情也不搞，专门搞几个月工业。不能丢就不能专。没有专就没有重点。粮食问题基本上解决了，高产卫星不要过分重视，帝国主义压迫我们，我们一定要在三年、五年、七年之内，把我国建设成为一个大工业国。为了这个目的，必须集中力量把大工业搞起来。抓主要的东西，对次要的东西，力量不足就整掉一些。……钢铁谁搞谁不搞，要服从决定，要下紧急命令，把铁交出来，不许分散。大、中钢厂的计划必须完成，争取超过。……要讲透‘有所不为而后才有所为’的道理。”[④]

当天下午，召开政治局扩大会议，继续讨论计划问题。刘少奇发言说：在全国计划之外，不能再有其他计划，全国是一本账，一盘棋；不应该有不列入计划的经济活动；不列入计划就会发生无政府状态；不能一部分是计划经济，一部分是无政府经济。邓小平说：现在不是统死不统死的问题，恐怕要统点死，就是要“全国计划，集中统一，共同负责，全民保证”。刘少奇和邓小平的发言，都是为了保证全国重点项目，特别是保证钢铁生产任务的完成。[⑤]

---

① 1958年2月6日，中共中央作出《关于召开地区性的协作会议的决定》，将全国各省、区划分为7个大的协作区。各协作区及其负责人如下：1. 辽、吉、黑、东蒙为东北协作区，欧阳钦；2. 京、津、冀、鲁、晋、内蒙古、豫为华北协作区，林铁；3. 沪、苏、浙、皖、鲁、赣为华东协作区，柯庆施；4. 粤、桂、湘、闽、赣为华南协作区，陶铸；5. 鄂、湘、赣、豫、皖为华中协作区，王任重；6. 滇、云、川、藏、陕为西南协作区，李井泉；7. 陕、甘、青、新、宁为西北协作区，张德生。

② 《毛泽东传（1949—1976）》，中央文献出版社，2003年12月第1版，第830—831页。

③ 《毛泽东传（1949—1976）》，中央文献出版社，2003年12月第1版，第831页。

④ 《毛泽东传（1949—1976）》，中央文献出版社，2003年12月第1版，第831页。

⑤ 《毛泽东传（1949—1976）》，中央文献出版社，2003年12月第1版，第832页。

8月21日，毛泽东再次召开协作区主任会议，并讲话说："保证重点，明年搞2700万到3000万吨钢，30万台机床，完成这些就是胜利。……24号开工业书记和市委书记会议，看有没有把握。三令五申，凡是铁不拿出来者，要执行纪律。……我看1100万吨钢有完不成的危险。六月间，我问王鹤寿，钢是否可能翻一番？问题是我提出来的，实现不了，我要作检讨。有些人不懂得，完成1100万吨钢，是关系到全国人民的大事。"毛泽东要第一书记"右手抓工业，左手抓农业"。①

毛泽东再次阐述人与人之间的平等关系问题。他说："领导干部不靠威风，不靠官架子，而是靠为人民服务、为人民谋福利，靠说服。"

毛泽东说："马克思主义关于平等、民主、说服和人们相互关系、打成一片的思想没有发挥。人们在劳动中的关系，应当是平等的关系，是领导和群众打成一片的关系。苏联十月革命后没有做好，旧的法权（等级）制度没有彻底破坏，劳力与劳心是分离的，教育与生产是分离的。……苏联共产党员多数是干部子弟，普通工人农民提不起来。所以，我们要寻找我们自己的道路。我们一定要把干部子弟赶到群众中去，不能有近水楼台。"②

毛泽东说："进城以后，有人说我们有'农村作风'、'游击习气'，这是资产阶级思想侵蚀我们，把我们一些好的东西抛掉了。农村作风吃不开了，城市要求'正规化'，衙门大了，离人民远了。我们历来讲，要和群众打成一片，对群众要说服而不是压服，这些都成了问题呢？原因就在于脱离群众，在于特殊化。"③

毛泽东说：所有制解决以后，资产阶级的法权制度还存在，如等级制度，领导与群众的关系；争地位、争级别、要加班费、脑力劳动者工资多等，都是资产阶级思想的残余；"各取所值"是法律规定的，也是资产阶级的东西；将来坐汽车要不要分等级？不一定要有专车，对老年人、体弱者，可以照顾一下，其余的就不要分等级了；要考虑取消薪水制、恢复供给制问题；过去搞军队，没有薪水，没有星期天，没有8小时工作制，上下一致，官兵一致，军民打成一片，成千上万地调动起来，这种共产主义精神很好；过去实行供给制，过共产主义生活，22年的战争都打胜了，为什么建设社会主义不行呢？我们已相当地破坏了资产阶级的法权制度，但还不彻底，要继续搞；不要马上提倡废除工资制度，但是将来要取消，恢复供给制好像要倒退；倒退就是进步，因为我们进城后后退了；现在要恢复进步，我们要把6亿人民带成共产主义作风；人民公社大协作，自带工具、粮食，工人敲锣打鼓，不要计件工资，这些都是共产主义的萌芽，是资产阶级法权的破坏；希望大家对这些问题的看法吹一下，把实际中的共产主义道德因素在增长的情况也吹一下。

① 《毛泽东传（1949—1976）》，中央文献出版社，2003年12月第1版，第832页。
② 《毛泽东传（1949—1976）》，中央文献出版社，2003年12月第1版，第833页。
③ 《毛泽东传（1949—1976）》，中央文献出版社，2003年12月第1版，第833页。

参加会议的柯庆施把毛泽东的意见转告给上海市委的张春桥①，张春桥按照自己的理解写了《破除资产阶级的法权思想》一文，登载于上海《解放》半月刊第六期（《解放》创刊于1958年7月1日，第六期于1958年9月15日出版）。张春桥的文章说：资产阶级权利是“核心等级制度”，中国革命历史上的军事共产主义和供给制，在任何情况下都绝对适用；实行薪金制等是资产阶级为了保护不平等的资产阶级法权，是为了打击无产阶级的革命传统，而对正确处理劳动人民内部相互关系的共产主义原则的攻击。

张春桥的论点受到不少人的反驳。撒仁兴在《哲学研究》1958年第7期发表《论破除资产阶级法权观念》一文，指出：张春桥的文章缺乏理论分析，说服力不够，而且有片面性，有许多重要问题并没有说明白；按照作者的论述，似乎他主张目前要立即完全取消资产阶级式的法权，并不承认在社会主义阶段存在资产阶级式的法权是不可避免的；似乎把社会主义制度下的工资制度说成是等级制度，如果是这样，我们认为张文是完全错误的。

毛泽东看了张春桥的文章很赞赏，指示由《人民日报》转载，并代写了编者按：

张春桥同志此文，见之于上海《解放》半月刊第六期，现在转载于此，以供同志们讨论；这个问题需要讨论，因为它是当前一个重要的问题。我们认为张文基本上是正确的，但有一些片面性，就是说，对历史过程解释得不完全。但他鲜明地提出了这个问题，引人注意。文章又通俗易懂，很好读。②

1958年8月22日、23日，政治局扩大会议继续进行。毛泽东因为同军队领导人研究我国领海和台湾海峡问题，没有出席这两天的会议。

22日，讨论钢铁问题，陈云传达了毛泽东20日听取钢铁生产汇报时作出的8条指示。

23日，讨论农村工作。刘少奇说：公社是由社会主义过渡到共产主义的最好形式，也是基层政权的组织形式；社的规模大小、社发展快慢，由各地决定，不要性急、勉强，不要强迫命令；就是全民所有制也不一定是共产主义，过渡到共产主义，毛主席指示有3个条件，即社会产品大为丰富、共产主义思想觉悟和道德品质大为提高、教育普及提高，由此消灭三大差别。

---

① 张春桥，男，山东省巨野县人，1917年出生。1932年入济南正谊中学读书。1935年5月到上海。1938年1月到延安，同年8月加入中国共产党。抗日战争中任《晋察冀日报》副总编（邓拓为总编兼社长）。1947年11月12日石家庄解放后，出任《石门日报》（后改为《石家庄日报》）社社长。1950年出任华东新闻出版局副局长。1951年任《解放日报》社长兼总编。1954年秋天中宣部调任张春桥为《人民日报》副总编辑（未到职）。1956年7月在中共上海市委第一次代表大会上当选为市委委员，并担任中共上海市委政策研究室主任。1958年底，任中共上海市委常委。1962年冬成为上海市委宣传部部长。“文化大革命”前夕，任上海市委书记。

② 1958年10月13日，毛泽东写的“编者按”连同张春桥的文章，以醒目的地位在《人民日报》上发表。

柯庆施率先提出："公社实行吃饭不要钱。"有不少人赞成。刘少奇表示："吃饭不要钱，今天不作决定。"邓小平说：公社本身是社会主义性质，为共产主义作准备；公社一定要有生产财富的基础。

24日，毛泽东在一号楼召开政治局常委和协作区主任会议。关于农村建立人民公社问题的决议等几个文件起草工作已完成，经毛泽东审阅后交会议讨论。毛泽东说："吃饭不要钱的办法，可以逐步实行，暂时不定，明年是否实行，到时候再看。"

毛泽东说：人民公社决议发下去以后，每一个县搞一两个试点，不一定一下子都铺开，要有计划地去进行规划；现在不搞不行了，不搞要犯错误。

为了最后决定1958年的钢产量比1957年翻一番，8月26日毛泽东要薄一波（国务院副总理兼经委主任）带各大钢铁企业的党委书记和厂长去开会，当询问今年钢产量指标定为1070万吨能否完成时，到会的人都说能行。一年中的8个月已经过去，全国只生产出400万吨，要在4个月内完成700吨极其艰难。毛泽东再三考虑，他引用李商隐的诗句说："夕阳无限好，只是近黄昏。"最后，还是定了1958年生产1070万吨钢的决心。①

会议认为农业上了轨道，而工业还没有上轨道。会议决定全国省、自治区党委第一书记从现在起必须首先注意工业的领导。但同时不要放松农业的领导。会议认为工业的中心问题是钢铁和机械生产。会议提出第二个五年计划最后一年（1962年）以8000万吨钢为纲的第一方案和以1亿吨钢为纲的第二方案。

8月29日，《中共中央关于在农村建立人民公社问题的决议》经中共中央政治局扩大会议通过。决议中说：一般一乡一社到数乡并为一社，户数可以从2000户到6000户或2万户以上；要用共产主义精神教育干部和群众，不要算细账，自留地收归集体经营，零星果树和股份基金等在一二年后也变为公有；可以把并大社、转公社一气呵成，办法是通过鸣放讨论。

决议中说：快的地方三四年，较慢的地方五六年，就可以过渡到全民所有制，"建立人民公社首先是为了加快社会主义建设的速度，而建设社会主义是为过渡到共产主义积极地作好准备。看来，共产主义在我国的实现，已经不是什么遥远将来的事情了，我们应该积极地运用人民公社的形式，摸索出一条过渡到共产主义的具体途径。"

---

① 根据中共"八大"提出的关于第二个五年计划的建议，并考虑到15年左右赶上英国的目标，1958年2月3日，国务院副总理、国家经济委员会主任薄一波在第一届人民代表大会第五次会议上作了关于1958年国民经济计划的报告，提出1958年钢产量指标为624.8万吨，比1957年实际产量535万吨增长17%。此后，在短短的三个多月中，1958年的钢产量指标迅速上涨了36%，已经出现了三本账：

第一本账1958年2月3日提出624.8万吨；

第二本账1958年4月14日提出711万吨；

第三本账1958年5月30日提出800万至850万吨。

为与向共产主义过渡相适应，会议要求进一步提高5亿农民的共产主义觉悟，要办公共食堂、幼儿园、托儿所、缝衣组、理发室、公共浴池、幸福院、农业中学、红专学校等，把农民引向更幸福的集体生活。

30日，毛泽东在最后一次会议上讲话，主要讲人民公社，全党办工业。出席工业书记会的全体人员参加了这次会议。毛泽东说："人民公社这个事情是人民群众自发搞起来的，……不仅南宁会议没有料到，成都会议也没有料到，"八大"二次会议也没有料到。我们的人民在农业合作社的基础上搞起来的人民公社，……人民公社的特点是两个，一为大，二为公，叫大公社。人多，几千户，一万户，几万户；地大，地大物博，综合经营，工农兵学商，农林牧副渔。农林牧副渔，农业合作社原来就有的，工农兵学商，是人民公社才有的。这些就是大。大，这个东西可了不起，人多势众，人少办不到的事情大就可以办到。公，就是比合作社更要社会主义，把资本主义的残余，比如自留地、自养牲口可以逐步取消。"

毛泽东讲话说：平均主义出懒汉，过去22年，出了多少懒汉，我没看见几个；现在发明一个东西，要给100块钱，倒是会出懒汉，争吵，不积极。

毛泽东明确提出，完成1070吨钢，从时间上看相当危险："能不能搞到，我总是怀疑，十五个吊桶打水，七上八下。如果搞不到，那么，一是我的工作没有抓紧，二就是这个题目出错了，不应该出这个1100万的数目。"[①]

30日，历时14天的北戴河会议结束。

1958年8月31日，薄一波在工业书记会议上作总结发言，传达了毛泽东的话：破除迷信，美国算不了什么，用不了一二十年，苏联可以变为两个美国，我们可以变为四个美国。

薄一波还向毛泽东建议，把1070万吨钢的指标登报，使大家义无反顾，就会努力奋斗。毛泽东说，这是个好主意，根据你们讲的不是"1070"，是1100多万吨，发表1070，我们兜里还装着几十万吨。一向处事谨慎的陈云不放心，专门找王鹤寿（冶金部部长）等谈话，要求算了个细账后，说，看来有希望。[②]

1958年9月1日，北戴河会议公报见报，并发表社论《立即行动起来，完成把钢产量翻一番的伟大任务》："全力保证实现钢产翻一番，是全党全民当前最重要的政治任务。……全党全民必须同时间赛跑，从现在起立即行动起来，鼓足干劲，苦战四个月，……一千零七十吨钢的伟大任务不但一定能够完成，而且一定能够超额完成。"9月5日，《人民日报》再次发表社论《全力保证钢铁生产》。中共中央

① 王香平：《对毛泽东"大跃进"时期提倡"留有余地"的几点分析》，《党的文献》，2012年第3期，第32—33页。

② 《对毛泽东"大跃进"时期提倡"留有余地"的几点分析》，王香平，《党的文献》，2012年第3期，第32页。

先后4次召开电话会议催促。9月24日中共中央书记处召开电话会，要求到30日，达到日产钢6万吨、铁10万吨，否则是不行的。

9月10日，《中共中央关于在农村建立人民公社问题的决议》公开发表。《人民日报》同日发表《先把人民公社的架子搭起来》社论。

9月11日，《人民日报》发表《中共中央关于今冬明春在农村中普遍开展社会主义和共产主义教育运动的指示》。

至9月底，全国27个省、市、自治区中有12个100%的农户加入了人民公社，10个有85%以上的农户加入了人民公社，4个即将基本实现公社化，有云南1省于10月底实现。①

公社统一负责盈亏，以生产大队为管理生产、进行经济核算的单位。实行粮食供给制，全体社员，不管家中劳动力多少，都按照人口免费供应粮食。各个生产大队中以生产队为单位组织公共食堂，全国共计有公共食堂数百万个。为利于早日过渡而培植"共产主义因素"。

上海柯庆施提出"吃饭不要钱"的口号，各地纷纷仿照，提出"放开肚皮吃饭"。9月中旬，毛泽东视察安徽时，听到一个公社吃饭不要钱的消息，他说：吃饭不要钱，既然一个社能办到，其他有条件的公社也能办到；将来穿衣服也可以不要钱了。9月27日，刘少奇说：我经过3个省，河南、河北、江苏都决定农民吃饭不要钱，实行粮食供给制，看来大家都赞成。刘少奇还表示说：实行粮食供给制，群众不是懒了，而是情绪更加高了，生产更积极了，这就是人民的共产主义觉悟提高的表现，是共产主义道德品质更加提高的标志。甘肃省委书记告诉薄一波说：有的干部看到过路的人走了好远，还强拉他回来，说："天晚了还不吃饭？反正不要钱。"非要人家吃不行。

1958年8月12日，河北省委书记处召开会议，研究徐水共产主义试点问题。

8月22日，中共徐水县委制定了《关于加速社会主义建设向共产主义迈进的规划（草案）》，规定：1959年基本完成社会主义建设，并开始向共产主义过渡，到1963年即进入伟大的共产主义社会。

9月1日，《人民日报》报道，徐水县委第一书记张国忠立即宣布"跑步进入共产主义"，成立公社，树木归集体，房屋也由公社统一分配，社员实行工资制，社员和干部大搞试验田，计划一亩山药产120万斤，一棵白菜500斤，小麦亩产12万斤，皮棉亩产5000斤；这些将要发射的卫星庄稼，是在迈向共产主义的人民公社殿堂上空飘扬的鲜明耀眼的红旗，也是人民公社才能竖起这样的红旗。

---

① 至1960年7月底，全国190个大中城市建立人民公社1064个，参加人数占城市总人数的77%。据《新华月刊》1958年第20期第97页载：到10月底，全国农村基本实现了公社化，参加公社的农户为1.2亿，全国2.6万个人民公社。

中央、省、地、县向徐水派来了100多人的领导工作班，其中中共中央派来的占70多人。

9月10日，刘少奇来到徐水。他提醒徐水县的干部群众，要严格控制非生产性管理人员。刘少奇特别强调，全民所有制还不是共产主义性质。刘少奇走后，徐水县向共产主义过渡迈向新台阶。

9月13日，《人民日报》发表《高举人民公社的红旗前进》社论。指出：在建立人民公社时，一定要建立公共食堂、托儿所、缝纫组一类组织，要求妇女劳动力全部参加生产，只有这样做才体现人民公社比农业生产合作社更加社会化、更加集体化的优点。

同日，中共中央政治局委员、国务院副总理兼财政部长李先念等人到徐水县视察，发现徐水县里没有一个商贩，他们全部实行了供给制。[①]

9月15日，成立了“徐水县人民总公社”（后改称“徐水人民公社”），实行县社合一，经济上由县一级统一核算。

9月20日，中共徐水县委员会发布《关于人民公社实行供给制的试行草案》，规定：从9月份起，干部、工人、职工取消薪金，社员取消按劳取酬；干部改发津贴，县级每月8元，科局级5元，一般干部3元，勤杂人员2元；对全县人员实行供给制“15包”：吃饭、穿衣、住房、鞋、袜、毛巾、肥皂、灯油、火柴、烤火费、洗澡、理发、看电影、医疗、丧葬。

当年，先后有40多个国家、930多名外国人和3000多个国内单位的人前来徐水县参观。苏联《真理报》驻北京记者看了后伸大拇指。赫鲁晓夫听说后，特派塔斯社记者来察看。后来，赫鲁晓夫说：中国的共产主义是喝大锅清水汤，苏联是土豆烧牛肉。

对于徐水的问题，毛泽东觉察得较早。1958年9月，毛泽东派出身边工作人员18名到徐水实地调查半个月，反映了徐水县普遍存在的“共产风”和强迫命令等问题，引起了毛泽东的警觉。毛泽东问：“天有不测风云，你遇到大水、大旱、连旱3年怎么办?”毛泽东对徐水工作组的批评使河北省委震动很大。根据毛泽东的指示，省委派出工作组，在徐水做了3天调研。

10月18日，中央办公厅机要室在徐水劳动的同志给毛泽东写了一份报告：徐水县主观主义、强迫命令、虚假现象不少。

10月底，林铁、刘子厚就调查中发现的问题向毛泽东作了专题汇报：徐水县严重强迫命令，对生产队长和农民，动不动就“辩”你一家伙，名曰“辩论会”，

① 李先念：《人民公社所见》，《人民日报》，1958年10月17日。

实际上变成了斗争会；地委、省委的话，徐水县委根本听不进去。[①] 毛泽东认真听过汇报，再次强调要弄清徐水县的全民所有制与全国全民所有制的区别。

10 月 29 日，河北省委书记处专门开会讨论徐水工作和落实毛泽东的指示问题。

此后，徐水县把一县一社改为三级实权制，干部、职工恢复并补发工资，房屋仍归原主。

1958 年 11 月，徐水县筹了 550 万元款子，给全县的公社社员发了一次工资及部分生活用品。

12 月，县里又筹集了 90 万元，并挪用商业上资金 700 万元（造成了商业资金不能周转）。

徐水县“共产主义”匆匆夭折。

人们的口号是：人有多大胆，地有多大产[②]；不怕做不到，就怕想不到。民歌说：天上没有玉皇，地上没有龙王；我就是玉皇，我就是龙王；喝令三山五岳开道，我来了！

有人说，一省可以首先进入共产主义。一些县就抢先过渡。例如山东省寿张县县委第一书记在万人大会上报告说：为两年内实现工业化、机械化、电气化，基本上建成一个像样的共产主义而奋斗；湖北省当阳县跑马乡在大会上宣布：1958 年 11 月 17 日是我们的社会主义结束日，18 日是共产主义开始日。

1958 年 10 月 28 日，山东省范县召开万人大会，县委书记在会上宣布：1960 年过渡到共产主义。规划是：粮食生产万斤化——1960 年保证亩产 2 万斤，争取 3 万斤。它要实现的共产主义乐园是：“人人进入新乐园，吃喝穿用不要钱。鸡鸭鱼肉味道鲜，顿顿可吃四个盘。天天可以吃水果，各色衣服穿不完。人人都说天堂好，天堂不如新乐园。”此消息传到了中央，毛泽东于 11 月 6 日指示说：此件很有意思，是一首诗，似乎也是可行的，时间似太促，只三年；也不要紧嘛，三年不成，顺延也可以嘛。[③]

北戴河会议后，中共中央先后召开 4 次电话会议催促大炼钢铁。

8 月以前，全国已建成一批年产钢在 10 万吨以下的小高炉、土高炉；9 月以后，新建了几十万座。除了主管的冶金部门外，地质、煤炭、电力、机械、交通运输等部门，广泛开展群众运动。凡大炼钢铁与其他工业发展在设备、材料、动力、

① 薄一波：《若干重大决策与事件的回顾》下卷，中共中央党校出版社，1993 年 6 月第 1 版，第 751—752 页。

② 《年底算账派输定了》，《人民日报》，1958 年 8 月 30 日。

③ 李仕诏：《关于人民公社的历史反思》，《东岳论丛》，1988 年第 6 期，第 25 页。

人力等方面发生矛盾的时候，其他部门必须停车让路。对凡有怀疑的干部群众，就“拔白旗”，受到组织处理。

由各地党委第一书记挂帅，动员广大工人、农民、干部、学生和城市居民9000多万人带着锅灶上山，砍树挖煤，找矿炼铁，建起了上百万个小高炉、小土焦炉，土法炼铁炼钢。山间、田野、街道、校园，到处摆开大炼钢铁的战场。

9月7日，《人民日报》发表社论，宣传河南土高炉日产生铁比老钢铁基地辽宁、吉林、黑龙江三省的生铁日产量还要高。为了放这一颗“卫星”，河南省建立了5万多座土高炉，抽调了360多万人炼铁。

9月份全国参加大炼钢铁的人数由8月份的几百万人突增至5000万人，建立了大小土高炉60多万座。找矿、采矿、炼钢成了人们生活的主要内容，工厂、农村、机关、铁道、学校、部队各行各业，几乎无一例外地置身其列。

9月24日，《人民日报》社论介绍了湖南邵阳专区的经验：“他们组织全民大辩论，驳倒了‘农民炼不出铁来’的‘怀疑论’、‘条件论’等右倾保守思想……在全区组织了万余干部、93万群众投入炼铁运动。没有矿，他们说，‘把地球挖穿，也要挖出矿来，仅一个湘乡县，就发动了7万多人找到120处铁矿和51处煤矿。焦煤运不及，他们自己去挑，去搬，仅一个涟源县就发动2万多人排成长蛇阵，从山上运下6000多吨焦煤”等。社论认为，“当群众发动到这样的程度，奇迹就一定会出现”。

9月29日，是中央确定放“卫星”的日子：全国日产钢近6万吨，铁近30万吨，出现了8个日产生铁超过万吨的省、73个日产生铁超过千吨的县和两个日产5000吨钢、一个日产4000吨钢的省。

10月15日到21日是中央确定的高产周。10月26日，《人民日报》称：“一周内钢的平均日产量比以前14天的平均日产量增加了85%，……其中钢的最高日产量曾达到10万多吨。”日产煤炭100多万吨，铁路装车3.5万多车。

为了解决矿石、电力供应以及运输紧张等问题，中央及有关部门还相继发出全民大办电力、大办地质、大办运输等指示，以保证钢产量翻番指标的完成。于是除主管钢产量的冶金部门以外，地质、煤炭、电力、交通运输等部门，为了配合完成“1070”，也广泛开展了群众运动。为了找矿，许多地方由党委书记带领群众上山。成千上万的农民，背着镢头，带着锅灶，上山挖煤，于是，全国开挖了十万多个小煤窑。组织了数以千万计的运输大军，各行各业的男女老幼，既用现代化的运输车辆，也用原始的运输工具，昼夜不停地抢运大炼钢铁的各种物资。在缺少煤炭资源的地方，则大量砍伐树木。造成从山区到平原到处大砍树木，使森林资源和生态平衡遭到了严重的破坏。

10月底，全国炼钢人数达到6000万人。最高时达到9000万人。炼钢高炉达到了几百万座。不但工厂、公社，而且部队、机关、学校，甚至国家外交部、省委机关也建起了土高炉、炼铁厂。冶金部先后在天津和河南商城县召开全国土法炼钢现场会，大力宣传炼铁和炼钢都要大搞小（小转炉、小土炉）、土（土铁炼钢）、群（群众运动）；要大破所谓“保守思想”和“怀疑论”，让土法炼钢遍及全国各地。

1958年8月至9月，东北三省因电力紧张，因而减去了轻工业生产的电力负荷1/3；9月，上海生产的出口皮鞋，没有包装材料，缺少纸盒、木箱和铁钉；苏州支援上海的黄纸板找不到车皮运输；11月，有25种主要西药的生产停工或半停工。炼钢毁掉了不少山林，浪费了不少资源，耗费了巨大的人力、物力。在农业秋收大忙季节，把最强壮的劳动力抽去炼钢铁，严重影响了农业生产，丰产未能丰收，粮食、棉花等作物受到很大的损失。农产品的收购任务远没有完成。征购到的粮食比上年同期减少88亿斤（但销售和出口却增加52亿斤）。

10月22日，中共中央、国务院发出紧急指示，要求突击收购和调运农产品，由于高估产，当年度多征购粮食200亿斤（实征1123亿斤）。1958年冬天，馆陶县等地发生了公共食堂停火、社员外出逃荒的现象。1959年2月，一些地方因严重缺粮出现人员浮肿和不正常死亡问题。

1958年12月22日，《人民日报》以套红通栏标题报道《一零七零吨钢——党的伟大号召胜利实现》：据冶金工业部12月19日统计，今年全国生产钢1073万吨（不包括土法炼钢），比1957年增加了1倍。

12月31日，宣布钢产量达到1108万吨，生铁1369万吨，超额完成1959年钢产量翻番的任务。[①]

国家自1958年9月1日起，将小高炉生铁调拨价提高到每吨200元，亏损部分由国家财政补贴；小高炉炼1吨生铁的成本价超过大高炉成本的4到6倍，仅此一项，国家的支出就高达40亿元，超过当年财政总收入的1/10。全国职工总人数由1957年的2451万人猛增到4352万人，大大加重了国家财政支出和商品粮供应的负担，加剧了商品供需的矛盾。大炼钢铁严重冲击了农业和轻工业生产，大量的运输工具和牲畜被用于工业，丰产的秋收作物因无人收获大量烂在了地里，据农村工作部保守估计，当年大约有10％的作物没有归仓。

1958年，中共中央根据人民群众的愿望作出了加速首都城市建设的重要决定，其中包括兴建十大工程——人民大会堂、中国革命博物馆、中国历史博物馆、中国人民革命军事博物馆、全国农业展览馆、民族文化宫、北京火车站、北京工人体育

① 后来经核实，合格的钢只有800万吨，合格的铁只有953万吨。其余300万吨土钢和416万吨土铁，均为根本无法实现的废品。参见1959年8月26日《关于调整一九五九年国民经济计划主要指标和进一步开展增产节约运动的报告》（周恩来）。

场、华侨大厦、民族饭店。

人民大会堂是这十大工程的核心。

在中共中央的领导下，全国上千名设计人员、艺术家和有关方面专家会聚在北京，精心研究，工程技术人员和建筑工人发挥了聪明智慧和创造力。大会堂是1958年10月28日破土动工，1959年9月10日这座规模宏大、结构复杂的高质量建筑正式交付使用。

当这座建筑将要落成的时候，考虑到它的正式命名问题。有人建议称“人民宫”，有人主张叫“人民议事堂”，等等。1959年9月9日凌晨2时半，毛泽东来这里视察。北京市副市长万里汇报建筑物的命名问题时，毛泽东在倾听了上述种种建议后说：大会堂是人民建造的，还是叫“人民大会堂”好！后来，朱德题写了“人民大会堂”。

人民大会堂的建筑面积是17.18万平方米，占地15公顷。它的中部有可容纳万人开会的大礼堂和600人观看演出的小礼堂，北部有5000人座席的宴会厅，南部是全国人民代表大会常务委员会办公楼，还有会议厅、休息厅、办公室等300多个。其规模、气势之宏伟壮观，结构、设备之复杂错综而又协调合理，以及建筑艺术和装饰陈设之巧夺天工，是我国建筑史上少有的。它的建筑速度也是一个奇迹。

人民大会堂完全是由我国工程技术人员自行设计和施工的，建筑材料和设备也完全是我国自行生产和制造的。在它的建造过程中，得到了全国各地的大力支持。其中由各省、自治区、直辖市布置并命名的厅室，充分反映了各个地方的特色和民族风格。

1958年，是毛泽东出京最多的一年，全年他只有两个多月在中南海办公，足迹踏遍全国17个省市。

十八、中美关系

第二次世界大战结束以后，越南独立，1945年9月2日建立越南民主共和国。法国不甘心丧失在印度支那的殖民地，随即对越南发动了大规模武装进攻，并派兵入侵老挝，占领柬埔寨。

1950年1月，胡志明来到中国，要求中国同志帮助越南进行抗法斗争。尽管新中国面临种种困难，但中国领导人毅然作出援越抗法的重大决策。1950年1月18日，中国率先承认越南民主共和国并与之建交。中国随后应越方要求，提供军事和物资援助，并派出顾问团。1954年3月13日至5月7日，越南人民军在中方的协助下，发动了具有决定性影响的奠边府战役，整个战局迅速朝着有利于越南的方向发展。

为解决朝鲜和印度支那问题，实现亚洲和平，苏联政府1953年9月28日照会法、美、英3国政府，提议召开有中华人民共和国参加的五大国外长会议，审查缓和国际紧张局势的措施。10月，在伦敦外长会议上，苏联代表又建议召开五大国会议讨论远东局势。1954年1月、2月间，苏、美、法、英4国在柏林举行外长会议。经苏联外长莫洛托夫的再次努力，西方国家终于同意就解决朝鲜和印度支那问题进行谈判。柏林外长会议最后达成协议，建议在日内瓦召开由苏、美、法、英、中及其他有关国家代表参加的会议。

1954年4月26日至7月21日，在瑞士的日内瓦举行有关国家参加的国际会议。会议主要讨论了和平解决朝鲜问题和恢复印度支那和平问题。美国采取敌视中国的僵硬态度，会议前期，美国国务卿杜勒斯任美国代表团的团长，他规定参加日内瓦会议的美国代表团不论谁都不准同中国代表团的成员握手。但是美国有一桩心事要和中国人交涉——美国的一批在朝鲜战场上的战俘和在中国犯了罪的平民尚关押在中国。美国公众舆论对此反应十分强烈。美国政府受到了很大的压力。

5月3日，杜勒斯返回美国。美国代表团副团长、副国务卿史密斯为美国代表团团长。史密斯有一天在酒吧间端着酒杯主动找中国代表团首席代表周恩来的翻译浦寿昌攀谈，讲了许多友好的话。中国代表团很重视这一行动。第二天，会议间休息时，周恩来在酒吧间向史密斯走去，并要向他伸出手时，史密斯左手拿着雪茄，右手急忙端起咖啡，他笑容可掬地和周恩来打招呼，从中国的古老文明到中国的瓷器，客气地聊了一阵。

有一天，史密斯又微笑着主动过来和周恩来交谈。史密斯说："会议即将结束，能够在这里和你认识，我感到非常荣幸和高兴。你们在这次会议上发挥了很大的作用。我们希望不管朝鲜也好，越南也好，都能恢复和平。"说完抓住周恩来的胳膊摇晃了几下，笑眯眯地走开了。

日内瓦会议期间，美国政府决定通过参加会议的英国驻北京代办（英国已和中华人民共和国建立了代办级外交关系）汉弗莱·杜维廉来接手办理美国在华被押人员的问题。周恩来连夜召集代表团研究如何对待这个问题。周恩来认为我们不应拒绝和美国的接触。中国代表团告诉英国代办：现在中美双方都有代表团在日内瓦开会，有关问题可由两个代表团直接进行接触。

5月25日，中国代表团发言人黄华向新华社、塔斯社、路透社、美联社、合众社、法新社、国际新闻社等通讯社的记者发表谈话，内容涉及美国政府无理扣押中国侨民和留学生，并表示中国愿意就被押人员问题同美国举行直接的谈判。

杜勒斯外表激烈反共，内心却有兴趣探索缓和同中国的紧张关系及使在押人员获释的可能途径；美国的一些盟国也认为缓和中美关系，将会促进太平洋地区的和平。

通过英国代办的安排，6月5—21日中美两国代表就两国侨民问题举行了初步商谈。

随着朝鲜停战协议的达成，日内瓦会议期间又签订了“越南停火协议”。美苏冷战开始缓解，国际形势由紧张转为缓和。但美国为使其侵占台湾的行为合法化，以台湾为基地扩大对中国的军事对抗和准备新的战争。继 1953 年 8 月 8 日（朝鲜停战的第 9 天）美国与南朝鲜签订《美韩共同防御条约》（1954 年 9 月 8 日美国在菲律宾首都马尼拉又推动签订了《东南亚集体安全防御条约》），1954 年夏季，美国与台湾当局的缔约谈判亦活跃起来。

在被封锁的情况下，中国领导人无法了解美台谈判的进程，担心像早先出现的南北朝鲜、南北越南一样，美台的条约将有可能把台海两岸的分裂局面以法律的形式固定下来。为了引起国际社会的关注，毛泽东决定突出强调台湾问题。1954 年 7 月 23 日毛泽东即打电报给正从日内瓦回国途中的周恩来，提出：为击破美蒋的军事和政治联合，必须向全中国、全世界提出“解放台湾”的口号；我们在朝鲜停战后没有及时提出“解放台湾”的任务是不妥的，现在若还不进行此项工作，我们将犯严重的政治错误。同日，《人民日报》发表《一定要解放台湾》的社论。

8 月 1 日朱德总司令在建军节上的演说、8 月 11 日周恩来总理在中央人民政府第 33 次会议上的外交报告都强调了这个主题。中国领导人一再声明：“美国政府和盘踞台湾的蒋介石卖国集团无论订立什么条约都是非法的、无效的。”美国及其盟国采取遏制、孤立中国的政策，非法剥夺了中国在联合国内的席位，只有 20 个国家与中国有正式的外交关系（其中 10 个是社会主义阵营的国家），中国缺乏向国际社会表达意愿并吸引注意的必要渠道。在没有更好的选择的情况下，中国不得不采取炮击金门这种有限的军事手段以向国际社会，特别是向美国表明中国人民解放台湾的决心和立场。

为了与政治上的攻势相配合，中国人民解放军于 1954 年 9 月 3 日奉命开始炮击金门，美蒋集团猝不及防，两名美国顾问当场毙命。毛泽东通过炮击金门的方式，一方面打击美蒋气焰，另一方面把台湾问题突出提到全世界面前。但是，毛泽东此时并没有准备夺取金门，他在声东击西，意在掩护解放浙江沿海诸岛的准备工作。

炮击金门持续了 12 天。美国方面不知内情，大为恐慌，以为中国人民解放军真的要夺取金门，甚至进攻台湾。美国军方建议，为保住金门，须增派美国军队，并动用海空力量和蒋介石一起袭击中国大陆的港口和机场。美国总统艾森豪威尔认为这样风险太大，未予采纳。于是，美国力主蒋介石集团放弃金门、马祖，蒋介石坚决不干。美蒋矛盾凸显。

正当美蒋注意力集中于金门、马祖之时，毛泽东将攻击的锋芒指向国民党军盘踞的浙江沿海诸岛。1954 年 11 月 1 日，中国人民解放军开始轰炸大陈岛，并出动舰艇至浙东沿海，一举击沉国民党海军“太平号”驱逐舰。

1954 年 12 月 2 日，美国政府和蒋介石集团在华盛顿签订了《共同防御条约》，内中说道："中华民国政府给予，美利坚和众国接受，依共同协议之决定在台湾、澎湖及其附近地区为其防卫所需要而部署美国陆海空军之权利。"

12月8日，中华人民共和国国务院总理兼外交部长周恩来发表《关于美蒋〈共同防御条约〉的声明》，指出这个条约是非法的，我们决不承认。

中国领导人注意到国际形势的新发展，认为现在不宜发动大规模的渡海作战活动。中共中央军委规定了从小到大、逐岛进攻、由北向南打的解放沿海岛屿的方针。

为了表明中国决不承认美蒋《共同防御条约》，毛泽东决定首先攻占大陈岛外围的据点一江山岛。但是在进攻策略上，毛泽东认为应尽量避免与美军形成正面冲突。1954年12月9日，中国人民解放军华东军区报送军委关于进攻一江山岛的作战方案。1954年12月11日，毛泽东批示道："彭德怀、粟裕同志：因美军正在浙东海面作大演习，攻击一江山岛时机目前是否适宜，请加考虑。"① 这样，中国人民解放军静待时机。

1955年1月18日，中国人民解放军陆海空军配合作战，一举解放一江山岛。全歼守岛国民党军1000余人，迫使美国撤走了它的舰队。此时，大陈岛已处于解放军的炮火有效射程之内。

1月25日和28日，美国参众两院分别通过紧急会议，批准了艾森豪威尔大批调集军队到台湾，对中国进行军事威胁的要求。

1月28日，毛泽东与芬兰首任驻华大使孙士敦进行谈话时说："我们有一句老话，小米加步枪。美国是飞机加原子弹。但是，如果飞机加原子弹的美国对中国发动侵略战争，那么，小米加步枪的中国一定会取得胜利。全世界人民会支持我们。"②

美国政府见威胁无效，通过联合国斡旋停火，中国政府不予理睬。

国民党军决定从大陈岛撤退。中国人民解放军浙东前线指挥部拟定，在敌人撤退时予以打击。

毛泽东考虑到国际斗争需要，决定见好即收。1955年2月2日，毛泽东批示说："彭德怀同志：在蒋军撤退时，无论有无美舰均不向港口及靠近港口一带射击，即是说，让敌人安全撤走，不要贪这点小便宜。"③

2月12日，国民党军队驻岛守军2.5万人和岛上居民1.8万人在美国舰船的运送下全部撤离。2月13日，中国人民解放军进占了大陈岛及外围的渔山列岛和坡山岛等岛屿。至此，浙东诸岛全部解放。

---

① 《建国以来毛泽东文稿》第四册，中央文献出版社，1990年9月第1版，第627页。

② 毛泽东：《原子弹吓不倒中国人民》。

③ 《建国以来毛泽东军事文稿》中卷，军事科学出版社、中央文献出版社，2010年1月第1版，第256页。

1954 年底，中国政府扣押了 13 名在中国从事破坏活动的美国间谍。

1955 年 1 月，在美国的指使下，联合国秘书长哈马舍尔德通过印度，征得中国政府同意后，以他个人名义访华，出面斡旋。试探中国将如何判处 13 名美国间谍案以及其他情况。周恩来向他指出，美国应停止干涉中国内政，从台湾和台湾海峡撤走军队。

1955 年 3 月 3 日，美蒋"共同防御条约"开始生效。美国大力加强武装台湾的国民党军队，在台湾派驻了美军"协防台湾司令"，将美军驻台湾的军事顾问团扩充到 2600 人，美空军第十三特种航空队进驻台湾。

美蒋飞机不顾中国政府的抗议，多次到云、贵、川、青等内地省侦察、空投特务、散布反动传单，轰炸福建沿海地区。

至 1958 年夏天，蒋介石集团在金门、马祖的军队已达 11 万人，占国民党军队的 1/3。金门、马祖成为屏障台湾的据点和窜犯大陆的基地。

1955 年 4 月 23 日，周恩来在万隆参加亚非会议的八国代表团团长会议上发表声明："中国人民同美国人民是友好的。中国人民不要同美国打仗。中国政府愿意同美国坐下来谈判，讨论和缓远东紧张局势问题，特别是和缓台湾地区的紧张局势问题。"

这一声明在国际上引起很大反响，许多国家希望美国接受中国的建议，举行中美会谈。印度驻联合国代表梅农专程来华进行调停。中国方面表示欢迎。

中国方面为缓和气氛主动释放了 4 名在押的美国飞行员，在国际上收到良好效果，得到不少国家赞许，也影响美国国内舆论。

这样，1955 年 7 月 13 日，美国政府通过英国向中国政府建议：中美双方互派大使级代表在日内瓦举行会谈。7 月 15 日，中国政府通过英国答复美国政府，同意举行大使级会谈。

8 月 1 日，中美大使级谈判在日内瓦国联大厦举行首次会谈。中国政府任命驻波兰大使王炳南为首席代表，美国政府任命驻捷克斯洛伐克大使约翰逊为首席代表。

为表示中国政府的诚意，王炳南首先宣读了中国政府释放阿诺德等 11 名美国在押人员的声明。约翰逊向中方表示了谢意。接着双方商谈会谈议程。中方认为，会谈应着重讨论台湾问题以及安排杜勒斯国务卿和周恩来总理直接会谈和建立两国的文化联系等实质性问题。美方则只想先要回扣押在中国的美国人，并要求中国保证不对台湾使用武力。

第二次会谈，双方提出了遣侨名单，中方名单中包括钱学森。

为使中美会谈不在一个问题上纠缠，尽快进入实质性会谈。9 月 10 日，中国政府指示王炳南大使向美方宣布：中国当局对在华的 12 名美国人的复查已经结束，他们可以获得出境。

同日，中美会谈达成了一个协议——《中华人民共和国和美利坚合众国两国大使协议的声明》。声明中说："中华人民共和国（美利坚合众国）承认在中华人民共和国的美国人愿意返回美利坚合众国（承认在美利坚合众国的中国人愿意返回中华人民共和国者），享有返回的权利，并宣布已经采取、且将继续采取适当措施，使他们能够尽速行使其返回的权利。"

钱学森，1911 年生于上海，早年曾在北京师大附中和上海交通大学求学。1935 年，他考取了庚子赔款公费留学，先在美国麻省理工学院学习，后又到加利福尼亚州理工学院深造。拜读于美国航天科学的创始人、著名物理学家冯·卡门的门下。3 年后获博士学位后留校任教。在冯·卡门的影响下，钱学森对火箭技术产生了兴趣，参加了加州理工学院的火箭研究小组。1943 年，在波兰的盟军谍报人员密告伦敦：德国军队正在皮奈蒙德试制一种无人驾驶的喷气飞弹和一种火箭。8 日，英军轰炸了皮奈蒙德。同年，美国军方经过慎重选择，委托钱学森同马利纳合作，研究用火箭发动机推进导弹这一重大的军事课题。1945 年春天，希特勒向安特卫普和其他军事目标发射了 8000 枚"飞弹"，其中几枚没有爆炸。钱学森以美国军方人员的身份匆匆赶到了欧洲，察看了这些"飞弹"，并解剖了其中的一枚。帮助美国研制了第一枚导弹。在研制导弹时钱学森得到美国陆军上校军衔。第二次世界大战结束后，美国空军高度赞扬钱学森为战争的胜利做出了巨大的、无法估计的贡献。1947 年经冯·卡门的推荐，钱学森成了加州理工学院最年轻的终身教授。钱学森被世界公认为是力学界和应用数学界的权威和流体力学研究的开路人之一，是卓越的空气动力学家、现代航空科学与火箭技术先驱、工程控制论的创始人。美国专栏作家密尔顿·维奥斯特认为：钱学森"制定使美国空军从螺旋桨式向喷气式飞机过渡，并最后向遨游太空无人航空器过渡的长远规划的关键人物。……是帮助美国成为世界第一流军事强国的科学银河中一颗明亮之星"。①

1950 年 7 月，钱学森会见了主管他研究工作的美国海军次长，说他准备动身返回祖国。这位次长大为震惊，他说：钱学森无论在哪里都抵得上 5 个师，我宁肯枪毙他，也不愿放他回中国。

在朝鲜战争期间，美国政府曾发布过一道命令：凡高级物理学家，其中包括像受过火箭、原子能以及武器设计这一类教育的中国人，都不准离开美国。

1955 年 6 月，钱学森在一封给国内的家信中夹带了给陈叔通副委员长的信，要求政府帮助他早日回国。周恩来当即将此信转交给了与美国谈判的王炳南大使。

1955 年 9 月 17 日，被美国政府扣留了 5 年之久的钱学森偕同妻子蒋英携带着两个孩子乘"克利夫兰总统号"轮船离开美国回国。②

---

① 《石家庄日报》，1992 年 5 月 14 日。

② 刘敬智：《钱学森——中国人的骄傲》，《光明日报》，1989 年 8 月 28 日第 1 版。

为此，周恩来说道：我们要回了一个钱学森，单就这件事来说，我们与美国的会谈也是值得的。

1955 年之后，中国政府为了缓和台湾海峡的紧张局势，一方面倡导同美国和谈，另一方面开始制定新的对台方针。

1955 年 5 月 13 日，周恩来在全国人大常委会第十五次会议上宣布："中国人民解放台湾有两个可能方式，即战争的方式同和平的方式，中国人民愿意在可能的条件下，争取和平的方式解放台湾。"

7 月 30 日，周恩来在全国人大一届三次人民代表大会上，正式表示："只要美国不干涉中国内政，和平解放台湾的可能性将会继续增长，如果有可能的话，中国政府愿意和台湾地方的负责当局协商和平解决台湾的具体步骤。"

1955 年 8 月，台湾当局以兵变罪，免去了亲美的国民党将领孙立人的陆军司令一职。

1956 年 2 月，台独分子廖文毅在美国的支持下，在东京宣布成立"台湾共和国临时政府"。

1956 年 5 月，以美军士兵枪杀中国居民刘自然为导火索，台湾爆发了大规模的群众反美示威，砸了美国大使馆。针对美台的矛盾，中国政府加紧了对台湾的和平谈判攻势。中国亦开始主动改善与日本、泰国、菲律宾、马来西亚等国的亚洲伙伴的关系，发展民间外交，促进贸易往来，与他们达成一系列的双边贸易协议。

1956 年 7 月 16 日，周恩来在接见原中央通讯社记者曹聚仁时，明确提出了进行第三次国共合作的建议。周恩来指出：国民党和共产党合作过两次，第一次有国民革命军北伐的成功，第二次有抗战的胜利，这都是事实，为什么不可以第三次合作呢？台湾是内政问题，爱国是一家，为什么不可以合作建设呢？我们对台湾决不是招降，而是彼此商谈，只要政权统一，其他可以坐下来共同商量安排的。

蒋介石对于中国政府的建议，并不热心。他所关心的仍旧是反攻大陆的准备工作。为了探清中共的虚实，蒋介石派立法委员宋宜山于 1957 年 4 月由香港经广州到达北京，会见了周恩来，并与中共中央统战部部长李维汉进行了会谈。中共方面提出：国共两党通过对等谈判，实现和平统一；台湾为中国政府统辖下的自治区，实行高度自治；台湾政务仍由蒋介石先生领导，中共不前往干预；国民党可派人到北京参加对全国政务的领导；但外国军事力量必须撤离台湾海峡。

为了更广泛地表明中共方面的主张，中国高层领导人决定公开在报刊上宣传第三次国共合作。1957 年 4 月 16 日，中国总理周恩来在北京饭店举行盛大酒会，欢迎来中国访问的苏联最高苏维埃主席团主席伏罗希洛夫。宴间，伏罗希洛夫见到了原国民党高级将领卫立煌[1]，周恩来作了介绍，并说：国共两党过去已经合作过两次。

在座的毛泽东闻听此话，紧接着说："我们还准备第三次合作。"新华社当晚发了电讯。

4 月 17 日，《人民日报》刊登了这条消息，并标出题目——毛主席说：我们还准备进行第三次国共合作。

1957 年 10 月，国民党召开"八大"，继续提出"反攻大陆"的任务。继续对大陆沿海骚扰和破坏。

1955 年 9 月 20 日，中美会谈进入第二阶段。美方企图绕开台湾问题。遭到中方拒绝后，美方又提出双方保证在台湾问题上不诉诸武力。中方明确阐明：台湾问题有两个方面——一方面，美国侵占台湾已经成为国际争端，美国在台湾的军事存在，是针对中华人民共和国的，美国应该放弃对中国使用武力，从台湾和台湾海峡撤出它的一切武装力量；另一方面，台湾是中国不可分割的领土，中国人民愿意用什么方式解放台湾是中国的内政，美国无权干涉，无权要求中国政府不使用武力。由于美方没有诚意，第二项议程的会谈长期停滞不前。

1956 年 8 月，中国政府宣布单方面邀请美国 15 家新闻机构的记者访华。

1957 年 11 月，美国第七舰队在台湾海面举行大规模的军事演习。与此配合，国民党军 11 万人举行了代号"昆阳"的全岛军事演习。

12 月，中美会谈陷入僵局。美方想降低会谈代表资格，中国拒绝。此后，会谈中断。

1958 年 3 月，中方递交信件，指出美方提出较低级谈判是想破坏会谈。美方

---

① 卫立煌，字俊如，安徽省合肥市人，1897 年生。1917 年任孙中山的警卫排长，北伐战争中升任师长。1927 年 10 月任国民党军副军长，驻守镇江。1928 年任南京卫戍副司令。1932 年率部参加对鄂豫皖红军的"围剿"。1933 年 11 月率部与第十九路军（反蒋起义部队）作战，任第五路军总指挥。抗日战争初，曾率部至北平门头沟与日军作战，1937 年 10 月任第二战区前敌总指挥，指挥了著名的忻口战役，后任第二战区副司令长官（辖下有八路军——第十八集团军），与八路军配合默契。1943 年 10 月任中国远征军司令长官，率军打通中印公路。1945 年 3 月，被蒋介石任命为中国陆军副总司令。抗战胜利后，对内战持消极态度，曾赴美、欧考察。1948 年 1 月任东北行辕主任兼东北"剿总"司令。同年 11 月，辽沈战役后，被蒋介石撤职软禁于南京。1949 年 2 月初，携家眷秘密移居香港，拒绝去台湾。1949 年 10 月 1 日，中华人民共和国成立后，于同月 3 日给毛泽东发了贺电：先生英明领导，人民革命辉煌胜利；从此中华人民得到伟大领袖，新中国富强有望，举世欢腾鼓舞，竭诚拥护；煌向往衷心，尤为雀跃万丈；致电驰贺；朱副主席、周总理请代电贺忱。1955 年 1 月 18 日，美蒋订立《共同防御条约》，卫立煌慷慨陈词，矛头直指蒋介石。此事传至周恩来处，周恩来恐卫立煌遭蒋介石的暗算，托人给他捎信：你在太原结识的朋友欢迎你回来。卫立煌毅然决定返回大陆。他和夫人乘船取道澳门，然后乘汽车驰向广州，于 1955 年 3 月 15 日回到大陆。先后担任全国政协常务委员、国防委员会副主席、全国人大代表、民革中央常委等职。多次受到毛泽东、朱德、周恩来等人的宴请。1958 年因病住院。1960 年 1 月 17 日在北京去世，1 月 20 日由周恩来主持为他举行了隆重的公祭大会。

不予回复。

6月16日，毛泽东在中南海游泳池召开会议，讨论外交问题。参加会议的，除中央政治局常委和部分政治局委员外，还有外交部负责人和部分驻外大使。毛泽东说：和美国接触的问题，在日内瓦会议时我也说过，可以有所接触；事实上美国也不一定愿意接触，同美国闹成僵局20年，对我们有利；一定要美国梳妆打扮后送上门来，使他们对中国感到出乎意外；你不承认，总有一天你会承认的，101年你一定会承认的。①

6月30日，中国发表《关于中美大使级会谈的声明》，提出："中国政府要求美国政府从今天起的15日以内派出大使级代表，恢复会谈。否则，中国政府就不能不认为美国已经决心破裂中美大使级会谈。"②

7月1日，美国国务卿杜勒斯表示要恢复大使级会谈，谈判地点改在华沙。7月下旬，美国通知中方，将任命驻波兰大使比姆为新的谈判代表，同中方进一步协商重开会谈。8月初，比姆同中国驻华沙大使馆联系，试图安排在8月7日会晤。

8月11日，美国国务院发表长篇备忘录，重申不承认中国，并对中国进行猛烈的攻击。17日，美国又宣布美舰6艘与士兵2000人进驻新加坡。此间，国民党军队骚扰大陆的活动达到了十分猖獗的程度。

面对美台的挑衅，毛泽东提出：不要怕鬼，你越怕鬼，你就不能活，它就要跑进来把你吃掉。这样，毛泽东亲自指挥了炮击金门、马祖的战役。

早在1957年12月18日，毛泽东作出批示："请考虑我空军1958年进入福建的问题。"同年12月28日，由铁道兵承建的鹰厦铁路正式通车。

1958年5月9日，黎巴嫩人民举行反对亲美的夏蒙政权的武装起义。1958年7月14日，中东的伊拉克爆发革命，推翻亲美的费萨尔王朝，建立伊拉克共和国。7月15日，美国海军陆战队在黎巴嫩首都贝鲁特附近登陆，同日宣布在远东的陆海空军进入戒备状态，随后英国侵入约旦，激起世界舆论的反对。苏联也有所动作。这一事件，分散了美国的注意力，降低了它对台湾海峡的反应能力。蒋介石乘机扩大事态，于7月17日宣布所属部队处于"特别戒备状态"，金门、马祖国民党军先后进行军事演习，同时加强空军对大陆的侦察活动和袭击准备。

中东事件发生后，从7月15日到18日，毛泽东连续4个下午召集会议，分析情况，研究对策。18日晚，毛泽东召集军事部门各有关单位负责人，对炮击金门作出明确指示。毛泽东设想，以地面炮兵实施主要打击，准备打两三个月，在炮击的同时或者稍后，再以两个空军师转场南下，分别进驻汕头和连城。经中央军委批准，组成以叶飞为首的福州军区前线指挥所。

① 《毛泽东传（1949—1976）》，中央文献出版社，2003年12月第1版，第851页。
② 《人民日报》，1958年7月1日。

7月24日，中央军委命令组建福州空军司令部，由原志愿军空军司令员聂凤智任福州军区空军司令员，7月29日至8月14日，击落击伤美制国民党飞机9架，取得了福建沿海地区的制空权。海军进入福建后，调彭海清任厦门海军基地司令员。制空权被掌握，为大批炮兵开进厦门，为炮击金门打下了基础。

8月上旬，我地面炮兵全部进入阵地。炮兵阵地长达30公里，大金门、小金门及其所有港口、海面都在人民解放军远程火炮的射程之内。

8月10日，美国国务卿杜勒斯关于伊拉克新政权发表声明，表示“要不遗余力地促使这一短暂政权的完结”。8月8日和22日，美国国务院两次召开会议，研究台湾海峡局势，作出三项决定：一、增派航空母舰和战斗机，向台湾提供登陆艇、响尾蛇导弹、火炮和军需；二、通过杜勒斯复函美国众议院主席摩根，向中国施压；三、授权驻台大使，如中国大举进攻外岛，可以进行报复，但小型攻击不在其列。

8月17日，毛泽东在召开的北戴河会议上，果断抓住时机，作出了炮击金门的最后决定。

18日，凌晨1时，毛泽东看了广州军区13日关于在深圳方向进行演习的部署，给中央军委的报告，批示给彭德怀：“准备打金门，直接对蒋，间接对美。因此不要在广州深圳方面进行演习了，不要去惊动英国人。再，请叫空司注意：台湾方面可能出动大编队空军（例如几十架至百多架）向我反击，夺回金、马制空权。因此，我应迅即准备以大编队击败之。追击不要越过金、马线。”①

20日下午，毛泽东在北戴河住处召集周恩来、邓小平、林彪、黄克诚、叶飞、萧劲光、陈锡联、王秉璋、王尚荣（总参作战部部长）、陶勇开会，具体部署炮击金门作战。毛泽东又决定，暂时不打马祖，集中火力炮击金门。

21日下午3时，毛泽东、彭德怀、林彪、王尚荣，听取叶飞汇报。作战地图没有挂在墙上，而是摊在地毯上。毛泽东一面听汇报，一面看地图，精神十分集中。毛泽东问：你们用这么多炮打，会不会把美国人打死啊（国民党军中美国顾问配备到营一级）？叶飞说：打得到。毛泽东说：能不能避免不打美国人？叶飞说：避免不了。林彪向毛泽东建议，是否通过在华沙同美国谈判的王炳南向美国透露一点消息？毛泽东没有理会。22日，继续开会，毛泽东指示：照计划打。②

调入福建前线参战的中国人民解放军陆海空军，共有459门大炮、80多艘舰艇和200多架飞机。8月21日晚全部进入阵地或指定位置。

1958年8月23日下午5时30分，中国人民解放军福建前线部队奉命向金门

---

① 《建国以来毛泽东军事文稿》中卷，军事科学出版社、中央文献出版社，2010年1月第1版，第409页。

② 《毛泽东传（1949—1976）》，中央文献出版社，2003年12月第1版，第857页。

国民党军占据的金门、马祖、大担、二担等岛屿实施大规模猛烈炮击。近500门大炮历时85分钟，发射炮弹2.92万发。炮弹特别集中于“金门防卫司令官”胡琏的指挥所。

此刻，金门正值炎热的周末，国民党官兵大为松懈。“国防部长”俞大维和“金门防卫司令官”胡琏同1000多名官兵在大武山后的“翠谷”大会餐刚刚结束。3名陆海军“副司令官”吉星文、赵家骧、章杰正靠在桥边聊天。吉星文、赵家骧、章杰3人被炮弹击中，当场死亡；两名美军顾问在炮击中丧生；俞大维受轻伤；胡琏和美国总顾问刚好走出地下指挥所，炮声一响，险些被炸死，赶快缩了回去。摧毁大批军用设施，通讯系统被严重破坏。失去指挥的国民党士兵，四处乱窜，各处阵地完全陷于瘫痪。

在人民解放军炮击金门的同时，人民解放军海军出动打击国民党海上目标，并对金门机场实行暂时封锁，以切断金门地区国民党守军的补给线。

为扩大战果，次日，中国人民解放军福建前线部队又组织炮兵和海军舰艇，实施第二次联合打击，重创国民党大型运输船“中海号”，击沉由大型坦克登陆舰改装的货轮“台生号”（前一天被击伤）。

毛泽东说：打炮的目的不是要侦察蒋介石的防御，而是侦察美国人的决心，考验美国人的决心；中国人就是敢于在太岁头上动土，何况金门、马祖以至台湾一直是中国的领土。

8月25日，毛泽东在政治局常委会上说：从这几天的反应看，美国人很怕，我们不仅要登陆金门、马祖，而且准备解放台湾；其实，我们向金门打了几万发炮弹，是火力侦察；我们不说一定登陆金门，也不说不登陆；我们相机行事，慎之又慎，三思而行；因为登陆金门不是一件小事，而是关系重大；问题不在于那里有95000蒋军，这个好办，而在于美国政府的态度；美国同国民党订了共同防御条约，防御范围是否包括金门、马祖在内，没有明确规定；美国人是否把这两个包袱也背上，还得观察；打炮的主要目的不是要侦察蒋军的防御，而是侦察美国人的决心，考验美国人的决心；宣传上目前暂不直接联系金门打炮，现在要养精蓄锐，引而不发。①

8月27日起，中国人民解放军总政治部用福建前线指挥所的名义，连续播发一篇广播稿，敦促金门的国民党守军放下武器，其中提到“对金门的登陆进攻已经迫在眉睫”，引起外电关注。9月1日前后，毛泽东从外电报道中得知这一情况，严厉批评这是违反集中统一原则的行为。毛泽东责成中央军委起草《对台湾和沿海蒋占岛屿军事斗争的指示》稿，9月3日经他审阅修改后下发。指示说：“台湾和沿海蒋占岛屿是目前国际阶级斗争中最严重最复杂的焦点之一。……解放台湾和沿

---

① 《毛泽东传（1949—1976）》，中央文献出版社，2003年12月第1版，第859页。

海蒋占岛屿虽然属于我国内政问题，但实际上已变成一种复杂严重的国际斗争，我们不要把这个斗争简单化，而要把它看作是包括军事、政治、外交、经济、宣传上的错综复杂的斗争。台湾和沿海蒋占岛屿问题的全部、彻底解决，不是短时间的事，而是一种持久的斗争，我们必须有长期的打算。”指示对包括炮击金门在内的沿海斗争的方针作了4点规定：一、连续炮击封锁金门，但目前不宜进行登陆作战。二、炮击封锁金门的活动，必须有节奏，打打看看，看看打打。三、海军、空军不得进入公海作战。蒋机不轰炸大陆，我也不轰炸金、马；蒋军轰炸大陆，我轰炸金、马，但不轰炸台湾。四、我军不准主动攻击美军。如果美军入侵我领海、领空，我必须坚决打击。指示还指出：一切重要的行动和宣传（文告、谈话、口号、社论、新闻、广播）都必须遵守集中统一的原则，不得自作主张。[①]

据国民党台湾当局统计，从23日至25日，3天之内，中国人民解放军福建前线部队共将30万炮弹倾泻到金门，国民党官兵死伤36000余人。

从8月27日起，人民解放军福建前线总指挥叶飞决定用“围城打援”的方法，专打国民党的海上运输船只，严密封锁金门的海上通道，使金门守军困守待援，得不到后勤补给。

当日清晨，国民党5艘登陆舰、运输舰组成的运补船队在炮火掩护下驶入金门料罗湾，正当他们卸运之时，人民海军鱼雷快艇上的炮火和岸上大炮一齐开火，国民党军的坦克登陆舰“中胜号”与4只运输船当即中弹起火，在阵阵爆炸声中迅速沉没。

9月1日，在国民党金门各岛守军纷纷告急的情况下，国民党“联勤总队”于下午派出运输船队，由4艘军舰护航，从马公岛港口驶向金门。当晚8时，运输船队遭到人民海军3艘护卫舰和3艘鱼雷快艇拦截，在人民解放军激烈炮火攻击下，国民党军护卫舰自顾不暇，丢下运输船队逃逸，“沱江号”护卫舰中弹后拖回马公岛港口途中沉没。

金门炮击的当夜，台湾当局即通过新任“美军驻台司令”史幕德中将向美国求助。美国总统艾森豪威尔经过反复思考，于8月29日，急忙从北卡罗来纳山中赶回华盛顿，下令将在地中海游弋的美军第六舰队的一半舰只调往台湾海峡与第七舰队会合；又从美国本土和菲律宾抽调部分舰只，其中包括6艘航空母舰、3艘重巡洋舰、130艘其他舰只、500架飞机；美军第四十六巡逻空队、第一海军陆战队调到台湾；美国第一批陆战队员3800人和5000名地面部队在台湾海峡地区，增强军事实力。

美国一些本来用于准备投入中东的军事力量，按照毛泽东的预想都被吸引到了

---

① 《毛泽东传（1949—1976）》，中央文献出版社，2003年12月第1版，第859—860页。

远东。中东局势得到缓解，使中东各国十分感谢中国。毛泽东兴奋地说：这回中东各国可是欢迎我们啦，特别是一个阿联酋，一个伊拉克。

9月3日，毛泽东决定从次日起，暂停炮击3天，以静观各方反应。

4日，中国政府发表《关于领海的声明》：本国领海宽度为12海里，此规定适用于包括台湾及其周围各岛在内的一切中国领土；未经中国政府许可，一切外国飞机和军用船舶不得进入中国的领海和领海上空。声明重申："台湾和澎湖地区现在仍然被美国武力侵占，这是侵犯中华人民共和国领土完整和主权的非法行为。台湾和澎湖等地尚待收复，中华人民共和国政府有权采取一切适当的方法在适当的时候，收复这些地区，这是中国的内政，不容外国干涉。"①

9月中旬，美国声称在台湾地区已集结了战后以来美国在海外最大的原子打击力量。合众社进一步报道说：美国已为其核打击作好了准备。

1958年8月底，赫鲁晓夫派葛罗米柯来华探问究竟。

毛泽东未完全料到炮击金门所引起的国际反响如此强烈。经过反复思考，9月初，中共中央政治局就中美关系及对美政策问题专门召开会议，毛泽东、刘少奇、周恩来、朱德、张闻天等出席会议。参加中美会谈的中国首席谈判代表王炳南奉命回国向政治局作了汇报。外交部根据中央的决定拟定了中美会谈方案。鉴于前一段的中美会谈各自提出的种种问题难以分别解决，今后要确定"一揽子"解决问题的原则，即：如不解决台湾问题，其他问题都谈不上；希望美国不要因一个不到1000万人口的台湾岛屿与6亿中国人民为敌，促使美国从台湾撤军。

1958年9月4日，美国国务卿杜勒斯发表声明：一面扬言要使用美国武装部队来"保护"金门、马祖等有关阵地，另一面又要求举行被美国单方面中断了九个月之久的中美大使级会谈。

9月5日，毛泽东在中华人民共和国第十五次最高国务会议上发表讲话："美国现在在我们这里来了个'大包干'制度，索性把金门、马祖，还有什么大担岛、二担岛、东碇岛一切包过去，我看它就舒服了。它上了我们的绞索，美国的颈吊在我们中国的铁的绞索上面。台湾也是个绞索，不过要隔得远一点。它要把金门这一套包括进去，那它的头更接近我们。我们哪一天踢他一脚，它走不掉，因为它被一根索子绞住了。……我们并不要登那个什么金门、马祖。你登它干什么？它的工事相当坚固。就是吓它一下。但是，金门、马祖并不是一定不打，一有机会，我们就机钻上去，相机而行。"

谈到昨天中国政府的声明，毛泽东说："这个文件是相当复杂的。那里头要想

① 《人民日报》，1958年9月5日。

一想才想到这个道理的。为了这个文件，准备了好几个月，去年就起草了，这回又准备了一个多月。总要有法有天吧。不然，搞得无法无天就不好办事。”

毛泽东讲话：“美国是被动的。它仓促调兵，有一个航空母舰，是从菲律宾调来的，还没有到，有些是从夏威夷调来的，有些是从日本调来的。它真诚地希望我们不去登金门，它是被那个索子把它套住了，使它难办。台湾是一根大索子把它套住，金门、马祖也算是一个索子。我们这个蒋委员长，就是有那么多兵，他搞三分之一的兵力11万人在两个岛上，其中九万五千人在金门岛，一万五千人在马祖岛。而金门岛三面在我们炮火包围中。金门距我们只有3公里。金门岛把厦门变成一个死港，马祖岛就把我们福州的闽江海口塞住了。这个东西得整它一下。我们整金门，我们是整家法，这是我们国内的事。当然，整台湾也是整家法了，不过那个地方有你美国兵，我还是暂时不去，你过去谈判又那么冷淡，中断了好几个月。现在你想谈，那好，可以谈。你不打它就不想谈，要把这个绞索捏紧一下，它感觉痛了，它说，好好好，我们来谈吧。你不捏它就不谈。他说他们已经决定了，要撤退金门、马祖，但是他又不撤。你不撤我就打，你一撤那我就可以不打了，你全部撤走我可以一炮不打。这对蒋介石也是一个难事，他怕一撤，影响人心士气，又丧失了这两块土地，他的土地也就不大了。听说美国人也劝过他撤，不晓得是真的是假的。你现在不撤，我们反正老是打，我可以隔几个星期或者隔几天打那么一次，或者隔个把两个月打一次，一打就是几万发炮弹，或者每天打点零炮，打个什么一百发两百发炮弹。他要拿沿海岛屿交换台湾，我们是原则上不能交换台湾。你这个沿海岛屿交我们，台湾就成为独立国，这个东西总不可以吧?！在座诸公，可以不可以？原则上总不行吧。至于解放，哪一年解放，我们又没有定期，人民代表大会，人大常委会都没有作决议，一定要在哪一年哪一月解放。但是原则上台湾一定要解放。”

谈到《关于台湾海峡地区局势的声明》，毛泽东说：“这是经过斟酌了的，有些观点是一路过来的，几年以来我们就是这样的观点。现在好处就是我们这一打，打出美国想谈了，它敞开了这张门了。看样子它现在不谈，也是不得下地，它每天紧张，它不晓得我们要怎么样干。那好，就谈吧。跟美国的事，就大局上说，还是谈判解决，还是和平解决，我们都是爱好和平的人嘛。它前天那个东西，前面很硬，后面就软了，就是雷声大，雨点小。”①

周恩来总理《关于台湾海峡地区局势的声明》于当天发表，强调指出：一、申明中国人民解放自己的领土台湾和澎湖列岛的决心是不可动摇的，美国的任何战争挑衅都绝对吓不倒中国人民；二、鉴于美国政府表示愿意通过和平谈判解决中美两国在中国台湾地区的争端，中国政府准备恢复两国大使级会谈，地点改在华沙；

---

① 《毛泽东传（1949—1976）》，中央文献出版社，2003年12月第1版，第865—866页。

三、中国和美国在台湾海峡地区的国际争端和中国人民解放自己领土的内政问题，是性质不同的两件事，中国人民完全有权采取一切适当的方法，在适当的时候，解放自己的领土，不允许任何外国干涉，如果美国政府悍然不顾中国人民再三警告和世界人民的和平愿望，继续对中国进行侵略和干涉，把战争强加在中国人民的头上，美国政府必须承担由此而产生的一切严重后果。①

6 日，苏联外长葛罗米柯受赫鲁晓夫委派来北京，先后同周恩来、毛泽东会谈，进一步了解中国炮击金门的真实意图。葛罗米柯表示，苏共中央完全赞同周总理昨晚向苏达利柯夫谈到的中国方面的立场、策略和做法；同时赫鲁晓夫也准备给艾森豪威尔写信，对美国和英国政府所执行的政策提出警告；他还通报了此信的主要内容。毛泽东对赫鲁晓夫致美国总统信比较满意。

9 月 7 日，北京市举行百万人游行。各民主党派负责人发表谈话，支持周恩来总理的声明。中国全国各地有 21200 万人参加规模空前的反对美帝国主义的大示威。

9 月 7 日，赫鲁晓夫致信美国总统艾森豪威尔，呼吁美国政府要慎重行事，警告他必须悬崖勒马，否则会带来不可收拾的后果；中国 6 亿人民强大不可战胜。赫鲁晓夫强调：中国有着忠实的朋友，这些朋友在中国遭到侵略时会随时援助它。

艾森豪威尔强硬地拒绝接收赫鲁晓夫的信件，声称苏联应该制止中国共产党的“侵略”行为。美国副总统尼克松也跟着发表演说，顽固地表示：“台湾海峡至为重要，金门战斗事关全局，美国‘协防’台湾的决策不变，维护保卫金门、马祖，美国有责任行动!”

1958 年 9 月 7 日，美国悍然组成一支由 7 艘航空母舰、3 艘巡洋舰、40 艘驱逐舰、2 个航空队组成的海上混合编队，替国民党舰队护航，试图恢复被炸毁的金门海上补给线。美国军舰配置在海上编队左右两侧，把国民党军舰和运输船夹在中间。美舰与国民党的一支运输大队仅保持 2 海里的距离。福建前线直接请示毛泽东，打还是不打?

毛泽东想，这正好是检验《台美共同防御条约》的机会，他毫不迟疑地在电话中命令叶飞：“照打不误，但只打台舰，不打美舰；即使美舰开火，也不准还击。我们要看看美国在台湾问题上究竟陷入多深。”②

中午 12 时，当美蒋联合舰队驶入金门料罗湾港口，正在码头卸货之时，中国人民解放军突然以密集的炮火专门攻击蒋舰和运输船只以及料罗湾码头，整个料罗湾顿时淹没在火海之中。美国军舰不仅没有开火还击，反而丢下蒋舰和运输船只，撤离金门海域，掉头向台湾方向逃跑。台舰 3 艘被击沉，多艘受创伤，余者急向外海逃窜。国民党军对美国军舰不肯进料罗湾不满，纷纷骂娘。

---

① 《人民日报》，1958 年 9 月 7 日。

② 《共和国战神实录》，团结出版社，1993 年版，第 192—193 页。

由此，毛泽东对美国的对台政策得出新的估计：第一，所谓共同防御条约是有限制的，是防御性的，是给蒋介石“戴上辔头”的条约；第二，美国不愿冒与中国发生直接军事冲突的风险；第三，美国想从金、马脱身，想通过“划峡而治”，减轻自己的义务和负担。

其实，华盛顿政府避免与北京直接发生军事冲突，曾一再严令美军机舰不准向大陆射击。为此，蒋介石耿耿于怀。

1958年9月8日，中国人民解放军再次猛轰金门，发炮5万发，同时，在广东澄海以东空域发生了大规模的空战。

同日，毛泽东在第十五次最高国务会议上再次讲话：“我们前天发表了声明，美国跳起来欢迎，可见如获至宝，就是说可以不打了；美国人不整是不行的，所谓‘整’，请同志们放心，双方都是谨慎小心的，我们已经公布了12海里，到了7海里我都不打，专打国民党军，就不打美国军舰，七打八打，你也得跑；金门、马祖这11万人，你不退，我就有文章可做，今天打一炮，明天打一炮，有时打几万发，总是使得你不安宁就是了。”

毛泽东说：“现在五大洲，除了澳洲，四大洲美国都想霸住……我总觉得，它是霸中间地带为主。”①

9月8日、9日两天，毛泽东在中南海颐年堂召集刘少奇、周恩来、邓小平、彭真、张闻天、黄克诚、王炳南、乔冠华等人，听取王炳南关于前一段会谈情况汇报，商谈中国政府关于缓和台湾海峡地区紧张局势的方案。

王炳南在返回华沙前，毛泽东专门接见了他。毛泽东告诉王炳南：在同美国人的会谈中，你要多用一种劝说的方法，譬如说，你们美国是一个大国，我们中国也不小，你们何必为了仅仅不到1000万人口的台湾岛屿与6亿中国人民为敌呢？你们现在的做法究竟对美国有什么好处呢？在会谈中要多用脑子，谦虚谨慎，说话时不要对美国人使用像板门店谈判那样过分刺激的语言，不要伤害美国民族的感情；中国人民和美国人民都是伟大的民族，应该和好。毛泽东还指示在座的同志：王炳南返回华沙时，由新华社发一条消息，说王炳南回国述职完毕。②

艾森豪威尔声称：“如果中共真的企图侵占金门和马祖，我将考虑对共产党中国的机场使用战术原子武器！”美国国防部准备对中国厦门周围的6到8个军用机场实施核攻击；准备向中国大陆沿岸地区的5个机场先投一枚当量为7000到10000吨的小型原子弹，看看中国的反应：美军参谋长联席会议主席古德帕斯特建议授权第七舰队司令认为必要时下令投掷原子弹。

---

① 《毛泽东文集》第七卷，人民出版社，1999年6月第1版，第414—415页。

② 王炳南：《中美会谈九年回顾》，世界知识出版社，1985年3月第1版，第72—73页。

美国国内闻讯，掀起一片放弃卷入金门、马祖危机的声音：

美国统一独立社会党竞选委员会打电报给艾森豪威尔："我们呼吁立即从金门和马祖以及这些岛屿四周的海面撤出美国军队，以防止把美国和整个世界卷入第三次世界大战。我们要求政府不要干涉中华人民共和国内政。"

由一些著名的民主党人组成的"美国人民民主行动协会"写信给艾森豪威尔："美国没有义务去'保卫'金门和马祖，美国人不会同意这个问题卷入战争。美国采取军事行动使金门和马祖继续处在蒋介石的控制下，实际上是对中国内政的干涉，这个行动得不到任何美国的主要盟国的支持。"

民主党参议员莫尔斯要求美国国会立即召开特别会议来制止艾森豪威尔和杜勒斯采取"战争边缘"的外交政策。

民主党参议员曼斯菲尔德要求艾森豪威尔政府"冷静考虑问题"，要求政府在作出任何决定前同国会领袖磋商。

美国前国务卿艾奇逊指责政府在"向错误的道路上滑下去"。他说："看来，我们正晕头转向或者满不在乎地听任自己卷入和中国的战争中。在这场战争中，我们既没有朋友，又没有盟国，为的是政府没有向人民说明而且不值得牺牲一个美国人的生命的问题！"

美国广大公众纷纷愤慨地写信给《纽约时报》等各大报纸质问艾森豪威尔政府："美国有什么权利决定这个岛屿的命运？难道朝鲜战争的教训对美国还不够吗?！为了支持从中国大陆赶出去的卖国政权，你们打算牺牲多少美国人的性命?"

美国的一些主要盟国，如英国、加拿大、澳大利亚、日本、泰国、菲律宾等，害怕被美国拖入战争，纷纷表态，不愿卷入台海冲突。

毛泽东说："美国侵略者那一套，只能征服那些时刻准备着向美国投降的原子弹、氢弹和美国的小麦、美国的金元屈膝投降的机会主义者，而在我们创造着新历史的大无畏的人民看来，美国侵略者手里的一切法宝，不过是在人类前进道路上一些还没有被扫除，还在散发着臭气的垃圾罢了。"

毛泽东还说："对直接对抗，中美双方都心存余悸，都害怕战争，但是它们比较怕我们多一点，因此中美之间的政治上打不起来的。"

1958年9月10日，毛泽东收到越南劳动党中央委员会主席、越南民主共和国主席胡志明8日来电。胡志明电报说："鉴于台湾情况之紧张，美帝态度之顽固，请您告诉我们：可能不可能发生美华战争？我们越南应该有什么准备?"毛泽东当日回复："胡主席同志：9月8日来信收到，谢谢你。我认为：（甲）美国人怕打仗，就目前说，很少可能大打起来；（乙）贵国似可以照常工作。"[1]

---

[1] 《建国以来毛泽东军事文稿》中卷，军事科学出版社、中央文献出版社，2010年1月第1版，第427页。

苏联部长会议主席葛罗米柯先后两次来华摸底，询问中国政府对台海时局是否发生直接对抗的估计，亦想了解中国对苏联是否有什么要求。中国政府明确地向葛罗米柯表示：中国自己完全能够驾驭局势，不需要苏联也牵扯进来，更没有让苏联用核武器支持中国的想法。

毛泽东把台湾海峡的事情委托周恩来等人处理。1958 年 9 月 10 日上午离开北京外出，他与张治中分乘两架飞机，11 时 40 分到达武汉。上飞机时，张治中留心看到毛泽东的两箱书被搬上飞机。一下飞机，张治中问毛泽东：昨晚恐怕又没有睡觉吧？毛泽东说：昨晚开了 5 个会，今天清晨又接见新疆参观团，没有睡，天气热，我们马上到长江去。

毛泽东、江青、张治中、曾希圣、王任重 5 人在船上一起吃中饭：一碟炒青菜，一碟肉片黄瓜，一碟炒小鸡，一碗冬瓜汤。毛泽东在武昌住下以后，早餐有时是油条面包，中午有时一小碟青菜，一小碟香肠。张治中问：主席吃得这么简单？毛泽东说：吃得很够了嘛，很舒服嘛！

毛泽东挑了武汉钢铁厂作为第一个视察单位。在高炉出铁后，毛泽东会见了苏联专家组。苏联专家组长对毛泽东说：武钢的建成是中国人民的巨大胜利。毛泽东说：这是我们共同的胜利。专家组长说：武汉的现代化设备是当前世界一流的，将来修建的平炉也是世界一流的。毛泽东谦逊地说：这得力于你们的帮助。专家组长说：我从事冶炼工作 35 年了，当总工程师也 25 年了，从未见过你们这样好的干部和工人。毛泽东说：这是由于得到你们的教育和帮助。专家组长说：我们愿意把我们所知的一切都贡献出来。毛泽东高兴地说：谢谢你们，这太好了！

在武汉，长江流域规划委员会办公室主任林一山向毛泽东汇报长江三峡的工程计划，谈到许多有关的科学技术问题。毛泽东听得津津有味，还生怕张治中、王任重听不懂，常常回头加以解说。

毛泽东在参观武汉大学化学系师生办的许多小型工厂时，他看到一个牌子上写满了 30 多个工厂的名字，就一个一个念下去，念到“活性氧化铝厂”，他问站在一旁的学生：为什么叫活性？学生作了解释。毛泽东听了后笑着说：你讲了这些，我还是不懂。到了硅胶厂，看到有防潮硅胶、吸附硅胶，毛泽东就问：什么叫吸附？一位同学作了解释。毛泽东说：你们的化学反正我搞不清楚。

9 月 10 日至 15 日，6 天时间，毛泽东在长江游泳 6 次。

9 月 15 日，毛泽东坐江峡轮离开武汉，16 日到达安徽的安庆江面，当时正刮着六级风，风浪很大，毛泽东下江游泳近 20 分钟。毛泽东游泳后上船，张治中发现毛泽东的旧浴衣有几处补丁，问他：主席的浴衣什么时候买的？毛泽东说：我在延安时就穿了。

毛泽东说：还是到外头来多看多得一点东西，老住在北京实在不好。张治中说：今年，您是第五次外出了吧？毛泽东说：是呀，但是 5、6、7 三个月没出来，

2、3、4 月都在外，先后召开了成都会议、南宁会议、武昌会议，8 月到河北、河南、山东打了一个转；西北三省——陕、甘、宁，四个自治区——新疆、内蒙古、宁夏、西藏，华北的山西，西南的云南、贵州，都没有去。

毛泽东这次视察，主要是工厂、矿山、农村、学校、部队，为的是多与群众接近，深入了解情况，群众越多的地方越去。

毛泽东无论走到哪里都能和群众打成一片。到了工厂，主动和工人握手。到了地里，和农民谈得挺来。毛泽东视察工厂、农村时，大家看到毛主席来了，争着把一双双沾满油渍、泥土的手伸过来，毛泽东毫不在乎，热情地和大家握手。住在宾馆招待所，和服务人员握手。到了饭馆，和厨师、服务员问长问短。人家递他一杯茶、一把毛巾，必道声谢谢。

到达芜湖，适逢雨天，招待所在半山腰，饭厅在山腰。毛泽东不要服务员送饭送菜，自己到饭厅，同大家一起吃。他自己盛饭。还请来两位工勤同志一块吃，边吃边了解一些情况。

到了合肥，毛泽东向省上借来《安徽志》和朱熹注的《楚辞》，他向张治中说：这是好书，我介绍你有空看看。

谈话中，毛泽东还说道：吕蒙是行伍出身的，孙权劝他念书，以后做了东吴的统帅；我们的高级干部军官中许多是行伍出身，不可不看《鲁肃吕蒙合传》。

毛泽东在合肥受到 30 万群众极其热烈的欢迎。张治中对毛泽东说：今天群众对领袖拥戴热爱的情景，实在使人感动。毛泽东说：这是他们感到自己已经当家做主了，是国家的主人了。张治中说：如果没有共产党和您的英明领导，国家就不能这么快强大，人民生活就不能那么快改善，解放前人们都愁眉苦脸，而今天人人都笑逐颜开，这就是最大的转变。毛泽东说：是的，他们都已经看到社会主义的光明前途，看到自己美好的前景了。

9 月 19 日，毛泽东离开合肥乘火车去马鞍山，在座的有罗瑞卿、曾希圣等。毛泽东指着张治中问大家：你们可知道他为什么字文白？大家说不知道。毛泽东说：他青年时当过警察，取字警魄，后来警察不当了，警魄的字也不用了，遂从警字取一“文”字，魄字取一“白”字，故字文白，看来他是个简化汉字的创始人呢！大家都笑了。

毛泽东在车上与张治中聊天时说：我就没有感到高兴过，舒服过；1955 年我走了几个省份，看到农业合作化已经超过半数户口了，我才有点高兴；可是 1956 年刮起一阵歪风，说是冒进了，赶快后退，我又不高兴了；到今年，看到工农业发展的情况，我才真正感到高兴。

张治中说：我不能完全同意您的意见，这是您我所处的地位不同之故，您说在 1955 年之前并不高兴和舒服，这是因为共产党建立了政权，您就要考虑怎样把国家建设好，怎样建设社会主义，这千斤重担落在您的肩上，您自然不容易感到高兴而舒服了；而我，旧社会来的，在反动统治下，钩心斗角，尔虞我诈，贪污腐化，昏庸无能，眼看国家这样败坏下去，怎么得了！所以一直在苦闷中生活，感到无能为力；但到了 1949 年，眼看共产党和您的领导下，一切都有了办法，我就如同黑暗中看到光明，在精神上得到解放，心情自然高兴而舒服了。

9 月 20 日，在由马鞍山去南京的火车上，江苏省委书记江渭清来迎接。刚坐下，毛泽东笑问江渭清：你借文白先生的 3000 元钱到底还了没有？大家觉得奇怪。原来，张治中在抗日战争时期任湖南省主席，江渭清是青年，写信给张治中，说我是共产党人，要抗日打游击，没钱，请资助。张治中一想，此人有胆识，而且对我如此信任，就批给他 3000 元。这一经过是张治中谈话告诉毛泽东的。

江渭清书记汇报工作时，毛泽东提到军队改革说：当官不当兵，不到连上来，怎能知道兵的情况，基层的情形？怎能指挥他们？

9 月 21 日，到上海，晚饭时毛泽东边吃边听汇报，他对血吸虫的防治问题问得很详细。最后他指示：这种病对人民群众的危害非常大，一定要从根本上消灭它；如同有 1000 万人患了病，就有 9000 万人受到威胁，如果我们现在 10 人一桌吃饭，其中 1 人得病，其余 9 人也会受到威胁一样。

毛泽东到了浙江，浙江党政领导人来见。毛泽东为张治中一一介绍：第一位是书记江华，毛泽东说：他不姓江，原名黄春浦，江华是干革命时取的。介绍霍士廉时说：是霍去病的霍，霍书记大概是霍去病的后裔吧？介绍到副省长吴宪时说：此人口气真大，口衔天宪！大家听了都笑了。

从上海返京的列车上，张治中郑重地对毛泽东说：我这次沿途所见，您好像处处存着一种戒心，您好像随时随地存在着怕造成个人崇拜的戒心；您是中国的列宁，不是中国的斯大林；拿您和列宁比，都是领导共产党、领导人民革命，推翻反动统治，取得了建立社会主义国家的伟大胜利；但列宁在革命胜利后仅七八年就去世了；而您领导革命胜利后身体是那样健康，全国人民都希望您再领导 30 年，直到社会主义建成和进入共产主义，这是和列宁不同的；为什么说您不是中国的斯大林？因为斯大林在继承列宁之后，由个人专断而发展为个人崇拜，越到晚年越发展，以致犯了严重的错误；而您在领导民主革命以至现在，始终采取民主的作风，经常以“谦虚使人进步，骄傲使人落后”教导大家，强调群众路线，强调民主集中制和集体领导，所有一切言论措施都是正确的，英明的，没有独断专行，怎么会发生个人崇拜？今天中国建设成就如此巨大，人民生活改善如此幸福，今昔对比，饮水思源，人民群众一致归功于共产党和您的正确、英明领导，这就很自然地流露出真诚热烈的爱戴，这怎能说是个人崇拜？

张治中认为：毛泽东之所以处处谦逊踏实，处处把人民摆在前头，悬在心中，也就是警惕个人崇拜的出现。

张治中陪毛泽东视察 20 天，他把每天所见所闻，特别是毛泽东的言论、行动都写成了日记，到杭州后整理成册，约 4 万字，题名“真挚、亲切、爽快、率直、伟大的人民领袖”，送请毛泽东审阅，要求发表。

毛泽东说：你的日记我是不看的，尽在吹我。张治中说：我的日记还是想请您看看，我想发表。毛泽东笑着说：我不看你就不能发表。张治中说：我有言论自由权。毛泽东说：你写的是我的事情，我不答应，当然不能发表；萧三也写过一篇东西，我也曾不让他发表。张治中说：我写的都是亲身的见闻，是实事求是的，有一句说一句，没有一点夸大；您看了之后能不能发表再说，如果既不看又不让发表，那我不服。毛泽东说：好，我再考虑考虑，但是你只能说服，不能压服。张治中说：最近人民出版社出版了两本《毛主席在群众中》，里面搜集了几十篇在报刊上的文字，出版后大受欢迎，大家争相购阅，您看到没有？别人发表那么多东西，都没有给您看过，我写的日记给您看反倒发表不成，现在反而被动了，您不让我发表了；看来我不该拟这个书名，使您看成是对您的吹嘘。毛泽东说：凡是说到我的，我向来不看。张治中最后说：我的日记发表不发表没有多大关系，您认为不该发表，我当然听从您的。[①]

9 月 29 日，毛泽东回到北京。

1958 年 9 月 13 日，赫鲁晓夫召见中国驻苏大使，再次提出给予中国军事援助的建议。[②] 中国领导人从维护国家主权独立的全局出发，并考虑到苏联的参与有可能给美国以借口使台湾问题国际化，再次拒绝了苏联的援助。

9 月 19 日，赫鲁晓夫为了弥补苏、中两党产生的分歧，自告奋勇地再次致信艾森豪威尔，强硬地提出警告："如果美国对中国发动核攻击，那么，侵略者就将立即遭到应有的、同类武器的反击!"

艾森豪威尔和国务卿杜勒斯、参谋长联席会议主席古德帕斯特会晤，讨论下一步怎么办？杜勒斯再次强硬地向总统施加压力："如果我们要保卫金门、马祖，就必须使用战术原子弹，只有这种武器才能有效打击中共。我认为当我们决定把这些武器包括在我们的武库之中时，我们已经承认使用这些武器要冒政治和心理上的风险。当情况危急时，如果我们由于世界舆论的反对而不使用它，我们必须修改我们的国防部署。"

艾森豪威尔说："假如我们使用原子武器，共产党很可能用核武器来报复我们，在这种情况下，我是不准备批准使用原子弹的。"

古德帕斯特干脆认为国民党军应撤出金门、马祖，中共占领这两个岛屿只是时间问题。艾森豪威尔很欣赏这个建议，认为现在是美国实现"划峡而治"的最

① 余湛邦：《张治中与中国共产党》，中共中央党校出版社，1991 年 10 月第 1 版，第 166—185 页。

② 事实上，赫鲁晓夫对中国采取炮轰金门的行动很不满意，甚至担心这种行动发展下去会引起美苏冲突。参见《〈中国共产党历史〉第二卷（1949—1978）》，中共党史出版社，2011 年 1 月第 1 版，第 641 页。

佳时机。

当日，艾森豪威尔向全国发表广播电视讲话，虽声称对远东的紧张局势绝不能采取姑息态度，绝对不能损害美台关系，准备根据美台《共同防御条约》和《台湾海峡决议案》采取行动；但再三表示，“美国对任何地区问题都不想使用核武器。我决不要求美国男儿仅仅为金门而战”，愿意恢复中美谈判解决分歧，而谈判的道路是“畅通和准备好了的”。[①]

经英国在中、美之间斡旋，1958 年 9 月 15 日，中美大使级会谈恢复，地点由日内瓦改为波兰首都华沙。中国谈判代表仍是驻波兰大使王炳南。美方换为驻波兰大使雅各布·比姆。会谈中，中方提出希望双方停止敌对行动的方案。中方提出的协议草案是美军撤出台湾地区，中国政府收复金门、马祖和沿海岛屿后，将努力用和平方式解放台湾、澎湖，在一定时期内不使用武力。

美方蛮横地要求立即在台湾地区实现停火，声称美国不能容忍其“盟友的领土”被武力侵犯。美国要求中国政府放弃对金门、马祖使用武力，由美国说服台湾当局减少金、马驻军，不再反攻大陆。

中国警惕到美国有划海为界、搞“两个中国”的倾向，遂暂时放弃了收复金、马的打算。

1958 年 9 月 20 日，中国外交部长陈毅发表声明：“台湾海峡地区的紧张局势完全是美帝国主义对我国的侵略造成的，消除台湾海峡地区的紧张局势的关键，不是什么‘停火’问题，而是美国军队撤出台湾地区的问题。中美之间没有打仗，根本谈不上什么‘停火’。”[②]

台湾地区军事形势的持续紧张，美国的盟国通过各种渠道向美国施加压力，促使美国从金门、马祖撤军。美国的三军参谋长联席会和国防部也向总统建议从金、马撤军，他们说：蒋介石希望扩大危机，将美国拖入一场与中国的战争，以利于他们重返大陆。美国政府开始在私下劝说台湾当局从金、马撤军。

蒋介石清醒地意识到：占有金门、马祖这两个岛屿成为国民党政府仍对大陆享有统治权的一个象征。如果退出金、马，将有利于美国等西方国家推行“两个中国”的方针。为此蒋介石始终不肯就金、马防卫问题上对美国实行让步。

9 月 24 日，国民党出动 143 架飞机袭扰浙江、福建、广东沿海，在广东澄海以东空域与人民解放军发生大规模空战。国民党空军使用美制“响尾蛇”式空对空导弹，击落人民解放军空军战斗机一架。北京国防部发出声明，指出必须给国民党

---

① 后来，艾森豪威尔在他的回忆录《开展和平运动》一书中，得意地说：“这次讲话之后，美国公众对他的支持率上升了两个百分点。”

② 《美国武装力量必须撤出台湾地区》，《人民日报》，1958 年 9 月 21 日第 1 版。

军队严惩，中国人民解放军猛轰大、小金门岛。

9月29日，蒋介石在举行的记者招待会上公开声称：台湾将决心固守金、马，不容为考虑盟邦的态度如何而瞻顾徘徊，若至紧急关头，台湾将独立作战。9月30日，杜勒斯说：美台双方未就外岛防务问题上取得一致看法；如果海峡两岸取得了可靠停火，那么在金、马保持庞大的军事力量是愚蠢的、不明智和欠谨慎的，美国赞成国民党军队从这里撤出。杜勒斯的话造成美蒋之间重大矛盾，10月1日，蒋介石在记者招待会上立即反驳说：杜勒斯先生的建议只是单方面的声明，台湾政府并无义务去遵循它。

美台关于金、马防御问题的白热化和公开化，引起了中国大陆方面的注意。中共中央从10月3日起连续召开政治局常委会议，讨论台湾海峡形势及其对策。毛泽东认为：台湾当局在美国大量的军事援助下，仍在竭力向金门、马祖运输物资，企图坚守金、马，并且用各种办法拖美国下水，把战争扩大；美国虽然积极援蒋并企图用强大的海、空军压力迫我让步，但是又不愿也不敢直接参加和扩大金门、马祖地区的战争，怕被蒋介石拖下水，越陷越深。毛泽东分析，美国为了摆脱进退两难的窘境，正试图玩弄有条件撤退金、马的阴谋；美国可能采取的手段有3种：①玩弄“停火”的阴谋，争取蒋军不从金、马撤退，或只从金、马撤退一部分；②要蒋军撤出金、马，退守台湾，以放弃金、马换取盘踞台湾的合法地位，从而达到制造“两个中国”的阴谋；③不得已时，强迫和掩护蒋军撤退。

毛泽东反复考虑收复金、马的得失：如果早日收复金门、马祖，对解除福建沿海地区的直接威胁，打开海上交通，对鼓舞全国人民和军队的士气，有很大的好处；但如果让蒋军从金、马撤军，退守台湾，台湾实际控制的地域与大陆的距离将由目前的2公里疏远到180公里，再后，除大喊大叫、望洋兴叹之外，大陆就没有多少文章可做了；一旦美、蒋从金、马脱身，海峡两岸隔离的状况形成，将大大有利于美国实行“两个中国”的阴谋。

毛泽东认为，可以设想，让金门、马祖留在蒋介石手里如何？这样做的好处是，金、马离大陆很近，我们可以通过这里同国民党保持接触，什么时候需要就什么时候打炮，什么时候需要紧张一点就把绞索拉紧一点，什么时候缓和一下，就把绞索放松一下，不死不活地吊在那里，可以作为对付美国人的一个手段；我们一打炮，蒋介石就要求美国人救援，美国人就紧张，担心蒋介石给他闯祸；对于我们来说，不收复金、马，并不影响我们建设社会主义；光是金、马蒋军，也不至于对福建造成多大的危害。

会议经过讨论，同意毛泽东的意见，对金、马打而不登，断而不死，让金、马留在蒋军手里，不让美国脱身，以利于同美国“两个中国”的政策作斗争；向金门打炮也可以打打停停，一时大打、一时小打，但在宣传上仍要大张旗鼓，坚持台湾问题是中国内政，炮击金门是中国内战的继续，任何外国不得干涉；暂缓收复金、马，留待将来时机成熟时，将金、马、台、澎一揽子解决。

毛泽东对身边工作人员说：现在我们不拿台湾，可能10年、20年、40年都不去拿台湾；向金门打炮也不是为了解放金门。

10月5日上午8时，毛泽东以中共中央军委的名义，致电彭德怀和黄克诚转告叶飞和福州军区司令员韩先楚："不管有无美机美舰护航，十月六、七两日，我军一炮不发；敌方向我炮击，我也一炮不还。偃旗息鼓，观察两天，再作道理。"①

10月6日凌晨1时，毛泽东起草了以中华人民共和国国防部部长彭德怀名义发表的《中华人民共和国国防部告台湾同胞书》，发表在当天的《人民日报》上，并通过福建前线广播电台向外广播："台湾、澎湖、金门、马祖军民同胞们：我们都是中国人。三十六计，和为上计。金门战斗，属于惩罚性质。你们的领导者们过去长时期间太猖狂了，命令飞机向大陆乱钻，远及云、贵、川、康、青海，发传单，丢特务，炸福州，扰江浙。是可忍，孰不可忍？因此打一些炮，引起你们注意。台、澎、金、马是中国领土，这一点你们是同意的，见之于你们领导人的文告，确实不是美国人的领土。台、澎、金、马是中国的一部分，不是另一个国家。世界上只有一个中国，没有两个中国。这一点，也是你们同意的，见之于你们领导人的文告。你们领导人与美国人订立军事协定，是片面的，我们不承认，应予废除。美国人总有一天肯定要抛弃你们的。你们不信吗？历史巨人会要出来作证明的。杜勒斯9月30日的谈话，端倪已见。站在你们的地位，能不寒心？归根结底，美帝国主义是我们的共同敌人。13万金门军民，供应缺乏，饥寒交迫，难为久计。为了人道主义，我已命令福建前线，从10月6日起，暂以7天为期，停止炮击，你们可以充分地自由地输送供应品，但以没有美国人护航为条件。如有护航，不在此例。你们与我们之间的战争，30年了，尚未结束，这是不好的。建议举行谈判，实行和平解决。这一点，周恩来总理在几年前已经告诉你们了。这是中国内部贵我两方有关的问题，不是中美两国有关的问题。美国侵占台澎与台湾海峡，这是中美两方有关的问题，应当由两国举行谈判解决，目前正在华沙举行。美国人总是要走的，不走是不行的。早走于美国有利，因为它可以取得主动。迟走不利，因为它老是被动。一个东太平洋国家，为什么跑到西太平洋来了呢？西太平洋是西太平洋人的西太平洋，正如东太平洋是东太平洋人的东太平洋一样。这一点是常识，美国人应当懂得。中华人民共和国与美国之间并无战争，无所谓停火。无火而谈停火，岂非笑话？台湾的朋友们，我们之间是有战火的，应当停止，并予熄灭。这就需要谈判。当然，再打30年，也不是什么了不起的大事，但是究竟以早日和平解决较为妥善。何去何从，请你们酌定。"②

10月13日凌晨1时，毛泽东起草了以国防部长彭德怀名义发布给福建前线人

① 《建国以来毛泽东军事文稿》中卷，军事科学出版社、中央文献出版社，2010年1月第1版，第434页。

② 《毛泽东文集》第七卷，人民出版社，1999年6月第1版，第420—421页。

民解放军的命令：

“金门炮击，从本日起，再停两星期，借以观察敌方动态，并使金门军民同胞得到充分补给，包括粮食和军事装备在内，以利他们固守。兵不厌诈，这不是诈。这是为了对付美国人的。这是民族大义，必须把中美界限分得清清楚楚。我们这样做，就全局说来，无损于己，有益于人。有益于什么人呢？有益于台、澎、金、马1000万中国人，有益于全民族六亿五千万人，就是不利于美国人。有些共产党人可能暂时还不理解这个道理。怎么打出这样一个主意呢？不懂，不懂！同志们，过一会儿，你们会懂的。待在台湾和台湾海峡的美国人，必须滚回去。他们赖在这里是没有理由的，不走是不行的。台、澎、金、马的中国人中，爱国的多，卖国的少。因此要做政治工作，使那里大多数的中国人逐步觉悟过来，孤立少数卖国贼。积以时日，成效自见。在台湾国民党没有同我们举行和平谈判并且获得合理解决以前，内战依然存在。台湾的发言人说：停停打打，打打停停，不过是共产党的一条诡计。停停打打，确是如此，但非诡计。你们不要和谈，打是免不了的。在你们采取现在这种顽固态度期间，我们是有自由权的，要打就打，要停就停。美国人想在我国的内战问题上插进一只手来，他们叫做停火，令人忍俊不禁。美国人有什么资格谈这个问题呢？请问他们代表什么人？什么也不代表。他们代表美国人吗？中美两国没有开战，无火可停。他们代表台湾人吗？台湾当局没有发给他们委任状，国民党领袖根本反对中美会谈。美国民族是一个伟大的民族，其人民是善良的。他们不要战争，欢迎和平。但是美国政府的工作人员，有一部分，例如杜勒斯之流，实在不大高明。即如所谓停火一说，岂非缺乏常识？台、澎、金、马整个地收复回来，完成祖国统一，这是我们六亿五千万人民的神圣任务。这是中国内政，外人无权过问，联合国也无权过问。世界上一切侵略者及其走狗，通通都要被埋葬掉，为期不会很远。他们一定逃不掉的。他们想躲到月球里去也不行。寇能往，我亦能往，总是可以抓回来的。一句话，胜利是全世界人民的。金门海域，美国人不得护航。如有护航，立即开炮。切切此令！”

10月8日，美国政府不顾国民党台湾当局的请求，宣布暂时停止护航。

蒋介石十分恼怒，向美国记者发表谈话说：大陆的广播是骗局，离间台美关系；台湾宁愿遭炮火攻击，也不愿美国退出护航。为了把美国拖在金门、马祖，蒋介石于10月10日命令出动400架次飞机，要与中共进行大规模空战，企图扩大战火，并夺回闽、粤的制空权。但是，他的梦想在与人民解放军空战中被粉碎。

1958年10月13日，毛泽东会见定居香港的新加坡《南洋商报》特派员曹聚仁，作陪的有周恩来、李济深、张治中、程潜、章士钊。

毛泽东告诉曹聚仁说：“只要蒋氏父子能抵制美国，我们可以同他合作。我们赞成蒋介石保住金、马的方针，如蒋撤退金、马，大势已去，人心动摇，很可能垮。只要不同美国搞在一起，台、澎、金、马都可由蒋管，可管多少年，但要让通航，不要来大陆搞特务活动。台、澎、金、马要整个回来，……我们的方针是孤立美国。他只有走路一条，不走只有被动。要告诉台湾，我们在华沙根本不谈台湾问题，只谈要美国人走路。蒋不要怕我们同美国人一起整他。……他们同美国的连理枝解散，同大陆连起来，根还是你的，可以活下去，可以搞你的一套。……我们全部供应。他的军队可以保存，我不压迫他裁兵，不要他简政，让他搞三民主义，反共在他那里反，但不要派飞机、派特务来捣乱。他不来白色特务，我也不去红色特务。……照他们自己的生活方式。”①

1958年10月13日，《人民日报》发表《休谈停火，走为上计》的社论，驳斥美国政府要求在金门、马祖前线停火的论调。指出：中美之间根本没有战争，停火从何而来？要求美国撤走在台湾和台湾海峡周围的美国力量。

1958年10月14日，杜勒斯会见台湾“驻美大使”叶公超，怂恿叶公超巧妙地向蒋介石提出从金、马撤军问题，蒋介石得知此事，利用会见澳大利亚记者的机会，予以反驳：决不撤退，决不姑息。这番言论使华盛顿很恼火。

1958年10月17日，中共中央向党内发出了《关于当前对美斗争的通知》：“我们现在的一切做法都是为了扩大美蒋矛盾，并且利用蒋介石不肯撤出金、马，来拖出美国。我们宁可台、澎、金、马多留在蒋介石手上一个时期，决不能让美国拿去。”

19日夜，美国军舰又恢复了金门海域的护航行动。

同时，美国国务卿杜勒斯准备亲赴台湾，当面劝说蒋介石从金、马撤军。

北京得到情报，当杜勒斯抵达阿拉斯加准备前往台湾时，10月20日下午5时，中国人民解放军福建前线接到中共中央军委命令，立即恢复对金、马的炮击，以示惩罚。两小时中，打出炮弹11000余发。这样，台湾当局又有了不撤军的理由，使杜勒斯的计划再度落空。杜勒斯惊慌失措给艾森豪威尔打电话。艾森豪威尔准备前往西海岸作竞选旅行，还在美国西部的科罗拉多州的丹佛的睡梦中，被杜勒斯的电话惊醒，交谈了10分钟。同时，艾森豪威尔还与美国国务院、杜勒斯与刚刚到达台北的助理国务卿罗伯逊之间，多次电话商谈。艾森豪威尔指示杜勒斯继续前往台湾。

10月21日至23日，杜勒斯和美国国防部部长麦克尔罗伊到台湾访问。双方发表了《中美联合公报》：“双方认为在当前情况下，金门、马祖与台湾、澎湖在防卫上有密切的关联。……中华民国政府认为恢复大陆人民之自由及其神圣使命，并

① 《毛泽东传（1949—1976）》，中央文献出版社，2003年12月第1版，第880—881页；中共中央党史研究室：《〈中国共产党历史〉第二卷（1949—1978）》，2011年1月第1版，第639页。

相信此一使命之基础，建立在中国人民之人心，而达成这一使命主要途径，为实现孙中山先生之三民主义，而非凭借武力。”

1958年10月21日下午，毛泽东在政治局常委会上指出：这次杜勒斯跑到台湾去，是要蒋介石从金、马撤兵，以换取我承诺不解放台湾，让美国把台湾完全掌握在自己手中；蒋介石不答应，[①] 反而要美国承担“共同防御”金、马的义务，两人吵了起来，结果各说各的，不欢而散；美蒋关系存在矛盾，美国人力图把蒋介石的“中华民国”变成附庸国甚至托管地，蒋介石拼死也要保持自己的半独立性，这就发生矛盾；我们不登金门，但又不答应美国人的所谓“停火”，这就可以使美蒋吵起架来。[②]

蒋介石私下对陈诚说：“毛泽东是有原则的，这次他帮了我大忙。”

自此，美国放弃了逼蒋撤出金门、马祖的主张；国民党当局亦将“反攻大陆”的口号，改为“光复大陆”，并把主要精力转移到台湾经济建设方面。[③]

1958年10月25日，毛泽东以彭德怀的名义撰写了《中华人民共和国国防部再告台湾同胞书》：

“台湾、澎湖、金门、马祖军民同胞们：

我们完全明白，你们绝大多数都是爱国的，甘心做美国人奴隶的只有极少数。同胞们，中国人的事只能由我们中国人自己解决。一时难于解决，可以从长商议。美国的政治掮客杜勒斯，爱管闲事，想从国共两党的历史纠纷这件事情中间插进一只手来，命令中国人做这样，做那样，损害中国人的利益，适合美国人的利益。就是说，第一步，孤立台湾；第二步，托管台湾。如不遂意，最毒辣的手段，都可以拿出来。你们知道张作霖将军是怎样死去的吗？东北有一个皇姑屯，他就是在那里被人治死的。世界上的帝国主义分子都没有良心。美帝国主义者尤为凶恶，至少不下于治死张作霖的日本人。同胞们，我劝你们当心一点儿。我劝你们不要过于依人篱下，让人家把一切权柄都拿了去。我们两党间的事情很好办。我已命令福建前线，逢双日不打金门的飞机场、料罗湾的码头、海滩和船只，使大金门、小金门、大担、二担大小岛屿上的军民同胞都得到充分的供应，包括粮食、蔬菜、食油、燃料和军事装备在内，以利你们长期固守。如有不足，只要你们开口，我们可以供应。化敌为友，此其时矣。逢单日，你们的船只、飞机不要来。逢单日我们也不一

① 杜勒斯要蒋介石公开声明，“任何时候，任何地点，任何情况下，都不与中共和谈”，蒋介石默不作声。

② 吴冷西：《忆毛主席》，新华出版社，1995年2月版，第88—89页。

③ 1959年2月，毛泽东在中央省市委书记会上说：“台湾可以10年、20年不去进行改革，还是三民主义，搞特务、反共，尽他去反，只要你这个葫芦是挂在我的腰上，不挂在美国的腰上。”

定打炮，但是你们不要来，以免受到可能的损失。这样，1 个月中有半月可以运输，供应可以无缺。你们有些人怀疑，我们要瓦解你们军民之间官兵之间的团结。同胞们，不，我们希望你们加强团结，以便一致对外。打打停停，半打半停，不是诡计，而是当前具体情况下的正常产物。不打飞机场、码头、海滩、船只，仍以不引进美国人护航为条件。如有护航，不在此例。蒋、杜会谈，你们吃了一点亏，你们只有代表‘自由中国’发言的权利了；再加上小部分华侨，还许你们代表他们。美国人把你们封为一个小中国。10 月 23 日，美国国务院发表 10 月 16 日杜勒斯预制的同英国一家广播公司所派记者的谈话，杜勒斯从台湾一起飞，谈话就发出来。他说，他看见了一个共产党人的中国，并且说，这个国家确实存在，愿意同它打交道，云云。谢天谢地，我们这个国家，算是被一位美国老爷看见了。这是一个大中国。美国人迫于形势，改变了政策，把你们当作一个‘事实上存在的政治单位’，其实并非当作一个国家。这种‘事实上存在的政治单位’，在目前开始的第一个阶段，美国人还是需要的。这就是孤立台湾。第二个阶段，就要托管台湾了。国民党朋友们，难道你们还不感觉这种危险吗？出路何在？请你们想一想吧。此次蒋杜会谈文告不过是个公报，没有法律效力，要摆脱是容易的，就看你们有无决心。世界上只有一个中国，没有两个中国。这一点我们是一致的。美国人强迫制造两个中国的伎俩，全中国人民，包括你们和海外侨胞在内，是绝对不容许其实现的。现在这个时代，是一个充满希望的时代，一切爱国者都有出路，不要怕什么帝国主义者。当然，我们并不劝你们马上同美国人决裂，这样想，是不现实的。我们只是希望你们不要屈服于美国人的压力，随人俯仰，丧失主权，最后走到存身无地，被人丢到大海里去。我们这些话是好心，非恶意，将来你们会慢慢理解的。”①

从此，不但双日不打，就是单日打炮，也不打阵地和居民点，只打到海滩上。蒋军回炮，也同样打到海滩上。后来发展，每逢年节，对金门停止炮击三天；蒋军也同样办理。②

处于这种形势，美国认为：是由于美国的支持和台湾的坚决抵抗，使中共懂得金门是难以攻破的。

赫鲁晓夫说：中国对蒋介石的军事行动采取了炮击两个沿海小岛这样一种形式，可是正当中国人能够跨过海峡去占领那些岛屿的时候，他们突然停止了攻势，结果仗等于白打了。当毛泽东向赫鲁晓夫解释说：我们只想显示一下我们的潜力，我们不希望蒋介石离我们太远了，我们想让他待在我们够得着的地方。赫鲁晓夫

---

① 《毛泽东文集》第七卷，人民出版社，1999 年 6 月第 1 版，第 427—429 页。

② 久而久之，西方一些明眼人都得出这样的结论：金门那隆隆的炮声，是北京中国政府与台湾当局一种特殊的对话形式。据说，毛泽东得知此事，笑道：此话不假，我们每逢单日打几炮，是居安思危，提醒全国人民不要忘了台湾还没有解放，祖国还没有统一，我们还任重道远啊！

说：这是一个奇怪的逻辑。

1958 年 1 月 3 日，为揭露美国政府的战争边缘政策，表示中国人民对美国政府干涉中国内政的义愤，中国人民解放军又进行了第六次大规模炮击。

1959 年 1 月 7 日，针对国民党军对大陆大嶝岛炮击的挑衅，中国人民解放军向金门实施第七次大规模炮击。

1959 年 3 月底，蒋介石集团外交部特别规定，今后对外提及大陆时，不再用“红色中国”或“共党中国”等语，而称“中共政权”。提到他们自己时，不再用“自由中国”，而称“中华民国”。

1960 年 6 月 17 日，美国总统艾森豪威尔到台湾“访问”前夕，以及他离开台湾当天，中国人民解放军福建前线部队举行炮击示威，数万发炮弹均散落在大、小金门面向大陆的滩头、空旷无人地区和无工事的山头。

1961 年 12 月中旬，遵照中共中央军委关于保持台湾海峡稳定，不主动打击金门国民党军的指示，福建前线主动停止了实弹炮击。至此，炮击金门作战即告结束。

随着形势发展，毛泽东提出和平解放台湾、允许台湾保留原有社会制度的设想。周恩来概括为“一纲四目”：只要台湾回归祖国，其他一切问题尊重台湾当局意见妥善处理；台湾回归祖国后，除外交必须统一于中央外，所有军政大权人事安排等由台湾当局处理；所有军政及建设费用，不足之数，由中央拨付；台湾改革，可以从缓，协商决定后进行；双方互约不派人进行破坏对方团结之事。

十九、爱国卫生运动

抗美援朝战争结束后，爱国卫生运动进入了新的历史时期。这一时期的爱国卫生运动以改善农村卫生状况、保护劳动力为主要任务，以除四害、讲卫生为主要内容。毛泽东把灭除四害作为卫生防疫工作中一项重要任务，并极为关注。1955 年 12 月，毛泽东在为中央起草的通知中，给爱国卫生运动和卫生工作提出了除四害和消灭疾病的任务，即基本上消灭老鼠（及其他害兽）、麻雀（及其他害鸟）、苍蝇、蚊子。1956 年 1 月，又把除四害、努力消灭危害人民的疾病列入《1956—1967 年全国农业发展纲要（草案）》，具体规定了在一切可能的地方，基本上消灭老鼠等四害。1956 年 10 月 12 日，毛泽东在修改《1956 年到 1957 年全国农业发展纲要（草案的修改稿）》时写道：“除四害的根本精神，是清洁卫生，人人振奋，移风易俗，改造国家。”在10月13日的最高国务会议的讲话中，毛泽东再次指出：“除四害是一个大的清洁卫生运动，是一个破除迷信的运动。……如果动员全体人民来搞，搞出一点成绩来，我看人们的心理状态是会变的，我们中华民族的精神就会为之一振。我们要使我们这个民族振作起来。”英国学者迪克·威尔逊对此评论说，这体现了毛泽东改变中国人的体质的雄心。

自1957年12月至1958年3月，毛泽东关于除四害、讲卫生问题起草的文件、写的信件和作的批示有10余件。

1958年1月3日，毛泽东代表中共中央起草了《中央关于在全国开展以除四害为中心的爱国卫生运动的通知》，“各省委、市委、自治区：今冬必须在全国各地举行以除四害为中心的爱国卫生运动。各地尚未动员的必须立即动员起来。杭州市已决定在两年内基本肃清四害。上海市已大动起来，兹将1958年1月2日收到的《上海市开展冬季爱国（卫生）运动的情况》一份转发给你们，请你们参照办理。今冬除四害布置，城市一定要到达每一条街道，每一个工厂、商店、机关、学校和每一户人家，乡村一定要到达每一个合作社、每一个耕作队和每一户人家。1958年12月全国各省、市、自治区共27个单位在北京开展评比会议，比较各地成绩的大小。”①

1958年1月上旬，毛泽东前往杭州，亲自检查了该市小营巷的卫生状况。1958年2月12日，中共中央、国务院联合发布了《关于除“四害”讲卫生的指示》，要求开展一场全国性的灭除四害的群众运动，掀起了爱国卫生运动的高潮。据《新华半月刊》1959年第2号，李德全《关于一九五八年爱国卫生运动基本情况和今后的任务》报告中称：截至1958年11月上旬的不完全统计，全国已消灭老鼠18.8亿余只，消灭麻雀19.6亿余只，以及大量的蚊蝇、蛆蛹和孑孓，清理垃圾295亿吨，积肥611亿吨，疏通沟渠165万公里，新建和改建厕所8500余万个。

毛泽东非常注意吸收除四害运动中的不同意见和建议。对除四害的过程中是否应该消灭麻雀，科学界有不同意见，并在报纸上、刊物上进行了热烈讨论。毛泽东仔细阅读了这些材料。1960年3月，毛泽东在《中央关于卫生工作的指示》中改变了消灭麻雀的决定，提出：“麻雀不要打了，代之以臭虫，口号是‘除掉老鼠、臭虫、苍蝇、蚊子’。”② 3月24日，毛泽东在天津会议上重申了这个改变，并风趣地说：这两年麻雀遭殃，现在我提议给麻雀恢复“党籍”。

毛泽东对全国妇联及马寅初等专家提倡节育的建议，是持赞成态度的。1956年10月12日，毛泽东在同南斯拉夫妇女代表团谈话中说：“夫妇之间应该订出一个家庭计划，规定一辈子生多少孩子。这种计划应该同国家的五年计划配合起来。

① 《建国以来毛泽东文稿》第七册，中央文献出版社，1992年8月第1版，第4页。
② 《建国以来毛泽东文稿》第九册，中央文献出版社，1996年第1版，第81页。

目前中国的人口每年净增1200万到1500万。社会的生产已经计划化了，而人类本身的生产还是处在一种无政府和无计划的状态中。我们为什么不可以对人类本身的生产也实行计划化呢？我想是可以的。”①

在这以后，毛泽东多次提到计划生育工作：“设一个生育计划部”、“计划生育，也来一个十年规划”、“三年试点，三年推广，四年普做，达到计划生育”。

医药卫生事业取得显著成绩，城乡卫生医疗网初步建立起来，国家公职人员、大学生和工矿企业职工享受到公费医疗和劳动保护。国家采取减免收费的办法加强对严重危害农民健康的流行性疾病的治疗，烈性传染病、肺结核和性病初步得到控制。1956年与1952年相比，全国卫生机构总数由38987个增加到107305个，疗养院、所由270个增加到799个，卫生防疫站由147个发展到1464个，妇幼保健所、站由2379个发展到4564个。②

1955年，毛泽东亲自视察了血吸虫疫区。11月17日，毛泽东在杭州听取了卫生部副部长徐运北关于防治血吸虫情况的汇报指出，血吸虫病流行范围广，一千万人受害，一亿人民受威胁，要认识它的严重性。为此，毛泽东发出“一定要消灭血吸虫病”的号召，并指示卫生部“要把消灭血吸虫病作为当前的政治任务”。根据毛泽东的提议，中共中央迅速成立由中央华东局主要领导、江苏、浙江、福建、江西、安徽、广东等省、市委书记以及卫生部、农业部同志组成的中央防治血吸虫病9人领导小组（1956年，毛泽东指示中央血防9人小组和国务院卫生部两次派专家考察组到江西省余江县考察血防工作），统一领导南方12个血吸虫病流行省、市、区工作。

1955年11月23日至25日，在上海召开了第一次全国防治血吸虫病工作会议。12月21日，毛泽东在《征询对农业十七条的意见》中提出：“在7年内，基本上消灭若干种危害人民和牲畜最严重的疾病，例如血吸虫病、血丝虫病、鼠疫、脑炎、牛瘟、猪瘟等。”③

1955年12月27日，毛泽东在《中国农村的社会主义高潮》序言中写道：“许多危害人民最严重的疾病，例如血吸虫病等，过去人们认为没有办法对付的，现在也有办法对付了。”

1956年1月，由毛泽东主持制定的《全国农业发展纲要（草案）》，提出了消灭血吸虫病、血丝虫病、钩虫病等危害人民最严重的疾病和积极防治麻疹、赤痢、伤寒等疾病的任务。

① 《毛泽东文集》第七卷，人民出版社，1999年6月第1版，第153页。

② 《〈中国共产党历史〉第二卷（1949—1978）》，中共党史出版社，2011年第1版，第285页。

③ 《毛泽东文集》第六卷，人民出版社，1999年6月第1版，第509页。

1956年2月27日，毛泽东在最高国务会议上再次号召："全党动员，全民动员，消灭血吸虫病。"

毛泽东非常关心第二次全国防治血吸虫病工作会议，先后于3月3日、5日和7日做出三次批示，查询会议的准备情况和会议的主要任务等。3月20日至28日，在上海召开了第二次全国防治血吸虫病工作会议，徐运北在关于这次会议给中央的报告中说："血吸虫病在我国流传面广，危害极深，不仅损害了广大人民的生命财产，而且严重地影响着国家建设的发展和整个民族的前途。要在全国消灭血吸虫病，必须做到加强党的领导、充分发动群众、加强对科学研究的组织和领导、追加防治血吸虫病的经费等几个基本问题。"

4月20日，毛泽东将这份报告批转给时任中共中央秘书长、国务院副总理邓小平，并给该报告加了题目——"关于消灭血吸虫病问题的报告"。

1957年2月6日，中共中央批转了《关于第三次防治血吸虫病工作会议的报告》和《1957年防治血吸虫病工作要点》。批示指出："加强党对防治血吸虫病工作的领导，是完成防治任务的基本保证。"

4月20日，国务院发布《关于消灭血吸虫病的指示》；23日，中共中央发出《关于保证执行国务院关于消灭血吸虫病指示的通知》。卫生部专门成立了血吸虫病防治局。有关部门不断派出义务工作人员到疫区调查，对患者进行免费治疗。

1958年6月21日，毛泽东去杭州路过上海，专门听取了有关方面关于血吸虫病防治工作情况汇报，指出："这种病对人民群众的危害非常大，一定要从根本上消灭它，如果有1000万人患了病，就有9000万人受到威胁，如同我们现在10人一桌吃饭，其中1人得病，其余9人也会受到威胁一样。"①

1958年6月27日至7月3日，全国血吸虫病治疗工作会议在苏州举行。会议重点介绍了江西省余江县消灭血吸虫病的经验。

在毛泽东的亲自关注下，余江县人民掀起了一场消灭血吸虫的群众运动。经过多年奋战，于1958年全面消灭血吸虫病，创造了世界血吸虫病防治史上的奇迹。1958年6月30日，《人民日报》发表了《第一面红旗——记江西余江县根本消灭血吸虫病的经过》的长篇报道和《反复斗争，消灭血吸虫病》的社论。

正在杭州视察的毛泽东，当天晚上阅读了这篇通讯报道后，1958年7月1日，特作《送瘟神》诗两首：

"读6月30日《人民日报》，余江县消灭了血吸虫。浮想联翩，夜不能寐。微风拂晓，旭日临窗，遥望南天，欣然命笔。

绿水青山枉自多，
华佗无奈小虫何！

① 王龙友：《卫生防疫，一项重大的政治任务》，载《微生物学免疫学进展》，1996年。

千村薜荔人遗矢，
万户萧疏鬼唱歌。
坐地日行八万里，
巡天遥看一千河。
牛郎欲问瘟神事，
一样悲欢逐逝波。

春风杨柳万千条，
六亿神州尽舜尧。
红雨随心翻作浪，
青山着意化为桥。
天连五岭银锄落，
地动三河铁臂摇。
借问瘟君欲何往，
纸船明烛照天烧。

对局部地区的疫病流行问题，毛泽东很重视。1958 年秋天，河北省邯郸专区伤寒疫病普遍流行，痢疾、肠胃炎等疾病发生，波及全区 21 个县市、70 多个村庄。主要原因是，某些干部只注意生产，忽略了对群众生活的关心；有些地方食堂工作做得不好，群众吃不到热饭，找不到暖和的地方，加上睡眠不足，使社员身体抵抗能力下降，疾病蔓延很快。

毛泽东得到这个消息后，立即将此件批示给即将在武昌召开的中共中央政治局扩大会议："很值得注意，是一个带全国性的问题，注意工作，忽视生活，必须立即引起全党各级领导同志，首先是省、地、县三级的负责同志的注意，方针是：工作生活同时并重。"①

第四章主要参考书目和文章

《中共党史参考资料》（七），人民出版社，1980 年 1 月第 1 版。

《周恩来选集》下卷，人民出版社，1984 年 11 月第 1 版。

［美］费正清、［英］罗德理克·麦克法夸尔：《剑桥中华人民共和国史（1949—1965)》，上海人民出版社，1990 年 6 月第 1 版。

薄一波：《关于重大决策与事件的回顾》，中共中央党校出版社，1991 年 5 月第 1 版。

① 《建国以来毛泽东文稿》第七册，中央文献出版社，1992 年 8 月第 1 版，第 530 页。

《共和国走过的路》（1953—1956），中央文献出版社，1991年5月第1版。

《建国以来重要文献选编》（二），中央文献出版社，1992年5月第1版。

《邓小平文选》第二卷，人民出版社，1994年10月第2版。

《陈云文选》第二卷，人民出版社，1995年5月第2版。

《刘少奇选集》下卷，人民出版社，1985年12月第1版。

余湛邦：《张治中与中国共产党》，中共中央党校出版社，1991年10月第1版。

金冲及主编：《周恩来传》，中央文献出版社，1998年2月第1版。

《毛泽东文集》第六卷，人民出版社1999年6月第1版。

《毛泽东文集》第七卷，人民出版社1999年6月第1版。

黄峥：《刘少奇一生》（修订本），中央文献出版社，2003年1月第1版。

《毛泽东传（1949—1976）》，中央文献出版社，2003年12月第1版。

刘丕林：《国共对话秘录（1949—1979）》，湖北人民出版社，2006年2月第1版。

《中华人民共和国专题史稿Ⅰ（1949—1956）》，四川出版集团、四川人民出版社，2009年8月第2版。

《建国以来毛泽东军事文稿》，军事科学出版社、中央文献出版社，2010年1月第1版。

《中国共产党历史第二卷（1949—1978）》，中共党史出版社，2011年1月第1版。

张凯：《〈天津讲话〉始末》，《党史研究》，1980年第2期。

陈威、陈诗惠：《试论反对高岗、饶漱石阴谋分裂党的斗争》，《党史研究》，1982年第4期。

《“第三次国共合作”一语第一次出现于何时》，《人民政协报》，1984年2月8日。

陈修良：《“潘杨事传”真相》，《浙江学刊》，1985年第6期。

贺文贞：《对“三面红旗”的再认识》，《党史研究》，1986年第2期。

陈允豪、丁兆甲：《杨帆冤案始末》，《人物》，1986年第6期。

石英：《忆一九五一年中央和华北局关于农业互助合作问题的两次小白楼会议》，《党史通讯》，1986年第9期。

慕躬：《有关第二次互助合作会议的一些情况》，《党史通讯》，1987年第6期。

李作民：《对五十年代批判俞平伯的再认识》，《党史通讯》1987年第9期。

何迪：《“台海危机”和中国对金门、马祖政策的形成》，《美国研究》，1988年第3期。

裴棣：《一九五八年成都会议述评》，《中共党史研究》，1988年第5期。

周承恩：《人民公社和社会主义建设中的空想论》，《中共党史研究》，1988年第5期。

任万新：《一个决定性的转折——评党的八大二次会议》，《理论探讨》，1989年第2期。

张秀芝：《一九五八年“左”倾冒进的国际根源初议》，《史学月刊》1989年第4期。

文录：《一九五八年在中国》，《党史博采》，1989 年第 6 期。

刘敬智：《钱学森——中国人的骄傲》，《光明日报》，1989 年 8 月 28 日第 1 版。

《伴着共和国前进的步伐——回顾人民大会堂建成三十周年》，新华社通讯员、新华社记者，《深圳特区报》，1989 年 9 月 23 日。

耿相新：《卫立煌将军一生》，载《名人传记》，河南人民出版社，1989 年第 10 期。

刘宗尧：《苏联、共产国际与中国过渡时期的总路线》，《四川教育学院学报》，1990 年第 2 期。

王成志：《毛泽东人民公社思想简论》，《黄淮学刊》（商丘师专学报），1990 年第 3 期。

黄象品：《“八大”不提“毛泽东思想”的原因探析》，《湖湘论坛》（长沙），1990 年第 4 期。

林蕴晖：《“八大”党章未写“毛泽东思想”的历史原委》，《中共党史研究》，1991 年第 6 期。

陶鲁笳：《毛泽东谈引黄入晋济京问题》，《党史文汇》，1991 年第 6 期。

李青：《一九五七年反右派斗争及其严重扩大化的起因和教训》，《中共党史研究》，1995 年第 6 期。

王丰：《邓子恢与“四大自由”》，《中共党史研究》，1995 年第 6 期。

赵增延：《对农业合作化运动中第一次反冒进的再认识》，《中共党史研究》，1996 年第 2 期。

董志凯：《“大跃进”运动对中国工业建设作用辨析》，《中共党史研究》，1996 年第 2 期。

聂家华、刘兴豪、杨树标：《对“高饶事件”中几个问题的考察》，《中共党史研究》，2004 年第 2 期。

刘洋：《统购统销——建国初期统制经济思想的体现》，《中共党史研究》，2004 年第 6 期。

戴茂林、赵晓光：《关于“高饶事件”几个问题的再探讨》，《中共党史研究》，2004 年第 6 期。

萧一平：《关于“东北一党员信”的来龙去脉》，《中共党史研究》，2004 年第 6 期。

罗平汉：《农业合作化运动高潮与批判邓子恢事件》，载《中华人民共和国专题史稿Ⅰ（1949—1956）》，四川出版集团、四川人民出版社，2009 年 8 月第 2 版。

唐少杰：《建国初期的思想文化批判和意识形态体制的建立》，载《中华人民共和国专题史稿Ⅰ（1949—1956）》，四川出版集团、四川人民出版社，2009 年 8 月第 2 版。

林蕴晖：《胡风事件与 1955 年的肃反运动》，载《中华人民共和国专题史稿Ⅰ（1949—1956）》，四川出版集团、四川人民出版社，2009 年 8 月第 2 版。

沈志华：《苏共二十大、非斯大林化及其对中苏关系的影响》，载《中华人民共和国专题史稿Ⅱ（1966—1976）》，四川出版集团、四川人民出版社，2009 年 8 月第 2 版。

熊亮华 ：《五十年代党内关于建设速度的一场分歧和争论》，载《中华人民共和国专题史稿Ⅱ（1966—1976）》，四川出版集团、四川人民出版社，2009 年 8 月第 2 版。

朱兆中：《知识分子会议和“双百”方针的提出》，载《中华人民共和国专题史稿Ⅰ（1949—1956）》，四川出版集团、四川人民出版社，2009 年 8 月第 2 版。

沈志华：《〈正确处理人民内部矛盾〉的提出和整风运动的缘起》，载《中华人民共和国专题史稿Ⅰ（1949—1956）》，四川出版集团、四川人民出版社，2009 年 8 月第 2 版。

沈志华：《从整风到反右的转轨》，载《中华人民共和国专题史稿Ⅰ（1949—1956）》，四川出版集团、四川人民出版社，2009 年 8 月第 2 版。

韩钢：《反右派运动的开展及其后果》，载《中华人民共和国专题史稿Ⅰ（1949—1956），》，四川出版集团、四川人民出版社，2009 年 8 月第 2 版。

罗归国：《“大跃进”的发动和高潮》，载《中华人民共和国专题史稿Ⅰ（1949—1956）》，四川出版集团、四川人民出版社，2009 年 8 月第 2 版。

沈志华：《周恩来与 1956 年的反冒进——记中共中央关于经济建设方针的一场争论》，《史林》，2009 年第 8 期。

中央文献研究室课题组：《中国道路十章》，《党的文献》，2011 年第 2 期。

王香平：《对毛泽东“大跃进”时期提倡“留有余地”的几点分析》，《党的文献》，2012 年第 3 期。

中央文献研究室：《〈毛泽东年谱（1949—1976）〉选载之一、之二》，《党的文献》，2013 年第 1 期。

毛泽东 下

领导下的新中国十七年

贾章旺⊙著

中国文史出版社

第五章 庐山会议

一、中共中央军委扩大会议

彭德怀从朝鲜战场上回来，周恩来提名彭德怀接替自己，主持军委工作。1952年7月，政治局会议批准，彭德怀走马上任，并提名调黄克诚任副总参谋长、军委秘书长。

1952年7月，聂荣臻任代总参谋长时（时任总参谋长徐向前因病治疗休养，由第一副参谋长聂荣臻代理），认为毛泽东管的事太多，太忙，事无巨细的文件都报上去不好，从那时候，送毛泽东、刘少奇、朱德的文件就少了。后来毛泽东开会说，早先还见着作战部的报告，后来看不到了，现在党政民系统的东西一大桌菜吃不完，军事系统就没有吃的，干饿。① 粟裕当时是第二副总参谋长，他认为自己应该承担一定的责任，便向毛泽东作了书面检讨，未按毛泽东要求每半月报告一次情况的错误；并且说，虽然毛泽东没有指名批评他，但对他教育很大。毛泽东在他的检讨上批示说：此种检讨很好。且把粟裕与聂荣臻的工作做了比较，肯定了粟裕半年来的工作，又批评了聂荣臻，引起了聂荣臻的误解。

1953年1月，毛泽东要求："一定要将苏联的一切先进经验都学到手，改变我军的落后状态，建设我军为世界上第二支最优良的现代化的军队。"②

1953年2月7日，毛泽东在全国政协一届四次会议闭幕会上，讲话说："应该在全国掀起一个学习苏联的高潮，来建设我们的国家。"③

1954年10月，粟裕被任命为中国人民解放军参谋长。

---

① 张震：《总参谋部回忆史料》，解放军出版社，1995年版，第326页。

② 《建国以来毛泽东文稿》第四册，中央文献出版社，1990年9月第1版，第1页。

③ 《毛泽东文集》第六卷，人民出版社，1999年6月第1版，第264页。

彭德怀主持军委日常工作以后，粟裕与彭德怀在对未来战争的认识和准备问题上存在着分歧，有时据理力争。

1954 年第一届全国人大会上，决定在国务院设立国防部。为了体现国防部的领导，许多原来由中央军委和总部颁发的命令、指示，都要求改由国防部署名。但规定的又不具体。总参为中央军委起草的总参下发的命令、文电，经常因署名问题受到批评。为此，粟裕提出，希望加以明确，以便在日常工作中有所遵循。

1955 年 3 月 16 日，中央军委会议上决定，责成总参起草国防部与总参职责条例。在署名问题上，引起彭德怀对粟裕的猜疑。[①]

1956 年 6 月，中共中央发出“克服学习马克思列宁主义和外国经验中的教条主义倾向”。

1950 年 7 月，刘伯承辞去西南军区司令员、西南军政委员会主席之职，来到南京创办南京军事学院，任南京军事学院院长兼政委。6 年多的呕心沥血，一所“东方的伏龙芝、西方的西点军校”，由刘伯承打造得颇具规模。在“全盘苏化”的历史条件下，南京军事学院也不例外，不但有许多苏联军事人员任教官，连课程设置和教学训练都按照苏联的一套。在批评教条主义倾向中，开展了批评与自我批评。

此时，军事学院战役系一位学员给彭德怀写信，认为在向苏联学习中，学院在教材、教学方法上，产生了教条主义倾向。

军事学院战史教授会主任蔡铁根，在调军事学院之前，曾任军委训练总监部军事科学和条令部门的处长。蔡铁根致信中共中央总书记邓小平，说：苏联军事科学是一个完整的系统科学，只有全部学会、学通，融会贯通之后，才谈得上批判；我们在学习和运用苏军这一整套的时候，却往往是割裂开来，随意取舍，结果弄得四分五裂，驴唇不对马嘴，还美其名曰“批判地接受”；最后执行不通，不说自己学习上有问题，说苏军的东西不适合我军情况；这不是一个小问题，而是一个不容忽视的重大问题，是一个关系着建军思想和军事路线的问题，是直接关系着我国社会主义建设的安危问题。

主管全军院校工作的军委副总参谋长张宗逊率领工作组到南京，在军事学院和总高级步兵学校召集多次座谈会，随后写了一篇调查报告：在肯定几年来院校学习苏军经验的同时，同时指出，把许多不适用于中国军队的东西也学来了。

彭德怀看了报告，并得到毛泽东同意后，于 1957 年 2 月 27 日率领总参谋部和总政治部，包括 2 名大将、3 名上将在内的 12 人工作组，进驻学院调研。回到北京向中共中央和中央军委写了专题报告：军事学院自 1950 年成立以来，取得了许

① 《中华人民共和国专题史稿Ⅰ（1956—1966）》，四川出版集团、四川人民出版社，2009 年 8 月第 2 版，第 242 页。

多成绩；但在过去几年的教学中，教条主义相当严重；特别是经过1956年9月全院学过5个整风文件，学院中的许多同志已经感到有反对教条主义必要之后，院党委仍然在徘徊、犹豫、拖延，未能下决心，使党委领导在教学工作上落后于客观实际。

这一报告由中央军委秘书长黄克诚组织讨论，训练总监部部长萧克参加了。萧克不同意报告的结论，认为把南京军事学院冠以“教条主义大本营”不合适，认为工作中有缺点、错误，可以批评，可以纠正，但不能夸大事态。此时的训练总监部，在彭德怀眼里已是问题成堆，已经传出了一种论调，说“训练总监部是教条主义司令部”。彭德怀在一个公开场合曾一锤定音地说到过：“教条主义的大本营就在南京军事学院，司令部就在训练总监部。”萧克给彭德怀写了一封解释信，不料，这封信成了萧克“向彭总进攻”的罪证，被说成“挑刺挑到国防部了，挑到彭总头上了”。

这时，刘伯承正在北戴河养病，但他敏感地意识到问题的严重性，于是三次写信给南京军事学院党委，观点鲜明地表示要重视反教条主义的思想检查。数月之后，刘伯承致信彭德怀和毛泽东，诚恳请求辞去南京军事学院的职务。不久，中央军委批准他的辞职，任命廖汉生中将接任院长，钟期光上将任政委。学院党委召开扩大会议作出《关于深入开展反对教条主义的决定》，委婉地陈述，缺点和错误的性质是在学习马克思列宁主义和外国经验中的教条主义倾向。

1958年1月21日，毛泽东在南宁会议上作总结讲话时，讲到军队问题时，提出要警惕发生苏联“朱可夫事件”。

朱可夫，是苏军元帅。在苏德战争期间，是仅次于斯大林的副最高统帅。战后，被斯大林贬为地方军区司令员。斯大林去世后，他再度崛起，出任国防部副部长、部长。1957年6月，莫洛托夫、马林科夫等在苏共中央主席团会议上，决定罢黜第一书记赫鲁晓夫。朱可夫当即表示坚决反对，说：“军队反对这项决议，没有我的命令，一辆坦克也不会开动。”赫鲁晓夫要求召开中央全会。朱可夫命令国防部用军用飞机火速将各地的中央委员接到莫斯科。在中央全会上，赫鲁晓夫击败了莫洛托夫等人，并把他们打成了“反党集团”。但是，朱可夫在军队权力的膨胀，又引起赫鲁晓夫的警惕。同年10月26日，苏共中央全会以朱可夫“破坏了党的列宁主义原则”罪名，解除了朱可夫的苏共中央主席团、中央委员和国防部长的职务。

毛泽东说：“党委要抓军事。军队必须放在党的领导和监督之下。要好好同军事工作方面的同志们商量。一年抓4次。在整风中，建议军队拿几天时间讨论一次朱可夫所犯严重错误的问题，此事由军委发出指示和有关朱可夫错误的材料，吸取苏联的教训。”[①]

---

① 《建国以来毛泽东文稿》第七册，中央文献出版社，1992年8月第1版，第29页。

1958年3月，毛泽东在成都会议上明确提出："军队落后于形势，落后于地方。"他提议召开中央军委扩大会议，用整风的方式检查总结新中国成立以来的军事工作。

1958年3月，训练总监部召开机关四级干部会。开始支持萧克意见的占了上风，并对原任训练总监部副部长、现任副总参谋长的张宗逊开展尖锐批评。但是，会议快结束时，总政治部派来了由总政组织部长刘其人任组长的工作组，会议转向反对教条主义，宣布：训总四级干部会，是向党进攻的会，反对张宗逊就是反对彭总，就是反党反中央。

1958年4月8日，曾主持训练总监部多年的叶剑英在军事学院教职员工大会上发表讲话，肯定了军事学院工作的成绩，反对给军事学院戴教条主义的帽子，并主动承担责任。

1958年4月29日，军委秘书长黄克诚召集有军委和各总部领导参加的座谈会。传达彭德怀根据毛泽东提出军队整风的指示，确定召开军委扩大会议的内容。这个会议没有通知身在北京的总参谋长粟裕。

1958年5月24日，军委扩大会议举行预备会议（又称"小型会议"）。到会人员40人（军委委员，军队系统中的中央委员，各军区、各军兵种党委书记共56人）。

26日，会议由邓小平主持，彭德怀、聂荣臻、陈毅、贺龙、罗荣桓、叶剑英、林彪7位元帅及黄克诚、谭政两位大将和萧华参加。彭德怀提出，会议要解决好党的领导问题。会议责成粟裕做了检讨。然后，陈毅、彭德怀、聂荣臻、邓小平、黄克诚等人发言对粟裕进行批判。

5月27日，会议正式开幕。彭德怀在会上强调：会议主要任务是整风、整编，方式是大鸣大放、大争辩。会上，就"总参与国防部关系"问题，强加给粟裕"一贯反领导"、"向国防部要权"、"告洋状"。①

28日，粟裕被迫在50多人参加的会议上进行检讨，会议气氛比较缓和。毛泽东认为会议温度不够高，要求与会者以整风的精神大鸣大放，通过会议与小字报相结合的办法，使会议在一周之内空气紧张起来。

30日，黄克诚传达毛泽东指示："把火线扯开，挑起战来，以便更好地解决问题。"彭德怀在会上说：朱可夫事件就暴露了苏军在不少地方违背列宁建军原则的弱点，我们所以要严肃地批判教条主义，就是为了把我军优良传统牢固地传下去，不然的话，当我们这批老的骨干逐渐死去以后，我军就可能有像匈牙利军队那样变

① 所谓"告洋状"，是1957年11月，粟裕在苏联访问时，拜会苏军总参谋长索科洛夫斯基的事情。当时，中共中央军委总参谋部正在起草国防部及总参职责条例，粟裕从借鉴苏军经验出发，趁便向苏军总长提出，请对方提供一份苏军"关于国防部门和总参谋部工作职责的书名材料"，以作为参考。

质垮台的危险。[①]

自6月7日起，会议扩大到全军以上单位和部分师级单位的主要领导干部，人员达到1400多人。大会主持者既不顾历史的基本事实，也不愿听粟裕的说明。批判的调门一再升温。有一次，毛泽东找萧劲光谈话，征求对粟裕看法。萧劲光说：粟裕同志为人正派，没有二心，是好人。毛泽东点头赞同。粟裕第二次在大会作检讨之前，毛泽东说：粟裕同志战争年代打仗打得好，是为党的；到北京后是为公还是为私，不能说都是为私吧！请大家来判断。

7月14日，粟裕在大会上第二次检讨，把别人强加的罪名差不多全认了下来。毛泽东对粟裕的评价也传到了会上，他总算过了关。

8月31日，中共中央政治局会议决定：解除粟裕总参谋长职务；将他的“错误”传达到军队团一级、地方地委一级。[②]

1958年5月29日，海军副司令员、海军学院院长方强就军委扩大会议的开法给会议主席团写了一封信：

这次军委扩大会议，确定了整风和整编两个内容，会议采取大鸣大放、大辩论的方法都是对的；但这次整风的指导思想是什么，要解决哪些主要的思想问题，解决什么矛盾，还须有明确的必要；我认为应当解决我军当前建设中的主要矛盾，即一方面要建设一支现代化的优良的革命军队，另一方面在各项工作中还或多或少地存在着教条主义和经验主义，阻碍我军发展；我军曾经有过一个时期，有这样一种趋向，只强调正规化，不重视发扬我军的光荣优良传统；只强调政治，只讲集中，不重视民主；只讲学习苏联（这是必要的），不注意总结自己的经验；只强调首长教育部署，不走群众路线，不讲我军官兵互教的优良传统方法；只讲纪律服从，不讲政治自觉；只讲规章制度，不注意发扬群众的创造精神和积极性；只讲军衔等级，不讲或少讲官兵政治平等等；这种种，使我军的一些优良传统，在某个时期受到了一定程度的削弱，甚至使我军某些根本制度发生过摇摆。

6月5日，毛泽东看了方强的信后，批示：此件写得很好，提出了问题，彭、黄、邓看后还我；我暂时不宜讲话，先要把问题都放出来；过几天，我准备找各个小组长分别谈一下，调查一下情况，摸一下底。[③]

6月7日，毛泽东又专门给邓小平写信：六七月份，你应做两件事，（一）第二个五年计划的布局，如你自己所提的；（二）帮助德怀同志将军事会议开好，关

---

① 《黄克诚自述》，人民出版社，1994年版，第246页。

② 1994年12月25日，中央军委副主席刘华清、张震联名在《人民日报》、《解放军报》发表《追忆粟裕同志》：“1958年，粟裕同志在军委扩大会议上受到错误的批判，并因此长期受到不公正的对待。这是历史上的一个失误。这个看法，也是中央军事委员会的意见。”

③ 《毛泽东文集》第七卷，人民出版社，1999年6月第1版，第261—263页。

键是本月一个月，大事抓起来。①

6 月 9 日下午，黄克诚传达毛泽东的指示说：主席对我们的会议决心很大，开不好，大家都不要走；会议要扩大范围，每个师的党委书记都来（军分区不来）。

1958 年 6 月 20 日，军委扩大会议举行全体大会，正式出席会议的代表 1004 人，列席的 438 人，大会主席团由 32 人增加到 41 人。会议移到中南海怀仁堂。

彭德怀代表主席团首先讲话。他开头就提出了两条军事路线斗争，从战争年代教条主义的危害，讲到全国胜利后军事教条主义的复活，反对毛泽东建军思想和战略方针。彭德怀带着情绪说："我这个人是没有学问的，是丘八学校和农民学校出身的，出身寒微，是难以使人信服的。就是他们所说的，反教条主义的人都是没有学问的。在这方面我有自卑感。"②

八届五中全会新当选的党中央副主席林彪，神情颇为激动地说："有人一提学习就想到外国，专学外国的东西，以为只有外国的东西才是好的。这就是迷信。有的单位不把毛主席军事著作作为军事基本教材，而只列为参考资料，这是不对的！有的单位连参考也没有列上，就更不应该！"

6 月 21 日，毛泽东在全体会议上讲话说：这几年对军事没有抓，军事工作基本上做得好，有成绩，也有缺点；军委有责任，中央也有责任；大家对军委、对彭德怀的批评，也就是对我的批评。

关于教条主义，毛泽东说：我军有两种传统，一是优良传统，一是错误传统；一是马克思主义传统，一是非马克思主义传统；解放后又出现了教条主义，看来有一点，分量可以研究；说完全没有不妥当的，不加分析地照搬外国，是妄自菲薄，不相信自己。

6 月 23 日，毛泽东召集军委委员和各组组长举行座谈会。

毛泽东在插话中说："人民解放军有没有教条主义呢？我在成都会议上说过，搬是搬了一些，但建军基本原则坚持下来了。现在有四种说法：一种说没有，一种说有，一种说很多，一种说相当多。说没有教条主义者是不符合实际的。究竟有多少，这次军委会议要实事求是地加以研究，不要夸大，也不要缩小，要坚持真理，修正错误。学习苏联的方针是坚定不移的，因为他是第一个社会主义国家，但一定要有选择地学，因此就要坚决反对教条主义，打倒奴隶思想，埋葬教条主义。"

毛泽东说："十大军事原则，是根据十年内战、抗日战争、解放战争初期经验，在解放战争进入反攻时期提出来的，是马列主义普遍真理同中国革命战争实践相结合的产物。运用十大军事原则，取得了解放战争、抗美援朝战争的胜利（当然还有其他原因）。十大军事原则目前还可以用，今后有许多地方还可以用。但马克思列

---

① 《毛泽东文集》第七卷，人民出版社，1999 年 6 月第 1 版，第 264 页。

② 《彭德怀传》，当代中国出版社，1993 年版，第 554 页。

宁主义不是要停止的，是要向前发展的，十大军事原则也要根据今后战争的时机情况，加以补充和发展，有的可能要修正。”

毛泽东说：不能只讲导弹、原子弹、氢弹，不能否定“小米加步枪”，人民解放军搞现代化，既要有洋办法，也要有点土办法，我们打败了蒋介石、日本帝国主义和美帝国主义，有丰富的战争经验，看不起自己的经验是不对的，要以我为主，学习别人的先进经验，同时还要研究敌情、友情；现在“小米加步枪”的经验还是重要的，新的没有，就把“小米加步枪”否定是错误的，当然，停留在旧阶段也是不对的。

毛泽东说：“我们社会主义建设是三个‘并举’。斯大林只强调一面，强调搞工业，忽视了搞农业；强调集中，忽视分权；强调大型的，忽视中小型的。我们比斯大林要完善。苏联现在有两个地方有改进，注意了农业，注意了分权。但他们还是不大注意走群众路线，不提倡中小型。我们还有一条，就是洋办法和土办法结合。人民解放军搞现代化，搞洋办法，也应该搞点土办法，例如民兵是土办法。土办法发展以后，也可以办成洋办法。‘小米加步枪’同现代化可以结合起来。”

毛泽东说：“现在学校奇怪的很，中国革命战争自己的经验不讲，专门讲‘十大打击’①，而我们几十个打击也有，却不讲。应该主要讲自己的，另外参考人家的。”

毛泽东直接批评说：“马列主义本来是行动的指南，而他们当作死条条来啃，马克思、列宁在的话，一定批评他们是教条主义。”说到这里，毛泽东话锋一转，语气略有加重：“伯承身上的旧军阀习气就完全没有了吗？当着他的面我也要说，我看还是有的。他一到苏区，就和‘洋大人’搞在一块儿，军事上完全是本本主义、教条主义那一套。抗战时期，好一点。解放战争初期，特别是进了大别山，也不行。办了军事学院，好为人师，搞起了老本行——教条主义，莫误人子弟哟。”

刘伯承曾在苏联伏龙芝军事学院深造三年，1930 年 10 月从苏联学成归国后，担任中共中央军委委员、中共长江局军委书记。

1931 年 12 月上旬，刘伯承进入中央苏区后，始任红军中央军事政治学校校长兼政治委员，1932 年 5 月兼任瑞金卫戍司令员。同年 10 月上旬的“宁都会议”上，毛泽东被撤销红一方面军总政委职务，从前线返回。1933 年 2 月，刘伯承升任中革军委参谋长、红军总参谋长，协助接任红一方面军总政委的周恩来和中革军委主席朱德，指挥红军应对即将到来的第四次反“围剿”。

刘伯承先后在中革军委机关报《红星》、中央政府机关报《红色中华》、中共中央局机关刊物《战斗》等报刊上，发表了一些针对毛泽东、彭德怀、林彪等人

① 第二次世界大战时期，苏联对德国法西斯进行的斯大林格勒、库尔斯克、攻克柏林等十大战役。

“游击主义”的理论文章，批评这是“一种狭隘守旧的经验主义战术”，“一种有害于反‘围剿’革命战争的右的倾向”，指斥这种战术的最大害处就在于不能打正规战，不能实行大兵团集群作战。

彭德怀、林彪等人在读到了这些文章后，以他们自井冈山以来追随毛泽东、朱德对游击战争的深刻领会，对刘伯承这种偏颇的认识很有看法，认为在这种时候打正规战完全脱离了红军的实际。红三军团军团长彭德怀深为不满。林彪也倾吐出心中的不快：“游击战有什么不好！红军就是靠游击战起家的，从井冈山打到中央苏区，我们就靠这个拿手好戏。现在好了，要打正规战，拿什么与人家相比？他刘伯承一个人去打就行了。”

中央苏区的反“围剿”战争，名义上是周恩来、朱德、王稼祥三人组成的前方局指挥，但博古等人一来就改变原定的作战计划，提出红军渡过赣江首先攻取南城、黎川、广昌，然后再攻南丰，并要求“前方同志必须站在一致的路线上，绝对地执行这一战略计划”。周恩来等人经过了认真的分析，很不赞同这种战略，几次电告博古，反对攻打南城、南丰。而博古和项英、任弼时等后方局成员根本听不进去，于1933年2月4日语气严厉地电告周恩来等：“此计划经中央局全体通过，请立即讨论并电告执行的具体部署。”在这种情形下，前方局只得于2月7日作出攻打南丰的部署。周恩来愤慨地与朱、王联名再次电告临时中央，表达自己的心情：“应该给前方局以机断余地和应有的职权。”

担任主攻南丰的是红三军团。彭德怀在接到命令后大为震惊。周恩来也有难言之苦，只能相劝：“彭军团长，这是中央的决定，命令都下达了，还是打吧。”“打吧，不把三军团打光他们是不甘心的！”彭德怀怒气冲冲地放下了电话。

果然不出所料。2月12日傍晚，红三军团向南丰城发起攻击，守敌凭借坚固工事猛烈反击。红三军团激战大半夜，城外的敌堡摧毁尚不及一半，就伤亡了400多人，牺牲三师师长彭放和两个团长，红军的进攻完全被敌人的火力所压制。

彭德怀接到报告，心如刀割，一夜就折损了400多名官兵，这可是红三军团经受不起的重创呀！他跺着脚骂道：“照这样打下去，我们三军团的老本都要打光了！吗子正规战、攻坚战，全是刘伯承在瞎指挥！由着他这样搞下去，我们打得个鬼赢?！赶快给我撤！”周恩来等人了解到战讯，也是心痛不已。更为严重的是：增援之敌已纷纷出动，企图从三面合围攻城的红三军团。面对攻城红军有被内外夹击的危险，前方局当机立断，不待请示临时中央和后方局，就传令红三军撤出南丰战场。

其实彭德怀并不知道，刘伯承也是不赞同强攻南丰的。他认真研究过周恩来于1月21日发给后方局“我们不主张立即过河攻取二南”的电报，认为前方局是有发言权的，应当听取他们的意见。当夜，他把自己的看法向任弼时、项英讲了，但他们听不进去。不过，彭德怀对此毫无所知。

中央苏区的第四次反“围剿”，由于关键时刻周恩来等人拿出无畏的勇气，毅然作出一系列调整，指挥红军开展灵活的游击战，最终取得了歼敌3万、俘敌逾万的重大胜利。彭德怀不明刘伯承反对强攻南丰的真相，因而把这一错误的战略指挥，算在了刘伯承的头上。战后，彭德怀对刘伯承批评“游击主义”大为不满的这些话，传到了刘的耳朵里，这位总参谋长并不怎么生气，却也说了一句：“红军本来就存在着游击主义的现象嘛，老彭的红三军团也需要在战术上提高一下，这有什么不好的?”不料，话又被传播者传走了样，彭德怀听了以后，增加了恼怒。

事实上，刘伯承进入红军作战指挥的核心圈之后，当初发表对“游击主义”的批评文章，其心地和动机是希望红军能够提高战略战术水平，因为他基于自己的军事阅历，一贯重视部队正规战的战略战术素养的提高，以适应反“围剿”战争的需要。然而，攻打南丰受挫和第四次反“围剿”的最终获胜等铁的事实，让他认识了过去对游击战的看法有所偏颇，承认中央苏区之所以接连四次打破敌人从10万到40万兵力的“围剿”，完全来自毛泽东“诱敌深入”的战略和灵活多变的游击战术，不然的话，中央苏区早就不复存在了。他的反躬自省是真诚的，因此思想上的转变也是真切的。所以，在共产国际派出的军事顾问李德来到中央苏区成为主宰苏区军事指挥的“太上皇”期间，刘伯承对其大打正规战、攻坚战的一套持反对态度，只要有机会，就主张把游击战术的经验运用到作战中，力求避免与敌人打消耗战。1934年5月10日，他在《战斗》杂志上发表了《现在游击战要解答的问题》一文，呼吁般地提出继续用“诱敌深入”的战略与敌人战斗。9月10日，他又撰写了《到敌后展开游击战争的几个教训》一文，以更深的认识阐述了红军坚持游击战争的重要性。刘伯承对李德根本不懂中国红军特点和苏区战争规律，只会“图上作业”的瞎指挥非常反感，在职权范围内屡屡纠正李德的错误部署，以至于洋顾问对他非常恼火，甚至当众讥笑他，说他还是伏龙芝军事学院的高才生，还是红军的总参谋长，水平还不如一个普通参谋！事后不久，临时中央免掉了刘伯承红军总参谋长的职务，降为红五军团参谋长。由于一直处于紧张的战事之中，刘伯承没能主动找彭德怀交流看法，解释前嫌，消除隔阂。

抗日战争时期，彭德怀与刘伯承的职务发生了一次置换：彭德怀出任八路军副总司令，刘伯承任一二九师师长，昔日的上下级关系颠倒着变化了一下。

1944年4月下旬，中共中央在延安进行高干整风运动，按地方和军队系统召开会议，检讨工作，开展批评与自我批评。开始由毛泽东在大会上作题为《学习和时局》的报告，后来召开晋冀鲁豫区的军队高级干部座谈会。4月30日上午，由刘伯承代表一二九师和晋冀鲁豫抗日民主根据地作工作报告，对晋冀鲁豫七年来抗战加以全面总结。刘伯承的报告涉及许多方面，其中一个敏感而引人注意的问题，就是百团大战。

百团大战，是1940年8月至12月，由彭德怀策划并一手指挥的一个区域与时间跨度很大的战役。八路军出动105个团40万兵力，在广大民众的配合下，经过连续3个月的艰苦作战，歼灭日伪4.3万余人，拔除敌方大据点近300个，破坏了正太、平汉、同蒲等公路、铁路交通线，打破了日军对华北抗日根据地的“囚笼政策”，拖住了日军向西北、西南进攻的后腿，有力地遏制了投降妥协的逆流，坚定了全国人民的抗战决心。

刘伯承在报告中肯定了百团大战的功绩，但也毫不隐讳地指出了其中的缺点。这些缺点除了战役发生后一两年相应暴露出来的问题，如过早地暴露了我军实力，引起日寇重兵的疯狂报复，事实上帮了蒋介石国民党的忙，对日军进攻方向作了错误估计而过早发动战役等等，还提到了指挥上的失误问题，包括没有发挥游击战与正规战相结合的传统优势。

百团大战期间，一二九师作为正面作战的八路军主力，担负着收复榆社、辽县，破击白晋公路、正太铁路等艰巨任务，与其他部队相比，兵力损失较大，而且有的伤亡是可以避免的。

1940年10月30日，一二九师的6个团在彭德怀严令下汇集蟠龙镇关家垴，围歼日寇冈崎大队。该敌蹿至黎城的黄崖洞山谷时，部分破坏了八路军兵工厂，彭德怀下狠心决定全歼这支恶敌。扼守关家垴的600余名日军火力极其猛烈，压制了一二九师部队的多次进攻。彭德怀下令再次强攻。刘伯承急了，在电话里说：“彭总，不能这样打，这种攻坚太不值了，到了晚上再收拾他们。”彭德怀在电话的另一端则喊道：“不能等，一定要现在拿下来！”刘伯承来火了：“你这是赌气，蛮干！”彭德怀听了也咆哮起来：“拿不下关家垴，我撤你一二九师的番号！”说罢扔下了电话筒。刘伯承这时也非常气愤，眼泪都溢出来了：“这个彭德怀，真拿他没有办法。”在彭德怀的指挥所，左权严肃批评了副总司令彭德怀。彭德怀意识到自己错了。

一二九师反复进行了十几次冲击，以不小的伤亡攻克了关家垴，基本歼灭日寇冈崎大队，但伤亡也超出了日寇数量。战后，彭德怀见到刘伯承，握着他的双手满怀歉疚地说：“伯承兄，小弟向你赔罪了。”刘伯承说：“彭总，别这样说……”战后，尽管刘伯承没有把这件事放在心上，但一二九师的官兵对彭德怀意见很大。

但是，刘伯承在报告中对百团大战的批评，并不是针对彭德怀的，是对整个晋冀鲁豫抗战工作的总结。而且，刘对这些问题结合自己作了自我批评。但是，令刘伯承始料不及的是，他的报告产生了很大的影响。

刘伯承在报告中提及百团大战，具有两个方面的特殊意义：一方面这是党内、军内在正规的场合首次对百团大战作出的批评性评论。对于百团大战，当初几乎所有人都唱过赞歌，毛泽东也曾以中央军委的名义给彭德怀发过电报：“百团大战令人兴奋，像这样的战斗是否还可以组织一两次。”然而，随着时间的推移，由百团大战引起的后续问题相继暴露出来，因而在党内军内形成了颇大的争议，但这些争议都是非正式场合的。刘伯承的报告则是首次在会议上对百团大战提出意见。另一方面，刘伯承在报告中提到的游击战与运动战结合不够的问题，很快地引起了中共主要领导特别是毛泽东的共鸣。抗战初期，毛泽东主张独立自主地开展山地游击战，而彭德怀对游击战的概念把握得不太准确，对王明提出的“运动战为主的战略”没有加以反对。因此，毛泽东觉得刘伯承对于彭在游击战问题上以及百团大战的批评，是准确和恰如其分的。

百团大战的争论给彭德怀带来了很大的政治麻烦。1945 年 2 月至 7 月，即中央“七大”召开前后，在延安断断续续召开了为时 43 天的“华北工作座谈会”。会议原本是为了总结华北敌后抗战工作，但由于康生的发难，加之受到中共整风运动中“左”的因素的影响，转变为一边倒的对彭德怀的批判会。会议批判彭德怀是“经验主义”和“教条主义”，将彭德怀传达过王明的讲话批评为执行王明路线，将彭德怀的工作失误批成错误路线，将彭与毛泽东工作上的不同意见批为闹独立，等等。甚至一度出现否认一切的极不正常现象，连彭德怀领导平江起义，也成了“带着入股思想投机革命”，“彭得华”的名字，被“上纲”为包含着政治上的野心。百团大战更成为批评的焦点，如“百团大战是背着党中央、毛主席打的”、“大战的动机不纯，意在树立抬高自己的威望”、“指挥鲁莽、蛮干”等，有的还扣上吓人的帽子。

1958 年 6 月 29 日，毛泽东召集第二次组长座谈会。

毛泽东说：“不知道军事学院、训总到底有多少马克思列宁主义。马列主义本来是行动的指南，而他们当作死条条来啃，马克思、列宁在的话，一定批评他们是教条主义。”

毛泽东说：“萧克同志的错误是严重的。过去没有这样的时机开这样大的会议，今天有了这个时机，我们可以挖挖教条主义的根子。”

毛泽东说：“苏联打败过十四个帝国主义国家的干涉，那很久了。苏联有二次世界大战的经验。我们打败过蒋介石、日本帝国主义、美帝国主义，我们有丰富的经验，比苏联的多，把自己的经验看得那么不值钱是不对的。”

林彪插话：我们的经验很丰富，不要把黄金当黄土甩掉了。

毛泽东：“要以我为主，学习别人的先进经验。”

毛泽东强调：这个会议主要是打倒奴隶思想，埋葬教条主义，以整风方式大鸣大放，破除迷信，提高思想，吸取经验教训，主要是教育全党全军，团结全党全军；因此，会议上可以指名批评。[①]

会议先后点了萧克、李达、陈伯钧、宋时轮、粟裕、叶剑英、刘伯承的名。

---

① 《彭德怀传》，当代中国出版社，1993 年版；《刘伯承传》，当代中国出版社，1992 年版。

1958年7月10日，刘伯承抱病到中南海怀仁堂大会上作检讨。刘伯承由人搀扶着，迈着蹒跚、沉重的步子，刚刚出现在主席台角的时候，全场掌声大作，延续大约半分钟。

刘伯承客观地说明了一些真相，全面总结了军事学院的工作。

刘伯承说：曾经三次组织赴朝鲜学习作战经验，组织学员编出许多战例、汇集作为课业之用；在校正苏联红军1944年野战条令时写了序言，着重阐述毛主席《中国革命战争的战略问题》，作为学习外国经验的指针。

刘伯承用大量事实说明，军事学院的各项工作，是遵照中共中央军委和毛泽东的指示去做的，并不是专讲"十大打击"，更不是如林彪所说"专讲外国的东西，以为只有外国的东西才是好的"、"把本国的东西当成土包子，把黄金当黄土甩掉了"。

萧克也在会上作了检讨。

会议给萧克、李达戴上"反党宗派集团"的帽子，说他们"有计划、有组织地向中央、军委的正确路线猖狂进攻"。

蔡铁根在会上作了说明："共同条令是经彭总修改、军委例会通过和毛主席批准的，……"话未说完，竟被当场摘掉军衔和帽徽，赶出会场，关押起来。[①]

1958年7月19日，彭德怀作会议总结。

彭德怀说：必须认真学习毛泽东的军事著作，坚决以毛泽东军事思想作为我军建设和作战的指针，必须以我军经验为主，有选择地学习外国经验，绝不能盲目地机械搬用。

他说：军事训练应当以毛泽东军事思想为指导，以我军的战略方针和作战原则为依据；以我军经验为主，注意研究敌人的情况；从我们现实情况出发，又照顾到未来可能的发展；坚持理论和实际相结合、领导和群众相结合的教学方法，不断提高我军战斗力，加强战争准备。

他说："在军事训练部门和某些院校中，极少数同志具有资产阶级的军事思想，他们一直坚持反马克思主义的军事路线，抗拒中央和军委关于反教条主义的指示，严重阻碍了反教条主义运动的开展。其中，萧克同志，不仅一贯坚持资产阶级的军事路线，反对马克思主义的军事路线，而且从极端严重的资产阶级个人野心出发，进行反党反领导的宗派活动，企图以他的面貌来改变我们人民军队的面貌。"

彭德怀说："错误的军事路线产生的主要根源是：过渡时期，资本主义和社会

---

① 蔡铁根，1959年4月被划为右派分子，被开除党籍、军籍，降为行政15级，安排到江苏省常州市工业局工作；"文化大革命"中，造反派诬蔑他为现行反革命，被捕入狱，1970年3月17日被杀害。1980年1月8日，中共常州市委为其平反，恢复名誉。

主义，资产阶级和无产阶级，两条道路，两个阶级的斗争，在我军内部的反映。”①

1958年7月22日，大会通过《中共中央军事委员会扩大会议决议》：训练总监部和一些院校，教条主义倾向直到最近仍然占着统治地位，某些个别同志，坚持了一条与党的军事路线相对抗的资产阶级军事路线；这样两条军事路线的斗争，贯穿着我军30多年的历史；错误路线可以在受过历史裁判以后卷土重来，甚至有计划有组织地向中央和军委的正确路线猖狂进攻。

会议通过《关于处理萧克同志所犯错误的决议》。

此后，由总政治部派出工作组到训练总监部，指定组成新的临时党委。举行由200多人参加的部党委扩大会议，把萧克、李达、郭天民3个部领导及李钟奇、吴伟、赵凌汉、叶楚屏、杨力勇、李文芳、王波、王时彦、陈绪英等人打成“反党分子”。

总政治部向中共中央写了《关于以萧克同志为首的资产阶级军事路线和反党宗派活动》的报告，说萧克、李达：一贯坚持资产阶级军事路线，公开抗拒中央关于反教条主义的指示，有组织、有计划地向党的正确路线开展猖狂进攻，卑鄙的野心家和军阀主义。

同时，高等院校和军事科学院举行两院党委联席扩大会议，对刘伯承、陈伯钧、宋时轮等进行揭发批判。

刘伯承被免去高等军事学院院长兼政治委员职务②；训练总监部被撤销，萧克、李达③的国防部副部长职务被免去，并调离军队。陈绪英等被开除军籍，送边疆劳改。

二、纠“左”

1958年8月北戴河会议后，经过了3个月的大办公社、大炼钢铁。中央和地方许多领导到农村察看。各地也不断报告许多情况。

为了进一步弄清情况，毛泽东决定到河北省去看一看。10月14日下午，毛泽东到达河北省会天津市，同天津市委和河北省委负责人谈话。第二天下午，毛泽东

---

① 《彭德怀传》，当代中国出版社，1993年版，第555—556页。

② 1986年10月7日刘伯承因病去世，10月27日中共中央为他举行追悼大会，悼词中说：1958年，对建军工作中的所谓教条主义倾向批判中，他受到了不公正的对待。

③ 1978年11月7日，总政治部下发《关于萧克、李达等同志申诉问题的处理意见》，撤销了不公正的结论。1987年11月25日，总政治部和中央军委纪律检查委员会发出《关于萧克、李达等同志的所谓教条主义问题彻底平反的通知》，为萧克、李达、郭天民、李钟奇、吴伟、赵凌汉、叶楚屏、杨力勇、李文芳、王波等人彻底平反。

再次同他们谈话。话题都是人民公社和钢铁生产。

10月16日下午和17日下午，毛泽东又找来河北省委和天津地委、保定地委及徐水、安国、唐县、正定4个县委负责人，听取他们汇报。当徐水县负责人汇报他们的“全民所有制”时，毛泽东明确表示，徐水的全民所有制和鞍钢的全民所有制有区别，不能混为一谈。毛泽东要求河北省省长刘子厚到徐水作调查，21日向他汇报。17日下午6时，毛泽东回到北京。

19日一清早，毛泽东写信给陈伯达，要他和张春桥、李友九立即去河南省遂平县嵖岈山卫星人民公社作调查。提出，到郑州时，最好能请河南省委书记史向生一同去调查。半小时后，毛泽东又写信给陈伯达，嘱咐他带上《马恩列斯论共产主义社会》一书，调查组每人一本，边调查，边读书，白天调查，晚上读书。并建议，胡绳、李友九同去，“练习去向劳动人民做调查工作的方法和态度，善于看问题和提问题”。

21日下午，毛泽东在中南海颐年堂听取刘子厚调查汇报，主要是浮夸风和“共产风”：一亩白薯产量不到2000斤，却虚报成8000斤；把几个村的肥猪集中起来，供人参观；所有个人财产和私人债务统统“共产”；分配实行供给制。

关于浮夸风，毛泽东说：“要实事求是。把猪都并到一起，就不实事求是了。初看可以，经不起细看，经不起分析。要告诉县里，叫他们不要搞这一套。……对虚报的人要进行教育，进行辩论，不要讲假话，是多少就是多少。”

关于“共产风”，毛泽东说：“家具可以不归公，这是一部分生活资料。吃饭集体，衣服、床、桌、凳等等不能集体嘛。……对私人间的债务问题，一风吹，又一次‘共产’哩。这是劳动人民的劳动成果，把你的拿过来，这不是租借是侵略了。……要把劳动力多的农户的积极性调动起来，使他们收入多点，工资多点，不要平均主义。多劳多得是社会主义原则。”

毛泽东听到一些基层干部工作方法简单粗暴，捆人、打人的情况时有发生，十分生气，批评说：“有捆人、打人，就是还有封建残余，是对敌我界限和人民内部矛盾的相互关系没有搞清楚。一捆、二打、三骂、四斗，不是解决人民内部矛盾的方法。”

关于徐水的“全民所有制”，毛泽东认为，实际上是集体所有制，其中也包含有全民所有制的因素，“他们说全民所有，也不一定公开改，马虎下去好了”。

10月23日，陈伯达到达河南以后，毛泽东又给他写了一封信，要他们在卫星公社搞一个星期的调查，然后再找遂平县级干部座谈几次，研究全县各项问题。

10月26日，毛泽东又派吴冷西、田家英去河南省新乡地区做调查，一个是修武县，全县13万人口，以一县一社闻名；一个是七里营公社，一个乡，是全国第一个打“人民公社”牌子的。

28日凌晨4时，毛泽东复信陈伯达：如果遂平调查完毕，可以去附近某一县再做几天调查，以资比较。

毛泽东从实际工作发生的大量问题中，首先发觉办人民公社乱子出了不少：急于向全民所有制过渡、急于向共产主义过渡、搞产品无偿调拨、剥夺农民等问题；与秋季大办钢铁同时并举，乱子就更多了。

因为中央已经发出在湖北省武汉市召开省、市、自治区党委第一书记会议和八届六中全会的通知。毛泽东决定先到郑州，一面听取两个调查组汇报，一面约集部分省市委书记准备有关文件。毛泽东于 10 月 31 日傍晚乘专列离开北京，沿途在保定、石家庄、邯郸、新乡等地约见省、地、市、县各级领导人谈话，如饥似渴地了解情况。

11 月 2 日，毛泽东到达郑州。①

1958 年 11 月初开始，毛泽东着手纠正这种错误，连续召开了郑州会议、武昌会议和八届六中全会。

郑州会议于 1958 年 11 月 2 日举行，中央部分领导人、各大区负责人和部分省、市委第一书记参加。开会地点有时在专列上，有时在省委招待所。

11 月 2 日下午，在停靠郑州的专列上，毛泽东主持了第一次郑州会议。毛泽东说：人民公社的经济主要是自给经济的说法不对；人民公社应向两方面发展，它同时要扩大社会交换，不交换，就不能消费，不扩大交换，就不能发工资；公社要多搞商品生产，现在好像只有自给自足才是有名誉的，而生产商品是不名誉的，这不好；要扩大商品生产，扩大社会交换，要大搞交通运输。②

11 月 3 日下午，毛泽东在专列上召集河北、河南、陕西、甘肃、湖北、山西、山东、安徽、湖南 9 个省的省委第一书记林铁、吴芝圃、张德生、张仲良、王任重、陶鲁笳、舒同、曾希圣、周小舟，还有陈伯达等人，听取他们关于人民公社问题的汇报。

毛泽东说："必须使每个公社，并且使每个生产队，除了生产粮食以外，都要生产商品作物。西安会议没有提这个事，他们一心一意要取消商业。……每一个人民公社除生产粮食以外，必须大量生产经济作物，能够赚钱的，能够交换的，有农业品，有工业品，总之是生产商品。这个问题不提倡，以为人民公社就是个国家，完全都自给，哪有这个事？生产总是分工的。大的分工就是工业、农业。既有分工，搞工业的就不能生产粮食、棉花、油料，他就没有吃的，只好交换。……三国时候，张鲁的'社会主义'是行不长的，因为他不搞工业，农业也不发达。"③

这次会上，一些人提出要搞一个新的四十条。毛泽东说：就在这里起草，并指

---

① 《毛泽东传（1949—1976）》，中央文献出版社，2003 年 12 月第 1 版，第 885—888 页。

② 《第一次郑州会议至庐山前期纠"左"的努力》，《党的文献》，2013 年第 2 期，第 3 页。

③ 《毛泽东传（1949—1976）》，中央文献出版社，2003 年 12 月第 1 版，第 889 页。

定吴芝圃负总责。①

11月4日下午，在专列上继续开会。毛泽东听取四十条起草情况的汇报。

吴芝圃说：这个文件主要目标是10年内建成社会主义，向共产主义过渡。

毛泽东说：现在的题目还是社会主义，不要一扯就扯到共产主义；建成社会主义，这好；准备向共产主义过渡，你说10年就过渡了，我就不一定相信，你加"准备"两个字，准备过渡，机动一点。

陶鲁笳说：现在有些人民公社1962年就要过渡。

毛泽东说：人们的想法是一件事，是否符合客观规律，又是一件事。

在谈到公社体制问题时，毛泽东说：我们研究公社的性质、交换、社会主义向共产主义过渡、集体所有制向全民所有制过渡这些问题，可以参考的材料还是斯大林那本《苏联社会主义经济问题》，我大体上看了一下；我们现在看这本书，跟它发表的时候看不同了，它发表的时候，我们谁也不想这些问题；他这本书是有些问题，但是还值得研究，不要轻易全部否定它；可以找几十本在这里发一些。

因为要搞全国的10年的建设规划，毛泽东要求请上海的柯庆施、广东的陶铸、东北的欧阳钦、四川的李井泉，中央分管农业的谭震林和分管工业的李富春等参加会议。

11月5日，会议继续进行，讨论人民公社和新四十条问题。

当有人再次提出10年内向共产主义过渡，并说有些重点社已经基本上是全民所有制了时，毛泽东说：这个全民所有制指什么范围说的？就县说可以，就省还难说，就全国更难说；"修武一县一社，它的东西在县的范围内可以调拨。但河南省去调就不行，国家调更不行。修武的粮，七里营的棉，是要交换的，不能调拨。不要把修武、徐水、遂平与鞍钢、上钢、上海国棉一厂混同了。……把全民、集体混起来，恐怕不利。好像我们现在差不多了，共产主义已经来了。这么快，太快了！奋斗太容易了！把它们提得过高，跟鞍钢一样，而实际上不是，就不好了。这是客观规律。……我现在顾虑，我们在北戴河开那个口子，说少则三四年，多则五六年，或者更多一点时间，即由集体所有制搞成全民所有制，像工厂那样，是不是开了海口，讲快了？我现在想，北戴河决议要有点修改才好。"②

柯庆施反映城市里有些混乱，抢购商品，提银行存款，购置高档商品，怕废除票子。其他人也反映类似情况，引起毛泽东关注。

11月6、7日两天晚上，会议地点改为河南省委第二招待所。刘少奇、陈云、邓小平、谭震林、杨尚昆等都来了，出席了这两天的会议。

6日晚上，毛泽东提出让邓小平更替吴芝圃主持社会主义建设纲要四十条起草

① 《第一次郑州会议至庐山前期纠"左"的努力》，《党的文献》，2013年第2期，第3页。

② 《毛泽东传（1949—1965）》，中央文献出版社，2003年12月第1版，第891—892页；《第一次郑州会议至庐山前期纠"左"的努力》，《党的文献》，2013年第2期，第3页。

工作。

毛泽东在讲话中说：什么叫建成社会主义？什么叫过渡到共产主义？我昨天跟河南同志商量，他们说由集体所有制过渡到全民所有制只要四年；我们在北戴河写了少则三四年，多则五六年或者更多一点时间，这个东西我总是动摇着，究竟能不能办到？能不能把农业办得跟工厂一样？产品能够调拨，积累能够调拨；河南说四年，我看四年比较困难一些，我给你们加一倍，八年；山东范县说两年过渡到共产主义，我看它那个时间太短。有两个过渡，第一个是由集体所有制过渡到全民所有制，大体需要多少时间？第二个是从社会主义过渡到共产主义，从全民所有制到各取所需。现在我们对共产主义，只是吹，苏联也还没有实现；这第二个过渡，我们不要冒险，但是凡可以做的，我们就做，如吃饭不要钱和别的公共福利，这些你不能不说是共产主义的因素；什么叫由集体所有制过渡到全民所有制，什么叫从社会主义过渡到共产主义，你们去议一个标准。

7 日晚上，讨论人民公社和新四十条问题。毛泽东说：徐水的全民所有制，不能算是建成社会主义，小全民，大集体，人力、财力、物力都不能调拨，这一点需要讲清楚；社会主义有两种所有制，即全民的与集体的，两者混同起来不利；全民所有制的集中表现要能调拨，不能作全国的调拨，不能算是全民所有制；不完成公社工业化、农业工厂化，产品不可能丰富，不可能直接交换，不可能废除商品交换；现在的生产关系还是小集体到大集体，由高级社到人民公社，取消了自留地，经营范围扩大，教育、公共食堂、带小孩都由社会负担，废除家长制，吃饭不要钱，这是大变化；但所有这些变化，都是一个社、一个县范围内的变化，与社外无关，对全国来讲，还不是根本的变化。公社的性质是工、农、兵、学、商相结合的社会结构的基层单位，它的主要作用是生产和生活的组织者，同时又体现政权需要保留部分的作用；公社是大跃进的产物，不是偶然的，是实现两个过渡的最好形式，又大又公，有利于实现两个过渡，也是将来共产主义社会的基层单位；徐水把好猪集中起来给人家看，不实事求是，有些地方放钢铁“卫星”的数目也不实在，这种做法不好，要克服；反对浮夸，要实事求是，不要虚报。大的方针政策问题要有个商量，领导机关要清醒。①

9 日上午，会议在河南省委第二招待所继续举行。

经过 7 天的讨论，毛泽东纠“左”的思路越来越明显了。

毛泽东在会上讲话，他谈了两个问题，第一个是关于《十五年社会主义建设纲要四十条》。毛泽东说：我看了一遍，把这个意思是不是可以写进去：废除历史上的家长制，在住宅建筑方面，注意使住房适宜于每个家庭的男女老幼的团聚；再一个商品问题；我们这个文件是避开这一方面的；我就想要写进去；可不可以写这样

---

① 《第一次郑州会议至庐山前期纠“左”的努力》，《党的文献》，2013 年第 2 期，第 4 页。

一条：人民公社必须生产适宜于交换的社会主义商品，以便逐步提高每个人的工资。①

毛泽东说：资产阶级法权的“一部分必须破坏，如等级森严，居高临下，脱离群众，不平等待人，不是靠工作能力吃饭，而是靠资格，靠权力。这些方面，必须天天破除。破了又生，生了又破。……我们要恢复供给制，但也好保留适当的工资制，保留一部分多劳多得还是必要的。”

毛泽东讲的第二个方面的问题是对斯大林《关于苏联社会主义经济问题》一书的看法。

毛泽东要求省委常委、地委常委以上干部都要研究《关于苏联社会主义经济问题》其中的第一、二、三章，“必须肯定社会主义的商品生产和商品交换还有作用。调拨的产品只是一部分，多数产品是通过买卖进行商品交换。……现在有一种偏向，好像共产主义越快越好。实行共产主义是要有步骤的。山东范县提出两年实现共产主义，要派人去调查一下。现在有些人总是想在三五年内搞成共产主义。”②

毛泽东说：我是相当赞成这里头的许多观点，把这些问题搞清楚很有必要；现在要利用这个商品生产、商品交换和价值法则，作为有用的工具，为社会主义服务；商品生产有没有消极方面呢？有就限制它嘛！我国是商品生产很不发达的国家，我看还要一个发展阶段；每一个人民公社都必须发展能够卖钱的东西；必须肯定社会主义的商品生产与商品交换还有积极作用。③

毛泽东说：“许多问题，我不清楚你们根据什么这样提的。工业方面为什么搞4亿吨钢？5年增长3亿吨，怎么增法？……现在有些问题相当混乱。不仅在公社方面，就是在中央、省、地这三级里头，都相当混乱。钢、机床、煤、电4项高指标吓人。”

9日，毛泽东给县以上各级（中央、省、地、县四级）党委委员写了一封《关于读书的建议》的信，建议认真读两本书：斯大林的《苏联社会主义经济问题》和《马恩列斯论共产主义社会》。毛泽东要求每人把每本书用心读三遍，随读随想，加以分析，联系中国社会主义经济革命和经济建设去读，使自己获得一个比较清醒的头脑，以利指导我们伟大的经济工作。

毛泽东说：“现在很多人有一大堆混乱思想，读这两本书就有可能给以澄清。有些号称马克思主义经济学家的同志，在最近几个月内，就是如此。他们在读马克思主义政治经济学的时候是马克思主义者，一临到目前经济实践中某些具体问题，他们的马克思主义就打了折扣了。现在需要读书和辩论，以期对一切同志有益。”④

11月10日上午和下午，毛泽东两次讲话。

---

① 《第一次郑州会议至庐山前期纠“左”的努力》，《党的文献》，2013年第2期，第4页。

② 《毛泽东传（1949—1965）》，中央文献出版社，2003年12月第1版，第894—895页。

③ 《第一次郑州会议至庐山前期纠“左”的努力》，《党的文献》，2013年第2期，第4页。

④ 《毛泽东文集》第七卷，人民出版社，1999年6月第1版，第432页。

毛泽东批评了否定商品生产、价值规律、商品交换的错误。他说：人民公社现在究竟是扩大自然经济，还是扩大商品经济？或是两者都扩大？现在，在有些人看来，人民公社只有自给自足，才是名誉的，如果进行商品生产，就是不名誉的，这种看法是不对的；人民公社应该按照满足社会需要的原则，有计划地从两方面发展生产，既要大力发展满足本公社需要的自给性生产，又要尽可能广泛地发展为国家、为其他公社需要的商品性生产；通过商品交换，既可以满足社会日益增长的需要，又可以换回等价物资，满足公社生产上和社员生活上日益增长的需要。

针对陈伯达在会上提出的产品交换、非现金交换的意见，毛泽东指出："现在，我们有些人大有要消灭商品生产之势。他们向往共产主义，一提商品生产就发愁，觉得这是资本主义的东西，没有分清社会主义商品生产和资本主义商品生产的区别，"[①] 没有懂得利用其作用的重要性，他们向往共产主义，倾向不要商业了，我们号称马克思主义的经济学家表现得更"左"，主张现在就消灭商品生产，实行产品调拨，这种观点是违反客观规律的；如果不实行商品交换，把陕西的核桃拿来吃，陕西的农民干吗？把七里营的棉花无代价地调来行吗？你如果这样做，马上就要打破脑袋；有些同志虽然没像苏联那些可怜的马克思主义者那样，直截了当地说，要剥夺农村中小生产者，而是说废除商业，实行调拨，如果这样做，实质就是剥夺农民，如果照他们的意见去办，在政策上犯了错误，就有脱离农民的危险。

毛泽东说：大跃进搞得人思想有些糊涂，昏昏沉沉；尽是写诗，报纸上都是诗；诗也是一个严肃的东西，要字斟句酌；有人说"诗无达诂"，这是不对的；诗有达诂，是可以解释的，达即是通达，诂即是确凿；河南提出 4 年过渡到共产主义，马克思主义"太多"了，不要急于在 4 年搞成；我们搞革命战争用了 22 年，曾经耐心地等得民主革命的胜利；搞社会主义没有耐心怎么行？没有耐心是不行的。[②]

会议后，刘少奇、陈云、邓小平等返回北京。

1958 年 11 月 13 日下午，在停靠郑州的专列上，毛泽东同中共河南省委负责人吴芝圃、赵文甫、史向生、杨蔚屏等谈话，谭震林、胡乔木参加。

毛泽东说：大跃进以来，热情很高，成绩很大；出了一点盲目性，很长时间的盲目下去也不会；对资产阶级我们采取赎买办法，小心谨慎；农民是五亿人口，更要小心谨慎，所有制变化得慢一些，不可太急，要吃好、睡好；现在还穷得很，从现在起十年，连前第一个五年计划，三个五年计划的时间改变为全民所有制也是了不起，北戴河会议文件，提出七八年也许不对；快慢如何，还要看两三年再说；我们是个很穷的国家，一贫二弱，钢千把万吨，人民生活水平低，河南每人年平均只

① 《毛泽东文集》第七卷，人民出版社，1999 年 6 月第 1 版，第 437 页。
② 《第一次郑州会议至庐山前期纠"左"的努力》，《党的文献》，2013 年第 2 期，第 5 页。

有七十几元；要对高级干部讲清楚，现在绝不能高枕无忧；干劲很可贵，没有这股干劲就要倒霉；但是，要清醒，只顾前不顾后，只顾胜利不顾困难，那问题就大；要搞钢铁还得有时间，要考虑是否搞那么快，粮食作物长快了也不行，基础不实，容易倒伏；要水到渠成，瓜熟蒂落。

11月13日下午，毛泽东离开郑州南下。

1958年11月14日，毛泽东在孝感车站停车，找地委、县委、朋兴区委书记，生产大队的官木生、晏桃香在火车上开座谈会。在专列上听取王延春、孝感地委和县委的第一书记、长风公社党委书记和农民代表的汇报。湖北省省委第一书记王任重参加。当汇报说，朋兴乡有一块高产田，亩产万斤稻谷。毛泽东说：我不相信。王任重说：是农村工作部长王良来验收的。毛泽东说：验收的也靠不住，除非派解放军站岗放哨，单收单打，才能算数。

毛泽东问晏桃香对"挑灯夜战"的看法。晏桃香不赞成，夜晚干一晚，白天就没劲了，劳民伤财。毛泽东说：我今年3月在成都会议上就讲过要劳逸结合，有张有弛，一说搞大跃进了，人们就拼命干，这是不能持久的，还会因过分疲劳使人害病。①

15日凌晨1时，毛泽东到达武昌。

1958年11月21日至27日，中共中央在武昌宾馆召集有部分中央领导人和各省、市、自治区党委第一书记参加的中央政治局扩大会议，主要讨论人民公社问题和1959年国民经济计划安排问题。进一步纠正"共产风"，毛泽东又就一些重要问题作了讲话。

11月21日上午，毛泽东在中共中央政治局扩大会议上作第一次讲话，共讲了8个问题。毛泽东说：我有一些想法，请大家斟酌斟酌：第一，过渡到共产主义问题；现在我们乡级以上的各级干部就是要过渡得快，抢先于苏联；我们现在是一穷二白，还有一个一穷二弱；现在吹得太大了，我看是不合事实，没有反映客观实际；建设社会主义，我们没有经验，现在吹得那么厉害，我担心我们的建设；有一种树，叫钻天杨，钻得非常快，就是不结实，建设搞得太快了，可能天下大乱；这个问题，我总是担心得很；所谓速度，所谓多快好省，是个客观的东西；客观上能速则速，不能速就还是不速。第二，十五年规划问题；社会主义建设纲要四十条，这次可以议一下，我建议实际上不作为重点，因为这个东西议不出好多事来；10年之内需不需要4亿吨钢？可能不可能搞到？没有把握；四十条传出去很不好，那叫做务虚名而受实祸，虚名也得不了，谁也不相信，说你们中国人吹牛；我看是要

① 据王任重回忆，《春秋》，1989年第1期。

谨慎一点，摆他两三年再说。第三，这次会议的任务，是为全会作准备。第四，划线问题；郑州会议划了五个标准才算社会主义的全民所有制，要全面地完成全民所有制才算是建成社会主义；北戴河会议有点急躁，就是那个少则三四年，我是受了河南同志的影响；这个东西恐怕办不到，只好改一下；就是这个少则三四年，多则五六年，恐怕犯了冒险主义错误了。第五，消灭阶级问题。第六，商品经济问题；究竟要不要商品？商品的范围是哪些？我们在郑州会议就是严格按照斯大林，限于生活资料，加上一部分人民公社所需要的生产资料，进行商品的交换；现在有个消息，苏联出了《政治经济学教科书》第三版，把商品的范围扩大了，不但是生活资料，而且是生产资料，这个问题需要研究；一个时期认为好像是商品越少越好，最好是两三年之内就不要了；现在我看这个商品是要搞久一点，不是一百年，也是二三十年。第七，减少任务问题；水利建设，还有别的任务，实在压得透不过气，压得太重，恐怕也需要考虑一下；谭震林、廖鲁言同志搞的那个文件，要求全国今冬明春和明年夏天水利工程要搞 1900 亿土石方，还说一定不可少；去年冬季到今年秋季是搞了 500 亿土石方，1900 亿土石方比 500 亿土石方要多差不多 3 倍；我看这样搞下来，中国人非死一半不可，不死一半也要死三分之一，不死三分之一也要死十分之一；中国五亿农民，十分之一就是 5000 万人；你曾希圣是想搞多的，你搞多也可以，总是不要死人，以不死人为原则；我看，明年水利工程照 500 亿土石方，一点也不翻；今年是 500 亿，明年是 500 亿，后年是 500 亿，你搞他 10 年，不就 5000 亿了吗？我说留一点给我们的儿子去搞也可以，何必我们统统搞光！比如钢 3000 万吨，究竟要不要那么多？能不能搞那么多？现在才搞到 800 万吨，就是 6000 万人上阵，明年 3000 万吨钢，要多少人上阵？是不是定 3000 万吨，值得考虑；这 3000 万吨，还联系到焦煤、煤、运输等，请你们议一议；我们在这一次唱个低调，把脑筋压缩一下，把空气变成固体空气；先搞少一点，如果行有余力，情况顺利，再加一点；胡琴的弦不要拉得太紧，搞得太紧了，就有断弦的危险。第八，人民公社整顿问题；毛泽东最后说：我是提问题，把这些题目列出来，去讨论，哪样为好，各人都可以提问题；这一向，在我的脑筋里头，十五个吊桶打水，七上八下，就是刚才讲的那些问题，究竟是这样好还是那样好。①

毛泽东在会上还说：搞人民公社，首先知识分子、教授最关心，惶惶不可终日；北京有个女教授，睡到半夜，做了一场梦，人民公社成立，孩子进了托儿所，大哭一场，醒来后才知道是一个梦，这可不简单；我看消灭阶级这个问题让它吊着，不忙宣布为好。

晚上，毛泽东同胡乔木、吴冷西、田家英谈话，主要谈宣传上要压缩空气、实事求是的问题。

---

① 《第一次郑州会议至庐山前期纠“左”的努力》，《党的文献》，2013 年第 2 期，第 5—6 页。

毛泽东说：群众运动有主流，有支流，到下面去看，对运动的成绩和缺点要有辩证的观点，不要把任何一件事情绝对化；好事情不要全信，坏事情也不要只看到它的消极一面；比方瞒产，我对隐瞒产量是寄予同情的，当然，不说实话，是不好的；但是为什么瞒产？有很多原因，最主要的原因是想多吃一点，值得同情；瞒产，除了不老实这一点以外，没有什么不好；隐瞒了产量，粮食依然还在。瞒产的思想要批判，但是对发展生产没有大不了的坏处；虚报不好，比瞒产有危险性；报多了，拿不出来；如果根据多报的数字作生产计划，有危险性，作供应计划，更危险。

11 月 22 日晨 1 时，毛泽东同李富春、薄一波、王鹤寿、赵尔陆谈话，谈 1959 年钢的指标问题。毛泽东指出，不是什么 3000 万吨有无把握的问题，而是 1800 万吨有无把握的问题。

同日晚上，毛泽东在武昌洪山宾馆召集刘少奇、陈云、邓小平、彭真、谭震林和各协作区主任开会，就 1959 年钢的指标问题向他们摸底。

毛泽东问：翻一番是否可能？反复问他们：1800 万吨靠不靠得住？①

23 日中午，毛泽东再次讲话，共讲了 7 个问题：

（一）写文章问题。中央 12 个部的同志写了 12 个报告，报告中提出的一些指标根据不充分，只讲可能，没有讲根据，需要补充根据；比如，讲 10 年达到 4 亿吨钢是可能的，为什么是可能的，就说得不充分；要搞得更扎实些，要求确实可靠，指标要改一下。

（二）想压一压省市委的同志。北京来的同志写了 12 个报告，你们一个也不写是不行的，是不是下次每人写一篇。

（三）指标问题。1959 年的钢产量究竟以什么指标为好？北戴河会议是说达到 2700 万吨，争取 3000 万吨，那是个建议性的；这次要决定下来，钢 2700 万吨，我赞成；3000 万吨，我也赞成，更多也好；问题是办得到还是办不到，把根据讲出来；去年是 535 万吨钢，都是好钢；今年翻一番，这是个冒险的计划；结果 6000 万人上阵，别的都让路，搞得很紧张；我们是不是可以用另外一种办法，即把指标降低；从前别人反我的“冒进”，现在我反人家的“冒进”；今年 1100 万吨，实际上好钢是 850 万吨；明年所谓 1800 万吨，就是要搞好钢；如果 1800 万吨搞不成，我看还要缩小，先搞 1500 万吨；以此为例，各部门的指标都要相应地降下来。

毛泽东提出了 1959 年钢的生产第一本账 1800 万吨和第二本账 2200 万吨的新指标，要求以此为例，各部门的指标，都要相应地减下来。毛泽东说，过去想，明年 3000 万吨，后年 6000 万吨，1961 年至 1962 年达到 8000 万吨到 1 亿吨，现在想，假若明年只搞 1800 万吨，后年 3000 万吨，那就很好，把盘子放低一些，很有

---

① 《第一次郑州会议至庐山前期纠“左”的努力》，《党的文献》，2013 年第 2 期，第 6—7 页。

必要，两个5年再加3年，达到5000万吨。

（四）作假问题。现在的严重问题是，不仅下面作假，而且我们相信，从中央、省、地到县都相信，主要是前三级相信，这就危险；经济事业要越搞越细密，越搞越实际越科学；有些假的，你查也查不出来；希望中央、省、地这三级都懂得这个问题，有个清醒头脑，打个折扣。①

毛泽东说：“现在要搞成指示，作假问题要专搞一条，……现在横竖要放‘卫星’，争名誉，就造假。有一个公社，自己只有100头猪，为了应付参观，借来200头大猪，参观后又送回去。……建议跟县委书记、公社党委书记切实谈一下，要老老实实，不要作假。本来不行，就让人家骂，脸上无光，也不要紧。不要去争虚荣。……现在的严重问题是，不仅下面作假，而且我们相信，从中央、省、地到县都相信，主要是前三级相信，这就危险。”

（五）破除迷信。破除迷信，不要把科学当做迷信破除了，譬如，人是要吃饭的，这是科学，不能废除，人是要睡觉的，这也是科学，破除这两条就要死人；自然界有个抵抗力，这是一条科学，你不承认，他就要把你整伤、砸死；破除迷信以来，有一小部分破得过分了，把科学真理也破了，这是不能破的；凡迷信一定要破除，凡真理，凡科学，一定要保护。②

（六）破除资产阶级法权问题。资产阶级法权只能破除一部分，例如三风五气，等级过分悬殊，老爷态度，猫鼠关系，一定要破除，而且破得越彻底越好；另一部分，例如工资等级，上下级关系，国家一定的强制，这些还不能破除；因此要有分析，分清哪些有用，哪些要破除。③

（七）苏联先进入共产主义问题。毛泽东表示：即使我们已经具备了进共产主义的物质条件和精神条件，也应当由苏联先进入共产主义社会，不然苏联脸上无光了；如果我们先进入怎么办？还是挂社会主义的招牌，行共产主义的实际。

27日，毛泽东审阅修改《关于人民公社若干问题的决议（第三次草稿）》。草稿第二部分中说，使我国的社会主义经济全面地实现全民所有制，把我国建设成一个具有现代工业、现代农业和现代科学文化的社会主义国家，“全部完成这个过程将需要十五年左右的时间”。毛泽东将“将需要十五年左右的时间”修改为“从现在起，将需要经历十五年、二十年或者更多一些的时间”。

会议讨论批准了谭震林、廖鲁言《关于农业生产和农村人民公社的主要情况、问题和意见》的报告。报告建议：“1959年的粮食产量计划，公布数字可以定为10500亿斤”，要求“掀起一个比1957年冬季更高的生产高潮，保证1959年更大的跃进。”

---

① 《第一次郑州会议至庐山前期纠“左”的努力》，《党的文献》，2013年第2期，第7页。
② 《毛泽东文集》第七卷，人民出版社，1999年6月第1版，第446—449页。
③ 《第一次郑州会议至庐山前期纠“左”的努力》，《党的文献》，2013年第2期，第7页。

1958年11月25日，针对云南省委11月18日关于浮肿病死人情况向毛泽东并中央的检查报告，毛泽东在题为《一个教训》的长篇批语中指出："在我们对于人民生活这样一个重大问题缺少关心，注意不周，照顾不周（这在现时几乎普遍存在）的时候，不能专门责怪别人，同我们对于工作任务提得太重，密切有关。千钧重担压下去，县、乡干部没有办法，只好硬着头皮去干，顾了生产，忘了生活。解决办法：（一）任务不要提的太重，不要超过群众精力负担的可能性，要为群众留点余地；（二）生产、生活同时抓，不要片面性。"①

在郑州会议和武昌会议的基础上，中共中央于1958年11月28日至12月10日在武昌洪山宾馆召开八届六中全会，参加会议的中央委员84人，候补中央委员82人。非中央委员和候补中央委员的中央有关部门负责人和省、市、自治区党委第一书记列席了会议。会议主要议题是：讨论关于人民公社问题；讨论1959年国民经济计划；毛泽东提出关于他不做下届国家主席候选人的建议；讨论国际形势。

会议在听取了邓小平所作的说明后，通过了由毛泽东主持起草的《关于人民公社若干问题的决议》。《决议》中说："我们自己队伍中的好心人，只是太性急了，他们把高度发展的现代工业等等看得非常容易，把全面地实现社会主义的全民所有制以至实现共产主义看得非常容易。他们认为，农村人民公社现在就已经属于全民所有制性质了，很快就可以甚至现在就可以放弃按劳分配的社会主义原则，采取按需分配的共产主义原则了"。《决议》指出：由农业生产合作社到人民公社的转变，由社会主义的集体所有制到社会主义的全民所有制的过渡，由社会主义到共产主义过渡，这些是互相联系而又互相区别的几种过程；农业生产合作社变为人民公社，并不等于已经把农村中的集体所有制变成了全民所有制，要在全国农村实现全民所有制，还需要经过一段相当长的时间；由社会主义的集体所有制变为社会主义的全民所有制，并不等于由社会主义变为共产主义；由社会主义变为共产主义，需要经过更长得多的时间，企图过早地否定按劳分配的原则而代之以按需分配的原则，企图在条件不成熟时勉强进入共产主义，无疑是一个不可能成功的空想。

《决议》强调指出：实现两个过渡，都必须以一定程度的生产力发展为基础；我国现在的生产力发展水平，毕竟还是很低的，我们既然热心于共产主义事业，就必须首先热心于发展我们的生产力，首先用大力实现我们的社会主义工业化计划，而不应当无根据地宣布农村的人民公社立即实行全民所有制，甚至"立即进入共产主义"等等；那样做，不仅是一种轻率的表现，而且将大大降低共产主义在人民心目中的标准，使共产主义伟大的理想受到歪曲和庸俗化，助长小资产阶级的平均主

① 《毛泽东文集》第七卷，人民出版社，1999年6月第1版，第451—452页。

义的倾向，不利于社会主义建设的发展；在由社会主义向共产主义过渡的问题上，我们不能在社会主义阶段上停步不前，但是也不能陷入超越社会主义阶段而跳入共产主义阶段的空想。

《决议》批评了有些人企图过早地取消商品生产和商品交换，过早地否定商品、价值、货币、价格积极作用的观点，强调在今后一个必要的历史时期内，人民公社的商品生产，以及国家和公社、公社和公社之间的商品交换，必须有一个很大的发展，强调继续发展商品生产和继续保持按劳分配的原则，对于发展社会主义经济是两个重大的原则问题，必须在全党统一认识。

《决议》澄清了要把个人现有的消费财产拿来重分的误解，明确宣布：社员个人所有的生活资料（包括房屋、衣服、家具等）和在银行、信用社的存款，仍归社员所有，而且永远归社员所有；社员可以保留宅旁的零星树木、小农具、小工具、小家畜和家禽等，也可以继续经营一些家庭小副业。

但《决议》在谈到人民公社内部的管理体制上，仍是管理区经济核算，公社统一负责盈亏；说供给制“吃饭不要钱”是“共产主义因素”，说公社食堂是“社会主义阵地”等。①

会议在听取了李富春的说明后，通过了《关于一九五九年国民经济计划的决议》，认为1958年的“粮食、棉花、钢铁、煤炭、机械等主要产品都将比1957年增产1倍或1倍以上”。此决议在审查和修改北戴河会议所拟议的1959年经济计划方案，决定了新的指标，规定钢指标1800万吨②到2000万吨（比北戴河会议指标降低了900万吨到1000万吨），比1958年增长82%；煤4.2亿吨（比北戴河会议上升了0.5亿吨），比1958年将增长56%；粮食10500亿斤（比北戴河会议上升了500亿斤到2500亿斤），比1958年预计数7500亿斤③增长40%；棉花1亿担（比北戴河会议上升了1000万担），比1958年预计数6100万担增长64%。

《决议》中说：1959年是我国苦战三年具有决定意义的一年。要求，继续反对保守，破除迷信，争取实现比1958年更大的跃进。

---

① 会议期间，王稼祥不赞成做《关于人民公社若干问题的决议》（实则对高度评价人民公社有保留）。王稼祥的想法同刘少奇谈过。刘少奇向毛泽东反映了，毛泽东很不满意。

② 1958年12月26日，陈云和毛泽东在一起吃饭时说，明年钢产量1800万吨恐怕完不成。毛泽东说：我提出的东西，对不对要由实践来检验。

③ 1958年11月16日，谭震林、廖鲁言向党中央和毛泽东作的《关于农业生产和农村人民公社的主要情况、问题和意见》的报告中说：预计1958年粮食总产量是8500亿斤，8500亿斤是比较可靠的；退一步讲，总不少于7500亿斤，可以照此数公布。在小组会议上，彭德怀怀疑并提出：1958年的粮食产量不会有9000亿斤的说法。谭震林劝他说：“老总呀，你这也怀疑，那也怀疑，怎么办呢?”后来，毛泽东说公布7500亿斤，彭德怀虽然同意了，但心中对这个数字仍有怀疑。对于7500亿斤这个数字，陈云亦有怀疑，因而不赞成公布。陈云同胡乔木谈了，胡乔木没敢向毛泽东反映。在1959年的上海会议上，毛泽东曾批评胡乔木说：你不过是个秘书，副主席的意见不敢报告。

1958年11月30日下午，在武昌洪山宾馆主持召开中共中央政治局常委和各协作区主任会议。毛泽东讲话说：北戴河会议时一股热情，提出明年搞3000万吨钢，现在来看，当中至少有1000万吨是主观主义的；事非经过不知难呀！我现在泼点冷水，但要注意不要挫伤了干部和群众的积极性，是在鼓气的条件之下；关于人民公社决议，他说：还有个作风问题，一个是强迫，一个是造假；要拣那严重的典型搞几个，教育大多数。①

1958年12月1日，毛泽东写了《关于帝国主义和一切反动派是不是真老虎的问题》一文。论述了冷和热的辩证关系："可能性同现实性是两件东西，是统一性的两个对立面。虚假的可能性同现实的可能性又是两件东西，又是统一性的两个对立面。头脑要冷又要热，又是统一性的两个对立面。冲天干劲是热。科学分析是冷。在我国，在目前，有些人太热了一点。他们不想使自己的头脑有一段冷的时间，不愿做分析，只爱热。同志们，这种态度是不利于做领导工作的，他们可能跌筋斗，这些人应当注意提醒一下自己的头脑。另有一些人爱冷不爱热。他们对一些事，看不惯，跟不上。对这些人，应当使他们的头脑慢慢热起来。"②

1958年12月7日，毛泽东指示印发《张鲁传》（陈寿《三国志·魏志》卷九，裴松之注）作为会议文件，供与会者参阅。三国时代的张鲁在陕西汉中地区建立了一个农民政权，存在了近30年，实行的是绝对平均主义。毛泽东为此文写了一段很长的按语，其中写道：我国从汉末至今一千多年，情况如天地悬隔；但是从某几点看起来，例如，贫农、下中农的一穷二白，还有某些相似；该传称张鲁等三世，行五斗米道，"民夷便乐"，可见大受群众欢迎；信教者出五斗米，以神道治病，置义舍（大路上的公共宿舍），吃饭不要钱（目的似乎是招徕关中区域的流民修治道路）；"犯法者三原而后行刑"（以说服为主要方法）；"不治专吏，皆祭酒为治"，祭酒"各领部众，多者为大祭酒"（近乎政社合一，劳武结合，但以小农经济为基础）；这几条，就是五斗米道的经济政治纲领。③

1958年12月9日，毛泽东在六中全会上讲了12个问题。

第一个问题，人民公社的出现。毛泽东说：最近围绕人民公社这个问题，有各种议论；我看大概可能有几十万干部对这个问题，有一大堆思想搞不清楚，一人一说，十人十说，大体上有几说，一说是性急了一点，纷纷宣布自己是全民所有制，纷纷宣布两年或三年或四年进入共产主义，缺点是太急了一点；我们这一回作这个

---

① 《第一次郑州会议至庐山前期纠"左"的努力》，《党的文献》，2013年第2期，第7页。
② 《毛泽东文集》第七卷，人民出版社，1999年第1版，第457页。
③ 《党史研究》，1987年第2期，第17页。

《决议》主要锋芒是向着急这方面的，就是说，不要太急，太急了没有好处。

第二个问题，关于保护劳动热情问题。

第三个问题，关于苦战三年，基本改变全国面貌的口号问题。毛泽东指出：本来是苦战三年改变农村面貌，但是后头不知道哪一天就推广到全国去了；我的意见就是说，我对这个口号有怀疑，苦战三年基本上改变农村面貌，我曾经是有怀疑的，在4月武昌10个省委书记开会的时候，我提出过这个问题；我说可不可以改为苦战三年，初步改变农村面貌；后来，曾希圣拿出3张安徽河网化图，说服了我；现在看来，农村今年这一年大跃进，再搞两年，面貌基本改变，我看可以。

第四个问题，一些党内外的争论问题。最近围绕人民公社这个问题，有各种议论。一些地方纷纷宣布自己是全民所有制，纷纷宣布两年或三年或四年进入共产主义；他们有冲天的干劲，革命热情很高，这是非常之可宝贵的，缺点就是太急了一点；我们这回这个决议，主要的锋芒是向着急这方面的。

第五个问题，关于研究政治经济学问题。

第六个问题，关于研究辩证法问题。郑州会议期间，不知是哪位提出“大集体、小自由”，这很好，我很赞成；还有生产与生活问题，要抓生产，又抓生活；还有重工业与轻工业同时并举，中央工业与地方工业同时并举，大型工业与中小型工业同时并举，土法与洋法结合，还有管理体制的中央统一领导和地方各级分级管理，这些都是两条腿走路的问题，属于辩证法范畴，对立统一学说里面的问题；在社会制度问题方面，在社会主义阶段有两种所有制同时存在，也是对立统一；武昌会议，我们提出实事求是地制定1959年的经济计划，我们的思想又热，但是又有点冷；有相当的科学分析，比较实事求是，和我们的雄心壮志相结合，就避免了由于1958年的大跃进而产生的一些不切实际的缺乏根据的想法；比如，从前我们想过明年要搞3000万吨钢，到1962年搞12000万吨。我那时忧虑的问题是这么些钢做什么用，我在中南海游泳池找人谈这些钢的出路；实际上有两个问题，一个是可能，一个是需要。那个时候我没有考虑这个可能性的问题；到了武昌，我就感觉不那么妙了；所以，现在我们把盘子放小，明年不搞3000万吨，而搞1800万吨到2000万吨；现在要搞一个空气压缩机，要把空气压缩一下；我们脑子里的空气还是那么多，要压缩一下要留有余地，提出的计划低一点，让群众的实践超过我们的计划。

第七个问题，十五年纲要问题。目前放它一下，看来目前是没有可能作这样一个计划纲要。

第八个问题，关于军事工作。

第九个问题，关于教育制度的改革。

第十个问题，关于两种可能性。公共食堂、托儿所、人民公社这些东西，巩固和垮台这两个可能性都存在；人民公社和人民政权有着巩固和垮台这两种可能性；我倒是借这个机会讲一下这些倒霉的事情，无非是人民公社垮台，共产党垮台，崩溃、分裂，剩下一些游击队；不过，我们有一条马克思主义基本规律管着，就是说，我们这些倒霉，尽管怎么样，总是暂时的，就整个说，是局部的；帝国主义、世界上资产阶级，一定要灭亡，是永久的，以后就没有了；而社会主义事业，有损失，有失败，因为我们搞得不好；那种挫折，那种分裂，那种失败，甚至灭亡，都是暂时的，不久就要恢复。

第十一个问题，关于我不担任共和国主席的问题。

最后一个问题，关于国际形势。①

1958年12月10日，会议讨论通过了《同意毛泽东同志提出的关于他不作下届中华人民共和国主席候选人的建议的决定》。

毛泽东早在1956年夏天就提出这个问题，他在党内几十个人的会议上谈过。大家认为可行。1957年4月30日，毛泽东在约集各民主党派负责人和无党派民主人士在天安门城楼上谈话时，讲了下届人大选举国家主席时不提他的名的意见，当时民主党派负责人颇多不通。同年5月1日，陈叔通、黄炎培联名写信给刘少奇和周恩来，提出不同意见，认为在15至20年内，最高领导人还是不变为好。5月5日，毛泽东看了信写了批语，认为可考虑修改宪法，主席、副主席连选时可以再任1期，但第一任主席有两个理由说清楚可以不连选：一、中央人民政府主席加上人民共和国主席任期已满8年，可以不连选；二、按宪法制定时算起，可连选1次，但不连选，留下4年，待将来如有卫国战争一类重大事件需要我出任时，再选1次，而从1958年起让我暂摆脱此任务，以便集中精力研究一些重要问题（例如在最高国务会议上以中共主席或政治局委员资格，在必要时我仍可以作主题报告）；这样，比较作主席对国家利益更大；现在杂事太多，极端妨碍研究问题；现在党内高级领导同志对此事想通的多了起来，而党外人士因为交换意见太少，想不通的还多，因此，有提出从容交换意见的必要。毛泽东要求将黄、陈的信和他的批注印发给中央委员，候补中央委员，党的八届全国代表，各省、市、自治区党委及所有全国人大代表、所有全国政协委员。② 经过一年多的党内外酝酿和说明，中共八届六中全会遂做出同意毛泽东的建议的决定。

会议还通过了《关于改进农村财政贸易管理体制的决议》，对农村的商业工作、财政工作和银行提出了若干改进的意见。

1958年12月12日，在武昌东湖，召开中共中央政治局常委和各协作区主任会议。

毛泽东说：八届六中全会后，在冬季开展了整社工作，此间，一些矛盾进一步

---

① 《第一次郑州会议至庐山前期纠“左”的努力》，《党的文献》，2013年第2期，第7—8页。

② 许全兴：《毛主席晚年的理论与实践》，中国大百科全书出版社，1993年版。

暴露出来，虽说1958年是农业大丰收，但粮食、棉花、油料等作物收购任务完不成，各地出现闹粮、油、肉、菜不足的风潮；这次较1953年和1955年的两次粮食风潮，有过之而无不及；同时，自秋收以来，普遍出现基层干部在农民群众支持下，搞瞒产私分。县社干部在整社中对这种现象作为本位主义错误进行反对，却反不下去；例如，广东省的雷南县，收获晚稻时，全县报亩产千斤以上，但征购任务派下去以后，各生产队又纷纷改报低产，平均亩产跌至289斤，叫喊征购任务完不成，县委下决心把隐瞒的粮食搞出来，集中全县的生产小队长以上干部4000余人开大会，迫使交出瞒产、私分粮食达7000余万斤；山东省的全国劳动模范吕鸿宾社，开条子到生产队调东西调不动，让许多人带秤称粮食，翻箱倒柜，进而进行神经战，也不能解决问题。

毛泽东做自我批评说：北戴河会议，我犯了一个错误，想了1070万吨钢、人民公社、金门打炮三件事，别的事没有想；北戴河会议决议要改，那时是热心，过去有些部分的失调要加以调整；北戴河会议那个时候没有那么多经验，是一种热情，搞了俄国的革命热情，没有搞美国的实际精神；广州会议也好，党的代表大会也好，北戴河会议也好，都是革命热情，一条腿，另外一条腿叫作美国的实际精神，就缺；武昌会议就来了一个实际精神，俄国加上美国了。①

毛泽东审阅修改《关于人民公社若干问题的决议（11日修正稿）》。修正稿第二部分中说“苦战三年，可以争取全国大部分地区的面貌基本上改观”，毛泽东修改为：“苦战三年，加上再努力若干年，可以争取全国的面貌有一个很大的改变”。②

八届六中全会结束后，毛泽东到广州住了十多天，于12月30日回到北京。③

由于1958年国家征了过头粮，把相当数量的农民口粮和种子粮也征走，致使农村人均粮食消费量下降。全民大炼钢铁又严重影响了农业和整个国民经济全局正常发展，轻工业生产和原材料生产严重落后，城市副食品和日常消费品供应十分紧张。

根据毛泽东建议，1959年1月19日中央政治局常委决定，1月26日召开省、市、自治区党委第一书记会议，讨论1959年国民经济计划、轻工业和市场、农业、劳动力调配等问题。为准备这次会议，毛泽东于1月18日召集陈云、李富春、薄一波、李先念、彭德怀、谭震林讨论。

1月26日至2月2日，省、市、自治区党委第一书记会议在中南海召开。主要讨论1959年国民经济计划、当前生产和市场安排问题。

---

① 《第一次郑州会议至庐山前期纠“左”的努力》，《党的文献》，2013年第2期，第8页。
② 《第一次郑州会议至庐山前期纠“左”的努力》，《党的文献》，2013年第2期，第8页。
③ 《毛泽东传（1949—1976）》，中央文献出版社，2003年12月第1版，第909页。

1 月 26 日下午，在中南海颐年堂，邓小平作报告，毛泽东不时插话。

邓小平讲到，武昌会议上主席讲过钢 1962 年搞到 5000 万吨时，毛泽东说：那就了不起了，五年计划，一年增加 1000 万吨，能不能搞这样多，我还怀疑。

邓小平讲到，基本建设项目，北戴河会议提出 1800 多大项，武昌会议减为 1639 项时，毛泽东说：减得不多。

邓小平讲到，搞高潮的一套办法要捡起来，搞得轰轰烈烈，不要太冷，要热时，毛泽东说：郑州会议以后就压缩空气，到现在压了两个月了，我看再也不能压了；当然，有缺点还是要批评，那种批评也不能叫做压，但根本上现在要鼓气。[①]

2 月 1 日下午，在中南海怀仁堂，毛泽东讲话说：在高潮中有些人对一些事情怀疑，不足为奇，年年会有的；我们做这么大的事情，动员这么多人，又出了这么多缺点，要人家不讲坏话，怎么能行呢？最近这两个月，我们还是实行总路线，鼓足干劲，力争上游，不要改，也没有哪个提议来改总路线；四大指标要保证，其他指标都要保证，个别的加以调整是必要的；多一点、快一点总是好；同时，还要好、省，要照顾质量；现在有几个方面的失调，大量表现的就是副食品、日用百货、原材料等不足；工业方面有些东西没有收上来，农产品未收上来，棉花也未收齐；指标问题，原则是这样：经过努力能够做到的，一定要做到；经过努力还做不到的，那得改；现在这些失调的方面，经过努力可以改过来；现在看起来，经过去年这一年，已经展开了一个大跃进局面；我们曾经提过一些不适当的指标，包括我自己在内；这在武昌会议上已经纠正了，就是由 3000 万吨钢减到 2000 万吨；还有些指标也定得不适当，脑筋发起热来，想得很多，里头有一些胡思乱想；现在定下来的指标并不十分吓人，钢、煤、粮、棉，还有其他的指标，经过努力是可以实现的；请同志们注意发现新问题；现在我们所不知道的问题，在实践中、在斗争中才能发现。[②]

2 月 2 日下午，在中南海怀仁堂，毛泽东讲话说：所谓工作方法，看问题的方法，做事的方法，就是辩证法；许多同志提到，现在有些人一讲起去年尽是缺点了，而优点、成绩那方面的材料就记得少了，甚至没有了，就否认大跃进了；这也是个看问题的方法问题，就是所谓九个指头和一个指头的问题，形而上学的方法还是辩证法的方法问题；而我们的事业，归根结底，还是一个指头和九个指头的关系；不过，想做好事，不想做坏事，这是一件事，而做的结果又是一件事，还要加以区别；我们主观的东西究竟是好还是坏，要在客观实际中见效；这次计委、经委、建委以及中央各部门搞出来的这个计划比较完全，比武昌会议那个计划形而上学较少，各方面的联系比较全面；我们应该称赞这个计划，这次大进了一步。[③]

① 《第一次郑州会议至庐山前期纠“左”的努力》，《党的文献》，2013 年第 2 期，第 8—9 页。
② 《第一次郑州会议至庐山前期纠“左”的努力》，《党的文献》，2013 年第 2 期，第 9 页。
③ 《第一次郑州会议至庐山前期纠“左”的努力》，《党的文献》，2013 年第 2 期，第 9 页。

1958年农业大丰收，为什么从1月开始，特别是2月，全国发生了缺粮、缺油风潮，大城市蔬菜供应很少，肉也很少？毛泽东百思不得其解。这时，广东省委转发的省委书记处书记赵紫阳关于雷南县干部大会解决粮食问题的报告，送到了毛泽东手里。报告中说，雷南县去年晚稻生产有很大跃进，年底却出现了粮食紧张不正常现象，结果查出瞒产私分的粮食7000万斤。毛泽东看了报告后，认为找到了解决问题的症结。2月22日，中共中央把这个报告批转各省、市、自治区党委，毛泽东写了批语："公社大队长小队长瞒产私分粮食一事，情况严重，造成人心不安，……在全国范围内是一个普遍存在的问题，必须立即解决。"并将此报告命题为《中央批转一个重要文件》。

1959年2月23日，毛泽东乘专列南下。当晚，在停靠天津的专列上，同河北省委负责人刘子厚、解学恭、张明河，天津市负责人万晓塘、李耕涛等谈话3小时。

毛泽东说：中国是商品经济不发达的国家，应该有个广大的发展；商品交换不但是城乡之间，还有乡乡之间，还有对外省的交换；要在有差别的基础上来搞统一，光讲统一就行不通。现在人民公社集体所有制，实际上是公社集体所有一小部分，生产队集体所有大部分，也就是基本上是生产队的集体所有制；公社基本上是"联邦政府"，不干涉生产队内政，这样积极性就提高了；社与队、社与社、队与队、社与国家，都是买卖关系，看来买卖关系缩小不对，要利用价值法则进行商品交换。①

毛泽东感到，高度集中、统得太死的大规模公社存在严重问题，必须调整。

2月24日晚，毛泽东抵达济南，在专列上同舒同、省委秘书长吴建谈话。随后，毛泽东同山东省和济南市负责人谈话。第二天，继续谈话。为了更多地掌握第一手材料，还找了历城县委第一书记和几名基层干部：一个公社党委书记、一个管理区党总支书记、一个生产队长谈话。了解到，吕鸿宾社是一个有名的合作社，也是搞"共产"，开始开条子，后来不灵了，就派人拿着秤称粮食，翻箱倒柜，统统受到群众抵制，最后扣帽子，还是不灵，最后吕鸿宾才转变，作思想工作，讲政策，不戴帽子。

2月26日上午9时半，毛泽东来到郑州。当晚，毛泽东在专列上，同吴芝圃、杨蔚屏、赵文甫、史向生谈话。

毛泽东说：现在公社所有制是比较合作社扩大的所有制，基本上还是老社的所有制，不是全民也不是省、县所有制，实际上也不是公社所有制，而是队的所有

① 《第一次郑州会议至庐山前期纠"左"的努力》，《党的文献》，2013年第2期，第9页。

制，即原来的合作社；一个公社有那么多管理区和队，有经营好坏、收入多少不同，粮食产量多少不同，吃得多少不同；队多，生产水平不同，分配不能一样；穷队挖富队不好，富队的人是劳动者；吃粮标准还是要不同，多劳的多得，少劳的少得，都积极起来了，否则就伤一头的积极性；提公积金可以有不同的比例，富队多提一点，穷队少提一点；农民拼命瞒产是有原因的，怕共产，怕外调；不是责任制问题，是所有制问题；本位主义是怕调，这种本位是对的，情有可原，没有完成征购的那部分搞瞒产是没有理由的，其他合法；要宣布 1959 年就按多劳多得，以安定人心，以利生产；大概是三五年，基本上是大队所有制，部分是公社所有制；银行贷款统统收回是错误的，收回贷款多的要退回一部分；去年积累多了些，个人分配少了些；今年夏收、秋收，积累要比较少些，个人收入比较多些；对于平均主义与本位主义要加以分析，首先是批评我们的平均主义，然后再说本位主义。①

27 日上午，又增加了河南省的新乡、洛阳、许昌、信阳的 4 位地委第一书记耿起昌、纪登奎、赵天锡、路宪文一起谈。毛泽东了解到："瞒产是有原因的，怕'共产'，怕外调。农民拼命瞒产是个所有制问题，本位主义是怕调，这种本位主义基本上是对的。"②

毛泽东说：人民公社是什么性质？是公社所有制，还是队所有制？现在我们对穷队富队、穷村富村采取拉平的办法是没有理由的，是掠夺，是抢劫；过去高级社就是多有多吃，少有少吃；我们反本位主义，强迫收回来，这样越反越不行；这实际上是无偿外调，你叫它本位主义，名词安得不对；这是所有制的问题，现在部分所有制是社，基本所有制是队；现在公社实际是"联邦政府"；公社的权不能那么大，它有征收公粮之权、积累之权，而产品分配权应该在队；要知道，人民公社的集体所有制是逐步形成的；包括桌椅板凳都要打借条，10 年偿还；评工记分、包工包产都应该坚持，评工记分是表现人与人劳动结果的关系，包工包产是表现村与村、队与队的关系，这个经验我们没有记取；现在要拉平不行，积累太多了，群众要反对，这样并非一盘棋；光搞国家积累、社里积累不行，真正一盘棋，第一是农民，第二是公社，第三是国家；我是替农民说话的，我是支持"本位主义"的，因为现在是队所有制，几年以后才能实行社所有制；一定要注意什么事都要有个过程。③

1959 年 2 月 27 日晚上至 3 月 5 日下午，毛泽东在专列上主持召开了中共中央政治局扩大会议（第二次郑州会议）。出席会议人员是逐步扩大的，第一天是：毛泽东、刘少奇、邓小平、彭真、李先念、胡乔木、吴芝圃、舒同、刘子厚（河北省

---

① 《第一次郑州会议至庐山前期纠"左"的努力》，《党的文献》，2013 年第 2 期，第 10 页。
② 《毛泽东传（1949—1976）》，中央文献出版社，2003 年 12 月第 1 版，第 913 页。
③ 《第一次郑州会议至庐山前期纠"左"的努力》，《党的文献》，2013 年第 2 期，第 10 页。

委书记)、陶鲁笳、张德生。

27 日晚上，毛泽东主持会议并作第一次讲话，内容包括所有制、劳动力分配、消费资料的分配和干部下放当社员等问题。

毛泽东说："我认为人民公社现在有一个矛盾，一个可以说相当严重的矛盾。还没有被许多同志所认识，它的性质还没有被揭露，因而还没有被解决。而这个矛盾我认为必须迅速地加以解决，才有利于调动广大人民群众更高的积极性，才有利于改善我们和基层干部的关系，这主要是县委、公社党委和基层干部之间的关系，……究竟是什么样的一种矛盾呢？大家看到，目前我们跟农民的关系在一些事情上存在着一种相当紧张的状态，突出的现象是在 1958 年农业大丰收以后，粮食、棉花、油料等农产品的收购至今还有一部分没有完成任务。再则全国，除少数灾区外，几乎普遍地发生瞒产私分，大闹粮食、油料、猪肉、蔬菜'不足'的风潮，其规模之大，较之 1953 年和 1955 年那两次粮食风潮有过之而无不及。同志们，请你们想一想，这究竟是怎么一回事呢？我认为，我们应当透过这种现象看出问题的本质即主要矛盾在什么地方。这里面有几方面的原因，但是我以为主要地应当从我们对农村人民公社所有制的认识和我们所采取的政策方面去寻找答案。"

毛泽东说："在公社范围内，实行贫富拉平，平均分配，对生产队的某些财产无代价地上调，银行方面也把许多农村中的贷款一律收回，一平、二调、三收款，引起广大农民的很大恐慌，这是我们目前同农民关系中的一个最根本的问题。……公社在 1958 年秋季成立之后，刮起了一阵'共产风'。主要内容有三条：一是穷富拉平。二是积累太多，义务劳动太多。三是'共'各种'产'，……即是说，在某种范围内，实际上造成了一部分无偿占有劳动成果的情况。"[①]

毛泽东说：现在有许多人还不认识公社所有制必须有一个发展过程，在公社内，由队的小集体所有制到社的大集体所有制，需要一个过程，这个过程要有几年时间才能完成；他们误认人民公社一成立，各生产队的生产资料、人力、产品，就都可以由公社领导机关直接支配。他们误认社会主义为共产主义，误认按劳分配为按需分配，误认集体所有制为全民所有制；他们在许多地方否认价值法则，否认等价交换；因此，他们在公社范围内，实行贫富拉平，平均分配，对生产队的某些财产无代价地上调；银行方面，也把许多农村中的贷款一律收回；"一平、二调、三收款"，引起广大农民的很大恐慌；这就是我们目前同农民关系中的一个最根本的问题。[②]

毛泽东说："六中全会的决议写明了集体所有制过渡到全民所有制和社会主义过渡到共产主义所必须经过的发展阶段。但是没有写明公社的集体所有制也需要有一个发展过程，这是一个缺点。因为我们还不认识这个问题。这样，下面的同志也

① 《毛泽东传（1949—1976）》，中央文献出版社，2003 年 12 月第 1 版，第 915—917 页。

② 《第一次郑州会议至庐山前期纠"左"的努力》，《党的文献》，2013 年第 2 期，第 10—11 页。

就把公社、生产大队、生产队三级所有制之间的区别模糊了，实际上否认了目前还存在于公社中并且具有极大重要性的生产队（或者生产大队，大体上相当于原来的高级社）的所有制，而这就不可避免要引起广大农民的坚决抵抗。”[①]

毛泽东说：从1958年秋收以后全国性的粮食、油料、猪肉、蔬菜不足的风潮，就是这种反抗的一个集中表现；我们必须首先检查和纠正自己的两种倾向，即平均主义倾向和过分集中倾向。[②]

1958年2月28日，毛泽东找来柯庆施、陶铸、王任重、周小舟、曾希圣、江渭清、李井泉、张仲良等另一批省委第一书记开会。讲的内容跟上一天大致相同，有些话更鲜明、尖锐。他说：“我现在是支持保守主义，我站在‘右派’这一方面，我反对平均主义同‘左’倾冒险主义。……我没有出北京以前，也赞成反本位主义，但我走了3个省就基本上不赞成反本位主义了。不是本位主义，而是他维护正当权利。产品是他生产的，是他所有，他是以瞒产私分的方式来抵抗你。幸得有此一举，如果不瞒产私分，那多危险，那不就拿走了？”[③]

3月1日上午8时，毛泽东写信给刘少奇、邓小平，建议会议再延长两天。

毛泽东写道：“我建议此次会议开到明天，即3月2日散会。3日各同志回去。在各省、市、区召开一次6级干部会议。会期10天。6级干部：省级、地级（3人左右）、县级（3人左右），每社党委书记1人，每社来1个管理区（大队）总支书记及1个生产队支书，总共6级。大省可有3000至4000人，中省2000至3000人，小省1000人左右。最好另外从省、地、县、社4级共找算账派1000人左右参加会议。……这是一个关键的时机。机不可失，时不再来。……听了昨天10位同志的意见，我感觉有一些同志对我讲的那一套道理，似乎颇有些不通，觉得有些不对头，对他们那里的实际情况不相符合，感觉我的道理有些不妥。当然还待商量。我可以这样说，同志们的思想有些是正确的，但是我觉得我的观察和根本思想是不错的，但是还不完善。有些观点需要同志们给我以帮助，加以补充、修正及发展。我的这一套思想，是1月、2月两个月内逐步形成的。到天津、济南、郑州，跟3省同志们交换意见，对我有极大的启发。因此到郑州，就下定了决心，形成了一套，虽然还有些不完善，还有些不准确，还有些需要发展和展开，需待今后再观察、再交换意见、再思再想。我准备3月14日到上海。我要看一看河南6级干部会议的进展情况，还须待四五天，看看他们想些和讲些什么。武汉、长沙、南昌、杭州、上海各有几天商谈。”[④]

---

① 《毛泽东传（1949—1976）》，中央文献出版社，2003年12月第1版，第915—917页。
② 《第一次郑州会议至庐山前期纠“左”的努力》，《党的文献》，2013年第2期，第11页。
③ 《毛泽东传（1949—1976）》，中央文献出版社，2003年12月第1版，第917—918页。
④ 《第一次郑州会议至庐山前期纠“左”的努力》，《党的文献》，2013年第2期，第11页。

3月1日下午，将27日、28日分别参加会的人合起来，继续开会。毛泽东再次强调所有制、等价交换、按劳分配问题，肯定瞒产私分的合理性，并且作了自我批评。

毛泽东说：整社3个月没有整到痛处，隔靴搔痒，瞒产私分，劳动力外逃，磨洋工，这是在座诸公政策错误的结果，不是人家本位主义，而是我们犯了冒险主义；问题是我们在生产关系的改进方面，前进的过远了一点，下面的同志把公社、生产大队、生产队三级所有制之间的区别模糊了，实际上否认了生产队（或者生产大队，大体上相当于原来的高级社）的所有制，这就不可避免地要引起广大农民的坚决抵抗；现在搞的公社所有制是破坏生产的，是危险的政策，应基本上是生产队所有制，要出安民告示；我们在党内的主要锋芒还是要反“左”。

毛泽东说：无偿占有别人劳动成果，这是不允许的，我们对民族资产阶级的生产资料都还采用赎买政策，怎么可以无偿剥夺农民的劳动成果呢？这样做，实际上是抢产，没给钱，不是抢是什么？这样下去一定垮台！

毛泽东说：要从所有制方面解决问题。现在是一平、二调、三收款；这样一来，统统违反按劳分配原则，否定价值法则，否定等价交换；把等价交换一否定，你的就是我的，我的还是我的，结果人家就恐慌；凡是不实行等价交换的，搞一平二调的，农民一定瞒产；现在有些同志心里还在想共产主义，早一点好，我也赞成，但是你越想搞就越搞不成，你越不想搞就越成；现在要慢一点搞，不要想十五年、二十年搞共产主义；现在是去掉本位主义的帽子，反对平均主义思想和过分集中思想，这两个东西是很冒险的，它的性质是冒险主义。

3月2日凌晨4时半，毛泽东再次写信给刘少奇、邓小平等：“鉴于河南六级干部会的开法有极大利益，不集中开一次，领导不会很强，全省、区不能迅速作出一个统一的决定，而这种统一的决定是十分必要的。已是3月了，春耕在即，这个大问题不在3月上半月解决，将遇到大损失，我担心苏联合作化时期大破坏现象可能在我国到来。我国过去几年合作化讲步骤，无破坏。这次公社化，仍然必须讲步骤，避免破坏。”①

上午8时，毛泽东又致信刘少奇、邓小平等：“我已请恩来、陈云、陈毅、德怀、富春、一波、萧华、定一、康生等9同志于今日来此，到即参加你们今日下午和晚上的会议，共同审定我的讲话稿和你们议定的12句话，以昭慎重。”②

3月2日晚上，继续开会。毛泽东发表第四次讲话。因为到会的人看了毛泽东的讲话稿，他没有重复27日讲话内容。毛泽东说：“头一天我把炮一放，他们一晚不睡觉，……第二天就开始转过来了。河南这些干部也是这样，头一天放炮，大吃一惊，弯子转得太陡了。‘倒退’、‘右倾’、‘不要共产主义’、‘富农路线’这些帽

---

① 《第一次郑州会议至庐山前期纠“左”的努力》，《党的文献》，2013年第2期，第11页。

② 《毛泽东传（1949—1976）》，中央文献出版社，2003年12月第1版，第919—920页。

子都给我安上了。”

刘少奇说：“他们今天的心情转变过来了，昨天还有抵触情绪。”①

3月5日下午，毛泽东主持最后一次会议。会议又新增加了一些省、市、自治区的负责人，北京的刘仁、内蒙古的乌兰夫、黑龙江的欧阳钦、吉林的吴德、辽宁的黄火青、福建的叶飞、浙江的江华、江西的邵式平、广西的刘建勋、云南的谢富治、新疆的王恩茂等。

毛泽东作第五次讲话说：人家都没有饭吃，你天天搞共产主义，向富队去共产，这怎么行？这是抢产主义。无偿占有别人的劳动成果，这是不许可的。整社整了3个月（12月、1月、2月），隔靴搔痒，没有落到痛痒之处；我看，首先要下楼的是我们，从中央到公社，要搞个楼梯，这个楼梯就是要解决所有制问题；要承认三级所有制，重点在生产队的所有制；头一天我这炮一放，我说，什么瞒产私分，完全必要，这是我们的政策造成的结果；明明是我们以及在座诸公叫他们瞒产私分的，是我们的政策要他们这么搞，叫他们磨洋工，叫他们外逃。②

毛泽东说“我现在代表5亿农民和1000多万基层干部说话，搞‘右倾机会主义’，坚持‘右倾机会主义’，非贯彻不可。你们如果不一起同我‘右倾’，那么我一个人‘右倾’到底，一直到开除党籍。”③

毛泽东说：过去对这个问题，我们包括我在内没有分析，在武昌我没有分析，在北京，1月份我烦闷，还没有分析，到2月份，我开始分析这个问题；“谢谢5亿农民瞒产私分，坚决抵抗，就是这些事情推动了我，我就想一想。现在的问题是跟公社特别是公社这一级，要使他们懂得价值法则、等价交换，这是个客观规律，违反它，要碰得头破血流。我们对农民唯一的办法是等价交换，买卖关系。公社内部买卖关系，三级之间买卖关系，社与社，队与队，买卖关系，做生意，等价交换。六中全会决议就是缺三级管理、队为基础这一部分。这是个缺点，这个责任我得担当起来。原先这个稿子说了，我本人就没有搞清楚，有责任。”④

毛泽东说：共产主义没有饭吃，天天搞共产，实际上是抢产，向富队共产；误认社会主义为共产主义，误认集体所有制为全民所有制，误认按劳分配为按需分配，想快反而慢。毛泽东批评“大跃进”中要几亿农民都要写诗这件事说：“有诗意的人才写诗，没有诗意也要他写，这不是冤枉？你要我在郑州写诗，我的诗跑到九霄云外去了，不行。”⑤

---

① 《毛泽东传（1949—1976）》，中央文献出版社，2003年12月第1版，第920页。

② 《第一次郑州会议至庐山前期纠“左”的努力》，《党的文献》，2013年第2期，第12页。

③ 《毛泽东传（1949—1976）》，中央文献出版社，2003年12月第1版，第922页。

④ 《毛泽东传（1949—1976）》，中央文献出版社，2003年12月第1版，第922页。毛泽东在2月27日的讲话稿中有自我批评的话，他对公社化运动中出现的问题承担了责任。但是，在大家的要求下讲话稿删去了这些话。

⑤ 《毛泽东传（1949—1976）》，中央文献出版社，2003年12月第1版，第922—923页。

毛泽东说：一步一步深入，发现矛盾，分析矛盾，揭露矛盾，才能解决矛盾；分析要有一个过程，发现矛盾开始是感觉性质的，分析才到理性阶段；解决矛盾就是进入综合阶段，你解决问题得一齐解决，得各方照顾。[①]

毛泽东提出了整顿和建设人民公社的方针，共14句话，并经会议确认，它们是："统一领导，队为基础；分级管理，权力下放；三级核算，各计盈亏；分配计划，由社决定；适当积累，合理调剂；物资劳动，等价交换；按劳分配，承认差别。"

毛泽东还提出了在清"共产风"时，对过去的旧账一般不算的意见。

毛泽东在会议后还说：实现完全的公社所有制，进而实现全民所有制，"时间大约需要有两个五年计划，然后，再经过几个发展阶段，在15年、20年或者更多一些的时间以后，社会主义的公社就将发展成为共产主义的公社。"

会议形成了一份《郑州会议记录》，表示同意毛泽东提出的意见，收录了毛泽东在会议上的讲话，还收录了会议起草的《关于人民公社管理体制的若干规定（草案）》。《草案》规定了人民公社管理委员会的职责范围和生产队的职责范围，明确了相当于原来高级社的管理区或生产队"是人民公社的基本核算单位"。

第二次郑州会议后，各地普遍按照中共中央和毛泽东的部署，分别召开了省六级干部会和县四级干部会，传达贯彻会议精神。

在贯彻会议精神的过程中，河南省委主张以生产大队为基本核算单位和分配单位；湖北省委主张以原来的高级社，即现在的生产队为基本核算单位；湖南省委赞成河南的办法；广东省委则主张基本核算单位一律以原来的高级社为基础。

1959年3月15日，毛泽东写信给各省、市、自治区党委第一书记："河南、湖南两省均主张以生产大队（管理区）为基本核算单位，湖北、广东两省均主张以生产队即原高级社为基本核算单位，究竟哪一种主张较好呢？或者二者可以并行呢？……我感觉这个问题关系重大，关系到了3000多万个生产队长、小队长等基层干部和几亿农民的直接利益问题，采取河南、湖南的办法，一定要得到基层干部的真正同意，如果他们觉得勉强，则宁可采用生产队即原高级社为基本核算单位，不致使我们脱离群众，而在目前这个时期脱离群众，是很危险的，今年的生产将不能达到目的。……《郑州会议记录》上所谓'队为基础'，指的是生产队，即原高级社，而不是生产大队（管理区）。总之，要按照群众意见办事。无论什么办法，只有适合群众的要求，才行得通，否则终究是行不通的。"[②]

3月17日，就召开县的五级干部大会和人民公社第一次社员代表大会问题，

---

① 中央文献研究室：《毛泽东关于领导方法和工作方法的论述》，《党的文献》，2013年第5期，第21页。

② 《第一次郑州会议至庐山前期纠"左"的努力》，《党的文献》，2013年第2期，第12页。

毛泽东写信给各省、市、自治区党委第一书记：会上“应当讨论除公社、管理区（即生产大队）、生产队（即原高级社）三级所有、三级管理、三级核算之外，生产小队（生产小组或作业组）的部分所有制的问题，这个问题是王任重、陶鲁笳两位同志提出来的。我认为有理，值得讨论”。①

毛泽东提出的应该实行三级所有、队为基础的意见，得到了广大干部和群众的普遍拥护。生产队长说：“三级核算，各计盈亏，把权力下放是再好也没有的了。”县委书记们感到“主席的指示及时英明”，地委干部们感到“主席的指示一针见血，茅塞顿开了”。有的干部检查“共产风”的根源说：一是自己思想上对人民公社的性质认识不清，总以为全民所有制成分和共产主义成分越多越好；二是外出参观看到人家轰轰烈烈搞共产主义，生怕自己落后；三是从某些负责人谈话和报纸中得来的。

凡迅速传达第二次郑州会议的地方，生产队和群众的心就稳定下来，但也有的地方的领导干部不敢将郑州会议的要点一下通到生产队和群众中去。毛泽东先后于3月15日、17日②接连写信给各省、市、自治区党委第一书记，指导郑州会议精神的贯彻落实。

三、安娜·路易斯·斯特朗

1959年3月13日上午10时，毛泽东在武汉市的东湖宾馆接见英国客人安娜·路易斯·斯特朗，同时被毛泽东接见的还有美国黑人杜波伊斯博士和他的夫人歇丽·格雷姆。

安娜·路易斯·斯特朗，女，1885年生于美国弗兰德城。1908年获芝加哥大学哲学博士学位。1925年首次来中国，报道了著名的省港大罢工。1928年发表《中国千百万大众》一书，介绍了中国的革命。1927年、1937年底又两度来华。1938年初到达山西省的临汾地区，会见了朱德、彭德怀、贺龙等人。1940年底第四次来华，皖南事变后，迅速、如实地报道了事件的真相。1946年6月第五次来华，参观访问了延安和华北、东北等解放区。在延安毛泽东会见她时，发表了《一切反动派都是纸老虎》的著名谈话。后来斯特朗发表了《毛泽东的思想》一文，首次向全世界介绍和宣传了毛泽东思想。1958年应周恩来之邀请，斯特朗定居北京。③

---

① 《第一次郑州会议至庐山前期纠“左”的努力》，《党的文献》，2013年第2期，第12页。

② 《毛泽东文集》第八卷，人民出版社，1999年6月第1版，第28—50页。

③ 斯特朗分别于1959年3月、1964年1月、1965年11月与毛泽东进行过3次长谈（后面分别予以介绍）。从1962年起，她共编写了69期《中国通讯》，宣传中国的革命和建设成就。斯特朗于1970年3月29日因病在北京去世。主要著作有《战斗的西班牙》、《斯大林时代》、《中国的黎明》、《我为什么七十二岁来中国》等。

斯特朗于1958年10月曾要求会见毛泽东，经安排特从北京赶来和毛泽东会谈的。毛泽东穿着一身笔挺的灰呢制服，步履轻捷，精力充沛，皮肤黝黑，他打着手势同杜波伊斯比较：你们来看看我们两个谁黑？而后一面和斯特朗握手，一面用英语说：你好！当斯特朗同时用汉语说“你好”时，他们都笑了。毛泽东开始数他们自从最后一次在延安谈话至今多少年时，斯特朗说：12年了。毛泽东说：很对，去年10月我收到你的来信，想要回信，始终也腾不出时间。斯特朗说：我想自从在延安和我谈话以来，这是你第一次会见美国人吧？毛泽东思索了一下说：对。

因为杜波伊斯是年长的来访者，毛泽东明确了座次。

他对斯特朗说：你是老朋友，长时间待在这里，现在是中国人了，你是女主人，他们是新朋友，是客人。毛泽东告诉斯特朗，杜波伊斯首先有发言和提问的权利。从询问中得知，斯特朗74岁，杜波伊斯91岁，毛泽东66岁。毛泽东说：我们是三代人。斯特朗说：是两代半。

毛泽东说：连我都感到年龄不饶人；不过，我还有精神，有些气力；有了精力，我每年就能游长江；（毛泽东指着坐在他旁边的湖北省委第一书记王任重）说：这位是我的游泳伙伴；我喜欢游泳，曾在中国的其他河流游过，还希望游更多的河流，如果你们三位不反对的话，我想去游密西西比河；不过，我想另外三位可能反对，就是杜勒斯先生、尼克松先生和艾森豪威尔总统。

毛泽东向杜波伊斯投去询问的目光。杜波伊斯不动声色地回答：恰恰相反，那三位大概也很想看看你游密西西比河，特别是在游近靠近入海口处。毛泽东兴奋地说：真的吗？这样的话，我几天后就出发。斯特朗说：就像米高扬（刚刚访问过美国）。毛泽东说：不，米高扬谈政治，我只作为一个旅游者，我不谈政治，我只游密西西比河；那时候，如果他允许的话，我会观看艾森豪威尔总统打高尔夫球，也许还要在医院里访问杜勒斯先生呢。杜波伊斯回答：那会使杜勒斯中风的。毛泽东说：这绝不是我的本意，我十分希望杜勒斯先生健康，作为一位美国国务卿，他对我们很有用；他也对美国人民和全世界人民有用，这是实话；我们说杜勒斯有用是因为他坚持原则，他反对共产主义，反对苏联，反对中国；为了这一目的，他镇压人民，向全世界派遣军队，并且到处建立军事基地，这一切对全世界人民来说是有用的，你相信这一点吗？杜波伊斯说：这取决于有多少人很明智，能认清杜勒斯的所作所为，我不想让这种形势持续太久。毛泽东说：我不同意，这段时间不太长嘛，是太短了，我希望杜勒斯能奉行10年他的政策；我们非常希望我们在10年内与美国没有外交关系和贸易往来，这将对我们十分有利；美国军队占领着中国的台湾，他们最终要离开，不过，美国第七舰队在中国前面待得越久，中国人民和世界人民受的教育就越大；杜勒斯本人也开始认识到这一点，他开始在问如此紧张的局势是对他有利还是对东方有利。

毛泽东列举了最近14个月发生的12桩国际事件（其中：第一件是委内瑞拉的内乱；第二件是尼克松副总统对拉美八国访问时，那里的大多数人民用鸡蛋浆和唾液来欢迎他；第三件是去年6月14日伊拉克发生的革命；第四件是美国军队于6月15日在黎巴嫩登陆；第五件是中国炮轰金门……）。他认为是杜勒斯制造的紧张局势的恶果。

毛泽东说：我们和蒋介石的战争持续了30年了，可是就仅仅因为我们炮轰金门，炮击我们自己的城镇，美国就派去了他所有航空母舰的一半；不过，他们坚持“战争边缘”的政策，他们为蒋介石的舰只护航，但又总是离开3英里远，当我们炮击蒋介石的舰只时，在旁边观战，他们停留在边缘；因此我们现在把杜勒斯看作是我们的老师，我们也在边缘停下来；我们炮击蒋介石的运输舰，美国人的旗帜很醒目，他们在军舰上把旗升上来，我们能很容易地把他们的军舰和蒋介石的军舰分辨出来，我们不打美国军舰，我们从杜勒斯那里学会了避开战争边缘。

杜波伊斯提出，台湾人民、美国人民正在受苦，他甚至害怕美国黑人会被灭绝。毛泽东说：美国有1800万黑人，要灭绝他们是办不到的；只有资产阶级才会被消灭掉，而不是你们；在苏联已经不存在资产阶级了，不久资产阶级将要从中国消失；帝国主义、殖民主义和资本主义将要统统被埋葬；共产主义者和平战士将永远不会被消灭，世界属于他们；不过杜勒斯及其同伙将要被消灭，杜勒斯正在全力以赴来埋葬自己，这就是我如此欣赏他的原因。

杜波伊斯说他的许多朋友被杀害了。毛泽东沉重、冷静地回答他家有6口人被杀害了——他的两个弟弟、他第一位夫人、妹妹、小弟弟唯一的儿子、他的大儿子在朝鲜被杜鲁门杀死了。毛泽东说：尽管这样，他们也杀不完所有的共产党人；我家的人少，但是在中国，有更多的共产党人；就拿翻译浦寿昌（曾为周恩来的翻译，此行专来为毛泽东翻译，他曾在美国两所大学攻读）来说吧，美帝国主义者培养他们反对我们，但他来为我们方面工作；他们杀的共产党人越多，共产党人的数量就越多。

话题又回到由杜勒斯制造的紧张局势下出现的形形色色的国际事件。毛泽东说：共和党在去年11月大选中失败，很有可能我们炮击金门会成为对民主党的一种自愿帮忙；正好是在大选前，杜勒斯想要与蒋介石签署联合声明，来显示共和党的政策处于有利的地位，但我们就是在这时炮击金门；美国在1957年下半年发生的经济危机，已有一些复苏；北大西洋公约组织的摩擦在加剧，在英、法、德国利益和美国利益的冲突中，北约组织将会瓦解；赫鲁晓夫要把西柏林变成一座自由城市的建议，把西方置于一种尴尬的境地；苏联在太阳系中又增加了一颗行星（指苏联发射的第一颗人造卫星）。

毛泽东也谈到了苏联已宣布的第七个五年计划。

毛泽东特别强调了“古巴革命”的重要性：古巴，是个很小的国家，只有600万人口，仅占美国黑人人口的三分之一；古巴离美国很近，正在它下面，然而古巴人却不担心原子弹和氢弹；对于古巴人来说，这些根本不算一回事；许多疾病来自于病菌，病菌够小的了，你都看不见它们，而人是大的，大概要有150磅重，人的体积吓不倒病菌，它们照样进去繁殖；过去我们的人民害怕美帝国主义，这是一种病，他们也羡慕美帝国主义，这是另一种病；当恐惧和羡慕结合起来时，这就变成了崇拜；中国的地主资产阶级和国民党患了这种崇拜病，甚至中国的劳动人民在某种程度上也受了影响；在过去的9年里，我们已经能够改变这种思想。毛泽东断言对于力量的崇拜影响着其他的人们，影响着美国人民，以至于他们中的黑人。杜波伊斯认为，美国的劳动人民不是受到恐惧和羡慕的影响，而是受到收入的影响。接着，引起了是否经济因素比“迷信的力量”强大的争论。毛泽东说：劳动人民的阶级地位应该引导他们去接受一方，但他们通常由于迷信的影响去接受和他们切身利益相反的另一方；比如，大多数人，如果让他们吃狗肉，是不会高兴的，因为他们认为牛肉、猪肉和羊肉要更好吃些，我本人也曾有过这种想法；可是在革命战争中不得不吃狗肉，因为没有其他更好的肉吃，最初极不舒服地尝试了，但后来发现狗肉比别的肉好吃；在广州人们连蛇都吃，人们吃鳝鱼，为什么不能吃蛇？在所有这些选择中，可以看到社会习惯的力量。

斯特朗说：大多数美国人以为北京的一小部分人臆造出政策，再把它强加给中国人。毛泽东当即回答：靠在北京的一小部分人来制定中国人民将接受的方针政策是不可能的；需要和中国各地的人民保持接触，了解人民之所需和之所为；在工厂里，没有原料，你是制造不出产品的；除非你根据人民的需求，你才能制订计划，直到这时工厂才开始工作，把原料变成产品；要制订出适合人民需要的计划需要大量的分析和思考，这种分析和人民群众的要求都是必不可少的。

斯特朗问：人民公社是否像你期望的那样发展，以及你认为人民公社的前途会怎样？毛泽东说：人民公社正在向期望的方向发展，将来存在两种可能性，它们或是发展、加强、巩固，或是瓦解；无论如何，既然农民要求并向往人民公社，我认为他们不会瓦解；它们粗糙不平的棱角会磨得光滑，他们的困难将会得到克服。

斯特朗问：困难是什么？毛泽东回答：存在着一些组织上的困难，不过这些困难迅速被克服了；公社组织得很快，关于每个公社应该多大，它应该多大范围和它应发展什么样的新工业这些问题被匆忙地决定下来；有时关于这些事情的决定是正确的，执行起来就顺利，有时这些决定有问题，就要修改。毛泽东认为这些组织上的困难将要在1959年内得到克服，因为已经派出了巡视员去调整细节。

毛泽东说：在中国最大的困难是缺乏钢铁；1958年的钢铁大跃进刚刚是一个好的开端，现在是1959年，目标更高了；如果1959年的钢铁生产目标完成的话，那么在以后的几年中每年为农业机具提供600万吨钢铁应该是可能的；这样的话，在三四年后，农业生产应该具有相当规模的机械化程度了。

斯特朗问：人民公社意味着中国的工业化将遵循分散的方针吗？毛泽东说：国家的每个部分都应该有工业，各界人民应该具有工业知识；大型的集中工业将要用来为国家重点工程服务，像钢轨为铁路建设服务一样；不过各地方也应该发展工业。

斯特朗问：在西方人们害怕爆发另一次世界大战，不管是反动派还是进步力量都害怕它，科学家说已有足以毁灭全人类的核武器，这些核武器可能错误地或偶然地被发射出来，为什么中国看来一点也没有受到这些恐惧的烦恼呢？

毛泽东说：如果对于爆发一次世界大战而产生的恐惧使西方人设法遏制帝国主义者战争冒险的话，那么这种恐惧倒是一件很好的事情；中国没有必要这样恐惧，因为中国没有人在考虑发动一场战争，我相信不会爆发一场新的世界大战，尽管类似的战争也许要持续上几年，在某些这样的战争中可能会动用核武器；我绝不相信所有储藏的炸弹会偶然被释放出来，我也不相信他们会毁灭人类，即使是这种事情发生，所有的热核炸弹也可能一下子毁灭这座行星上的全部生命，假如人类毁灭了，根据进化的观点还会重新产生一种人类；然而由于爱好和平人民力量的威力，这一切根本不可能发生；社会主义国家不会发动战争，不是我们把舰队靠近美国的海岸，而是美国人把他们的舰队开进我们的领海；帝国主义就是要发动战争，要不是他们受到人民压力的制约的话，美国军队入侵黎巴嫩后岂能如此迅速地撤出了？因此人们不必恐惧；害怕帝国主义者只会诱发他们的侵略行动，人们应起来反对他们，但又要保持警惕；我 66 岁，我可能死于疾病，或是死于飞机失事，或是被蒋介石的特务杀死；但我始终认为我可能活着看到帝国主义的末日，这就是我的愿望和希望。①

四、平息西藏叛乱

西藏，包括昌都、前藏、后藏 3 个部分，面积 120 万平方公里，人口 120 万。

民主改革前，西藏实行的是政教合一、僧侣贵族专政的封建农奴制度。是官家（封建政府）、寺庙、贵族三大领主倚仗封建特权统治广大农奴的压迫剥削制度。在这种制度下，占人口不到 2%的农奴主，拥有几乎全部的土地和农奴、奴隶；占人口不到 3%的农奴主代理人，代表农奴主直接统治农奴；占人口 90%以上的农奴，没有土地所有权，人身依附于农奴主，劳动收入的一半，甚至 70%以上被农奴主剥削去；占人口 5%的奴隶，人身完全为农奴主所占有。

农奴主倚仗封建特权，私设公堂、监狱，随意对农奴施行鞭打、挖眼、抽筋、断肢等酷刑。农奴受着农奴主残酷的剥削和压迫，被剥夺了起码做人的权利。差役、高利贷和人身依附，是束缚农奴的三根锁链，许多农奴饥寒交迫，妻离子散，家破人亡。

东噶宗有一个叫单增的农奴，1941 年借了农奴主 14 公斤青稞，到 1951 年西

① ［美］安娜·路易斯·斯特朗：《与毛泽东主席的三次谈话》（李无忌译），《东疆学刊》，1988 年第 4 期。

藏和平解放前，农奴主却要他还 8400 公斤（600 倍）。单增还不起债，只得逃亡他乡，他的妻子被逼死，7 岁的孤儿被农奴主抓去抵债。

1951 年西藏和平解放以后，在驻藏解放军和工作人员影响下，广大人民群众的觉悟不断提高，百万农奴要求进行民主改革。中央人民政府和人民解放军对西藏改革一直采取“极端谨慎、稳步前进”的方针，以对西藏上层的统战为主。

1956 年，社会主义改造基本完成以后，西藏地区搞不搞民主改革，这个问题曾在西藏上层人士中引起不安。

1956 年 4 月 22 日，西藏自治区筹备委员会成立，西藏有了一个带有政权性质的协商办事机构。

西藏上层反动集团，看到周边省、地区已经先后完成民主改革并逐步走上社会主义集体化道路，他们害怕西藏实行民主改革，幻想永保封建农奴制度。

鉴于西藏上层人士的思想状况和民主改革的条件尚未成熟，中央人民政府一直耐心地等待。1956 年 9 月 4 日，中共中央在对西藏民主改革的重要指示中指出：“西藏地区的民主改革，必须是和平改革。”一定要对西藏上层做好准备工作以后再进行。对于改革的时间，准备推迟到第三个五年计划时期内去考虑。

1956 年 12 月 16 日，毛泽东在修改中央给西藏工委的复电中明确作出“六年内不改革”的决策，并指出：“改革一定要得到达赖、班禅和僧侣领导人的同意，要各方条件成熟，方能实行。现在无论上层和人民条件都不成熟，所以目前几年都不能实行改革，中央认为第二个五年计划时期是不能实行的，第三个五年计划时期也还要看情况如何才能决定。……目前应把在六年内不改革的方针在党内在藏族普遍加以传达。……如果受外国指挥的反革命分子不通过协商而一定要通过反叛和战争破坏十七条协议，把西藏情况打烂，那就有可能激起劳动人民起来推翻封建制度，建立人民民主的西藏。”① 12 月 30 日，正在印度参加释迦摩尼涅槃 2500 周年纪念活动的周恩来将中央的决策向达赖喇嘛作了传达。

为了贯彻“六年内不改革”的方针，中央在 1957 年初，将驻藏的汉族干部减少了 90%，驻藏部队减少了 70%。

1957 年 2 月 27 日，毛泽东在最高国务会议上，谈到西藏的改革时说：“按照中央和西藏地方政府的十七条协议，社会制度的改革必须实行，但是何时实行，要待西藏大多数人民群众和领袖人物认为可行的时候，才能作出决定，不能性急。现在已决定在第二个五年计划期间不进行改革。在第三个五年计划期内是否进行改革，要到那时看情况才能决定。”②

然而，西藏上层反动集团把中央人民政府的宽大、忍耐视为软弱可欺，在国外

① 《毛泽东传（1949—1976）》，中央文献出版社，2003 年 12 月第 1 版，第 924—925 页。

② 《建国以来毛泽东文稿》第六册，中央文献出版社，1992 年版，第 341 页。

势力的支持下，置《关于和平解放西藏办法的协议》于不顾，逐步走上分裂祖国的道路，企图永远在西藏保持封建农奴制度。

从1951年底开始，西藏地方政府的司曹鲁康娃·才旺绕登等人就暗中支持反动组织伪“人民会议”的活动，提出修改《十七条协议》、人民解放军撤出西藏的无理要求并策划武装骚动。

经过中央代表和西藏工委、西藏军区领导人有力有理有利的斗争，迫使达赖撤去了司曹职务，西藏地方政府也被迫解散了伪“人民会议”。

西藏上层的反动势力不甘心失败，继续积极支持和组织西藏各地区的叛乱活动。1956年11月，他们在昌都地区发动武装叛乱，打死解放军20多人。

1957年5月，川、甘、青三省地区的藏族分裂分子在拉萨成立叛乱组织“四水六岗”（四条河、六座山，泛指甘、青、川、滇、藏等省区藏族聚居的地方，实际含义是要建立“大藏族独立国”）。成立了名为“卫教军”的反动武装、提出“西藏独立”、“保卫宗教”、“反对改革”、“反对共产党”等反动口号，在帝国主义和国外反华势力的援助下策划武装叛乱。

1958年4月至6月，逃亡到现在的川、青、甘、滇叛乱分子，向当雄、黑河、日喀则等地窜扰并向山南地区集结。企图将山南作为叛乱的大本营。

6月，叛乱分子贡布扎西带着外国训练的特务和电台离开拉萨，到山南哲古宗建立叛乱武装根据地，举行叛乱首脑会议。他们袭击公路上的运输车队，围攻中共山南分工委驻地泽当，杀害解放军医护人员，气焰十分嚣张。

把持西藏地方政府的反对改革势力，不仅不制止日益严重的叛乱活动，还暗中供应他们粮食和弹药。达赖给“四水六岗”的500个反动分子挂哈达。

6月，青海地区发生叛乱。

这次叛乱与西藏上层反动集团阴谋分裂祖国的活动紧密相连。毛泽东早有警觉，24日，毛泽东批示道：“西藏要准备对付那里的可能的全局叛乱。乱子越大越好。只要西藏反动派敢于发动全局叛乱，那里的劳动人民就可以早日获得解放，毫无疑义。”①

1958年10月24日，藏军各“代本”（相当一个加强团）的连、营长以烧香为名，聚集在罗布林卡开会，决定藏军参加叛乱。

1959年3月10日，正当毛泽东和中共中央聚精会神地纠正工作中“左”的错误、调整农村政策的时候，西藏上层反动集团公然发动了以拉萨为中心的大规模武装叛乱。

西藏上层反动分子利用达赖主动提出去西藏军区看文工团演出一事，发动叛

① 《毛泽东传（1949—1965）》，中央文献出版社，2003年12月第1版，第926页。

乱。他们散布谣言，煽动不明真相的僧侣俗民，制造骚乱，叛乱分子打伤了西藏军区副司令员，杀害了西藏自治区筹备委员会官员、爱国进步人士索朗降措并拖尸示众。上千人在八角街游行示威，高呼“西藏独立万岁”等反动口号，宣称“与中央决裂，为争取西藏独立而干到底”。同日，策划叛乱的头目在罗布林卡开会。在英国、印度反华势力支持下，决定同中央决裂，为争取西藏独立干到底。当日晚，分散在拉萨周围的叛乱分子、藏军、三大寺喇嘛纷纷向市区聚集，西藏地方政府中的反动分子打开军械库，把枪支弹药发给叛乱分子，纠集叛乱武装 7000 多人。

3 月 11 日至 13 日，叛乱头目连续召开“人民代表会议”，组织叛乱活动，在药王山、罗布林卡、布达拉宫等要地构筑工事，将解放军西藏军区司令部和中央人民政府驻藏代表机关团团围住。

毛泽东不得不分出精力，指导平叛及相关舆论宣传工作。

根据毛泽东和中共中央的精神，驻藏部队十分克制。

3 月 10 日、11 日、15 日，中央驻西藏代表谭冠三 3 次写信给达赖，表示关心他的安全，要求西藏地方政府立即制止叛乱活动。

达赖在回信中说：“反动集团的违法行为，使我无限忧伤……以保护我的安全为名而制造的严重离间中央与地方关系的事件，我正尽一切可能设法处理。”

上层反动集团无视中央提出的要求和警告，按照他们的预谋，继续进行叛乱。

3 月 17 日晚，达赖和噶伦索康等叛乱头子从罗布林卡朝山南叛乱分子的据点逃走。

达赖等离开拉萨后，3 月 20 日凌晨，在拉萨直接指挥叛乱的伪“人民会议”，以罗布林卡为叛乱中心，向前往拉萨河执勤的解放军分队射击，随即又向驻拉萨的解放军和中央代表机关和各企事业单位发起全面总攻击，开始了大规模的武装叛乱。

面对西藏上层反动分子在帝国主义和国外反华势力支持下发动的分裂祖国的武装叛乱，1959 年 3 月 17 日，中共中央政治局举行会议。刘少奇和邓小平在会上指出：和平解放西藏已经 8 年，过去没有进行民主改革，主要是等待上层人物觉醒；现在一些上层人物要叛乱，这逼得我们不得不进行改革；当前首要是准备坚决平息叛乱，改组西藏地方政府，改组藏军，实行政教分离，然后全面实行民主改革。

周恩来指出：叛乱事件同印度有关，英、美都在幕后支持印度，叛乱的指挥中心在印度的噶伦堡。

为了维护国家的统一和尊严，中央人民政府被迫作出平息叛乱的决定。

3 月 20 日，上午 10 时，人民解放军开始进攻，平叛部队首先攻占药王山，控制拉萨制高点，切断了拉萨市内同罗布林卡叛乱武装联系。接着，解放军攻占罗布林卡，歼灭叛乱武装的主力，摧毁了它的指挥中心，21 日对叛乱分子形成合围。22 日 9 时，经解放军宣传教育、耐心争取，大昭寺和布达拉宫的叛乱武装缴械投降。至此，拉萨市内的武装叛乱基本平息。

1959 年 3 月 26 日，叛乱分子南逃到山南隆子宗后，噶伦索康代表达赖宣布：在藏历 2 月 1 日（公历 3 月 1 日）那天，已经宣布西藏独立了；现在准备把泽仓、噶厦也搬到国外去，决定隆子宗为国都，称玉结隆子。

3 月 27 日，达赖喇嘛暗自离开拉萨逃往印度。

3 月 31 日，叛乱分子经错那、沙则，进入印占区。

4 月 18 日，到达印度的提斯浦尔，随后发表鼓吹“西藏独立”的《达赖喇嘛的声明》。

1959 年 3 月 21 日，中国人民解放军总政治部发出《关于坚决平定叛乱的政治工作指示》，要求各平叛部队把军事斗争、政治争取和发动群众三者结合起来，重申共产党的民族政策、俘虏政策和宗教政策：“凡在战斗中手执武器与我对抗者，坚决予以消灭；但当他们放下武器后，就应当实行优待；严格禁止打骂、侮辱、虐待和杀害俘虏；受伤的给予治疗，投诚的一律欢迎、优待。对于被迫逃走的人民群众，特别是妇孺老幼，应当进行艰苦的工作，争取他们脱离反动派，回家生产。……对喇嘛寺一律加以保护（包括一切文物古迹）。必须尊重人民的宗教信仰自由。”

3 月 28 日，周恩来总理发布声明，决定自即日起，解散西藏地方政府，由西藏自治区筹备委员会行使西藏地方政府职权，由班禅额尔德尼·确吉坚赞代理自治区筹委会主任委员职务。任命筹委会常务委员帕巴拉·格列朗杰为副主任委员，常务委员兼秘书长阿沛·阿旺晋美为副主任委员兼秘书长，撤销叛国分子索康·旺清格勒等 18 人的筹委会委员等一切职务，并按国家法律分别给予惩处，任命邓少东等 16 人为筹委会委员。

4 月 4 日至 9 日，解放军由拉萨挥师南下，平息山南地区的叛乱。山南，是叛乱分子长期盘踞的一个重要地区，以恩珠·贡布扎西为头目的山南叛乱武装，在原西藏地方政府和上层反动集团的指使下，勾结帝国主义和中外反动势力进行叛乱活动。这伙叛匪接受外国运入的武器和外国飞机空投的接济物资，掠夺财物，奸淫烧杀，无恶不作，并长期围攻中共山南分工委机关和驻泽当的解放军部队。

解放军兵分 5 路，向山南地区开进。经过十几天的战斗，先后攻占雅鲁藏布江以南、江孜以东、喜马拉雅山以北、则拉宗以西的 30 多个宗（溪）和村庄，歼灭了各地的叛乱武装。

4 月 15 日，毛泽东在最高国务会议上讲话中说：

“有些人对于西藏寄予同情，但是他们只同情少数人，不同情多数人，100 个人里头，同情几个人，就是那些叛乱分子，而不同情百分之九十几的人。在外国，有那么一些人，他们对西藏就是只同情一两万人，顶多三四万人。西藏本部（只讲昌都、前藏、后藏这3个区域）大概是120万人。120万人，用减法去掉几万人，还有一百一十几万人，世界上有些人对他们不同情。我们则相反，我们同情这一百一十几万人，而不同情那少数人。

那少数人是一些什么人呢？就是剥削、压迫分子。讲贵族，班禅和阿沛两位也算贵族，但是贵族有两种，一种是进步的贵族，一种是反动的贵族，他们两位属于进步的贵族。进步分子主张改革，旧制度不要了，舍掉它算了。旧制度不好，对西藏人民不利，一不人兴，二不财旺。西藏地方大，现在人口太少了，要发展起来。这个事情，我跟达赖讲过。我说，你们要发展人口。我还说，你们的佛教，就是喇嘛教，我是不信的，我赞成你们信。但是，有些规矩可不可以稍微改一下子？你们120万人里头，有8万喇嘛，这8万喇嘛是不生产的，一不生产物资，二不生产人。你看，就神职人员来说，基督教是允许结婚的，回教是允许结婚的，天主教是不允许结婚的。西藏的喇嘛也不能结婚，不生产人。同时，喇嘛要从事生产，搞农业，搞工业，这样才可以维持长久。你们不是要天长地久、永远信佛教吗？我是不赞成永远信佛教，但是你们要信，那有什么办法！我们是毫无办法的，信不信宗教，只能各人自己决定。

至于贵族，对那些站在进步方面主张改革的革命的贵族，以及还不那么革命、站在中间动动摇摇但不站在反革命方面的中间派，我们采取什么态度呢？我个人的意见是：对于他们的土地、他们的庄园，是不是可以用我们对待民族资产阶级的办法，即实行赎买政策，使他们不吃亏。比如我们中央人民政府把他们的生活包下来，你横直剥削农奴也是得到那么一点，中央政府也给你那么一点，你为什么一定要剥削农奴才舒服呢？

我看，西藏的农奴制度，就像我们春秋战国时代那个庄园制度，说奴隶不是奴隶，说自由农民不是自由农民，是介乎这两者之间的一种农奴制度。贵族坐在农奴制度的火山上是不稳固的，每天都觉得要地震，何不舍掉算了，不要那个农奴制度了，不要那个庄园制度了，那一点土地不要了，送给农民。但是吃什么呢？我看，对革命的贵族，革命的庄园主，还有中间派的贵族，中间派的庄园主，只要他不站在反革命那方面，就用赎买政策。我跟大家商量一下，看是不是可以。现在是平叛，还谈不上改革，将来改革的时候，凡是革命的贵族，以及中间派动动摇摇的，总而言之，只要是不站在反革命那边的，我们不使他吃亏，就是照我们现在对待资本家的办法。并且，他这一辈子我们都包到底。资本家也是一辈子包到底。几年定息过后，你得包下去，你得给他工作，你得给他薪水，你得给他就业，一辈子都包下去。这样一来，农民（占人口的95%以上）得到了土地，农民就不恨这些贵族了，仇恨就逐渐解开了。

日本有个报纸哇哇叫，讲了一篇，它说，共产党在西藏问题上打了一个大败仗，全世界都反对共产党。说我们打了大败仗，谁人打了大胜仗呢？总有一个打了大胜仗的吧。只有人打了大败仗，又没有人打了大胜仗，哪有那种事？你们讲，究竟胜负如何？假定我们中国人在西藏问题上打了大败仗，那末，谁人打了大胜仗呢？是不是可以说印度干涉者打了大胜仗？我看也很难说。他打了大胜仗，为什么那么痛哭流涕，如丧考妣呢？你们看我这个话有一点道理没有？

还有个美国人，名字叫艾尔索普，写专栏文章的。他隔那么远，认真地写一篇文章，说西藏这个地方没有20万军队是平定不了的，而这20万军队，每天要1万吨物资，不可能运这么多去，西藏那个山高得不得了，共产党的军队难得去。因此，他断定叛乱分子灭不了。叛乱分子灭得了灭不了呀？我看大家都有这个疑问。因为究竟灭得了灭不了，没有亲临其境，没有打过游击战争的人，是不会知道的。我这里回答：平叛不要20万军队，只要5万军队，20万的四分之一。1956年以前我们就5万人（包括干部）在那里，1956年那一年我们撤了3万多，剩下1万多。那个时候我们确实认真地宣布6年不改革，6年以后，如果还不赞成，我们还可以推迟，是这样讲的。你们晓得，整个藏族不是120万人，而是300万人。刚才讲的西藏本部（昌都、前藏、后藏）是120万人，其他在哪里呢？主要是在四川西部，就是原来西康区域，以及川西北就是毛儿盖、松潘、阿坝那些地方。这些地方藏族最多。第二是青海，有50万人。第三是甘肃南部。第四是云南西北部。这4个区域合计180万人。四川省人民代表大会开会，商量在藏族地区搞点民主改革，听了一点风，立即就传到原西康这个区域，一些人就举行武装叛乱。现在青海、甘肃、四川、云南的藏族地区都改革了，人民武装起来了。藏人扛起枪来，组织自卫武装，非常勇敢。这4个区域能够把叛乱分子肃清，为什么西藏不能肃清呢？你讲复杂，原西康这个区域是非常复杂的。原西康的叛乱分子打败了，跑到西藏去了。他们跑到那里，奸淫掳掠，抢得一塌糊涂。他要吃饭，就得抢，于是同藏人就发生矛盾。原西康跑去的，青海跑去的，有1万多人。1万多人要不要吃呢？要吃，从哪里来呢？就在120万人中间吃过来吃过去，从去年7月算起，差不多已经吃了1年了。这回我们把叛乱分子打下来，把他们那些枪收缴了。比如在日喀则，把那个地方政府武装的枪收缴了，江孜也收缴了，亚东也收缴了。收缴了枪的地方，群众非常高兴。老百姓怕他们3个东西：第一是怕他那个印，就是怕那个图章；第二是怕他那个枪；第三，还有一条法鞭，老百姓很怕。把这三者一收，群众皆大欢喜，非常高兴，帮助我们搬枪支弹药。西藏的老百姓痛苦得不得了。那里的反动农奴主对老百姓硬是挖眼，硬是抽筋，甚至把十几岁女孩子的脚骨拿来作乐器，还有拿人的头骨作饮器喝酒。这样野蛮透顶的叛乱分子完全能够灭掉，不需要20万军队，只需要5万军队，可以灭得干干净净。灭掉是不是都杀掉呢？不是。所谓灭掉，并不是把他们杀掉，而是把他们捉起来教育改造，包括反动派，比如索康那种人。这样的人，跑出去的，如果他回来，悔过自新，我们不杀他。

再讲一个中国人的议论。此人在台湾，名为胡适。他讲，据他看，这个‘革命军’（就是叛乱分子）灭不了。他说，他是徽州人，日本人打中国的时候，占领了安徽，但是没有去徽州。什么道理呢？徽州山太多了，地形复杂。日本人连徽州的山都不敢去，西藏那个山共产党敢去？我说，胡适这个方法论就不对，他那个'大胆假设'是危险的。他大胆假设，他推理，说徽州山小，日本人尚且不敢去，那末西藏的山大得多、高得多，共产党难道敢去吗？因此结论：共产党一定不敢去，共产党灭不了那个地方的叛乱武装。现在要批评胡适这个方法论，我看他是要输的，他并不'小心求证'，只有'大胆假设'。

有些人，像印度资产阶级中的一些人，又不同一点，他们有两面性。他们一方面非常不高兴，非常反对我们3月20日以后开始的坚决镇压叛乱，非常反对我们这种政策，他们同情叛乱分子。另一方面，又不愿意跟我们闹翻，他们想到过去几千年中国跟印度都没有闹翻过，没有战争，同时，他们看到无可奈何花落去，花已经落去了。1954年中印两国订了条约，就是声明五项原则的那个条约，他们承认西藏是中国的一部分，是中国的领土。他们留了一手，不做绝。英国人最鬼，英国外交大臣劳埃德，工党议员这个一问，那个一问，他总是一问三不知，说：没有消息，我们英国跟西藏没有接触，在那里没有人员，因此我无可奉告。老是这么讲。他还说，要等西藏那个人出来以后，看他怎么样，我们才说话。他的意思就是达赖出来后，看他说什么话。中国共产党并没有关死门，说达赖是被挟持走的，又发表了他的3封信。这次人民代表大会，周总理的报告里头要讲这件事。我们希望达赖回来，还建议这次选举不仅选班禅，而且要选达赖。他是个年轻人，现在还只有25岁。假如他活到85岁，从现在算起还有60年，那个时候21世纪了，世界会怎么样呀？要变的。那个时候，我相信他会回来的。他59年不回来，第60年他有可能回来。那时候世界都变了。这里是他的父母之邦，生于斯，长于斯，现在到外国，仰人鼻息，几根枪都缴了。我们采取这个态度比较主动，不做绝了。

总理的报告里头要讲希望达赖回国。如果他愿意回国，能够摆脱那些反动分子，我们希望他回国。但是，事实上看来他现在难于回国。他脱离不了那一堆人。同时，他本人那个情绪，上一次到印度他就不想回来的，而班禅是要回来的。那时，总理劝解，可能还有尼赫鲁劝解，与其不回不如回。那个时候就跟他这么讲：你到印度有什么作用？不过是当一个寓公，就在那里吃饭，脱离群众，脱离祖国的土地和人民。现在，还看不见他有改革的决心。说他要改革，站在人民这方面，站在劳动人民这方面，看来不是的。他那个世界观是不是能改变？60年以后也许能改，也许不要60年。而现在看来，一下子要他回来也难。他如果是想回来，明天回来都可以，但是他得进行改革，得平息叛乱，就是要完全站在我们这方面来。看来，他事实上一下子也很难。但是，我们文章不做绝了。"①

平定西藏叛乱，广大藏族同胞和爱国上层人士，纷纷发表讲话，拥护人民政府

---

① 《毛泽东文集》第八卷，人民出版社，1999年6月第1版，第40—45页。

的平叛政策，控诉叛匪的罪行，谴责帝国主义对中国内政的干涉。

1959年4月28日，二届全国人大一次会议通过《关于西藏问题的决议》，完全同意国务院对原西藏地方政府和上层反动集团发动叛乱后所采取的各项政策，深刻剖析西藏叛乱的根源和实质，阐述中国共产党和中央人民政府在西藏实行的方针。

5月6日，《人民日报》编辑部发表《西藏的革命和尼赫鲁的哲学》，阐述中国政府在西藏实行和平民主改革的政策，揭露帝国主义对西藏的侵略行径，驳斥印度扩张主义分子在历史上和这次西藏叛乱事件中干涉中国内政的言行。文章始终贯穿着中国致力中印友好的方针。

7月上旬，平叛部队奉命继续平息聚集在纳木湖、麦地卡和昌都等地的叛乱武装。10月底完成平叛任务。

平叛斗争迅速取得胜利后，中共中央根据西藏变化了的情况，认为原定的西藏民主改革“六年不改”的决定已经不适应西藏发展的进程。因此中央决定，在平定叛乱的同时，采取“边平边改”的方针。

1959年3月22日，中共中央发出《关于在西藏平息叛乱中实行民主革命的若干政策问题的指示（草案）》。

5月31日，中共中央对西藏工作委员会《关于当前在平叛工作中几个问题的决定》：要充分发动群众，在全区实行民主改革；边平边改，先叛先改，后叛后改，未叛地区暂时缓改；对未叛农奴主的生产资料实行和平赎买的政策；改革中充分尊重藏族人民的宗教信仰和风俗习惯，继承和发扬藏族的优秀文化。

中共西藏工委张经武、张国华、周仁山等负责人带头深入农村、牧区进行调查研究。

6月中下旬，西藏工委召开拉萨、塔工两地区的地、县、区三级干部会议，传达讨论中央指示和工委决定，总结交流平叛工作的经验，分析研究农村阶级状况，制定民主改革的具体政策。

5月7日，毛泽东会见到北京出席二届全国人大一次会议的班禅额尔德尼·确吉坚赞、阿沛·阿旺晋美和詹东·计晋美，关切地询问他们对民主改革的看法。

班禅表示：西藏要改革是肯定的，不实行改革，西藏无法发展；我希望快点实行改革。

毛泽东说：“你们站在爱国、进步方面，是左派，不要怕丧失你们的庄园以后没有饭吃。对左派和中间派，要采取赎买的政策，保证改革以后生活水平不会降低。对你们要同对上海、北京、天津、武汉、广州、西安、兰州、成都等全国所有大城市的资本家一样，同对荣毅仁一样。……只要同西藏人民合作，讲民主，一定有你们的政治地位，生活不降低，同过去一样，这一点由中央来保证。过去同薪巴[①]关系不好的，要改好一点，像刘文辉，工人、农民就不斗他了。这是第一步，走民主的道路。第二步是走社会主义的道路，汉族地区和内蒙古、新疆等少数民族地区，都走了这两步。你们那里先走民主的道路，打完仗以后，就搞和平改革。……关于宗教，我们的政策很明白，就是宗教信仰自由的政策。看来，宗教寺庙也需要改革。寺庙中有些人参加了叛乱，同叛乱分子合作，西藏、青海、甘肃、四川等地都有这样的情况。……西藏要发展，人口、文化、经济和政治都要发展。……藏族人民是聪明、勤劳的。社会制度进行改革之后，西藏可能很快发展。你们的事业是有希望的、有前途的。跑到印度去的人，是没有希望，没有前途的。”[②]

7 月 17 日，西藏自治区筹委会第二次全体会议通过关于进行民主改革的决议。

人民群众强烈要求改革，他们说：旧制度再不进行改革，我们活不下去了。解放军平叛后到达曲水县时，曲水吞巴溪卡的农奴三次派代表要求解放军立即到吞巴帮助改革。农奴们选了 10 多个代表，把该溪卡的反动头人送到曲水，交工作队处理，群众自动把溪卡的粮食、茶叶、酥油分给穷苦农奴。

1959 年 6 月，农村先进行第一阶段改革，实行“三反两减”：对参加叛乱的农奴主土地，当年实行谁种谁收；废除农奴对农奴主的人身依附关系；废除三大领主 1958 年以前贷给劳动人民的一切债务；对未参加叛乱的农奴主出租的土地，实行“二八”减租，农田产品八成归农奴，二成归农奴主；对未参加叛乱的农奴主在 1959 年贷给劳动人民的债务，一律减息。

群众初步发动起来，成立农民协会、牧民协会 500 多个，会员达 10 万余人。

广大翻身农奴高兴地说：“达赖的太阳照在贵族身上，毛主席的太阳照在我们穷人身上；现在，贵族的太阳下山了，我们的太阳升起来了。”[③]

1959 年 9 月下旬，中共西藏工委召开扩大会议，制定《关于西藏土地制度改革方案》，报中央批准贯彻执行。西藏自治区筹委会决定现在完成“三反两减”地区，立即转入以分配土地为主要内容的第二步改革。划定阶级成分后，对叛乱的农奴主及其代理人的土地和其他生产资料实行没收，对未参加叛乱的农奴主及其代理人多余的生产资料进行赎买。除按规定国家所有外，均由乡农民协会接收，在尽可能满足贫苦农奴和奴隶的要求、适当照顾中等农奴（包括富裕农奴）的利益原则下，公平合理地分配。农奴主和农奴主的代理人也分得一份土地。

共产党和人民政府对西藏牧区民主改革的方针：除叛乱领主和叛乱牧主的牲畜

---

① 藏语，指农民。

② 《毛泽东传（1949—1976）》，中央文献出版社，2003 年 12 月第 1 版，第 931 页。

③ 当代中国研究所：《〈中华人民共和国史稿〉第二卷（1956—1966）》，人民出版社、当代中国出版社，2012 年 9 月第 1 版，第 357 页。

分给原放牧者及贫苦牧民所有外，对整个牧区的生产资料所有制不予变更，实行“不分、不斗、不划阶级”和牧工、牧主两利政策。原牧奴解放后，由牧主发给牧工合理工资，使牧工有了放牧的积极性。

民主改革中，政府帮助数千名乞丐安家立业。

在西藏上层反动集团发动叛乱时，多数寺庙参与了叛乱。对叛乱寺庙所有的牧场、庄园和其他生产资料全部没收。对未参加叛乱、爱国守法寺庙土地和其他生产资料，实行赎买。寺庙向群众派差役、放高利贷和对群众的奴役一律废除。喇嘛的生活由政府统一安排。寺庙在废除剥削制度后，收入不够维持正常开支时，政府予以补贴。

共产党和人民政府对未参加叛乱的班禅堪布厅的602名成员在政治上和生活上作了妥善安置。十三世达赖的侄子、西藏占有土地最多的大贵族之一、曾任司伦的朗顿·贡嘎旺秋，从自己亲身经历中体会说：“只要站在人民的立场上，西藏上层人士的前途是光明的。”

1960年，西藏全区粮食产量2.055亿公斤，比1959年增长12.6%；牲畜存栏数1050万头（只），比1959年增长10%。[①]

1960年，解放军继续肃清西藏边沿地区的叛乱武装，抓获了一批国外派来的空投特务，缴获大量枪支弹药和通信器材。

解放军在藏北奔袭时，某部7个连队先后断粮10余天，指战员们以野菜、猎物充饥，完成追击敌人任务。某部四连副排长胡汉钊带兵坚持战斗，4次负伤不下火线，子弹打完后，同敌肉搏，壮烈牺牲。某部一连藏族战士赤米，单枪匹马与据守山洞的敌人激战1小时，负伤5次，仍坚持战斗，最后在文书、通信员等4人协同下，将39名敌人全歼。

山南加查县邦达乡女乡长次仁琼宗，带领群众同反动头人和叛乱分子坚决斗争。一次，她被两名叛乱分子拦在路上，敌人要她投降，她痛斥敌人，只身与敌人搏斗，壮烈牺牲。

平叛中，各地群众纷纷组织自卫队、联防队、保畜队等自卫组织，参加支前运输、修路，为解放军送信、当向导、站岗放哨。整个平叛中，西藏各族人民随军支前民工达1.58万人，工日43.9万多个，出动耕畜10.44万余头（匹）次，计工日286.62万多个。

1961年底，平叛斗争取得完全胜利。

---

① 当代中国研究所：《〈中华人民共和国史稿〉第二卷（1956—1966）》，人民出版社、当代中国出版社，2012年9月第1版，第360页。

五、民族区域自治

蒙古民族由于内部和外部原因，长期处于被分割统治状态。

1945 年 10 月，中共中央发出《关于内蒙工作的意见》，提出在内蒙古实行民族自治，建立自治政府。

1946 年 2 月，中共中央指示：内蒙古的工作，根据和平建国纲领中关于民族平等自治的要求，不应提独立自决口号。

1947 年 5 月 1 日，内蒙古自治区成立。这是中国共产党领导内蒙古各族人民逐步完成民族区域统一的第一个少数民族自治区。

解放战争期间，自治区政府所辖区域仅限呼伦贝尔、纳文慕仁、兴安、锡林郭勒、察哈尔 5 个盟。1949 年 5 月，又划入哲里木盟、昭乌达盟。

1952 年 8 月，多伦、宝昌、化德 3 县划入内蒙古自治区。

1954 年 6 月，中央人民政府批准将绥远省划归内蒙古自治区，并撤销绥远省建制。

1955 年 4 月，内蒙古自治区第一届人民代表大会第二次会议，选举蒙古族的乌兰夫为自治区主席。

1955 年 7 月，划入赤峰等 6 县。

1956 年 9 月，设巴彦淖尔盟。

内蒙古自治区是一个汉民族居多数、多民族共居的少数民族自治区。

人口较多的民族有汉、蒙、满、回、达斡尔、朝鲜、鄂温克、鄂伦春 8 个民族。

各民族在共同发展过程中，结成了深厚友谊。

新疆是以维吾尔族和汉族为主体的多民族地区。

新疆位于亚欧大陆的中心，面积 160 多万平方公里，约占全国土地面积的六分之一，是中国最大的省级行政区。

在酝酿自治区名称时，主要有三种意见：1. 用“新疆维吾尔自治区”；2. “新疆自治区”；3. “维吾尔斯坦”。

各族群众认为：第三个名称容易同历史上民族分裂分子所制造的“东突厥斯坦”相混淆，这个名称不利于民族团结；第二个名称没有表明是哪个民族在实行自治；而第一个名称符合中央人民政府 1952 年批准的《中华人民共和国民族区域自治实施纲要》的规定，能够体现维吾尔族在新疆团结各民族实现区域自治，有利于进一步促进维吾尔族和汉族关系的良好发展，有利于维吾尔族团结其他民族共同建设新疆的责任和使命。

1953年开始，按照中共中央民族区域自治政策，中央先后帮助新疆省哈萨克族建立1个自治州和2个自治县，蒙古族建立2个自治州和1个自治县，回族建立1个自治州和1个自治县，柯尔克孜族建立1个自治州，锡伯族和塔吉克族各建立1个自治县。

1955年9月13日，一届全国人大常委会第二十一次会议，通过《成立新疆维吾尔自治区、撤销新疆省建制的决议》。

1955年9月30日，新疆省第一届人民代表大会第二次会议，选举维吾尔族人赛福鼎·艾则孜为自治区主席。

1955年10月1日，新疆维吾尔自治区宣告成立。

壮族是中国55个少数民族中人口最多的民族。聚集在50个县、市，占广西总面积的60%。1952年12月6日成立相当于行署一级的桂西壮族自治区，1956年3月5日改为桂西壮族自治州。

1957年，中共中央倡议建立广西壮族自治区，得到广西各族各界人士的一致拥护。

在建立自治区过程中，提出两个基本方案：一是把广西分为两个部分，在壮族居住的西部地区，即以桂西壮族自治州为基础成立壮族自治区，而东部汉族地区保留广西省建制；二是把广西省改建为壮族自治区。

前一个被称为分的方案，后一个被称为合的方案。

中共中央和人民政府组织各方面人士进行深入调查研究和充分酝酿。

1957年3月，中国人民政治协商会议全国委员会邀请广西省各界各族代表和在京广西籍人士，协商建立自治区方案。

中共中央统战部部长李维汉指出：在广西省总人口中，汉族比壮族多，这是主张分的方案的一个重要理由；汉族人口占58.4%，壮族人口占36.9%，其他少数民族占4.7%，但是壮族人聚居地区约占全省面积的60%，加上其他少数民族，聚居地区占全省面积的70%；从历史上看，合的方案更符合民族团结合作方向；从社会主义建设着想，分开是不利的；对农业生产来说，汉族居住地区是条件较好的，但是从工矿业发展来说，就不如壮族条件好，因为广西工业资源主要分布在西部壮族和其他少数民族地区；汉族人口较多，文化技术水平高，要开发利用这些资源，正需要汉族、壮族和其他少数民族联合在一个地方行政单位内，各施所长，共同发展；从长远利益来考虑，合的方案更为适宜。

周恩来在总结发言中说："汉族人口众多，经济文化比较发达，但地大、物博都在他们那里。从全国来说是这样，广西也是这样。将来发展工业、扩大农业，都要大力开发少数民族地区，都需要把地大物博和人口众多、经济文化发达起来。可见，合则双利、分则两害。"

经过充分发扬民主，各方面终于取得共识，采纳合的方案。

1957年7月，一届全国人大四次会议批准成立广西壮族自治区。

1958年3月5日至13日，在南宁举行的广西壮族自治区第一届全国人民代表大会第一次会议，选举壮族人韦国清任自治区人民委员会主席。决定3月15日为广西壮族自治区成立纪念日。

宁夏，在新中国成立后，和全国一样，经过我清剿土匪、镇压反革命活动、土改、恢复经济的三大改造，人民政权得到巩固。尤其是社会主义改造和第一个五年计划完成，使宁夏社会发生深刻变化。

中共中央鉴于回族在祖国大家庭中有着重要地位和影响，人口仅次于壮族和维吾尔族，55个少数民族中，居第三位。必须建立一个省一级回族自治区，才能与其历史和现实地位相称。

1956年2月，中共中央倡议在甘肃省回族人口较集中的地区，建立省一级自治区。这一倡议，得到全国广大回族干部和群众以及甘肃省各界的热烈响应和积极支持。

一届全国人大四次会议于1957年7月通过了成立宁夏回族自治区的决议。1957年11月初，经中共中央批准，中共宁夏回族自治区工作委员会在北京成立，汪锋兼任第一书记。

1958年，国家财政补贴达10703万元，比1957年的167万猛增63倍。

1958年10月24日至30日，宁夏回族自治区第一届人民代表大会第一次会议隆重召开。10月25日，大会选举刘格平（回族）为宁夏回族自治区主席。

1956年4月22日，西藏自治区筹备委员会成立。

1959年3月，中共中央和国务院一边领导平息发动武装叛乱，同时宣布解散原西藏地方政府，结束了两种政权并立和独立局面。

1965年6月28日，拟定于9月1日在拉萨召开自治区首届人民代表大会，选举西藏自治区人民委员会，成立西藏自治区。中央批复同意西藏工委的报告。

8月23日，国务院全体会议举行第一百八十五次会议，讨论并同意自治区筹委会报告。

8月25日，三届全国人大常委会第十五次会议通过《关于成立西藏自治区的决议》，决定成立西藏自治区。

1965年9月1日至9日，西藏自治区第一届全国人民代表大会第一次会议在拉萨隆重举行。大会经过投票选举产生西藏自治区人民委员会，藏族人阿沛·阿旺晋美当选为自治区人民委员会主席。

1958年，内蒙古自治区建成大中型水库25个，全区灌溉面积由1949年的427万亩增加到1958年的2070万亩。

新疆维吾尔自治区经过1958年水利建设，全区农田灌溉面积由1949年的16.2万亩扩大到1959年的3700万亩。

宁夏回族自治区1958年新增灌溉面积，等于全区灌溉面积总增长和的76%。

少数民族的产量，1957年为1883万吨，1965年为2217万吨，增长17.7%。

西藏牲畜的头数1964年比1958年增长36.36%。

许多地方建立钢铁、机械、电力、煤炭、石油、化工、纺织、交通运输、森林工业以及建筑业等一批中小型工业项目，结束了民族地区根本没有现代工业的历史。

1957年，民族自治地区工业总产值为29.5亿元，1965年为66.8亿元，增长133.2%。

1963年同1958年比，全国民族自治区发电量增长2.5倍，钢增长3.5倍，棉纱增长2倍，化肥增长20倍。

内蒙古、新疆、广西、宁夏、吉林延边和其他一些民族自治地区，都已经建立起由小学、中学到大学的教育体系。广大翻身人民的子弟大量入学，从根本上改变了旧中国教育为少数封建剥削阶级服务的性质。几乎所有的民族都有了本民族的大学生。

1963年和1949年相比，民族地区医院、疗养院的床位增加了19倍。一些严重危害人民健康的疾病，已经消灭或已被控制。内蒙古自治区蒙古族人口增加了62%。

六、继续纠“左”

1959年3月20日晚上，毛泽东从长沙到达南昌向塘。在专列上同杨尚奎、邵式平、汪东兴和江西部分地委书记谈话。毛泽东说：开会有一种办法，一定要有对立面。以后要用这个办法，不能光听一面之词。有些叫观潮派，其实不是观潮派，名字安得不对。人家讲点老实话，讲点怪话，就叫人家是观潮派。

1959年3月25日至4月1日，中共中央在上海召开了政治局扩大会议。会议主要议题是：工业、人民公社、国家机构组成问题。

3月25日下午，会议在上海锦江饭店礼堂开始。毛泽东就人民公社问题讲话，提出了12个问题要大家讨论，其中就有生产小队部分所有制和旧账要不要算的问题。

3月26日下午4时20分，在上海锦江饭店礼堂，毛泽东主持中共中央政治局扩大会议，薄一波作关于第一季度工业计划执行情况和第二季度安排的发言。

薄一波发言时，毛泽东多次插话。他说：你们不是说要抓得紧、抓得狠吗？你们就不狠；现在工业需要出“秦始皇”；我看你们搞工业的人就是不狠，老是讲仁义道德，结果是一事无成；搞那么多项目干什么？削他 500 项，如果不够，再削，削 600 项；明年索性少搞一点，聚积力量，以备后年翘起来；何必那么忙，一定要搞 1000 多项？搞得成我赞成，问题是你搞不成。[①]

3 月 29 日下午，在上海锦江饭店礼堂主持召开中共中央政治局常委扩大会议，讨论计划问题和国家机构领导人人选问题。当陈云说完全赞成砍基本建设时，毛泽东说：不仅是基本建设，还有生产指标也要相应地砍；我对以后每年是否能增产 1000 万吨钢是怀疑的，世界上没有先例；说保证多少，有个实际和不实际的问题；保证 1959 年生产 2000 万吨钢，1400 万吨钢材，这是我们在武昌定的，北京 1 月会议还是这么定的；现在到了 3 月底，不行了，保证不了啦。

薄一波说，钢按 1800 万吨部署，最后结果比按 2000 万吨部署还要好，毛泽东说：问题是 1800 万吨钢是否也高了，有人提出这样的意见没有？[②]

3 月 30 日，毛泽东在审阅山西省委第一书记陶鲁笳的一份报告时批示道：“旧账一般不算这句话，是写到了郑州讲话里面去了的，不对，应改为旧账一般要算。算账才能实行那个客观存在的价值法则。这个法则是一个伟大的学校，只有利用它，才有可能教会我们的几千万干部和几万万人民，才有可能建设我们的社会主义和共产主义。否则一切都不可能。对群众不能解怨气。对干部，他们将被我们毁坏掉。有百害而无一利。……‘不要善财难舍’。须知这是劫财，不是善财。无偿占有别人劳动是不许可的。”[③]

上海会议检查了六中全会以来人民公社的整顿工作，讨论了公社整顿中提出来的问题，形成了一个《关于人民公社的十八个问题》的会议纪要。

纪要指出：基本队有制，部分社有制的情况不能很快改变，人民公社一般是以相当于原来高级农业生产合作社的单位作为基本核算单位，同时又要有生产小队的部分所有制；生产小队是包产单位，向生产队实行包产、包工、包成本和超产奖的办法。

纪要提出：对人民公社建立以来的各种账目作一次认真的清理，结清旧账，建立新账。这一条，是对第二次郑州会议规定的重要改变。4 月 3 日，毛泽东又在湖北省的一个报告上批示道：“算账才能团结；算账才能帮助干部从贪污浪费的海洋中拔出身来，一身清净；算账才能教会干部学会经营管理方法；算账才能教会 5 亿农民自己管理自己的公社，监督公社的各级干部只许办好事，不许办坏事，实现群众的监督，实现真正的民主集中制。”[④]

---

① 《第一次郑州会议至庐山前期纠“左”的努力》，《党的文献》，2013 年第 2 期，第 12—13 页。
② 《第一次郑州会议至庐山前期纠“左”的努力》，《党的文献》，2013 年第 2 期，第 13 页。
③ 《毛泽东文集》第八卷，人民出版社，1999 年 6 月第 1 版，第 34 页。
④ 《毛泽东文集》第八卷，人民出版社，1999 年 6 月第 1 版，第 35 页。

毛泽东在会上还说了工作方法问题。

1959年4月2日至5日，中共中央在上海举行八届七中全会。出席会议的中央委员81人，候补中央委员80人，中央各部门负责同志和各省、市、自治区党委第一书记列席。会议由毛泽东主持。听取薄一波作关于第一季度工业生产情况和第二季度安排报告，李先念作关于财贸工作情况和意见报告，邓小平关于经济工作和国家机构人事配备的说明，李富春关于准备提交二届全国人民代表大会讨论的1959年国民经济计划主要指标的说明；通过《一九五九年国民经济计划草案》、《关于人民公社的十八个问题》和《关于国家机构和人事配备的方案》。

毛泽东在会上讲话：说服坚持高指标的人：不能每天高潮，要波浪式前进；1957年不搞“马鞍形”是不行的，“马鞍形”将来还会有的，做计划要留有余地。

毛泽东肯定了陈云的正确意见，表示赞成调整生产指标。

会议讨论通过：钢产量从原来的2000万吨确定为1800万吨（其中好钢1650万吨）；原煤由原来的4亿吨定为3.8亿吨；基本建设限额以上项目由原来的1500个缩减为1000个左右；基本建设投资由360亿元减为260亿元至280亿元；粮棉仍维持原来的高指标。会议决定将调整后的计划草案提交第二届人大一次会议审定公布。

4月5日，毛泽东在会议上进一步讲了工作方法问题：（1）多谋善断；（2）留有余地；（3）波浪式前进；（4）实事求是；（5）要善于观察形势；（6）当机立断；（7）与人通气；（8）解除封锁；（9）一个人有时胜过多数人，因为真理在他手里，不在多数人手里；（10）要历史地观察问题；（11）凡是看不懂的文件，禁止拿出来；（12）权要集中，权力集中在常委和书记处，我为正帅，邓小平为副帅；（13）要解放思想；（14）关于批评；（15）集体领导；（16）和各部的联系，特别是和工业部的联系要加强。

毛泽东说：“现在有些同志不多谋，也不善断，是少谋武断。……1月上旬我召集的那个会，陈云讲了，他估计完不成，这种话应该听。那个时候有人说陈云是右倾机会主义，并非马克思主义，而自己认为是十足的马克思主义。其实陈云的话是正确的。还有，前天同胡乔木谈话，他冒出来这么一个消息：去年12月武昌会议公报不是乔木搞吗？陈云向乔木建议，是不是粮、棉、钢、煤四大指标暂时不说，看一看。而乔木也不反映，他有这么个想法：全会都通过了，还要变更，恐怕不是真理吧。这种话武昌那个时候我就不知道，去年12月，今年1月、2月、3月，过了几个月，4月2日乔木同志才告诉我。乔木这个人在这方面是个诚实人，他想起来陈云提过，他挡回去了。大会都通过了，你来变更？这里有个观点不正确。有时大会也可以搞错误，而大会中间的一个人或者两个人是正确的。往往是那样。列宁那个时候，很多时候是这样。我也有许多经验。比如苟坝会议，我先有3票，后头只有1票。我反对打打鼓新场，要到四川绕一圈，全场都反对我。那个时候我不动摇，我说，要么就听我的，我要求你们听我的，接受我的建议。如果你们不听，我服从，没有办法。散会之后，我同恩来讲，我说，不行，危险，他就动摇了，睡了一个晚上，第二天又开会，听了我的了。……在武昌发表1959年粮、棉、钢、煤的数字问题上，正确的就是陈云一个人。1月上旬，也是他正确，不是别个同志正确，别个同志不善谋。所谓善谋，就是跟我们这些人谈一谈，交换交换意见。鉴于这个，在座同志们，你们也要多谋一点，谋于秘书，谋于省市委书记，谋于地委书记、县委书记、公社书记，谋于农民，谋于厂长，谋于车间主任、工段长、小组长，谋于个别的工人，谋于不同意见的同志。这就叫多谋。然后是善断。多谋，各方面的意见集中了，各方面的分析明确了，恰当了，然后才能得到善断。”

毛泽东说：留有余地，成都会议就讲留有余地，后头不留有余地了；我们过去打仗，是三倍、四倍、五倍、六倍以至七倍的兵力来包围敌人，这是留了很大的余地；不打无准备之仗，不打无把握之仗；而现在我们搞工业很多是打没有把握之仗，没有准备之仗；不晓得多谋善断，留有余地，这是个政治问题，这是个马克思主义的方法问题。

毛泽东说：我只是不同意“反冒进”，同意依据形势改变计划。

毛泽东说：要善于观察形势，脑筋不要硬化；形势不对了，就要有点嗅觉，嗅政治形势，嗅经济空气，嗅思想动态。

毛泽东说：要当机立断，不要错过形势；机不可失，时不再来。

毛泽东说：要跟同志们、朋友们、上级和下级的同志们通气；与人通气的时候，反面的话要想一想，那个反面的话很值得注意。

毛泽东说：他们搞工业的人心里想些什么，我们不知道，等到开会的那天还不知道；你先让人家略微知道一点，慢慢浸润，细水长流，不要突如其来，倾盆大雨；我现在要求解除封锁。

毛泽东说：一个人有时胜过多数人，这是因为真理在这个人手里，而不在多数人手里。多数时候是多数人胜过少数人，但是有些时候，个别的人要胜过多数人。

毛泽东说：北戴河会议、武昌会议、北京会议、上海会议这个过程，我们得总结一下；客观事物是在实践中间逐步认识的；我所有讲的这些，批评的这些，包括我自己在内。

毛泽东说：“要善于观察形势，脑筋不要硬化。形势不对了，就要有点嗅觉，嗅政治形势，嗅经济空气，嗅思想动态。北戴河会议以后，我们的计划工作一直被动，自己毫无主动。武昌会议被迫由3000万吨钢搞成2000万吨。北戴河会议决议是大会通过的，通过之后，我看了一下，我也有责任，我没有提出意见，因为我那个时候也在高潮，越多越好，3000万吨。但到武汉，我就改了，我说不行了。我经过河北，经过河南，特别是经过河南郑州会议，形势不对了，我就提出降低1000万吨，只搞2000万吨，或者还少一点。”

毛泽东说：“凡是看不懂的文件禁止拿出来。你写文章干什么？你是要人家懂。

你写古文，许多问题不交代给人家，人家怎么会懂呢？今天交代了，明天又不交代，结果忘记了，不懂心理状态。我是赞成朱自清的风格的。朱自清是清华大学一个教授，他的文章写得好，另一个侧面不好，就是不神气。第一个神气的是鲁迅，他的话是口语。鲁迅的杂感，你看那个《阿Q正传》不是口语？'和尚动得，我动不得？'什么'儿子打老子'之类都是口语。对这个问题，我讲了一万次了，但是许多同志没有改过来。也许从今天起还是改不过来，但是我有生之年，没有见阎王，我就要整这件事。6亿人民，1300万党员，你要给他们阅读，你写古文，你写半文半白结合的文，又不交代问题，又不使人看了通顺，懂得你的意思，不行。所以，凡是看不懂的文件，一定要禁止，不要拿出来。你拿出来，我就要反对，立即顶回去。一望之下，你这个东西不行，就要顶回去。"①

毛泽东说：我为正帅，邓小平为副帅；"一朝权在手，便把令来行"；邓小平，你挂帅了，一朝权在手，便把令来行，你敢不敢呀？

毛泽东说：我想找几位通信员名字叫做秘书，先在三委（计委、经委、建委）二部（冶金部、一机部）找，然后再找几个部；李锐怕鬼，你前怕狼后怕虎，很多顾虑；我批评的这些人，以及没有批评的，都是好同志，我没有偏心；但是要批评，批评的目的是使同志们找到一个较好的工作方法。②

毛泽东再次批评1956年的"反冒进"，认为在群众中公开"反冒进"是不对的，这是泼冷水、泄气。

针对干部不敢讲真话的情况，毛泽东在讲话中要求干部："要有坚持真理的勇气，不要连封建时代的人物都不如，要有像海瑞批评嘉靖皇帝的勇气"，要"舍得一身剐，敢把皇帝拉下马"，为了坚持真理，不怕警告、撤职、降级、开除党籍，不怕离婚、杀头；言者无罪，可以保留自己的意见。海瑞写给皇帝的那封信，那么尖锐，非常不客气；海瑞比包文正公不知道高明多少；"我的缺点，你们也要批评，现在搞成一种形势，不大批评我的缺点，你用旁敲侧击的方法来批评我也好嘛。你看海瑞那么尖锐，他写给皇帝的那封信就很不客气，皇帝看了，几次丢在地下，几次又捡起来看一看，想一想，觉得这个人还是好人。但终归把海瑞关起来，准备杀掉。我们的同志有海瑞那样勇敢？"我把《明史·海瑞传》送给彭德怀看了；同时也劝你（周恩来）看。③

全会还讨论、决定了准备向第二届人大一次会议提出的国家机构领导人员候选人的提名方案。

---

① 《毛泽东传（1949—1976）》，中央文献出版社，2003年12月第1版，第939—941页。

② 《第一次郑州会议至庐山前期纠"左"的努力》，《党的文献》，2013年第2期，第13—14页。

③ 陈诗惠：《党纠正"大跃进"和公社化运动中错误的最初尝试》，《党史研究》，1983年第5期。据时任湖北省委副秘书长、省委书记处办公室主任，兼任毛泽东秘书（至1960年）的梅白回忆，会后毛泽东曾对他说："讲海瑞，我很后悔。可能真正出了海瑞，我又受不了。少奇等是在我身边多年的战友，在我面前都不敢讲话。"

会后，人民解放军总部副主任萧华在军队干部中传达《工作方法十六条》时说明：“我查了一下海瑞批评嘉靖皇帝的故事，大概是这样：明朝嘉靖皇帝有个大臣叫海瑞，他看到嘉靖皇帝20多年不上朝，不关心政事，只顾打猎、游乐，大兴土木，建筑宫殿，荒淫无耻，劳民伤财，搞得民不聊生。海瑞就上表批评嘉靖皇帝这样做要不得。嘉靖皇帝看表后很生气，看不好，不看不好，看着看着就叫左右的大臣看住海瑞，不要让他逃跑了。左右的大臣就说：你不要怕海瑞逃跑，他上这表时，棺材都买好了，已经与他妻子告别了，所有的家人也都打发了，他不会跑，他准备给你杀头的。以后把海瑞送到监狱。过了好几年，有一天，监狱官买来酒菜请海瑞喝，海瑞以为喝了酒就是要杀头了，他就大喝一顿。吃喝完了，监狱官就说：‘恭喜你，嘉靖皇帝驾崩了，你快释放了。’海瑞一听就哭起来，把吃下去的饭菜都吐了出来。海瑞放出来以后，还升了官。……封建社会，还有海瑞这样的人，不怕杀头、敢于批评嘉靖皇帝。我们有些高级干部就是怕丢掉选票，就是没有这种勇气。这个故事很深刻，后人写了海瑞传，叫做‘大红袍’，就是写海瑞的故事。主席把这本书介绍给周总理看，主席说，我们又不打击不报复，为什么不敢大胆批评，不向别人提意见？明明看到不正确的，也不批评不斗争，这是庸俗，不打不相识嘛。只报好事不报坏事，去年的浮夸就是报喜不报忧。下面有严重问题不报上来，报上来的都是好的。如果根据报上来的情况制定方针政策，那就危险的很，就会犯大的错误。”

八届七中全会结束当天下午，毛泽东从上海来到杭州。第二天，刘少奇、周恩来、朱德、陈云、邓小平、谭震林、陈伯达、胡乔木、杨尚昆，还有田家英、吴冷西、李友九，也来到杭州。毛泽东在这里主持讨论、修改政府工作报告稿和《关于人民公社的十三个问题（修正稿）》。4月12日，毛泽东离开杭州，乘专列经济南、天津回到北京。①

1959年4月15日，在第十六次最高国务会议上，毛泽东向党内外民主人士解释国家主席的人选时说：“为什么国家主席候选人是刘少奇同志，而不是朱德同志？朱德同志是很有威望的，刘少奇同志也是很有威望的。为什么是这个，不是那个？因为我们共产党内主持工作，我算一个，但是我是不管日常事务的。有时候管一点，有时候不管。经常管的是谁呢？是少奇同志。我一离开北京，都是他代理我的工作，这已经是多年了。在延安开始就是如此，现在到北京已经又10年了。在延安，比如我到重庆去，代理我的工作就是少奇同志。以他担任主席比较合适。同时，朱德同志极力推荐少奇同志。我说，你们对调一下，把少奇同志过去的工作（委员长）请你做，他很高兴。在上海会议，在七中全会，就决定这样做。宋副委

① 《毛泽东传（1949—1976）》，中央文献出版社，2003年12月第1版，第941—942页。

员长改任国家副主席，还有董必武同志担任副主席，一正两副。”①

八届七中全会刚开过，关于春荒缺粮的报告由周恩来送给毛泽东。报告由国务院秘书厅整理，反映山东、江苏、河南、河北、安徽5个产粮大省的缺粮情况。同时，还有中央救灾委员会办公室关于春荒情况统计表。

4月17日，毛泽东看过这两个材料，立即批示周恩来：“在3日内，用飞机送到15省委第一书记，请他们迅即处理，以救2517万人的暂时（两个月）紧急危机。”

1959年4月18日至29日，中华人民共和国第二届全国人民代表大会第一次会议在北京举行。毛泽东主持会议开幕式。出席会议代表1148名。周恩来总理作《政府工作报告》，李富春副总理作《关于一九五九年国民经济计划草案的报告》，李先念副总理（兼财政部长）作《关于一九五八年国家决算和一九五九年国家预算草案的报告》，彭真副委员长（兼秘书组长）作《中华人民共和国全国人民代表大会常务委员会的工作报告》，商业部长曾山作《第二届全国人民代表大会预算委员会关于一九五八年国家决算和一九五九年国家预算草案的审查报告》。大会就上述报告分别通过决议。大会通过《关于西藏问题的决议》。大会通过关于撤销司法部、监察部的决议。

大会选举刘少奇为中华人民共和国主席，② 宋庆龄、董必武为副主席。

大会选举朱德为第二届全国人民代表大会常务委员会委员长，副委员长为林伯渠、李济深、罗荣桓、沈钧儒、郭沫若、黄炎培、彭真、李维汉、陈叔通、达赖喇嘛·丹增嘉措、赛福鼎·艾则孜、程潜、班禅额尔德尼·确吉坚赞、何香凝、刘伯承、林枫。

最高人民法院院长谢觉哉，最高人民检察院院长张鼎丞。

国务院总理周恩来，副总理为陈云、林彪、彭德怀、邓小平、邓子恢、贺龙、陈毅、乌兰夫、李富春、李先念、聂荣臻、薄一波、谭震林、陆定一、罗瑞卿、习仲勋。国务院秘书长习仲勋、内务部部长钱瑛、外交部部长陈毅、国防部部长彭德怀、公安部部长罗瑞卿、国家基本建设委员会主任陈云、国家计划委员会主任李富春、国家经济委员会主任薄一波、科学技术委员会主任聂荣臻、财政部部长李先念、粮食部部长沙千里、商业部部长程子华、对外贸易部部长叶季壮、水产部部长许德珩、冶金工业部部长王鹤寿、化学工业部部长彭涛、第一机械工业部部长赵尔

① 《毛泽东传（1949—1976）》，中央文献出版社，2003年12月第1版，第942—943页。

② 《党的文献》，2011年第2期，马云飞《“中共第一代领导集体中的刘少奇”二题》载：“在我国的领导体制中，国家主席只是名誉职务，并没有实际权力。事实上，在最初考虑国家主席人选时，除刘少奇外，还考虑过朱德、董必武等。由于朱德力辞，同时考虑到年龄、党内分工等原因，并由毛泽东出面在最高国务会议上加以解释，刘少奇才得以当选。”

陆、第二机械工业部部长宋任穷、煤炭工业部部长张霖之、石油工业部部长余秋里、地质部部长李四光、建筑工程部部长刘秀峰、纺织工业部部长蒋光鼐、轻工业部部长李烛尘、铁道部部长滕代远、交通部部长王首道、邮电部部长朱学范、农业部部长廖鲁言、农垦部部长王震、林业部部长刘文辉、水利电力部部长傅作义、劳动部部长马文瑞、文化部部长沈雁冰、教育部部长杨秀峰、卫生部部长李德全、体育运动委员会主任贺龙、民族事务委员会主任乌兰夫、华侨事务委员会主任廖承志、对外文化联络委员会主任张奚若。

中共八届七中全会上，湖北省委第一书记王任重等曾提出，利用二届人大召开的机会，公开修改八届六中全会以来宣布的指标，但未被多数人所同意。同时，王任重等也提不出适当的指标修改方案，因而七中全会上通过的国民经济计划草案，仍是六中全会提出的四大指标的框框，只是对内提出的“要好钢1650万吨”。在二届人大会议上，仍宣布为原定的1800万吨。1959年春，农村的生产实际情形很不好，据中国科学院经济研究所派往河北省昌黎县的工作组副组长王绍飞4月写一个材料中反映说：由于1958年的分配，群众对1959年的分配也产生了怀疑，因而在生产上产生了消极情绪，出勤率虽高，但劳动效率很低；群众认为累死也达不到指标要求，不干也少不了360斤的定量供应；干部说，你敢吹我也敢吹，法不责众，省得被批判右倾保守。王绍飞指出：“现在看来，指标脱离实际太远，比没有指标要坏得多……严重的问题是生产计划虚假和粮食问题，基层干部不敢向上反映。”

七中全会后，农村中的这些严重情况系统地反映到中共中央和毛泽东那里，引起了毛泽东的高度重视。4月29日，毛泽东写了第五封“党内通信”给省、地、县、社、小队干部。

全文如下：

省级、地级、县级、社级、队级、小队级的同志们：

我想和同志们商量几个问题，都是关于农业的。

第一个问题，包产问题。南方正在插秧，北方也在春耕。包产一定要落实。根本不要管上级规定的那一套指标。不管这些，只管现实可能性。例如，去年亩产实际只有300斤的，今年能增产100斤、200斤，也就很好了。吹上800斤、1000斤、1200斤，甚至更多，吹牛而已，实在办不到，有何益处呢？又例如，去年亩产500斤的，今年增加200斤、300斤，也就算成绩很大了。再增上去，就一般说，不可能的。

第二个问题，密植问题。不可太稀，不可太密。许多青年干部和某些上级机关缺少经验，一个劲儿要密。有些人竟说愈密愈好。不对。老农怀疑，中年人也有怀疑的。这三种人开一个会，得出一个适当密度，那就好了。既然要包产，密植问题就得由生产队、生产小队商量决定。上面死硬的密植命令，不但无用，而且害人不浅。因此，根本不要下这种死硬的命令。省委可以规定一个密植幅度，不当作命令下达，只给下面参考。此外，上面要精心研究到底密植程度以何为好，积累经验，根据因气候不同，因地点不同，因土、肥、水、种等条件不同，因各种作物的情况不同，因田间管理水平高低不同，做出一个比较科学的密植程度的规定，几年之内达到一个实际可行的标准，那就好了。

第三个问题，节约粮食问题。要十分抓紧，按人定量，忙时多吃，闲时少吃，忙时吃干，闲时半干半稀，杂以番薯、青菜、萝卜、瓜豆、芋头之类。此事一定要十分抓紧。每年一定要把收割、保管、吃用三件事（收、管、吃）抓得很紧很紧，而且要抓得及时。机不可失，时不再来。一定要有储备粮，年年储一点，逐年增多。经过十年八年奋斗，粮食问题可能解决。在 10 年内，一切大话、高调，切不可讲，讲就是十分危险的。须知我国是一个有六亿五千万人口的大国，吃饭是第一件大事。

第四个问题，播种面积要多的问题。少种、高产、多收的计划，是一个远景计划，是可能的，但在 10 年内不能全部实行，也不能大部实行。10 年以内，只能看情况逐步实行。3 年以内，大部不可行。3 年以内，要力争多种。目前几年的方针是：广种薄收与少种多收（高额丰产田）同时实行。

第五个问题，机械化问题。农业的根本出路在于机械化，要有 10 年时间。4 年以内小解决，7 年以内中解决，10 年以内大解决。今年、明年、后年、大后年这 4 年内，主要依靠改良农具、半机械化农具。每省每地每县都要设一个农具研究所，集中一批科学技术人员和农村有经验的铁匠木匠，搜集全省、全地、全县各种比较进步的农具，加以比较，加以试验，加以改进，试制新式农具。试制成功，在田里实验，确实有效，然后才能成批制造，加以推广。提到机械化，用机械制造化学肥料这件事，必须包括在内。逐年增加化学肥料，是一件十分重要的事。

第六个问题，讲真话问题。包产能包多少，就讲能包多少，不讲经过努力实在做不到而又勉强讲做得到的假话。收获多少，就讲多少，不可以讲不合实际情况的假话。对各项增产措施，对实行八字宪法，每项都不可讲假话。老实人，敢讲真话的人，归根到底，于人民事业有利，于自己也不吃亏。爱讲假话的人，一害人民，二害自己，总是吃亏。应当说，有许多假话是上面压出来的。上面“一吹二压三许愿”，使下面很难办。因此，干劲一定要有，假话一定不可讲。

以上六件事，请同志们研究，可以提出不同意见，以求得真理为目的。我们办农业工业的经验还很不足。一年一年积累经验，再过十年，客观必然性可能逐步被我们认识，在某种程度上，我们就有自由了。什么叫自由？自由是必然的认识。

同现在流行的一些高调比较起来，我在这里唱的是低调，意在真正调动积极性，达到增产的目的。如果事实不是我讲的那样低，而达到了较高的目的，我变为保守主义者，那就谢天谢地，不胜光荣之至。①

5月2日，毛泽东批发了王绍飞的情况报告，指出："河北省昌黎县的情况和他们所提出来的意见，是有普遍性的，各地各级党委都应该注意解决，越快越好。"

中央发觉1959年的夏季农作物播种面积比1958年减少了1.1亿亩（减少了20%），且有30%左右的春播土地缺乏底肥。

根据毛泽东的指示，中共中央于5月7日发出《关于分配私人自留地以利发展猪鸡鹅鸭问题》的文件：必须采取集体养猪和家庭私养并重的方针，要给社员一定数量的自留地。②

6月11日，毛泽东同邓子恢、李先念、廖鲁言等研究后，由廖鲁言、邓子恢起草一份指示，"建议各县用人民委员会的名义出一张布告，把下面四件事向群众公布。第一，允许社员私人喂养家禽家畜。第二，恢复自留地制度。第三，鼓励社员利用零星空闲时间把零星闲散土地充分利用起来，收获由个人自由支配。第四，屋前屋后的零星树木（包括竹木果树）仍然归还社员私有，并且奖励社员利用屋前屋后和其他废弃土地种竹木水果，谁种谁有"。③

1959年上半年，整个国民经济上的严重问题日益暴露出来：农作物收购情况不好。4月底，全国油脂库存降到9.9亿斤，比上年同期减少了2.6万斤；至6月底，国库周转粮库存不足340亿斤，比1958年6月底减少了26亿斤（比历史上最好的1956年6月底减少了87亿斤）。副食品和其他生活日用品供应紧张，市场上鱼、肉、蛋脱销，许多工业商品缺货，偶尔到货，排队成龙。5月26日，中共中央通知各地，食用植物油四处告急，国家无法面面兼顾，今后4个月基本停止农村供应。

由于以钢为纲的高指标，不仅造成工农业生产比例失调，也使得工业内部比例严重失调：数量上升，质量下降；总产值上升，商品产值下降；产品不配套而积压，原材料缺乏，动力不足，互相争挤，设备维修差，损坏严重，事故增多。尽管1959年一开始就狠抓"为1800万吨钢而奋斗"，强调"1800万吨钢是一条纲"，钢铁生产虽然尽了最大努力，上半年亦仅产了530万吨，距半年909万吨的产量计划差距很大。

货币发行和流通量过大，通货膨胀。1958年样样"大办"，扩大了预算内和计划外的基本建设投资，支出了很大一笔钱；1958年新增职工达2082万人，1959年1至4月工资总额比上年同期多开支29.8亿元；商业中预付货款和赊销商品扩大了社会购买力，也过多地消耗了储备物资；国家财政陆续发放了对1958年群众炼铁亏损部分补助款23亿元，也成为社会购买力增加的一个重大因素。到1959年5

① 《毛泽东文集》第八卷，人民出版社，1999年6月第1版，第48—50页。

② 《第一次郑州会议至庐山前期纠"左"的努力》，《党的文献》，2013年第2期，第14页。

③ 《第一次郑州会议至庐山前期纠"左"的努力》，《党的文献》，2013年第2期，第14页。

月，社会购买力已超过商品供应量达50亿元。

中共八届七中全会后，陈云受毛泽东和中央书记处的委托，进行经济计划指标的调查研究。4月，陈云给中央财经小组成员写信，提出了缓和市场紧张状况和编制1960年计划方法的意见。

5月11日，陈云在中央政治局会议上发言，提出了将当年钢产量指标由1800万吨降到1300万吨的意见。

5月15日，陈云给毛泽东写信："说把生产数字定得少一点（实际上是可靠数字），会泄气，我看不见得。正如少奇同志在政治局讲的，定高了，做不到，反而会泄气。"

6月1日，中共中央在《关于大力紧缩社会购买力和在群众中解释当前经济情况的紧急指示》中指出："1959年1月以来的工农业生产情况，基本上不是良好的。"

6月13日，毛泽东在中南海颐年堂主持召开中央政治局会议，研究工农业生产和市场问题。周恩来、李富春、李先念、廖鲁言等在会上汇报有关情况。会议同意陈云提出的意见，决定降低指标，批准国家计委《关于一九五九年主要物资分配和基本建设调整方案》的报告，发出《关于调整一九五九年主要物资分配和基本建设计划的紧急指示》。与4月二届人大一次会议通过的计划相比，工业产值由1650亿元降为1450亿元；钢由1800万吨降为1300万吨；煤由3.8亿吨降为3.4亿吨。其他各项均有相应的降低。

毛泽东在会上说："本来是一件好事，因为一些指标那么一高，每天处于被动。工业指标，农业指标，有一部分主观主义，对客观必然性认识不足。……工业也好，农业也好，指标我们都是同意了的。比如去年12月武昌会议的2000万吨钢。到了今年1月，有些同志以陈云同志为代表，提出2000万吨钢难于完成。可是那个时候还难于改变。因为还是1月，人们还想大干一番。那个时候可以转一下，转得比较主动些。但是要转成上海会议的1650万吨的指标不可能，转成现在的1300万吨也不可能。世界上的人，自己不碰钉子，没有经验，总是不转弯。……今年根本不要理那个10500亿斤[①]，就是按照去年的实际产量，只增一成、二成、三成。听说包产的结果是6000亿斤，但是我看，我们过日子还是放在4800亿斤。……那么高的指标，吹了，不要了。我们自己立一个菩萨，就在那里迷信这个菩萨。要破除迷信。什么2000万吨钢，多少万担棉花，根本不理。一个时候，我们自己头脑发昏。……明年的工业指标切记不可高，我看大体就是今年的指标，低一点也可以。……许多问题是料不到的。谁知道吹'共产风'？根本不管价值法则、等价交换，一办公社，'共产风'就吹出来了，没有料到。现在落实到1300万吨钢，我也

① 指八届六中全会定的粮食产量。

没有料到。许多事情是料不到的。粮食那么紧张，去年大丰收，今年大紧张，也没有料到。要随时注意新问题，发现新问题。虽然出了这么多乱子，但是最大的成绩是自从去年北戴河会议以来，各级党委搞经济了。……过去就是片面性，只注意高炉、平炉的生产设备能力，煤的能力，焦炭的账不算，矿石的账不算，容积不算，运输也不算。真正一算，从前那么高的指标就不行。真正一算，是1300万吨钢、2000万吨铁。……不晓得讲了多少年的有计划按比例发展，就是不注意，不是综合平衡。各个工业部门的联系，工业部门跟农业部门的联系，重、轻、农的联系，就没有顾到。……今年还可以抓7个月，这7个月就要平衡。……我到井冈山，头一仗就是打败仗。这是一个好经验，吃了亏嘛。”

毛泽东说：农业以后不要公布产量了；1956年的错误就是不应该公开反“冒进”，至于把1957年的指标降低，完全正确，不降低不好；1957年不降低，1958年不可能跃进，因为没有物质基础；要存一点力量，人也缓和一点，不要那样人为的紧张，每天那样紧张，每天完不成任务。①

毛泽东表示：过去的大跃进，使全党注意抓工业，这是极大的收获，出现了一些问题，知道了缺点，这就是有成绩；现在农村中要解决的问题是食堂如何办，想摸一下，准备最近出去，中央会议6月不开了。②

毛泽东指出：公共食堂有三分之一或者四分之一、五分之一的人吃即可；对吃饭不要钱要有分析，不要钱的对象只是老、弱、五保户，其他的人吃饭还是要钱，粮食要分给本人，是否吃食堂要自愿。③

七、彭德怀的思索

中共中央政治局委员、国务院副总理兼国防部长彭德怀曾是三面红旗的热情支持者，在北戴河会议结束以后的3个多月里，他和中央其他领导人一样，怀着极其兴奋的心情，深入部队、深入农村，围绕着中央的重大决策进行考察和研究。

北戴河会议闭幕的第二天，彭德怀乘飞机到达哈尔滨，对军事工程学院、东北驻军和军事工业的考察。军事工程学院是直属解放军总部领导的培养高级军事技术人才的最高学府。学校的规模和设备当时在亚洲是数一数二的，这所学院的工作人员对“大跃进”运动的态度，在全军科学技术人员中具有一定的代表性。彭德怀深入每一个教学系，甚至每一个专业教学组去听取教授们的直接汇报。在视察途中，

---

① 《第一次郑州会议至庐山前期纠“左”的努力》，《党的文献》，2013年第2期，第14页。

② 《毛泽东传（1949—1976）》，中央文献出版社，2003年12月第1版，第948—950页。

③ 当代中国研究所：《〈中华人民共和国史稿〉第二卷（1956—1966）》，人民出版社、当代中国出版社，2012年9月第1版，第106页。

彭德怀看到了波澜壮阔的群众炼钢场面——在东北辽阔的原野上，群众炼钢的小土高炉白天烟雾缭绕，夜间火光冲天；村镇街头布满了庆祝人民公社成立的标语，张贴着工人农民抒发豪情壮志的诗歌。

彭德怀在东北地区许多场合的讲话，都充满着动员群众进一步大鼓干劲的情绪。在给中央军委和中央的报告中，他以非常兴奋的语气写道："两三个月来，学院在打倒奴隶思想，埋葬教条主义的号召下，基本上树立了'以我为主'和大胆创造的思想，……现在已经设计出不少新式武器和战斗器材，有些是达到了或者超过了国际先进水平。……学院办了一个规模较大的实习工厂，组织全院工作人员去轮流参加劳动。这个工厂已经试制成功'松花江 8 号'拖拉机（28 匹马力，可以烧煤，也可以烧谷糠，每台 6000 元），质量很好，很受当地农民的欢迎。如材料充足，今年内可以完成 700 台的生产任务，明年可以生产 4500 台。"

彭德怀从东北回到北京，住了不到一个月，又开始了赴内蒙古和西北地区进行考察。他首先乘飞机经过呼和浩特到青海，处理青海地区藏族少数反动头人和暗藏的反革命分子相勾结，企图阻止民主改革煽动群众叛乱的问题，随后便转赴甘肃、陕西去考察地方上的生产情况和军队中的思想状况。

1958 年 10 月 23 日，彭德怀到达甘肃敦煌，他第一次了解到农村人民公社初期的一些情形。沿途看到许多棉花掉在路上，他对县委同志说："你看这些棉花多可惜，应当派人捡回来。丰产了，也要丰收才行!"县委副书记刘孟晋告诉他，这里是全县组成的一个人民公社，8 万人口，分 8 个大队。9 月 2 日试办人民公社，11 日正式成立。试办中群众写了 7 万多张大字报，贫农最积极，要求割掉资本主义的尾巴，把所有的生产资料都交归公社，不要任何代价；中农有些是被迫的、很勉强；富农的生产资料不肯全部交出来，有的把猪、羊藏起来，有的把毛驴杀掉。

听到这里，彭德怀担心地说："你们一县一社，不一定是方向，公社并非越大越好，主要是看对于发展生产有利没利，超越现实条件就不能算是先进了。在由高级社合并成公社当中，要注意到避免发生破坏生产资料的现象就好了。"

针对敦煌县在劳动分配上推行的 20 个包干，彭德怀说："包不了就不要勉强，超越了客观现实就要碰壁，就会犯错误，就会遭到失败。共产主义社会，人民要有高度的觉悟，物质要极大的丰富，没有这个基础是不行的。"

彭德怀在刘孟晋的陪同下，参观了郊外的杨家桥大队。他参观了社办缝纫厂、食堂，又到田里和社员一起参加了劳动。彭德怀在参观杨家桥一队的公共食堂时，看到全队男女老少排队挤着打饭的情景，问刘孟晋：这样多的人在一起吃饭你看好不好？共产主义决不是吃大锅饭、睡大炕？在伙房的地上，彭德怀看到一堆拣剩的菜叶，其中许多好菜叶被扔了。彭德怀十分惋惜地说："菜叶也不要浪费，吃不掉可以拣下晒干，储备起来。"

24 日，彭德怀乘车去莫高窟参观。一路上，他看到村边有许多简单粗糙的土炉子，问刘孟晋："这是不是群众炼铁的高炉？"刘孟晋："是的。""炼得出铁？"

“炼出的也是烧结铁。”彭德怀叹口气说：“这样的炉子怎么能炼铁呢！能办到的事就办，办不到的事就不要硬办。”

彭德怀到了兰州，省委的领导陪他去参观了一个近郊区的雁滩公社。这个公社的生活条件显然比较好，在组织和管理上也比较有秩序，使他消除了不少疑虑。特别是在参观以后省委负责干部的谈话，给他增添了欢乐的情绪。他们告诉他，全省当年的粮食特大丰牧，每人平均可达 1500 斤。洮河引水工程正在铺开，竣工之后，大片黄土高原可以不靠天吃饭。这些美好的情景都是 10 年前他在这里时不敢想象的。

谈话中，彭德怀向大家叙述了一段往事：解放兰州之前，他在城市外围察看地形，走进一户人家，只见男女老少赤身蜷缩在一个炕上，据说全家只有一条裤子，谁出去谁穿。①

随后，彭德怀又转赴西安视察了军队后方机关，赴延安考察了群众生活。

下面部队给彭德怀写信，提出军队也应改为公社，许多干部对此认识不清。对此，彭德怀指出：由于社会分工的不同，军队是一个担负战斗任务的军事组织，不能把军队本身的组织形式改变为公社的组织形式。军队干部中对于军队是否改行供给制也出现了不同的意见，还有几名团政治委员写信要求军队立即实行供给制。彭德怀明确答复：“要军队带头改行供给制的想法，是不现实的。我们现时的分配原则，还只能是‘各尽所能，按劳取酬’的社会主义分配原则。”

彭德怀针对军队里许多单位无条件大炼钢铁的做法，明确指出，军队参加国家经济建设，脱离本身业务太远的做法也是不好的，如军医学校办炼钢厂，就不如办制药厂或医疗器械厂。

1958 年 12 月，在武昌召开中共八届六中全会上，讨论粮食数字时，彭德怀参加西北地区小组会，他说：粮食没有那样多；……公布的数字少一些，将来追加数字比较主动，公布的数字多了，将来被动。会议考虑了他的意见。彭德怀当时表示同意，但心里对此仍然有所怀疑。会后，他便回到家乡深入调查，弄清究竟。他从武昌先到长沙，12 月 16 日由湖南省委第一书记周小舟陪同回到故乡湘潭县卫国（乌石）公社（这是彭德怀离家 32 年来第一次回去）。周小舟，原名周怀求，湖南湘潭县人，1912 年生。1927 年加入中国共产主义青年团，“九一八”事变后，积极参加学生运动，1935 年毕业于北京师范大学国文系，同年加入中国共产党，曾是北平民族武装自卫会负责人之一，参与北平学生运动的领导工作。1936 年秋，他去延安向中共中央和毛泽东汇报与国民党的南京谈判始末，毛泽东发现他是个人才，便将他留下，任毛泽东的秘书。1938 年到冀中等游击根据地工作。北平解放后，历任中共中央北京市委常委、宣传部长、中共中央华北局宣传部副部长、湖南

---

① 王焰：《庐山会议与彭德怀》，《中共党史资料》，第 28 期，中共党史资料出版社，1988 年 12 月版。

省委第一书记兼湖南军区政治委员。在中共八届二中全会上当选为候补中央委员。

从长沙到卫国公社还没有通公路，他们绕道黄荆坪。路上，周小舟和彭德怀同车，沿途边看边谈。周小舟告诉彭德怀：前些年，湖南省委开过一次常委会，会上大家都不同意把当年的粮食产量估计的那么多，把次年的指标定的那么高。因此近几个月来湖南老挨批评。但事后证明这里的粮食倒比其他一些“红旗”省要富裕些。周小舟还说：湖南全省共办起了5000多个小土高炉，生了火的不到一半，出铁的就更少；农村的公共食堂，没有给农民带来什么方便，反而造成很多人力、物力的浪费。周小舟认为，人民公社的供给制，穷的时候不能搞，富裕的时候也不能搞。为了更利于听到群众的真实反映，彭德怀没有住招待所，而是住进了彭家围子的旧居。通往他家乡附近的是临时修起的简易公路，他家还是几间旧茅草房，周围群众的住房也比较破旧，几十年来变化不大。彭德怀面对满屋子的乡亲，向大家宣讲了武昌会议精神，要求大家讲真话。

在公社和大队干部的调查会上，彭德怀详细询问了群众的生活状况和生产情绪。当有的干部谈到今年粮食大丰收，附近吴公塘生产队亩产千斤时，彭德怀立即同干部们徒步来到数里以外的吴公塘田边，打着手电筒，蹲下身子扯起禾茬，数着稻秆，计算着每兜稻茬有多少稻穗，估计着产量。他向干部们说：我最近看过不少地方，有的讲每亩几千斤、上万斤，吹的厉害，老实说，我是有怀疑的。

彭德怀到乌石学校，看了教室和宿舍，尝了学生吃的饭：盐水煮青菜，没有一点油味。他向周小舟说：学生口粮太少，这样下去会把孩子们的身体搞坏的。

在赵家弄子大队，彭德怀参观了幼儿园，感到设备过分简陋，缺乏各种生活必需的用品，遂捐款200元。

彭德怀到安塘大队敬老院看望了老年人，在同这些童年时代伙伴们的交谈中，得知他们每餐只有二三两米（旧制16两为1斤），数九寒天还睡着光光的蓖席，被子破烂不堪，他忍不住说：“这叫什么幸福院！”他捐款200元，让为老人们购置一点铺的东西。

在听干部们讲了炼铁厂炼出了640多吨铁后，彭德怀便又去看了公社的炼铁厂（小土高炉）。参观时，有些人放鞭炮并高呼“热烈欢迎彭总回乡视察”，彭德怀严厉地批评说：“我是这里生长的人，自己家里人回来了，放什么鞭炮，鼓什么掌。”参观后，他说：这样炼铁需要花十几倍、几十倍的成本，看来不是好办法，为了炼那么一点铁，集中了社、队全部的壮劳力，丢开了农业生产，让稻谷烂在了地里；为了解决燃料问题，拆毁了社员的许多房子，砍伐了大片山林，树木参天、油茶满山的乌石峰因大炼钢铁和大办公共食堂被砍伐的几乎成了秃山；为了搜集原料，还打碎了社员的铁锅等用具，实在是不合算。

使彭德怀感触更深的是乡亲们向他反映的农村干部对群众的态度问题：大跃进和公社化运动以来，由于上边给的任务又重又急，基层干部的领导作风越来越坏，打人骂人，训斥体罚，强迫命令，不讲民主等现象甚为普遍。

为此，在他离开彭家围子时，殷切地叮嘱干部们，今后再也不准瞎指挥、不准搞浮夸、不准说假话、不准强迫命令、不准打人骂人、不准罚口粮、不准拆毁社员房屋、不准砍伐山林。离开乌石，彭德怀和周小舟来到了毛泽东的家乡韶山。

随后，彭德怀又来到他30年前举行起义的地方——平江县。在参观县工农业生产展览馆时，彭德怀吃惊地发现，其中两个数字竟然是颠倒着公布的：即把1957年粮食高产数字，公布为1958年的产量；而把1958年较低的数字公布为1957年的产量。他感叹说：如此造假，真令人可怕！

在平江，有一位红军时期的老战士，暗中送给他一张纸条，上面写着："谷撒地，黍叶枯，青壮炼钢去，收禾童与姑。来年日子怎么过，请为人民鼓咙胡！"此诗是演化而来的，据《后汉书》载："桓帝之初，天下童谣曰'小麦青青大麦枯，谁当获者妇与姑，……请为诸君鼓咙胡'"。"鼓咙胡"，意为不敢大声说，在私下里小声讲。

在株洲，彭德怀碰着了薄一波，他们谈到粮食产量时，彭德怀说："实产粮食数字可能没有估计的那样多，今年征1200亿斤粮食是很勉强的，如果征了过头粮，不仅将来返运困难，而且会影响农民生产情绪。估计征购900亿斤为宜。"薄一波说："可以给中央发个电报。"当天，彭德怀即向中央发电，向中央说明不能征1200亿斤，最多只应征购900亿斤。

彭德怀经南昌、合肥回到北京。

自北戴河会议后，彭德怀共到过黑龙江、吉林、辽宁、内蒙古、青海、甘肃、陕西、河北、湖北、湖南、江西、安徽12个省（自治区），历时3个半月。

彭德怀回到北京以后，给乌石大队的干部写了一封长信："回到北京住地，数星期以后，才发现你们送我一瓷坛蜂蜜。这是乌石生产大队全体人民的劳动果实。我对中国人民和邻友们无多贡献，吾心为之不安，深感惭愧。拟将原物奉还，又不便投寄，约折款30元，请予查收，交大队投入副业生产。……搞好生产，增加收入，是领导和群众的共同要求。既然领导与群众愿望一致，就应当坚持领导与群众相结合的工作方法。例如长远计划与年度的具体工作安排，必须以实事求是的精神去拟制。拟制以后又必须同群众反复研究、反复商量，取得大多数群众的支持和拥护。对于不同意的部分群众，还需要耐心地不断地进行教育。长远计划也好，年度工作安排也好，如果不认真地安排即使是正确的，也难以完成各项任务。何况少数负责同志缺乏与群众商量的精神，得不到群众的热情支持，工作任务当然要遭到挫败。"

在第二次郑州会议和上海会议期间，彭德怀由于忙于处理西藏反动集团叛乱的军事行动，虽然没有作系统的发言，但所有的小组会议讨论，他都参加了。对于大跃进和人民公社运动中的许多问题同别人进行过交谈，还同有些同志有过争论。

在上海开会期间，彭德怀带着平叛的敌情通报、电报等白天开会，夜晚处理平叛事情。会上，彭德怀将自己在各大军区和10省、自治区的所见所闻提请大会注意。他说："大家不要以为我的话说重了，过火了，'大跃进'的政策从根本上来讲是不是错了呢？我看是错了?！错的东西光在会上说说不行，如不采取措施改正过来，其后果不光是影响到军队无法落实战备训练，更严重的影响到国家的命运和前途。到那时候，恐怕人民就不会相信你共产主义了！"

毛泽东说："一些同志所说的问题，我看仅仅是枝节问题，仅仅是底下同志贯彻不力的问题。德怀同志，你总是管军队的吗，不应该干涉那么多。干涉太多，别的同志怎么看？怎么干嘛？工农业、经济上的问题，也不能像你们说的那样去解决。过去有个'杞人忧天倾'，我看，现在你是要来个'武忧天倾'啦！"

彭德怀申辩说："主席，我并没有别的意思！我是真心实意为了你和我们这个党的威望我才这样讲，我应该讲！"

毛泽东微微笑了笑说："晓得晓得，你是历来如此。"

在此次会议间的一次会面中，周恩来对彭德怀说："彭总呀，找你真不容易。你太忙了，忙得叫大家找不到你，都找到我这儿来了，我快要成了总理兼国防部长了。"

周恩来意味深长地对彭德怀说："彭总，我们都是从战争年代走过来的人了，如今是进行社会主义建设时期，我们的工作方法、思想方法都要随之转变过来。主席不是多次讲过，要树立党的威信和对待两种崇拜观点的问题吗？一种是正确的，如对马克思、恩格斯、列宁、斯大林正确的东西必须崇拜，一个班必须崇拜班长，不崇拜不得了；一种是不正确的，不加分析，盲目服从。"

在上海开会期间，彭德怀和陈云同住在瑞金2路5号，交谈过不少问题，而且对许多问题的看法比较一致。在修改和调整去年的钢铁生产指标中，毛泽东在会上多次称赞陈云这方面的正确意见，说有时候真理是在一个人手里，会后即委托陈云领导中央财经小组研究落实钢铁生产指标的问题。彭德怀对陈云坚持实事求是、不随声附和而又勇于直言的精神，一直都是很钦佩的。

在上海会议上，毛泽东号召大家敢于提出不同意见，学习海瑞批评皇帝的勇气，引起彭德怀的极大重视。毛泽东说：明朝皇帝搞廷杖，甚至当众把人打死，还是有臣下敢进言，无非是五不怕：不怕撤职、不怕开除党籍、不怕离婚、不怕坐牢、不怕杀头！海瑞尽管对皇帝攻击的很厉害，他对皇帝还是忠心耿耿的。会后，彭德怀返回北京，批阅文件之余，便仔细阅读《明史·海瑞传》。

1959年4月24日至6月13日，彭德怀率中国军事代表团出访苏联和东欧的波兰、德意志民主共和国、捷克斯洛伐克、匈牙利、罗马尼亚、保加利亚、阿尔巴尼亚、蒙古9国。在访问中，彭德怀同各国领导人谈得最多的事情是西藏的叛乱，对于"大跃进"、"人民公社"等则很少提及。在访问匈牙利时，他直接听了1956年匈牙利的情形，使他感触很深。当军事代表团一离开匈牙利到达罗马尼亚，彭德怀专门打电话给黄克诚，询问国内的经济情况。

在华沙，彭德怀和奉派出席华沙条约缔结国和中华人民共和国外交部长会议的中共中央政治局候补委员、外交部副部长张闻天相遇。张闻天也曾经热情地拥护过三面红旗。1958 年 9、10 月间，他来到工作近 5 年的东北地区调查，发现花费大量的人力、物力炼出来的铁质量很差，当即他毫不掩饰地对地方同志说，这是得不偿失，并在毛泽东主持召开的一系列纠“左”会议上坦率地讲了自己的看法。1959 年 2 月 28 日，他偕夫人刘英离京去越南视察驻越南大使馆的工作。3 月 7 日回国后就在广西的南宁、桂林和广东的湛江、海南岛、广州考察了 20 天，他发现物产丰富的海南宝岛，有的地方竟饿死人，而干部却不敢说，报纸上登的很多东西是浮夸的。4 月在八届七中全会上，他特别就党内民主问题作了发言。

八、“神仙会”

1959 年 4 月，上海会议上，王任重、陶鲁笳主张利用召开二届人大会议之机，修改指标。有人反对说：“指标都是算账派给算低了，……不要算账派。”贾拓夫认为：“危险的不在算账派，而是当家的不算账。……当权派不算账危险很大。”

5 月 26 日，一机部部长赵尔陆在给中央的报告中提出：“当前国民经济出现的一些脱节、失调现象，看来主因还是计划指标高了。从工业方面讲，首先是钢铁指标定的高了，钢铁指标一高，各方面都跟着高上去，基建盘子要的也就大了，设备数量要的也就多了，于是要原料、材料也随着多了，运输能力也就显得不够了，等等。各方面的要求，分开看，似乎都可能解决，加起来，就超过了客观可能性。原因之一，是计划的制定缺乏细致的科学的综合平衡过程。”

6 月 6 日，上海市委向中央报告说，相当一部分干部和群众思想对去年的大跃进，对公社化运动表示怀疑，这种情绪也反映到党内来，4 月份一个工厂的党委书记说：“杀了头也不相信去年农业生产大跃进。”

6 月 9 日，东北协作委员会办公厅综合组长李云仲写信给毛泽东，反映了“大跃进”中出现的大量问题：“我们在工作中犯有‘左倾’冒险主义的错误，……在一个比较短的时间内，‘左倾’冒险主义思潮形成一个主流。……全民大搞土法炼钢的运动，这是一条失败的经验。……去年人民公社运动，在生产关系变革方面——所有制的问题，可能是跑得太快了。……最危险的是那种会引起阶级关系尖锐化的比例关系失调。因为这会造成全面紧张，工农业的比例关系，还有消费和积累的比例关系就是属于这一种。”

6 月 15 日，薄一波在北京军区作报告时，也谈了经济比例失调的观点。

6 月 17 日，国家计委副主任贾拓夫在一次会议上说：“社会主义，恩格斯讲从空想到科学，我们一年来是从科学到空想。”

天津市的一些干部认为大炼钢铁是得不偿失。

江西省委党校的干部、学员也有反映。

广州军区反映说：有3%到5%的干部对人民公社不满意。

但客观形势的发展是错综复杂的。在我们党着手纠正错误的时候，帝国主义和中外反动派趁机发出反华反共叫嚣，诬蔑我们的党，攻击我国的社会主义制度。赫鲁晓夫也说三道四，公开发表干涉我国内政的谈话。

毛泽东认为，人民公社的问题，经过第二次郑州会议后，已基本解决；对计划指标的调整，到6月份已经有了眉目。当5、6月份出现大中城市副食品和生活供应紧张局面，毛泽东感到很不理解，曾要李先念向大中城市党委第一书记传达他的话，工人阶级拿到了政权，为什么搞不到肉吃，没有鸡吃，搞不到蛋吃？我就不相信。经过周恩来、李先念以及各部门采取应急措施，物资供应紧张的情况有所缓和。

在“大跃进”中和人民公社化运动中报刊宣传对浮夸风起了推波助澜的作用，在全国产生了重大影响，纠“左”势必也要总结这方面的教训。根据毛泽东的提议，刘少奇于1959年6月20日下午在中南海主持召开中央政治局会议，专门讨论报刊宣传问题。

会议结束后，毛泽东在住处听取了彭真、胡乔木、吴冷西关于会议情况的汇报。毛泽东说：我们不能务虚名而得实祸，现在宣传上要转，非转不可。[①]

1959年6月20日晚上8时半，毛泽东听完汇报。次日零时30分，乘专列离京南下，下午到达郑州。毛泽东打电话给北京，提议在庐山召开省市委书记座谈会，征求政治局常委们的意见。当晚，刘少奇召开会议，同意这个提议。

6月22日，毛泽东同河南省委第一书记吴芝圃和书记处书记史向生、赵文甫、杨蔚屏、戴苏理谈话。

毛泽东说：有一些所谓观潮派，其实不是观潮派，他们是老实人。那些人比我们厉害，他们说：“这样吃不行！”这个教训大啦，有公社教训，粮食教训，农业教训，工业教训。公社教训就是群众路线的问题，脱离群众，刮“共产风”；哪一件事情触怒了群众呢？就是刮“共产风”；刮过来容易，刮回去就难，河北省下了一个命令，三天之内大车一定退回，不然撤职，说倒是说通了，就是不退；说要撤职，几天工夫统统下放了；你们要用群众路线的办法，不要用不退就撤职的办法；工业就是一个综合平衡问题，不能搞了这样，丢了那样。比如，搞钢就要铁，搞铁就要焦炭，焦炭还要看是什么焦炭；现在这种铁的规格不能持久，只能是一种过渡；含硫量0.2不行，0.1就应该是不合格。要逐步做到比如只有0.05、0.06、

① 《毛泽东传（1949—1976）》，中央文献出版社，2003年12月第1版，第950页。

0.07、0.08；明年钢恐怕要来一个“马鞍形”。所谓马鞍形，也是还要增加，不是不增加；今年是3000不行到2000，2000不行到上海的1650，现在是1300；假如做到，或者超过一点，那么明年搞多少呢？明年可能只能搞1700万吨，连今年人民代表大会的指标还达不到，也可能今年1300万吨，明年增加500万吨，一年的指标两年执行；第二个五年计划还有两年，后年还可以搞400万吨，就是2200万吨，再有一年，2600万吨，就超过英国了，要把质量搞好一点；有些省比如河南、安徽，一般说来是工业不发达的，现在已经是很快了，太快了我看搞不巩固；不许有计划外的，不管县的工业，还有什么工业，都要纳入计划；学政治经济学，价值法则，等价交换，社会主义的按劳分配，没有这场风，谁也不说去学；阎锡山的口号叫做按劳分配主义，他是欺骗人的，可以参考利用；真正搞工业，就整个党中央同地方来说，是从去年北戴河会议开始的；也不是讲工业部门，三个委员会和各部、书记处抓这件事，中央抓这件事，是从去年8月才开始的，各省恐怕也都是这样；大办钢铁，将一军；农业抓得早一点，但是农业中间的问题不懂得的还甚多；今年的吃法、收法、管法、用法，都不同了；收要精收，颗粒还家，管是分散管，农民个人的由他家里自己去管；吃法就是以人定量，自愿参加；完工吃饭，旷工找钱，吃饭不要钱同吃饭要钱相结合；粮食生产要抓紧，明年的春荒能够避免就好了。

毛泽东说：河不是每年都要挖，公路将来会更发达，工业占地、房屋占地还要多；所以，一方面是广种薄收，同时要注意精耕细作，重点放在大面积高产，不放到少数“卫星”上；你要他积肥，开电话会议，他就虚报，说有那么多，实际没有那么多；黄河将来势必抬高，就是在天上走，泥沙淤积很多，两边的堤越筑越高，下面看黄河，好像从平地看高楼一样，现在开封附近就是那个形势，开封低。

毛泽东说：汲县是夏禹封的，汲县人是大禹的子孙；商朝纣王亡了之后，微子被封为宋，就是现在的商丘；商朝起于商（现在叫商丘），后头它的后代搬到豫北殷（今安阳小屯村）；武王伐纣，还在朝歌（今淇县）封了纣王的儿子武庚，武庚后来跟武王的弟弟管叔、蔡叔同盟造反，起来反对周朝；蔡叔就封在蔡，后头变成上蔡；对于周朝说来．管叔、蔡叔都是叛乱分子。当时微子是里通外国。为什么纣王灭了呢？主要是比干反对他，还有箕子反对他，微子反对他；纣王去打徐夷（那是个大国，就是现在的徐州附近），打了好几年，把那个国家灭掉了；纣王是很有才干的，后头那些坏话都是周朝人讲的，就是不要听；他这个国家为什么分裂？就是因为这三个人都是反对派，而微子最坏，是个汉奸，他派两个人作代表到周朝请兵；武王头一次到孟津观兵回去了，然后又搞了两年，他说可以打了，因为有内应了；纣王把比干杀了，把箕子关起来了，但是对微子没有防备，只晓得他是个反对派，不晓得他通外国；给纣王翻案的就讲这个道理，纣王那个时候很有名声，商朝的老百姓很拥护他；纣王自杀了，他不投降，微子是汉奸，周应该封他，但是不敢封，而封了纣王的儿子武庚，后来武庚造反了，才封微子，把微子封为宋，就是商丘；原阳那个地方是周朝管的，晋文公强迫它割出去了。

毛泽东说：综合这种思想要普遍提倡，农业里头，有粮、棉、油、麻、丝、茶、果、菜、烟、蔗、药，这11样要综合平衡，要都有一点，一个县要都有这些，至少一个专区得都有这些；还有椒，花椒、胡椒等，有多少个品种；油也有多少个品种，有油菜籽、芝麻、花生、大豆、棉籽、胡桃、葵花籽的，还有大麻籽的；要普遍提倡发展油料，油料不足现在是个大事；总而言之，你们去搞综合平衡，这是讲农、林、牧、副中之农；至于林，无非是有计划地来造，没有林，也不成其为世界；人散发二氧化碳，树木吸收，它散发氧气，人吸收；树木又好看，每一个村庄侧边、房屋侧边都搞，陕西搞得不错，他们那里工厂都用树林互相隔离，牧业也多，马牛羊，鸡犬豕，还有骡驴，一个大牲畜，一个小牲畜，犬这个东西大概是不受人欢迎的。

毛泽东说：马牛羊这三种东西，主要是牛，然后就是猪鸡鸭，要来他个综合平衡；此外还有个副业，要抓小集镇和城乡商品交流，搞点自由市场，开头难免混乱一下，无非是有黑市高价，也没有什么可怕；然后来一个适当的管理；现在搞得这样死，不论哪一省公社化以后，小东西买不到了；家庭副业，生产队搞的手工业，县城以外的小镇，都要活跃起来，你们去研究一下；河北省长刘子厚同志在邯郸地区走了几个县，他说：啊呀，不像样子，统统搞光了，城乡断流，不做生意了；省、县都要把手工业搞起来，把小市场恢复起来；国营工厂不要去搞那么多东西；听说邯郸地区有100万斤杏子，就是三五日的事情，很快就烂了，你让农民自由去卖嘛，他不，要商业公司统统收购，哪有那么多人去卖呢？结果大批烂掉。

毛泽东说：工业方面，是一个综合平衡问题，要抓一个品种、规格，一个质量，一个管理；综合平衡，就是工业方面的农林牧副渔；你要搞钢铁，不能只看到小高炉小转炉，要看到炼焦炉，不搞好洗煤、炼焦，质量没有法子很高；含硫百分之0.2的规格很快就要破掉，含硫多了对我们国家很不利；含硫应该是0.07以下，不许超过0.08，不然，炼出大堆钢都不能用，重新要回炉，冤枉费了力；他们有几个口号，叫做宁可少一点，但是要好一点，要全一点，就是品种规格要多一点；有许多东西我们自己还不能造，要依靠进口；我们搞了十年八年有综合平衡，第九年忘记了（北戴河会议以后），现在又恢复了，上海会议以后，到北京就落实了；为什么落实了呢？没有那个东西，炼1300万吨钢，就要2000万吨铁，炼2000万吨铁，就要7000万吨铁矿石，三亿四千万吨煤（包括民用，民用占9000万吨），回头一想，才晓得缺一样都不行；明年这一年跃进口号是不是放弃？但是明年这一年要着重在品种规格、质量，数量也是重要的，但着重之点要放在品种同质量上，缓过一口气来；今年为什么搞成这样呢？就是因为去年把材料（无非是钢材、水泥、木材这些东西）用光了；挖掘潜力，现在又到处清仓，这是好事，但是也很危险，统统清光了，没有后备了；今年的头一个季度应该把指标放低；没有材料给他，你要他做那么多事情，等于不给他米要他煮饭，巧妇无米不能炊，蠢妇给了米也能做出饭来；有鉴于此，明年第一季度指标要低，去年一个大跃进，今年又是大跃进，1800项的基本建设，现在降到780项，砍掉了1000项多一点；过去的雄心太大了，其志可嘉，就是办不到；我们批评过“马鞍形”，那年犯的错误主要是“反冒进”不妥，不是基建计划缩小不妥；1956年那一年大建设的结果，库里的东西不多了；所以，1957年的建设只能搞那么多，先是110亿，后头进到一百十几亿，比头一年少一点；自今年比去年还多，去年大跃进，搞了二百几十亿；今年原来打算280亿，现在降到220多亿，剩下780项；明年大概这样的数目还可以维持，或者还可以加一点，但是不能加得太多；这两年稳步前进，好像造房子一样，把地基打稳固一点；管理有各项，有什么财务管理，有什么定额管理，有什么安全管理，有什么质量管理；过去权力下放，统统下放到车间、工段，工人自己去管，工厂就不检查了，商业交给合作社了，这都是我们办的事，我赞成下放；于是，一下下放到省，省下放到地，地下放到县，具下放到社，至于把商业、银行下放至社，这是中央决策，现在看起来不行，你归他，我们没有脚了；我看商业权要收回来，公社、生产队可以设零售店，取手续费，把国营经济跟集体经济两者配合起来；过去我们有那么个想法，把这两个因素混在一块，结果他就不听命令；公社不听你的，公社又不听老百姓的，又不听生产队的，生产队就怕公社了，老百姓也怕公社了，我们也怕公社了，他们不理我们，我们搞他们的；他们刮“共产风”，又不请示，我刮一点“共产风”可不可以呀？没有哪个公社请示过；极好的事情就是他们得到了教育，我们没有很久就把这个局面改变过来了；几个月，你们说河南刮了两个月，将来党史上总要写一笔；刮了两个月“共产风”，然后就转过来了，不刮了；我们转得快，苏联同志报称赞我们转得快；副食品缺乏，日用品缺乏，我们立即就抓了；权力下放太多了，有四个权要收回来，收到中央和省；哪四个权呢？一为人权，比如请工人，全国去年请了2000万，自从鸦片战争发展资本主义工业，到我们接收，只有1200万工人，去年一年就增加2000万，那还得了？难怪没有副食品，难怪没有肥皂；一为人权，二为财权，三为商权，四为工权，此四权者，一定得收回来，不能层层下放；人权是请多少工人都由中央、省市控制，都要有计划；不是计划经济吗？财权是一种什么内容，我就不大清楚了；他们讲有这样一个问题，比如你们这个地方有烟叶，说我这个许昌专区有那么多烟，你给我钱，我给你100万担，结果他只有50万担，但是钱拿去了；棉花也是这样。听说计划外的资金占29%，分散材料，还有动用流动资金；我说，在一个时期至少应该说是半无政府状态，横直是不要统帅，谁也不要过问谁，统统变成一个独立国；我从前担心县，他们自己也刮了点风，比较被动；只有省和地比较主动，因为他们自己并没有刮，他们又没有要人家的大车，而县多少要了点；现在看来，县要得不多，县委的水平也比较高，一讲就通，剩下就是公社。

毛泽东说：我看还是15年或前较少一点时间，在主要工业产品的产量上超过英国，还提这个口号；主要产品不只是钢这一项，钢锭这一项大概第二个五年计划可以超过；还有品种，还有质量，比如优质的钢、机械，机械不赶上英国就不行；煤炭比它多了，钢铁还要几年；过去本来很适当的口号，现在不灵了，好像 15 年赶上英国不过瘾；还有个农业纲要四十条也不过瘾了，我看是不是有一个什么机会把那个四十条标准定高一点，或是再搞个四十条，由人民代表大会通过；现在还没有通过，好像就作废了；实际上，普遍的亩产量要达到 500 斤，还要一点时间吧？你们说卫星田统统是美国卫星，走到半路就下来了，也不能那样讲，也有些真的，就是没有那么多，没有什么 5000 斤，两万斤，三万斤，但是有千把斤；我还想搞农业四十条，把指标略微提高一点，还是 12 年，从 1958 年算起，明年由人民代表大会通过。党代表大会今年不开了，到明年二三月去开，党代表大会知通过，四五月开人民代表大会再通过。

毛泽东说：有 100 亿斤的饲料，你们这个省就大兴旺了，然后是储备粮；总而言之，别的我不管，拨 100 亿斤饲料，你们这个省就会兴旺，你给了牲口饲料，它就拉屎，就是肥料，猪就是肉类产品，还有猪鬃，牛就犁田，又是运输工具，马、驴、骡是运输工具；你要 100 斤肉，就得给 100 斤粮食。如果要 150 斤肉，你得给 150 斤粮食。你们现在是 80 斤粮食，还少 70 斤。

毛泽东说：多种经济会议，首先是农、林、牧、副、渔，每一类究竟有几项，开个单子；比如刚才讲的农就开了 11 种，你们还加了一个胶，还加了一个漆，还加了一个桐油，变成 14 种了，粮食要开个单子，粮食总有十几个品种；棉花也有多种，他们说有 12 个品种，是根据绒的长短分的；麻有黄麻、青麻、大麻、艺麻；油刚才讲了，要开个单子，做点规划；烟叶子也有品种，有什么云南种，还有本地种、四川种，有商品的，有老百姓用的，有烤烟，有不烤烟；经济工作的确是要搞细致一点，要各方面都考虑；过去一年我们的缺点，就是往往搞了一面，把另一面，或者几面，或者几十面，都忘了；搞起小高炉、小转炉，把洗煤、主焦煤、耐火材料、运输没有考虑进去，还忘了钢的品种、质量；全省没有粮食恐慌，生产又很有希望，麦子已经到手了，秋收也很有希望形势好，人心稳定；现在算账一来，把无偿占有的东西退还，开几级干部大会，人心这样拥护，干部又团结；你们在 120 万干部里头，批评改正的是四十几万人，开除、处罚的只有 3600 人，刑事处分的仅 720 人，这个政策好；食堂要坚持下来，我不是要你们的食堂垮，我是希望能够坚持下来；现在粮食归户，自愿参加，食堂能够坚持下来；搞食堂机械化半机械化和什么自流水之类，以达到节约的目的；不仅是节约人力而且节约粮食、柴火油盐，只要食堂能够达到节约的目的，群众会拥护的。

毛泽东说：河北省前年（粮食年度）中央同各省调给他们 27 亿斤粮食，去年下半年到今年上半年只有 7 亿斤，他们进步很大；山东西部粮食紧张一点，湖北粮食相当紧张，恐怕也是有区域性的；有些地区比较好，有些地区紧张一些；他们那四个模范县垮了：一个叫麻城，一个叫孝感，一个叫红安，一个叫谷城，说是亩产 2600 叫双千斤县，但是假的，结果大闹其粮食紧张，征购完不成，本来富是相当富，还不很富，却当富日子过了；此外，广东粮食紧张一些；就是这么几个省紧，其他省粮食都不紧，是副食品、日用品、工业用品比较紧张，现在我们正在抓；在上海开51个城市的副食品和手工业品的会议，你们这里也去人了，先念同志在那里主持；大家商量一下，究竟我们整个形势好不好？如果要亡国了，就当作亡国的局面来办；现在又没有亡国，这个国家还是兴旺的；有那么几个小泥鳅掀了一点浪，就以为了不起了，我就不信这个道理。

毛泽东说：我刚才讲的人权、工权、财权、商权，是讲国家，至于集体，它那个所有权就是基本的队有、部分的村有，生产权是在生产小队；要定下这一条：人吃一斤粮，给牲口吃半斤（河南的同志说：牲口比人吃得多，大的牛、骡、马每天要吃三四斤；小牲口等于一个人，大牲口等于一个半人）。

毛泽东说：今天就走到孝感，这个地方比较凉快一些；还要请来任重同志到那个地方来，今天下午、明天上午跟他谈一下；然后请陶铸、周小舟来；周小舟是要搞食堂的，李井泉也是要搞的，你们也是要搞的。如果食堂有几个省顶下来，基本不垮，就是说有七成不垮，垮掉三成，事情就好办了；至于春节食堂放一个星期的假，那也可以。

河南的同志说：特别是妇女，普遍不愿意食堂散伙；有食堂，她经济上有地位，可以增加生产，也有收入，丈夫还要向妻子要钱；她不做饭，到地里干活，比干别的收入大；所以，妇女也很赞成食堂，妇女说，我才解放了几天，干净了几天，现在又要回到厨房里去，又要我窝囊去了。

毛主席说：食堂，你们一个省顶下来，天下就顶下来了；大体上垮十分之七，留下十分之三；这十分之三能够坚持，搞一两年，其他的慢慢会起来；你们搞起食堂机械化这一套来，我有它就巩固了。

吴芝圃说：我们估计食堂能巩固90%或者更多一点，也许垮得多一点，也难说；我们现在觉得形势还是好，好的原因就是执行了党的政策，算了账，农民因算账得现款两三亿，有的一户就得四五十元；另外，牲口、猪、鸡都给他们，光农具就给了将近1000万件，房子退还的也不少。

毛主席说：搞个章程出来，从前那个卫星公社的章程不行了，那个东西有点“共产风”。

吴芝圃说：这次到庐山可以拿几个社的章程，还有几天，我们在家里准备准备，再征求征求地、县各级党委的意见；我们最近已经放了一炮，就是坚决把粮食分到户，坚决留自留地，食堂是坚决自愿，坚决办好。①

毛泽东在武汉住了两天，游了长江。

---

① 《党的文献》，1995年第4期，第36—45页。

1959年6月24日，毛泽东在湖北省委第一书记王任重陪同下，乘火车到长沙。路上，毛泽东讲到春秋时期，秦穆公用大将孟明战争失败，自己主动承担责任，继续重用孟明，后在讨伐晋国的战争中取得了胜利。毛泽东对王任重说：决策错了，领导人要承担责任，不能片面地责备下面，领导者替被领导者承担责任，这是取得下级信任的一个很重要的条件；国乱思良将，家贫思佳妻，陈云同志对经济工作是比较有研究的，让陈云同志来主管经济工作、财经工作比较好；我们有的同志思想方法比较固执，辛辛苦苦的事务主义，不大用脑子想大问题。

毛泽东对封锁消息表示出极大的不满，他和王任重说：有的部门、有的部长不大向我反映情况，不向我反映情况，我才最累，你把湖北的真实情况告诉我，我就不累了；看来，利用全国人大开会的机会，把去年公布的数字和今年的生产指标修改一下就好了，失去了一个机会，造成目前的被动。①

当天，毛泽东到长沙，下午游湘江。稍事休息时，围拢来一群孩子，毛泽东高兴地和他们照了相。

25日午后，毛泽东乘汽车回到故乡韶山冲。

早在1927年初，毛泽东在韶山考察农民运动时曾对乡亲们说过："三四十年革命不成功，我毛润之也不回韶山来了！"解放后不久，他就想回家看看，由于国务缠身，一直没能成行。这次，他想趁开会之前，回乡一次，了却早年的心愿。韶山因为早已对外开放，国内群众和国际友人前来参观瞻仰的增多，从湘潭县到韶山修筑了宽敞的公路，毛泽东故居也已修复。附近还建起了招待所、邮电局和商店、学校。从长沙到韶山的路上，毛泽东看到的路两边是稻田青翠的禾苗，农民们在中耕、施肥，一派热气腾腾的局面。

公安部长罗瑞卿早在半月前就与湖南省委第一书记周小舟来到韶山，组织地、市、县做好保卫工作。

在故居，毛泽东在父母的照片前凝望着，伫立了好一阵，他对随行的同志说："我父亲得的是伤寒病，我母亲颈上生了一个包，穿了一个眼。只因为是那个时候，如果是现在，他们就不会死的。"毛泽东在自己当年的卧室里，看到了母亲与他及两个弟弟的合影，心情激动起来问道："咯是从哪里拱出来的呀（这是从哪里找出来的）？"原来这张唯一的母子照，一直保存在外婆家。

26日，天未亮，毛泽东就起床踩着露水爬山，想独自看望父母的坟。结果，经服务员一叫，各级领导都起了床，一大群人赶紧跟了上去。毛泽东默默地爬上故居对面一座叫楠竹坨的小山冈，随行的罗瑞卿等人开始并不知道毛泽东的意图，一直走到毛泽东的父母坟前，才知道他是来悼念父母的。警卫人员赶紧采来一束松柏交给毛泽东献上，毛泽东致了深深的鞠躬礼，随后又伫立良久。当地干部问毛泽

① 《毛泽东传（1949—1976）》，中央文献出版社，2003年12月第1版，第953—954页。

东，要不要把坟墓修一修，毛泽东说："不要了，添一下土就行了。"回到住所，毛泽东对随同的公安部长罗瑞卿说："我们共产党人是彻底的唯物主义者，不迷信什么鬼神。但生我者父母，教我者党、同志、老师、朋友也，还得承认。我下次来，还得去看看他们两位。"①

群众发现了毛泽东。大家围拢来坐在一家姓汤的妇女家里。毛泽东问：今年每亩能收多少稻谷？这下把大家难住了，不知怎么回答好。因为群众们想，人家亩产千斤、双千斤，甚至上万斤，我们少说行吗，可说多了达不到啊！毛霞生回答："亩产800斤。"毛泽东摇摇头说："依我看平均亩产500斤就谢天谢地了。要实事求是，要革命种田，要计划种田，科学种田。……我看见韶山的稻田绿化了，但山上没有绿化，韶山人多地少，要腾出田来种庄稼。"大伙点点头，说："感谢毛主席……"毛泽东打断说："不要感谢我，要感谢人民。人民团结起来力量大。"毛泽东又来到韶山学校和师生们合影。

27日下午，毛泽东到韶山水库游泳：他仰泳像躺在床上睡觉歇息；"坐凳子"真像坐在竹凳上，还可以抽烟；"立正稍息"直挺身子在水里，像列兵在训练。岸上的老乡们，又是高兴，又是赞叹。

游泳结束，毛泽东来到毛氏公祠。里面已经没有祖宗牌位，毛泽东还是要坚持进去行三鞠躬礼。他一边走一边说，管他三七二十一，鞠三个躬再说。行完礼后，他站在原来的地方没有动，在那里看，没有说话。出来的时候，自言自语说：菩萨是迷信，但烈士墓和祖宗牌子是个纪念。②

毛泽东找来公社书记毛继生，说："我离家几十年了，要请乡亲们吃餐便饭。"于是，毛泽东掰着指头点了包括他的亲戚朋友、大革命时期韶山的老党员、老赤卫队员、烈属在内的40余人，约他们在27日晚上到招待所吃饭。

吃饭时，一位老年人批评湖北"亩产万斤"的报道，说亩产千斤也做不到。王任重解释说，亩产万斤是谎报，少数高产田，亩产千斤是真的。老人还是摇头。饭后，毛泽东和王任重、周小舟、罗瑞卿谈了很久，说要读马列主义，还要读点历史，读些古诗词；谈到经济工作，毛泽东强调计划工作必须搞综合平衡，经济建设必须鼓足干劲，又要实事求是，管理国家和管理家庭一样，要精打细算。③

6月28日中午，毛泽东又请来几家亲戚，一起吃了午饭。当天下午，毛泽东一行朝村外走去，乡亲们依依难舍，送了一程又一程，毛泽东不断回头招手。走得很远了，大家请毛泽东上了汽车，汽车开动了，乡亲们仍在招手呼唤。汽车开得很远了，人们还立在路边眺望，久久不肯离去。④

---

① 《毛泽东传（1949—1976）》，中央文献出版社，2003年12月第1版，第956页。
② 《毛泽东传（1949—1976）》，中央文献出版社，2003年12月第1版，第956页。
③ 《毛泽东传（1949—1976）》，中央文献出版社，2003年12月第1版，第957页。
④ 沈同：《在毛主席身边的日子里》，中央文献出版社，1993年12月第1版。

韶山之行，毛泽东作诗一首《七律·到韶山》：

1959年6月25日到韶山。离别这个地方已有三十二周年了。

别梦依稀咒逝川，故园三十二年前。红旗卷起农奴戟，黑手高悬霸主鞭。为有牺牲多壮志，敢教日月换新天。喜看稻菽千重浪，遍地英雄下夕烟。

1959年6月28日，毛泽东到达长沙。他给在武汉的周恩来打电话，商量召开庐山会议的具体问题。毛泽东说：人们的头脑有些发热，需要冷静下来学点政治经济学；这次会议不要搞得太紧张，要适当注意休息。毛泽东还告诉周恩来，他出了一些题目让与会者讨论。29日到达武汉，又一次畅游长江。30日下午乘船，晚11时半到达庐山脚下九江。7月1日，一大早，乘车上了庐山。

庐山，又称匡山、匡庐，相传商周间有匡俗在此结庐隐居而得名。它位于江西省北部，耸立在鄱阳湖畔、长江之滨，成东北—西南走向，长约29公里，宽10多公里。汉阳、香炉、五老诸峰耸峙，主峰高1474米，山上多险石、峭壁、清泉、飞瀑。由于江湖水气郁结浮聚，云海弥漫，山上林木葱郁，气候宜人。著名胜迹有白鹿洞、仙人洞、三叠泉、含鄱口、小天池、天桥、香炉瀑布等200余处，为著名的休养、避暑、旅游胜地。

宋朝诗人苏轼于1084年题诗庐山的“西林壁”说：“横看成岭侧成峰，远近高低各不同。不识庐山真面目，只缘身在此山中。”解放后，开辟公路，兴建疗养所、文化宫等。

7月1日，毛泽东写了《七律·登庐山》：

1959年6月29日登庐山，望鄱阳湖、扬子江。千峦竞秀，万壑争流，红日方升，成诗八句。

一山飞峙大江边，跃上葱茏四百旋。冷眼向洋看世界，热风吹雨洒江天。云横九派浮黄鹤，浪下三吴起白烟。陶令不知何处去，桃花源里可耕田？

在山下，毛泽东在谈话中提出了14个问题。

1959年7月2日开始，中共中央政治局在庐山召开扩大会议。中共中央政治局成员、书记处成员以及各省、市、自治区党委第一书记和中央有关部委主要负责人参加会议，毛泽东在山上讲了一次话。

两次讲话共谈了18个问题，周恩来建议增加了国际形势问题，共19个问题，成为会议讨论的内容。

19个问题是：（1）读书；（2）形势；（3）1959年的任务；（4）1960年的任务；（5）4年的任务；（6）体制；（7）食堂；（8）学会过日子；（9）恢复三定；（10）恢复农村初级市场；（11）综合平衡；（12）生产小队改半核算单位；（13）农村党团作用；（14）宣传问题；质量问题；（15）对去年的估计；（16）群众路线；（17）全国协作关系；（18）团结问题；（19）国际问题。

关于读书。毛泽东说，有鉴于去年许多领导同志，县、社干部对于社会主义经济问题还不太了解，不懂得经济发展规律，有鉴于现在工作中还有事务主义，所以应当好好读书；8月份用一个月时间来读书，或者实行干部轮训；中央、省市、地委一级委员，包括县委书记，要读《政治经济学教科书》第三版，此书总结了苏联的经验，但有缺点，如和平过渡，通过议会之类，但在去年把苏联一些好的经验也丢了；给县社干部编三本书，一本是“好人好事”的书，去年大跃进中，敢于坚持真理，不随风倒，工作有前进的，不谎报，不浮夸、实事求是的例子；一本是“坏人坏事”的书，犯错误的，专门说假话的，违法乱纪的，或工作中有缺点、做错了事的；第三本是中央从去年到现在的各种指示文件，3本书大体10万字左右，10天读完，还要考试。毛泽东说：“我们提倡读书，使这些同志不要像热锅上的蚂蚁，整年整月陷入事务主义，搞得很忙乱，要使他们有时间想想问题。”

关于形势。毛泽东把湖南省委第一书记周小舟对形势概括为“成绩很大，问题不少，前途光明”的三句话，接受和归纳为会议的方针。毛泽东说：国内形势是好是坏？大势还好，有点坏，但还不至于坏到“报老爷，大事不好”的程度，是在两者之间；八大二次会议的方针对不对？要坚持；总的说来是像湖南有一个同志周小舟所说的：“有伟大成绩，有丰富的经验”；实际上是：有伟大的成绩，有不少的问题，前途是光明的。

关于“大跃进”的经验教训。毛泽东说：去年以来，一年中许多政策执行的结果，基本问题是：综合平衡、群众路线、统一领导、注意质量，4个中最基本的是综合平衡和群众路线问题；去年人们的热情是宝贵的，只是工作中有些盲目性；在大跃进形势中，包含着某些错误，某些消极因素。现在虽然存在一些问题，但是包含着有益的积极因素。要注意质量，宁肯少些，但要好些；现在盲目性减少，形势在好转，何时能彻底好转，明年五一；去年许多事情是一条腿走路，我们批评斯大林是一条腿走路，可是我们提出两条腿走路以后，反而搞一条腿了。

关于任务。毛泽东说：今年1300万吨钢，能超过就超过，不能超过就算了；粮食去年增产有无三成？今后是否每年增加1000亿斤，1964年搞到1万亿斤；明年钢增加多少？加400万吨，是1700万吨，后年再加400万吨，15年内主要工业产品的数量赶上和超过英国的口号还要坚持；去年做了一件蠢事，把好几年的指标要在1年达到，像粮食的指标10500亿斤，恐怕要1964年才能达到。

毛泽东说：过去安排计划是重、轻、农，这个次序要反一下，现在是否提出农、轻、重？过去是重、轻、农、商、交，现在强调把农业搞好，次序为农、轻、重、交、商；这样提还是优先发展生产资料，并不违反马克思主义；重工业我们是不会放松的，农业中也有生产资料；重工业要为轻工业、农业服务；过去陈云同志提出，先安排好市场，再安排基建，黄敬同志不赞成；现在看来，陈云同志的意见是对的；要把衣、食、住、用、行5个字安排好，这是六亿五千万人民安定不安定的问题，安排好了之后，就不会造反了；什么叫不造反，就是要使他们过得舒服，少说闲话，不骂我们；这样有利于建设，同时国家也可以多积累。

毛泽东说：积极性有两种，一种是实事求是的积极性，一种是盲目的积极性。

关于宣传问题。毛泽东说：去年有些虚夸，四大指标定高了，弄得今年不好宣传，现在有些被动；如何转为主动？是否人大常委会开个会，把指标改过来。

关于综合平衡问题。毛泽东强调指出："大跃进"的重要教训之一，主要缺点是没有搞平衡；在整个经济中，平衡是个根本问题，有了综合平衡，才能有群众路线；三种平衡——农业内部的农、林、牧、副、渔的平衡，工业内部平衡和工业、农业的平衡；整个国民经济的比例关系，是在这些基础上的综合平衡。

关于体制问题。毛泽东说：有些半无政府主义，"四权"（人权、财权、商权、工权）过去下放的多了一些、快了一些，造成了混乱；要强调一下统一领导、集权问题；下放的权力，要适当收回。

关于公共食堂。毛泽东说：要积极办好，按人定量，分粮到户，自愿参加，节余归己，吃饭基本上要钱；在这几个原则下，把食堂办好，不要一哄而散，都搞垮了，保持20%也好。

关于三定。毛泽东说：定产、定购、定销，看来非恢复不可，三年不变；增产四、六开，征四留六，有灾的减五。

关于学会过日子。毛泽东说：湖北农民批评干部，一不懂生产，二不会过日子；要富日子当穷日子过；今年不管增产多少，按4800亿斤或者再少一些的标准过日子。

关于团结问题。毛泽东说：河南120万基层干部，40万犯错误，3000受处分，是个分裂；对去年估计，有伟大成绩，有不少问题，前途是光明的，缺点只是1、2、3个指头的问题；许多问题是要经过较长时间才看得出来的；过去一段时间的积极性中带有一定的盲目性；这样看问题，就能鼓起积极性来。

三定政策，定产、定购、定销，群众要求恢复，看来是非恢复不可；使小队成为半核算单位。①

毛泽东还提出：恢复农村初级市场，自留地不征税，加强党的基层组织领导作用等。

1959年7月2日，正式会议开始，分东北、西北、西南、中南、华北、华东6个大组座谈，曰"神仙会"。

中共中央副主席林彪、总书记邓小平（脚伤）因健康原因，中央政治局委员彭真、陈云、陈毅分别休养和在京主管国务院的工作，未出席会议。

7月4日，毛泽东在住处同王任重、刘建勋、梅白3人谈话时，念起明代杨继

① 《第一次郑州会议至庐山前期纠"左"的努力》，《党的文献》，2013年第2期，第15页。

盛（号椒山）的两句诗："遇事虚怀观一是，与人和气察群言。"毛泽东说：这是椒山先生的名句，我从青年时就喜欢这两句，并照此去做；这几十年的体会是前一句难就难在"遇事"这两字上，即有时能虚怀，有时并不怎么虚怀；第二句难在"察"字上面，察不是一般的察言观色，而是虚心体察，这样才能从群言中吸取智慧力量；诗言志，椒山先生有此志，乃有此诗，这一点并无惊天动地之处，但从平易见精深，这样的诗，才是中国格律诗中的精品。

同日，毛泽东要杨尚昆将两份材料印发会议。这些材料，都是为了总结经验，对"大跃进"中出现的问题提出的批评意见。

7 月 5 日晨 6 时，毛泽东对粮食部副部长陈国栋关于 1959 年至 1960 年度粮食分配和粮食收支计划调整意见报告，写了一个批语，并拟题目为《粮食问题》。

粮食问题很吃紧，如果再大幅度增加征购指标，势必会增加农民已经很重的负担，引起农民不满，影响农业生产。陈国栋建议：根据生产和消费变化情况，对粮食产、购、销量和农村留粮指标，作必要和可能的调整，从 1959 年到 1961 年 3 年不变；每年在定产基础上增产的粮食，国家只增购 40%，农民留 60%；如果减产，则相应地减少国家的征购；上海确定的 1959 年至 1960 年度粮食征购指标为 1155 亿斤，只要做好工作，还是可以办到的；1958 年至 1959 年粮食销量达到了 1200 亿斤，显然是不合理的；1959 年至 1960 年度粮食销售指标原定为 975 亿斤，还是偏大了一些，建议可以调整为 850 亿斤。

毛泽东写道："陈国栋同志的报告是一个重要文件。请各大区区长主持讨论，细致地讨论，讨论两次至三次。我基本上同意这个文件所述的意见。但觉：（一）假定今年年成比去年确实好的情况之下，征购 1100 亿斤，力争办到，这是变被动为主动的第一着。今年年成如果在秋收以后确实较去年好、确实证明无妄的时候，为什么不能征购到这个数目字呢？（二）下年度销售计划，我感觉不但 1020 亿斤是太多了，这个文件上调整为 855 亿斤，似乎也略为多了一点。是否可以调整为 800 亿斤，或者八百一十、二十亿斤呢？告诉农民，恢复糠菜半年粮，可不可以呢？苦一年、两年、三年，就翻过身来了。多储备，少食用，以人定量，粮食归户，食堂吃饭，节余归已，忙时多吃，闲时少吃，有稀有干，粮菜混吃，仍然可以吃饱吃好，可不可以这样做呢？（三）多产粮，是上策。田头地角，零星土地，谁种谁收，不征不购，主要为了解决饲料，部分为了人用。恢复私人菜园，一定要酌给自留地。凡此种种，可以多收。既已多收，可以多吃（主要猪吃，部分人吃，例如菜）。（四）好好地精细地安排过日子。是否可以按照 1957 年的实际产量安排过日子呢？1957 年的日子不是过得还不错吗？这样做，农民的粮食储备就可以增得较多了。手里有粮，心里不慌，脚踏实地，喜气洋洋。（五）在今年秋收确实知道粮食比去年增产的情况之下，一定要划出牲口饲料、猪饲料两种，一定要比过去多些，是否可以有人粮的一半？人粮一斤，饲料半斤。各地情况不同，势必有多有少，但一定要下决心注意这个问题。除灾地外，饲料一定要比过去多些。增加饲料，极为有利。牲口是动力。一部分牲口是肉食奶食（老牛、菜牛、奶牛）。粪可肥田。皮、毛、骨、角，大有用处。吃肉多，吃粮少，动物蛋白优于植物蛋白，人的体格会更发展，会更健康。猪是肉食，又有肥料。在三、五、七年以内，力争做到一亩田一头猪。一头猪就是一个小型有机化肥工厂。肥料的主要出路是猪，是一亩田一头猪。以上几点意见，只供同志们此次讨论的参考，切勿下传。不对之处，准备修改。”

7月5—10日，毛泽东批示印发了一些回忆文件。1. 总政治部秘书处编印的《政治工作简报》中关于少数营团干部对经济生活紧张有抵触情绪的材料；2. 中央统战部收集整理的关于国家机关党外人士对国内经济情况看法的材料；3. 河南省委关于农村人民公社整社算账工作的报告；4. 农业部党组关于冬种准备会议情况的报告；5. 河南省委关于公共食堂优越性和改进公共食堂的报告；等等。毛泽东对这些材料都没有评论。

1959年7月4日，刘少奇在西南组会上发言（要点）：去年大跃进，吃了前年的库存，预支了今年的；凡是不要轻信，要有办法使人不说假说；一股风，批右倾保守，拔白旗，老在帽子的威胁下，说老实话的人，去年不好混；领导看好的多，估计偏高；去年错误对经济生活造成很大影响，决不可小视；粮食好转才能解决副食；手工业要恢复；1958年丰富经验，深刻教训，充分估计，右倾也不怕；4月份报告还有点热，不合实际，赞成恢复农业纲要40条；说大话，吃大亏；1958年最大的成绩是教训，全党全民得到深刻教训；斯大林似乎说过，平衡要破坏了，才知重要，聪明人是碰了钉子知道转弯；不犯长期性、全国性错误，暂时错误非犯不可，有好处；全民炼钢，亲身经验，碰钉子转弯，就是马克思主义，正确领导，毫无悲观、抱怨之必要；大提高一步，大家注意，不要泄气，泄一点难免，不泄好；不要责备下面，省、地、县，主要由省委担起来；干部也不要老检讨。

7月4日，周小舟在中南组会上发言说：1070万吨钢不如800万吨；公社一股风，越包越多；工农业总产值增长没有那样快，最多每年增长10%至20%；基本建设搞得太多了；农村办公共食堂不利于节粮、养猪、造林、积肥，而且浪费劳动力，农民也吃得不愉快。

7月6日，朱德在中南组会上发言：食堂在消费上吃了大亏；工人还发工资，供给制是共产，农民就如此愿意共产？食堂自负盈亏；食堂存在一部分，全垮了也不见得是坏事；家庭制度要巩固起来，原则上回到家庭过日子；食堂要吃好、吃饱、有烧的，这样人心稳定；农民欲富，要使之富起来，不会成为富农路线；食堂办不起来不要硬办，回家好；陈云同志多年来对粮食抓得很紧；北戴河高兴起来，从粮食多了出发；工业主要是大炼钢铁搞乱了；农轻重安排好；农民立家立业重要；对农民私有制要看重些；多搞粮食，变成鸡、鸭、蛋出口，换回东西；6亿人口的中国，农民不稳定，一切都不好办。

7月9日，朱德对广东省委第一书记陶铸说："吃大锅饭，我一向就担心。这么多人的家是不好当的，如果去年不刮那么一股风，不知能出口多少东西！"

1959年7月10日下午，毛泽东召集会议并作长篇讲话。参加人有刘少奇、周恩来、朱德、李先念、李富春、彭德怀、谭震林、柯庆施、李井泉、张德生、林铁、欧阳钦、陶铸、王任重、康生、陈伯达、杨尚昆、胡乔木、吴冷西、田家英等。

毛泽东指定：会议讨论中的10个问题由胡乔木（中央政策研究室主任）、谭震林、曾希圣、周小舟、田家英（中央办公厅副主任）、李锐起草一个会议纪要：《关于形势和任务——1959年7月2日至×日庐山会议诸问题的议定记录（修正草案）》（以下简称"记录"）。由胡乔木任组长；形势、任务、群众路线等7个题目，由李富春起草文件，作为向中央的报告；体制问题由李先念搞个规定；粮食问题，修改后作为正式文件发。

毛泽东先讲会议初步安排到15日，延长与否到时候再定。

他说："对形势的认识不一致，就不能团结。要党内团结，首先要思想统一。党外右派否定一切，说我们'人心丧尽了'，'修天安门前面的工程，如秦始皇修万里长城'；说'过去历代开创的时候，减税薄赋，现在共产党年年加重负担'。所谓丧尽了，就是不仅资产阶级、地主，而且农民、工人都不赞成了。天津有些局长、科长议论，去年大跃进是'得不偿失'。是不是这样？有些同志缺乏全面分析，要帮助他们认识。得的是什么？失的是什么？比如说，为什么大跃进之后又发生市场大紧张。不要戴帽子，不要骂一顿了事。……去年北戴河会议的时候，人心高涨，但埋伏了部分被动。不论谁批评，都要承认当时有一部分缺点错误。简单来说，就是3000万吨钢，基本建设1900项，粮食增产一倍，办公社中刮'共产风'。这4件事搞得很被动。对农业生产的确估计过高，并且据此安排生活，有浪费。工业基本建设是搞多了，金木水火土分散了，工业生产指标过高，缺乏综合平衡。为了3000万吨钢，引起了各方的不满。现在我们有些被动，但也不是完全被动，不会因此垮台。我不相信公社会垮，可能垮一部分，以后再办。食堂即使垮了三分之一，也是好事。食堂准备留它一半，也是好事。垮了和坚持下来，我都赞成，两边都支持。其实，公共食堂在公社之前就有了。……党内要团结，就要把问题说清楚。有人说总路线根本不对。所谓总路线，无非是多快好省，多快好省不会错。过去搞1900项基建，现在安排788个，这还不是合乎多快好省的方针吗？1800万吨钢不行，现在搞1300万吨，还是多快好省。去年粮食没有翻一番，但增加30%左右是有的。多快是一条腿，好省又是一条腿。……现在证明一条，社会主义国家中过去总是说农业合作化以后要减产，但是我们的经验证明，合作化也好，公社化也好，不减产。人民公社叫大合作社，或者说基本上还是高级合作社，就没有问题了。问题就是把公社看得太高了。……我们把道理讲清楚，把问题摆开，也不戴帽子，什么‘观潮派’、‘怀疑派’、‘算账派’、‘保守派’等等，都不戴。总可以有70%的人在总路线下面。世界上的将军没有一个没打过败仗的。在三仗中打两个胜仗、一个败仗就是好的，有威信。两败一胜就差一些。打了败仗，可以取得经验。要承认缺点错误。从局部来讲，从一个问题说，可能是10个指头，9个指头，7个指头，或者3个指头、两个指头。但从全局来说，还是9个指头和1个指头的问题。要寻找问题，可以找几千几万件不对头的。但是从总的形势来说，就是这样：9个指头和1个指头。……去年北戴河会议开始，部分转入被动，特别是公布粮棉等4大指标，自己设一个菩萨自己拜。但我们只能说部分，不是全部，不是全军覆没。没有达到1800万吨钢，总还有1300万吨。北戴河会议时，人心高涨，形势很好。那时就埋伏了被动。经过郑州会议、武昌会议、上海会议到这次庐山会议，逐步认识了这些问题，腰杆子逐渐硬起来了。但是现在还有一部分腰杆子不能硬的。副食品总还不够吧？肉还不够吧？北京有一个星期每天4两蔬菜。在这些方面腰杆子还不硬。人家讲这部分问题，讲的对。要承认这一部分缺点错误。好比打仗，打败仗是失多于得，打胜仗是得多于失。算总账不能说得不偿失，……斯大林说，破坏了规律才能认识规律。这句话对，但不全面。我们要从胜利和失败两方面来认识规律。和战争一样，打败仗可以认识规律，打胜仗也能认识规律，不能说只有打败仗才能认识规律。要从成绩和错误、缺点两方面来认识。我们为什么搞一套两条腿走路的方针？这是鉴于斯大林走的弯路。农业长期短腿，大中小结合、地方和中央等这样的问题，苏联几十年没有解决。我们还算抓得快，改的快吧。……但是，两条腿走路方针，我们还没有贯彻到底，有的还没有贯彻好，有的还没有执行。比如去年注意了‘多快’，对‘好省’注意不够，或者还没有注意。但的确也有多快好省的。去年的确办了一些事。平衡部分地被破坏了，但这是暂时的，认识以后就可以转过来。对小洋群也要有正确的看法。小洋群对加快我们的发展速度是有好处的，对为农业机械化、半机械化服务来说也是好的。……党的领导干部真正搞经济工作，搞建设，还是从去年北戴河会议以后。过去不过是陈云、李富春、薄一波，现在是大家担当起来。过去省一级的同志没有抓工业，去年起都抓了。过去大家干革命，经济建设委托一部分同志做，书记处、政治局不大讨论，走过场，四时八节，照样签字，从去年起，虽然出了乱子，但大家都抓工业了。所以还是那几句话：成绩是伟大的，问题是不少的，前途是光明的。有的省的钢产量已超过蒋介石时代全国的钢产量，这样看，还就是成绩是伟大的。对这样的形势分析，是关系全党、全民的问题。有无信心，这也是这次会议的重要问题。……我总是同外国同志说：请你们给10年时间，再来看我们是否正确，因为路线正确与否，不是理论问题，而是实践问题，要有时间，从实践的结果来证明。我们对建设应该说还没有经验，至少还要10年。我们过去建国的10年中，第九年在北戴河开会。第十年在庐山开会。这一次经过了许多会议，我们总是把问题加以分析，加以解决，坚持真理，修正错误。党内有些同志不了解整个形势，要向他们说明。从具体事实来说，确实有些得不偿失的事。但总的来说，不能说得不偿失。取得经验总是要付出学费的。全国大办钢铁，赔了 20 多亿，全党全民学了炼钢铁，算是出了学费。炼钢铁的小土群转化为小洋群，否定了小土群，但小洋群不要否定，要注意缩短提高质量的过程。”①

毛泽东说：把共产主义引导到平均主义是不好的，过分强调物质刺激也不好，报酬以不死人、维持人民健康为原则；这话是对党内讲的，对先进分子、积极分子讲的；国家建设也好，革命也好，要有一部分先进分子、积极分子，我们为革命死了多少人，头都不要了，还给什么报酬，建设中也要有先锋分子、积极分子，天天讲物质刺激，就会麻痹人的思想；要培养共产主义风格，不计报酬，为建设事业而奋斗。

毛泽东说：有人说我偏听偏信，就是要偏！同右派作斗争，总得偏一边！……北戴河以来的一年，有些事情搞得不好，但总是抓工业了，我自己负了责任；有些事可能是主观主义的，但是总比不搞好，一年实践，取得那么多经验，有好的经验和坏的经验，不能说光有坏的、错误的经验。

毛泽东的这个讲话，经过整理，于第二天（7 月 11 日）向全体与会者作了传达。

按毛泽东的设想，再用几天时间讨论，通过“记录”。7 月 15 日庐山会议就可以结束了。

1959 年 7 月 11 日晚上，毛泽东找他过去和现在的几位秘书周小舟、李锐（水电部副部长，1958 年南宁会议后做毛泽东兼职秘书）、周惠（湖南省委副书记）谈话，气氛融洽，还有些自我批评的话。毛泽东说，1958 年有些事他有责任，提倡敢想敢干，也有胡思乱想，引起唯心主义；因此不能全怪下面和各个部门，否则人们会像蒋干一样抱怨，“曹营之事，难办的很！”

毛泽东谈到他自己常常是自己的对立面，上半夜、下半夜互相打架。周小舟讲，“上有好者，下必甚焉”，毛泽东也听得进去。

周小舟、李锐、周惠谈到陈云管理经济历来稳重，还是由陈云出来主管为好，毛泽东表示同意让陈云当总指挥，说：陈云有长处，不过，也有短处。由此，毛泽东又谈到曹操失败之后想念郭嘉的故事，说：“国乱思良将，家贫思贤妻。”

毛泽东说：“我 40 岁以前肝火大，总觉得正义在自己手里。现在也还有肝火。在江西的时候，有次我对毛泽覃大发脾气，甚至要动手打人。毛泽覃说：‘共产党又不是你毛氏宗祠！’”“在山东，记者问我‘人民公社好不好？’我说好。哪个晓得就登了报，叫做‘人民公社好！’”

---

① 《毛泽东传（1949—1976）》，中央文献出版社，2003 年 12 月第 1 版，第 971—975 页。

趁此机会，“秀才”们向毛泽东反映，会议有压力，许多问题没有彻底揭露出来，应该进一步摆开谈。

毛泽东说：不要有压力，我在上海会议说了，不敢讲话无非是六怕：怕警告，怕降级，怕没有面子，怕开除党籍，怕杀头，怕离婚，岳飞就是杀头才出名的嘛；王熙凤说，舍得一身剐，敢把皇帝拉下马，言者无罪嘛；转告大家，也不要那么沉重；去年是几件事挤在一起了，郑州会议后，我开始右倾；打麻将13张牌，基本靠手气；在肯定成绩伟大的前提下，中央愿意听取各种意见，但要保护干部群众的积极性，不能泼冷水，不能泄气；我希望大家尽快统一认识，改正缺点，好继续前进。

“秀才”们大胆说：“1958年是小资产阶级思想、唯心主义大发展的一年……‘以钢为纲’、‘三大元帅’，这些口号不科学。”毛泽东当即表示：“以后可以不提这些口号嘛。”

1959年7月11日，朱德对周小舟说：“去年吃大锅饭把东西吃掉了，这是个极大的教训。”

7月16日，朱德对河南省委第一书记吴芝圃说：“参加农村食堂，还是要实行自愿的原则。想回家吃饭的也要允许，对他们不要歧视，不要戴帽子。……我担心仍然吃大锅饭，就难搞好。”

各组的发言都比较热烈，各种见解陆续表现出来。

彭德怀回国之后，第二天即到国防部办公楼上班。总参谋长黄克诚向他汇报说：甘肃省缺粮（4月开上海会议时，甘肃还是余粮省，现在已成为严重的缺粮省）严重，运输困难。彭德怀便同黄克诚商定调军车支援地方运粮。

1959年4月24日至5月2日，张闻天在波兰参加华沙条约缔约国和中华人民共和国外长会议，并在华沙和格但斯克作了短期的参观访问。归国途中，又于5月2日到11日在莫斯科逗留了1周。

上庐山之前，张闻天曾流露过：“斯大林后期威信确实很高，谁敢给他提意见？斯大林听不到反面意见，因此犯了很大错误，当前国内是否也有这种情况呢？上面随便讲一句话，下面就是圣旨。”

彭德怀和张闻天都接到上庐山参加政治局扩大会议的通知，彭德怀因身体疲劳准备向党中央请假。彭德怀认为，黄克诚是书记处书记，地方和军队情况都比较熟悉，想请他参加。黄克诚认为还是彭德怀去为好，黄愿（根据中央决定）留在军委管家。

有一天，彭德怀和张闻天两人在中南海散步时偶遇，交谈中两人都认为，对于去年9月以来的“左”倾错误及其后果，党中央应该做些检讨。张闻天听说彭德怀不准备参加庐山会议，就建议他“听一听也好”。毛泽东也打电话要彭德怀参加会议。于是，彭德怀、张闻天先乘火车到武汉，再与贺龙、康生、陆定一一起乘船到九江，上庐山。

彭德怀在西北组会上连续作了7次发言和插话，坦率地讲了许多看法。

7月3日上午，彭德怀讲："1959年整风反右以来，政治上、经济上一连串的胜利，党的威信高了，得意忘形——说得意忘形可能重了点，总之是脑子热了一点。把这些经验总结一下，不要丢掉了，但不要埋怨。……毛主席家乡的那个公社，去年提的增产数，实际没有那么多，我了解实际只增产16%。我又问了周小舟同志，他说那个社增产只有14%，国家还给了不少帮助和贷款。主席也去过这个社，我曾问主席，你了解怎么样？他说没有谈这个事，我看他是谈过的，何必隐瞒呢？"

7月4日上午，彭德怀讲："去年忽视了《工作方法六十条》中的一切经过试验，吃饭不要钱那么大的事，没有经过试验。总之，大胜利后容易热，就是熟悉的经验也容易忘记。我犯过4次错误：打赣州、百团大战——百团大战中央还未最后作结论、西府战役打宝鸡、朝鲜第五次战役。西府战役打宝鸡，大家都要打，决定后第二天出发前下大雨，我有点动摇，打电话给下边，他们还主张打，最后搞得狼狈不堪，几乎全军覆没，虽然我动摇，不想打，当然还是我负责，因为我下的命令，我签的字。……无产阶级专政以后容易犯官僚主义，……因为党的威信提高，群众信任，因此行政命令多。马克思在巴黎公社问题上曾讲，无产阶级专政要防止官僚主义，防止的办法有两条：一是工作人员经过选举，群众有随时罢免权；二是工资等于最高的技术工人的工资，这次在国外跑了一趟，对这一点体会最深。与人民利益相一致的事情我们可以做到，如除四害；但与人民利益相违背的事（如砸锅），在一定时候也可以做到，因为党在群众中的威信高。……要找经验教训，不要埋怨，不要追究责任。人人有责任，人人有一份，包括毛泽东同志在内。'1070'是毛主席决定的，难道他没有责任！上海会议他作了自我批评，说他自己脑子也热了一下。我也有一份，至少当时没有反对。主席最伟大的地方在于能及时发现问题，弯子转得快，如果没有郑州会议，经济会被破坏。"

7月6日上午，谈到指标的宣传问题，彭德怀讲："裤子要自己脱，不要让人家拉。江西还在讲去年增产67%。这是脱了外裤，留了衬裤。要一次脱光，省得被动。……从北戴河会议以后，搞了个'左'的东西，全民办钢铁这个口号究竟对不对？全民办工业，限额以下搞了13000多个，现在怎么办？每个协作区、省要搞个工业体系，不是一两个五年计划的事情。……无产阶级与资产阶级合作容易产生右的错误，与资产阶级决裂容易犯'左'的错误。我们党内总是'左'的难纠正，右的比较好纠正，'左'的一来，压倒一切，许多人不敢讲话。成绩是伟大的，缺点是一个短时间（9月至11月）发生的。而影响不止三个月，换来的经验教训是宝贵的。要把问题搞一致，就团结了。"

7月7日上午，彭德怀讲："人民公社我认为早了些，高级社的优越性刚发挥，还没有充分发挥，就公社化，而且未经过试验。如果试上一年再搞，就好了。这也不是说等他衰老。过日子，国家也要注意风景区，人工湖可以慢点，浪费很大。好多省都给毛主席修别墅，这总不是毛主席让搞了。”

7月8日上午，彭德怀讲：“政治与经济各有不同的规律，因此思想教育不能代替经济工作。毛主席与党在中国人民中的威信之高，是全世界找不到的，但滥用这种威信是不行的。去年乱传主席的意见，问题不少。……错误的东西一定要反对，北戴河会议不批判‘吃饭不要钱’，结果普遍推广了。”

7月9日上午，彭德怀讲：“农村4个月不供油，事实上办不到，这完全是主观主义。我一回家看到这个电报，就打电话提出意见，你们提了意见没有？你们抵制过没有？……什么算账派、观潮派……帽子都有了，对于广开言论有影响，有些人不说真话，摸领导人的心理。”

7月10日上午，彭德怀讲：“基层党组织的民主问题要注意，省、地的民主是否没有问题呢？现在是不管党委的集体领导的决定，而是个人决定，第一书记定的算，第二书记决定的就不算，不建立集体威信，只建立个人威信，是很不正常的，是危险的。……解放以来，一连串的胜利，造成群众性的头脑发热，因而向毛主席反映情况只讲可能和有利的因素。在大胜利中，容易看不见、听不进反面的东西。”

当时，西北小组负责简报的同志在编发简报时，去掉了其中有些过于尖锐，有影射之嫌的话。这些话，没有引起多大的风波。

广东省委第一书记陶铸在会议期间，带着妻子曾志和女儿陶斯亮下山去南昌看望了一个住院的老战友冯白驹。曾志借机去看望了她的老战友、闲居在南昌的贺子珍。谈话间，贺子珍听说庐山正在召开中央工作会议，轻声问：毛主席来了？曾志点点头。贺子珍问：“他，怎么样？”曾志比较详细地向贺子珍介绍了一下毛泽东的身体情况。

回到庐山，曾志就去找毛泽东：主席，我下了一趟山，见到贺子珍了。毛泽东：哦，她怎么样？曾志：她很好么，看不出神经病。毛泽东眼睛变得湿润，吸了一口气说：唉，我们是10年的夫妻哟，我很想她，想见见她。

一个压在毛泽东心底多年的愿望升腾起来——要见见贺子珍。毛泽东嘱咐：这件事千万不要叫江青知道。又小声交代：你去找汪东兴，叫他来办。汪东兴正在江西搞调查研究（任副省长），他精心安排了毛泽东和贺子珍的这次见面，请江西省委书记杨尚奎的夫人水静和江西省省长方志纯的爱人朱丹华接送贺子珍。方志纯是方志敏烈士的弟弟，朱丹华是毛泽民烈士的遗孀，毛泽民牺牲后，朱丹华改嫁了方志纯。

水静和朱丹华乘车从南昌接来了贺子珍。

贺子珍见到了毛泽东，这是她做梦也想不到的事情。她的泪水不止，激动地连一句话也说不出来。毛泽东说：“我们见面了，你不说话，光哭，以后见不到了，又想说了。你这几年生活怎样？身体好吗？”贺子珍的情绪平静下来后，仔仔细细地看了毛泽东说：“我好多了。你的身体大不如前了。”

毛泽东询问了贺子珍在苏联的情况。她一五一十地说了一遍。毛泽东听后，神色凄然，轻轻叹气。贺子珍说：“都是我不好，我那时不懂事。”她禁不住又流下眼泪。

毛泽东谈了他这些年的情况，贺子珍仔细地听着。

毛泽东说：“娇娇有朋友了，你见过没有？同意不同意？”贺子珍：“我见过了，我满意。他们结婚，你同意，我也同意。”毛泽东说：“等这次开完会回去，就为他们举行婚礼。”

他们谁也没有提到江青，连一句关于她的话也没有。

贺子珍提醒毛泽东：“当心有人害你，当心王明这样的人害你。”毛泽东点点头：“我会注意的，你放心。”谈了一个多小时，毛泽东站起来说：“时间不早了，我们明天再见面，再谈谈。”

毛泽东对水静说：贺子珍脑子已经坏了，你明天送她下山吧。

毛泽东还嘱咐水静：她拿走了我 3 小瓶安眠药，很厉害的，吃多了会出事，你要想办法从她手里拿下来。①

第二天早上，贺子珍在自己的房间等待着与毛泽东“再谈谈”时，一个工作人员进来通知她：毛主席有事已经下山了，请你也马上下山。贺子珍被半请半强迫地送下了山。

九、彭德怀的信

彭德怀很少参加文娱活动。除参加西北小组会议的讨论外，就是在住处看文件、会议简报、群众来信。晚饭后，常和张闻天在一起散步。偶尔也有同志到他这里来，如周小舟就来他住处谈过几次。他们感到毛泽东的领导作风已存在一定的问题，以致刘少奇、周恩来、朱德、陈云、邓小平也都不便于讲话了。

通过参加会议，看文件，至 7 月 12 日晚，在彭德怀思想上已形成目前国家计划工作严重比例失调、毛主席两条腿走路的方针没有贯彻到各方面实际工作中去的看法。

彭德怀想：会议就要结束了，但许多问题还没有摆透，正确的意见还远未充分讲出来，认识也不一致，如果经验教训总结不深刻，问题纠正不彻底，再继续发展下去后果会更严重。他想：必须有人出面讲一讲，把问题和困难讲透，统一大家的

---

① 水静：《特殊的交往》，江苏文艺出版社，1992 年 9 月第 1 版。

认识。但谁来讲呢，当然只有主席，只有他能把大家的分歧统一起来，并真正贯彻下去，别人的话作用有限，搞不好还会引起混乱。但是，从主席的几次讲话看，对形势的看法比较乐观，应当提醒主席。那么，谁来向主席提出这些看法和建议呢：刘少奇、周恩来似乎都有不便。

他认为：还是自己超脱一些，有些话还好说一些。昨天周小舟来建议自己找主席谈谈，是对自己的一个鼓励。

但是，主席这几年对不同意见常常是很难听进去，而且容易发火。可是，如果没有人向主席提出应当提出的意见，后果又会如何呢？

7月13日的议程是继续讨论"记录"草稿。早饭后，彭德怀没有直接去西北小组会议室。他去见毛泽东，决心与他谈一谈。

不巧，长期养成夜间工作习惯的毛泽东刚刚睡下。彭德怀又折回去，参加西北小组讨论去了。

彭德怀决定把要说的话写成信给毛泽东。13日晚，起草信稿。14日晨，彭德怀让参谋王承光把此信抄正（由于抄写者的疏忽，将"甲"部分的倒数第2段最后1行的"有得有失"，抄成了"有失有得"[①]）。下午5时半左右，彭德怀让王承光将这篇3600字的信交给毛泽东的秘书高智。

彭德怀此信全文是：

主席：

这次庐山会议是重要的。我在西北小组有几次插言，在小组会还没有讲完的一些意见，特写给你作参考。但我这个简单人类似张飞，确有其粗，而无其细。因此，是否有参考价值请斟酌。不妥之处，烦请批示。

甲、1958年大跃进的成绩是肯定无疑的。根据国家计委几个核实后的指标来看，1958年较1957年工农业总产值增长了48.4%，其中工业增长了66.1%，农副业增长了25%（粮棉增长30%是肯定的），国家财政收入增长了43.5%。这样的增长速度，是世界各国从未有过的。突破了社会主义建设速度的成规，特别是像我国经济基础薄弱，技术设备落后，通过大跃进，基本上证实了多快好省的总路线是正确的。不仅是我国伟大的成就，在社会主义阵营也将长期的起积极作用。

1958年的基本建设，现在看来有些项目是过急过多了一些，分散了一部分资金，推迟了一部分必成项目，这是一个缺点。基本原因是缺乏经验，对这点体会不深，认识过迟。因此，1959年就不仅没有把步伐放慢一点，加以适当控制，而且继续大跃进，这就使不平衡现象没有得到及时调整，增加了新的暂时困难。

---

① 后来，毛泽东指责彭德怀把"得"放在后面是仔细斟酌的。即使在这样的情况下，彭德怀也没有一句解释和辩驳，目的是避免株连身边的工作人员（见静川：《彭德怀在庐山》，《党的文献》，1990年第5期）。

但这些建设，终究是国家建设所需要的，在今后一两年内或者稍许长一点时间，就会逐步收到效益的。现在还有一些缺门和薄弱环节，致使生产不能成套，有些物资缺乏十分必要的储备，使发生了失调现象和出现新的不平衡就难以及时调整，这就是当前困难的所在。因此，在安排明年度（1960 年）计划时，更应当放在实事求是和稳妥可靠的基础上，加以认真考虑。对 1958 年和 1959 年上半年有些基本建设项目实在无法完成的，也必须下最大决心暂时停止，在这方面必须有所舍，才能有所取，否则严重失调现象将要延长，某些方面的被动局面难以摆脱，将妨碍今后 4 年赶英和超英的跃进速度。国家计委虽有安排，但因各种原因难予决断。

1958 年农村公社化，是具有伟大意义的，这不仅使我国农民将彻底摆脱贫困，而且是加速建成社会主义走向共产主义的正确途径。虽然在所有制问题上，曾有一段混乱，具体工作中出现了一些缺点错误，这当然是严重的现象。但是经过武昌、郑州、上海等一系列会议，基本已经得到了纠正，混乱情况基本上已经过去，已经逐步的走上按劳分配的正常轨道。

在 1958 年大跃进中，解决了失业问题，在我们这样的人口众多的、经济落后的国度里，能够迅速得到解决，不是小事，而是大事。

在全民炼钢铁中，多办了一些小土高炉，浪费了一些资源（物力、财力）和人力，当然是一笔较大损失。但是得到对全国地质作了一次规模巨大的初步普查，培养了不少技术人员，广大干部在这一运动中得到了锻炼和提高。虽然付出了一笔学费（贴补 20 余亿），即在这一方面也是有失有得的。

仅从上述几点来看，成绩确是伟大的。但也有不少深刻的经验教训。认真地加以分析，是必要的有益的。

乙、如何总结工作中的经验教训：这次会议，到会同志都正在探讨去年以来工作中的经验教训，并且提出了不少有益的意见。通过这次讨论，将会使我们党的工作得到极大好处，变某些方面的被动为主动，进一步体现社会主义经济法则，使经常存在着的不平衡现象，得到及时调整，正确的认识“积极平衡”的意义。

据我看，1958 年大跃进中所出现的一些缺点错误，有一些是难以避免的。如同我们党 30 多年来领导历次革命运动一样，在伟大成绩中总是有缺点的，这是一个问题的两个方面。现时我们在建设工作中所面临的突出矛盾，是由于比例失调而引起各方面的紧张。就其性质看，这种情况的发展已影响到工农之间、城市各阶层之间和农民各阶层之间的关系，因此也是具有政治性的。是关系到我们今后动员广大群众继续实现跃进的关键所在。

过去一个时期工作中所出现的一些缺点错误，原因是多方面的。其客观因素是我们对社会主义建设工作不熟悉，没有完整的经验。对社会主义有计划按比例发展的规律体会不深，对两条腿走路的方针，没有贯彻到各方面的实际工作中去。我们在处理经济建设中的问题时，总还没有像处理炮击金门、平定西藏叛乱等政治问题那样得心应手。另方面，客观形势是我国一穷（还有一部分人吃不饱饭，去年棉布平均每人只18尺，可缝一套单衣和两条裤衩）二白的落后状态，人民迫切要求改变现状。其次是国际形势的有利趋势。这些也是促使我们大跃进的重要因素。利用这一有利时机，适应广大人民要求，加速我们的建设工作，尽快改变我们一穷二白的落后面貌，创造更为有利的国际局面，是完全必要和正确的。

过去一个时期，在我们的思想方法和工作作风方面，也暴露出不少值得注意的问题。这主要是：

1. 浮夸风气较普遍地滋长起来。去年北戴河会议时，对粮食产量估计过大，造成了一种假象。大家都感到粮食问题已经得到解决，因此就可以腾出手来大搞工业了。在对发展钢铁的认识上，有严重的片面性，没有认真地研究炼钢、轧钢和碎石设备，煤炭、矿石、炼焦设备，坑木来源，运输能力，劳动力增加，购买力扩大，市场商品如何安排等等。总之，是没有必要的平衡计划。这些也同样是犯了不够实事求是的毛病。这恐怕是产生一系列问题的起因。浮夸风气，吹遍各地区各部门，一些不可置信的奇迹也见之于报刊，确使党的威信蒙受重大损失。当时从各方面的报告材料看，共产主义大有很快到来之势，使不少同志的脑子发起热来。在粮棉高产、钢铁加番的浪潮中，铺张浪费就随着发展起来。秋收粗糙，不计成本，把穷日子当富日子过。严重的是相当长的一段时间，不容易得到真实情况。直到武昌会议和今年一月省市委书记会议时，仍然没有全部弄清形势真相。产生这种浮夸风气，是有其社会原因的，值得很好的研究。这也与我们有些工作只有任务指标，而缺乏具体措施是有关系的。虽然主席在去年就已经提示全党要把冲天干劲和科学分析结合起来，和两条腿走路的方针，看来是没有为多数领导同志所领会，我也是不例外的。

2. 小资产阶级的狂热性，使我们容易犯左的错误。在1958年的大跃进中，我和其他不少同志一样，为大跃进的成绩和群众运动的热情所迷惑，一些左的倾向有了相当程度的发展，总想一步跨进共产主义，抢先思想一度占了上风；把党长期以来所形成的群众路线和实事求是作风置诸脑后了。在思想方法上，往往把战略性的布局和具体措施，长远性的方针和当前步骤，全体与局部、大集体与小集体等关系混淆起来。如主席提出的“少种、高产、多收”、“15年赶上英国”等号召，都是战略性、长远性的方针，我们则缺乏研究，不注意研究当前具体情况，把工作安排在积极而又是稳妥可靠的基础上。有些指标逐级提高，层层加码，把本来需要几年或者十几年才能达到的要求，变成一年或者几个月就要做到的指标。因此就脱离了实际，得不到群众的支持。诸如过早否定等价交换法则，过早提出吃饭不要钱，某些地区认为粮食丰产了，一度取消统销政策，提倡放开肚皮吃，以及某些技术不经鉴定就贸然推广，有些经济法则和科学规律轻易被否定等，都是一种左的倾向。在这些同志看来，只要提出政治挂帅，就可以代替一切，忘记了政治挂帅是提高劳动自觉、保证产品数量质量的提高，发挥群众的积极性和创造性，从而加速我们的经济建设。政治挂帅不能代替经济法则，更不可能代替经济工作中的具体措施。政治挂帅与经济工作中的确切有效措施，两者必须并重，不可偏重偏废。纠正这些左的现象，一般要比反掉右倾保守思想还要困难些，这是我们党的历史经验所证明了的。去年下半年，似乎出现了一种空气，注意了反右倾保守思想，而忽略了主观主义左的方面。经过去年冬郑州会议以后一系列措施，一些左的现象基本上纠正过来了，这是一个伟大的胜利。这个胜利既教育了全党同志，又没有损伤同志们的积极性。

现在对国内形势已基本上弄清楚了，特别是经过最近几次会议，党内大多数同志的认识已基本一致。目前的任务，就是全党团结一致，继续努力工作。我觉得，系统地总结一下我们去年下半年以来工作中的成绩和教训，进一步教育全党同志，甚有益处，其目的是要达到明辨是非，提高思想，一般地不去追究个人责任。反之，是不利于团结，不利于事业的。属于对社会主义建设的规律等问题的不熟悉方面，经过去年下半年以来的实践和探讨，有些问题是可以弄清楚的。有些问题再经过一段时间的学习摸索，也是可以学会的。属于思想方法和工作作风方面的问题，已经有了这次深刻教训，使我们较易觉醒和体会了。但要彻底克服，还是要经过一番艰苦努力的。正如主席在这次会议中所指示的："成绩伟大，问题很多，经验丰富，前途光明。"主动在我，全党团结起来艰苦奋斗，继续跃进的条件是存在的。今年明年和今后4年计划必将胜利完成，15年赶上英国的奋斗目标，在今后4年内可以基本实现，某些重要产品也肯定可以超过英国。这就是我们伟大的成绩和光明的前途。

顺致

敬礼！

彭德怀

1959年7月14日①

一直到16日，会议都是在轻松、自由、畅快的气氛中进行的。省委书记和国务院的部长们，都不过40开外的年纪，大家经过50年代的交谊舞训练，跳得兴味很大。毛泽东、刘少奇、周恩来、朱德等人也参加其中。同时，舞台上还上演着古装戏。毛泽东的新近两首"七律"经过"秀才"周小舟、胡乔木的订正、传诵，大家也都争相效仿。

毛泽东看了彭德怀这封信后，带着苦笑的表情说："彭老总批给我看的尽是消极材料，尽给我送消极材料。"接着他说出几位中央首长的名字，说："他们送的材

① 《彭德怀自述》，人民出版社，1981年12月第1版，第281—287页。

料积极。”[①]

7 月 15 日，中共中央办公厅通知：会议延长，日期不定。

7 月 16 日晚上，毛泽东把刘少奇、周恩来、朱德 3 位常委召来，毛泽东讲话说：一、总的来讲，我们对过去几年工作的总的估计是得多于失，但是也有一部分得不偿失，应该承认这一点；二、总的来讲不能泄气，要鼓干劲，当然有一部分气要泄，一部分基建项目要下马，这就要泄气，这部分气非泄不可；三、现在有没有右倾机会主义？我说有，我就是，我就是嫌右倾的朋友太少了，有好多同志是糊里糊涂地往前闯，碰了钉子还不知道掉头；四、现在事实上就是反冒进，只是不公开讲，反冒进的司令就是我。[②]

毛泽东说：我建议要大家评论这封信的性质；让彭真、陈毅、黄克诚、安子文，若干部长，国家经委、计委、建委 3 个委员会的若干副主任也上山来参加会议，如果林彪身体还可以，也请他来会议再开一周。

毛泽东给此信加了一个“彭德怀同志的意见书”的标题，并批示道：印发各同志参考。

7 月 17 日，与会者每人都得到了这份印发的材料，被告知：从即日起，在继续讨论《会议记录》的同时，讨论“彭德怀同志的意见书”。

1959 年 7 月 17 日下午 5 时至夜 10 时，毛泽东找了周小舟、周惠、胡乔木、田家英和李锐 5 个“秀才”谈话。谈得多而融洽。毛泽东说：总路线，能有多少人拥护？我看真有 70%的人就不得了，拥护者中真正骨干有 30%就不得了，大部分是随大流的。

毛泽东说：不要怕乱，乱了才好大治。他平静地说：现在的情况，实质是反冒进，我是反冒进的头子；你们要有几个右派朋友，本人便是一个，我是机会主义的头子；我要找唱反调的人通信，计委这次就来了反对派的人。

毛泽东说：工业系统是独立王国，谁也进不去，孙悟空偷桃子，只有这个办法，再不就是召开庐山会议；以前不懂经济，不知道管理经济之复杂，过去革命是捣乱，因为敌人有隙可乘。“秀才”们反映，不同意见还不能真正展开讨论，同一个地区在一个组发言，对畅所欲言有妨碍。

毛泽东说：“那就 6 个大组打乱，再分成若干组讨论，不要一个腔调。”

毛泽东说：“国务院那么多部组成的院，不包括各省，光部有多少？全国那么多工厂，部分散在各个省，权力不易集中。过去司令部、政治部有矛盾，好不容易集中前敌委员会。……中央红军 8 万多人，到吴起镇剩 7000 人。开干部会，对大家说我们比过去强了，当时许多人不同意。”

---

① 李银桥：《在毛泽东身边十五年》，河北人民出版社，1991 年 12 月第 1 版，第 261 页。

② 《第一次郑州会议至庐山前期纠“左”的努力》，《党的文献》，2013 年第 2 期，第 16 页。

毛泽东说：1959年钢产量降下来定为1300万吨来之不易，“就是完不成，也不要如丧考妣。只要真正鼓足了干劲，指标没完成没有关系。”

田家英曾于1959年初春至庐山会议前在四川新繁县（1965年并入新都县）大丰（原名崇义桥，是田家英的外婆家，田家英为此地改了名）公社蹲点调查。在庐山，他向毛泽东反映那个公社在粮食产量上的浮夸情况，介绍全国劳动模范，合作化时期的老先进罗世发向他讲述的被逼说假话、放卫星的苦境，并谈了他同省委主要负责同志的争论。

毛泽东说：现象与本质不容易弄清楚，万人检查团是形式主义，既了解不到真实情况，也不敢向上说真话；成绩讲够很重要，他们在当家，人为财死，鸟为食亡，人都有保卫自己果实的本能。

毛泽东最后谈到彭德怀的信。由此谈到了1937年8月的洛川会议，说“华北军分会的决定，不同意中央的游击方针”，即彭德怀的历史旧账。

谈话中，毛泽东还请他们几个吃了晚饭，并以茅台酒相招待。

自1959年7月17日上午，会议讨论“记录”和彭德怀的信，彭德怀的信成为议论的中心，形势逐渐起了变化：有人赞成，认为有分析，有见解，讲了实质性的问题；有人基本赞成，认为总的精神是好的，但个别提法不妥当；有人基本不赞成，认为虽然反映了一些实际问题，但谈问题的角度不端正；有人不赞成，认为信反映的问题和谈问题的出发点都不正确。

7月17日，黄克诚上了庐山。上山后刚进屋，彭德怀就拿着他写给毛泽东的信给黄克诚看。黄克诚仔仔细细看了一遍说：这封信的意见我赞成，但信的写法不好，语言中有些提法有刺激性，你那样干什么？彭德怀说：实际情况那么严重，会上没有人敢说尖锐的话，我就是要引起重视。黄克诚说：你总是感情用事，你和主席共事多年，应该互相了解较深，这些话何不与主席当面交谈，何必写信？①

7月18日，原留守北京的、被毛泽东提了名字的人参加会议。

19日，黄克诚在小组会上作了发言，表示同意毛主席对形势估计的3句话，同意刘少奇说的“成绩讲够，缺点说透”。黄克诚认为：对3句话，现在争论的主要点可能在中间，两头是一致的；问题不少，即是缺点错误不少，检查缺点使我们前进，不会使我们后退。黄克诚对会议记录中提的3条缺点加以补充说：第一，对农业生产成绩估计过高；第二，比例失调；第三，1959年计划指标过大。对于人民公社，黄克诚说：公社制度是优越的，是进入共产主义的好形式，但我在考虑这样一个问题，对不对请大家研究，去年搞公社好还是不搞好？我想搞也好，不搞也

---

① 《黄克诚自述》，人民出版社，1994年10月第1版，第249页。

可以，从长远说搞了好，从短期说不搞更主动些。黄克诚认为“有缺点不可怕，可怕的是有缺点不讲，……批评与自我批评是有生命力的武器，这个缺少了就减少了生命力。”

黄克诚认为，缺点造成的影响：①紧张，粮食紧张是解放以来没有的，基建原材料、市场副食也紧张；②党与群众的联系受到影响；③党在国际上的威信也受到影响。他说：当然很快就克服了，外国人从来相信我们，我们也不是有意作假。针对缺点产生的原因，黄克诚说：同意会议纪要所说的主要是由于经验不足，部分是由于主观片面，“讲缺点同鼓干劲是一致的，有缺点有什么了不起？我们党特别是毛主席，看问题看得远，看得深，公社化运动中的缺点，发现纠正得快。……缺点是执行路线中的缺点，具体工作中的缺点，不是路线问题。”

罗瑞卿、谭震林不同意黄克诚的意见，争论了一通。[①]

黄克诚还在别的场合向中央领导同志呼吁：再不要搞运动啦，民主革命胜利了，社会主义改造也完成了，还要搞运动干什么？这个“台风”再也刮不得了。

1959 年 7 月 19 日，周小舟在小组会上发言，在肯定了总路线和党中央领导的正确以后，强调，“庐山会议是高级干部会议，所以在肯定成绩之后，应该着重总结经验”，关于“得失”，周小舟说：从政治、经济、文化、思想、领导，总的来讲，是得大大多于失的，从具体问题上讲，得多于失、得失相等、失多于得，我看都是有的，要分别讲；比如湖南去年建了 5 万个土炉，有 2 万个根本没有生过火，某些地方晚稻并秧，大大减产，这些，我看就只有失，无所得。

周小舟说：我们这些人都是好心，想多快好省地建设社会主义，总想多搞一点，搞快一点；刮共产风也是想搞共产主义，其结果是违反价值法则、按劳分配等某些社会主义原则，所以是错误的；我们应该把所有这些经验总结起来，引为教训。周小舟说：“我的看法，这次会议把缺点讲透很有必要，只有如此才能正确地总结经验教训的。……彭总给主席的信，我认为总的精神是好的，我是同意的，至于某些提法、分寸、词句，我认为是可以斟酌的。”

7 月 19 日，彭德怀根据大家意见，在小组会上对他的信作了解释：意见书是仓促写成的，提供主席参考，文字上难免有不正确的地方；对总路线的正确性一点也不怀疑，大家不要误会我认为我们党是小资产阶级的党。

关于“小资产阶级的狂热性”，彭德怀解释，去年下半年，党内一些“左”的倾向有所发展，如浮夸风的滋长，以热情代替科学，一下子全国吃饭不要钱，有的地方几天内拆了很多房子，三五天内要消灭文盲，等等；有其社会原因，这就是小资产阶级狂热性。

---

① 《黄克诚自述》，人民出版社，1994 年 10 月第 1 版。

7月20日早晨，毛泽东在住处听取杨尚昆汇报各组讨论的情况。①

毛泽东说：耳朵是听话的，口是讲话的，好的就接收，不好的硬着头皮顶住。毛泽东还说：要印发鲁迅的《阿Q正传》，使大家受点启发，不要像阿Q那样，自己的缺点、毛病动不得，一触即跳。

毛泽东讲了4条意见："（一）欠债是要还的，不能出了错误，一推了之。去年犯了错误，每个人都有责任，首先是我。（二）缺点还没有完全改正，现在腰杆子还不硬，这是事实。不要回避这些事情，要实事求是。（三）有些气就是要泄。（四）准备和那些'左派'，就是那些不愿意承认错误，也不愿意听别人讲他错误的人谈一谈，让他们多听取各方面意见。"②

1959年7月21日，贺龙在小组会上发言，"目前的主要问题是干劲不足，而不是头脑发热和虚报。"他批评彭德怀的信说：我们去年出现的一些"左"的偏差，也只是在克服了右倾保守错误、执行总路线取得了伟大胜利中的工作方法上有些缺点产生的；既是这样，就谈不上什么小资产阶级的疯狂性和什么难于克服的错误；因此，我对彭总给主席的信，觉得在总的估计上是不恰当的，把问题说得过于严重；我记得彭总在火车上曾说过，"如果不是中国工人、农民好，可能要请红军来"，这当然把问题说得过头了；此外，彭总信上说：今年不能继续大跃进，这个看法我也不同意。

1959年7月21日下午，中共中央政治局候补委员、外交部副部长张闻天在华东组小组会上作了3个小时的发言。发言之前，秘书肖扬曾劝他不要讲：小心挨批。21日晨，胡乔木也曾打电话给张闻天，提醒他发言不要多说：不要讲大炼钢铁等问题，因为领导的认识不统一。

张闻天共讲了13个问题：（1）大跃进的成绩；（2）缺点；（3）缺点的后果；（4）对缺点的估计；（5）产生缺点的原因；（6）主观主义和片面性；（7）政治和经济；（8）三种所有制的关系；（9）民主和集中；（10）缺点讲透很必要；（11）光明前途问题；（12）关于彭德怀同志的意见书；（13）成绩和缺点的关系。

张闻天说：我是搞外交的，对经济是外行，情况知道得很少，发言权不那么多，讲些外行话吧！这次庐山会议，是总结经验嘛！"成绩应该说够"我也赞成，但在缺点方面，同志们讲得少一些，我想多讲一些，希望不致引起误会；"记录"草稿所讲的3点，我都同意，但可以再具体些，还可以再加一条：下马过多，体制紊乱；由于指标过高，求成过急，首先是钢铁产量指标过高，其他指标也被迫跟着上，引起比例失调，造成了很大损失；1958年粮食产量估计过高，1959年粮食指

① 《第一次郑州会议至庐山前期纠"左"的努力》，《党的文献》，2013年第2期，第16页。

② 《〈中国共产党历史〉第二卷（1949—1978）》，中共党史出版社，2011年1月第1版，第545页。

标规定 10500 亿斤，也造成损失，使吃、用发生了问题；生产和基建方面产生了一系列问题：反映到市场上，就是供应紧张；反映到财政金融上，1958 年的结余用光了，今年上半年多收 37 亿元，也用掉了；虚报浮夸、强迫命令，使党在人民中、在国内外失掉了信用，还造成了不好的风气，不允许讲话，不允许怀疑，怀疑了就给扣帽子，“怀疑派”、“观潮派”之类；缺点是局部的、暂时的，有许多难免的，但却是重要的；纠正需要相当时间，可能有些问题现在还没有发现；主要是缺乏经验，但总结经验时，就不能满足于说缺乏经验，而应该从思想观点、方法、作风上去探讨；否则，都讲客观原因，就总结不出经验，接受不了教训。

张闻天说：有一个时期，把主观能动性强调到荒谬的程度；好大喜功也是好的，但要合乎实际，否则会弄巧成拙，欲速不达，好事变坏事；政治是经济的集中表现，光政治挂帅还不行，还要根据客观经济规律办事；说是不算经济账，只算政治账，这是不行的；不算账，社会主义是建设不起来的：“平衡是相对的，不平衡是绝对的。”这是法则，但是在经济建设中正是要找出相对平衡，利用相对平衡，按照相对平衡办事。

他说：集体所有制的历史使命还没有完成，现在不要强调它的改变；要坚决贯彻按劳分配，建议取消“吃饭不要钱”；要强调保护消费个人所有制；不能否定个人利益，如果社会主义不能满足个人物质、文化需要，就没有奋斗目标，社会主义也就建设不起来。

张闻天说：要正确处理民主集中的关系，首先是中央和地方的关系，在党内民主作风方面，“主席常说，要敢于提不同意见，要舍得一身剐，不怕杀头，等等。这是对的。但是，光要求不怕杀头还不行。人总是怕杀头的，被国民党杀头不要紧，被共产党杀头还要遗臭万年。所以，问题的另一面是要领导上造成一种空气、环境，使得下面敢于发表不同意见，形成生动活泼、能够自由交换意见的局面。……我们不要怕没有人歌功颂德，讲共产党英明、伟大，讲我们的成绩，因为这些是客观存在的事实。怕的是人家不敢向我们提不同意见。”

他说：缺点讲透很必要，有人说“讲缺点会泄气，会打击积极性”，我看不会；相反地，光讲成绩，不讲缺点，是否会保积极性呢？我看不会；马列主义者鼓励积极性靠真理，现在我们觉得有些虚，就是真理不够。

他说：现在问题是要防止骄傲自满、麻痹大意的情绪；要更多地看到存在问题的一面，胜利本身有消极面，因为它容易使人头脑发热、骄傲自满；去年 9 月以后，在国际关系中产生了严重的骄傲情绪，气焰很高，大国主义思想表现得相当明显，谦虚一点有好处；许多事情，要等待时间来证明，现在不要吹。

张闻天在最后说：这份《意见书》提出了一些问题，中心内容是希望总结经验，本意是很好的，但是从各方面的反映看，不少同志似乎对彭德怀同志这个出发点研究不多，只注意了他信中的一些具体说法，其实是肯定了成绩的；成绩是基本的，这同大家说的一样。至于个别说法，说得多一点少一点，关系就不大；对于得和失的看法，他讲的是局部问题，有得有失，考虑一下是可以的；至于各方面关系的紧张，是具有政治性的说法，我认为要看怎么讲，在刮共产风时各方面的关系确实紧张，现在已基本好转，还有些问题没有解决，所以他提出的这个问题应该考虑；他讲浮夸风吹遍各地区、各部门，他可能讲的严重一点，但浮夸风是确实严重的，现在也不是完全解决了；小资产阶级的狂热性，使我们容易犯“左”的错误，刮共产风恐怕也是小资产阶级的狂热性，这个问题不说更好一点；至于把党长期以来所形成的群众路线和实事求是的作风置诸脑后了，我认为如果讲一个时期，这样讲问题不大；至于纠正“左”的偏向要比纠正右的偏向还要困难的问题，有的说容易，有的说困难；“左”的毛病我犯过，那是盲动主义的路线错误，现在是局部问题，不是路线问题，所以性质不同，比过去纠正错误肯定容易；但容易到什么程度，还要看我们工作做得怎么样，抓得紧就容易，抓得松就不那么容易。[①]

张闻天说：“几句话讲的不对，就被扣上帽子，当成怀疑派、观潮派，还被拔白旗，有些虚夸的反而受奖励，被树为红旗。为什么这样呢？为什么不能听听反面意见呢？刀把子、枪杆子，都在我们手里，怕什么呢？真正坚持实事求是、坚持群众路线的人，一定能够听，也一定会听的。听反面意见，是坚持群众路线、坚持实事求是的一个重要条件。毛主席关于群众路线、实事求是的讲话，我认为是讲起来容易做起来难，真正要培养这种风气不容易。”

会议气氛很紧张，张闻天的话曾多次被打断，有几位同志在不同的问题上插话，插话或长或短，都是表示不同意张闻天的意见，会议最后，华东局书记、上海市委第一书记柯庆施说：“洛甫同志把意见都说出来，这是好的。”（柯庆施在张闻天发言中插过话，表示反对张闻天的观点）

对彭德怀观点持反对态度的人，发表的意见也很尖锐。他们认为彭对成绩作了抽象的肯定，问题却讲得太多、太具体、太严重，不鼓励而是泄气，不是支持群众运动而是乱了人们的思想，再反“左”，今年指标就无法完成。有些同志进而指出彭德怀信中某些话是暗示党中央犯了路线性质的错误。

7月21日，彭德怀在小组会上发言说：这封信是在得知会议即将结束时仓促写成的，文字上、逻辑上有些缺点，没有能准确地表达本意。彭德怀建议会后把信收回来，中央留几份存档。

1959年7月22日，毛泽东找几个人谈话，柯庆施、李井泉对纠“左”表示不满，柯庆施说，彭德怀的信是对着总路线，对着主席来的；现在需要主席出来讲话，顶住这股风，不然队伍就散了。当天晚上，毛泽东与刘少奇、周恩来商量，准备第二天开大会。[②]

---

① 张闻天：《在庐山会议上的发言》（1959年7月21日），《江海学刊》，1985年第4期。

② 《毛泽东传（1949—1976）》，中央文献出版社，2003年12月第1版，第983页。

同时，从中央到地方都不断传来对“三面红旗”的尖锐批评；在国外，赫鲁晓夫和东欧国家的一些领导人，也连续发表批评中国“大跃进”和人民公社的讲话和文章。这一切，使毛泽东感到形势严重，必须进行反击。

会议从纠“左”转向反右，事先没有经过中央政治局常委讨论。刘少奇曾找胡乔木谈话，表示对彭德怀的《意见书》可以在小范围内批判，总的部署还应继续纠“左”，《记录》要争取发出去，让下面继续纠“左”。刘少奇要胡乔木向毛泽东反映这个意见，胡乔木说这已经不可能了。

周恩来担心彭德怀对突如其来的严厉批判，身心承受不了，安排彭德怀夫人浦安修上山，从生活上照顾彭德怀。

1959年7月23日上午9时，中央政治局扩大会议的第二次全体会议在庐山交际处直属招待所西餐厅举行。毛泽东到会讲话。

毛泽东说：

“你们讲了那么多，允许我讲点把钟，可不可以？吃了三次安眠药，睡不着。”

“我看了同志们的发言记录、文件，和一部分同志谈了话，我感到有两种倾向，在这里讲讲。”

“一种是触不得，大有一触就跳之势，因之有一部分同志感到有压力，即不让人家讲坏话，只愿人家讲好话。我劝这些同志们要听。好坏话都是话，都要听。话有三种：一是正确的；二是基本正确或不甚正确的；三是基本不正确或不正确的。”

“现在党内党外夹攻我们。右派讲，秦始皇为什么倒台了，就是因为修长城，现在我们修天安门，要垮台了。这是右派讲的。江西党校的反映是党内的代表，有些人是右派；动摇分子，他们看得不完全，做点工作可以转变过来。有些人历史上有问题，挨过批评，也认为一塌糊涂，如广东军区的材料所反映的。”

“不论什么话都让讲，无非是讲一塌糊涂。这很好，越讲得一塌糊涂越好，越要听。我和这些同志讲过，要顶住，硬着头皮顶住。为什么不让人家讲呢？神州不会陆沉，天不会掉下来。因为我们做了些好事，腰杆子硬。我们多数派同志腰杆子要硬起来，为什么不硬？无非是一个时期蔬菜太少，没有头发卡子，没有肥皂，比例失调，市场紧张，什么都紧张，以致搞得人心紧张。我也紧张，说不紧张是假的。”

“说我们脱离群众，我看是暂时的，就是两三个月，春节前后。群众还是拥护我们的。我看现在群众和我们结合得很好。小资产阶级狂热性，有一点，并不那么多。我同意同志们的意见。问题是公社运动。我到遂平详细谈了两个多钟头，嵖岈山公社党委书记告诉我，7、8、9三个月，平均每天3000人参观，3个月30万人。徐水、七里营听说也有这么多人参观。这些人都是县、社、队干部，也有地、省干部。他们的想法是河南人和河北人创造了真理，打破了罗斯福‘免于贫困的自由’。搞共产主义，这股热情怎么看法？小资产阶级狂热吗？我看不能那么说，无非是要想多一点、快一点。3个月当中，3个30万，90万人朝山进香，对这种这种广泛的群众运动，不能泼冷水，只能劝说。……这些干部，率领几亿人民，他们要办公社，办食堂，搞大协作，非常积极，你说这是小资产阶级狂热性？这不是小资产阶级，是贫农、下中农，无产阶级、半无产阶级。”

“到春节后，他们不高兴了，变了。干部下乡，不讲话了，请吃红薯、稀饭，面无笑容。这叫刮‘共产风’，也要有分析，其中有小资产阶级狂热性。这是什么人？‘共产风’主要是县、社两级，特别是公社一部分干部，刮生产大队和小队的。这是不好的，群众不欢迎。用了一个月工夫，3、4两月间把风压下去了，该退的退，社与队的账算清楚了。这一个多月的教育、算账有好处，在极短的时里，使他们懂得了平均主义不行，‘一平、二调、三收款’是不行的。”

“他们不晓得作了多少次检讨了，从去年郑州会议以来，大做特做，省六级干部会上、县五级干部会上都要检讨。北京来的人哇啦 哇啦，他们就听不进去：我们检讨多次，你们没听过？我就劝这些同志：人家有嘴巴嘛，要人家讲嘛，要听听人家的意见。……我说就是硬着头皮听，无非是骂祖宗三代。这也难。我少年中年时，也是听到坏话就一股火。人不犯我，我不犯人；人若犯我，我必犯人；人先犯我，我后犯人。这个原则，我现在也不放弃。”

“第二方面，我劝另一部分同志，在这样紧急关头，不要动摇。据我观察，有一部分同志是动摇的。也说大跃进、总路线、人民公社是正确的，但要看讲话的思想、方向站在哪一边，向哪个方向讲的。这一部分是第二种人，‘基本正确，部分不正确’的这一类人，但有些动摇。有些人在关键时刻就是动摇的，在历史上大风浪中就是不坚定的。历史上4条路线，立三路线，第一第二两次王明路线，高饶路线。现在又是总路线。站不稳，扭秧歌。他们忧心如焚，想把国家搞好，这是好的。……这次他们不讲冒了，可是有‘反冒进’的味道。比如说，‘有失有得’，‘得’放在后边，是经过斟酌的。如果戴帽子，这是资产阶级的动摇性。”

“假如办10件事，9件是坏的，一定灭亡，应当灭亡。那我就走，到农村去。你解放军不跟我走，我就组织红军去，另外组织解放军。我看解放军会跟我走。”

“我劝一部分同志讲话的方向要注意。讲话的内容基本正确，部分不妥。……这些同志，据我看不是右派，是中间派，不是左派。一些人碰了一些钉子，头破血流，忧心如焚，站不住脚，动摇了，站到中间去了。究竟偏左偏右，还要分析。重复了1956年下半年、1957年上半年犯错误的同志的道路。他们不是右派，可是自己把自己抛到右派边缘去了，距右派还有30公里，因为右派很欢迎这个论调。……这种同志采取边缘政策，相当危险。不相信，将来看。”

“我出的题目中间，加了一个团结问题，还是单独写一段。拿着团结的旗帜——人民的团结、民族的团结、党的团结。我不讲，究竟对这些同志有益还是有害？有害，还是要讲。我们是马克思主义政党。……我不是说要讲吗？一条是要讲，一条是让人家讲。我不忙讲，硬着头皮顶住。我为什么现在不硬着头皮顶住了呢？顶了20天了，快散会了，索性开到月底。”

“食堂是好事，未可厚非。我赞成积极办好，自愿参加，粮食到户，节约归己。如果在全国范围能保持三分之一，我就满意了。第二个希望，一半左右。食堂并不是我们发明的，是群众创造的，河北1956年公社之前就有办的。……可是科学院昌黎调查组，说食堂没有一点好处，攻其一点，不计其余。① ……食堂可以多办一点，再试试看，试他一年、二年，估计可以办成。”

“有许多事根本料不到。不是说党不管党嘛，一个时期计划机关不管计划。计划机关不只是计委，还有各部，还有地方。地方可以原谅。所谓不管计划，就是不搞综合平衡。根本不去计算，要多少煤、多少铁，就要多少运力。……去年8月以前，主要精力放在革命方面，对建设根本外行。在西楼开会时讲过，不要写‘英明领导’，管都没管，还说什么英明？但是，同志们，1958年、1959年主要责任在我身上，应该说我。过去说恩来、陈云，现在应该说我。……大办钢铁的发明权是柯庆施还是我？我说是我。我和柯庆施谈过一次话，他说华东搞600万吨。以后我找大家谈话，有王鹤寿，也觉得可行。我6月讲1070万吨，后来去做，北戴河会议上有同志建议搞到公报上，也觉得可以。从此闯下大祸，9000万人上阵，搞了小土群，补贴40亿，今年20亿，明年15亿，后年5亿，共80亿。去年是小土群，今年是小洋群，‘得不偿失’、‘得失相等’等说法，即由此来。”

“我有两条罪状：一个是1070万吨钢，是我下的决心，始作俑者是我，主要责任在我。一个是人民公社，人民公社我无发明之权，有推广之权。北戴河会议决议是我建议写的。”

“我们现在的经济工作，是否会像1927年那么失败？像二万五千里长征时那样，苏区缩小到十分之一？不能这样讲。也不是大部分失败，是一部分失败。如果讲责任，李富春、王鹤寿，有点责任，农业部、谭震林有责任，第一个责任是我。柯老，你有没有责任？（柯庆施：有），华东一个地区你就要600万吨，我是全国1070万吨。同志们自己的责任都要分析一下。”

毛泽东讲完话就散会。

彭德怀在门口挡住毛泽东，说他的信是向毛泽东个人写的，没让大家来讨论。毛泽东愣了一下说：你也没有讲不要印发嘛。

黄昏，彭德怀走出院门散步，迎面遇见聂荣臻。聂荣臻说：“老彭，今天上午主席讲的话，考虑好了没有？”彭德怀说：“是非曲直由人断，事久自然明嘛！”

聂荣臻说：“老彭，不能采取满不在乎的态度。主席午前讲话，从政治上、组

① 1964年4月2日，毛泽东同王任重谈话时说：“在1959年春，只有科学院的昌黎调查组是正确的。”

织上、路线上，已经提到了高度原则。你应当考虑对党对人民如何有利的问题，写成书面发言。”

毛泽东的讲话，也使得他周围的人产生了极大的忧虑。晚上，周小舟、周惠、李锐都感到不能接受毛泽东的讲话。周小舟说：主席的讲话是否经过常委讨论还是他一个人的意见？按照讲话精神发展下去，很像斯大林后期，没有集体领导，只有个人决定，这样将导致党的分裂。周惠说，主席年纪老了，有些决定是否变得太快。

当晚，周小舟给黄克诚打电话，他们想来谈谈。黄克诚认为这时应当谨慎一些，不同意他们来，但是周小舟坚持，黄克诚就让步了。① 周小舟、周惠、李锐他们三人找到黄克诚的住处，谈了想不通的心情。周小舟又说了斯大林晚年的话。黄克诚劝说了他们。恰巧，彭德怀这时接到西藏军区关于要求增派运输车辆的电报，找黄克诚商量。周小舟愤愤地对彭德怀说：“老总呀！我们离右派只有 30 公里了。”彭德怀说：“30 公里也不要紧，把一些模糊观点弄清楚也是好的。”黄克诚和“秀才”们起身给彭德怀让座，房间里又没有多余的椅子。李锐示意周小舟，应当告辞了。他们本想与彭德怀多待一会儿，但看到彭德怀那疲倦、乏神的面容，就起身告辞了。

当他们出门时，碰见罗瑞卿。②

此事，很快被毛泽东知道了，后来成了“非组织活动”的内容。

当晚，彭德怀在笔记中写道：我（1959 年）7 月 14 日写给毛主席的信 7 月 16 日由中央办公厅印发到会同志；至 7 月 22 日，各小组经过 6 天的讨论，对信完全同意的，只有一个同志，基本上不同意的也只有一个同志；其余在发言中的大多数同志是基本上同意的，但还有一部分同志，还没有发表意见；至于我写这封信，是在西北小组会议上，一些不便讲的问题；要点是写给主席作参考的，希望主席考虑信中的一些问题，主席竟把问题搞到如此十分严重，如此十分尖锐，提到离开现实情况的高度原则；因此，国内在经济建设中，出现的许多问题，不仅不能得到解决，在“左”倾急躁冒进的基础上，再加以猛烈的反对右倾机会主义，并把它提到两条路线斗争的高度，它将要造成难以估计的损失，引起更加严重的比例失调，甚至引起党内外一段时间的混乱，造成生产和人民生活水平下降的后果!!

24 日的小组会，成了对彭德怀、张闻天的揭发批判会。原来对彭德怀的发言和信持反对态度的自不待言，原来对彭德怀信内容有同感或发表过相类似观点的人，也纷纷收回自己的话，以便“划清界限”。陈伯达赶忙收回了“1959 年不仅没

---

① 《黄克诚自述》，人民出版社，1994 年 10 月第 1 版。

② 《黄克诚自述》，人民出版社，1994 年 10 月第 1 版。

有把步伐放慢，加以适当控制，而且继续大跃进”的观点，转而批彭。

有人联系历史，不点名地批判彭德怀：抗战初期，主席的“论持久战”、“论新阶段”，有人不同意；洛川会议上，主席提出的战略方针，有人在执行上不是那么坚决的。

柯庆施作长篇发言，指责彭德怀否定了大跃进的伟大成绩，实际上也就否定了总路线的正确。他连大炼钢铁有缺点的话都否认了。还指名说张闻天的发言，与彭德怀有同样的情况。

1959 年 7 月 30 日上午，聂荣臻、叶剑英两位元帅同彭德怀谈话。叶剑英说：我们是 30 年的老战友了，应该诚恳地谈一谈，你的一股骄傲劲，已经发展到登峰造极的地步，今天连毛泽东同志你都看不起，还有谁你看得起？毛泽东同志健在，你尚且如此，万一毛泽东同志不在，还有谁管得了你，危险性就在这里；你骄傲、孤高，假如是在庐山上当和尚，上天下地唯我独尊，还不要紧，而你是党中央集体领导的一员，政治局委员，又当国防部长，功劳很大，名声很大，地位很高，带几百万军队，你一马当先，亲自挂帅来反对党中央，反对毛泽东同志，事情就严重了。

聂荣臻说：你为什么写这封信，这信是什么性质的错误？为什么总是在紧急关头都要搞一下？

彭德怀万没有想到一封信会引起如此轩然大波。开始他想不通。他认为：两次郑州会议只参加了一次，且因为接到通知较晚，只参加了会议的最后一天；武昌会议上，虽然同意了毛泽东指定公布的数字，可当即提出了自己还是怀疑的看法；上海会议提了意见，受到了主席的批评；至于北戴河会议和北京会议，根本没有参加。

彭德怀又考虑到，如果以毛泽东同志为首的中国共产党中央的威信受到了损失，那就会给国际无产阶级运动带来更大损失。于是，他动摇了原先保留看法的念头，转而承认错误。他从北京叫来了办公室主任王焰和秘书郑文翰。他俩的任务主要是帮彭德怀写检查。

十、彭、黄、张、周

1959 年 7 月 26 日，中央办公厅再次通知，会议继续延长。

7 月 26 日，彭德怀在小组会上发言，对 14 日给主席的信作了检讨，分 4 个部分：①表明了自己对所受批评的态度：主席 7 月 23 日的讲话和大家所提的意见，对自己是很有教育意义的，认识到信上谈的对问题的看法是有错误的，有必要对这个信作一个初步的检查。②谈对总路线的认识：自己始终认为总路线是正确的，但由于某些方面发生严重的失调现象，刮了一阵“共产风”，出现了一些困难，便产生了顾虑，在快与慢上发生了摇摆，自己过分强调已经纠正了的缺点和已经克服了的困难，在具体问题上提出了错误的看法。③谈产生错误的原因，是自己的思想落后于实际，对全面的情况了解很少；由于4月下旬到6月中旬出国访问，对这个阶段中央已经采取的措施了解很少，思想停留在去冬今春阶段。④说明这封信只是给主席作参考，不合逻辑，字句的不妥之处甚多，提出的一些问题也没交代清楚；对“有失有得”、“小资产阶级狂热性”等提法作了解释。

最后，彭德怀说：“这次会议意义十分重大，对我教育很大。现在会议快要结束了，同志们对我7月14日给主席的信已展开了讨论和批评，信本身所起的反面作用已经不大了。为了准确地传达这次庐山会议的精神，使全党同志认识一致，步伐整齐，团结在党中央和毛泽东同志的周围，领导全国人民继续跃进，这次会议后请中央办公厅收回我7月14日致主席的信，存入中央档案，作为我今后思想检查的资料，也可以作为将来的党史资料。在毛主席领导下这样久的同志，竟在轰轰烈烈建设社会主义时摇摆，可以从反面去教育同志，说明事物在发展中，总是有落后与先进的思想……有的同志要我从历史上反省一下，这是很必要的。我曾在一次中央全会上作过检查，以后有机会再讲，这里不讲了。”

彭德怀并向党表明：决无阴谋，更不是反党、反毛泽东同志。

彭德怀被各大组轮流叫去，接受批评，回答问题；对有些质问，他在会上一下回答不了，回来后就把这些问题告诉秘书，由秘书归纳整理，由彭德怀口授，秘书写成书面材料，然后彭德怀再到各组去检讨。

朱德认为倔强的彭德怀能够这样检查自己已属不易，写信的问题应该到此结束了。他发言说：“彭总发言的态度好，我相信他是畅快的。彭总的发言中有一句话‘江山易改，本性难移’，这是农民意识。在座的天天在前进，哪有不改的！他的主观性、片面性就是这样来的。大家对彭总的批评是对的，彭总今天对大家的批评也比较听得进去了。过去就谈不进去，谈起来就吵。我相信经过这次会议，统一了思想，统一了认识，就不会把错误当作包袱背起来了。彭总的一个缺点，是有股傲气，今后应注意改掉。生活方面，注意节约，艰苦卓绝，谁也比不上他。只要能纠正错误认识，是可以把工作做得更好的。”朱德还说：“高级干部有不同意见，无论如何要搞清楚；把问题搞清楚了，统一了认识，以后问题就好办了。”

毛泽东说：这回张闻天是右派，李锐是右派；并对朱德也表示了同样的看法。

1959年7月26日上午，刘少奇主持协作区主任会议。传达了毛泽东对会议的指示：“事是人做的，对事，也要对人。要划清界限，问题要讲清楚，不能含糊。”

同日，黄克诚作检查。

1959年7月26日，毛泽东写了“《对于一封信的评论》（即对1959年6月9日李云仲写信的批语）”印发会议。毛泽东写道：

收到一封信，是一个有代表性的文件。信的作者在我们的经济工作中搜集了一些材料。这些材料专门属于缺点方面的。作者只对这一方面的材料有兴趣。而对另一方面的材料，成绩方面的材料，可以说根本不发生兴趣。他认为，从1958年第四季度以来，党的工作中，缺点错误是主流。因此作出结论说，党犯了“‘左’倾冒险主义、机会主义”的错误。而其根源则是在1957年整风反右的斗争中没有“同时”反对“左”倾冒险主义的危险。作者李云仲同志（他是国家计委的一个副局长，不久前调任东北协作区委员会办公厅综合组组长）的基本观点是错误的，他几乎是否定一切。他认为几千万人上阵大炼钢铁损失极大而毫无效益，人民公社也是错误的，对基本建设极为悲观，对农业他提到水利，认为党的“‘左’倾冒险主义、机会主义”的错误是由大办水利引起的，他对前冬去春几亿农民在党的领导下大办水利，没有好评。他是一个“得不偿失”论者，某些地方简直是“有失无得”论。……这个同志的好处是把自己的思想和盘托出。这跟我们看见的另一些同志，他们对党和人民的主要工作基本上不是高兴，而是不满，对成绩估计很不足，对缺点估计过高，为现在的困难所吓倒，对干部不是鼓励而是泄气，对前途信心不足，甚至丧失信心，但是不愿意讲出自己想法和看法，或者讲一点留一点，而采取“足将进而趑趄，口将言而嗫嚅”、躲躲闪闪的态度大不相同。李云仲同志和这些人不同，他不隐蔽自己的政治观点，他满腔热情地写信给中央同志，希望中央采取步骤克服现在的困难。他认为困难是可以克服的，不过时间要长一些，这种看法是正确的。信的作者对计划工作中缺点的批判，占了信的大部分篇幅，我认为很中肯。10年以来，还没有一个愿意和敢于向中央中肯地有分析地系统地揭露我们计划中的缺点，因而求得改正的同志。我就没有看见这样一个人。我知道，这种人是有的，他们就是不敢越衔上告。因此，我建议：将此信在中央一级和地方一级（省、市、自治区）共两级的党组织中，特别是计划机关中，予以讨论，并且展开讨论，将1958年、1959年自己所做工作的长短大小，利害得失，加以正确的分析，以利统一认识，团结同志，改善工作，鼓足干劲，奋勇前进……党中央从去年11月第一次郑州会议以来，到此次庐山会议，对于在自己领导下的各项当前重大工作中的错误缺点，在足够地估计成绩（成绩是主要的，缺点错误是第二位的）的条件下，进行了严肃的批判。这种批判工作，已经有9个月了。必须看到，这种批判是完全必要的，而且是迅速地见效和逐步地见效的。又必须看到，这种严肃的认真的批判，必定而且已经带来了一些副作用，就是对于某些同志有些泄气。错误必须批判，泄气必须防止。气可鼓而不可泄。人而无气，不知其可也。我们必须坚持今年3月第二次郑州会议记录上所说的，在满腔热情地保护干部的精神下，引导那些在工作中犯有错误者，存在缺点者，批判和改正自己的缺点错误。错误并不可怕，就怕不肯批评，不肯改正，就怕因批评而泄了气。必须顾到改错和鼓励两个方面。必须看到批判、整改虽然已经进行9个月了，一切未完工作还必须坚持做完，不可留下尾巴。但是现在党内党外出现了一种新的事物，就是右倾情绪、右倾思想、右倾活动已经增长，大有猖狂进攻之势。这表现在此次会议印发各同志的许多材料上。这种情况远没有达到1957年党内外右派猖狂进攻那种程度，但是苗头和趋势已经很显著，已经出现在地平线上了。这种情况是资产阶级性质的。另一种情况是无产阶级内部的思想性质的，他们和我们一样都要社会主义，不要资本主义，这是我们和这些同志的基本上相同点。但是这些同志的观点和我们的观点是有分歧的。他们的情绪有些不正常，他们把党犯的错误估计得过大了一些，而对几亿人民在党的领导下所创造出来的伟大成绩则估计得过小了一些，他们做出了不适当的结论。他们对于克服当前的困难，信心不很足。他们把他们的位置不自觉地摆得不恰当，摆在左派与右派的中间。他们是典型的中间派，他们是“得失相当”论者。他们在紧要关头不坚定，摇摇摆摆。我们不怕右派猖狂进攻，却怕这些同志的摇摆。因为这种摇摆，不利于党和人民的团结，不利于全党一致地鼓足干劲、克服困难、争取胜利。我们相信，这些同志的态度是可能改变的。我们的任务是团结他们，争取他们改变态度。为要达此目的，必须对此种党内动态作必要的估计。不可估计太高，认为他们有力量可以把党和人民的大船在风浪中推翻。他们没有这样大的力量，他们只占相对的少数，而我们则占大多数。我们和人民中的大多数（工人，贫农，下中农，一部分上中农和革命知识分子）是团结一致的。党的总路线和体现总路线的方针、政策、工作方法，是受到广大党员、广大干部和广大人民群众的欢迎的。但也不可把他们的力量估计过低，他们有相当一些人。他们的错误观点，在受到批判、接受批判、端正态度以前，是不会轻易放弃自己的观点的，这一点必须看到。党内遇到大问题有争论，表现不同的观点，有些人暂时摇摆，站在中间，有些人站到右边去，是正常的现象，无须大惊小怪。归根结底，错误观点，乃至错误路线一定会被克服，大多数人，包括暂时摇摆，甚至犯路线错误的人，一定会在新的基础上团结起来。我们党38年的历史就是这样走过来的。反右必出“左”，反“左”必出右，这是必然性。时然而言，现在是讲这一点的时候了。不讲于团结不利，于党于个人都不利。现在这一次争论，可能会被证明是一次意义重大的争论。如同我们在革命时期各次重大争论一样，在新的历史时期——社会主义建设时期，不可能没有争论，风平浪静的。庐山会议可能被证明是一次意义重大的会议，团结—批评—团结，惩前毖后，治病救人，是我们解决党内矛盾、人民内部矛盾的正确的已被历史证明有效的方法，我们一定要坚持这种方法。

我的这些意见，大体已在7月23日的全体会议上讲了，但有些未讲完。作为那次讲话的补充，又写了这些话。[①]

---

① 《建国以来毛泽东文稿》第八册，中央文献出版社，1993年1月第1版，第377—381页。

受批判之初，黄克诚还未定性，还有转弯的余地。柯庆施过来劝过他："彭德怀也整过你嘛！"要他赶快转向。黄克诚固执地摇摇头，不愿搞"反戈一击"。他说过，我没有落井下石的石头。毛泽东是了解黄克诚的。毛泽东说：他这个人，上到中央，下到支部，他都要提意见。

1959年7月27日，周小舟作检查。

张闻天在华东组作检讨。并且要求收回他的发言。

1959年7月28日，中央政治局常委会议决定召开八届八中全会。

29日下午，毛泽东主持召开中央政治局扩大会议宣布了这一决定。

毛泽东说：这次全会想做两件事，第一，改指标，去年12月武昌会议规定的一些指标，是在全国人民代表大会通过的，公开修改，党内要经过中央全会决定，然后向人大常委会建议，就在8月间改过来；第二，路线问题，"究竟采取一条什么路线好？现在要回答这个问题，同志们，大家都扯了很久了，开一次中央全会来再扯几天，我看就差不多了。方法应该开门见山，不搞外交辞令，横直讲老实话。疙瘩不解开，不好工作。有许多疙瘩多少时候了，不是现在才有，非一朝一夕之故。当面不扯，背后又有，那怎么好办事？把一些疙瘩解开，以利于团结起来工作。"

关于会议文件，毛泽东说："现在起草的这个东西在搞第三稿。要搞得比较恰当，比较合乎实际，有利于团结，有利于工作。起草这个东西也是个过程。头一稿，大家轰掉了。第二稿，看来作者本人也不满意。现在搞第三稿。这是不发表的。……发表什么呢？发表一个公报。无非是改指标，今年下半年这几个月要鼓劲，为完成这个任务而奋斗。究竟人民公社怎么办？是解散，还是维持？当前的这些问题要用公报的形式回答一下。不要很长，一两千字就够了。两个文件：一个决议，一个公报。现在这个纪要，索性改为八届八中全会的决议。"

1959年7月27日下午，越南共产党总书记胡志明秘密来访，同毛泽东会谈。美国国务卿杜勒斯1958年11月13日在西雅图商会演说：就在这次科伦坡计划第10次会议举行的时候，中国共产党人正在把一种称为"公社"制度的落后的大规模的奴役制度狂热地强加在六亿五千万大陆人民的身上。1959年1月14日杜勒斯在参院委员的证词中说：中国所谓的大跃进，实际上是一种可悲地陷入奴役人类的深渊的过程。

1958年7月31日至8月3日，赫鲁晓夫访问中国时，要毛泽东答复不久前苏方提出的"关于建立联合舰队及长波电台的建议"。对这种有损中国主权和民族自尊心的无理要求，毛泽东断然回绝。

1959年1月，赫鲁晓夫在苏共第二十一次大会上，对中国的人民公社和大跃进提出批评。

1959年6月20日，苏共中央致函中共中央，称：苏联与美国等西方国家正在日内瓦谈判关于禁止试验核武器的协议，若西方国家获悉苏联正在新技术方面援助中国“有可能严重地破坏社会主义国家为争取和平缓和国际紧张局势所作的努力”。苏方信中提出：中断若干重要的援助项目，两年以后看形势发展再说。

毛泽东认为党内外出现的批评意见，是同国际上美蒋对中共的攻击和赫鲁晓夫对中共的批评相配合、相呼应的。在“内外夹攻”中，内部的进攻是最危险的，不打败这股“反党的反马克思主义的思潮”，总路线、大跃进、人民公社就会站不住脚，他和党中央的领导是否正确就存在了问题，党和人民的事业要受大的损失。因此，他断然放弃继续纠“左”，转而反击“右倾机会主义”。

1959年7月28日，刘少奇主持协作区主任会议，听取各组批判彭德怀的情况汇报，并传达毛泽东的指示。根据毛泽东的指示，将原来6个小组，合并为3个小组：第1组，组长李井泉，批彭德怀；第2组，组长张德生，批黄克诚；第3组，组长柯庆施，批张闻天、周小舟。

29日，李锐给毛泽东写了一封信，对23日夜在黄克诚住处的聚会作了解释。

7月30日，毛泽东通知黄克诚、周小舟、周惠、李锐4个人去谈话。谈话时毛泽东显得火气不大，所以他们敢说话。这次谈话，毛泽东给黄克诚戴了几顶帽子：一是彭德怀的参谋长；二是湖南集团的首要人物；三是军事俱乐部主要成员，与彭德怀观点一致，是“父子关系”。还谈到过去三军团的历史问题，说黄克诚不了解历史情况。

黄克诚答辩说：和彭德怀的观点基本一致，只能就庐山会议这次意见而言。过去的争论很多，有不同意见就争，几乎争论了半辈子，不能说我们的观点都是基本一致；但我们争辩不伤感情，过去打“AB团”时，有人要打我，彭还帮我说过话，不然那次就可能被整掉了；我认为我们的关系是正常的，谈不上什么父子关系。

毛泽东：理性和感情是一致的东西，我自己总是一致的；看来我不了解你和彭的关系，也不了解你这个人，还得解开疙瘩。

黄克诚：我当彭的参谋长，是毛主席你要我来的；我那时在湖南工作，并不想来，是你一定要我来；既然当了参谋长，政治和军事如何分得开？彭德怀的信是在山上写的，我那时还没有上山，怎么能在写“意见书”上当他的参谋长？我在湖南工作多年，和湖南的负责同志多见几次面，多谈几句话，多关心一点湖南的工作，如何成为“湖南集团”？至于“军事俱乐部”，更是从何谈起呢？

谈话还涉及当年东北战场保卫四平问题和长时期炮打金门、马祖问题，黄克诚都表示了反对意见。毛泽东说：保卫四平是我的决定，难道这也错了？黄克诚说：即使是你的决定，我认为那场消耗战也是不应该打的，我也向林彪提过意见；至于炮轰金门、马祖，稍打一阵示示威也就行了，既然我们并不准备真打，炮轰的意义就不大，打大炮花很多钱，搞得到处都紧张，何必呢？

毛泽东笑笑说：看来，让你当个“右”的参谋，还不错。

毛泽东说：要容许辩论、交锋，让大家把话说出来、讲完讲透。周小舟说：“湖南集团”的提法，有压力，希望给以澄清。毛泽东说：可能有点误会，我和你们湖南几个人，好像还不通心，尤其和周小舟有隔阂。

黄克诚觉得：这次谈话，尽管毛泽东对他们指责颇重，但是空气不紧张，大家说话没有压力；即使他们说的话让毛主席不满，他表示不同意时，态度也不严厉；所以，大家心情较好。黄克诚说：“我甚至还有点轻松感：到底有个机会，把话直接向主席说了。”①

1959 年 7 月 31 日至 8 月 1 日，毛泽东主持召开六七个小时的中共中央政治局常委会。连中午也没有休息，吃包子充饥。

出席的有刘少奇、周恩来、朱德、林彪、彭德怀、贺龙、彭真。列席的有黄克诚、周小舟、周惠、李锐。两次会议都没有正式记录。②

第一个发言的是朱德，他说：我认为彭德怀同志的检讨是中肯的；说起来我对他也很有意见，写信的时候也不和我打个招呼，单枪匹马的干，能不犯自由主义错误吗？过去打仗总是研究了再研究，讨论了再讨论，才老打胜仗，很少吃败仗嘛；现在倒好，搞得你很狼狈，我们也不好收场；这样一来，谁还相信我们曾经在一个饭锅里吃过饭哟？！

朱德话还没有讲完，就被毛泽东打断，指责他“隔靴搔痒”，弄得朱德下不来台。

林彪发言说：彭德怀这回是招兵买马，是野心家、阴谋家、伪君子，是冯玉祥式的人物；“在中国只有毛主席是英雄，谁也不要想当英雄。”

刘少奇等人就彭德怀在庐山搞“军事俱乐部”问题进行了严厉批判。

毛泽东漫谈井冈山、打长沙、打南昌、打吉安、打赣州和党内的几次路线斗争。

毛泽东说：李立三多高多大，你不知道，我是知道的；还有，你那个华北局受长江局领导，听王明的话；你过去挨了批评，心里怀恨；我们同在北京，连电话都难得打，打几次，没打通，就“老子跟你不往来”；在香山你找我，因我睡觉习惯特殊，警卫员说未起床，你就拂袖而去，不谈了；高、饶事件你陷得很深；纠“左”比纠右难？第二次王明路线是右的；高饶搞分裂，也是右的；高岗死了，王明至今不认错；犯路线错误，本身不能改，都是要别人来改；在几次路线错误中都摇摆，你以后会怎么样，也难说。

---

① 《黄克诚自述》，人民出版社，1994 年 10 月第 1 版。

② 《毛泽东传（1949—1976）》，中央文献出版社，2003 年 12 月第 1 版，第 995 页。

彭德怀辩解说：我过去追随王明、博古路线，1934年1、2月间就转过来了，已经认识到主席领导好，事实可作证明，这些我同黄克诚也谈过；我今年都61岁了，以后还能有什么呢？

毛泽东说：气可鼓不可泄，人而无气不知其可也；主要问题是一平二调三收款，也只有两个亿；无非是想早点进入共产主义；过去说食堂保留一半，至少留三分之一也好，这个话对右派也产生了影响，以为我是不办食堂之人，其实，食堂无可厚非；平江有一个大队书记下令把食堂解散了，第二天群众又自动办起来。

毛泽东说：赫鲁晓夫很不喜欢我们的人民公社，总有一天还要由我们给他一张梯子让他下来，否则下不来台；若讲物质基础，西欧比我们雄厚，波兰、东欧也不错，但办食堂、公社就难；他们那个物质条件好，可惜不出政治觉悟；中国东部几亿农民，土地少，组织合作社就比较容易。

毛泽东说：北戴河会议，高兴之中埋伏了不高兴，这就是造成比例失调，但问题已经在今年5月解决；原来谈的19个问题，没有提反右倾，北京就有人泄了气。

毛泽东：14日给我的信和《纪要》很有功劳；周小舟等人锋芒对着除自己以外的庐山会议所有的人；彭德怀我同你的关系，合作与不合作，三七开，融洽三成，搞不来七成，31年是否如此？

彭德怀说：政治与感情，你说成一体，我没有达到这种程度；跟你跟不上，掉队远，这种情况多，但不能说感情不融洽；许多历史事，我一生没笔记，文件也烧了，否则会证明的；在平江县的时候，有人问我，革命什么时候能够胜利，我说等胡子白了总要胜利的，因而挨斗，说我右倾悲观；对立三路线，并没有坚决拥护，但也没反对。彭德怀接着讲了“富田事变”，说明在那时他是拥护毛泽东领导的。

彭德怀说：“主席1933年赠送我的两本马列书（《左派幼稚病》、《两个策略》）批语还记得，第一本写的是：此书在大革命时候看，就不会犯错；第二本写的是：你看了以前送的那一本，叫做只知其一不知其二，看了这一本，才会知道‘左’与右同样有危害性。这两本书我一直带在身边，直到陕北吴起镇，有个同志清理文件时给烧掉了。”

毛泽东讲：打蒋介石10年，都打红了眼，抗日一来，蒋介石忽然漂亮起来了，不知其为暂时的朋友，不久以后的敌人。

林彪讲：平型关吃了亏，是头脑发热，这是任弼时的决定；你那个百团大战，是大战观念。

毛泽东说：你组织性、纪律性很差，打百团大战，为何也不先报告请示一下？人们说你是伪君子，你历来就有野心，我66岁，你61岁，我会死在你前头，许多同志都对你有顾虑，怕难于团结你。

彭德怀讲了百团大战的经过，并说：张飞的名字还是主席起的，我理论差，马克思主义没有学通，但感到盲从也不行；我有农民无政府主义思想；在北京打过八九次电话，都没有找到主席，面谈机会少，得不到主席的具体帮助；养成孤僻性格，常常是无事不登三宝殿；我同主席的关系是对半开。

毛泽东说：还是三七开吧；多次重要时期，从没有写信给我，为什么这次要写万言书？我同常委之间，同别人，从来没讲过你什么，为了让你安心工作，给林彪发“转业”费。

毛泽东说：彭德怀他们是要瓦解党，是有计划、有组织、有准备，从右面向正确路线进攻；上次（7 月 23 日）的讲话说的不正确，说是无计划、无准备、无组织，跑到右派旁边；彭德怀出身劳动人民，感情站在革命方面，对群众有感情；问题是经验主义。

彭德怀最后表示：不当反革命，不自杀，可以回家种田。

黄克诚说：我和彭德怀相处久了，许多事都看不清楚；中央苏区后期，他说过还是要请主席来领导，我认为他不是不能辨别正确和错误；他的个人英雄主义我有感觉，今天会使我认识更全面；希望彭能冷静地听取批评，常委领导的话，都是好意帮助。①

两次常委会后，毛泽东将列席会议的 4 个人留下来，又谈了一阵。说让他们列席会议是为了受教育，不要再受彭德怀和那封信的影响。②

7 月 29 日，庐山会议印发一份由毛泽东加按语的参考文件：有《赫鲁晓夫谈苏联过去的公社》、《番禺县有些农民自办小型食堂》、《增城县重灾公社见闻》以及《外报就赫鲁晓夫谈公社问题挑拨中苏关系》等。

8 月 1 日，毛泽东将上述文件转给王稼祥并附信：“一个百花齐放，一个人民公社，一个大跃进，这三件，赫鲁晓夫是反对的，或者是怀疑的。我看他们是处于被动了，我们非常主动，你看如何？这三件要向全世界作战，包括党内大批反对派和怀疑派。”③

8 月 1 日晚 10 时，毛泽东给周小舟写信，送上勉励的话，并引经据典，促其改正错误。信末，还嘱咐说：“如克诚有兴趣，可给一阅。”④

1959 年 8 月 2 日下午，中共中央八届八中全会在庐山开幕。到会中央委员和候补中央委员 147 人，中央有关部门和省、市、自治区党委其他负责人 15 人列席会议。

会议议题为：（一）对彭德怀及其同伙黄克诚、张闻天、周小舟进行批判；（二）讨论 1959 年经济计划指标调整问题。

---

① 《黄克诚自述》，人民出版社，1994 年 10 月第 1 版。

② 《毛泽东传（1949—1976）》，中央文献出版社，2003 年 12 月第 1 版，第 995 页。

③ 《毛泽东传（1949—1976）》，中央文献出版社，2003 年 12 月第 1 版，第 992 页。

④ 《毛泽东传（1949—1976）》，中央文献出版社，2003 年 12 月第 1 版，第 995 页。

毛泽东主持开幕式并讲了话。

毛泽东说：武汉六中全会决定了今年的指标，上海七中全会有人主张改指标，多数人不同意，看来当时也改不彻底，现在还有 5 个月，改了好；“高指标成了一种负担。一改下来，我们担子就轻了。这是自己立起一个菩萨，然后再拜。我们现在破除迷信，把菩萨打烂。重新立一个合乎实际的指标。”

他说：“我们的路线究竟对不对？现在有一些同志发生怀疑。去年八大二次会议所定的这条路线发生了问题。庐山政治局扩大会议已经一个月了。初上庐山还不清楚，有些同志要求民主，说我们现在没有民主，说话不自由，有一种压力，压得他们不敢讲话。当时就不晓得是什么事情，摸不着头脑。上庐山后，7 月上半月那个时候有点神仙会议的味道，就是闲谈一顿，没有什么着重，没有紧张局势。后来才了解，为什么有些人觉得没有自由呢？就是他们要求一种紧张局势。那种松松垮垮的情况，在他们看来不得要领，不过瘾。他们要攻击这个总路线，想要破坏这个总路线。他们要言论自由，是要破坏总路线的言论自由，批评总路线的言论自由，批评去年下半年、今年上半年这一年的工作（重点还在去年）。对于去年 11 月第一次郑州会议到现在 9 个月间中央的这些工作（批评‘左’的倾向。‘共产风’不刮了，公社实行三级所有制，指标逐步落实），他们看不到，他们看不进去，他们以为要重新议过。他们感觉到需要一种空气，需要有一种民主，并且认为过去就是不民主，许多问题没有彻底讨论。因此我们感觉政治局扩大会不够了，这个民主还小了，现在就请同志们，大家来开中央全会，这个民主大一些。他们还可能要求扩大，我们还有一个办法，有党代表大会，准备明年春季开党代表大会。……现在要求民主，又是 1957 年那个要求大民主，大鸣大放大辩论，这么一种形势。开头几天，我摸不着头脑，现在看来，是这么一件事。……应该是历来为我们大家所赞成的一种方法，就是从团结的愿望出发。总要有一种希望。我们是希望团结，还是希望分裂呢？我们中央委员会这个团体，关系着中国的命运，现在社会主义的命运是在我们的肩上，我们担负这个命运，我们应该团结。现在有一种分裂的倾向。这种倾向，我在去年 5 月党代表大会上讲了的。我当时说，有两个危险。一个是在国际上打世界大战，一个是在国内把党分裂开来。那个时候并没有显著的迹象。但是现在已经有这种显著的迹象了。要分裂我们这个团体了。我看不行，不应该分裂，我们应该团结。那么，对于犯错误的同志怎么办呢？从团结的愿望出发，经过批评或者斗争，在新的基础上达到团结的目的，惩前毖后，治病救人。只有这种方法。……一上山，我就讲了三句话：成绩很大，问题不少，前途光明。我想，这样的话总是可以的吧。后头就是在这个问题上发生了不少问题，可见得问题不少。他们要改换题目。问题不少是可以的，看是什么问题。现在改换的叫右倾机会主义向党猖狂进攻的问题不少，而不是那些别的问题。……我们反了 9 个月‘左’倾了，现在基本上不是这一方面的问题了，而是反右的问题了。因为右倾机会主义在向党，向着党的领导机关猖狂进攻，向着人民事业，向着 6 亿人民的轰轰烈烈的社会主义事业进攻。”[①]

毛泽东说：不要像《阿Q正传》上的赵老太爷，不许阿Q革命，一个人改正错误要有个过程；“七大”以前，张闻天不承认路线错误，“七大”时经过斗争，才承认了路线错误；那次斗争，王明没有改，张闻天也没有改，又旧病复发，他还在发疟疾，一有机会就出来了；对人要有情，对错误的东西应当是无情的；但不要学武松、鲁智深、李逵，他们很坚决，可以参加共产党，他们的缺点是不讲策略，不会做政治工作。

毛泽东讲完话后，即散会。

1959年8月2日，毛泽东给张闻天写信：

闻天同志：

怎么搞的，你陷入那个军事俱乐部去了。真是物以类聚，人以群分。你这次安的是什么主意？那样四方八面，勤劳艰苦，找出那些漆黑一团的材料。真是好宝贝！你是不是跑到东海龙王敖广那里取来的？不然，何其多也！然而一展览，尽是假的。讲完没两天，你就心烦意乱，十五个吊桶打水，七上八下，被人们缠住脱不得身。自做自受，怨得谁人？我认为你是旧病复发，你的老而又老的疟疾原虫远未去掉，现在又发寒热症了。昔人咏疟疾词云：“冷来时冷的在冰凌上卧，热来时热的在蒸笼里坐，痛时节痛的天灵破，战时节战的牙关挫。真个是害杀人也么哥，真个是害杀人也么哥，真个是寒来暑往人难过。”同志，是不是？如果是，那就好了。你这个人很需要大病一场。《昭明文选》第34卷，枚乘《七发》，末云：“此亦天下之要言妙道也，太子岂欲闻之乎？于是太子据几而起，曰：涣乎若一听圣人辩士之言，涊然汗出，霍然病已。”你害的病，与楚太子相似。如有兴趣，可以一读枚乘的七发，真是一篇妙文。你把马克思主义的要言妙道通通忘记了，如是乎跑进了军事俱乐部，真是武文合璧，相得益彰。现在有什么办法呢？愿借你同志之箸，为你同志筹之。两个字，曰：“痛改。”承你看得起我，打来几次电话，想到我处一谈。我愿意谈，近日有些忙，请待来日。先用此信，达我悃忱。

毛泽东

8月2日[②]

自1959年8月3日至10日，会议3个小组，分别对4人进行批判斗争。除了批判彭德怀的“意见书”和他刚作过的检讨、张闻天7月21日的发言，还勒令彭、黄、张、周交代他们在庐山上、庐山下、庐山外所进行的谈话、内容、何人在场、

① 《毛泽东传（1949—1976）》，中央文献出版社，2003年12月第1版，第996—998页。
② 《建国以来毛泽东文稿》第八册，中央文献出版社，1993年1月第1版，第399—400页。

想达到的目的等。言辞很重，无限上纲。例如，康生说：你早年起名叫“彭得华”，野心好大啊，要得中华！还起个号叫“石穿”，水滴石穿，搞阴谋嘛！

彭德怀再次申明他所谓“充当高饶反党联盟的重要成员”的事实真相：1952年彭德怀从朝鲜战场回北京治病，曾巧遇饶漱石也在北京医院治眼病，虽有接触，谈不上阴谋。关于同高岗的交往，彭德怀讲了三点错误：①当了高岗的义务宣传员，在抗美援朝期间，高岗在东北主持工作，曾去过朝鲜两次，并给了前线很大的支援，彭德怀对高岗有好感，在一些场合讲过高岗的好话；②在和高岗谈话时，议论过一些领导同志的缺点和错误，被高岗利用；③对高岗的问题，渐有察觉，但没有及时向党中央报告，因为1953年12月正在召开军队高干会议，他想等会议结束后再反映，会议没等结束，高岗问题暴露了，邓小平找彭德怀谈话，才感到差点上当。之后，他积极地揭批高岗，并就上述错误作了检讨。

彭德怀出于维护以毛泽东为首的中共中央的威信考虑，采取了要什么给什么的态度，对自己的错误作了一些不合事实的夸大，唯有对“里通外国”、“军事俱乐部”两个问题坚决地予以否认。他认定：只能毁灭自己，决不能损害党所领导的人民军队。

1959年8月3日，毛泽东给刘少奇、周恩来、彭真、杨尚昆及各组组长写信：“简报上对于同志的称呼不妥当，这种旧习惯应当改过来。建议：一律称某某同志。例如：主席，称毛泽东同志；总理，称周恩来同志；林总，彭总，贺总，称林彪同志，彭德怀同志，贺龙同志。其他，以此类推。如同意，请各组长在会上宣布一下。请尚昆告简报编者，一律从4日起照此改正。”

1959年8月4日晚，根据毛泽东的意见，由刘少奇主持，中央政治局常委向没有参加中央政治局扩大会议的中央委员和候补中央委员介绍了前一段开会的情况。

林彪第一个发言，指责彭德怀想当大英雄，因此就要反对毛主席，这是事情的规律；从长远来说他是我们党里面一个隐患。

其他常委有的也在发言中提到彭德怀有篡党思想。[①]

1959年8月5日，毛泽东对《湖南省平江县谈岑公社稻竹大队几十个食堂散伙又恢复的情况》作了批语：不应当在困难面前低头，像人民公社和公共食堂这类事情，是有深厚的社会经济根源的；一风吹是不应当，也不可能的；某些食堂可以一风吹掉，但是总有一部分人，乃至大部分人，又要办起来；孙中山说：“事有顺

---

① 《〈中国共产党历史〉第二卷（1949—1978）》，中共党史出版社，2011年1月第1版，第549页。

乎天理，应乎人情，适乎世界之潮流，合乎人群之需要，而为先知先觉者决志行之，则断无不成者也。”这句话是正确的，我们的“大跃进”、人民公社，属于这一类；悲观主义的思潮，是腐蚀党、腐蚀人民的一种极坏的思潮，是与无产阶级和贫苦农民的意志相违背的，是与马克思主义列宁主义相违反的。

8月7日，毛泽东在江西省委党校学员对“大跃进”、人民公社两大问题辩论的材料批示：“开头一阵乌云，结果一片青天。庐山会议上辩论的情况，和江西党校何其相似。”“两处辩论的问题全然相同，都是‘大跃进’与人民公社。阵线也相同，都分左、中、右。”他认为不同的是“我们这里持肯定态度的人比江西党校多得多，持模糊态度的也比江西党校较少”。他要求：“学江西的样，在省、地、县三级分批举行，一律照此大辩一场……每一批时间两个月，读书与辩论并行，作一次新的整风运动，定有极大利益。”

同日，毛泽东签发了中共中央向全党发出的《关于反对右倾思想的指示》，断定“现在右倾思想已经成为工作中的主要危险”，它正“以各种各样的形式动摇军心、瓦解士气”。因此，对右倾思想、情绪、作风“如果不彻底加以批判和克服，党的总路线的贯彻执行是不可能的，各项建设事业的跃进是不可能的，今年调整后的指标和基本建设计划的完成也是不可能的”。要求“必须抓紧八、九两月，鼓足干劲，坚决反对右倾思想。……反右倾，鼓干劲，现在是时候了。机不可失，时不再来”。

辽宁省委第一书记从庐山给省内打回电话，部署反右倾。8月3日，辽宁省委召开了省、地、市委第一书记参加的省委扩大会议，透露庐山会议精神，迅速开展反右倾斗争。

1959年8月10日，小组会上有人揭发周小舟在7月23日毛泽东讲话的当天晚上，在黄克诚处讲过“主席像斯大林晚年”的话。全场大哗。后来又有人揭发李锐曾向周小舟转述田家英说过“将来有一天他调离中南海时，准备向毛泽东提三条意见：（一）能治天下，不能治左右；（二）不要百年之后有人来议论；（三）听不得批评，别人很难进言”。又引起巨大震动。李锐当场咬定这话不是田家英说的，是他自己的想法。会议转向批判李锐，被刘少奇制止，说李锐不是中央委员，他的问题另外解决。

1959年8月10日，毛泽东对《安徽省委书记处书记张恺帆下令解散无为县食堂的报告》写了批语：

“印发各同志。右倾机会主义分子，中央委员会里有，即军事俱乐部的那些同志们；省级也有，例如安徽省委书记张恺帆。我怀疑这些人是混入党内的投机分子。他们在由资本主义到社会主义的过渡时期中，站在资产阶级立场，蓄谋破坏无产阶级专政，分裂共产党，在党内组织派别，散布他们的影响，涣散无产阶级的先锋队，另立他们的机会主义的党。这个集团的主要成分，原是高岗阴谋反党集团的重要成员，就是显明证据之一。……他们没有社会主义革命的精神准备，一到社会主义革命时期，他们就不舒服了，早就参加高岗反党集团，而这个集团是用阴谋手段求达其反动目的的。高岗集团的漏网残余，现在又在兴风作浪，迫不及待，急于发难。……他们现在的反社会主义的纲领，就是反对‘大跃进’，反对人民公社。不要被他们的花言巧语所迷惑，例如说，总路线基本正确，人民公社不过迟办几年就好了。要挽救他们，要在广大干部中进行彻底的揭发，使他们的市场缩得小而又小。一定要执行治病救人的方针，一定要用摆事实、讲道理的方法，还要给他们革命与工作的出路，批判从严，处理从宽。

毛泽东

8 月 10 日”①

1959 年 8 月 11 日，开全体会。

毛泽东再次在大会上讲话，他先从世界观、方法论上讲起：历来犯错误的是唯我主义、极端主观唯心主义，三十几年，阶级立场没变过来，总是格格不入；这些同志不是马克思主义，而是以资产阶级民主主义者资格参加党的，经验主义、教条主义都是资产阶级民主主义，同共产党员称号不符，是无产阶级的敌人；骂人民公社，是地富反坏骂，兄弟国家有怀疑，对“大跃进”，国内怀疑；只要略有增产，就是好事，去年农业增产有无一成，有一成就是跃进，我们可以达到三成还了得。

毛泽东说：高饶事件，有的人保护过关，实际是彭高联盟，进行分裂活动；总路线、“大跃进”、人民公社有问题，其实是鸡毛蒜皮；说共产风、浮夸风吹遍全国，至少国防部、外交部、湖南省 3 个地方没吹遍；浮夸风吹一吹极有好处，大为教育全党全民。

毛泽东说：第一书记挂帅，实在讨厌，我却高兴；与其让你挂帅，不如让我挂帅，只要大家通过，只要权在手，便把令来行；集体领导要不要？赫鲁晓夫强调集体领导，有没有集体领导？有没有民主言论自由？这次有人要求民主，要求集体领导；头两周鼻子不灵，没有嗅出来，庐山上有两个司令部；这次满足同志们的要求，不能我一个人说了算，以后一个月开一次中央全会都干，天天讲，免得老说没有民主，个人独裁；现在要求民主自由，同章罗联盟一个性质，你说我有阴谋，那就大鱼、小鱼、吃人鲨鱼一起钓！

毛泽东说：想把“秀才”们挖去，不要妄想，“秀才”是我们的人；李锐不是“秀才”，是俱乐部的人；周惠挨了边，小舟不交心。

毛泽东说：“我们跟彭德怀同志个别的谈过一次，跟黄克诚同志等几位谈过几

---

① 《建国以来毛泽东文稿》第八册，中央文献出版社，1993 年 1 月第 1 版，第 431—432 页。

次，常委会又跟彭德怀、黄克诚以及其他几个同志，周小舟、李锐这些同志，还有周惠，一起谈过两次，统统交心，我们的心交出去了，他们也交了一些。”

毛泽东说：“要用团结合作收场，双方都交心通气，一看二帮，或者一批二帮，一斗二帮。现在不是批评吗？批过之后就变成一看二帮了，看你改不改，还要帮。我相信，经过这一次会议，我们全体会要大进一步。要实行批评从严，处理从宽，团结—批评—团结，惩前毖后，治病救人的原则。……要估计彭德怀等同志的两面性：革命性同反动性。他们有革命性的一面，不要忘记这一面，他们的历史证明了这一面。说他们完全不革命了，这不合事实。但他们脑筋里头资产阶级的东西不能不讲是反动的。从7月16号起到今天，对他们那个反动性的批判比较着重，而现在我们要记起他们还有革命性的一面，同时还要批判反动性。我跟彭德怀同志谈过：难道我们30年的关系就在庐山分手吗？我们就决裂吗？我说不，不应当决裂，我们要合作。……这样，必须搞两条：批判从严，处理从宽。至于他们采取什么态度，那是他们的事。他们继续敌对，我们继续批判，继续从严批判。”①

1959年8月13日到15日，彭德怀、黄克诚、张闻天、周小舟在全体大会上作检查。批判进一步加码，迫使彭德怀承认是野心家、阴谋家、伪君子。彭、黄、张、周在不断的追逼围攻下，只得在说明事实真相的前提下，给自己扣了许多不切实际的帽子。

黄克诚被迫承认自己对“大跃进”的成绩估计不足，主张人民公社迟办一点也可以，对社会主义建设“怕急、怕猛、怕有副作用”，特别是“当用猛烈的群众运动、急风暴雨的办法来消灭资产阶级、小资产阶级、个体经济的经济基础和精神阵地时，自己就动摇、彷徨、担忧”，当一些地区出现某些比较严重的现象时（如浮肿病、饿死人、农村流亡等），他甚至担忧到睡不好觉的程度。黄克诚被迫承认这些是“资产阶级和富裕中农思想在头脑中的反映”。

周小舟在受到批判后，许多事情想不通，一直处于矛盾、痛苦之中。毛泽东多次找他谈话，给他写信、送《邱迟与陈伯之书》，希望他“迷途知返”。他虽然不得不作检讨，但不夸大、不虚构事实，向主席反映情况完全是个人的看法，而绝不是从“军事俱乐部”里来的什么东西。在8月3日的小组会上，他还用彭德怀给他谈过的两件事情，来说明彭德怀对主席的正确、伟大是逐步认识的，是从心底里敬佩主席的。他在8月12日晨接到毛泽东写给他的信，并于12日晚与毛泽东长谈。8月13日，周小舟写给毛泽东一封长信。信中说：根据全会精神，以彭德怀同志为首的“军事俱乐部”是反党、反中央、反主席、反总路线的性质，彭的信是右倾机会主义的纲领，而我本人曾和彭有所接触，和黄克诚同志的关系较深，和张闻天同

① 《毛泽东传（1949—1976）》，中央文献出版社，2003年12月第1版，第1000、1001页。

志曾有一次谈话，其中详细经过，在8月10日晚以前有重要隐瞒如此等等，推论结果，我必然是反党、反中央、反主席的俱乐部的成员之一；同时我有许多右倾思想和观点，推论结果，又必然作出犯右倾机会主义路线错误的结论……从当前反彭反右斗争总形势来看，势有必然；而解剖我们自己，披肝沥胆，又感觉与实际情况确有出入；我想到假若戴上这样两顶帽子，我对主席、中央、人民、湖南党员和人民，甚至对自己的老婆孩子，都必须说我犯了反党、反中央、反主席、反总路线、右倾机会主义路线的错误，然而再说下去，势必泪潸潸下，不尽欲言。

张闻天被迫检讨多次，不能过关。在写检讨过程中他曾对秘书说：这样以后还有谁敢讲话？他说：老百姓没有饭吃，经济这么搞下去怎么能行，人民生活怎么得了？脑袋里装了那么多东西，心里有那么多话，能够不说吗？我是共产党员，应该讲真话！如果大家都不讲，万马齐喑，会出现什么局面呢？他承认发言中谈到思想方法和民主作风的一些话可能尖锐一些，但这个问题非解决不可，不然难免犯斯大林晚年的错误。

1959年8月12日，中央转发了毛泽东和辽宁省委贯彻中央关于反右倾的报告。毛泽东批示道：印发各省市，各省、市、自治区的情况如何？像辽宁省那样的反右倾、鼓干劲部署是否已经做了？效果如何？看来各地都有右倾情绪、右倾思想、右倾活动存在着、增长着；必须按照具体情况加以分析，把这股歪风邪气打下去。

1959年8月15日，毛泽东为《经验主义，还是马克思列宁主义》一书写了前言，全文是：

各位同志：

建议读两本书。一本《哲学小辞典》（第三版）。一本《政治经济学教科书》（第三版）。两本都在半年读完，这里讲《哲学小辞典》一书的第三版。第一、二版，错误颇多，第三版，好得多了。照我看来，第三版也还有一些缺点和错误。不要紧，我们读时可以分析和鉴别。同《政治经济学教科书》一样，基本上是一本好书。为了从理论上批判经验主义，我们必须读哲学。理论上，我们过去批判了教条主义，但是没有批判经验主义。现在，主要危险是经验主义。在这里印出了《哲学小辞典》中的一部分，题为《经验主义，还是马克思列宁主义》，以期引起大家读哲学的兴趣。尔后可以接读全书。至于读哲学史，可以放在稍后一步。我们现在必须作战。从三个方面打败反党的反马克思主义的思潮：思想方面、政治方面、经济方面。思想方面，即理论方面。建议从哲学、经济学两门入手，连类而及其他部门。

毛泽东

1959年8月15日[①]

① 《建国以来毛泽东文稿》第八册，中央文献出版社，1993年1月第1版，第446页。

同日，毛泽东又为《马克思主义者应当如何正确地对待革命的群众运动》的材料写了一段批语：

“一个文件摆在我的桌子上，拿起来一看，是我的几段话和列宁的几段话，题目叫做《马克思主义者应当如何正确地对待革命的群众运动》。不知是哪一位秀才同志办的，他算是找到了几挺机关枪，几尊迫［击］炮，向着庐山会议中的右派朋友们，乒乒乓乓地发射了一大堆连珠炮弹。共产党内的分裂派，右得无可再右的那些朋友们，你们听见炮声了吗？打中了你们的要害没有呢？你们是不愿意听我的话的，我已到‘斯大林晚年’，又是‘专横独断’，不给你们‘自由’和‘民主’，又是‘好大喜功’，‘偏听偏信’，又是‘上有好者，下必有甚焉’，又是‘错误一定要错到底才知道转弯’，‘一转弯就是一百八十度’，‘骗’了你们，把你们‘当作大鱼钓出来’，而且‘有些像铁托’，所有的人在我面前都不能讲话了，只有你们的领袖才有讲话的资格，简直黑暗极了，似乎只有你们出来才能收拾时局似的，如此等等，这是你们的连珠炮，把个庐山几乎轰掉了一半。好家伙，你们哪里肯听我的那些昏话呢？但是据说你们都是头号的马列主义者，善于总结经验，多讲缺点，少讲成绩，总路线是要修改的，‘大跃进’得不偿失，人民公社搞糟了，‘大跃进’和人民公社都不过是小资产阶级狂热性的表现。那么，好吧，请你们看看马克思和列宁怎样评价巴黎公社，列宁又怎样评论俄国革命的情况吧！请你们看一看：中国革命和巴黎公社，哪一个好一点呢？中国革命和1905—1907的俄国革命相比较，哪一个好一点呢？还有，1958—1959中国建设社会主义的情况，同俄国1919年、1921年列宁写那两篇文章的时候相较，哪一个好一点呢？你们看见列宁怎样批判叛徒普列汉诺夫，批判那些‘资本家老爷及其走狗’，‘垂死的资产阶级和依附于他的小资产阶级民主派的猪狗们’？如未看见，请看一看，好吗？‘对转变中的困难和挫折幸灾乐祸，散布惊慌情绪，宣传开倒车——这一切是资产阶级知识分子进行阶级斗争的工具。无产阶级是不会让自己受骗的’。怎么样？我们的右翼朋友们。既然分裂派和站在右边的朋友们，都爱好马列主义，那么，我建议：将这个集纳文件提供全党讨论一次。我想，他们大概不会反对吧？”①

1959年8月16日，毛泽东写了《机关枪和迫击炮的来历及其他》一文，文中道：昨天上午我说，以《马克思主义者应该如何正确地对待革命的群众运动》为题的那一个文件，“不知是哪一位秀才同志办的，他算是找到了几挺机关枪，几尊迫击炮，向着庐山会议的右派同志们，乒乒乓乓地发射了一大堆连珠炮弹”。这个疑问，昨天晚上就弄清楚了，不是庐山的秀才同志，而是北京的刘澜涛同志和他的两位助手，发大热心，起大志愿，弄出来的。庐山出现的这一场斗争，是一场阶级斗

① 《建国以来毛泽东文稿》第八册，中央文献出版社，1993年1月第1版，第447—448页。

争，是过去10年社会主义革命过程中资产阶级与无产阶级两大对抗阶级生死斗争的继续。在中国，在我党，这一类斗争，看来还得斗下去，至少还要斗20年，可能要斗半个世纪，总之要到阶级完全灭亡，斗争才会止息。旧的社会斗争止息了，新的社会斗争又起来。总之，按照唯物辩证法，矛盾和斗争是永远的，否则不成其为世界。资产阶级的政治家说：共产党的哲学就是斗争哲学。一点也不错。不过，斗争形式，依时代不同而有所不同罢了。就现在说，社会经济制度变了，旧时代遗留下来残存于相当大的一部分人们头脑里的反动思想，亦即资产阶级思想和上层小资产阶级思想，一下子变不过来。要变需要时间，并且需要很长的时间。这是社会上的阶级斗争。党内斗争，反映了社会上的阶级斗争。这是毫不足怪的。没有这种斗争，才是不可思议。这个道理过去没有讲透，很多同志还不明白。一旦出了问题，例如1953年高、饶问题，现在的彭、黄、张、周问题，就有许多人感觉惊奇。这种惊奇是可以理解的，因为社会矛盾是由隐到显的。人们对于社会主义时代的阶级斗争的理解，是要通过自己的经验和实践，才会逐步深入的。特别是有一些党内斗争，例如高饶、彭黄这一类斗争，具有复杂曲折的性质。昨日还是功臣，今天变成祸首。"怎么搞的，是不是弄错了？"人们不知道他们的历史变化，不知道他们历史的复杂和曲折。这不是很自然的吗？应当逐步地、正确地向同志们讲清楚这种复杂和曲折的性质。再则，处理这类事件，不可以用简单的方法，不可以把它当作敌我矛盾去处理，而必须把它当作人民内部矛盾去处理。必须采取"团结—批评—团结"，"惩前毖后，治病救人"，"批评从严，处理从宽"，"一曰看，二曰帮"的政策。不但要把他们留在党内，而且要把他们留在省委员会内，中央委员会内，个别同志还应留在中央政治局内。……我们相信，一切犯错误的同志，……在一定的条件下，积以时日，总是可以改变的。这一点，我们必须有坚定的信心。我党38年的历史提供了充分的证据，这是大家所知道的。为了帮助犯错误的同志改正错误，就要仍然把他们当作同志看待，当作兄弟一样看待，给以热忱的帮助，给他们以改正错误的时间和继续从事革命工作的出路。必须留有余地。必须有温暖，必须有春天，不能老是留在冬天过日子。我认为这些都是极为重要的。[①]

1959年8月16日，庐山会议最后一天。举行全体会议。通过《为保卫党的总路线，反对右倾机会主义而斗争》、《关于开展增产节约运动的决议》、《关于以彭德怀同志为首的反党集团的错误的决议》、《关于撤销黄克诚同志中央书记处书记的决定》等文件。

决定将彭德怀、黄克诚、张闻天、周小舟分别调离国防、外交、省委第一书记职务；但仍可保留每人原来的中央委员、中央候补委员、政治局委员、政治局候补

① 《建国以来毛泽东文稿》第八册，中央文献出版社，1993年1月第1版，第451—453页。

委员的职务，以观后效。会议一致通过这些文件。

毛泽东发表讲话：这次庐山会议解决了一个大问题，总结经验应该这样总结法才好，就是锋芒对着右倾；从1958年11月起，落实指标，反对“共产风”，不断批评，就产生了一种右的倾向。

毛泽东说：“而我们这几位犯错误的同志，他们不仅不在北戴河对那种高指标提出意见，也不在去年11月郑州会议提意见，也不在12月武昌会议上提意见，也不在今年1月中央政治局扩大会议提意见，也不在今年2月底3月初第二次郑州会议上提意见，也不在今年3月底4月初上海会议、中央全会上提意见，而到庐山会议来提意见。他这个气候搞得不好。问题都解决了，或者剩下尾巴，情况就好转了，我说，这些同志不会观察形势。他们为什么在那个时间不提意见，而在这个时候提呢？这是因为他们自己有他们的一套。……等到问题大部分解决了的时候，他们来提，就是认为这个时候如果不提，就没有机会了。再过几个月，时局更好转，他们就不好办事了，他们的扩大队伍、招收党员的目的就不能实现了。”

毛泽东说：“这一次对于彭德怀来说，是第五次路线错误了，总要发作。两个阶段，两个总路线。所谓两个阶段，就是资产阶级民主阶段，无产阶级社会主义革命阶段。这些同志，他们是为了参加那个阶段而参加共产党的。对于第二个阶段，要消灭资本主义、个体经济，没有精神准备。”

毛泽东说：“要估计到他们有可能改造。什么个道理？他们在历史上曾经做过好事。他们要反对帝国主义，反对封建主义。对于社会主义，他们也有一种不很清楚的、决议案所谓‘模模糊糊’的愿望，他们也有革命的一个侧面。我们的根据地就是因为他们有革命的一个侧面。今天小舟你赞成这个决议，我很高兴。今天以前我还相当悲观。你这个人，我跟你讲过，你是民主人士，你是挂着共产党招牌的民主人士。”

毛泽东说：“现在听说海瑞出在你们那个里头，海瑞搬了家了。明朝的海瑞是个左派，他代表富裕中农、富农、城市市民，向着大地主大官僚作斗争。现在的海瑞，是右派海瑞。我不是在上海提倡了一番海瑞吗？有人讲，我这个人又提倡海瑞，又不喜欢海瑞。那有一半是真的。海瑞变了右派我就不高兴呀，我就是要跟这种海瑞作斗争。……我们是提倡海瑞，海瑞历来是左派，你们去看《明史·海瑞传》。讲我提倡海瑞，又不愿意看见海瑞，对于右派海瑞来说，千真万确。但不是左派海瑞，左派海瑞是欢迎的。如果不欢迎左派海瑞，不喜欢站在马克思主义立场上来批评我们的缺点错误的这种人，这种同志，那么，就是错误的，就不是马克思主义的立场了。决议案上有一句话说：对于那一些站在正确的立场而批评工作中的缺点的，这是完全应该保护的，应该支持的，这就是指的海瑞，左派海瑞。”①

① 《毛泽东传（1949—1976）》，中央文献出版社，2003年12月第1版，第1006—1008页。

毛泽东说：这次会议取得了很大的成功。第一个侧面是揭露了多年没有解决的矛盾，并且把当前的形势搞清楚了，当前的形势主要是反右倾、鼓干劲；第二个侧面，是彭德怀、黄克诚、张闻天三同志对于他们的缺点错误有了认识。

毛泽东说彭德怀：这样长久的历史，我说 31 年就这么散了吗？孔夫子说："狂者进取，狷者有所不为也"；"无非是两个可能，一个是能转变过来，第二个是不能转变过来，我们极力争取第一个可能，使他们转变过来"。

毛泽东说："人总是要有一条出路，不要逼得人家没有出路。希望同志们回去传达的时候，无论是中央各部门的同志，还是地方的同志，都注意这一点，不要你抹杀他们的好处的一面。我们马克思主义者把人的路绝了是不好的，要留有余地，要有保护、关怀、帮助的意思。其所以要如此，因为他们过去历史上做过好事，他们有两面性，有革命的一面。"①

毛泽东说：要往来，采取热情的态度，要开团结大会，要看作是我们的同志，帮助他们改正；估计有 70%的右派可以争取过来；牛训练三年才耕田，岂可人而不如牛乎？

最后，毛泽东引用林彪的话说：这次会议，"避免了一个大马鞍形，避免了一次党的分裂"。②

政治局扩大会议和八届八中全会③总共历时 46 天。

1959 年 8 月 17 日，在毛泽东主持下，中共中央召开了一天的工作会议，研究了人事安排和庐山会议如何传达的问题。根据中央决定，撤销彭德怀的国防部长和军委委员的职务，任命林彪为军委副主席和国防部长，撤销黄克诚的总参谋长、军委秘书长职务，任命罗瑞卿为总参谋长；撤销张闻天④的外交部副部长职务，另行分配工作；撤销周小舟⑤的湖南省委第一书记职务，由张平化接任。彭、黄、张、周仍保留政治局委员、政治局候补委员、中央委员、候补中央委员职务。

8 月 18 日，张闻天给毛泽东写信说："我这次动了大手术，对我以后的身体健康，定会起良好的影响。我衷心地感谢你和中央其他同志所给予我的帮助。我一定要同昨天的那个反动的我，永远决绝。……我今天下山，希望能在北京，再见到你，并希望你多多指导。"毛泽东收到信后当即批示："印发各同志。印 160 多份，发给每人一份。走了的，航送或邮送去。我以极大的热情欢迎洛甫这封信。"⑥

---

① 《毛泽东传（1949—1976）》，中央文献出版社，2003 年 12 月第 1 版，第 1008 页。

② 《毛泽东传（1949—1976）》，中央文献出版社，2003 年 12 月第 1 版，第 1008 页。

③ 八届八中全会决定降低 1959 年的经济计划指标：钢产量为 1200 万吨，原煤为 3.35 亿吨，粮食为 5500 亿斤，棉花为 4620 万担。

④ 1966 年 11 月，张闻天到哲学社会科学学部经济研究所任特约研究员。

⑤ 周小舟被下放到湖南省浏阳县大瑶公社，任党委副书记，1962 年调广州任中南科学院副院长，1966 年 12 月 26 日辞世。

⑥ 《毛泽东传（1949—1976）》，中央文献出版社，2003 年 12 月第 1 版，第 1005 页。

1959年8月18日，在北京召开中共中央军委扩大会议，主要内容是：继续揭发批判彭德怀、黄克诚的“反党罪行”和“资产阶级军事路线”，清查“反党俱乐部”，彻底肃清彭德怀在军队30多年来的“流毒和影响”。同时，在北京召开全国外事会议，清查张闻天、彭德怀的“里通外国”问题。

毛泽东开始交给了中央书记处主持会议，书记处委托军委办公厅、总政治部承办，地点在中南海怀仁堂。彭德怀17日赶回北京，18日到会。

彭德怀、黄克诚依旧在主席台前排就座。会议首先传达了庐山会议精神。

彭德怀主动坦率做了检讨，同时表态愿意诚恳地接受大家的批判。会议分14个小组揭发批判，但大多数人不发言，即使发言也很少涉及彭德怀问题，只限于浅表性表态：拥护党中央决定，要反右。

8月20日，柯庆施、陈伯达分别给毛泽东、刘少奇打电话，说：会议开得糟透了，彭德怀表面做检讨，暗地里煽动军队向党进攻，根本不服庐山的气，妄图借他在军队的地位翻庐山的案。康生跑到毛泽东处，请求毛泽东出面扭转局势，要求军委扩大会议延长、再扩大。

当晚，毛泽东召来刘少奇、周恩来、林彪等人，商量会议进程。中央决定：会议延长到12日，人数由原来的140人增加到1061人（师以上党员干部），另增508名有关人员列席会议。增设紫光阁礼堂为分会场，拉线广播。

1959年8月22日，黄克诚给毛泽东写了一封承认错误的信。

毛泽东复信说：“克诚同志：信收到，很高兴。你的那种态度很好。我表示热情的欢迎。错误并不可怕，只要能改就好了。错而能改，出以真诚老实，就能逐步地见信于人、变为一个好同志。这样一想，忧愁就可以减轻了，顺复。祝你大进一步。”①

1959年8月22日，再次扩大的军委扩大会议开幕。彭德怀、黄克诚被安排在怀仁堂，张闻天、周小舟被安排在紫光阁。他们分别坐在主席台前排的两侧。毛泽东、刘少奇、周恩来均未出席会议。会议内容未变。总参谋部与军委办公厅是一个小组，被当做批彭、黄的重点，小组长是中共中央候补委员、总参装备计划部部长万毅，成员有副总长和各部、局长，军委办公厅主任、副主任、处长。小组两三天都没人发言，万毅说：我们倒不如认真把彭德怀的“意见书”学习学习，讨论讨论看看有没有错。大家列举了许多事例，说明彭德怀的“意见书”是有理有据的。万毅宣布：看来大家都没有什么可批的，我作为组长，确定小组解散。后，万毅被作为“彭德怀的狗腿子”看管起来。

① 《毛泽东传（1949—1976）》，中央文献出版社，2003年12月第1版，第1005—1006页。

沈阳军区司令员邓华上将，直率地为彭德怀说了不少好话，遭到严厉批判，勒令他写检查。黄永胜主持一个小组开会，搞邓华的所谓“反党、反毛主席”和“军事俱乐部”问题。当黄永胜宣读他主持写的《关于邓华同志问题的小结》之后，邓华实在难以接受，说：我的错误是严重的，但要说我反对中央和毛主席，说不过去，追逼者说：实质上是这样，不承认不行。邓华哭了，表示没法接受。

黄永胜极不耐烦地说：我们这个小组就这样通过了。

洪学智被作为彭德怀的“同伙”，点名批判。

空军副政委吴法宪揭发道：彭德怀欠有血债，在长征途中他曾下令杀害了一军团的一位连长。

林彪也跟着喊叫：因为一军团是英明领袖毛主席亲手缔造和亲自领导过的，彭德怀恨不得将一军团杀尽。

北京军区参谋长钟伟为彭德怀辩解道：这是造谣惑众！事情是我干的；在一、三军团强攻娄山关的战斗中，仗打得很残酷；那人临阵脱逃，还要拉几个战士反水，被后续部队捉住，经审讯，知道是一军团的人；按说应该交给你林总处理，可当时无法交，就执行了战场纪律；我看现在是有些人别有用心，扯历史老账，制造事端，挑拨一、三军团的关系，企图加害于人。钟伟说：“彭德怀的‘军事俱乐部’已经宣布成立了，那就宣布我钟伟是这个俱乐部的成员吧！也拿我去枪毙吧！”

钟伟发言不到 5 分钟，总政保卫部的一位干部率两名卫兵冲进会场，逮捕了钟伟。直到将他押出老远，仍能听到他的高呼：“毛主席啊，你可千万不要上了他们的当！他们才是真正的罪魁祸首！”从这次会议之后，钟伟被削官罢职，押回老家劳动改造去了。①

陈伯达经过精心剪辑和杜撰，将黄克诚、张闻天、周小舟等人在庐山与彭德怀的谈话和会议发言罗列起来，以此证明彭德怀的“军事俱乐部”是有组织、有纲领、有目的、有计划的，并且还在继续招兵买马，发展成员。一再追逼彭德怀交出“军事俱乐部”的其他成员名单。彭德怀气愤至极，拍响桌子：“开除我的党籍，拿我去枪毙了吧！你们哪一个是‘军事俱乐都’的成员，就自己报名吧。”

会议主席团要求周恩来副主席作关于彭德怀历史问题的报告。周恩来首先说：“我也不能说对彭德怀同志的历史问题知道得完全清楚”。周恩来的报告以毛泽东的“三分合作、七分不合作”为基本点，将彭德怀的历史分成 15 个时期，逐一解说。这 15 个时期是：（1）平江暴动及其以后一段时间；（2）立三路线时期；（3）一、二、三次反“围剿”时期；（4）第一次王明路线时期；（5）长征、遵义会议；（6）张国焘分裂时期；（7）北上东征时期；（8）洛川会议及其以后，东征以后西征；

① “四人帮”垮台后，钟伟得以平反。钟伟于 1984 年去世。

(9) 第二次王明路线时期；(10) 华北抗战时期；(11) 延安整风和华北座谈会；(12) 七大前后；(13) 西北野战军时期；(14) 抗美援朝时期；(15) 主持军委工作时期。据会议批判的说法：彭德怀早年起名彭得华，便是有野心；平江起义是投机入股；入党以后四次错误路线是跟着走的；遵义会议确定毛泽东的领导地位后，表面上跟着走，大部分时间是反对毛泽东；是高岗反党集团的漏网分子；这次是高饶反党联盟的继续和发展。说彭德怀三分合作的情况，按他参加革命 31 年计算，合作期限：平江起义后一年，一、二、三次“围剿”一年半，长征一年半，从西北到高饶事件 6 年。加在一起不过 10 年时间。

庐山会议闭幕后，毛泽东于 1959 年 8 月 21 日，离开庐山到南昌。从南昌乘专列到杭州。毛泽东到浙江等地视察，并在金华召集县委负责人座谈，了解农业生产问题。在汇报到生产指标时，毛泽东说：“指标要留有余地，不要说大话，不要吹大牛，不要光听上面那一套。”当汇报到基层干部作风时，毛泽东严肃指出：“千万不可高指标，放空炮，强迫命令，假汇报。”①

在这里休息两天后，毛泽东经上海、南京、徐州、济南、天津，于 8 月 27 日回到北京。沿途，不断找当地一些地、县级干部谈话、了解情况。②

9 月 1 日，毛泽东给《诗刊》编辑部送去《到韶山》、《登庐山》两首七律发表，并写了一封信说：全世界反动派从去年起，咒骂我们，狗血喷头，国内挂着“共产主义”招牌的一小撮机会主义分子不过拉起几片鸡毛蒜皮，当做旗帜，向着党的总路线、“大跃进”、人民公社举行攻击，真是“蚍蜉撼大树，可笑不自量”了，他们骂得越凶，我就越高兴。

各地、各部门陆续报来一些令毛泽东十分高兴的消息：

9 月 3 日，中共河北省委给毛泽东并中央的报告说：目前工业战线上已经立竿见影，钢、铁、煤的生产急剧上升，农业生产竞赛运动进入一个新阶段。

9 月 6 日，甘肃省委报告中说：中央反右倾指示下达后，工业系统即开始检查和批判右倾思想和松劲情绪，对于过去降低的计划指标，重新作了调整。11 日，甘肃又报：自从传达八届八中全会精神以来，我省各项工作飞速发展，变化很大，粮食问题也是如此；目前全省夏田普遍丰收，秋田生长很好，丰收在望。

9 月 24 日，石油工业部给毛泽东并中央的报告说：石油工业 1959 年仍然是一个“大跃进”的形势。

9 月 30 日，浙江省委报告：以八中全会决议为武器，在干部中开展一次反右倾、鼓干劲的整风学习运动，使总路线在广大干部的思想深处生根。

10 月 3 日，四川省委报告说：9 月上旬各地相继召开了干部会议，以传达八届

① 《王芳回忆录》，浙江人民出版社，2006 年版，第 153 页。

② 《毛泽东传（1949—1976）》，中央文献出版社，2003 年 12 月第 1 版，第 1011 页。

八中全会精神为纲，安排当前工作，掀起了一个反右倾、鼓干劲、增加生产、厉行节约的新高潮。

以上报告，毛泽东仔细阅读，并批转各地参考，写了一些肯定的话。

10月8日，毛泽东接到薄一波前一天写给他的信："我的家乡——和平人民公社的党委书记韩生智同志给我写来一封信，我看了感到十分兴奋：一、公社化后粮食大增产，工业也搞得很好；二、今年每人平均分到30斤麦子（保证了国家征购任务后），我的家乡主粮是杂粮；三、公共食堂59座，看来是基本上都到公共食堂了；四、群众情绪高涨，等等。特将这封令人兴奋的信打印送您一阅。"[①]

1959年9月6日，毛泽东看了一篇《驳"国民经济比例失调"的谬论》的文章：国家统计局在学习、讨论八届八中全会决议时，就1958年国民经济综合平衡和比例关系问题继续讨论，多数同志根据统计数字，驳斥了右倾机会主义分子关于1958年以钢为纲和全民炼钢铁造成国民经济比例关系失调的论点，大家一致认为，1958年国民经济基本上是按比例地和平衡地向前发展的。

以前，毛泽东认为，1958年的主要教训之一是综合平衡问题，也是庐山会议争论的焦点之一。现在，作为职能部门以一系列统计数字说明1958年基本上是按比例和平衡发展的，无疑是一个大问题。毛泽东立即写信给陈伯达："'驳谬论'一篇，你看了没有？如未，请看一下，想一想，是不是有道理？此篇各个论点，是否都是对的？或者还有某些不对的呢？请你找国家统计局的主要几位同志，例如四五位，或者七八位，到你处开一次座谈会，切实研究一下，以其结论（最好写成文字）告我。这是个大问题，应当废寝忘餐，全力以赴。"

9月8日，陈伯达报告毛泽东：9月7日下午，召集国家统计局5位同志和其他一些研究统计问题的同志开了一个座谈会，大家基本上同意统计局提出的关于去年"大跃进"中国民经济比例关系的看法，认为去年发展的比例关系是相适应的，而不是比例失调；其中个别的、局部的失调，只是大踏步前进中的暂时性现象，经过调整，已经有了很大改善。

陈云从庐山会议到军委扩大会议，一直沉默，是唯一没有表态的人。

1959年9月9日，彭德怀给毛泽东写信：

主席：

八届八中全会和军委扩大会议，对我的错误进行彻底的揭发和批判，消除了制造党内分裂一个隐患，这是党的伟大胜利，也给了我改正错误的最后机会，我诚恳

① 《毛泽东传（1949—1976）》，中央文献出版社，2003年12月第1版，第1012页。

地感谢你和其他同志对我的耐心教育和帮助。这次党对我的错误进行系统地历史地批判，是完全必要的。只有这样，才能够使我真正认识到错误的极端危险性，才有可能消除我的错误在党内外的恶劣影响。现在我深刻体会到，我的资产阶级世界观和方法论是根深蒂固的，个人主义是极端严重的。现在，我已认识到党和人民培养我这样一个人，付出了多么大的代价。如果不是及时得到彻底揭发和批判，其危险性又是多么可怕！过去由于自己的资产阶级立场作怪，将你对我善意恳切的批评，都当作是对自己的打击。因此，在每次对错误路线的斗争中，自己都没有受到教育，得到提高，使错误顽症得不到医治。30余年来辜负了你对我的教导和忍耐，使我愧感交集，难以言状。对不起党，对不起人民，也对不起你。今后必须下很大功夫，继续彻底反省自己的错误，努力学习马列主义理论，来改造自己的思想，保证晚年不再做危害党和人民的事情。为此请求中央考虑，在军委扩大会议结束以后，请允许我学习或者离开北京到人民公社中去，一边学习，一边参加劳动，以便在劳动人民集体生活中得到锻炼和思想改造。

是否妥当，请考虑示复。

敬礼

彭德怀

1959年9月9日

毛泽东阅此信后，即作了如下指示：

此件即发各级党组织，从中央到支部。印发在北京开会的军事、外事会议各同志。

我热烈地欢迎彭德怀同志的这封信，认为他的立场和观点是正确的，态度是诚恳的。倘从此彻底转变，不再有大的动摇（小的动摇是必不可免的），那就是“立地成佛”，立地变成一个马克思主义者了。我建议，全党同志都对彭德怀同志此信所表示的态度，予以欢迎。一面严肃地批判他的错误，一面对他的每一个进步都表示欢迎，用这两种态度去帮助这一位同我们有31年历史关系的老同志。对其他一切犯错误的同志，只要他们表示愿意改正，都用这两种态度对待他们。必须坚信，我们的这种政策是能感动人的。而人，在一定的条件下，是能改变的，除开某些个别的例外的情况不计在内。德怀同志对于他自己在今后一段时间内工作分配的建议，我以为基本上是适当的。读几年书极好。年纪大了，不宜参加体力劳动，每年有一段时间到工厂和农村去作观察和调查、研究工作，则是很好的。此事中央将同德怀同志商量，作出适当的决定。

毛泽东

1959年9月9日[①]

---

① 《建国以来毛泽东文稿》第八册，中央文献出版社，1993年1月第1版，第520—521页。

1959年9月9日，刘少奇在大会上讲“关于无产阶级的革命家对待群众运动的态度问题”和“关于所谓个人崇拜问题”。刘少奇说：在苏共“二十大”反对斯大林的个人崇拜以后，在中国也有人反对个人崇拜，党中央内部也有人反对个人崇拜，代表就是彭德怀同志，也有其他的人。刘少奇列举了彭德怀提出不唱《东方红》等实例。刘少奇说：“我这个人历来是提倡‘个人崇拜’的，也可以说‘个人崇拜’这个名词不大妥当，我是说提高毛主席的领导威信。我在很长时期就搞这个事情。在‘七大’以前，我就宣传毛主席；‘七大’的修改党章报告我也宣传，现在我还要搞，还要搞林彪同志的、小平同志的‘个人崇拜’。你们不赞成我搞，我也要搞的，我也不一定要人家同意的。我就是这么搞。有人借着苏联反对斯大林的‘个人崇拜’，要在中国反对毛主席的‘个人崇拜’，是完全错误的，是一种破坏活动，是对无产阶级事业的破坏活动。”①

1959年9月10日，朱德在大会上发言：自己在历史上曾经犯过路线错误，并且几次支持过错误路线；在社会主义革命和建设时期，又犯了两个大错误，一个是在高饶事件上，他们的阴谋活动已经暴露，毛泽东同志和其他人已开始同他们的阴谋活动展开斗争以后的一个时期中，我还以为他们是好人，替他们辩护，支持他们，直到1954年2月举行的四中全会我才认识了他们的反党面目，坚决拥护这一斗争；另一个大错误，就是发生在这次庐山会议的时候，“对彭黄张周的反党野心家的本质认识不够，光从好的方面去想，认为他们已经改过了，同时和他们在思想上又有共同点，所以这次我同样表现出嗅觉不灵，没有及时识破他们反党阴谋的本质。……有几位同志指出我有个人野心，我本来是不同意这种批评的。但是再想一想，我既然同毛主席和其他坚持马克思列宁主义的正确路线的同志在思想上有不一致的地方，而且在大是大非的路线问题上，曾有六七次没有站在毛泽东同志的正确方面，……既然如此，那么，同志们对我们的批评不能说是没有理由的，……我愿意接受这个批评”。会后，中共中央将朱德这个发言连同他1953年3月在党的全国代表会议上的检讨发言，一并印发党内（至县、团级）。

9月12日，彭德怀作书面检讨。

同日，大会通过《中共中央军事委员会扩大会议决议》，说彭德怀、黄克诚是“十足的伪君子、野心家、阴谋家，篡党、篡军、篡国的阴谋是由来已久的，……这次向党进攻完全是有目的、有准备、有计划、有组织的，是他们个人野心发展，利令智昏，不听党的劝告，无视党的纪律的必然结果”，要求全军彻底肃清彭黄在军队中所散布的毒素和恶劣影响。

① 《党史研究》，1982年第1期。

9月17日，中华人民共和国主席刘少奇发布命令：根据第二届全国人民代表大会常务委员会第九次会议的决定，任命国务院副总理林彪兼国防部长[①]，免去彭德怀兼任的国防部长职务和黄克诚的中国人民解放军总参谋长的职务。

1959年9月14日，中国共产党中央委员会主席毛泽东向全国人民代表大会常务委员会建议：在庆祝中华人民共和国成立10周年的时候，特赦一批确实已经改恶从善的战争罪犯、反革命罪犯和普通刑事罪犯。9月17日，中华人民共和国主席刘少奇发布"特赦令"。12月4日，经中央批准，第一批特赦了王耀武、爱新觉罗·溥仪等33名战犯，并对他们在工作上和生活上作了妥善安置。将这些人改造成新人，充分说明中国共产党的政策威力和对人改造工作的巨大成绩，在国际、国内产生了很好的影响。

9月15日，毛泽东在各民主党派负责人座谈会上宣布，现在已不是1957年那样的形势，也不是1952年"三反"、"五反"那样的形势，知识分子大有进步，民主党派大有进步，工商界大有进步，在党外不搞运动。[②] 11月21日，中共中央批转中央统战部《关于在民主党派、资产阶级分子和资产阶级知识分子中不进行反右倾斗争的整风运动的意见》。

9月17日，中共中央发出关于摘掉确实悔改的右派分子的帽子的指示："党中央根据毛泽东同志的建议，决定在庆祝建国10周年的时候，摘掉一批确实改好了的右派分子的帽子。……摘掉帽子的右派分子的数目，以控制在全国右派分子的10%左右为好。今后，根据右派分子的表现，对那些确实改好了的人，还准备分批、分期摘掉他们的帽子。……关于右派分子摘帽以后的工作和待遇问题，中央将另有指示。"[③] 中央统战部和地方各级统战部门贯彻中央指示，做了大量的具体摘帽工作。

毛泽东不满足看书面汇报，从1959年9月18日起，开始为期一周的河北、山东、河南三省视察。

19日，毛泽东在天津郊区看了一个农场的水稻，农场负责人报告：亩产8000斤到9000斤。

21日，到济南。在专列上接见山东省委第一书记舒同和历城县东郊公社党委书记郑松。舒同汇报封山造林时，毛泽东说：你们年年谈造了多少林，封了多少

---

① 罗荣桓因病未出席庐山会议。庐山会议期间，彭真打电话给罗荣桓，说毛泽东准备让林彪接替彭德怀出任国防部长职务，征求未出席会议的同志的意见。罗荣桓说，国防部长外事任务较重，林彪身体不好，似不宜担任这一职务。罗荣桓建议由贺龙任国防部长。彭真向毛泽东报告了罗荣桓的建议，未被采纳。

② 李维汉：《回忆与研究》下，中共党史资料出版社，1986年4月第1版。

③ 《建国以来重要文献选编》，中央文献出版社，2011年6月第1版，第495—497页。

山，我怎么从北京到上海，在飞机上看不到？舒同没有回答。汇报中说，山东省组织了900万劳动力上阵搞山水林田。毛泽东问：能组织这么多人吗？一定要实事求是，从实际出发，统筹安排，要注意群众的生活问题。毛泽东问郑松东郊公社今年秋季生产如何？玉米、大豆每亩能产多少？郑松回道：玉米亩产500到700斤，间作大豆一二百斤。毛泽东说：每亩一年增产几成就是很大成绩了。

午饭后，毛泽东来到山东省农业科学研究所，看了棉田。又冒雨到东郊公社大辛庄大队，专门看那里的玉米、大豆。毛泽东问郑松：亩产多少？郑松回道：这片丰产田可达800斤。毛泽东说加上小麦，就是亩产一千好几百斤，这是个大跃进啊！

9月22日，毛泽东到达郑州。北返时经河北省磁县，下车看了人民公社的棉田。经保定，25日回到北京。①

1959年9月26日，中共中央军委发出《关于军委组成人员的通知》：中共中央政治局决定组成新的军委——主席毛泽东，副主席林彪、贺龙、聂荣臻，军委常委为毛泽东、林彪、贺龙、聂荣臻、朱德、刘伯承、陈毅、邓小平、徐向前、叶剑英、罗瑞卿、谭政，军委日常工作由林彪主持。

9月30日，彭德怀主动交出元帅服和勋章，主动交出外国政府和友人赠送给他个人的礼品，还有从中央苏区根据地时期保存下来的几块银圆也全交给了组织，然后默默地离开了中南海，搬进北京西郊挂甲屯吴家花园的一幢老式住宅里，潜心学习马克思主义理论，特别是政治经济学。

10月13日，毛泽东找彭德怀谈话，刘少奇、朱德、邓小平、彭真、陈毅等人都参加了。毛泽东肯定了彭德怀9月9日写信要求学习和参加生产劳动的意见，说读几年书好，要学点马克思主义的哲学、政治经济学。谈话时气氛很好，谈话以后又共进午餐。彭德怀离去以后，毛泽东嘱专人以后要经常去看望彭德怀，每月至少两次，主要是了解他的思想动态，帮助他联系和解决学习和生活上的一些问题。11月9日，彭真等去彭德怀处，召集高级党校党委常委会，杨献珍、艾思奇、赖若愚等人参加。当场安排彭德怀到党校学习，并当面交代：彭德怀是毛主席批准到党校学习的，要派专人辅导他的学习，有什么问题由杨献珍同彭德怀直接联系。

后来，毛泽东多次提出，要彭德怀出来做点事。有一次，毛泽东说，可以让彭德怀当农垦部部长，要人去征求彭德怀的意见，如果彭德怀同意，下一步还要做王震的工作，让王震把农垦部部长的位置让出来。

还有一次，毛泽东指定陈毅、聂荣臻等人去做彭德怀的工作，主要是说服彭德怀承认错误，有所表示。可是彭德怀心里不服，一直顶着不表态。以后他们见到毛

① 《毛泽东传（1949—1976）》，中央文献出版社，2003年12月第1版，第1013—1014页。

泽东，就说你要我们三个人去做彭德怀的工作，你讲个方针才好。毛泽东看到我们有难处，笑了笑说，那就算了吧！

两次郑州会议，毛泽东和党中央为克服错误，采取了一系列措施解决矛盾和为农民呼吁，并终于认识到所有制高了，规模大了。于是在改变大公社所有制，实行“三级所有，队为基础”的同时，也有了“生产小队的部分所有制”的规定：生产小队同生产队在生产和分配上的关系是“三包一奖”，即小队向生产队包工、包产、包成本，超产的一部分上缴一定的比例给生产队，其余的作为奖励归小队所有。

经过上海政治局扩大会议和八届七中全会通过形成文件，各地农村全面开始贯彻执行。农民群众和基层干部对这些新规定是欢迎的，但在贯彻执行中的 1959 年 5 月至 7 月，许多地区冲破以上的规定，实行起包产到户的做法。

早在 1956 年 6 月，浙江省温州地区永嘉县委副书记李云河在燎原高级社蹲点。他根据社员的要求，在个人专管地段劳动质量负责制的基础上，试行包产到户生产责任制，即“三包到队，责任到户，定额到丘，统一经营”，得到了群众的普遍欢迎。县委肯定了这个社的经验，提出要多点试验，不仅推行到全县 313 个农业社，而且波及周围的乐清、瑞安等县。全温州地区此时有 1000 多个农业社在 178 万个农户中实行了包产到户，占总户数的 15%。

在此前后，四川的江津地区、安徽的芜湖地区和阜阳地区、山西的榆次地区、江苏的盐城地区、广东的中山地区，都有实行包产到户的社队。实行包产到户的社队，大都收到了调动农民积极性、促进农业生产发展的效果。

江苏省，一些地方把全部农活都包产到户，少数地方开始实行全部和部分农作物包产到户的办法，也有的提出“土地分到户，耕牛农具回老家”的要求。

湖南省，有些农民认为“人民公社不如高级社，高级社不如初级社”，主张把土地、耕牛、农具和粮食下放到户，把产量、产值包到户。还主张“家家起火，户户冒烟，拆散食堂，重建家灶”，说“共产党为什么管得这样宽，你只管收购就算了，生产、生活随我搞”。

甘肃省，有个生产队把土地、车马、农具按劳动力固定到户，还有的队把全部农活或者大部农活包产到户，取消了或者基本取消了集体劳动。

突出的是河南省，许多地方搞包产到户，有的地区一级领导干部还支持和推行。新乡地委第一书记耿起昌认为：集体生产和集体生活方式，对农民卡得过死，剥夺了农民自由，打乱了生产秩序，没有生产责任制了，农民生产不积极；公社化以后，把生活吃饭也拿过来了。1959 年 5 月，耿起昌提出，包产到户，定产到人，超产奖励（奖 70%—90%）。他还主张将 50 户以上的生产队都分开，重新丈量土地，按户包给家长，在家长指导下干活，主张告诉社员长期固定下来，几年不变。新乡地区很多生产队回到了一家一户的生产。1959 年第 15 期《农村工作通讯》中《新乡地区推行的农业生产地段责任制》。洛阳地委第二书记王慧智主张并推行了

"包工、包产到户，以产定工，产工一致，全奖全罚，三年不变"的办法，全区有800个生产组实行了包产、包工到户，100个食堂散了伙。

庐山会议后，风向异变。

1959年8月22日，中共江苏省委发出通知：包产到户的做法都是右倾思想的表现；它从根本上取消了人民公社集体劳动这一基本的劳动形式，退到个体分散劳动的老路；实质上是从集体退到单干；规定今后一律不提田间管理包到户。中共中央批转这个文件说：把全部或者大部农活包工到户或者包产到户的做法，实际上是在农村中反对社会主义道路，而走资本主义道路的做法；要求凡有这种意见和活动的地方，都必须彻底地加以揭露和批判。

10月12日，中共中央批转河南省委关于"右倾机会主义分子"的几个典型材料的报告中说：包产到户的思想，直接反映的是一部分富裕中农的要求，但是归根结底，最后是要走资本主义道路，是企图使资本主义在中国复辟，实际上是反党反人民的资本主义思想在党内的反映。

10月15日，中共中央批转湖南省委一个整社试点材料时指出："反对右倾机会主义斗争的重大意义，越来越看得清楚了。中央和地方如果不彻底粉碎彭、黄、张、周等人的右倾机会主义反党集团，就不可能顺利地贯彻执行党的社会主义建设总路线，就不可能有今年后半年的继续大跃进。在农村中如果不把一部分富裕中农反党反社会主义的猖狂进攻彻底粉碎，人民公社就不可能进一步巩固，农业的继续大跃进和贯彻执行党的总路线也是不可能的。"

10月15日，中共中央批转农业部党组关于庐山会议以来农村形势的报告：今年5、6、7月间，农村中出现的一股右倾的邪风、歪风，实际上是猖狂的反对社会主义道路的逆流。

11月2日，《人民日报》发表评论员文章，指责：包产到户是极端落后的、倒退的、反动的做法。这样，各地的包产到户均被强行取消。

1959年，各地猛攻钢铁指标，钢产量达到1387万吨。工业总产值达到1630亿元，比上年增长39.3%。挤了农业、轻工业，挤了人民生活（全民平均消费水平均由上年的83元降到65元）。

1959年，粮食产量为3400亿斤（仅为最后调整计划数的62%），比上年减产560亿斤，仅相当于1954年的水平。棉花、糖料、油料、生猪等主要农产品也都大幅度减产，农业总产值比上年下降13.6%。

1959年，国家征购粮食1348亿斤，占实际产量的39.65%。粮食比上年减产15%的情况下，国家反而多征了14.7%。农村留粮大量减少，严重影响广大农民的生活水平和生产积极性。

八届八中全会后，全党、全军、全国开展了历时半年左右的“反右倾”运动，各省进行到年底，中央国家机关进行到1960年2、3月。进行的主要形式是召开各级党员干部会。军委扩大会议之后，全军各大军区召开团以上干部会议，近3万人参加了会议。同时各省军区和师、团召开排以上党员干部会，传达贯彻“两会”，并联系本单位批判斗争了一批“右倾机会主义分子”。仅一个月时间，全军重点批判了847名干部。到11月底，全军共划出“右倾机会主义分子”1848人，其中团以上干部195人。还有许多人因对总路线、人民公社、大跃进有些意见或表现不坚定，被指责为“中间派”，被划为“中右”、“二类”、“三类”。

中央机关和各省、市、自治区反“右倾”的干部会议，一般分三个步骤进行：①传达中共中央《关于开展增产节约运动的决议》，讨论增产指标，批判右倾松劲情绪，开展竞赛；②阅读彭德怀和张闻天的发言记录，开展鸣放辩论，在此基础上传达中共中央八届八中全会《关于以彭德怀同志为首的反党集团的错误的决议》和毛泽东7月23日、8月16日的讲话，联系本地区、单位和个人的情况，进行普遍检查和重点批判；③对问题严重的人的处理。

1959年11月27日，中共中央批准军委总政治部提出的《关于划分右倾机会主义的标准和处理办法》作为组织处理的依据，文件规定的标准是：公开散布系统的右倾言论，从多方面攻击总路线、“大跃进”、人民公社的；积极支持彭德怀的纲领，公开为反党集团辩护，攻击党中央、毛泽东；历史上多次犯错误，对党心怀不满，这次又借口批评“大跃进”，猖狂攻击的；执行党的路线、政策一贯严重右倾，大跃进以来又有严重右倾言论和行动，仍执迷不悟的。文件规定了处理办法，并提出了若干不划“右倾机会主义分子”的政策界限和批准权限。

据这个规定，中央国家机关重点批判了1900余人，重点“帮助”了2714人，定了224人为“右倾机会主义分子”（不完全统计）。湖南省仅县以上机关单位就有4696人被重点批斗，1630人被定为“右倾机会主义分子”。其他省、市、自治区也大致如此，有的省市还抓了“右倾机会主义反党集团”。

福建省委挖出了以江一真为首的右倾机会主义反党集团；安徽省委揭出了张凯帆、陆学斌两个“阶级异己分子”；河南省委揭发和批判了副省长刘玉峰、新乡地委第一书记耿起昌、洛阳地委第二书记王慧智、洛阳市委委员和洛阳滚珠轴承厂厂长阎济民等一批“右倾机会主义分子”；四川省委揭发出“右倾机会主义分子”、“阶级异己分子”、“坏分子”61人。

11月21日，中共中央做出规定，这次反右倾运动只在党内的干部中进行，因而没有涉及各民主党派和一般的知识界，但是其影响仍波及广大农村、工厂。

在农村，开展了以进行两条路线斗争和社会主义教育为纲的整社、整风运动，批判了相当一部分农村干部和富裕中农。

在工厂，反右倾主要指向基层干部，重点批判干部中的“一长制”思想。

在高等院校，批判了党员专家，理由是“浸透了资产阶级世界观的‘党员专家'，一面以党员资格获取党内外的政治信任，另一方面又以专家资格同党分庭抗礼，他们坚持要走反党、反群众的道路”。北京大学有128个党员教师骨干参加整风运动，其中27人受到批判；清华大学174名党员教师骨干中，有17人被认为“有严重资产阶级思想以专家自居，不服从甚至反对党的领导”。

从1959年“反右倾”运动起，到1961年，许多干部和群众受到批判、处分和其他处理。由于中央规定重点批判的人数要控制在1%以下，并规定被批判的农民和一般农民党员不要戴右倾机会主义帽子，最后作组织处理的人数有限。即便如此，当1962年进行甄别平反时，几年中被作为重点批判对象或被划为右倾机会主义分子的党员干部，达365万人。

第五章主要参考书目和文章

彭程、王芳：《庐山——一九五九》，解放军出版社，1988年第1版。

马铬、佩璞、马泰泉：《国防部长浮沉记》，昆仑出版社，1989年第1版。

从进：《曲折发展的岁月》，河南人民出版社，1989年第1版。

《建国以来毛泽东文稿》第六卷，中央文献出版社，1992年第1版。

《建国以来毛泽东文稿》第八卷，中央文献出版社，1993年第1版。

《毛泽东文集》第七卷，人民出版社，1999年第1版。

《毛泽东文集》第八卷，人民出版社，1999年第1版。

《毛泽东传（1949—1976）》，中央文献出版社，2003年第1版。

《〈中国共产党历史〉第二卷（1949—1978）》，中共党史出版社，2011年第1版。

当代中国研究所：《〈中华人民共和国史稿〉第二卷（1956—1966）》，人民出版社、当代中国出版社，2012年第1版。

张弓、陈诗惠：《庐山会议及其历史教训》，《党史研究》，1984年第3期。

肖扬：《忆庐山会议前后的张闻天同志》，《江海学刊》文史哲版（南京），1985年第4期。

[美] 安娜·路易斯·斯特朗：《与毛泽东主席的三次谈话》（李无忌译），《东疆学刊》（吉林省延吉市），1988年第4期。

陈诗惠：《1959年庐山会议记事》，《中共党史资料》，第28期（1988年出版）。

王焰：《庐山会议与彭德怀》，《中共党史资料》，第28期（1988年出版）。

林天乙：《一九五九年庐山会议前后》，《福建党史月刊》，1989年第1期。

陈诗惠：《对于一九五九年庐山会议的评述》，《党史研究与教学》，1989年第3期。

李锐：《庐山会议的教训》，《党校论坛》，1989年第3期。

龙正才：《毛泽东、彭德怀庐山意见分歧与他们的故乡之行》，《争鸣》（南昌），1990年第1期。

第六章　建设社会主义（下）

一、读书学习

1959 年 10 月 1 日，中华人民共和国成立 10 周年。中共中央邀请苏联等 11 个社会主义国家领导人率领的党政代表团和日本、印度等 60 个国家的共产党代表参加中国国庆活动。其间，毛泽东等中共领导人同一些代表团进行了会谈或谈话。

10 月 18 日，毛泽东在颐年堂会见日本共产党代表团。毛泽东说：总的情况看，争取 10 年到 15 年的和平时间是可能的；我们并不想去解放台湾、金门、马祖，看情况的发展再去解决，澳门也不去解放它，同国际上有关联的地方，要看情况；争取 10 年、20 年的时间搞建设。

毛泽东渴望在这段时间，把钢铁尽快搞上去，把粮食尽快搞上去，把中国整个工业搞上去，超英赶美，使中国摆脱贫穷落后地位，以争取主动。[①]

1959 年 10 月 23 日，毛泽东离京南下，经天津、济南、徐州、合肥、马鞍山、南京、上海，10 月 31 日到达杭州。

毛泽东一路上参观视察，除了农业，重点是工业，特别是钢铁生产。他看了安徽省的马鞍山钢铁厂、东风钢铁厂二号一个化肥厂，还看了一个人民公社食堂用沼气做饭、照明情况。

10 月 30 日，在南京到上海行进的专列上，毛泽东同安徽、江苏两省负责人曾希圣、刘顺元、惠浴宇、陈光、彭冲等人谈话，详细询问。

当晚 6 时，专列驶入上海，停在徐汇支线顾家花园。上海市负责人柯庆施、陈丕显上车迎接毛泽东。毛泽东在专列上与在座人员谈及工业、交通、副食供应、防治血吸虫病等。

---

① 《毛泽东传（1949—1976）》，中央文献出版社，2003 年 12 月第 1 版，第 1016—1017 页。

毛泽东说：庐山会议后，8月上旬起，设备、条件还是那样，但是产量、产值就变了，而且变得很显著；有个故事，说是江南造船厂反右倾以后，说是争取60天要送一条船下水，后头19天把一条船的基本建设就搞成了。

毛泽东说：从中央材料看见的，说是湖南株洲一个工厂只有30辆汽车，坏了26辆；庐山会议以后，那个劲就起来了，两三天工夫，就修好了24辆；从前不知什么道理，工人就没有劲了；总之，今年这个经验很大就是了。

不久前，毛泽东看了一篇文章，介绍河北省吴桥县王谦寺公社一个很穷的生产队，靠养猪，不仅解决了吃肉问题，而且解决了肥料问题，粮食产量一年翻一番，穷队变成了富队。10月31日一清早，毛泽东在专列上给新华社社长吴冷西写了一封信：

“此件很好，请在新华社《内部参考》发表。看来，养猪业必须有一个大发展。除少数禁猪的民族以外，全国都应当仿照河北省吴桥县王谦寺人民公社的办法办理。在吴桥县，集资容易，政策正确，干劲甚高，发展很快。关键在于一个很大的干劲。拖拖沓沓，困难重重，这也不可能，那也办不到，这些都是懦夫和懒汉的世界观，半点马克思主义列宁主义的雄心壮志都没有，这些人离一个真正共产主义者的风格大约还有十万八千里。我劝这些同志好好地想一想，将不正确的世界观改过来。我建议，共产党的省委（市委、自治区党委）、地委、县委、公社党委，以及管理区、生产队、生产小队的党组织，将养猪业，养牛养羊养驴养骡养马养鸡养鸭养鹅养兔等项事业，认真地考虑、研究、计划和采取具体措施，并且组织一个畜牧业家禽业的委员会或者小组，以3人、5人至9人组成，以一位对于此事有干劲、有脑筋而又善于办事的同志充当委员会或小组的领导责任。就是说，派一个强有力的人去领导。大搞饲料生产。有各种精粗饲料。看来包谷是饲料之王。美国就是这样办的。苏联现在也已开始大办。中国的河北省吴桥县，也已在开始办了，使人看了极为高兴。各地公社养猪不亚于吴桥的，一定还有很多。全国都应大办而特办。要把此事看得和粮食同等重要，看得和人吃的大米、小麦、小米等主粮同等重要，把包谷升到主粮的地位。有人建议，把猪升到六畜之首，不是‘马、牛、羊、鸡、犬、豕（豕即猪）’，而是‘猪、牛、羊、马、鸡、犬’。我举双手赞成，猪占首要地位，实在天公地道。苏联伟大土壤学家和农学家威廉氏强调地说，农、林、牧三者互相依赖，缺一不可，要把三者放在同等地位。这是完全正确的。我认为农、林业是发展畜牧业的祖宗，畜牧业是农、林业的儿子。然后，畜牧业又是农、林业（主要是农业）的祖宗，农、林业又变为儿子了。这就是三者平衡地互相依赖的道理。美国的种植业与畜牧业并重。我国也一定要走这条路线，因为这是证实了确有成效的科学经验。我国的肥料来源第一是养猪及大牲畜。一人一猪，一亩一猪，如果能办到了，肥料的主要来源就解决了。这是有机化学肥料，比无机化学肥料优胜10倍。一头猪就是一个小型有机化肥工厂。而且猪又有肉，又有鬃，又有皮，又有骨，又有内脏（可以作制药原料），我们何乐而不为呢？肥料是植物的粮食，植物是动物的粮食，动物是人类的粮食。由此观之，大养而特养其猪，以及其他牲畜，肯定是有道理的。以一个至两个五年计划完成这个光荣而伟大的任务，看来是有可能的。用机械装备农业，是农、林、牧三结合大发展的决定性条件。今年已经成立了农业机械部，农业机械化的实现，看来为期不远了。”①

信写好后，毛泽东立即要柯庆施当天印出 20 份，发给柯庆施、陈丕显、曾希圣、叶飞、刘顺元每人一份。中午，毛泽东将几位请到专列上，议论这封信。

1959 年 10 月 21 日，中国与印度在边境西段空喀山口发生了武装冲突。

10 月 31 日，赫鲁晓夫在苏联最高苏维埃会议上作了一个很长的报告，内容是：宣扬和艾森豪威尔的会谈；强调不同社会制度国家之间要互相让步、互相迁就、互相迎合；对中印边境最近发生的事情表示遗憾；宣扬战争恐怖；等等。

1959 年 11 月 3 日，周恩来、彭真、王稼祥、胡乔木飞抵杭州，向毛泽东请示、汇报。

王稼祥说：和中联部的同志研究了一下，认为，美国政府的原则没变，战略没变，策略上有了变化；现在重点讲和平，讲缓和国际形势，同苏联搞好关系，对付中国；然后麻痹世界人民的觉醒，麻痹民族独立运动。

毛泽东说：“现在看来，所说的和平浪潮，就是西方垄断资产阶级跟拉丁美洲、亚洲的这些反动的民族主义者，跟苏联结合起来，打击的对象就是共产党，工人运动，中国。杜勒斯这一派，他们的策略一直执行到杜勒斯死为止。杜勒斯一死，策略要变。”

毛泽东说：我们“要有两手，一手跟艾森豪威尔讲和平，开大国会议，国际问题用和平方法解决比较好。另外一手就是美国共产党、美国人民，他们还是应该斗争的，各国共产党、各国人民还是应该斗争的，不要把这方面的气泄下来，要按照具体环境办。艾森豪威尔这种人物，他不只是有讲和平的一面，还有战争的一面，比如他要分化中苏，要打击美国共产党，向工人进攻，把全世界的反帝国主义浪潮压下去，……他们这种策略，第一是对于保护资产阶级有好处，第二是对于破坏社会主义有好处。破坏社会主义，比如破坏中国，你苏联他就不要破坏呀？他还是要破坏嘛。”

周恩来和中央军委总参谋部作战部副部长雷英夫用地图向毛泽东详细讲述了中印边界发生武装冲突的情况。毛泽东听完后，胸有成竹地说：“我想提这么个议，为避免边界纠纷，按照习惯边界，整个全线各退 10 公里，印度也退 10 公里，中国也退 10 公里，有 20 公里的距离，因为边界没有定，以待谈判解决。尼赫鲁不是主

① 《毛泽东文集》第八卷，人民出版社，1999 年 6 月第 1 版，第 100—101 页。

张在郎久双方后撤吗？这20公里距离内，由不带武装的民政人员照旧管理。武装不要存在，以免引起冲突。不是无人地带，而是无枪地带。如果10公里不够，那么还可以研究一下，可以更长一点。如果说双方各退20公里，就是40公里的距离。”

大家一致赞成毛泽东这个意见，说他们谁也没有想到这一招。认为这样做是很主动的。

毛泽东说：“这要双方达成协议，或者用换文，或者怎么样。如果他答应，我看两国总理可以见面，在北京或者新德里都可以。我有这么一个盘子，就是要和平。”

毛泽东说：“中印关系的问题很好解决，因为这不是我们生死之争的地方。我已经把这个意思告诉了他们。我说，我们的威胁来自东方，不是你们。”①

最后，毛泽东提出，用两国总理通信的办法处理这个问题，开中央政治局会议讨论通过。

谈到1960年的经济计划时，周恩来说：“1960年计划数字，现在总是看涨，我们是控制了。”毛泽东说：“下面有劲，不要越涨越搞得被动。”

彭真谈到整社，毛泽东说：“现在是怕‘左’，广东就有那个苗头，他们自己也知道，积极分子劲一来了，就批评那个有右倾思想的人太凶。还是要细致，批评要彻底，但是方法要真正讲道理，以理服人，不要人多一股气势，过于紧张。……反右又必出‘左’。”②

1959年中国是个大旱年，入冬一来各地都在大搞水利，特别是河北、河南两省。胡乔木说：“我在河北走了几个地方，一路上就是像打仗一样，白天晚上，来来去去，都是上水库的同从水库回来的，他们轮班。大车和背上一大堆行李，另外还有送给养的，因为给养都是由各个公社负责。路上完全像支前一样，比支前紧张得多。邯郸农村劳动力的半数以上到水库了，半数以上的意思，就是剩下的只有妇女，男劳力很难留下。他全区不过600万人，不过200万劳动力，他就有160万人上水库。”

周恩来说：“岗南、黄壁庄、王快、西大洋这些扫尾的工程还要搞，这边密云水库还可继续。现在冀东还要修两个水库，原来6个要收尾，又增加了3个。跟他算来算去，总要少一点，不然，到了春天农忙一来要受影响的。这是河北，河北算是大头。河南也算个重点。现在冀、鲁、豫、苏、皖是一个重点区，然后黄河的水土保持就是晋、陕、甘、宁夏，然后就是旱区四川、湖北。”③

第二天，周恩来、彭真等返回北京。回到北京，周恩来立即主持召开中央政治

① 《毛泽东传（1949—1976）》，中央文献出版社，2003年12月第1版，第1024页。
② 《毛泽东传（1949—1976）》，中央文献出版社，2003年12月第1版，第1025页。
③ 《毛泽东传（1949—1976）》，中央文献出版社，2003年12月第1版，第1025—1026页。

局会议，会议基本通过周恩来给尼赫鲁的信。11 月 16 日，尼赫鲁复信周恩来：表示准备就中印边界同周恩来会晤，但不同意双方武装部队从实际控制线各后撤 20 公里的建议。

毛泽东要王稼祥继续留在杭州，准备两人一起，与参加华东协作区会议的省、市委第一书记们谈谈国际问题。

早在 1947 年 5 月，美国政府成立了以凯南为首的国务院政策设计委员会。在制订对共产主义的遏制政策时，凯南提出：在军事遏制的同时，还应当用和平的方法促进某种趋势，导致苏维埃政权的瓦解或逐步趋于软化。

1949 年 7 月 30 日，美国国务卿向杜鲁门总统递交的信中提出："中国的悠久文明和民主个人主义终将再起，中国终将推翻外来的羁绊，我认为我们应当鼓励在中国的一切发展，这些发展在现在或将来都是为了达到这个目标而工作。"

1953 年 1 月 15 日，在美国国会考虑任命杜勒斯为国务卿时，杜勒斯在美国国会的证词中说："只要苏维埃共产主义统治着世界现有各国人民总数的三分之一，只要它正在设法至少把它的统治扩展到许多其他的国家，我们便绝对得不到巩固的和平或是欢乐的世界。……因此，我们必须时刻记住这些被奴役的人民的解放问题。不过，解放并不就是解放战争，解放可以用战争以外的方法达到。……这一切是可以而且必须以这样的方法完成的，这种方法将不至于引起世界大战，这种方法将不至于引起叛乱，因为暴乱会被他们用血腥的暴力镇压下去……它必须是而且可能是和平的方法。"

1957 年 4 月 23 日，杜勒斯在纽约发表演说，明确指出和平演变的 6 项政策：①提供范例，证明享受自由的幸福，并且通过我们的情报和文化交流计划，使全世界都知道这种情况；②借助于类似在联合国通过决议谴责苏联干涉匈牙利的做法，"使被分裂或被奴役的国家知道他们并未被遗忘"；③决不牺牲他们的利益来解决任何政治问题；④"推崇和赞誉那些为自由而流血的烈士"，但是不要鼓励暴力的起义；⑤让苏联的统治者看清，我们要解放的真正目的是和平和自由；⑥鼓励走向自由的演变。

1958 年 10 月 24 日，杜勒斯在中国领土台湾省待了 3 天。返美后，他在白宫发表声明说：中国共产主义是一个致命的危险，要用和平的方法使全中国得到自由的精神。同日，杜勒斯在接受英国电视公司记者时发表谈话：我的确相信，这种共产主义会发生演变，这种演变在某种微小的程度上，已经在苏联发生了。当记者问道，你是否看到或预见到共产党中国也有任何这样的演变吗？杜勒斯说：当然。记者又问道：你这话是说几十年或几百年吗？杜勒斯说："我很难说出具体的时间，但是我要说，几十年的可能性大于几百年。我要说，从几百年来说，那是绝对肯定的。这大概是几十年的事。"

1958 年 12 月 4 日，杜勒斯在加利福尼亚商会发表《对远东的政策》的演说：

“不让国际共产主义取得外部的胜利，不仅仅是一种消极的、防御性的政策。这种做法将使中苏集团内部的政府政策加速演变，使其越来越谋求它们自己境内的人民的福利，而不是利用这些人民来征服世界。”

1959 年 1 月 28 日，杜勒斯在美国众议院外交委员会的一次秘密会议上所作的证词中提出：“基本上，我们希望鼓励苏联世界内部的演化，从而使它不再成为对世界的自由的威胁，只管他自己的事情，而不去设法实现共产主义化的目标和野心。”[①]

1959 年 1 月 31 日，杜勒斯在纽约律师协会授奖宴会上发表《法律在和平事业中的作用》的演讲。

毛泽东看了新华社编的《参考资料》上刊载的杜勒斯的有关言论后，他对美国的和平演变战略给予了高度的警觉。

1958 年 11 月 30 日，毛泽东对各协作区主任的一次讲话中说：杜勒斯比较有章程，是美国掌舵的；这个人是个想问题的人，要看他的讲话，一个字一个字的看，要翻英文字典；省委要指定专人看《参考资料》。[②]

针对杜勒斯 1959 年 1 月 28 日的证词，毛泽东对他身边的工作人员说：这段话是杜勒斯证词的主旨，这表明美帝国主义企图用腐蚀苏联的办法，阴谋使资本主义在苏联复辟，而达到美帝国主义用战争方法所达不到的侵略目的。

1959 年 11 月 12 日，毛泽东在杭州召集的华东各省市委第一书记谈话时，第一次明确提出和平演变问题。会议上，提议印发杜勒斯 1958 年 12 月 4 日—1959 年 1 月 31 日的三次演讲，要与会同志认真看一看。毛泽东对杜勒斯这三篇演讲作了分析。

毛泽东说：“找出杜勒斯几个文件来。这个注释是林克，我的那个秘书注的，新华社原先就有，没有注完全。杜勒斯……在今年 1 月 28 日在众议院外交委员会作证时说：‘基本上我们希望鼓励苏联世界内部起变化’。这个所谓苏联世界，并不讲苏联一个国家，是社会主义阵营，是我们内部起变化。‘从而使苏联世界不再成为对世界自由的威胁，只管自己的事情，而不去设想实行共产主义的目标和野心。’他在众议院外交委员会另一次发言中讲：‘决不结束冷战’。看来，冷战全部结束，对他们是不利的。还是这次演说，他说：‘用正义和法律代替武力’。仗不打，要搞法律同正义。他又说：‘在这方面极为重要的，是要认识到，在这种情况下放弃使用武力并不意味着维持现状，而是意味着和平的转变。’和平转变谁呢？就是转变我们这些国家，搞颠覆活动，内部转到合乎他的那个思想。……就是说，他那个秩

① 引见毛泽东 1959 年 11 月《对杜勒斯 1959 年 1 月 28 日一篇证词的批注》，转引自南京《江苏党史文萃》，1991 年第 5 期。

② 林克：《回忆毛泽东对杜勒斯和平演变言论的评论》，《党的文献》，1990 年第 6 期。

序要维持，不要动，要动我们，用和平转变，腐蚀我们。”① 杜勒斯搞和平演变，在社会主义国家内部是有其一定的社会基础的。②

1960年1月17日，美国参议院外交委员会发表“意识形态与外交事务”的第十号研究报告，明确提出和平演变的两个基本手段：一是摧毁社会主义思想体系，二是西方生活方式的渗透。报告将东欧和中欧确定为和平演变的突破口，希望通过东欧来影响苏联内部的演变。

1959年1月30日至12月4日，毛泽东在杭州主持召开中央政治局扩大会议，主要讨论国际问题和国内经济问题。出席会议的有：刘少奇、周恩来、邓小平、彭真、李富春、李先念、陈毅、薄一波、陆定一、罗瑞卿、胡乔木和各大协作区的负责人。会议地点在南屏游泳池。

毛泽东有两次讲话，第一次是关于1960年的计划。他说：“1960年钢产量指标1800万吨，无论如何要超过，2200万吨不要去打算，搞到2000万吨就了不起了。八大的指标，没有人说是右倾机会主义。其中，粮、棉、油提高了一点。现在要学习八大会议的经验，钢的指标为例，留了3年余地。现在，给3年补充计划要留一年余地。棉、油、粮打高了，可以改，不要为八大建议所限制。棉提个4500万担或者稍多一点，就可以了。去年估计4700万担，实际只有3800万担。这900万担是脑筋里的。现在提4500万担，比较稳当，这并不束缚我们手脚。粮食定为6000亿斤，行不行？天有不测风云，今年只要有5000亿斤，就大有可为。3000万吨钢真正搞到手，我们国家的局面就转变过来了，事情就很好办。按实际办得到的，再留点余地，让各地、各年度去超过。还可考虑提个2800万吨（对外的）。基建、建筑业，它要吃材料的，钢材、木材、水泥要好好管制，不可搞得过大。要数量，是不是把质量摆在第一位，还有规格、品种。日、德之钢，并不在数量，而着重在品种。要做10年和13年的打算，1972年能接近美国，就是天大的好事。各社会主义国际的建设，再搞13年，就有可能原子大战相约不打，这当作一种可能。现在，美、法不想打，德、日想打打不起，所以暂时打不起来。但是这也只是一种可能。还有另一种可能，敌人的事，我们管不了。庐山会议估计，副食品今年下半年好转，看来不灵了。那么明年下半年如何？人要吃饭，猪也要吃粮的，如果去年只有一亿五千万头猪，今年达到一亿八到二亿头，这样可以，关键是从现在起就要抓紧节约用粮。计划的方法，要注意余地留得够，我看留得还要多点，不仅中央，地方也如此。比如水利，10年能够解决就好了。此仗3个冬春是不能解决的，来

① 《毛泽东传（1949—1976）》，中央文献出版社，2003年12月第1版，第1027页。
② 林克：《美国和平演变战略的提出及毛泽东的评议》，《湖南党史》（月刊），1991年第10期。

个10个冬春基本解决水利就很好。所谓粮食过关，即有储备，平均每人占有粮达到1000斤以上，到1500斤，即比现在要加一倍，这也要10年，争取提前完成。还有藏一点，这是老子的办法，‘良贾深藏若虚。君子盛德，容貌若愚’。把质量、规格、品种放在第一位，数量放在第二位。布局，全国有大后方西北、西南、中南、华北的大部分。一个大区、一个省，也有其自己的大后方。开荒，不是搞14亿亩，10年比两亿要多点。开荒还是各省自己去搞，这是主要的，移民有限。粮食重点，第二个10年，还是提高亩产第一，开荒第二。开荒的规模，可大于头一个10年，但也不能太大，可开4亿亩。等到拖拉机大量出来了，化肥多了，则可大开。农业，一要耕地，二要肥料，三要水。土铁路，一是很高兴，二是三万五千公里太多了，要赶快减下来，搞个一万五千公里，平均每年5000，那就很好了。刚才所讲的，不是泄气促退，而是大跃进，促进派，真正留有余地，更好地大跃进。劲一定要鼓，但是巧妇难为无米之炊。”①

12月3日起，杭州会议讨论国际问题。凌晨3时，毛泽东致信刘少奇、周恩来、彭真：“为了讨论国际形势及我们的对策，拟请林彪、陈毅、康生、稼祥、贺龙、谭政、陈伯达7同志到此一谈。12月3日（即今日）下午到杭州。林彪、陈毅4日到杭。请酌处。”②

12月4日晚，毛泽东专就国际形势发表讲话。毛泽东写了一份讲话提纲：

“敌人的策略是什么？

（1）和平旗子，大造导弹，大搞基地，准备用战争方法消灭社会主义。这是第一手。

（2）和平旗子，文化往来，人员往来，准备用腐蚀、演变方法消灭社会主义。这是第二手。

保存自己，消灭敌人：是基本原则。

有时和解，有时紧张；这里和解，那里紧张；欧洲和解，亚洲紧张；争取机会主义，孤立马列主义。

修正主义是否已经成了系统，是否就是坚决干下去？

可能是这样；可能还可以改变。

可能要坚持一个长时期（例如10年以上）；

可能只坚持一个短时期，例如一、二、三、四年。

中苏根本利益，决定这两个大国总是要团结的。某些不团结，只是暂时的现象，仍然是9个指头与1个指头的关系。

中国将在长时期内，一方面被孤立，一方面得到世界许多共产党、许多国家、许多人民的拥护。在这样困难局面下，中国将在8年内相当强大起来。

---

① 《毛泽东传（1949—1976）》，中央文献出版社，2003年12月第1版，第1028—1030页。

② 《毛泽东传（1949—1976）》，中央文献出版社，2003年12月第1版，第1031—1032页。

8年内，中国完成工业体系的初步建设，完成尖端工业的初步建设；完成技术队伍的初步建立，完成理论队伍的初步建立；完成党与人们政治觉悟的大提高（或者三者都完不成，或者能完成）。

谨慎小心，摆事实，说道理。

学习苏联优点，拥护苏联一切正确主张。

反动派大反华，有两件好处：一是暴露了反动派的面目，在人民面前丧失威信；二是激起世界大多数人民觉醒起来，他们会看到反动的帝国主义、民族主义、修正主义是敌人，是骗子，是黑货，而中国的大旗则是鲜红的。

全世界极为光明。乌云越厚，光明越多。

马克思主义、列宁主义大发展在中国，这是毫无疑义的。

赫鲁晓夫很幼稚。他不懂马列主义、易受帝国主义的骗。

他不懂中国达于极点，又不研究，相信一大堆不正确的情报，信口开河。他如果不改正，几年后他将完全破产（8年之后）。

他对中国极为恐慌，恐慌之至。

他有两大怕：一怕帝国主义，二怕中国的共产主义。

他怕东欧各党和世界各共产党不相信他们而相信我们。

他的宇宙观是实用主义，这是一种极端的主观唯心主义。他缺乏章法，只要有利，随遇而变。

苏联人民是好的，党是好的。党与人民若干不好的作风，若干形而上学作风，若干资产阶级自由主义，是历史遗传下来的。列宁早死，没有来得及改造。

这些自由主义，还有大国主义，总有一天走向反面，变得好起来。世界上一切事物没有不走向反面的。我国也将走向反面，然后又走向反面之反面，即正面。

不断革命。

共产主义竞赛，不平衡是客观规律，不以人的意志而存在。对表论①是反马列主义的。提出对表论，表示了他们的极大恐慌。”②

1959年10月25日至26日召开全国计划会议，讨论1960年发展国民经济的方针任务，确定经济计划方案，基本方针是在1958年、1959年连续大跃进的基础上继续跃进。12月30日，国家计委向中央提出《关于一九六零年国民经济计划的报告》。

1960年1月1日，《人民日报》发表社论《展望六十年代》，宣布中共中央八

---

① 1959年12月1日，赫鲁晓夫在匈牙利社会主义工人党第七次代表大会上的讲话中说：“我们在明智地利用社会主义制度的伟大优越性、全力加强世界社会主义阵营的同时，应当始终如一地、创造性地运用列宁关于建设社会主义和共产主义的学说，成为列宁主义的能手，不落后也不抢先，形象地说，就是‘互相对对表’。如果这个或那个国家的领导人开始骄傲自大起来，这就会合乎敌人的利益。”

② 《毛泽东传（1949—1976）》，中央文献出版社，2003年12月第1版，第1032—1035页。

届八中全会提出的在1959年完成第二个五年计划（提前3年）的主要指标已经胜利实现。社论提出：中国人民的奋斗目标是在新的10年间，要在主要工业产品的产量方面赶上英国，基本建立起完整的工业体系，基本实现工业、农业和科学文化的现代化，从而把中国建成一个强大的社会主义国家。

2日，《人民日报》发表社论《开门红，满堂红，红到底》。

1960年1月7日至17日，中共中央在上海举行政治局扩大会议[①]。

会议讨论了国家计委的报告，制定了1960年国民经济计划，讨论了今后3年和8年的设想。提出提前5年实行10年赶上英国的口号，计划钢产量为1840万吨(第二本账为2040万吨)，粮食产量6000亿斤。会议提出8年完成人民公社从基本队有制过渡到基本社有制的设想。

自1959年9月到1960年3月，毛泽东分两次到河北、山东、河南、江苏、上海、浙江、湖南、广东等省市视察工作，共约160天。

1959年12月到1960年2月，毛泽东组织了一个读书小组，先后在杭州、上海和广州读苏联的《政治经济学教科书》社会主义部分。对“政治经济学”边读边议，逐章逐节地讨论。

毛泽东读《政治经济学教科书》谈话，经邓力群等人进行整理，形成一个比较完整的近10万字的谈话记录。内容涉及哲学、经济学、科学社会主义、国际问题、国内的一些政策问题，以及对一些历史事件和历史人物的评价。

1960年1月4日晚上，毛泽东从杭州乘专列，于次日凌晨到达上海。1月7日到17日，毛泽东在上海主持召开中央政治局扩大会议。参加会议的除政治局委员、候补委员外，还有省、市、自治区党委第一书记和中央有关部门负责人。

会议为即将召开的二届全国人大二次会议作准备。

会议听取李富春关于1960年国民经济计划和今后3年、8年设想的报告，林彪关于国防问题的报告，聂荣臻关于科学规划的报告，陆定一关于教育工作的报告。

会议集中讨论计划和国际问题，还议了苏联的《政治经济学教科书》。

17日闭幕那天，毛泽东讲话：“去年这一年的工作有很大的成绩。这次整风反右比历史上哪一次都要深刻。国内我们团结了大多数人，包括了富裕中农中间的90%的人。赫鲁晓夫这一套我们能够顶得住，尼赫鲁、美国、英国刮的这股大反中国的风能够顶得住，就是因为我们国内有这么广大的团结。……庐山会议以后很灵，生产月月高涨，看来今年至少不弱于去年，可能比去年更好一些。基本上是要

① 粟裕参加了这次会议，毛泽东在会上讲话时，特地转过脸说：“粟裕呀，你的事可不能怪我呀，那是他们那个千人大会搞的。”

把我们自己的事情搞好。我们准备分几个阶段，把我们这个国家搞强大起来，把人民进步起来，把物质力量搞强大起来。"

毛泽东说："和平过渡的观点肯定是机会主义的观点，要写一些文章，批判这个东西，今年是莫斯科宣言发表3周年，来他一次全国性的运动。这些若干原则性的问题，我们要公开表示我们的意见。……帝国主义的策略是可以灵活运用的，它的本性是不能改变的，这是从资产阶级的本性不能改变而来的。只要有资产阶级存在，战争是不可避免的。但是一个时期，一个相当时期能够避免，这是可能的。"①

会议批准了国家计委《关于一九六零年国民经济计划的报告》，确定1960年钢产量1840万吨，粮食产量6000亿斤；8年总目标，基本实现四个现代化，建立起完整的工业体系，同时基本上完成集体所有制到社会主义全民所有制的过渡。会议还要求本年内大办公共食堂，试办和推广城市人民公社。②

上海会议结束，毛泽东回到杭州，继续读《政治经济学教科书》。

1960年2月27日，到广州后读完。

从2月27日到3月6日，毛泽东与康生、胡乔木、田家英、许立群、熊复、王宗一等人一起，审定《毛泽东选集》第四卷全部正文。

毛泽东曾说过："一、二、三卷我都没有多大兴趣，只有个别的篇章我还愿意再看，这个第四卷我有兴趣。那时候的方针是针锋相对，寸土必争，不如此，不足以对付我们这位委员长。"毛泽东读到《抗日战争胜利后的时局和我们的方针》、《关于重庆谈判》等文章时，他不时发出爽朗的笑声。③

关于涉及彭德怀的名字和战绩时，毛泽东明确表示："应该写，过去那一段应该承认。"

1960年9月，《毛泽东选集》第四卷出版发行。④

毛泽东说：毛选什么是我的！这是血的著作；毛选里的这些东西，是群众教给我们的，是付出了流血牺牲的代价的；1921年建党后，经过了14年，牺牲了多少党员、干部，吃了很多苦头，才懂得如何处理党内关系、党外关系，学会走群众路线，不经过那些斗争，我的那些文章也写不出来。⑤

1960年2月16日至18日，贵州省委召集地、州、市委第一书记会议，讨论

---

① 《毛泽东传（1949—1976）》，中央文献出版社，2003年12月第1版，第1049—1050页。

② 《毛泽东传（1949—1976）》，中央文献出版社，2003年12月第1版，第1050页。

③ 田家英曾告诉逄先知说：毛泽东在写《论人民民主专政》这篇文章之前，坐了一天，动也不动，专心构思；然后，又用一天时间，饭也没吃，一气呵成，完成了近万字的名篇；这篇文章，逻辑严密，简明精练，气势磅礴，一泻千里，是新中国建国纲领的理论基础和政策基础之一。

④ 《毛泽东传（1949—1976）》，中央文献出版社，2003年12月第1版，第1051—1052页。

⑤ 逄先知等：《毛泽东和他的秘书田家英》，中央文献出版社，1989年12月第1版，第20页。

公共食堂问题。会后向中央报告了全省13万个食堂的措施。省委的报告提出："农村经过整风和社会主义教育之后，富裕中农同我们作斗争的主要矛头是针对食堂。去年贯彻八届八中全会精神之前，他们的主要活动，是闹土改下放，包产到户，牵牛拉马。现在千方百计拆垮食堂，这就是挖人民公社的墙脚。所以食堂也是我们必须固守的社会主义阵地。失掉这个阵地，人民公社就不能巩固，大跃进也就没有保证。"并提出把社员自留地转交给食堂的问题。

中共中央转发了贵州省委的报告，并将口粮分配的原则改为"指标到户，实物到人，凭票吃饭，节约归己"。毛泽东进一步批示道：贵州省委的报告写得很好，各地要一律仿照执行，不应有例外；这篇报告是一个科学总结，可以使我们在从社会主义向共产主义过渡的事业中，在5年至10年内，跃进一大步，因此应当在全国仿行，不要例外。

根据中央的指示，到1960年4月，据14个省市的统计，参加食堂的户数达到农村总户数的88.9%，人数占总人数的88.6%，河南省占99%。

1960年2月15日，广东省委向中央报告："目前有些地方，在发展公社经济上，实际上在重复'一平二调'刮'共产风'的错误。"

毛泽东看到这个文件，立即印发正在广东从化读《政治经济学教科书》的周恩来等人，然后又致信刘少奇、邓小平，建议提到中央会议上讨论一次，以中央名义转发。

广东文件及中央的批语下发以后，各省相继召开六级干部会议。从一些省报来的情况看，跟广东大致相同，突出问题是两个：刮"共产风"及干部作风的虚报浮夸、贪污浪费。毛泽东十分愤怒。

1960年2月，毛泽东对国际形势分析道：第二次世界大战后，资本主义世界非常不安宁；由于社会主义阵营占了世界人口的三分之一，殖民地、半殖民地国家先后已经有20多个国家独立，资本主义世界已经再没有第一次世界大战后的相对稳定；中国认为，世界和平的取得，主要依赖各国人民的坚决斗争；要壮大正义的力量，就要支持"中间地带"的民族独立解放运动，积极发展同"中间地带"的关系，结成广泛的反对美帝国主义的统一战线。

1960年3月9日，毛泽东离开广州，乘专列经衡阳、株洲、金华、杭州、上海、南京、徐州、济南，于3月23日到达天津。沿途与当地省、市委负责人和一些地委负责人谈话，并开了几次会。

毛泽东在天津召开了中央政治局常委扩大会议。参加会议的有刘少奇、周恩来、邓小平、彭真、薄一波、李先念、李富春、王鹤寿、彭涛、张霖之、吕正操、赵尔陆、陈伯达、胡绳、吴冷西；一些省、市、自治区的负责人欧阳钦、黄火青、吴德、乌兰夫、林铁、陶鲁笳、万晓塘、张仲良、吴芝圃、王任重。

会议开了两天。在第一天会议上，毛泽东提出了 17 个问题，要大家讨论。

会议反对一平二调，反对刮“共产风”，提出不要破坏社会原有的经济秩序，发展小洋群炼钢铁必须在有煤、铁资源的地方，不要把“敢想、敢说、敢做”的口号绝对化；同时，要求城乡食堂普遍化，要求城市人民公社普遍化等；另外，还提出工业中试办托拉斯、资源综合利用、农业综合发展等。

1960 年 3 月 23 日，毛泽东为中共中央起草的对山东省 6 级干部大会的批示，发至各省、市、自治区党委、中央一级各部委、各党组：“山东发现的问题，肯定各省、各市、各自治区都有，不过大同小异而已。问题严重，不处理不行。……在一些县、社中，……‘共产风’、浮夸风、命令风又都刮起来了。一些公社工作人员很狂妄，毫无纪律观点，敢于不得上级批准，一平二调。另外还有三风：贪污、浪费、官僚主义，又大发作，危害人民。什么叫做价值法则，等价交换，他们全不理会。所有以上这些，都是公社一级干的。范围多大，不很大，也不很小。是否有十分之一的社这样胡闹，要查清楚。”①

天津会议结束，毛泽东回到北京，出席二届全国人大二次会议。

1960 年 4 月 6 日，谭震林在二届人大二次会议上进一步阐明过渡问题：“我们的前途是从队基本所有过渡到社基本所有，然后再从社基本所有过渡到全民所有。……就实现社基本所有制的条件来说，第一，全社的经济发展达到了每人平均收入 150 元至 200 元的水平；第二，社有经济部分全社经济中占了优势；第三，穷队赶上了富队；第四，农村的机械化和半机械化达到了一定程度。”

1960 年 4 月 28 日凌晨，毛泽东乘专列，离北京南下。

4 月 30 日，到达天津。毛泽东在专列上同正在这里主持全国农村工作部长会议的谭震林、廖鲁言及河北省和天津市的负责人刘子厚、万晓塘谈话。

谭震林说：“工农业的发展，特别是‘四化’② 威力相当大。看起来，今年工业的产值可能翻一番。粮食形势也是好的。我们派了十几个考察团到安徽阜阳专区，考察的结果，他们反映的材料，事实上，那个死人是个别的，多数人治好了，外流的人数也不多，而且粮食吃得相当多。……他们这里的大名县也叫做粮食问题的，我们也派了一个组去摸，一摸，实际并不是什么每天 8 两、12 两，而是吃 1 斤，人的脸都红光满面，不像吃 8 两粮食的样子。”

毛泽东说：“实际的情况我们不大清楚。有些瞒产的，有些以多报少的，也有

① 《毛泽东文集》第八卷，人民出版社，1999 年 6 月第 1 版，第 163 页。

② 指机械化、半机械化、自动化、半自动化。

以少报多的，不仅是中央的人不清楚，省的人也不清楚。”

谭震林说：“现在我们发现县委手上掌握的粮食，省里不知道，有些地委也掌握着粮食，省委也不知道。”

毛泽东说：“这都是好事，虽然瞒着省委。”

毛泽东对河南省粮食统销的面那么大（全省差不多每个人都统销）表示怀疑，不相信。

谭震林说：“这说明他们手里有粮食，没有粮食他不会那么干的。所以，实际吃的，并不是他们报的什么 8 两、9 两、11 两、12 两。”

毛泽东说：“那好呀，那我就又舒服一点。”

其实，河南有些地方，最突出的是信阳地区，已经开始出现大量非正常死亡的情况。但是，毛泽东不知道，分管农业的书记处书记谭震林也了解不到实际情况。①

毛泽东十分关切地询问气候和水利建设情况，因为西北、华北几个省，以及河南、山东连续遭受严重干旱。毛泽东提出：水利建设要搞 10 个冬春，而不是农村工作部长会议上定的搞 3 个冬春。

毛泽东还说，教育方面也要发一个指示，现在学生睡眠太少。一个反对贪污浪费，一个睡觉同休息的问题，要下个死命令，不然要受处罚。

1960 年 5 月 2 日清晨，毛泽东到达济南。当天下午，他在专列上同山东省负责人舒同、白如冰、裴孟飞等人谈话。因为山东遭受了严重干旱，毛泽东第一句话就问山东的旱情。舒同说，全省受旱面积 9000 万亩，严重的 3000 万亩。毛泽东要他们好好搞水利，要作 10 年的计划。毛泽东提出南水北调问题，又提出海水淡化问题。

毛泽东问，今年会不会闹春荒。舒同说：“有些问题，现在正在抓这件事。有一部分县的领导，马马虎虎，看来是有问题，他们却说没有问题；有些县，原来认为没有问题，现在暴露出了问题；有个地区还搞了瞒产私分。”

毛泽东立即说：“哪个要反瞒产私分？是地委，还是县委，还是公社党委？现在那些人还在那里办事吗？这种书记就不要让他当了，要他吃饭完了。”

毛泽东知道山东粮食有困难，就问舒同：“是不是要中央调点粮食给你们呢？”舒同说：“中央答应一亿。我们今年调出去三亿五。”毛泽东殷切地希望山东把困难局面扭转过来：“你们搞三年，转过这个弯来。河北省转过来了。”

毛泽东在济南住了 3 天，同舒同谈了 3 次话，并参观了尖端技术产品展览。②

1960 年 5 月 6 日，毛泽东到达郑州。河南省委负责人吴芝圃、杨蔚屏、史向生、赵文甫登上专列。毛泽东详细询问河南旱情。吴芝圃说：“全省有四分之一地

① 《毛泽东传（1949—1976）》，中央文献出版社，2003 年 12 月第 1 版，第 1069—1070 页。
② 《毛泽东传（1949—1976）》，中央文献出版社，2003 年 12 月第 1 版，第 1071—1072 页。

区一直旱到现在，这个情形跟光绪三年连旱三年的情形一样。光绪三年河南大旱，1942年河南大旱。最怕夏旱、秋旱。不过今年的麦子还算不错。去年工作上也有毛病，搞基本建设公用粮食太多，抗旱也多吃了粮食。所以，今年浮肿病多，主要是信阳专区，旁的专区也都有一点，不怎么严重。信阳专区说病了十来万人，正常死亡与浮肿病也很难分，死亡率是增加的，信阳专区可能增加好几万人。”

毛泽东说：“我们中央、省这两级做上层工作的人不可能都去看公社，就是摘点去望一望，要靠下级反映；而下面反映的材料，就有一部分不可靠。总而言之，上级领导机关，比如中央一级、省一级，地委也是不甚了了。”

毛泽东在郑州东郊看了人民公社的麦子，又参观了技术革命展览，随后，登上南下的专列。5月12日到达武汉。①

毛泽东在济南、郑州、武昌，先后会见了拉丁美洲、非洲14个国家和地区的工会、妇女代表团，非洲12个国家和地区的社会活动家、和平人士、工会等代表团，拉丁美洲8个国家的代表和著名人士，伊拉克、伊朗、塞浦路斯3国代表团，日本、古巴、巴西、阿根廷访华代表团；还会见了一些外国政府领导人。

在谈话中，毛泽东向各国朋友表达中国六亿五千万人民对亚洲、非洲、拉丁美洲人民所进行的民族民主运动的坚决支持，感谢他们对新中国的支持和帮助，指出全世界各国人民的正义斗争，都是互相支持的。

毛泽东说：美帝国主义是亚洲、非洲、拉丁美洲人民的共同敌人，是全世界爱好和平人民的共同敌人，我们要团结起来把美帝国主义从亚洲、非洲、拉丁美洲赶回他们老家去。

1960年5月1日，美国派U-2飞机侵入苏联领空，进行间谍活动，被苏联击落。毛泽东肯定苏联做得很正确。苏、美、英、法4国政府首脑决定5月16日在巴黎召开会议，讨论苏美在欧洲进一步缓和关系和寻求解决重大国际问题的途径。会议期间，赫鲁晓夫要求艾森豪威尔公开道歉，遭拒绝后，退出会议，致使4国首脑会议流产。毛泽东认为赫鲁晓夫对美国的强硬态度做对了。5月19日，毛泽东决定在全国各地举行群众集会，支持苏联的立场。5月20日，北京天安门广场举行了200余万人参加的示威游行和群众大会。

1960年5月17日，毛泽东离开武汉，经长沙、九江，21日到达杭州，会见朝鲜劳动党总书记金日成。中方参加谈话的有刘少奇、周恩来、邓小平、柯庆施、康生、陆定一、陈伯达、王稼祥、杨尚昆、江华。

---

① 《毛泽东传（1949—1976）》，中央文献出版社，2003年12月第1版，第1072—1074页。

金日成说：1955 年赫鲁晓夫叫我们不要反对美帝国主义。

毛泽东说："美国在巴基斯坦、土耳其、西德、英国、法国、意大利、希腊都有军事基地。去年 10 月 3 日，赫鲁晓夫在中国放了一炮，说我们不应该拿武器去试验资本主义政权是否稳固。他在匈牙利党代表大会上骂我们不战不和是托洛茨基。5 月 1 日苏联打下美国间谍飞机，5 月 2 日艾森豪威尔就说 U-2 飞机是他派的，而且说今后还要派，逼得赫鲁晓夫再无考虑余地，这才下决心。我们开群众大会支持苏联，这样可以迫使美国规矩点。……意大利共产党说，大战就要爆发了，陶里亚蒂他们悲观起来了。当然，也有可能打起来，但是，英、法不愿意打，西德、日本还没有武装好，此外，还有拉丁美洲和非洲人民的斗争。我看不必悲观，自然也要警惕。"

22 日下午，金日成离开杭州回北京后，毛泽东主持召开政治局常委扩大会议。

毛泽东说："帝国主义的本性不会变，因此有两种可能，现在是和平时期，将来有战争的可能。17 国共产党会议认为，现在这样的阶段到来了，就是存在着在社会上、在世界范围内根绝战争的可能性。这是反列宁主义、反马克思主义的。要取得世界和平，只有加强力量，在世界范围内建成统一战线，作斗争，使它前方有顾虑（社会主义阵营是不容易惹的），后方有顾虑（亚、非、拉人民的斗争），本国也有顾虑，不然和平的实现不可能。……同苏共斗争的形式用文章，方法叫指桑骂槐。现在对苏共，也是拖时间的，不宜于破裂。"

毛泽东说：赫鲁晓夫"这个人一直没有个章程，像游离层一样，他是 12 变，跟他相处，怎么个处法呀？这个人，艾森豪威尔形容过，说他是一个钟头之内瞬息万变的。赫鲁晓夫何必那么蠢，把美国人捧得那么上天，也不想下一着棋。从戴维营回来，那么吹，他不想想，美国人可能变嘛"。①

英国客人蒙哥马利元帅应邀来中国访问，于 1960 年 5 月 27 日到达上海。毛泽东专程从杭州来到上海，同客人进行了长时间无拘束的友好谈话。

毛泽东问客人："你是英国人，你到过法国，你去过苏联，现在你来到了中国。有没有这种可能，英、法、苏、中在某些重大国际问题上取得一致意见？"蒙哥马利对毛泽东这个想法很感兴趣，并表示愿意从事使四国能在一起的工作。

毛泽东说：美国在全世界有 250 个军事基地，300 万军队的一半在海外；日本就是在美国的帮助下才占了大半个中国。日本没有铁，没有石油，煤也很少，这三样东西都是美国源源不断地给日本送去的；但是美国扶植了一个力量，却造成了一个珍珠港事件；美国在东方的主要基地是日本。

蒙哥马利问："50 年以后的中国命运怎么样？那时中国会是世界上最强大的国

---

① 《毛泽东传（1949—1976）》，中央文献出版社，2003 年 12 月第 1 版，第 1075—1077 页。

家了。”

毛泽东说：“那不一定。50年以后，中国的命运还是960万平方公里，……如果我们占人家一寸土地，我们就是侵略者；实际上，我们是被侵略者，美国还占着我们的台湾。可是联合国却给我们一个封号，叫我们是‘侵略者’。”

……

蒙哥马利：“我衡量一个政治领袖的标准是看他是否会为了地位而牺牲他的原则。你同意不同意这样一种标准？如果一个领袖为了取得很高的地位而牺牲他的原则，他就不是一个好人。”

毛泽东：“我的意见是这样的，一个领袖应该是绝大多数人的代言人。”

蒙哥马利：“但是他也不能牺牲他的原则啊！”

毛泽东：“这就是原则，他应该代表人民的愿望。”

蒙哥马利：“他必须带领人民去做最有利的事。”

毛泽东：“他必须是为了人民的利益。”

蒙哥马利：“但是人民并不经常知道什么对他们最有利，领袖必须带领他们去做对他们有利的事情。”

毛泽东：“人民是懂事情的。终究还是人民决定问题。……耶稣是在十字架上被钉死的，但是耶稣有威信。……”①

1960年6月8日、9日，毛泽东在上海主持召开了一次政治局常委扩大会议，研究苏共中央6月2日和7日的两次来信。6月10日，以中共中央主席毛泽东的名义复信苏共中央。

政治局常委决定，由彭真率领中国共产党代表团出席罗马尼亚工人党代表大会，代表团于6月16日离开北京经莫斯科赴布加勒斯特。

1960年6月14日至18日，中共中央在上海举行了政治局扩大会议。会议中心是讨论“二五”计划后三年补充计划。

会前，中央召集有关负责人开座谈会，刘少奇、邓小平、李富春、李先念、薄一波、谭震林分别在各自的讲话中，特别谈到了工业交通、农业、粮食、生活安

① 《毛泽东文集》第八卷，人民出版社，1999年6月第1版，第181—193页。《毛泽东传（1949—1976）》（中央文献出版社，2003年12月第1版，第1078—1079页）载：这次会见，给蒙哥马利留下深刻印象；他回国后，在英国《星期日泰晤士报》上发表了一篇文章《我同毛的会谈》；文章说：30年前我到过中国，那时旧中国正受着外来侵略和内部封建主义的双重压迫，革命是不可避免的，革命的领导人便是毛泽东；毛泽东是一个十分有吸引力的人，非常有才智，处理问题很讲实际，对西方世界情况的了解是惊人的，对一些政界领袖的评论非常准确；毛泽东的基本哲学非常简单，就是人民起决定作用，因此要求干部每年下基层一个月，保持和人民的联系，赢得人民的信任；中国需要和平，从事长期而艰巨的建设，因此不会对外侵略，也不试图迫使其他国家接受它的共产主义思想；毛泽东建设了一个统一的、人人献身和有目的感的国家。

排、对外贸易、计划和经济建设中发生的问题。

6月14日，关于后三年钢铁指标，毛泽东在会上讲话说：我看少提一些，去做，在做之中增加一点；过去几年的经验，1956年八大一次会议通过的“二五”计划，总理作的报告，最好的部分，就是指标订得低的那部分；给我们留下很大余地，留了三年余地；学习八大一次会议的那些经验，宁可打低一点，在年度中去超过，决不可以打得过高，以至于超不过；实际办得到的比如是3200万吨，我们就提3000万吨，如果实际可能是只有3000万吨，我们就提2800万吨；不只是纸头上、口头上留有余地，而是实际上真正留有余地；今年和今后两年的基本建设，盘子绝不可以搞得过大，数量不可不讲，但恐怕要提出质量放在第一位；要着重门类样样都有，钢与钢材的规格很高，普通钢之外还有特殊钢，而特殊钢要达到世界水平；讲质量、品种、规格，把这个提到第一位，把数量放到第二位。

1960年6月18日，一向工作到清晨的毛泽东，改变作息，早早起来，把他近期想的一些社会主义建设方向的问题，结合历史的回顾，写了一篇《十年总结》的文章，1800字，不到两个小时，一气呵成。①

毛泽东写道：前8年照抄外国的经验，但从1956年提出十大关系后，开始找出自己的一条适合中国的路线；1958年5月党代表大会制定了一个较为完整的总路线，并且提出了打破迷信，敢想、敢说、敢做的思想，这就开始了1958年的“大跃进”；前年8月发现人民公社是可行的；8月在北戴河中央起草了一个人民公社决议，9月发表；几个月内公社的架子就搭起来了。

毛泽东说：但是乱子出得不少，与秋冬大办钢铁同时并举，乱子就更多了；于是乎有11月的郑州会议，提出一系列的问题，主要谈到价值法则、等价交换、自给生产、交换生产；又规定了劳逸结合，睡眠、休息、工作，一定要实行生产、生活两样抓；12月武昌会议做出了人民公社的长篇决议，基本正确，但只解决集体、国营两种所有制的界限问题，社会主义与共产主义的界限问题，一共解决两个外部的界限问题，但还不认识公社内部的三级所有制问题。

毛泽东说：1958年8月北戴河会议提出了3000万吨钢在1959年完成的问题；1958年12月武昌会议降到2000万吨钢；1959年1月北京会议是为了想再减一批而召开的；我和陈云同志都为此感到不安，但会议仍有很大的压力，不肯改；我也提不出一个恰当的指标来；1959年4月上海会议规定了一个1650万吨的指标仍然不合实际；我在会上作了批评，这个批评之所以作，是在会议开始之前两日，还没有一个成文的盘子交出来，不但各省不晓得，连我也不晓得，不和我商量，独断专行，我生气了，提出了批评；我说我要挂帅，这是大家都记得的，下月北京中央会

① 2011年6月23日《人民日报》，及文献纪录片《旗帜》解说词第四集。

议规定指标1300万吨，这才完全反映了客观实际的可能性；五、六、七月出现了一个小小的马鞍形，七、八两月基本上取得了主动；但在农业方面仍然被动，直至于今；管农业的同志和管工业的同志、管商业的同志，在一段时间内，思想方法有一些不对头，忘记了实事求是的原则，有一些片面（形而上学）思想；1959年夏季的庐山会议，右倾机会主义猖狂进攻；他们教育了我们，使我们基本上清醒了；我们举行反击胜利。

毛泽东说：1960年1月上海会议，规定了后3年指标，我感到仍然存在一个极大的危险，就是对于留余地，对于藏一手，对于实际可能性还要打一个大大的折扣，当事人还不懂得；1956年周恩来同志的第二个五年计划，大部分指标，如钢等，替我们留了3年余地，多么好啊！农业方面则犯了错误，指标高了，以至不可能完成，要下决心改，在今年7月的党代表大会上一定要改过来；从此就完全主动了；同志们，主动权是一个极端重要的事情，主动权就是"高屋建瓴"，"势如破竹"；这件事来自实事求是，来自客观情况对于人们头脑的真实反映，即人们对于客观外界的辩证法的认识过程，中间经过许多错误的认识，逐步改正这些错误，以归于正确；现在就全党来说，他们的思想并不都是正确的，有许多人并不懂得马列主义的立场、观点和方法，我们有责任帮助他们懂得，特别是县、社、队的同志。

毛泽东说："我本人也有过许多错误。有些是和当事人一同犯了的。例如，我在北戴河同意1959年完成3000万吨钢；12月又在武昌同意了可以完成2000万吨，又在上海会议同意了1650万吨。例如，1959年3月在第二次郑州会议上，主张对一平二调问题的账可以不算；到4月，因受浙江同志和湖北同志的启发，才坚决主张一定要算账。如此等类。看来，错误不可能不犯。如列宁所说，不犯错误的人从来没有。郑重的党在于重视错误，找出错误的原因，分析所以犯错误的主观和客观原因，公开改正。我党的总路线是正确的，实际工作也是基本上做得好的。有一部分错误大概也是难于避免的。哪里有完全不犯错误、一次就完成了真理的所谓圣人呢？真理不是一次完成的，而是逐步完成的。我们是辩证唯物论的认识论者，不是形而上学的认识论者。自由是必然的认识和世界的改造。由必然王国到自由王国的飞跃，是在一个长期认识过程中逐步地完成的。对于我国的社会主义革命和建设，我们已经有了10年的经验了，已经懂得了不少的东西了。但是我们对于社会主义时期的革命和建设，还有一个很大的盲目性，还有一个很大的未被认识的必然王国。我们还不深刻地认识它。我们要以第二个10年时间去调查它，去研究它，从其中找出它的固有的规律，以便利用这些规律为社会主义的革命和建设服务。对于中国如此，对整个世界也应当如此。"

毛泽东说："我试图做出一个10年经验的总结。上述这些话，只是一个轮廓，而且是粗浅的，许多问题没有写进去，因为是两个钟头内写出的，以便在今天下午讲一下。”[1]

邓小平说：主席这篇东西，我很赞成，需要总结一下；我看这次会议最大的收获，如果说我们得到益处，恐怕就是这个；《十年总结》是全面的，提到认识论的高度解决问题，从思想方法上解决问题。

刘少奇、周恩来等中央领导人以及与会人员都一致赞成这个总结。[2]

二、赫鲁晓夫

苏共“二十大”以后，按照要打破对斯大林迷信的需要，决定“五一”节时不再在莫斯科红场上挂斯大林的像，并致函中共中央，要求中国也照此办理。中共中央经过考虑，决定不予回复。毛泽东说：他们不挂，我们挂。中国政府按照自己的认识：斯大林是“犯有严重错误的伟大的马克思列宁主义者”、“三七开”，决定“五一”节在天安门广场继续按照马、恩、列、斯的顺序，挂斯大林的像。

1956 年 4 月，毛泽东同来访的米高扬谈话，随后又同尤金大使谈话，指出：斯大林功大于过，要具体分析，要有全面的估计。

10 月 1 日，周恩来同波诺马廖夫谈话，就斯大林的问题批评了三条：事先未同兄弟党商量；完全没有全面的分析；苏共领导人缺乏自我批评。

10 月 22 日，毛泽东同尤金大使谈话，表示：斯大林是需要批评的，但是批判的方式，我们有不同意见，还有若干问题，我们是不同意的。

10 月，刘少奇向苏方指出：在斯大林后期对兄弟党有些强加于人，使用压力，波匈民族情绪的高潮与此有密切关系，这种大国主义至今没有彻底克服。10 月 30 日，苏联政府发表宣言，承认在这方面犯了错误，表示要注意改正。中国政府随即发表声明予以支持，并强调社会主义国家的相互关系更应该建立在和平共处五项原则基础之上。

11 月 30 日，毛泽东在接见尤金大使时表示：斯大林执政期间的根本方针和路线是正确的；不能用对待敌人的办法来对待自己的同志。

毛泽东和中共中央在对待斯大林问题上的观点，对赫鲁晓夫起了明显的牵制作用。苏共“二十大”以后，特别是波、匈事件后，赫鲁晓夫的威信大受影响，在内部地位也不十分稳固（莫洛托夫明确反对全面批评斯大林）。毛泽东和中国党的威望在世界上，在国际共产主义队伍中日益提高，赫鲁晓夫不得不借助于中国党的支持，不能不重视中共中央的批评和中国党《关于无产阶级专政的历史经验》（1956 年 4 月 5 日）和《再论无产阶级专政的历史经验》（1956 年 12 月 28 日）两文的重

---

① 《建国以来毛泽东文稿》第九册，中央文献出版社，1996 年 1 月第 1 版，第 215—216 页。

② 《毛泽东传（1949—1976）》，中央文献出版社，2003 年 12 月第 1 版，第 1075—1077 页。

大影响。

1956 年 12 月 31 日，在克里姆林宫的新年宴会上，外宾云集。赫鲁晓夫在众目睽睽之下特意走下台和中国驻苏大使刘晓拥抱，并热情地邀刘晓上台，坐在他和莫洛托夫之间。赫鲁晓夫举杯祝酒，向全场的人说："敌人是仇视我们政府的，敌人说什么'斯大林假面具'，其实斯大林主义就是马克思列宁主义，斯大林曾同阶级敌人无情斗争，我们曾和他们一起进行了这一斗争，我们现在仍然要和以前一样对阶级敌人斗争。敌人说我们是斯大林主义者，是的，我们是斯大林主义者，我们因此而感到骄傲。"赫鲁晓夫表示完全同意《再论无产阶级专政的历史经验》一文，说：文章谈的问题很广泛、很深刻、很正确，说这是中国人民的声音，它将起很大的作用。并要刘晓大使将他的话转告毛泽东和刘少奇，莫洛托夫也向大使说了同样内容的话。

波兰、匈牙利事件后，1957 年 1 月，周恩来率中国党政代表团接连访问了苏联、波兰、匈牙利，同他们进行了多边和双边会谈。扩大和巩固各国共产党和工人党之间的接触，帮助苏联同波兰、匈牙利改善关系。在同苏共领导人的会谈中，周恩来坦率地说：苏联要经常批评大国主义，波兰同志要经常批评反苏情绪，这样两方面就可以结合起来；如果苏联也批评波兰的反苏情绪，就会引起波兰人不满，火上加油。周恩来还对苏联的大国沙文主义、出兵波兰的事提出批评，指出苏联的这个做法是错误的。赫鲁晓夫等人对此表示不同意，说周恩来讲这些事情是不尊重他们。

1957 年 1 月 27 日，毛泽东在省市委书记会议上说："……中苏关系。我看总是要扯皮的，不要设想共产党之间就没有皮扯。……在形势的压迫下，苏联那些顽固分子还要搞大国沙文主义那一套，行不通了。我们目前的方针，还是帮助他们，办法就是同他们当面直接讲。这次我们的代表团到苏联去，就给他们捅穿了一些问题。我在电话里跟恩来同志说，这些人利令智昏，对他们的办法，最好是臭骂一顿。……这回恩来同志在莫斯科就不客气了，跟他们抬杠子了，搞得他们也抬了。这样好，当面扯清楚。他们想影响我们，我们想影响他们。我们也没有一切都捅穿，法宝不一次使用干净，手里还留了一把。矛盾总是有的，目前只要大体过得去，可以求同存异，那些不同的将来再讲。如果他们硬是这样走下去，总有一天要统统捅出来。"

1957 年 6 月 18 日至 22 日，莫洛托夫、马林科夫、卡冈诺维奇等人趁苏斯洛夫等几个人不在莫斯科的机会，召集主席团会议，提出赫鲁晓夫执行的路线和政策有问题，以 7 票的多数，通过了撤销赫鲁晓夫第一书记职务，由莫洛托夫任第一书记、马林科夫任部长会议主席的决定。赫鲁晓夫表示，主席团无权撤销他的第一书记职务，要求召开中央全会讨论解决。

国防部长朱可夫调动飞机接运中央委员到莫斯科开会，以解救在困境中的赫鲁晓夫。22日至29日，赫鲁晓夫获得了“二十大”新选出的中央委员会多数的支持而取得决定性的胜利。马林科夫、卡冈诺维奇、莫洛托夫等人被定为“反党集团”，开除主席团和中央委员会。

6月，赫鲁晓夫主动通过尤金大使向周恩来提出：愿帮助中国发展原子能科学，建立研究中心和建设原子能工业。

7月，赫鲁晓夫派米高扬来华到杭州会见毛泽东，向毛泽东详尽地介绍了苏共6月中央全会的经过和赫鲁晓夫同莫洛托夫在内外政策上的分歧，恳切地希望中国党能支持赫鲁晓夫为首的苏共中央的立场。毛泽东与米高扬谈了8个小时。毛泽东说，我们希望你们稳定，你们不稳定，不好办。毛泽东在内部谈话说：莫洛托夫当权，不一定有利；首先是国际形势紧张，按政策比较起来，还是赫鲁晓夫比较好。

9月，中国派出聂荣臻、陈赓、宋任穷赴莫斯科同别尔乌辛为首的苏联代表团进行谈判。10月15日，中国和苏联达成了在火箭和航空等新技术方面援助中国的协定。

中国派出以郭沫若为首的代表团，同苏联签订了1958年至1962年中苏共同进行和由苏援华的重大科研项目103项。

在经济合作方面，除原来达成的156项以外，又确定了增加援助中国的重大工程55项。

1957年10月，赫鲁晓夫主持解除了朱可夫的国防部长的职务。因为赫鲁晓夫认为朱可夫对他的地位亦存在严重的威胁。

11月，毛泽东率中国党政代表团参加莫斯科40年庆典和会议，代表团主要成员还有宋庆龄、邓小平、李先念、乌兰夫、陈伯达、杨尚昆、胡乔木等。同时参加庆典的还有由彭德怀、叶剑英率领的中国军事友好访苏代表团，以及中国劳动人民代表团。

11月6日，苏联最高苏维埃举行庆祝十月革命大会，毛泽东率中国代表团出席会议，并在会上讲了话；11月7日，中国代表团出席了红场阅兵典礼和晚上在克里姆林宫举行的盛大招待会；随后，毛泽东率代表团出席了11月14日至16日举行的12个国家共产党和工人党代表会议，又出席了16日至19日举行的64个共产党和工人党代表会议；17日，毛泽东会见了莫斯科的中国留学生、实习生；20日，根据苏方的安排，毛泽东和宋庆龄在克里姆林宫同苏联各界著名人士会见；20日，苏方举行隆重宴会，给毛泽东一行送别。

毛泽东在庆祝十月革命40周年大会的讲话中说：苏共中央“在反对反党集团、巩固党的团结，在改善苏联陆海空军中党的政治工作等问题上所采取的措施，将毫无疑问地促成苏联各种事业的进一步巩固和进一步发展”。

中国外交部在给各驻外使馆的通报中说：马林科夫、卡冈诺维奇、莫洛托夫尽管在某些问题上的看法也可能有对的地方，但是他们的政治主张及推翻苏共中央主席团领导的做法总的来说是错误的。

毛泽东在另外的场合表示：赫鲁晓夫对莫洛托夫等人的处理是不公正的：派莫洛托夫去蒙古当大使，马林科夫被贬到一个小水电站当站长，卡冈诺维奇去一个小工厂。

11月14日、16日、18日，毛泽东在两个各国共产党和工人党代表会议上作了3次讲话。毛泽东说：我们这里这么多人，这么多党，总要有一个首；就我们阵营的内部事务说，互相调节，互助合作，召集会议，需要一个首；就我们阵营的外部情况说，更需要一个首；我们面前有相当强大的帝国主义阵营，它们是有一个首的；世界范围内的谁战胜谁的问题没有解决；还有战争的危险，要防备出疯子；所以我们必须有那么一个国家，有那么一个党，它随时可以召集会议；谁为首呢？苏联不为首哪一个为首？现在承认以苏联为首有必要，承认以苏联共产党为会议召集人有必要。

南斯拉夫共产主义联盟断然不同意毛泽东的意见，他拒绝在社会主义国家和工人党代表会议上签字，只在64个国家党在会议的《和平宣言》上签了字。

波兰党第一书记哥穆尔卡开始也不赞成提以苏联为首，后经毛泽东做了工作，同意了。

毛泽东说：国际形势到了一个新的转折点，目前形势的特点是东风压倒西风，也就是说，社会主义的力量对于帝国主义的力量占了压倒的优势；诸如美苏的钢产量、中国革命、朝鲜战争、越南战争、叙利亚问题、苏联两颗卫星上天等；现在还要估计一种情况，就是想发动战争的疯子，他们可能把原子弹、氢弹到处摔，他们摔，我们也摔，这就打得一塌糊涂，就要损失人；问题要放在最坏的基点上来考虑，要设想一下，如果爆发战争要死多少人？全世界27亿人口，可能损失三分之一，再多一点，可能损失一半；不是我们要打，是他们要打，一打就要摔原子弹、氢弹；我和一位外国政治家辩论过这个问题；他认为如果打原子弹战争，人会死绝的；我说极而言之，死掉一半，还有一半人，帝国主义打平了，全世界社会主义化了，再过多少年，又会有27亿，一定还要多；我们中国还没有建设好，我们希望和平；但是如果帝国主义硬要打仗，我们也只好横下一条心，打了仗再建设。

毛泽东说：对同志不管他是什么人，只要不是敌对分子、破坏分子，那就要采取团结的态度；辩证的方法，就是对一切加以分析，承认人总是要犯错误的，不因为一个人犯了错误就否定他的一切；对犯错误同志第一要斗争，要把他的错误思想彻底肃清，第二还要帮助他，从善意出发帮助他改正错误，使他有一条出路；我赞成苏共中央解决莫洛托夫问题这是个对立面的斗争，事实证明它是不能统一，它是一方排斥一方，莫洛托夫集团举行进攻，乘赫鲁晓夫同志到外国去了，措手不及，来一个突然袭击；但是我们的赫鲁晓夫也不是一个蠢人，他是一个聪明人，立即调动了队伍，举行反攻，取得胜利；这个斗争是两条路线的斗争：一条是错误的路线，一条是比较正确的路线；斯大林死后这四五年苏联的内政、外交有很大的改善，这就说明赫鲁晓夫同志所代表的路线比较正确，而反对这样的路线是错误的；莫洛托夫是一位老同志，有很长的斗争历史，但是这一件事他是做错了；苏共党内这两条路线的斗争带着对抗性的性质，因为互不相容，互相排斥，一个排斥一个，处理得好，可以不出乱子，处理得不好，有出乱子的危险。

所有的发言者都应该是要到台上发言的。毛泽东说，请同志们允许我即席讲话，因为我在几年以前害过一次脑贫血症，最近两年好一些，站起来讲话还有些不方便。他是唯一没有上讲台讲话的人，坐在自己的座席上讲话。所有代表团对毛泽东的发言都抱有很大的兴趣。毛泽东把莫、马、卡“反党集团”同被他称为另一集团的苏共党等同起来，使得有几百人在场的大厅变得死一般寂静。米高扬示威性地站起来，露出一副决不友好的表情。①

在起草会议宣言时，苏共原提出的草案采用苏共“二十大”的提法：只提从资本主义到社会主义和平过渡，根本不提非和平过渡。中共代表团不同意这个论点。经过争论，会议最后通过的宣言作了两点大的修改：①在指出和平过渡的可能性的同时，指出非和平过渡道路，由于历史经验证明，统治阶级是不会自愿让出政权的；②取得议会中稳定的多数时，同时强调展开议会外的群众斗争，摧毁反动势力的反抗，为实现社会主义革命准备必要的条件。这两点修改，是中共、苏共双方共同让步的结果。

中共代表团又另写了《关于和平过渡问题的意见提纲》，作为备忘录，提交苏共存案备查，全面阐述了中共在这个问题上的观点。主要内容是：从策略观点出发，提出和平过渡愿望是有益的，但不宜过多地强调和平过渡的可能性；取得议会的多数并不等于旧国家机器（主要是武力）的摧毁，新国家机器（主要是武力）的建立。

彭德怀率军事代表团赴莫斯科，主要目的是想与苏方把 1955 年以来同赫鲁晓夫商谈的中苏军事合作的某些问题落实下来。主要包括：建立中国的原子能工业、生产原子武器、原子武器运载工具（即导弹）、建立军事航空工业及舰艇建造等。赫鲁晓夫基本同意了彭德怀的要求。并商定由双方的有关军事部门协商解决，原则上决定苏联在远东的海、空军将同中国合作。

20 世纪初以来，俄、苏文学大量被引介到中国。俄、苏文学的经典作品对苦难的抒写、对革命的崇拜、对人道主义的张扬，超越了地缘意义的亲近，温暖了 20 世纪下半叶几代中国人。托尔斯泰、陀思妥耶夫斯基、屠格涅夫、果戈理、普希金、契诃夫、高尔基成为了中国人熟悉的名字。

1949 年以后，《卓娅和舒拉的故事》、《古丽雅的道路》、《普通一兵》、《青年近

① 参见南斯拉夫驻苏大使韦利科·米丘诺维奇《莫斯科的岁月》。

卫军》和《钢铁是怎样炼成的》等俄苏文学名著成了中国人民美好的红色记忆。

从1949年至1957年，中苏双方互访的文教卫体等代表团达200多起，计4000多人次，中国还派出大批留学生、实习生赴苏联学习，中国翻译出版苏联的著作有1.3万多种，印刷近2.3亿册。从1950年到1957年，中苏贸易额从14亿卢布上升到54亿卢布，在中国贸易总额中占50%以上。

1958年4月，苏联国防部长马利诺夫斯基致函中国国防部长彭德怀，提出：在中国建立用于潜艇舰队海上通信联络的长波电台，苏联出费用7000万卢布，中国出4000万卢布，建成后归苏联控制。

6月，中共中央复电苏方：建台可以，一切费用由中国负担，可以共同使用，所有权为中国。

苏方再致函中国，提出全部费用由苏方负担，所有权归苏联。中共中央坚持不让。

1958年7月，中国正着手加强海军建设，中国政府请求苏联政府在中国海军建设方面给予新的技术援助。苏共中央为此专门召开会议作了研究。

同月，苏联驻华大使尤金受苏共中央主席团的委托，在答复中国希望苏联提供原子潜艇的问题时，提出要搞中苏共同舰队的意见。尤金同刘少奇谈话后，7月21日又同毛泽东谈。并希望周恩来、彭德怀去苏联具体商量。

尤金说：由于苏联的自然条件不能发挥舰队的作用，黑海会被敌人封锁，波罗的海更不用提了，北面也不宽阔，东面的海面不能算安全，而中国的海岸线很长，条件很好，因而要建立一支共同舰队。

毛泽东拒绝这一要求。

7月22日，毛泽东说："打起仗来情况就不同了，你们的军队可以打到我们这儿来，我们的军队也可以到你们那儿去。如果在我们这儿打，你们的军队也应该听我们的指挥。如果在你们那儿打，我们的军队比你们少的话，也应该听你们的指挥。我这些话很不好听，你们可以说我是民族主义，又出现第二个铁托。如果你们这样说，我就可以这样说，你们把俄国的民族主义扩大到了中国的海岸。……你们昨天把我气得一宿没有睡觉。他们（指在座的其他中国领导人）没有气，我一个人有气。如果犯错误，是我一个人。"

周恩来说：这是我们政治局的一致意见。

毛泽东说："……你们这样大力地帮助我们，而我们又讲你们的坏话，可能使你们难过。我们的关系，就好像教授与学生的关系。教授可能有缺点，学生是不是要提意见？要提，这不是要把教授赶走，教授还是好教授。

"你们就帮助我们建造核潜艇嘛！你们可以做顾问。为什么要提出所有权各半的问题？这是一个政治问题。我们打算搞二三百个这种潜艇。

“要讲政治条件，连半个指头都不行。你可以告诉赫鲁晓夫同志，如果讲条件，我们双方都不必谈。如果他同意，他就来，不同意，就不要来，没有什么好谈的，有半个小指头的条件也不成。

“在这个问题上，我们可以一万年不要援助。但其他方面的合作还可以进行，决不会闹翻。我们还是始终一致地支持苏联。我们可以在房子里吵架。

“我在莫斯科时同赫鲁晓夫同志谈过，你们不一定满足我们的一切要求。你们不给援助，可以迫使我们自己努力。满足一切要求，反而对我们不利。

“政治上的合作很重要。在政治上，我们拆你们的台，你们不好办；你们拆我们的台，我们也不好办。

“战时，我们的一切军港、一切机场，你们都可以使用，一切地方你们都可以来。你们的地方，你们的海参崴，我们也可以去。战争结束了，就回来。关于这点，可以先订一个战时协定，不要等到战争开始时才订，要提前订。在协定里也要规定，我们也可以到你们那里去，即使我们不去，也要这样订，因为这是个平等问题。平时，这样做不行。平时你们帮助我们建立基地，建设军队。

“搞海军‘合作社’，就是在斯大林活着的时候，我们也不干。我在莫斯科也和他吵过嘛！

“赫鲁晓夫同志取消了‘合作社’，建立了信任。这次提所有权问题，使我想起斯大林的东西又来了。可能是我误会了，但话要讲清楚。

“你昨天说，你们的条件不好，核潜艇不能充分发挥力量，没有前途，中国的条件好，海岸线长，等等。你们从海参崴经库页岛、千岛群岛出大洋，条件很好嘛！

“你们讲的话，使我感到不愉快。请你照样告诉给赫鲁晓夫同志，我怎么说的，你就怎么讲，不要代我粉饰，好让他听了舒服。他批评了斯大林，现在又在搞斯大林的东西。”

毛泽东说：“建立潜艇舰队的问题，这是个方针问题：是我们搞你们帮助，还是搞‘合作社’，这一定要在中国决定。赫鲁晓夫同志也可以来，因为我已经去过他那里了。

“对于什么都不能迷信。比如，你们一位专家，根据一个院士的一本书，就说我们山西的煤不能炼焦。这样一来就完了，我们没有炼焦煤了，因为山西的煤最多嘛！

“在长江大桥工作过的苏联专家西宁同志，是一个好同志。他的建桥方法，在你们国内一直没有用武之地。大型的不让他搞，让他搞个中型的嘛！中型的也不让他搞，让他搞个小型的嘛！小型的也不让搞。但是，他到我们这儿来一说，蛮有道理。反正我们什么也不懂，就请他搞吧！结果一试验就成功了，成了世界上第一流的科学工作。

“我没有见过西宁同志。我和建设长江大桥的很多领导同志谈过话，他们一致反映：西宁是个好同志，一切工作他都亲自参加，工作方法很好，凡事都和中国同志一起做。大桥修好了，中国同志学会了很多东西。你们当中谁认识他，请代我向他问候。

“不要在专家中，在两党和两国的关系中造成一种紧张气氛，我没有这个意思。我们的合作是全面的，是很好的。你要向使馆的工作人员和专家们讲清楚，不要说毛泽东同志提了意见，可不得了了。

“有些问题早就想讲，但过去情况不好，发生了波、匈事件，你们政治上有困难，不宜于讲。比如专家问题，那时我们不好讲。

“斯大林后来也很好了，中苏订了条约，帮助了朝鲜战争，搞了一百四十一项。当然，这不都是他个人的功绩，是整个苏共中央的功绩。因此，我们不强调斯大林的错误。”[①]

1958年7月31日，赫鲁晓夫接到尤金的报告，秘密来华。毛泽东等乘车到南苑机场迎接。没多谈，宾主便直驶中南海。坐下后，毛泽东说：尤金向我讲了，你们有那么个意思，但说不清楚究竟是出于什么考虑；所以我想听听你的想法；你自己来了，这很好，我们欢迎；我们一起谈谈好。赫鲁晓夫首先埋怨尤金，说他可能没有听明白苏联领导的意思，然后说：根据一项协定，苏联的飞机可以在中国的机场停留加油，现在苏联的远程潜艇开始服役了，而且苏联的舰队现正在太平洋活动，而他们的主要基地在符拉迪沃斯托克（海参崴）；此前中国已经提出要求，请苏联把潜艇的设计图纸交给中国，并教会中国同志建造潜艇的技术；现在台湾海峡局势紧张，美国第七舰队活动猖狂；苏联舰队进入太平洋是为了对付美国的第七舰队；远程舰艇服役后，需要在中国建一个长波电台；长波电台的建议是国防部部长马利诺夫斯基提出的，未经苏共中央讨论；至于建立共同舰队一事，则是由于尤金转达错误造成的误会，从来没有共同指挥中国舰队和两国共有想法的影子，等等。赫鲁晓夫打着手势讲了十几分钟，加上翻译的时间，有半个多钟头。毛泽东神色肃穆，不停地抽烟，望着赫鲁晓夫默默地听着。赫鲁晓夫越讲情绪越高。毛泽东突然抬手做个打住的手势说：你讲了这么长时间，还没说到正题。赫鲁晓夫一怔，连忙解释。毛泽东不耐烦赫鲁晓夫的遮掩，他语锋犀利地说：请你告诉我，什么叫共同舰队！毛泽东抓住要害不放。赫鲁晓夫说：毛泽东同志，我们出钱给你们建立这个电台；这个电台属于谁对我们无关紧要，我们不过是用它同我们的潜水艇保持无线电联络；我们甚至愿把这个电台送给你们，但是希望这个电台能尽快地建立起来；我们的舰队正在太平洋活动，我们的主要基地……毛泽东越听越恼火，他拍了一下桌子，愤然立起身，指着赫鲁晓夫的鼻子：你讲的这一大堆毫不切题，我问你，什么叫联合舰队！

---

① 《毛泽东文集》第七卷，人民出版社，1999年6月第1版，第385—394页。

赫鲁晓夫仍然搪塞着：我们不过是来跟你们共同商量商量……毛泽东愤怒地说：什么叫商量商量，我们还有没有主权了？你们是不是想把我们的沿海地区都拿去？你们都拿去算了！赫鲁晓夫蛮横地说：那样的话，你准备干什么。毛泽东说：我将重新进入山区，打游击战。赫鲁晓夫说：游击战争在现代世界上是没有用的。毛泽东说：你们坚持遏制中国的政策，除此之外，你们还能做什么？陪同赫鲁晓夫会谈的苏联外交部副部长费德林精通中文，是位著名的汉学家，他提醒赫鲁晓夫：毛泽东可是真动火了！赫鲁晓夫皱着眉头说：我们还不过是来跟你们一块儿商量商量，没想到引起你们这么大的误解；毛泽东同志，我们能不能达成某种协议，让我们的潜水艇在你们的国家有个基地，以便加油、修理，短期停留，等等？毛泽东断然拒绝：不行！我不想再听到这种事！赫鲁晓夫微露愤懑：毛泽东同志，大西洋公约组织国家在互相合作和供应方面没有什么麻烦，可是我们这里竟连这样的一件事情都达不成协议！毛泽东坦然而坚定地说：不能！赫鲁晓夫忽然一笑：为了合情理，假如你愿意的话，你们的潜艇也可以使用我们摩尔曼斯克做基地。毛泽东淡淡一笑说：不要！我们不想去你们的摩尔曼斯克，不想在那里搞什么名堂，也不希望你们来我们这儿搞什么名堂。赫鲁晓夫长时间无声地望着毛泽东。

毛泽东对他说：英国人、日本人，还有别的许多外国人已经在我们的国土上待了很久，被我们赶走了；赫鲁晓夫同志，最后再说一遍，我们再也不想让任何人利用我们国土来达到他们自己的目的！

赫鲁晓夫说：不同意就不同意吧，我们不提这个建议了；为什么要这样误解我们呢？我们苏联是对你们中国做出了许多援助的；1954 年我到这里来，我们把旅大港归还了你们，放弃了在规定新疆成立的联合股份公司中的股份，这比你和斯大林斯协定规定的日期提前了 25 年，而且我们还增加了对你们的经济援助……

毛泽东柔和地说：这是另一个问题。

第二天，毛泽东在游泳池和赫鲁晓夫举行第二次会谈。参加会谈的还有刘少奇、周恩来、邓小平等。主要是毛泽东同赫鲁晓夫谈。双方主要是讨论国际形势，气氛比昨天融洽。赫鲁晓夫说：对亚洲，对东南亚，应该说你们比我们清楚；我们对欧洲比较清楚；如果分工，我们只能多考虑考虑欧洲的事情，你们可以多考虑亚洲的事情。毛泽东说：这样分工不行，各国有各国的实际情况；有些事你们比我们熟悉一些，但各国的实际主要还是靠本国人民去解决，每个国家都有各自的实际情况，别的国家不好去干涉。会谈结束，毛泽东请赫鲁晓夫游泳。但赫鲁晓夫的游泳技术不行，在工作人员的帮助下爬上池子，要了一个救生圈，又重新下水。他们游过一段时间，毛泽东靠近赫鲁晓夫聊天。毛泽东语意深沉地说：过去有多少个国家想打进中国，到我们中国来，结果呢？那么多打进来的人，最后还是都站不住。

1958 年 8 月 3 日，赫鲁晓夫返回莫斯科。走的那天，中苏两国国防部长签署了有关协定和订购设备及聘请专家的合同。赫鲁晓夫表示，长波电台最好由中国自己建设，苏联以贷款的方式提供帮助。双方发表了会谈公报。毛泽东到机场为赫鲁晓夫送行。

毛泽东说：中苏闹翻实际上是在 1958 年，他们要在军事上控制中国，我们不干。[①]

1959 年 6 月 20 日，苏共中央致函中共中央说：苏联与美国等西方国家正在日内瓦谈判关于禁止试验核武器的协议，担心西方国家知悉苏联正在新技术方面援助中国，有可能严重破坏社会主义国家为争取和平，缓和国际紧张局势所作的努力。因此，苏联提出中断向中国提供原子弹样品和生产原子弹的技术资料。从而，单方面撕毁了 1957 年 10 月 15 日签订的国防新技术协定。

1959 年 7 月，中共中央毅然决定：自己动手，从头摸起，准备用 8 年时间把原子弹研制出来。同年 10 月，中国政府提出，国防工业应以抓尖端技术为主，目前主要是导弹问题，同时也要注意核弹头问题。[②]

中国和印度的边界，从未经过政府正式划定。按照中印双方行政管辖所及的范围，形成了一条传统习惯边界线，全长约 2000 公里。

英国殖民主义者侵占印度后，图谋侵占中国新疆和西藏领土。

中华人民共和国成立后，印度政府千方百计地干涉中国政府和平解放西藏，企图维护其从英国殖民主义者继承下来的在西藏的特权，使西藏成为中印两国间的缓冲地区。

1951 年前后，印度趁中国和平解放西藏之际，向历届中国政府都不予承认的“麦克马洪线”以南的中国边境东段推进，侵占中国领土 9 万平方公里。后来又在中段侵占 2000 平方公里，并且还要侵占西段 3.3 万平方公里的中国领土。

1959 年 3 月，中国发生西藏武装叛乱事件，达赖喇嘛逃往印度。中国边防军平叛作战进驻山南边境要地。3 月 22 日，西藏叛乱发生的第四天，印度总理尼赫鲁写信给周恩来，正式向中国提出领土要求，要把东段 9 万多平方公里和中段 2000 平方公里的中国领土划入印度，还要把西段一向在中国的阿克塞地区 3.3 万平方公里的中国领土划入印度。

印度政府的无理要求遭到中国政府的拒绝后，印度军队便越过非法的“麦克马洪线”，侵占了线北的塔马顿、朗久、兼则马尼等地。

1959 年 5 月 13 日，毛泽东在即将发出的中国外交部致印度外交部的一份答复

---

① 毛泽东 1966 年 3 月 28 日接见日本共产党代表团的谈话。见《〈中国共产党历史〉第二卷（1949—1978）》，中共党史出版社，2011 年 1 月第 1 版，第 641 页。

② 《当代中国的国防科技事业》上卷，当代中国出版社，1992 年版，第 44 页。

中，坦诚地加写了一段话：

“总的说来，印度是中国的友好国家，一千多年来是如此，今后一千年一万年，我们相信也将是如此。中国人民的敌人是在东方，美帝国主义在台湾、在南朝鲜、在日本、在菲律宾，都有很多的军事基地，都是针对中国的。中国的主要注意力和斗争方针是在东方，在西太平洋地区，在凶恶的侵略的美帝国主义，而不在印度，不在东南亚及南亚的一切国家。尽管菲律宾、泰国、巴基斯坦参加了旨在对付中国的东南亚条约组织，我们还是不把这 3 个国家当作主要敌人对待，我们的主要敌人是美帝国主义，印度没有参加东南亚条约，印度不是我国的敌对者，而是我国的友人。中国不会这样蠢，东方树敌于美国，西方又树敌于印度。西藏叛乱的平定和进行民主改革，丝毫也不威胁印度。你们看吧，‘路遥知马力，日久见人心’（中国俗语），今后 3 年、5 年、10 年、20 年、100 年，……中国的西藏地方与印度的关系，究竟是友好的，还是敌对的，你们终究会明白。我们不能有两个重点，我们不能把友人当敌人，这是我们的国策。几年来，特别是最近 3 个月，我们两国之间的吵架，不过是两国千年万年友好过程中的一个插曲而已，值不得我们两国广大人民和政府当局为此而大惊小怪。……印度朋友们，你们的心意如何呢？你们会同意我们这种想法吗？关于中国主要注意力只放在中国的东方，而不能也没有必要放在中国的西南方这样一个观点，我国的领导人毛泽东主席，曾经和前任印度驻中国大使尼赫鲁先生谈过多次，尼赫鲁大使很能明白和欣赏这一点。不知道前任印度大使将这些话转达给印度当局没有？朋友们，照我们看，你们也是不能有两条战线的，是不是呢？如果是这样的话，我们双方的会合点就是在这里。请你们考虑一下吧。请让我借这个机会，问候印度领袖尼赫鲁先生。”①

由于印度武装人员不断深入中国领土并向中国边防部队挑衅，1959 年 8 月 25 日，中印之间在中印边界东段“麦克马洪线”以北的朗久村内发生了第一次武装冲突。中国军队被迫还击，入侵印军被击毙 2 名。

1959 年 9 月 9 日，苏联不顾事实真相和是非，塔斯社发表关于中国、印度边境事件的声明：对中印的冲突表示遗憾。从而把中苏的分歧公开于世。

9 月 12 日，苏联同印度在莫斯科签订协议，向印度提供 15 亿卢布的巨额贷款，协助印度执行新的五年计划。②

中华人民共和国成立 10 周年前夕，中共中央邀请苏联等 11 个社会主义国家领导人率领的党政代表团和日本、印度等 60 个国家的共产党代表团参加中国的国庆活动。

1959 年 9 月 30 日，赫鲁晓夫在同美国总统艾森豪威尔会谈（戴维营会谈）

---

① 《建国以来毛泽东文稿》第八册，中央文献出版社，1993 年 1 月第 1 版，第 268—270 页。

② 《〈中国共产党历史〉第二卷（1949—1978）》，中共党史出版社，2011 年 1 月第 1 版，第 642 页。

后，来到中国，出席中华人民共和国国庆10周年招待会，并同中国领导人会谈。在9月30日的国庆宴会上，赫鲁晓夫即席讲话40分钟，宣传美苏会谈的“戴维营精神”。努力表现愿意改变对西方的战略方针，缓和东西方关系。并用教训的口气要求中国不要用武力去试试资本主义制度的稳固性。

10月2日，毛泽东与苏共中央第一书记、部长会议主席赫鲁晓夫及苏斯洛夫、葛罗米柯、波诺马廖夫、安德罗波夫在颐年堂举行会谈。中方出席的还有刘少奇、周恩来、朱德、林彪、彭真、陈毅、王稼祥。

会谈时，赫鲁晓夫带来了艾森豪威尔的口信，向中国领导人提出释放在中国监禁的5名美国犯人问题。

毛泽东说：这是很难做到的，你知道，我国有我国的法律。

赫鲁晓夫脸红说：这些人必须释放，因为我已经答应了艾森豪威尔（艾森豪威尔对他说过，他赫鲁晓夫向中国提这些要求将会浪费时间）。

毛泽东回答：将来可以放，现在不行。

谈到台湾问题，赫鲁晓夫向毛泽东报告说：我带来了好消息，找到了一种解决台湾问题的办法。毛泽东问他有什么办法，他说：台湾应该用列宁当年解决远东共和国[①]的同样方式来解决。

毛泽东反驳说：远东共和国是列宁建立起来的，当时被苏共控制着，你是否想象到今天的台湾是由中国共产党控制着？赫鲁晓夫要求中国党和政府放弃作为内政问题采取的对台方针。中国领导人说：宣布对台湾不使用武力，是美国的办法，实际上是要我们承认两个中国，我们不接受。

赫鲁晓夫说：1958年对金门打炮你们没拿下来。中国领导人说：我们就是维持和台湾国民党的内战关系，不让美国插手。

赫鲁晓夫还提出了中印边界问题。赫鲁晓夫论证如果把“那一片冰冻的沙漠，没人在那里居住”的领土让给印度，他可以争取尼赫鲁来反对帝国主义。

毛泽东回答：基本的议题这是印度武装力量对中国领土的一次有预谋有计划的侵略；我没有意识到这些行动的范围，西藏军区司令员张经武也没有意料到这一点，直到从西藏牧民那里不断传来的报告说印度军队入侵，我们才派出巡逻兵前往调查；巡逻兵发现局势非常严重，因此中国政府不得不向印度表示抗议，并采取自卫措施。

赫鲁晓夫说：谁先开枪我不知道，反正是印度人被打死了。

周恩来说：印度人先入境，打了12个小时，怎么能说我们错了呢？

赫鲁晓夫说：我打过仗，不管谁先开枪，反正印度死了人；你们为之战斗的土

---

① 远东共和国，是列宁建立的短时间产物，它始终在莫斯科的控制之下。当暂时的困难消除时，远东共和国几乎全自动重返苏维埃联盟。中国的台湾是处于蒋介石控制下的、与大陆处于敌对状态的一个岛屿，并得到了美国军事力量的支持。两者的对比是不恰当的。

地只是一块人口稀少、荒凉的高地，边界也是几十年前确定的。

陈毅回答：西藏印度边界是英国在1914年用所谓麦克马洪线确定的，这块土地是属于中国的，是英国人把它从我国手里夺走的；我们以民族主义者的政策是既团结又斗争，而不是迁就主义的态度；苏联为何发表这样一个关于中印边界问题的声明。

赫鲁晓夫说：印度没有直接介入；西藏正好与印度毗邻，印度认为有一个独立的邻居是至为重要的，西藏本身不能对印度构成任何威胁，而一个属于中国的西藏就会对印度构成威胁。

周恩来举例回答赫鲁晓夫说：如果苏联与芬兰发生了边界事件，苏方将采取什么对策？（第二次世界大战前夕，发生过一次苏芬战役，苏军越过芬兰边界进入芬兰的卡雷里亚地区）。

赫鲁晓夫说：去年毛泽东同志在尤金面前严厉批评了我们党，我们认为是不公平的，我们忍受了；1956年中共"八大"，米高扬讲话，毛泽东中途退了场（米高扬批评中国对经济的领导，说中国的许多创造都是列宁的意见，毛泽东听不下去，退了席），这是不恭敬；1957年初，周恩来同志到莫斯科给我们上大课，我们也忍受了；你们说社会主义阵营要以苏联为首，但我方提出的意见你们并不接受。

快到最后时，毛泽东缓和气氛说："声明已经发表了，不谈了，算了吧！我、刘少奇同志和周恩来同志，都说过你们的问题。但这是一小部分的问题，是九个指头和一个指头之比。我们的基本路线是一致的，只是在个别问题上有分歧。现在可否这样认为？"赫鲁晓夫说："我们一向是这样认为的。"毛泽东说："在原则问题上、个别问题上的分歧，不应该影响我们的团结。"赫鲁晓夫说："在我们困难的时候，中国支持了我们，而我们也支持了你们。今后还是这样的。"①

10月6日，赫鲁晓夫访华回国途中，在海参崴发表讲话，影射、攻击中国领导人："向往着战争，像一只公鸡一样准备打架，这是不明智的。"

赫鲁晓夫回到莫斯科，在最高苏维埃会议上说：中国在台湾海峡问题上是不战不和的托洛茨基；美国总统也像我们一样在为保障和平而操心；戴维营会谈开辟了人类历史的新纪元，没有战争的时代开始了，1960年要成为没有武器、没有军队、没有战争的世界的一年；世界已经进入了靠谈判解决主要的国际争端以建立持久和平的阶段；他国要服从于苏联同美国搞裁军和禁止核武器试验协议的谈判。

1959年10月21日，印度军队在西段的空喀山口以南地区向中国边防军进攻，发生流血事件。

1959年11月，中国政府建议中印双方从边境实际控制线全线各自后撤20公里，并停止巡逻。印度拒绝这些建议。中国单方面停止边境巡逻。

① 《毛泽东传（1949—1976）》，中央文献出版社，2003年12月第1版，第1015—1016页。

为谋求中印边境和平解决，周恩来总理在1960年4月访问印度，同印度总理尼赫鲁举行会谈。

1960年2月，在华沙条约国政治协商会议上通过的《华沙条约国宣言》中说：裁军是当今世界的主要问题，苏联在联合国14届大会上提出的全面彻底裁军的建议，反映了华沙缔约国和所有社会主义国家的立场。

中国代表康生在会上发言声明：由于美国在国际关系中一直对我国采取排斥的态度，因此没有中华人民共和国的正式参加和它的代表的签字，有关裁军的国际协议和其他一切国际会议，当然都不能对中国具有任何约束力。赫鲁晓夫为此而恼火。

1960年4月，列宁诞辰90周年。《红旗》杂志第8期发表了《列宁主义万岁》的文章；4月22日，《人民日报》发表《沿着伟大列宁的道路前进》的文章；4月22日，中共中央宣传部部长陆定一在纪念列宁诞辰大会上作了《在列宁的革命旗帜下团结起来》的报告。三篇文章后来合出了一本《列宁主义万岁》的小册子，被印成中文、英文、俄文、日文、法文等数种文字向海内外发行，引起了国际上的很大反响。

1960年1月至3月，毛泽东得出苏联主要领导人已是“半修正主义”者的看法。

1960年6月20日至25日，罗马尼亚工人党召开第三次代表大会。会前，苏共中央致函中共中央，建议利用罗马尼亚共产党“三大”的机会，在布加勒斯特举行社会主义各国共产党和工人党代表会议。中共中央复函说，建议扩大成员，开世界各国共产党和工人党会议；并延期召开，以作充分的准备。

6月7日，苏共中央复函，同意中共中央的意见，并建议在布加勒斯特一般地交换一下意见。中共中央派出以彭真为团长的代表团，代表团成员有伍修权、许建国、康生，工作人员张香山、熊复。6月17日，中共代表团赴罗途中，在莫斯科同苏共中央书记科兹洛夫进行会谈，科兹洛夫避而不谈各国党代表会议召开的时间。6月19日，中共代表团抵达布加勒斯特，直至22日上午，赫鲁晓夫等都不提会议之事。

6月22日，中共代表团与赫鲁晓夫会见，持续6小时，大部分时间是赫鲁晓夫对中共代表团进行猛烈指责。[①]

22日下午，东道主罗马尼亚共产党总书记乔治乌·德治口头通知，24日召开社会主义国家兄弟党会议，但未告诉会议的内容、开法和发表公报之事。

23日下午，苏方交给中共代表团一份6月21日《苏共致中共通知书》，中文

---

① 《毛泽东传（1949—1976）》，中央文献出版社，2003年12月第1版，第1085页。

译本长达84页。下午19时，中共代表团又收到了苏联起草的会议公报草案。

24日，在举行的社会主义国家共产党和工人党代表会议上，赫鲁晓夫发动了大多数党向中共的内政外交政策突然加以指责、攻击事件。他们都准备有发言稿。

苏共中央第一书记赫鲁晓夫在同中共长达6个小时的“会晤”中，历数了从“百花齐放”方针、“大跃进”到中印边界冲突、东风压倒西风等一系列中国党的错误。

由于中共代表团不断地、及时地将布加勒斯特会议情况报告国内，中共中央对会议了如指掌，及时给以指示。

中共代表团根据中共中央“坚持团结，坚持原则，留有余地，后发制人”的指示，采取“团结—批评—团结”的方针，用劝说的态度，摆事实，讲道理，必要时据理反驳。阿尔巴尼亚、朝鲜、越南三个社会主义国家的共产党没有参加对中共的攻击。阿尔巴尼亚劳动党的代表卡博说：如果情况确实如中共代表团所说的那样的话，那么中国同志的立场就是对的。赫鲁晓夫对阿代表团施加压力。阿党鲜明地支持了中共。

26日，赫鲁晓夫作总结性的发言，对中共作了全面、系统的攻击，说：中国共产党是疯子，要发动战争，把帝国主义垄断资产阶级的旗帜拿起来，纯粹的民族主义、托洛茨基方式等等。

彭真作了尖锐而激烈的即席发言，指出：赫鲁晓夫的做法是为所欲为，听不得别人的意见，谁不听他的他就组织对谁的围攻，还不准别人辩护，这是“只许州官放火，不许百姓点灯”，这种行为完全破坏了国际准则。中共代表团尽管发表声明，不能接受会议公报草案。但为了顾全大局，仍然在会谈公报中签了字，以便缓和一下已经出现的严重分歧和对立。

6月25日至26日，举行51国代表会议。中共代表团通过会议执行主席乔治乌·德治，向各代表团分发了中共代表团的声明（这个声明是由中共中央在国内根据会议发展情况写成的）。声明中说，“中共中央认为：苏共中央代表团赫鲁晓夫同志在这次会谈中完全破坏了历来国际共产主义运动中兄弟党协商解决共同的问题的原则，完全破坏了在会谈以前关于这次会谈只限于交换意见、不作任何决定的协议，突然袭击地提出了会谈公报草案，对这个公报的内容没有预先征求兄弟党的意见，而且在会谈中不允许进行充分的正常的讨论。这是滥用苏联共产党从列宁以来长期形成的在国际共产主义运动中的威信，极粗暴地把自己的意志强加于人。这种态度同列宁的作风毫无共同之处，这种做法在国际共产主义运动中开了一个极端恶劣的先例。中共中央认为，赫鲁晓夫同志的这种态度和这种做法将会在国际共产主义运动中产生非常严重的后果。……我们和赫鲁晓夫同志之间的分歧意见，从我们两党的整个关系来说，仍属部分性质。……进行平心静气的同志式的交谈，解决我们之间的分歧意见，使中苏两党的关系更加团结和巩固起来。”

6月28日，中共代表团回到北京。

1960年7月16日，苏联政府照会中国政府，单方面决定自7月28日至9月1日，撤走在华专家。撕毁了两国政府签订的12项协定和两国科学院签订的1个协定书以及343个专家合同和合同补充书，废除了257个科学技术合作项目。撤走全部在中国的苏联专家1390人，并终止派遣专家900人。

这些专家分布在中国的经济、国防、文化教育和科学研究等250多个企业和事业单位，在技术设计、工程施工、设备安装、产品试制和科学研究等方面担负着重要的任务。中国政府数次挽留，苏联始终不让。苏联专家撤走时，带走了所有的图纸、计划和资料。苏方并停止供应中国建设急需的重要设备，大量减少成套设备和各种设备中关键部件的供应。中国大批企业和事业单位的建设因此而处于停顿和半停顿的状态，造成极大的损失。苏共领导人这一行动，极大地伤害了中国共产党人和全中国人民的心。

三、北戴河会议

1960年6月29日，毛泽东离开上海，途经蚌埠、济南于7月2日到达天津，当天晚上，在专列上听取专程从北京赶来的彭真、康生等人的汇报，第二天直达北戴河。

7月5日至8月10日，中共中央在北戴河举行工作会议。主要研究国际问题和国内经济调整问题。

7月14日至16日，周恩来在会上讲话时，说道："毛主席访苏是一个胜利了的国家的领袖去访问，本来应该十分热情相待，但是还不如对少奇同志访苏时表现得那么热烈，把毛主席冷落起来，除了祝寿以外，无事可谈。"①

会议最后一天，毛泽东在会议发表讲话1个小时。这次会上他只讲了一次话。他说：我们要走自力更生道路，苏联人民过去10年给我们的援助，不要忘记；要下决心，搞尖端技术；赫鲁晓夫不给我们尖端技术，极好！如果给了，这个账是很难还的。

毛泽东说：农村以生产队为基本核算单位的三级所有制，至少5年不变，死死的规定下来，再不讲3年、5年从队基本所有制过渡到社基本所有制；要有部分的个人所有制，总要给每个社员留点自留地，使社员能够种菜，喂猪、喂鸡、喂鸭；在自留地问题上，中央批转贵州省食堂问题的指示，有毛病，要改过来。

这次会议上批准了李富春、薄一波提出的《一九六〇年第三季度工业交通生产中的主要措施》，提出：调低一般产品的生产，集中力量保证钢、铁、煤、运输的

① 《毛泽东传（1949—1976）》，中央文献出版社，2003年12月第1版，第40页。

生产，以解决第二季度以来主要产品下降、基本建设战线过长、物资使用分散的问题。

会议制定了《关于全党动手，大办农业、大办粮食的指示》、《关于开展以保粮、保钢为中心的增产节约运动的指示》、《关于全党大搞对外贸易收购和出口运动的紧急指示》。并决定以后计划不再搞两本账，只搞一本账，不搞计划外的东西，不留缺口。

会议通过了《关于向党员干部介绍布加勒斯特会议情况和中苏关系问题的通知》。

1960 年 7 月 31 日，中国政府复照苏联政府，严正指出：苏联政府的行为违反了“中苏友好同盟互助条约”，违反了社会主义国家间关系准则和无产阶级国际主义原则。中国政府表示，希望苏联政府重新考虑和改变这一决定。

苏联撤走了全部在华专家，撕毁了两国政府签订的 12 个协定和两国科学院签订的 1 个议定书，还撕毁 343 个专家合同和合同补充书，废除了 257 个科学技术合同项目，并停止供应中国建设所需的重要设备，大量减少成套设备和各种设备中关键部件的供应，给中国经济造成严重困难和巨大损失。

中共政府仍以团结为重，热情欢送苏联专家。

8 月 4 日，陈毅副总理兼外交部长向苏联驻华大使契尔沃年科语重心长地说：中国经济受损失是小事，对两国的友谊造成伤痕是大事；中苏两国在马克思列宁主义基本理论问题上有些分歧可以辩论，但不能伤害同志友谊，希望两国关系不再坏下去。

北戴河会议期间，毛泽东心情很沉重，常常一个人坐在沙发上长时间不语。他对值班人员说，他很忙，文件多，生活上多照顾一下。

会议结束时，邓小平宣布：最近主席恐怕是要脱离一下工作，完全休息，就是少奇同志主持；只是有一件事情，就是对苏共《通知书》的答复，我们把文件搞好了，主席过问一下，日常工作我们处理了。毛泽东说：我赞成，休息一个时期。邓小平说：小事就不要过问了。毛泽东说：少看文件。邓小平说：这样比较好。①

1960 年 8 月下旬，在研究 1961 年国民经济计划控制数字时，李富春依据中央上海会议和北戴河会议的精神提出：应以“调整、巩固、提高”方针来安排。

8 月底，国家计委党组向国务院汇报时，周恩来提出，再加上“充实”两字，从而形成了“调整、巩固、充实、提高”的八字方针。

---

① 《毛泽东传（1949—1976）》，中央文献出版社，2003 年 12 月第 1 版，第 1090 页。

1960年8月20日，中共中央发布《关于坚决地、认真地清理劳动力加强农业生产第一线的紧急指示》，强调各地务必采取坚决的办法，把县、社、管理区三级所浪费的和不十分必要的劳动力，迅速动员和压缩到生产队中去，加强农业生产第一线。

9月7日，中共中央发布《关于压低农村和城市的口粮标准的指示》，提出1960年全年的粮食产量可能达不到原来计划的4500亿斤，为了保证城乡人民最低口粮需要，决定压缩口粮标准：农村人口的口粮标准，南方一般人均原粮360斤，北方为300斤，城市人口粮食每人每月减少2斤。

1960年9月20日至22日，由谭震林主持，在北京召开了晋、冀、鲁、豫、北京5省市农业书记会议。会议要求安排好农村人民的生活，压低口粮标准，把12个月的口粮作13个月的安排，大种蔬菜，搞代食品，办好公共食堂，实行冬春100天半日劳动、半日休息制；要求由基本建设战线压缩回农村的劳动力，80%用于农业生产；要求搞好分配工作，扣留的部分一般占30%、分配部分占了70%；社员的工资要按月发，等等。总的精神是：在今冬明春给广大群众以休养生息的机会。

10月7日，中共中央《关于转发〈晋、冀、鲁、豫、北京五省市农业书记会议纪要〉的指示》，提出：要以八届六中全会决议和毛泽东在两次郑州会议、两次上海会议上的讲话为思想武器，彻底肃清"共产风"、浮夸风、命令风和某些干部特殊化作风，把集体、国家与个人之间的关系，把大集体与小集体之间的关系，把领导和群众之间的关系彻底搞好，把农村必不可少的制度建立起来，安排好农民生活，以使广大群众心情舒畅，从而调动起更大的生产积极性，战胜目前的暂时困难，顺利地渡过灾荒，争取明年丰收。

虽然中央决定毛泽东休息一个时期，但是无法做到。他找人谈话，批阅文件，会见外宾。

自1960年6月间布加勒斯特会议以来，毛泽东的主要精力一直放在国际问题方面。

进入10月，一些农村饿死人等严重情况，越来越多地反映到毛泽东那里，问题的严重程度令他吃惊。他的心情极为沉重，常常睡不着觉。毛泽东从10月开始吃素。[①] 他对护士长说："国家有困难了，我应该以身作则，带头节约，跟老百姓

---

① 汪东兴：《毛主席关怀身边工作人员的成长》（《中共党史资料》第46期）：毛泽东宣布从1961年1月1日起，"我不吃猪肉和鸡了，因为猪肉和鸡要出口换机器。我们欠人家的，我看有米饭、有青菜和油、盐就可以了"。毛泽东在此期间7个月没有吃肉，常常是一盘马齿苋充当一餐饭，一盘菠菜支撑着一天的工作。他曾流着眼泪吃下身边警卫战士从农村带来的口粮——糠菜窝头，他甚至同全国人民一样因饥饿而浮肿。

共同渡过难关，不要给肉吃，省下来换外汇。吃素不要紧。”毛泽东的体重下降到75公斤。[①]

毛泽东的心思由国际转向国内。

1960年10月10日，毛泽东看到湖北省和福建省两份报告，立即写信给李富春：“湖北沔阳县一平二调问题至今未解决、粮食减产、问题严重文件一件，福建闽侯县委第一书记在该县城门公社一个社即坚决压下去2000多人（占总劳力45%）下去生产文件一件，以上两个文件极好。请你令书记处某一位懂事、能文的同志日内计委中央起草一个有力的指示（要有几百字，几句话太少，不足以引起省、地、县、社的注意）。草好送我一阅为盼！”

12日，此指示经毛泽东审阅发出：“纠正一平二调的‘共产风’，纠正强迫命令、浮夸和某些干部特殊化的作风，坚持以生产队为基础的公社三级所有制，是彻底调整当前农村中社会主义生产关系的关键问题，是在公社中贯彻实现社会主义按劳分配原则的关键问题。……同时，为了农业生产力的发展，必须在各经济部门合理地安排劳动力，必须在农业战线上保持和配备足够的劳动力。”[②]

23日至26日，毛泽东召集华北、中南、东北、西北4个大区的省、市、自治区党委主要负责人开会，听取他们关于农业情况的汇报，讨论如何纠正和堵塞“共产风”的问题。中央领导人刘少奇、周恩来、李富春、谭震林、李先念，以及廖鲁言、陈正人参加了会议，会议还讨论了问题严重而暴露比较早的山东、河南两省的问题。

河南省委主要负责人汇报了“信阳事件”，大家十分震惊。会议对他进行批评，指出他在政策上犯了严重的“左”倾错误。“信阳事件”的材料，26日送到了毛泽东手里。

中央委托周恩来主持起草《关于农村人民公社当前政策的紧急指示信》。毛泽东于11月2日收到稿件，3日早晨审改完毕，立即退还周恩来，指示：用电报发出，越快越好。3日下午，周恩来召集会议定稿，立即发出。

“指示信”规定了12条政策：三级所有、队为基础，是现阶段人民公社的根本制度；坚决反对和彻底纠正一平二调的错误；加强生产队的基本所有制；坚持生产小队的小部分所有制；允许社员经营少量的自留地和小规模的家庭副业；少扣多分，尽力做到百分之九十的社员增加收入；坚持各尽所能、按劳分配原则，供给部分和工资部分三七开；从各方面节约劳动力，加强农业生产第一线；安排好粮食，办好公共食堂；有领导有计划地恢复农村集市，活跃农村经济；认真实行劳逸结合（保证社员每天睡眠8小时，男社员每月放假2天，女社员每月放假4天）；放手发

① 《毛泽东传（1949—1976）》，中央文献出版社，2003年12月第1版，第1098页。
② 《毛泽东传（1949—1976）》，中央文献出版社，2003年12月第1版，第1098—1099页。

动群众，整风整社。

毛泽东密切关注着各地贯彻执行情况。各地报告陆续送来。毛泽东嘱咐值班秘书：“这些电报我都要看。”①

毛泽东从报告中看到：粮食严重减产，农村中饿病逃荒现象大量出现；有些地方干部蜕化变质，违法乱纪，摧残人命，无法无天，感到这些地方已经不是共产党的天下了。这些，给他留下很深印象，成为后来发动“四清”的重要起因。

甘肃省委贯彻中央的“紧急指示信”后，向中央作了报告。毛泽东看了报告后，1960年11月28日代中央写了对这个报告的批示。

毛泽东写道：“甘肃省委在作自我批评了，看起来批评得还算切实、认真。看起来甘肃同志开始已经有了真正改正错误的决心了。毛泽东同志对这个报告看了两遍，他说还想看一遍，以便从其中吸取教训和经验。他自己说，他是同一切愿意改正错误的同志同命运、共呼吸的。他说，他自己也曾犯了错误，一定要改正。例如，错误之一，在北戴河决议中写上了公社所有制转变过程的时间，设想得过快了。在那个文件中有一段是他写的，那一段在原则上是正确的，规定由社会主义过渡到共产主义的原则和条件，是马列主义的。但是在那一段的开头几句规定过程的时间是太快了。那一段开头说：‘由集体所有制向全民所有制过渡，是一个过程，有些地方可能较快，三四年内就可以完成；有些地方可能较慢，需要五六年或者更长的时间。’这种想法是不现实的。现在更正了，改为从现在起，至少（同志们注意，说的是至少）7年时间公社现行所有制不变，即使将来变的时候，也是队共社的产，而不是社共队的产。又规定从现在起至少20年内社会主义制度（各尽所能，按劳付酬）坚决不变，20年后是否能变，要看那时情况才能决定。所以说‘至少’20年不变。至于人民公社队为基础的三级所有制规定至少7年不变，也是这样。1967年以后是否能变，要看那时情况才能决定，也许再加7年，成为14年后才能改变。总之，无论何时，队的产业永远归队所有或使用，永远不许一平二调。公共积累一定不能多，公共工程也一定不能过多。不是死规定几年改变农村面貌，而是依情况一步一步地改变农村面貌。”②

“农业十二条”，对基层干部形成上下两头挤，造成纠正“五风”态势，避免了过去兑现政策不到底的问题，受到农民群众的欢迎。在严重的饥荒面前，农民群众对干部搞特殊化、贪污、多吃多占的反应最为强烈。整风整社中，揭发出来的问题比原来估计严重得多，这使中央和地方领导机关都认识到整风整社的长期性和复杂性。

---

① 《毛泽东传（1949—1976）》，中央文献出版社，2003年12月第1版，第1101页。

② 《毛泽东文集》第八卷，人民出版社，1999年6月第1版，第222—223页。

四、中苏论战（一）

在毛泽东主持下，中共中央起草了致苏共中央《答复书》。

1960 年 9 月 10 日，由邓小平、彭真约见苏联驻中国大使契尔沃年科，答复苏共中央 1960 年 6 月 21 日的通知书，同时通知苏方，中共代表团将于 9 月 15 日动身去莫斯科。《答复书》向苏共中央讲了 5 个问题：第一，赫鲁晓夫在布加勒斯特会议上对中共代表团实行突然袭击，组织围攻；第二，赫鲁晓夫把意识形态领域分歧扩大到国家关系，撕毁中苏两国政府签订的援助中国建设项目的所有协议，撤回全部在华苏联专家；第三，赫鲁晓夫在中印边界冲突中偏袒印度，指责中国，把中苏分歧公开化；第四，赫鲁晓夫吹捧艾森豪威尔，美化美帝国主义；第五，赫鲁晓夫公然对西德总理阿登纳宣传所谓“黄祸”，并要阿登纳帮助他对付中国。中共中央提出了解决分歧达到团结的 5 项建议：①我们两党和所有兄弟党的团结必须以马列主义的根本原理和莫斯科宣言为基础，并且以此作为判断是非的准则；②社会主义国家之间的关系、兄弟党之间应遵守莫斯科宣言规定的平等、同志式的原则；③对社会主义国家间、兄弟党之间的争论，根据莫斯科宣言，通过同志式的讨论求得解决，中苏两国两党对于国际形势、国际共运等一切重大问题应充分协商讨论，采取一致的步骤；④对于共产党人来说，应分清敌我是非，最为重要的应珍惜友谊，共同对敌；⑤经过充分准备协商，开好 11 月各国共产党和工人党代表会议，并在会议上制定一个共同遵循的、团结对敌的斗争纲领。

中共代表团由邓小平任团长，彭真任副团长。出发前的 9 月 13 日晚上，毛泽东在颐年堂召开中央政治局常委扩大会议，研究中苏两党会谈的方针。

两党会谈从 9 月 17 日到 22 日，共举行 5 次。因双方意见分歧，争论不下，无结果而散。代表团于 9 月 23 日回到北京。9 月 30 日，邓小平、彭真再次赴莫斯科，出席起草委员会会议，主要讨论各国共产党和工人党代表会议声明草案。草案中有不少是影射中国共产党的，代表团将这一情况向中共中央报告。10 月 4 日，接到中央指示：对苏共中央草案中一系列错误观点，必须加以有力的反驳，然后再提出具体的对案。24 日，中共代表团回到北京。

11 月 5 日，以刘少奇为团长、邓小平为副团长的中共代表团离京飞赴莫斯科，出席各国共产党和工人党代表会议。苏共代表团主要成员是赫鲁晓夫、科兹洛夫、苏斯洛夫等。11 月 7 日，红场游行后，苏方答复中共《答复书》，集中攻击毛泽东的一些论点，同时也列举刘少奇、邓小平、陆定一的文章和讲话论点。11 月 9 日，苏斯洛夫会见中共代表团时，刘少奇、邓小平、彭真表示：我们这次是抱着团结的目的来的，原定在会议上要讲一篇热情的团结的话，你们的答复破坏了这种可能，原来的想法需要改变，你们的不争论的意见是不真实的，争论是你们引起的。

11 月 10 日，81 国党代表会议在莫斯科正式举行。刘少奇、邓小平率中共代表团参加会议（团员有彭真、杨尚昆、陆定一、廖承志、刘宁一、康生、刘晓）。会议开到第六天，许多代表指名指责中共搞宗派主义，以分裂相威胁。代表团将情况汇报到国内。

11 月 16 日晚上，毛泽东在怀仁堂小休息室，同周恩来、陈毅、李富春、陈伯达研究刘少奇来电后决定，一切应作最坏打算。周恩来当即打电话给邓小平，转达中央意见。

会议继续攻击中共。而印尼党的代表说：这次会议已表明有多数对少数作决定的倾向，这是不正确的；危险不在于有分歧，而在于用不正确的方法来解决分歧，就是要少数服从多数。印尼党的讲话震动全场。

中共中央在毛泽东主持下，研究决定：要做到仁至义尽，巩固左派，争取中间，暴露右的；在二十大问题上可以让步，但绝不能同意写集团宗派和内部决议（匈牙利社会主义工人党在会议期间提出要作一个少数服从多数的内部决议）。

12 月 1 日，刘少奇、赫鲁晓夫在会议上发表讲话，都着重讲团结问题。

同日，会议通过了《各国共产党和工人党代表会议的声明》。

12 月 2 日，刘少奇以国家元首身份对苏联进行国事访问。苏方安排了隆重、热情的访问活动。刘少奇在有 1.2 万人出席的群众大会上讲话。刘少奇与赫鲁晓夫话别时，双方都表示愿意采取实际措施来改善中苏关系。苏联表示愿对中国的援助作重新调整。勃列日涅夫和科兹洛夫接受了刘少奇的访华邀请。

12 月 9 日，刘少奇一行回到北京。毛泽东、朱德、周恩来等到机场迎接。

1960 年 12 月 26 日，根据苏共中央指示，苏联驻中国大使契尔沃年科拜访毛泽东。中共中央书记处候补书记杨尚昆，中央机关的负责人阎明复、朱俊仁，苏联驻华使馆参赞苏达理科夫和瑞克曼宁参加了谈话。

契尔沃年科首先以苏共中央和赫鲁晓夫个人的名义，向毛泽东 67 岁寿辰表示祝贺，并希望他能健康长寿，工作卓有成效。毛泽东对来自苏共中央和赫鲁晓夫的良好祝愿深为感动，他一点没有掩饰自己的情感，用最热烈的言辞表达了他对这种同志式的祝愿的感谢。毛泽东说，在他的生日能收到如此高贵的祝贺，是他的荣耀。毛泽东要契尔沃年科转告他个人对赫鲁晓夫以及苏共中央主席团同志们的谢意，祝他们身体健康，工作取得更大成就。

之后，在毛泽东的提议下，开始了谈话。毛泽东告诉客人，中国党的领导人目前工作量很大。毛泽东说：关于我自己，可比过去轻松多了，我一天最多工作 8 小时（有时多一点），精力大不如从前了；研读材料的效率也似乎差了，阅读的材料不得不印成大字。毛泽东说：这是所有上了年纪的人的一般规律，他们在工作效率方面已无法同年轻人相比了。

话题转到毛泽东辞去国家主席一事上。毛泽东特别说到，辞去主席一职减轻了他参加国务活动的负担。毛泽东说，当他提出这个建议时，只有政治局的委员们支持他，而很多中央委员都反对，至于普通党员们，反对的就更多了，但是现在，大家都支持这项决定了。

毛泽东说，一些年来，特别是在 1953 至 1954 年之间，都没有主持中央政治局的会议，从 1956 年起，一直是刘少奇主持政治局的日常工作，自己只是有时参加一些会议而已。毛泽东说，他个人大多数情况下是同中央政治局常委一起讨论、研究问题，有时也专门邀请一些人参加常委会议。

毛泽东同意客人的说法，即尽管已经把相当多的责权分给了中共中央的其他领导人，但他仍然在整个党和国家的领导核心中负有重大责任。毛泽东说，他还不得不经常工作到深夜，主要的工作是阅读大量的文件和材料，例如每隔一天，就要给我送来两大摞有关国内和国际问题的材料，这些材料当然都是必须尽快通读完的，不然要落伍吗！

契尔沃年科说，莫斯科会议具有极为重要的意义，而当前国际局势的发展，已为深化马克思列宁主义的分析提供了契机。毛泽东同意这一看法，并说：莫斯科会议开得很成功。它是经过了周密的准备的，包括 26 国党代表在内的起草委员会的工作是富有成效的。毛泽东说，在会议上发生争论和进行讨论，是非常好的事，而不是坏事。

谈话中，契尔沃年科简要讲到苏联国内怎样宣传莫斯科会议的成果，以及在政治教育系统如何学习会议文件的情况。毛泽东说，中国共产党也正在组织学习莫斯科会议的文件，至于总结会议的成果一事，中共中央还未向各省发出具体明确的指示。

毛泽东告诉客人，中共中央将在 1961 年 1 月召开全会；会上，参加莫斯科会议的中共代表团的同志将作出报告，对这个问题，中共将通过一个短的决议，表明对莫斯科会议决议的支持态度；除此以外，全会还要讨论 1961 年度的经济计划。

毛泽东告诉苏联客人，中国还存在着相当的困难，这使制定出一个精细而长远计划的工作遇到了极大的困难。毛泽东说：我们对此也缺乏经验，最初，中共中央想为第二个五年计划以后三年制定一个计划，可是，1960 年已经过去了，于是，决定对剩下的两年分别制定计划，目前，1961 年第一季度的经济发展计划已经拟定，并实际上已在执行。

对于中国经济计划的通过和批准总是拖后这一点，毛泽东表示了不满。他说，1960 年的计划到 1960 年 4 月才通过，甚至有些时候，人民代表大会对经济计划的批准要到 6 月至 7 月。毛泽东认为，这主要是因为缺乏足够的经验。

契尔沃年科向毛泽东报告了即将召开的苏共中央全会的情况：苏共和苏联政府将对农业发展问题给以极大重视，在即将召开的苏共中央全会上，将要就进一步增加农业产量的最重要问题进行讨论，并作出决议。

毛泽东说，中共中央目前也特别关注农业问题。毛泽东说，为了更强调农业，我们甚至考虑在某种程度上缩短工业战线；这意味着在一定程度上减少对工业生产的投资规模，包括减少对重工业某些部门的投资，基本建设的投资也将被削减。

谈话中，毛泽东扼要提到中国工业的瓶颈问题。毛泽东指出煤炭工业，运输业都比较紧张。毛泽东还讲到了这些工业部门之间的关系，以及它们对于其他工业门类发展的影响，如钢铁工业等。

当谈话又回到农业问题上时，毛泽东强调，缺乏对轻工业发展的适当关注，没有给农业这一对中国经济说来具有至关重要意义的部门以充分注意，要满足人民衣食及消费品的需求是不可能的。毛泽东以他自己的经验讲到：培植作物、饲养牲畜要比进行那些无生命产品如金属、矿石和煤的生产困难得多，死的东西跑不了。

谈话中，毛泽东多次强调，中国革命胜利之后，人民的物质需求始终不断增长，因而中国共产党必须想尽一切办法去解决这些问题，寻找克服困难的办法；当然，这并不是问题的全部，当我们取得成就时，新问题和新任务也就同时出现了；甚至三四百年之后，新问题也总是会不断出现，需要人们加以解决，没有困难，也就不会有发展。

契尔沃年科开玩笑地告诉毛泽东，苏联的许多加盟共和国，比如说乌克兰，就对中国代表团“不满意”，因为他们没能到那里去访问。毛泽东笑着说，这个抗议应该交给代表团成员，比如在座的杨尚昆，因为政治局对代表团延长访问并没有反对。契尔沃年科笑着说，还是中国朋友缴了那些“不满意”的苏联同志们的“械”，他们告诉苏联同志，他们还会再来。毛泽东说，这一下他们可欠了你们的债了。

当他更广泛地谈起中苏两党领导人的会面和中国代表团在苏联访问的作用时，契尔沃年科告诉毛泽东，苏联人民在中国代表团访苏期间多次要求转达对他的良好祝愿，希望他也能在方便的时候访问苏联，到不同的城市、企业和集体农庄做客，特别是到那些他上次访问未能去的加盟共和国去走一走。毛泽东很高兴地答应了这件事，说他“一定抽时间做这样一次访问”。

毛泽东告诉客人，在中国，他也受到一些边远地区的领导人的批评，因为他没有到过新疆、延安、贵州、西藏、太原、包头、西安、兰州等城市和地区，那里的人们不高兴。毛泽东说，这些人常常称他是“半个共和国的主席”。当他辞去国家主席以支持刘少奇工作时，他们又称他是“半个国家的中央主席”。

谈话的最后，毛泽东又回到他提出的从党务和国务工作岗位上引退的问题。他半开玩笑地说：现在就等着这样一个时刻的到来，即他仅仅作一名政治局的普通委员。毛泽东说，关于这件事，他还没同党内任何一个同志商谈过，甚至他（毛指着杨尚昆）也不知道。你是得知我这个“阴谋”的第一人。

契尔沃年科肯定地表示，中国共产党的党员们将不会同意他的这个打算。毛泽东说：那我就等着，直到大家都认识到这是必要的时候，多少年之后，他们会理解我。

谈话在极为诚挚、友好的气氛中持续了两个多小时。谈话结束后，毛泽东一直把他们送到汽车旁。毛泽东一边热情地跟客人道别，一边再次要求转达他对赫鲁晓夫和苏共中央主席团成员们的衷心问候，对苏联同志为他生日的祝贺表示真诚的谢意。

1961年，正值中国困难时期，苏联逼迫中国连本带息偿还抗美援朝时期，苏联支援中国军队军用物资所欠下的款项，共计14.06亿新卢布。

中国于1964年全部偿清了这笔款项。[①]

1961年1月，美国新总统约翰·菲茨杰拉德·肯尼迪宣誓就职。4月17日美国军队向古巴发动进攻。

1962年6月，苏联秘密将中程导弹和"伊尔-28型"轰炸机运进古巴。8月，美国发现了苏联的行动。10月，美国断然封锁了古巴全岛，肯尼迪总统发出最后通牒，要求苏方把导弹和轰炸机撤出古巴。因美国的激烈反应，苏联屈辱地接受美国监视，自动将导弹全部撤回。这时，赫鲁晓夫急需中国的配合。中国政府指出，苏共领导人在古巴事件中，存在着冒险主义在前、投降主义在后的现象，都是不正确的。赫鲁晓夫恼羞成怒，指责中国是冒险主义、想把世界拖入核战争。意共、法共、美共某些人紧跟苏共领导人，给中国扣上"分裂主义、宗派主义、民族主义"等许多帽子。[②]

1961年2月27日，赫鲁晓夫致函毛泽东，表示愿意在1961年底以前，以借用的方式向中国提供100万吨谷物和50万吨古巴糖。

1961年3月8日，周恩来代表中共中央口头答复苏联说：对苏共中央基于国际主义的友好表示非常感谢；中国同意接受50万吨糖的援助；关于粮食——考虑到苏联现在也有灾情，我们不愿意加重苏联的负担，中国争取以延期付款的方式从国际市场上进口一些粮食，中国愿把苏联建议提供的粮食作为后备，在国际市场进口粮食发生困难的情况下，再向苏联提出借用粮食的要求。

1961年3月，华沙条约国首脑会议通过了谴责阿尔巴尼亚劳动党的决议，并提出撤掉苏军在阿尔巴尼亚发罗拉的海军基地。5月苏联单方面行动，撤出了驻发罗拉基地的舰队，并停止了对阿尔巴尼亚的一切援助。8月华沙条约国首脑会议拒绝让阿尔巴尼亚派代表出席。阿尔巴尼亚劳动党与中国党关系密切。苏联的这些举动，给中苏关系造成了新的障碍。

1961年10月17日至31日，苏共召开"二十二大"。会议提出了20年基本建成共产主义的纲领；提出了"全民国家"、"全民党"的论点；进一步谴责斯大林，

---

① 左凤荣：《赫鲁晓夫传》，东方出版社，1998年10月第1版，第252页。

② 当代中国研究所：《〈中华人民共和国史稿〉第二卷（1956—1966）》，人民出版社、当代中国出版社，2012年9月第1版，第313页。

并通过决议将斯大林的遗体迁出列宁—斯大林陵墓；重新猛烈地攻击马林科夫、卡冈诺维奇、莫洛托夫“反党集团”，并首次公开批评伏罗希洛夫是“反党集团成员”；公开号召推翻阿尔巴尼亚劳动党第一书记霍查和另一个领导人谢胡的领导（在国际共产主义运动史上开创了利用一个党的代表大会攻击另一个党的先例），并影射地反华。

10月19日，中共代表团团长周恩来致贺词时指出：社会主义各国之间，各兄弟党之间，必须像爱护眼珠一样地爱护我们的团结。大会期间，周恩来同赫鲁晓夫会谈，谈了苏阿关系和斯大林问题，认为赫鲁晓夫等人的做法是错误的。赫鲁晓夫拒绝接受，他说：我们过去需要你们的支持，当时中国共产党的声音对我们有很大的意义，而现在不同了，苏联人民已无限信任我们，苏共已同你们站在一个水平线上了。

周恩来致辞后，会上不断出现对中国共产党的指责声。

10月23日，周恩来指定彭真为代理团长后，提前回国。

彭真等在参加了大会闭幕式后，于10月30日返回国内。

1961年12月，苏联断绝同阿尔巴尼亚的外交关系。中国党发表阿尔巴尼亚党反击苏联的材料。苏共中央指责中国党这一做法。

1962年2月22日，苏共在致中共中央的信中，给加了“反列宁主义行为”、“特殊立场”、“特殊路线”三条罪名。并要中共接受它所说的“共同路线”。

3月1日，苏联驻华大使契尔沃年科将苏共中央的信当面交给邓小平，表示应尽量消除分歧，保持团结。暗示两党可以坐下来谈，但没有提出具体建议。3月3日下午，刘少奇主持召开会议，研究对来信的估计及对策，并要中联部起草复信。同一天，派专机将苏共中央来信送给正在外地的毛泽东。3月中旬，毛泽东在武汉听取刘少奇、周恩来、邓小平关于12、13日政治局常委扩大会议情况汇报时，同他们一起研究给苏共中央的复信。毛泽东回到北京以后，3月29日主持召开中央政治局常委会议，讨论复信。根据常委会的意见，刘少奇两次召开会议，修改复信稿，报送毛泽东审定。4月3日，毛泽东再次召开会议，讨论复信稿。7日，中央政治局扩大会议通过了这封复信。

4月9日上午，邓小平约见苏联驻华大使契尔沃年科，将中共中央致苏共中央的复信交给他：这封信的中心内容是，为了团结就需要解决问题，解决问题的办法就是开会。信中建议再次召开世界共产党和工人党代表会议，来解决苏共中央来信中提出的问题；我们的出发点是，要开，就必须开好；所谓开好，就是团结起来。

5月31日，苏共中央给中共中央复信，提出把阿尔巴尼亚劳动党领导人放弃其立场作为召开会议的先决条件。中共方面把这一建议搁置下来。

1962年4、5月间，苏联通过其驻中国新疆领事馆发放侨民证，策动中国边民叛逃苏联。从阿尔泰、塔城、博尔塔拉到伊犁，二十几个县、300 公里的中苏边境线上，人流从几个口岸涌入苏联。白天，苏联当局派大客车、卡车接运，用广播指方向；晚上，用探照灯指路，共有 67000 余人逃到苏联。此事震惊了世界。中国政府对要求去苏联者一律放行。中国人民解放军新疆军区欢送了帮助策动边民外逃并申请去苏联的乌鲁木齐副参谋长、少将祖龙泰耶夫和伊犁军区司令员、少将马尔国夫，与他们一起走的还有 40 多名校、尉级军官。苏联借此吹嘘自己，攻击中国。①

中方为争取公平合理地和平解决中印边界的真诚努力，没有得到印度方面的响应。印度政府反把中国的诚意当作软弱可欺。两国官员会晤后，印度军队先后在中印边界西段、中段越过实际控制线，继续蚕食中国领土，不断制造流血事件。

1962 年 4 月，印度军队趁中国忙于解决国内经济问题的时机，大力推行“前进政策”，在苏联提供的军事装备援助下，全面入侵中国。

印度军队先从西段侵入中国，在中国军队后撤的地区相继建立 43 个侵略据点。中国方面因为已经单方面停止巡逻，直到 1962 年上半年才发现印军侵入的情况。中国政府多次要求印军退回实际控制线一侧，印军拒不退出。中国政府只得在实际控制线中国一侧重新建立哨所，恢复巡逻，双方形成相互对峙的局面。

印度军队又在东段越过“麦克马洪线”向北推进，从中国西藏的兼则马尼向西北侵入克节朗河三角地带，并不断增设哨所。中国军队因为在东段同样停止了巡逻，那里又是荒无人烟的地方，所以，直到 1962 年 8 月，中国政府才发现问题，并在 9 月 8 日派驻了哨所。

1962 年 7 月 20 日，中国人民解放军总参谋部根据中共中央、毛泽东的指示，下达了反蚕食的方针：“决不退让，力争避免流血；犬牙交错，长期武装共处”。并对“二十字方针”作了详细的解释：如何做到“决不退让”：（1）你不打，我不打；（2）你逼近，我逼近，即印军从这一处向中国哨卡逼近，可视情况从另一处向印军哨所逼近；（3）你包围我，我包围你；（4）你切断我，我切断你，关于如何做到“力争避免流血”：①不先开第一枪；②保持距离；③留有余地；④对逃跑入侵印军网开一面。

1962 年 8 月 3 日，毛泽东在听取西北地区负责人的汇报时，明确提出：新疆的主要危险来自苏联现代修正主义，新疆斗争的主要方面是苏联现代修正主义。

从 1962 年 8 月到 10 月，中国政府曾反复建议中印双方在各自官员有关边界问题调查材料的基础上讨论中印边界问题。但印度却坚持要中国从西段中国自己的大

---

① 左凤荣：《赫鲁晓夫传》，东方出版社，1998 年 10 月第 1 版，第 252 页。

片领土上撤出，还要求中国在东段撤出位于“麦克马洪线”以北的扯冬地区，以此作为谈判的条件。实则拒绝和平谈判。

直到1962年9月下旬，中国方面没有大规模对印度还击的意图。

10月2日，尼赫鲁在新德里群众集会上说：印度政府“以军事力量对付中国”。次日，中国政府仍然照会印度政府，提出和平谈判解决边界纠纷。

6日，鉴于印度政府一再拒绝通过和平谈判解决边界问题，鉴于印度当局不断将边界冲突升级的挑衅行为，在的确无法退让的情况下，中共中央不得不作出进行自卫反击战的决定：“假如印军向我进攻则要狠狠地打他一下，除东线西藏作准备外，西线也要配合。如他进攻，不仅要打退，还要打狠打痛。”

8日，周恩来接见苏联驻华大使契尔沃年科：中国得悉印度将在中印边界发动大规模进攻，如果印度一旦发动进攻，中国就坚决自卫。

12日，周恩来赴平壤会见金日成，通报中印边境形势。

同日，印度总理尼赫鲁宣布，他已经下令要把中国军队从印度所主张的领土上清除掉。印军出动大量飞机和直升机侵入中国境内侦察。

美国政府宣布，它愿意向印度政府提供对中国作战所急需的高空运输机，并答应为印度尽快提供适宜于山区高空飞行的“C-130”运输机。

苏联卖给印度各种飞机114架，还派出中国专家、顾问到部署在中印边界地区的部队中服务。

13日和14日，赫鲁晓夫两次会见中国驻苏大使刘晓，表示说：“关于印度准备向中国发动进攻的问题，苏联得到的情报与中国是一致的。如果苏联处在中国的地位，也将采取同样的措施。在中印边界问题上，是不能采取中立态度的。如果有人进攻中国，我们说我们中立，那就是叛徒行为。”

14日，印度国防部部长梅农声明：要同中国打到最后一个人，最后一条枪。

16日，尼赫鲁召开高级军官会议，加紧作战部署。

17日，印军在边界东、西段开始猛烈炮击中国边防部队的前沿阵地，挑起中印边境的大规模武装冲突。

同日，中共中央军委下达《歼灭入侵印军的作战命令》，对歼灭入侵中国境内的印军作具体部署。

1962年10月19日至1963年1月，苏共领导人在先后举行的保加利亚、匈牙利、德意志民主共和国、意大利、捷克斯洛伐克5国共产党、工人党代表大会上，组织对中国的围攻。

1962年10月20日清晨，印度军队调集10多个旅的陆军兵力，并出动空军配合，在中印边界东、西两段向中国发动大规模武装进攻。

拂晓，中国西藏边防部队进行自卫反击。在东线，迅速歼灭了印军第七旅，直取达旺。

10月22日，中国国防部发言人宣布："为了防止印度军队卷土重来，再度发动进攻，我边防部队在自卫战斗中，没有必要再受这条非法的麦克马洪线的约束。"在东段，中国西藏边防部队针对印军凭借密集地堡和强大交叉火力，拼命封锁中国军队前进道路的特点，采取两翼突破、正面牵制、侧后迂回、包围分割和各个歼灭的战法，经过10个小时连续作战，一举全歼侵入中国境内号称"常胜军"的印军第七旅，并越过"麦克马洪线"，进占达旺，逼近瓦弄；在西段，在西线，中国新疆边防部队采取逐次转移兵力、集中兵力拔点的战术，一举拔掉印军侵略据点37个，歼其一部。

这一仗，中国军队粉碎了印军的进攻，拔除印军入侵后修筑的据点，收复了"麦克马洪线"以南部分中国领土，给了印军没有预料到的沉重打击，为以后的军事、政治斗争创造了有利条件。

10月24日，中国边防部队暂时停止了进攻性反击。

同日，中国政府发表声明，为停止边境冲突、召开和平谈判解决中印边界问题，郑重提出"三项建议"：一、双方确认中印边界问题必须通过谈判和平解决，在和平解决前，双方从实际控制线各自后撤20公里，脱离接触；二、在印度政府同意前项建议的情况下，中国政府同意通过双方协商，把边界东段的中国边防部队撤回到实际控制线以北；在边界的中段和西段，中印保证不越过实际控制线（即传统控制线）；三、为了谋求中印边界问题的友好解决，中印两国政府应该再举行一次会谈，中国政府欢迎印度总理前来北京，如果不便，中国总理愿意前往德里谈判。

10月25日，苏联《真理报》发表社论，说："声名狼藉的麦克马洪线是强加给中国人民和印度人民的，这条线从未被中国承认过。"表示中国政府10月24日声明中提出的3项是建设性的，是中印双方开始谈判和和平解决争端的可接受的基础。

印度政府不甘心第一阶段失败，断然拒绝中国政府的建议，宣布全国处于"紧急状态"，并在其国内迫害华侨，进行战争动员；在国际上，脱下"不结盟"、"和平外交"的外衣，公开倒向英美等帝国主义国家。在获得美英等西方国家的军事援助后，调兵遣将，决心再度进行军事较量，从10月29日开始向中国边防部队炮击，重新挑起冲突。

11月，中共中央向全国发出《关于中印边境冲突和中印关系问题的通知》。针对印度军队的进攻，中国命令西藏、新疆边防部队再次进行自卫反击。

1962年11月15日，中国自卫反击战第二阶段开始。中国西藏、新疆边防部队采取灵活机动的战术，指战员发扬大无畏精神，经过数天连续英勇顽强激战，击退了印军的全面进攻，清除了印军在中国境内安设的侵略据点，先后收复被印军占领的中国领土。

11月20日，中印边境东西两段印军侵略据点被中国军队全部清除。

中印两国历史上都曾长期遭受殖民统治。印度独立后，一方面表示反帝反殖，对华友好，是同新中国最早建交的国家之一；另一方面又对华坚持扩张主义。中国政府一贯重视发展中印两国的友好合作关系，始终采取“又团结、又斗争”的方针。

11月21日，中国政府在自卫反击战取得胜利的情况下，为促成和平解决中印边界问题三项建议的实现，发表声明，重申中印边界问题必须通过谈判解决，并宣布中国边防军队全线主动停火，主动后撤。从11月22日0时起在全线停火，从12月1日撤到1959年10月7日中印双方实际控制线后20公里。接着，又遣返全部被俘的印军官兵，归还所有缴获的武器、弹药和军用物资。

一些外国朋友评论说：“中国在这一斗争中，完美地使用了各种斗争方式，包括军事的、政治的和外交的，其相互配合之密切，斗争策略之灵活，达到了最高水平。”①

12月12日，赫鲁晓夫在苏联最高苏维埃会议上讲话说：印度想同中国军队打仗，中国单方面停火、后撤，当然很好；但是中国部队当时不从原有阵地前进，岂不更好。

至1963年2月28日，中国边防部队完成了全部后撤计划。这次战争，印军共死亡1383人，失踪1696人，被俘3968人。90%伤亡者发生在东线。

1962年12月8日，中共代表团在捷克斯洛伐克共产党第十二次代表大会上发表书面声明，指出捷共和某些兄弟党同志利用这次代表大会的讲话，继续攻击阿尔巴尼亚劳动党，并大肆攻击中国共产党，我们不能不表示最大的遗憾。中国共产党呼吁弄清是非，加强团结，共同对敌。《人民日报》对此进行了报道。这是中国首次披露中苏冲突。

1962年12月15日，《人民日报》发表社论《全世界无产阶级联合起来，反对我们的共同敌人》，开始答复苏共的各种攻击。自此始，至1963年3月8日，中国共产党又发表了《陶里亚蒂同志同我们的分歧》、《列宁主义和现代修正主义》、《在莫斯科宣言和莫斯科声明的基础上团结起来》、《分歧从何而来——答多列士等同志》、《再论陶里亚蒂同志同我们的分歧——关于列宁主义在当代的若干重大问题》、《评美国共产党的声明》等6篇文章。文章没有点苏共领导的名字，并保留了一些事实。

1962年12月26日，是毛泽东69岁生日。这天，他写了《七律·冬云》：

雪压冬云白絮飞，万花纷谢一时稀。高天滚滚寒流急，大地微微暖气吹。独有

---

① 当代中国研究所：《〈中华人民共和国史稿〉第二卷（1956—1966）》，人民出版社、当代中国出版社，2012年9月第1版，第343页。

英雄驱虎豹，更无豪杰怕熊罴。梅花欢喜漫天雪，冻死苍蝇未足奇。

《光明日报》“东风”副刊于1963年元旦刊登了郭沫若写的《满江红·领袖颂——1963年元旦抒怀》：“沧海横流，方显出英雄本色。人六亿，加强团结，坚持原则。天垮下来擎得起，世披靡矣扶之直。听雄鸡一唱遍寰中，东方白。 太阳出，冰山滴；真金在，岂销铄？有雄文四卷，为民立极。桀犬吠尧堪笑止，泥牛入海无消息。迎东风革命展红旗，乾坤赤。”

远在杭州的毛泽东很快读到了郭沫若这首词。

1963年1月8日，毛泽东写了《满江红·和郭沫若同志》：

小小寰球，有几个苍蝇碰壁。嗡嗡叫，几声凄厉，几声抽泣。蚂蚁缘槐夸大国，蚍蜉撼树谈何易。正西风落叶下长安，飞鸣镝。 多少事，从来急；天地转，光阴迫。一万年太久，只争朝夕。四海翻腾云水怒，五洲震荡风雷激。要扫除一切害人虫，全无敌。

当日，毛泽东将这首词，分别书赠给了在杭州养病的周恩来及上海市委负责人魏文伯各一帖。

1963年12月27日，《人民日报》发表毛泽东于当年11月在周扬《哲学社会科学工作者的战斗任务》一文中加写的话：

“真正的革命家，真正的无产阶级革命战士，真正的马克思列宁主义者——战斗的唯物主义者是大无畏的，是不怕孤立的，是不怕反动派和修正主义者咒骂的。……起初好像孤立的人们，只要他们手里有真理，他们最终总会要胜利。”

1963年2月21日，苏共中央致函中共，建议举行中苏两党的谈判。

两天后，毛泽东会见苏联驻华大使契尔沃年科。毛泽东说：我们现在来好好地团结起来，好好把分歧问题来解决，解决多少就解决多少，不能解决的拖一下，把现在这一种僵局搞活跃一点；你骂我，我骂你，老是这样骂下去，帝国主义是高兴的；现在停战议和；这个战不是流血的战，这是唇枪舌剑；不要那么太紧张了。①

1963年3月9日，中共中央复信苏共中央，表示欢迎举行中苏两党会谈的建议。并表示为给召开兄弟党会议创造良好气氛。中共暂停公开答辩。

3月30日，苏共中央致函中共中央，提出了5点中苏会谈要讨论的问题的范围：①为进一步加强世界社会主义体系的威力和把它变成人类社会发展的决定性因素而斗争的问题；②为和平与和平共处而斗争的问题；③为反对以美国为首的帝国主义的斗争问题；④民族解放斗争问题；⑤加强社会主义大家庭和共产主义运动队

---

① 《〈中国共产党历史〉第二卷（1949—1978）》，中共党史出版社，2011年1月第1版，第654页。

伍的一致和团结问题。苏共并系统地提出了关于国际共产主义总路线的问题。

苏共中央的答复信中又强调说：苏共“今后仍将进行坚决的斗争，既反对右倾机会主义，也反对其危险目前并不小于修正主义的左倾机会主义。今后我们在共产主义运动的理论和策略的原则性的根本问题上仍将不会调和，并将进行反对修正主义和宗派主义的斗争”。信中还建议，以国际共产主义运动总路线问题的一系列观点作为中苏两党会谈的基础，从而表明了苏共领导人准备长期公开争论下去的决心。①

4 月 4 日，中共中央将苏共中央 3 月 30 日的信全文发表。

6 月 14 日，中共中央针对苏共 3 月 30 日的信，发出题为《关于国际共产主义运动总路线的建议》的复信，并于 6 月 17 日在《人民日报》上公开发表。中共并通知苏共中央，中共中央将派出代表团前往莫斯科进行双边会谈。

6 月 18 日，苏共中央发表声明说中共中央 6 月 14 日的复信歪曲了莫斯科宣言和声明。6 月 21 日，苏共中央发表了《关于即将举行苏共中央代表和中共中央代表会议的决议》说：坚定地执行苏共中央“二十大”、“二十一大”、“二十二大”的路线，拒绝中共中央对我党和其他共产党，对苏共第二十次、第二十一次和第二十二次代表大会的决定的攻击。苏共认为这种攻击是没有根据和诽谤性的。

7 月 1 日，中共中央发表声明说，苏共对中共的攻击是没有道理的。表示：鉴于中苏两党会谈即将举行，中共中央对于苏共领导人对我党的攻击，暂时不作答复，但是保留答复的权利。中共中央并公布参加中苏两党会谈的名单。

7 月 4 日，苏共中央再次发表声明，公布参加会谈代表团成员的名单，并且对中共中央 7 月 1 日的声明进行反击。

7 月 5 日，中共中央也再次发表声明，表示：不同意苏共中央 7 月 4 日声明中对中共 7 月 1 日声明的歪曲和攻击，责成中苏两党的代表团在会谈中对苏共中央的歪曲、指责和攻击给予必要的评论。

其间，苏联要求中国召回驻苏大使工作人员和留苏研究生 5 名人员，理由是他们散发了中共中央 6 月 14 日的信。中共中央予以反驳说：这是一种正常的、对等的活动，因为苏驻中国的机构和人员就散发过苏共中央 3 月 30 日的信。

7 月 5 日，中共派出以邓小平为团长，彭真为副团长，康生、杨尚昆、刘宁一、伍修权、潘自力为团员，吴冷西、范若愚、张香山、姚臻、王力、余湛为顾问的代表团抵达莫斯科。同日下午，苏方提出（中方同意）会议的开法，其中规定：会谈结束前，双方不发表任何关于会谈的消息。

7 月 6 日至 20 日中苏两党的会谈在莫斯科举行。苏方代表团成员有团长苏斯洛夫，团员有格里申、安德罗波夫、契尔沃年科等 6 人，顾问 11 人。双方共举行

① 《〈中国共产党历史〉第二卷（1949—1978）》，中共党史出版社，2011 年 1 月第 1 版，第 654—655 页。

了9次会谈。

会议期间，苏共中央违背协定，于7月14日公开发表《给各级党组织和全体共产党员的公开信》，就国际共运所涉及的一系列问题对中共中央6月14日的25条建议信进行了全面的反驳与回击。中共对苏共这一做法提出批评。

邓小平代表中共代表团建议：会议暂告一段落，双方可以在另一时间继续举行会议，时间、地点由两党中央另行商定。邓小平说：我党历来就主张不要把兄弟党之间的分歧公开在敌人面前，但既然公开争论已被挑起，就应该在平等的基础上进行；我们从来没有首先攻击过任何别的党，我们受到攻击，就不能不作答复。

7月20日下午，苏共中央主席团宴请中共代表团。宴会上，邓小平重申邀请苏共代表团到北京举行会谈。赫鲁晓夫表示愿意接受这个邀请。当晚，中共代表团乘专机回国。

7月20日，《人民日报》和其他全国性报纸以及所有省、市级报纸，全文刊载了苏共中央发表的《给各级党组织和全体共产党员的公开信》。

7月21日下午，毛泽东、刘少奇、周恩来、朱德、董必武等党和国家领导人和各界代表5000余人在北京首都机场隆重欢迎中共代表团的返回。

1963年7月15日至10月，苏联报刊广播发表有反华内容的文章、资料共1100多篇，有的文章公然煽动中国党内和国内的“健康力量”起来反对中共中央的领导。

1963年7月25日，苏联同美国、英国在莫斯科签订针对中国等国家的《关于禁止在大气层、外层空间和水下进行核试验的条约》。早在1962年3月15日，苏联在17国裁军会议上就提出防止核扩散问题。同年8月25日，苏联政府通知中国，它已经同意美国国务卿腊斯克提出的就签订一项关于防止核扩散的协定进行谈判的建议。中国政府分别于1962年9月3日、10月12日，以及次年6月6日，3次向苏联政府致送备忘录，指出：苏联向美国承担义务，是苏联自己的事情；但中国希望苏联不要破坏中国的主权，代替中国承担义务。苏联领导人不听中国的劝告，签订了剥夺中国发展核技术的条约。说明，苏联实际上已经把苏中两个所谓兄弟国家的关系推向了绝路。

7月31日，中国政府在《中国政府主张全面、彻底、干净、坚决地禁止和销毁核武器、倡导召开世界各国政府首脑会议的声明》，指出：“苏联政府执行的政策是：联合战争力量，反对和平力量；联合帝国主义，反对社会主义；联合美国，反对中国；联合各国反动派，反对世界各国人民。”[①]

---

① 当代中国研究所：《〈中华人民共和国史稿〉第二卷（1956—1966）》，人民出版社、当代中国出版社，2012年9月第1版，第314页。

自1963年9月至1964年7月，中共中央以《人民日报》和《红旗》杂志两个编辑部的名义，陆续发表了9篇评苏共中央公开信的文章：1963年9月6日《苏共领导同我们的分歧的由来和发展——评苏共中央的公开信》、1963年9月13日《关于斯大林问题——二评苏共中央的公开信》、1963年9月26日《南斯拉夫是社会主义国家吗？——三评苏共中央的公开信》、1963年10月22日《新殖民主义的辩护士——四评苏共中央的公开信》、1963年11月19日《在战争与和平问题上的两条路线——五评苏共中央的公开信》、1963年12月12日《两种根本对立的和平共处政策——六评苏共中央的公开信》、1964年2月4日《苏共领导是当代最大的分裂主义者——七评苏共中央的公开信》、1964年3月31日《无产阶级革命和赫鲁晓夫修正主义——八评苏共中央的公开信》、1964年7月14日《关于赫鲁晓夫的假共产主义及其在世界历史上的教训——九评苏共中央的公开信》。

1964年4月16日，毛泽东、刘少奇、周恩来电贺赫鲁晓夫70寿辰，表示：尽管存在原则分歧，但坚信这只是暂时的；一旦世界上发生重大事变，中苏两党、两国和我们的人民就会站在一起，共同对敌。

毛泽东特地嘱咐，贺电发出以后，一段时间内不要发表反修文章，以示和解。

1964年4月21日，苏联《真理报》第一次称中国为“叛徒”。

6、7月间，《真理报》文章和苏联副外长的文章明确地说：中苏同盟条约并不保证战时苏联援助中国。

五、外交

从1956年到1964年，刘少奇、周恩来、陈毅、贺龙等中国共产党和中国政府国家领导人先后对亚洲、非洲几十个国家访问。充分表达中国人民同各国人民友好相处的真诚愿望，阐明中国政府在许多重大国际问题上的立场，从而增加了相互信任和合作关系。

中国政府在坚持和平共处五项原则的方针下，提出著名的对非洲和阿拉伯国家处理相互关系的5项原则：一、支持阿拉伯和非洲各国人民反对帝国主义和新老殖民主义、争取和维护民族独立的斗争；二、支持阿拉伯和非洲各国政府奉行和平中立的不结盟政策；三、支持阿拉伯和非洲各国人民用自己选择的方式实现统一和团结的愿望；四、支持阿拉伯和非洲国家通过和平协商解决彼此之间的争端；五、主张阿拉伯和非洲国家的主权应当得到一切其他国家的尊重，反对来自任何方面的侵略和干涉。

在此基础上，周恩来在马里访问时，还提出这个对外经济技术援助8项原则：

一、中国政府一贯根据平等互利的原则对外提供援助，从来不把这种援助看做是单方面的赐予，而认为援助是相互的；二、中国政府在对外提供援助的时候，严格尊重受援国的主权，绝不附带任何条件，绝不要求任何特权；三、中国政府以无息和低息贷款的方式提供经济援助，在需要的时候延长还款期限，以尽量减少受援国的负担；四、中国政府对外提供援助的目的，不是造成受援国对中国的依赖，而是帮助受援国逐步走上自力更生、独立发展的道路；五、中国政府帮助受援国建设的项目，力求投资少，收效快，使受援国政府能够增加收入，积累资金；六、中国政府提供自己所能生产的质量最好的设备和物资，并且根据国际市场的价格议价，如果中国政府所提供的设备和物资不合乎商定的规格和质量，中国政府保证退换；七、中国政府对外提供任何一种技术援助的时候，保证使受援国的人员充分掌握这种技术；八、中国政府到受援国帮助进行建设的专家，同受援国自己的专家享受同样的物质待遇，不容许有任何特殊要求和享受。①

1954 年 7 月 21 日的日内瓦协议，使越南、老挝和柬埔寨人民民族独立权利得到承认。按照协议，印度支那三国应成为和平中立国家。但是，美国作为日内瓦会议的参加国不但拒绝在协议上签字，而且随即使用各种手段插手印度支那事务，破坏协定执行，后来发展到直接派兵入侵印度支那三国，加剧亚洲紧张局势。

1955 年 5 月，根据日内瓦协议，越南南北两方的武装力量分别在北纬 17 度线南北集结，做好了在 1956 年 7 月进行国家统一的普选准备。美国支持南越吴庭艳集团破坏日内瓦协议，搞片面的“制宪会议”选举，残酷镇压和迫害前抗战人员，挑起了越南南方的内战。美国出钱、出枪、出顾问，一直发展到自己派出几十万大军，对越南进行了一场大规模战争。中国从政治上和军事物资上大力支援越南人民的抗美救国战争。

1960 年 12 月，越南南方民族解放阵线诞生，随着越南人民的不断胜利，美国的武装干涉不断升级。1961 年，美国派遣“特种部队”进入南越。1962 年 2 月，“美国驻越南军事援助司令部”宣告成立。

1959 年，越南人民开辟了一条由越南北方经越南、老挝边界和越南、柬埔寨边界的崇山密林，通向越南南方的战略运输道路。南方所需的战略物资及人员交通，多由北方运输，从这条小道上实现。这条战略通道被美国人称为“胡志明小道”。

---

① 当代中国研究所：《〈中华人民共和国史稿〉第二卷（1956—1966）》，人民出版社、当代中国出版社，2012 年 9 月第 1 版，第 337—338 页。

美国一方面向“胡志明小道”发动军事进攻，一方面向越南北方进行武装挑衅，轰炸军事基地和一些工业设施。

中越两国领导人商谈后，决定由中国立即向越南无偿提供部分军事装备。

1963年3月，中国人民解放军总参谋长罗瑞卿率领中国军事代表团前往越南，磋商中国如何援助越南及双方如何配合作战问题。

1964年8月，美国制造所谓“北部湾事件”，以此为借口，轰炸越南北方。

1965年3月上旬，美国派遣3500名海军陆战队员在南越北部的岘港登陆。美国飞机不断侵入中国海南岛地区和云南、广西上空，投掷炸弹和发射导弹，打死打伤中国船员和解放军战士多人。露骨地对中国进行战争挑衅。

1965年3月12日，中国政府发表声明：告诉美国侵略者，中国人民不怕这一套，中国人民是有准备的；中国人民将坚定不移地采取一切可能措施，支持越南人民和印度支那人民，把反对美国侵略者的斗争进行到底。

中国除向越南提供大量物资援助外，还应越南要求，先后派出地空导弹、高炮、工程、铁道、扫雷、后勤等部队，共计32万余人。在越南北方担负防空作战、沿海扫雷以及维护铁路、公路、机场、通信设备和国防工程建设等任务。

1954年7月，日内瓦协议签订后，法国军队和越南志愿人员于同年8月撤离老挝。老挝部队向指定的桑怒、丰沙里两省集结完毕。将在1955年内举行普选。

1959年，由美国扶持的老挝傀儡政府撕毁日内瓦协议，对老挝爱国阵线发动全面内战。

1961年4月，中国同老挝正式建立外交关系。

随着美国侵略越南战争的不断升级，老挝日益成为这一战争的副战场。根据老挝人民党和老挝政府的请求，中国向老挝爱国部队提供大量武器装备、援助和帮助训练军事技术人员。同时，中国政府还于1962年至1978年派出工程、地面警卫、防空和后勤部队及民工大队共11万余人，帮助老挝修筑公路800余公里，援助老挝高炮部队对空作战95次，击落敌机24架。

日内瓦协议签订后，柬埔寨根据协议规定，将成为一个独立、和平、中立的国家。

1955年9月，柬埔寨大选，西哈努克亲王出任首相。他再次表示，接受和平共处五项原则，保证坚守中立，不参加军事集团，也不接受东南亚条约组织的“保护”。

1956年2月，西哈努克亲王访问中国。4月24日，中柬双方签订了贸易额各为500万英镑的贸易协定和支付协定。6月21日，中柬双方签订经济援助协定及其议定书。根据经济援助协定，中国无偿援助柬埔寨8亿柬币的物资和商品，中国同意派遣技术人员和专家到柬埔寨进行技术援助。

1958年7月19日，中柬正式建交。

1960年12月，中柬两国签订友好和互不侵犯条约。

美国对柬埔寨不听其摆布，坚持和平中立的政策极为不满，不断策动南越当局，对柬埔寨施加压力。20世纪60年代，美国和南越当局出动军队侵略柬埔寨领土7000余次，打死打伤柬埔寨平民上千人。

中国在政治上和物资上都大力支援柬埔寨，尽国际主义义务。

1951年5月，美国单方面对日媾和，并同日本签订安全保障条约，日本处于美国半占领状态。一方面，日本政府追随美国，敌视新中国，同台湾当局勾结，威胁亚洲和平；另一方面，美日之间控制与反控制的矛盾愈益加深，随着日本经济的恢复和发展，日本在政治、经济各方面摆脱美国控制的要求日益强烈，产生了同中国发展经济往来的愿望。

毛泽东、周恩来等中国领导人多次指出，发展对日关系要“民间先行、以民促官”。

1952年2月，即将出席预定于4月间在莫斯科召开的国际经济会议的中国代表南汉宸致函日本国际经济恳谈会，表示愿与日本代表在莫斯科磋商如何在亚洲发展国际贸易，巩固亚洲和平。

日本方面立即表示同意。日本代表高良富、帆足计、宫腰喜助冲破各种阻力来华，签订中日第一个民间贸易协定。

1954年10月，中国派出第一个访问日本的红十字会代表团，以卫生部部长李德全为团长。代表团转达中国政府将对愿意回国的在日华侨给予各种便利的信息，向日本各界表达了中国人民不念旧恶，希望同日本人民和平共处，长期友好，共同防止战争再起的心愿。

1955年初，日本国际贸易促进会会长村田省藏和日本国会议员促进日中贸易联盟代表理事池田正之辅，联名邀请中国国际贸易促进委员会派代表团去日本谈判和签订第三次中日民间贸易协定。3月，以中国国际贸易促进委员会副主任雷任民为团长的中国贸易代表团应邀访日。双方代表就发展国际间的经济贸易和政府应承担的责任进行充分谈判。4月，中日签订了中日民间关于黄海、东海渔业协定。5月4日，中日双方签订了第三次民间贸易协定。同时在协定中还规定了双方互设民间商务代表机构。11月，日本前首相片山哲率领日本拥护宪法国民联合会议代表团来华访问，同中国人民对外文化协会签订第一个中日民间文化交流协定。

1956年4月，毛泽东公布全国人民代表大会常务委员会的决定：“我国关押的日本战争犯罪分子，在日本帝国主义侵略我国的战争期间，公然违背国际法准则和人道原则，对我国人民犯下了各种罪行，使中国人民遭受了极其严重的损害。按照他们所犯罪行本应该予以严惩，但是，鉴于日本投降后十年来情况的变化和现在的处境，鉴于近几年来中日两国人民友好关系的发展，鉴于这些战争犯罪分子在关押期间绝大多数已有不同程度的悔罪表现，因此，决定对于这些犯罪分子按照宽大政策分别予以处理。”

1956 年 6 月，中国最高人民检察院宣布，对 1017 名日本战犯免予起诉，分批释放回国；对 45 名罪行特别重大的战犯，则由中国最高人民法院特别军事法庭分别判处徒刑，在服刑期间，准其家属来中国探视，并受到中国红十字会的协助和照顾。许多战犯后来在“日中不再战”的口号下，积极致力于日中友好事业。

1957 年 2 月，岸信介上台不久，开始破坏中日关系。6 月，岸信介去台湾对蒋介石说：“如果能够收复大陆的话，我认为是非常好的。”他对中日贸易处处设置障碍。同美国积极进行修改日美安全保障条约的谈判，目的是把所谓的“共同防御地区”扩大到包括中国沿海在内的西太平洋，追随美国，搞“两个中国”活动。

中国政府予以坚决反击：原定 1957 年秋季在日本名古屋和福冈举行的中国商品展览会筹备工作予以搁置；断绝同日本一切进出口贸易，已签合同停发信用证，未签合同一律停签；停止延长渔业协定；召回中国访日的法律工作者代表团和歌舞团。《人民日报》发表多篇社论，揭露岸信介内阁的本质和日本垄断集团潜在的军国主义野心；如果岸信介政府继续敌视中国人民，阻挠中日两国正常关系的恢复，中日来往全面中断的责任，应该全部由岸信介政府来负。

1959 年，日本社会党委员长浅沼稻次郎、前首相石桥湛山和政界知名人士松村谦三相继访华。周恩来、陈毅和廖承志同他们会谈时强调：要改善中日关系，日本政府必须遵守政治三原则，也就是 1958 年 8 月廖承志向日方提出的三项条件：第一，日本政府不能敌视中国；第二，不能追随美国，搞“两个中国”的阴谋；第三，不要阻碍中日两国关系向正常化方向发展。

1960 年 6 月，岸信介内阁倒台，池田勇人内阁执政，中日关系出现转机。同年 8 月，日中贸易促进会专务理事铃木一雄来华访问。周恩来说：过去中日双方曾经搞过民间团体协定，想通过民间协定来发展中日贸易，经过岸信介政府这一时期，证明这种做法行不通；我们提出贸易三原则：一、政府协定；二、民间合同；三、个别照顾；政府之间的贸易协定总要在两国政府向着友好方向发展，并且建立起正常关系的情况下才能签订；关于两国政府的关系，还是坚持过去我们说过的政治三原则。

对日贸易三原则，得到日本经济界欢迎。中国方面一方面继续同日本各友好公司打交道，以支持日本中、小企业和进步友好人士；另一方面也同日本的大企业做买卖，购买中国经济建设所需要的设备。政界交往也多了。

1962 年 9 月，中国领导人同来访的松村谦三等人谈话中，强调政治和经济不可分割。松村谦三强调采取积累的方式，从扩大贸易入手，逐步改善两国的政治关系。周恩来提出，两国的政治关系、经济关系平行发展，用渐进、积累的方式既发展经济关系，又发展政治关系。11 月，由廖承志代表中国、高碕达之助代表日本签订了备忘录及有关文件，规定从 1963 年至 1967 年作为第一个五年安排，平均每年进出口交易总额为 3600 万英镑（实则 7200 万英镑）。

1964 年 4 月，在日本设立“廖承志办事处驻东京联络事务所”，在中国设立“高碕办事处驻北京联络事务所”，双方负责保护对方人员安全。中日通过商谈，重新缔结从 1958 年中断了的中日民间渔业协定。

但是，佐藤内阁上台后，追随美国反华，参与制造“两个中国”阴谋，破坏中日关系，复活日本军国主义，威胁中国。

中国和缅甸两国有两千公里的共同边界。由于英国对缅甸殖民统治时期，在中缅边界上制造长期纠纷，两国的边界问题悬而未决。

新中国成立后，帝国主义经常挑拨中缅关系。1955 年底，中缅边防部队在黄果园发生过一次边界冲突。1956 年 11 月，缅甸总理、反法西斯人民自由同盟主席吴努应邀来北京同中国政府商谈。中国根据和平外交政策和对中缅边界调查研究的结果，向缅甸提出了一揽子解决中缅边界问题的原则性建议，得到了对方的友好响应。

中缅之间有三段边界存在着悬而未决问题：

第一段，阿佤山区，即所谓“一九四一年线”。英国为了造成既成事实，于 1934 年初，派遣军队进攻佤族班洪部落和班老部落所管辖的地区，遭到了当地佤族人民的英勇抵抗，这就是有名的“班洪事件”。1941 年，英国乘中国在抗日战争危急时期，以封闭滇缅公路作为压力，6 月，用换文的方式，同国民党政府在阿佤山区划定了一条对它片面有利的边界线。由于不久发生了太平洋战争，该线没有勘界和树立界桩。1956 年，中缅双方进行商谈时，中方坦率地指出，“一九四一年线”是国民党政府在英国压力下同意的。中方从两国关系大局出发，愿在对该线做部分调整的基础上，同意在阿佤地区基本按该线划界。中方还表示，1952 年由于追缴国民党残余部队而进入“一九四一年线”以西地区的中国军队，将全部撤出。

第二段，南畹河和瑞丽江汇合处的勐卯三角地区，又名南畹三角地区，面积约 220 平方公里。这个地区是中国的领土，过去英国在条约中也明文承认。但是在 1897 年英国以所谓永久租借的名义，取得了这块领土的管辖权。缅甸独立后，继承了对这个地区的“永租”关系。中方指出，由缅甸继续对中国的一块领土保持这种“永租”关系，同中缅当前的平等友好关系是不相称的；考虑到缅甸有公路通过这个地区，中国愿意同缅甸商定废除这个“永租”关系的具体步骤。

第三段，是尖高山以北的一段边界，过去一直没有划定。英国曾在这个地区不断制造纠纷，借机扩大它的殖民领域。1911 年初，英国武装侵占片马地区，制造“片马事件”，激起中国人民极大义愤。后来，英国被迫承认片马、岗房和古浪三处各寨属于中国，但是却毫无道理地继续侵占这个地区。中方认为，片马、岗房和古浪应该还给中国。缅方表示，中国要求收回片马等 3 个地方是有法律根据的，缅甸根本不应该要这 3 个地方。

缅甸国家领导人吴努认为，中国的建议是照顾双方利益的公平合理的建议。吴努同中国领导人会谈后发表的公报中宣布，中缅两国政府取得谅解。从1956年11月底到1956年底，中国军队撤出“一九四一年线”以西地区，缅甸军队撤出片马等3个地区。双方如期执行这一协议。

1960年1月，缅甸总理奈温应邀访华，同周恩来签订中缅边界协定，同时签订《中缅友好和互不侵犯条约》。同年10月1日，正式签订了《中缅边界条约》。10月2日，周恩来在首都各界人民庆祝中缅边界条约签订大会上指出：“中缅边界条约的签订，全面地彻底地解决了几十年来中缅两国人民一直渴望解决的复杂问题，使长达两千公里的中缅边界，成为和平友好的边界，这不仅使中缅边境的居民能够得到安宁和幸福，而且有利于中缅两国人民的和平建设和友好合作。中缅边界条约是中缅两国友好关系进一步发展的里程碑，是亚洲各国人民友好相处的光辉榜样，是亚洲各国之间解决边界问题和其他争端的良好范例。”①

根据第10条规定，经过双方联合勘察、立桩。1961年10月13日，两国签订中缅边界议定书。

中国同尼泊尔正式建交后，于1956年9月20日签订了中尼保持友好关系以及中国西藏地方和尼泊尔之间通商和交通的协定。

在和平共处五项原则精神指导下，两国友好关系不断发展，但两国之间1400多公里的边界从未划定。

1960年3月，尼泊尔首相柯伊拉腊访问中国，两国政府首脑就中尼边界会谈。中尼边界绝大部分是雪山，虽未正式划定，但争议不多。双方地图的划法极为接近，基本反映了传统习惯线和当前实际控制线。

周恩来表示，中尼两国是友好国家，边界问题的解决有很好的基础。周恩来对如何解决两国边界提出三项原则建议：一、以传统习惯线和双方实际管辖为基础，这就是说肯定现状；二、个别争议，个别调整，按地图办事；三、希望这次能解决争议，签订一个边界问题协定，以后再正式签订一个边界条约，双方要互相保证边界条约签订前维持现状，互不侵犯，即使这次有些争议未解决，也要互相作这样的保证。

此后，中尼两国划定边界的具体活动顺利进行。关于双方地图上出入较大的珠穆朗玛峰的归属问题，双方作了友好合理的处理。

周恩来说：“这个峰在全世界是有名的，它不仅涉及中国的民族感情，我们也应该照顾到尼泊尔的民族感情，它是一个民族精神的象征。……中国同意尼泊尔的地图，把珠峰画在边界线上，使这个峰成为双方共有，山峰的北半部属中国，山峰

---

① 《人民日报》，1960年10月3日。

的南半部属尼泊尔。”①

1960 年 3 月 21 日，中尼两国签订了边界协定。

1961 年秋，尼泊尔国王马亨德拉访问中国，双方就珠穆朗玛峰问题达成协议。

中国新疆同巴基斯坦“实际控制区”接壤线全长近 600 公里，历史上未定界。巴基斯坦“实际控制区”是指 1947 年巴基斯坦和印度分别独立后，印巴双方并未协议解决其归属的克什米尔在巴基斯坦控制下的那部分。中国和巴基斯坦对边界线的划法有出入，但争议地区不大。问题的复杂性在于，与中国接壤的巴基斯坦控制区涉及印度同巴基斯坦之间有争议的克什米尔。

中国政府一贯立场是，关于克什米尔的争议，应由印巴两国通过和平谈判解决，中国既不介入，也不偏袒任何一方。

1962 年 10 月，中巴两国就边界开始会谈。同年 12 月达成协议：全线基本按照传统习惯线，即沿穆斯塔格—喀喇昆仑山脉的岭脊定界；乔格里峰援引中尼珠穆朗玛峰的先例，划定为边界山峰。

1963 年 3 月 2 日，中国外交部部长陈毅和巴基斯坦外交部部长布托分别代表中国和巴基斯坦政府在北京签订《中巴两国政府关于中国新疆和巴基斯坦实际控制其防务的地区之间的边界问题的协定》。

针对印度对中巴关于边界问题谈判的干预，中方指出，中巴两国是主权国家，有关双方正在进行的边界谈判，绝不允许第三者干涉。

陈毅在协定签订后发表讲话：“中国和巴基斯坦签订边界协定，对于克什米尔归属未定的特殊情况，作了必要的和适当的照顾。我们这样做，既有利于确保中巴边境的安谧，加强中巴友好和亚非团结，也有利于巴印两国解决它们之间的争端。我国愿意同巴基斯坦友好，也愿意看到巴基斯坦同印度友好，我们这种态度是光明磊落的，也是始终一贯的。”②

在中巴边界条约签订的同一天，中国外交部发表关于中国、阿富汗两国政府同意举行谈判并签订条约的“新闻公报”。中阿边界近 100 公里，双方都承认尚未定界，需要谈判解决。两国之间存在一条传统习惯线，位于帕米尔南部，同历史上的帕米尔问题密切相关，也牵连到中苏边界问题，因而有其复杂的一面。

1963 年 6 月 17 日至 8 月 1 日，中阿两国在喀布尔就正式划定两国之间的边界问题举行谈判。中阿都是帝国主义侵略政策的受害者，阿富汗是小国，愿意同中国和平共处，因此，中国在考虑上述情况后，决定按照双方实际管辖情况划界，对阿富汗加以必要的照顾，但声明这样做绝不涉及中苏边界问题。由于中国对阿富汗采

① 《当代中国外交》，中国社会科学出版社，1988 年版，第 149 页。

② 《人民日报》，1963 年 3 月 3 日。

取友好态度，中阿边界谈判进展十分顺利，8 月 1 日即达成协议，11 月 22 日，两国代表在北京签订《中阿边界条约》，并立即生效。

1955 年 4 月亚非会议后，亚非拉国家的民族独立运动有了进一步发展。

1956 年 1 月至 3 月，北非的苏丹、摩洛哥和突尼斯相继独立。

1956 年 7 月，埃及宣布将苏伊士运河收回。美、英、法三国宣称运河是国际水道，不承认埃及对运河公司实行国有的权利。10 月底，英、法两国纠集以色列公然发动对埃及的侵略战争。

1956 年 8 月，周恩来代表中国政府指出：埃及政府已经保证了运河的通航自由，如果英法对此还有怀疑，那就通过协商求得解决，任何武力干涉的行动一定要遭到亚非拉人民和全世界人民的反对，是一定要失败的。

9 月 20 日，周恩来在全国人大常委会会议上宣告：对任何侵犯埃及主权和对于埃及实行武装干涉的行动，中国人民都不能置若罔闻。

苏伊士运河战争爆发后，中国人民赠送埃及政府 2000 万瑞士法郎。

1958 年 7 月 14 日，伊拉克人民推翻了费萨尔王朝的统治，建立了共和国。对此，美国横加干预。艾森豪威尔 1957 年曾在一份宣言中称："我们是决心要维持西方在那一地区的权利的。在中东出现真空必须在俄国人进来之前由美国来填补。"①

1958 年 7 月 15 日，美国军队在黎巴嫩登陆，镇压黎巴嫩人民反对本国政府接受"艾森豪威尔主义"的斗争。7 月 17 日，英国派兵进入约旦首都安曼，准备对伊拉克进行武装干涉。

1958 年 7 月 16 日，中国政府发表声明，谴责美国的侵略行径，要求美国立即撤军。中国人民解放军从 1958 年 8 月 23 日开始对金门、马祖进行一个多月的炮击，迫使美国将准备用于中东的相当一部分武装力量从中东调到远东，使中东的紧张局势得到缓解。这是对中东人民反对美、英新老殖民主义斗争具有重大意义的支援。

阿尔及利亚爆发武装起义后，中国给予坚决支持。

1956 年 6 月，周恩来在全国人民代表大会上宣布：中国人民站在阿尔及利亚人民一边。

1958 年 4 月，周恩来对来访的阿尔及利亚民族解放阵线代表团说：中国人民愿意为阿尔及利亚人民的正义斗争提供军事援助。

1962 年，阿尔及利亚赢得独立后，中国又向其提供大量经济援助。

---

① 《艾森豪威尔回忆录——白宫岁月》（下），三联书店，1977 年版，第 200 页。

从1956年到1965年，10年间，特别是在1960年前后，中国迎来了第二次建交高潮。1955年底，同中国建交的有23个国家，到1965年底增加了一倍多。

新建交的国家中，除法国外，大部分是阿拉伯国家和非洲国家。

1956年5月16日，埃及政府正式撤销对台湾当局的承认。5月30日，中埃两国正式建立外交关系。

1956年8月，中国同叙利亚正式建立外交关系。

1956年9月，中国同北也门建交。

1958年伊拉克共和国的诞生和阿尔及利亚共和国临时政府成立后，中国迅速同这两个阿拉伯国家建立外交关系。

这个时期，中国先后同摩洛哥、苏丹、索马里、突尼斯、毛里塔尼亚和也门民主人民共和国建立外交关系。

1958年12月，戴高乐当选法兰西第五共和国第一任总统。法国外交政策发生变化：一是维护民族独立，拒绝屈从或依附于任何一个超级大国；二是决定政策和采取行动的自主性，强调“欧洲是欧洲人的欧洲”。顶住压力从阿尔及利亚殖民战争的泥潭中脱身；拒绝在美苏核垄断的部分禁止核武器试验条约上签字；退出北大西洋公约组织的军事一体化机构；积极发展同第三世界，特别是中国的关系。

1963年10月，法国前总理富尔应中国外交学会的邀请，对外称是以私人身份（实则受戴高乐总统委托）访问中国。毛泽东、刘少奇分别接见了他。周恩来、陈毅同他进行了6次谈判。

富尔说：戴高乐将军认为，像中法这样两个大国的领导人现在还不能进行会谈是不正常的；法国一开始没有承认中华人民共和国，保持同蒋介石的关系，因而产生了很多问题；现在如果中国愿意同法国建交，法国将不管别的国家意见，独立自主地作出决定。

周恩来赞赏法国独立自主的外交政策和放弃对阿尔及利亚的殖民统治，强调了中法之间的共同点，认为两国建交时机已经成熟。

1964年1月，毛泽东会见法国议会访华代表团时说：在我们之间有两个根本的共同点，一是不许有哪一个大国在我们头上拉屎拉尿，不管资本主义大国也好，社会主义大国也好，谁要控制我们，反对我们，我们是不允许的；二是两国在经济上和文化上加强来往。①

1964年1月27日，法国顶住美国的强烈抗议和台湾当局的乞求，发表中法两国建交联合公报。

1月28日，根据中法双方事先的协议，中国外交部就中法建交发表声明：“中

① 《当代中国外交》，中国社会科学出版社，1988年版，第188页。

华人民共和国政府是作为代表中国人民的唯一合法政府同法兰西共和国政府谈判并且达成两国建交协议的。按照国际惯例，承认一个国家的新政府，不言而喻地意味着不再承认被这个国家的人民所推翻的旧的统治集团。”

2 月 10 日，法国政府通知台湾当局，一俟北京外交人员到达巴黎，台湾外交代表机构就将失去其存在的理由。

1959 年 1 月 1 日，古巴人民反对美国支持的巴蒂斯塔独裁政权的斗争取得胜利，但立即面临着美国对古巴进行武装干涉的严重威胁。10 月 19 日，美国政府宣布对古巴实行海上封锁。

周恩来致电菲德尔·卡斯特罗，郑重声明：“如果必要，中国政府和中国人民将给予为独立自由而斗争的古巴人民一切必要的支援。”

1959 年 11 月，中古两国政府签订了经济合作协定，中国承诺从 1961 年到 1965 年给予古巴 2.4 亿卢布的无息贷款。

1961 年 4 月，美国组织的雇佣军在美国飞机和军舰掩护下入侵古巴的基隆滩。

中国政府予以谴责，中国各地纷纷举行群众示威和游行，声援古巴人民。

从 1957 年加纳独立到 20 世纪 60 年代末，有 30 多个撒哈拉以南的前殖民地国家获得独立。

1958 年 10 月，几内亚宣布独立，中国政府立即致电承认。第二年，两国正式建交。

1960 年，是非洲出现大批新独立国家、民族解放运动高涨的一年。中国人民为非洲的觉醒感到欢欣鼓舞，把非洲人民的胜利看做是自己的胜利。

毛泽东在接见拉丁美洲和非洲 14 个国家和地区的工会和妇女代表团时提出：“我们共同的敌人是美帝国主义，我们大家都是站在一条战线上，大家需要互相团结互相支持。”①

中国不但立即承认了这些非洲新独立的国家，而且很快先后同几内亚、加纳、马里、刚果（布）等国签订了友好条约和经济技术合作协定，加强彼此间在政治和经济上的互助合作关系。

由于中国政府采取主动工作、严肃而又灵活的方式，从 1959 年到 1964 年，先后同几内亚、加纳、马里、扎伊尔、坦桑尼亚、乌干达、肯尼亚、布隆迪、刚果（布）等撒哈拉以南的非洲国家建立外交关系。

1964 年 1 月 9 日，巴拿马人民在运河区升起巴拿马国旗，却遭到美国驻军的野蛮干涉。打死打伤多人。巴拿马全国掀起了抗议美军暴行的高潮。

① 《人民日报》，1960 年 5 月 4 日。

毛泽东为此指出："目前巴拿马人民正在英勇地进行的反对美国侵略、维护国家主权的斗争，是伟大的爱国斗争。中国人民坚决站在巴拿马人民的一边，完全支持他们反对美国侵略者、要求收回巴拿马运河区主权的正义行动。"[①]

六、调查研究

1960 年 11 月 3 日，《关于农村人民公社当前政策和紧急指示信》发出后，中共中央要求各地党委负责人和干部下到农村，落实各项规定。各地纷纷召开省、地、县三级或省、地两级干部会议。各省、市、自治区党委在最短的时间内传达到了各级干部和农民群众中。全国组织数万名干部到农村，向基层干部和群众原原本本、逐条逐段宣读和讲解。其中，东北三省在两个月内，就组织了 1.3 万名干部下乡，向 90%的社员进行了传达。

1960 年 11 月 30 日至 12 月 4 日，中共中央在杭州召开政治局扩大会议。毛泽东在谈到 1960 年计划时指出："要学习八大会议的经验，钢的指标为例，留了三年余地。现在，给三年补充计划要留一年的余地。……按实际办得到的，再留点余地，让各地、年度去超过。……计划的方法，要注意余地留得够，我看留得还要多点，不仅中央，地方也如此。"[②]

尽管钢铁指标没有压缩，通过这次会议，水利建设、开荒等指标还是得到了一定程度的收缩。

1960 年 12 月 24 日到 1961 年 1 月 13 日，中共中央在北京召开工作会议。毛泽东等中共领导和中央有关部门的负责人出席了会议。会议为中共八届九中全会作了准备。会议讨论开展农村整社运动问题。

参加汇报会的，除中央常委外，有彭真、谭震林、陈伯达、柯庆施、曾希圣、陶铸、王任重、宋任穷、欧阳钦、刘澜涛、张德生、李雪峰、乌兰夫、刘子厚、李井泉、廖志高。毛泽东听了 4 次汇报，一边听，一边插话。

12 月 23 日，会议前，毛泽东听取第一次汇报。毛泽东在插话中说：全国县、社、队的干部情况，30%是好的，50%是中间的，20%是坏的；在坏的中，有若干单位的领导权被人家拿去了；干部分为六类：第一类，五类分子，地主阶级复辟的，就是反革命；第二类，本来是好的，变坏了，被人家拉过去了，也是反革命；第三类，死官僚分子，死也不改，"共产风"一直刮，党的话不听，不能说是我们

① 《人民日报》，1964 年 1 月 13 日。
② 《毛泽东传（1949—1976）》，中央文献出版社，2003 年 12 月第 1 版，第 1029—1030 页。

的人，是敌人；第四类，情况不明，头脑不清，不知道什么是三级所有、队为基础，不知道什么是全民所有、集体所有、个人所有，不知道价值法则、按劳取酬、等价交换，就不知道什么是社会主义与共产主义，总之是糊涂人；第五类，知道一些，不甚清楚；第六类，头脑清楚，事情办得好，“共产风”很少或者没有；前三类属于敌我矛盾，后三类是好人；前三类在湖北占3%，问题严重的地区甚至占百分之几十；对于坏人，要夺权；有些是假共产党之名，行国民党之实；国民党统治那么久，土改只不过几个月，就搞得那么干净？国民党是好不容易消灭干净的；但大多数是好的，就是烂了的地方也是好人多；对于好人，要帮助他们，帮助他们弄清楚问题；对于前三种人，要由群众撤他们的职，不要只由上级去撤；河南信阳地区的光山县，把坏人撤了，群众不相信，后来开群众大会又撤一次，在有些地方，一定要发动群众，搞阶级斗争。

毛泽东强调：“一定要退赔。”

关于自留地，毛泽东希望多留一点，5%是否少了？7%怎么样？要大家议一下。

养猪问题，毛泽东重申，要实行公私并举、私养为主的方针。[①]

12月27日，毛泽东听第二次汇报。毛泽东肯定县、社、队干部90%基本上是好的，10%是坏的，包括打进来的、变质的和死官僚。关于死官僚主义分子，上次汇报时，毛泽东把他们列入敌人。这次改了，说他们同一、二类有所区别，是人民内部矛盾。

说到糊涂人，毛泽东讲了一个故事：楚庄王当皇帝，三年不管事；有一个大臣对楚庄王说，有一种鸟，三年不鸣，一鸣惊人，三年不飞，一飞冲天；楚庄王听了这话，觉悟了，开始振作起来；可见糊涂人也是可以振作起来的。

毛泽东说：庐山会议后，有些事情没有想到会是刮“共产风”，去年几个大办，如大办水利，大办交通，大办养猪，大搞商品生产基地，这些都是中央提出的，谁也没有想到他要一平二调，如果想到就不会那么办了；贵州省从农村调出来100万劳动力，这就是一平二调的“调”；北京大学500多名学生去修铁路，苦战20天，回来后又不休整，结果100多人发高烧，患浮肿病，后来下命令休息，病就好了；可见不要随便搞什么不断革命。

毛泽东肯定江苏省一个报告的提法：反“左”必出右，反右必出“左”；有右反右，有“左”反“左”；有什么反什么，有多少反多少。

毛泽东说：过去一搞就是几个大办；看来大办只能有一个，大办这个就不能大办那个；过去我们大办工业，现在要大办农业，由大办工业转到大办农业，工业发展速度要压低；大办社有经济，必然刮“共产风”；有些地方县合并得太大了，从

① 《毛泽东传（1949—1976）》，中央文献出版社，2003年12月第1版，第1106—1107页。

有利于抓好农业生产着眼，以小县制为好。

12 月 30 日，毛泽东听第三次汇报。

毛泽东提出：要提高粮食价格。他算了一笔账，提收购价不提销售价，每年差价只有 10 亿元，问题不大。毛泽东说："这样，可以解决一个很大的问题，就是工农业产品不等价的问题。我们很大一部分积累是来自农民，是不等价拿来的。"[①]

毛泽东说：县、社宁可把家业统统赔进去，破产也还要赔；因为我们剥夺了农民，这是马列主义完全不许可的，一定要坚决退赔，赔到什么东西都没有；不要怕公社没有东西，公社原来就没有东西，它不是白手起家，是"黑手"起家的；只有退赔光了，才能白手起家；大办县、社工业，大办食品基地，我们都同意过，几个大办一推行就成了一平二调；县、社干部不满意不要紧，我们得到了农民群众的满意，不痛一下就得不到教训；痛一下，才能懂得马克思主义的等价交换这个原则；退赔兑现了，干部作风才能转变；要由国家退赔一部分，由国家退赔的，不能让县、社退赔；现在看来，建设只能逐步搞，恐怕要搞半个世纪。

毛泽东说：刮"共产风"，中央是有责任的，各省委把中央的责任担起来了；大办水利、大办副食品基地、养猪等，我们有责任，这样才能总结经验。

毛泽东说：事实上有的地方的缺点，错误不是一个指头的问题，有的说两个指头，有的是三个指头，把问题查清楚了，有多少，讲多少。

毛泽东说：这几年说人家思想混乱，首先是我们自己思想混乱，一方面纠正"共产风"，纠正瞎指挥；另一方面，又来了几个大办，助长了"共产风"，不是矛盾吗？庐山会议时认为，"共产风"已经压下去了，右倾又压下去了，加上几个大办就解决问题了；原来估计 1960 年会好一些，但没有估计对；1960 年天灾更大了，人祸也来了，这人祸不是敌人造成的，而是我们自己造成的；今年一平二调比 1958 年还厉害，突出的是大办水利，大办工业，从农业上调劳动力过多；我跟外国人都讲过，我们搞经济工作没有经验，我们搞革命，搞阶级斗争有经验，搞建设没有经验；三年经验对我们有很大的帮助，要真正地好好总结三年经验，把这几年的经验总结起来，接受过来，就可以把消极因素转化为积极因素，信阳专区就是一个证明，争取明年形势好转是有条件的，有办法的。

毛泽东说：大家对明年要有精神准备，把富日子当穷日子过，当灾年过，这一条很重要。

陈云说：明年情况不一定比今年好，我以为要抓三条：一是做好精神准备、思想准备、工作准备；二是今冬无论是人还是牲畜，都要多休息，养精蓄锐，准备明年春耕；三是进口粮食，能进多少就进多少，我以为要"吃饭第一，建设第二"。

有人说：市场第二，建设第三。

---

① 《毛泽东传（1949—1976）》，中央文献出版社，2003 年 12 月第 1 版，第 1110 页。

毛泽东总结说：第一是吃饭，第二是市场，第三是建设。

1960年12月31日晚上，中央政治局和书记处成员同与会人员在北京饭店聚餐。毛泽东特地嘱咐，请张平化、刘建勋、杨尚奎、叶飞、江华、江渭清、黄岩、陶鲁笳、黄火青、周林、阎红彦同他坐一桌。因为这几人没有参加汇报会，毛泽东想直接听听他们的意见。

1961年1月3日，中央工作会议继续进行。晚上，毛泽东听第四次汇报。由李富春汇报1961年国民经济计划。

李富春说：去年计划有四条经验：一是计划不全面，是工业交通计划，忽视了农业；二是计划指标偏高；三是权力下放偏多偏少；四是对计划的执行检查不够。

毛泽东说：不仅没有注意农业，而是挤了农业，工业战线过长，面过宽。

李富春汇报：1961年钢指标，开始想搞2150万吨，后来逐步下调，现在降到2000万吨。

毛泽东：是否搞那么多，能不能办得到？首先要保证农业，而后炼钢。

李富春：下午开了小组会，提出几种方案，第一方案1950万吨，第二方案1900万吨。

毛泽东：看来1900万吨比较稳妥，究竟搞多少，还要看煤、矿石、运输的情况，要很好地安排一下，否则还要吃去年的苦头，到第四季度扔开一切搞钢铁；我想今年仍然搞1870万吨，恐怕也难避免去年的苦头；听说还有一个方案，就是1800万吨。

王任重：是中南组叶剑英提的，搞1800万吨，提高质量，集中力量办农业。

毛泽东：我担心就是1870万吨，也可能出现去年的紧张情况；那样搞，实际上是个浪费，有几年了嘛，1959年就有点紧张，只是没有去年那么紧张；去年为什么那么紧张？就是因为由1350万吨一下子提到1870万吨。

刘少奇：看来，去年1840万吨后来又增加到2040万吨，是犯了错误的。

邓小平：再加上大兴水利，大调劳动力，就把农业挤了。

李富春：还有两个因素，一是基建搞多了，二是生产的面铺宽了，分散了力量。

彭真：这三年，生产资料增长了三倍，轻工业生活资料只增长一倍。

毛泽东：总之，今年就是要缩短重工业战线，延长农业轻工业战线。

刘少奇：指标搞低些，努力去超过。

毛泽东：这三年都是指标定高了，后来退下来；1958年北戴河会议后从9月开始大搞，1959年庐山会议整风反右以后又大搞，1960年又搞了一年；这三年大搞钢铁，挤了农业；因此，我怀疑就是1870万吨钢，是否也会紧张。

毛泽东问李富春：今年的方针是怎么提的？

李富春回答：是调整、巩固、充实、提高。

毛泽东又问：这个方针是什么意思？

李富春：调整就是调整各方面的关系，有调整、充实，才能巩固、提高。

毛泽东问：是四面八方了，你这个意思就是休整的意思，和部队在两个战役之间休整一样。

毛泽东又问大家："大跃进"的口号能不能在1961年提？

邓小平：今年元旦社论，没有提"大跃进"，提的是争取社会主义建设的新胜利。

许多人说："大跃进"，作为一段来算账，还是"大跃进"。

毛泽东：今年可能是就地踏步，休养生息。

毛泽东：陈伯达送来宝坻县一个生产队的材料，那个生产队经过整风，干部作风转变了，社员生产情绪提高了；生产增加了，只要他有余粮，还是要卖给国家的；现在整风是整顿那些坏的单位，最好摸一个有曲折发展过程的单位，如宝坻县那个生产队，刮过"共产风"，后来纠正了，生产又上去了。

李富春继续汇报到搞建设要集中力量打歼灭战时，毛泽东说：这句话说了好几遍了，就看灵不灵；要收回一些权力，把权力收到中央、中央局、省市区三级，下面收缩一下，这样就不会层层加码了。

陈云：我们不是讲共产主义风格吗？集中力量就上得快，不仅省市区要通盘考虑，中央局也要通盘考虑。

1961年1月9日，毛泽东听第五次汇报。

毛泽东要胡乔木起草的党政干部"三大纪律、八项注意"草案，向会议印发。

胡乔木开始起草的"三大纪律"：（一）有事同群众商量，永远同群众共甘苦；（二）重要问题事前请示，事后报告；（三）自己有错误要检讨纠正，别人做坏事要批评揭发。

毛泽东修改为：（一）一切从实际出发；（二）提高政治水平；（三）实行民主集中制。

"八项注意"，毛泽东改得更简单明了。每一项3个字、4个字、6个字，至多9个字：（一）同劳动；（二）同食堂；（三）说话和气；（四）买卖公平；（五）借东西要还；（六）坏了东西要赔；（七）没有调查研究就没有发言权；（八）工作要同群众商量。

会议经过讨论，同意"三大纪律"中毛泽东的第一、三条，将毛泽东的第二条改为"正确执行党的政策"。

"八项注意"改为：（一）同劳动同食堂；（二）待人和气；（三）办事公道；（四）买卖公平；（五）如实反映情况；（六）提高政治水平；（七）工作要同群众商量；（八）没有调查研究就没有发言权。

此文件，于1961年1月27日向全党印发。

刘子厚汇报河北省在整风整社中揭发出两个县的严重问题。毛泽东再次强调：在三类县、社、队不能依靠原来的干部，这些人是假共产党，真国民党，前年庐山会议，没有意识到有20%的县、社、队烂掉，被篡夺了领导权。

毛泽东提出：不要为假象所迷惑，河南1959年就说有450亿斤粮食，实际只有240亿斤，我们被这种假象弄得迷糊了；事物反映到我们脑子里，要加以分析，去伪存真，去粗取精，由表及里，由此及彼，抓住本质；我们还要透过现象看本质，不要被现象所迷惑，要反映真正的客观实际；这几年，我们在许多工作中缺乏一种谨慎的实事求是的态度，为某些现象所迷惑，值得我们注意；当然，我们的认识只能是大体上接近客观实际，力求缩小同客观实际的距离。

1961年1月13日，是会议最后一天。

毛泽东讲话说："这一次中央工作会议，开得比过去几次都要好一些，大家的头脑比较清醒一些。比如关于冷热结合这个问题，过去总是冷得不够，热得多了一点，这一次结合得比过去有进步，对问题有分析，情况比较摸底。当然，现在有许多情况，就中央和省市一级来说，还是不摸底。"

毛泽东说："我希望同志们回去之后，要搞调查研究，把小事撇开，用一部分时间，带几个助手，去调查研究一两个生产队、一两个公社。在城市要彻底调查一两个工厂、一两个城市人民公社。"

毛泽东说："去做调查，就是要使自己心里有底，没有底是不能行动的。了解情况，要用眼睛看，要用口问，要用手记。"

毛泽东说："这些年来，我们的同志调查研究工作不做了。要是不做调查研究工作，只凭想象和估计办事，我们的工作就没有基础。所以，请同志们回去后大兴调查研究之风，一切从实际出发，没有把握就不要下决心。"

毛泽东说：调查研究极为重要；我们讲情况明，决心大，方法对，要有这三条；第一条情况明，这是一切工作的基础，情况不明，一切无从下手，因此要摸清情况，要做调查研究；第二条决心大；第三条方法对，方法就是措施、办法，实现方针、政策要有一套方法。①

毛泽东说："抗日战争时期，解放战争时期，我们做调查研究比较认真一些，注意从实际出发，实事求是。通过调查研究，情况明了来下决心，决心就大，方法也就对。……郑州会议的方针政策是对的，只有一条不对，就是不要算账。郑州会议是3月初开完的，有浙江的经验，有麻城的经验，到了4月上海会议就搞了18

① 中央文献研究室：《毛泽东关于领导方法和工作方法的论述》，《党的文献》，2013年第5期，第22—23页。

条，决定旧账坚决要算。我写的那个批语还早嘛。那两个月我动笔批的文字有两万字以上，打笔墨官司没有多少用，两万字也好，再加一倍也好，不起作用。底下县、社、队封锁，你有什么办法。我们省、地两级没有像现在这么一致的认识。有个同志讲，郑州会议是压服的，不是说服的。那也是了，那个时候认识上有个距离。”

毛泽东说：“要缩短基本建设战线，缩短工业战线，缩短重工业战线。除了煤炭、木材、矿山、铁道等，别的都要缩短。特别是要缩短基本建设战线，……瘸痢头就让他瘸痢头。”

毛泽东：“现在看来，搞社会主义建设不要那么十分急。十分急了办不成事，越急就越办不成，不如缓一点，波浪式地向前发展。这同人走路一样，走一阵要休息一下。”

毛泽东说：“今天看了一条消息，说西德去年搞了 3400 万吨钢，英国去年钢产量是 2400 万吨，法国前年搞了 1600 万吨，去年是 1700 万吨。他们都是搞了很多年才达到的。我看我们搞几年慢腾腾的，然后再说。今年、明年、后年搞扎实一点，不要图虚名而招实祸。我们要做巩固工作，提高产品质量，增加品种、规格，提高管理水平，提高劳动生产率。”

毛泽东说：“总之，我们对国内情况还是不太明，决心也不大，方法也不那么对。我们要分批摸各省、市、自治区的底，27 个地方分开来摸，每一个省，每一个市，每一个自治区又按地、县、公社分头去摸。今年搞一个实事求是年好不好？……我们党是有实事求是传统的，就是把马列主义的普遍真理同中国的实际相结合。但是建国以来，特别是最近几年，我们对实际情况不大摸底了，大概是官做大了。我这个人就是官做大了，我从前在江西那样的调查研究，现在就做很少了。今年要做一点，这个会开完，我想去一个地方，做点调查研究工作。不然，对实际情况就不摸底。”

毛泽东说：“现在我们看出了一个方向，就是同志们要把实事求是的精神恢复起来。”

1961 年 1 月 14 日至 18 日，中共八届九中全会在北京举行，中央委员（83 人）、候补中央委员（87 人）170 人出席，中央、地方负责人 23 人列席。会议听取了李富春《关于一九六零年国民经济计划执行情况和一九六一年国民经济计划主要指标的报告》。

1960 年重工业总产值比上年增长了 25.9%，其中钢产量达到 1866 万吨，比上年增加 479 万吨；全国基本建设投资总额达到 388.7 亿元，比上年增加 39 亿元（基建投资在国民收入中的比重达 31%）；农业总产值比大幅度下降的 1959 年又下降 12.6%，主要农产品比上年大幅度减产，其中粮食减产 530 亿斤（1958 年粮食产量 4000 亿斤、1959 年 3400 亿斤、1960 年 2870 亿斤），棉花减少 1292 万担，油料减产 52.7%，生猪头数减少 32%；轻工业总产值比上年下降了 9.8%，棉布、棉纱、食糖、卷烟等主要轻工业生产严重萎缩；国家财政出现赤字 81.8 亿元（1958 至 1960 年 3 年赤字达 170 亿元）；货币发行过多，1960 年的市场货币流通量比 1957 年增加了 80%，商品零售价格上涨。

1960 年的职工人数增至 5000 多万人，工资总额增加了 100 多亿元，社会购买力增加，市场商品供应量没有相应地增加，因而市场供应十分紧张。从 1960 年第二季度开始，许多大城市的粮食库存挖空，各地普遍缺粮缺布，全国被迫压低口粮标准，实行“低标准”、“瓜菜代”，减少民用棉花的供应定量。全民营养不良，体质下降，造成大量非正常死亡。1959 年全国人口增加 1113 万，净增率为 10.19‰；1960 年人口减少 1100 万，净增率为－4.57‰（1961 年继续减少 348 万，净增率为－3.78‰）。

中共八届九中全会正式通过了“调整、巩固、充实、准备”的八字方针，通过了《关于农村整风整社和若干政策问题的讨论纪要》。会议强调贯彻执行以农业为主的方针，全党全民集中力量加强农业战线，大办粮食，适当缩短基建战线和降低重工业发展速度。

会议完全赞同兄弟党莫斯科会议的声明。

会议批准了 1960 年 9 月中央政治局关于成立 6 个中央局[①]的决定，各中央局代表中央加强对各省、市、自治区党委的领导。

全会结束时，毛泽东再一次就调查研究发表讲话：希望今年这一年，1961 年，成为一个调查年，大兴调查研究之风；调查，要在实际中去调查，在实践中才能认识事物。[②]

1961 年 1 月 20 日，中共中央正式发出《中央工作会议关于农村整风整社和若干政策问题的讨论纪要》。要求，以贯彻执行中央十二条紧急指示为纲，在全国范围内分期分批地进行整风整社，首先是集中力量整顿三类社，进行民主革命补课；依靠上面派出的工作团，通过扎根串联，挑选一批贫下中农积极分子，吸收原来组织中好的和比较好的干部参加，组成贫农下中农委员会，主持整风整社，并代行社队管理委员会的职权，管理生产和生活；一类和二类社队的整顿，主要依靠原有组织力量，上面派工作组帮助干部整风整社；中央要求，县和县以上各级部门，也必须彻底整风。

八届九中全会后，为了制定贯彻执行“八字方针”的具体政策，中共中央领导人和各中央局、各省市委的主要领导深入基层调查研究。

---

① 中央任命陶铸为中南局第一书记，宋任穷为东北局第一书记，李井泉为西南局第一书记，刘澜涛为西北局第一书记，李雪峰为华北局第一书记，柯庆施为华东局第一书记。

② 《毛泽东传（1949—1976）》，中央文献出版社，2003 年 12 月第 1 版，第 1117 页。

会议一结束，毛泽东立即组织3个调查组，分别由他的秘书田家英、胡乔木、陈伯达率领，赴浙江、湖南、广东农村进行调查。毛泽东要求他们每个调查组以10天至15天为期，各调查一个情况最好和一个情况最坏的生产队。3个调查组向毛泽东提供了大量具体的、有重要参考价值的第一手材料。

1961年1月25日晚上，毛泽东离开北京南下，经天津、济南、南京、上海、杭州、南昌、长沙，于2月13日到达广州。

毛泽东路过天津、济南、南京时，在专列上先后听取河北、山东、江苏三省党委负责人关于贯彻中央工作会议、八届九中全会精神的汇报，包括调查研究、整风整社、人民生活、轻工业生产和市场问题。这些都是毛泽东最关心的。

毛泽东再三强调调查研究的重要。他说："今年这一年要大兴调查研究之风，没有调查研究是相当危险的。……水是浑的，有没有鱼不知道。要大兴调查研究之风，要把浮夸、官僚主义、不摸底这些东西彻底克服掉。过去几年不大讲调查研究了，是损失。不根据调查研究来制定方针、政策是不可靠的，很危险。心中也无数，数字也许知道，实际情况并不知道。……成绩、缺点要两面听，两点论嘛。成绩、缺点、正面、反面、光明面、黑暗面，已经认识了的世界和未被认识的世界等等，一万年也是这样。"

三个省都汇报到一些县、社、队的领导已经烂掉了。毛泽东指出：这是反革命分子复辟，死官僚主义分子是他们的直接同盟军，糊涂人是他们间接的同盟军；"马克思主义基本原则是为人民服务，否则是国民党作风。对群众没有感情，对贫农下中农没有感情，不顾群众死活，不了解情况，不听群众的话，也不听上边的话，这种人不能领导工作。"

谈到干部，毛泽东总是讲浙江省的一个例子。这个省只有一个县委书记能把三级所有制、按劳分配、价值法则、等价交换说清楚。所以，他反复强调要开办训练班，对干部进行教育。毛泽东说：我们搞民主革命是有精神准备、舆论准备的；我们对搞社会主义、搞社会主义的经济建设准备、舆论准备是非常不够的，对社会主义如何搞法、社会主义经济建设如何搞法，缺乏研究。①

1961年2月6日，毛泽东到达杭州，听取了浙江、湖南省委负责人和当地调查组汇报。

田家英带领一个调查组已经在浙江做了一个星期的调查，他们分别去了一个最好的生产队和最坏的生产队，都住在农民家里。田家英住在最坏的生产队，位于杭嘉湖平原鱼米之乡的嘉兴县。田家英向毛泽东汇报这个生产队主要有三个问题：第

① 《毛泽东传（1949—1976）》，中央文献出版社，2003年12月第1版，第1121页。

一，“五风”严重，粮食生产大幅度减产，水稻亩产由常年的400多斤下降到291斤；第二，生产队规模太大，共辖11个小队；第三，社员对公共食堂普遍不满，不愿意在食堂吃饭，食堂实际上是造饭工厂，不做菜，社员把饭打回去，还得热一次。

毛泽东在驻地汪庄听完汇报后，同江华、霍士廉、林乎加、李丰平说：县、社规模太大，大了搞不好，管不起来，几年来并县、并社，都是从上面方便着想的，不是从群众要求，从生产有利出发的，一个生产队管不了这么多，太大了；浙江有600个公社，一分为二，1200个就好办了；田家英调查的那个队，有几十里宽，这里的农民不知道那里的农民搞些什么事情，这怎么行呢？在一个基本核算单位里，有富的、中的、贫的，这就有问题，群众就不满意；小队就是过去的初级社，把小队改成生产队，把生产队改成大队，使原来的小队变成生产单位和消费单位。①

公共食堂，是毛泽东这次出行要了解的重要问题之一。在浙江和湖南两省，毛泽东听到两种意见。在浙江，毛泽东了解到社员对公共食堂的不满，毛泽东说：“食堂划小为好，几户人家办一个，大了恐怕对生产不利。要多样化，有长期食堂，有农忙食堂，也有自己烧饭。办食堂一定要适合群众的要求。总而言之，不论办什么事一定要适合情况，适合情况就能增产，适合情况了群众就高兴。”②

2月8日，毛泽东再次同浙江省负责人谈话，江华、林乎加、薛驹（浙江省委副秘书长）、田家英参加。

关于退赔。毛泽东讲：“谁决定的，谁负责赔。问题是中央、省、地、县四级有没有决心。单是中央和省有决心还不行，地、县没有决心就搞不好。地、县有了决心，即使有些公社、生产队没有搞好，也是时间问题。要使他们真正懂得共产主义和社会主义的区别，全民所有制和集体所有制的区别，等价交换，不能剥夺农民。我们只讲过剥夺地主，哪里讲过剥夺农民。”江华说：这种思想是反动的。毛泽东加重语气：“是的，是最反动的，不是建设社会主义，而是破坏社会主义。”③

林乎加谈到瞎指挥有些是从省里下去的。毛泽东说：“也有从北京下去的。1959年10月开了一次农业书记会议，搞了一套文件，没有批准就发了。我对谭震林同志说，3年不要开农业书记会议。春耕生产指示，一年一个，形式主义，谁人去看，农民要饿肚子，他不懂得要耕要种？”④

林乎加讲到自留地问题，毛泽东说：“归根到底，只能是一个道理，还要给农民自留地，而且要把为什么反复交代清楚，农民不相信，你变得太多了嘛！……再

---

① 《毛泽东传》一书第1129页写道：从能查到的文献来看，中共领导层，包括负责农村工作的在内，没有哪一个人像毛泽东这样重视生产小队的地位和权力；毛泽东的目光，总是盯在农业生产的最基层。

② 《毛泽东传（1949—1976）》，中央文献出版社，2003年12月第1版，第1123页。

③ 《毛泽东传（1949—1976）》，中央文献出版社，2003年12月第1版，第1123—1124页。

④ 《毛泽东传（1949—1976）》，中央文献出版社，2003年12月第1版，第1124页。

搞下去，就是你们所说的饿、病、逃、荒、死。”

毛泽东谈到生产队规模过大：“现在这样口粮拉平分配，工分拉平分配，这是破坏农民的积极性。……基本原则是要增产，做到不饿、不病、不逃、不荒、不死。当然有正常的死，人也难免要生点病，主要的问题是饿不饿的问题。”

毛泽东说：“三类队不完全是敌人，有的是坏人当道；有的是‘五风’严重，加上‘三风’（贪污、浪费、官僚主义）、贪污多占等等；有的是能力太弱，糊里糊涂。要按情况办事。”

毛泽东讲：“从中国历史来看，孙中山领导民主革命，推翻了帝制，但是民主革命没有成功。当时是立宪还是共和，是改良还是革命，有 6 年的争论。因为那时是资产阶级领导的，不彻底，跟着就失败了。以后国民党在苏联的帮助下，在中国共产党的帮助下，组织了北伐。北伐一半，蒋介石占了南京，翻了脸，以后就失败了。我们搞了 10 年国内革命战争，批判了陈独秀的右倾机会主义路线，又来了三次‘左’倾机会主义路线，南方根据地完全垮掉。如果不垮得那么彻底，还不会认识那么深刻。1927 年的失败和南方根据地的丢失，经过这两次失败，总结了经验，使抗日战争的路线比较正确。1942 年，1943 年，1944 年，还有 1945 年半年，我们把主要干部集中到延安，先整风，后开七大，这才为团结、统一和以后的胜利创造了条件。孙中山领导的民主革命，我们领导的民主革命，有充分的舆论准备。……民主革命经过了长期艰苦的道路，从鸦片战争算起，到 1949 年，有 109 年，中间犯了许多错误，到七大才一致起来。转入社会主义革命，很多人没有精神准备，很多人不是为社会主义而参加我们队伍的。有些人为了个人目的，为了发财，分土地，为了逃命，逃命的人不一定都是共产主义者。总是要变的，现在正在变化，到了一定时期又要变化。像细胞分裂一样，不断变化。要抓紧干部的教育，使他们懂得什么是共产主义，什么是社会主义。全民所有制、集体所有制，这都是社会主义性质的。自留地是个人所有制的尾巴，并不危险。不懂得社会主义革命和社会主义建设这些道理，就会死人的。今年、明年两年，要搞好一点，事情就好办了。”①

2 月 9 日，毛泽东乘专列离开杭州南下。

2 月 10 日，毛泽东在江西向塘铁路支线的专列上，听江西省委主要负责人杨尚奎、邵式平、方志纯、刘俊秀汇报。

毛泽东说：江西的公社和生产队的规模也都太大了，一个公社可以划分为两个或三个，以乡为单位，一乡一社；现在看来，只有四川一个省按中央的政策办事，他们的公社都是以乡为单位；河南一直想搞大的，公社也想搞大的，基本核算单位也想搞大的；公社一律以原来的乡为单位，凡是以原来的区为单位的，给他一个不

① 《毛泽东传（1949—1976）》，中央文献出版社，2003 年 12 月第 1 版，第 1125—1126 页。

合法。

关于食堂，毛泽东说：比如没有结婚的单身汉，结婚没有孩子的，他就愿意吃常年食堂，就办常年食堂；有孩子的人，农忙时愿意吃食堂，农闲时愿意在家里自己做饭吃，就办农忙食堂；还有一部分不愿意在食堂吃的，那就满足他，可以不参加食堂。①

2月11日，在长沙附近的铁路支线专列上，毛泽东与湖南省委负责人张平化、胡继宗、周礼和湖南调查组的胡乔木谈话。

毛泽东说：第一书记都要作调查研究，做一些思想工作，如果第一书记忙不过来，就抽出那么一个书记来做；总而言之，要有心里闲一点的人，不要每天忙于事务；究竟是队为基础好，还是下放到小队为基础好，有人提出这样的疑问；因为现在队底下管的小队多，而小队就是过去的初级社；有三种方案：一种方案就是现在的这种方案，队为基础，比较大的队平均三四百户；这种方案在一些地方是否适宜还值得研究，这么大，从东到西，从南到北，老百姓自己不清楚；小队里边又分三种情况，比较富的，比较自保的，比较穷的，统一分配，结果就是吃饭拉平，工分拉平；第二个方案，就是把现在这个队划成三个队，使经济水平大体相同的小队组成一个基本核算单位，不要肥的搭瘦的；肥瘦搭配，事实上是搞平均主义；山区还要小，只要几十户，二三十户、三四十户一个生产队；生产队的权力必须增加，就是过去的初级社。

毛泽东要胡乔木继续调查，准备3月上旬或3月10日到广州集中。②

1961年2月12日，在停靠长沙附近的专列上，毛泽东再次听取张平化与胡乔木汇报。主要谈公社体制问题。

在湖南，调查组和省委负责人倾向肯定食堂，说群众还是比较满意的。毛泽东没有明确表示肯定，而是反复询问，提出疑问，他说："既然社、队有一、二、三类，难道食堂就没有三类的？"③

毛泽东几次提出以生产小队为基本核算单位，但他不直接说是他的意见。毛泽东有意地启发对方。但是，无论是浙江和湖南，都没有人作出反应。④

2月12日晚，毛泽东在长沙与湖南省委和调查组谈话结束后，前往广州。2月15日，在广州过春节。春节一过，毛泽东通知三个调查组组长各带一名助手去广州。22日，三个调查组在广州会合。

2月19日，毛泽东听取陈伯达汇报情况。

---

① 《毛泽东传（1949—1976）》，中央文献出版社，2003年12月第1版，第1126—1127页。
② 《一九六一年的全党调查研究》，中央文献出版社，《党的文献》，2013年第3期，第19页。
③ 《〈中国共产党历史〉第二卷（1949—1978）》，中共党史出版社，2011年1月第1版，第578页。
④ 《毛泽东传（1949—1976）》，中央文献出版社，2003年12月第1版，第1129页。

陈伯达送上《广东农村人民公社几个生产队调查纪要》："现在有的生产大队把富村和穷村勉强地合在一起，作为一个基本核算单位，原来收入较多的社员意见很多，可以根据不同的经济条件、自然条件和群众意见，划分为不同的基本核算单位。……公社各级的关系，在解决了自上而下的刮'共产风'问题以后，似乎应当注意更适当地解决队与队之间、社员与社员之间在分配问题上的某些平均主义。"①

广东调查组的这个意见，受到毛泽东重视。

春节一过，毛泽东通知三个调查组组长各带一名助手去广州。22 日，三个调查组在广州会合。

2 月 25 日，毛泽东召集陶铸、陈伯达、胡乔木、廖鲁言等开会，讨论起草农村人民公社工作条例的草案（同时，刘少奇、周恩来、陈云、邓小平、彭真在北京召集东北、华北、西北 3 地区的中央局和省、市、自治区党委负责人会议）。

毛泽东重申了他的主张："如果社、队划小以后，大队与大队之间的平均主义解决了，现在还存在两种平均主义没有解决，一个是小队与小队之间的平均主义，一个是个人与个人之间的平均主义。"②

毛泽东说：我要把小队的名字去掉，公社就是三级，公社、大队、队。

陈伯达带领的广东调查组得知毛泽东谈话内容后，表示同意把生产小队一律改为生产队，生产队一律改称生产大队。

1961 年 3 月 5 日，毛泽东在广州小岛招待所主持召开中共中央政治局常委扩大会议，出席会议的有周恩来、朱德、林彪、邓小平、彭真、陈伯达、胡乔木、陶铸。由周恩来汇报工业生产和市场供应等情况。毛泽东着重谈了人民公社体制问题。

会议一开始，毛泽东讲话说："在庐山会议之前，我们对情况的了解还是比较清楚的，但在庐山会议之后就不大清楚了。因为庐山会议之后一反右，有人讲真实话，讲困难，讲存在的问题，讲客观实际情况等等，都被认为是右的东西。结果造成一种空气，不敢讲真实情况了。相反就产生了另外一种情绪，不讲实际了，例如河南本来粮食产量只有 240 亿斤，他们说有 400 多亿斤，这些都是反右反出来的。右是要反的，也不得不反，不反，对我们工作就不利。庐山会议是要反右的，但是接着就在群众中反右，这就坏了。郑州会议的召开，是为了反'左'。凡是贯彻郑州会议比较彻底的省，工作就比较实一些。从 3 月到 6 月只反了 4 个月的'左'，如果继续反下去，那就好了。谁知道彭德怀在中间插了一手，我们就反右。右是应该反的，反右是正确的。但是带来一个高估产、高征购、高分配。这个教训值得我们吸取，这件事也教育了我们，反'左'中间插了一个反右，在群众中间一

① 《一九六一年的全党调查研究》，《党的文献》，2013 年第 3 期，第 19 页。
② 《毛泽东传（1949—1976）》，中央文献出版社，2003 年 12 月第 1 版，第 1133 页。

反，结果就反出一个浮夸风。庐山会议反右这股风把我们原来的反‘左’割断了。……看来12条下去以后，现在我们比较摸底了，粮食产量也落实了。去年北戴河会议以后，各省都注意安排生活了，那时就提出低标准、瓜菜代的方针。可是有些省就抓迟了，如安徽就抓迟了，山东就抓迟了，河南就抓迟了，甘肃就更抓得迟了，结果问题就多。这些省都抓得太晚了，对自己本省的问题就估计不足。……反革命复辟、掌权，这也是一个经验教训。……还有几千万人搞工业，是个大问题。”①

周恩来接着汇报钢、煤生产情况和市场供应问题。毛泽东突然转到食堂问题。毛泽东对钢的生产，只问了一句，他的兴奋和关切早已转到农业、人民公社问题上。

毛泽东说：“我的家乡湘潭，原来是21个都。以前对那个都还嫌大，分成了上七都、下七都。如果一个都一个公社，也要21个公社，但现在只有13个公社。你们看，河南只有1200个公社，湖北只有600个公社，都太大了。总而言之，要适合群众的要求，要反映群众合情合理的要求，食堂也是一样。”

毛泽东说：“过去我们老是要数字，什么东西种了多少，产了多少，今天积了多少肥，明天又搞些什么，天天统计，天天上报，统计也统计不及。横直就是这样，你瞎指挥，我就乱报，结果就浮夸起来了，一点也不实在。包括我们中央发的文件在内，也是那样。今后不要搞那么多文件，要适当压缩。不要想在一个文件里什么问题都讲。为了全面，什么问题都讲，结果就是不解决问题。不要批文件过多，过去我也是热心家，也批了许多文件。我就批了贵州关于食堂问题的那个文件，结果对各省影响很大。又比如，每年到春耕时，中央就要发指示，国务院就要发命令，今年不搞了好不好？我说这都是多余的。”②

1961年3月7日，毛泽东与湖北赶来参加会议的王任重谈话。毛泽东说：“参加食堂也是要大家愿意。如果不愿意就搞农忙食堂，不吃食堂的也可以让他在家里吃。……我们办食堂这个制度是肯定了的。”王任重说：“食堂不办不行，肯定还是要办，因为妇女要参加劳动，还有一部分贫农确实要吃食堂。但有一部分中农也确实不愿意吃食堂，因为不如家里吃得好。”毛泽东说：“城市里头吃食堂的人才占40%，农村有20%的人吃食堂就行了。”王任重说：“河南他们还是肯定吃食堂，现在就是一个烧柴问题。好多人去拾柴供应食堂，结果没有多少劳动力去搞生产。有的拆房子烧，有的拆桥烧，有的甚至把修好了的水闸拆了当柴烧。”毛泽东说：“那就非得改变不可。”③

---

① 《毛泽东传（1949—1976）》，中央文献出版社，2003年12月第1版，第1134—1135页。
② 《毛泽东传（1949—1976）》，中央文献出版社，2003年12月第1版，第1136—1137页。
③ 《毛泽东传（1949—1976）》，中央文献出版社，2003年12月第1版，第1137页。

毛泽东告诉王任重：要搞一个公社工作条例，“十二条解决了一些问题，就是不具体，并没有规定生产队这一级管些什么事，生产大队这一级管些什么事，公社这一级管些什么事”。

毛泽东问王任重：“你看有什么办法保证不瞎指挥?”王任重说：“瞎指挥主要是公社和县这两级，来源是省、地两级。有的是属于错误的指挥；有的属于一般是对的、但对个别地方是不对的，到了县、社就分不清了，结果就瞎指挥了。比如我们旱地改水地，总的说是对的，但执行中不是因地制宜，统一布置任务，就瞎指挥起来。”毛泽东说：“你们省、地这一套就不要再搞了。你们吃了旱地改水田的亏，浙江吃了连作稻的亏，心是好心，想多打粮食，但不因地制宜，瞎指挥，结果减产就很厉害。”

根据毛泽东的意见，从1961年3月11日开始，刘少奇主持东北、华北、西北3个地区的大区和省、市、自治区负责人，在北京开会（“三北会议”）；毛泽东主持中南、西南、华东3个地区的大区和省、市、自治区负责人在广州开会（“三南会议”）。讨论人民公社体制问题。

会议第一天，毛泽东将他的《调查工作》一文印发，并写了说明：“这是一篇老文章，是为了反对当时红军中的教条主义思想而写的。那时没有用‘教条主义’这个名称，我们叫它做‘本本主义’。写作时间大约在1930年春季，已经30年不见了。1961年1月，忽然从中央革命博物馆里找到，而中央革命博物馆是从福建龙岩地委找到的。看来还有些用处，印若干份供同志们参考。”

3月13日，毛泽东主持“三南会议”时说：“这次会议要解决两个很重要的问题：一是生产队与生产队之间的平均主义；一是生产队内部人与人之间的平均主义。这两个问题不解决好，就没有可能充分地调动群众的积极性。”

毛泽东说：“有些食堂难以为继。广东有个大队总支书记说，办食堂有4大坏处：一是破坏山林，二是浪费劳力，三是没有肉吃（因为家庭不能养猪），四是不利于生产。前三条都是讲的不利于生产，第四个是个总结。这个同志提出的问题值得注意。这些问题不解决，食堂非散伙不可。”①

毛泽东说：要做系统的由历史到现状的调查研究；省委第一书记要亲自做调查研究，我也是第一书记，我只抓第一书记；其他的书记也要做调查研究，由你们负责去抓；只要省、地、县、社4级党委的第一书记都做调查研究，事情就好办了；做领导工作的人要依靠自己亲身的调查研究去解决问题；过去这几年我们犯错误，首先是因为情况不明，情况不明，政策就不正确，决心就不大，方法也不对头；最近几年吃情况不明的亏很大，付出的代价很大；大家做官了，不做调查研究了。

① 《毛泽东传（1949—1976）》，中央文献出版社，2003年12月第1版，第1139—1141页。

参加“三北会议”的邓小平和周恩来提出，鉴于两地开会，口径不一，北京又得不到毛泽东指示，建议双方合开为好。毛泽东同意，两会合开，地点在广州。1961年3月14日，在北京的4位中央常委和其他与会人员，分乘两架专机，抵达广州。

当天晚上，在广东省委驻地，召开中央政治局常委扩大会议，有各中央局主要负责人参加。毛泽东讲话：“队与队之间的平均主义，队里边人与人之间的平均主义，从开始搞农业社会主义改造，搞集体化、搞公社化以来，就没有解决的。现在这个条例，就是要解决平均主义问题。……穷富队拉平的问题，现在已经证明，对富队不好，对穷队也不好。必须对生产大队下面的生产小队，区别对待。小队里头人与人之间的平均主义，也就是劳动力多的与劳动力少的社员之间的矛盾。因为实行粮食供给制，劳动力少的户跟劳动力多的户吃粮都一样，他横直有的吃，所以就不积极。而劳动力多的户，他们想，反正吃粮都一样，我干也是白费了，所以他也不积极了。”

刘少奇接着说：“群众对多产多购少吃，很有意见。他丰产了，可以多购，但也要多吃。如果少产了，那就少购少吃，这个他倒没有意见。国家应该采取奖励的政策。按劳分配问题，不但要表现在工资问题上，而且要表现在实物上。国家、公社、生产大队、生产队和个人，一定要贯彻按劳分配的原则。”

毛泽东举了浙江嘉兴县的例子，说明应当实行多产多吃的道理。嘉兴，是一个著名的产粮县，但是农民多产不能多吃，结果成了少产少吃了，所以粮食严重减产。他说：今后高产的地方农民一定要多吃。

毛泽东确定这次会议讨论三个问题：公社体制、条例、粮食。周恩来补充了商业和对外贸易问题。

从1961年3月15日开始，两会合一，重新编组讨论。关于食堂、供给制问题，意见很不一致。毛泽东印发了“主张以生产小队为基本核算单位”的几个材料，想引起会议注意，但是议的结果，都不赞成。

3月19日中午，毛泽东同陈伯达、胡乔木、廖鲁言、田家英谈话说：“这个条例怎么样？没有危险吗？农业问题抓得晚了一些。这次会议一定决心解决问题。第二次郑州会议，问题解决得不彻底，只开了3天会，而且是一批一批地开，开会的方法也有问题。庐山会议本应继续解决郑州会议没有解决的问题，中间来了一个插曲，反右，其实应该反‘左’。1960年上海会议对农村问题也提了一下，但主要讨论国际问题。北戴河会议也主要是解决国际问题。‘十二条’起了很大作用，但是只解决了‘调’的问题，没有解决‘平’的问题。12月中央工作会议，只零星地解决了一些问题。农村问题，在1959年即已发生，庐山会议反右，使问题加重，

1960 年更严重。饿死人，到 1960 年夏天才反映到中央。”[①]

广州会议期间，田家英将安徽省一个关于包产到户的材料递给毛泽东，并含泪写了一封信：“寡妇们在无可奈何的情况下，只好互助求生，她们说：‘如果实行包产到户，不带我们的话，要给一头牛，一张犁，8 个寡妇互助，爬也爬到田里去，’看到这些，令人酸鼻。工作是我们做坏的，在困难的时候，又要实行什么包产到户，把一些生活没有依靠的群众丢开不管，作为共产党人来说，我认为，良心上是问不过去的。……依靠集体经济克服困难，发展生产，是我们不能动摇的方向。”信中说，为了总结经验，包产到户作为一种试验是可以的，但是不能普遍推广。

毛泽东立即将这份材料连同田家英的信批给政治局常委和几位大区书记传阅。

1961 年 3 月 21 日，工作条例改出第三稿，印发会议。

3 月 22 日，会议通过了《农村人民公社工作条例（草案）》，共计 10 章，合计 60 条，称为“六十条”。此草案主要是为针对和为解决以下问题而定：①分配上，生产队与生产队之间、社员与社员之间存在着程度不同的平均主义现象；②公社的规模在许多地方偏大；③公社对生产大队、生产大队对生产队一般管得太多太死；④公社各级的民主制度不够健全；⑤党委包办代替公社各级行政的现象相当严重。

同日，中共中央向全国农村党支部和人民公社全体社员，发出《关于讨论农村人民公社工作条例草案给全党同志的信》。中共中央将这个条例发给全国农村党支部和人民公社全体社员讨论。随信印发了毛泽东 1930 年的《关于调查工作》一文。中央要求县级以上党委的领导成员，首先是书记，要认真学习毛泽东注重调查研究的思想方法和工作方法，把深入基层，亲身进行系统的典型调查，当做领导工作的任务；“一切从实际出发，不调查就没有发言权”，要成为全党干部思想和行动的首要准则。

3 月 23 日，毛泽东在闭幕会上讲话，他从《调查工作》说起：“这篇文章是最近找出来的。别的文章丢了，我不伤心，也不记得了，这两篇文章（《反对本本主义》和《调查工作》）我总是记得的。忽然找出一篇来了，我是高兴的。……这里头包含一个破除迷信的问题。那个时候不管三七二十一，只要是上级的东西就认为是好的。比如党的第六次代表大会的决议，那个东西你拿来如何实现呢？你如果不搞些具体措施，是很难实现的。不要说第六次代表大会的决议有部分是原则性错误，即使都是正确的，没有具体措施，没有调查研究，也不可能实现。现在我们中央搞的文件，如果没有具体措施也是不可能实现的。要有正确的措施，就要做调查研究工作。”

---

① 《毛泽东传（1949—1976）》，中央文献出版社，2003 年 12 月第 1 版，第 1143—1145 页。

毛泽东说："我们大部分人，包括我自己在内，都是调查研究不够。建国后这11年我做过两次调查，一次是为合作化的问题，……还有一次是关于十大关系问题"。

毛泽东说：现在全党对情况比较摸底了，但是不要满足；"我的经验历来如此，凡是忧愁没有办法的时候，就去调查研究，一经调查研究，办法就出来了，问题就解决了。打仗也是这样，凡是没有办法的时候，就去调查研究。在第二次反'围剿'时候，兵少觉得很不好办，开头不了解情况，每天忧愁。我跟彭德怀两个人到白云山上跑了一天，察看地形，看了很多地方。我对彭德怀说，红一军团的四军、三军打正面，打两路，你的红三军团全部打包抄，敌人一定会垮下去。如果不去看呢？就每天忧愁，就不知如何打法。调查研究就会有办法，大家回去试试看"。

毛泽东说："这几年出现的高指标等问题，总的责任当然是我负，因为我是主席。我的责任在什么地方呢？为什么到现在才提倡调查工作呢？为什么早不提倡呢？而且我自己也没有下去，搞一个公社、一个工厂的调查。为补过起见，现在我来提倡一下。今年我在中央工作会议上讲过一次，九中全会上又讲了一次，这次会议还得讲一次，不然又说我没有讲。有些问题得当面交代一下。……民主革命阶段，要进行调查研究，社会主义革命和社会主义建设阶段，还是要进行调查研究，一万年还是要进行调查研究工作。这个方法是可取的。"

毛泽东还说："这篇文章还提出这么一个观点，就是说，正确的策略只能从实践经验中产生，只能来源于调查研究。……马克思、恩格斯提出的那些原理原则是经过调查得出的结论。如果没有伦敦图书馆，马克思就写不出《资本论》。列宁的《帝国主义论》，现在印出来是一本薄薄的本子，他研究的原始材料，比这本书不知厚多少倍。列宁的哲学著作《唯物主义和经验批判主义》，是他用好几年时间研究哲学史才写出来的。列宁写这本书是为了批判当时的唯心主义造神派的'经验批判主义'。我那篇文章批评社会科学研究专从书本子里面讨生活是危险的。因为那个时候我们正是失败的时候，1927年大革命失败后，一些知识分子倒退了，蜕化了，变到资产阶级方面去了。他们专从书本里讨生活，不到工人、农民、社会中去调查，不到群众中去调查，不在斗争中逐步深入调查研究。没有那些胜利和那些失败，不经过第五次反'围剿'的失败，不经过万里长征，我那个《中国革命战争的战略问题》小册子也不可能写出来。因为要写这本书，倒是逼着我研究了一下资产阶级的军事学。有人讲我的兵法靠两本书，一本是《三国演义》，一本是《孙子兵法》。《三国演义》我是看过的，《孙子兵法》当时我就没有看过。……那时打仗，形势那么紧张，谁还管得什么孙子兵法，什么战斗条令，统统都忘记了的。打仗的时候要估计敌我形势，很快作出决策，哪个还去记起那些书呢？你们有些人不是学四大教程吗？每次打仗都是用四大教程吗？如果那样就完全是教条主义嘛！我不是反对理论，马克思主义的原理原则非有不可，我这篇文章里头也讲了的。要把马克思主义当作工具看待，没有什么神秘，因为它合用，别的工具不合用。资产阶级的唯物主义不合用，只有马克思的唯物主义，就是辩证唯物主义，运用到社会问题上成为历史唯物主义，才合用。马克思创立了许多学说，如党的学说、民族学说、阶级斗争学说、无产阶级专政学说、文学艺术理论等等，也都应当当作合用的工具来看待。”①

同日，会议闭幕。那天，通过了经毛泽东修改审定的中共中央《关于认真进行调查工作问题给中央局，各省、市、区党委的一封信》，信中说：“在调查的时候，不要怕听言之有物的不同意见，更不要怕实际检验推翻了已经作出的判断和决定”，要求县级以上党委领导人员，首先是第一书记，把深入基层，亲身进行有系统的典型调查，每年一定要有几次，当作领导工作的首要任务，并且要定出制度，造成风气。②

广州会议结束后，毛泽东等陶铸和陈伯达从番禺大石公社回来，听取群众对“六十条”的意见。1961 年 3 月 29 日，毛泽东听完汇报后的第二天离开广州乘专列北上，准备到长沙再听湖南省委负责人和湖南调查组的意见。此时，正是广东插秧季节，毛泽东在火车上细心观看铁路两旁农民插秧情况，他发现插秧太密，便派工作人员下车去问农民，农民们反映还是赞成 6 寸乘 6 寸的密度（而当地领导认为这样太保守）。毛泽东说，瞎指挥有许多出自领导生产的部门，他们既没有实际生产经验，也不懂现代农业科学知识。③

3 月 31 日，毛泽东在停靠于长沙附近的专列上，听取张平化汇报。张平化说：在讨论“六十条”时，群众最关心、议论最多的是食堂和供给制、“三包一奖”问题，对奖励粮食很感兴趣。毛泽东说：“粮食是群众生产的，还叫什么奖呢？群众多生产的就可以多归他们，还能拿自己的东西奖自己，可以不叫奖。”

毛泽东说：“六十条”拿到小队，拿到群众中，拿到有经验的农民中去宣读；宣读后会有更多的意见；这只是一个草案，还要让群众提意见，还要修改，还要补充，切记不要当成一种命令去贯彻；讨论以后加以修改，再拿到群众中去试行，修改后也不能作为正式文件。

4 月 1 日，毛泽东赶到武昌会见外国客人。7 天后，于 4 月 8 日回到长沙。

1961 年 4 月 9 日，在长沙专列上，毛泽东先后同张平化、胡乔木谈话。

毛泽东说：愿意参加食堂的是少数人，食堂的确存在问题，用工太多，浪费劳动力，浪费柴火，破坏森林，还有浪费粮食，再一个就是社员不能养猪；得两头搞，一头搞食堂，一头是家里开伙。

---

① 《毛泽东文集》第八卷，人民出版社，1999 年 6 月第 1 版，第 256—264 页。

② 《毛泽东传（1949—1976）》，中央文献出版社，2003 年 12 月第 1 版，第 1148 页。

③ 《毛泽东传（1949—1976）》，中央文献出版社，2003 年 12 月第 1 版，第 1149—1150 页。

毛泽东说：基本原则是两条：一个是各尽所能，按劳付酬；一个是价值法则，等价交换；将来所谓公，靠什么呢？靠积累，现在就困难了，现在公社就不要搞积累，恐怕两年、三年之内，新的公社就不要搞积累；万万不能再平调。

胡乔木刚从韶山大队调查回来，他向毛泽东汇报："看起来群众最关心的有3个问题：第一，超产奖励问题；第二，分配制度问题；第三，食堂问题。食堂问题在目前特别突出。干部很敏感，群众也很敏感，一谈就是食堂。原来我在长沙看到的情况，是食堂搞得好的。同时还有这么个原因，就是过去省委一贯强调这个东西，干部不敢议论这个问题，群众也不敢议论，所以就没有发现怀疑的言论了。这回'六十条'这么一说，好些大队反映，说念这一条的时候，群众最欣赏的是末了一句：'可以不办'。我们在韶山大队为着先试探一下，找3个小队长和这3个小队的一部分社员，一起座谈'六十条'里面的主要问题。座谈会一开始，就对食堂展开了非常尖锐的争论。双方都举出理由，针锋相对。"

胡乔木说："我原来对于食堂还是比较热心的，经过几次辩论以后，觉得他们提出不办食堂的理由是有道理的，是对的，应该考虑。……家里吃饭，多一点少一点，他就是量体裁衣了；而吃食堂呢，有那么多定额，反正要吃掉，吃掉了还觉得不够，吃得不好。……根据韶山公社5个大队的统计，89个食堂，已经散掉50个，讨论'六十条'以后，估计还要继续散。……人民日报写过社论，也说公共食堂万岁。我觉得，第一，现在解散有利；第二，现在可以解散。……我们倾向于快一点解决为好。虽然有些困难，分过了之后，群众还是会陆陆续续自己去解决的。……食堂问题也跟分配问题连在一起，如果把食堂问题解决了，分配问题也就解决了。……现在由小队分配，恐怕还有点困难。因为大队可以超越小队范围组织一些生产、组织一些收入，这一部分收入是为小队服务的，作用很大。搞得好的，都是靠大队这方面的收入来补充小队。"

毛泽东在听张平化、胡乔木汇报的时候，讲话不多，主要是听，提问题，听得很仔细。对他们的汇报以及湖南的工作，没有提出什么批评性意见。他敏锐地察觉到湖南工作有些问题，但他没有丝毫流露。①

1961年4月11日，毛泽东致信汪东兴，要他打电话给湖北的王任重、王延春到湖南住三五天，帮助湖南解决一些问题。毛泽东说："去冬10月至今，整个半年，'五风'没有普整，相当多的地区，政权还没有从敌人手上夺过来。见事迟，抓得慢，以致春耕大忙临近，在许多地区党还没有取得主动权。"

4月14日，胡乔木给毛泽东写了一封信，并附有4份材料，最显眼的是关于公共食堂的调查报告："在韶山公社干部和社员讨论'六十条'的时候，我们遇到

---

① 《毛泽东传（1949—1976）》，中央文献出版社，2003年12月第1版，第1153—1156页。

的最突出问题，就是公共食堂问题。从群众反映看来，大多数食堂目前实际上已经成了发展生产的障碍，成了党群关系中的一个疙瘩。因此，我们认为，这个问题愈早解决愈好。”报告列举了公共食堂种种问题之后说：“在这种情况下，大多数食堂势在必散，而且散了并没有损失，反而对整个工作有利。”①

这是毛泽东收到的第一个主张立即解散公共食堂的正式报告。4 月 15 日，毛泽东把胡乔木的来信及 4 个附件批给张平化，请他印发湖南三级干部会议，予以讨论。

4 月 16 日晚上，毛泽东召集刘少奇、陶铸、胡乔木、王任重开会。会上，谈到食堂问题，大家都认为这是脱离群众、最不得人心的一件事，办了公共食堂妨碍了生产的发展，对于救灾非常不利。

4 月 18 日，毛泽东离开长沙，经南昌到达杭州。与浙江调查组全体人员住在一起。

4 月 25 日，毛泽东致信在杭州的邓小平：

“请你起草一个召开中央工作会议的通知，各中央局，各省、市、自治区党委的负责同志于 5 月 15 日到达北京，农村人民公社工作条例起草委员会的委员们（列举名单，照广州原样）则于 5 月 9 日到达北京。此次会议的任务是继续广州会议尚未完成的工作：收集农民和干部的意见，修改工作条例和继续整‘五风’，不讨论工业和城市整风问题，或者只在会议末尾略为讨论一下，这个问题留待 7 月会议上去讨论。为此，到会各同志，应利用目前这一段时间，对农村中的若干关键问题（食堂问题，粮食问题，供给制问题，自留山问题，山林分级管理问题，耕牛、农具大队有好还是小队有好问题，一、二类县、社、队全面整风和坚决退赔问题，反对恩赐观点、坚决走群众路线问题，向群众请教、大兴调查研究之风问题，恢复手工业问题，恢复供销合作社问题）进行重点调查，下 10 天至 15 天苦功夫，向群众寻求真理，以便 5 月会议能比较彻底地完成上述任务。此通知，请你找田家英同志合作起草。今天晚上我们谈好，明天用电报发出，是为至盼。”②

当晚，毛泽东在刘庄召集周恩来、邓小平、田家英等开会，讨论 5 月中央工作会议通知稿。还决定浙江调查组在嵊县就毛泽东给邓小平信中提出的那些问题进行为期 10 天的调查。

邓小平根据毛泽东的意见，以中共中央名义将胡乔木的信及 4 个附件转发各中央局，各省、市、自治区党委，作为研究和解决食堂和有关问题的参考。文件副标题为“胡乔木同志关于公共食堂问题的调查材料”。

4 月 26 日，邓小平在北京主持召开中共中央书记处会议，传达毛泽东关于召开工作会议讨论修改“六十条”等问题的意见。邓小平说：主席说，看来“六十

① 《毛泽东传（1949—1976）》，中央文献出版社，2003 年 12 月第 1 版，第 1157 页。

② 《毛泽东传（1949—1976）》，中央文献出版社，2003 年 12 月第 1 版，第 1158 页。

条”有些写法不当，需要修改，主要问题是：（一）所有制不落实，耕畜归大队好，还是归小队好？（二）食堂问题很突出，这个问题一不摸底，二受骗，过去把食堂提得很高，说是社会主义的心脏，如果群众不满意，今年不垮明年垮；（三）分配问题，供给制多种多样，有个别维持的，多数是站不住，主席到湖南、浙江，发现“十二条”没彻底解决，退赔不彻底，他很着急，感到工作不深入，没有群众路线，政策上农民吃亏，主席意思，要把农业这一项抓稳，这方面搞不好，影响工业。

中央和各省、市、自治区负责人收到会议通知，纷纷到农村作调查。

1961年4月1日至5月15日，刘少奇带工作组到湖南长沙县和宁乡县；4月下旬至5月中旬，周恩来到河北邯郸地区；3月29日至5月5日，朱德到四川成都、宜宾、自贡、内江及陕西、河南、河北；4月和5月上旬，邓小平、彭真直接领导5个调查组在北京市的顺义、怀柔，分别对农村进行了调查。

1961年4月，刘少奇要回老家的消息传出。他的家乡——湖南省宁乡县花明楼小学一个12岁的男学生萧伏良想起这两年“五风”猖獗，干部打人，群众受苦，便在电线杆子上写下了“打倒刘少奇”5个字。当地干部、群众发现后，有的主张要萧伏良写检讨，有的主张开除他的学籍，交公安部门处理。刘少奇回到家乡后，公安干部向他汇报了这件事。刘少奇说：“五风”厉害，老百姓缺吃少穿，对党有意见；我是国家主席，当然有责任；小孩子对这种艰苦生活有牢骚，听说我回来，写标语要打倒我，这也难怪；我看不要开除这小孩子的学籍；小孩子写一条标语，不算什么反革命，不要给他什么处分；他要打倒我，我并没倒嘛！①

刘少奇是在王光美的陪同下回湖南的。他的调查目的有三：①了解中央实行的政策是否正确，如公社的粮食政策、供给制、公共食堂等；②已实行的政策够不够，出现了什么新情况；③根据发现的新问题，提出相应的解决办法。

刘少奇在家乡一面找亲友、熟人了解人民公社和社员生活、生产情况，一面召开座谈会广泛深入地听取群众意见。

5月7日，刘少奇在宁乡县花明楼公社炭子冲大队调查时，同当地的农民和基层干部说：食堂情况，以前我们也不清楚，讲食堂有优越性，可以节省劳动力，解放妇女等；下来一看，不是那么一回事，食堂没有优越性，不节省劳动力，不节省烧柴；这样的食堂要散，勉强维持下去没有好处，已经很浪费了几年了，不能再浪费下去（1961年6月，中共中央决定停办公共食堂）。②

刘少奇还提出了生产要实行责任制，贯彻按劳分配的原则。刘少奇告诫大家要吸取“大跃进”的教训，在任何时候、任何情况下都不允许剥夺农民，要子子孙

① 《党史博采》，1989年第9期。

② 《刘少奇选集》下卷，人民出版社，1985年12月第1版，第329页。

孙、世世代代吸取这个教训。

刘少奇鼓励基层干部要关心群众，相信群众，依靠群众，把各项工作做好。

刘少奇以一个普通劳动者的身份在农村住了 32 个日日夜夜，获得了大量的第一手资料。在和乡亲们道别时，他不住地说：我工作做得不好，对不起你们，这次回来，看到这里工作搞成这个样子，中央有责任，要向你们承认错误。

周恩来在河北省邯郸地区调查期间，同公社、大队、生产队的干部和社员群众谈了话，开了座谈会，了解到许多真实情况。5 月 7 日，周恩来向时在上海的毛泽东通报了四个问题，即：食堂问题、供给制问题、评工记分问题、恢复社员的体力和恢复畜力问题。他说：绝大多数甚至全体社员，包括妇女和单身汉在内，都愿意回家做饭；我正在一个食堂搞试点，解决如何把食堂散好和如何安排好社员回家吃饭的问题；社员不赞成供给制，社员群众迫切要求恢复到高级社时评工记分的办法。[①]

周恩来还汇报：邯郸地区旱灾严重，看来麦子产量很低，甚至有的颗粒无收。毛泽东立即将周恩来的电话汇报记录转发各中央局，各省、市、区党委。[②]

朱德在八届九中全会一结束就离开北京，先后到上海、浙江、福建、江西、广东等省市调查。对一些实行经营管理的“四包一奖”（包产量、产值、工分、成本，超产奖励）制并获得农民欢迎的情况，予以肯定，并及时向中央和毛泽东报告。除了解农村和农业情况，朱德还到城市、工厂调查研究。在考察广东外贸后，他指出，这几年我们对兄弟国家的贸易做得比较多，对资本主义国家的贸易做得比较少，今后对资本主义国家的贸易额要增加一些。朱德说，港、澳是自由港，离我们又近，是我们对资本主义国家出口的一个很好阵地，我们应该抓住。朱德还派身边工作人员到北京郊区和武汉、广州等地，调查了解贯彻“手工业三十五条”情况，并将调查材料转送中央。

1961 年 5 月 9 日，朱德就公共食堂、手工业和自由市场等问题，给毛泽东写了一封信，信中说：陕西群众反映食堂有五不好，即——社员吃不够标准、浪费劳力、浪费时间、下雨天吃饭不方便、一年到头吃糊涂面。[③]

1961 年 6 月 27 日至 7 月 11 日，陈云到上海市青浦县小蒸人民公社作了 15 天调查。他到农民家里走访，了解社员种自留地、住房、吃饭等情况。尔后他给邓小平写信说：农民对我们党有赞扬，也有批评，他们的意见和情绪，概括有四——一

---

① 《周恩来选集》下卷，人民出版社，1984 年 11 月第 1 版，第 315 页。

② 《毛泽东传（1949—1976）》，中央文献出版社，2003 年 12 月第 1 版，第 1159 页。

③ 《朱德选集》，人民出版社，1983 年 8 月第 1 版，第 374 页。

是粮食吃不饱；二是基层干部不顾实际、瞎吹高指标，参加劳动少，生活特殊化；三是干部在生产中瞎指挥，不向群众进行自我批评；四是没有把集体生产组织好，农民的积极性差，相反对自留地，副业生产积极性高。①

邓小平和彭真在4月和5月上旬，领导5个调查组在北京顺义、怀柔两县调查。1961年5月10日，他们向中央和毛泽东写出调查报告："从一个多月调查的情况看，贯彻执行'十二条'、'六十条'指示后，农民群众的生产积极性已有很大提高。但是，要进一步全面调动农民积极性，对于供给制，粮食征购和余粮分配，三包一奖、评工记分，食堂，所有制等问题的措施，还需加以改进，有些政策要加以端正。"

1961年5月初，毛泽东收到陈正人从四川简阳县一个公社写来的信。5月6日，毛泽东在上海，复信给李井泉和陈正人，并借复信机会，再次催促各中央局，各省、市、自治区党委第一书记到农村去做调查。信中说："四川省委李井泉同志，并转简阳平泉公社陈正人同志：陈正人同志5月1日给我的信收到，很高兴。再去简阳做一星期，最好是两星期的调查，极为有益。井泉同志：你为什么不给我写信呢？我渴望你的信。你去调查了没有？中央列举一批调查题目，是4月25日通知你们的。5月4日又发了一个通知，将会期推迟到5月20日，以便有充分调查研究的时间，将那批问题搞深搞透，到北京会议时，比起广州会议来，能够大进一步。我在这里还有一个要求，要求各中央局，各省、市、区党委第一书记同志，请你们在这半个月内，下苦功去农村认真做一回调查研究工作，并和我随时通信。信随便写，不拘形迹。这半个月希望得到你们一封信。如果你们发善心，给我写信，我准给你们写回信。此信并告中央。你们来信，用保密电话直达我的住地及火车上，勿误为要。"②

5月8日，毛泽东收到胡乔木的来信，报告最近调查情况：（一）食堂问题，韶山公社食堂已由原有的112个减为6个，其中5个不久都将不办，对于在短短的3天时间内基本解决全公社食堂问题，群众反应热烈的程度难以想象，有的甚至说这是"第二次解放"，预计最近即可在湖南全省范围内解决；（二）商业问题，湖南省委已决定原韶山的5个公社作成立供销社的试点；（三）手工业问题，中南各省委都决定，恢复手工业合作社；（四）城市居民食堂问题，我们在湘潭市调查发现，这类食堂实际上是强迫参加的，问题的严重程度不小于农村；（五）国营工厂企业参加和领导城市人民公社问题，势必增加人员，分散精力，实在困难，而且对附近农村的生产也往往带来不良后果；（六）城市工商业和城市整风方面，有很多重大

① 《陈云文选》第三卷，人民出版社，1995年5月第2版，第170—171页。
② 《毛泽东文集》第八卷，人民出版社，1999年6月第1版，第270—271页。

方针问题，迫切要求解决，对此需要进行专门深入的调查。

5月9日晨3时，毛泽东将胡乔木来信转发各中央局，各省、市、自治区党委。下午4时复信胡乔木："你的来信收到，很有用，已经发各中央局，各省、市、区党委参考。你继续在湘鄂两省就那几个问题进行调查，很有必要。5月15日返京的计划，还可以改为5月20日到京。"①

5月14日，毛泽东在天津对中共湖南省委第一书记张平化的一封信的批示说："一切问题都要和群众商量，然后共同决定，作为政策贯彻执行。各级党委，不许不作调查研究工作。绝对禁止党委少数人不作调查，不同群众商量，关在房子里，作出害死人的主观主义的所谓政策。"②

1961年5月21日至6月12日，中共中央在北京召开工作会议。会议前期就毛泽东提出的调查研究、群众路线、退赔、平反与处分等四个问题进行讨论。

会议将农业"六十条"草案进行了修改：将原草案规定的公共食堂"应该积极办好"修改为"生产队办不办食堂，完全由社员讨论决定"；口粮分配办法改为"不论办不办食堂，都应该分配到户，由社员自己支配"；社员劳动收入改为"按劳动工分进行分配"。草案增加了：生产大队应该把大部分山林，固定包给生产队经营；把小片的零星的山林和路旁的林木，分别划给生产队和社员所有。

会议讨论通过了《关于改进商业工作的若干规定（试行草案）》（商业40条）和《关于城乡手工业若干政策问题的规定（试行草案）》（手工业35条）。

5月31日，陈云作"一项关系全局的重要工作"③的讲话，指出：要解决摆在我们面前的粮食紧张问题，一是继续调整党在农村的基本政策，二是工业要大力支援农业，三是进口粮食，四是动员城市人口下乡，减少城市粮食的销量；第一条是根本的，第二、三条有时间和数量限制，第四条则是必不可少的，我们非采取不可。

会议规定在1960年底1.29亿城镇人口的基础上，3年内要减少城市人口2000万以上，1961年要减少1000万。

会议决定调整1961年的钢产量要由计划指标1800万吨降为1100万吨。

5月31日，刘少奇在会上讲话说：造成目前困难，从全国的范围来讲，大多数地方的主要原因是我们工作中间的缺点错误。④

会议期间的1961年5月28日，毛泽东收到田家英报送的戚本禹5月12日写

① 《毛泽东传（1949—1976）》，中央文献出版社，2003年12月第1版，第1160页。

② 《毛泽东文集》第八卷，人民出版社，1999年6月第1版，第272页。

③ 《陈云文选》第三卷，人民出版社，1995年5月第2版，第160—169页《动员城市人口下乡》。

④ 《刘少奇选集》下卷，人民出版社，1985年12月第1版，第335—341页《当前经济困难的原因及其克服的办法》。

的材料《关于“调查研究”的调查》。田家英在信中说：秘书室工作人员戚本禹，去年6月下放到长辛店机车车辆厂参加劳动，最近他寄了一份材料给我，反映一些机关、学校人员到工厂作调查的情况；这个材料提出了一些在大兴调查研究之风中间值得注意的问题。

戚本禹的材料说，他们利用业余时间摸了一下各级领导机关到长辛店机车车辆厂做调查研究工作的情况，认为在二十几个调查组的工作中，比较普遍存在着“10多10少”问题。

毛泽东为戚本禹的材料拟了一个题目《调查研究成灾的一例》，批示说：

“此件印发工作会议各同志。同时印发中央及国家机关各部门各党组。派调查组下去，无论城乡，无论人多人少，都应先有训练，讲明政策、态度和方法，不使调查达不到目的，引起基层同志反感，使调查这样一件好事，反而成了灾难。”

30日，毛泽东再次为这个材料批示：

“此件，请中央及国家机关各部门各党组，各中央局，各省、市、自治区党委，一直发到县、社两级党委，城市工厂、矿山、交通运输基层党委，财贸基层党委，文教基层党委，军队团级党委，予以讨论，引起他们注意，帮助下去调查的人们，增强10少，避免10多。如果还是如同下去长辛店铁道机车车辆制造工厂做调查的那些人们，实行官僚主义的老爷式的使人厌恶透顶的那种调查法，党委有权教育他们。死官僚不听话的，党委有权把他们轰走。同时，请将这个文件，作为训练调查组的教材之一。”

1961年5月29日，毛泽东阅读陈伯达于5月28日报送的由胡耀邦带领的中共中央机关和辽宁省委组织调查组5月5日写的调查材料之四《农村商业要办活一点》及陈伯达的附信。

陈伯达在附信中说：读了这个材料，觉得非常好，可以在商业工作问题上，引人深思；看来学会做生意，还是我们今天搞好工农关系和繁荣经济的一个极其重要的课题，因为我们许多人还没有学会；请主席考虑，此件可否发给中央工作会议各同志参考。

毛泽东批示：“印发工作会议各同志。我看了这个谈商业的文件，也觉得很好，可发到县、社两级讨论。”

1961年6月8日，毛泽东在中南海游泳池住处主持召开有各中共中央局第一书记参加的中央政治局常委扩大会议。谈到对于社会主义的认识问题，毛泽东说：

第一、第二次郑州会议，北戴河会议，我还是小学程度；到了广州会议和这次会议，才到了初中程度；搞社会主义革命、社会主义建设，不能急；在退赔问题上，第二次郑州会议讲不算旧账，到了上海会议就改正了；我是坚决主张退赔的，等价交换也是坚持了的；庐山会议，反对彭德怀右倾机会主义，在贯彻执行反右倾时，搞到了县以下，发生了问题，出了毛病；食堂问题，那时只主张搞30%，首先遇到河南的抵抗，我们也没有坚持搞30%，结果普遍搞开了；供给制三七开的办法，也是不能搞的；管他马克思、恩格斯、列宁、斯大林、毛泽东、你们、火夫、马夫讲的，拿到群众中行得通才行；违反客观事物的规律，硬去实行，要受惩罚；受了惩罚，就要检讨；现在我们受惩罚，土地、人、牲畜瘦了，现在的“三瘦”，主要是中央和我负责，我负主要责任；这些话应该在三级干部会上讲。

1961年6月11日，毛泽东阅读田家英6月10日上午报送来的中共中央关于讨论和试行“农村人民公社条例修正草案”的指示稿和中央农村工作部关于王国藩公社西铺大队粮食生产与畜牧业生产相结合的调查报告。

中央关于讨论和试行“六十条”的指示稿中说：“各级党组织必须保证把这个工作条例的每条、每款，一字不漏地、原原本本地告诉群众。要防止把那些不合乎自己口味的规定不告诉群众，或者任意加以篡改的现象。……在群众统一的基础上，领导群众逐步实行。……我们共产党人的每一条政策，每一个措施，都要符合群众的利益，都要通过群众的自觉自愿，并且要根据各地的不同情况因地制宜地去实现。……各级党组织，必须吸取近几年来工作中的经验教训，继续改进领导作风，认真加强调查研究，坚持群众路线的工作方法，坚决改正平调错误，充分发扬党内党外的民主。……为着发扬民主，有必要对于最近几年来，受过批判和处分的干部和党员，实事求是地加以甄别。……今后在不脱产干部和社员群众中间，不允许再开展反对右倾或者‘左’倾的斗争，禁止给他们戴政治帽子。……各个社、队和干部的问题，……实事求是地慎重地作出结论，不要拿‘民主革命不彻底’的框子到处去套。”

1961年6月12日上午，毛泽东主持中共中央工作会议全体会议，并作总结讲话。

毛泽东说：“两次郑州会议开得仓促。我那时对中国社会主义如何搞还不甚懂。第一次就是搬斯大林，讲了一次他写的《苏联社会主义经济问题》。第二次就是分3批开会，第一批是1天，最后一批是1天半。这怎么能解决问题呢？那时心里想着早点散会，因为3月份春耕来了。如果要把问题搞清楚，一天两天是不行的。时间短了，只能是压服，而不是说服。那时许多同志找我谈的，我打你通，你不通。一两天，怎么能打通呢？庐山会议后，我们错在什么地方呢？错就错在不该把关于彭、黄、张、周的决议，传达到县以下。应该传达到县为止，县以下继续贯彻《郑州会议记录》、上海会议18条，继续反‘左’。一反右，就造成一个假象，可好了，生产大发展呀，其实不是那样。彭、黄、张、周的问题，在十几万人的小范围内传达就行了，军队不搞到连队，地方不搞到公社以下就好了。搞下去就整出了许多‘右倾机会主义分子’。现在看是犯了错误，把好人、讲老实话的人整成了‘右倾机会主义分子’，甚至整成了‘反革命分子’。当然，郑州会议基本上是正确的，上海会议提出的18条也还是基本正确的，但对食堂问题、供给制问题是讲得不正确的。

1959 年 4 月，我在北京召集中央常委和在京参加人代会的一些同志谈了一下，就给 6 级干部写了那 6 条。那 6 条等于放屁，因为我们各级干部中许多人不懂得社会主义是什么东西，什么叫按劳付酬，什么叫等价交换。1960 年春看出‘共产风’又来了。先在广州召集中南各省的同志开了 3 个小时的会，时间这样短。接着在杭州又召集华东、西南各省的同志开了三四天会，议题不集中，将搞小高炉、技术革新和技术革命、机械化和半机械化等等一些问题都插进去了，整一平二调没有成为中心。一次会只能有一个中心，一个中心就好。一次会发很多文件，没有一个中心就不好。后来又在天津召集东北、西北、华北各省同志开了会，也不解决问题。那时候提倡几个大办：大办水利，大办县社工业，大办养猪场，大办交通，大办文教。这五个‘大办’一来，糟糕！那不又是‘共产风’来了吗？去年七八月的北戴河会议，百分之七八十的时间是谈国际问题，只剩一个尾巴谈粮食问题、农业问题，也没有批评两个平均主义。一平二调问题的彻底解决，还是从 11 月发出 12 条指示开始的。12 条指示，在执行中发生了一个错误，就是只搞了三类县、社、队，其他一类、二类放过了，没去动。河南用整整半年的时间搞三类县、社、队，一、二类不去触动，‘共产风’、命令风、浮夸风、瞎指挥风、干部特殊风没有普遍去整。一提‘五风’，说是一、二类可以放心，现在一查，那些地方‘五风’可厉害了。所以，今年的中央文件上规定，一、二、三类县、社、队都要普遍地整‘五风’，在劫者难逃。现在干部中有一些人似乎摸到了一点‘规律’，以为整‘五风’大概整个年把时间，‘风’就过去了，就没事了。我们可不能这样搞。”

“一定要搞好调查研究，一定要贯彻群众路线。平调的财物要坚决退赔，但不要有恩赐观点。还有一个，凡是冤枉的人都要平反。”

“社会主义谁也没有干过，没有先学会社会主义的具体政策而后搞社会主义的。我们搞了 11 年社会主义，现在要总结经验。我今天讲的就是总结经验，我下回还要讲。我们是历史主义者，给大家讲讲历史，只有讲历史才能说服人。”

“经过 3 月广州会议、这次北京会议，今年的形势跟过去大不相同。现在同志们解放思想了，对于社会主义的认识，对于怎样建设社会主义的认识，大为深入了。为什么有这个变化呢？一个客观原因，就是 1959 年、1960 年这两年碰了钉子。有人说‘碰得头破血流’，我看大家的头也没有流血，这无非是个比喻，吃了苦头就是了。”①

毛泽东在讲话中特别提到，要警惕受骗。他说，他就受过骗：河南省委第一书记曾对他说，河南的食堂半机械化可普遍啦，其实根本没有，就是展览会上的一个机器；后来邓小平去河南调查一个县，那个省委书记就连夜把那个机器从郑州展览会上运去。

---

① 《毛泽东文集》第八卷，人民出版社，1999 年 6 月第 1 版，第 273—277 页。

毛泽东把这个问题作为一个严重教训来记取，提醒各级领导注意。①

毛泽东强调：现在的重要的问题是要重新教育干部，干部教育好了，我们的事业就大有希望，不教育好干部，我们就毫无出路，要用人民公社六十条等文件为教材，用延安整风的方法去教育干部。

毛泽东作了自我批评，并要求把他的讲话传达到各省各地方。

毛泽东建议，下次中央工作会议到庐山去开，时间在8月。这一段时间先把农业搞好，下次会议主要讨论工业、城市整风问题。他说：这次要开一个心情舒畅的会。

中央提出，农村的整风整社必须进行到底，但是可以分期分批进行，今年确实不能完成的，可以延至明年。中央规定，今后在整风整社中，不要预先划分社队的类别和干部的类别，不要拿“民主革命不彻底”的框子到处去套。②

会议决定对几年来受错误批判的同志，进行实事求是的甄别、平反。并规定今后在不脱产干部和群众中间，不再开展反右倾或“左”倾的斗争，禁止给他们戴政治帽子。

6月15日，中共中央发出通知，要求农村党支部和人民公社讨论和试行修正草案。试行中，公社、大队、生产队的规模大都划小。

1961年6月19日，中共中央发出《关于坚决纠正平调错误、彻底退赔的决定》。先后向农民退赔250亿元。

整风整社倒了一批农村基层干部，农村组织薄弱问题更加突出，仅靠下放干部和大中学校毕业生补充基层干部队伍远远不能满足要求。刘少奇提出了一个新设想：举办“抗大”式政治学校，从高初中毕业生中挑选3万到5万人，加以短期训练，派到农村工作。中央接受了刘少奇的建议，6月23日，中央下发指示，最近农村许多三类社的出现，证明没有大批革命知识分子到农村工作，同农民结合起来，在农村中很难建设社会主义，很难防止地主富农的复辟。

1961年6月15日，根据毛泽东的指示，中央在讨论和试行农业六十条的文件中提出：为着发扬民主，有必要对最近几年来受过批判和处分的干部和党员，实事求是地加以甄别。这一工作取得了一定进展。但由于一些地区和单位认识上的差距，各地甄别工作不平衡。为改变这种状况，中央书记处在邓小平主持下，制定和发出《关于加速进行党员、干部甄别工作的通知》，要求对近几年批判和处分完全错了或基本错了的党员、干部应采取简便的办法，认真地、迅速地加以甄别和平反。

---

① 《毛泽东传（1949—1976）》，中央文献出版社，2003年12月第1版，第1166—1167页。

② 《建国以来重要文献选编》第十四册，中央文献出版社，2011年6月第1版，第334页。

1961年8月23日至9月16日，中共中央在庐山召开工作会议，讨论工业、粮食、财贸及教育问题。会议讨论通过了邓小平、薄一波等主持修改定稿的《国营工业企业工作条例（草案）》（工业70条）。

会议做出由周恩来、李富春具体组织起草的《关于当前工业问题的指示》，指出“八字”方针提出一年多，但一直没能按实际情况降低指标，以致调整工作不能有效地进行；决定在今后3年内，必须毫不动摇地切实地贯彻执行“以调整为中心”的“八字”方针；再不能犹豫了，必须当机立断，该退的坚决退下来，必须退够。

会议通过了由邓小平、彭真主持起草的《中华人民共和国教育部直属高等学校暂行工作条例（草案）》（高教60条）。

根据毛泽东的提议，会议做出《关于轮训干部的决定》。中央决定全党对各级领导干部普遍进行一次轮训。内容包括社会主义建设和党的建设两方面的内容。

毛泽东在会议的讲话中分析了当前的经济形势，认为是退到谷底了，形势到了今天，是一天天向上了。

1961年8月，毛泽东在庐山，有一天和他的卫士张仙朋聊天，谈他的志向，他说：

我有三大志愿：一是要下放去搞一年工业，搞一年农业，搞半年商业，这样使我多调查研究，了解情况，我不当官僚主义，对全国干部也是一个推动；

二是要骑马到黄河、长江两岸进行实地考察，我对地质方面缺少知识，要请一位地质学家，还要请一位历史学家和文学家一起去；

三是最后写一部书，把我的一生写进去，把我的缺点、错误统统写进去，让全世界人民去评论我究竟是好人，还是坏人。

1961年9月9日，会议中间，毛泽东写了《七绝·为李进[①]同志题所摄庐山仙人洞照》：

暮色苍茫看劲松，乱云飞渡仍从容。天生一个仙人洞，无限风光在险峰。

1961年9月27日，毛泽东在河北省邯郸市召集座谈会，讨论基本核算单位问题。参加人员有：河北省委代理第一书记刘子厚及省委主管农业的候补书记王路明，山东省委分管农业的书记周兴和省委农村工作部副部长程怀仁，还有石家庄、邯郸、张家口、邢台、保定5个地委的书记。多数与会者认为，把基本核算单位下放到生产队（指小队）是势在必行，这样做可以克服队与队之间的平均主义。毛泽

① 李进，即江青。

东赞成这个意见。

同时，毛泽东还看了湖北、河北、山东、广东的一些报告材料。

9月29日，毛泽东给中央政治局常委及有关各同志写了一封信，并附有27日邯郸座谈会的谈话记录及以上几个省的有关材料。

他写道：

“送上河北深县五公公社耿长锁的一封信，山东省委1961年3月关于大小队矛盾座谈会材料一份，湖北省委9月25日的报告一份，9月26日邯郸座谈记录一份，另有河北的一批材料，请你们一阅，并和你们的助手加以研究。然后我们集会讨论一次。这些材料表明：我们对农业方面的严重平均主义的问题，至今还没有完全解决，还留下一个问题。农民说，‘六十条’就是缺了这一条。这一条是什么呢？就是生产权在小队、分配权却在大队，即所谓‘三包一奖’的问题。这个问题不解决，农、林、牧、副、渔的大发展即仍然受束缚，群众的生产积极性仍然要受影响。如果我们要使1962年的农业比较1961年有一个较大的增长，我们就应在今年12月工作会议上解决这个问题。我的意见是‘三级所有，队为基础’，即基本核算单位是队而不是大队。……待你们看了湖北、山东、广东、河北这些材料，并且我们一起讨论过了之后，我建议：把这些材料，并附中央一信发下去，请各中央局，省、市、区党委，地委及县委亲身下去，并派有力调查研究组下去，作两三星期调查工作，同县、社、大队、队、社员代表开几次座谈会，看究竟哪样办好。由大队实行‘三包一奖’好，还是队为基础好？要调动群众对集体生产的积极性，要在明年一年及以后几年，大量增产粮、棉、油、麻、丝、茶、糖、菜、烟、果、药、杂以及猪、马、牛、羊、鸡、鸭、鹅等类产品，我以为非走此路不可。在这个问题上，我们过去过了6年之久的糊涂日子（1956年，高级社成立时起），第七年应该醒过来了吧。”①

10月4日晨，毛泽东致信邓小平、彭真，要他们通知各中央局第一书记到北京来谈一谈，“使这个‘队为基础’的大问题，弄个明白。如大家同意进行调查，使省、地、县三级在两个月内都有所酝酿，12月就可作出决定”。

10月6日晚，中央局第一书记会议召开，毛泽东主持会议。专门讨论以生产队为基本核算单位的问题。会前，毛泽东印发了胡耀邦报送他的《二十五天三千六百里路的农村察看》报告：形势确实比去年好，所到之处，群众都说形势比去年好多了，不平调了，不瞎指挥了，干部不打人整人了，能多劳多得，生产、生活有了奔头；根本问题在于认真而具体地贯彻农业六十条；大队统一分配，在当前是保护队与队之间的平均主义的一个堡垒；经过邯郸时，听说主席用分配大包干代替“三包一奖”，这是解决生产在小队而分配在大队这个矛盾现象、真正调动小队积极性

---

① 《毛泽东文集》第八卷，人民出版社，1999年6月第1版，第284—285页；中央文献研究室：《一九六一年的全党调查研究》，《党的文献》，2013年第3期，第31—32页。

的一个大问题；我认为这是十分正确的；一些地方实行分田到户或包产到户，担心会导致降低整个社会生产力水平。毛泽东批示说：“此件写得很好，印发各同志，值得一看。”①

10月7日，中共中央根据毛泽东的信的建议，发表《关于农村核算单位问题给各中央局、各省、市、自治区党委的指示》，要各级党委就此问题认真调查研究，以便中央做出决定（1962年2月13日，中共中央发出《关于改变农村人民公社基本核算单位问题的指示》）。

11月13日，中央下发《在农村进行社会主义教育的指示》。指出，不断用社会主义思想教育农民，这应当是我们一项经常工作。

邓子恢于1961年10月28日到了福建龙岩，进行基本核算单位下放试点情况的调查。11月9日给毛泽东写了一个报告：对基本核算单位下放，各级干部和群众一致拥护，但有少数大队干部感到权力受到限制，有抵触情绪；小队干部和群众中，也有一部分人主张维持现状。邓子恢的报告，还对体制改变后出现的情况，提出了具体解决办法。

11月23日，毛泽东把邓子恢的报告批转给各中央局和各省、市、自治区党委：“邓子恢同志这个报告很好，发给你们参考。因为目前各地正在普遍试点，此件可发至地、县、社3级党委参考。认真调查研究，对具体问题作出具体的分析，而不是抽象的主观主义的分析，这是马克思主义的灵魂。建议在12月20日以前，各省委第一书记带若干工作组，采取邓子恢同志的方法，下乡去，做10天左右的调查研究工作。”②

1960年，安徽省宿县一位70多岁的老农，得到公社的允许，带着生病的儿子到山区养病和生产自救。他开荒16亩，收获之后留下了口粮、种子和饲料粮1500斤，交给公社粮食1800斤，饲养猪鸡得了60元钱。当地的农民得到了启发，要求包田耕种。

1961年春天，安徽省全椒县的农民也提出了这种要求。安徽省委和省委第一书记曾希圣顺应农民的要求，自1961年3月6日起，在全省39.2%的生产队试行“定产到田、责任到人”的包产、包工责任制。

同年3月的广州会议上，曾希圣于3月15、16日向毛泽东汇报这个问题时，毛泽东说：“你们试验嘛！搞坏了检讨就是了。”曾希圣立即打电话告诉省委：“现在通天了，可以搞。”

广州会议尚未结束，毛泽东通过柯庆施转告曾希圣，可以在小范围内试验。

---

① 《毛泽东传（1949—1976）》，中央文献出版社，2003年12月第1版，第1180页。
② 《毛泽东传（1949—1976）》，中央文献出版社，2003年12月第1版，第1181页。

3月20日，曾希圣写信给毛泽东并刘少奇、周恩来、邓小平、彭真、柯庆施，竭力为“定产到田、责任到人”的办法辩护。毛泽东未表态。

4月27日，安徽省委又向中共中央、毛泽东和华东局报告，把这一办法改称为“包工包产责任制”。

7月24日，安徽省委再次向中共中央、毛泽东、华东局作试行“田间管理责任制加奖励办法”的情况报告。

7月，曾希圣赶到蚌埠向毛泽东当面作关于试行“责任田”的汇报。毛泽东勉强说了一句：你们认为没有毛病就可以普遍推广。[①]

秋末，实行责任田的生产队增加到85.4%。

12月，毛泽东向曾希圣表示：有了以生产队为基本核算单位就不要再搞“责任田”了。

1961年8月，湖南省委发出关于借冬闲田给社员生产的通知：其数量一般地区大体每人可借1—3分，在灾区大体每人可借3—5分；借出的冬闲田的收入，全部归社员所有，一般也不抵顶口粮。

陕西省清涧、绥德一带，从1960年冬季开始出现包产到户，形式包括包产到户、分田到户和给老人划自种自食田，面积约占总耕地面积的百分之十几。

甘肃省临夏自治州1962年6月全州推行“包工包产”和“大包产到户”。

自1961年，贵州省部分生产队实行包产到户以或明或暗的形式实行了十几年。镇宁县的油寨村上级先后派出七批工作组进村始终未能纠正他们的做法，使生产有了很大发展。

1962年春天，河南在豫北、豫东“土地碱化严重，耕牛死亡严重、人口外流严重”的22个县（约400万人口），由集体借给一部分土地，国家支援一把铁锹，发给一点种籽，实行生产自救。同年夏天，省里决定将少量早秋地借给社员种红薯，以3—5年为期，收获顶口粮，不计征购。全省40多万个生产队基本上都实行了借地的办法。从而使荒芜的土地减少了，生产秩序好转了，群众情绪稳定了。

广西省龙胜县的包产到户，在中南地区各县中是实行范围最广的。1962年夏天，中南局第一书记陶铸、第二书记王任重等前往考察，同区、地、县负责人进行了座谈，随后形成了《座谈纪要》，就如何区分集体经济与单干提出了四条最基本的界限：主要生产资料集体所有；生产统一计划安排；集体劳动；收入统一分配。《座谈纪要》并强调：目前出现的各种生产管理形式，要根据上述四条原则准确地判断它究竟属什么性质，对确属单干的，如果他们一定要再试试，我们也只有等

① 《毛泽东传（1949—1976）》，中央文献出版社，2003年12月第1版，第1231—1232页。

待，不能强迫；集体和单干，正在进行竞赛，只有赛过单干方，集体经济才有可能最后巩固。毛泽东说："这个文件所作的分析是马克思主义的，分析之后所提出的意见也是马克思主义的。"

七、彭德怀回故乡

1961年9月19日，彭德怀给毛泽东写信，要求到农村去做调查研究。请求中央允许他先去湖南故乡搞三个月，了解农村情况，明年春天再去山西太行。他提出，如果允许他外出调查，行前希望见主席一面。毛泽东让杨尚昆转告："彭德怀到哪里去都可以，半年也行。"

彭德怀根据毛泽东的意见，以中央政治局委员的身份回到家乡湘潭县进行农村调查。10月31日，彭德怀去湖南，到长沙后，湖南省委书记胡继宗向他介绍了有关情况。在湘潭，由湘潭地委书记华国锋接待。11月3日至12月23日，彭德怀先后到石潭、花石、响塘等3个区的7个公社10多个大队，听取了县、区、社党委负责人和其他干部关于农、林业生产、副业经营、手工业管理、集市贸易等多方面情况的汇报，在乌石大队的为民、胡家冲等十多个生产队召开了干部和群众一起参加的座谈会。还通过大量的走村串户、个别访问，接触了各方面的群众。

彭德怀道：我们必须对毛主席有一个正确的认识，毛主席是伟大的马克思列宁主义者，是伟大的思想家、政治家，又是伟大的军事家；我是挖泥巴出身的，当时我起来革命，是深受了乌石寨寨主易参政劫富济贫的影响，才把革命搞成功。

据传说，明末有个参政叫易华，辞官不做，到乌石峰立寨为王，杀贪济贫，老百姓十分敬爱，彭德怀从小就对家乡的这个故事很感兴趣。彭德怀也谈了自己的弱点，说自己是个鲁莽人，类似张飞，确有其粗，而无细。

谈到对苏共"二十一大"的看法，彭德怀说：十月革命前后是列宁为首搞的，1924年后都是斯大林为首搞的，怎么能把这些功劳都记在赫鲁晓夫身上呢？我是完全拥护毛主席对斯大林"三七开"这个中肯的评价的。彭德怀对乌石小学校的几个教师说：你们当老师的是懂得历史的，我们中国历史上有个《伍子胥鞭尸》的故事，现在赫鲁晓夫掘了斯大林的坟墓，干出了亲者痛、仇者快的事，真缺德！楚平王杀了伍子胥的父亲，伍子胥回来硬把楚平王的尸首挖出来，打了300鞭子，太残忍了！彭德怀对教师们说：要抓紧学习，遵循毛主席的教导，做到又红又专；红，就是政治立场、观点、政治态度，要坚持革命；专，就是要掌握社会主义建设的本领，要钻教学，把学生培养好；近来有人提出要红透专深，我看这要求太高了，会搞得党与知识分子的关系紧张，不利于工作；还是照毛主席讲的，做到又红又专，朝这个方向去努力。

彭德怀在合岭大队走访，了解到大炼钢铁时，田里没人搞，草比禾苗深，减了产，口粮只有三四百斤。彭德怀说，这是很不够的，平均口粮要上 600 斤，劳动力要吃到 800 斤以上；口粮少，还要在外面日夜干，冷热干，人就会受不住，水肿病就会发生，就会死人的！

彭德怀对湘潭县委书记姚欣说：从湘潭县这个地方来看，“五风”是严重的，农业生产和山林遭到很大的破坏，要恢复起来，不是简单事呵！从抗日战争、解放战争到抗美援朝，以后“三反五反”、对资改造，比较顺利，成绩是大的，可是党内产生了骄傲情绪，不谨慎了，以至犯了错误；前段反了别人的右，翻过去又影响自己也怕右，就搞“左”，出了问题。他要大家认真阅读斯大林的《苏联社会主义经济问题》，并规定随行人员和一些干部还要写心得体会、写文章。他说：斯大林指出——社会主义基本规律，就是用在高度技术基础上使社会主义生产不断增长和不断改善的办法，来保证最大限度地满足整个社会经常增长的物质和文化的需要，讲得多好哇！他说：社会主义经济，就要有计划按比例，这几年基本建设战线拉得太长，工人基数猛增，工资开支成直线上升，一些民用工业的发展跟不上来，所以生活物资紧张。

这段时间里，彭德怀正碰上他在农村的侄子结婚，弟媳想用他的小车娶亲，并要他买只手表作赠礼。彭德怀说：不要搞这种排场啊，小车是公家的，怎么动用他干私活呢？不能占公家的便宜；再有，这么搞，很不必要，会脱离群众；在农村出工，就目前来说，不用买手表，侄媳妇学会了缝纫手艺，买部缝纫机还可以。

彭德怀每到一处，都要求和大家一样吃普通饭菜。他说：生活上我是反对大吃大喝的，“官家一席菜，民家半年粮”，我们在生活上不能脱离群众。

彭德怀的家乡有个干部曾在 1958 年搞强迫命令，弄虚作假，脱离群众，彭德怀曾对他进行过帮助，劝他多听听群众意见，要联系群众，不要动不动就训人，更不能打人、罚口粮。这个干部没有好好听劝告，1959 年继续犯强迫命令、打骂群众的错误，庐山会议后，上面派人曾到彭德怀的家乡了解情况，这个干部也未如实地反映彭德怀的一些问题。这次回乡，彭德怀跑了十几里路去看他，和他交谈，吃饭时拉他同坐。彭德怀感慨地说：打人，是中国历史上遗留下来的坏习惯；过去当官的打老百姓，族长打晚辈，师傅打徒弟，老师打学生，家娘打媳妇，就是这么打起来的；比如家娘打媳妇，媳妇很难受，可是自己当了家娘，又打媳妇，打别人就不会感到难受了！旧社会，地主恶霸打穷人，穷人受不了就反抗，起来革命，现在我们这些人打群众就太不应该了！这叫做忘了穷人受苦的本，这种恶劣作风一定要改。

彭德怀一再要干部们向金星大队的党员学习。这个大队支部有 20 个党员，支部书记和支部委员们都是土改、初级社时的老骨干，他们能较好地关心群众疾苦、对社员的住房、吃饭问题安排得当；他们能坚持民主作风，有事同群众商量，能深入实际抓生产，有问题及时解决；所以干群关系好，群众心情舒畅，生产热气腾腾，在困难的情况下，也能干群一条心，夺得大丰收。

彭德怀还指出：当前党的支部学习抓得太少，政策观念薄弱，党委制不健全；建议支部要健全组织生活，发展新党员，最好在生产队建立党的小组，增强党的战斗力。①

一个多月以后，彭德怀从华国锋那里得知中央准备召开一次由中央局、省、地、县委和大的厂矿企业一级负责人参加的扩大的中央工作会议，他认为这个会议主要是总结1958年“大跃进”以来的经验教训，十分重要，决定立即结束湖南调查返回北京。

彭德怀这一次去湖南省，历时50多天，最后整理了5份调查报告，一并报送毛泽东。

八、毛泽东谈“继承人”

1961年9月6日，英国陆军元帅蒙哥马利再次到达北京（1960年5月他访华5天，感到时间太短，因此再来中国访问）。周恩来要求熊向晖以外交部办公厅副主任的名义参加陪同。

9月21日凌晨2时许，周恩来把熊向晖叫到办公室。熊向晖汇报说：蒙哥马利对毛主席十分钦佩，他似乎想探询毛主席的继承人是谁？他可能认为毛主席百年之后，中国不能保持稳定。

22日下午，刘少奇会见蒙哥马利（原定的日程没有这一安排，周恩来听了熊向晖汇报后，临时和刘少奇商量会见）。

9月22日上午，周恩来办公室的浦寿昌告诉熊向晖：毛主席明天在武昌会见蒙哥马利，周总理要他们马上坐专机去武昌，先向主席汇报主要情况和主要问题。到了武昌，谈话中，毛泽东问：英文“继承人”是什么意思？熊向晖说：“successor”。毛泽东叫他在一张纸上写出来。毛泽东看了一会儿说：success这个字我知道。意思是“成功”，怎么加上“or”就变成“继承人”了呢？浦寿昌作了解释。毛泽东说：这个名词不好，我一无土地，二无房产，银行里也没有存款，继承我什么呢？红领巾唱歌，我们是共产主义接班人，叫“接班人”好，这是无产阶级的说法。浦寿昌说：英文里没有同“接班人”相近的字，“接班人”翻成英文，还是“successor”。

毛泽东说：这个元帅讲英语，不懂汉语，他是客人，就用“继承人”吧；这个元帅过去打仗很勇敢，打败了隆美尔，这次在北京也很勇敢，讲了三原则，谁是我的继承人为什么他不敢问呀？是不是也像中国人那样犯忌讳；你讲他是搞战略观察

① 刘景春：《彭德怀同志一九六一年回乡调查情况综述》，《湘潭师专学报》，1984年第4期。

的，我看他对我们的观察不敏锐，这也难怪，他是英国元帅，是子爵，不是共产党，对共产党的事情不那么清楚，共产党没有王位继承法，但也并非不如中国古代皇帝那样聪明；斯大林是立了继承人的，就是马林科夫，不过他立的太晚了；蒙哥马利讲的也有点道理，斯大林生前没有公开宣布他的继承人是马林科夫，也没有写遗嘱，马林科夫是个秀才，水平不高，1953 年斯大林呜呼哀哉，秀才顶不住，于是乎只好来个三驾马车，其实不是三驾马车，是三马驾车，三匹马驾一辆车，又没有人拉缰绳，不乱才怪；赫鲁晓夫利用机会，阴谋篡权，此人的问题不在于用皮鞋敲桌子①，他是两面派——斯大林活着的时候，歌功颂德，死了不能讲话，他做秘密报告，把斯大林说得一塌糊涂，帮助帝国主义掀起 12 级台风，全世界共产党摇摇欲坠，这股风也在中国吹，我们有防风林，顶住了；这位元帅不了解，我们与苏联不同，比斯大林有远见，在延安我们就注意这个问题，1945 年“七大”就明朗了，当时延安是穷山沟，洋人的鼻子嗅不到；1956 年开“八大”，那是大张旗鼓开的，请了民主党派，还请了那么多洋人参加，从头至尾，完全公开，毫无秘密；“八大”通过新党章，里头有一条——必要时，中央委员会设名誉主席一人，为什么要有这一条呀？必要时谁当名誉主席呀？就是鄙人，鄙人当名誉主席，谁当主席呀？美国总统出缺，副总统当总统；我们的副主席有六个，排头的是谁呀？刘少奇，我们不叫第一副主席，他实际上就是第一副主席，主持一线工作；刘少奇不是马林科夫，前年，中华人民共和国主席改名换姓了，不再姓毛名泽东，换成姓刘名少奇，是全国人民代表大会选出来的；以前，两个主席都姓毛，现在，一个姓毛，一个姓刘，过一段时间，两个主席都姓刘，要是马克思不请我，我就当那个名誉主席；谁是我的继承人？何需战略观察！这里头没有铁幕，没有竹幕，只隔一层纸，不是马粪纸，不是玻璃纸，是乡下糊窗子的那种薄薄的纸，一捅就破；我们没有搞“抽样调查”，英国元帅搞了，一搞，发现了问题，中国一些群众也没有捅破这层纸；这位元帅讲了三原则，又对中国友好，就让他来捅，捅破了有好处，让国内国外都能看清楚；什么长生不老药！连秦始皇都找不到，没有那回事，根本不可能；这位元帅是好意，我要告诉他，我随时准备见马克思，没有我，中国照样前进，地球照样转。

9 月 23 日中午，毛泽东在东湖会见蒙哥马利。蒙哥马利先赠送给了毛泽东一盒“三五”牌香烟。他提出了很多问题，毛泽东逐一回答。蒙哥马利说：今天谈话使我学到很多东西，我想主席一定很忙，还有别的事情要做，我能否明晚再来谈

① 赫鲁晓夫在一次联合国大会发言时，突然举起一只皮鞋敲着桌子说话。这件事被当作国际笑话，传得世人皆知。其这只鞋子是赫鲁晓夫轻轻地脱下他邻座一位打瞌睡的阿拉伯国家代表团首席代表的。赫鲁晓夫的敲击声惊醒了邻座那位首席代表，他急忙寻找鞋子。这时，赫鲁晓夫刚走下讲台，他轻轻地拍着邻座的肩膀说：没什么，梦中失落了一只鞋子而已，我将来一定会送给你一只优等的乌兹别克皮鞋。自此以后，这位阿拉伯外交官每年便收到一双优质的苏联皮鞋，即使赫鲁晓夫去世后，那人照样每年收到从苏联寄来的鞋子。

谈？毛泽东说：明晚我到别处去了。

24日凌晨5时左右，毛泽东改变了原计划，决定再同蒙哥马利谈一次，并共同进餐。蒙哥马利喜出望外。下午2时30分，谈话开始。寒暄后，毛泽东说：元帅是特别人物，相信能活100岁再去见上帝，我不能，我现在只有一个5年计划，到73岁去见上帝；我的上帝是马克思，他也许要找我。蒙哥马利说：马克思可以等一等，这里更需要你。毛泽东说，中国有句古话——七十三、八十四，阎王爷不请自己去。蒙哥马利借机提出：我认识世界各国的领导人；我注意到他们很不愿意说明他们的继承人是谁，比如麦克米伦、戴高乐等等；主席现在是否已经明确，你的继承人是谁？毛泽东说：很清楚，是刘少奇，他是我们党的第一副主席，我死后，就是他。[①] 蒙哥马利：刘少奇之后是周恩来吗？毛泽东：刘少奇之后的事情我不管。蒙哥马利：中国现在还有许多事情要做，很需要主席，你现在不能离开这艘船放下不管。毛泽东：暂时不离，将来学丘吉尔的办法。

接着，毛泽东列举了他已准备好了5种死法：被敌人开枪打死；坐飞机摔死；坐火车翻车翻死；游泳时淹死；生病被细菌杀死。他说：人死后最好火葬，把骨灰丢到海里去喂鱼。

毛泽东还对蒙哥马利说：建设强大的社会主义经济，在中国，50年不行，会要100年，或者更多的时间。

谈到下午5时，毛泽东邀蒙哥马利坐船，看他在长江里游泳。毛泽东游了近1个小时。毛泽东上船穿好衣服，把蒙哥马利送到汉口胜利饭店，又谈了近1个小时，并把他事先写好并署名的《水调歌头·游泳》送给蒙哥马利，作为那盒“三五”牌香烟的回赠。[②]

九、七千人大会

搞了三年“大跃进”，生产反而退了许多，各级干部对人民的许愿，不但没有实现，相反，人民的生活却急剧下降。1958年到1960年，粮棉油连年减产，很多地方出现饥荒，且饿死了许多人。国家几乎花掉了所有外汇进口粮食。到了1961年，农村的粮食情况开始有所好转，但工业问题严重，人民日用百货严重短缺，各级干部群众中思想十分混乱。

由于多年搞跃进和反右倾，一部分党员和干部思想上没有转过来，等待着形势好转后继续大干，迟迟不愿把过大的基本建设规模和过高的经济指标压缩下来；一

① 《党的文献》2011年第2期，马云飞，《“中共第一代领导集体中的刘少奇”二题》载：“毛泽东的回答，则更多带有外交上的策略意义。”

② 《毛泽东谈“继承人”》，《文汇报》，1990年8月12日。

部分人采取观望态度；也有一部分干部、党员在严重的经济困难面前信心不足。

1961年11月12日晚，毛泽东在听取中央局第一书记会议情况汇报时，提出要召集县委书记来开个会，他说：全国人大决定不开了，召集县委书记来开个会，时间在中央工作会议以后；1个县来两个人，地委来3个人，省市来4个人，中央局也来4个人；要把这次会议当作小整风；几年来中央在工作上犯了什么错误，要讲；全局观念、纪律、先整体后局部后个人，要讲；现在小天地太多，一个县也是小天地；中央的账要讲清楚，我们交了心，才能要求他们交心；中央各同志和中央局的同志也讲一讲；各省只讲自己的错，不讲中央的错，用这次会讲清楚；不要怕鬼，现在气不壮，很沉闷；收购不到东西，粮食状况不好，还要两三年转过来；要鼓气，总结经验、鼓足干劲8个字；总结经验就是讲清道理，好坏经验都找。①

11月16日，中共中央发出《关于召开扩大的中央工作会议的通知》：1958年以来，在中央和地方工作中间，发生了一些缺点和错误，并且产生了一些不正确的观点和作风，妨碍着克服困难，必须召开一次较大规模的会议来统一思想认识。

11月30日，毛泽东离开北京，到上海、杭州小住。

12月13日，毛泽东来到无锡，14日上午听江苏省委汇报。第二天又找江苏省委第一书记江渭清、安徽省委第一书记曾希圣等汇报。15日写信给主持财贸工作的李先念和姚依林，要他们也来听江苏省委汇报："江苏有一些好经验，工业、农业和财贸几方面的，很值得听一听。"

毛泽东讲：久卧思起，现在是起床的时候了；农村基本核算单位下放，这不是倒退，是前进；要使生产队底子由薄变厚，就要发展生产力，就要以生产队为基本核算单位；要肥料就要养猪，把牛也要养好；要明确大队和小队干什么，否则，生产队积极性起不来；包干到户这事，不可干；明年工、农、商、学、兵、政、党要全面走上轨道；党是领导一切的；要搞个几十条，大家都遵守；明年要开会，开个大动员的会议；明年1月开中央工作会议，无论如何抓好工作，争取主动，还要识大体，顾大局，要加强纪律性。

16日傍晚，毛泽东离开无锡，17日路过济南，听山东省委负责人谭启龙、裴孟飞、白如冰、苏毅然等人汇报。

毛泽东说：实行大包干后，生产队30户是否大了？可以搞十几户；山区里三户五户怎么办？20户规模就是大的；基本核算单位下放到生产队，牲口就不会死，农具破坏也不会那么严重；大平均主义6年没有解决，现在解决了；这不是退步，按劳分配就是社会主义；照顾五保户、困难户，有共产主义因素；还有积累，还有征粮，有了前途，这是整个人民的利益。

19日，毛泽东路过天津，听了河北省委负责人刘子厚、阎达开和天津市委负

---

① 《毛泽东传（1949—1976）》，中央文献出版社，2003年12月第1版，第1184—1185页。

责人万晓塘等人汇报。

毛泽东说：今年比去年好，形势已经向好的方面转；农村在向好的转，工业有了七十条，也在好转；商业也搞出了 100 条；困难不久就可以克服，再有 1 年就过去了，还是大有希望；要弄清总的形势，开会时恐怕需要讲讲形势。①

为使全党认清形势，坚决全面深入地进行国民经济调整和党外政治关系调整，1961 年 12 月 20 日—1962 年 1 月 10 日，中共中央召开工作会议。出席会议的主要有各中央局和各省、市、自治区的负责人，以及中央各部负责人。会议主要讨论国际形势、国内形势、1962 年的年度计划和长远计划、商业、关于改变农村基本核算单位、党的工作 6 个问题。

会议第一天晚上，毛泽东在颐年堂召集中央政治局常委和各中央局第一书记开会。邓小平、周恩来报告这次会议的议题和开法，毛泽东讲了话。

毛泽东说："对于过去走弯路的看法，应该首先由中央负责，然后是省委，然后才是地委、县委。我到下边一看，省委说错误主要由他们负责，也说到中央，但总是说中央总是正确的英明领导，这不符合事实嘛。这就不能真正得到经验教训。这几年的高指标、高估产、高征购、高分配和几个大办，大办水利、大办交通、大办养猪场等，都是中央的。虽然材料是由你们来的，但是谁叫你相信呢？谁叫你购买呢？我们头脑这个加工厂，没有了解实情。四高，几个大办，供给制，食堂，这些都是错误的，做了有损于人民利益的事，为人民服了不好的务。服务服得不好，这是一方面。还要看到，有了这些错误，这是我们的宝贵财产。人的认识总有个过程的。问题是认识得慢了一点，时间长了一点。比如，'三包一奖'，今年我才看到耿长锁的信、山东的材料、广东大沥公社一个大队的材料，开始怀疑这个办法，找胡乔木、廖鲁言谈。他们都说大队为基本核算单位好，这是中国的创造，苏联没有的。胡乔木还给我举了韶山的例子。那时，河北的同志在北京、在广州都讲了他们的主张。但是经过了大半年，我们才了解。人们对于事物的认识，就是这样子奇怪。有了这样错误的经验，我们就可以不再犯了。这 12 年，恐怕还是做对了的是主要的，占第一位，错误占第二位。我们 12 年，已经有了两方面的经验，这就更强了，而不是更弱了。"②

刘少奇谈，这段时间因为身体不好休息情况："这次是真休息，不能看文件，只能看《红楼梦》。《红楼梦》已经看完啦，它讲到很细致的封建社会的情况，一直到清朝末年民国初年也还是那样。这个材料很好，书也写得好。"③

毛泽东说：《红楼梦》不仅要当作小说看，而且要当作历史看，他写的是很细

---

① 《毛泽东传（1949—1976）》，中央文献出版社，2003 年 12 月第 1 版，第 1187 页。
② 《毛泽东传（1949—1976）》，中央文献出版社，2003 年 12 月第 1 版，第 1188—1189 页。
③ 《毛泽东传（1949—1976）》，中央文献出版社，2003 年 12 月第 1 版，第 1189 页。

致的、很精细的社会历史；他的书中写了几百人，有三四百人，其中有33人是统治阶级，约占十分之一；其他都是被压迫的，牺牲的死的很多，如鸳鸯、尤二姐、尤三姐、司棋、金钏、晴雯、秦可卿和她的一个丫环，秦可卿实际是自杀的，书上看不出来；贾宝玉对这些人都是同情的；中国小说写社会历史的只有三部：《红楼梦》、《聊斋志异》、《金瓶梅》；你们看过《金瓶梅》没有？我推荐你们都看一看，这部书写了宋朝的真正社会历史，暴露了封建统治，揭露统治和被压迫的矛盾，也有一部分写得很细致；《金瓶梅》是《红楼梦》的祖宗，没有《金瓶梅》就写不出《红楼梦》；但是《金瓶梅》的作者不尊重女性，《红楼梦》、《聊斋志异》是尊重的。①

12月21日，邓小平作长篇讲话：关于国内形势，主席昨天晚上讲了一下，他做了一个总的分析：现在是不错的，去年、前年他不那么很愉快，今年他高兴；因为我们的具体政策，凡是搞了的，都见效了；首先农村有了“六十条”，最近又把队为基础这个问题更进一步地解决了；毛主席特别举例，江苏省委最近组织了几个反对派，向来不说好话的人，下去自由访问，先看坏的，后看好的，这次回来也讲好话了；毛主席在无锡找华东几个省的同志谈了一下，回来跟我们谈，明年要抓工、农、商、学、兵、政、党7个字，明年要大抓一年；所以建议这次会议谈一谈党的问题；要立志气、要加强纪律性、要强调统一领导、要有全局观念、要提倡实事求是、要搞群众路线、要严格党的生活；这次七千人大会搞什么？中央发了通知，主要的就是8个字：鼓足干劲，统一思想；在统一思想基础上，统一行动；会议报告正在准备：第一，讲形势和任务，包括我们的奋斗目标；第二，讲集中统一问题；第三，讲党的问题；这个会实际上为那个会做准备。②

根据近几年的经验，毛泽东认为，一般规模和开法的会议，不足以最有成效地把党中央的精神与要求全面地贯彻到基层，从而达到统一全党思想与行动的目的，于是决定召开一次扩大的中央工作会议。

1962年1月3日，毛泽东会见日本客人时说：“社会主义阵营算一个方面，美国算另一个方面，除此以外，都算中间地带。但是中间地带国家的性质也各不相同：有些国家有殖民地，如英、法、比、荷等国；有些国家被剥夺了殖民地，但仍有强大的垄断资本，如西德、日本；有些国家取得了真正的独立，如几内亚、阿联、马里、加纳；还有一些国家取得了名义上的独立，实际上仍然是附属国。中间地带国家各式各样，各不相同，但美国统统想把它们吞下去。”③

① 《毛泽东传（1949—1976）》，中央文献出版社，2003年12月第1版，第1189—1190页。
② 《毛泽东传（1949—1976）》，中央文献出版社，2003年12月第1版，第1190—1191页。
③ 《毛泽东外交文选》，中央文献出版社、世界知识出版社，1994年版，第487页。

1962年1月11日至2月7日[①]，中共中央扩大的工作会议在北京人民大会堂举行。参加会议者有中央、中央局和省、市、自治区各级负责干部，还有一部分地委，县委，重要厂矿党委书记、厂长和解放军干部，共7000余人（故称“七千人大会”）。这次会议是中共中央规模最大的会议。毛泽东主持了会议。会议主要内容是总结工作经验，统一全党认识，加强团结，加强纪律，加强民主集中制，动员全党贯彻“八字方针”，扭转国民经济的困难局面。会议是秘密召开的，报纸没有报道，电台没有播发。

刘少奇代表中共中央提出了一个书面报告（草稿）。[②]

报告初步总结了1958年以来社会主义建设的基本经验教训，分析了几年来工作中的主要缺点错误。肯定了1958年以来在工业、农业、基建、科学、文化、国防等方面的12条成绩。提出了4条主要缺点错误——工农业生产的计划指标过高，基建战线过长，国民经济各部门的比例关系，消费和积累的比例关系发生严重的不协调现象；在农村人民公社的实际工作中混淆了集体所有制和全民所有制的界限，违反了按劳分配和等价交换的原则，犯了刮“共产风”和其他平均主义的错误；不适当地要在全国范围内建立许多完整的工业体系，权利下放过多，分散主义倾向严重滋长；对农业增产的速度估计过高，对建设事业的发展要求过急，使城市人口不适当地大量增加。报告总结了在社会主义经济建设上的16条基本经验教训。报告认为：1962年是对国民经济进行调整工作最关紧要的一年。

刘少奇的这个报告稿，没有经过中央政治局讨论，直接印发给了与会者评论和提修改意见。1月11日至29日上午，主要是讨论这个报告。

由于绝大多数代表来自基层，对许多经验和教训有着强烈的切身感受。如何评价“三面红旗”成了分组议论的焦点。有人提出：“大跃进”、人民公社虽有问题，可是为了反对修正主义，必须争一口气，把三面红旗高高举起。

毛泽东鼓励把不同意见充分发表出来，他决定成立一个“报告起草委员会”，吸收各中央局第一书记参加，先谈主要矛盾，统一思想，再写稿子。

“报告起草委员会”在讨论错误的责任时，大家提出要作自我批评。

1962年1月18日，彭真发言说：我们的错误首先是中央书记处负责，包括不包括主席、少奇和中央常委同志？该包括就包括，毛主席也不是什么错误都没有；三五年过渡，办食堂都是毛主席提的。（邓小平插话：我们到主席那儿去，主席说中央书记处1961年12月16日写给主席和常委的报告把他说成圣人，他说圣人是没有的，缺点错误人人都有，只是占多少的问题，不要怕说他的缺点。）毛主席的

---

① 会议历时28天，中间过春节，休息两天。

② 会议前一天，毛泽东看了刘少奇代表中央报告稿的前两部分，后来，找来邓小平、陈伯达、田家英商量，认为报告稿的中心反对分散主义，必须坚持，并决定将报告立即印发七千人大会，分组讨论3天，征求意见，允许各种意见的发表。

威信不是珠穆朗玛峰，也不是泰山，拿走几吨土还是那么高；是东海的水，拉走几车，还有那么多；现在党内有一种倾向，不敢提意见，不敢检讨错误；一检讨就垮台；如果毛主席百分之一、千分之一的错误不检讨，将给我们党留下恶劣的影响，省市要不要把责任都担起来？担起来对下面没有好处，得不到教训，各有各的账。

1 月 19 日，刘少奇说：西北有些县的同志说，这几年发生的问题，中央应负责任，第二是省级，再是他们；我看，这个话，许多人心里有，只是没有讲；彭真提出毛主席也要作自我批评；如果毛主席的百分之一、千分之一的错误不检讨，将给我党留下恶劣影响；省市要不要把责任担起来？担起来对下面没有好处，得不到教训；从毛主席直到支部书记，各有各的账。

周恩来婉转地提出：我们是一步一步地退，是被迫调整；许多超阶段的东西没有批判，也不能很好地调整；一个国家搞几个独立的工业体系，理论上站不住；指标、下放、独立体系我要负责，现在要批判；讲责任方面，要从我们自己身上找原因，在目前困难时期要顶住，要承担责任，全世界都指望我们；我们犯错误，毛主席一人无法挽住狂澜；现在要全党一心一德，加强集中统一，听"艄公"的话，听中央的话；中央听毛主席的话；这是当前工作中的主要问题，不解决，寸步难行。

陈伯达说：彭真昨天关于毛主席的话，值得研究；我们做了许多乱七八糟的事情，是不是要主席负责？是不是要检查毛主席的工作？现在的根本问题是中央不能集权，乱搞一气，不是主席的政策。

彭真起而辩说：关于毛主席的问题要讲清楚，似乎我彭真讲毛主席可以批评，是不得人心的；我的意思是不要给人一种印象，别人都可以批评，只有毛主席不能批评，这不好。①

1962 年 1 月 26 日下午，毛泽东在钓鱼台召开中央政治局常委会议，决定 27 日下午召开全体大会。根据毛泽东的意见，刘少奇在大会作报告时，不念已经起草的报告稿，而是对报告稿所涉及的一些问题另外作发挥和说明。

1 月 27 日下午，举行全体大会。毛泽东主持，刘少奇在大会上作口头讲话，他一口气讲了 3 个小时。讲了 4 个问题：国际形势、国内形势、集中统一、党的作风。

刘少奇指出：总路线是完全正确的，但几年来在执行中有偏差，主要是更多地注意了多快，注意好省不够；对"大跃进"的解释也有一些片面性，比如说，产量每年翻一番；要从一个历史时期来看，人民公社，一大二公还看不清楚，不那么明显；人民公社可以增加积累，将来要实行机械化，这些一大二公的好处，要再经过若干年，才能比较明显地表现出来；人民公社是有前途的，我们说人民公社是建设

① 薄一波：《若干重大决策与事件的回顾》下卷，中共中央党校出版社，1993 年 6 月第 1 版。

社会主义的旗帜，将来向共产主义过渡，也会采取这种组织形式；现在看来，人民公社还是应该办的，问题是不要一下子全面铺开，不要搞得太急，应该经过典型试验，分期分批逐步推广，我们办人民公社的主要经验教训，也就在这里；关于国内形势，目前我们在经济方面还有相当大的困难的，我们应该承认这一点；当前的困难是，人民吃的粮食不够，副食品不够，肉、油等东西不够，穿的也不够，用的也不那么够；就是说，人民的吃、穿、用不足，为什么不足？这是因为1959年、1960年、1961年这三年，我们的农业不是增产，而是减产了；减产的数量不是很小，而是相当大；这种形势，对于许多同志来说是出乎意料的；两三年以前，我们原来以为，在农业和工业方面，这几年都会有“大跃进”；现在不仅没有跃进，反而退了许多，出现了一个大马鞍形；从1958年以来，我们的成绩还是主要的，是第一位的，缺点和错误是次要的，是第二位的，这种情况应该实事求是地承认；关于造成困难的原因，一条是天灾，连续三年的自然灾害，一条是1958年以来我们工作中的缺点错误，这两个原因，哪一个是主要的呢？有些地方的农业和工业减产，主要是天灾，有的地方，减产的主要原因不是天灾，而是工作中的缺点错误；去年我到湖南一个地方去，那里也发生了很大困难，我问农民，你们的困难是什么原因，他们说是“三分天灾，七分人祸”；过去我们经常把缺点、错误和成绩，比之于1个指头和9个指头的关系，现在恐怕不能到处这样套；全国总起来讲，缺点和成绩的关系，就不能说是1个指头和9个指头的关系，恐怕是3个指头和7个指头的关系；还有些地区，缺点和错误不止是3个指头，如果说这些地方的缺点和错误只是3个指头，成绩还有7个指头，这是不符合实际情况的，是不能说服人的；三面红旗，我们现在都不取消，都继续保持，继续为三面红旗而奋斗，现在，有些问题还看得不那么清楚，但是再经过5年、10年以后，我们再来总结经验，那时就可以更进一步地作出结论；有一个口号叫做“人有多大胆，地有多大产”，这是《人民日报》用大字标题发表了的，各省的报纸也发表了，这个口号是错误的，应该取消，要向干部、党员和群众说明白。①

刘少奇强调：国家计划和地方计划必须统一起来，必须把地方和部门计划纳入国家计划之中，决不允许在国家计划以外，还有独立的地方计划和部门计划。

刘少奇说：要实事求是，就要调查研究，就要充分发扬党内民主和人民民主，就要从实际出发拟定政策，拟定计划，拟定措施；要实事求是还要有勇气，没有勇气，就不敢实事求是。

刘少奇还说：1959年7月14日，彭德怀同志给主席写信反映意见“信中所说的一些具体事情，不少还是符合事实的……一个政治局委员向中央主席写一封信，即使信中有些意见是不对的，也不算犯错误”，那么为什么要批判它？为什么肯定

---

① 《建国以来重要文献选编》第十五册，中央文献出版社，2011年6月第1版，第72—84页。

这场斗争是完全必要的呢？有四条理由：1. 是由于长期以来彭德怀同志在党内有一个小集团，他参加了高岗、饶漱石反党集团，彭是高、饶反党集团的主要成员，更主要的不是高岗利用彭德怀，而是彭德怀利用高岗（毛泽东插话：彭和高岗，实际上的领袖是彭）；2. 彭和高都有国际背景，同某些外国人在中国搞颠覆有关；3. 阴谋篡党，背着中央在党内进行派别活动；4. 1959 年的信早不写、晚不写，恰在他率军事代表团出访几个月回来后急急忙忙写，是以为时机已到，利用工作中的缺点错误向党进攻；因而，所有的人都可以平反，唯彭德怀同志不能平反。①

刘少奇报告后，毛泽东对今后几天的会议作了安排：明天不放假，因为我们准备这次会议在这个月底搞完。

1 月 29 日，继续开全体大会。林彪在大会上讲话：我们党所提出的总路线、“大跃进”、人民公社这三面红旗是正确的，是中国革命发展中的创造，人民的创造，党的创造；总路线，毫无疑问是正确的，我们应该采取这条路线，应该采取这种做法，我们建设社会主义是需要多、需要快、需要好、需要省的，是能够多、能够快、能够好、能够省的；我们需要鼓足干劲，能够鼓足干劲，需要力争上游，能够力争上游；我们不能有相反的做法，不鼓足干劲的做法，不力争上游的做法，少慢差费的做法；总路线本身是一个统一的整体，各个组成部分是缺一不可的，如果我们抓到一个方面，丢掉其他方面，那就不好了；这几年我们工作中产生的一些缺点，不是总路线本身的问题，而是执行中的毛病；三年以来所发生的毛病，使我们在物质方面，工业生产、农业生产的方面，减少了一些收入，可是我们在精神上却得到了很大的收入；我们有失的一方面，也有得的一方面，这种失的方面的作用，现在看得很清楚，而得的方面的作用，暂时还看不清楚；我们应该相信，我们所得到的经验，将要发挥很大很大的作用；我们要看到，我们付出一点学费是值得的。

---

① 薄一波：《若干重大决策与事件的回顾》下卷，中共中央党校出版社，1993 年 12 月第 1 版，第 1090—1092 页：“七千人大会”召开前三天（1962 年 1 月 7 日），彭德怀给中央办公厅主任杨尚昆写信说：“6 日午前，中央办公厅同志通知 10 日参加扩大会议，烦请代我请假，1 月、2 月拟继续读哲学和政治经济学，3 月去太行山，4 月去冀南区各调查一两个大队。”后来得知大会再次受到批判，他很气愤。彭德怀向人表示，看了刘少奇的讲话，很不舒服，书读不下去，觉也睡不好。彭德怀本来打算春节以后再到太行山老解放区去看看，搞些调查研究，现在这个样子不能去了，去了人家不好办。

1962 年 6 月 16 日，彭德怀写给毛泽东和中共中央一封长达 8 万字的信，这封信共分 5 部分，大体上围绕刘少奇在“七千人大会”的讲话中对他的批评来写的。对庐山会议、高饶联盟（承认听到高岗议论刘少奇，没有及时向中央报告，是不对的，但绝不存在“彭高联盟”）、“里通外国”（回顾 1936 年到 1958 年之间，9 次同外国人的接触，都有翻译和外交人员在场，有案可查）、军事路线（主持中央军委期间，建军原则、领导制度、战略方针、民兵制度等方面，都是遵循党中央、毛主席的原则办事的）以及历史上的一些问题（回顾入党、平江起义、上井冈山、长征、抗日战争等），提出申诉，要求组织专案小组对这些问题逐一审查。

彭德怀特别申明：他没有阴谋篡党和国际背景，“如查有确实证据，请求按照党的纪律和国家法律，给予应得之罪，死无怨恨”。

1962 年 8 月 22 日，北戴河会议结束前两天，他再次给毛泽东和党中央写信，重申不存在反党小集团篡党和同外国人在中国搞复辟活动的问题。他说：“我带着苦闷的沉重的心情，再次请求对我所犯的错误，进行全面的审查，作出正确的处理。”

林彪说："这些困难，在某些方面，在某种程度上，恰恰是由于我们没有照着毛主席的指示、毛主席的警告、毛主席的思想去做。如果听毛主席的话，体会毛主席的精神，那么，弯路会少得多，今天的困难会要小得多。……我感觉到，我们同志对待许多问题，实际上经常出现三种思想：一种是毛主席的思想，一种是'左'的思想，一种是右的思想。当时和事后都证明，毛主席的思想总是正确的。可是我们有些同志，不能够很好地体会毛主席的思想，把问题总是向'左'边拉，向'左'边偏，说是执行毛主席的指示，实际上是走了样。当然右的思想也是有的，党内、党外都是有的。无论'左'的、右的，都是不符合实际的，都不是马克思列宁主义。正确的东西，就是辩证唯物主义，就是马克思列宁主义，就是毛泽东思想。毛主席的优点是多方面的，不是一方面的。我个人几十年来体会到，毛主席最突出的优点是实际。他总比较人家实际一些，总是八九不离十的。他总是在实际的周围，围绕着实际，不脱离实际。……我深深感觉到，我们的工作搞得好一些的时候，是毛主席的思想能够顺利贯彻的时候，毛主席的思想不受干扰的时候。如果毛主席的意见受不到尊重，或者受到很大的干扰的时候，事情就要出毛病。我们党几十年来的历史，就是这么一个历史。因此，在困难的时候，我们党更需要团结，更需要跟着毛主席走。这样，我们党才能够从胜利走向胜利，从小的胜利走向更大的胜利，我们的国家才能更加好起来，更加强起来。"①

林彪还详细地阐述了党的军事方针。

林彪讲话后，毛泽东说："林彪同志讲了一篇很好的讲话，关于党的路线，关于党的军事方针。我希望把它整理一下。给你一个星期、半个月搞出来。还有少奇同志的口头报告，口说无凭，也请他整理一下。他已经答应了。"

29 日，毛泽东讲话说："这次用这么个方式，在北京开这么个会，要解决问题。现在要解决的一个中心问题是，有些同志的一些话没有讲出来，觉得不大好讲。这就不那么好了。要让人家讲话，要给人家机会批评自己。你自己不批评自己，也可以，得让人家批评你。最好的办法还是自己来批评自己。有许多地方的同志是做了准备的，而且有的做检讨做了几年了。有好几个省从 1959 年就做自我批评，不止 1 次、2 次、3 次、4 次，而是 5 次、6 次。自我批评的结果，人家就不爱听了，说：请你不要再讲了，老讲那一套。这个时候你就可以不讲了，这才取得了主动。我看是不是在这次会议上就解决这个问题，县、地、省都有同志在这里，不要等回去了再解决。不过这样有个问题，你们都急于回去过春节，这是个矛盾。还有几个同志准备讲话，恩来同志，小平同志，朱德同志。我也想讲几句话。我们可以一面开小会，一面开大会，每天大会不超过 3 个钟头。这可能违反大多数同志的意愿。为什么一定要回到你们家里过春节才算舒服？为什么我们在北京 7000 人一

① 《毛泽东传（1949—1976）》，中央文献出版社，2003 年 12 月第 1 版，第 1197 页；《建国以来重要文献选编》第十五册，中央文献出版社，2011 年 6 月第 1 版，第 89—90 页。

道过一个春节不好？我看，春节不关大局，不关什么农、工、商、学、兵、政、党。我主张集体在北京过一个春节，有什么不好啊？"

毛泽东说："我相信能解决上下通气的问题。有一个省的办法是，白天出气，晚上看戏，两干一稀，大家满意。我建议让人家出气。不出气，统一不起来。没有民主，就不可能有集中。因为气都没有出嘛，积极性怎么能调动起来？到中央开会还不敢讲话，回到地方就更不敢讲话了。我们几个常委商量了一下，希望解决出气的问题。有什么气出什么气，有多少气出多少气。不管是正确之气，错误之气，不挂账，不打击，不报复。你骂了我，我整你一下，这是不许可的。要建立民主集中制。讲了几十年马克思主义，我们党内生活的民主集中制没有很好建立起来，民主集中制的思想在有些同志脑筋里面没有产生，没有民主。"

毛泽东说："这次会议没有你们，这个报告制定不出来。第一章、第二章全靠同志们。常委、政治局、书记处都没有开会。我只看了一下，也没有看完，提出干脆统统发下去，让大家去讨论。后来组织 21 人的起草委员会，整整搞了 8 天，每天开一个下午的会，有时 6 个钟头，搞了七八遍，才搞了出来。从群众中来嘛！不从群众中来，这个报告就搞不出来。全靠大家帮助，集体的智慧，共同创造了这个文件。至于这个文件是不是有缺点错误，过一两年总可以看得出来，到时候再修改。横直是有错误就要改，谁的错误谁就改。是我的错误我要改。中央的错误，有些我要直接负责，间接的我也有责任。你当主席嘛，谁叫你当主席？你怎么官僚主义？搞了这么多文件，煤炭部下了那么一个命令，直到这次少奇同志报告搞出来我才知道。可见我的官僚主义相当可观了。总之，要解决上下通气问题。"

毛泽东说："实际上，我们现在开的是 5 级干部会议：县委、地委、省委、中央局、中央。如果你们赞成，就按照这个方法去做，改正我那一天说的办法。如果你们不赞成，一定要明天结束，我也可以接受，我们明天就可以散会。如果你们想解决上下通气这个问题，就趁此机会，就在这里解决，舒舒服服回去。如果你们赞成，就这样做。每天下午有一个同志讲话，上午讨论，开出气大会。"①

30 日上午，各省贯彻各大区的会议精神，动员大家打消一切顾虑，发扬民主，向上级并重点向省委的缺点错误开展批评。

1962 年 1 月 30 日下午，毛泽东在大会上作长篇讲话，一共讲了 6 个问题：这次开会的方法；民主集中制问题；我们应当联合哪些阶级，压迫哪些阶级；关于认识客观世界的问题；关于国际共产主义运动；要团结全党和全国人民。中心讲民主集中制问题。

毛泽东说："不论党内党外，都要有充分的民主生活，就是说，都要认真实行

---

① 《毛泽东传（1949—1976）》，中央文献出版社，2003 年 12 月第 1 版，第 1198—1200 页。

民主集中制。

“……现在有些同志，很怕群众开展讨论，怕他们提出同领导机关、领导者意见不同的意见。一讨论问题，就压抑群众的积极性，不许人家讲话。这种态度非常恶劣。民主集中制是上了我们的党章的，上了我们的宪法的，他们就是不实行。同志们，我们是干革命的，如果真正犯了错误，这种错误是不利于党的事业，不利于人民的事业的，就应当征求人民群众和同志们的意见，并且自己作检讨。这种检讨，有的时候要有若干次。一次不行，大家不满意，再来第二次；还不满意，再来第三次；一直到大家没有意见，才不再作检讨。有的省委就是这样做的。有一些省比较主动，让大家讲话。早的，在1959年就开始作自我批评，晚的，也在1961年开始作自我批评。还有一些省是被迫作检讨的，像河南、甘肃、青海。另外一些省，有人反映，好像现在才刚刚开始作自我批评。不管是主动的，被动的，早作检讨，晚作检讨，只要正视错误，肯承认错误，肯改正错误，肯让群众批评，只要采取了这种态度，都应当欢迎。

“批评和自我批评是一种方法，是解决人民内部矛盾的方法，而且是唯一的方法。除此以外，没有别的方法。但是，如果没有充分的民主生活，没有真正实行民主集中制，就不可能实行批评和自我批评这种方法。

“我们现在不是有许多困难吗？不依靠群众，不发动群众和干部的积极性，就不可能克服困难。但是，如果不向群众和干部说明情况，不向群众和干部交心，不让他们说出自己的意见，他们还对你感到害怕，不敢讲话，就不可能发动他们的积极性。

“……没有民主，不可能有正确的集中，……没有民主，就不可能正确地总结经验。没有民主，意见不是从群众中来，就不可能制定出好的路线、方针、政策和办法。……党委的领导，是集体领导，不是第一书记个人独断。在党委内部只能实行民主集中制。第一书记同其他书记和委员之间的关系是少数服从多数。拿中央常委或者政治局来说，常常有这样的事情，我讲的话，不管是对的还是不对的，只要大家不赞成，我就得服从他们的意见，因为他们是多数。听说现在有些省委、地委、县委，有这样的情况：一切事情，第一书记一个人说了就算数。这是很错误的。”①

毛泽东说：“有了错误，一定要作自我批评，要让人家讲话，让人批评。去年6月12号，在中央北京工作会议的最后一天，我讲了我自己的缺点和错误。我说，请同志们传达到各省、各地方去。事后知道，许多地方没有传达。似乎我的错误就可以隐瞒，而且应当隐瞒。同志们，不能隐瞒。凡是中央犯的错误，直接的归我负责，间接的我也有份，因为我是中央主席。我不是要别人推卸责任，其他一些同志也有责任，但是第一个负责的应当是我。”②

① 《毛泽东文集》第八卷，人民出版社，1999年6月第1版，第291—295页。

② 《毛泽东文集》第八卷，人民出版社，1999年6月第1版，第296页。

毛泽东说："中国的人口多、底子薄，经济落后，要使生产力很大地发展起来，要赶上和超过世界上最先进的资本主义国家，没有100多年的时间，我看是不行的。"

毛泽东说："在我国，50年内外到100年内外，建设起强大的社会主义经济，建设起强大的资本主义经济，那又有什么不好呢？从现在起，50年内外到100年内外，是世界上社会制度彻底变化的伟大时代，是一个翻天覆地的时代，是过去任何一个历史时代都不能比拟的。处在这样一个时代，我们必须准备进行同过去时代的斗争形式有着许多不同特点的伟大的斗争。为了这个事业，我们必须把马克思列宁主义的普遍真理同中国社会主义建设的具体实际，并且同今后世界革命的具体实际，尽可能好一些地结合起来，从实践中一步一步地认识斗争的客观规律。要准备着由于盲目性而遭受到许多的失败和挫折，从而取得经验，取得最后的胜利。由这点出发，把时间设想得长一点，是有许多好处的，设想得短了反而有害。"[①]

毛泽东说：社会主义经济，对于我们来说，还有许多未被认识的必然王国；最近几年我们干过许多蠢事，只有有了成功和失败的比较，才可能发展为较完全的认识；拿我来说，经济建设工作中的许多问题，还不懂得；工业、商业，我就不大懂，不如刘少奇、周恩来、邓小平懂得多，更不如陈云；对于农业，我懂得一点，但是也只是比较地懂得，还是懂得不多；我注意得较多的是制度方面的问题，生产关系方面的问题；至于生产力方面，我的知识很少；对于社会主义建设，我们还缺乏经验；在社会主义建设上，我们还有很大的盲目性；人对客观世界的认识，由必然王国到自由王国的飞跃，要有一个过程；社会主义建设，从我们全党来说，知识都非常不够；我们应当在今后一段时间内，积累经验，努力学习，在实践中间逐步加深对它的认识，弄清楚它的规律；一定要下一番苦功，要切切实实地去调查它，研究它；有了总路线还不够，还必须在总路线指导之下，有一套适合情况的具体的方针、政策和办法。[②]

毛泽东说："不论在老的和新的党员里面，特别是在新党员里面，都有一些品质不纯和作风不纯的人。他们是个人主义者、官僚主义者、主观主义者，甚至是变了质的分子。还有些人挂着共产党员的招牌，但是并不代表工人阶级，而是代表资产阶级。党内并不纯粹，这一点必须看到，否则我们是要吃亏的。"[③]

毛泽东说："我们有些同志惯于拿帽子压人，一张口就是帽子满天飞，吓得人不敢讲话。当然，帽子总是有的。刘少奇同志的报告里面不是就有许多帽子吗？'分散主义'不是帽子吗？但是，不要动不动就给人戴在头上，弄得张三分散主义，李四分散主义，什么人都是分散主义。帽子，最好由人家自己戴，而且要戴得合

① 《毛泽东文集》第八卷，人民出版社，1999年6月第1版，第302页。
② 《毛泽东传（1949—1976）》，中央文献出版社，2003年12月第1版，第1203页。
③ 《毛泽东文集》第八卷，人民出版社，1999年6月第1版，第306页。

适，最好不要由别人去戴。他自己戴了几回，大家不同意他戴了，那就取消了。这样，就会有很好的民主空气。我们提倡不抓辫子、不戴帽子、不打棍子，目的就是要使人心里不怕，敢于讲意见。”

毛泽东说：“让人讲话，天不会塌下来，自己也不会垮台。不让人讲话呢？那就难免有一天要垮台。”①

1月30日晚上，毛泽东召集中央常委和中央局负责人会议。毛泽东讲了一个故事：战国时期，秦国攻击郑国，秦国被晋国抄了后路，秦国军队全军覆没，晋国俘虏了秦国三个将军；这三个将军因为在晋国都有私人关系，晋国的人就把他们放了，三个将军回到秦国，秦穆公穿着孝衣去迎接他们，并且说，打了败仗不怪你们，这是我的责任；秦穆公仍然重用这三位大将，三年以后，秦国攻打晋国，晋国全军覆没。

毛泽东请中央局书记转告省委书记：省委书记要检讨，检讨不在多，态度要老实诚恳，要抓住本质，有“左”讲“左”，有右讲右，有多少讲多少，即使人家讲的不对也不要忙于解释；对待错误基本是两条，一条是对你提意见就应该听，让人家讲够，讲够了他就不讲了；第二条是你自己讲，你讲了人家就不讲了，或者讲的就少了；总之，不听不讲是不行的；当然也不要为了过关，对自己乱戴帽子；对检讨自己错误的人，不要勉强，检讨不彻底的人也不要勉强，因为检讨总要觉悟到了才行，能检讨多少就检讨多少。

会议决定常委几个人分别参加几个省的会议，再用3天时间开小组会，放手让大家提意见。少数空气沉闷的省份，在刘少奇等中央领导人的亲自坐镇下，初步揭开了盖子，前几年严重存在的问题开始暴露出来。②

1962年1月31日至2月6日，会议各大组针对高指标、瞎指挥带来的大幅度减产、饿死人等严重问题对省委、中央局、中央国家机关及有关负责人几年来的工作提出了许多批评。各省委主要负责人都在大会上作了检讨。中央局和中央国家机关一些部、委的负责干部就工作指导上出现过的缺点错误，作了自我批评。

2月2日，毛泽东主持中央政治局常委扩大会议，采纳邓小平和彭真的建议，出气大会告一段落。

2月3日，周恩来在福建组讲话：我们检讨的目的，就是为了团结；这几年来，党风不纯，产生了浮夸和说假话现象；我们要提倡说真话，怎样才能做到这一点呢？要大家讲真话，首先要领导上喜欢听真话，反对说假话；大家都说假话，看领导的脸色说话，那不就同旧社会的官场习气一样了吗？你们反映的情况我听起来觉得很痛心，你们说假话当然不对，但更重要的是我们压你们；从现在起，不要乱

① 《建国以来重要文献选编》第十五册，中央文献出版社，2011年6月第1版，第94—115页。

② 《毛泽东传（1949—1976）》，中央文献出版社，2003年12月第1版，第1204页。

压任务、乱戴帽子了；这几年《人民日报》宣传了许多不恰当的口号，如拔白旗等，他们已经做了检讨；我这几年也开过几次大会，发了不少奖状，如果表扬的事迹是假的，你就把“奖状”摔掉；实事求是是一句成语，它代表了毛泽东同志一个根本思想，如何做到实事求是，首先要通过认真的调查研究，要调查研究得好确实是不容易的，因为现在已经有4年的浮夸风气，不易一下子改变过来；少奇同志去年回湖南家乡，开始群众不敢讲真话，有人封锁了真相；我也曾到一个地方搞调查，去之前，先派了办公室的同志去，后来发现反映的材料与实际情况还是有出入；你要了解真实情况，就要与老百姓平等对待；在战争年代，我们与老百姓住在一起，天天见面，不分彼此，和群众的关系很密切；现在不一样了，一进会场，你们就起来鼓掌我就不舒服，但是又不好阻止你们；昨天下午你们没有鼓掌，我心里就很舒畅；为什么还会产生这个隔阂呢？我想就是因为国家大了，“官”大了，和根据地的情况不一样了；所以你们鼓掌，我心里不安；现在造成的这种形势，一定要改变，下决心改变；要搞好调查研究，就要真正联系群众；在战争年代，军队讲民主，就能打胜仗；规模最大的是解放战争，那时军队也最讲民主，仗怎么打，作战方案怎么定，允许连队讨论，提出意见，这是毛泽东同志的创造，也是全军的创造；军队能够讲民主，为什么党内不能讲民主呢？我以为要按党章办事。①

2月3日，朱德在山东组全体会议上讲话：这次会议，畅所欲言，知无不言，言无不尽，上下通了气，我很满意；这几年，党内斗争扩大化了，吃了一些亏，运动中打击面宽了，伤了人；经过这次会议，我看可以把平反的工作搞好，把更多的人团结起来；在群众运动中，往往一个偏向来了，掌握不住，越走越偏；“左”的倾向来了，也带群众性，制止不住，要到失败了，吃了亏，才制止得住；有那么一些人，在“反右”中总觉得高指标都对，不搞高指标就“右”了，所以风刹不住；反右比较容易，“左”的东西往往看不清，不容易制止；反“左”容易出右，反右容易出“左”；这种情况，作为领导者应当注意；有“左”反“左”，有右反右，有啥反啥，没有就不反，不要一说反什么就自上而下地来个普遍化。

朱德说：“大家对老红军为什么那样亲热？因为老红军讲阶级团结，讲阶级友爱嘛！只有团结自己，才能打倒敌人。对群众我们要起码团结90%以上，对干部就不是团结90%，而是要争取团结100%。培养一个干部，要10年、几十年，不容易啊！要使他到老、到死始终是个好干部。我们对干部的培养教育，就要从这个目的出发。王明‘左’倾路线对干部搞‘残酷斗争，无情打击’，不是开除就是处分。那个坏作风，使革命遭受很大损失。延安整风得出结论：和风细雨，治病救人。这样就把作风转过来了。我们要靠党的团结，靠批评和自我批评。对犯了错误的同志，应当治病救人，不搞惩办主义，无情打击。要很好地爱护干部，尊重党员

① 《建国以来重要文献选编》第十五册，中央文献出版社，2011年6月第1版，第116—118页。

的权利。如果他没有经验，就把他教育好；如果他有错误，就帮助改正。那末斗争还要不要？还要。不斗争就不能团结。争论一番，也叫斗争。但斗争必须从团结的愿望出发，达到团结的目的。党章上有规定，按党章办事。作了决定就执行。这几年出了歪风，但生产积极性、工作积极性还应该保护，社会主义建设事业还应该搞，问题是要稳步地、实事求是地搞好，这样积极性就会更高。干了一件事再干一件，不要盲目的积极性，不能做不到的偏要做，强迫命令，瞎办主义。那一套'左'的歪风要痛改。经过这次会，大家总结了经验，又有了切实可行的条例，要有计划、有组织地引导群众去执行。"

朱德说："一个生产队几十户，也应订一个条例，怎样搞法由他们自己作主。这么搞，他们就努力，出勤率就高。把生产队搞好了，县的工作就好搞了，就有饭吃了。吃饭是个大问题，搞得人们吃不饱饭是不行的。……抗旱救灾是个好办法。把生产队搞好，自留地分好。……机关也动手，开一点荒，搞一点水利，见缝插针。不吃食堂了，农民家里可以省点，有啥吃啥，使农民有点家底，能够养老养小。"

朱德说："目前，手工业恢复得比较快。去年6月、7月、8月才开始认真抓，只有三四个月时间，有些产品就可以敞开供应了，不用排队了，有的还可以销往外省、外国。中国人民过去几千年是怎么过来的？主要是靠农业、手工业生产维持。今后手工业生产还要发展。办手工业可以使老小有事做，有收入。有些东西销到国外可以换粮食、钢材。现在工业产品还不多，手工业产品还很需要。"①

1961年2月6日，农历壬寅年正月初二，继续开会。

邓小平讲话：我们党有这么5个优点，有5好：第一，有好的领导思想，这就是以毛泽东思想为代表的党的指导思想；毛泽东思想，就是把马克思列宁主义的普遍真理同中国革命和建设的具体实践相结合的思想；第二，有好的党中央，这就是以毛泽东同志为首的党中央，在这次会议上，我们的中央按照马克思列宁主义的原则，认真地总结经验，展开批评和自我批评，发扬成绩，修正错误，这样做，按照列宁的话说，就是一个郑重的无产阶级的马克思列宁主义的政党的标志；第三，有大批好的骨干，包括大批新的积极分子；第四，有好的传统，好的作风，就是毛主席所概括指出的，理论与实际相联系的作风，联系群众的作风，自我批评（当然也包括批评）的作风，总的来说，就是毛主席所说的实事求是的作风；第五，有好的人民，人民对我们党有最大的信赖。

邓小平说：最近几年，我们党的领导，党的工作，是有严重缺点的；特别重要的是党的优良传统受到了削弱；首先是我们不少同志对毛泽东思想的学习不够，体

① 《建国以来重要文献选编》第十五册，中央文献出版社，2011年6月第1版，第119—123页。

会不深，不大注意调查研究，往往实事求是不够；其次党内斗争发生了一些偏差，在这次运动中，伤害了一部分干部，有的地区伤害了一大批党内外干部；由于没有贯彻实行民主集中制，党内过火斗争等种种原因，在党内滋长了一种不如实反映情况，不讲老实话，怕讲老实话的坏风气；现在，我们必须把我们党的优良传统恢复起来，发扬起来。①

朱德讲现代修正主义问题。

2 月 7 日，是大会最后一天。周恩来进一步讲了几年来经济工作上的缺点错误，特别是估产高，指标高，计划变动多，基本建设战线过长，权力下放过多、过散，不切实际的过多、过早、过急的大办、大搞等错误。

周恩来举例谈了自己所犯的错误，一个是 1959 年 8 月 26 日在人大常委会上，他曾提出过农业每年增产超过 10％就是跃进、超过 15％就是大跃进、超过 20％就是特大跃进；在工业上每年增产超过 20％就是跃进、超过 25％就是大跃进、超过 30％就是特大跃进。

周恩来说：另一个是为加快建设速度，使地方工业的产值在工农业同时并举的方针下，几年内超过农业产值，逐步在全国形成若干个具有比较完整的工业体系的经济区域，充分发挥全党办工业、全民办工业的积极性；为了达到这一目的，1958 年 6 月 2 日，我主持起草了一份限期将轻工业下放了 98.5％，重工业下放了 76％，接着财政、金融、贸易、文化、教育、科学技术的管理权也跟着下放；权力下放过多、过散，是形成分散主义的根源之一。

周恩来说：这些问题，我还要在 3 月的人大、政协会议上作适当的解释，这是我的账，要交代。（毛泽东插话：交代一回也就好了。）

周恩来说，这 10 年来，我们欠了 77.53 亿元的外债，到去年为止，已经还了 47 亿元，还差 30 多亿元；外债分三笔，一是抗美援朝的军事款，这笔数目最大；二是在经济建设中我们从苏联方面贷了一些款；三是这几年进出口贸易做大了，出口不了那么多东西，欠了一部分贸易款。这三笔账主要是欠苏联的，也有一小部分贸易款是欠东欧社会主义国家的；我们虽然一穷二白，但是人穷志不穷，账一定要还；这点账我们还得起，大概到 1967 年就可以还清。

周恩来说，现在我们承担的国际义务一天比一天重起来了，除了政治上、道义上的支援以外，还有物质上的支援；我们现在已经订了条约、协定、合同的有 69 亿多元；其中有援助社会主义国家的，主要是朝鲜、蒙古、阿尔巴尼亚，占 80％；有援助民族主义国家的占 20％；到目前为止已经用了 37 亿元，还要用 31 亿元；我们必须勇于承担国际义务，同时又要实事求是。

周恩来重申了毛泽东 1957 年就提出的 32 字领导原则：大权独揽，小权分散；

---

① 《建国以来重要文献选编》第十五册，中央文献出版社，2011 年 6 月第 1 版，第 124—143 页。

党委决定，各方去办；办也有决，不离原则；工作检查，党委有责。要求党委抓紧重大事情，从事务中超脱出来，就能把工作领导得更好。

大会提出了十年经济发展规划和近期经济调整任务。十年长远规划的基本设想有两个目标：一、按照勤俭建国的原则和不高的标准，基本上解决人民吃穿用问题；二、基本上建立一个独立、完整的国民经济体系，在科学技术和工业产品的品种、质量方面接近现代工业国家水平。为了实现这个目标，规定粮、棉、钢、煤4种主要产品的产量指标是：粮食1967年3800亿斤，1972年4300亿斤；棉花1967年3200万担，1972年4200万担；钢1967年1800万吨，1972年2800万担；煤1967年3.5万吨，1972年4.5万吨。

大会提出，1962年是对国民经济进行调整工作最关紧要的一年。

大会经过讨论，将经过修改的刘少奇书面报告的经验教训归纳为16条。

大会决定，在经济工作方面提出10项集中统一的要求。[①]

中共中央联络部部长王稼祥因病没有出席“七千人大会”，他认真阅读了大会的讲话和简报，受毛泽东讲话精神鼓舞，批评了我们党对外斗争有一种四面树敌的态势。王稼祥建议：要小心谨慎，注意策略，不能勇往直前，一斗到底，对外援助应当实事求是，量力而行。

毛泽东宣布大会闭幕。

大会闭幕后，安徽小组留下继续解决省内问题。

在“七千人大会”上，陈云没有讲话。

大会结束的第二天，陈云在参加大会的陕西省全体干部会议上说：这几年我们党内生活不正常，“逢人只说三分话，未可全抛一片心”，这种现象是非常危险的；一个人说话有时免不了说错，一点错话不说那是不可能的；在党内不怕说错话，就怕大家不说话；如果这样下去，我们的革命事业就不能成功，肯定是要失败的；这次大会取得了非常大的胜利，不要估计低了；只要有勇于开展批评与自我批评这一条，坚持真理，修正错误，我们共产党就将无敌于天下；看问题应采取比较正确的方法，就是“交换”、“比较”、“反复”，建议同志们可以试一试。

陈云说：“这几年工作中的缺点、错误，责任由谁负？中央、省委各有各的账，但是有许多事情，责任首先在中央。省委也有自己的账，再往下，地委有地委的账，县委有县委的账。大家都要吸取经验教训，把今后的工作做好。”[②]

---

① 当代中国研究所：《〈中华人民共和国史稿〉第二卷（1956—1966）》，人民出版社、当代中国出版社，2012年9月第1版，第149—152页。

② 《建国以来重要文献选编》第十五册，中央文献出版社，2011年6月第1版，第144—147页。

会议结束的第二天，毛泽东乘专列到外地。

中央日常工作照例由刘少奇主持。

1962年2月21日至23日，刘少奇在中南海西楼会议室主持召开中共中央政治局常委扩大会议。[①] 专题讨论1962年国家预算和整个经济形势问题。毛泽东在外地没有参加会议。

会议分析了农业生产下降、市场紧张、物价高涨、通货膨胀和国家存在着大量的财政赤字的情况，认为我国的财政经济形势已处在一个非常困难的时期。

陈云经过深思熟虑，在会上全面地讲了财政工作上的问题及对解决这些问题的意见，题为《目前财政经济的情况和克服困难的若干办法》。关于财政经济的困难，陈云指出了5点：①农业在近几年有很大的减产；②已经摆开的基本建设规模，超过了国家财力物力的可能性，同工农业生产水平不相适应；③钞票发的太多，通货膨胀；④城市的钞票大量向农村转移，一部分农民手里的钞票很多，投机倒把在发展；⑤城市人民的生活水平在下降（头两点是基本的）。

陈云分析了克服困难的有利条件，然后对克服困难的办法提出了6条意见：①把10年（1963—1972年）经济规划分为两个阶段——恢复阶段和发展阶段（每阶段大体5年）；②减少城市人口；③采取一切措施制止通货膨胀——严格管理现金、尽可能增加人民需要的生活用品、增加几种高价商品（高价品种要少，回笼货币要多）、坚决同投机倒把活动作斗争；④尽力保证城市人民生活的最低生活需要（分几步做到城市每人每月供应3斤大豆，每年供应几千万双尼龙袜子；把全国各地价值4000万到5000万元的山珍海味等高级副食品，用于高价馆子，价钱卖贵一些，既可以改善一部分人的生活，也可以回笼不少货币）；⑤把一切可能的力量用于农业生产；⑥计划机关的注意力应是增加农业生产，解决吃、穿问题，保证市场供应，制止通货膨胀，目前是第一位的问题，应把这些事情摆到头等重要的位置。

在一旁听会的秘书等工作人员，听到这里，不禁鼓起掌来。

2月26日，根据刘少奇的提议，国务院召开由各部委党组成员参加的扩大会议。会上，陈云再次就在中央常委扩大会议上的讲话为主要内容作报告。听了陈云的报告，国务院各部委党组成员们自发地报以长时间热烈的掌声，认为陈云的报告分析得透彻，解决的办法切实可行。

李先念、李富春也在会上作了报告。

---

① 中南海西楼位于中南海西门南侧，是一座青砖结构的南北朝向小礼堂。这次会议被称为“西楼会议”。

1962年3月7日，陈云主持中央财经小组[①]第一次会议，他说："农业问题，市场问题，是关系五亿农民和一亿多城市人口生活的大问题，……为了农业、市场，其他方面'牺牲'一点，是完全必要的。"

陈云指出，管理年度计划，首先要安排好农业和市场（这关系到城市人民生活的大问题），应该成为重要的国策；调整今年的计划，要准备对重工业、基本建设的指标"伤筋动骨"再不要只想到钢了。

关于综合平衡，陈云认为，过去几年，基本上是按长线搞平衡，结果不能平衡；按短线搞平衡，才能有真正的综合平衡。

听了陈云发言，周恩来高兴地插话说：可以写一副对联，上联是"先抓吃穿用"，下联是"实现农轻重"，横批是"综合平衡"。

第一次财经会议以后不久，陈云因病去杭州疗养，中央财经小组的工作由周恩来直接领导。

3月8日，周恩来讲话：总的形势，包括政治、经济、方针、政策、干部经验等等，最困难的时期已经过去了；目前财政经济困难是相当严重的，而且有些困难我们可能还没有看到，没有预计到；今年计划还需要大调整，原来想慢慢转弯，现在看来不行，要有一个180度的大转弯；如果说，过去是改良的办法，那么现在就要采取革命的办法；当然，步子一定要踩稳；今后10年中要有个恢复期，一般称它为"调整时期"。

3月12日和13日，刘少奇主持召开中央政治局常委扩大会议，讨论和通过中央批转陈云、李富春、李先念在国务院扩大会议上讲话的批语等。刘少奇说：这只是我们在这里的讨论，毛主席不在北京，我们要立即向他汇报；主席同意，文件就下发，主席不同意，回来再议。[②]

3月21日晚上，刘少奇在最高国务会议第十八次会议的第一次会议上发言，他将几年来工作中的缺点和错误一一列出，并且指出，缺点、错误由中国共产党负责，在中国共产党又是由中央负责，各民主党派和无党派负责人士没有责任或者责任很小。

参加会议的张治中说："我这个人跟国民党蒋介石的关系25年之久，我作为国民党中央常务委员也有十几年之久，我就没有听过蒋介石讲过自己的缺点、错误。不论大会上、小会上，他总是骂街，骂这个人不对，骂那个人不对，好发脾气，好骂人。"[③]

---

① 1962年3月16日，刘少奇、周恩来、邓小平赴武汉向毛泽东汇报了会议情况。并商定，恢复中央财经小组，由陈云任组长。3月18日，刘少奇、周恩来、邓小平返回北京。4月19日，中共中央正式发文宣布中央财经小组的组成人选：陈云任组长，李富春、李先念任副组长，周恩来、谭震林、薄一波、罗瑞卿、程子华、谷牧、姚依林、薛暮桥等为成员。

② 《毛泽东传》，中央文献出版社，2003年12月第1版，第1209页。

③ 《毛泽东传》，中央文献出版社，2003年12月第1版，第1214页。

1962年3月22日，毛泽东在接见田家英领导的湖南农村调查组全体成员时说，向调查组提出几条希望：第一，要同当地干部，省、地、县、社各级干部相结合；第二，不要乱指挥；第三，头脑里不要带框框下去，只带一件东西，就是马克思主义；第四，要做历史的调查，这是马克思主义的历史主义观点；第五，看到坏人坏事不要乱说，好的可以说；第六，参加点轻微劳动。

1962年3月26日，毛泽东回到北京，准备出席3月27日至4月16日召开的二届全国人大三次会议。

3月28日，周恩来在全国二届人大三次会议上的政治报告中提出："我们必须遵照毛泽东主席的指示，把农业放在发展国民经济的首要地位，按照农业、轻工业、重工业的次序来安排经济计划。"

在"七千人大会"上，搞农村"责任田"的曾希圣受到了上下的批评，被免去了省委第一书记的职务，由李葆华继任。1962年3月20日，安徽省委常委会通过了《关于改正"责任田"办法的决议》。

上半年安徽省委在纠正"责任田"中，太湖县委宣传干部钱让能直接向毛泽东写了报告，保荐责任田。钱让能写道：根据太湖县一年来实行责任田的结果，我总认为，这个办法是农民的一个创举，是适应农村当前生产力发展的必然趋势，有了它，当前的农业生产就如鱼得水，锦上添花；迄今一年来的实践证明，尽管有人责难它"糟了"、"错了"，然而广大的农民群众总认为是"好了"、"对了"，我在执行这一工作的过程中，农民群众的那股劲头是我10年来除土改外的第一次见闻；推行这一办法的结果，1961年是太湖人民在精神上、物质上的一个新的根本性转折；荒、逃、病、死一瞬而基本变成熟（荒地变成了熟地）、健（体质健康了，有病的也不多了）、生（妇女怀孕了，江塘公社甘岭大队668人，1962年怀孕的就有60个妇女）；迅速转变，究竟是什么力量呢？拿农民的话说"就是责任田好"；现在的责任田比1955年的初级社来说，其优越性可不言而喻，就是比起高级社来说，它在制度上是更加合理，更加完备了；多年来的农业上的问题主要就是没有责任到人；责任田是社会主义集体经济的一种管理办法，它并未改变生产资料所有制，土地仍然是集体所有，仍然是按劳取酬；国家征购任务照交，公社、大队的公共积累照取，这怎么能说是瓦解削弱了集体经济呢？急急忙忙地收回责任田，吵吵闹闹地指责是"单干"，很可能因为一部分是好心同志不知底里，一部分还是以"本本主义"的观点害怕农民不跟我们走；无论下乡也好，出差在轮船码头等车休息也好，许多农民有关责任田这方面的道理，与我在省听到的和文件上看到的道理，则完全相反；许多奇迹，见所未见，闻所未闻；所有不赞成责任田的各种议论，我想请到这里一闻一见，是会有很大的教益的；我担心，省委决议1962年内就要大部分改过来，除掉强迫命令，我看是扭不过来；据我们调查摸底，拥护责任田起码占

80%以上，甚至于占90%以上，站在90%以上的人民大众这一边同呼吸，该不算是尾巴主义吧！怕80%甚至90%以上的不跟我们走，这恐怕也不能算是马克思列宁主义！请求主席直接派人前来调查，以达弄清是非，像荒、逃、饿、病、死一字不漏的太湖县能够在一年内而且还是在大旱的情况下，基本上解决了吃的问题，那么其他类似情况的地区也可试行这个办法。

赞成和实行“包产到户”比较突出的地方，还有广西省。中共广西省监委和中共中央监委都批评这是闹单干。

1962年5月7日至11日，中共中央为进一步统一全党思想，在北京召开工作会议，讨论西楼会议、国务院扩大会议、中央财经小组会议形成的文件，特别是《中央财经小组关于讨论一九六二年调整计划的报告》。会议由刘少奇主持。在京的中央政治局常委、中央政治局委员和中央书记处成员，各中央局、中共中央和国务院各部委负责人共105人出席。刘少奇、周恩来、朱德、邓小平在会上分别就经济形势与方针任务、农村工作、甄别平反问题讲话。李富春、薄一波分别就1962年计划的有关问题，向大家作了说明和解释。

会议结束那天，邓小平主持会议。邓小平讲话说：这次会议各方面问题都摆出来了，还要做的事情很多，恐怕重心任务是两个：一个是减少两千万城市人口，一个是加强农村生产队工作；这两件事都不能抓迟了。

邓小平特别强调：干部的平反、树立和加强各级党委的领导核心，以调动干部和群众的积极性。邓小平根据军队的经验，建议对全国县以下干部，采取一揽子解决甄别的办法，即对过去搞错了或基本搞错了的干部，统统平反，除个别有严重问题的外，都不要留尾巴。这一意见得到全会赞同，甄别工作迅速全面展开。

会议通过《中央财经小组关于讨论一九六二年调整计划的报告》，提出：争取经济状况根本好转的指导思想是退够，争取快，准备慢；继续精减职工，减少城市人口，对工业实行关、停、并、转；从人力、物力、财力等方面切实加强农业。

报告经毛泽东批准，于5月26日发至全国贯彻执行。①

邓子恢用1961年一整年的时间，系统考察了5个省区的农村工作。他在1962年5月的中央工作会上说：有些地区，特别是受灾地区和山区分散地区就让他单干，或者叫包产到户，这是社会主义的单干。

6月下旬，中共中央书记处开会，听取华东局关于安徽省“责任田”的汇报。对“责任田”，华东局持严厉批判态度。出席会议的人，对一些地方出现的包产到

---

① 当代中国研究所：《〈中华人民共和国史稿〉第二卷（1956—1966）》，人民出版社、当代中国出版社，2012年9月第1版，第156页。

户赞成、不赞成各占一半。邓子恢发言说，安徽的“责任田”不是方向性的错误。邓小平说：在农民生活困难的地区，可以采取这种办法，安徽省的同志说“不管黑猫黄猫，能逮住老鼠就是好猫”，这话有一定的道理；“责任田”是新生事物，可以再试试看。

7 月 11 日，邓子恢在中共中央高级党校作报告，着重说农业生产责任制问题。他说：我们的集体劳动有些同志理解为像军队操练一样，把单独在一块地上干活叫单干；有些同志认为集体劳动就是一窝蜂，单独干活就是单干，单干就不是社会主义，就是资本主义，这是不对的；有的地方包产到户，搞得很好，全家人起早摸黑都下地了，凡是包产到户的，自留地和大田一样，没有区别；没有包产到户的，自留地搞得特别好，因为包产到户了超产是他的，责任心强，肥料也多；不能把田间管理责任制的包产到户认为是单干，虽然没有统一搞，但土地、生产资料仍是集体所有，不是个体经济。

十、阶级斗争

进入 20 世纪 60 年代，国际国内发生重大变化：中苏两党在国际共产主义运动中一些重大问题上产生重大分歧，导致两党和两国关系破裂，苏联单方面废除两国经济技术合作的各项协议，撤走在华工作的专家，苏联在边境集结部队，多次进行挑衅；美国采取扩大侵越战争的步骤，有可能将战火烧向中国；印度当局对中国提出领土要求，在中印边界制造事端，蚕食中国领土，侵犯中国领空。

盘踞台湾的蒋介石集团趁机发出反攻大陆的叫嚣，加紧对大陆的袭扰。

从 1958 年 4 月至 1961 年 10 月，国民党空军“P－2V”飞机窜入大陆 84 架次。1960 年 1 月至 1961 年 7 月，“RF－101”先后窜入沿海和内地 9 次进行侦察袭扰。

1959 年 10 月 7 日，人民解放军地空导弹部队在北京通县上空击落国民党空军“RB－57D”型飞机，并开创中国和世界防空史上第一次使用地空导弹击落飞机先例。

1960 年 9 月，台湾蒋介石集团召开八届三中全会。1962 年，台湾蒋介石集团发布“元旦公告”，鼓吹、动员和集中反共力量。1962 年，台湾蒋介石集团国民党召开八届五中全会，通过《光复大陆指导纲领》。

毛泽东指出：应当以有可能挨打为出发点来部署我们的工作；共产党人必须准备打仗，一切力量，军事的、政治的、经济的和宣传的，都是准备要打。

1961 年 8 月 2 日，人民解放军在福州机场上空以高射炮击落国民党空军“RF－101”型侦察机 1 架。1962 年 9 月 9 日，人民解放军地空导弹某部在江西省南昌市附近成功击落国民党空军“U－2”型高空战略侦察机 1 架。1964 年 12 月至 1967 年，人民解放军空军使用新装备的“歼－6”型飞机先后击落国民党空军“RF－101”型侦察机 2 架，击落“F－104”型战斗机 1 架。

1962年春天，蒋介石集团在美国怂恿下认为“大陆连年灾荒，政权摇摇欲坠”，进行战争动员，成立了以蒋介石、陈诚为首的“最高五人小组”，作为窜犯大陆的决策机构。3月间，蒋介石下达“征兵动员令”；4月间，通过了“国防特别预算”，建立了“战地政务局”，准备登陆后建立政权机构。

美国政界和军界高级领导人陆续到台湾活动，认为进犯中国大陆“时机已经成熟”。

从1962年2月到6月，美蒋海陆空军联合进行各种军事演习，随时准备进犯大陆。

美蒋出动各种类型的飞机到大陆上空进行骚扰侦察活动。

1962年4月间，中共中央军委开始注意蒋介石有派军队窜犯大陆的迹象。

5月中旬，毛泽东提出要加强备战。

6月6日，刘少奇主持召开中央政治局扩大会议，听取林彪关于东南沿海军事准备问题的报告。10日，中共中央发出准备粉碎国民党军进犯东南沿海地区的指示。

6月8日下午，毛泽东在杭州约见杨成武、许世友等。两人向毛泽东汇报蒋介石最近可能在东南沿海进行军事冒险的动向，并谈了6日政治局扩大会议的讨论情况。

6月10日，中共中央发出指示，要求全党、全军、全国人民提高警惕，从各方面做好准备，粉碎国民党军对东南沿海地区的进犯，决不让蒋介石集团的阴谋得逞。中央军委命令部队陆军师和部分特种兵部队做好出动准备，为预定参战部队抽调、补充了9.5万名老战士作为战斗骨干，按新编制和作战基数补充弹药。

在进行思想动员、舆论准备的同时，毛泽东指示军委认真做好必要的防范准备。中央军委先后采取了一系列紧急措施。6月24日，《人民日报》以《全国军民要提高警惕准备粉碎蒋匪帮军事冒险》为题，发表了毛泽东审阅定稿的新华社电讯稿，揭露蒋介石“反攻大陆”的阴谋。

这篇电讯立即引起国际舆论的关注，连美国人也感到蒋介石底气不足。连忙向蒋介石施加压力，劝阻他放弃所谓“反攻大陆”计划。6月27日，美国总统肯尼迪就台湾海峡局势发表声明，表示不支持蒋介石进攻中国大陆。

1962年秋天，经过长期准备的一批职业特务、军官、惯匪首领和大陆土改时逃亡地主等组成的“反共救国军”，分成9股从东南沿海窜入大陆。

大陆沿海军民严阵以待，仅用一两天就全歼武装特务172人。

1962年5月2日，毛泽东离京南下，先后到了上海、杭州、长沙、武汉、郑州、济南、天津。

毛泽东原打算于6月23日离开武汉到青岛，后来改变了主意，想在武汉多游几次长江。6月30日离开武汉。在返回北京的途中，向几个省的负责人着重了解他十分关心的夏收情况。7月5日到达天津，7月6日晨回到北京。

毛泽东在湖南了解到小麦的收成比原来预计多收了许多，到了河南、河北，听到反映都比1961年要好。毛泽东从邯郸没有直接北上，而是从陇海路向东到达济南，了解到山东夏季多收10多亿斤。

1962年6月24日，陈云回到北京。陈云一向深思熟虑、不随便讲话，就分田到户问题同刘少奇、周恩来、林彪、邓小平等人交换过意见：可以让农民重新分田，来刺激农民的生产积极性，以迅速提高农业产量。大家看法一致或者没有表示不同的意见。

田家英于1962年6月底结束湖南调查，回到北京。在调查中，他遇到了一个突出而又出乎意料的情况：一些地方的农民普遍要求包产到户或分田到户。他改变了过去反对包产到户，而逐渐萌生用包产到户和分田到户渡过暂时困难的想法。回到北京，田家英刚向刘少奇汇报时，刘少奇就说："现在情况已经明了了。"田家英问刘少奇：关于分田到户的意见可不可以报告给毛主席。刘少奇说：可以。①

7月2日，中共中央书记处召开会议。会上谈到几个中央局主要负责人对这一段时间老是讲错误、讲困难，有意见。陶铸、柯庆施说：毛主席也表示恐怕讲错误差不多了，讲困难是否也差不多了，以后要讲克服困难。彭真说："讲困难缺点到此为止，转为积极方面。"邓小平说："我倾向这样。"② 书记处会议上讨论了包产到户问题。邓小平说："恢复农业，相当多的群众提出分田。陈云同志作了调查，讲了些道理。意见提出是好的。……不管是黄猫黑猫，在过渡时期，哪一种方法有利于恢复，就用哪一种方法。我赞成认真研究一下。分田或者包产到户，究竟存在什么问题。你说不好，总要有答复。对于分田到户要认真调查研究一下，群众要求，总有道理。不要一口否定，不要在否定的前提下去搞。过渡时期要多种多样。现在是退的时期，退够才能进。总之，要实事求是，不要千篇一律。这几年就是千篇一律。"③

7月6日晚上，毛泽东在中南海游泳池召见田家英。田家英向毛泽东汇报了自己的意见：现在全国各地实行包产到户的农民约占30%，而且还在继续发展；与其让农民自发地搞，不如有领导地搞；将来实行的结果，包产到户和分田单干的可能达到40%，60%是集体和半集体；等到生产恢复了，再把他们重新引导到集体经济。

---

① 《毛泽东传（1949—1976）》，中央文献出版社，2003年12月第1版，第1229页。

② 《毛泽东传（1949—1976）》，中央文献出版社，2003年12月第1版，第1230—1231页。

③ 《毛泽东传（1949—1976）》，中央文献出版社，2003年12月第1版，第1231页。

毛泽东静静地听着，一言不发。等到田家英讲完了，毛泽东突然提出一个问题：“你的主张是以集体经济为主，还是以个体经济为主？”毛泽东接着又问：“这是你个人意见，还是有其他人的意见？”田家英回答：“是我个人意见。”毛泽东没有再说什么。谈话结束。①

7月6日，陈云致信毛泽东：“对于农业恢复问题的办法，我想了一些意见，希望与你一谈，估计一小时够了。”当天下午，毛泽东约见陈云。陈云说：分田到户不会产生两极分化，不会影响征购，恢复只要4年，否则需要8年。当时，毛泽东未表态。第二天传出毛泽东很生气，严厉批评：分田单干是瓦解经济，是修正主义。陈云闻讯沉默不语。②

7月7日，邓小平接见共青团三届七中全会与会者时说：在全国，巩固集体经济，这是根本方向，但要承认多种多样的形式；有些包产到户的，要使他们合法化；现在，实行各种形式的包产到户的，恐怕不止20%，这是一个很大的问题；这样的问题应该百家争鸣，大家出主意，最后找出个办法来；中央准备在8月会议上研究一下。③

7月8日，毛泽东在他的住处召开由刘少奇、周恩来、邓小平、陈伯达、田家英等人参加的会议。会上，毛泽东介绍了河南、山东两省的夏收情况，说形势并不那么坏。毛泽东建议刘少奇等找河南、山东、江西的同志谈谈，了解一下农村的形势。毛泽东表明了他对包产到户的反对态度，批评田家英回到北京不修改“六十条”，却热心搞什么包产到户、分田单干。

毛泽东指定陈伯达为中央起草关于巩固人民公社集体经济、发展农业生产的决定。

会后第二天、第三天，刘少奇、周恩来、邓小平先后同河南省委第一书记刘建勋、山东省委第一书记谭启龙谈话，了解情况。④

7月17日，耿直的邓子恢当面向毛泽东陈述实行包产到户的意见：从安徽的当涂和宿县的情况来看，“责任田”能做到五统一——主要生产资料、生产计划、劳动力、分配、上缴任务统一于集体，不是单干；“责任田”实际上是一种联产计酬的生产责任制，有强大的生命力，广大农民不愿改变。

7月18日，刘少奇在对中直机关和国家机关下放干部的讲话中，讲了巩固人民公社经济的问题。他说，“集体经济现在发生一种瓦解的危机，散的危机，……不是任何集体经济都能发展生产。”刘少奇强调：你们到农村去，要抓巩固集体经

① 《毛泽东传（1949—1976）》，中央文献出版社，2003年12月第1版，第1229—1230页。

② 《毛泽东传（1949—1976）》，中央文献出版社，2003年12月第1版，第1230页；薄一波：《若干重大决策与事件的回顾》下卷，中共中央党校出版社，1993年6月第1版。

③ 《毛泽东传（1949—1976）》，中央文献出版社，2003年12月第1版，第1231页。

④ 《毛泽东传（1949—1976）》，中央文献出版社，2003年12月第1版，第1232页。

济的问题；当前头等重要的任务是教育农民干社会主义，干共产主义。[①]

同一天，中央紧急下发了《关于不要在报纸上宣传“包产到户”等问题的通知》。

7月20日，毛泽东同前来参加北戴河中央工作会议的各中央局第一书记谈话说：“你们赞成社会主义，还是赞成资本主义？当然不会主张搞资本主义，但有人搞包产到户。现在有人主张在全国范围内搞包产到户，甚至分田到户。共产党来分田？对农民，要让他自愿，如果有的人非包产到户不可，也不要采取粗暴态度。问题是要分析农民的基本要求是什么，我们如何领导。有人似乎认为我们和农民搞了几十年，现在好像不行了，难道我们就这样脱离群众？有人说恢复农业要8年时间，如果实行包产到户，有4年就够了，你们看怎么样？难道说恢复就那么困难？这些话都是在北京的人说的。下边的同志说还是有希望的。目前的经济形势究竟是一片黑暗，还是有点光明？”[②]

7月22日，毛泽东看了中南局第一书记陶铸和第二书记王任重在广西桂林专区龙胜县主持召开的关于巩固生产队家庭经济问题座谈会的记录：要划清集体经济和单干的界限；提出了目前巩固集体经济的方针和必须做好的工作。毛泽东当即批示印发即将召开的中央工作会议：“这个文件所作的分析是马克思主义的，分析之后所提出的意见也是马克思主义的。是否还有可议之处，请各同志研究。并且可以发给省、地两级去讨论。”

7月23日，毛泽东审阅了《关于巩固人民公社集体经济、发展农业生产的决定（草案）》，决定作为中央工作会议文件之一印发讨论。

1962年7月25日至8月24日，中共中央在北戴河召开中央工作会议，议定讨论农业、财贸、城市等方面的问题。

7月25日至8月5日，按大区分编的6个小组，分别讨论和修改中央提交会议讨论的文件，即：《关于进一步巩固人民公社集体经济、发展农业生产的决定（草案）》、《农村人民公社工作条例（修正草案）》、《中共中央、国务院关于改进商业体制的决定（初稿）》、《中共中央关于有计划地交流各级党政主要领导干部的决定》、《中央关于粮食问题的决定》以及关于市场和物价问题的文件等。

7月28日下午，毛泽东在北戴河他的95号楼会客室召开中央政治局常委扩大会议，各中央局第一书记参加。会上讨论的问题很广泛，从国际形势到莫斯科和平裁军会议，再到国内形势、东南沿海备战、党内出现一些右的苗头、精简工作、城市工作等。

8月5日，毛泽东找来华东的柯庆施、李葆华和中南的陶铸、王任重谈话，有

① 《刘少奇选集》下卷，人民出版社，1981年12月版，第461页。
② 《毛泽东传（1949—1976）》，中央文献出版社，2003年12月第1版，第1234页。

邓子恢、陈伯达、陈正人、廖鲁言、王观澜参加。

毛泽东说：我“周游”了全国一遍，找各大区的同志都谈了一下；昨天下午，西南区云南、贵州、四川各省的同志谈到这样的问题：一搞包产到户，一搞单干，半年的时间就看出农村阶级分化很厉害；有的人很穷，没法生活；有卖地的，有买地的；有放高利贷的，有讨小老婆的；他们说，贫困户、中间户、富裕户各占三分之一；你们有没有这种调查；有没有阶级呢？我看还有；地主、富农、反革命残余都还存在；农村中还有富裕阶层，阶层之间有没有矛盾呢？第一种是敌我矛盾，是对抗性的；第二种是人民内部矛盾，包括无产阶级和资产阶级之间、社会主义和资本主义之间的矛盾；社会主义和资本主义、无产阶级之间的矛盾也类似敌我矛盾，因为这两个敌对阶级是互不相容的，这种矛盾同第一种矛盾虽然近似，但是要有所区别，还是把它说成是内部矛盾为好；1959 年反右倾斗争，大多数是搞错了；彭德怀要翻案，要求平反，我看 1959 年反右倾运动不能一风吹，准备把彭德怀的信印发给大家看一看；有的人主张 60%分田到户，有的人主张全部分田到户；这就是说，基本上单干或者全部单干；也就是说，把 5 亿农民都变成小资产阶级，让小资产阶级当权，让小资产阶级专政；可是历史上从来没有过这样的事；看来允许百分之几到百分之十几闹单干是可以的，还有 90%是集体的嘛！如果全部闹单干，或大部分闹单干，我是不赞成的；如果那样搞，党内势必分裂；我找各大区的同志谈话，每个省都说去年比前年好，今年比去年好；看来并非一片黑暗；有的同志把情况估计得过分黑暗了；当然也不是像 1958 年搞浮夸时讲的都是一片光明；我是中间派，应当说基本上是光明的，有许多问题还没有解决；还要花几年的工夫，这些问题才能得到解决；是搞无产阶级专政，搞资产阶级专政，还是小资产阶级专政？我们到底走什么道路？①

毛泽东还说：1959 年反右倾斗争，大多数是搞错了；彭德怀要翻案，要求平反，我看 1959 年反右倾不能一风吹。②

1962 年 8 月 6 日，由毛泽东主持，在北戴河中直俱乐部会议室召开中央工作会议全体大会。

毛泽东讲话说：社会主义国家，究竟存在不存在阶级？在外国有人讲，没有阶级了，因此党是全民的，不是阶级的工具、无产阶级的党了，无产阶级专政不存在了，“全民专政”没有对象了，只有对外矛盾了；像我们的国家是否也适用？这个问题是否谈一下。

毛泽东说：形势问题，也要谈一下，国际问题要找几个人准备一下；国内形

---

① 《毛泽东传（1949—1976）》，中央文献出版社，2003 年 12 月第 1 版，第 1237—1239 页。

② 薄一波：《若干重大决策与事件的回顾》下卷，中共中央党校出版社，1993 年 6 月第 1 版，第 1092 页。

势，究竟这两年如何？有什么经验？有许多工作没搞好，有许多还是搞好了；有人说农村去年比前年好，今年比去年好，这个说法对不对？有些同志过去曾经认为是一片光明，现在是一片黑暗，没有光明了；是不是一片黑暗，这两种看法哪种对？如果都不对，是不是应有第三种看法？不是一片黑暗，基本光明，有黑暗，问题不小，确实很大；回到 1959 年庐山会议的三句话："成绩和很大，问题不小，前途光明。"

毛泽东说：矛盾问题，有些什么矛盾？一类是敌我矛盾，一类是人民内部矛盾；人民内部矛盾又有两类，有一种矛盾，对资产阶级的矛盾，实质上是敌对的，是社会主义与资产阶级的矛盾，我们当做人民内部矛盾处理；如果承认国内阶级残余还存在，就应该承认社会主义与资本主义的矛盾是存在的；阶级的残余是长期的，地主、富农、反革命残余都还存在，矛盾也是长期存在的；没有阶级就没有马克思主义了，我们要搞一万年阶级斗争，不然，我们就要变成"国民党"、"修正主义党"，不是几十年，我想是几百年；现在有一部分农民闹单干，究竟有百分之几十？有的说 20%，安徽更多；就全国来讲，这时期比较突出；究竟走社会主义道路还是走资本主义道路？农业合作化要不要，"包产到户"还是集体化？现在就有单干之风，越到上层越大；闹单干是富裕阶层，中农阶层、地富残余，资产阶级争夺小资产阶级搞单干；如果无产阶级不注意领导，不做工作，就无法巩固集体经济，就可能搞资本主义。

毛泽东说：我在大会只出了个题目，还没有说完，有的只露了一点意思，过两天可再讲一点。[①]

8 月 9 日，毛泽东在中心小组[②]会上接着西南局第一书记李井泉"单干以后，两极分化很厉害，只要两年就很明显"[③] 的话说道：要有分析，不要讲一片光明，也不能讲一片黑暗，1960 年以来，不讲一片光明了，只讲一片黑暗，或者大部分黑暗，思想混乱；于是提出任务，单干，全部或者大部单干，据说只有这样才能增产，否则农业就没有办法；包产 40%到户，单干、集体两下竞赛，这实质上叫大部分单干；单干势必引起两极分化，两年也不要，一年就要分化，其中有的还是共产党的支部书记，贪污多占，讨小老婆，放高利贷，买地；另一方面是贫苦农民破产，其中有四属户、五保户，这恰恰是我们的社会基础，是我们的依靠；我们要代表贫下中农，也代表一部分富裕的农民，所以要按劳分配；集体化的巩固，必须经过几个回合，我们的集体化已经经过了考验，将来还会继续接受考验的；[④] 赫鲁晓

① 《毛泽东传（1949—1976）》，中央文献出版社，2003 年 12 月第 1 版，第 1240—1242 页。

② 刘少奇提议，由中央和地方部分负责同志成立核心小组（中心小组），名单经毛泽东批准。共 22 人：毛泽东、刘少奇、周恩来、朱德、邓小平、彭真、李富春、李先念、谭震林、陈毅、陈伯达、罗瑞卿、谢富治、谷牧、陆定一、杨尚昆、柯庆施、李井泉、陶铸、宋任穷、李雪峰、刘澜涛。

③ 《〈中国共产党历史〉第二卷（1949—1978）》，中共党史出版社，2011 年第 1 版，第 712 页。

④ 《毛泽东传（1949—1976）》，中央文献出版社，2003 年 12 月第 1 版，第 1242 页。

夫还不敢公开解散集体农庄呢？这几年的一些做法，打击集体，有利单干，这次无论如何得解决这个问题。

毛泽东在批判中再次翻邓子恢[①]的老账，说："邓子恢同志动摇了，对形势的看法几乎是一片黑暗，对包产到户大力提倡。这与他在1955年夏季会议以前一贯不愿搞合作社；对于搞起了合作社，下令解散了几十万个，毫无痛惜之心；而在这以前则竭力提倡四大自由，所谓'好行小惠、言不及义'是相联系的。"

毛泽东说：邓老，你不管农业了，你管工业好不好；你那一套是资产阶级的农业专家；现在搞单干，不能持久，总有一天要搞资本主义大农业。

毛泽东说：有少数人把形势看得很黑暗，问题主要反映在国内的阶级斗争方面，也就是究竟搞社会主义，还是搞资本主义，这个斗争的时间相当长，100年以后还有这个问题，这种形势要看到；看来允许百分之十几闹单干是可以的，还有百分之九十嘛！如果全部闹单干，或大部分闹单干，我是不赞成的；如果那样搞，党内势必分裂。[②]

毛泽东说：有些同志一有风吹草动，就发生动摇，那是对社会主义革命没有精神准备，或者没有马克思主义；没有思想准备，没有马列主义，一有风就顶不住，大家都分析一下原因；这是无产阶级和富裕农民之间的矛盾，地主、富农不好说话，富裕中农就不然，他们敢出来说话，上层影响要估计到，有的地委、省委书记（如曾希圣）就要代表富裕中农；要花几年功夫，对干部进行教育，把干部轮训搞好，办高级党校、中级党校，不然搞一辈子革命，却搞了资本主义，搞了修正主义，这怎么行？

毛泽东说：搞社会主义革命，从1953年算起，不过才10年；经过互助组、初级社、高级社、人民公社，中间犯过错误，如"共产风"、瞎指挥、"大办"、高征购等，本来想搞得快些，结果反而慢了；引黄灌溉是瞎指挥，没有经验，不知道还会盐碱化；这些都属于认识上的错误；现在城市工人生活太苦了，要提高一些。[③]

8月11日，毛泽东在中央小范围会议上说：1962年刮歪风，在国际上，外交上主张"三和一少"，在国内主张"三自一包"，如果当时我们不顶住，用不了半年，就会变颜色。

毛泽东说：不是东方压倒西风，就是西风压倒东风，彭德怀来信，把过去说的统统推翻。

8月13日，毛泽东在中心组插话说："在中国一定不出修正主义？这也难说，儿子不出，孙子出。不过也不要紧。孙子出了修正主义，孙子的孙子就又要出马列

---

① 中央农村工作部被说成"十年没有办一件好事"，予以解散。邓子恢调任国家计委副主任。1964年，被免去副总理，改任全国政协副主席。

② 《〈中国共产党历史〉第二卷（1949—1978）》，中共党史出版社，2011年第1版，第712—713页。

③ 《毛泽东传（1949—1976）》，中央文献出版社，2003年12月第1版，第1243页。

主义了。按照辩证法，事物总是要走向反面的。”[①]

毛泽东说：我们坚决反对背后捣鬼的，不怕搞阳谋的。

针对彭德怀的“八万言书”，毛泽东指责彭德怀翻案，提出要批判“翻案风、黑暗风、单干风”。

8月15日，中心小组会上，李富春、谭震林、康生发言。

李富春说：毛主席提出的阶级和阶级斗争的问题很深刻、很及时；要抓生产，工农业生产要抓10年。

毛泽东插话：“我们各方面政策的出发点和着眼点是发展生产，促进生产，对生产有利。……瞎指挥我们不干了，高征购改正了，农业恢复的时间会快一些，恐怕再有两年差不多了，主要是今明两年，六四年扫尾。”

谭震林发言，批评包产到户，批评对困难的估计多了。

康生讲，过去13年，可以看出一个规律：每当我们党内搞出缺点、错误和困难的时候，党内党外总要起风波。

从8月17日起，中央工作会议转入讨论商业、物价、粮食等问题。

同一天，毛泽东主持召开中心小组会议。李先念、周恩来发言。李先念讲到阶级斗争时，毛泽东说：“打了一辈子仗，把阶级斗争忘记了。现在阶级斗争的形势和过去不一样了，过去是流血的，现在不是了。”

李先念说：去年进口粮食540万吨，今年进口470万吨，减少70万吨，逐年减少。毛泽东问周恩来：今年进口减少粮食70万吨，明年能减少多少？周恩来比较谨慎，说账还没有算，可以先减少70万吨，再看一遍。

李先念说：自由市场的物价下降了一倍，猪肉价格下降了一半，粮食差不多下降了4倍。毛泽东说：只一个夏天就下降了，秋后还要下降，这是供求法则嘛；猪多了不卖干什么？李先念带着检讨口吻说：我们做财贸工作的看问题多，看困难多。毛泽东说：形势让谭震林讲，困难让你讲，这可能是职业病。

毛泽东说：自由市场既然有，又起交流作用，还不如让它公开起来，起粮食交流作用；有许多三类物资，我们不搞，又不允许上自由市场，结果邯郸把几百万三类物资都损坏了。刘少奇说：自由市场事实上是存在的，你不让它搞，它有黑市，不让它存在是不行的。

8月20日，毛泽东主持召开最后一次中心小组会议。刘少奇就如何传达会议讲话说：阶级和阶级斗争问题，究竟怎样传达？广一些好，还是窄一些好？传达广一些，对干部教育有好处，但是容易发生反右，容易划分不清。毛泽东表示赞成，要写一个决定。

毛泽东在会上讲话：“问题讲清楚，不伤人。如邓老，你看我，我看你，究竟是单干好，还是集体好，要有历史作结论。苏联搞了40多年，合作化也没有搞好，

① 《〈中国共产党历史〉第二卷（1949—1978）》，中共党史出版社，2011年第1版，第717页。

粮食也没有过关。……我们要和风细雨地把问题讲清楚，分清是非，广泛地联系实际，主要是解决思想问题。也好说理，要讲道理，像这次会议一样。……阶级、阶级斗争问题，有的同志讲，是马克思主义的精髓。17 世纪 40 年代，出现了资产阶级和无产阶级两大阶级。经过两百年左右的时间才产生了马克思主义。马克思明确地宣布，他的学说不是资产阶级的，也不是小资产阶级的，而是无产阶级的。到了列宁，就发展了马克思主义。我学习马克思主义是经过列宁的。十月革命以后，马列主义才传播到中国，我们才学习。总之，离开阶级就不能谈问题，不能说明问题。……过去简报看得少，这次简报都看了。对讲阶级、阶级斗争，我有兴趣。不讲阶级，不讲阶级斗争，就没有劲了。”①

8 月 24 日下午，中央工作会议举行全体大会。毛泽东主持，陈毅作关于国际问题的报告。同日，中央工作会议结束。

1962 年 8 月 26 日至 9 月 23 日举行八届十中全会预备会议，绝大部分与会者来到北京，讨论毛泽东提出的问题。会议前期，主要讨论农业问题的两个文件，批评邓子恢的“单干风”，还讨论了国际形势和干部交流问题。

9 月 3 日，毛泽东召集小范围会议，布置把彭德怀的两封信拿到全会各小组会上讨论。一直到全会结束，小组发言、大会发言都充满了对彭德怀的批判。黄克诚、张闻天、周小舟、谭政、邓华、甘泗淇、洪学智等，一一检讨和受到批评。②

从 9 月 6 日、7 日起，以中央局为单位的 6 个组先后转入批判彭德怀、习仲勋的“翻案风”。

1962 年 9 月 24 日至 27 日，中共八届十中全会在北京中南海怀仁堂举行。参加会议的有中央委员、候补中央委员 100 人，中央、地方负责同志 33 人列席会议。中央政治局决定彭德怀、习仲勋、张闻天、黄克诚、贾拓夫不参加全会。

9 月 24 日，毛泽东主持会议并首先讲话：“这次主要全会，要解决几个重大问题。农业问题、商业问题，这是两个主要的问题。第三个主要的问题，就是党内团结问题。工业问题、计划工作问题，是第二位的问题。另外还有两个问题，一个是监察委员会扩充成员的问题，再一个是干部上下左右交流的问题。……这次会议可以说不是从今天开起，已经开了两个月了，在北戴河开了一个月，在北京又开了一个月。实际的问题，在那两个月各小组都讨论清楚了。现在开大会，就不需要多少时间了，大概 3 天到 5 天。”

毛泽东说：“我在北戴河提出 3 个问题：阶级、形势、矛盾。关于阶级。国际

① 《毛泽东传（1949—1976）》，中央文献出版社，2003 年 12 月第 1 版，第 1249—1250 页。

② 薄一波：《若干重大决策与事件的回顾》下卷，中共中央党校出版社，1993 年 6 月第 1 版，第 1093 页。

帝国主义、民族主义，那些都是资产阶级国家，阶级斗争没有解决，那是不待说了。所以我们有反帝的任务，有扶助反帝的民族革命运动的任务。在社会主义国家还有没有阶级？有没有阶级斗争？应该肯定还是有的，还是存在的。列宁曾经说，在社会主义革命胜利以后的一个长时期内，因为国际资产阶级的存在，因为本国资产阶级残余的存在，因为本国小资产阶级主要是农民阶级中间不断生长资本主义分子，所以剥削阶级虽然被推翻了，它还是要长期存在的，甚至于要复辟的。在欧洲，封建阶级被资产阶级推翻以后，比如在英国、法国等，经过几次复辟。读过英国革命史、法国革命史的就知道。社会主义国家也可能出现复辟的情况。……我们这个国家要好好掌握，要好好认识这个问题，承认阶级同阶级斗争的存在。要好好研究，要提高警惕。老干部也要研究，尤其是青年人，我们要对他们进行教育。……我们从现在就讲起，年年讲，月月讲，开一次中央全会就讲，开一次党大会就讲，使得我们有一条比较清醒的马克思主义的路线。”①

毛泽东说：国际形势是很好的，国内形势过去几年是不好的。1959 年、1960 年，这两年是低潮，因为我们办错了许多事，主要是高征购、瞎指挥这两件大错误。现在已经开始好转，现在无论国际、国内都是好的；社会主义阵营内部是复杂的，其实也很简单，道理就是一条，就是阶级斗争问题，马列主义与修正主义之间的斗争问题。

毛泽东在分析了世界上的各种国家与社会的矛盾后，指出：“在我们中国，也有跟中国的修正主义的矛盾。我们过去叫右倾机会主义，现在恐怕改一个名字为好，叫中国的修正主义。”②

毛泽东说：犯了错误的同志，只要认识错误，回到马克思主义立场方面来，我们就与你团结；我劝一些同志，无论是里通外国也好，搞什么秘密反党小集团也好，只要把自己那一套端出来，真正实事求是讲出来，我们就欢迎；近来有股平反之风，无论什么都要平反；我们的方针应当是：真正搞错了的，要平反；部分搞错的，部分平反；没有搞错，搞对了的，不能平反，真错了的平反，全错全平、部分错了部分平，没有错的不平，不能一律都平反；不要让阶级斗争干扰了我们的工作，大量的时间要做工作，但是要有专人对付这个阶级斗争。③

毛泽东明确表示：我对彭德怀这个人比较清楚，不能给以平反。

康生提议：被列为审查对象的彭德怀等 5 位同志不必再出席全会，国庆节也不上天安门。④

---

① 《毛泽东传（1949—1976）》，中央文献出版社，2003 年 12 月第 1 版，第 1250—1252 页。

② 《〈中国共产党历史〉第二卷（1949—1978）》，中共党史出版社，2011 年第 1 版，第 717 页。

③ 《毛泽东传（1949—1976）》，中央文献出版社，2003 年 12 月第 1 版，第 1253—1254 页。

④ 薄一波：《若干重大决策与事件的回顾》下卷，中共中央党校出版社，1993 年 6 月第 1 版，第 1094 页。

毛泽东讲完话，由陈伯达对《关于进一步巩固人民公社集体经济、发展农业生产的决定（草案）》和《农村人民公社工作条例修正草案》作说明。

陈伯达谈到1958年下半年起纠正错误的过程时，毛泽东插话说："从1958年第一次郑州会议、1959年第二次郑州会议、上海会议、北戴河会议就抓了，但是1959年来了一个庐山会议，扰乱了我们，阶级斗争扰乱了我们的经济建设、社会改造。庐山会议以后，又有国外修正主义的干扰，以至于1959年下半年、1960年差不多整个一年，我们的精力就是对付那方面去了。这一次，不管国内修正主义，国际修正主义，国际帝国主义，国际反动的民族主义，一切都不受它干扰，什么金门打炮也好，沿海要进攻也好，U－2飞机也好，中印边界也好，新疆事件也好，东北黑龙江的事情也好，准备今年下半年要闹风潮的，我们要'任凭风浪起，稳坐钓鱼船'。国内也好，国际也好，只有那么大的事，没有什么好大的事，'一个游鱼三个浪，引得懒汉去上当'，那个懒人就得意了，以为很可以捉一批鱼了，结果只有那么几条鱼。全世界90％以上的人民，或者现在已经站在我们这方面，或者将来要站在我们这方面，这是一个坚定的观点，应该相信。"①

在陈伯达谈到要逐步实现水利化和农业的技术改造，逐步用机械化、电气化的劳动来代替手工劳动的时候，毛泽东又插话说："我刚才讲的两年到3年的时间，是讲恢复生产，粮食增长。至于要过关，苏联43年了还没有过关，我们是不是43年还不能过关？就是要有化学肥料、拖拉机、各种农业机械、农药、种子，要搞农村运输，还有水利等各个方面。要按照科学办事。过去不重视农业科学家。……什么种子站、牲畜配种站、农业技术推广站、拖拉机站、农业试验场，这次精简农业部门把这些东西都减掉了。这些东西不应该精简呀，这些东西要保留的呀，现在要恢复。商业部门也搞弱了，把供销社取消了，骨干分子调出去了，这些也要恢复。"

陈伯达谈到国际上修正主义也要封锁我们时，毛泽东说："日本还卖给我们化肥，卖给我们特殊钢，卖给我们农药，还准备卖给我们生产维尼纶的世界第一流的设备。而社会主义国家不卖给我们。大概下个月他们的代表就要来了，叫高崎达之助，此人当过日本的贸易大臣。要利用他们的技术。列宁也利用，斯大林也利用，利用德国的技术，美国的技术。我们现在要走这条路，因为社会主义国家的尖端不给我们嘛。"②

陈伯达在讲话中提起1958年大办人民公社时，他去河南嵖岈山调查的往事说："从1958年下半年开始出现了错误。当时有一股风。我跑到河南嵖岈山走了一趟，

---

① 《毛泽东传（1949—1976）》，中央文献出版社，2003年12月第1版，第1255—1256页。

② 《毛泽东传（1949—1976）》，中央文献出版社，2003年12月第1版，第1256—1257页；从20世纪60年代起，中国从资本主义发达国家进口了大量成套设备；1963年6月，经毛泽东批准，中国同日本签订了第一个采用延期付款方式进口维尼纶成套设备的合同。随后，又从英国、法国、联邦德国、瑞典、意大利、瑞士、荷兰、比利时、奥地利等国进口了石油、化工、冶金、矿山、电子和精密机械等84项成套设备和技术。

那里都是预先布置了的。干部已经说好了的，有些农民跟我说话，也是已经说好了的。我以为就有那么一些事情，生产了那么一些东西，做了调查，结果是一个完全失败的调查。”毛泽东说：“我就批评他。”陈伯达说：“主席那个时候已经非常清楚地了解这些情况，说那些看法不对。”毛泽东说：“还有吴芝圃。”陈伯达说：“这事实上都是吴芝圃在那里布置的。”毛泽东说：“那个时候我在一个会议上就批评了你们两个，一个是陈伯达同志，一个是吴芝圃同志，讲究读斯大林的《苏联社会主义经济问题》第一章。”①

毛泽东在插话中，继续批评了邓子恢。他把陈云、邓子恢、田家英作为了当时党内主张包产到户和分田到户的三个代表人物。由于他们的身份不同，他们对包产到户和分田到户主张的表达方式也不同，因而毛泽东对他们采取了不同的对待方法。陈云，是党的副主席，他只是当面向毛泽东提出个人建议，而没有到其他场合去讲，因此，不论是大会还是中心小组会，毛泽东都没有指名批评他，只是在一些小范围的会议上，不指名地批评过；田家英，是他的秘书，也是当面向他建议的，所以对他仅仅在中心小组会上点名批评，语气也不那么严厉；而对待邓子恢则不同，因为他在中央党校和军队系统多次作报告阐述和传播包产到户主张。毛泽东看来，这是违反组织纪律的，并且造成了不好的影响。因此，不仅在中心小组会上，还是在大会上，指名批评。在各小组讨论会上，对邓子恢也开展了批判，有的人批判相当猛烈。②

9 月 25 日到 27 日，李先念、薄一波、李富春分别作关于商业、工业和计划等问题的说明。朱德、刘少奇、邓小平、周恩来、彭真、柯庆施、刘澜涛先后在大会上发言。

会议期间，康生说，小说《刘志丹》为高岗翻案。

早在 1956 年，作家李建彤受工人出版社之约撰写《刘志丹》。李建彤，刘志丹弟弟刘景范之妻，1949 年毕业于延安鲁迅艺术学院。1958 年动笔，1960 年春，八届中央委员、国务院副总理习仲勋对《刘志丹》一稿谈了自己意见。初稿、二稿均为传记体，三稿改为小说体。1961 年，作者根据习仲勋的意见写出了第四稿。1962 年初夏，作者改出小说上部的第五稿，工人出版社印成送审书稿。为了征求更多人的意见，1962 年 7 月 28 日到 8 月 4 日，《工人日报》开始连载《刘志丹》第二卷中的第一部分。《中国青年》、《光明日报》也刊载了部分章节。

7 月，云南省委第一书记阎红彦看了样书给作者写信说：这部书涉及西北革命历史，这些问题需要中央作结论的，一个作者是负不了责任的。阎红彦提出了不同意出版的意见。

---

① 《毛泽东传（1949—1976）》，中央文献出版社，2003 年 12 月第 1 版，第 1251—1254 页。
② 《毛泽东传（1949—1976）》，中央文献出版社，2003 年 12 月第 1 版，第 1258 页。

北戴河会议期间，阎红彦一面向全国总工会、团中央领导人提出停止发表的意见，一面向中共中央政治局候补委员康生报告，同时还写信报告了杨尚昆。康生立即要中央宣传部通知各地报刊不得发表这部小说。

8月24日，康生给杨尚昆写信，在信中，康生承认他并没有看过这部小说，但是他认为“小说《刘志丹》不是一个单纯的文艺写作的问题，是带有政治倾向的”，要中央书记处处理此事。康生认为，刘志丹与高岗都曾是陕北根据地的创建者与领导人，歌颂了刘志丹就等于歌颂了高岗，就是为高岗翻案。

1962年9月24日，八届十中全会召开第一天，毛泽东正在讲话，接到康生一张纸片给他：“利用小说进行反党活动，是一大发明。”毛泽东说：“现在不是小说、刊物盛行吗？利用小说来进行反党活动，是一大发明。这是搞上层建筑。……凡是要推翻一个政权，总要先造成舆论，总要先搞意识形态方面的工作。无论革命也好，反革命也好，他先要搞意识形态。”①

全会决定成立两个专案审查委员会，分别对彭德怀、习仲勋进行审查，认为习仲勋、贾拓夫、刘景范是又一个反党集团。②

会议决定撤销黄克诚、谭政的中央书记处书记的职务。

会议重申进一步贯彻八字方针，继续调整国民经济；贯彻执行以农业为基础、以工业为主导的发展国民经济的总方针，把发展农业放在首位。会议通过了《关于进一步巩固人民公社集体经济、发展农业生产的决定》、《农村人民公社工作条例修正草案》（农业六十条）③、《关于商业工作问题的决定》、《关于有计划地交流各级党政主要干部的决定》、《关于加强党的各级监察委员会的工作的决定》。

全会决定增选陆定一、康生、罗瑞卿为中央书记处书记。

1962年9月27日，八届十中全会最后一天，刘少奇作重要讲话。毛泽东多次

---

① 《毛泽东传（1949—1976）》，中央文献出版社，2003年12月第1版，第1254—1255页。

② 1963年5月，审查小组写出了对《刘志丹》一书的审查报告，认为“小说夸大和歪曲了西北根据地的地位和作用，为高岗翻案，是习仲勋反党集团的纲领”。康生认为：书中人物罗炎基本上是高岗，是为高岗翻案；刘志丹搞武装斗争，做农民工作，建立根据地，是剽窃毛泽东思想；书中把陕北写得太好，是与中央苏区分庭抗礼；小说中的人物许钟就是习仲勋，是为习仲勋篡党制造舆论。之后，习仲勋被撤销国务院副总理职务。国防委员会委员和全国人大常委会委员赵寿山知道这事后，坐卧不安，决心找毛泽东替老战友习仲勋说情。一些同事、朋友知道了说：“赵老，你不要命了。习仲勋被批倒了，你还想当第二个吗？现在风声紧，谁还敢出头？你这不是寻着挨斗呢！”赵寿山说：“仲勋这人我了解，他为党做事早，赤胆忠心，现在叫人冤屈了，我就要替他说这个公道话！”在中南海，赵寿山见到毛泽东主席。他是1942年经毛泽东批准的中共特殊党员。毛泽东见赵寿山替习仲勋辩解，既没有批评赵寿山，也没有对习仲勋问题给予答复。

③ 第四十八条中的“党政干部三大纪律、八项注意”为：三大纪律是：（一）认真执行党中央的政策和国家的法令，积极参加社会主义建设；（二）实行民主集中制；（三）如实反映情况。八项注意是：（一）关心群众生活；（二）参加集体劳动；（三）以平等的态度对人；（四）工作要同群众商量，办事要公道；（五）同群众打成一片，不搞特殊化；（六）没有调查，没有发言权；（七）按照实际情况办事；（八）提高无产阶级的阶级觉悟，提高政治水平（见《建国以来重要文献选编》第十五册，中央文献出版社，2011年6月第1版，第543页）。

插话。

刘少奇提出，鉴于1959年庐山会议后全党批判“右倾机会主义”妨碍了实际工作中纠“左”的教训，这次全会批判彭、习、邓的情况，只传达到党十七级干部（县团级），不向下传达。全会接受了这一建议。

毛泽东也提出不要因强调阶级斗争而放松经济工作，要把经济调整工作放在第一位，阶级斗争与之平行，不要摆在很高的地位，不要让阶级斗争干扰了我们的工作。①

1962年9月29日，《人民日报》发表9月27日通过的会议公报（公报经毛泽东审定和改写），公报中写道：“在无产阶级革命和无产阶级专政的整个历史时期，在由资本主义过渡到共产主义的整个历史时期（这个时期需要几十年，甚至更多的时间）存在着无产阶级和资产阶级之间的阶级斗争，存在着社会主义和资本主义这两条道路的斗争。被推翻的反动统治阶级不甘心于灭亡，他们总是企图复辟。同时，社会上还存在着资产阶级的影响和旧社会的习惯势力，存在着一部分小生产者的自发的资本主义倾向，因此，在人民中，还有一些没有受到社会主义改造的人，他们人数不多，只占人口的百分之几，但一有机会，就企图离开社会主义道路，走资本主义道路，在这些情况下，阶级斗争是不可避免的。这是马克思列宁主义早就阐明了的一条历史规律，我们千万不要忘记。这种阶级斗争是错综复杂的、曲折的、时起时伏的，有时甚至是很激烈的。这种阶级斗争，不可避免地要反映到党内来。国外帝国主义的压力和国内资产阶级影响的存在，是党内产生修正主义思想的社会根源。在对国内外阶级敌人进行斗争的同时，我们必须及时警惕和坚决反对党内各种机会主义的思想倾向。1959年8月在庐山召开的八届八中全会的重大历史意义，在于它胜利地粉碎了右倾机会主义即修正主义的进攻，维护了党的路线和党的团结。无论在现在和将来，我们党都必须提高警惕，正确地进行两条路线上的斗争，既要反对修正主义，也要反对教条主义。只有这样，才能永远保持马克思列宁主义的纯洁性，不断地加强党的团结，不断地提高党的战斗力。”②

公报号召：“全党全民团结一致，同心同德，加强民主集中制，贯彻实行以农业为基础，以工业为主导的发展国民经济的总方针，对国民经济进一步进行切实的调整、巩固、充实、提高的工作。……为争取明年农业的丰收，为争取国民经济的新发展，为争取我国社会主义事业的新胜利而奋斗。”

1962年9月29日，毛泽东、江青和哈蒂尼·苏加诺及夫人的大幅照片出现在《人民日报》的头版。

这是新中国成立以来第一次发表毛泽东和江青在一起的照片。

---

① 《〈中国共产党历史〉第二卷（1949—1978）》，中共党史出版社，2011年第1版，第713页。

② 见1962年9月29日《人民日报》。

十一、调整、巩固、充实、提高

全党贯彻中共八届十中全会《关于进一步巩固人民公社集体经济、发展农业生产的决定》的具体措施是：

第一，充实农业生产劳动力。1957 年农村劳动力 19310 万人，1960 年是 17019 万人，比 1957 年减少 2291 万人；1961 年和 1962 年两年的农村劳动力逐步增加到 21278 万人。

第二，减少粮食征购量。1960 年粮食征购量是 1021 亿斤，1961 年是 763 亿斤，1962 年是 641.26 亿斤；1961 年、1962 年共进口粮食 167 亿斤。

第三，加强工业支援农业。将 10 家机械工业企业，约有职工 3 万人，机床 5500 台，转产农业机械；大力增加化肥、农药、农机生产和供应量；增拨钢材、木材，增加农具生产；集中力量修理农用拖拉机、排灌机械和运输机具；对农村供应的煤、汽油大幅度增加。

第四，大幅度提高农副产品收购价格。1961 年农副产品收购价格比 1960 年提高 28%，其中粮食收购价格提高 73.4%；1962 年粮食收购价格继续提高 5.6%，经济作物收购价格提高 3.3%。

第五，对农民实行退赔。对大跃进、人民公社化、大炼钢铁等过程中，对农民实行的“一平二调”所造成的损失，国家负责全部退赔，价值 20 亿元。

1962 年和 1963 年共减少城镇人口 2000 万人，其中职工 1000 万人。

全国工业企业 1962 年比 1959 年减少 38%，因关停并转减少的职工 966 万人。

大力充实、发展手工业和轻纺工业生产。在轻纺工业中建立洗衣粉、塑料、化学纤维等新兴行业，重工业着力发展石油工业。

1962 年 3 月和 4 月，中共中央决定收回几年来银行下放的一切权力，对银行业务实行完全、彻底的垂直领导，严格信贷和现金管理。

为了稳定市场，回笼货币，在稳住 18 类生活必需品价格的同时，对部分商品，如高档烟酒、糖果、糕点、高档饭馆、自行车、手表、缝纫机等，实行高价政策。

甄别平反工作。截至 1962 年 8 月底，已经甄别 695 万人，其中党员和干部 365 万人，群众 330 万人。

1960 年冬天，上海和北京地区的领导，先后召开了科学家座谈会，听取意见。国家科委、中国科学院领导十分重视这个意见，一方面组织领导干部深入到一些研究所进行调查研究，另一方面，开始搜集美、苏、英以及联合国教科文组织的有关资料。以此为基础，1961 年 6 月，由聂荣臻主持，国家科委党组和中国科学院党组制定《关于自然科学研究机构当前工作的十四条意见（草案）》（“科研十四条”）：提出要团结一切爱国知识分子，鼓励科学技术人员走又红又专的道路，进一步阐述党的“百花齐放、百家争鸣”方针，强调要严格划清学术问题、思想认识问题与政治问题的界限；整顿学术工作的规章制度，保证科学技术工作的正常秩序，规定科研机构的根本任务是出成果、出人才，必须保证科学研究工作的稳定性，反对轻率上马下马，任意打乱和中断科学研究工作，为了保证科学技术人员以主要精力从事科学研究，规定每周至少有六分之五的时间从事业务工作，科学研究机构必须恢复和健全各种规章制度，强调树立和倡导理论与实际相结合，敢想敢说敢干的革命精神与严格、严肃、严密的科学态度相结合的优良学风；改善党对科学技术工作的指导，要求科学研究机构的党组织，团结和依靠广大科学技术人员，尊重他们的专长，充分发挥他们的创造性和积极性，要求各级党的干部认真学习和执行党的政策，学习业务，加强调查研究，努力使自己变成内行。

聂荣臻把草稿带到上海和杭州，征求科学界的意见。

文件修改定稿后，由国家科委党组与中国科学院党组共同署名上报中央。

聂荣臻专门写了《关于当前自然科学工作中若干政策问题的请示报告》，与“科研十四条”同时上报，请中央批转有关部门，以利于纠正偏差。

1961 年 7 月 6 日，中央政治局讨论了“科研十四条”和聂荣臻的《请示报告》。

7 月 19 日，中央作出《关于自然科学工作中若干政策问题的批示》：聂荣臻请示报告中提出的各项政策规定和具体措施是正确的，在自然科学工作中必须坚决贯彻执行；文件的精神对于一切有知识分子的部门和单位，也都是适用的；各高等学校、大中型厂矿、医院、报社、杂志社、出版社等单位的党委，都应当认真地讨论，结合自己的情况，参照执行。

1960 年 11 月，中央文教小组召开全国文教工作会议，强调要正确处理文教事业建设和生产发展，特别是农业生产发展的关系，以及数量和质量、政治和业务等的关系，解决好教育事业发展过快、战线过长、占用劳动力过多的问题。会后，文教小组向中央呈送《关于一九六一年和今后一个时期文化教育工作的安排的报告》，对教育事业的调整作出全面部署。

1961 年初，教育部按照中共中央和毛泽东的指示，在邓小平直接领导下，从调查研究入手，由中央宣传部、教育部党组开始草拟《教育部直属高等学校暂行工作条例（草案）》（“高教六十条”）、《全日制中学暂行工作条例（草案）》（“中学五十条”）和《全日制小学暂行工作条例（草案）》（“小学四十条”）。

1961 年 1 月 26 日至 2 月 4 日，教育部在北京召开全国重点高等学校工作会议，确定各个重点高等学校的规模、任务、方向和专业设置（“四定”）。经过半年调查研究，于同年 7 月，教育部召开全国高等学校调整工作会议。会议讨论了缩短战线、压缩规模、合理布局和提高质量问题。会后各地又经过调查，拟定方案。12月，教育部召开第二次全国高等学校和中等学校调整会议，研究确定进一步压缩教育事业规模，调整高等和中等学校问题。确定保留高等学校774所，保留中等专业学校1670所，其余学校均予以裁并。决定1961年到1963年，高等学校学生减少22%，中专学校减少48%，高中学生减少16%，全日制初中学生减少18%。这一年来，初步调整了教育事业内部的比例关系，缩短了战线。吃商品粮的学生数比1960年减少400万人，并输送570余万高小、中学毕业生去农村参加生产劳动。

1962年4月21日至5月中旬召开的全国教育工作会议，从当时国民经济处于困难时期的实际出发，确定办少些、办好些和提倡人民群众办教育事业的精神，提出进一步调整教育事业的意见。决定进一步大幅度裁并高等学校，特别是专科学校；大量裁并1958年以后新建的条件差和布局不合理、重复设置的中等专业学校；压缩全日制中小学的规模，调整学校布局，以利学生就近入学；认真办好一批重点学校，提高教育质量。

通过体制调整，基本上扭转了教育行政权力下放造成教育工作失控及教育质量下降的局面。到1963年底，全国普通高等学校由1960年的1289所调整裁并为407所，在校学生由96.2万人减少为75万人；中等专业学校由1960年的6225所裁并为1355所，在校学生由221.6万人减少为45.2万人；普通中学由1958年的2.8万多所压缩为1.9万多所，在校学生由1960年的167.5万人减少为123.5万人。同时还安置了精简的教职工43万多人，安置了裁并下来的中等专业以上学生45万多人。

1963年4月，教育部制定下发了经中共中央书记处批准的《高等学校培养研究生工作暂行条例（草案）》（“研究生工作三十条”）。

1964年、1965年，在刘少奇再次倡导下，[①] 教育领域出现积极兴办半工（农）半读学校的热潮。还进行了适合中国国情的函授教育和夜大学等成人业余教育的有益探索。

到1965年底，全国编选出版文科教科书及参考教材73种共187本，如王力主编的《古代汉语》、翦伯赞主编的《中国史纲要》、任继愈主编的《中国哲学史》。另外还有完稿和付印的24种33册。

1962年3月21日，刘少奇主持召集最高国务会议第十八次会议。刘少奇向与会者详细介绍七千人大会和西楼会议的基本内容，坦诚地说明1958年以来工作中的缺点和错误，以及产生这些错误的原因、教训。刘少奇分析产生这些错误的责任在中国共产党，主要责任在中共中央，各民主党派和无党派人士没有责任或者只有

① 1958年5月30日，在中共中央政治局扩大会议上，刘少奇提出，实行全日制及半工半读的两种教育制度和每天工作8小时及半工半读的两种劳动制度的建议。

很少责任。

张治中即席发言说：中央领导自觉检讨错误，主动承担责任，充分证明共产党对国家、对人民的忠诚态度和负责精神。

3 月 23 日，全国政协三届三次会议在北京召开。4 月 18 日，周恩来在会上作《我国人民民主统一战线的新发展》报告。

1962 年 2、3 月间，全国科学工作会议，全国话剧、歌剧、儿童剧创作座谈会在广州同时举行。周恩来在会上作《论知识分子问题》的讲话说："不论是在解放前还是在解放后，我们历来都把知识分子放在革命联盟内，算在人民的队伍中。……十二年来，我国大多数知识分子已有了根本的转变和极大的进步。1956 年我曾做过关于知识分子问题的报告，对知识分子的状况作了初步估计。刘少奇同志在 1956 年中共八大一次会议上也说，'知识界已经改变了原来的面貌，组成了一支为社会主义服务的队伍'。"

周恩来提出对知识分子要解决好六个问题：信任他们；帮助他们；改善关系；解决问题；一定要承认错误；承认了错误还要改。

周恩来同时也要求知识分子要自觉地进行改造。

经周恩来同意，3 月 4 日、3 月 5 日，陈毅两次讲话：宣布给广大知识分子脱帽加冕，即脱掉"资产阶级知识分子"之帽，加上"劳动人民知识分子"之冕，并郑重地向与会人员行了脱帽礼，使到会人员深受感动和鼓舞。

3 月 28 日，周恩来在二届全国人大三次会议上作的《政府工作报告》中又一次郑重说明：我国的知识分子，绝大多数都是积极地为社会主义服务，接受中国共产党领导，并且愿意继续进行自我改造的；毫无疑问，他们属于劳动人民的知识分子；如果还把他们看做是资产阶级知识分子，显然是不对的。

党为落实知识分子政策，采取了两方面措施：为被错误批判和处理的知识分子甄别平反，为 30 多万"右派分子"摘帽；从生活上对重点保护的知识分子给予照顾，减轻他们的生活困难，保证他们能够坚持工作。

1961 年 1 月中下旬，在中央宣传部领导下，文化部、中国戏剧家协会等单位共同组织两个调查组，对中国京剧院和中国青年艺术剧院执行双百方针、知识分子政策、掌握艺术规律以及领导作风等问题进行调查。

上半年，中共中央宣传部主持起草《关于当前文学艺术工作的意见（草案）》（"文艺十条"）。

6 月 1 日至 28 日，中共中央在北京新侨饭店召开了全国文艺工作座谈会，讨论"文艺十条"。

6 月 19 日，周恩来为全国文艺工作座谈会和 6 月 8 日召开的全国故事片创作会议作报告。提出，"艺术家要面对人民，而不是只面对领导"。

8 月 1 日，"文艺十条"印发各地征求意见。随后，按照中共中央指示和周恩来报告，以及各地讨论中提出的意见，由陆定一主持修改，压缩成8条。

1962年3月28日，将“文艺八条”送中央书记处。经毛泽东、刘少奇审阅，4月30日，以中共中央名义批准全国执行。

“文艺八条”主要内容：进一步贯彻执行“百花齐放、百家争鸣”方针；努力提高创作质量；批判地继承民族文化遗产和吸收外国文化；正确地开展文艺批评；保证创作时间，注意劳逸结合；培养优秀人才，奖励优秀创作；加强团结，继续改造；改进领导方法和领导作风。

同时，在全国故事片创作会议上，制定了《改进电影故事片生产领导方法若干意见》（“电影工作三十二条”）。

周扬在会上发表的讲话中，批评了“大跃进”中某些影片“概念化”问题，并提出“要培养海瑞上本的精神”。

会议决定，进一步贯彻“百花齐放、百家争鸣”方针，扩大题材范围，提高艺术质量。

8月8日，文化部发出《关于剧院（团）工作条例（修正草案）试行的通知》。

1962年4月21日至5月29日，全国人大民族委员会和国家民族事务委员会在北京召集全国民族工作会议。

5月15日，会议在给中共中央的报告中提出，还要在今后5年内，调整民族关系，加强民族团结，调整各民族内部各阶级和阶层间的关系，加强工农联盟，加强同一切爱国民主人士的团结，以便调动和发挥各少数民族人民的积极性，逐步恢复和发展经济，改善人民生活，并提出了首先要解决十多项比较重大问题及处理意见。

报告要求，在少数民族地区做好甄别工作，这几年中斗错了，捕错了，处分错了的要进行甄别，应当平反的要坚决平反；要求各自治地方更要注意培养提拔少数民族干部，民族地区的党委应特别注意培养提拔少数民族干部中的优秀分子担任党委书记和党委部门的领导工作；对少数民族上层人士，不应当降低职务而降低了职务的，要恢复原职或安排相当于原来的职务，在生活待遇上，一定要和同级党员干部一视同仁，并且应当对他们加以照顾。

6月20日，中共中央批准这一报告。

1962年4月23日至5月21日，中共中央统战部在北京召开全国统战会议。会议肯定各民主党派这几年取得的进步。根据新的形势，确定当前统战工作的中心任务是：调整关系，发扬民主，加强团结，充分使用，耐心教育，充分调动一切积极因素，协同一致克服当前困难，争取社会主义建设的新胜利。6月14日，中共中央批准了这个报告。

1962年5月25日，华侨事务委员会党组向中共中央呈送《关于所谓“海外关系”问题的报告》。5月31日，中共中央批转了这个报告，并加了批示。

经过一系列调整，到1962年底，国民经济已走出谷底，开始回升。农业生产开始恢复，财政收支平衡，且略有结余，市场供应状况明显好转，城乡人民生活有了较大改善。但是，国民经济还存在不少问题，有待解决。

中央工作会议决定，从1963年起，再用3年时间，继续执行调整、巩固、充实、提高的方针。主要采取的措施：

1. 调整工资。1963年4月，中央决定拿出9亿元调整部分职工工资，将原属一类、二类工资区的西南、中南和华东提升为三类工资区；将原属三类工资区的成都、重庆、贵阳、长沙、南昌提升为四类工资区；适当提高工资偏低的工人工资，适当提高偏低工人工资标准；适当扩大计件工资范围，改进和调整奖励和津贴制度。

2. 加强矿山的掘进和剥离建设。经过3年努力，到1965年，煤矿、黑色金属矿、有色金属矿、辅助材料矿、化学矿山、建筑材料矿山都先后达到基本正常采掘（剥离）标准，矿山各个环节的设备，按照矿山的综合生产能力，逐步填平补齐，从而还清了各年欠账。

3. 有计划地逐步更新、改造和提高老工业基地、老企业设备。1964年9月，中央决定在三四年内将基本折旧费返回企业支配，以促进企业设备更新和技术改造。到1964年底一般设备完好率达到85%至90%，黑色和有色金属设备完好率达到80%左右。1965年载重汽车完好率达到86.2%。

4. 做好新上马的水利工程和基础工业的配套工程，例如辅助设施，交通运输，原材料、燃料和动力供应以及外部协作问题；加强新老基地非生产设施建设，缓解职工住房不足与文教、卫生设施不敷需要的困难，1963年至1965年间，非生产建设投资比重由第二个五年计划期间的13.2%提高到17%。

5. 1962年，国有企业亏损93亿元。通过加强企业经营管理，到1965年，工业亏损额下降到4.9亿元。1965年与1963年比，全民所有制独立核算工业企业资金利润率由13.4%提高到20.9%。

6. 1962年至1963年，国家批准进口20个石油化工成套设备项目（实际进口14项）。1963年至1964年，国家批准100多个冶金精密机械、电子工业部门的项目，引进西方国家先进技术设备，建立了化肥、化纤、塑料、合成洗衣剂、电子工业等工业基础。[①]

1965年，工业产值增长26.4%，完成计划产值的117.6%。

---

① 当代中国研究所：《〈中华人民共和国史稿〉第二卷（1956—1966）》，人民日报出版社、当代中国出版社，2012年9月第1版，第157—185页。

1965年，农业生产总值增长8.3%，完成计划产值的107.2%，是新中国成立后增长最快的年份；农村耕地灌溉面积从1957年的24.4%上升到1965年的32%；机耕面积由2.4%上升到15%；植树造林、推广良种、改良土壤、建立气象预报等，均取得显著成绩。

1965年社会总产值达到2695亿元，国民收入达到1387亿元。国家财政收入增长18.5%，财政支出增长16.9%，财政结余7亿元。

从1958年到1965年，全国新增铁路营运里程9700多公里，有12条干线建成或部分建成。福建、宁夏、青海、新疆等省区第一次通了火车。

全国大部分县、镇通了汽车。

沿海港口新增10多万吨深水泊位。

远洋航运开辟了通往东南亚、欧洲和非洲3条航线。

十二、英雄辈出

雷锋，1940年11月20日诞生在湖南省望城县（长沙县）安庆乡的一个贫农家里。父亲被日寇杀害，12岁的哥哥给资本家当童工被机器轧断胳膊后，因没钱医治死去，小弟弟也相继死去。雷锋6岁时，他妈妈给地主做佣人时悬梁自尽。雷锋成了孤儿，给地主放猪不堪虐待，尔后到处流浪。1949年8月，共产党解放了他的家乡，雷锋得到了新生。1956年他高小毕业后在乡政府和中共望城县委当通信员、公务员，其间被评为劳动模范。1957年2月他加入青年团。县委决定在团山湖开办一个农场，全县青少年积极响应党的号召，提出要捐献一台拖拉机，作为对农场的献礼，雷锋把自己省吃俭用攒下的钱全部捐献了出来。雷锋被派到农场工作，他学会了驾驶拖拉机，其间他多次受到农场领导的表扬和奖励，并且参加了县里的青年社会主义建设积极分子代表大会。

1958年秋天，党中央号召大办钢铁，鞍钢派人到湖南招收青年工人，雷锋向领导要求到鞍钢去，得到了批准。他被分配到鞍钢化工总厂洗煤车间当了一名拖拉机手，驾驶着“斯大林八〇号”推土机，车体很高，雷锋的个子矮，别人坐着开，他却站着，不然就看不到前面，有位老师傅想给他换一个小型机车，免得整天站着，雷锋说：这点困难我能克服。

在城市，雷锋仍然一直穿着在团山湖农场发的工作服，油泥很多，还打着补丁。他没有衣服换，到哪儿都是这套衣服。天长日久，说他的人多了，他就买了一件皮夹克、一条料子裤、一双皮鞋。中共八届八中全会公报号召：要使我国富裕起来，需要几十年艰苦奋斗的时间，其中包括厉行节约、反对浪费这样一个勤俭建国的方针。他对照党的教导，想到在地主家放猪时因为没有衣服穿，偎在猪肚皮底下取暖的情景，就把新买来的东西全部包了起来。化工总厂决定在弓长岭扩建一个分厂，雷锋积极报名去那里参加基本建设，有人说他傻，他说，党教导我们，哪里艰苦就到哪里去，哪里需要就到哪里去，我情愿做这种傻子。在化工分厂期间，他还主动早起帮助驻地的人民公社拾粪。在鞍钢期间，雷锋由于忘我劳动，爱护国家财产，多次被评为先进生产者，还出席了鞍山市青年社会主义建设积极分子大会。

1960 年 1 月，雷锋参加了中国人民解放军。新兵军事训练结束后，根据他的条件，他被分配到运输连当汽车兵。

其间，雷锋是运输连学习毛泽东著作的标兵。

雷锋在日记里写道："毛主席著作对我来说好比粮食和武器，好比汽车上的方向盘。人不吃饭不行，打仗没有武器不行，开车没有方向盘不行，干革命不学毛主席著作不行！"①

"挤时间读书：早起点，晚睡点，饭前饭后挤一点，行军走路想着点，外出开会抓紧点，星期假日多学点，如果不积累许多个半步，就不能走完千里。"②

"一块好好的木板，上面一个眼也没有，但钉子为什么能钉进去呢？这就是靠压力硬挤进去的，硬钻进去的。由此看来，钉子有两个长处：一个是挤劲，一个是钻劲。我们在学习上，也要提倡这种'钉子'精神。"③

雷锋靠这种"钉子"精神，读完了《毛泽东选集》1—4 卷和其他报刊上发表的毛泽东的文章。

雷锋总是忙个不停，他好像有使不完的劲：连队开展文化教育，他主动要求当兼职教员；他被推选为技术学习小组长；他是连队文娱活动的积极分子，每次开晚会都少不了他的节目：他还担任了抚顺市望花区本溪路小学和建设街两个小学的大队辅导员。至于日常细小的劳动，公差勤务，他总是抢着干。他还保持有节约的美德，把一粒米、一分钱都视如珍宝。抚顺市成立了人民公社，他拿出在工厂、部队两年来的全部积蓄 200 元钱，交给望花区和平人民公社党委办公室，他说：没有党就没有我，党和人民给了我一切，我要把一切献给人民和党，部队收下了一半。1960 年夏末，辽阳地区遭到了百年不遇的大水灾，雷锋从报纸上看到党中央和毛主席派飞机给灾区人民送粮送衣，他又拿出公社退回的那 100 元钱寄到灾区。

1960 年 11 月 8 日，雷锋加入了中国共产党，这天雷锋在日记里写道："今天，我光荣地加入了伟大的中国共产党，实现了自己最崇高的理想。我激动的心啊，一时一刻都没有平静。伟大的党啊！英明的毛主席，有了您，才有了我的新生命。我在九死一生的火坑中挣扎和盼望光明的时刻，您把我拯救出来，给我吃的，穿的，还送我上学念书。我念完了高小，戴上了红领巾，加入了光荣的共青团，参加了祖国的工业建设，又走上保卫祖国的战斗岗位。在您的不断培养和教育下，我从一个

---

① 《雷锋全集》，华文出版社，2012 年 1 月第 1 版，第 28 页。
② 《雷锋全集》，华文出版社，2012 年 1 月第 1 版，第 28 页。
③ 《雷锋全集》，华文出版社，2012 年 1 月第 1 版，第 39 页。

孤苦伶仃的穷孩子，成长为一个有一定知识和觉悟的共产党员。伟大的党啊，您是我慈祥的母亲，我所有的一切都是属于您的，我要永远听您的话，在您的身下尽忠效力，永做您忠实的儿子。今天我入了党，使我变得更加坚强，思想和眼界变得更加开朗和远大。我是一个共产党员，人民的勤务员，为了全人类的自由、解放、幸福，哪怕高山、大海、巨川！为了党和人民的事业，就是入火海进刀山，我甘心情愿，头断骨粉，身红心赤，永远不变。”①

雷锋还处处关心别人，他一有空就悄悄地帮战友洗衣服、补衣服、缝被子。战友的父亲病了，他就用战友的名字寄钱去。他到安东（丹东）去参加部队的体育运动会，一路上他做了许多帮助别人的事，人们赞扬他，“雷锋出差1000里，好事做了一火车”——上车后他给旅客们读报，接着就擦地板、收拾小桌、擦玻璃、帮助妇女抱孩子、给老人找座位、接拿旅客的包裹；到沈阳换车，他发现一位去吉林看丈夫的妇女丢了车票，正在犯愁，雷锋就用自己的津贴给她补了一张，并把她送到车上，那位妇女感激地流下了眼泪，问他叫什么名字，哪个部队的？雷锋笑笑说，我叫解放军，住在中国。有一次，天正下着大雨，在部队驻地附近，雷锋看到公路上一个妇女带着两个孩子在雨中吃力地走着，雷锋把自己的雨衣让那妇女披上，并替她抱着孩子，还脱下自己的衣服给孩子穿，一直走了近2个小时才把他们母子3人送回家。天黑了，雨还一直下着，那位妇女和全家人都再三挽留雷锋，雷锋辞别了他们，冒雨赶回了部队。

雷锋在日记里写道：“人的生命是有限的，可是，为人民服务是无限的，我要把有限的生命投入到无限的为人民服务之中去……”②

雷锋说，我要牢牢记住这段名言：“对待同志要像春天般的温暖，对待工作要像夏天一样的火热，对待个人主义要像秋风扫落叶一样，对待敌人要像严冬一样残酷无情。”③

雷锋1961年6月担任班长，他所领导的班一直保持着先进班的称号。他参军不到3年，荣立二等功一次，三等功两次，被评为好战士，节约标兵，沈阳部队工程兵党委授予他“模范共青团员”的称号，他出席过沈阳部队首届共青团会议，当选为抚顺市人民代表，出席过抚顺市第四届人民代表大会。

雷锋在日记里写道：“一滴水只有放进大海里才能永远不干，一个人只有当他把自己和集体事业融合一起的时候才能有力量。‘力量从团结来，智慧从劳动来，行动从思想来，荣誉从集体来。’我要永远戒骄戒躁，不断前进。”④

雷锋在日记里写道：“今天，我生长在幸福的毛泽东时代，处处感到温暖，祖

① 《雷锋全集》，华文出版社，2012年1月第1版，第15—17页。
② 《雷锋全集》，华文出版社，2012年1月第1版，第39页。
③ 《雷锋全集》，华文出版社，2012年1月第1版，第15页。
④ 《雷锋全集》，华文出版社，2012年1月第1版，第13页。

国到处都有我慈祥的母亲——伟大的中国共产党对我无微不至的关怀和教育。我这一点点贡献比起党对我的要求和期望还做得很不够。我决心听党的话，好好学习，忘我地工作，积极参加劳动，奋发图强，勤俭建设社会主义。”①

雷锋在日记中写道：“今天我学习了毛著，主席有一段话，对我的教育最深刻，启发最大。毛主席说：‘紧紧地和中国人民站在一起，全心全意地为中国人民服务，就是这个部队的唯一宗旨。’我是人民子弟兵，一定要牢记党和毛主席的教导，无论什么时候，都要关心爱护人民群众的利益，为人民群众的利益战斗不息。”②

雷锋在日记里写道：“今天是国庆节，我格外的高兴，在这伟大的节日里，我加倍地惦记着英明的领袖——毛主席。敬爱的毛主席呀，毛主席！我天天想，月月盼，总想见到您。……可现在我还差得很远，没有做出什么成绩，对人民没有多大贡献。但是我有决心听您老人家的话，永远站在无产阶级的立场上。我要像松树那样，不怕风吹雨打、严寒冰雪，四季常青；我要像柳树一样，插到哪里都能活，紧紧与人民连在一起，在人民中生根、长大、结果，做人民最忠实的勤务员。我要以坚强的毅力，忘我地劳动，刻苦学习，做好工作，争取见到毛主席。”③

雷锋在日记里写道：“我在晚上做梦就梦见了毛主席。他老人家像慈父般的抚摸着我的头，微笑着对我说：‘好好学习，永远忠于党，忠于人民！’我高兴得说不出话来了，只是流着感激的热泪。早上醒来，我真像见到了毛主席一样，浑身是劲，总觉得这股劲，用也用不完。”④

1962 年 8 月 15 日上午八九点钟。雷锋和助手出勤回来，给汽车保养，他的助手在操纵汽车时，碰倒了插在地上拦钢丝的粗木桩，木桩正撞在雷锋的头上，他扑倒在地，昏迷了过去。副连长使出平生的本领，用最快的开车技术从抚顺市开到沈阳请来水平最高的医生来抢救雷锋。但沈阳的医生赶到驻地时，雷锋的大脑已经溢血而殉职。时年 22 岁。

雷锋牺牲后，先是在辽宁的青少年中传颂着他的故事，随后共青团省委在全省青少年中开展学习雷锋的活动。1963 年 2 月初，首都几家大报先后刊登了雷锋的日记摘抄。2 月 15 日，团中央发出关于在青少年中广泛开展“学习雷锋”的教育活动的通知。《中国青年》杂志社的一位同志提出请毛泽东为雷锋题词。2 月中旬，杂志社的同志给毛泽东写了信。

雷锋的事迹早就引起毛泽东的重视。毛泽东同军委秘书长罗瑞卿谈话时指出：雷锋值得学习。

毛泽东说：学雷锋不是学他那一两件先进事迹，也不只是学他的某一方面优

① 《雷锋全集》，华文出版社，2012 年 1 月第 1 版，第 19 页。
② 《雷锋全集》，华文出版社，2012 年 1 月第 1 版，第 25 页。
③ 《雷锋全集》，华文出版社，2012 年 1 月第 1 版，第 36 页。
④ 《雷锋全集》，华文出版社，2012 年 1 月第 1 版，第 4 页。

点，而是学他的好思想、好作风、好品德；学习他长期一贯地做好事，而不做坏事；学习他一切从人民的利益出发，全心全意为人民服务的精神。①

毛泽东办公室工作人员给《中国青年》杂志社回电话说，主席已决定为你们题词。杂志社的同志让办公室转达主席，“学习雷锋”专集准备 3 月 1 日出版，付印的时间是 2 月 26 日，请主席最好在 2 月 25 日前题好。

1963 年 2 月，毛泽东应《中国青年》杂志请求，题写了“向雷锋同志学习”。

2 月 22 日下午 3 点，从中南海来电话说：主席的题词已经写好，请到中南海西门来取。几十分钟后，毛泽东“向雷锋同志学习”的题词到了《中国青年》杂志社。这样，毛泽东的题词手迹被制版作为插页，刊登在 1963 年 3 月 2 日出版的第 5、6 期合刊的《中国青年》杂志“学习雷锋”专辑上。刊登毛泽东手迹的《中国青年》“学习雷锋”专辑，在青年中引起极大的反响。几经重印，累计印数达 800 万份。

同时，《中国青年》杂志社亦向周恩来发出要求给以题词的信，周恩来的题词早于毛泽东的到了编辑部，题词是“雷锋同志是劳动人民的好儿子，毛主席的好战士”。周恩来得知毛泽东题词后，派人给编辑部打电话询问毛泽东题词的内容。尔后，周恩来又作了题词：“向雷锋同志学习，憎爱分明的阶级立场，言行一致的革命精神，公而忘私的共产主义风格，奋不顾身的无产阶级斗志”。②

焦裕禄，山东省淄博市博山县北崮山村人，1922 年 8 月 16 日出生于贫农家庭，1946 年 1 月加入中国共产党，同年参加本县区武装部工作。解放战争后期，焦裕禄随军离开山东，到河南尉氏县工作。1953 年到 1962 年，焦裕禄在洛阳矿山机器制造厂担任车间主任、科长。1962 年 12 月，焦裕禄被调到兰考县先后任县委第二书记、书记。

兰考是个重灾区。焦裕禄初来时，县里原设有一个颇具当地特色的“劝阻办公室”，但干部们腿脚堵不住外出逃荒的灾民。

1963 年元月一个风雪交加的夜晚，焦裕禄临时召开县委会。他没有宣布议程，而是把大家带到火车站，目睹成批灾民逃荒的令人痛心的场面。有着同样逃难经历的焦裕禄下了决心，就是拼上身家性命，也要把兰考的“三害”治住。他毅然把消极的“劝阻办公室”改建为积极的“除三害办公室”，先后抽调了 120 名干部、老农和技术人员，组成一支“三害”调查队，在全县展开了大规模的追洪水、查风口、探流沙的调查工作。

许多同志考虑到焦裕禄的病，劝他不要参加野外调查了，他说：“吃别人嚼过

---

① 林克：《毛泽东同志为雷锋题词经过》，《人民日报》，1993 年 3 月 5 日。

② 李禹兴：《历史，曾在这里翻开重要的一页——回忆毛主席“向雷锋同志学习”题词经过》，《中国青年》，1990 年第 2 期。

的馍没味道。”为此，他多次住过老饲养员萧位芬的牛屋，向他讨教治沙的“真经”；他同新分到林业局的两位大学生交朋友，解决他们的实际困难，鼓励他们的泡桐研究。每当风沙最大的时候，也是他带头下去查风口、探流沙的时候；雨最大的时候，也是他带头冒雨涉水、观察洪水流势和变化的时候。他就是在这种流动的“办公桌”上认识了兰考，找到了治理“三害”的具体方法。

焦裕禄带领兰考县人民进行封沙、治水、改地。他身先士卒，以身作则；在风沙最大的时候，他带头去查风口，探流沙；大雨瓢泼的时候，他带头踏着齐腰深的洪水察看洪水流势；风雪铺天盖地的时候，他率领干部访贫问苦，登门为群众送救济粮款。他经常钻进农民的草庵、牛棚，同普通农民同吃同住同劳动。他把群众同自然灾害斗争的宝贵经验，一点一滴地集中起来，成为全县人民的共同财富，成为全县人民战胜灾害的有力武器。

焦裕禄对同志对人民满腔热情。他常说，共产党员应该在群众最困难的时候，出现在群众的面前；在群众最需要帮助时候，去关心群众、帮助群众。他的心里装着全县的干部群众，唯独没有他自己。他经常肝区痛得直不起腰、骑不了车，即使这样，他仍然用手或硬物顶住肝部，坚持工作、下乡，直至被县委强行送进医院。

1964 年 5 月 14 日，焦裕禄被肝癌夺去了生命，年仅 42 岁。他临终前对组织上唯一的要求，就是“把我运回兰考，埋在沙堆上。活着我没有治好沙丘，死了也要看着你们把沙丘治好”。

1964 年 11 月，中共河南省委号召全省干部学习焦裕禄忠心耿耿地为党为人民工作的革命精神。

1966 年 2 月 7 日，《人民日报》发表长篇通讯《县委书记的榜样——焦裕禄》，全面介绍焦裕禄的感人事迹，同时还刊登了《向毛泽东同志的好学生——焦裕禄同志学习》社论。随后，全国各种报刊先后刊登了数十篇文章通讯，在全国掀起了一个学习焦裕禄热潮。

2 月 8 日至 15 日，中共中央农林政治部、中共中央中南局、解放军总政治部、全国总工会、共青团中央、全国妇联、国务院所属各部委党委、政治部和各省区市党委先后发出向焦裕禄学习的通知。

焦裕禄是各级干部特别是领导干部的楷模。

王进喜，甘肃玉门人，1923 年 10 月生于甘肃玉门赤金堡。6 岁时因家贫，用棍子拉着双目失明的父亲沿街乞讨，8 岁时给有钱人家放羊。1938 年进玉门油矿当徒工。当时玉门油矿的美国技师垄断了采油技术。王进喜干活时被砸伤了腿，曾被厂主赶出大门。

王进喜在矿里干了十几年没有上过一次钻台，没有摸过一次石油钻机的刹把。他作为一个干杂活的穷工人，多少年里连铺盖卷也没混上，盖的是破羊皮，铺的是稻草。

石油，相当于现代工业化社会的血液。但是，旧中国石油工业极端落后。从1907年到1949年，前后用了40多年时间，只建成了甘肃老君庙、新疆独山子、陕西延长3个小油田和四川圣灯山、石油沟两个气田，以及辽宁两个页岩油厂，年产原油只有12万吨。1922年，美国学者布莱克威尔根据调查，给中国下了“贫油”的断语。

全国解放后，在物质条件极差的情况下要进行钻探和开采仍是难而又难。20世纪50年代前期美国石油年产量达3亿吨，中国的石油年产量不过100万吨。

为了创建新中国石油工业，1952年，毛泽东命令中国人民解放军第十九军第五十七师，转为中国人民解放军石油工程第一师，支援石油工业建设。

1953年底，毛泽东、周恩来约请李四光，征求他对中国石油的前景。李四光根据自己掌握的大地构造理论和油气形成移聚条件理论，反驳了“中国贫油”、“东北贫油”的观点。认为，中国油气资源的蕴藏量应当是丰富的，关键问题是要打破偏西北一隅找油的局面，抓紧做好全国范围的地质勘察工作。

毛泽东非常赞赏李四光的观点，重新部署石油战线工作。

经过石油普查，有了较大进展，发现了可能生油层。

1958年，中共中央作出决定，把石油资源勘探由中国西部向东部转移。石油工业部先后组建了松辽石油勘探局和华东石油勘探处。

1959年9月，首次在松辽平原地区钻探出工业油流，日产原油9吨至12吨。经过扩大勘探试采，查明该地区有2000平方公里的含油面积，能够长期稳产。此时，正值国庆10周年前夕，因此，将该油田命名为“大庆油田”。

中华人民共和国成立后，王进喜任玉门石油管理局钻井队长，1956年加入中国共产党。1959年，王进喜在全国“群英会”上被授予“全国先进生产者”称号。他作为石油战线的劳动模范到北京参加群英会，看到大街上的公共汽车，车顶上背个大气包，他奇怪地问别人。人们告诉他：“因为没有汽油，烧的煤气。”王进喜后来说：“北京汽车上的煤气包，把我压醒了，真真切切地感到国家的压力、民族的压力，呼的一下子都落到了自己肩上。”他曾多次向工友们说：“一个人没有血液，心脏就停止跳动。工业没有石油，天上飞的，地上跑的，海上行的，都要瘫痪。没有石油，国家有压力，我们要自觉地替国家承担这个压力，这是我们石油工人的责任啊！”

1960年2月1日，石油工业部党组召开扩大会议，决定集中优势兵力打歼灭战的办法，组织大庆石油会战。会后，石油工业部党组向中共中央写了《石油工业部党组关于东北松辽地区石油勘探情况和今后工作部署问题的报告》。2月20日，中央批准了这个报告。2月21日至3月3日，石油工业部在哈尔滨市召开大庆油田会战中第一个筹备会议，确定全国石油系统37个厂矿、院校由主要领导带队，组织精兵强将并自带设备到大庆参加石油会战。

会战期间的组织领导，由石油工业部部长余秋里到第一线主持，并由康世恩、吴星峰等13人组织大庆石油会战领导小组，于3、4月间抵达大庆地区。

到1960年3月，全国各地来参加会战的石油职工和解放军退伍官兵共计4万多人。其中，总工程师、总地质师、大学教授、工程师和地质师等各类工程技术干部1000多人，各石油院校的大、专学生1300人，当年退伍的解放军战士3万名，转业军官3000名。

从全国各地运到大庆的各种器材、设备几十万吨，共2300多个车皮。

1960年3月17日，几万人的会战队伍挥师北上，以大庆北部的萨尔图区为重点展开了石油会战。

1960年3月，王进喜奉命从西北的玉门油田率领1205钻井队赶来，加入了这场石油大会战。一到大庆，呈现在王进喜面前的是许多难以想象的困难：没有公路，车辆不足，吃和住都成问题。但王进喜和他的同事下定决心：有天大的困难也要高速度、高水平地拿下大油田。钻机到了，吊车不够用，几十吨的设备怎么从车上卸下来？王进喜说："咱们一刻也不能等，就是人拉肩扛也要把钻机运到井场。有条件要上，没有条件创造条件也要上。"他们用滚杠加撬杠，靠双手和肩膀，奋战3天3夜，38米高、22吨重的井架迎着寒风矗立荒原。这就是著名的"人拉肩扛运钻机"。要开钻了，可水管还没有接通。王进喜振臂一呼，带领工人到附近水泡子里破冰取水，硬是用脸盆、水桶，一盆盆、一桶桶地往井场端了50吨水。经过艰苦奋战，仅用5天零4小时就钻完了大庆油田的第一口生产井。在重重困难面前，王进喜带领全队以"宁可少活二十年，拼命也要拿下大油田"的顽强意志和冲天干劲，苦干5天5夜，打出了大庆第一口喷油井。在随后的10个月里，王进喜率领1205钻井队和1202钻井队，在极端困苦的情况下，克服重重困难，双双达到了年进尺10万米的奇迹。在那些日子里，王进喜身患重病也顾不上去医院；几百斤重的钻杆砸伤了他的腿，他拄着双拐继续指挥；一天，突然出现井喷，当时没有压井用的重晶粉，王进喜当即决定用水泥代替。成袋的水泥倒入泥浆池却搅拌不开，王进喜就甩掉拐杖，奋不顾身跳进齐腰深的泥浆池，用身体搅拌，井喷终于被制伏，可是王进喜累得站不起来了。房东大娘心疼地说："王队长，你可真是铁人啊！"

大庆人以"三要"、"十不"精神激励自己：要甩掉中国石油落后的帽子，要高速度、高水平地拿下大油田，要赶超世界先进水平为国争光；不怕苦，不怕死，不为名，不为利，不讲工作条件好坏，不讲工作时间长短，不讲报酬多少，不分职务高低，不分分内分外，不分前线后方。一心为了石油会战的胜利。

王进喜在技术上肯于钻研，他曾带领伙伴用40年代的老钻机，克服技术上的困难，打出全油田第一口斜度不足半度的直井，创造了用旧设备打直井的先例。他与工友们发明了钻机整体搬家、钻头改进、快速钻井等多项技术革新，对改进钻井工艺技术做出突出贡献，被油田党委授予“工人工程师”的称号。王进喜等人的经验和做法有很多成了油田的规章制度。如“三老四严”（即当老实人、说老实话、做老实事，严格的要求、严密的组织、严肃的态度、严明的纪律）和“回访”制度等，还在全国工业系统推广。

王进喜处处从国家利益着想，重视调查研究，依靠群众加速油田建设，艰苦奋斗，勤俭办企业，建立责任制，严把油田质量关。他留下的“铁人精神”和“大庆经验”，成为进行社会主义建设的宝贵财富。

大庆人总结出了10条基本经验：高举毛泽东思想红旗，发扬革命精神；狠抓第一手资料，坚持严格的科学精神；集中优势兵力打歼灭战；认真做好基础工作，狠抓基层建设；领导亲临现场，干部参加劳动；一切为了前线，一切为了生产上打胜仗；积极培养、大胆提拔干部；培养一个好作风；关心群众生活；大学毛主席著作，做好政治思想工作。

经过3年会战，探明了大庆油田地质储量并投入开发。1963年，全国原油产量达到647.6万吨，占国内消费量的71.5%。1963年12月，周恩来在二届全国人大四次会议上宣布：“我国需要的石油，现在可以基本自给了。”12月26日，《人民日报》发表消息说：“中国人民使用‘洋油’的时代，即将一去不复返了。”

大庆成就和经验引起了中共中央和国务院领导高度重视。1964年初，毛泽东主席向全国发出“工业学大庆”的号召。中央和各地报刊、电台连续报道石油会战的事迹和经验。4月20日，《人民日报》头版发表长篇通讯《大庆精神大庆人》，同时发表短评《崇高的榜样》，集中宣传了王进喜、马德仁、段兴枝、薛国邦、朱洪昌等人的先进事迹。这5位标兵被誉为大庆石油会战的“五面红旗”。1964年12月，王进喜出席了第三次全国人大会议，受到毛泽东主席的接见。周恩来在三届全国人大一次会议《政府工作报告》中高度评价大庆经验。广大工交职工学习大庆人的：夜班和白班、坏天气和好天气、领导在场和领导不在场、没有人检查和有人执行制度“四个一样”。各地涌现出许多学大庆先进集体和先进个人，产生了一批大庆式的企业。

大庆油田开发成功后，中国石油地质科学家和广大职工继续努力，相继发现和建设了胜利油田、大港油田、辽河油田和冀中油田等。1965年原油产量达到1131.5万吨。国内消费的原油以及石油产品实现了全部自给。①

---

① 1965年，王进喜任油田钻井指挥部副总指挥。1969年4月党的“九大”，他以工人代表身份当选为中央委员。王进喜为祖国的石油事业操劳，致身心交瘁，积劳成疾，于1970年11月15日患胃癌病逝，年仅47岁。

孟泰，原名孟瑞祥，曾用名孟宪钢，河北省丰润县人，1898 年出生于贫苦农民家庭。1917 年，丰润一带遭大旱，为了找一条活路，19 岁的孟泰只身闯关东，在抚顺机车修理场干了 10 年铆工，练就了娴熟的技术。1927 年初，他痛打欺侮自己的日本工头毛利后连夜逃到鞍山，由好友介绍考入鞍山制铁所作配管工，改名孟泰。

1949 年 8 月加入中国共产党，成为鞍山解放后第一批发展的产业工人党员之一。他带领广大工人把日伪时期遗留下来的几个废铁堆翻了个遍，回收各种管件 4000 多件，并用玻璃粉除垢，然后修复成能用的管件，建成了当时著名的“孟泰仓库”。

孟泰几十年与高炉循环水打交道，积累了丰富的工作经验，创造了“眼睛要看到，耳朵要听到，手要摸到，水要掂到”的维护操作法。他只要把手伸向流淌的循环水水流，便可准确判断出水的温度、压力及管路流通的状况。凡是高炉循环水出故障，他都能手到病除，人称“高炉神仙”。

他勇于攻克技术难关。在苏联政府停止对我国供应大型轧辊，致使鞍钢面临着停产的威胁下，他组织了 500 多名技协积极分子开展了从炼铁、炼钢到铸钢的一条龙厂际协作联合技术攻关，先后解决了十几项技术难题，终于自制成功大型轧辊，填补了我国冶金史上的空白，被誉为“为鞍钢谱写的一曲自力更生的凯歌”。他自己设计制造成功的双层循环水给冷却热风炉燃烧筒提高寿命 100 倍。

1958 年的一天，孟泰到配矿槽了解生产状况，发现这个岗位由于上道工序厂家运送来的烧结矿热量未散而高温难耐，最高温度接近 80℃，工人整天汗水淋漓。他立即召集能工巧匠到现场研究降温方案，并亲手画出安装冷却水管线的草图。经过一番苦战，冷却系统起动运转，作业环境的温度降到规定标准以下。多年来的“老大难”问题得以彻底解决。

1959 年，中央新闻纪录电影制片厂拍摄《第十个春天》，形象而生动地记录了孟泰的工作和生活情景。

三年严重自然灾害的日子里，孟泰看见炉前工人勒紧裤腰带干繁重的活，体力日渐不支，心里很不是滋味。回到家中，一狠心就把几个女儿靠挖野菜喂养大的两口猪送到厂里，为全厂职工改善伙食，孟泰全家仍吃菜团子。

孟泰先后担任鞍钢炼铁厂配管组组长、技术员、副技师、设备修理场场长、炼铁厂副厂长、鞍钢工会副主席等职务。他担任鞍钢炼铁厂副厂长 8 年，被工人们称为“身不离劳动，心不离群众的干部”。

他爱厂如家，艰苦创业，在恢复和发展鞍钢生产中做出了重大贡献，是新中国成立后第一代全国著名劳动模范。他曾先后当选为第一、二、三届全国人民代表大会代表；出席中国工会第七、八次全国代表大会，当选为执行委员。8 次受到毛泽东主席的接见。成为 20 世纪五六十年代誉满全国的钢铁战线的老英雄。

1962 年 3 月，孟泰从一位医生的口中得知鞍钢立山医院由于缺少病床，一批急待住院的职工因此入不成院而影响了身体康复。孟泰挤出时间到供应处，无缝钢管厂、焊管厂等单位联系，替医院买了几吨废钢管。他又从厂里带来青年突击队成员利用工余时间自制铁床50多张，一周中将铁床整整齐齐搬入病房之中，为医院解决了燃眉之急，还节省了一笔可观的费用。

1964年12月，孟泰当选为第三届全国人民代表大会代表，第八次受到毛主席的亲切接见。他的名声越大，找他反映问题和求助解决困难的人自然多起来。为此，他常常是连吃饭都顾不得。女儿们心疼他，有时就出面“挡驾”，孟泰严肃地批评了她们。他多次说：“当人民代表就得心甘情愿给人民办事，自己少吃几顿饭，晚睡几回觉都是值得的。把老百姓反映的事解决好，才能吃得香，睡得着，才配当人民代表。”凡经孟泰接待的事，件件有回音，能解决的都较快地得到了解决，一时解决不了的也得到了满意的答复。

诗人郭小川发表叙事诗《追踪着老孟泰的脚步》，电影剧本作家于敏写了《老孟泰的故事》一书，画家路坦创作了石版画组画《孟泰》。

欧阳海，1940年生，湖南桂阳县人。他的家庭十分贫困。按照国民党“两丁抽一”的规定，他的哥哥欧阳增龙要被抓壮丁。为了保住哥哥，父母将欧阳海男扮女装，并取名欧阳玉蓉。但是哥哥还是被抓走了。

1949年，中国共产党解放了欧阳海的家乡。欧阳海在农村任记工员、会计，他热心助人，经常帮助没有劳动力的家庭干活，并用自己的粮食救济本村困难户。为了感谢人民政府的恩情，欧阳海积极报名参加中国人民解放军。1959年3月应征入伍。1960年5月加入中国共产党。入伍后，他工作积极，训练刻苦，哪里有困难，哪里有危险，就往哪里冲，人称“小老虎”。曾两次抢救溺水儿童，一次参加灭火，并救出一位老人。三次荣立三等功，多次被树为标兵。

1963年11月18日清晨，欧阳海和他所在的七班，野营训练沿铁路行军至湖南省衡山车站南两山峡谷间时，满载旅客北上的288次列车迎面疾驶而来，驮着炮架的一匹军马猛然受惊，蹿上铁道，横立在双轨之间。就在火车与惊马将要相撞的危急时刻，欧阳海奋不顾身，跃上铁路，拼尽全力将军马推出轨道，他自己却被卷入列车下。火车在冲滑300米后停了下来。火车司机激动地说：快救这个伟大的战士，是他救了几百名旅客的生命啊！尽管当地衡山县有关部门尽力组织抢救，但终因伤势太重而壮烈牺牲，年仅23岁。

欧阳海是继雷锋之后在人民解放军这所大学校里涌现出的又一名共产主义战士。1964年，中国共产党广州军区委员会追授他“爱民模范”荣誉称号。同年1月20日，中华人民共和国国防部命名他生前所在班为“欧阳海班”。2月朱德、董必武、贺龙、徐向前、聂荣臻、叶剑英等党和国家领导人分别题词，高度赞扬他的英雄行为。

长篇传记文学《欧阳海之歌》，最初刊登于大型文学期刊《收获》杂志1965年第 7 期，同年 10 月由解放军文艺出版社出版。作者金敬迈，1930 年生，江苏南京人，1949 年参加解放军，曾任中南军区军械学校文工团团员，广州军区战士话剧团演员、创作员，军区政治部创作组创作员。小说一版再版，共印刷约 3000 万册。

“南京路上好八连”原是一个极为普通的连队。1947 年 8 月 6 日，在山东莱阳城西水头沟小园村，中国人民解放军华东军区特务团把招来的几十个胶东农民子弟编在一起，组成了该团的四大队辎重连。不久，连队番号改为华东军区警卫旅特务团一营一连。1949 年 6 月进驻上海南京路执勤后，这个连被编为三营八连。

解放军开进上海后，国民党布下的反动残余采取“腐蚀、拉拢加破坏、暗杀”的策略进行抵抗，并四处扬言：“上海是个大染缸，你共产党、解放军红着进来，要黑着出去。”

八连，这些在穷苦中长大、从枪林弹雨中走来的战士们是十分淳朴的。初进南京路时，他们连自来水都不会用，守着抽水马桶还到处找厕所，按一下电灯开关，会被灯泡突然发出的光吓一跳。但时间一长，情况便悄悄发生了变化：有的战士看到路边行人穿着那么时髦，男女挽手臂进出舞厅、影院，有点羡慕了；当一些装扮妖艳、浑身喷着香气的女子向他们抛媚眼、丢手绢时，有的战士也禁不住朝她们瞟上几眼。有人感慨：“南京路上的风都是香的。”“南京路上的风光比电影还好看。”连队也开始出现一些反常现象：有人一次花几块钱到国际饭店去开“洋荤”；有的不惜花 5 毛钱到高级理发厅理发；有人不抽老烟叶子了，去买一块多钱一包的雪茄；个别战士花光津贴费还要借钱逛“大世界”。

连队的首任指导员张成志是个头脑清醒的干部，他在党支部会上指出：南京路是一个没有硝烟的战场，我们要让全连保持高度的警觉性，绝不能吃败仗。他组织全连一遍又一遍地学习领会毛泽东在中国共产党七届二中全会上的报告。

在寸土寸金的南京路上，找一块菜地不切实际，上菜场买既会增加国家负担，也会加剧当时上海市民吃粮、吃菜的紧张状况，八连干部战士想到了自给自足的办法。他们在离驻地 13 公里的七宝镇开辟了食品基地，干部战士轮流到那里种菜、养猪。空闲时大家和环卫工人一起掏大粪，用拖车拉到基地。

八连有着节约“一度电、一滴水、一寸布、一分钱”的口号。当时八连驻扎在解放前资本家的别墅里。别墅装修奢华，不仅有花园，壁炉、抽水马桶、电扇、电灯、自来水等一应俱全，就连地板也是红木的。可良好的生活条件没有成为八连战士奢侈浪费的理由。

除去生活必需外，战士们平时从不开自来水。连里把战士按班组织起来，每天每个班有专人把用剩的洗脸和洗脚水、刷牙水、洗衣服水收集起来，依据水的洁净程度分别用来拖地板、冲厕所、浇花草。

别墅里转弯多、功率不同的灯多。为了省电，除去会议室学习时需要良好的照明外，八连把驻地 100 瓦、40 瓦、25 瓦等功率不等的灯泡全都换成了 15 瓦的小功率灯泡，每个开关下都贴了“节约用电”的口号。随手关灯，人走灯灭成了大家的自觉行动。

按照部队规定，每年 4 月份和 11 月份，干部战士都要把破旧的作训服上缴换领新衣服。但八连有半数以上的干部战士不领新作训服。坏了的地方他们自己补了又补，新三年旧三年缝缝补补又三年。一名战士裤子上竟有 18 处补丁，可他照样把裤子洗净烫平。红帽徽、红领章，这名战士把满是补丁的裤子穿得英姿飒爽，在国际饭店岗点执勤时，外国人发现了这条布满补丁的裤子，伸出大拇指连声称赞。有时破旧的军装实在不能再穿了，战士们就把衣服撕成布条，自己动手编成布鞋，布鞋磨坏了，大家找来干草编成草鞋。

八连的战士每人每月有 6 块钱的津贴，在当时上海市民月均支出近 20 块钱的时代，连里大部分从农村走出来的战士每人每月的支出不超过一块钱。除去牙膏、牙刷、肥皂、卫生纸和圆珠笔外，大家从不乱花一分钱。用剩的牙膏皮也要收集起来，每个能卖到 3 分钱。剩下的 5 块钱存起来。遇到自然灾害或是战友家发生困难时，匿名捐出去。连里谁家遇到困难，家人很快会收到不署名的几十块钱捐款。

八连战士常需要以班为单位外出执行警卫等任务，吃饭只能就地解决。那时战士的伙食标准是 0.45 元每天。可给饭店经理 5 斤粮票、1.5 元伙食费后，夏天每人一碗番茄汤，冬天则是雪菜汤或青菜汤，每人半斤米饭，一个班的 10 个战士也吃得津津有味。有次饭店里大吃大喝的食客都被眼前的一幕惊呆了，他们怎么也想不通 10 名解放军一顿饭只花 1 块 5 毛钱。

在南京路上执勤巡逻，经常遇到群众需要帮助的时候。夏天时常有逛街的市民突然晕倒，战士们会立即把人送到医院，垫付医药费后想方设法通知病人家属，家属赶到后战士们却悄悄离开了，打听了一圈，也没有战士承认是自己做的好事，最后市民只得把锦旗送到上海警备区，再由政治部转交给八连。遇上迷路的市民和小孩也是常有的事，战士们妥善安置迷路者后，会马上通知公安户籍部门查找，一个儿童找到亲人前就在八连宿了两夜。遇上乞讨或流浪人员，战士会自己掏钱留饭，随后买车票把人送回家。

支持地方经济建设、抵御自然灾害也是战士们的义务。常有外贸单位求助，外轮的装卸任务如不能如期完成，要赔偿外方经济损失。连着装卸 12 个小时，战士们感觉习以为常。一次上海遭遇多年不遇的暴雨，共和新路泗塘仓库内 300 吨面粉面临水浸的危险，八连和兄弟部队冒雨抢运。这边险情刚除，上海粮库的 1000 万吨粮食又告急，八连战士顾不得休息义无反顾地投入到抢险中来，光抢运粮食就花了整整两天两夜。晴天大家又晒粮食，数量庞大的粮食把整个人民广场都堆满了。警备团 3000 多名战士摊、摔、搬啊，又是一天一夜，可没有人喊一声苦，要一分钱报酬。

八连的防区从南京东路到南京西路，有岗点十多个，干部战士分为固定岗和巡逻岗，2 小时换班一次，一天换班 12 次。从驻地出发到最近的岗点只有 300 米，而到最远的岗点执勤则要步行 2500 米。巡逻时战士们抬头挺胸，目视前方，一名战士背步枪，另一名战士胸前挎着冲锋枪，步幅整齐划一。固定岗上值勤的战士也是神情严肃，一动不动，有次一名外国人观察了八连战士，结果发现 30 秒内眼睛没眨，他惊呼遇上了假士兵。

有时热心市民见战士们辛苦，就送来茶水，有人还特意等战士撤岗，拉着手请吃饭，战士们都予以婉拒，“部队有纪律，不能接受群众吃请”！与此同时，别有用心的人时常故意骚扰战士，常有打扮得花枝招展的舞女和歌女嗲声嗲气地拉战士去唱歌、跳舞，大家处变不惊地把她们赶走。遇到流氓调戏妇女，抢偷市民财物的时候，战士们会挺身而出，制止他们。这些人不断变换花招，今天送手表、明天送布，企图拉拢腐蚀八连战士，可他们从未得逞。

八连的干部十分注重战士们的思想政治教育。“在花花绿绿的南京路上站岗，想什么？做什么？看什么？”忆苦思甜教育，结合自身成长经历控诉旧社会的罪恶成了连队日常思想工作的一项重要内容。“为人民站好岗，放好哨”成为全连战士的共识。

一分钱的故事，草鞋、针线包，数不清的平凡故事，后来被一个叫做吕兴臣的有心人一一记在笔记本上。此时，吕兴臣在团机关当俱乐部主任，兼任报社通讯员，时常挎着照相机下在几个连队里。他把驻守在南京路上的几个连队比来比去，总觉得八连训练成绩突出，完成任务比较出色。一天，吕兴臣对第二任八连指导员刘仁福说：“你能给我介绍几个动人的故事吗？”老实巴交的刘仁福摇摇头：“没有什么事，你不用报道。”吕兴臣有点不乐意，把照相机往桌上一放，包里掉落了一分钱。刘仁福看到那一分钱，平静地说：“我们八连就有那一分钱的故事。”1957 年，吕兴臣前后花了个把月的时间，写出了一篇通讯送到了《解放日报》社。该报总编魏克明看到稿子后，眼前一亮，敌人曾预言上海是个黑色大染缸，现在 10 年下来了，八连红旗不倒，宣传出去一定会产生很好的政治影响。《解放日报》以“身居闹市一尘不染　人们称赞他们‘南京路上好八连’”为题，率先报道了好八连的事迹。文章刊出后，引起社会反响。1958 年 3 月 23 日，《解放军报》以同样标题刊出吕兴臣的报道。此后，吕兴臣又在《解放日报》发表了《针线包》、《行军锅》和《一分钱》等一系列讲述好八连官兵优良作风的小故事。

1959 年 2 月，《解放日报》总编辑魏克明建议把好八连的事迹写成一篇大通讯，用“艰苦奋斗”这根主线统领全文。吕兴臣写出 1.7 万字的初稿，几经修改，1959 年 7 月 23 日，《解放日报》头版头条发表了吕兴臣写的长篇通讯——《南京路上好八连》，同时配发了社论。

在新闻媒体大力宣传八连时，上海警备区党委首长高度重视对八连这一典型的培养和宣传。王必成时任南京军区副司令员兼上海警备区司令员，他在警备区党委会上指出：学习八连精神意义重大，要争取让八连的精神在全军、全国发扬起来。他还数次到八连看望勉励官兵，并经常向有关部门询问对八连培养和宣传工作的进展情况。

1963年初，南京军区党委把八连作为重大典型上报到解放军总政治部。总政主任萧华看了八连的材料后，又对八连的具体情况作了进一步了解，决定把八连作为保持艰苦奋斗革命本色的一面红旗树立起来。一个多月后，《解放军报》用4个整版的篇幅宣传了八连的事迹，并同时发表了《务必保持艰苦奋斗作风》的社论，随后又陆续对八连作深入宣传。

1963年4月12日，周恩来总理接见刘仁福，勉励他说：八连的工作做得很好，希望八连的同志好好听毛主席的话，学毛主席著作，照毛主席建军路线建设连队，继承和发扬我党艰苦奋斗的光荣传统。

1963年4月25日，中华人民共和国国防部发布命令，授予驻守上海的某部八连以“南京路上好八连”的光荣称号。

1963年5月8日，《人民日报》专门为“南京路上好八连”的命名发表社论，同时还发表了“南京路上好八连”的长篇通讯。随后，全国掀起了学习“南京路上好八连”的热潮，许多单位、团体、个人给八连官兵写信，表达敬意，表明学习八连的决心。

八连被国防部命名后的一个月内，朱德、邓小平、陈云、陈毅等党和国家、军队领导人都纷纷题词。1963年“八一”建军节那天，毛泽东挥笔写下了著名的《八连颂》：

好八连，天下传。为什么？意志坚。为人民，几十年。拒腐蚀，永不沾。因此叫，好八连。解放军，要学习。全军民，要自立。不怕压，不怕迫。不怕刀，不怕戟。不怕鬼，不怕魅。不怕帝，不怕贼。奇儿女，如松柏。上参天，傲霜雪。纪律好，如坚壁。军事好，如霹雳。政治好，称第一。思想好，能分析。分析好，大有益。益在哪？团结力。军民团结如一人，试看天下谁能敌。

王杰，山东省金乡县城郊乡华堌村人，1942年10月出生于内蒙古阿荣旗，从小过继给伯父王儒堂。王杰小时候就很崇拜英雄，喜欢听刘胡兰、邱少云的故事。王杰学习很刻苦，是学校的“三好学生”。当兵是王杰从小的愿望，他说：“入伍是我的第一志愿，我要当一名光荣的人民解放军战士。”

1961年8月，王杰如愿以偿，成为济南军区装甲兵某师工兵营一名光荣的工兵战士。刚到部队时，看到有的战友开坦克很威风，他曾一度觉得当工兵不如当技术兵。在认真学习了毛主席的《为人民服务》、《纪念白求恩》等著作后，他慢慢转变了思想。王杰非常崇尚英雄，在他的日记本上，剪贴着黄继光的画像，抄录有对黄继光英勇献身的一段颂歌。他有20多本共10多万字的日记。他经常说：“我一定要向董存瑞、黄继光、安业民、雷锋等英雄人物学习。”1963年4月5日，他在日记中写道：“一个人活在世界上，活要活得有意义，死要死得有价值。活在世界上不能碌碌无为，虚度年华，要像黄继光、董存瑞、雷锋那样，把自己的一切甚至是生命献给人民最壮丽的事业——共产主义。死要死得有价值，为了祖国，为了人民，就死得其所，死得光荣。”1964年7月28日，他写道：“什么是理想，革命到底就是理想。什么是前途，革命事业就是前途。什么是幸福，为人民服务就是幸福。”1965年5月1日，他写道：“我们要一不怕苦，二不怕死，做一个大无畏的人。”他用实际行动践行着自己的诺言。在沂蒙山地区施工时，突然暴发的山洪卷走了物资，他第一个奔去抢救；爬险路、钻山洞，他总是不畏艰险，争当先锋；施工爆破，他总是冒着风险抢先装药、放炮。有时出现哑炮，他争着第一个冲上前去排除。他连续三年被评为“五好战士”，两次荣立三等功，并被上级授予“模范共青团员”和“一级技术能手”称号。

1965年初夏，根据驻地江苏省邳县张楼公社（现邳州市运河镇）人武部的请求，王杰所在的工兵营一连派五班班长王杰担任民兵地雷爆破训练的教员。7月14日，进行最后一项训练——地雷实爆，王杰让大家围成一圈，由他做示范动作。突然，埋设炸药包的土层冒出白烟。在这千钧一发之际，只听王杰大喊一声：“闪开。”便毅然飞身而起，扑向炸药包（实爆训练是用炸药包代替地雷进行的）。随着一声惊天动地的巨响，王杰倒在了血泊之中，在场的12名民兵和人武干部得救了，但年仅23岁的王杰却献出了自己的生命。

根据张楼公社和驻地群众的一再请求，部队决定把王杰安葬在他牺牲的地方。公社买来了最好的楠木，请来当地有名的木匠，为王杰做了一口棺材。7月16日上午，当地群众为王杰举行了隆重的安葬仪式。方圆几十里的男男女女、老老少少和部队官兵，组成了庞大的送葬队伍。一路哭声，惊天动地。

王杰牺牲后，部队党委根据他的遗愿，追认他为中共正式党员。1965年11月4日，王杰生前所在部队为王杰举行隆重的追悼大会。

王杰的英雄壮举在徐淮大地引起强烈反响。不久，《前卫报》和淮海地区《徐州日报》及驻地广播电台，都突出报道了王杰救人的英雄事迹，并刊登了王杰部分日记。1965年9月25日，中央人民广播电台在“新闻和报纸摘要”节目中播发了王杰的事迹和部分日记。与此同时，中央各大媒体均报道了王杰的英雄事迹。1965年9月26日，总参谋长罗瑞卿同志听到广播和看了报纸后，当即打电话给有关部门，要求进一步大力宣传王杰的事迹。《解放军报》在一版就发表《一心为革命，一切为革命》、《学好人好事做好人好事》、《做毛主席的好战士》、《从雷锋到王杰》4篇社论，并用12个头版头条、21个整版刊登王杰事迹、王杰日记、王杰诗歌以及全军指战员学习王杰的情况。据不完全统计，仅1965年第四季度，全国各大报刊电台发表与王杰有关的报道达1300多篇。

11月17日，解放军总政治部、全国总工会、共青团中央发出通知，号召全军指战员、全国工人、全国共青团员学习王杰同志一心一意为革命的英雄主义精神。

11月27日，国防部命名王杰同志生前所在班为“王杰班”。“王杰班”命名大会在济南隆重举行，济南军区司令员杨得志、政委谭启龙亲手将一拥军女工用7天时间赶绣出来的“王杰班”奖旗授予第一任班长侯兴家。

毛泽东、周恩来、朱德、邓小平、董必武等或发表讲话，或题词，高度评价王杰的“一不怕苦，二不怕死”的精神。毛泽东主席看了有关王杰事迹的报道后说：“我赞成这样的口号，叫做‘一不怕苦、二不怕死’。”1965 年 11 月 15 日，周恩来总理在看完王杰写的日记后，录下王杰的一首诗：“座座高山耸入云，我们施工为人民。不怕工作苦和累，愿把青春献人民。”

王杰生活的山东省金乡县华堌村改名为“王杰村”。

1968 年 3 月 8 日，“王杰班”第三任班长徐汝明在“六兵种两学院”学习毛主席著作积极分子代表大会上，受到了毛泽东主席、周恩来总理的亲切接见。

刘英俊，1945 年 4 月 8 日出生在吉林省长春市郊的一个贫农家庭里。1962 年夏天，蒋介石叫嚣窜犯大陆的时候，他满怀着阶级仇恨和保卫祖国的志愿，参加了中国人民解放军。入伍后，他自觉勤奋地活学活用毛主席著作，在毛泽东思想哺育下，树立了“革命就要斗争，斗争就是幸福”、“生为革命生，死为革命死”的无产阶级世界观。他是一个把毛主席的书当作一切行动最高指示的模范。他积极地宣传毛泽东思想，扩大毛泽东思想的阵地。他勇敢地捍卫毛泽东思想，坚决向违背毛泽东思想的言论行为作斗争。他以雷锋、王杰为榜样，毛主席怎样说，他就怎样做，全心全意为人民服务。他曾经在一封信里写道：“……一个人无论是活多长时间，他的死，只要是献给党的壮丽的共产主义事业，那就是无限光荣的，有代价的。雷锋能，我也能，请相信我吧，一百个能！”他热爱人民，为当地的职工、居民做过许多好事，早就和人民群众建立了深厚的阶级感情，不过很少有人知道他的真名实姓，直到他牺牲之后，群众看到他的遗像才知道他叫刘英俊。人民从内心里热爱这位英雄，说他“真正是全心全意为人民服务”，“真正是把毛泽东思想装进了脑子里，刻在了心上”。

作为一名重炮连的驭手，他热爱本职工作，潜心研究驯服烈马的技巧，探索出一套科学的驯马方法。在学习上，他是连里的文化尖兵，主动积极宣传毛泽东思想，宣传党的方针政策，宣传英雄模范事迹。他自制了 23 部、400 多张幻灯宣传片，深入到部队、地方、学校去放映，受到好评。

3 月 15 日，佳木斯还是一片冰天雪地。早晨，炮连三班战士刘英俊和战友们赶着三辆炮车，沿着市郊公路出去训练。在公共汽车站附近，刘英俊驾驭的那辆炮车的辕马，被汽车喇叭声震惊，突然掉头猛跑。当时正是学生上学、职工上班的时候，公路上车来人往，川流不息。车马向人群冲去，情况十分危急。刘英俊用肩膀猛抗狂奔着的惊马的脖子，迫使惊马拐上公路左侧的小道，避免了一次可能发生的严重事故。惊马继续在两旁积满冰雪的小道上飞跑，刘英俊紧拉缰绳，身子被车马拖带着，处境非常危险。群众见此情景，高声大喊：“快撒手！快撒手！”这时候，在炮车前面不远的地方，有六个孩子被吓呆了。孩子们的生命受到严重威胁。刘英俊坚定地回答："不能撤！不能撤！"在这千钧一发的时刻，只见刘英俊把缰绳在胳膊上缠了几道，猛力一拉，使战马前蹄腾空而起。紧接着，他不顾危险，手撑辕杆，把双脚从辕杆下面伸向马的后腿，用尽平生的力量踢去。马倒了，车翻了，六名儿童安然脱险。刘英俊同志自己却被压在突然翻倒的车马底下，身负重伤。

1966 年 4 月 10 日，刘英俊所在部队党委作出决定，根据刘英俊生前的志愿，追认他为中国共产党正式党员；追记一等功，并号召干部战士向刘英俊学习。

《解放军报》发表社论：向毛主席的好战士刘英俊学习。指出刘英俊同志："是我军又一个欧阳海式的英雄人物，是我们时代又一个雷锋、王杰式的毛主席的好战士。"

1966 年 7 月 13 日，《人民日报》发表长篇报道《向伟大的共产主义战士刘英俊学习》。全国各大报刊纷纷登载。

1966 年 7 月 14 日，中国人民解放军总政治部发出向他学习的通知。同年 7 月 28 日，《人民日报》发表题为"人民的好儿子"的社论，把学习活动推向全国。吉林省将其家乡改名为"长春市二道河子区英俊乡"。

优秀共产党员赵梦桃，是西北国棉一厂一名细纱挡车工人。她平时苦干、实干，练就一套过硬本领，连续 7 年，月月超额完成任务。她无私地把自己摸索出来的先进方法教给姐妹们。她总是把方便让给别人，把困难留给自己。她开的是旧式"老虎车"。有人怕影响成绩，劝她换车，她总是说："共产党员要的不是个人的名声，而是党的事业。"她带领的小组，在她帮助下，没有一个掉队，年年超额完成任务。

赵梦桃小组成为闻名全国的先进集体。

龙梅和玉荣，是青少年中学习雷锋的突出代表。姐妹俩为保护羊群，不使集体的财产受损失，不顾疲劳和饥饿，冒着零下 37℃的严寒，同暴风雪英勇搏斗一天一夜，随着羊群跑了 100 多里路。集体的 380 多只羊保住了，姐妹俩却冻成了重伤。她们受到共青团白云鄂博矿区委员会、共青团中央大力表扬，称她们是"草原英雄小姐妹"。

山西省昔阳县大寨村，地处晋中地区海拔 1000 余米的太行山区，穷山恶水，土地贫瘠，全村耕地散布在七沟、八梁、一面坡上，802 亩土地分为 4700 多块。水土流失严重，常年干旱，逢雨季山洪暴发，又溃决成灾，好年景亩产也不到 70 公斤粮食。新中国成立时只有 50 多户人家、200 多人口。

早在 1946 年春天，大寨就办起了临时互助组，1953 年成立了初级社，1955 年 12 月转入高级社。1958 年 8 月以大寨为核心，成立了全县第一个"红旗人民公社"。陈永贵任公社党委副书记兼大寨管理区支部书记。

陈永贵，大寨村人，1914年出生，贫农。7岁开始给地主放牛，11岁便给地主扛长活，1948年加入中国共产党。在旧社会他从未进过校门（1957年才扫盲），但干庄稼活是个好把式，具有朴实勤劳的性格。作为干部，能坚持生产劳动，与群众打成一片、以身作则。1959年，陈永贵被选为全国劳动模范。

从1953年开始，大寨人在中共村党支部的领导下，用5年时间，改造了全村7条大沟，垒起了长达15里的180条大坝，修了2条盘山渠，2个水库，3000多个鱼鳞坑、蓄水池；将300亩坡地垒成了水平梯田，将4700多个分散地块修成了2900块，还新增加了80多亩好地。

1959年，昔阳县在全县开展“学大寨、赶大寨”的群众运动。

1962年，在全国大灾和严重困难的年景下，大寨粮食亩产竟达到774斤，高出同县平均产量530斤，一亩地等于别人的3亩半。在浩大的治沟工程中，大寨人没向国家要一分钱，完全凭借自己的双手，苦干、实干、拼命干，终于实现了丰收的夙愿。①

1962年，中共山西省委总结出推广大寨带领村井沟队，使他由落后变先进，师徒双双出席省劳模会的一带二经验，被全面推广。

大寨闻名全国开始在1963年，这年8月，大寨遭到了一场历史上罕见的大洪水，破坏了大寨村民10年辛苦修造出来的农田，100多条大石坝被冲塌了，果树倒了，140孔窑洞，塌了113孔，125间房，塌了77间。面对毁灭性的自然灾害，大寨村党支部书记陈永贵积极带领群众白天修梯田，晚上修建住房，曾4次谢绝了政府的物资援助。他们靠自力更生的精神，战胜了自然灾害，当年收入不减、向国家交售粮食的任务不减、社员所得不减。

1963年11月9日，中共山西省委发出号召，全省各级党组织向大寨人民学习。

11月11日，《山西日报》以“大寨人民志不屈，旗不倒”为题，颂扬大寨，并配发社论《学大寨之志，长大寨之风》。不足1个月，《山西日报》又发表《自力更生奋发图强建设山区的旗帜》。

12月28日，《人民日报》发表题为“大寨大队受灾严重红旗不倒”的新华社电讯，向全国介绍大寨经验。

1963年底，毛泽东巡视南方途经武汉时，接见了祖籍山西省昔阳县的武汉钢铁厂党委书记。该同志回家探亲时顺便参观过大寨，给他留下深刻印象，向毛泽东提起了大寨和陈永贵。

1964年1月19日，国务院邀请山西省劳动模范、大寨大队党支部书记陈永贵在首都人民大会堂万人大会上作题为“自力更生，奋发图强，依靠集体力量改变山

---

① 《〈中国共产党历史〉第二卷（1949—1978）》，中共党史出版社，2011年1月第1版，第695页。

区面貌”的报告。中央人民广播电台实况转播。震动全国。

1月28日至2月9日，召开全国农业工作会议，着重讨论建设旱涝保收、稳产高产农田问题，大寨大队作为典型之一，在会上介绍了经验。会议结束后，1964年2月10日，《人民日报》发表新华社记者的长篇通讯《大寨之路》，并配发社论《用革命精神建设山区的好榜样》。

1964年3月28—29日，毛泽东在停在邯郸的专列上，召集中共河北省、山西省省委的林铁、刘子厚和陶鲁笳等几人听取汇报。中共山西省委第一书记陶鲁笳说：陈永贵是个生产能手，而且对管理工作抓得很严，公私分得很清。毛泽东听完汇报说：穷山沟里出好文章，你们有他的材料没有？《人民日报》那篇文章我没有看。毛泽东让秘书随即把那篇文章找来。陶鲁笳把预先准备好的有关材料交给毛泽东。

1964年4月20日—5月12日，农业部部长廖鲁言率领由郑重等4人组成的调查组，受周恩来总理指派，进驻大寨大队20天，进行了全面系统的调查研究，写出《大寨大队调查报告》，向毛泽东和周恩来书面汇报大寨经验。

5月11日、12日，毛泽东在听取第三个五年计划设想汇报过程中插话：“要注意种好16亿亩。在这个基础上建设4亿多亩稳产、高产农田。要点面结合，很对。要自力更生，要像大寨一样，他也不借国家的钱，也不向国家要东西。”①

6月，毛泽东在中央工作会议上，讲话说：农业主要靠大寨精神，自力更生。

1964年11月1日，《人民日报》发表《农业靠大寨精神》的社论中说：“靠发扬5亿农民自力更生艰苦奋斗的精神，这是我们在不断的实践中总结出来的一条重要经验。”

1964年12月，周恩来在第三届全国人大一次会议上所作的《政府工作报告》（经毛泽东审阅和修改）中，讲：大寨大队进行这么多农业建设，农业生产这样快，完全是依靠集体力量，只向国家借过一次钱，第二年就归还了；从1953年到1963年的11年中，在逐步改善社员生活的同时，向国家交售175.8万斤粮食，每户每年平均交售1.1万斤。“报告”概括大寨的经验为：“政治挂帅、思想领先的原则，自力更生、艰苦奋斗的精神，爱国家、爱集体的共产主义风格。”

陈永贵在会议期间的发言中，介绍了大寨人排除阶级敌人干扰，克服严重自然灾害的经验。

1965年9月，“全国大寨式农业典型展览”在北京举行，展出了全国各地50多个大寨式农业先进单位。

1965年第11期《红旗》杂志，发表陶鲁笳的文章《让大寨精神遍地开花结果》。

---

① 《建国以来农业合作史料汇编》，第793—794页。

河南林县，位于太行山东麓，自古以来就是严重缺水地区，极度贫困。1959年夏季，林县县委扩大会议提出，跨越太行山，到山西斩断浊漳河，然后逼水上山，把水引进林县，彻底改变缺水状况的大胆设想。这个计划得到河南省委的支持。山西省委也同意了林县人民的请求。

1960年2月11日，农历正月十五。3.7万名林县民工，向着太行山开战了。经过不到8个月的奋战，林县人民斩断了45道山崖，搬掉了13座山垴，填平了58道沟壑，穿凿了总长度600余米的7个隧道，建渡槽、路桥和防洪桥56座，完成土石方445.65万立方米，砌石42.86万立方米，拦住了奔腾不羁的浊漳河。

此后，林县人民又经过4年苦战，于1965年4月5日实现了总干渠通水。[①]

鞍钢（鞍山钢铁公司的简称），是一个具有多年历史的老企业，也是新中国成立后最早恢复和建立起来的特大型钢铁联合企业。1952年11月12日，鞍钢炼钢厂炼钢平炉创造了以6小时9分钟炼一炉钢的新纪录。1952年12月2日工人们致信毛泽东主席，报告了这一喜讯。毛泽东于12月14日致信炼钢厂全体职工，表示很高兴地读了工人们的来信，并认为“这不仅是你们的光荣，而且是我国工业化道路的一件大事”。1953年12月21日，鞍钢全体职工又致信毛泽东，报告鞍钢无缝钢管厂、大型轧钢厂、第七号炼铁炉三大工程的胜利完成。毛泽东于12月25日即回信说，鞍钢三大工程的胜利完成，“是1953年我国重工业发展中的巨大事件”，是对我国社会主义工业化的“重大贡献”。

1959年12月至1960年2月，毛泽东在读苏联《政治经济学（教科书）》时，较深入地探讨了社会主义公有制建立后的管理问题。毛泽东认为，“私有制问题基本解决以后，最重要的问题是管理问题”；“对企业的管理，采取集中领导和群众运动相结合，干部参加劳动，工人参加管理，不断改革不合理的规章制度，工人群众、领导干部和技术人员三结合”。

20世纪50年代后期，广大基层的干部、工人和工程技术人员已经开始对社会上盛行的长官意志，一言堂，不尊重科学，浮夸蛮干等官僚主义行为产生反感，尤其对苏联式“一长制”极为不满，迫切需要一种人性化、科学化、民主化的管理方式取而代之。50年代的钢铁生产工艺是高炉—平炉—初轧—精轧的流程，鞍钢生产是由10座高炉炼出铁水，运到三个炼钢厂的几十座平炉中炼成钢，经过铸锭后运到两个初轧厂的两台初轧机中开坯，然后送到几十个精轧厂制成丝、板、管、带和各种型材发往全国各地。就是说，鞍钢除生铁、焦炭外的全部产品，都必须经过初轧。一初轧厂是日本留下的德国克鲁伯轧机，年产150万吨，二初轧厂是苏联乌

① 周恩来总理在20世纪70年代同外国友人提到，新中国创造了两大奇迹——林县红旗渠和南京长江大桥。载《〈中国共产党历史〉第二卷（1949—1978）》，中共党史出版社，2011年1月第1版，第695—696页。

拉尔重型厂1150轧机，年产180万吨。解决初轧机产能不足的问题，成为提高鞍钢产量的瓶颈。解决这个瓶颈的就是初轧机超压下实验。

初轧机超压下实验终于结出了果实，这便是双锭轧制和七双经验。初轧机的产量几近翻番地增长，达到年产320万吨。鞍钢产量逼近700万吨。经验推广到鞍钢全公司，各厂纷纷响应，一场群众性的技术革新活动开展起来。

1960年3月11日，中共鞍山市委经辽宁省委向党中央递交了一份《鞍山市委关于工业战线上的技术革新和技术革命运动开展情况的报告》。当月22日，毛泽东在中央转发这份报告上批示了近700字的按语："上海局，各协作区委员会，各省委、市委、自治区党委，中央一级各部委、各党组：鞍山市委这个报告很好，使人越看越高兴，不觉得文字长，再长一点也愿意看，因为这个报告所提出来的问题有事实，有道理，很吸引人。鞍钢是全国第一个最大的企业，职工十多万，过去他们认为这个企业是现代化的了，用不着再有所谓技术革命，更反对大搞群众运动，反对两参一改三结合的方针，反对政治挂帅，只信任少数人冷冷清清地去干，许多人主张一长制，反对党委领导下的厂长负责制。他们认为'马钢宪法'（苏联一个大钢厂的一套权威性的办法）是神圣不可侵犯的。这是1958年大跃进以前的情形，这是第一阶段。1959年为第二阶段，人们开始想问题，开始相信群众运动，开始怀疑一长制，开始怀疑马钢宪法。1959年7月庐山会议时期，中央收到他们的一个好报告，主张大跃进，主张反右倾，鼓干劲，并且提出了一个可以实行的高指标。中央看了这个报告极为高兴，曾经将此报告批发各同志看，各同志立即用电话发给各省、市、区，帮助了当时批判右倾机会主义的斗争。现在（1960年3月）的这个报告，更加进步，不是马钢宪法那一套，而是创造了一个鞍钢宪法。鞍钢宪法在远东，在中国出现了。这是第三个阶段。现在把这个报告转发你们，并请你们转发所属大企业和中等企业，转发一切大中城市的市委，当然也可以转发地委和（小）城市，并且当作一个学习文件，让干部学习一遍，启发他们的脑筋，想一想自己的事情，在1960年一个整年内，有领导地，一环接一环、一浪接一浪地实行伟大的马克思列宁主义的城乡经济技术革命运动。"

1961年制定的"工业七十条"，正式确认这个管理制度，并建立党委领导下的职工代表大会制度，使之成为扩大企业民主，吸引广大职工参加管理、监督行政，克服官僚主义的良好形式。毛泽东把"两参一改三结合"的管理制度称为"鞍钢宪法"[①]。即"工人参加管理，干部参加劳动；改革不合理的规章制度；实行工人群众、技术人员、领导干部三结合"。使之与苏联的"马钢宪法"（指以马格尼托哥尔

① 欧美和日本管理学家认为，"鞍钢宪法"的精神实质是"后福特主义"，即对福特式僵化、以垂直命令为核心的企业内分工理论的挑战。用眼下流行术语来说，"两参一改三结合"就是"团队合作"。美国麻省理工学院管理学教授L. 托马斯明确指出，"鞍钢宪法"是"全面质量"和"团队合作"理论的精髓，它弘扬的"经济民主"恰是增进企业效率的关键之一。

斯克冶金联合工厂经验为代表的苏联一长制管理方法）相对立。

用“宪法”这样一个词来形容鞍山钢铁公司创造的这套企业管理办法，表现了毛泽东对它的高度欣赏和充分肯定，也表达了毛泽东对探索一条适合中国实际的工业管理方式的迫切心情。此后很长一段时间里，“鞍钢宪法”成为中国共产党领导工业企业的指导方针。

十三、军队建设

1956 年 4 月，毛泽东在《论十大关系》中曾经指出：“现在，新的侵华战争和新的世界大战，估计短时期内打不起来，可能有 10 年或者更长一点的和平时期。……认为原子弹已经在我们头上，几秒钟就要掉下来，这种形势是不合乎事实的。”①

1956 年 11 月 15 日，毛泽东《在中国共产党第八届中央委员会第二次全体会议上的讲话》说：艰苦奋斗是我们的政治本色，我是历来主张军队要艰苦奋斗。毛泽东深情地说：“解放军是一个好军队，我是很喜欢这个军队的。”

1957 年 7 月，彭德怀在第三次国防委员会全体会议上作《军事建设概况》报告，把编写我军自己的条令列为今后军事学术研究的任务之一，并提出基本指导思想：“以毛泽东同志的军事著作为指针，参考苏军先进经验，以我国我军现实装备、制度、自然条件为主，照顾我军最近将来装备可能发展的情况，编写自己的军事教范和条令，把我军历史经验在新的条件下加以恰当地应用和发扬，使之能够贯彻到全军并保持下去。”②

1958 年 3 月 15 日，中国人民解放军军事科学院成立。叶剑英在就军事科学院的工作方针、任务向毛泽东汇报时，也提出要编写我军自己的作战条令问题。

1958 年 6 月 29 日，毛泽东在中共中央军委扩大会议小组长座谈会上指示：“战争中按照苏军条令执行是不行的，还是搞自己的条令。……这次要集中一些有丰富工作经验和战斗经验的同志，搞出一本自己的战斗条令来。”③

1959 年 1 月 12 日至 28 日，中国人民解放军军事科学研究工作会议在北京召开，会议在叶剑英主持下，总结交流全军军事科学研究工作经验，探讨现代条件下

---

① 《毛泽东文集》第七卷，人民出版社，1999 年 6 月第 1 版，第 26 页。

② 《彭德怀军事文选》，中央文献出版社，1988 年第 1 版，第 600 页。

③ 《建国以来毛泽东军事文稿》中卷，军事科学出版社、中央文献出版社，2010 年 1 月第 1 版，第 392 页。

人民战争的指导规律。

遵照毛泽东指示，从1959年开始，在军事科学院院长叶剑英主持下，军事科学院组织全军各级研究机构，在全军抽调近万人，展开以战斗条令为中心的各种条令、条例、教范、教程的编写。经过几年努力，先后编出符合自己的军兵种条令、教材和其他训练法规。1961年4月，中央军委在广州召开条令验收会议。5月1日，《合成军队战斗条令概则》和《步兵战斗条令》颁布全军；6月，国防部颁布《中国人民解放军连队教育工作条例》。1963年5月，《合成军队军师战斗条令》和《合成军队团营战斗条令》、《司令部工作令》等22种条令和条例，颁布全军。

新中国实行野战军、地方部队和民兵三结合的武装力量体制。1957年6月，中央军委在《关于改进兵役工作的指示》，正式提出将民兵与预备役合二为一的国防后备力量体制，既照顾了广大群众已经习惯了民兵制传统，又推动了国防后备力量建设朝正规化迈进。

20世纪50年代后期，中共中央在后备力量建设上提出全民皆兵的指导思想。1958年，中共中央政治局在北戴河举行会议，9月29日通过《中共中央关于民兵问题的决定》：我们除必须建设强大的常规部队和特种部队之外，必须在全国范围内把能拿武器的男女公民武装起来，以民兵组织形式实现全民皆兵。

1958年9月，毛泽东在对新华社记者谈话中说："帝国主义者如此欺负我们，这是需要认真对付的。我们不但要有强大的正规军，我们还要大办民兵师。这样，在帝国主义侵略我们的时候，就会使他们寸步难行。"①

1958年10月1日，在北京庆祝国庆节游行队伍中，北京市民兵率先打出"首都民兵师"旗号。从此，大办民兵师热潮在全国兴起，各个市、县、厂矿、公社、大专院校等单位都建立民兵师、团、营、连。到1958年底，全国建立民兵师5175个。

1959年11月，中央军委召开会议，对民兵工作的战略地位、战略布局、指挥机构、训练方针、干部工作、武器管理、经费开支以及对民兵工作领导等方面问题作了明确规定。

会后，成立了由中央军委领导的民兵工作组，罗荣桓任组长。

1960年4月，中央军委在北京召开全国民兵代表会议。会议强调，民兵是不脱离生产的群众武装，除加强军事训练外，还必须带头参加生产。

林彪曾提出建立600个基干民兵师，主持民兵工作的罗荣桓表示不同意见，认为：毛泽东提出的"全民皆兵"是一个战略口号，不应继续作为行动口号，主张民兵师不要流于形式，要脚踏实地做工作，确确实实为战争做好准备。

---

① 《建国以来毛泽东军事文稿》中卷，军事科学出版社、中央文献出版社，2010年1月第1版，第430页。

1960年12月，毛泽东审批中央军委《关于人民公社若干问题的决定》时，特意将北戴河会议提出的民兵是“军事组织，劳动组织，教育组织，体育组织”中的“劳动组织”删去。

1961年12月，中共中央、国务院颁布《民兵工作条例》。条例还修改了民兵年龄，将男民兵最高年龄由50岁改为45岁，女民兵由50岁改为35岁。基本上以保留基干民兵为主，使全国民兵减少了几千万，质量却普遍提高。

1962年6月19日，毛泽东在中南地区视察工作时，对中国人民解放军广州军区负责人说：“民兵工作要做到组织落实、政治落实、军事落实；民兵武器要修理好。天上掉来下的、地下冒出来的，怎样对付，要有些办法。”①

接管民兵工作的徐向前明确指出，民兵工作应当以班、排、连为基础，主要在于抓好基层建设。

根据“三落实”要求，从1962年冬到1963年春，全国各地对民兵工作进行了一次全面整顿。民兵，作为一种不脱离生产的群众性武装组织，在抵御外来侵略、保卫国家安全，作为常备军的助手和后援，维护社会治安、巩固人民民主专政方面发挥着重要作用。

1957年11月15日至12月4日，中央军委在上海组织在职高级干部300余人搞战役集训，科目是方面军抗登陆战役。

1958年5月10日，中共中央发出关于各级领导人员参加体力劳动指示，并把这项工作视为反对官僚主义、宗派主义、主观主义的重要措施。

解放军总政治部作出干部下连队当兵的规定，要求全军各级干部除年老、体弱、有病者外，每人每年至少用一个月时间下连当兵，没有当过兵的或者没有做过基层工作的青年干部，第一次当兵的时间应为半年或一年，下连当兵的干部应当编入班、排，归班、排长领导，与广大战士坚持“五同”（同吃、同住、同劳动、同操作、同娱乐）。

济南军区司令员杨得志、北京军区司令员杨成武、沈阳军区司令员邓华、南京军区司令员许世友等先后下连当兵。

在将军们带动下，人民解放军掀起一个干部下连队当兵热潮，仅1960年7、8月间，北京军区团以上干部下基层当兵的有8800余人，沈阳军区有5000余人，南京军区有3000余人，空军机关有2000余人。

他们深入进行调查研究，帮助连队解决实际问题，深受基层官兵们欢迎，既密切了干部和战士关系，又使广大干部便于更好地指导基层工作。

1964年5月，中央军委转发《济南军区司令员杨得志蹲点改造后进连队问题

① 《建国以来毛泽东军事文稿》下卷，军事科学出版社、中央文献出版社，2010年1月第1版，第141页。

向军委的专题报告》。

1958 年，毛泽东在一次军委常委扩大会议上指出，我们发展核武器，不能因此否定常规武器。

1960 年 12 月，组建国防部第六研究院（研制军用飞机）、第七研究院（研制舰艇）、第十研究院（研制军事电子装备）。总参谋部、总后勤部、各军兵种还组建和扩建一批其他研究院（所），担负本部门、本军兵种常规武器的论证、研制等任务。

1961 年 11 月，成立由总参谋长罗瑞卿任主任的国防工业办公室。

到 1963 年，一大批中国自行研制的步枪、火炮、坦克、装甲车等陆军武器装备相继定型并陆续装备部队。

空军方面，先后研制成功并陆续装备部队的有：全天候“歼-5”甲型歼击机、超音速“歼-6”型飞机、“轰-5”型轰炸机及航空配套装备；设计定型的有：超音速“强-5”型飞机、“轰-6”型飞机。

海军方面，到 1966 年，先后完成中型鱼雷潜艇、小型导弹快艇、大型常规动力导弹潜艇和大型导弹快艇的仿制，并对某些型号舰艇作了改进。还自行设计完成了巡逻艇、高速护卫艇、反潜护卫艇、导弹快艇、港湾扫雷艇、小型登陆艇、火炮护卫舰的制造。

战术导弹方面，1964 年试制成功“霹雳 1 号”空空导弹；1964 年 12 月，仿制的“红旗 1 号”地空导弹设计定型；1966 年底，仿制成功“上游 1 号”舰舰导弹；1967 年试制成功“霹雳 2 号”空空导弹；1967 年 7 月，改型设计的“红旗 2 号”设计定型。

同时，人民解放军的通信及电子技术、防化、工程、后勤等装备也有相当程度发展。

历史经验证明，建设强大的国防，必须坚持自力更生的方针——国防科技，特别是国防尖端技术，国外是不可能转让给中国的，只能靠自己去攻关。

1958 年 10 月 16 日，国防部航空工业委员会改组为国防部国防技术委员会，聂荣臻任主任。

1959 年 12 月，成立国防工业委员会，贺龙任主任。

12 月，中央军委决定组建 5 所军兵种工程学院，即：炮兵工程学院、装甲兵工程学院、工程兵工程学院、海军工程学院、空军工程学院。

1962 年 12 月 14 日，为加强对原子能的领导，中共中央成立由 15 人组成的专门委员会，周恩来任主任。1965 年 3 月 2 日，中共中央决定，专委会除原子能以外，还领导导弹的研制与生产，并调整、扩大组织，在原 15 成员的基础上增加 7 人。

1959年1月14日，解放军总政治部发出《关于在干部中普及中等教育和高等教育的指示》，要求从1959年起，以10年为期，在全军干部中普及中等教育和高等教育。使所有尚未达到初中毕业程度的干部，在3年到4年内，达到中学毕业；然后分科学习，根据每人不同业务的需要决定课程内容，以7年左右时间，在所学科目上，专业知识达到大学和高等专科学校的教育水平（普及高等教育的重点对象是中青年干部）。①

从1959年开始，中国人民解放军全军有计划地学习毛泽东《中国革命战争的战略问题》、《抗日游击战争的战略问题》、《论持久战》、《战争和战略问题》、《集中优势兵力，各个歼灭敌人》、《十大军事原则》等军事著作。各部队普遍开办毛泽东军事著作学习班，分期分批轮训干部。

1964年3月，蒋介石集团在美国支持下，连续派出50多股武装特务偷渡渗透到华东、华南沿海各省。在沿海地区军民严密防范和打击下，许多股敌特没敢登陆便中途折返，上岸的38股大部被歼灭。

4月，蒋介石集团在偷渡、渗透失败情况下，组织"海狼队"进行以海上袭击解放军炮艇、运输船和沿海渔民为目标的窜扰破坏活动，在人民解放军海军打击下，20余次活动无一得逞。

从1962年10月到1965年1月，东南沿海地区的人民解放军、公安部队和民兵密切配合，共歼灭国民党武装特务594人，击沉和缴获各种船艇24艘。

1965年8月6日，人民解放军海军南海舰队在广东省澳岛以东，与载着执行"海啸计划"的国民党海军大型猎潜舰"剑门"号和小型猎潜舰"章江"号激战。人民解放军海军按照"放至近岸、协同突击、一一击破"的方案，分别将两艘舰击沉。

11月13日，国民党海军又派出大型猎潜艇"永泰"号率护航炮舰"永昌"号，从马公岛出航，驶向福建省崇武以东海域执行袭扰任务。人民解放军海军东海舰队采取"集中兵力打一条"、"打近战"战术，经过激战，"永泰"号受伤撤逃，"永昌"号被击沉。两次激战，毙海军少将司令胡嘉恒以下官兵170余名，俘敌42名。

1964年8月，美军飞机在扩大对越南北方轰炸的同时，加紧在中越边境、海南岛沿岸和北部湾内中国沿海进行侦察、骚扰活动。人民解放军空军、海军和广州、昆明军区部队进入战备。1965年4月8日、9日，美军"F－4B"型舰载战斗机多批多架，侵入中国海南岛榆林港上空，人民解放军海军航空兵起飞4架"歼－5"型飞机

---

① 由于林彪干扰，这个规划未能得到实现。

监视，未予攻击。美机却连续发射数枚导弹攻击中国人民解放军飞机。中央军委决定：对入侵中国领空的美机实行“坚决打击”方针，以保卫国家领空。1965 年 9 月 20 日，美军 1 架“F－104C”型战斗机侵入中国海南岛上空，人民解放军南海舰队航空兵迅速起飞两架“歼－6”型飞机截击，在与美机几十米的近距离处猛烈开炮，打得敌机凌空爆炸。10 月 5 日上午，侵越美军派战斗机 3 批 13 架次侵入中国广西凭祥地区上空。12 时，当美空军 4 架“F－4C”型战斗机掩护 1 架“RA－3D”型侦察机再次侵入南宁隘店上空时，人民空军 4 架“歼－6”型飞机升空迎敌，将美空军“RA－3D”型侦察机击落。1967 年，美军对越南北方实施全面轰炸的同时，侵入中国领空的战斗机和侦察机次数也显著增多。仅 4 月 24 日至 5 月 1 日，8 天时间，就入侵广西地区上空 11 次。人民解放军空军和高炮部队，奋勇迎击入侵美机，连续击落 5 架，其中有 2 架号称当时世界上最先进的“F－4B”型鬼怪式战斗机。

据统计，从 1964 年 8 月至 1968 年 11 月，美军作战飞机入侵中国领空共 155 批，383 架次，被中国人民解放军击落 32 架，击伤 4 架。

美军还使用高空无人驾驶侦察机进行侦察活动。这种飞机体积小，飞行高度可达 2 万米。为击落该型飞机，人民解放军空军认真研究该飞机飞行特点，加强针对性战术训练，攻击爬高、动力升限、瞄准射击等技术难题。1964 年 11 月，一架美军无人驾驶飞机侵入中国雷州半岛上空，人民解放军空军立即起飞一架“歼－6”型飞机拦截，爬高 1.75 万米向美机开炮，击落美军无人驾驶飞机，首开战例。

从 1964 年 8 月至 1971 年 12 月，共击落侵入中国领空的美军无人驾驶高空侦察机 20 架。

1960 年，中央军委批准成立军事训练和军事学术委员会，由叶剑英任主任。

1961 年 1 月，叶剑英在全军军事训练会议上讲话：1. 未来战争规模巨大，将在空中、地面、海洋广阔的空间进行，双方投入的人力、物力空前巨大，战争具有残酷性；2. 战争除武装斗争外，在经济、政治和思想方面还继续着极其紧张而广泛的斗争，是军事、政治、经济、文化各种斗争的总和；3. 战争通常由突然袭击开始，大规模毁灭性武器的使用，为突然袭击提供了有利的条件，增大了袭击的效果；4. 战争可能先从后方开始，有时可能从前方、后方同时开始；5. 诸军兵种合同进行的战争，需要有装备着各种尖端和常规武器的各军种、兵种协同一致的努力，才能夺得战争的胜利。因此，军事训练必须适应未来战争的要求。

1961 年，部队下发的训练大纲，把毛泽东著作列为基本教材，安排为正式课程，全军院校普遍开设毛泽东军事思想课程。

1961 年 6 月，叶剑英在深入总结前几年正规训练经验的基础上，向军委报告：全军军事训练应注意 4 个问题，即突出重点，抓住关键，反复练，经常练，勤学苦练，特别要在复杂、困难条件下练；掌握练的要领，讲究练的方法；一切技术训练都是为了“开得动、打得准、联得上”，一切战术训练都是为了“合得成、摆得开、捏得紧”；严格遵守条令和规章制度，切实防止和减少事故。

中央军委向全军转发了这个报告。

1962年，针对台湾当局不断派遣小股武装特务骚扰东南沿海的情况，中央军委发出“备战整军，增加全训师，大搞训练”的指示。

从1962年开始，中央军委重申，军事训练的时间一般要占军事政治文化训练总时间的60%以上，特种兵要占70%以上。全军按照军委提出的“少而精”和“从难、从严、从实战需要出发”的训练原则，依据训练大纲要求，狠抓基础训练，积极开展渡海登陆和抗登陆作战训练，高原、山地训练，近战夜战训练，以及游泳和武装泅渡训练。

1962年2月和5月，中共中央军委先后在广州和北京召开两次全军编制装备会议。会议根据周恩来总理关于敌人正在扩军备战，我们不要扩军，但要整军备战的指示，确定整编方针和编制原则，制定新的编制装备方案。

1962年6月，周恩来在东北地区军工干部会上讲话：根据毛泽东指示，将“整军备战”改为“备战整军”。提出，要按战备要求加强军队建设。

20世纪60年代初，南京军区某部副连长郭兴福在领导和群众帮助下，通过自己的艰苦努力，反复实践，摸索出了一套能使战士练好单兵、小组战术动作的教学方法。

1962年11月，南京军区召开现场会，在本军区推广了郭兴福教学法。

1963年12月，叶剑英在江苏省镇江地区观看总参谋部召开的郭兴福教学法汇报表演，发现这种方法具有善于抓思想工作，充分调动战士练兵积极性，发扬教学民主，实行官兵互教，把练技术、练战术与练思想、练作风紧密结合在一起，采取由简到繁、由分到合、情况诱导、正误对比的方法，把言教与身教、苦练与巧练结合起来，既严格要求又循循善诱等特点。

12月27日，叶剑英报告中央军委，建议在全军推广这一教学方法。

叶剑英在报告中又指出，郭兴福教学法继承了人民解放军的传统练兵方法，把每个战士都练成小老虎一样；它不仅适合于部队，而且适合于学校；不仅适合于步兵，而且适合于各军种、兵种。

毛泽东对郭兴福教学法非常赞赏，认为：“不仅是继承，而且有发展。”①

1964年1月3日，中央军委转发了叶剑英的报告，号召全军立即行动起来，学习郭兴福教学法。同月，总参谋长罗瑞卿在南京军区主持召开现场会，向全军推广郭兴福教学法，并将这一教学法概括为“红、活、硬、细、实”。随后，一个轰轰烈烈的群众性练兵运动迅速在全军兴起。

---

① 《中国人民解放军》，当代中国出版社，1994年第1版，第394页。

1964 年春天，为检验几年来的训练效果，中央军委决定举行一次全军范围的“比武”活动。毛泽东、刘少奇、周恩来、朱德、邓小平等领导人，于 6 月 15、16 两日在北京观看了北京、济南军区部队的汇报表演。

同年 7、8 月间，主持中央军委工作的贺龙同叶剑英、罗瑞卿等军队领导人一起，倡导和组织了全军的大比武活动，按照各军种的不同专业，在全国 18 个地区分别举行了比武大会。其中：步兵在河南信阳、甘肃天水和北京怀柔三地，侦察兵在辽宁丹东，炮兵在辽宁大连，装甲兵在北京南口，工程兵在河北官厅，空军分别在杨村、大同、潍县、上海、唐山、北京等地，海军在青岛进行。参加比武表演的部队（及民兵）1.37 万人，参观学习的干部 9 万余人。

在大比武的推动下，部队的训练成绩大幅度上升。一批思想红、作风硬、技术精、战术活的“尖子”分队和个人，以及会讲、会做、会教、会示范的教练员脱颖而出，神枪手、神炮手成倍增加。

毛泽东在观看北京、济南军区的汇报表演时提出：“要在全军中普及，光有尖子部队是不够的。普及要很快布置，要抓紧这个工作。”① 并指示部队学习游泳，要练夜战、近战。

据此，军委决定把军事训练的中心由尖子比武转为狠抓普及，争取在两年时间左右，使全军达到尖子水平，全军各部队很快掀起普及尖子经验的练兵热潮。

不完全统计，1964 年 10 月，全军步兵训练获得优等成绩的师比 1963 年增加了 4 倍，投弹距离平均达 40 米以上的师比 1963 年增加了 6 倍，全军有 33 个整团、13 个整师和部队机关进行了武装泅渡江、河、湖、海的演练。

1965 年 6 月至 8 月间，中央军委决定在全军举行一次全面“比武”活动，参加者 1.37 万余人，参观者近 10 万人。毛泽东、刘少奇、董必武、朱德、周恩来、邓小平等，分别于 6 月 15 日、16 日检阅北京、济南部队的军事训练汇报表演，对受阅分队和民兵代表的汇报表演，给予了高度评价和赞扬。

后来，主持军委工作的林彪指责军事、技术第一冲击了政治，使军事训练受到了干扰。

中央军委于 1962 年 2、3 月间召开全军编制装备会议，针对部队官多兵少，机关庞大，连队不充实，师以下装备笨重，运动不便，联络不灵，没有具体体现南北地区的特点等情况，进一步确定了整编原则和方案。要求：步兵要达到既适合于进攻，又适合于防御，既适合于山地，又适合于平原；机关要精干，连队要充实；特种兵，既照顾现状，又着眼发展。

会后，根据南北方特点和防区重点，分别将步兵师整编为满员、普通和小师三

① 《建国以来毛泽东军事文稿》下卷，军事科学出版社、中央文献出版社，2010 年 1 月第 1 版，第 243 页。

种。对省、自治区、直辖市公安部队和守备部队的编制也作了调整。

同时重点加强了海军舰艇和空军航空兵部队建设，1965 年与 1958 年相比，海军增编 51.6%，空军增编 41.8%。

工程、铁道等特种兵部队也相应作了扩编。

早在抗日战争时期，为了战胜财政困难，毛泽东要求人民军队“自己动手，丰衣足食”，取得了很好效果。

铁道兵部队从 1954 年至 1966 年，每年出动 20 万人参加重点铁路工程建设。

1956 年 2 月，解放军总政治部发出《关于军队参加和支援农业合作化运动及农业生产实施方案》，军队采取定点挂钩，经常支援；农田基本建设、重点支援；农忙季节，及时支援；遇有灾荒，突击支援；对于条件差的偏远地区则派出支援农业生产工作队等形式。1957 年支援农业 2000 万个劳动日，完成较大水利工程 400 多项。1958 年 4 月，沈阳军区 3 万余人参加修建辽宁省第一个大型水利灌溉工程——浑河“八一”总干渠，使 57 万亩农田受灌溉之益。1958 年 5 月，在北京修建十三陵水库工程中，人民解放军驻京机关、院校和北京部队先后出动 5 万人、机械 400 余部，完成工程土石方总量 45%。

1957 年 1 月，中央军委扩大会议专门讨论国民经济建设同国防建设协调问题，决定全军总人数裁减 1/3，军费减少 8.5%。12 月 17 日，总政治部下发通知，要求各部队积极响应党和国家精简机构、下放干部号召，教育、动员和支持军官家属下放，参加农业生产或退职回家，参加家务劳动。

1957 年 10 月，人民解放军修筑的新藏公路胜利通车。1958 年至 1960 年，广州军区数万名官兵参加雷州半岛青年运河工程修建。

1957 年 8、9 月份，松花江特大洪水直接威胁着哈尔滨市安全，黑龙江省军区部队和陆军 1 个师共 2.1 万多人参加防汛抢险。1958 年 7 月，河南地区连降暴雨，黄河出现特大洪峰，周恩来指挥抢险，人民解放军河南驻军、工程兵部队和济南军区近 3 万人全力投入战斗，17 日郑州黄河大桥 11 号桥墩被洪水冲毁，京广线交通中断，人民解放军工程兵奉命在黄河上架设浮桥。1963 年 8 月 2 日至 10 日，河北省保定、石家庄、邢台、邯郸等地区连降特大暴雨，形成一条长 50 公里、深 1 米至 4 米的水带，水带沿途出现河堤决口、水库崩塌、桥梁冲毁、道路中断，直接危及天津市和京广、津浦铁路，以及 2000 万人的生命安全。人民解放军迅速出动官兵 11.5 万余人，飞机 69 架，船只 766 艘，汽车 778 辆及大批救生器材和其他必需品，抢救出受灾群众 9.4 万人，粮食 4200 多吨，其他物资 1.5 万多吨，空投食品 4440 吨，药品 40 多吨，救生器材 8.1 万余件，修筑和守护河堤 158 公里，分洪开口4200 米．有 31 名官兵英勇献身，被国防部命名的“爱民模范”谢臣就是杰出代表。

1957 年 12 月 12 日，舟山渔场突遭风暴袭击，在渔场捕鱼的山东、江苏、浙江、福建等省的几千艘渔船遭到 9 级以上大风袭击。人民解放军海军东海舰队立即派出 14 艘舰船紧急救援。经过两昼夜与风暴激战，抢救出 1200 多名落水渔民。1960 年 3 月 21 日，南海、渤海和黄河北部海域风暴突起，正在海上作业的 800 多条渔船、4000 名渔民即刻陷入狂风恶浪之中，人民解放军海军、空军和沿海守备部队紧急出动经过连续 4 天险恶斗争，仅南海海域就使 729 条渔船、3600 多名渔民安全返航。

1958 年 1 月 24 日中央军委发出《关于动员 10 万干部转业复员参加生产建设的指示》，7 月又发出《军队参加地方经济建设的指示》。在这些指示中，规定各部队在不过多妨碍训练和战备的条件下，每年抽出一定时间，参加地方各项经济建设事业。

1958 年 9 月，空军投入 21 万个劳动日，出动飞机 1049 架次，汽车 935 台，支援上海钢厂、武汉钢厂、太原钢厂等基本建设工程。

1958 年 10 月中旬，驻西藏部队投入 130 多万个劳动日参加西藏高原第一个电站——纳金电站建设。10 月下旬，驻北京部队派出大批指战员参加首都人民大会堂、历史博物馆等十大建筑工程建设。济南部队派出 3000 多人，为北京十大建筑开采大理石 5.1 万多立方米，加工大理石 1.1 万平方米。

1959 年 1 月，解放军总政治部又制定《关于参加社会主义建设工作纲要》，进一步对军队参加社会主义建设的必要性、时间、形式、内容等事项作了具体说明和规定。

国家经济调整期间，全军团以上单位都办起了农场，种粮、种菜、种油料作物、养猪、养鱼、栽果树等。做到了蔬菜基本自给，肉食自给率达到 50%至 70%。部队不仅不再向国家领补助粮，还支援国家大批粮食、蔬菜和肉类，仅 1961 年至 1962 年，全军向国家上缴生猪 10 万多头。

1960 年，人民解放军抽调万余人参加大庆油田会战。

1961 年 2 月，郑州市国棉四厂发生大火，驻军 3800 多人立即奔赴火场灭火，救出群众 1000 多人和大批物资，保住了几栋仓库和装有几万纱锭、几千台织布机的厂房。1965 年 5 月，大兴安岭林区发生特大火灾，沈阳军区和铁道兵派出 1 万多人，经过 10 昼夜奋战，终于制止了大火蔓延。

1965 年 1 月，渤海遭百年罕见大寒流，渤海湾全部封冻，有的地方冰厚达 5 米，百余艘船只被冰层围困，耸立在海上的石油井架随时有被冰块撞塌的危险。人民解放军北海舰队破冰抢险，抢救和护送被围困的 131 艘商船，保护了海上石油井架安全。1966 年 2 月 21 日，黄河入海口一带出现几十年少见的冰冻，山东省的昌潍、惠民地区 390 多条渔船、1538 名渔民被困在海上，人民解放军济南军区和海军北海舰队立即派出救援舰艇、破冰船和飞机，经过 5 昼夜抢救，使遇险的渔船和渔民全部脱险。1966 年 3 月，新疆维吾尔自治区伊犁地区连降大雪，交通阻塞，有 3800 多名牧民和 20 多万头牲畜被困，人民解放军伊犁军分区组织抢险队，用炸药和迫击炮打通了被称为“死亡之沟”的库尔塞通道，使被困群众和牲畜脱险。1966 年 3 月 8 日，河北省邢台地区发生 6.7 级地震，人民解放军北京军区、海军、空军立即派出大批部队和机械、车辆、飞机赶赴灾区抗震救灾。据巨鹿、宁晋两县不完全统计，救灾部队先后抢救群众 4500 人，治疗、转运伤员 6370 多人，救出牲口 1100 多头，抢救粮食 176.5 万公斤，搭窝棚 55.2 万多个。[①]

十四、“四清”运动（一）

1962 年 10 月 23 日，中共中央批转《中共湖南省委关于怎样纠正“单干风”的报告》，指出，从根本性质上看，“单干风”与反对“单干风”是阶级斗争，是社会主义和资本主义两条道路的斗争。同时，进一步改正了安徽省的责任田。

11 月 9 日，中共中央下达《关于撤销中央农村工作部、任命国务院农林办公室主任、副主任的决定》，撤销中央农村工作部，其业务合并于国务院农林办公室。毛泽东认为：中央农村工作部，主要是部长邓子恢 10 年来没有做一件好事。1963 年国民经济开始全面好转，有的同志认为调整时期已经结束，提出要进行大发展。毛泽东决定调整时期从 1963 年起再延长 3 年，作为今后发展的过渡阶段。

1962 年 12 月 21 日，毛泽东在上海同华东各省市第一书记谈话时说：修正主义材料较多，看不完，应该有一些人专门研究；宣传部门要多读书；帝王将相、才子佳人多起来，有点西风压倒东风，东风要占优势；“梁山伯”不出粮食，“采茶灯”不采茶，旧的剧团多了些；文工团就几个人，反映现代生活，不错。

八届十中全会之后，由于忙于繁重的经济调整，绝大多数省份的社会主义教育运动，没有闻风而动地搞起来。

1962 年冬和 1963 年初，毛泽东在杭州、南昌、长沙、武汉、郑州、邯郸等地，分别找来一些省委负责人谈话，只有湖南省委书记王延春、河北省委书记刘子厚向他汇报了社会主义教育运动的情况。

1963 年 1 月 14 日，中共中央专门发出，在农村社会主义教育运动中，严禁打人的通知，要求各地党委，立即进行一次检查，采取有效措施，坚决防止纠正；对于有违法行为的地主、富农和贪污盗窃分子、投机倒把分子等，也应该依法惩处，

---

① 当代中国研究所：《〈中华人民共和国史稿〉第二卷（1956—1966）》，人民出版社、当代中国出版社，2012 年 9 月第 1 版，第 259—267 页。

而不要用打人等办法对待。[①]

2月6日至9日的准备会上，刘少奇讲到开展城市“五反”运动的问题时说：“估计这是一个很尖锐的阶级斗争，……要把这个运动看做是一次社会主义革命运动，……这次不会比上次‘三反’、‘五反’小，要大一些，涉及的面要广一些，人要多一些，而且这一次不是抓原来的资产阶级，是要搞新生的资产阶级，是搞共产党和国家干部中间的资产阶级，是搞劳动人民中间出来的一部分人。”[②]

12日，刘少奇在会上说：八届十中全会讲阶级、阶级斗争，对象是投机倒把，贪污腐败，还有一些严重的铺张浪费，严重的蜕化变质、违法乱纪，严重的分散主义；总是口里讲阶级斗争，不办事情，不好。

1963年2月11日至28日，中共中央在北京举行工作会议，讨论了国际形势和反对现代修正主义问题。刘少奇作关于反对现代修正主义的报告。会议还讨论了财贸工作、1963年国民经济计划、精简工作和粮食问题、农产品收购和严格管理城市集市贸易、坚决打击投机倒把的一些具体政策问题、中小学教育问题、关于开展增产节约和在城市开展“五反”（反对贪污盗窃、反对投机倒把、反对铺张浪费、反对分散主义、反对官僚主义）及社会主义教育问题。

毛泽东在会上推荐河北省保定地区结合社会主义教育开展“四清”（清理账目、清理仓库、清理财物、清理工分）和湖南省开展社会主义教育运动、抓阶级斗争的经验。毛泽东让王延春、刘子厚前排就座。

河北省保定地委在传达贯彻八届十中全会的精神中，先是遏止了单干风，后又于1963年2月中旬开展“四清”工作。检查纠正基层干部中存在的铺张浪费、挪用公款、多吃多占和贪污盗窃行为，整顿干部作风，贯彻勤俭办社、民主办社的方针，受到农民的欢迎。保定地委还总结了学习文件、发动群众、检举揭发、干部检讨交代、查证清理、进行退赔、建立制度、巩固成果、检查验收等步骤。

湖南省委的经验是在传达贯彻中共八届十中全会的精神中，先注意了纠正“单干风”，继而联系与“牛鬼蛇神”（即地主、富农、反革命分子、坏分子、右派）的斗争。于1962年12月重点强调：“彻底揭开当前阶级斗争的盖子，针锋相对地展开斗争，教育干部，发动群众，大张旗鼓地刮‘东风’，打击敌人，遏止‘黑风’。”

2月25日，刘少奇讲话时，毛泽东插话说：我国出不出修正主义，两种可能，现在有的人三斤猪肉，几包纸烟，就能收买；只有开展社会主义教育，才可能防止修正主义。

2月26日，毛泽东在中南海颐年堂召集各中央局第一书记谈农村工作，刘少

---

① 《建国以来重要文献选编》第十六册，中央文献出版社，2011年6月第1版，第72页。

② 《刘少奇传》，中央文献研究室，1998年版，第948页。

奇、邓小平参加。

毛泽东说："各省农村情况究竟如何？王延春、刘子厚同我谈过，他们都写了报告。但刘子厚的报告没有写清楚。对农村进行社会主义教育，讲什么？他们原来写了提纲，按提纲讲碰了钉子，后来才按中央文件原原本本地讲。谁讲？我看省委书记到县委书记，凡是年轻力壮的都要到公社去讲。……在农村要加强无产阶级专政的民主集中制，要有一套制度防止修正主义。现在的事情，实际上是上一个朝代传下来的，是上一个朝代孕育的。"①

28日，会议结束前，毛泽东说：要把社会主义教育好好抓一下，社会主义教育、干部教育、群众教育，一抓就灵；我们的干部，绝大多数不懂社会主义，这怪谁，怪我们没有去教育；我们的干部是可以教育好的，可以把那些牛鬼蛇神打下去。

会议通过了《中共中央关于厉行增产节约、反对贪污盗窃、反对投机倒把、反对铺张浪费、反对分散主义、反对官僚主义运动的指示》。指示规定，运动只在县（团）级以上党政机关、国营和合作社营企业事业单位、物资管理部门、文教部门中进行；至于在农村人民公社和县级以下工商业中如何开展运动，将另行安排。

由此，以城市"五反"、农村"四清"为主要内容的社会主义教育运动，陆续在全国发动起来。

在中央工作会议上，毛泽东讲首先要团结贫农下中农，然后才能团结中农，打击少数敌人的猖狂进攻。毛泽东提出，如果没有贫农下中农，就没有无产阶级专政。会上，对农村社会主义教育没有展开讨论。

毛泽东听取几个省委关于阶级斗争情况的汇报。他对东北局宋任穷关于用村史、家史、社史、厂史对青年进行阶级教育，河南省委关于组成强大的阶级队伍，保定地委"四清"，邢台地委关于建立贫农下中农组织等几个报告很感兴趣。毛泽东为几个文件写了按语，转发各地，要求各地检查社会主义教育运动的认识和工作。

1963年4月24日，毛泽东在会见印度尼西亚军事友好代表团时谈话说：我们跟蒋介石和日本一共打了22年，主要一条经验时，要同群众结合起来；什么时候跟群众合作得好，我们就得到发展；什么时候脱离群众，我们就犯错误，就失败。

1963年5月2日至12日，毛泽东在杭州召集有部分政治局委员和大局书记参加的小型会议，讨论农村社会主义教育问题。参加会议的有彭真、陈伯达，各中央局第一书记；团中央第一书记胡耀邦和浙江省委第一书记江华也参加了会议。

---

① 《毛泽东传（1949—1976）》，中央文献出版社，2003年12月第1版，第1310—1311页。

毛泽东在会上发表了4次讲话。

毛泽东说：这次社会主义教育运动，是一次伟大的革命运动，资产阶级右派和中农分子把希望寄托在自留地、自由市场、自负盈亏和包产到户（“三自一包”）上，在城市搞“五反”，在农村搞“四清”，就是挖资产阶级的社会基础，挖资本主义的根子，挖修正主义的根子；我们在农村十年没有搞阶级斗争了，在农村中不搞“五反”，只搞“四清”；合作化以来，农村中的现金、工分、财务、仓库就没有清理过，没有向社员公布账目；应发动群众把各种账目全面彻底地清理一次，使“四清”成为一种制度，并作为一种重要的社会主义教育运动内容。

毛泽东高度强调了干部参加劳动问题。他表扬昔阳县干部参加劳动的报告（全县四级干部无例外参加劳动）写得很好，是一个“伟大范例”。[①]

毛泽东在谈话中说：我跑了11个省（自1962年冬天至1963年初，毛泽东到各地了解十中全会精神贯彻情况），只有河北省委第一书记刘子厚、湖北省委书记王延春滔滔不绝地讲社会主义教育，其他人都不讲。

会议讨论制定了《关于目前农村工作中若干问题的决定（草案）》（“前十条”）：①形势问题；②在社会主义社会中是否还有阶级、阶级矛盾和阶级斗争存在的问题；③当前中国社会出现了严重的尖锐的阶级斗争情况；④我们的同志对于敌情的严重性是否认识清楚了的问题；⑤依靠谁的问题；⑥目前农村中正确地进行社会主义教育运动的政策和方法问题；⑦怎样组织革命的阶级队伍的问题；⑧“四清”问题；⑨干部参加集体生产劳动问题；⑩用马克思主义的科学方法进行调查研究的问题。

毛泽东在会上连续批发了湖南、河北、河南、湖北、浙江以及东北局报来的20多个文件材料。

1963年5月9日，毛泽东对浙江省7个关于干部参加劳动的材料的批语。

毛泽东批示：“浙江省这7个材料，都是很好的。文字也不难看，建议发到各中央局、各省、地、县、社，给干部们阅读。可以从中选两三件向识字不多的干部宣读和讲解，以便引起他们的注意，逐步深入广大干部、特别是县、社、大队、生产队4级干部对于参加生产劳动的伟大革命意义的认识，减少许多思想落后的干部的抵抗和阻力。”

毛泽东批示：“我们希望争取在3年内能使全国农村支部书记认真参加生产劳动，那就是一个大胜利。城市工厂支部书记应当是生产能手。阶级斗争、生产斗争和科学实验，是建设社会主义强大国家的三项伟大革命运动，是使共产党人免除官僚主义、避免修正主义和教条主义，永远立于不败之地的确实保证，是使无产阶级能够和广大劳动群众联合起来，实行民主专政的可靠保证。不然的话，让地、富、

① 《建国以来重要文献选编》，中央文献出版社，2011年6月第1版，第252页。

反、坏、牛鬼蛇神一齐跑了出来，而我们的干部则不闻不问，有许多人甚至敌我不分，互相勾结，被敌人腐蚀侵袭，分化瓦解，拉出去，打进来，许多工人、农民和知识分子也被敌人软硬兼施，照此办理，那就不要很多时间，少则几年、十几年，多则几十年，就不可避免地要出现全国性的反革命复辟，马列主义的党就一定会变成修正主义的党，变成法西斯党，整个中国就要改变颜色了。请同志们想一想，这是一种多么危险的情景啊！……这一场斗争是重新教育人的斗争，是重新组织革命的阶级队伍，向着正在对我们猖狂进攻的资本主义势力和封建势力作尖锐的针锋相对的斗争，把他们的反革命气焰压下去，把这些势力中间的绝大多数人改造成为新人的伟大的运动，又是干部和群众一道参加生产劳动和科学实验，使我们的党进一步成为更加光荣、更加伟大、更加正确的党，使我们的干部成为既懂政治、又懂业务、又红又专，不是浮在上面、做官当老爷、脱离群众，而是同群众打成一片、受群众拥护的真正好干部。这一次教育运动完成以后，全国将会出现一种欣欣向荣的气象。差不多占地球 1/4 的人类出现了这样的气象，我们的国际主义的贡献也就会更大了。”①

5 月 10 日和 11 日，毛泽东集中两天时间修改《中共中央关于目前农村工作中若干问题的决定（草案）》。

毛泽东加写了具有前言性质的一大段话：“人的正确思想是从哪里来的？是从天上掉下来的吗？不是。是自己头脑里固有的吗？不是。人的正确思想，只能从社会实践中来，只能从社会的生产斗争、阶级斗争和科学实验这三项实践中来。人们的社会存在，决定人们的思想。而代表先进阶级的正确思想，一旦被群众掌握，就会变成改造社会、改造世界的物质力量。”②

毛泽东对决定草案的第十条加写了一段话：“让哲学从哲学家的课堂上和书本里解放出来，变为群众手里的尖锐武器。”③

文件经中央政治局讨论通过。5 月 20 日，中共中央把它作为指导社教运动的纲领性文件予以发布，并附有各地有关社教的材料 20 余件。

1963 年 4 月 12 日至 5 月 16 日，刘少奇同夫人王光美在陈毅副总理兼外交部长的陪同下，访问了印度尼西亚、缅甸、柬埔寨和越南 4 国。

毛泽东最担心在农村社教中出乱子，搞过了头。结果，在试点中发生了混淆两类矛盾、打击面过宽的问题。在一线负责这项工作的彭真，从 5 月 15 日到 6 月 15 日，到一些省份视察，发现了不少问题。7 月 4 日，向毛泽东和党中央写了一份情

① 《建国以来重要文献选编》第十六册，中央文献出版社，2011 年 6 月第 1 版，第 252—254 页。
② 《毛泽东传（1949—1976）》，中央文献出版社，2003 年 12 月第 1 版，第 1323 页。
③ 《毛泽东传（1949—1976）》，中央文献出版社，2003 年 12 月第 1 版，第 1325 页。

况报告，提出“不要重复老区土改时‘搬石头’、‘跳圈子’的错误”，提出要划清一些具体的政策界限。为此，中央决定，由邓小平、谭震林主持起草《关于农村社会主义教育运动中的一些具体政策问题》。具体工作由田家英组织的一个起草班子负责。这个文件也是十条，简称“后十条”。

“后十条”首先肯定《中共中央关于目前农村工作若干问题的决定（草案）》，“是一个伟大的具有纲领性的文件”，并肯定毛泽东关于社会主义中的阶级、阶级矛盾、阶级斗争问题的论述，在中央正式文件中第一次使用了“以阶级斗争为纲”的提法。两个十条的核心内容是一致的。但“后十条”主要是针对前一段试点工作中出现的偏差和问题，突出了两个“团结百分之九十以上”（团结95%以上的农民群众，团结90%以上的农村干部），并认为团结90%以上的干部是团结95%以上的群众的一个前提条件；工作队的任务，主要是给基层干部当参谋，出主意，决不能包办代替；运动的一些措施，都应当有利于生产。

1963年6月4日，毛泽东在武汉东湖对越南代表团说：看来，出修正主义不是偶然的，一定有其社会经济基础；修正主义和思想上有点“左”或右是不同的；偶然的、不成系统、不是一贯的不能叫修正主义，是认识问题；我们这些人的认识也有个过程；苏联一部分领导同志的思想认识也是经过一个过程的，现在他们比较成系统，是否能改，没有把握。

湖北省委等向中央和毛泽东报告说：农村存在的严重阶级斗争，斗争焦点是阶级敌人千方百计篡夺基层领导权，使集体经济向资本主义和平演变，现在有的单位，虽然还挂着社会主义牌子，但实质上已经蜕变为资本主义了。

1963年6月14日，毛泽东在邯郸同河北省委书记林铁等谈话，了解农村“四清”进展情况，后说：你们跟湖北差不多，湖北同志讲他们那里被篡夺的基层组织的1/3，有的土改就不彻底，有的是富裕中农当权，他们挂的是社会主义牌子，实行他们的一套。

8月4日，毛泽东向日本共产党一位政治局委员谈话说：现在中国农村还有近1/3的生产队掌握在敌人及其同盟者的手里。

各地各级各类学校根据毛泽东关于用讲村史、家史、社史、厂史的方法教育青年群众（5月8日讲），普遍开展访贫问苦，请“三老”（老贫农、老工人、老红军）作忆苦思甜报告，通过社会调查写四史等活动，向学生进行阶级和阶级斗争的教育。

1963年9月6日至27日，中共中央在北京举行工作会议。会议讨论了农村工作、1964年国民经济计划等问题。会议决定从本年起，用三年时间继续进行调整、巩固、充实、提高的工作，作为第二个五年计划（1958年至1962年）到第三个五年计划（1966年至1970年）的过渡阶段。在这个阶段中，主要是工业各部门要认真做好提高质量、增加品种、填平补齐、成龙配套的工作。会议确定三年过渡阶段之后，我国的工业经济分两步走，第一步，建立一个独立的比较完整的工业体系，使我国的工业大体接近世界先进水平；第二步，使我国工业走在世界前列，全面实现农业、工业、国防和科技现代化。

会议通过了“后十条”——《农村社会主义教育运动中一些具体政策的规定(修正草案)》，规定社会主义教育运动五个要点：阶级斗争，社会主义教育，组织贫下中农阶级队伍，“四清”，干部参加集体劳动。其中阶级斗争是最基本的。

“后十条”还对于整顿农村党的基层组织、对于地富反坏分子的处理、正确对待地富子女等问题，作了一些具体的政策性规定。

会议最后一天，毛泽东发表讲话：我们现在搞农村十条（“前十条”），城市“五反”，实际上是为在国内反对修正主义打下基础；这中间，要包括意识形态方面，除了文学之外，还有艺术，比如歌舞、戏剧、电影等，都应该抓一下；现在各省都在抓，多数地方都注意了，也有一些地方没有注意；要推陈出新；过去唱戏，净是老的，帝王将相，家院丫头，保镖的人，黄天霸之类，那个东西不行；推陈出什么东西呢？陈就是封建主义、资本主义的东西；要把封建主义、资本主义的东西推出去，出社会主义的东西，就是要提倡新的形式；旧形式要搞新内容，形式也得改变；现在经济形式已经改变了，是社会主义经济了；上层建筑应该适应这个经济形式。

“后十条”于10月5日报送毛泽东。毛泽东带着它，于10月10日晚离京南下，分别向河北、河南、湖北、湖南、广东5省的省委、一些地委和中南局的负责人征求意见。随后，又到华东同华东局和华东地区各省市负责人商量。

10月25日，毛泽东为中共中央起草了《关于印发和宣传农村社会主义教育运动问题的两个文件的通知》：“前十条”和“后十条”两个文件向农村每个支部发两本，由县、区、社的党委领导干部向全体党员和全体社员宣读；城市工厂、机关、学校、街道以及军队，都照此办理；民主党派成员发给他们阅读；对地、富、反、坏、右也要向他们宣读；要使全国人家喻户晓，做一次伟大的宣传运动。

11月14日，中共中央发出通知，决定将两个十条下发到全国城乡。

同年11月，毛泽东在一个讲话稿里加写了一段话，从哲学角度谈及他对修正主义的思想根源的认识。他认为：世界上无论什么事物，总是一分为二，学说也是这样，总是要分化的；有革命的、科学的学说，就一定会在其内部的发展过程中产生它的对立物，产生反革命的、反科学的学说；因为现在社会有阶级的分裂，一万年以后的社会也有先进集团和落后集团的不同，总是要不断产生对立物的；这个理论早已为马克思主义哲学的历史和各门社会科学的历史所说明了，也为自然科学的历史所说明了；科学和科学史本身，就是说明这种对立统一、对立斗争，因而得到发展的。

1963 年 12 月 5 日，毛泽东在会见哥伦比亚“工、学、农运动”学习代表团时谈话说：你们要和群众打成一片；群众不管你是什么官，也不看你穿什么衣服，只看你的政策；他们也不管你是什么党，共产党的政策错了，他们一样要骂你；知识是从哪里来的？知识是从群众中来；我们如果不进行调查研究，就是什么也不懂。

1964 年 1 月上旬，毛泽东在审阅中央统战部副部长徐冰《关于中央统战部几年来若干政策理论性问题的检查总结》上加了一段话：“如果我们和我们的后代不能时刻提高警惕，不能逐步提高人民群众的觉悟，社会主义教育工作做得不深不透，各级领导权不是掌握在真正的马克思主义者手里，而被修正主义者所篡夺，则我国还可能要走一段资本主义复辟的道路。”

1 月 5 日，毛泽东会见日共中央政治局委员听涛克己时说：“如果我们中国也像苏联那样搞，那么有一天也要出修正主义。我们现在每隔几年要进行一次整风运动。最近我们有两个有关部门社会主义教育的文件，你可以看一看。人是会变化的，革命者也会发生变化。没有群众监督和揭露，他们可能贪污、盗窃、做投机生意，脱离群众。……现在我们还不能说目前中国所采取的办法一定能够防止出修正主义，但修正主义要在中国占统治地位是很困难的。是否能够防止，要经过几十年后再看。……修正主义不是一朝一夕形成的，是旧社会母胎中的产物。就算没有赫鲁晓夫，难道苏联就不会出修正主义？我看很有可能。这不是个别人的问题，而是一定的社会阶层的反映。”

1 月 30 日，毛泽东在会见越南劳动党访苏代表团时说：“如果中国产生修正主义，你们怎么办？苏联产生了修正主义，你们反对。如果中国产生修正主义，你们也要反对。”

这些话，毛泽东反复向日本共产党、新西兰共产党、印度尼西亚共产党的领导人讲过。①

十五、罗荣桓

早在 1949 年 6 月，毛泽东提议任命罗荣桓为华中局第二书记兼华中军区政委；9 月，毛泽东提名罗荣桓出任中央人民政府委员，最高人民检察署检察长。1950 年 4 月，毛泽东找罗荣桓谈话希望他出任公安部部长，罗荣桓推荐了罗瑞卿。毛泽东很快又提名罗荣桓任中国人民解放军总政治部主任兼总干部管理部部长。繁忙的军务，使罗荣桓的身体每况愈下（1946 年他曾切除了一侧肾脏），他的高血压、心绞

① 《毛泽东传（1949—1976）》，中央文献出版社，2003 年 12 月第 1 版，第 1338—1339 页。

痛时常发作。他带病坚持繁重工作的情况引起毛泽东的极大关注。1950年9月20日，毛泽东批示完罗荣桓关于提升一位军长为兵团副司令的报告后，写道：荣桓同志，你宜少开会，甚至不开会，只和若干干部谈话及批阅文件，对你身体好些，否则难以持久，请考虑。

1956年12月，罗荣桓因健康原因，辞去了总政治部主任的职务。毛泽东批准了他的辞职，并批准了他推荐的谭政任总政主任，萧华任总干部部长。

1960年底，根据林彪的意见，毛泽东免去了谭政的总政主任。毛泽东将总参谋长罗瑞卿和总政副主任萧华请到中南海商量由谁来接替？罗瑞卿和萧华都建议罗荣桓复出。毛泽东立即同意。中央决定：由罗荣桓重新出任总政主任，谭政任副主任。林彪不愿罗荣桓重任这一职务，他一直不让报纸给以公布。罗荣桓不同意说谭政反党反毛主席，他说：谭政跟主席工作那么多年了嘛，怎么会发生反对毛主席的问题？

罗荣桓复出以后，在如何宣传和学习毛泽东思想等问题上和林彪发生了激烈的冲突。毛泽东多次支持了罗荣桓的意见。

1963年初，罗荣桓病重住院。毛泽东等对他的病极为关切，指示大力组织抢救。12月15日，病情恶化。罗荣桓苏醒过来时，对夫人林月琴说：我死以后，分给我的房子不要再住了，搬到一般的房子中去，不要特殊。他对孩子们说，我一生选择了革命的道路，这一步是走对了，你们要记住这一点；我没有遗产留给你们，就留给你们一句话：坚信共产主义这一伟大真理，永远干革命。在昏迷中，他一直重复着：我革命这么多年，选定了一条，就是要跟着毛主席走。12月16日14时37分，罗荣桓在战友贺龙、张爱萍、甘泗淇、梁必业、萧向荣，和他的夫人、孩子们的守护下，心脏停止了跳动。

晚间，毛泽东在中南海颐年堂会议室召集会议听取聂荣臻等汇报10年科学技术规划。会前，毛泽东提议大家为罗荣桓默哀。默哀毕，毛泽东说：罗荣桓同志是1902年生的，这个同志有一个优点，原则性强，对党忠诚，表里如一，对敌人狠，对同志有意见，背后少说，当面多说，不背地议论人，一生始终如一，对党的团结起了很大的作用；一个人几十年如一日不容易；党内不纯粹，这是社会现象；打麻将，即使“清一色”，还有一万、两万、三万的不同；党内有各色各样的人；要团结多数，做到比较一致；允许少数同志犯错误，公开犯错误也可以，不许秘密搞鬼。[①]

17日，毛泽东、刘少奇、朱德、董必武，在京的中共中央政治局委员、书记处书记、人大常委会副委员长、副总理、政协副主席、国防委员会副主席、解放军高级将领到北京医院，向安卧在菊花和长青草中的罗荣桓的遗体告别。毛泽东悲痛异常，几天内夜不能寐，特写七律一首为之悼念：

① 《毛泽东传（1949—1976）》，中央文献出版社，2003年12月第1版，第1335—1336页。

记得当年草上飞，红军队里每相违。长征不是难堪日，战锦方为大问题。

斥鷃每闻欺大鸟，昆鸡长笑老鹰非。君今不幸离人世，国有疑难可问谁？

12 月 22 日，在北京劳动人民文化宫举行罗荣桓公祭活动，7 万多人参加，国家主席刘少奇主祭，人大常委会委员长朱德、国防部长林彪、国务院代总理邓小平陪祭。邓小平致悼词。

十六、与外国友人谈话

1964 年 1 月 17 日午饭后，毛泽东在中南海约见斯特朗，参加的还有路易·艾黎（新西兰人）、所罗门·爱德乐（英国人）、爱泼斯坦（中国籍）和美国人柯弗兰、西德尼·李敦白等。毛泽东用一种无拘无束的谈话方式从一个话题转到另一个话题，从一个人谈到另一个人。

毛泽东说：我们没让你和我们一起进入山区（指 1947 年中共部队撤离延安时，斯特朗曾要求和部队一起走）；实际上，战役并没有像预料的那么艰难和危险，国民党军队登上了一座山，以为他们追上了我们，我们却跟在他们后面登上了他们离开的那座山，这怎么可能呢？因为人民和我们在一起，他们向我们提供情报，而不告诉国民党我们的消息；胡宗南动用了几十万军队来进攻我们，我们大约有几万人，仅仅是他们的 1/10，他们占领了所有的城镇，实际上深入到每个村庄，然而当地的人民还是站在我们一边；我们的一些朋友，国内外的都有，以为我们失去了延安就完了；没有必要去害怕任何反动势力，不管他们多么强大，他们总是不得不分散的，这就给我们提供了机会；集中优势于某一具体点敌人的兵力，一个一个地消灭敌人的有生力量；胡宗南从西安出来，伸开双臂，张开双手的所有手指扑向陕北，我们观望着，等到它其中的一指处于不利的境地，然后切断它，断其一指也会给它全身以打击；我们在许多地方采取了这种打法，因此大约半年后，我们的地方部队收复了延安，我们自己再也没回到那里，我们逐步地夺取了全国的胜利。

毛泽东说：某些国家进行革命战争的同志们还没有明白集中占压倒优势的兵力来各个消灭敌人的道理。毛泽东把他的原理称为“辩证唯物主义的核心”，他说：就拿原子来说，过去人们认为它是物质的最基本微粒；后来人们又发现原子可以分成中子和电子，便学会了如何放出电子来利用电子能；以后人们又发现中子能被分成许多微粒，这些微粒释放出更大的能量——核能；电子能不能再分了，我不是自然科学家，尚且电子世界的规律还未被发现，但我相信电子也会被分解的。

斯特朗说：我一个人离开延安的理由，是要把消息带到外部的世界，我始终认为那是一个好的理由，这正是我一直从事的工作。

毛泽东笑着说：如果你和我们一起走的话，你会有更多的经历的。

斯特朗说：我的确有一些经历了（斯特朗曾在莫斯科被捕）；当然了，如果我被允许和你们一起走，我就学会中文了。

毛泽东以自己的亲身经历说：革命者并不是一开始就成为革命者的，他们是被反动派逼迫进入革命队伍中的；我本人是湖南省的一名师范学校教员，我不了解一点马克思主义，也从未听说过共产党，更不用说梦想成为一名战士，去组织一支军队去战斗；我是被迫进入革命队伍的，反动派杀人太多了，逼上梁山，不想去，但压迫者不给任何生路。

毛泽东说：并不是所有在初期参加革命的人都留在革命队伍的，1920 年有人提议组织社会主义青年团，我们建立起来了；1921 年我们 12 人（开会者 13 人，正式代表 12 人）在上海集会，建立了拥有六七十名成员的中国共产党；在这 12 人中，只有两个幸存者还留在革命队伍里，即现在的我们共和国的副主席董必武同志和我本人；其他的人，一人成了托派，两人抗日战争中在国民党的叛徒汪精卫手下当了日本傀儡；然而一些人离开了，许多新的力量加入了，大多数是普通人，他们没有别的出路，只有战斗。

毛泽东说：在党的早期只有很少受过教育的人，如果你举出现在中国各大军区的司令员，北京、东北、西南、福州、西藏军区的，这些人最初都是贫苦的农民或是士兵；他们参加红军时，没有人受过教育，有的人在乡村的私塾先生那学过很短时间，那就是他们的最高文化程度了；现在指挥空军的刘亚楼当时就被认为很有造诣的了，因为他事实上小学毕业，正是这些没有受过教育的人打败了蒋介石一流的黄埔军校的精华。

毛泽东列举了有几个人被看作是革命的知识分子——他本人、刘少奇、周恩来、林彪、朱德、康生、罗荣桓、陆定一。毛泽东说：我们受过中等教育，今天我被看作是革命的知识分子，但我当时不能列为一个知识分子，顶多有些人可以把我叫“小知识分子”；像我这样文化的人能占革命党人的百分之一到二，至多百分之三；然而他们是必不可少的；实际上我们几乎没有大学生；那些大批加入我们队伍的大学生是在对日战争的 1937 年。毛泽东转向坐在旁边的康生：我相信你上过大学。康生抱歉地回答：只上了一年。

毛泽东说：暴动被组织起来，参加暴动的人被迫进入山里；我们才不得不学会战斗；只有经过很多次战斗，我们才学会了战争的三大原理——人要吃饭，人要走路，子弹杀人（大家都笑了，毛泽东眨了眨眼睛继续讲下去）；你们以为我是在开玩笑？一点也不是玩笑！这些是一本正经的事情；在我们党内，就有忽视这些事情的领导人，他们为我们的部队规定了任务，好像他们不吃东西能走几个星期似的；他们制定了行军路线，似乎我们不用走路，能飞；如果你和他们辩论，他们充其量承认这三项原理的一半，即我们的子弹能杀死国民党士兵；但如果你说敌人的子弹能杀死我们的人，他们说你缺少革命精神；这些是非常漂亮的话，但其结果却使我们失掉了江西中央根据地，被迫开始长征，到冲破包围时，我们已走了两万五千里（八千多英里）；长征途中我们在贵州省一个叫遵义的地方停了下来，举行了中央政治局会议，变换了领导人；我们没有变换党中央委员会，但我们改变了路线；我们能这样做是因为与会的成员们已看到了在错误路线领导下我们先是在城市、然后在根据地遭受的惨重损失，因为要有一条马克思列宁主义的正确路线来反对错误路线；我们到达延安后，用了三年时间开展整风运动，来彻底解决这个问题。

客人们问毛泽东：中国共产党是怎样开展整风运动的？

毛泽东回答：在这场运动中有党内斗争，缺点被尖锐地揭露出来并得到克服，但有极少数人在运动中摔了跤；没有别的办法，我们必须放弃错误路线，采取正确路线，这不能靠武力来解决；唯一的方法是说服人们；我们必须在正确路线的基础上把全党团结起来，反对敌人：唯一可行的方法是摆事实，在事实的基础上讲清道理；我们做的第一件事是出版一本关于两条路线斗争的文件的书，该书举出双方的观点；我们发现许多不能被辩论说服的同志，在他们阅读和比较后心悦诚服了；许多“左倾机会主义者”忘记了他们自己几年前讲过的话，靠把他们自己过去写的东西拿出给他们看，他们中的大多数人认识到了自己的错误；有个别人，像王明，他从不承认他们错了，那不要紧，我们不开除他，他还留在我们的中央委员会；有些“左倾机会主义者”不相信我们会坚持我们的口号，但是当他们看到 1956 年的党代会上，所有的“左倾机会主义者”领导者毫无例外地重新被选入党中央委员会，这时他们才信服了，我们说话算数的；不要以为今天在中国没有人反对我们，有许多人最初不接受社会主义，现在接受了；但有些人仍然不接受社会主义，有的人口头上接受，心里不接受，当然他们是少数；也有一部分人心里想要社会主义，但他们对社会主义的想法是不切实际或不科学的；从现在起，这种形势将与我们共存一万年；你想，当我们达到共产主义的高级阶段时，经济制度还能永远停留在同样的水平吗？我不相信会这样；当然我们现在不提出这样的问题，因为它们对我们来说是不切实际的问题；但我不相信如果我们到达了共产主义会没有反对派，没有政治斗争，没有任何形式的社会革命；人们总会分成先进的、中间的和落后的，先进成分将总会发现做政治工作是必不可少的；任何社会都存在着一分为二。

毛泽东问：有人认为美国把苏联视为其主要目标，其他人说是中国，你们看怎么样？

斯特朗说：看来华盛顿不像想要发动任何大规模的反对一个社会主义国家的战争，而是宁愿用局部战争来接管小的不发达国家，来掠夺它们的财富，利用它们作为将来发动更大规模战争的基地；在一个选举年，像 1964 年，华盛顿不会有人想调动美国军队。在场的另一位外国人说：美国正在发现难以对付像越南战争那样的小型战争，正在被迫采取守势；因此美国很可能试图在东欧涉足，靠颠覆而不是靠用战争的手段，那里的某些国家是容易受到这种颠覆的。

第三个人发言说：西方报刊中出现的一个共同性的题目是“美国仍然把苏联视为眼前的敌人，把中国视为长远范围的敌人”。

毛泽东说：所有这些观点是很有趣的，但我看来有些其他的观点倒值得注意；

在苏联，华盛顿看到了另一个核大国；至于中国，他们蔑视我们，因为我们没有原子弹，只有手榴弹；他们的藐视无损于我们，事实上对我们有利；帝国主义者在哲学上是实用主义者，他们更加认真对付眼前的敌人，而不去看将来的变化远景，至于长远的范围，帝国主义者没有长远的打算。

毛泽东说：关于东欧和苏联，当亚洲、非洲和拉丁美洲人民，甚至于资本主义大国中的人民起来反抗美帝国主义时，而苏联和东欧的人民却无动于衷，这是不可能让人相信的；我不是说修正主义领导人，而是说在这些国家的人民，就连赫鲁晓夫有时也得对美帝国主义强硬起来；不久前，他逮捕了美国间谍教授巴古恩，那不是反抗吗？当然他在几天后放走了巴古恩，但这是你从修正主义者那期望得到的一种反抗；美国和赫鲁晓夫之间没有达成全面的交易，那是因为他不能把美国人想要的东欧交给他们。

毛泽东说：在苏共“二十大”时中国党不得不和他斗争，从这以后这种发展是复杂的；在一段时间里我们感到在公开场合给赫鲁晓夫一些支持的必要的，如果你不去支持苏联领导人，那么你去支持谁呢？但中国在党内讨论中公开了他们的不同意见。

毛泽东说：赫鲁晓夫想要坚持单项经济生产来满足苏联的需要，我们很难当一个家长制父亲的儿子；赫鲁晓夫曾说中国 5 个人穿一条裤子，围坐在一起吃一碗白菜清汤；若是按照他的话，我们这里的人应穿上一条半裤子；实际上他这样说时，他自己的经济形势也越来越糟，他说这个是为了向苏联人民夸耀他们多么富有；现在他们的裤子越来越短了，他们的汤越来越清淡了，事实上现在苏联人民的生活并不比我们自己的人民好多少。

毛泽东说：在对待小国的态度上，修正主义者（苏联）和帝国主义者（美国）是相同的。毛泽东把当前的国际斗争与中国早期的国内斗争相比较——最初革命力量居于守势，后来反过来进行反攻。毛泽东说：和修正主义斗争的转折点，是 1963 年 1 月 14 日苏共“公开信”对中国和马克思列宁主义的攻击；从那时起，我们像孙悟空大闹天宫一样，我们扔掉了“天书”！记住，不要过于认真地捧着一本天书，一个国家必须按照自己的规律进行革命；我们展开了大论战，在这场斗争中我起的作用很小，我写了几首诗，我本人没有其他个人武器；由于我们在回击他们，他们想中止这场辩论，但我们还没有结束复信；此外，是否赫鲁晓夫能停止这场辩论还值得怀疑，因为他不能控制自己，还有，这不是靠我们两党来决定的问题；他们坚持把所有的其他共产党都拉进去；所以唯一的办法是签订一项全世界的共产党人支持的协议。

毛泽东说，1963 年 3 月，一位苏联同志访问了他，带给他一封来自苏共中央的信。那人说：主席同志，我们苏联共产党人有时在对中国共产党的批评方面太苛刻了，有时我们走太远了。毛泽东当时回答：一点也不，我不同意，想一想看“托洛茨基分子、教条主义者、宗派主义者、大国沙文主义者、愿意看到世界的一半在战争中消灭的人，还有种族主义者”！这种人不应该批判吗？如果我们犯了所有这些罪行的话，那么你们理所当然应该批判我们。那位同志说：这是一件严肃的事情，如果辩论继续下去，世界共产主义运动将要陷入混乱。毛泽东当时回答：不必担心，同志，纸笔战争不会伤害人体；不管你们如何批判我们，至少有四件事我能保证——天塌不下来，中国的母亲不会停止生孩子，草木不会停止生长，鱼儿不会停止在河里游。那苏联人感到惊讶，毛泽东说：你不相信我的话？你到河里去亲自看看，鱼儿是不是还在河里游？

毛泽东说：看来似乎我们还得和现代修正主义斗争上 10 年或 15 年。毛泽东说，中国共产党对苏联攻击的回答没有在《真理报》上发表。康生插话说：它只登在送交大使馆和出口的版本上。有人开玩笑说：出口产品总是好的。毛泽东回答：不见得，赫鲁晓夫向我们出口的东西有三个显著的特点——价高、质低、不配套，他们总说是整套的，但我们发现某些关键部件不见了，这关键部件必须由苏联提供，他们还不告诉我们如何制造；请不要以为我在为资本家讲话，但我们之间，资本家在做生意时还是更为可靠些，因为他们不得不这样做。

谈话中有人提出了“中间地带”问题——指西欧的资本主义国家。

毛泽东称：中国没有发明这一地带，事实上它存在着；戴高乐将军想领导它；第一中间地带由亚洲、非洲和拉丁美洲的不同国家组成，它们是反对帝国主义的革命同盟；第二中间地带由西欧、加拿大、大洋洲和其他的资本主义国家组成，它们的统治集团剥削自己的人民，但即使是这些统治集团也受到美帝国主义的剥削、欺侮、控制和干涉，因此它们在不同程度上反抗它；在全世界，帝国主义者驱使人民进入山里变成反叛者，就是现在美国正使柬埔寨无法生存，西哈努克亲王便起来反抗；总的说来，世界形势是大好的，就拿越南南方来说，它虽然小，美国却无法镇压那里的人民；今年，1964 年才过了几天，就已经从巴拿马和桑哥巴尔传来了两声春雷；虽然春雷不是春天，但它意味着大风暴已在酝酿之中；有些朋友劝我不要这样关注巴拿马的小规模示威，他们告诉我们说那是一些人示威并高呼口号——“美国佬，滚回去!”那不是一场革命，更不是一次政权的变更；所以他们问，为什么 2000 万中国人（是巴拿马人口的 20 倍）为了支持巴拿马而举行示威活动？为什么中国发表声援的声明？我不同意这些朋友的意见，在巴拿马我们看到群众直接面对美国武装力量，我们认为这是最重要的，不管哪里发生这样的事情，只要他们需要，我们都将给予他们以一切可能的支持。

江青进来请客人们吃晚饭。席间谈话转到反对现代修正主义运动上。毛泽东说：修正主义者管我们叫种族主义者，但这一点不是事实；假如我们是种族主义者的话，那么我们中国人应该和蒋介石联合起来，蒋介石也是中国人，你们美国人应该和你们的约翰逊总统联合起来，并不是这么一回事；我们正在和你们美国人民联合起来反对美帝国主义，反对战争的威胁。

谈话结束了，毛泽东把客人送到门外。他站在寒冷的外面，没有穿大衣，也没戴帽子。有位客人告诉一名工作人员把毛泽东的大衣取来。那位工作人员说：他从来不穿大衣，甚至在最低的温度里也这样。

毛泽东直立在那里，目送着客人乘坐的汽车离开。[①]

1958年法国成立第五共和国，戴高乐将军重新执政。1962年2月，法国同阿尔及利亚签署《埃维昂协议》，结束了与阿尔及利亚的战争。1963年10月，戴高乐将军授权法国总理富尔同中国的周恩来总理、陈毅外长商谈两国关系问题。双方强调了中法两国的共同点，认为两国建交的时机已经成熟。此后，双方在瑞士就具体事宜进行谈判。1964年1月27日，两国发表联合公报，宣布中法建交。法国成为西方国家中第一个同中国正式建立大使级外交关系的国家。

这是中国同西欧国家发展关系中的重大突破。

1964年2月29日，毛泽东在北京人民大会堂会见朝鲜劳动党总书记金日成。

谈话中，毛泽东认为中国已经出了修正主义或正在出修正主义：天下大事，分久必合，合久必分。一个党也是如此。我们同高岗、彭德怀也是如此，他们是我们的敌人，也是你们的敌人。动摇分子总是会有的。1962年上半年，我们党内有些人主张“三和一少”。并对金日成解释说：“什么是‘三和一少’呢？就是对帝国主义要和，对修正主义要和，对各国反动派要和，就像对尼赫鲁那样的反动派也要和。一少是，对支持民族解放运动要少一点，要少支持世界革命。”

毛泽东说：这些话我和好多人都讲过，如日本的宫本，新西兰的威尔科克斯，还有印尼的同志，但还没有得到机会同越南同志讲；如果中国变成修正主义，天就黑暗了，你们怎么办？要作思想准备，要高举马列主义的旗帜反对中国的修正主义，这样中国人民是会感谢你们的；假如中国出了修正主义，也是搞不久的，最多也不过几年。中国地方大、人多，解放军觉悟高，就是他们掌握了一部分军队，也不要紧。

这时，参加会见的一些人悄悄地交头接耳。毛泽东注意到了这一点，喝了茶水继续说：我们是打了预防针的，向全体人民进行了反对修正主义的教育，要反对新的资产阶级，新出来的资产阶级分子，他们进行贪污盗窃、投机倒把，这号人虽然为数不多，但很厉害，神通广大，他们能够从广州弄到自行车用飞机运到河北高价出卖，这个人还是一个县的农村工作部长。

金日成忍不住问毛泽东：中国将来的情况会怎样？

毛泽东说：为了防止中国出现修正主义掌权，从现在起就要大讲特讲反修防修的斗争问题，大讲特讲阶级斗争和两条道路、两条路线的斗争——我担心，我死以后，中国会出现资本主义复辟……

---

① ［美］安娜·路易斯·斯特朗：《与毛泽东主席的三次谈话》（李无忌译），《东疆学刊》，1988年第4期。

金日成再问：有这种可能吗？

毛泽东熄灭了拿在他手上的烟头，摆一摆手说：什么样的情况都有可能发生，但我不希望中国变得像苏联那样出现资本主义复辟；如果真的那样，我们这么多革命烈士的血就白流了；现在我还没有死，在我们党的中央内部就有人敢公开提出来搞“三自一包”、提倡“三和一少”；如果我死了，这些人还在，他们还不闹翻天？我们搞社会主义，搞经济建设，都没得经验；苏联先搞了社会主义，在许多地方也有不少失误。我们这些国家怎样搞？要根据各自国家的具体情况。中国是要搞社会主义的，这一条不能变；为了防止中国出现资本主义复辟，所以我们才念念不忘阶级斗争，念念不忘坚持无产阶级专政。

十七、“三线”建设

中国工业的70％分布在东北和东南沿海一带，西南、西北内地十分薄弱。这种经济布局，是旧中国近百年半封建半殖民地历史遗留下来的。据1952年统计，沿海7省3市（粤、闽、浙、苏、鲁、冀、辽和沪、京、津）的工业总产值约占全国的73％，重工业中钢铁工业80％以上的生产能力在沿海地区，而资源丰富的内蒙古、西北、西南、中南地区几乎没有钢铁工业。轻工业中纺织工业的80％纱锭和90％的布机分布在沿海。以后虽然经过“一五”和“二五”的努力，内地建设未能得到改变，甚至差距更大：1963年，西部7省区（川、贵、云、陕、甘、宁、青）的工业总产值只占全国的10.5％，甚至低于1949年的水平（11.15％）。

1963年初，由李富春、李先念、谭震林、薄一波、陈伯达、邓子恢、程子华、薛暮桥8人组成中央计划领导小组，由国家计委、工交、财贸和农业四方面的领导人组成，研究编制长远国民经济计划和“三五”计划问题。2月20日，李富春在讲话中指出：第三个五年计划的奋斗目标，应集中力量解决人民的吃穿用。小组一致赞成这个意见，并写进了向中央报送的《关于编制长期计划工作的要点》。

邓小平主持中央书记处会议讨论后，同意这个设想，为了加强农业，邓小平还提出：“三五”计划要建设5亿亩稳产高产农田，第二步再搞5亿亩，用于农业的总投资，可以从国家投资、群众投资、国家贷款三方面考虑，主要用于农田水利建设。邓小平再次肯定地说：“三五”时期就是要努力解决吃穿用问题。

1963年8月13日、14日，中央书记处会议决定，成立关于工业发展问题起草委员会，由邓小平主持，周恩来、李富春、李先念等参加。随后，根据毛泽东的提议，形成了题为“关于工业发展问题”的党内文件。文件提出：“在一个不太长的历史时期内把我国建设成为一个农业现代化、工业现代化、国防现代化和科学技术现代化的伟大的社会主义国家。……在3年过渡阶段之后，我们的工业发展可以按两步来考虑：第一步，搞15年，建立一个独立的完整的工业体系，使我国工业大体赶上世界先进水平；第二步，再用15年，使我国工业接近世界的先进水平。”

毛泽东对此稿多次进行修改。9月6日，毛泽东在稿子上加了一段话：

“我国从十九世纪四十年代起，到二十世纪四十年代中期，共计105年时间，全世界几乎一切大中小帝国主义国家都侵略过我国，都打过我国，除了最后一次，即抗日战争，由于国内外各种原因以日本帝国主义投降告终以外，没有一次战争不是以我国失败、签订丧权辱国条约而告终。其原因：一是社会制度腐败，二是经济技术落后。现在，我国社会制度变了，第一个原因基本解决了；但还没有彻底解决，社会还存在着阶级斗争。第二个原因也已开始有了一些改变，但要彻底改变，至少还需要几十年时间。如果不在今后几十年内，争取彻底改变我国经济和技术远远落后于帝国主义国家的状态，挨打是不可避免的。当然，帝国主义现在是处在衰落时代，我国，社会主义阵营，全世界被压迫人民和被压迫民族的革命斗争，都是处于上升的时代，世界性的战争有可能避免。这里存在着战争可以避免和战争不可避免这样两种可能性。但是我们应当以有可能挨打为出发点来部署我们的工作，力求在一个不太长的时间内改变我国社会经济、技术两方面的落后状态，否则我们就要犯错误。”①

1964年1月，国务院召开全国工交工作会议，就是试图要努力扭转长期以来过分强调工业倾向，特别是“大跃进”期间“以钢为纲”造成的思维定式。李富春在报告中强调：第三个五年计划，必须以农业为基础，把农业摆好，把国防摆好，在这个基础上来搞基础工业，这样基础工业的服务对象也就明确了，这是一个方针性的问题。李富春说：“各级计委必须克服屁股坐在工业上的毛病，要首先抓农业发展计划和支援农业的计划。”

根据邓小平的提议，李富春在讲话中具体提出：“三五”计划现在提出三个目标，5亿亩基本农田，20万吨化学纤维，1000万吨化肥，把这三个问题解决了，计划工作就算集中力量打歼灭战了。

4月29日，邓小平在中南海主持中共中央书记处会议，听取国家计委党组关于“三五”计划初步设想。周恩来在座。李富春首先介绍“三五”计划的指导思想是：“发展农业，解决吃穿用问题，适当加强国防，突破尖端；加强基础工业。”他说：为了抓农业，工业交通的一些项目没有安排上，交通方面，铁路只搞川黔线、滇黔线的一段，国防公路，有些安排了，有些安排不上；国防方面，小而全的体系，还是原来的7年建成，提前两年有问题。

负责农业的谭震林同意对农业的投资安排。负责国防的罗瑞卿对削减军费开支表示理解。

---

① 《毛泽东文集》第八卷，人民出版社，1999年6月第1版，第340—341页。

邓小平作最后总结，他说：现在有了三个本本，可以提到中央工作会议上讨论，这次会议是按照新的方法搞；还是以农业为基础，以工业为主导；工业搞不好，农业和国防也上不去；但是，工业还是首先为农业服务，为吃穿用服务，为兼顾国防服务，方针提得好；粮食产量能够达到4300亿斤，按照8亿人口计算，每人平均550斤，就可以够了；当前，人们的面色大有改变，说明生活向好的方面转，一般说来，营养够了；农业问题，再有几年可以做到粮食不进口，以便腾出外汇进口一些新技术，这对国家来说是很大的节约，可以促进自力更生；整个国家粮食情况究竟怎样，要把问题摆出来，供大家讨论，这是真刀真枪。

邓小平代表中央书记处决定：向刘少奇、毛泽东汇报，提交中央工作会议讨论。

1964年3月底到4月底，毛泽东外出视察。先后在邯郸、汉口、杭州等地，听取了西北局及河北、山西、河南、安徽、江西、浙江等省委，和河北、河南一些地委领导的汇报，进行了多次谈话，督促各省地委主要领导亲自下去向群众宣讲两个十条。毛泽东强调，要搞深搞透，保证质量，不走过场等。

1964年4月25日，中国人民解放军总参谋部作战部根据副总参谋长杨成武的指示，进行调查研究后写出了一份报告，5月9日报罗瑞卿，罗瑞卿分别送毛泽东等中央常委。

报告说：我们对国家经济建设如何防备敌人突然袭击问题进行了专门研究，从我们接触到的几个方面来看，问题是很多的，有些情况还相当严重。主要是：

（一）工业过于集中。14个100万人口以上的大城市集中了约60%的主要民用机械工业，50%的化学和52%的国防工业（飞机制造业占72.7%，舰艇制造业占77.8%，无线电工业占59%，兵器制造业占44%）。

（二）大城市人口多。据1962年底的统计，全国有14个100万人口以上的城市，有20个50万至100万人口的城市。这些城市大部分在沿海地区，易遭空袭，战时如何组织城市防空，疏散人口，保障和坚持生产，特别是核袭击后果等问题，尚无有效措施。

（三）主要铁路枢纽、桥梁和港口码头，一般多在大中城市及其附近，易在敌人轰炸时一起遭到破坏，同时这些交通要点，都还缺乏应付敌人突然袭击的措施。

（四）所有水库紧急泄水能力都很小。我国现有容量达到1亿到350亿立方米的大水库232个，其中52个位于主要交通线附近，有17个位于15个重要城市附近。此外，尚有不少中、小型水库位于政治、经济、军事要地和交通干线的要害位置。被同时破坏后，北京市及周围广大地区将遭洪水冲击，并且危及天津。[①]

① 《六十年代三线建设决策文献选载》，《党的文献》，1995年第3期。

在中国南面，美国插手越南的侵略战争逐步升级，中国对越南人民的坚决支持，使美国领导人加紧了对中国的敌视和封锁。1964 年，美国总统甚至考虑先发制人地对中国发动军事袭击，① 以阻止中国成为拥有核武器的国家，并就此计划试探了苏联的意见。

在中国的北面，1962 年苏联在中国新疆的伊犁、塔城地区策划了大批中国居民外逃事件。1963 年 7 月，苏联与蒙古人民共和国签订了针对中国的《关于苏联帮助蒙古加强南部边界防务的协定》。不久，苏联派驻重兵进入蒙古。此后几年，苏联向邻近中国边境地区派驻的军队由 10 个师近 20 万人增加到 54 个师近 100 万人，战略导弹直接指向中国。

在中国的西南面，印度军队被中国击退后，双方边界的局势对峙局势尚未得到根本缓和。

在祖国大陆的东南面，盘踞台湾的蒋介石政权利用大陆三年经济困难时期，加快了反攻大陆的计划，多次派飞机、军舰和武装特务进行窜扰。从 1962 年到 1965 年，向广东、福建、浙江、江苏等地 5 批 40 股武装特务登陆，前后被歼灭 594 人。

1964 年 5 月 10 日，国家计委领导小组向毛泽东汇报第三个五年计划设想，由李富春主讲，李先念、谭震林、陈伯达、薄一波补充。毛泽东听得非常仔细，不时

---

① 1994 年美国档案馆解密了一批满 30 年的机密档案，证实 1964 年前，美国肯尼迪和约翰逊两届政府以及一大批顾问，确实制订了对中国核设施进行突然袭击的计划。1961 年 9 月，美国国务院政策计划委员会主任麦吉向国务卿腊斯克建议，鼓励或帮助印度发展核武器，以一个非共产主义国家“狠狠揍共产主义中国一拳”。后，因为美国害怕承担扩散核武器责任而中止。1961 年 1 月到 1963 年 6 月，美国间谍卫星对中国进行了 24 次侦察飞行，辨认出罗布泊基地，拍摄到包头核工厂，确认中国将在 1964 年爆炸第一颗原子弹，十分惊恐。1963 年 4 月，美国参谋长联席会议向国防部长提出一份长篇报告，拟订了直接和间接打击中国核设施的两种方案。直接计划包括：A. 由国民党军队实行渗透、破坏和发动对大陆的进攻；B. 实施海上封锁；C. 南朝鲜进攻北朝鲜，以对中国边界施加压力；D. 对中国核设施进行常规武器的空中打击；E. 使用战术核武器有选择地打击中国的目标。间接方案则是利用外交和宣传攻势，希望得到苏联的支持，逼迫中国停止核计划。1963 年 5 月，美国国家安全事务助理麦乔治·邦迪会见苏联驻美国大使多勃雷宁，希望私下认真地就中国核计划交换意见，但是，多勃雷宁拒绝谈论中国问题。不久，肯尼迪又派哈里曼出使苏联，要他向赫鲁晓夫试探限制或制止中国核计划，以及苏联如何采取行动，为此不惜在其他方面向苏联让步，但赫鲁晓夫没有同意。美国另一个办法，是纵容国民党袭击大陆。1963 年 9 月，蒋经国访问美国，与美国中央情报局和国家安全事务助理邦迪会谈使用空降兵部队打击中国大陆的核设施。蒋经国提出，只要美国提供运输和技术支持，就可以干。9 月 11 日，蒋经国与肯尼迪长时间会晤。肯尼迪直接问蒋经国：是否有这种可能性，即将 300 到 500 人的突击队派到像包头这样远的地方，而不被飞机击落？蒋经国回答说，昨天已经和中央情报局讨论过了，是可行的。肯尼迪显然对国民党的能力没有信心，蒋经国走后，美国参谋长联席会议又应邦迪之请，拟定了一个以多批次常规武器打击来毁坏和瘫痪核设施的应急计划。美国国务院政策设计委员会专家罗伯特·约翰逊起草了《共产党中国的核爆炸和核能力》报告，认为中国的核能力，在未来一个不能确定的时间里，不会改变世界主要国家之间真正的力量关系，也不会影响亚洲军事力量的平衡，建议不必对中国的核计划再做什么。这个报告在美国的官员中产生了影响，11 月继被刺身亡的肯尼迪成为总统的林登·约翰逊为了赢得大选胜利，暂时把袭击中国方案放在了一边。中国原子弹爆炸成功后，1965 年 2 月，苏联部长会议主席柯西金访问中国时，向中国领导人证实了美国袭击的动向。

发问。

当汇报到钢只搞质量好并搞需要的产品时，毛泽东说："搞工业干什么？搞钢铁干什么？它又不能吃，又不能穿。"

汇报到铁路建设只能上有限的几段时，毛泽东说：酒泉和攀枝花钢铁厂还是要搞，不搞我总是不放心，打起仗来怎么办？张家口到白城子铁路不只是军事上的需要，经济上也有价值。

李富春说，计划存在一些矛盾，要平衡处理。

毛泽东说：横直被没有钱挡住了，只能是有多少钱办多少事，不要以我们这些人的寿命来考虑事情，要以客观规律来办事；财政收入你们不要打得太满了，打满了危险！过去我们吃过亏，把收入打得满满的，把基本建设战线拖得长长的；要说服地方同志，工业、农业、国防和其他建设事业只能搞这么多了，只有那么多钱；安排要少些，多做少说；必须留有余地。

当李富春说到，基础工业、交通还比较薄弱时，毛泽东插话：没有坐稳，没有站稳，是要跌跤子的；国民经济有两个拳头——农业、国防工业；一个屁股——基础工业，要摆好；要把基础工业适当搞上去，其他方面不能太多，要相适应。

汇报到邓小平关于逐年减少进口粮食、增加新技术进口时，毛泽东深表赞同：很好，必须从明年起就这样做。

但是，对邓小平集中投资 45000 万亩高产稳产农田的主张，毛泽东说：已有 24000 万亩了，再搞 16000 万就是 40000 万亩，也很好嘛，不要套 45000 万亩、50000 万亩那个框子。

毛泽东强调：要记住过去几年的教训，要采取"赶猪办法"，是越赶越壮些，还是越赶越瘦些？留有余地，过去讲是讲了，但是没有做，这几年做得好些，要保持下去；搞经济建设也是一样，越走越急，行吗？还是要少而精，而且要打歼灭战。

第二、第三天继续汇报时，毛泽东说，还是要靠自力更生，事情总是起变化的；有人说："只要有利，向魔鬼借钱也可以。"我们不能走这条路；魔鬼不给我们贷款很好，要贷给我们，我们也不要；工业上从外国引进一些，比如尖端技术，要搞一些，但不宣传；至于农业，要像大寨那样，他们不借国家的钱，也不向国家要东西；发展农业，要靠发扬山东曲阜陈家庄陈玉梅、大寨陈永贵的精神。[①]

1964 年 5 月 15 日至 6 月 17 日，中共中央在北京十三陵召开工作会议。

这是一次从"反修防修"和防备世界大战的总体战略上安排国内工作的重要会议。

① 《毛泽东在国家计委领导小组汇报第三个五年计划设想时的插话》，《党的文献》，1996 年第 3 期。

会议讨论了农村规划和农村工作、第三个五年计划、农村社教运动和城市“五反”问题及建立各个部门的政治工作机构问题、财贸工作。

会前，毛泽东在听取关于第三个五年计划汇报时指出，农业是一个拳头，国防是一个拳头，要使拳头有劲，屁股就要坐稳，屁股就是基础工业。在这个指导思想下，提出了第三个五年计划的设想。毛泽东提出把全国分成一、二、三线，加强三线作为战略基地，以应付新的世界战争的严重危险和地方要抓军事。会议提出了一、二、三线的战略布局和建设大三线的方针。①

5月18日，李富春在会上对计划设想作了说明：农业方面的主要任务是建设45000万亩旱涝保收农田，治理三河，保证大江、大河、大水库的安全，以粮为纲，多种经营；国防方面的主要任务是争取到1972年建立起一个小而全的国防工业体系；工业方面的主要任务是努力发展为农业和生活服务的化肥、化纤工业，增加农业和国防急迫需要的品种，发展新技术；交通方面，铁路要首先加强旧线，新线主要是修通川黔、滇黔等干线。

5月27日，毛泽东找来刘少奇、周恩来、邓小平、李富春、彭真、罗瑞卿等人，谈话说：第三个五年计划，原计划在二线打圈子，对基础的三线注意不够，现在要补上，后6年要把西南打下基础；在西南形成冶金、国防、石油、铁路、煤、机械工业基地；在原子弹时期，没有后方不行；“三五”计划要考虑解决全国工业布局不平衡的问题，要搞一、二、三线的战略布局，加强三线建设，防备敌人的入侵。

毛泽东特别强调：应该在四川的攀枝花建立钢铁基地。

毛泽东说：如果大家不同意，我就到成都、西昌开会；西昌通不通汽车？不通，我就骑毛驴下西康；搞攀枝花没有钱，我把工资拿出来；前一个时期，我们忽视利用原有的沿海基地，后来经过提醒，注意了，最近几年又忽视屁股和后方了。

第二天下午，刘少奇主持召开中央工作会议小组会议，传达了毛泽东关于建立第三线的指示。

李富春谈了计划问题：这个计划还有两个战略布局问题我们在计划中注意不够，一个是工业布局的纵深配备问题，现在是原子时代，我们整个工业的战略布局，必须要真正重视建设后方，搞纵深配备，战略展开；可是我们在计划中间对西南的建设就注意不够，比如铁路修建，成昆路没有安排，湘黔路只安排了一半。

周恩来说：“主席提出这个战略思想，我们从中可以引申出许多认识来。中国过去是半殖民地半封建，中国的人口也不平衡，经济发展更不平衡，以后就是逐

① 三线，是由我国沿海、边疆地区向内地划分为三条线，一线指沿海和边疆地区，三线指四川、贵州、云南、陕西、甘肃、宁夏、青海及湖南、湖北、河南等内地地区，其中西南地区（云、贵、川）、西北地区（陕、甘、宁）俗称“大三线”；二线指介于一、三线之间的中间地区。一、二线地区各自的腹地又俗称“小三线”。三线建设，共投入2050亿元的资金和几百万的人力，安排了几千个建设项目。

步走向平衡。…… 现在，我们要建立三线观点，同时又必须懂得一、二线怎么布局。……这个屁股问题，是由两个拳头而来的，是回答到底基础工业放在什么地方这样一个问题。……这个计划一看就看得出来，不仅成昆铁路跟张家口到白城子的铁路，没有列上，就是拿整个运输力量跟整个生产量的对比来计算也能看出，交通运输方面的安排是通不过的。……这就是说，这个布局是不完全的，基础工业上不来，怎么能够支援农业跟照顾国防呢？……这是一个平衡问题，就是农轻重、吃穿用、国防跟基础工业的平衡问题，比例关系问题。这个比例关系，我们还没有能够计算得很好。当然，这不能怪国家计委，因为我们还没有很好地总结经验，我们现在所讲的比例关系，还是拿一套老的办法来计算，新办法有了一些，但是不很多，老办法，就是第一个五年计划从苏联学来的那一套。”①

刘少奇说：“昨天在主席那里谈的基本的一点，就是搞四川这个第三线，现在要准备，要着手。现在不着手，耽误了时间，将来不利。要把西南这个战略方面打通。要搞成昆铁路，搞贵州的煤，搞西昌的铁矿和钢铁厂，以这个为重点，其他的都可以慢搞。……最近的确是有这样一个苗头，一放松大家就放手去干，这个苗头继续发展下去，就又要发生过去基本建设战线过长等问题。……这样一件大事，牵涉到整个计划，牵涉到整个投资。刚才小平同志讲，第三个五年计划差五十亿、六七十亿。搞攀枝花对其他方面的投资有牵动。但是牵动也不很大，只差几十亿，我们有一千亿投资嘛。牵动不到百分之十，别的方面下降得不多嘛。酒泉是放在第二位的。张家口到白城子的铁路也是放到第二位的。”②

邓小平说：没有长期计划，工作没有根据，不好办；除了搞五年计划以外，还应当有一个十年轮廓；这次计划按农轻重，解决吃穿用，两个拳头、一个屁股进行安排，是建设的完整方针；搞攀枝花钢铁基地，第三个五年打个基础，按低方案摆计划，基本建设投资不能超过 1000 亿元。

朱德、彭真陆续讲话表态。

经过讨论，决定把毛泽东的意见和原有的计划安排结合起来，在逐步解决吃穿用的同时，加强三线基础工业的建设。

6 月 6 日，毛泽东在会上再次强调农业、国防是拳头，基础工业是屁股。他讲：要使拳头有劲，屁股就要坐稳；只要帝国主义存在，就有战争的危险，我们不是帝国主义的参谋长，不晓得它什么时候要打仗；决定战争最后胜负的不是原子弹，而是常规武器；因此，需要建立军事工业的后方基地，这是大三线建设；一二线也要搞点军事工业，准备游击战争有根据地，各省都要有军事工业，这是小三线建设，要自己造步枪、冲锋枪、轻重机枪、迫击炮、子弹、炸药；有了这个东西，就放心了；三线建设的开展，首先要把攀枝花钢铁工业基地以及相联系的交通、

① 周恩来：《关于第三个五年计划的若干问题》，《党的文献》，1996 年第 3 期。
② 刘少奇：《继续控制基本情况，着手搞西南三线》，《党的文献》，1996 年第 3 期。

煤、电建设起来，建设要快，但不要毛草，攀枝花搞不起来，睡不着觉；你们不搞攀枝花，我就骑着毛驴子去那里开会，没有钱，拿我的稿费去搞。

毛泽东说：过去制订计划的方法基本上是学苏联的，先定下多少钢，然后根据它来计算要多少煤炭、电力和运输力量，再计算要增加多少城镇人口，多少福利；钢的产量变小，别的跟着削减，这是摇计算机的办法，不符合实际，行不通；这样计算，把老天爷计算不进去，天灾来了，偏不给你那么多粮食，城市人口不增加那么多，别的就落空，打仗计划不进去，国际援助也计划不进去。

毛泽东说：我们的方针是，以农业为基础，以工业为主导；按照这个方针，制订计划时先看可能生产多少粮食、棉花和其他经济作物，再看需要多少化肥、农药、机械、钢铁，可能搞多少工业，还要考虑打仗；计划不能只靠加、减、乘、除，计算出来了，各部门、各地区就分数字，争人、争钱、打官司；要政治挂帅，要有全局观点，要按着我们掌握的客观比例关系安排计划；要改变计划方法，这是一个革命；学上了苏联的方法以后，成了习惯势力，似乎很难改变。

6 月 8 日，毛泽东主持部分政治局委员和中央局第一书记参加的小型会议。

毛泽东反复说：要搞第三线基地，大家都赞成，要搞快一些，但不要毛草；只有那么多钱么，那些地方摊子要少铺，中央的摊子也要少一些；攀枝花铁路最好从两头修；以大区或省为单位搞点军事工业，准备游击战争有根据地，有了那个东西我就放心了。

中央设立了国务院三线建设专案小组，李富春任组长，罗瑞卿、薄一波任副组长，共 14 人。同时，成立西南（负责人为李井泉、程子华、阎秀峰、彭德怀——1965 年后负责）、西北（负责人为刘澜涛、王林、安志文、宋平）两个建设指挥部。

会后，李富春把国家计委副主任都派出去考察三线建设和“三五”计划规模。程子华、王光伟到成都、西昌、贵阳；安志文赴上海、福建；杨英杰上辽宁、吉林，柴树藩往宁夏、甘肃，范慕韩去陕西、四川、贵州、云南。

7 月 15 日，毛泽东谈到：攀枝花、酒泉两个钢铁基地，没有落实；这两个基地一定要落实，如果材料不够，其他铁路不修，集中修一条成昆铁路；一有战争征候，工厂就要搬家，疏散到山里去，上海这么多工厂还能留给敌人吗？不能。[①]

8 月 2 日夜里，美国驱逐舰“马克多斯”号在北部湾与越南海军鱼雷艇发生激战。8 月 4 日美国悍然派出第七舰队大规模轰炸越南北方，中越边境、海南岛和北部湾沿岸都落下了美国的炸弹和导弹。6 日凌晨 6 时，毛泽东在中国政府抗议美国侵犯越南的声明稿上批示：“汪东兴同志阅后，即交江青阅。要打仗了，我的行

---

① 孙东升：《我国经济建设战略布局的大转变——三线建设决策形成述略》，《党的文献》，1995 年第 3 期。

动[1]得重新考虑。”[2]

8月12日，毛泽东将总参谋部关于国家经济建设如何防备敌人突然袭击的报告退回给罗瑞卿、杨成武，批示：“此件很好，要精心研究，逐步实施。”他还关切地问：“国务院组织专案小组，已经成立，开始工作没有？”[3]

1964年8月中旬，毛泽东两次问李富春三线建设为什么这么慢？李富春回答：攀枝花地区地理条件复杂，勘探需要时间，我们缺乏资金，筹措三线建设的投资计划需要开会研究。毛泽东当即说：没有钱用我的工资。

8月17日、20日，毛泽东在中央书记处会议上两次提出，要准备帝国主义可能发动侵略战争，现在工厂都集中在大城市和沿海地区。不利于备战，各省都要建立自己的后方。会议决定，首先集中力量建设三线，在人力、物力、财力上给予保证；第一线能搬迁的项目都要搬，明后年不能见效的项目一律缩小规模。

中央军委文件规定，从地理环境上划分为三线地区：甘肃乌鞘岭以东、京广铁路以西、山西雁门关以南、广东韶关以北广大地区，包括了四川、贵州、云南、陕西、甘肃、宁夏、青海、山西、河南、湖北、湖南、广东、广西等省区的全部或部分地区。这一地区位于我国腹地，离海岸线最近在700公里以上，距西南国土边界上千公里，加之四面分别为青藏、云贵高原、太行山、贺兰山、吕梁山等连绵山脉作天然屏障。成为较理想的战略后方。

8月19日，李富春、薄一波、罗瑞卿联名向毛泽东和中央提出了《关于国家经济建设如何防备敌人突然袭击的报告》：国务院成立专案小组，各方面防备措施，除作战部提的四条外，还应包括大专院校、科学研究、设计机构、仓库、机关、事业单位等，以及城市、矿山的人防措施；一切新的建设项目，不在第一线，特别是15个100万人口以上的大城市建设，要把第一线的老企业能搬的企业或一个车间，特别是有关军工和机械工业的，能一分为二的，分一部分到三线、二线；从明年起不再建立大中水库；在一线的全国重点高等院校和科学研究、设计机构，凡能迁移的，应有计划地迁移到三线、二线去，不能迁移的，应一分为二；今后，一切新建项目不论在哪一线建设，都应贯彻分散、靠山、隐蔽的方针，不得集中在某几个城市或点。

8月20日，在中央工作会议期间，毛泽东的秘书兼中共中央政策研究室主任（自1962年并兼任国家计委副主任）陈伯达找来国家计委副主任杨波谈话说：（一）从全局考虑，在工业中采用新技术，要有一个全盘的计划，这不是贴膏药的问题，不是擦紫药水的问题，而是一个伟大的工业革命的问题，进口一些设备是需要的，但主要的，是要靠自力更生来解决问题，而这是可能的。（二）财政制度，10多年

---

① 指毛泽东原计划骑马考察黄河。

② 《建国以来毛泽东文稿》第十一册，中央文献出版社，1996年8月第1版，第120页。

③ 《建国以来毛泽东文稿》第十一册，中央文献出版社，1996年8月第1版，第126页。

来，存在这样一种情况，建设新的企业就给钱，改造老企业，在老企业中搞技术改造，就不大给钱；其实，在老企业中进行技术改造，花钱少，作用大，这是毛主席老早就提出的，可是，过去我们在实际工作中对这一点没有注意；10 多年来，我们在一线、二线，建设了许多新企业，花钱不少，可是技术还是老的。（三）关于一、二、三线的关系，主席提出的建设第三线问题，非常及时，非常重要，这是一个伟大远见的战略性指示，第三线的建设，必须按主席的指示去做，赶快抓，如果不这样做，不快点抓，我们就会犯大错误。（四）改变拖拖沓沓的作风，毛主席在 1957、1958 年给我们提出的许多重要的指示，我们还没有进一步地、认真地去研究它，还没有进一步地、认真地去执行它，就发展科学技术这个问题上来说，我们还存在着拖拖沓沓、得过且过的作风；苏联十几年来在中国的影响，造成了一种迷信，我们还没有大胆地去批判它、破除它，我们还在第二次世界大战以前的技术上绕圈子；还有，苏联在工业上的一套不合理的规章制度，给我们的害处很多，特别是那些帮助修正主义生长的管理制度，更要不得；可是，直到现在，苏联那一套还在束缚着许多人的手脚，现在已经到了改变这种状况的时候了。

8 月 23 日，毛泽东听取陈伯达汇报。

8 月 27 日，毛泽东把陈伯达的谈话记录批给邓小平：看来伯达同志的建议是可行的；此外，计划工作方法，必须在今明两年内实行改变，如果不变，就只好取消现有计委，要另立机构。

8 月 30 日，罗瑞卿传达了毛泽东同一位管工业的同志的谈话：现在沿海这么大，不搬家不行，你搞到二线也好嘛！为什么不可以搞到二线？我们要好好研究，学习斯大林的经验，斯大林一不准备工事，二不准备敌人进攻，三不搬家，这是教训；蒋介石的经验也要学，蒋介石没有搬家，只搬了少数的兵工厂；总之，一线要搬家，三线、二线要加强。

月底，毛泽东严厉批评国家计委说：计委、经委都不汇报工作，封锁我和少奇同志，他们底下也是一样封锁，他们六个口子互不往来，合作不好，我把陈伯达塞进去，才搞了一点消息，我给富春说，我是当面讲，你们革命好，不革命也好，今明两年不改，要另立机构。①

9 月初，李富春连续三次写信给毛泽东，检查自己的问题。

9 月 13 日，李富春向毛泽东汇报经济和计划工作问题。

9 月 14 日，国家计委向中共中央和毛泽东报送《关于第三个五年计划安排情况的汇报提纲》。主要内容是：（一）根据毛主席提出的调整第一线，集中力量建设第三线的战略思想，争取用 7 到 10 年，改变目前工业布局的面貌；（二）积极研究和采用新技术，进行工业革命；（三）按专业化和协作原则改组工业，加强产品的

① 刘松茂：《李富春和国家计委的改组》，《百年潮》，2000 年第 6 期。

标准化、系列化、通用化，逐步推广托拉斯；（四）改革劳动工资制度，1965年选择有条件的中专、技校、农业中学试行半工半读，在季节性工厂试行亦工亦农，在某些矿山试行轮换制度；（五）改革设计、施工和基本建设程序工作；（六）改进财政体制，对非生产性建设予以严格控制，对生产建设以促进生产为原则；（七）建议中央成立国民经济工作统帅部，由毛主席和刘少奇挂帅，以利于中央决策后雷厉风行地行动起来；[①]（八）彻底改革计划工作，克服从苏联框框出发的错误，计委要认真搞调查研究，提出重要的、带有方针政策性的、远见的意见，起到中央的经济工作参谋部的作用。[②]

9月21日至10月19日，全国计划工作会议在北戴河海滨举行。会议提出了彻底改变计划工作的10条意见。

10月7日，毛泽东会见朝鲜崔庸健委员长时说：我们要把沿海的一些工厂搬到内地，少数工厂要放在地下；工业要搞第二线、第三线；不然，第一线打掉了，我们就没有钢、没有机器了；这是可以搬的，一个工厂全搬或搬一半或搬一大部分，这项工作要几年才能完成。

1964年10月，毛泽东批转广东省委向中共中央和中南局提出的《关于国防工业和三线备战工作的请示报告》，基本内容是拟在广东省后方建设小型常规武器生产基地和具体实施问题。毛泽东批示："是否可以将此报告转发第一线和第二线各省，叫他们也讨论一下自己的第三线问题，并向党中央提出一个合乎他们具体情况的报告。无非是增加一批建设费，全国大约需15亿元左右，分两三年支付，可以解决一个长远的战略性的大问题。现在不为，后悔无及。"

毛泽东批示下达后，第一、二线各省迅速行动，在全省的后方部署一批新建迁建项目，包括军工、民用、农用工业、交通、通信、电力、文教、卫生等事业建设项目。

1964年10月19日，毛泽东听取国家计委关于1965年计划安排汇报时，提出：鞍钢的部分设备是否可以搬到宜都或常阴，那个地方有铁矿。[③]

10月下旬，李富春、薄一波奔赴西南地区，考察和制定三线建设的总体规划。初步议定攀枝花钢铁基地第一期工程的规模为年产铁矿石1350万吨、生铁160万至170万吨、钢150万吨、钢材110万吨。

而后，李富春拟定《关于编制长期计划的程序问题》，提交中央讨论后，周恩

---

① 在此之前，国民经济计划由邓小平主持中央书记处提出设想，李富春组织国家计委具体拟订，再由中央书记处向刘少奇主持的中共中央常委会汇报，代中央批准。

② 《中国共产党执政四十年》，中共党史出版社，1989年版，第252页。

③ 《毛泽东经济年谱》，顾龙生编，中共中央党校出版社，1993年版，第612页。

来没有做大的修改，只强调发展农业还要搞大型水利工程，于12月7日送毛泽东审阅。

12月12日，毛泽东批示："此件已阅，写的可以，是好的。但有骨头，无血肉，感到枯燥乏味，则是缺点。望你们在今后几个月内，搞出一个有骨有血有皮有毛的东西出来。要有逻辑有论证。否则仍然是形而上学的东西。十几年来，形而上学盛行，唯物辩证法很少人理，现在是改变的时候了。"①

12月26、27日，李富春、薄一波、李先念等人邀请中央局负责人一起讨论了计划工作如何革命化和编制长期计划问题。李富春对过去计委工作的主要错误和思想作风进行了检查。

27日，毛泽东在中央工作会议上插话说：从秦始皇开始，帝王就世袭了！北京就有两个独立王国，我不说，你们去研究。②

12月31日，毛泽东在陈伯达谈工业革命的来信上批示："形而上学在我们党内盛行，辩证法抛到九霄云外，连一些大老爷也在所不免。现在应该是想一想这个问题的时候了。"③

12月31日，李富春主持召开国家计委局级以上干部会议，传达了毛泽东对国家计委的批评和中央的决定，检讨了自己的缺点和错误，希望计委同志继续把工作做好。不久，他因患神经功能失调症离岗，到北戴河休养。

1964年底，毛泽东决定成立一个专门制订计划的新班子。第一个被他点名的是为大庆石油会战立下汗马功劳的独臂将军、石油工业部部长余秋里。毛泽东称赞说：他一只胳膊比你们两只手都抓得紧，余秋里做计委主任不行吗？他只是一员猛将、闯将吗？石油部也有计划工作嘛！是要他带个新作风去。

1965年1月6日，李富春按照毛泽东的思路，再次写出关于计划工作革命化和编制长期计划的报告：1. 第三个计划和15年远景规划的重点，是准备战争，依靠第一、二线，努力建设第三线，建设国防工业，建设各省后方。农业，第一是靠大寨精神，抓见效快的，第二是抓三线的农业。2. 计划工作的革命要走群众路线，鼓励大家创造经验。

1月21日，毛泽东批示："印发政治局（请彭真定名单，除反党分子外，都可发）、书记处各同志，各中央局、省市区党委各同志以及余秋里小计委（由秋里自选5、6、7人，不发老计委那些人）各同志。"④

周恩来要余秋里组阁，几次要他提新人。余秋里提了建筑工业部部长李人俊、

---

① 《建国以来毛泽东文稿》第十一册，中央文献出版社，1996年8月第1版，第262页。

② 后来，毛泽东在小范围内点明：一个是邓小平主持的中央书记处，一个是李富春主持的国家计委。

③ 《杨尚昆日记》（下），中央文献出版社，2001年版，第484页。

④ 《建国以来毛泽东文稿》第十一册，中央文献出版社，1996年8月第1版，第316页。

浙江省委书记林乎加、北京市委工业书记贾庭三等人，仍然主张从计委抽出几个人帮他工作，不希望完全撇开国家计委另起炉灶。后来实际组成时，加上了陈伯达。通常称为“小计委”，超脱于国家计委之外。毛泽东要求小计委直接在周恩来领导之下，不受其他副总理干预，摆脱烦琐的日常工作，专门研究战略问题。毛泽东逐件审阅了小计委在编制计划过程中报送中央的简报，称赞了他们拟定的“三五”计划方针任务。经李富春提议，毛泽东、周恩来批准，小计委正式主持国家计委工作。

1965年2月28日，周恩来对出席全国棉花、农业工作会议代表讲话中说：计划要抓重点，就是要发展农业，解决我们人民的吃穿用问题。

3月5日，九省一市的负责人聚集中南海，讨论农业问题。周恩来说：我们要争取较长的和平时间，能争取10年到15年的时间更好，但必须要5年一打算，粮食是首要问题。

1965年3月12日，周恩来向中央书记处汇报了“三五”计划设想原则。他指出：必须从应付战争出发，争取时间，着重解决以下四个基本问题：（一）立足于打仗，抢时间，改变布局，加快三线建设，首先是国防建设（包括国防工业和同国防有关的基础工业、交通运输和小三线的建设）；（二）大力发展农业，大体解决吃穿用，重点是抓粮、棉、油、盐，争取在3年左右做到粮食进出口平衡；（三）加快建设以钢铁和机械工业为中心的基础工业，把屁股坐稳，做到既能支援国防和农业，又能为第四个五年更大的发展做好准备；（四）猛攻科学技术关，有目标、有重点地掌握60年代的新技术，保证第四个五年计划能够在新的技术基础上加快前进。这四条是年初第三届全国人民代表大会上政府报告中提出的“四个现代化”，只是在顺序上，由“工业、农业、国防、科技”变换为“国防、农业、工业、科技”。

3月24日，中央书记处决定成立国家基本建设委员会，谷牧任主任。任务是切实抓好西南、西北战略基地和一、二线后方基地建设。

3月29日，中央批准成立西南三线建设委员会：中共西南局第一书记李井泉任主任，国家计委副主任程子华、西南局书记阎秀峰、华东局经委副主任钱敏为副主任；委员有国务院各部和西南三省负责人吕正操、朱光、杨超等人。

6月16日，周恩来准备出国参加第二次亚非会议前夕，到杭州，和毛泽东一起听取余秋里汇报新起草的“三五”设想。初步安排基本建设投资为1080亿元。毛泽东听了汇报，认为：基本建设投资太多，指标定得过高；5年投资要从1080亿元压到八九百亿元，三线建设也要从四五百亿压到300多个亿；建设项目不要搞那么多，少搞点项目就能打歼灭战；粮食4800亿斤能达到吗？1970年把钢搞到1600万吨就行了；要留点余地在老百姓那里；农业投资不要那么多，农业要靠大寨精神，你给他钱，他搞得不好，你不给他钱，反而搞得好一些；农业要靠大寨精神，工业靠大庆。

毛泽东说："必须立足于战争，从准备打仗出发，把加强国防放在第一位；加快三线建设，改变工业布局，发展农业，大体解决吃、穿、用，加强基础工业和交通运输，把屁股坐稳，发挥一、二线生产潜力，有目标有重点地积极发展新技术。"①

讨论中，有人提出这样做是否违反了以农业为基础，以工业为主导的发展国民经济的总方针。

毛泽东果断地说：农轻重的次序要违反一下，吃穿用每年略有增加就好；搞化肥我不反对，但是要靠养猪、养羊、搞绿肥；内地建设"鉴于过去的经验，欲速则不达，还不如少一点慢一点能达到。我看 5 年搞 1080 亿元的建设规模大了，留的余地太少了。少搞些项目就能打歼灭战，大了歼灭不了。要考虑来个大灾或者大打起来怎么办。我看大家都想多搞，你们也想多搞。向老百姓征税征粮，多了会闹翻，不行的。这是个原则问题。要根据客观可能办事，绝不能超过客观可能。按客观可能还要留有余地。留有余地要大，不要太小。要留有余地在老百姓那里，对老百姓不能搞得太紧。总而言之，第一是老百姓，不能丧失民心；第二是打仗；第三是灾荒。计划要考虑这 3 个因素。脱离老百姓，毫无出路，搞那么多，就会脱离群众"。②

6 月 26 日，毛泽东对汪东兴说：这次我又压了他们一下，早就讲要他们注意三线问题，但没有注意，"这次一来就是 1000 多亿，这样老百姓怎么得了？搞这么大的建设，要供给粮食。运输跟不上去，西南三条铁路一下修不起来，钢材、木材供不应求，将来可能又要来个反复。不要把老百姓搞翻了。搞翻了还能打仗吗？要他们搞三线，要么听不进去，不搞，要搞就拼命搞。现在就是过分了；什么都怕过分；我先纠正他们一下，免得将来又反复"。③

毛泽东还说：其实，大三线我有些担心，小三线我不担心，省里搞么，他有多少就多少，大三线就不同了，有的厂不能搬就不要搬，如鞍钢那么大，怎么能搬呢！

7 月 6 日，周恩来出访非洲阿联归来，路过新疆乌鲁木齐，给地方党政军领导人作报告说：不能够百废俱兴，各方面不能够都要国家投资；首先还是农业，第二是国防工业、小三线建设。

7 月 21 日，国家计委拟定了基建投资 900 亿元和 800 亿元两种方案，并同各部交换意见。

7 月 22 日至 26 日，余秋里和小计委负责人连续 5 个上午向周恩来汇报了调整

① 金冲及主编：《周恩来传》，中央文献出版社，1998 年 2 月第 1 版，第 1803 页。

② 李晨等主编：《中华人民共和国实录》第二卷，吉林人民出版社，1994 年版，第 1195 页；金冲及主编：《周恩来传》，中央文献出版社，1998 年 2 月第 1 版，第 1803 页；《毛泽东传（1949—1976）》，中央文献出版社，2003 年 12 月第 1 版，第 1363 页。

③ 《在打仗问题上要有两手准备》，《党的文献》，1995 年第 3 期。

修改后的“三五”计划设想和1966年年度计划：必须争取时间，在大小三线把国防工业的基地、原料、材料、燃料、动力、机械工业的基地，以及交通运输系统建立起来，改变我国现有的工业布局，使三线成为坚实的战略大后方。

周恩来说：毛主席为什么要强调三个问题？主要是帝国主义反动派和修正主义把我们作为主要敌人，我们也要把他们作为主要敌人，所以，“我们就要备战，备战是长期的，帝国主义一天不消灭，我们总是要备战的。……总之，要有备战的思想，要有战斗的气氛，这样就可以动员全国人民，又有可能做到少花钱多办事。为什么要备荒？我们是农业大国，农业人口多，因此以农业为基础的方针是长期的。我们有5亿人口，又是农业大国，备荒是一个大问题。在科学技术没有完全克服天灾以前，灾荒可以克服，但不能避免，农业还是基础。农业是基础，从备战、备荒来看，都要把农业搞好。……这三个因素，不是暂时的，是长期的，安排计划要经常考虑这些问题”。①

因余秋里、谷牧到西南、西北摸底——究竟大三线上哪些项目，8月3日，周恩来飞抵上海，连续三天同华东各省、市委书记谈话，听取华东局书记处会议对计划问题的讨论。8月中旬，周恩来、余秋里等陆续回到北京，再次修改计划。

8月21日，在全国基建工作会议上，谷牧作了三线建设搬迁工作报告，进一步讨论确定了今后搬迁的项目、原则及组织、政策：1966年计划搬迁建设152个项目。

8月30日至9月8日，周恩来连续7次听取谷牧和小计委的修改、调查汇报。

9月2日，将“三五”计划《汇报提纲》拟出。基建投资最终确定为850亿元。

1965年9月14日，国家计委向中共中央和毛泽东报送《关于第三个五年计划安排情况的汇报提纲（草稿）》。

《汇报提纲》分10个问题。

“方针、任务”是：“第三个五年计划必须立足于战争，从准备大打、早打出发，积极备战，把国防建设放在第一位，加快三线建设，逐步改变工业布局；发展农业生产，相应地发展轻工业，逐步改善人民生活；加强基础工业和交通运输的建设；充分发挥一、二线的生产潜力；积极地、有目标、有重点地发展新技术，努力赶上和超过世界先进技术水平。”

《汇报提纲》中特别指出：三线建设，“是关系到第三个五年计划的全局、关系国家安危、关系世界人民革命运动的一个大问题，也是解决长远和当前战略任务的一个根本问题。我们在第三个五年计划期间，一定要把建设重点放在三线，在这个

① 金冲及主编：《周恩来传》，中央文献出版社，1998年2月第1版，第1804—1805页。

问题上如果不采取坚定的态度，那末，就会犯方针性的错误”。

《汇报提纲》中关于三线地区的基本建设安排，是这个计划的核心内容：

投资分配：按地区分，用在三线地区的投资占全国比例的40%以上，其中，西南地区约为208.3亿，占24.5%；西北地区约为105.3亿，占12.4%；湘鄂西地区约为19.5亿，约占2.3%。按部门分，各部门中三线地区投资占全国的比例，国防工业占74%，冶金工业占58%，铁道工业占45%，电力工业占40%，煤炭工业占35%，石油工业占30%，化学工业占48%。

建设项目，三线地区大中型项目共823个：西南435个（其中四川247个），西北268个，湘鄂西120个。

主要项目由6个方面组成：

（一）国防工业项目共320个。主要是氢弹、导弹等尖端武器及歼击机、潜艇、坦克和地面常规兵器生产试验基地；另外还有半自动步枪、机枪、手榴弹、炸药等小三线项目17个。

（二）原材料工业项目共126个。包括攀枝花、酒泉两大钢铁基地和重庆、昆明等9个钢铁厂，白银、金川、个旧、陇西等3个铜铝加工厂、7个稀有金属材料厂、3个铜矿、3个铝厂，泸州、自贡、开远、都匀、长寿等13个国防化工厂、14个化肥厂、7个有机化工原料厂、金沙江林区等14个森林工业局，7个水泥厂。

（三）燃料动力项目共66个。包括六枝、盘县、水域、芙蓉山、宝顶山、石咀山、石炭井、汝箕沟等15个煤炭矿区和8个煤矿，龚咀、刘家峡、盐锅峡等11个水电站、28个火电站、4个天然气和石油项目。

（四）机械制造项目共175个。包括德阳重机厂、第二汽车厂、西南汽车厂、东风电机厂、西南发电设备厂等2个重机厂、2个汽车总厂、8个机床总厂、5个仪器仪表总厂、7个电工总厂等。

（五）铁道项目共45个。主要有成昆、云贵、川汉、阳平关、京原、北京地下铁道等4条铁路干线13条支线、3个枢纽、8个机车修造厂等。新线铺轨共3376公里。

（六）其他部门。包括轻工、纺织、建工、地质、交通、民航和文教卫生等75个项目。

《汇报提纲》指出，到1970年底，三线地区将要实现的生产能力是：钢（不包括攀枝花、酒泉）150万吨，占全国9%；有色金属32万吨，占全国32%；主要机械产品占全国20%至35%；发电设备装机578万千瓦，占全国23%；煤炭5081万吨，占全国17%；合成氨114万吨，占全国28%；水泥526万吨，占全国23%。

9月18日至10月12日，中共中央工作会议在北京召开，讨论以上《汇报提纲》。

这个《汇报提纲》，是一个战备计划，由原来的解决吃穿用转变为加强国防战备建设，安排顺序由农轻重转变为重农轻，原来没有安排的大项目如攀枝花、酒泉钢铁工业基地，成昆、湘黔铁路，都成为重点项目，要求在 1970 年以前完成，原定 1972 年建成的国防体系提前到 1970 年；原定的 4.5 亿亩稳产高产农田目标留置到“四五”计划。

1965 年 9 月 23 日，毛泽东对彭德怀说：历史上真正的同志决不是什么争论都没有，不是从始至终，从生到死都是一致的；有争论，有分歧不要紧，要服从真理，要顾全大局，大局面前要把个人意见放一放。

毛泽东说：庐山会议已经过去了，现在看来，也许真理在你那边，让历史去做结论了吧！你也不要发牢骚，不要把事情弄得一成不变，真臭起来也可以香起来么！对你的事，看来是批评过了，错了，等几年再说吧；但你自己不要等，要振作，要把力气用到办事情上来；我没有忘了你，这些年我一直在想你的事；我们共事几十年了，不要庐山一别，分手到底；我们都是六七十岁的人了，应当为后代多想事、多出力。

毛泽东提议让彭德怀到成都去，担任“大三线”建设的副总指挥（总指挥为李井泉）。毛泽东说：战略后方最重要的是西南区，它有各种资源，地理也适宜，大有作为；你彭德怀去也许会搞出一点名堂来；德怀，还是去西南吧！我送你几句话：既往不咎，意见保留，努力工作，做出成绩，必要时再带兵打仗去。

彭德怀说：主席，我听你的，我去西南！

1965 年 11 月，彭德怀赴成都就任西南三线建委第三副主任。

1965 年 11 月 13 日，在全国计划、基建、财政专业会议期间，周恩来在报告中指出：“三五”计划，第一是农业，第二是国防，第三是援外，第四是大小三线，第五是基础工业。

当晚，余秋里向周恩来汇报会议讨论情况时，委婉地提出自己的疑问。周恩来解释说：“我原来的提纲是国防第一，一看省市的同志都来了，就倒过来讲，我的意思是，请大家千万不要忽视了农业。农业摆在前面主要提醒大家注意。现在国防、备战和大小三线的建设项目定了，我担心忽视农业。国防、三线从表面上看七亿人口来说，还是少数人来做的。农业就是备战，备战、农业、备荒分不开。”[①]

毛泽东同意周恩来继续抓农业的意见。中共中央在转发《一九六六年国民经济计划纲要》时，加上了要求省、地、县、社把发展农业放在首位的一段批语。

新的“三五”计划汇报提纲形成后，细心的周恩来派人专门给在北戴河养病的李富春送去一份。李富春认真思考后，写出了如何处理好二、三线关系等详细意见。周恩来批示说：先送主席阅，这里边有好意见，我收到的一份早转秋里，在起

① 杨明伟：《走出困境——周恩来在 1960 至 1965》，中央文献出版社，2000 年第 1 版，第 481 页。

草计划时注意研究和采用。邓小平立即批示，印发中央领导参考。

1965 年 11 月和 1966 年 3 月，邓小平、李富春、薄一波两次带领中央有关部委负责人视察了西南、西北的三线部署，批准了以攀枝花钢铁基地为中心，成昆铁路为连接的初步规划。

从 1964 年下半年到 1965 年底，经过一年半的努力，三线建设取得了很大进展。在西北、西南三线部署的新建、扩建、续建大中型项目达到 300 余项。其中钢铁工业 14 项，有色金属工业 18 项，石油工业 2 项，化学工业 14 项，化肥工业 10 项，森林工业 11 项，建材工业 10 项，纺织工业 12 项，轻工业 8 项，铁道工程 26 项，交通工程 11 项，民航工程 2 项，水利工程 2 项。以及若干农业、林业、邮电、商业、广播、教育等项目。

由一线地区迁入三线地区的第一批工厂 49 个。

国防工业方面，在西南地区规划了以重庆为中心的常规兵器工业基地，以成都为中心的航空工业基地，以万县为中心的长江上游造船工业基地；在西北地区规划了航天、航空、常规兵器、电子、光学仪器等工业基地。

攀枝花地区铁矿资源丰富，煤炭资源也有一定藏量，面临金沙江，水资源取之不竭；靠近林区，离成昆铁路和贵州六盘水大型煤矿较近，地形隐蔽，不占农田，是三线地区非常理想的建设钢铁基地的地方。在众多可供选择的厂址中，选中攀枝花的弄弄坪，是科学的。

十八、“四清”运动（二）

从 1963 年冬天开始，从中央到地方的各级领导部门，机关单位，解放军各单位都抽调了大批干部，组成工作队，下乡搞“四清”。1963 年到 1964 年春天，华北地区在 1.1 万个生产大队，约占全区农业人口 1/6 的范围进行；中南地区开展运动的生产大队占本区大队总数的 1/5 强。

1964 年 3 月 22 日，中共中央发出《关于在全党组织干部宣讲队伍把全党全民的社会主义教育运动进行到底的指示》、《关于继续抓紧进行“五反”运动的指示》，要求凡是能下去的干部都要下去宣讲文件，抓紧进行社会主义教育和城市“五反”运动。毛泽东在文件中强调：“从中央委员到县委市委委员，与县一级相同的党委委员以及其他有相当文化和政治水平的同志，除年老体弱及有病者外，一律要使他们充当宣读员，至少一次到两次，避而不去的，叫做消极怠工分子。”①

① 《建国以来毛泽东文稿》第十一册，中央文献出版社，1996 年 8 月第 1 版，第 44 页。

3 月 27 日，毛泽东离开北京南下视察，继续了解农村社教情况，对运动中提出的问题作调查研究。

3 月 28 日，毛泽东途经邯郸，停留两天。召集山西、河北两省负责人和河北省 5 个地委的负责人开会，主要听山西省委第一书记陶鲁笳、河北省委第一书记林铁的汇报。汇报中，陶鲁笳介绍了陈永贵的经验，说他们在依靠政治挂帅、防止出现高工分阶层问题上，解决得好；有制度，不烦琐，有差别，不悬殊。毛泽东第一次听到陈永贵的名字，问：陈永贵是哪几个字？他识字不识字？你们有他的材料没有？

3 月 30 日，毛泽东到达郑州，召集西北局第一书记刘澜涛、陕西省委负责人李启明、安徽省委第一书记李葆华、河南省委第一书记刘建勋，以及河南几个地委负责人，开了两个下午的会。

4 月 2 日，毛泽东来到武昌。当天下午，听取湖北省委第一书记王任重汇报。

4 月 10 日，毛泽东离开武昌。次日晨到达长沙。18 日听取湖南省委第一书记张平化等人汇报。

4 月 19 日，毛泽东到达南昌。21 日，听取江西省委第一书记杨尚奎等人汇报。毛泽东强调：农村中的社会主义教育运动应当比土改时搞得更深入细致一些，因为土改时，干部少，没有经验。

4 月 23 日晨，毛泽东到达杭州。28 日，听取浙江省委第一书记江华和省委其他负责人霍世廉、林乎加等人汇报。

5 月 2 日，毛泽东到达上海。

李富春、李先念、谭震林、薄一波来向毛泽东汇报第三个五年计划的设想。从 5 月 10 日到 13 日，汇报先后在南京、蚌埠、济南、天津进行。

毛泽东说：“我们这一辈子忘不了贫下中农，有时只要提醒一下就行了。干部子弟恐怕就会忘记了。我们许多人中间，地委书记也忘记了，他们现在丰衣足食了。……你们做计划工作的也要注意绝大多数，注意贫下中农。”

毛泽东说：“划阶级主要是把坏分子清出来。阶级成分和本人表现要加以区别，重在表现，唯成分论是不对的。……地富子弟要团结，连地主富农中的一部分人也要团结。反革命分子、破坏分子只要愿意改造，就应该要他们。我们在工厂中划阶级，主要是把那些国民党的书记长、反动军官、逃亡地主、地富反坏右清查出来。并非查所有的人，并非主要为了查剥削阶级出身的技术人员。他们过去有的是为剥削阶级服务，只要现在表现好，就要信任他们。即使表现不大好，也要改造。这个问题，我是首先看了西安在工人中查阶级的报告才提出来的，去年转发了大家。”

毛泽东最后提出了搞好社会主义教育运动的 4 条标准：“第一，要看贫下中农是真正发动起来了，还是没有发动起来；第二，要看是增产，还是减产；第三，发现地、富、反、坏分子，是将矛盾上交，还是留在那里就地改造；第四，干部是参加了劳动，还是不参加劳动。”①

1963年11月至1964年4月，刘少奇的夫人王光美根据刘少奇要她下去锻炼的指示，以河北省公安厅秘书的名义参加中共河北省委工作队。王光美化名董朴，作为工作队员参加了河北省唐山专区抚宁县卢王庄公社桃园大队的社会主义教育运动（“四清”）的试点工作，并担任大队工作组副组长。基于大队的领导权是否在搞资本主义复辟的阶级敌人手里的考虑，工作队进村采取了“访贫问苦、扎根串联”的神秘化行动，开展对敌斗争，认定这个一类大队基本上是两面政权，把大队党支部书记定为坏分子，开除出党。

王光美下农村搞“四清”运动，得到了毛泽东的赞同和支持。每一次回来，毛泽东都向她问情况。毛泽东多次说：根子在上面。②

刘少奇一直过问桃园大队的“四清”工作。1964年春节，刘少奇同王光美谈话说：犯严重四不清的错误根子在哪里？我们说根子是封建势力和资本主义势力的腐蚀和影响，如一般所说的“错在干部，根子在地、富；这是下边的根子，这是基本的根子”；上面的根子有没有？要不要挖？应该切实查一下上面的根子，犯严重“四不清”错误的基层干部，在公社、区、县和地委的根子；封建势力、资本主义势力或者反革命势力复辟了，就是因为这些干部，有下面的根子，也有上面的根子；可以挖上面的根子，单单注意下面的根子，不注意上面的根子是不行的。

经桃园工作队王光美等人的总结，形成了“桃园经验”：即先搞秘密扎根串联，访贫问苦，逐步扩大范围，从小到大组织阶级队伍；搞“四清”（“四清”的内容不止是清账目、清仓库、清财物、清工分，现在要解决政治、经济、思想、组织上的“四不清”），再搞对敌斗争，背靠背的揭发；团结两个95%不能并重，重点是应该团结95%的群众；对基层组织和基层干部是“又依靠，又不完全依靠”，放手发动群众，彻底革命；有严重“四不清”的错误干部，不仅有地主、富农、资本家这个根子，还有上面的根子，两个根子都要挖，革命才能彻底。

刘少奇对桃园大队的“四清”工作。还做过具体的指示，他认为原党支部基本上不是共产党。“桃园经验”是符合他的意图的。

1964年5月15日至6月17日，召开中央工作会议。主要议题是社会主义教育运动、第三个五年计划的初步设想、三线建设问题等。

6月2日，刘少奇在会上讲话说：“和平演变”已经演变到高级机关中的某些人了，省委、市委都有他们的人；有些地方“四不清”干部对付工作组的办法是“喂、顶、拖、混”，要想办法摆脱他们；抵抗“四清”就是反党，破坏就是反革

① 《毛泽东传（1949—1976）》，中央文献出版社，2003年12月第1版，第1344页。

② 《刘少奇一生》（修订本），中央文献出版社，2003年1月第1版，第405页。

命，要开除党籍；群众没有充分起来以前，不能强调团结95%以上的干部、依靠基层。

6月8日，在会议进行了二十几天的时候，毛泽东第一次在会上讲话。他忧心地提出：中国“如果出了赫鲁晓夫怎么办”？他说：总之，我看我们这个国家有三分之一的权力不掌握在我们手里，掌握在敌人手里。他要求大家：中国出了修正主义的中央，要顶住。

刘少奇说：现在下边发生的问题就是不追上边，恰恰问题就出在上边；抚宁县的农民说，不仅下边有根子，上边也有根子，朝里有人好做官。①

毛泽东说：宋任穷的一个材料很值得注意；那个支部书记说要注意后事，注意培养提拔青年人；这个材料要发到各县、各社、各队去；你不注意培养后代怎么行？现在，就是不让青年人上来，有些人占着位子，都是老年人；总之，天有不测风云，人有旦夕祸福；干部配备也要有二、三线，不能一个人死了，没人管事了，要准备几线。②

6月11日，刘少奇受中央委托，作关于反对现代修正主义斗争问题的报告。

报告结束，毛泽东作了一个简短发言：有许多事情我们事先料不到；比如苏联出修正主义，也是料不到的一件事呀，它就出了嘛；它不以人的意志为转移嘛，他要出嘛；比如中国的牛鬼蛇神，“有鬼无害论”，它要出嘛；总的我看是乐观的；但是要准备另一方面，天要黑；天天是晴天，没有下雨？没有打雷？没有阴天呀？这个社会就那么干净呀？我看永远不干净；不干净才合理嘛，不然就没有矛盾了嘛；对立统一，是两个侧面的统一；你只有一个侧面，还有什么对立统一？还是要有信心；中国一定要出赫鲁晓夫？不一定；有两种可能；我说，出了也不要紧，你苏联还不是出了赫鲁晓夫？将来那个列宁主义势必要翻起来的；还是那句老话：前途是光明的，道路是曲折的。③

1964年6月16日下午，毛泽东在十三陵水库管理处召开中央政治局常委和中央局第一书记会议。

毛泽东会上说：关于“和平演变”，帝国主义说我们第一代没有问题，第二代也没有希望，第三、四代有希望了；帝国主义这个希望能不能实现呢？帝国主义这个讲话灵不灵呢？我们希望讲得不灵，但也可能灵；我们的国家也不太平，还有贪污的、投机倒把分子，还有被和平演变的危险；要保证我们党和国家不改变颜色，就要反对国际敌对势力的和平演变；帝国主义的预言家根据苏联的变化，把和平演变的希望寄托在中国共产党的第三代或者第四代身上。

---

① 《毛泽东传（1949—1976）》，中央文献出版社，2003年12月第1版，第1345页。
② 《毛泽东传（1949—1976）》，中央文献出版社，2003年12月第1版，第1346页。
③ 《毛泽东传（1949—1976）》，中央文献出版社，2003年12月第1版，第1346页。

我们一定要使帝国主义预言家把“和平演变”的希望寄托在中国第三代或者第四代身上的预言彻底破产。[①] 基于防止中国出赫鲁晓夫的认识，毛泽东提出了培养革命事业接班人的问题：为了保证我们党和国家不改变颜色，我们需要从上到下地、普遍地、经常不断地注意培养和造就千百万无产阶级革命事业的接班人。

为此，毛泽东提出了革命接班人的5条标准：必须是真正的马克思列宁主义者；必须是全心全意为中国和世界的绝大多数服务的革命者；必须是能够团结绝大多数人一道工作的无产阶级政治家；必须是党的民主集中制的模范执行者；必须是谦虚谨慎、戒骄戒躁，富于自我批评精神，勇于改正自己工作中的缺点和错误的人，而不能是像赫鲁晓夫那样的人。

会议接受了毛泽东的思想，成为加紧搞城乡社会主义教育运动的一个新的动力。会议对城市“五反”和社教作了新部署。毛泽东提出，农村、城市搞四五年，不要急急忙忙，城市“五反”要增加划阶级的内容。

刘少奇提出两种劳动制度、两种教育制度问题；还提出社教运动团结两个95%，首先是放手发动群众。会议肯定了刘少奇提出的意见。

会议期间，中共中央发布了《关于当前工作中应该注意的几个问题的指示》，强调在抓紧“五反”、“四清”的同时，必须抓紧生产工作，农忙时要让位生产。毛泽东提出把“减产还是增产”作为搞好“四清”运动的六条标准（①贫下中农是否真正发动起来了；②干部中的四不清问题是否彻底解决了；③干部是否参加了劳动；④一个好的领导核心是否建立起来了；⑤发现有破坏活动的地、富、反、坏分子，是将矛盾上交，还是发动群众，认真监督、批评，以至于展开恰当的斗争，并留在那里就地改造；⑥看是增产还是减产。）之一。

会议制定了《中华人民共和国贫下中农协会组织条例（草案）》，提出对过去划错的阶级成分都应该认真审查并改正过来，于6月25日下发。中央文件中说：组织贫下中农协会，是我们党在农村中的一项组织方面的建设；要求县以下党组织在社教运动结束后，采取有效措施。

6月17日，中央书记处会议决定，根据5月中央工作会议修改“后十条”，由谭震林负责。

中共中央决定成立“四清”、“五反”指挥部，由刘少奇挂帅，并主持对“后十条”进行修改工作。认为：阶级敌人拉拢腐蚀干部，“建立反革命两面政权”是

---

① 《人民日报》，1964年7月14日《关于赫鲁晓夫的假共产主义及其在世界历史上的教训》。文中记述毛泽东的话：“必须坚持干部参加集体生产劳动的制度。我们党和国家的干部是普通劳动者，而不是骑在人民头上的老爷。干部通过参加集体生产劳动，同劳动人民保持最广泛的、经常的、密切的联系。这是社会主义制度下一件带根本性的大事。它有助于克服官僚主义，防止修正主义和教条主义。”

“敌人反对我们的主要形式”；这次运动“是一次比土地改革运动更为广泛、更为复杂、更为深刻的大规模群众运动”。规定“整个运动都由工作队领导”。[①]

1964 年下半年，刘少奇实际上处于运动领导工作的第一线，许多重要措施的提出和重要文件的批发，都是由他主持。由于对情况估计过分严重，他在实际工作中表现出明显的急躁情绪。[②]

6 月 28 日，刘少奇离京南下，7 月到天津、济南、合肥、南京、上海、郑州，一路上了解运动情况，做了多次讲话。他对前一段“四清”运动不满意，沿途对各地多有批评。

7 月 2 日，刘少奇在河北省地委书记座谈会上讲道：上面根子也要追，上面的根子更危险，一律要追，追到什么地方算什么地方，是公社的追到公社，是县委的追到县委，是地委的追到地委，是省委的追到省委，是中央的追到中央。

7 月 5 日，王光美在河北省委工作会议上作《关于一个大队的社会主义教育运动的经验总结》（即“桃园经验”）的报告。介绍了自己的工作体会和认识，进行对敌斗争一整套的做法和经验。对于报告的内容，大多数干部认为很好，有人有不同看法。陈伯达力主推广介绍。刘少奇也同意报告的基本内容和精神，他认为桃园的原党支部“基本上不是共产党”。

7 月 25 日，刘少奇回到北京，向毛泽东作了汇报，他认为党内存在严重右倾。

8 月 1 日，刘少奇专门给在京的党政机关和群众团体主要负责干部，作了关于社会主义教育运动的长篇报告，基调全是反右的。[③]

刘少奇讲话中反复强调以下内容：

过去一年多的“四清”运动多数搞得不深不透，甚至是根本没有入门，打了败仗；现在敌人同我们斗争的方式改变了，敌人聪明了，很会搞合法斗争，很会搞两面政权，很会搞和平演变，我们的党、干部，至今没有学会与地主、资本家、蜕化变质的两面政权作斗争，所以在斗争中打败仗，斗他不赢；干部要学会在无产阶级专政下如何进行阶级斗争的经验；也许不止 1/3 的政权不在我们手里，那些认为没有这么多的省地县领导，对和平演变、资本主义复辟警惕性不高，很危险；四不清干部占基层干部的是多数，不是少数，要追上面的根子，追到什么地方是什么地方，是中央的追到中央；要修改“后十条”关于团结 95%以上干部的规定，发动群众，开始不能依靠农村基层干部；要扩大“四清”的范围，不只是清经济，而是经济、政治、思想、组织四个方面的问题都要搞清；要集中精力打歼灭战；领导干部要亲自带工作队到一个生产大队，参加“四清”全过程，亲自取得一项新的工作实践经验；谁不下去蹲点，就没有资格当省委书记、地委书记、县委书记；中央组

---

① 《〈中国共产党历史〉第二卷（1949—1978）》，中共党史出版社，2011 年 1 月第 1 版，第 722 页。

② 《刘少奇传》，中央文献出版社，1998 年第 1 版，第 948 页。

③ 《刘少奇年谱（1898—1969）》下卷，中央文献出版社，1996 年第 1 版，第 599 页。

织部长要下文，不下去的不能当官。

刘少奇严厉批评许多干部不下去蹲点，浮在上面，靠听汇报，看报表指导工作。他现身说法，讲他1961年到湖南省天华大队搞调查的情况，介绍王光美到桃园大队搞“四清”，扎根串联的蹲点经验。

8月5日，中央书记处会议决定：成立“四清”、“五反”指挥部，由刘少奇挂帅；并再次决定，改由刘少奇负责修改“后十条”。

同日，刘少奇离京南下广州，主持“后十条”的修改。

田家英参加“后十条”的修改，他在随刘少奇离京南下去广州的前一天，即8月4日，向毛泽东请示对修改“后十条”的意见。毛泽东谈了两点：第一不要把基层干部看得漆黑一团；第二，不要把大量工作队员集中在一个点上。

田家英在从北京飞往武昌的专机上，把毛泽东的意见转告刘少奇。刘少奇紧皱眉头，没有说话。[①]

刘少奇从8月6日到16日，先后在湖北、湖南、广东3省向机关干部作关于农村社会主义教育运动和两种劳动制度、两种教育制度的报告，并在广州修改审定“后十条”。

刘少奇在南下途经江苏时，对运动情况不满意，批评了江渭清。江渭清写信做了检讨。

1964年8月16日，刘少奇从广州写信给毛泽东，提出《集中力量进行城镇“五反”和农村社会主义教育运动的建议》：“各个县分别搞时，一是缺少办法，一个是县委同下边犯错误干部有牵连。因此，建议把各县工作队集中到地委，在省地委领导下集中搞一个县。一个县可集中工作队员上万人，声势浩大。省地机关派工作队，上下左右同时清理。建议中央机关也要抽出人组织工作队有1万人至几万人。”

刘少奇说：“因此，我向湖北、湖南省委建议：是否可以把各县工作队集中到地委，省委工作队也分到各地委，在省委、地委领导下集中搞一个县。县以下各行各业和城镇的五反以及农村社会主义教育，都由工作队统一包干或先或后地全部搞好。经过湖北、湖南省委讨论，他们赞成这个建议。在我到广州之前中南局也赞成这个建议，并决定中南5省都照此办理。”[②]

18日，毛泽东批复说：建议觉得很好，完全赞成，今天即与中央各同志商议，照此办理，迅速实行。[③]

---

① 《毛泽东传（1949—1976）》，中央文献出版社，2003年12月第1版，第1352页。
② 《毛泽东传（1949—1976）》，中央文献出版社，2003年12月第1版，第1353页。
③ 《刘少奇一生》（修订本），中央文献出版社，2003年1月第1版，第406页。

按照这个部署，中央各部委和省、地、县机关都抽调了大批干部。中央一级机关有 1/3 的正副部长带领大批干部下去蹲点。各中央局、省市委主要负责人亲自带队，组织大批干部参加社教工作团。

毛泽东一直有个愿望，想骑马从黄河入海口沿黄河上行，对整个黄河流域特别是黄河源头作考察。为了实现这个想法，1964 年夏天，毛泽东到北戴河一边工作一边休息时，特地带了一匹军马，有空便练习骑马。

8 月 2 日和 4 日，美国制造“东京湾事件”，以此为借口在 8 月 5 日轰炸越南北方，跨过它自己宣布的“战争边缘”，走上扩大越南战争的危险道路。中国政府于 8 月 6 日发表声明，对美国的侵略行径提出警告。

形势的变化，使毛泽东不得不放弃沿黄河考察的计划。毛泽东在声明稿上批示：“汪东兴同志阅后，即交江青阅。要打仗了，我的行动得重新考虑。”①

刘少奇主持“后十条”修改，于 8 月 17 日结束。原为“草案”，修改后为“修正草案”。同“后十条”草案相比，沿着阶级斗争扩大化的轨道又向前进了一步；对农村阶级斗争形势作了更加严重的估计；对基层政权的问题看得十分严重，提出了“反革命的两面政权”的概念；从这种估计出发，改变了原先依靠基层组织和基层干部的做法，改由工作队领导整个运动，把广大基层干部从运动领导中撇开。

19 日，刘少奇给毛泽东写了一封推荐“桃园经验”的信：“王光美同志的这个报告，陈伯达同志极力主张发给各地党委和所有工作队的同志们。……现代中央拟了一个批语，请中央审阅，如果中央同意，请中央发出。”②

刘少奇按照原定计划，到广西、云南、四川、陕西、山西 5 省区，继续作关于社教问题和两种劳动制度、两种教育制度的报告。

田家英带着“后十条修正草案”和刘少奇的信，回到北京。

8 月 20 日，毛泽东正在北戴河同参加华北学习会的李雪峰（华北局第一书记）、乌兰夫、陶鲁笳、刘仁、刘子厚等人谈话，向他们征求刘少奇 16 日来信的意见。李雪峰说，大家认为那样做牵涉太大；陶鲁笳说，现在我们在全省范围内，已经铺开了将近 4000 个点，如果今冬一个地委集中搞一个县，已经铺开的点，大部分都要把工作队从半路上撤回来，这样做贫下中农很不满意。他们都不赞成刘少奇的意见，但是讲得比较婉转。

毛泽东说：少奇同志的信我已经批了，中央讨论后发了，你们不赞成，怎么办？李雪峰提出，是否到 10 月份工作会议再议。

毛泽东当场打电话给邓小平：文件缓发，立即派飞机把大区书记找到北京开

① 《毛泽东传（1949—1976）》，中央文献出版社，2003 年 12 月第 1 版，第 1349 页。
② 《毛泽东传（1949—1976）》，中央文献出版社，2003 年 12 月第 1 版，第 1354—1355 页。

会，重议刘少奇同志的意见，华北有不同意见。[①]

8月20日，毛泽东回到北京。

22日，毛泽东将刘少奇19日报送的“桃园经验”和中央批语稿，交给邓小平，并告诉他可以等大区书记会议以后再处理。但过了几天，毛泽东又改变了主意。

8月27日，毛泽东对印发王光美的报告一事批示：“此件先印发此次到会各同志讨论一下，如果大家同意，再发到全国去。我是同意陈伯达和少奇同志的意见的。……请小平同志办。”[②]

由于华北几个负责人对刘少奇关于社教运动部署的建议有不同意见，毛泽东便打电话给刘少奇，请他回到北京主持中央局第一书记会议。刘少奇当时正在昆明，随即中断行程，于8月26日返回北京。

8月29日至9月1日，召开各中央局第一书记会议。邓小平宣布这次会议的目的，是解决“四清”部署问题。邓小平说：对社教运动部署，少奇同志有个意见，主席为了慎重起见，找大家商量一下；为什么现在开会，不等10月中央工作会议呢？因为现在时间比较紧了，社教11月就要开始了；另外，修改了第二个十条，主席批了个意见，可以议一下，定下来用，以后需要时再改。

刘少奇在会上进一步阐述了他的意见。陶铸、王任重、李井泉、柯庆施都支持刘少奇的意见。李雪峰作了检讨性的发言。

8月30日，毛泽东表了态：有分歧，不一致，怎么办？不是什么路线之争，不是彻底革命和改良主义的问题，不是搞资本主义和搞社会主义的问题，是个部署问题，是个办法问题；我同意少奇同志的意见，发了电报，没有先征求他们（华北）的意见，这是个缺点；雪峰说，粮食、棉花、经济作物主要在落后地区，怎样做法好？派一万多人的工作队下去，倾盆大雨，是不是径流太大？王光美在河北桃园大队实际上是少奇同志亲自指挥，王光美每月汇报一次，河北省就没有一个人能指挥。[③]

9月1日，中央局第一书记会议结束。会议同意刘少奇关于社教运动部署的意见；同意将“桃园经验”的报告作为中央文件向全党下发，并通过了刘少奇起草的转发批示。

9月1日，刘少奇代中共中央向全党转发了“桃园经验”，批示说：这次社会主义教育运动确实是一次比土地改革运动更尖锐、更复杂、更艰巨的阶级斗争；这个报告记录是在农村进行社会主义教育的一个比较完全的、比较细致的典型经验总

---

① 《毛泽东传（1949—1976）》，中央文献出版社，2003年12月第1版，第1355页。
② 《毛泽东传（1949—1976）》，中央文献出版社，2003年12月第1版，第1356页。
③ 《毛泽东传（1949—1976）》，中央文献出版社，2003年12月第1版，第1356—1357页。

结，具有普遍意义；“陈伯达极力主张印发各地党委和工作队员”。印发团以上各级党委和所有社教工作队的队员阅读。

王光美到全国许多地方作了“桃园经验”报告，各工作队播放了录音报告，影响很大。

9月，由刘少奇主持，根据“桃园经验”和其他一些经验，对“后十条”作了一些重要的修改：①增加了毛泽东提出的衡量社教运动的6条标准；②规定领导人员必须亲自蹲点；③把放手发动群众放在第一位；④先解决干部中的问题，团结95%以上的群众是团结95%以上干部的基础；⑤整个运动都由工作队领导，对基层组织和干部，在扎根串联、调查研究之后，可以依靠的就依靠，不可以依靠的就不能依靠；⑥民主革命不彻底的地区要认真进行补课工作；⑦整个社教运动大体分两个阶段，第一阶段主要解决四不清和对敌斗争问题，第二阶段主要是组织建设问题。

七条中最重要的是第五条。实践证明，这是导致严重扩大打击面的一个重大步骤。

“后十条”修正草案，强调指出：阶级敌人对干部拉拢腐蚀，实行和平演变，建立反革命两面政权，是当前阶级斗争的主要特点；第一次运动比土地改革更为广泛，更为复杂，更为深刻的大规模的群众运动，有的地区还要进行民主革命补课。

“后十条”修正草案，经中央工作会议讨论修改和毛泽东、周恩来、邓小平、彭真等审阅后，于9月18日发给县以上党委和工作队。

9月23日，刘少奇复信江渭清，严厉批评他：严重地脱离实际，脱离群众，骄傲自满，故步自封，这个问题不只是你们有，中央许多部门，许多省、市、自治区、地委、县委的负责同志，都不同程度地有，要解决它，就要我们下决心长期下去蹲点，参加集体劳动，直接听群众的呼声。毛泽东审阅了信稿，认为信写得很好。刘少奇根据毛泽东的意见修改后，于10月20日以中共中央文件形式下发至县团级。

不少基层干部对运动存在怀疑和抵触情绪。1964年10月，华北局致信刘少奇，反映山西、河北等省的县级领导在农村社教中有很大的抵触情绪等思想动态。刘少奇当即代中央起草批语，批语要求，及时向地、县两级领导干部提出“反对右倾的问题”、克服“怕‘左’不怕右、宁右勿‘左’”的倾向。批语中还说，对于已经烂掉的单位，要采用信阳经验、小站经验、白银厂经验，进行夺权斗争。10月12日，中共中央批转李雪峰给刘少奇的信。刘少奇的批语经毛泽东及其他中央领导人同意，于10月16日作为中央文件下达。[①]

---

① 《〈中国共产党历史〉第二卷（1949—1978）》，中共党史出版社，2011年1月第1版，第723—724页。

1964年6月23日，中共中央批转了中共甘肃省、冶金工业部党组《关于夺回白银有色金属公司领导权的报告》。白银有色金属公司，又称白银厂，是生产大型铜、硫的联合基地，于50年代开始兴建，1962年部分建成投入生产，有1.1万人。1963年3月，冶金部和甘肃省委工交部派人率工作组进入该厂开展“五反”运动。认为：这个公司，被地主、资产阶级分子篡夺了领导权，使无产阶级的国营企业演变成为地主、资产阶级集团统治的企业，使国家的财产受到很大的损失；全民所有制的财产遭到严重的破坏；营私舞弊、贪污盗窃、投机倒把成风，领导成员生活极端腐化，社会风尚败坏；反革命活动猖獗，抗拒中央指示，打击陷害好人；这里成了一个地主、资产阶级分子统治的世界，即挂着共产党招牌的国民党统治的世界。工作队以阶级斗争为纲，放手发动群众，进行了夺权斗争。1名党委书记，1名党委第一书记，两名副书记及其他一些人，分别受到党内的严重处分，有的被判了刑。

中央在批转这份报告中说：被推翻了的地主、资产阶级是死不甘休的，他们总是千方百计地采取各种隐蔽的方式，打入社会主义企业，企图篡夺领导权，从而破坏社会主义所有制，把它演变为地主、资产阶级所有制；这是同党内出了修正主义分子分不开的；要提高阶级斗争的警惕性。

1964年1月，天津市委小站地区开展社教运动。3月，市委抽调大批干部加强工作组的力量。《红旗》杂志社编辑部10余人曾帮助工作（周扬在一个村蹲点，陈伯达参加了小站地区的“四清”工作）。经过斗争，在这里打了三个“反革命集团”，为首的分别是：一个水稻专家，一个女劳动模范，一个是小站镇的总支书记。9月25日，市委向河北省委、华北局和中央写了夺权斗争的报告。市委认为，“四清”运动之前，这里的天下还不是我们的，或者在很大程度上还不是我们的；三个反革命集团的根子就在区委；区委的一部分领导干部，实际上就是他们的保护人。市委还报告了开展夺权斗争的情况，和“集中优势兵力打好歼灭战”、“掌握运动火候”、“公安工作和群众运动相结合”的经验。

10月24日，刘少奇转发天津市委《关于小站地区夺权斗争的报告》（陈伯达撰写）。刘少奇为中共中央起草了《关于社会主义教育运动夺权斗争问题的指示》：小站地区的领导权长期被反革命集团操纵，又得到天津南郊区委和公社一些领导人的支持；社会主义教育运动开始是从“四清”入手，但是在相当长的时间内清不出什么来；后来转入夺权政治斗争，并处分了区委和公社的一些领导人，才打开了局面；首先解决领导权问题，然后再解决经济上的四不清问题，他们的经验值得各地参考。

中共中央指示说，“当前我们国内的敌我矛盾有一部分在形式上是以人民内部矛盾出现的，甚至是以党内矛盾出现的。敌我矛盾同人民内部矛盾、同党内矛盾交织在一起”。必须把这部分敌我矛盾清查出来；当前阶级斗争的复杂性就在这里；

凡是被敌人操纵或篡夺了领导权的地方，被蜕化变质分子把持了领导权的地方，都必须进行夺权的斗争，否则要犯严重的错误。

1964 年 7 月 5 日，毛泽东给读哈尔滨军事工程学院的侄子毛远新谈话说：阶级斗争是你们的一门主课。毛泽东要学院的干部和学员到农村搞 5 个月“四清”，再到工厂搞半年“五反”。毛泽东说：不搞“四清”，你不了解农民，不搞“五反”，你不了解工人，对阶级斗争都不知道，怎么算大学毕业呢？

根据毛泽东“阶级斗争是一门主课”的指示，1964 年 9 月 11 日，中共中央、国务院发出通知：我国高等学校文科脱离实际的倾向十分严重，资产阶级的和修正主义的思想影响相当普遍，有些单位的领导权不是掌握在无产阶级手里，不少资产阶级专家正在同我们争夺青年学生。……这种状况，必须从根本上加以改变。今后的方向，就是文科院校附设工厂或者迁到农场，或办成半工半读或者半耕半读的学校，使文科师生通过生产劳动和阶级斗争逐步锻炼成为无产阶级的革命战士。

刘少奇向党内再三疾呼，右倾危险是当前的主要危险。他还担心会把右倾的范围扩大到经济方面。10 月 18 日，刘少奇给李富春的信中指出：不要同过去一样在生产数字和计划指标上去反对右倾；生产数字和计划指标，只能在厉行节约的条件下实事求是；当前的右倾思想，主要表现在阶级斗争、经营管理方法、干部精神状态和生活作风方面。

1964 年 10 月 19 日，刘少奇给毛泽东等人的信中说：过去农村社会主义教育运动搞得不深不透，坏干部和阶级敌人对贫下中农积极分子打击报复。刘少奇建议中央、省委派遣干部，再加上地委、县委一部分干部，组成巡回检查组，下去检查处理，情节严重者逮捕法办，个别民愤很大的判处死刑；在打击报复、反攻倒算严重的地方，“双十条”规定的处分党员干部不超过百分之二的规定，恐怕不能再适用了。①

11 月 13 日，中共中央下发了《关于农村社会主义教育运动中工作团的领导权限的规定（草案）》，规定：凡有地委以上党委负责人领导的工作组团集中进行社会主义教育运动的地方，当地县委和县人委即由工作团党委领导，该县各区委和区公所、公社党委和公社管理委员会也接受工作团分团的各级组织交由党委和工作队党委的领导；这一规定原则上适用于城市和企业事业单位的社会主义教育运动。“中央认为，有必要加重工作团的责任，把所在县的党和政府各级组织交由工作团领导”。

① 《建国以来毛泽东文稿》第十一册，中央文献出版社，1996 年 8 月第 1 版，第 194 页。

11月18日，刘少奇起草下发了《中央关于检查不合中央当前指示精神、妨碍当前运动的文件的通知》，要求各地、各部门：立即检查过去发的指示和规定，凡同中央两个“十条”和最近指示有抵触者，应当废除，或者进行修改和补充，而不要不加过问，让这些不合中央当前指示精神的文件妨碍当前的运动。

从此，农村社教运动中出现了一种新的组织形式：由从中央单位来的和省、地、县数干部组成强大工作团，集中在一个县里，用打歼灭战的方式组织运动，并包揽了这个县的各级组织领导权。[①]

毛泽东一再要求各级领导干部下去搞“四清”，但许多人迟迟不下去。刘少奇督促干部们说：现在的社教运动，用过去搞调查研究的办法不行了，得学会秘密扎根串连，不会蹲点扎根串联的，就没有资格当省委书记、地委书记。许多人就都下去了。

11月底，毛泽东在一次听工作汇报时说：还是少奇挂帅，“四清”、“五反”、经济工作，统统由你管；我是主席，你是第一副主席，天有不测风云，不然一旦我死了你接不上，现在就交班，你就做主席，做秦始皇；我有我的弱点，我骂娘没有用，不灵了，你厉害，你就挂个骂娘的帅，你抓小平、总理。[②]

刘少奇说：我搞不来这么多，“四清”我管，“五反”富治、彭真多管，经济工作由小平、总理管。

毛泽东：还是你挂帅，邓小平做秘书长；他们这些人很忙，否则哪个也统不起来。

据统计，1964年秋冬至1965年春，全国仅各级干部就有一百五六十万人参加工作队。中央各部委和各省地委主要负责人，有相当一部分被抽调到重点县搞“四清”、蹲点。各重点县的工作队，均在万人上下。天津郊区的小站大队仅1000多户人家，工作队员竟达到500多人。[③]

城市的社教运动也很紧张。1964年，全国工交系统组织了13万人的工作队，在1800个全民所有制企业开展运动，18个部委有45名正副部长带领22000余名干部蹲点。运动中出现了乱批乱斗现象。[④]

12月5日，毛泽东批发了公安部部长谢富治《关于沈阳冶铁厂的蹲点报告》等文件。谢富治在沈阳冶炼厂蹲点两个半月，初步揭发出来的问题是：(1) 打击报复和把头作风；(2) 领导干部特殊化；(3) 不讲阶级路线，任用坏人；(4) 搞资本

---

① 《毛泽东传(1949—1976)》，中央文献出版社，2003年12月第1版，第1357—1358页。
② 丛进：《曲折发展的岁月》，河南人民出版社，1989年12月第1版，第602页。
③ 《〈中国共产党历史〉第二卷(1949—1978)》，中共党史出版社，2011年1月第1版，第722页。
④ 《〈中国共产党历史〉第二卷(1949—1978)》，中共党史出版社，2011年1月第1版，第724页。

主义经营管理。毛泽东认为：地主资产阶级在许多地方篡了权，社会上有许多新生的资产阶级分子，他们形成了特殊阶层，党内已有许多修正主义分子（已不限于彭德怀等几个人或十几个人），他们是党内的敌人，不少企业中实行的是资本主义经营管理方法，根源在上层。毛泽东批示："我们的工业究竟有多少在经营管理方面已经资本主义化了，是三分之一，二分之一，或者更多些，要一个一个地查清改造，才能知道。"

12 月 12 日，毛泽东看了薄一波转报农业机械部部长陈正人在洛阳拖拉机厂蹲点的报告。陈正人在洛阳第一拖拉机厂蹲点一个多月，从底盘车间揭出 7 个严重问题：(1) 有一个和车间领导直接联系的贪污盗窃集团；(2) 浪费国家资财十分惊人；(3) 严重破坏工人的政治、民主权利；(4) 重用坏人，同坏人和平共处；(5) 资产阶级思想和生活作风十分严重；(6) 在企业管理上存在着严重的教条主义关和修正主义影响；(7) 暗藏敌人长期存在，活动猖狂。毛泽东批示说：我也同意这种意见，官僚主义阶级与工人阶级和贫下中农是两个尖锐对立的阶级；管理也是社教，如果管理人员不到车间小组、搞"三同"，拜老师学一门至几门手艺，那就一辈子会同工人阶级处于尖锐的阶级斗争状况中，最后必然要被工人阶级把他们当作资产阶级打倒；不学会技术，长期当外行，管理也搞不好，以其昏昏，使人昭昭，是不行的。

同日，毛泽东在农机部驻洛阳拖拉机厂社教工作团的工作报告上批示：这些走资本主义道路的领导人，是已经变成或者正在变成吸工人血的资产阶级分子，他们对社会主义革命的必要性怎么会认识足呢？这些人是斗争对象，革命对象，社教运动绝对不能依靠他们，我们能依靠的，只有那些同工人没有仇恨，而又有革命精神的干部。[①]

十九、原子弹

早在 1940 年，当大洋彼岸的物理学家费米尚未着手建立世界上第一座原子反应堆时，苏联的物理学家库尔恰托夫就向苏联领导人提出了利用原子核分裂的原理制造"铀炸弹"的初步构想。1941 年苏联科学院年轻的学者伏列罗夫曾设计出原子弹构造草图，由于第二次世界大战迫在眉睫，未能得到应有的重视。

1942 年秋天，苏军从一名被击毙的德国军官身上搜出一个笔记本，上面的数据和公式清楚地表明：希特勒的德国正在研制原子武器。同时，苏联克格勃在英国招募了正在皇家物理研究机构从事原子弹研究的德国籍物理学家福克斯，他提供的

---

① 《建国以来毛泽东文稿》第十一册，中央文献出版社，1996 年 8 月第 1 版，第 266 页。

情报证明：英国也在致力于这种新式的武器的研究。

1942 年 11 月，苏联的原子能研究机构“第二实验室”正式成立。斯大林任命库尔恰托夫为实验室负责人，莫洛托夫代表政府负责此项工作。

1943 年，美国研制原子弹的工作全面展开。按照英美合作研制原子弹的政府协议，福克斯被派往美国纽约参与这项“曼哈顿工程”，福克斯继续为克格勃服务；同时，苏联在加拿大的间谍机构也获得了美国研制原子弹的许多情报。但是苏联国内的研制工作进展甚微，直到 1944 年初，连勘探铀矿资源的工作还没有开始。

1945 年美国总统杜鲁门请求把在波茨坦的会晤推迟（实际上待核试验的成功，使美国在“三大国”的会议上能够有可能从实力地位上讲话）。杜鲁门乘坐着“八月”号巡洋舰从美国去欧洲，其间他定期收到来自进行核试验基地（新墨西哥州）的密码。7 月 16 日，美国爆炸了世界上第一颗原子弹。7 月 17 日，波茨坦会议开始。杜鲁门与英国首相丘吉尔商议怎样将此消息告诉斯大林。7 月 21 日，杜鲁门收到了关于原子弹试验的详细报告。从这时起，杜鲁门便积极地同斯大林争论，常常为没有特殊争议的问题反驳斯大林。

7 月 24 日（波茨坦会议的第 8 天），会议结束，杜鲁门从自己的座位上站了起来。斯大林也站了起来准备走出会议厅。杜鲁门对苏联翻译帕夫洛夫说：请翻译。斯大林停下来转向杜鲁门。离杜鲁门几步远的地方站着丘吉尔。杜鲁门告诉斯大林，我想秘密告知你，美国制造出了一种巨大破坏力的新武器。斯大林听后对杜鲁门说：谢谢通报。而后，斯大林平心静气地走出了会议厅。① 后来，杜鲁门和丘吉尔讨论这件事，他们认为：斯大林可能没有把试验原子弹的通报当作一回事。丘吉尔则以为斯大林真是个“土包子”，连原子弹也不懂。他在回忆录中断言：斯大林根本不了解这件事的重要意义。

8 月 6 日和 9 日，美国的两颗原子弹先后在日本的广岛和长崎爆炸。斯大林震怒了，他下令解除作风拖拉的莫洛托夫的职务，成立直属于国防委员会的原子弹研制委员会，由贝利亚全权指挥。几十个研究所和工厂划归刚刚成立的原子能工业部，上千名专家投入研制原子弹的各道工序。

1948 年苏联最高领导下达死命令：必须在 1949 年底前制造出第一批供试验用的原子弹。② 福克斯陆续向苏联提供了有关制造原子弹的各种绝密资料，如铀的采集提炼、原子弹爆炸方法、原子弹的设计图纸、美国第一颗原子弹试验的各种数据。其间，美国联邦调查局曾 8 次对福克斯进行审查，均未发现他与克格勃的关系。

1949 年 8 月 29 日，苏联在哈萨克斯坦的谢米巴拉金斯克试验场成功地爆炸了

---

① 《斯大林的沉默与杜鲁门的讹诈》，《参考消息》，1989 年 9 月 30 日。

② 高凤仪：《四十年前的头号机密》，《光明日报》，1989 年 11 月 3 日。

苏联的第一颗原子弹。

1950 年 11 月 30 日，合众社报道，美国已在考虑同朝鲜战争相联系的使用原子弹的问题。

毛泽东说：大不了打烂坛坛罐罐，回到山上打游击，等于晚解放两年。

1953 年春天，美国总统艾森豪威尔移权国务卿杜勒斯通过印度总统尼赫鲁向中国透露：如果结束朝鲜战争的谈判僵局不能打破，美国将使用核子武装。中国领导人意识到，在这个世界上，要反对核讹诈，就必须打破核垄断；要消灭核武器，就必须自己掌握核武器。毛泽东捏起一个小指头，对高级将领们说，原子弹就是那么大的东西，没有这东西，人家就说你不算数，那么好吧，我们就搞一些吧！

中国已有了钱三强、彭恒武、王淦昌这些从欧美归来、富有才华的核科学家。钱三强，1913 年 10 月 16 日出生于浙江绍兴（祖籍湖州市，父亲为钱玄同）。1936 年毕业于清华大学物理系，1937 年赴法国留学，在约里奥—居里夫妇指导下从事核科学研究，获得了重要的研究成果，特别是发现铀核三分裂现象。1946 年获得法国科学院德巴微物理学奖金，先后任法国国家科学研究中心研究员、研究导师。1948 年夏，钱三强和夫人何泽慧毅然回国。曾任清华大学物理系教授，北平研究院原子学研究所所长。解放后，他积极参加中国科学院学部及我国原子能科学研究基地的组建工作。1954 年加入中国共产党①。

彭恒武，1915 年 10 月出生在长春市，父亲曾留学日本，并为同盟会员。1930 年，彭恒武 15 岁时即高中毕业，考入清华大学物理系，1935 年毕业。1938 年考入著名理论物理学家马克思·波恩的门下，来到英国爱丁堡就读，与后来参加第一颗原子弹研制的福克斯同窗。1940 年，获得哲学博士学位。1941 年到都柏林高级研究院工作，在这里他和两位同事对宇宙线现象进行了系统的研究，被称为“同事中最有价值的一个”。后他又回到爱丁堡进行独立的研究工作，1945 年获得科学博士学位。同年他以关于场的量子力学与统计力学的一系列探索工作，与波恩共获爱尔兰皇家学会奖。著名量子理论和量子理学专家薛定谔聘请彭恒武回都柏林高级研究院当教授，他开始指导研究生。1947 年他回归祖国。1948 年当爱尔兰皇家学会遴选他为会员时，他已经在云南大学任教了。后辗转来到了刚解放的北平，与当年清华大学的同学钱三强重逢。钱三强、彭恒武、何泽慧、王淦昌等人一起创办了中国科学院第一个新研究所——近代物理研究所。在“一五”时期，我国最大的钢铁基地鞍钢为提高生产效率，拟采用先进的工艺，但是遇到了钢锭在快速加热时容易产生裂缝的难关。彭恒武巧妙地建立物理模型，简化了数学计算，为我国的钢锭高温

---

① 钱三强历任中国科学院近代物理研究所（后改名原子能研究所）所长、中国科学院计划局局长、中国科学院副秘书长、国家第二机械工业部副部长、中国科学院副院长、浙江大学校长、国务院学位委员会副主任等职。1992 年 6 月 28 日在北京去世。

加热制定了第一个规程，从而赢得了“理论物理学家为国民经济建设服务第一人”的赞誉。1955年10月，彭恒武应国家需要，与他的研究生黄祖洽去苏联学习反应堆理论，半年时间，他们掌握了反应堆理论，并对苏联帮助我们建立的原子反应堆独立地进行了物理计算（黄祖洽还纠正了苏联权威设计书中的一个计算错误）。1956年他们回国。1958年，我国建成了亚洲最大的重水型原子反应堆。①

有了人才，但研制原子弹的能源——铀在哪里呢？1954年，一则快讯从广西传到中南海——地质部在广西综合找矿中第一次发现铀矿床。

1955年1月14日，钱三强和地质部长李四光来到周恩来办公室，汇报我国原子能科学研究核铀矿资源情况。第二天下午，毛泽东主持中共中央书记处扩大会议，他对科学家们说，今天我们这些人当小学生，请你们来上一课。李四光汇报了我国铀矿的勘测情况，他边讲边取出黑褐色的铀矿石。钱三强简要地描述了核物理研究的发展概况、核反应堆、核原子弹的原理。

毛泽东说，我们国家要大力发展原子能事业，现在到时候了，该抓了；我们有了人的资源，什么东西都可以制造出来；苏联能够帮助，这很好，不帮助，我们也一定能干得好。吃饭的时间到了，餐厅里摆了三桌，毛泽东端起酒杯说：我预祝我国的原子能事业顺利发展，大家共同干杯！

1955年3月31日，毛泽东在中国共产党全国代表会议上作结论时说：“我们进入了这样一个时期，就是我们现在所从事的、所思考的、所钻研的，是钻社会主义工业化，钻社会主义改造，钻现代化的国防，并且开始要钻原子能这样的历史的新时期。全党同志钻得有深有浅，在座的同志也是这样。像医生一样，有的能够开刀，有的不行。有的打针能够打静脉，有的就不能，只能打皮下。有一些医生连皮下都不敢动手，就在那个皮上面。虽然有些同志没有钻进去，但大多数同志是在钻，看样子有许多人是钻进去了，就是有一点内行的味道了。在这一次会议上，我们也可以看到这样的情况。这是极大的好事。因为现在我们面临的是新问题：社会主义工业化、社会主义改造、新的国防、其他各方面的新的工作。适合这种新的情况钻进去，成为内行，这是我们的任务。所以必须对那些钻不进去的人、浮在皮面上的人进行教育，使他们都成为内行。”②

1958年7月，一道紧急军令把驻守旅大（大连市）要塞的兵团参谋长张蕴珏（他曾参与指挥朝鲜战场的上甘岭战役）调到北京，陈赓大将平静地对他说，要他去干核试验靶场，并叮嘱他要守口如瓶。8月6日，国防部任命张蕴珏为共和国核试验基地第一司令员。12月底，张蕴珏率20余人的勘察小分队，分乘4辆越野吉普车和26辆卡车，绝对秘密地闯进荒无人迹的罗布泊戈壁滩，选定建设核试验场。

① 《物理天工总是鲜——记理论物理学家彭恒武》，《人物》，1992年第1期。
② 《毛泽东文集》第六卷，人民出版社，1999年6月第1版，第395页。

黄尘滚滚的罗布泊，从公元 4 世纪丝绸之路改道、楼兰国灭亡之后，1600 年间成为令人听而生畏、望而却步的地方。20 世纪初，瑞典探险家斯文·赫定率领一支探险队历经坎坷，最终闯入楼兰古城后，斯文·赫定和向导艾尔得克靠饮马尿、马血侥幸生还，他的同伴全部成了罗布泊戈壁上的木乃伊。张蕴珏的车队陷进了一条死路上，风沙呼啸，黑地昏天，好似山崩地裂，阴森可怖。在与世隔绝的惊恐中，在死神的相伴下，他们度过了 1959 年的新年。不久，工程兵司令员陈士榘上将、总参兵器装备部长万毅中将也来到罗布泊。1959 年 2 月，陈士榘、万毅、张蕴珏联名向国防部报告，一致认为罗布泊西北地区是块得天独厚的核试验场区。1 万多人组成的施工队开进了罗布泊。1960 年春，在这里建立了亚洲第一座试验场。

1959 年 6 月 20 日，苏联单方面中止援助中国研制核武器的协定，理由是，你们只要站在我们肩膀上跟着前进，没有必要去攻那些尖端技术。赫鲁晓夫说：有些人不愿意参加核保护伞，要自己搞，我看不仅得不到原子弹，到头来恐怕连裤子都穿不上。苏联撤走了所有的专家，并中止了所有的合同。苏联专家们说：离开了我们的帮助，你们 15 年也休想搞出原子弹！

毛泽东说：下定决心搞尖端技术，赫鲁晓夫不给我们尖端技术，极好；如果给了，这个账是很难还的。科委主任聂荣臻气愤地说：逼上梁山，自己干吧！靠别人是靠不住的。

为了记住 1959 年 6 月，中国第一颗原子弹的代号定为“596”。一大批最优秀的科学家便投身于中华民族有史以来最非凡、最艰难的技术活动：物理学家王淦昌、彭恒武、王承书，力学家郭永怀，化工专家姜圣阶，还有朱光亚、邓稼先、周光召等。中国的核事业一下子拥抱了中国的两代科学家。他们离开大城市，离开温暖的家，走进戈壁荒滩。

1960 年，中国遭受严重的自然灾害，在搞不搞核武器上众说纷纭，一些领导人认为核武器代价昂贵，应该放弃。聂荣臻说，为了摆脱帝国主义的欺凌，我们必须发展尖端武器。陈毅对聂荣臻说，作为外交部长，我感到后台不硬；希望你们以最快的速度把原子弹造出来，那时我的外交部长就容易当了；就是脱了裤子当了，也要搞出原子弹。

7 月，毛泽东仔细审阅了国防科委关于核武器试验的可行性报告，他发出号召，自己动手，从头做起，准备用 8 年时间，拿出自己的原子弹。中共中央政治局决定削减一些其他科研项目和常规武器的生产，促进核武器的发展。

11 月 5 日，中国仿制的“苏第-2”近程液体弹道导弹发射成功。

原子弹的理论设计是关键的一步。邓稼先，解放前毕业于昆明西南联合大学物理系，后到美国留学，在印第安纳州普都大学获得博士学位，1950 年同 200 多位中国留学生冲破重重阻挠回归祖国。他负责第一颗原子弹的理论计算。早在中国的核武器刚起步时，二机部副部长刘杰就专门对邓稼先说过，你要有思想准备，原子弹的理论设计要自己干。苏联专家撤走后，邓稼先对与他一起工作的年轻的大学生们说，现在我们只能靠自己了！干我们这个工作就要甘心当无名英雄，一没有名，二没有利，还要吃苦，做出的科学成果又不许发表论文。在国外严密封锁的情况下，邓稼先先读书，一面备课，一面给学生们讲，他对学生们说，你们甭叫我老师，咱们一起干吧！他有时备课到凌晨4点多，在办公室里睡两三个小时，天亮了继续工作；有时他在年轻人的护送下骑自行车回家，用铁丝网围着的宿舍的大门早已关闭，他就爬过铁丝网。回到家中，看到妻子（妻子许鹿希，是许德珩的长女）上夜班去了，孩子睡在楼道里。在那些日子里，邓稼先把全部精力放在原子弹上，走路也想着原子弹，有一次竟连人带自行车掉到沟里。

1959年，邓稼先他们就将我国第一颗原子弹的理论计算轮廓勾了出来，爆炸力学、中子输运、核反应、中子物理、高温高压下物质的性质等一系列关键问题的数据都搞得扎扎实实。中国当时没有大型电子计算机，有次为了弄清楚一个问题，邓稼先带领十几个助手一天三班倒连轴转，用4台手摇计算机算了9次。1961年，中国年轻的理论物理学家周光召等人从苏联回国，他们从物理学概念出发，对邓稼先他们已取得的数据进行估算，证明是正确可靠的。①

经过3年的奋斗，1962年9月，中国的核物理学家正式完成了第一颗原子弹的理论设计方案。中国科学家在爆炸力学、流体力学、原子反应、中子物理、高温高压学、计算力学等领域取得了重大突破，为中国的第一颗原子弹的设计奠定了坚实的基础，也为中国后来的第一颗氢弹的爆炸和战略核武器的设计提供了科学的依据。

被誉为“中国原子弹之父”的钱三强领导着核武器研究所副所长程开甲组织了一个4人班子，极秘密地完成了核武器试验的技术方案。方案限定在1963年12月完成各项研究生产工作，至迟在1964年夏秋之际进行第一次核试验。全国几十个重要城市的900多家工厂、科研机构、大专院校进入了紧张的研制状态。1964年初春，原子弹弹体的各部分运出车间待命组装。

由于仪器水平落后，原子弹参数中有一个神秘数据无法测定，导致对能否成功进行核试验无法测定。为攻下这个难关，以周恩来为首的15人的一个专门委员会——中国研制国防尖端武器的最高机构举行绝密会议，原子能研究所所长李觉发言说，所里专家一致认为，只有进行一次非核试验，就可以检验出某项数据的可靠性。经过慎重研究，会议决定进行一次这种非同位素的原子弹力学试验。周恩来指定张爱萍上将组织实施。1964年春天，在中国的核试验基地进行了一次未作任何透露的非核原子弹爆炸，完成了对原子弹各部件的检验。那个使之忧虑的神秘参数并未影响爆炸。

1964年6月29日，中国自行研制的“东风2号”中近程地对地导弹发射成功。

7月，中国第一次核试验准备工作进入最后阶段。周恩来要求：严肃认真，周

① 顾迈南：《“两弹”元勋邓稼先》，《人民日报·海外版》，1986年6月24日。

到细致，稳妥可靠，万无一失。中央军委成立了前线核试验党委会，由军政首脑和各方面的专家 57 人组成。张爱萍上将任书记。

在中国原子弹将要研制成功时，中国方面已经从许多信息和情报了解到，美国正在策划对中国核设施进行袭击。

1964 年 9 月 16 日、17 日，周恩来主持第九次专门委员会会议，研究是否按时爆炸原子弹。贺龙、李富春、李先念、薄一波、陆定一、罗瑞卿及原子弹实验正副总指挥张爱萍、刘西尧参加会议。会议分析了严峻的国际形势后，有人提出推迟到 1970 年三线建设以后再进行爆炸，以免提前遭受美国打击；也有人认为早晚都有压力，还是按原计划 10 月进行爆炸。最后决定由毛泽东和中央来定。

毛泽东和中央常委研究了罗瑞卿起草的报告后，指出：原子弹是吓唬人的，不一定用；既然是吓唬人的，就早响。决定按原计划 10 月爆炸原子弹。

周恩来报告毛泽东后决定：1964 年 10 月 16 日 15 时为首次核试验的 0 时。周恩来办公室同罗布泊试验场开通了电话专线，保持一天 24 小时的畅通。

10 月 14 日 19 时，原子弹稳稳地吊升到近 103 米高的铁塔顶端。周围设有飞机、坦克、火炮阵地、通信指挥地面中心、雷达站、坚固的钢筋水泥工程、舰艇、动物、油料库、医药、食品等效应物。

10 月 16 日，凌晨 6 时 30 分，以铁塔中心的几十里内不见人影。安装小分队奉命给原子弹插接雷管。14 时 59 分 40 秒，主核站的电钮启动。10 秒后全系统进入自控状态。一道蓝光划破沉寂的世界，强光闪烁中一个巨大的火球腾空而起；冲击波像飓风一样刮向四周，接着传来一阵令人生畏的轰鸣，像一串串惊雷；只见乌黑、黑白相间的烟雾从爆心区的火海中翻卷而起，地面上涌起的尘柱不断上升；烟雾和尘柱连在一起，裹挟着暗淡下去的火球，形成一朵蘑菇状烟云，在茫茫的大漠中冉冉升腾。只见：残破的汽车躺在碎石上，装甲运输车化为一堆废墟，飞机被毁成支离破碎的残骸，水泥建筑物东倒西歪，熔化的玻璃……

张爱萍向周恩来描述了这一历史性的壮观。周恩来说："国家为你们骄傲，人民感谢你们。"

周恩来拿起电话向毛泽东报告。毛泽东说：我们应该送给赫鲁晓夫 1 枚 1 吨重的奖章，表达我们的感激之情。

周恩来指示刘杰副部长：密切注视国外的反应，待完全证实后再公布消息。从东京传来消息说：中国可能在西部地区爆炸了一颗原子弹，但是由于同时海上发生地震，两个震波相混，还要进一步检测方能确认。接着，中国收到了美国关于中国爆炸原子弹的新闻广播。

两小时后，毛泽东、周恩来等党和国家领导人在人民大会堂接见音乐舞蹈诗史"东方红" 3000 名演职人员。周恩来向大家宣布，报告大家一个好消息，今天下午 3 时，我国在西部地区爆炸了一颗原子弹，成功地进行了第一次核试验。在场的陈毅部长高兴得忘记了自己的身份和年龄，跟欣喜若狂的年轻人一道，急步跑向街头去索取刚刚发布的《新闻公报》。

新华社当夜发表的《新闻公报》中说："中国在任何时候，任何情况下，都不会首先使用核武器。"

1964 年 10 月 14 日，是赫鲁晓夫被苏联共产党赶下台的日子。苏联的原子弹专家们说：是中国的原子弹把赫鲁晓夫轰下了台。

二十、"四清"运动（三）

社会主义教育运动进行了一年多，发生、发现了很多问题。

运动打击面过大。许多"四清"试点单位，工作队完全撇开农村基层干部，普遍出现打击一大片和乱斗乱打情况。斗争方式也越来越激烈，甚至搞轮流批斗，家属陪斗，登记封存家产等。各地一些著名劳动模范也被整到了，甚至连毛泽东表扬的大寨大队党支部书记陈永贵也受到了冲击。在重划阶级过程中，一部分群众被拔高了阶级成分。随着运动的深入，清理面从生产队到大队，再到了公社。1965 年 12 月 17 日，中共中央转发安子文进村 40 天工作报告《关于农村社教工作队工作方法问题的批示》中说："公社领导干部和机关企业负责人的四清，是很重要的，他们的四不清同各大队和生产队的四不清常常连在一起，他们之间常有攻守同盟，不同时清理他们，就要增加各大队和生产队四清的困难。"

在是否依靠基层组织上，党内有很大的分歧。党内许多高级干部对刘少奇主张的大兵团作战和"桃园经验"扎根串联有不同意见和看法。1964 年 8 月中旬，毛泽东在北戴河与李雪峰等华北局负责人谈话，他们对刘少奇提出的集中力量、大兵团作战的部署提出了不同意见。反对意见主要认为，战线过长，径流过大，时间会拖很长，还会有包办代替问题。一些干部对"桃园经验"有意见，反映到毛泽东那里。毛泽东虽然赞成批发"桃园经验"，实际上对这种"神秘主义"的工作方式也有看法。

在如何看待农村形势和基层干部问题上，工作队和地方党委往往不统一。工作队看待形势比较严重，强调斗争面要大，地方党委看待形势要实际一些。如何看待干部，是工作队和地方党委发生矛盾的焦点。有争议的干部，大都是集体经济搞得好，没有严重四不清，但历史上、成分上、工作作风上、与群众关系上或多或少有些问题。

扎根串联的工作方式严重脱离干部群众。工作队畏首畏尾，孤立地搞扎根串联和访贫问苦，有些人进村 20 天还选不到一个根子。基层干部普遍抱着消极挨整的态度，运动出现顶牛局面。

随着社教运动深入，这些矛盾势必反映到中央一线二线上来。毛泽东和刘少奇在社教运动中的分歧越来越大。

在修改“后十条”时，田家英向毛泽东请示，毛泽东提了两点：第一，不要把基层干部看得漆黑一团；第二，不要把大量工作队集中在一个点上。刘少奇主持修订的“后十条”修正草案，显然没有领会毛泽东的意见。

在运动性质和阶级斗争问题上，刘少奇的注意力放在了基层；毛泽东的注意力放到了上层，着力解决路线问题。

1964 年 12 月 15 日至 1965 年 1 月 14 日，中共中央政治局在北京举行全国工作会议，总结和研究社教运动中的问题。

有一次开会时，邓小平关心地说，毛主席身体不好，可以不必参加了。毛泽东很不高兴。

1964 年 12 月 15 日下午，中央工作会议召开全体会议，毛泽东主持会议。刘少奇在会上讲话提出要研究的议题。16 日后分组进行讨论，各地中央局负责人介绍开展社教运动的情况、讨论运动的性质和主要矛盾问题。

在 15 日会上，刘少奇说：“陶铸同志有一封信给我，提出了一个农村新兴富裕阶层、特贫阶层的问题。还有些地方提新资产阶级分子。农村里面不用新资产阶级分子这个名字？还是就叫贪污盗窃分子、投机倒把分子？”

毛泽东：“恐怕农民他不懂得什么叫资本主义。你讲投机倒把，讲贪污盗窃，他懂得。”

刘少奇：“看来，工作队的骨干力量不够分配，领导不很强。是不是战线太长了？是不是需要缩短一些战线？如何缩短？”

毛泽东：“缩短容易嘛，你一缩就行了。”

刘少奇：“有些地方提出，机关家属里面很多恶霸、地主、富农、四类分子。这是一个普遍性的问题。”

毛泽东：“也没有那么多。全国人口几亿，那些人总之是什么几百万、千百万嘛，又是散在各地。清是要清，多是不多，有是有。”

刘少奇还提出，对“四清”中农民自己报出来的隐瞒的土地要不要增加征购问题。毛泽东说：“不能征购。要到 5 年之后，在增产的条件下，酌量增加一点。粮食存在老百姓家里好呀。”周恩来插话说：“整个社教时期都不要征。”

刘少奇提出一些其他问题要大家讨论，其余的要大家提。毛泽东说：今天不要提了，回去讨论；有话就在这里讲嘛；就在这里冲口而出，畅所欲言。

从 12 月 16 日到 19 日，每天上午小组讨论，下午全体会议。全体会议由毛泽东主持。

1964 年 12 月 20 日，中央政治局常委召开扩大会议，继续讨论社教运动问题。

毛泽东让刘少奇主持会议，刘少奇执意不肯。

毛泽东便要刘少奇先讲话。

刘少奇说：最近看到的几个材料，“陶铸同志提出，农村地区的主要矛盾是富裕农民阶层同广大群众、贫下中农的矛盾。几个同志也这样讲，说农村里面已经形成富裕阶层了，已经形成特权阶层了。是这样提呢？还是原来提的地富反坏跟蜕化变质的有严重错误的坏干部结合起来跟群众的矛盾？”

毛泽东说：“地富反坏是后台老板，四不清干部是当权派。……农村的中心问题是这一批干部，主要是大队和生产队的干部，骑在农民头上，农民不好混，穷得要死。……地主富农那些人已经臭过一次了。不是反封建吗？不是民主革命吗？不是分土地吗？至于这些当权派，从来没有搞臭过。他又是共产党，上面又听他的。”

刘少奇：“对当权派，这是头一仗。但他们后头有地富反坏。”

毛泽东：“漏划地富变成中农，变成贫农，有的当了共产党，因为他漏划了。那也是一种当权派。……他在那里记工分，搞会计，五大领袖嘛，五大领袖难道不是当权的？……不要管下层，只管‘五大领袖’，这是共产党，是当权的人，不当权也是跟着跑的人。管你是挂名的共产党也算，过去的国民党的也算，过去是真共产党变了的也算，总而言之你是掌大权。就要发动群众来整我们这个党。整那个支部，那个公社党委。……中心问题是整党，不整党没有希望。……不要提阶层，那个东西一提就吓到人了。只提党、党委。省委也是党委，地委也是党委，县委也是党委，区委也是党委，公社党委也是党委，支部委员会也是党委。”

刘少奇：“不提阶层，不提富裕农民阶层，特权阶层。就是有这么一些在农村里面掌权的人，反群众，剥削群众，压迫群众。”

毛泽东：“搞的结果，户数不超过百分之七八，人数不超过百分之十。……我提出这个问题有点右。我就是怕搞得太多了，搞出那么多地主、富农、国民党、反革命、和平演变的，划成百分之十几、二十，如果百分之二十，七亿人口就是一亿四，那恐怕会要发生一个‘左’的潮流。农民起来，红了眼睛，影响到你们，你们走群众路线嘛，就站在群众那方面，结果树敌太多，最后不利于人民。……把那些贪污几十块钱、一百块钱、一百几十块钱的大多数四不清干部先解放，我们的群众就多了。把贪污一百块钱到一百五十块钱的解放出来，就解放了百分之八十。”

邓小平：“这次运动的打击面还是百分之几比较有利。在运动开始的时候，就要分化四不清干部，在斗争中分化他们，争取他们，教育他们，改造他们，最后打击面是百分之几。”

毛泽东：“过去那个‘四清’，清财务、清仓库、清工分、清账目，那只是经济、变成‘一清’了。……我赞成眉毛胡子一把抓，把过去那个‘四清’的概念改变，现在就是包含一个思想，一个组织，一个政治，一个经济。”

毛泽东：“现在不要把这个气候传下去，一月、二月、三月、四月、五月，再搞 5 个月．你们掌握气候。一不可搞得打击面太宽了；二不可泼冷水，撑那个四不清干部的腰。”

刘少奇：“主要矛盾就是四清与四不清的矛盾，行不行？”陶铸立即表示：“赞成。”毛泽东：“不以人的意志为转移。”

毛泽东：“杜甫有一首诗，其中有这么 4 句，‘弯弓当挽强，用箭当用长。射人先射马，擒贼先擒王。’这4句通俗明了，就是搞那个大的，大的倒了，那些狐狸慢慢清嘛，群众知道嘛。群众就怕搞不了大的。……一个省委，一个地委，一个县委，一个公社党委，一个支部委员会，抓住这个东西就有办法。”

刘少奇：“四清与四不清，这是主要的，当然还有其他的。”李葆华：“矛盾的性质是什么？”刘少奇：“就是人民内部矛盾和敌我矛盾交织在一起。”

毛泽东当即反问：“什么性质？反社会主义就行了，还有什么性质？”

刘少奇：“总不是社会主义。”

毛泽东：“是资本主义性质。还加个封建主义、帝国主义？搞个资本主义就差不多了。我们搞了民主革命，就是为社会主义开辟了道路。”

刘少奇：“政治、经济、思想、组织四不清，有人民内部矛盾，有敌我矛盾，问题的复杂性就在这里。”①

1964年12月26日，是毛泽东71岁生日。他破例在人民大会堂老北京厅订了几桌菜，邀请部分中央领导同志、各大区主要负责人和少数部长、劳动模范、科学家同他一起过生日。刘少奇、邓小平、周恩来、陶铸、曾志、李富春、蔡畅、李井泉、李雪峰、刘澜涛、宋任穷、罗瑞卿、谢富治、汪东兴、胡耀邦、钱学森、陈永贵、董加耕②、邢燕子③等人参加。名单是毛泽东亲自定的。

---

① 《毛泽东传（1949—1976）》，中央文献出版社，2003年12月第1版，第1368—1371页。

② 董加耕是江苏省盐城县葛武公社董伙大队人，1941年12月出生，1961年高中毕业。作为盐城县龙冈中学的预备党员、团支部书记，各门功课均超过96分，这一品学兼优的学生，学校决定推荐他入北京大学哲学系。但他却在升学志愿书上填上“回乡务农，立志耕耘”。他说：“因为党的教育培养，才使我懂得一个年轻人应当根据革命的需要决定自己的生活道路。”10天以后，董加耕得到县委的批准，回到家乡。正值中国农村面临连续自然灾害，经济最困难时期，他回乡时，公共食堂还未解散，浮肿病到处皆是，董加耕没有动摇信念，吃腌蒿子、豆饼，照样乐观地赤膊和乡亲们一起拉犁、割稻、罱泥，扬场……董加耕回乡后，女友与他分了手。公社党委决定调他到邮电所工作，他发誓“决不从第一线撤退”，连母亲的眼泪也动摇不了他的决心。在日记中写道：“身居茅屋，眼看全球，脚踩污泥，心怀天下。”他利用自己所学的农业技术，在家乡进行了“农业内部的第一次产业改革”，提出“沤田改旱田，稻、麦、棉、绿肥轮作，改良土壤，解放劳力”的措施，使粮食获得大丰收，水乡第一次长出了棉花，稻、麦、棉、绿肥轮作制在全大队、全公社乃至里下河地区推广成功。1963年12月31日，《新华日报》发表社论《走革命的道路，当革命的接班人》，副标题《评知识青年董加耕建设社会主义新农村的理想和行动》，《中国青年报》、《人民日报》相继报道宣传董加耕回乡务农的事迹，强调“董加耕所走的道路，正是毛泽东时代知识青年所应该走的革命道路。成千上万知识青年上山下乡，参加农业生产是有最广阔前途的革命行动”。当年南京市就有72名应届毕业生在他榜样的感召下，自愿放弃高考，到苏北农村插队务农，而被称为“72贤人”。董加耕被选为生产队长，当选为共青团“九大”代表，以后又担任共青团盐城地委书记，出席了第三届全国人大会议。国家副主席董必武为《董加耕日记》一书题词，1964年8月在共青团“九大”上，邓小平、彭真、薄一波、陆定一都在报告中号召全国青年向“新式农民董加耕学习”。

③ 邢燕子，女，原名邢秀英，1940年生，天津市宝坻县人。父亲是天津市一家工厂的副厂长，她自小跟爷爷在农村老家长大。1958年，高小毕业后没有回父母所在地天津市区，而是回到家乡宝坻县大中庄乡司家庄村务农，决心改变家乡的穷貌。在那里，她和农民打成一片，并组织了一个“邢燕子突击队”，成绩突出。1960年《人民日报》发表长篇通讯《邢燕子发愤图强建设农村》，介绍了她的先进事迹。此后，成为上山下乡的知青典型，被称为毛泽东时代的好姑娘。1964年，出席中国共青团第九次代表大会，同年当选为第三届全国人大代表。毛泽东主席曾5次、周恩来总理曾13次接见过她。

当时，回乡、下乡的优秀知识青年代表还有吕玉兰（1940—1993）、侯隽（1943—　）等。

三张餐桌摆成品字形，江青按事先排好的名单请客人入席。毛泽东坐在首席桌。周恩来遵照毛泽东的安排，带着陈永贵、邢燕子、王进喜、董加耕 4 位劳动模范，与毛泽东同桌就餐。紧挨毛泽东左右两边的是陈永贵和董加耕。陈永贵旁边是钱学森，董加耕旁边是邢燕子。和毛泽东在一桌的还有陶铸、曾志、罗瑞卿、汪东兴。

喝酒前，毛泽东作即席讲话，他讲得很严肃："今天不是请客，更不是祝寿，我拿自己的稿费请大家吃顿饭，也算是实行'四同'吧！……不能光吃饭，还要讲讲话呀！有些人一摸到一点东西就翘尾巴，这不好。摸到一点不要翘，摸到两点三点也不要翘。……现在社会主义教育运动刚开始，有人翘了尾巴怎么样呢？我没有蹲点，没有发言权也要说，错了，大家批评。帝国主义、修正主义说我是教条主义，就算教条主义吧。教条主义什么时候变？一万年也变不了。我们写文章打仗，不会死人的。"

毛泽东挨个询问了全国劳动模范陈永贵、回乡知识青年代表邢燕子、董加耕等人的情况，接着说："像大学里那些书，越读越蠢。《三侠五义》、《聊斋志异》等，越读越蠢。我的孩子就是的，一个已经下农村了。今天我没有请他们吃饭，他们不够资格。他们是吃蜜糖长大的。"①

毛泽东对李富春说：富春啊，你们什么事情都不同我讲，什么话都不同我说，现在什么事情我都不知道，你们是搞独立王国！李富春怔了怔，又笑了笑，没有说话。

毛泽东将自己的一碗饭拨给董加耕和邢燕子，并给他俩夹饺子和烧饼。说：你们从农村来，又是年轻人，要多吃啊，要吃饱！毛泽东还说：在农村有那么多文化可以办点事。

毛泽东还告诫 4 位劳动模范："你们有了成绩不要翘尾巴，一辈子也不要翘尾巴，要夹着尾巴做人。"②

毛泽东说：搞建设，农业是个拳头，国防是个拳头；要使拳头有劲，屁股就要坐稳，屁股就是基础工业；过去我们有教训，交了学费就要学聪明；建设要按客观规律办事；只能是有多少钱办多少事，要少而精，集中力量打歼灭战；要有战略后方，从现在起要加强"大三线"战略后方的建设。

席间，毛泽东喝了三杯茅台酒（这对他来说是创纪录的）。他大声赞扬钱学森：钱学森不要稿费，私事不坐公车，这很好！

毛泽东大声批评了社教运动中"只靠工作队，搞神秘主义，打击面过宽"的问题。他说：一个县、一个公社、一个大队，谁更了解那里的情况？只有群众，所以必须发动群众依靠群众，我是要坐在群众一边的。

---

① 《毛泽东传（1949—1976）》，中央文献出版社，2003 年 12 月第 1 版，第 1371—1372 页。

② 陶鲁笳：《毛主席教我们当省委书记》，中央文献出版社，1996 年版，第 169 页。

1964年12月27日下午，毛泽东在人民大会堂河北厅主持中央工作会议全体会议。

陈伯达对《农村社会主义教育运动中目前提出的一些问题》（十七条）文件，作了一些说明：这个文件是常委会的讨论意见，主要是记录了主席的意见，吸收了大家讨论的意见；为了突出主席的思想，具体的部署没有写上。陈伯达说，国民党也说有党内外矛盾的交叉时，毛泽东说："我党至少有两派，社会主义派和资本主义派。"① 毛泽东还说：现在15年了，成了独立王国，北京，我说的不是北京市委，就有两个独立王国，你们去猜，我不讲了。刘少奇认为：走资本主义道路的人是有，但称作为一个派，人数就太多了。刘少奇提出：有人说有两类矛盾交叉（党内外矛盾的交叉，或敌我矛盾与人民内部矛盾的交叉）；情况复杂，还是有什么矛盾解决什么矛盾好，一切从实际出发，不要什么都上升为敌我矛盾；煤炭部、冶金部，哪个是走资本主义的当权派？

毛泽东随口答道：张霖之就是。

毛泽东生气地说："有两本书，一个叫党章，一个叫宪法，我有参加会议和发言的权利，可是一个人不叫我开会，一个人不叫我讲话。"②

朱德发言说："对基层政权也要一分为二，有好的有坏的。当权派，点上摸的情况是好的不多，应该还是好的多。"③

陈伯达发言说：所谓清不清，历代就有这个问题，不能说明矛盾的性质；国民党也说有党内外矛盾的交叉，因而人民内部矛盾与敌我矛盾交叉也不能概括矛盾的性质；所以，主席的概括是正确的，性质不清楚，就会迷失方向。

陈伯达的发言，受到毛泽东的欣赏。④

12月28日下午，中央工作会议继续在人民大会堂河北厅开全体会议。毛泽东主持。开会前，毛泽东向身边工作人员要去两本书：《中国共产党第八次全国代表大会文件》和《中华人民共和国宪法》，带到了会场。

罗瑞卿、陈毅、谢富治在大会上发言。

毛泽东就文件的第一条"运动性质"和第十六条发表了意见。第一条三种提法：四清和四不清的矛盾；党内外矛盾交叉；社会主义和资本主义的矛盾；后一种提法比较妥当，概括了问题的性质，重点是整党内走资本主义道路的当权派。

第十六条"工作态度"，文件规定："好话，坏话，正确的话，错误的话，都要

---

① 《杨尚昆日记》（下），中央文献出版社，2001年版，第476页。

② 《建国后三十三年》，金春明，上海人民出版社，1987年4月第1版，第227—228页。

③ 薄一波：《若干重大决策与事件的回顾》下卷，中共中央党校出版社，1993年6月第1版，第1133页。

④ 薄一波：《若干重大决策与事件的回顾》下卷，中共中央党校出版社，1993年6月第1版，第1133页。毛泽东后来修改"二十三条"时，特别加进了陈伯达的意见。

听。特别是那些反对的话，要耐心听，要让人把自己的话讲完。”

毛泽东说：“就是要讲点民主。天天是讲民主，天天不讲民主。有那么一些同志，叫别人讲民主，自己就不讲民主。……好话要听，这不成问题，好话是爱听的，问题就是坏话。……正确的话同错误的话，两者都要听。讲得正确，当然要听。讲错了呢？你也得听下去。他批评你批评错了，有什么问题吗？自己本身是正确的，人家批评错了，那就没有问题，责任在那个批评者嘛。那你也不爱听？批评正确的要爱听。自己正确，人家批评的错了的，那更好听嘛。……在同志中间，不要使人怕。在敌人面前，要使他怕。你在同志中间那么凶，使人怕，那不行。我说，有鬼，不然为什么怕你呀？凡使人怕的，他大概是道理比较少一点。”

接着，刘少奇、周恩来、邓小平等对“十七条”提了一些具体修改意见。

毛泽东说：“我是没有话了。如果要还讲几句，就是请你们回去找党章看一下，宪法第三章也看一下，那是讲民主自由的。有一本书，叫《中国共产党第八次全国代表大会文件》，第100页到104页，你们去看一看。不要犯法呀，自己通过的，又不遵守。又有一本书，叫《中华人民共和国宪法》，第三章的第一条，这个条文叫85条，中间讲到‘在法律上一律平等’。然后第87条讲到‘中华人民共和国公民有言论、出版、集会、结社、游行、示威的自由。’比如我们这些人算不算中华人民共和国的公民？如果算的话，那么有没有言论自由？准不准许我们和你们讲几句话？有没有出版自由？现在文化部它就只许那些人有出版自由。这个出版机关，我看得整顿一下，许多抓在坏人手里。集会自由，譬如我们现在这个河北厅不是正在集会吗？这叫集会吧？不算呀？（周恩来答：算集会。）还有结社。现在要结社，就是要把那些四不清太严重的人弄出去，要结一个共产党。要把支部整顿好，把基层党委整顿好，把各级党委也整顿好。这叫结社。游行、示威，早几天我们不是在天安门搞过游行示威吗？那是反对美帝国主义侵略刚果；我是历来赞成对于我们官僚主义者举行示威的。……同志们有话没有？有话则长，无话则短，不要耽误你们的时间，我又变成个官僚主义。”①

会议制定了《农村社会主义教育运动中目前提出的一些问题——中共中央政治局召集全国工作会议讨论纪要》，共17条，当即作为中央文件印发。文件对运动的性质统一规定为“是社会主义与资本主义的矛盾”；对运动的名称，统一规定城乡一律简称“四清”，即清政治、清经济、清组织、清思想；取消城市的“五反”运动名称；时间规定7年内在全国搞完，三年搞完1/3地区。

1965年12月28日，“十七条”作为中央“八一一”号文件印发。

按原定计划，中央工作会议就在这一天闭会了，与会的省委书记们也都陆续返

---

① 《毛泽东传（1949—1976）》，中央文献出版社，2003年12月第1版，第1374—1375页。

回各地了。

1964年12月31日，中央办公厅发出“八一四”号文件，通知各地：“十七条”文件，“中央尚在修改中，请停止下发，并自行销毁”。①

中央工作会议在1965年元旦以后继续召开。

1965年1月初至1月14日，根据毛泽东的建议，继续举行会议。

1月3日晚上，毛泽东召开中央政治局常委扩大会上说：“有同志提出打歼灭战，怎么打？集中15000人，搞一个小县，28万人口，搞了几个月还搞不成。学习文件40天，不进村。我看是搞了烦琐哲学。我不赞成这种学习，到农村去可以学嘛。……我跟前的一个警卫员写信来说，学了40天根本没有学懂。下去两个礼拜之后，才弄清了一些问题。听说还有好多怕，怕扎错根子，怕住错人家，怕干部捣鬼。怕这个，怕那个，那怎么行？……你一个新城县，28万人口，下去15000人，还说人少了。哪里来这么多的人？哪里要这么多的人？我看是人多了。你只依靠工作队，为什么不依靠那个县的二十几万人？比如28个人有一两个坏的，还有二十六七个是好的嘛。为什么不依靠这些人？如果依靠了，我看十几个人就行了。可能十几个人不行，但我们革命从来不是这么革的。你15000人扎根串联，什么扎个串联！冷冷清清。……这个串联，冷冷清清，这个空气太浓厚了。这样集中力量打歼灭战，我看歼灭不了敌人。现在这个搞法同我们过去搞的不一样。我看方法要改。……一进村就宣布几条，开门见山。一条是对社员宣布，我们不是来整你们的，我们是整党、整干部队伍，不是整社员。……对干部也要宣布来意。小队、大队、公社干部，无非是大、中、小、无，多吃多占，有多的，有少的，也有没有的。贪污几十、百把块，两百块的，你们自己讲出来，能退就退，不能退的，群众批准，拉倒！其他贪污盗窃、投机倒把，大的怎么办？坦白退赔好的，不戴帽子，千把块的也可以赦免。表现好的，群众同意的，还可以当干部。”②

在讨论中，毛泽东还说：真正的领导人要在斗争中才能看出来，你在访贫问苦中看得出来？我不相信；要开大会搞斗争，地、县、社三级开大会搞斗争，而不是读文件；总之，要相信群众，依靠群众，领导群众起来斗争，在斗争中群众会造出他们的领袖来；一是不要读文件，二是不要人多，三是不要那样扎根串联，一去就开会，有事就开，无事就散；开会不要太长，有话则长，无话则短；要让群众去搞，不相信群众，只相信工作队，不好；四清，要给群众讲清楚，是清干部，清少数人，不清社员；有不清者清之，无不清者不清；没有虱子就不要乱找；要革贪污

---

① 薄一波：《若干重大决策与事件的回顾》下卷，中共中央党校出版社，1993年6月第1版，第1132页。

② 《毛泽东传（1949—1976）》，中央文献出版社，2003年12月第1版，第1375—1376页。

盗窃、投机倒把分子的命；要搞大的，小的要刀下留人；反革命分子也要整那些最坏最厉害的。①

邓小平说：方法问题很重要，我赞成主席的意见；我们一些大干部，如中央局书记、省委书记蹲在一个小队、大队，太长了不一定有利；至少要着眼一个县，还有你的全省嘛，全局嘛；蹲点的经验并不一定全面；现在蹲下去了，是好的；现在要慢慢上来管广一些，这也是可以搞快一些的方法；陷到里面出不来，就不好了。②

1965 年 1 月 5 日下午，中共中央政治局再次召开常委扩大会议。

毛泽东说："我听说有六怕，一怕扎错根，二怕沾干部等，所有的怕，都是怕右倾来的。怕右倾成为一种框框。还是江苏那句话，有啥反啥，有多少反多少，有右反右，有'左'反'左'。现在的问题是工作队的人数很多，按兵不动，人海战术。"

宋任穷讲到，形势一年比一年好，生产一年比一年好时，毛泽东插话："在人代大会上讲的一片光明，在工作会议上讲的一片黑暗，对不起头来嘛!"③

毛泽东说："现在，有些人好像马克思主义都是对别人的，对自己就一点马克思主义都没有了。完全否定一切，不是一片漆黑嘛！干部贪污几十元、百把元、几百元的还是多数嘛，千元以上的不多嘛。有百分之七八十是好的，是可以争取的。王光美去的那个大队，我数来数去，贪污上千元的只有 4 个人，没有第五个人嘛!"

会上有人提出运动的时间是不是要缩短一些，毛泽东说："时间问题，全国六七年搞完不要改了，可以提早。这句话写上去是为了防止急躁。事实上，一个单位只有几个月就行了。你还是教育嘛。搞运动首先是依靠群众，再就是依靠放了包袱的大多数干部，第三才是依靠工作队。工作队也要依靠前两者。一个县 28 万人，总是依靠二十几万人才能搞起来。"

陶铸谈到当前形势的新特点时，毛泽东插话说："七届二中全会指出，国内主要矛盾是资产阶级同无产阶级、资本主义同社会主义的矛盾。那个时候还没有修正主义。八大一次会议④、二次会议都是这样说的，杭州会议制定十条，一直都是搞社会主义。整个运动是搞社会主义教育。怎么来了个四清与四不清的矛盾，敌我矛盾与人民内部矛盾的交叉？哪有那么多交叉？什么内外交叉？这是一种形式，性质

---

① 《毛泽东传（1949—1976）》，中央文献出版社，2003 年 12 月第 1 版，第 1376—1377 页。

② 《毛泽东传（1949—1976）》，中央文献出版社，2003 年 12 月第 1 版，第 1377 页。

③ 薄一波：《若干重大决策与事件的回顾》下卷，中共中央党校出版社，1993 年 6 月第 1 版，第 1133 页。

④ 关于国内矛盾，"八大"一次会议的表述是："我们国内的主要矛盾，已经是人民对于建立先进的工业国的要求同落后的农业国的现实之间的矛盾，已经是人民对于经济文化迅速发展的需要同当前经济文化不能满足人民需要的状况之间的矛盾。"

上反社会主义的嘛！重点是整党内走资本主义道路的当权派。”①

1965 年 1 月 6 日，与会的省委书记陆续又来到北京。中央工作会议继续进行。主要是分组讨论，修改“十七条”。毛泽东的两次讲话在各小组进行了传达。

华东组在讨论中提出：第二个十条可以不要，只要修改充实“十七条”就行了。

1 月 11 日，毛泽东将华东组 8 日讨论的意见批给刘少奇阅。并提了一些具体修改意见，比如要加上“不能否定蹲点，也不能否定过去调查研究的方法”。

会议期间，朱德、贺龙等人曾找过刘少奇，希望他能顾全大局，要谨慎，要尊重毛泽东。

会议结束后，刘少奇主动找毛泽东谈话，作了自我批评。②

1965 年 1 月 13 日下午 3 时半，刘少奇召集了一个党内生活会。参加会议的有：周恩来、邓小平、彭真、贺龙、陈毅、罗瑞卿、陈伯达、李井泉、李雪峰、刘澜涛、宋任穷、谢富治、王任重、魏文伯、李葆华、谭启龙，共 17 人参加。进行批评和自我批评。

1965 年 1 月 14 日，《农村社会主义教育运动中目前提出的一些问题》（“二十三条”）最后定稿。这天下午，毛泽东在人民大会堂福建厅主持召开了中央工作会议最后一次会议。

毛泽东说：“文件定了，那就无事了嘛，会可以散了。开了一个月，反复了一次。我放了一些炮，现在问题也解决了。党内搞社会主义没有经验，我也没有呀。现在这些经验（‘二十三条’）还不是大家创造的吗？很集中地反映到中央。……这次社会主义教育运动，是从八届十中全会开始的。1963 年 5 月搞了十条。为什么只隔了 3 个月，9 月北京开会又搞出一个十条？只有 3 个月，有那么多经验？第二个十条条文繁了，有些内容，就是文件太长太繁。前冬去春经验比较多些。特别是少奇同志去年夏天那篇讲话，使得中央、各省都下去蹲点。我说根本上好，不然不去，就是不那么全面。……这次又来总结经验，是因为前年下半年，去年一整年，特别是有 110 万工作队下去，在战线上有几怕，怕群众，怕根子扎不好，怕右倾，怕犯错误。过去历来行之有效的开大会向群众讲明来意也不搞了，这次搞秘密工作

① 《毛泽东传（1949—1976）》，中央文献出版社，2003 年 12 月第 1 版，第 1377—1378 页。

② 《毛泽东传（1949—1976）》，中央文献出版社，2003 年 12 月第 1 版，第 1379 页中提示：引自 1994 年 6 月 20 日，王光美审读《刘少奇年谱》的谈话记录。

了，就是不大张旗鼓了，就是有好多怕。110万人搞那样多的怕，怎么得了。群众对我们有批评，很多批评嘛。看了这个文件比较好一些，但还是实践证明。同时，我又怕少奇同志讲的话不灵了。又不去蹲点了。再就是不要搞大轰大嗡。现在这个规定要惹干部了。不要怕干部，都来。开会讲要点，不要那么烦琐。根子就在运动中看出来。这个文件里扎根串联没有了，因为这样扎，究竟何年扎出来，扎多少年也不成。……归根到底，我们中央工作成绩多一点，错误少一些。……你这个文教，我说在延安放了一通空炮，讲了一篇空话，二十几年了，没有抓，你怪陆定一、沈雁冰？我没有抓，你们也有责任。总而言之，放了空炮。但你只要不触及全面问题，只是解决个别问题，枝枝节节，修修补补不行。自从说文化部改为帝王将相部，要赶下乡去，说用一个团不行，用一个师把他们赶下去以来，灵了些。不用兵也可以，这是极而言之。真正动口，不必动手。对章罗同盟也没有使用兵力，何况对文化部呢？天天讲社会主义，搞成修正主义，这么多党教育了我们，苏联党教育了我们。创造性的马克思主义者[①]被别人打倒，书也收了，像也收了。”[②]

中央工作会议结束那天，刘少奇主持中央政治局常委扩大会议，正式通过“二十三条”。随即发到全党，取代“后十条”，成为指导“四清”运动的重要文件。

“二十三条”对前段运动中出现的打击面过宽等“左”的偏向作了一些纠正，提出对干部要一分为二，干部中好的和比较好的是多数；强调不许用任何借口去反对社员群众，反对搞神秘化和烦琐哲学，严禁打人和其他形式的体罚等。“二十三条”把无产阶级和资产阶级、社会主义道路和资本主义道路的斗争规定为党在整个社会主义历史阶段的基本理论和基本实践；提出这次运动的重点是整党内走资本主义道路的当权派。

“二十三条”取代了1963年11月中央发出的“后十条”以及1964年9月中央下发的“后十条”修正草案，成为指导“四清”运动的工作文件。

“二十三条”批评了“后十条”下发以来“四清”运动中斗争面过宽，把原来的党组织抛到一边的错误做法，认为运动应当依靠群众大多数，依靠干部大多数，提出把整个运动由工作队改为实行群众、干部、工作队“三结合”，工作方法要走群众路线，不要搞神秘化，也不要搞“人海战术”。

“二十三条”肯定农村基层干部的大多数是好的和比较好的，要求尽快解脱他们；明确宣布不许用任何借口去整社员和群众，严禁打人和其他形式的体罚，防止逼、供、信；还提出“四清”要落实在建设上面，增产要成为运动的标准之一。

“二十三条”的贯彻实行，使前一段运动中打击面过宽的偏差得到一定的纠正，

① 指赫鲁晓夫。
② 《毛泽东传（1949—1976）》，中央文献出版社，2003年12月第1版，第1379—1381页。

广大基层干部和整个农村的局势也比较稳定了。[①]

1964 年 12 月 21 日，2836 名来自全国各地的代表聚集人民大会堂，出席第三届全国人大一次会议开幕式。毛泽东、刘少奇、周恩来、朱德等党和国家领导人出席。刘少奇主持。出席政协四届一次会议的全体委员列席会议。

周恩来代表国务院作《政府工作报告》，宣布调整国民经济的任务已经基本完成，整个国民经济将进入一个新的发展时期：1964 年，粮食、棉花、烤烟、甘蔗、猪、羊等主要农副产品的产量超过了 1957 年的水平，1964 年全国拥有的农用拖拉机台数比 1957 年增长 4 倍，排灌设备马力增长 12 倍，农村用电增长 22 倍，国家供应的化肥增长 2 倍以上；1964 年供应的猪肉、羊肉、蔬菜等副食品比 1957 年增长 30%以上，供应的机制纸、纺织制品、搪瓷制品、自行车、收音机等日用品比 1957 年增长 50%以上；1964 年工业产品品种增加了 2.4 万种，产品质量有的已达到或接近世界先进水平，企业经营管理水平有很大改进；文化、教育、卫生、体育、国防事业有新的发展；财政收支平衡，货币信用上升，对外贸易发展很快。

根据毛泽东的提议，《政府工作报告》提出，全国人民的任务是把我国建设成为一个具有现代农业、现代工业、现代国防和现代科学技术的社会主义强国（这是我国首次提出实现四个现代化问题）。赶上和超过世界先进水平。

《政府工作报告》提出，为实现伟大的历史任务，从第三个五年计划开始，可以按两步来考虑：第一步，建立一个独立的比较完整的工业体系和国民经济体系；第二步，全面实现四个现代化，使我国经济走进世界的前列。

《政府工作报告》中还有毛泽东的两段话：[②]

“人类的历史，就是一个不断地从必然王国向自由王国发展的历史。这个历史永远不会完结。在有阶级存在的社会内，阶级斗争不会完结。在无阶级存在的社会内，新与旧、正确与错误之间的斗争永远不会完结。在生产斗争和科学实验范围内，人类总是不断发展的，自然界也总是不断发展的，永远不会停止在一个水平上。因此，人类总得不断地总结经验，有所发现，有所发明，有所创造，有所前进。停止的论点，悲观的论点，无所作为和骄傲自满的论点，都是错误的。其所以是错误，因为这些论点，不符合大约 100 万年以来人类社会发展的历史事实，也不符合迄今为止我们所知道的自然界（例如天体史，地球史，生物史，其他各种自然科学史所反映的自然界）的历史事实。”[③]

“我们不能走世界各国技术发展的老路，跟在别人后面一步一步地爬行。我们必须打破常规，尽量采用先进技术，在一个不太长的历史时期内，把我国建设成为

---

① 《毛泽东传（1949—1976）》，中央文献出版社，2003 年 12 月第 1 版，第 1383 页。

② 1965 年 12 月 11 日，周恩来把政府报告初稿送毛泽东审阅。13 日，毛泽东将修改稿退回，毛泽东在《政府工作报告》上面加写了两段话。

③ 《毛泽东文集》第八卷，人民出版社，1999 年 6 月第 1 版，第 325 页。

一个社会主义的现代化的强国。我们所说的大跃进，就是这个意思。难道这是做不到的吗？是吹牛皮、放大炮吗？不，是做得到的。既不是吹牛皮，也不是放大炮。只要看我们的历史就可以知道了。我们不是在我们的国家里把貌似强大的帝国主义、封建主义、资本主义从基本上打倒了吗？我们不是从一个一穷二白的基础上经过 15 年的努力，在社会主义革命和社会主义建设的各方面，也达到了可观的水平吗？我们不是也爆炸了一颗原子弹吗？过去西方人加给我们的所谓东亚病夫的称号，现在不是抛掉了吗？为什么西方资产阶级能够做到的事，东方无产阶级就不能够做到呢？中国大革命家，我们的先辈孙中山先生，在本世纪初期就说过，中国将要出现一个大跃进。他的这种预见，必将在几十年的时间内实现。这是一种必然趋势，是任何反动势力所阻挡不了的。"①

报告充分肯定了几年来国民经济的重大成就，同时宣布基本上按期向苏联还清了债款（只余尾数）。

这次全国人民代表大会开了 15 天，大部分是代表们分组讨论和各专门委员会活动。许多中共中央领导同志的精力都在中共中央政治局工作会议上。

1965 年 1 月 3 日，大会选举刘少奇为国家主席，宋庆龄、董必武为国家副主席。

朱德为全国人大常委会委员长，副委员长 18 人：彭真、刘伯承、李井泉、康生、郭沫若、何香凝、黄炎培、陈叔通、李雪峰、徐向前、杨明轩、程潜、赛福鼎·艾则孜、林枫、刘宁一（兼秘书长）、张治中、阿沛·阿旺晋美、周建人。最高人民法院院长为杨秀峰，最高人民检察院检察长为张鼎丞。

会议根据国家主席刘少奇的提名，决定周恩来为国务院总理。根据周恩来提名：林彪、陈云、邓小平、贺龙、陈毅、柯庆施、乌兰夫、李富春、李先念、谭震林、聂荣臻、薄一波、陆定一、罗瑞卿、陶铸、谢富治 16 人为副总理，秘书长周荣鑫。②

1964 年 12 月 20 日至 1965 年 1 月 5 日，中国人民政治协商会议第四届全国委员会第一次全体会议在北京政协礼堂举行。会议通过了郭沫若副主席关于三届常委会工作的报告。会议推举毛泽东为政协名誉主席，选举周恩来为政协主席，副主席 22 人：彭真、陈毅、叶剑英、黄炎培、陈叔通、刘澜涛、宋任穷、徐冰、高崇民、蔡廷锴、韦国清、邓子恢、李四光、傅作义、滕代远、谢觉哉、沈雁冰、李烛尘、帕巴拉·格里朗杰、许德珩、李德全、马叙伦，秘书长平杰三。

从 1965 年元月起，毛泽东通过与斯诺谈话，再三强调自己身体不好，"快见上

① 《毛泽东文集》第八卷，人民出版社，1999 年 6 月第 1 版，第 341—342 页。
② 《刘少奇一生》（修订本），中央文献出版社，2003 年 1 月第 1 版，第 417—418 页。

帝了”。斯诺的文章很快由国外报刊发表，再由新华社内参转发中共党内高级干部。

1965年4月28、29两日，贺龙、罗瑞卿、杨成武到武汉向毛泽东汇报备战问题。毛泽东说：“世界上的事情总是这样，你准备不好，敌人就来了；准备好了，敌人反而不来。……现在蒋介石是想保住老本钱，什么反攻大陆都是假的。……不仅蒋介石是机会主义，美国也是机会主义，它才不那么冒险哩！第一次、第二次世界大战，它都是等人家打得差不多了才出兵。当然，我们要准备他们冒险。”

关于改变人民解放军的帽徽、领章问题，毛泽东说：“我赞成走回头路，恢复到老红军的样子，只要一颗红星，一面红旗，其他的统统都吹了。……过去搞什么将、校、尉那一套，我是不感兴趣的。”①

4月29日，毛泽东到长沙，住了23天。

5月21日上午，毛泽东乘专列沿着京广线，经过株洲车站，直向东线，抵达醴陵阳三石车站。然后转换汽车奔向茶陵。由湖南省委书记处书记兼湘潭地委书记华国锋，省公安厅长李强，中共办公厅主任、公安部副部长、八三四一部队政委汪东兴和省委接待处长等人陪同。5月21日夜，毛泽东住茶陵县委招待所。22日早上9时半，毛泽东的车队直奔江西永新县，在永新吃过午饭后，经宁冈砻市，绕道茅坪。

车队停在八角楼前的空坪上，警卫人员和随行的负责同志都下了车。大家等毛泽东下车，请他重登八角楼。毛泽东看见坪里有那么多人和车辆，他突然改变了主意，让司机慢慢上山。毛泽东乘坐的苏制白吉姆轿车转了几十道弯，第一个冲上了井冈山的高峰黄洋界。

旧地重游，毛泽东激动得不能自持。他写下了《念奴娇·井冈山》的词：

“参天万木，千百里，飞上南天奇岳。故地重来何所见，多了楼台亭阁。五井碑前，黄洋界上，车子飞如跃。江山如画，古代曾云海绿。　弹指三十八年，人间变了。似天渊翻覆，犹记当时烽火里，九死一生如昨。独有豪情，天际悬明月，风雷磅礴。一声鸡唱，万怪烟消云落。”

陪同上山的湖南省委第一书记张平化要向毛泽东汇报湖南的社教运动情况时，毛泽东说：“不用汇报了，情况我都知道。现在看来光搞社教运动不能完全解决问题。”②

回程从江西下山（毛泽东不喜欢走回头路），到樟树军用机场。在那条铁路支线上，毛泽东上了停靠着的专列。

中央军委在1965年5月中旬召开备战会议。毛泽东对现代化武器的研制、军事资材和粮食的储备等，提出许多意见。6月，毛泽东同汪东兴谈话说：“一件事

① 《毛泽东传（1949—1976）》，中央文献出版社，2003年12月第1版，第1391—1392页。
② 《毛泽东传（1949—1976）》，中央文献出版社，2003年12月第1版，第1391页。

情，不能看得那么容易。有人想，‘三线’建设好了再打仗。我看美帝国主义不会等你的。它是不以我们的意志为转移的。它等你建设起来才打？也可能建设不来就打，也可能建设起来不打，要有两手准备。”①

1965年8月3日，法国总统戴高乐的特使、文化事务国务部长马尔罗来访。马尔罗大革命时期就在中国活动过，是个中国通。毛泽东同他进行了很长时间的谈话。

马尔罗：“我认为在毛主席之前没有任何人领导过农民革命获得胜利。你们是如何启发农民这么勇敢的？

毛泽东：“这问题很简单。我们同农民吃一样的饭，穿一样的衣，使战士们感觉我们不是一个特殊阶层。我们调查农村阶级关系，没收土地分给农民。”

马尔罗：“我感到赫鲁晓夫和柯西金使人想到的似乎不是过去所理解的苏联了。”

毛泽东：“它是代表一个阶层的利益，不是代表广大人民的利益。……党是可以变化的。普列汉诺夫和孟什维克过去都是马克思主义者，后来就反对列宁，反对布尔什维克，脱离了人民。现在是布尔什维克内部发生了变化。中国也有两个前途，一种是坚决走马列主义的道路、社会主义的道路，一种是走修正主义的道路。我们有要走修正主义道路的社会阶层。我们采取了一些措施，避免走修正主义道路。但谁也不能担保，几十年后会走什么道路。”

马尔罗：“现在中国修正主义阶层是否广泛存在？”

毛泽东：“相当广泛，人数不多，但有影响。”②

1965年8月11日，罗瑞卿向毛泽东和中央政治局常委汇报备战问题时，毛泽东说：“修正主义也是一种瘟疫。……领导人、领导集团很重要。我曾经说过，人长了个头，头上有块皮。因此，歪风来了，就要硬着头皮顶住。六二年刮歪风，如果我和几个常委不顶住，点了头，不用多久，只要熏上半年，就会变颜色。许多事情都是这样：领导人一变就都变了。那一次，如果我们点头了，你们在座的其他人，当时可能反对，也可能不一定。这样的经验很多，国内国外、正面方面的都有。这些经验，我总是要讲的，或者在全会上，或者在明年社教运动搞完了开‘九大’时，我要正式讲一次。”③

1965年9月18日至10月12日，中共中央在北京举行工作会议，会议规定的

① 《毛泽东传（1949—1976）》，中央文献出版社，2003年12月第1版，第1392页。
② 《毛泽东传（1949—1976）》，中央文献出版社，2003年12月第1版，第1392—1393页。
③ 《毛泽东传（1949—1976）》，中央文献出版社，2003年12月第1版，第1393—1394页。

议程主要是讨论对第三个五年计划和1966年计划的建议，并批准国家计委提出的1966年国民经济计划纲要。

中央强调省、地、县、社四级党委要把农业放在首要地位，各地、各部门必须在继续深入开展社教运动的同时掀起一个群众性的增产节约运动。会议同意了第三个五年计划“以国防建设第一，加速三线建设，逐步改变工业布局”的设想。会议指出要“藏粮于民”，稳定征购，3年一定，决定在第三个五年计划期间拿出200亿元调整物价，使广大城乡人民首先是农民获得好处。会议决定在经过“四清”的地方积极慎重发展党员，争取每个生产队都有党的小组和党员。

10月10日，毛泽东在颐年堂同各大区的第一书记谈话时说：“小三线很重要。有人说分散了怕造反。我看两条：准备化为水，不怕造反。……我现在说造反问题了。如果中央出了修正主义，应该造反。英国革命、巴黎公社都是在中央搞起的。至于美国是在地方搞起的，日本也是地方搞起的。……如果中央搞得不对，所谓不对，不是讲小不对，而是讲大的不对。如果出了赫鲁晓夫，那有小三线就好造反。中国人好造反，我们这些人还不是造反？跟宋江差不多。……那时有些人那么迷信，凡是国际的、中央的都迷信。现在也要提倡破除迷信，不管是中央的、中央局的、省的都要看对不对，小的迷信要破，大的更要破，比如修正主义。总之，要按实际情况办事。……（对余秋里）谈你的，我们插乱了。我就注意这个小钢铁厂，打起仗来要靠它。”①

会议对“四清”提出新的要求：强调省、地、县、社四级党委要把农业放在首要地位；要求各地区、各部门必须在继续深入开展社会主义教育运动的同时，掀起一个群众性的增产节约运动；会议还决定在经过“四清”的地方积极慎重地发展党员，争取农村人民公社每一个生产队都有党的小组或党员，以加强党在基层的领导。

10月12日，中央工作会议在人民大会堂河南厅举行最后一次会议。会议由毛泽东主持。刘少奇到东北去接西哈努克亲王。余秋里、李先念、彭真、朱德、周恩来分别就计划工作、财贸工作、党的建设、学习毛泽东思想和国际形势作了大会发言。

余秋里谈到赞成各省搞些小钢铁厂时，毛泽东插话说：“我对这一条比较积极，我支持地方搞5万吨左右的钢铁厂，左右者，可大可小。……我不怕你们造反。你们制造武器，你们就造嘛！我提倡造反，是反对袁世凯称皇帝的那种反，……中央如果出了军阀也好，修正主义也好，总而言之，不是马克思主义，不造反就犯错误，要准备造反。你们不要年年造反哟，如果是马克思列宁主义，你们造反，那就吃亏哟。中央是马克思列宁主义，你造反，那你还不是修正主义吗？而一个省也造

---

① 《毛泽东传（1949—1976）》，中央文献出版社，2003年12月第1版，第1395页。

不起来。”

彭真在大会发言中谈党的问题时，说：“恐怕我们的各级党委就要把党一直抓下去。因为出不出修正主义，还要在党。党里面不出修正主义，别处出了也不大要紧。”毛泽东插话：“中央出了，你们地方不出，不要紧。……中央几个大人，把他一革，就完了。至于地方出了，中央照样出，那就不好了。”彭真讲到党的基层组织时，毛泽东插话：“靠老爷，不靠人民，你有饭吃呀？你有衣穿呀？而百分之七十是贫下中农。工厂里也有这个问题。”①

毛泽东还说：“我快要去见马克思了，怎么交代？你给我留个修正主义尾巴，我不干！”②

整党是“四清”运动后期的中心任务。

根据中央指示精神，在“四清”运动中，农村基层党支部建立了学习毛主席著作制度、联系群众制度、批评与自我批评制度。同时，建立了农村政治工作系统。在农村大队和生产队设政治指导员。吸收新党员是和“四清”运动中培养接班人工作结合起来的。

1965年在全国共发展新党员94.3万名。

1966年发展新党员319万名。

1966年上半年，全国结束“四清”的有694个县、市（其中包括少数只搞了一部分的地区），占总数的32%。已经搞了40%以上的有辽宁、河北两省。北京、上海基本结束。加上随后开展的单位，全国开展“四清”运动的地区超过1/3以上。其他地区，普遍开展了面上的运动，即“小四清”。③

“文化大革命”开始以后，中共中央规定，“把‘四清’运动纳入‘文化大革命’中去”。

“四清”运动也就不了了之。④

“四清”历时4年，先后参加工作队的各级干部、教师、学生和其他人员有200多万人。其中，全国有395所高校的22万名师生参加。他们与广大农民、职工同吃、同住、同劳动，倾听群众疾苦，密切了与群众的联系。

“四清”运动，对于纠正干部多吃多占、强迫命令、欺压群众等作风和解决集体经济经营管理方面的问题；对于打击贪污盗窃和刹住封建迷信活动等歪风，起了

① 《毛泽东传（1949—1976）》，中央文献出版社，2003年12月第1版，第1395—1396页。

② 《毛泽东传（1949—1976）》，中央文献出版社，2003年12月第1版，第1396页载：根据王任重的会议记录。

③ 薄一波：《若干重大决策与事件的回顾》下卷，中共中央党校出版社，1993年6月第1版，第1134页。

④ 《毛泽东传（1949—1976）》，中央文献出版社，2003年12月第1版，第1384页。

一定的作用。[①]

这次运动，还只是在部分地区开展，而且是经过试点，分期分批地进行，从一开始就尽量避免影响生产的正常进行，并且纠正过一些偏差，因而在一定程度上限制了运动的消极方面，全国工农业没有受到大的影响，而且还有所增长。[②]

在一段时间内，不少干部群众受到不应有的打击，一些有利于搞活经济的正确政策和措施，往往被指责为“资本主义倾向”、“资本主义尾巴”，而不能很好地执行甚至被否定。[③]

从清经济开始的“四清”运动，发展到政治上“夺权斗争”，严重扩大了打击面，使许多基层干部受到了不应有的伤害。

1963 年 9 月，中央组织部经过调查研究，向中央政治局常委写出报告，指出：中央、国家机关各部委和各省、自治区、直辖市党委第一把手的平均年龄是 56 岁，再过 10 年、8 年，岁数大的问题就会更加突出；如果现在不注意培养第一把手的接班人，将来就会有脱节的危险。

报告建议有计划地注意培养和造就革命事业接班人的问题。

中央认为，报告所提的建议是正确的，要求中央组织部提出具体办法和意见。

1964 年 6 月，毛泽东提出培养和造就革命事业接班人的问题后，中央组织部于 9 月再次向中央政治局常委提交报告，提出培养提拔新生力量的四项工作：将年轻优秀的知识青年干部分批下放到基层挂职锻炼；将理论水平较低但有培养前途的干部送到各级党校学习；对文化水平较低的工农干部帮助他们提高文化；领导干部搞好传、帮、带。

随后，中央和地方党的组织部门选调一批优秀的青年知识分子干部到基层挂职锻炼，1964 年、1965 年还分两批从应届大学毕业生中挑选了 1000 多名优秀分子进行重点培养。

1965 年 8 月，中央组织部根据党中央、毛泽东大力培养和提拔新生力量的指示，提出培养和提拔一批优秀干部到县、地区以至省的领导岗位的报告。这项工作，主要是要求在两三年内对适合担任省委书记、常委，地委书记、第五行署专员，县委书记、县长的干部，先提拔到第二把手、第三把手的岗位，根据个人的不同情况，采取有效措施，进行培养锻炼，加速他们的成长，成熟后提拔到第一把手的岗位。

中央组织部提出，争取在两三年内先解决县一级的问题，然后以更长一点的时间解决地区级和省级的问题。

---

① 参见《〈中国共产党历史〉第二卷（1949—1978）》，中共党史出版社，2011 年 1 月第 1 版，第 728—730 页。

② 《毛泽东传（1949—1976）》，中央文献出版社，2003 年 12 月第 1 版，第 1384 页。

③ 《毛泽东传（1949—1976）》，中央文献出版社，2003 年 12 月第 1 版，第 1384 页。

当年，全国提拔400多名省、地区以上领导干部，其中担任中共中央直属机关和中央国家机关的部长、副部长以至省委书记的就有数十人，相当一部分人的年龄在50岁以下。①

二十一、中苏论战（二）

20世纪50年代至60年代初，中国战略防御的主要方向是美国和台湾蒋介石集团可能发动战争的东南沿海一线（也包括黄海的东部方向）。总战略方针是“北顶南放”，即其中在浙江省以北地区采取坚守式的“顶”，以南地区则准备放敌人境，诱其深入予以歼灭。

抗美援朝结束后，中美之间未再发生直接的军事接触。但是，美国在战略上遏制中国，是长期和明确的。1962年6月，针对蒋介石集团策划对福建和闽粤、闽浙结合部地区的军事冒险，毛泽东和中央军委进行了周密部署。包括做出解放军秘密入闽的准备。1962年7月12日，陈毅副总理在参加中朝友好互助条约签订一周年宴会上，指出：蒋介石集团窜犯大陆的军事冒险，不论时间早晚，不论规模大小，都要由美国政府负责，因为蒋介石集团是完全依靠美国的枪支和金钱过活的。

进入20世纪60年代，美国派遣高空侦察机多次侵犯中国的领空，主要目的是侦察和刺探中国原子武器试制的情报。1964年前后，美国军方和国家安全及情报部门曾制订打击中国核设施的计划。

但是，毛泽东认为：“不要为西面把我们的注意力吸引过去。我们的战略方向还是东面，这是我们的要害。”

1964年起，苏联在中苏边境大量增兵。

1964年5月27日，毛泽东在中央政治局常委会上指出：从赫鲁晓夫大反华的趋势看，我们要考虑到万一他甘冒天下之大不韪，竟然把战争强加在我们头上，因此我们必须下大力气加强抵抗武装入侵的准备。毛泽东要军委总参谋长罗瑞卿，每年要到新疆视察一次，熟悉地形，制定预案。

1964年6月16日，毛泽东在十三陵水库举行的会议上提出新的战略设想：敌人到处可来，应处处备战，提高警惕，根据敌来势，以决定主攻、主防方向。

毛泽东特别指出，敌人从哪里来？主要是中间突破，割断南北，两翼来不怕，中间突破危险，最不放心还是北京、天津。

毛泽东还认为，敌人也可能走八国联军老路，进渤海，从天津登陆。

---

① 《〈中国共产党历史〉第二卷（1949—1978）》，中共党史出版社，2011年1月第1版，第736—737页。

毛泽东提出，要加强战备。要搞地方武装、基干民兵、兵工厂，建设三线。

毛泽东说，准备好了，也可能不来，没有准备就会来的，来了就要打，打就会打烂坛坛罐罐。

毛泽东告诫说："大区书记要抓军队，不能只要钱不要枪。"

1964 年 10 月 22 日，毛泽东在一项批示中说：必须立足于战争，从准备大打、早打出发，积极备战，立足于早打、大打、打原子战争；抢时间，争速度。时间问题，也是一个战略问题。[①]

1964 年 10 月 11 日，苏共中央主席团召开会议，讨论撤换赫鲁晓夫。

10 月 14 日，又召集中央全会，米高扬主持，苏斯洛夫作关于撤换赫鲁晓夫的职务及其原因的报告，着重批评了赫鲁晓夫的国内政策的错误，主要是有关农业政策、经济政策的错误，还有组织问题上搞个人迷信，滥用职权，任用亲朋当顾问等。全会一致通过了撤销赫鲁晓夫第一书记和部长会议主席职务，以及取消他的中央委员资格的提案，由勃列日涅夫任第一书记，柯西金任部长会议主席。

1964 年 10 月 14 日的当晚，苏联驻华大使契尔沃年科打电话给中共中央办公厅，通报这一重大事件。中共中央就苏联新领导的就职发表了热情的联名贺电，并祝贺苏联一艘宇宙飞船的发射和着陆成功。中共中央向一些兄弟党倡议赴莫斯科参加苏联十月革命 47 周年庆祝活动，中国派出以周恩来为团长、贺龙为副团长，伍修权、刘晓、乔冠华等为团员的党政代表团赴莫斯科，并同苏共领导人会谈。刘少奇、邓小平、彭真出席了苏联驻华大使举行的招待会。

11 月 5 日，周恩来率中国党的代表团乘飞机抵达莫斯科。

11 月 7 日，苏联十月革命阅兵之后的国宴上，苏联国防部长马林诺夫斯基对正在同崔可夫元帅谈话的贺龙副总理说："不要让任何毛泽东、赫鲁晓夫们来妨碍我们，……我们现在已经把赫鲁晓夫搞掉了，你们也应该仿效我们的榜样，把毛泽东也搞下台去。这样我们就能和好。"贺龙当场予以顶回，并报告了周恩来。代表团的同志对此都极为气愤，迅即离开宴会大厅。次日上午，苏联新领导到我代表团驻地回访。周恩来当即向勃列日涅夫、苏斯洛夫和米高扬指出：这是严重的挑衅。勃列日涅夫在了解情况后打掩护说，马林诺夫斯基昨天喝醉了，是酒后失言。周恩来指出，这是酒后吐真言。周恩来向苏共提出严重的抗议。勃列日涅夫表示道歉。[②] 周恩来说：美国、法国、英国的通讯社都在 8 号那天从莫斯科发出消息，说这里的权威人士说，苏共已和中共达成协议，要毛泽东下台，由周恩来当中共中央主席，难道这是偶然的巧合？

---

① 《〈中国共产党历史〉第二卷（1949—1978）》，中共党史出版社，2011 年 1 月第 1 版，第 714—716 页。

② 席宣：《关于"文化大革命"起因的探讨》，《中央党史研究》，1988 年第 5 期。

自中共代表团抵达莫斯科至 11 月 9 日双方举行第一次正式会谈，周恩来多方面向苏联新领导探询赫鲁晓夫被解职的原因，苏联方面始终守口如瓶。

在会谈中，中共代表团提出：赫鲁晓夫曾预定在 1964 年底举行国际会议，依我们看条件还未成熟，能否不开；如果一定要开，最好能先由中苏两党进行协商，取得一致意见后再与兄弟党磋商，然后再决定是否召开。中共代表团还提出：苏共“二十大”以来的政治路线是赫鲁晓夫一手制定的，我党建议现在是否作些适当修改。勃列日涅夫和米高扬表示对于国际会议必须如期举行，不能取消原定计划。关于苏共“二十大”以来的路线，苏方表示不是赫鲁晓夫一个人制定的，是苏共中央共同制定的正确路线，中国党提出要苏共修改是不切实际的想法。

周恩来说：我们从多方获悉，早在 1964 年 2 月 12 日，苏共中央就背着中国党向兄弟党发出了一封反对中国的信，号召对我们党进行反击，并且要对我们采取集体措施；到 7 月 30 日就下达到开会的通知；显然这是个有预谋反对中国党的分裂会议；赫鲁晓夫定的国际会议，你们不开不好吗？另起炉灶不好吗？既然你们和赫鲁晓夫一样，为什么要他下台？勃列日涅夫说：赫鲁晓夫身体不好，血管硬化，脾气坏，种玉米造成粮食困难；我们建议另辟途径，通过双边和多边协商，开个团结的会。米高扬说：关于中苏关系，赫鲁晓夫下台后，由中央全会选出的苏共中央主席团对华政策没有任何改变，是和赫鲁晓夫的政策一致的，甚至没有细微的差别。在 11 月 11 日的会议中，周恩来表示：①我党和国家领导人发出的贺电和我的书面祝词中表示的愿望，我们坚持不变；②非法的会我们不参加，你们要干你们干，不过我奉劝你们不要走绝路，要悬崖勒马；③在你们还继续执行赫鲁晓夫的路线，中苏两党的原则性分歧基本上解决之前，谈不上停止论战。

苏联新领导为自己破坏这次高级会谈辩解，企图把责任推到我们身上。周恩来予以严词驳斥：第一，米高扬说你们和赫鲁晓夫在中苏分歧上完全一致，那就没有什么好谈了；第二，你们坚持召开 7 月 30 日通知要开的会，就是坚持老子党的态度不变；第三，马林诺夫斯基的挑衅，把谈判气氛也破坏了。

11 月 12 日，中苏双方举行最后一次会议。按日程由勃列日涅夫介绍赫鲁晓夫下台的原因。但没有说出什么新内容。

11 月 13 日，我国代表团乘飞机离莫斯科回国。柯西金去机场送行途中在汽车上对周恩来说：我们和赫鲁晓夫还是有所不同，不然为什么要解除他的职务呢？周恩来问他区别在哪里，柯西金闪烁其词，避不直言。

周恩来从莫斯科回国的当天，苏联首都继续出售苏共中央委员 A. M. 鲁迈亚彻夫主编的《和平与社会主义问题》杂志（俄文版第 11 期）。该期杂志是在赫鲁晓夫倒台几周后出版的，里面刊载着大量的指名道姓攻击中国的文章。其中有一篇是苏共中央书记安德罗波夫写的，该文严厉地谴责中国在国际共产主义运动中制造分裂。

11 月 13 日，周恩来率代表团抵达北京首都机场，受到毛泽东、刘少奇、朱德等党和国家领导人的盛大而热烈的欢迎。

11月21日，新华社播发《红旗》杂志社论《赫鲁晓夫是怎样下台的?》。指出：赫鲁晓夫的下台是他推行修正主义总路线和对内对外的一系列错误政策的结果。

11月24日，苏共中央给中共中央写信说：26个党中主张召集会议的有19个，表示拒绝参加和要求进一步做出解释的有7个；主张召集会议的党有权进行会议的实际准备工作。苏共并通知中共，会期推迟到1965年3月1日。中共中央对这一命令式的通知未予置理。

12月12日，苏联《真理报》发表了《关于筹备召开共产党和工人党国际会议起草委员会的通告》。

12月11日至16日，以古巴罗德里格斯为首的九国党的代表团到达北京，要求停止公开论战。毛泽东接见他们并回答说：不行，要争论1万年。

1965年1月5日，毛泽东给勃列日涅夫发去答谢电：

“苏联共产党中央委员会第一书记勃列日涅夫同志：

在我71岁生日的时候，承蒙来信祝贺，谨致衷心的谢意。祝伟大的苏联人民在今后各项建设工作中取得新的成就。祝中苏两党、两国在马克思列宁主义和无产阶级国际主义的基础上团结起来！祝中苏两国人民的兄弟友谊不断巩固和发展！”①

1965年2月，苏联部长会议主席柯西金去越南民主共和国途经北京，与周恩来和毛泽东会谈。柯西金说3月会议改为协商会晤，多边会谈，日期、名称、内容都变了，要中国党参加。周恩来回答说：3月会议是根据一个党的命令决定而推迟召开的，我们不参加。

毛泽东说：我们不参加3月会议，不停止争论，不停止支持左派；要停止，你们收回公开信，收回苏斯洛夫攻击我党的报告，取消“二十大”和“二十二大”路线；否则要争论1万年。

柯西金说：不要那么久。

毛泽东说：那就减少1000年，剩9000年，这是最大的让步，一让步就是1000年。

1965年3月1日至5日，苏共领导召开的国际会议起草委员会会议在莫斯科举行。参加会议的有19个党（其中有的是一国共产党分裂出来的派别）。美国共产党代表以观察员身份出席会议。拒绝参加的有阿尔巴尼亚劳动党、越南劳动党、印度尼西亚共产党、中国共产党、朝鲜劳动党、罗马尼亚工人党、日本共产党。临开

① 《建国以来毛泽东文稿》第十一册，中央文献出版社，1996年8月第1版，第301页。

会前，“起草委员会”会议改称“协商会晤”。

3月10日，发表了会议公报。

3月23日，《人民日报》编辑部和《红旗》杂志发表了《评莫斯科三月会议》，说：这是一个制造分裂的会议。

此后，中国共产党不再承认存在一个“社会主义阵营”。

1966年国家年度计划安排用于大小三线及其他战备工程的投资，占到国家基建总投资一半。

1966年1月16日，周恩来在全军政治工作会议上指出：世界上只要有帝国主义、资本主义，就要有备战思想，有阶级斗争存在，就要有武装斗争的思想，所以在整个建设社会主义的时期，战备思想是我们的战略思想，不是一个一时的政策，不是一年两年的政策，也许我们终生都要具备这个思想。①

1966年3月，苏共中央举行第二十三次全国代表大会。苏共中央来函邀请中共派代表参加。

刘少奇主持召开中央政治局常委会，提出了“应邀参加、坚持原则、进行斗争”的方案，不主张两党关系一刀两断。

毛泽东否定了刘少奇这一方案，指责刘少奇：妄图提出以妥协来解决中苏之间的僵局。于是中共中央决定不派代表参加，不发贺电。

两党关系中断。

毛泽东说：中国是一个大国，中华民族包括56个民族；我们中华民族从来就没有向人屈服过，有挫折但还是继续奋斗，还是顽强地崛起；100多年来，帝国主义列强要征服我们这个民族，结果它们都失败了；我们现在是一个社会主义国家，当然更不能向任何外国屈服，即使对最强大的帝国主义国家美国，我们也没有低过头；对苏联也是一样，我们决不屈膝称臣；我们争的也不是居人之上，而是平等的地位。②

二十二、文化、科技、卫生、体育

1949年至1965年间，是我国现代长篇小说创作出版的一个高峰期。

---

① 《〈中国共产党历史〉第二卷（1949—1978）》，中共党史出版社，2011年1月第1版，第716—717页。

② 吴冷西：《十年论战：1956—1966中苏关系回忆录》下，中央文献出版社，1999年版，第853页。

10余年间，有大批优秀作品面世。其中数十部影响广泛，极一时之盛。如《太阳照在桑干河上》（丁玲）、《野火春风斗古城》（李英儒）、《红旗谱》（梁斌）、《平原枪声》（李晓明、韩安庆）、《林海雪原》（曲波）、《红日》（吴强）、《青春之歌》（杨沫）、《迎春花》（冯德英）、《苦菜花》（冯德英）、《铁道游击队》（刘知侠）、《敌后武工队》（冯志）、《烈火金刚》（刘流）、《连心锁》（克扬、戈基）、《艳阳天》（浩然）、《高玉宝》（高玉宝）、《吕梁英雄传》（马烽、西戎）等。以满腔热忱和质朴的表现方法，讴歌了土地革命战争、抗日战争、解放战争及社会主义建设等不同历史时期我国人民艰苦卓绝的奋斗历程和蓬勃向上的精神面貌，在中国文学史上占有极其重要的地位。

1955年底开始出版《列宁全集》，到1965年，39卷全部出齐。1960年出版4卷本新编《列宁选集》。

1956年底，《马克思恩格斯全集》第一卷出版，至1965年，共出版21卷。1963年至1964年，出版马克思、恩格斯、列宁、斯大林著作干部选读本30种。1964年、1965年，出版《毛泽东著作选读》甲种本和乙种本，以及毛泽东著作单篇本70种。

1958年，《鲁迅全集》10卷新注本出齐，还出版了《鲁迅译文集》10卷本。

从1959年开始，在毛泽东推动下，由中华书局整理出版“二十四史”标点本，至1965年，《史记》、《汉书》、《后汉书》、《三国志》的新点校本先后出版。

1965年，全国共出版图书20143种，总印数21.7亿册。杂志790种，总印数4.4亿册。发行报纸343种，总印数47.4亿份。

1965年，中国开始运用电子刻板技术。

1957年，中共中央制定“使受教育者在德育、智育、体育几方面都得到发展，成为有社会主义觉悟的有文化的劳动者”方针。学校体育工作进一步受到重视。

全国各级工会、体委和共青团等组织，积极开展职工体育运动。

1957年，中国创办对外宣传体育的英文版期刊《中国体育》。

1958年，国务院第八十一次全体会议批准，10月25日国家体委公布实施《劳动卫国体育制度条例》。先后有4200多万人达到劳动卫国标准。

1958年、1959年先后成立北京体育科学研究所和北京运动医学研究所。在上海、黑龙江、广东、成都等省市成立体育研究机构，成都还设有体育医院。

北京体育科研所搜集翻译了几百万字的世界乒乓球运动技术资料。1964年是在北京举行第一届全国体育科学报告会，会上有关运动训练、体育教学、运动生理、运动医学等方面科学论文109篇。

1959年，中国最大的一座新型综合性体育场——北京体育场建成，拥有8万席位。1966年，中国大陆计有体育馆43座，射击场47座，游泳池700多个，有固定看台的灯光球场400多个，射击场130多个。

1960年，中共中央在《关于卫生工作的指示》中，强调卫生工作要与提倡体育运动相结合，有利于生产、工作、学习，使身体康强，环境清洁，移风易俗，改造世界。指出："凡能做到的，都要提倡做体操，打球类，跑跑步，爬山、游泳，打太极拳及各种各色的体育活动。"

国家体委专门发出《关于贯彻中共中央关于卫生工作指示精神，大力开展群众性体育活动的意见》。国家体委和一些地方体委、体育院校、行业体育协会，还结合各行各业劳动特点，先后编制和推行钢铁工人操、纺织工人操、煤矿工人操、售货员操、码头工人操、装卸工人操等多种行业操。

在毛泽东横渡长江带动下，全国人民提倡游泳、射击、通讯、登山4项活动。1964年和1965年参加射击、通讯活动的有246.7万人，还为空军、海军、民航部门代训和输送飞行学员上万人。

1963年前后，党和国家提出一系列适合中国实际情况的体育方针和政策。在群众体育中，强调根据生产和生活水平，提倡"业余、自愿、小型、多样，因时、因地、因人制宜"原则。

共青团中央第一书记胡耀邦在共青团中央军事体育工作会议上讲话说：我们体育工作的好经验主要有四条，一是坚决贯彻执行党中央所规定的总方针，能够摆正局部同整体的关系，取得党委满意和群众支持；二是既注意建立骨干队伍，选拔培养优秀分子，又注意开展群众性体育活动；三是既重视提高技术，又重视思想工作，我们的运动健将是又红又专的体育专家；四是各级体育部门的绝大多数同志是有干劲、有风格的。

胡耀邦希望新中国体育运动的一套优良传统坚持下去。

1965年，在第二届全国运动会影响带动下，成亿人参加体育运动，仅乒乓球赛就有近9000万人参加。城乡各族人民打拳习武亦十分活跃。

中国与50多个国家进行体育交往1000多起。

1959年、1965年，国家先后举办第一届、第二届全国体育运动会。第一届全国运动会，有7人打破4项世界纪录，664人844次打破106项全国纪录。1959年，容国团在第25届世界乒乓球锦标赛上获男子单打冠军，这是中国体育史上第一个世界冠军。第二届全国运动会上，有24名选手10次打破9项世界纪录，331名运动员469次打破130项全国纪录。各类各级摔跤冠军大多数由蒙古族、哈萨克族、朝鲜族、回族选手获得。藏族、土家族、蒙古族等选手在射箭比赛中名列前茅，珞巴族青年达嘎获得3项冠军。

10年间，游泳、田径、举重、跳伞、航空模型、射击、射箭、速度滑冰、登山，先后有142次打破和超过世界纪录，乒乓球和速度滑冰获得13个世界冠军。

1965年，中国乒乓球选手在28届世界锦标赛上获得5项冠军、4项亚军。中共中央批示，中国乒乓球队，是一支又红又专的队伍，能够虚心学习别人长处，坚持走自己的路。他们的经验在各运动队被传扬。

1957 年 3 月，毛泽东在最高国务会议第十一次会议上，强调：人类要控制自己，先做到有计划地增长。

著名学者马寅初提出：中国人口增殖太快，影响积累，影响工业化，主张实行计划生育，推迟结婚年龄。1957 年反右，1958 年批判马寅初“新人口论”，使计划生育宣传和技术工作受到影响。1961 年以后，中国出现生育高峰。

1962 年春天，中共中央、国务院提出，计划生育还要抓。12 月 18 日，联合发出《关于认真提倡计划生育的指示》：“在城市和人口稠密的农村实行节制生育，适当控制人口自然增长率，使生育问题由毫无计划的状态逐渐走向有计划的状态，这是我国社会主义建设中既定的政策。……各地党委和政府要把这一工作列为议事日程之一，定期地进行讨论和检查。”12 月，卫生部妇幼保健司设立计划生育处。

1964 年，国务院计划生育委员会成立，周荣鑫任主任。各地相继成立计划生育委员会，一般由一位书记或行政领导人担任主任委员。

1964 年，国家科委成立计划生育组，卫生部副部长钱信忠担任组长。

1958 年 5 月，中国第一座电视台——北京电视台（中央电视台前身）正式开播，随后相继创建了 13 座省市电视台。1958 年，诞生了中国第一部电视剧《一口菜饼子》。

1965 年，全国有电影制片厂 16 个。全国有电影放映单位 20363 个。

到 1966 年底，全国拥有广播电台 78 座、市县广播电台站 2181 座。全国 96% 的县通了有线广播。

1958 年，上海广慈医院成功抢救烧伤面积达 89.3% 的炼钢工人丘财康；1963 年，上海第六人民医院为工人王存柏施行了世界罕见的“断手再植手术”；1965 年，上海第二军医大学附属长海医院成功地为心脏病患者许淑宝安置了中国自制的人造心脏瓣膜；天津人民医院运用中西医结合新方法治疗骨折；武汉医学院附属第一医院为河南省商城县社员陈本年切除了一个重达 107.5 斤的脂肪瘤。

1961 年，戏剧家协会主席、党组书记田汉，响应中共中央大兴调查研究之风、克服官僚主义号召，把陕西地方剧碗碗腔《女巡按》改编成京剧《谢瑶环》。剧情描写的谢瑶环是唐朝武则天时期的女官，被封为右御史台，赐尚方宝剑。武则天让她女扮男装，巡视江南，查问民间疾苦。而武则天的侄孙武宏和御史中丞来俊臣的同母异父弟弟蔡少炳，依仗权势横行三吴，抢占民女，侵夺民田，引起民怨沸腾。谢瑶环敢作敢为，将蔡少炳斩首，重责武宏。武三思、来俊臣为子弟报仇，假传圣旨，处死谢瑶环，待武则天发觉，为时已晚。武则天为谢瑶环平反。此剧被批判说：谢瑶环是打着为民请命的旗帜，实际上是代表被推翻的反动阶级向共产党请命。

1962年2月，在纪念毛泽东《在延安文艺座谈会上的讲话》发表20周年之际，广大文艺工作者向全国提出了“为最广大的人民群众服务”的口号。

20世纪60年代前期，涌现了许多著名的电影和舞台剧，是中国革命历史题材创作最为丰盛的时期之一，如《革命家庭》、《红旗谱》、《暴风骤雨》、《燎原》、《怒潮》、《革命自有后来人》、《五十一号兵站》、《红色娘子军》、《野火春风斗古城》、《林海雪原》、《小兵张嘎》、《烈火中永生》、《白求恩大夫》；还有反映现实生活题材的，如《李双双》、《枯木逢春》、《北大荒人》、《冰山上的来客》、《霓虹灯下的哨兵》、《英雄儿女》、《雷锋》、《年青的一代》等。

这些影片，无论在反映和揭示生活的广度和深度，塑造鲜明、生动、丰满的银幕艺术形象，还是在民族形式和民族风格的美学追求方面，都有了重要进步。他们以积极向上、爱憎分明、艰苦奋斗、克己奉公以及革命英雄主义和无私奉献精神，教育广大观众，对建立良好的社会风尚，培育社会主义新人，发挥了不可替代的《作用。》

这一时期具有代表性的歌曲是《我们走在大路上》、《接过雷锋的枪》、《社员都是向阳花》、《唱支山歌给党听》、《谁不说俺家乡好》、《马儿啊，你慢些走》、《我们是共产主义接班人》等，具有很高的政治水平和强大的艺术感染力，在人民群众中广为传唱。

歌剧《洪湖赤卫队》（1959年）、《江姐》（1964年）继承了自《白毛女》以来中国革命音乐戏剧的传统，广泛吸收戏曲、话剧和西洋歌剧等表现手法，达到了这一时期音乐戏剧创作的最高成就。

1962年秋天，江青指责剧作家孟超改编的昆剧《李慧娘》中有鬼魂形象，是与社会主义不相容的“鬼戏”。

昆曲《李慧娘》，作者是老作家孟超，他是响应周恩来关于戏剧剧目既要演革命现代戏，也演新编历史剧和优秀传统戏，两条腿走路的号召，应北京昆剧院的邀请，将明代传奇《红梅记》改编而成的昆剧，发表在《剧本》杂志1961年第7、8期上。剧情是南宋末年，蒙古族入侵，大敌当前，偏安临安（杭州）的南宋王朝危在旦夕，而把持军国大权的贪赃枉法、卖国求荣的宰相贾似道欺上瞒下，歌舞升平，老百姓生活痛苦不堪，敢怒不敢言。太学生裴禹等多次联名上书，揭露贾似道误国害民，但都没有下文。李慧娘原是良家女子，在逃难途中被贾府抢去，被迫当了贾似道的小妾，备受凌辱折磨。有一天，贾似道带妻妾游西湖，恰好被裴禹等太学生撞见。裴禹等当面斥责贾似道向元军纳币称臣，乞和求降等卑劣行径。李慧娘非常赏识和敬佩这位太学生，不禁脱口称赞：“壮哉，少年！”被贾似道听见，他下令回府后，将李慧娘害死，埋在后花园红梅阁畔。贾似道又派人将裴禹抓来，关在红梅阁内，准备第二天杀害。李慧娘死不瞑目，鬼魂返回人间，救出裴禹，又到贾似道房内，用头撞死了贾似道。此剧在写作之前曾得到康生的支持，上演后康生大加赞扬，还特地宴请了作者及主要演员。1961 年夏天，《李慧娘》在北京公演，然后到各省市巡回演出。8 月 31 日，廖沫沙用繁星的笔名在《北京晚报》发表《有鬼无害论》的文章，肯定了这出戏。

1963 年 3 月 29 日，中共中央批转了文化部党组《关于停演“鬼戏”的请示报告》。文化部党组的报告中说，更为严重的是新编的剧本如《李慧娘》大肆渲染鬼魂，而评论界又大加赞美，并且提出“有鬼无害论”，来为演出鬼戏辩护。

4 月，全国文联在北京召开第三届全国委员会第二次会议。中共中央宣传部副部长、全国文联副主席、作家协会副主席周扬作《加强文艺路线，反对修正主义》的报告。把反对修正主义，特别是苏联文艺上的修正主义作为当前的战斗任务。

5 月 6 日，《文汇报》发表由江青和张春桥、姚文元合写的文章——《“有鬼无害”论》，说：作者是影射攻击共产党，贾似道是共产党总理，李慧娘反对贾似道，意味着人变成鬼也要向共产党复仇。康生也反过来指责此剧是大毒草，他说：李慧娘这个鬼代表死了的阶级，向共产党报仇！

10 月 26 日，周扬在中国科学院哲学社会科学学部委员会第四次扩大会议上作《哲学社会科学工作者的战斗任务》报告，系统地论述在意识形态领域里反对现代修正主义的任务。停演这出戏，主要是认为它对大跃进以来的社会问题有影射。

1963 年底，文化部举行戏曲推陈出新座谈会，批判鬼戏。1964 年夏天，康生把《李慧娘》说成是坏戏的典型，号召批判。

1963 年 3 月，文化部在北京举行优秀话剧创造及演出的授奖大会。获奖作品有《霓虹灯下的的哨兵》、《雷锋》、《年青的一代》、《千万不要忘记》等。同年 6 月，全国京剧现代戏观摩演出大会在北京举行，《芦荡火种》、《红灯记》、《红色娘子军》、《奇袭白虎团》、《智取威虎山》、《洪湖赤卫队》、《杜鹃山》等受到好评。电影《五朵金花》、《舞台姐妹》、《兵临城下》、《小兵张嘎》，管弦乐《春节序曲》，长征组歌《红军不怕远征难》等，都深受群众喜爱。

为庆祝中华人民共和国成立 15 周年排演的大型音乐舞蹈史诗《东方红》，汇集了各个革命历史时期的经典歌舞，重现了最具有特征的历史场面。气势恢宏、编排精湛、舞蹈优美、歌曲脍炙人口，革命精神和艺术表现形式完美结合。

1965 年，由北京军区战友文工团创作演出的《长征组歌》。①

此期间，成立了负责指导全国群众文艺活动的中央群众艺术馆；从中央到地方

① 《〈中国共产党历史〉第二卷（1949—1978）》，中共党史出版社，2011 年第 1 版，第 701—702 页。

组成农村文化工作队，下乡开展文化活动；剧团和其他文艺团体也下乡为农民巡回演出，出现了像“乌兰牧骑”这样的群众文化典范。

中国作家协会成立农村读物工作委员会，出版了《农村文学读书丛书》。出版农村读物15种，印行约1200万册。

广大农村、工厂和部队开展了唱革命歌曲、讲革命故事的群众文艺活动。

家史、村史、厂史的群众性写作运动十分活跃。

新一代文艺工作者出版了《新人新作选》，召开了全国青年业余文学创作积极分子大会。

1963年9月，康生说西安电影制片厂摄制的故事片《红河激浪》为“反党影片”。

1963年9月27日，毛泽东在中央工作会议上说：过去的戏总是那一套，帝王将相，小姐丫鬟，保镖的是黄天霸，搞这一套不行；推陈出新，出什么？要出社会主义；要提倡搞新形式，旧形式也要搞新内容。

11月，毛泽东说，一个时期《戏剧报》尽宣传牛鬼蛇神，文化部不管文化；文化方面特别是戏剧，大量的是封建落后的东西，社会主义的东西很少，在舞台上无非是帝王将相，才子佳人；文化部是管文化的，应当注意这方面的问题，要好好检查一下，认真改正；如果不改，文化部就改名字，改为帝王将相部，才子佳人部，或外国死人部。

12月12日，毛泽东在中共中央宣传部文艺处编印的《文艺情况汇报》中所载《柯庆施同志抓曲艺工作》一文上做批示：

“彭真、刘仁同志：

此件可一看。各种艺术形式——戏剧、曲艺、音乐、美术、舞蹈、电影、诗和文学等，问题不少，人数很多，社会主义改造在许多部门中，至今收效甚微。许多部门至今还是‘死人’统治着。不能低估电影、新诗、民歌、美术、小说的成绩，但其中的问题也不少。至于戏剧等部门，问题就更大了。社会主义经济基础已经改变了，为这个基础服务的上层建筑之一的艺术部门，至今还是大问题。这需要从调查研究着手，认真地抓起来。”

“许多共产党人热心提倡封建主义和资本主义的艺术，却不热心提倡社会主义的艺术，岂非咄咄怪事。”[①]

1964年1月3日，刘少奇召集有邓小平、彭真等中央负责人参加的中宣部和文艺界30余人的座谈会。周扬传达和阐述了毛泽东的上述文艺批示，他分析了建国以来的文化艺术工作状况，肯定了巨大的成绩，也指出了存在的问题，提出了贯

① 《〈中国共产党历史〉第二卷（1949—1978）》，中共党史出版社，2011年1月第1版，第726页。

彻批示的意见。彭真讲话说：主席这个信是写给我和刘仁同志的；主席为什么写这个信？他就是觉得北京这个文艺队伍是相当的鸦鸦乌；在文艺这个战线上，我们的革命搞得比较差，可以说比较落后，也可以说最落后；文艺战线上的革命所以落后，首先是我们领导方面有责任，拿我来讲，在整个文艺上我没有注意；我看，你们要振作精神，深入地搞一下这方面的工作，这个问题可是不能忽视；有很多知识分子参加革命，是因为看了小说，看了文艺作品；匈牙利事变的时候，并不是将军组织了司令部，而是裴多菲俱乐部；现在我们让一些资本主义的东西、封建主义的东西在那里泛滥，连我在内，我也是让人家泛滥的一个，咱们大家分担责任；我看，主席现在提出这个问题很及时，再不搞要吃亏，包括我们的子女，都要让人家挖了墙脚。

刘少奇说，整个文学艺术的阵地，我们无产阶级和社会主义占领得很少，封建主义的东西、资本主义的东西占压倒优势，阵地是它们占了。

2 月 3 日，中国戏剧家协会在政协礼堂举行迎春晚会，2000 多人参加。针对晚会出现的问题，中宣部部长陆定一进行了严厉批评："剧协的一部分人已经腐败；所有各协会工作人员都应该轮流下放锻炼和加强政治学习。"中宣部立即向剧协党组作了传达，并在 3 月下旬决定进行整风。

5 月 8 日，中宣部文艺处写出一份《关于全国文联和各协会整风情况的报告》（草案）。该报告说，整风中检查出的问题十分严重，各单位对阶级斗争形势认识不清，作家、艺术家对反映当前现实斗争缺乏热情，《剧本》月刊不刊登反映农村阶级斗争的剧本《夺印》，却热心发表《李慧娘》等鬼戏；音乐出版社出版了《外国名歌二百首》，发行 70 多万册，宣扬了资本主义思想；文艺理论不鼓励作家创作现代的先进人物形象，反而提倡多写不好不坏的"中间人物"；音乐舞蹈界盲目崇拜西洋；文艺工作人员追求个人名利，想成名成家的资产阶级思想作风严重等。

江青将这份尚未经中宣部部务会议审议的报告草稿要去，直接送给了毛泽东阅看。

6 月 27 日，毛泽东在报告中批示："这些协会和他们所掌握的刊物的大多数（据说有少数几个好的），15 年来，基本上（不是一切人）不执行党的政策，做官当老爷，不去接近工农兵，不去反映社会主义的革命和建设。最近几年，竟然跌到了修正主义的边缘，如不认真改造，势必在将来的某一天，要变成像匈牙利裴多菲俱乐部那样的团体。[①]

1964 年 2 月 13 日，农历甲辰年春节，毛泽东在教育工作座谈会上说：学制要缩短，课程多，压得太重是很摧残人的，学制、课程、教学方法、考试方法都要

① 《〈中国共产党历史〉第二卷（1949—1978）》，中共党史出版社，2011 年 1 月第 1 版，第 726—727 页。

改；要让学生有娱乐、游泳、打球、课外自由阅读的时间。

毛泽东说：孔夫子只有6门课程，礼、乐、射、御、书、数，教出了颜回、曾参、荀子、孟子四大贤人；明朝搞得好的皇帝只有两个，一个是太祖，一个是成祖，朱元璋做得最好，他一字不识，是个文盲；明成祖是一个半文盲，识字也不多；以后万历、嘉靖读了很多书，成了知识分子，皇帝就做不好了；六朝的梁武帝，能文能武，最后困死台城；宋徽宗能诗会画，字写得很好，做了俘虏；他们只专不红，亡了国；我看，书要读，读多了害死人。

1964年6月5日至7月31日，文化部在北京举行了全国京剧现代戏观摩演出大会。参加开幕式的有陆定一、康生、郭沫若，还有萧长华、盖叫天、周信芳、姜妙香、马连良、尚小云、荀慧生等，还有来自全国各地的戏曲工作者和其他文艺工作者5000余人。

文化部部长沈雁冰发言说：今天这样多的京剧团集中北京演出，舞台上没有帝王将相，也没有才子佳人，都是新时代的工农兵形象，这在京剧历史上是没有过的，也是戏曲历史上所没有的。

陆定一说：我们要立定志向，努力工作，保证我们的后代不出修正主义，保证资本主义在我国永远不能复辟。

周信芳说：我们要有坚定不移的信心和决心，把京剧这一武器拿到无产阶级手里，根据社会主义的原则加以改造，使其更好地为社会主义服务。

参加观摩演出的有19个省、市、自治区的28个剧团，演出了《芦荡火种》、《红灯记》、《奇袭白虎团》、《节振国》、《红嫂》、《红色娘子军》、《草原英雄小姊妹》、《黛诺》、《六号门》、《智取威虎山》、《杜鹃山》、《洪湖赤卫队》、《红岩》、《革命自有后来人》、《朝阳沟》、《李双双》等37个剧目。

毛泽东在大会期间观看了《智取威虎山》等戏。周恩来和彭真都出席了闭幕式，并发表了有关讲话。

彭真说："我们的京剧艺术已经进入了新的阶段。在我国，当前根本的矛盾是社会主义道路和资本主义道路的矛盾，无产阶级和资产阶级的矛盾，也表现为马克思列宁主义和修正主义的矛盾。因此，我们的京剧是为社会主义服务，还是为资本主义服务；是为工农兵服务，还是反对工农兵；是为总路线服务，还是反对总路线；是拥护党的领导，还是不拥护；是走马克思列宁主义的道路，还是走修正主义的道路，这是必须解决的根本问题。这也是判别京剧艺术好坏的第一个标准，是决定京剧生死存亡的关键问题。我们的社会是社会主义社会，各种上层建筑一定要为社会主义的经济基础服务。"

周扬作总结报告。

江青参加了这次大会。6月23日，周恩来召集演出人员开座谈会，江青讲话说：全国的剧团有3000个，其中90个左右是职业话剧团，80多个是文工团，其余 2800 多个是戏曲剧团；在戏曲舞台上，都是帝王将相才子佳人，还有牛鬼蛇神；那九十几个话剧团，也不一定都是表现工农兵的，也有“一大、二洋、三古”，可以说话剧舞台也被中外古人占据了；如今舞台上都是帝王将相、才子佳人，是封建主义的一套，是资产阶级的一套；这种情况，不能保护我们的经济基础，而会对我们的经济基础起破坏作用。

6 月 26 日，毛泽东对江青的讲话批示说，讲得好。

7 月，江青将反映文化部、文联和各协会整风情况的报告选送给毛泽东，第 9 号简报中反映宣传 30 年代电影的情况，说有些人留恋 30 年代，全盘否定社会主义电影成就，否定毛泽东在延安文艺座谈会上的讲话的伟大意义；第 18 号简报反映说音乐界盲目崇拜西洋，说有些人宁愿演外国人的丫头，也不演中国戏的主角，提出对聂耳、冼星海是否有估价过高的地方，并点了著名翻译家戈宝权的名字；第 21 号简报反映文联部分负责干部在阳翰笙（著名剧作家，全国文联副主席，戏剧家协会常务理事）生日之际，为他祝寿，称他为国宝和大海。毛泽东阅后批示：退江青。

7 月 31 日，康生在全国京剧现代戏观摩演出总结会上，点名攻击影片《北国江南》、《舞台姐妹》、《逆风千里》、京剧《谢瑶环》、昆曲《李慧娘》等为大毒草。

8 月 14 日，根据康生的指令，中宣部向中央书记处写了《关于公开放映和批判〈北国江南〉、〈早春二月〉的请示报告》。毛泽东阅后批示：不但在几个大城市放映，而且应在几十个至 100 多个中等城市放映，使这些修正主义材料公之于众，可能不止这两部影片，还有些别的，都需要批判。

《北国江南》，由阳翰笙编剧，沈浮导演，于 1963 年拍摄完成，描写了人民群众在共产党领导下，将千里荒原变成绿色江南的故事，塑造了吴大成和银花两个农村共产党员形象。此片被指责为宣扬阶级调和，歪曲和抹杀农村现阶段阶级斗争。

《早春二月》，根据“左联”作家、烈士柔石 1929 年创作的中篇小说《二月》改编，描写了一对知识分子对现状不满，与旧传统习惯格格不入，而自己又没有坚定信仰；他们渴望奋争和变革，但又远离人民革命的洪流，孤单软弱，找不到革命出路。反映了 20 世纪 20 年代小资产阶级知识分子的苦闷和彷徨。遭到了比《北国江南》更猛烈的批判：露骨美化个人主义、歌颂资产阶级和个人主义，掩盖和调和阶级矛盾；贯穿着一种虚伪的人道主义的旋律和色彩。

江青向陆定一、周扬等人提出批判电影《林家铺子》、《不夜城》、《逆风千里》、《红日》、《革命家庭》、《球迷》、《两家人》、《兵临城下》、《聂耳》等 10 部影片（陆定一、周扬只同意批判《不夜城》和《林家铺子》）。这样，先后被公开批判的影片有：《北国江南》、《早春二月》、《舞台姐妹》、《红日》、《兵临城下》、《革命家庭》、《林家铺子》、《聂耳》、《怒潮》、《不夜城》、《两家人》、《球迷》、《逆风千里》、《抓壮丁》等；被批判的戏剧有：《李慧娘》、《谢瑶环》；被批判的小说：《三家巷》、《苦斗》等。

1964年8月25日，毛泽东在接见非洲和拉丁美洲青年学生代表团时，说：无论哪个城市的大学、中学、小学，那里的教授教员以及行政人员，过去都是国民党的，很少有我们的教授，很少有我们的教员，那些人都是替国民党服务的，都是亲帝国主义的。

9月4日，毛泽东在接见老挝爱国战线党文工团团长和主要演员时，说：胜利了，搞社会主义建设，搞了15年，我们文艺界比不上你们，有几百万人，都是国民党留下来的资产阶级知识分子，教育界大学教授、中学教师、小学教师也有不少资产阶级知识分子；文艺界唱戏的、画画的、唱歌的都有，新闻界好一些，电影界也有。

10月16日，毛泽东在接见古巴党政代表团时，说：我国的文化界不为工农兵服务，不为社会主义服务，而是为资本主义、封建主义服务；资产阶级掌握文化、艺术、教育、学术，可顽固啊！尽是他们的人，我们的人很少。

1965年1月，毛泽东在接见外宾，讲到军事院校时，说：我们的军队90%以上是不识字和小学程度的，就是我们这些不识字的兵打倒了国民党那些陆军大学毕业的；军事学校可以办，但不要学得太长，读几个月就行了。

1965年4月，文化部、全国文联和各协会的整风结束。4月7日，中共中央发出《关于调整文化部领导问题的批复》，免去齐燕铭、夏衍、陈荒煤等人的文化部副部长的职务。5月，改组了文化部领导，成立了以萧望东（南京军区副政委）为书记，石西民、颜金生为副书记的新党组。

对文艺界的批判，很快扩展到哲学社会科学领域。中国科学院经济研究所所长孙冶方提出的要大力抓企业利润，改革那些不计成本、不讲效益的企业管理制度的主张，被指责为鼓吹“利润挂帅”的修正主义观点。在哲学界，中央高级党校副校长杨献珍的“合二为一”论遭到批判①；对北京大学党委副书记、哲学家冯定所写的《共产主义人生观》和《平凡的真理》无端批判。历史学界，对北京大学副校长、历史学家翦伯赞和太平天国史研究专家罗尔纲等人的史学观点进行了批判。

1965年底，全国自然科学技术人员达到245.8万人。其中有研究生学历的1.6万人，大学毕业学历的113万人。全国专门的科学研究机构1714个，专门从事科学研究人员12万人。

① 1965年9月，中共中央批准关于杨献珍问题的报告，认定杨献珍“从理论上根本否定阶级斗争、否定社会主义同帝国主义的斗争、否定马列主义同修正主义斗争的‘合二为一’论，为现代修正主义的‘三和两全’路线作了哲学概括，为国内资本主义势力制造了‘和平演变’的理论”。杨献珍被撤销中央高级党校副校长职务。

中国科学院是国家最高学术机构和综合研究中心。

从 1963 年到 1966 年 6 月，中国科学院、各产业部门、各高等院校和各地科研机构以及厂矿、农林牧场、医疗卫生等企事业单位的科技工作者，为国民经济和国防建设提供了大量科学技术成果。如：为密切配合原子弹、氢弹和导弹的研究试验，研制了品种众多、规格特殊、技术条件严格的新型材料、仪器仪表、精密机械和大型设备等；按照经济建设需要，设计试制了电子计算机、电子显微镜、射电望远镜、高速照相机、氨分子钟、30 万千瓦双水冷发电机等一批高精尖设备。

农业方面，中国初步完成了全国耕地的土壤普查。在世界上最早育成的矮秆水稻得到大面积推广。由于采取品种、灌溉、栽培、肥料等综合技术措施，大大提高了中国粮食作物复种指数。选育可以推广的小麦、棉花、玉米等 8 种作物 169 种优良品种，一般可增产 10％至 15％。基本掌握了 11 种主要病虫害的发生规律，提出有效的控制、防治方法，尤其是对东亚飞蝗的虫情预报进而消灭飞蝗虫害做出了贡献。1964 年至 1966 年，研究开发并先后投产了福美砷、甲基胂酸钙、退菌等有机砷杀菌剂，解决了一些农作物防治病虫害的手段，为提高农业产量作出了贡献。创建和改进了许多防治家畜疾病的疫苗。开展了适应中国农情的农业机械研究试验。畜类改良、渔业资源及鱼类回游规律、林木速生丰产、橡胶种植的研究等，已经从比较薄弱的基础上较快发展起来。

科技工作者绘制了中国第一个国家大地图集，基本查清西藏地区自然条件特征，在广东、福建、广西、云南等省（自治区）找到了 2000 万亩适宜种植橡胶的土地，在东北、内蒙古与西部地区找到了 3.8 亿亩适宜开垦的荒地。

生物物理学、分子生物学、电生理学、酶化学、地球化学、地球动力学、岩石力学、物理力学、海洋学、射电天文学、近地空间、化学物理、络合物化学、催化动力学、低温物理、高能物理等，都有明显进展。

二十三、李宗仁归国

1949 年 11 月 20 日上午，李宗仁到达香港。蒋介石先后派居正、朱家骅、洪兰友、郑彦棻等两次来港挽留李宗仁。李宗仁决定赴美国治病。

1955 年秋，李宗仁在美国发表《对台湾问题的建议》：台湾问题必须解决，周恩来总理在万隆会议的声明为解决台湾问题指出了正确的途径，凡属爱国之士，均应竭诚拥护，并为促其实现而共同努力。①

1956 年 5 月 12 日，周恩来在中南海宴请来访的李宗仁的原秘书、原国民党中

① 这是自 1949 年以来李宗仁在政治立场上一个重大的转变，引起北京的注意。

央非常委员会副秘书长程思远。周总理在宴会中，高度评价李宗仁的《对台湾问题的建议》。周恩来说：李德邻的意见很好；只有一条我不同意，他主张台湾非军事化，这怎么可能呢？就是台湾回归祖国以后，还是需要军队保卫嘛！

1963 年 7 月 14 日出版的《欧洲周报》，刊有意大利女记者玛赛丽写的一篇《李宗仁先生访问记》。李宗仁对该记者说："我由于自己的失败而感到高兴，因为从我的错误中一个新中国正在诞生。"

李宗仁曾通过有关渠道表示想回国的意愿。根据周恩来的安排，告知李宗仁不要立即回国。因为从美国直接回国，势必要受到美国和台湾国民党方面的阻挠和破坏。周恩来建议李宗仁到欧洲各国走一走、看一看，或是小住一段，然后再按时回到美国。以此来麻痹美国政府和台湾特务，为顺利离开美国回到祖国怀抱作铺垫。

1963 年 12 月 19 日，程思远飞抵苏黎士同李宗仁会晤，转达了周恩来的口信。周恩来要程思远向李宗仁转达三件事：

一是"四可"，那就是李先生可以回国定居，他决心回来，我们表示欢迎；可以回国后再去美国；可以在方便的时候再回来；可以在欧洲暂住一个时期再定行止。总之，我们欣赏德邻先生的向往祖国之心，但一切不强加于人，由他自己决定。

二是"四不可"，李先生不要介入中美关系；不要介入美台关系；不要介入国共关系；不要介入第三势力。

三是要过"五关"，五关是政治关、思想关、社会关、家族关、亲友关。

1964 年，李宗仁曾往纽约《先驱前锋论坛报》投函。

1965 年 1 月 31 日，中共中央调查部印发关于李宗仁的桂林同乡廖行健在香港谈李宗仁的动态报告：李宗仁准备从美国经香港回祖国，回国是唯一可行之路；为表示其决心，李宗仁已经登广告出卖其新泽西州的房子，预定四五月间赴欧洲；李宗仁并对投函《先驱前锋论坛报》一事非常追悔，可惜已补救不及。2 月 3 日，毛泽东批示给周恩来："似应欢迎李宗仁回国。去年向美投书问题，无关大局，不加批评，因他已自己认错了。"①

1965 年 4 月，李宗仁到纽约郊区纽华克城移民局申办出境旅游签证，说要去欧洲小住，为期约 3 个月。移民局知道他 1963 年去过欧洲，并且在圣诞节前赶回美国。因此 6 天之后，就办好了签证手续。6 月 12 日，李宗仁飞往瑞士苏黎士。6 月 23 日，李宗仁的夫人郭德洁卖掉在美国新泽西州的住宅后也来到瑞士苏黎士，准备同李宗仁一起回祖国。程思远于 6 月 28 日到达瑞士同李宗仁夫妇会合。

李宗仁等三人按照预先的布置，于 1965 年 7 月 13 日从瑞士乘瑞士航空公司飞机自苏黎士起飞，途经日内瓦、雅典、贝鲁特等地到达巴基斯坦卡拉奇机场。

---

① 《建国以来毛泽东文稿》第十一册，中央文献出版社，1996 年 8 月第 1 版，第 325 页。

就在这个时候，国民党政府驻联合国日内瓦的工作人员接到了密电，要不惜任何代价设法阻止李宗仁归国。于是，两名国民党特务立即动身赶往苏黎士，特务们通过到“瑞士航空公司”，查问当天离开苏黎士的旅客名单中有李宗仁等人的名字。于是台北的密令，抢在李宗仁的座机到达之前几个小时，到达了巴基斯坦当时的首都卡拉奇。

周恩来将保障安全的任务交给了中国驻巴基斯坦大使丁国钰。遵照嘱咐，李宗仁夫妇和程思远等三人在瑞士日内瓦机场停留的半个小时里，都没有离开过机舱，尽管空中小姐几次热情地邀他们下机散步，尽管偌大的机舱里仅剩下他们三人，他们也没有离开座位半步。

丁国钰找到巴基斯坦航空公司总经理罗汉，说有一个老朋友在欧洲，年纪大了，走路有困难，想将车从你们总统车那边开进去，飞机停下后开车把他接下来。罗汉答应了。于是，丁国钰就开车进去等着。

到达卡拉奇时是当地时间凌晨 4 点半，李宗仁三人准备下机。按照飞行日程表的安排，飞机将在这里稍事停留后，再继续向东飞往香港。航空小姐很奇怪，在日内瓦和贝鲁特都没有下机走一走的这三位客人（因为香港是他们是要到的终点），怎么现在看来要准备下飞机。飞机停定了之后，一辆闪着警灯的救护车就停在了舷梯的旁边。飞机滑到停机坪，还没到候机室，停了下来，离候机室还有一点路。丁国钰就将车开进去。李宗仁、郭德洁、程思远他们三个人下来听说后，非常高兴。他们上车后没有通过海关，就直接到了中国驻巴基斯坦大使馆。与此同时，蒋介石布置的两名暗杀李宗仁的特务早已经等在机场大厦的楼梯下面。

没过多久，丁国钰发现，大使馆的墙外每天都有一些陌生人来回走动。丁国钰将此事报告给巴基斯坦政府，说这个人不是我的私人朋友，他是原来国民党的代总统，他是毛主席、周总理请的，他到北京会见他们去。后来就安全了。住了两天，李宗仁有点着急，他归心似箭，向丁国钰大使提出疑问。丁国钰拿出香港，台湾的报纸给他看。丁国钰说，报纸把你们的行程给暴露了，而且根据情报，就是说国民党的特务机构，想方设法要把你们拦截，甚至不惜用一些很极端的方法，所以你们现在走还不安全。李宗仁听后，十分气愤，夜不能寐，写了一封信，说如果此行有什么不测的话，这封信就留以明志。

通过巴基斯坦外交部长布托和卡拉奇国际航空公司总经理协助，从欧洲调回一架新飞机，并将机组人员配备权完全交给中方。为了防止敌人破坏，李宗仁要乘坐的飞机在库房里停了三天三夜。这三天三夜专门有人看守，不准任何人接近，如果有定时炸弹就会起爆。

7 月 17 日晚上，中国驻巴基斯坦大使馆大门开了之后，先开出去两辆汽车，都拉着很厚的窗帘，看不到车里坐的是什么人，然后就看到有一些其他的汽车就跟了上去。在他们都走了之后，大使馆再开出来两辆车，这两辆车上面才坐着李宗仁一行，风驰电掣到了卡拉奇国际机场，然后登上了 10 点半起飞的巴基斯坦国际航空公司的一架波音 720 飞机。

据情报称，国民党尚在金三角的残余部队，准备在空中挡住这架飞机。国务院总理周恩来一直守候在电话机旁，一夜未曾合眼。他不断地指示有关方面，密切注意波音 707 航线附近的情况。一直等到飞机进入了昆明境内，周恩来才放心。

7 月 18 日上午 8 点钟，飞机降落在广州白云机场，受到中南局第一书记陶铸和广东省委第一书记赵紫阳、省长陈郁等人热烈欢迎。他们在机场吃早餐，稍事休息后，李宗仁夫妇和程思远乘专机向上海飞去。上午 11 点，专机在上海虹桥国际机场徐徐降落。周恩来总理、陈毅副总理偕上海市委陈丕显等领导人在机场迎接。李宗仁受到如此礼遇，感动极了。

当晚，陈丕显同志在上海文化俱乐部（即前法国总会）设宴招待李宗仁夫妇，周恩来、陈毅参加。罗青长副秘书长告诉说，总理昨晚通宵未眠，一直等到接获李先生座机进入我国境内的信息，他才上床休息。

7 月 19 日上午，周恩来在文化俱乐部与李宗仁会晤。罗青长、刘述周、姚仲康参加。周恩来说，李先生万里归来，我们很为你的安全担心；台湾方面到处打听李先生的消息，但所得消息都是不准确的，证明他们情报落后了。在谈到台湾前途时，周恩来说，台湾问题的解决，待将来时机成熟，自有人挺身而出，通过政治途径，将台湾重新归回祖国，完成祖国统一大业。周恩来讲这些话时，满怀信心，给人以深刻印象。周恩来对李宗仁重申“四可”精神，他说：李先生说过，一回来就再不出去了；但是“四大自由”还是要讲的；1963 年我曾请程思远先生转达了“四可”的内容，现在，我们还要重申来去自由；不单是李先生的问题，还有你太太，你太太还可以去香港。

周恩来还对李宗仁说，我们来接你还是秘密的，这个接你的行动也不公开、也不发消息，等到明天你到北京那才是正式的。我晚上把你们接完以后我要飞回北京，我在那里正式等你。李宗仁就更感动了。

7 月 20 日上午，周恩来的专机先起飞 20 分钟。等到李宗仁夫妇飞抵首都机场时，又受到周恩来总理、彭真副委员长等领导人的热烈欢迎。到机场迎接李宗仁的还有各民主党派、全国工商联负责人、无党派民主人士、曾经参加 1949 年南京和平谈判代表团的成员，以及前国民党起义将领共 111 人。周恩来还特别介绍李宗仁同溥仪见了面，这是末代皇帝与末代总统的历史性会面，溥仪说：“欢迎你回到我们伟大祖国的怀抱里来。”当晚，周恩来在人民大会堂宴会厅设宴欢迎李宗仁夫妇，待以上宾之礼。

李宗仁说，像他这样的国民党人，和广大在海外的国民党军政人员，其实都是心系祖国大陆的，都是想统一的，他说希望他们也像他这样早日回来。李宗仁说，为什么我能回来，因为我是看到中华人民共和国——新中国蒸蒸日上，在共产党的领导下，国家面貌翻然改新，这样的一个国家，欣欣向荣的国家，那正是我们所有包括辛亥革命、北伐革命的这些奋斗的人士所希望的，我们为什么不回来。李宗仁夫妇回到大陆的消息，一时间成为港台及海外街头巷尾的热门话题。

1965年7月20日，李宗仁回国的同一天，台湾，蒋介石在其官邸日月潭涵碧楼，由蒋经国陪同，接见曹聚仁。曹聚仁出示毛泽东给蒋介石的一首《临江仙》词，内有“明月依然在，何日彩云归”。蒋介石对曹聚仁说了几句奖勉的话。蒋经国对曹聚仁说：“今后还要仰仗。”

整个会谈自始至终就他3个人。

曹聚仁介绍中共方面的条件。然后便逐条讨论、商谈。蒋介石父子也不断提出自己的意见。

经过几次讨论，很快形成了6项条件，大意为：

（一）蒋介石偕同旧部回到大陆，可以定居在浙江省以外的任何一个省区，仍任国民党总裁；北京建议拨出江西庐山地区为蒋介石居住与办公的汤沐邑。

（二）蒋经国任台湾省省长，台湾除交出外交与军事外，北京只坚持农业方面必须耕者有其田；其他政务，完全由台湾省政府全权处理，以20年为期，期满再行洽商。

（三）台湾不得接受美国任何军事与经济援助，如财政上有困难，由北京照美国支援数额照拨补助。

（四）台湾海空军并入北京控制，陆军缩编为4个师，其中1个师驻厦门、金门地区，3个师驻台湾。

（五）厦门与金门合并为一个自由市，作为北京与台北间的缓冲与联络地区；该市市长由驻军师长兼任；此一师长由台北征求北京同意后任命，其资格应为陆军中将，政治上为北京所接受的。

（六）台湾现任文武百官官阶，待遇照旧不变，人民生活保证只可提高不准降低。

曹聚仁回到香港，即将谈判情况及6项条件报告给中共中央。

1965年7月27日中午，毛泽东在游泳池畔凉棚内接见李宗仁等人。毛泽东说：你们回来，很好，欢迎你们。李宗仁说，我们回来后都为祖国的强大感到高兴。毛泽东说，祖国是比过去强大了一些，但还不很强大，我们至少还得再建设二三十年才能真正强大起来。

李宗仁谈到，蒋介石让他代总统，蒋介石说好我下野了，你代总统，他说我上了蒋先生一个当，其实他什么权力都没有放弃。毛泽东说，德邻先生你这次又上当了。李宗仁大吃一惊。毛泽东说蒋介石骂我们是共匪，你回来以后你不是上了匪船了吗。李宗仁一下不知道怎么回答，说不出话。程思远就说，主席，我们是搭上慈航，渡登彼岸，就是搭上共产党这个好船。毛泽东笑了一下，觉得这个人很机灵。毛泽东特别提到李宗仁声明里面没有指责蒋介石，毛泽东特别赞赏。毛泽东说，你的声明我看了，里面没有骂蒋介石，这很好；蒋介石如果愿意回来，我们更高兴，更欢迎。表明了这么一个态度，使李宗仁感到特别安慰。毛泽东说：跑到海外的，凡是愿意回来，我们都欢迎，他们回来，我们都以礼相待。李宗仁深以台湾问题久悬不决为虑。对此，毛主席说："德邻（李宗仁字）先生，不要急，台湾总有一天会回到祖国来的，这是不可逆转的历史潮流。"

毛泽东接见和吃饭一直持续了4个小时。下午3点的时候，统战部的一位同志跟程思远悄声说，李宗仁先生这次活动可以了吧？我看主席也比较累。程思远站起来说，德邻先生，主席比较忙，我们是不是就告辞了。毛泽东意犹未尽，说，少壮派，你别说了，我们还要谈一会儿。会见大约持续了5个小时。毛泽东建议李宗仁到祖国各地看一看。于是，在有关部门安排下，李宗仁夫妇到东北重工业基地、华东、华南等地参观，访问了农村和工厂，也饱览了祖国秀丽的山山水水。

1965年8月16日，国防委员会副主席傅作义和夫人举行家宴招待李宗仁夫妇。参加者有彭真、陈毅、罗瑞卿、蔡廷锴和夫人罗西欧、徐冰和夫人张晓梅、董其武、王克俊、黄琪翔和夫人郭秀仪、刘仲容和夫人张敏华、卫立煌和夫人韩权华，还有平杰三、刘述周、罗青长、李金德。周恩来进来时对大家说，今天请客的名单是我圈定的。

1965年9月26日，李宗仁在北京招待中外记者。这是新中国成立以来首次举行这样大规模的记者招待会，是李宗仁在上海时提出要求而得到周恩来当面答应的。9月24日，周恩来指定吴冷西、龚澎、姚溱、张彦等四同志当招待会的顾问。来自世界50多个国家和地区的300多名中外记者出席了这次招待会，到会的新闻界人士之多、招待会规模之大，都是新中国成立以来前所未有的。

李宗仁回国8个月之后，夫人郭德洁因乳癌发作病逝于北京医院。

1966年国庆节，毛主席在天安门城楼上亲切接见李宗仁，并对他说："请多保重身体，共产党是不会忘记您的。"

1968年8月初，李宗仁住进北京医院，被诊断出患了直肠癌。临终前，李宗仁给毛泽东主席和周恩来总理留下一封信：我在1965年，毅然从海外回到祖国所走的这一条路是走对了的，在这个伟大时代，我深深地感到能成为中国人民的一分子是一个无比的光荣；在我快要离开人世的最后一刻，我还深以留在台湾和海外的国民党人和一切爱国的知识分子的前途为念，他们目前只有一条路，就是同我一样回到祖国的怀抱。

1969年1月30日，李宗仁病情恶化，午夜12时去世，享年78岁。

二十四、把医疗卫生工作的重点放到农村去

旧中国的农村，缺医少药。农民生病根本治不起，只能挺着，小病或许能挺过去，要是得了大病，那就只能等死。新中国成立后，人民政府十分重视农村广大农民的医疗卫生问题，也曾采取过多种措施设法解决问题。但当时中国经过正规培训的医生很少，政府很难一朝一夕解决这个历史遗留问题。这种情况下，中国农村中那些旧有的医生就有了存在的空间。这些旧医生中，不乏巫医神汉，跳大神的现象在中国农村也普遍存在。接生婆仍然在广大农村活动，落后的接生方式使许多农村妇女产后生病，婴儿死亡率很高。即便是那些稍有些医学知识的农村医生，水平也普通较低，致使医疗事故频频发生。

抗日战争时期，解放区就出现过农民集资兴办的合作医疗。

新中国成立后，一些地方在土地改革后的农业互助合作社运动的启发下，由群众自发集资创办了具有公益性质的保健站和医疗站。中央人民政府曾探索通过发展中医来解决农民看病难的问题。毛泽东就曾多次认为，中医需要器械不多，行动灵活方便，中药也不贵，农民抓得起，因此，发展中医对解决农民看病难的问题十分有利。

鉴于医疗卫生资源有限，1952 年和 1953 年，政务院相继颁布实施《关于实行公费医疗预防的指示》和《劳动保险条例》向全国各级人民政府、党派、工青妇等团体、各种工作队以及文化、教育、卫生等事业单位的国家工作人员和革命残废军人提供公费医疗，向厂矿企业职工提供劳保医疗。对于在中国人口中占绝大多数的广大农民的医疗卫生工作，根据第一、二次全国卫生工作会议提出的面向工农兵、预防为主、团结中西医、卫生工作与群众工作相结合的卫生工作方针，除了为消灭天花、伤寒等急、烈性传染病而实行全民性计划免疫免费制度之外，基本上采取依靠群众路线，依靠群众办医，实行农民自费看病的办法。从此城镇居民享有国家医疗保障、农民没有国家医疗保障的现象，长期成为中国二元社会福利保障制度的基本特点。

对于农村的医疗卫生，新中国成立初期，国家首先在县一级投资建立卫生院，在县以下农村，将原先的个体中西医组织成联合诊所，农民到联合诊所自费看病。同时运用群众运动的方式大力开展爱国卫生运动，改善农村卫生环境；以低成本的劳动力，大规模投入地方病、流行病和传染病的防治工作。

在农业合作化运动中，农业生产合作社开始兴办保健站，由经过十天至半个月左右培训的保健员宣传卫生政策，协助卫生部门开展预防接种，为社员提供伤口包扎和急救之类的简单医疗服务。联合诊所则仍然是农村的主要医疗机构。

从1952年开始，在浙江省富阳县开业的个体中西医陆续组成联合诊所。农业合作化运动中，富阳县卫生院举办保健员训练班，教授外伤急救和宣传卫生知识，训练班为期15天，为国营农场、农业生产合作社培训保健员51名。到1956年，共有农业社保健员305名，联合诊所36个。

1956年，全国人大一届三次会议通过《高级农业合作社示范章程》规定，合作社对于因公负伤或因公致病的社员要负责医疗，并且要酌量给以劳动日作为补助，从而首次赋予集体介入农村社会成员疾病医疗的责任。随后，许多地方开始出现以集体与个人相结合、互助互济的集体保健医疗站、合作医疗站或统筹医疗站。当年，全国农业生产合作社举办的保健站有1万余个，联合妇幼保健站600多个，各式各样的群众联合诊所51000余个。

1958年，毛泽东作出批示："中国医药学是一个伟大的宝库，应当努力发掘，整理，提高。"

但是，培养大批中医需要时间，而且这些学成的中医大多也留在城市医院工作，广大农村缺医少药的问题仍然没有得到根本解决。于是中央转而探索另一种解决方式——派城市的医生组成医疗队下乡为农民治病。毛泽东曾多次指示城市中的医院要组织医疗队下乡为农民治病。为了贯彻毛泽东的指示，1965年之前还陆续出台了许多方案，要求各级医院临时组建下乡巡诊的医疗队为农民治病。1965年1月，毛泽东和中央又批转了卫生部关于组织巡回医疗队下农村基层的报告。很多医疗专家纷纷响应，像著名的胸外科专家黄家驷、儿科专家周华康、妇科专家林巧稚都曾加入其中，深入农村巡诊。到1965年上半年，全国城市共组织了2800人下农村巡诊。

但医疗队下乡毕竟是临时性的，由于医疗队人数有限，每次下乡只能走两三个乡镇，且医疗队下乡只能轻装，不可能带齐各种医疗器械，也不可能配齐各专科人员，无法达到有效地为农民治病的目的。此外，医疗队长期下乡，各级医院要打乱日常工作来安排人员，农村要为安排医疗队的食宿而费脑筋。因此，许多地方组织医疗队下乡没有长期坚持，有的地方甚至采取了形式主义的态度，农民看病难的问题仍然存在。

1958年，"大跃进"运动开始以后，国家在县设人民医院；在公社将联合诊所、农业社保健站和区卫生所合并成人民公社卫生院，由公社经营管理；在大队设保健室，生产队配保健员、接生员和保育员，这样形成了一个比较完整的农村医疗卫生体系。一些地方还借鉴根据地时期的卫生保健合作社和农业合作化时期个别地方的经验，开始实行人民公社社员集体合作医疗制度：每年由社员交纳一定的保健费，公社、生产队的公益金补助一部分，社员看病只交部分挂号费和药费。这种医疗制度是1968年以后中国农村合作医疗制度的雏形。许多地方在人民公社"看病吃饭不要钱”的供给制影响下，甚至开始实行免费医疗。

1959年11月，卫生部在山西省稷山县召开全国农村卫生现场工作会议，认为这种新型的集体保健医疗制度不仅是依靠群众自己解决自己问题的好办法，而且是将来逐步迈向全体社员免费医疗的良好过渡形式，同时也指出“谁看病，谁出钱”是当前大部分地区采取的主要形式。1960年，《中共中央关于卫生工作的指示》进一步指出：根据目前的情况，以实行人民公社社员集体保健医疗制度为宜，并强调只有极少数经济富裕的人民公社仍可继续实行社办公费医疗的办法，但不要忙于推广。然而在大跃进运动中，实行合作医疗或免费医疗更多的是出于高涨的政治热情，而没有考虑到当时当地的经济水平，加上没有一套完善的管理制度，因而很难有效地推行。

从1960年到1963年，全国卫生事业经费支出总额为31.8亿元，其中公费医疗经费支出为10亿元以上，占总支出的31.4%。1964年，在卫生技术人员分布上，69%的全国高级卫生技术人员在城市，31%在县以及县以下的农村，其中县以下仅占10%；中级卫生技术人员中，城市占57%，农村占43%，其中县以下农村仅占27%，而1964年的农村人口占全国总人口的81.6%。

1965年初，卫生部门为配合“四清”运动，组织城市巡回医疗队下乡为农民治病，结合生产开展群众爱国卫生运动，进行计划生育的宣传指导，为生产大队培训不脱产卫生员和接生员，提高农村基层卫生员的业务水平，每次一到三个月。然而，这种短期的城市下乡巡回医疗队不能从根本上改变农村缺医少药、城乡之间医疗卫生资源差距悬殊的状况：1965年，城市平均每千人所得的医院床位以及专业卫生技术人员数目，分别是农村的7.4倍和3.7倍。而农村人口是城市人口的4.6倍。

1965年6月26日，毛泽东根据中央办公厅安排，听卫生部部长钱信忠汇报工作。

钱信忠在作了卫生部工作的一般性汇报后，讲到全国医务人员分布情况时说：全国现有140多万名卫生技术人员，其中70%在大城市，20%在县城，只有10%在农村；高级医务人员80%在城市；医疗经费的使用农村只占25%，城市则占去了75%。

毛泽东听到这组数字，他面容严肃地站起身来，严厉地说：“卫生部只给全国人口的15%工作，而且这15%中主要是老爷，广大农民得不到医疗，一无医，二无药。卫生部不是人民的卫生部，改成城市卫生部或老爷卫生部，或城市老爷卫生部好了！……应该把医疗卫生工作的重点放到农村去！……培养一大批‘农村也养得起’的医生，由他们来为农民看病服务。”

毛泽东的讲话在一定程度上客观地指出了城乡间医疗卫生的巨大差距，对以后的医疗卫生工作有重要影响，这是农村医疗卫生体制的转折点。

一个多月后，毛泽东再次召见卫生部部长钱信忠等人，讨论在农村培训不脱产的卫生员的事情。在这次谈话中，毛泽东重点谈了改善农民医疗条件的问题，并且提出了在农村培训不脱产的卫生员的总构想。毛泽东说："书读得越多越蠢。现在那套检查治疗方法根本不适合农村，培养医生的方法，也是为了城市，可是中国有五亿多农民。"毛泽东接着说："医学教育要改革，根本用不着读那么多书……高小毕业生学三年就够了，主要在实践中学习提高，这样的医生放到农村去，就算本事不大，总比骗人的医生与巫医要好，而且农村也养得起。"

普及农村医疗卫生的工作在全国迅速展开了。在全国各县普遍建立人民医院的基础上，国家开始大力扶持有条件的公社迅速建立卫生院，同时卫生部着手组织对农村有一些文化的青年进行医学培训。

此后，组织城市巡回医疗队下乡和培训农村半农半医卫生员成为农村卫生工作的中心任务。这些农村半农半医卫生员就是赤脚医生的前身。

1965年9月，中共中央批转卫生部党委《关于把卫生工作重点放到农村的报告》，强调加强农村基层卫生保健工作，极大地推动了农村合作医疗保障事业的发展。到1965年底，全国已有山西、湖北、江西、江苏、福建、广东、新疆等10多个省、自治区、直辖市的一部分市县实行了合作医疗制度，并进一步走向普及化。①

第六章主要参考书目和文章

《朱德选集》，人民出版社，1983年8月第1版。

《周恩来选集》下卷，人民出版社，1984年11月第1版。

《刘少奇选集》下卷，人民出版社，1985年12月第1版。

《建国以来毛泽东文稿》第八卷，中央文献出版社，1993年1月第1版。

《陈云文选》第三卷，人民出版社，1995年5月第2版。

《建国以来毛泽东文稿》第九卷，中央文献出版社，1996年1月第1版。

《建国以来毛泽东文稿》第十卷，中央文献出版社，1996年8月第1版。

《毛泽东文集》第八卷，人民出版社，1999年6月第1版。

杨明伟：《走出困境——周恩来在1960至1965》，中央文献出版社，2000年第1版。

① 1967年1月，湖北省长阳县乐园公社在其所属6个生产大队普遍实行农村合作医疗。1968年，毛泽东批示推广乐园公社的合作医疗经验。12月15日，《人民日报》登载了乐园公社开办合作医疗的报道并加编者按，同时登载北京郊区贫下中农、基层干部、医务人员讨论合作医疗的座谈纪要。这一具有鲜明中国特色的农村合作医疗制度推广开来，为解决广大农民看病难、就医难的问题起了积极作用，农村群众的健康状况有了好转。

黄峥：《刘少奇一生》（修订本），中央文献出版社，2003 年 1 月第 1 版。

《毛泽东传（1949—1976）》，中央文献出版社，2003 年 12 月第 1 版。

《中华人民共和国专题史稿Ⅱ（1956—1966）》，四川出版集团、四川人民出版社，2009 年 8 月第 2 版。

《〈中国共产党历史〉第二卷（1949—1978）》，中共党史出版社，2011 年 1 月第 1 版。

当代中国研究所著：《〈中华人民共和国史稿〉第二卷（1956—1966）》，人民出版社、当代中国出版社，2012 年 9 月第 1 版。

刘景春：《彭德怀同志一九六一年回乡调查情况综述》，《湘潭师专学报》，1984 年第 4 期。

顾迈南：《"两弹"元勋邓稼先》，《人民日报·海外版》，1986 年 6 月 24 日。

梁凯：《陈永贵——一位值得怀念的农民》，《中国建设》，1986 年第 6 期。

刘成荣：《六十年代初全党大兴调查研究之风及其作用》，《中国人民大学学报》的"中国现代史"，1988 年第 1 期。

李捷：《中苏论战与毛泽东思想晚期阶级斗争理论的形成》，《党史文汇》（太原），1989 年第 3 期。

周重先：《刘少奇家乡行》，《党史博采》，1989 年第 6 期。

《刘少奇的一则逸事》，《党史博采》，1989 年第 9 期。

《斯大林的沉默与杜鲁门的讹诈——葛洛米柯最后一次答记者问》，《参考消息》，1989 年 9 月 30 日。

都培炎：《中国第一颗原子弹是怎样搞成的》，《党史博采》，1989 年第 10 期。

高凤仪：《四十年前的头号机密》，《光明日报》，1989 年 11 月 3 日。

杨日炎：《核科学家司令员——钱绍钧》，《人物》，1990 年第 1 期。

《毛泽东谈"继承人"》，《文汇报》，1990 年 8 月 12 日。

李捷：《毛泽东防止和平演变思想是对科学社会主义理论的重要贡献》，《党的文献》，1991 年第 3 期。

张田水：《建国初期中苏签约结盟述略》，《东北师范大学学报》，1991 年第 6 期。

林克：《美国和平演变战略的提出及毛泽东的评论》，《湖南党史》月刊，1991 年第 10 期。

冯媛：《物理天工总是鲜——记理论物理学家彭恒武》，《人物》，1992 年第 1 期。

余展：《六十年代初我国部分地区农村实行包产到户生产责任制的实践与经验》，《党的文献》，1992 年第 4 期。

余湛：《周恩来最后一次访苏》，《文摘报》，1992 年 4 月 30 日。

相谦：《七千人大会上的争论》，《党史文汇》，1992 年第 12 期（转载于《光明日报》社主办的《文摘报》1993 年 2 月 7 日第 1004 期）。

契尔沃年科：《我与毛泽东的谈话 1960 年 12 月 26 日》（李向前译），《国外中共党史研究动态》，1996 年第 3 期。

许剑波：《新中国解决边界问题的努力和中印边界战争》，《中华人民共和国专题史稿Ⅱ（1956—1966）》，四川出版集团、四川人民出版社，2009年8月第2版。

张素华：《“七千人大会”的前前后后》，《中华人民共和国专题史稿Ⅱ（1956—1966）》，四川出版集团、四川人民出版社，2009年8月第2版。

王海光：《六十年代城乡“社会主义教育运动”》，《中华人民共和国专题史稿Ⅱ（1956—1866）》，四川出版集团、四川人民出版社，2009年8月第2版。

戴知贤：《六十年代前期意识形态领域的大批判》，《中华人民共和国专题史稿Ⅱ（1956—1966）》，四川出版集团、四川人民出版社，2009年8月第2版。

陈东林：《“三五”计划的编制和变异》，《中华人民共和国专题史稿Ⅱ（1956—1966）》，四川出版集团、四川人民出版社，2009年8月第2版。

陈东林：《三线建设的决策和实施》，《中华人民共和国专题史稿Ⅱ（1956—1966）》，四川出版集团、四川人民出版社，2009年8月第2版。

郑有贵：《农业学大寨运动》，《中华人民共和国专题史稿Ⅱ（1956—1966）》，四川出版集团、四川人民出版社，2009年8月第2版。

于化民：《曲折发展中的军队建设》，《中华人民共和国专题史稿Ⅱ（1956—1966）》，四川出版集团、四川人民出版社，2009年8月第2版。

李禹兴：《历史，曾在这里翻开重要的一页——回忆毛主席“向雷锋同志学习”题词经过》。

后　　记

2019年是中华人民共和国成立70周年。

2019年是毛泽东主席诞辰126周年。

作为新中国的主要缔造者之一，他老人家的生命离开我们已经43个年头了。

这些年来，国内和国际形势发生了巨大的变化。

不管时光如何流逝，毛泽东主席在人们心目中的地位不以任何人的意志为转移而高大和清晰。普通的工人、农民、军人、知识分子、干部，老年人、中年人、青年人、少年人都由衷地怀念和敬仰着他。

毛泽东主席熟悉和了解中国5000年的文化和历史，他的知识浓缩了中华文明的精华。他的思想永远是中华民族和世界被压迫、被剥削劳动人民的巨大精神财富。

毛泽东主席的话："群众是真正的英雄"、"人民，只有人民，才是创造世界历史的动力"、"全心全意为人民服务"、"卑贱者最聪明，高贵者最愚蠢"、"共产党人好比种子，人民好比土地"、"人民万岁"，这些发自肺腑的语言，今天，读起来是多么亲切和生动啊！

中国人民拥有了毛泽东主席，是中国人民的荣幸和骄傲。中国人民将世世代代拥戴和信仰他。

无论世事如何变幻，人民对毛泽东主席的美好感情决不会改变。

我自从20世纪80年代初开始，迷恋研究毛泽东生平这一课题。30余年来，我执著地刻苦钻研，从未放弃。我试图用我粗拙的笔，将他老人家的所思、所忧、所期、所盼、所爱、所恨，再现出来，将他老人家的音容笑貌、酸甜苦辣、艰苦卓绝、无私无畏、波澜壮阔记述下来。

我有一个梦想，当人们想念毛泽东主席的时候，看看我的书，能达到精神上的升华，产生工作与生活上的动力。我就知足了。

此作品动笔于1991年春天，1993年春天完成初稿。之后经过5次修订、补充，2013年4月出版。此次在中华人民共和国成立70周年之际校订再版，非常有意义。对于此书不到之处，希望读者多提宝贵意见。

此书的出版，我深情地感谢曾经无私帮助我的各位朋友，是他们的鼓励和支持，给了我坚持下去的力量。

他们是：河北省政府可持续发展办公室王向成先生，中国国际广播电台台长王庚年先生，中国金桥广告公司董事长李惠民先生，华夏银行甄为书先生，中信银行李晶先生，北京市嘉地律师事务所蒋华光先生、韩怀义先生，河北教育出版社邓子平先生，河北省讲师团陆仁泉先生，河北省委党校朱贵玉先生，中国晶牛集团董事局主席王长林先生，中国银监会邢台监管分局贾捷先生，河北铁道学院王久战先生，河北省大名师范司中瑞先生，邯郸市金麟房地产公司董保文先生、范保兴先生，最高人民检察院方圆杂志社郭建禾先生、王建辉先生，北京邯缘商务会馆韩太生先生、李邯生先生，中国银监会赵县监管办李英斌先生，中央文献出版社李庆田先生，我的朋友苏振江先生、石东风先生。

贾章旺

2019 年 5 月完稿于河北省大名县孝庐